Ἀλέξανδρος Κ. Παπαδερός

ΜΕ ΤΟΝ ΚΙΣΑΜΟΥ ΚΑΙ ΣΕΛΙΝΟΥ ΕΙΡΗΝΑΙΟΝ ΕΠΙ ΤΡΑΧΕΙΑΣ ΟΔΟΥ

Τά τῆς γενέσεως
τῆς Ὀρθοδόξου Ἀκαδημίας Κρήτης
Τεκμήρια

ΘΕΣΣΑΛΟΝΙΚΗ 2014

ΑΦΙΕΡΩΝΕΤΑΙ ΜΕ ΕΥΓΝΩΜΟΣΥΝΗ

ΣΕ ΟΣΟΥΣ

«ΕΝ ΚΑΘΑΡΑι ΚΑΡΔΙΑι»

ΣΥΜΠΟΡΕΥΘΗΚΑΝ

ΣΤΗΝ ΕΚΠΛΗΡΩΣΗ ΤΟΥ ΟΡΑΜΑΤΟΣ

Ὁλοκάρδιες εὐχαριστίες ἐκφράζω καί ἀπό τή θέση αὐτή:
Στόν διακεκριμένο φιλόλογο Γεώργιο Λουπάση γιά τήν ἐπιμέλεια τοῦ κειμένου.
Στήν Ἔφη Μικελάκη γιά τή σελιδοποίηση.
Στήν Τέση Ἠ. Δροσοπούλου γιά τή μακέτα τοῦ ἐξωφύλλου.

Στό φίλο Καθηγητή Στυλιανό Τσομπανίδη ὀφείλω καί ἐκφράζω θερμές εὐχαριστίες τόσο γιά τούς δημιουργικούς διαλόγους μας, ὅσο καί γιά τήν ἀναζήτηση καί ἐπιλογή Ἐκδοτικοῦ Οἴκου, τόν ἰδιοκτήτη τοῦ ὁποίου Γιάννη Καραδέδο εὐχαριστῶ ἐπίσης καί ἀπό τή θέση αὐτή.

Ἀπαγορεύεται ἡ ἀναδημοσίευση ἤ ἀναπαραγωγή τοῦ παρόντος ἔργου στό σύνολό του ἤ τμημάτων του μέ ὁποιονδήποτε τρόπο, καθώς καί ἡ μετάφραση ἤ διασκευή του ἤ ἐκμετάλλευσή του μέ τρόπο μηχανικό ἤ ἠλεκτρονικό ἤ ὁποιονδήποτε ἄλλο σύμφωνα μέ τίς διατάξεις τοῦ ν. 2121/1993 καί τῆς Διεθνοῦς Σύμβασης Βέρνης-Παρισιοῦ, πού κυρώθηκε μέ τό ν. 100/1975. Ἐπίσης ἀπαγορεύεται ἡ ἀναπαραγωγή τῆς στοιχειοθεσίας, τῆς σελιδοποίησης, τοῦ ἐξωφύλλου καί γενικότερα τῆς ἐμφάνισης τοῦ βιβλίου μέ φωτοτυπικές, ἠλεκτρονικές ἤ ὁποιεσδήποτε ἄλλες μεθόδους σύμφωνα μέ τό ἄρθρο 51 τοῦ ν. 2121/1993, χωρίς γραπτή ἄδεια τοῦ συγγραφέα.

Copyright γιά τήν παροῦσα ἔκδοση:
© Ἀλέξανδρος Κ. Παπαδερός
e-mail: akpapad@yahoo.gr
website: alexandros.papaderos.org

Ἐκδόσεις Μέθεξις 2014
Κεραμοπούλου 5, Θεσσαλονίκη ΤΚ 546 22
Τηλ.-Fax: 2310-278301
e-mail: info@metheksis.gr
www.metheksis.gr

ISBN: 978-960-6796-50-0

Ἀριθμ. Ἔκδοσης 56

ΠΕΡΙΕΧΟΜΕΝΑ

1. Συντμήσεις 12
2. Διευκρινίσεις - ὁδηγίες 14
3. ΠΡΟΛΟΓΟΣ 19
4. ΕΙΣΑΓΩΓΙΚΑ 23

ΜΕΡΟΣ Α΄
ΕΚΚΛΗΣΙΑΣΤΙΚΗ ΚΑΙ ΘΕΟΛΟΓΙΚΗ ΣΧΟΛΗ

1. Ἐκκλησιαστική Σχολή Κρήτης 25
2. Ἐπιστολές Εἰρηναίου 27
3. Σταυροδρόμια καί διλήμματα 29
4. Θεολογική Σχολή Θεσσαλονίκης 30
5. Ἀπό τήν πορεία στή συνοδοιπορία 32

ΜΕΡΟΣ Β΄
ΓΕΡΜΑΝΙΑ - ΣΠΟΥΔΕΣ

1. Ὑποτροφίες. Yale - Hamburg - Mainz 35
2. Ἐκκλησία καί βιομηχανικός ἐργάτης 37
3. Πανεπιστήμιο 41
4. Anton Hilckman 43
5. Θρησκειολογία ἤ Ἀκαδημία; 46
6. Ἡ Μετακένωσις 50
7. Ἐπιστημονικός Βοηθός-Διδασκαλία 51

ΜΕΡΟΣ Γ΄
ΠΕΡΙΣΠΑΣΜΟΙ

1. Αἰτίες περισπασμῶν 53
2. Τό «ἐπαιτικόν» μας Τάγμα 54
3. Προτροπή γιά ἐπιστροφή 55

ΜΕΡΟΣ Δ΄

ΜΕΝΝΟΝΙΤΕΣ - Ἕνα ἀπροσδόκητο μέ ἐπακόλουθα 59

ΜΕΡΟΣ Ε΄
ΤΟ ΟΡΑΜΑ ΜΙΑΣ ΑΚΑΔΗΜΙΑΣ ΣΤΗΝ ΕΛΛΑΔΑ ΚΑΙ Η ΤΡΑΧΕΙΑ ΟΔΟΣ ΠΡΟΣ ΤΗΝ ΕΚΠΛΗΡΩΣΗ ΤΟΥ

ΚΕΦΑΛΑΙΟΝ Α΄

1. Ἡ γένεση τῶν Χριστιανικῶν Ἀκαδημιῶν 63
2. Τό Ὅραμα μιᾶς Ἀκαδημίας στήν Ἑλλάδα 66
3. Ἐκθέσεις 68
4. Τό ΝΑΙ τοῦ Ἐπισκόπου γιά τήν Ἀκαδημία 87
5. Ἡ Ἐκκλησία τοῦ Παλατινάτου 88
6. Πρώτη ἐπιστολή μου πρός Stempel 92
7. Μοῦ ἄρεσε πολύ 93
8. Ἐπιστολές Stempel ὡς ἀφετηρία 94
9. Aktion Sühnezeichen 96
10. Πρώτη ἐπικοινωνία μου μέ τόν Müller 98
11. Σχέδια καί προβλήματα μέ τήν Aktion Sühnezeichen 101
12. Εὐτυχής ἀνατροπή 118
13. Κάντανος καί Λειβαδάς 124
14. Ehrengard Schramm-von Thadden..........................128
15. Λοιπά σχετικά 133

ΚΕΦΑΛΑΙΟΝ Β΄

1. Πρώτη συνάντησή μου μέ τόν Müller-Δρομολογεῖται ἡ λύση 145
2. Τό Τάγμα τοῦ Μεγάλου Κωνσταντίνου 149
3. Ὁ Εἰρηναῖος στή Γερμανία 151
4. Συνάντηση μέ τόν Spranger 156
5. Ἕνα ἐμπιστευτικό Πρωτόκολλο 164
6. Ἐπικοινωνία μέ τόν Κρήτης 169
7. Ὁ Müller στήν Κρήτη - Ἡ Ἔκθεσή του 178

8. Ἡ Συνέλευση στό Tutzing 187
9. Ἡ αἴτησή μας γιά χορηγία ὑπέρ τῆς Ἀκαδημίας: Ἑτοιμασία καί ὑποβολή .195
10. Σχέσεις μέ τή Γερμανική Πρεσβεία Ἀθηνῶν 199
11. Συναινοῦν Μητροπολίτης καί Νομάρχης 211
12. Ὁ Κρήτης καί ὁ Εἰρηναῖος προσκαλοῦνται ἐπισήμως στή Γερμανία ...213
13. Σύσταση Ἐπιτροπῆς Ἱδρύσεως 228
14. Ἀποφάσεις στή Βόννη 236
15. Ἐκπόνηση ἀρχιτεκτονικῶν σχεδίων τῆς ΟΑΚ 238
16. Συστατική ἐπιστολή τοῦ D. Müller 248
17. Ἡ ὁριστική μορφή τῆς αἴτησής μας 250
18. Ἔξοδα λειτουργίας τῆς Ἀκαδημίας 260
19. Ἐγγύηση 266
20. Θετική γνωμάτευση τῆς ΕΖΕ 286

ΚΕΦΑΛΑΙΟΝ Γ΄

1. Μελέτη τοῦ ἔργου τῶν Χριστιανικῶν Ἀκαδημιῶν 297
2. Νέες ἀξιώσεις τοῦ Γερμανικοῦ Ὑπ. Ἐξωτερικῶν 313
3. Ὑποβολή στήν ΕΖΕ τῶν ἀναθεωρημένων στοιχείων 322
4. Ἡ ΕΓΚΡΙΣΗ! 330
5. Ὑπογράφονται οἱ Ὅροι Ἐγκρίσεως 343
6. Ἀνασύνθεση τῆς Ἐπιτροπῆς Ἱδρύσεως 350
7. Ἔναρξη ἐργασιῶν 365
8. Ἐνημερωτικές Ἐκθέσεις 375
9. Ξανά στή διακονιά! 407
10. ΕΓΚΑΙΝΙΑ ΤΗΣ ΑΚΑΔΗΜΙΑΣ 428
11. Μιά σημαντική ἀλλαγή 434
12. ΕΚΘΕΣΗ Müller - «Ἐντυπώσεις ἀπό τήν ΟΑΚ» 446
13. Προσωπικό 463

ΠΑΡΑΡΤΗΜΑΤΑ

ΜΕΡΟΣ Α΄- Παράρτημα
ΘΕΣΣΑΛΟΝΙΚΗ

1. Διακονία τοῦ θείου κηρύγματος 469
2. Ἐπιστολές Εἰρηναίου (συνέχεια) 471
3. Φοιτητικές Ὁμάδες Κοινωνικῆς Διακονίας 475
4. Δυό Οἰκουμενικές Κατασκηνώσεις στή Γερμανία 480
5. Johannes Kollwitz 483
6. Στρατιωτική θητεία 484

ΜΕΡΟΣ Β΄- Παράρτημα
ΓΕΡΜΑΝΙΑ: ΣΠΟΥΔΕΣ ΚΑΙ ΔΡΑΣΕΙΣ

1. Ὑποτροφίες 487
2. Ἐκκλησία καί βιομηχανικός ἐργάτης 490
3. Τό κατ' οἶκον διδακτήριον 491
4. Ἑορτή τῶν Τριῶν Ἱεραρχῶν στό Πανεπιστήμιο τοῦ Μάιντς! 495
5. Ἡ Ὀρθοδοξία στήν Τηλεόραση 497
6. Χιλιετηρίδα τοῦ Ἁγ. Ὅρους 498
7. Πανεπιστημιακή σταδιοδρομία 502

ΜΕΡΟΣ Γ΄- Παράρτημα
ΠΕΡΙΣΠΑΣΜΟΙ

1. Ἀποίμαντοι οἱ νέοι μετανάστες 507
2. Οἱ Ἕλληνες ἐργαζόμενοι στήν περιοχή τοῦ Παλατινάτου (Pfalz)
   καί λοιπά σχετικά 511
3. Κοινωνικοί Λειτουργοί 515
4. Ἐπιμορφωτικά καί ἄλλα ζητήματα 520

ΜΕΡΟΣ Δ΄- Παράρτημα

1. Γιά τή Μητρόπολή μας καί τήν Κρήτη 523
2. Οἰκουμενική Κατασκήνωση στό Καστέλλι 529
3. Μεννονίτες 538
4. Τό λιμάνι καί τό κρασί τῆς Κισάμου 566
5. Ἐπενδύσεις στήν Κρήτη 567
6. Γερμανικές ἀποζημιώσεις 568
7. Κάντανος καί Λειβαδάς 569
8. Τό Νεκροταφεῖο στό Μάλεμε 571
9. Ὁ ἀγνοούμενος 575
10. Τό Τάγμα τοῦ Μ. Κωνσταντίνου στήν Κρήτη 576

ΜΕΡΟΣ Ε΄- Παράρτημα
ΤΟ ΟΡΑΜΑ ΜΙΑΣ ΑΚΑΔΗΜΙΑΣ ΣΤΗΝ ΕΛΛΑΔΑ ΚΑΙ Η ΤΡΑΧΕΙΑ ΟΔΟΣ ΠΡΟΣ ΤΗΝ ΕΚΠΛΗΡΩΣΗ ΤΟΥ

1. Heyer 585
2. Πρῶτο συνέδριο στό Καστέλλι 597
3. Ὁ Εἰρηναῖος στήν Ἰνδία 601
4. Θρησκευτική Ὑπηρεσία Ναυτιλλομένων καί ἄλλα 603
5. Ἐπιστροφή μου στήν Ἑλλάδα - Ἐπακόλουθα 611
6. Ἡ Ὀρθόδοξος Ἀκαδημία Κρήτης λαμβάνει νομική ὑπόσταση 626
7. Ἐπισήμανση τοῦ Οἰκουμενικοῦ Πατριάρχου Βαρθολομαίου 649

Ἀντί Ἐπιλόγου 651

ΒΙΒΛΙΟΓΡΑΦΙΑ 652

ΣΥΝΤΜΗΣΕΙΣ

Πρόσωπα

Εἰρηναῖος (Γαλανάκης, 1911-2013), Ἐπίσκοπος/Μητροπολίτης Κισάμου καί Σελίνου (1957-1971 καί 1981-2005), Μητροπολίτης Γερμανίας (1971-1980), Συνιδρυτής καί πρῶτος Πρόεδρος τῆς ΟΑΚ. Ἀναφέρεται στό ἑξῆς συνήθως μόνον ὡς Εἰρηναῖος, ὄχι βέβαια ἐλλείψει σεβασμοῦ, ἀλλά πρός ἀποφυγή συνεχοῦς ἐπαναλήψης τίτλων.

Απ Ἀλέξανδρος Κ. Παπαδερός, Συνιδρυτής καί πρῶτος Γενικός Διευθυντής τῆς ΟΑΚ (1963-2008).

Σιώτης Σιώτης Μάρκος, Καθηγητής Θεολογικῶν Σχολῶν Θεσσαλονίκης καί Ἀθηνῶν, Ἀκαδημαϊκός.

Pd Dyck Peter, Διευθυντής τοῦ Γραφείου Εὐρώπης τῆς MCC.

Geisel Geisel Ludwig, Διευθυντής τῆς Ἐσωτερικῆς Ἱεραποστολῆς καί τῆς Ὑπηρεσίας Βοηθείας (Innere Mission und Hilfswerk EKD) τῆς Εὐαγ. Ἐκκλησίας τῆς Γερμανίας.

Guyer Guyer Frey Richard, Καγκελάριος τοῦ OCM.

Heyer Heyer Friedrich, Διευθυντής τῆς Εὐαγ. Ἀκαδημίας τοῦ Schleswig-Holstein, Καθηγ. τοῦ Πανεπιστημίου τῆς Heidelberg.

Hilckman Hilckman Anton, Καθηγ. τοῦ Πανεπιστημίου τοῦ Mainz-Μάιντς.

King King Christopher, Γραμματέας τοῦ Τμήματος Διεκκλησιαστικῆς Βοηθείας τοῦ Π.Σ.Ε. στήν Ἐγγύς Ἀνατολή, μέ ἕδρα τήν Ἀθήνα.

Kreyssig Kreyssig Lothar, Ἱδρυτής καί Πρόεδρος τῆς Aktion Sühnezeichen.

Kunst Kunst Hermann, Ἐντεταλμένος τοῦ Συμβουλίου τῆς Εὐαγ. Ἐκκλησίας τῆς Γερμανίας παρά τῇ Ὁμοσπονδιακῇ Κυβερνήσει, Εὐαγ. Ἐπίσκοπος Ἐνόπλων Δυνάμεων, Πρόεδρος τῆς EZE.

Möck Möckel Gerhard, Γερμανός Πάστορας στήν Ἀθήνα, μετέπειτα συνεργάτης τῆς Εὐαγ. Ἀκαδημίας τοῦ Βερολίνου.

Mo Mohn Ruth, Γραμματέας τοῦ Müller.

Mordhorst Mordhorst Ernst, Διευθυντής τῆς EZE.

M Müller Eberhard, Συνιδρυτής καί πρῶτος Διευθυντής τῆς Εὐαγγελικῆς Ἀκαδημίας Bad Boll, Πρόεδρος τοῦ Συνδέσμου τῶν

	Διευθυντῶν τῶν ἐν Γερμανίᾳ Εὐαγγελικῶν Ἀκαδημιῶν (Leiterkreis der Evangelischen Akademien in Deutschland).
Rinderknecht	Rinderknecht Hans Jakob, Διευθυντής τῆς Ἀκαδημίας στό Männedorf/Zürich, Πρόεδρος τοῦ Εὐρωπαϊκοῦ Συνδέσμου τῶν Διευθυντῶν τῶν Εὐαγγελικῶν Ἀκαδημιῶν.
Roos	Roos Friedrich, Ἀνώτ. Ἐκκλ. Σύμβουλος τῆς Εὐαγ. Ἐκκλησίας τῆς Pfalz (Παλατινάτου).
Schaller	Schaller Theo, Ἀνώτ. Ἐκκλ. Σύμβουλος, μετέπειτα Πρόεδρος τῆς ἀνωτέρω Ἐκκλησίας.
Stempel	Stempel Hans, Πρόεδρος τῆς ἀνωτέρω Ἐκκλησίας.
Young	Young Ralph, Ἐκτελεστικός Γραμματέας τοῦ Τμήματος τοῦ Π.Σ.Ε. γιά τούς Λαϊκούς (καί τίς Ἀκαδημίες).

Ἀρχεῖα - Πηγές

ΑΑπ	Ἀρχεῖο Ἀλεξ. Κ. Παπαδεροῦ
ΑπΗΜ	Ἡμερολόγιο Ἀλεξ. Κ. Παπαδεροῦ
ΔΚ	ΔΙΑΛΟΓΟΙ ΚΑΤΑΛΛΑΓΗΣ, Δελτίο τῆς ΟΑΚ
ΧΚ	ΧΡΙΣΤΟΣ ΚΑΙ ΚΟΣΜΟΣ. Περιοδικό τῆς Ἐπισκοπῆς/Μητροπόλεως Κισάμου καί Σελίνου
ABB	Archiv der Evang. Akademie Bad Boll
AMCC	Archive of the Mennonite Central Committee
ASp	Archiv der Evang. Kirche der Pfalz
EZA	Evangelisches Zentralarchiv, Berlin

Λοιπά

(b-Aπ):	Μετατροπή ἀπό μένα σέ ἔντονο μαῦρο τμημάτων σέ ἔγγραφα, πού συνιστᾶται νά προσέξει περισσότερο ὁ ἀναγνώστης.
ΟΑΚ	Ὀρθόδοξος Ἀκαδημία Κρήτης
BB	Evengelische Akademie Bad Boll (Εὐαγγελική Ἀκαδημία BB)
EKD ἤ EKiD	Εὐαγγελική Ἐκκλησία τῆς Γερμανίας
EZE	Evangelische Zenzralstelle für Entwicklungshilfe (Εὐαγγελική Κεντρική Ὑπηρεσία Βοηθείας Ἀναπτύξεως)
MCC	Mennonite Central Committee
OCM	Ordo Constantini Magni

Φωτογραφίες: Έκρινα χρήσιμο γιά τόν ἀναγνώστη νά ἔχει ἔστω καί μέσω μιᾶς φωτογραφίας ὀπτική εἰκόνα προσώπων, τά ὀνόματα τῶν ὁποίων θά συναντήσει πιό συχνά στό κείμενο. Ὅπου δέν ἀναγράφεται ἔνδειξη προέλευσης τῶν φωτογραφιῶν, αὐτές ἔχουν τραβηχτεῖ ἀπό μένα ἤ προέρχονται ἀπό δωρεές.

Διευκρινίσεις - ὁδηγίες

Τά ἔγγραφα παρατίθενται μέ χρονολογική σειρά.

Σέ μερικές περιπτώσεις ἔγγραφα πού ἀναφέρονται στό ἴδιο ἐπί μέρους θέμα ἐντάσσονται, χρονολογικά ἐπίσης, σέ μιά ἐνότητα. Συνήθως στό ἴδιο κείμενο γίνεται ἀναφορά σέ περισσότερα θέματα. Ὅπου κρίνεται ἀναγκαῖο καί εὐχερές, γίνεται μεταφορά τοῦ σχετικοῦ ἀποσπάσματος στήν ἀντίστοιχη θεματική ἑνότητα, μέ σημείωση τῆς χρονολογικῆς προέλευσης.

Τά ἑλληνικά κείμενα ἀντιγράφονται εἴτε αὐτολεξεί εἴτε σέ σύνοψη. Τά αὐτολεξεί ἀντιγραφόμενα τίθενται ἐντός εἰσαγωγικῶν (« »).

Τά ξενόγλωσσα κείμενα (κατά τό πλεῖστον γερμανικά καί μερικά ἀγγλικά) παρατίθενται σέ δική μου μετάφραση. Τμήματα ἐγγράφων (κυρίως τά ἐπουσιώδη καί τά μή ἀναφερόμενα εὐθέως στά τῆς Ἀκαδημίας) παρατίθενται σέ σύνοψη, τά λοιπά σέ ἀκριβῆ ἀπόδοση. Στήν τελευταία περίπτωση τίθενται ἐντός εἰσαγωγικῶν (« »).

Ἡ σύνοψη καί ἡ ἀντιγραφή/μετάφραση γίνεται μέ πλήρη σεβασμό τοῦ περιεχομένου τῶν κειμένων.

Προσφωνήσεις, εὐχές, ὑπογραφές κ.λπ. διατηροῦνται μόνο σέ ἐξαιρετικές περιπτώσεις.

Παραλείπονται τμήματα κειμένων δευτερεύουσας σημασίας ἤ ἄσχετα πρός τό θέμα μας. Διατηρεῖται ἀναφορά σέ πρόσωπα ἤ γεγονότα πού δέν ἔχουν ἄμεση σχέση μέ τό κύριο θέμα τῆς παρούσας μελέτης, ἡ μνεία τῶν ὁποίων ὅμως κρίνεται χρήσιμη γιά τήν κατανόηση διαπροσωπικῶν σχέσεων ἤ τῆς ἱστορικῆς συγκυρίας καί τῆς περιρρέουσας ἀτμόσφαιρας.

Κείμενα ἐντός ἀγκυλῶν { } εἶναι δικές μου διευκρινιστικές προσθῆκες.

Στήν ἀρχή τῶν ἐπιστολῶν, τῶν ἐγγράφων καί λοιπῶν τεκμηρίων τίθεται μιά ἔνδειξη, ὅπως:

12-10-1952 ΑΑπ

Εἰρηναῖος πρός Απ (Θεσ.). Δηλαδή:

12-10-1952 = ἡμερομηνία ἐγγράφου.

ΑΑπ = Ἀρχεῖο προέλευσης τοῦ ἐγγράφου. Ἄν τό ἔγγραφο βρίσκεται σέ δεύτερο ἤ καί τρίτο ἀπό τά Ἀρχεῖα πού χρησιμοποιῶ, προστίθεται + καί ἡ σύντμηση τοῦ ἀντίστοιχου Ἀρχείου. Ἐάν ἀκολουθεῖ ἡ ἔνδειξη ἀγγλ. ἤ γαλ., σημαίνει ὅτι τό πρωτότυπο εἶναι γραμμένο στά Ἀγγλικά ἤ Γαλλικά. Τά πρωτότυπα γραμμάτων τοῦ Εἰρηναίου πρός ξένους εἶναι γραμμένα στά Ἑλληνικά (τά ἔλαβαν σέ δική μου μετάφραση στή γλώσσα τους). Τά λίγα πού ἔχει γράψει στή γερμανική γλώσσα παρατίθενται ἐδῶ σέ δική μου μετάφραση, μέ ἔνδειξη γιά τή γλώσσα τοῦ πρωτοτύπου. Δικά μου ἔγγραφα πρός ξένους εἶναι γραμμένα στή γλώσσα τους καί παρατίθενται ἐδῶ σέ δική μου μετάφραση. Τά ἔγγραφα γερμανικῆς προέλευσης (ἀπό πρόσωπα ἤ Ὑπηρεσίες) παρατίθενται ἐπίσης σέ δική μου μετάφραση. Ὅπου ὑπάρχει ἄλλη ἐξαίρεση, τίθεται σχετική σημείωση.

Εἰρηναῖος πρός Ἀπ= Ἀποστολέας, παραλήπτης.

(Θεσ.)= Ἐνίοτε τίθεται ἐντός παρενθέσεως ὁ τόπος ὅπου βρίσκονται κατά τό χρόνο συγγραφῆς ἤ λήψεως ὁ ἀποστολέας ἤ ὁ παραλήπτης τοῦ ἐγγράφου. Ὅσον ἀφορᾶ σέ μένα, ὅπου λείπει αὐτή ἡ ἔνδειξη σημαίνει ὅτι τό ἔγγραφο συντάσσεται ἤ λαμβάνεται στήν πόλη τοῦ MAINZ (Μάιντς τῆς Γερμανίας).

Ἡ κατάταξη τῆς ὕλης δέν ἦταν εὔκολη ὑπόθεση. Σέ πρώτη φάση τήν κατέταξα μέ κριτήριο μόνο τή χρονολογική ἀκολουθία τῶν ἐγγράφων, ἀνεξάρτητα ἀπό τό περιεχόμενό τους. Ἡ μέθοδος αὐτή ὅμως ὁδηγοῦσε σέ μεγάλη διάσπαση τῆς ἐσωτερικῆς συνοχῆς τοῦ κορμοῦ, πού ἀφορᾶ κυρίως στήν Ἀκαδημία. Γιά τό λόγο αὐτό προέκρινα τελικά τή διαίρεση τῆς ὕλης σέ δυό ἑνότητες, κάθε μιά ἀπό τίς ὁποῖες περιλαμβάνει 5 ΜΕΡΗ. Ἡ πρώτη ἑνότητα περιλαμβάνει τά κύρια χαρακτηριστικά καί τεκμήρια τῆς πορείας, μέ κατά πολύ ἐκτενέστερο τό 5ο ΜΕΡΟΣ τῶν ἀποφασιστικῶν δράσεων καί ἀποφάσεων. Στήν πρώτη αὐτή ἑνότητα καί στά ΜΕΡΗ της τηρεῖται κατά τό πλεῖστον ἡ χρονολογική ἀκολουθία τῶν γενομένων· χάριν ὅμως τῆς συνοχῆς βασικῶν ζητημάτων, τά εἰς αὐτά ἀναφερόμενα ἔγγραφα, συμβάντα καί σχόλια συνθέτουν ἰδιαίτερη θεματική ἑνότητα, μέ σχετική μόνο τήρηση τῆς χρονολογίας.

Στά 5 ΜΕΡΗ τῆς πρώτης ἑνότητας ἀντιστοιχοῦν τά 5 ΜΕΡΗ - Παραρτήματα τῆς δεύτερης, πού ἐπεξηγοῦν καί συμπληρώνουν τά τῆς πρώτης. Ἡ καλύτερη παρακολούθηση καί κατανόηση τῶν ἐπί μέρους καί τοῦ συνόλου θά διευκολυνθεῖ, ἄν ἡ ἀνάγνωση κάθε ΜΕΡΟΥΣ τῆς πρώτης ἑνότητας ὁλοκληρώνεται μέ τήν παρακολούθηση τῶν γραφομένων στό ἀντίστοιχο Παράρτημα τῆς δεύτερης ἑνότητας.

Σέ ἀρκετά ἔγγραφα γίνεται ἀναφορά σέ περισσότερα θέματα, πού ἐπανέρχονται καί σέ μεταγενέστερα ἔγγραφα. Ὅπου κρίνεται σκόπιμο καί ἐφικτό, κατατάσσονται τά σχετικά ἀποσπάσματα σέ ἰδιαίτερες μικροενότητες, μέ μνεία φυσικά τοῦ ἐγγράφου προέλευσης.

Ὅπως συμβαίνει σέ κάθε ἐπιστημονικό πόνημα, οἱ ὑποσημειώσεις ὑπηρετοῦν καί ἐδῶ τίς ἀνάγκες τοῦ ἀντίστοιχου κειμένου.

Καί πάλι ὅμως θά χρειασθεῖ ὁ ἀναγνώστης ὑπομονή καί κατανόηση. Γιατί, παρά τήν ὡς ἄνω διαίρεση τῆς ὕλης, δέν ἦταν δυνατόν νά ἐπιτευχθεῖ ἱκανοῦ βαθμοῦ συνοχή. Οἱ τίτλοι πού παρεμβάλλονται σέ ἔντονο χρῶμα (**bold**) καί φέρουν αὔξοντα ἀριθμό εἶναι κατά τό πλεῖστον ἐνδεικτικοί καί ἀφοροῦν συνήθως μόνο στό κείμενο πού ἀκολουθεῖ, ἐνίοτε καί σέ περισσότερα ἔγγραφα, ὅταν ἦταν ἀνάγκη νά συγκροτηθεῖ μιά εὐρύτερη ἑνότητα, χωρίς τήρηση στήν περίπτωση αὐτή τῆς χρονολογικῆς σειρᾶς. Γενικά ὅμως ἡ φύση τῆς ὕλης ἐπέβαλε τήρηση τῆς χρονολογικῆς καί αἰτιώδους ἀλληλουχίας τῶν κειμένων καί ἀποφυγή πολλῶν τίτλων, μάλιστα καθώς, ὅπως σημειώνεται παραπάνω, ἀρκετά κείμενα ἀναφέρονται σέ περισσότερα θέματα, πρᾶγμα πού θά ἀπαιτοῦσε περισσότερους τίτλους ἐντός τοῦ ἰδίου κειμένου! Πρός σχετική διευκόλυνση τοῦ ἀναγνώστη, τίθενται καί βοηθητικοί τίτλοι, χωρίς χρωματικό τονισμό.

Ἀπό τή Χιλιετηρίδα τοῦ Ἁγ. Ὄρους.
Ἡ Ὀρθόδοξος Ἀκαδημία Κρήτης σχεδιάσθηκε, θεμελιώθηκε,
ἐγκαινιάσθηκε καί ἔκαμε τά πρῶτα βήματα ἐπί Πατριαρχίας
τοῦ Μεγάλου Οἰκουμενικοῦ Πατριάρχου Ἀθηναγόρα Α΄ καί τῇ εὐλογίᾳ Αὐτοῦ

καί ἐπί Ἀρχιερατείας τοῦ μεγαλουργοῦ Κισάμου καί Σελίνου Εἰρηναίου.[1]

ΑΙΩΝΙΑ Η ΜΝΗΜΗ ΑΥΤΩΝ!

---

[1] Ἀπό τό φυλλάδιο ΛΟΓΟΣ ΤΟΥ ΘΕΟΦ. Κ[ου] ΕΙΡΗΝΑΙΟΥ ΓΑΛΑΝΑΚΗ Ἐκφωνηθείς τήν 8[ην] Δεκεμβρίου 1957 εἰς τόν ἱερόν Μητροπολιτικόν Ναόν τοῦ Ἁγίου Μηνᾶ ἐπί τῇ χειροτονίᾳ Αὐτοῦ εἰς ΕΠΙΣΚΟΠΟΝ ΚΙΣΑΜΟΥ ΚΑΙ ΣΕΛΙΝΟΥ: «*Σέ εὐχαριστῶ, Θεέ μου, πού προετοίμασες τήν καμπή τῆς ζωῆς μου γι' αὐτή τήν ὥρα. Μή μέ ἀφήσῃς, Θεέ μου, νά προδώσω καί νά καταισχύνω τήν κλῆσιν καί τήν ἀποστολήν μου, μή μέ ἀφήσῃς νά προδώσω καί νά διαψεύσω τήν προσδοκίαν χιλιάδων ψυχῶν πού μοῦ ἐμπιστεύονται*» (ἀπόσπασμα ἀπό τόν λόγον ἐκεῖνον).

Η ΑΚΑΔΗΜΙΑ. Άρχική καί σημερινή μορφή.

ΠΡΟΛΟΓΟΣ

«Δέν γνωρίζομε τί ἔχει γράψει ὁ Θεός
στήν ἀπέραντη δωρεά τῆς χάριτός Του
γιά μένα καί γιά σένα καί γιά τή συνεργασία μας.
Μποροῦμε μόνο νά εἴμαστε πάντοτε ἕτοιμοι καί ἄξιοι
καί νά προχωροῦμε
κάτω ἀπό τό φῶς καί τό κραταιό χέρι Του.»

Εἰρηναῖος πρός Απ, 23-9-1966

Σέ ἕνα μέρος, τό ἀρχικό, αὐτῆς τῆς συνοδοιπορίας μου μέ τόν διδάσκαλό μου καί πνευματικό πατέρα μακαριστό Ἐπίσκοπο/Μητροπολίτη πρ. Κισάμου καί Σελίνου Ε ἰ ρ η ν α ῖ ο (+30-4-2013) ἀναφέρονται ὅσα ἀκολουθοῦν, μέ κορμό τά τῆς γενέσεως τοῦ ὁράματος τῆς Ὀρθοδόξου Ἀκαδημίας Κρήτης (ΟΑΚ) καί τά τῆς πραγματώσεώς του.

Ὅπως εἶναι γνωστό, ἡ Ἀκαδημία αὐτή ἀποτελεῖ τήν πρώτη προσπάθεια γιά τήν ἀποδοχή στόν ὀρθόδοξο χῶρο καί τήν προσαρμογή στή δική μας πνευματική παράδοση καί κοινωνική πραγματικότητα τῶν μεθόδων μαρτυρίας τοῦ Εὐαγγελίου σέ μιά περίοδο ραγδαίων ἐκκοσμικευτικῶν ἀλλαγῶν, μεθόδων καταλλαγῆς μεταξύ διισταμένων ἀνθρώπων καί διακονίας τοῦ ἐμπερίστατου λαοῦ μας. Ἡ ἐφαρμογή τῶν μεθόδων αὐτῶν ἄρχισε στή Δυτική Εὐρώπη ἀμέσως μετά τό τέλος τοῦ Δευτέρου Παγκοσμίου Πολέμου στή μορφή ἑνός νέου τύπου ἐκκλησιαστικῶν ἱδρυμάτων, πού λειτουργοῦν ὡς τόποι καί τρόποι συνάντησης τῆς Ἐκκλησίας μέ τόν σύγχρονο ἄνθρωπο, πρός ἀπό κοινοῦ ἀντιμετώπιση προβλημάτων μέ τίς μεθόδους τοῦ ἐλεύθερου, ἀντικειμενικοῦ, ψύχραιμου δ ι α λ ό γ ο υ ἀμοιβαίας οἰκοδομῆς.

Γιά τό ἔργο τῆς Ὀρθοδόξου Ἀκαδημίας Κρήτης ἀπό τά ἐγκαίνιά της (13-10-1968) καί ἑξῆς ὑπάρχουν ὄχι μέν πλήρη, πάντως ἐπαρκῆ δημοσιεύματα καί ἄλλα τεκμήρια. Γιά τά προηγηθέντα ὅμως, ἀπό τή γένεση τοῦ ὁράματος μέχρι τήν ὁλοκλήρωση τῶν πρώτων ἐγκαταστάσεων δίπλα στήν ἱστορική Ἱ. Μονή Παναγίας Κυρίας τῶν Ἀγγέλων, στή Γωνιά Κολυμβαρίου Χανίων, καί τήν ἔναρξη τῆς λειτουργίας τοῦ νέου Ἱδρύματος, μόνον ἐλάχιστα ψήγματα ἔχουν δημοσιευθεῖ. Ἐπιβεβλημένο καθῆκον μου ἔναντι τῶν ἀνθρώπων πού στήριξαν αὐτή τήν προσπάθεια, καθώς καί ἔναντι τῆς Ἱστορίας τοῦ Ἱδρύματος θεώρησα, ὡς ἐκ τούτου, νά συμπληρώσω, στό μέτρο τοῦ ἐφικτοῦ, αὐτό τό ἀφετηριακό κενό.

ΑΛΕΞΑΝΔΡΟΣ Κ. ΠΑΠΑΔΕΡΟΣ

Πρόκειται πιό συγκεκριμένα γιά τά γενόμενα κατά τήν ἐπίπονη πλήν δημιουργική δεκαετία 1958-1968, μέ προσθήκη ὀλίγων ἀναγκαίων στοιχείων μέχρι τό 1970, ὁπότε ὁ Σεβασμ. Εἰρηναῖος καί ὁ γράφων συντάξαμε καί ὑπογράψαμε τήν Πράξη Ἱδρύσεως τῆς Ἀκαδημίας, πού ἀναγνωρίσθηκε ἀπό τήν Πολιτεία τό ἔτος ἐκεῖνο ὡς Κοινωφελές Θρησκευτικό Καθίδρυμα τῆς κατηγορίας τῶν Ἐθνικῶν Κληροδοτημάτων, μέ καθεστώς Νομικοῦ Προσώπου Ἰδιωτικοῦ Δικαίου.

Οἱ σελίδες αὐτοῦ τοῦ πονήματος θά ἦταν πολύ περισσότερες, ἄν πρόσθετα ὅσα συγκρατεῖ ἀκόμη μέ νηφαλιότητα ἤ ἀνακαλεῖ ἀπό τή λήθη ἡ μνήμη σχετικά μέ τό ὅραμα καί τήν ὑποστασιοποίησή του. Ἐπειδή ὅμως ἔχουμε ὄχι πάντοτε ἀδικαιολόγητη ἐπιφύλαξη γιά τό ἀλάνθαστο τῆς μνήμης, τήν ἐπικαλέσθηκα μόνον ὅπου ὑπῆρχε ἀνάγκη πρός τοῦτο. Κατά τά λοιπά, στήν ἐργασία αὐτή περιλαμβάνονται κείμενα ἀλληλογραφίας καί ἄλλα σχετικά μέ τήν Ἀκαδημία ἔγγραφα πού τεκμηριώνουν μέ ἀκρίβεια καί πληρότητα τό κύριο μέρος τῶν γενομένων κατά τήν ὡς ἄνω πρώτη δεκαετία, μέ ἔμφαση στά σχετικά μέ τή μακρά καί διόλου ἀνώδυνη προσπάθεια γιά τήν ἐξασφάλιση ἀπό γερμανικές πηγές τῶν χρημάτων πού ἦταν ἀναγκαῖα γιά τήν ἀνέγερση τῶν πρώτων ἐγκαταστάσεων τῆς Ἀκαδημίας καί τήν κάλυψη τῶν ἀφετηριακῶν δαπανῶν λειτουργίας αὐτῆς. Μεταξύ τῶν ἐγγράφων πού μοῦ χορηγήθηκαν ἀπό ξένα Ἀρχεῖα, πρός τούς ὑπευθύνους τῶν ὁποίων ἐκφράζω καί ἀπό τή θέση αὐτή ἐγκάρδιες εὐχαριστίες, διαπίστωσα τήν ὕπαρξη καί μερικῶν κειμένων, σχετικῶν μέ τήν Ἀκαδημία, πού δέν μᾶς εἶχαν κοινοποιηθεῖ τότε. Πρόκειται γιά ἔγγραφα ἐνδογερμανικῆς συνεργασίας καί συνεννόησης. Ἡ προσθήκη τους στήν παροῦσα ἐργασία συμπληρώνει κάποια κενά καί προσθέτει ἐνδιαφέρουσες πληροφορίες.

Τόν μή ἐνήμερο ἀναγνώστη εὔλογο εἶναι νά ξενίσει τό γεγονός ὅτι σέ πολλά ἀπό τά ἔγγραφα γερμανικῶν Ὑπηρεσιῶν, ἀλλά καί σέ δικά μας, ἔμφαση δίδεται στήν προαγωγή τῆς οἰκονομικῆς ἀνάπτυξης καί τῆς κοινωνικῆς συνοχῆς τῆς Κρήτης, ὅπως δηλώνει καί ὁ ἀρχικός τίτλος πού ἔδωσα στό ἐγχείρημα: *Ἰνστιτοῦτο γιά τήν Προαγωγή τῆς Κοινωνικῆς Συνοχῆς καί τῆς Οἰκονομικῆς Ἀνάπτυξης στήν Κρήτη* (πρβλ. 17-4-1962), ἀντί τοῦ γενικοῦ καί θεωρητικοῦ ὅρου *Ἀκαδημία*. Τοῦτο ὀφείλεται κυρίως στό γεγονός ὅτι ὁ ἐκκλησιαστικός φορέας πού διαχειρίσθηκε τήν ὑπόθεσή μας, δηλαδή ἡ *Evangelische Zentralstelle für Entwicklungshilfe (EZE)* - *Εὐαγγελική Κεντρική Ὑπηρεσία Βοηθείας Ἀναπτύξεως* - ἐλάμβανε τά χρήματα ἀπό τό Ὁμοσπονδιακό Ὑπουργεῖο Οἰκονομικῆς Συνεργασίας καί Ἀναπτύξεως[2], τό ὁποῖο παρεῖχε χο-

---

[2] Πρῶτος Ὑπουργός τοῦ νεοσύστατου αὐτοῦ Ὑπουργείου, ὁ ὁποῖος ἔθεσε τήν ὑπογραφή του καί στήν ἀπόφαση γιά τή χορηγία ὑπέρ τῆς Ἀκαδημίας μας, ἦταν ὁ Walter Scheel, πού ἡγήθηκε τοῦ Ὑπουργείου αὐτοῦ ἀπό τή σύστασή του τό 1961 μέχρι τό 1966. Ἀργότερα (1974-1979) ὑπηρέτησε ὡς Πρόεδρος τῆς Ὁμοσπονδιακῆς Δημοκρατίας τῆς Γερμανίας.

ρηγίες σχεδόν ἀποκλειστικά σέ ὑπό ἀνάπτυξη χῶρες τοῦ λεγόμενου Τρίτου Κόσμου. Μιά ἀπό τίς πρῶτες δυσκολίες πού ἀντιμετωπίσαμε ἦταν τό γεγονός ὅτι ἡ Ἑλλάδα δέν ἀνῆκε στήν κατηγορία αὐτῶν τῶν χωρῶν. Ἔπρεπε λοιπόν καί ἀπό τήν πλευρά μας νά δοθεῖ ἔμφαση στήν ἀντιμετώπιση τῆς φτώχειας τοῦ τόπου μας, ὁ ὁποῖος ἀπεῖχε μέν πολύ ἀπό τό ἐπίπεδο τῶν ὡς ἄνω χωρῶν, ἔπασχε ὅμως καί αὐτός ἀπό τριτοκοσμικές καταστάσεις. Ἄλλωστε, τά πλεῖστα τῶν Ἱδρυμάτων τῆς Μητροπόλεως Κισάμου καί Σελίνου καί πολλές ἀπό τίς ἄλλες ἐργώδεις δράσεις τοῦ Ἐπισκόπου, μετέπειτα Μητροπολίτου Κισάμου καί Σελίνου Εἰρηναίου, ἀνάγκες φτωχῶν ἀνθρώπων ὑπηρετοῦσαν καί στή βελτίωση ὄχι μόνο τοῦ πνευματικοῦ, ἀλλά τοῦ ἐν γένει βιοτικοῦ ἐπιπέδου τοῦ ποιμνίου του ἀπέβλεπαν. Ὁρισμένα κείμενα, πού δέν ἀναφέρονται εὐθέως στήν Ἀκαδημία, θά μποροῦσαν νά εἶχαν παραλειφθεῖ. Τά παραθέτω, ὡστόσο, εἴτε ἐπειδή ἔχουν κάποιο ἐνδιαφέρον γιά τήν Κρήτη ἤ γενικότερα γιά τή χώρα μας, εἴτε ἐπειδή βοηθοῦν τόν ἀναγνώστη νά σχηματίσει μιά ἔστω καί ἀμυδρή εἰκόνα τῆς ἀτμόσφαιρας, τῶν περιστάσεων, τῶν συνθηκῶν καί προβληματισμῶν πού προηγήθηκαν τῆς ὡς ἄνω δεκαετίας ἤ συνόδευαν τίς προσπάθειες γιά τήν Ἀκαδημία.

Σέ μερικά ἀπό τά ἔγγραφα αὐτά, κυρίως σέ ἐκεῖνα τοῦ κορμοῦ, θά παρατηρήσει κανείς τήν ἐκ μέρους μου διακριτική μέν, πλήν σαφῆ ἀναφορά στά δεινά τῆς γερμανικῆς κατοχῆς, γιά τά ὁποῖα, ὅπως ἐπέμενα νά παρατηρῶ καί σέ πολλές συζητήσεις μου, εἶχαν ὑποχρέωση οἱ Γερμανοί νά χαράξουν στήν Κρήτη μικρά ἔστω σημάδια μετάνοιας, συγγνώμης, ἐξιλασμοῦ. Θετικό ρόλο ἔπαιξε στίς διαπραγματεύσεις μας καί ἡ φιλοξενία στή Μονή Γωνιᾶς τῶν ὀστῶν τῶν πεσόντων στήν Κρήτη Γερμανῶν μέχρι τή διαμόρφωση τοῦ Νεκροταφείου τους στό Μάλεμε, ὅπως καί ἡ εὐνοϊκή γιά τίς διεκκλησιαστικές σχέσεις ἀτμόσφαιρα πού εἶχε δημιουργήσει στό μεταξύ ἡ Οἰκουμενική Κίνηση, προπαντός στό χῶρο τῆς διεκκλησιαστικῆς βοήθειας, στήν ὁποία εἶχαν προσφύγει τότε οἱ περισσότερες Ἱ. Μητροπόλεις τῆς χώρας μας, ὅπως καί ἄλλων χωρῶν. Θά διαπιστώσει ὅμως ὁ ἀναγνώστης καί τό ἀντίθετο: Ἀντιλήψεις καί προκαταλήψεις πού ἔπρεπε νά ἀντιμετωπισθοῦν, νοοτροπίες ἑκατέρωθεν πού χρειάσθηκαν ἐξισορρόπηση, καθώς καί ἀνελαστικούς κανόνες πού ἔπρεπε νά τηρηθοῦν μέ εὐλάβεια, τέλος δέ ἄκρως κρίσιμες στιγμές, γιά τίς ὁποῖες ἀποφασιστικός ὑπῆρξε ὁ ρόλος τῆς ἐπιμονῆς, τῆς καλῶς νοούμενης διπλωματίας, μάλιστα δέ ἡ παρουσία τοῦ Ἐπισκόπου μας, ἡ χαρισματική προσωπικότητα τοῦ ὁποίου ἔγινε εὐρύτερα γνωστή καί σεβαστή στό ἐξωτερικό κατά τή διάρκεια τῶν ἀγώνων ἐκείνων γιά τήν Ἀκαδημία καί γιά ἄλλες ἀνάγκες τῆς τοπικῆς μας Ἐκκλησίας. Ἐννοεῖται ὅτι καί ὅσα ἀκολουθοῦν μέρος μόνον τοῦ ὅλου διασώζουν καί ἀπεικονίζουν. Ἀφ' ἑνός ἐπειδή δέν εἶχα στή διάθεσή μου ὅλα ἀνεξαιρέτως τά σχετικά ἔγγραφα, καί ἀφ' ἑτέρου ἐπειδή, ἀκόμη καί ἄν εἶχαν προστεθεῖ καί αὐτά, τό ὅλον θά παρέμενε ἀσυγκρίτως εὐρύτερο. Στό ὅλον τοῦ ὁράματος καί τῆς μεταποίησής του σέ ἀπόφαση, σχεδιασμό καί ἐφαρμογή ἀνήκουν ἀμέτρητες προφορικές συζητήσεις πού ἔγιναν τηλεφωνικῶς ἤ πρόσωπο πρός πρόσωπο μέ τόν Ἐπίσκοπο/Μητροπολίτη Εἰρηναῖο, ἀλλά καί μέ πολλά ἄλλα πρόσωπα κυρίως στό ἐξωτερικό, συσκέψεις χωρίς τήρηση Πρακτικῶν, ἐπίσημες παραστάσεις, ταξίδια καί ἄλλα πολλά.

Ἡ χωρίς προκατάληψη ἀνάγνωση τοῦ παρόντος πονήματος θά ὁδηγήσει στή διαπίστωση ὅτι ἡ γένεση τῆς Ὀρθοδόξου Ἀκαδημίας Κρήτης πέρασε ἀπό «χίλια μύρια κύματα», πού -μέ τή χάρη τοῦ Θεοῦ- δέν κατέπνιξαν τήν ἰδέα καί δέν ἀποδυνάμωσαν τήν πίστη στή χρησιμότητα τοῦ Ἱδρύματος γιά τήν Ἐκκλησία καί τόν τόπο. Τό πόνημα τοῦτο ἀπευθύνεται πρώτιστα σέ ὅσους ἀναλαμβάνουν κατά καιρούς τήν εὐθύνη λειτουργίας τῆς Ὀρθοδόξου Ἀκαδημίας Κρήτης· ἡ γνώση τοῦ πόθεν ἔρχεται τό Ἵδρυμα εἶναι ἀσφαλής ὁδηγός γιά τό ποῦ καί πῶς ὀφείλει κατά χρέος νά ὑπάγει!

Ὅ,τι κατατίθεται ἐδῶ ἀποτελεῖ ἔκφραση ὀφειλόμενης βαθύτατης εὐγνωμοσύνης πρός ὅλους ἐκείνους τούς ἀνθρώπους, πού, μέ ὅποιο τρόπο ὁ καθένας, προσέλαβαν τό ὅραμα καί συνέβαλαν στήν πραγμάτωσή του. Βέβαια, ὅποιος θέλει, μπορεῖ νά διαβάσει αὐτό τό κείμενο καί σάν παραμύθι. Δέν πειράζει. Κάπου κάπου ἔτσι τό αἰσθάνομαι καί ἐγώ. Θυμοῦμαι, ἄλλωστε, τί μᾶς εἶπε ὁ Ν. Λούβαρις, ὅταν ἐπισκέφθηκε τήν Ἐκκλησιαστική Σχολή Κρήτης:

«Παιδιά μου, ἦλθα νά σᾶς πῶ ἕνα παραμύθι,
γιατί μέ τά παραμύθια ἐξηγεῖται τό μυστήριο τῆς ζωῆς!».

ΚΕΦΑΛΑΙΟΝ Α΄- ΕΙΣΑΓΩΓΙΚΑ

Ορθόδοξος Ἀκαδημία Κρήτης

Ἐκπρόσωπος τῆς Ἱερᾶς Ἐπαρχιακῆς Συνόδου τῆς Ἐκκλησίας Κρήτης {στό Δ.Σ. τῆς ΟΑΚ}: Ὁ Σεβ. Μητροπολίτης Κυδωνίας καί Ἀποκορώνου κ. Δαμασκηνός. **Ἀναπληρωτής:** Ὁ Σεβ. Μητροπολίτης Ρεθύμνης καί Αὐλοποτάμου κ. Εὐγένιος.

Ἱστορική Ἀναδρομή

Η εκλογή και ενθρόνιση (1957) του Αρχιμανδρίτου Ειρηναίου (Γαλανάκη) ως Επισκόπου Κισάμου καί Σελίνου (Κρήτης) εσήμανε την απαρχή μιας δυναμικής προσπάθειας για ανακαίνιση του εκκλησιαστικού βίου, της μαρτυρίας καί της διακονίας της Εκκλησίας σε πολλά επίπεδα. Στα πλαίσια της προσπάθειας αυτής ο Επίσκοπος (μετέπειτα Μητροπολίτης) Ειρηναίος καί ο μαθητής του Αλέξανδρος Κ. Παπαδερός συνεργάσθηκαν εντατικά κατά τα πρώτα χρόνια της δεκαετίας του 1960, προκειμένου να ετοιμασθεί η Ορθόδοξος Ακαδημία Κρήτης (ΟΑΚ) ως ιδέα καί τρόπος δράσης, ταυτόχρονα δε να εξασφαλιστούν οι αναγκαίοι πόροι. Για την ανέγερση των πρώτων εγκαταστάσεων της ΟΑΚ η παρακείμενη ιστορική Ιερά Μονή Γωνιάς διέθεσε έκταση 60 στρεμμάτων σε φυσικό περιβάλλον που έχει χαρακτηριστεί με Διάταγμα ως «εξαιρέτου κάλλους». Οι οικοδομικές εργασίες άρχισαν το 1965 με την οικονομική βοήθεια που πρόσφερε η Evangelische Zentralstelle für Entwicklungshilfe/Bonn, μια Υπηρεσία της Ευαγγελικής Εκκλησίας της Γερμανίας, που θέλησε με τη συνδρομή αυτή να δοθεί στον Κρητικό λαό ένα σημάδι μετάνοιας καί καταλλαγής σε έναν τόπο έντονα δεμένο με τη Μάχη της Κρήτης (1941) καί την Αντίσταση και με βαρύτατες θυσίες για την ελευθερία καί την ανθρώπινη αξιοπρέπεια. Το έργο της ανέγερσης στήριξαν, εκτός από την Ι. Μητρόπολη Κισάμου καί Σελίνου, οι τοπικές Αρχές καί άνθρωποι της περιοχής.

Από την Πολιτεία η ΟΑΚ αναγνωρίστηκε ως «θρησκευτικό - κοινωφελές καθίδρυμα» με το καθεστώς Νομικού Προσώπου Ιδιωτικού Δικαίου (Ν.Π.Ι.Δ), σύμφωνα με τη Συστατική Πράξη των ως άνω (Συμβολαιογραφείο Κολυμπαρίου Χανίων, Πράξις 12.419/19-1-1970), η οποία κυρώθηκε με το Β. Διάταγμα υπ' αριθμ. 838/31-12-1970, ΦΕΚ 29, τ. Α΄). Με μεταγενέστερη απόφαση της Πολιτείας η ΟΑΚ αναγνωρίστηκε επίσης ως Μη-Κυβερνητική Οργάνωση (NGO). Το Ίδρυμα εργάζεται στα πλαίσια της Ι. Μητροπόλεως Κισάμου καί Σελίνου και της Εκκλησίας της Κρήτης, η οποία έχει ημιαυτόνομο καθεστώς εντός της δικαιοδοσίας του Οικουμενικού Πατριαρχείου. Πνευματικός προστάτης της ΟΑΚ είναι ο Οικουμενικός Πατριάρχης, το όνομα του οποίου μνημονεύεται σε κάθε ιεροτελεστία στο Ίδρυμα.

Τα **εγκαίνια** της ΟΑΚ έγιναν στις 13 Οκτωβρίου 1968 με συμμετοχή εκπροσώπων όλων των Ορθοδόξων Εκκλησιών, άλλων χριστιανικών παραδόσεων και Οργανισμών, των Πανεπιστημίων της χώρας και πλήθους λαού. Στην τότε καταναγκαστική ατμόσφαιρα του μονολόγου η Εκκλησία, διά της Ορθοδόξου Ακαδημίας, αντέταξε τον δ ι ά λ ο γ ο. Η στήριξη του Ιδρύματος από τον λαό υπήρξε ομόθυμη από την αρχή και διηνεκώς.

Στις 12 Νοεμβρίου 1995 ο Παναγιώτατος Οικουμενικός Πατριάρχης Βαρθολομαίος εγκαινίασε το δεύτερο κτήριο της ΟΑΚ, με το οποίο το Ίδρυμα αναδείχτηκε σε ένα από τα πιο άρτια Συνεδριακά Κέντρα της Ελλάδας. Το κτήριο αυτό χρηματοδοτήθηκε από την Ευρωπαϊκή Ένωση και το Ελληνικό Δημόσιο.

(Ἱστοσελίδα Ἱ. Ἀρχιεπισκοπῆς Κρήτης, 2013)

ΟΡΘΟΔΟΞΟΣ ΑΚΑΔΗΜΙΑ ΚΡΗΤΗΣ

Αὕτη ἱδρύθη ὑπό τῶν Σεβ. Μητροπολίτου πρώην Κισάμου καί Σελίνου κ. Εἰρηναίου καί τοῦ Ἐντιμολ. Δρος Ἀλεξάνδρου Παπαδεροῦ, Ἄρχοντος Ὑπομνηματογράφου τῆς Ἁγίας τοῦ Χριστοῦ Μεγάλης Ἐκκλησίας... Πρόεδρος: Ὁ Σεβ. Μητροπολίτης Κισάμου καί Σελίνου κ. Ἀμφιλόχιος.[3]

(Ἱστοσελίδα Ἱ. Μητροπόλεως Κισάμου καί Σελίνου, 2013 - παραπομπή ἀπό τήν Ἱστοσελίδα τοῦ Οἰκ. Πατριαρχείου. Πρβλ. Ἡμερολόγιον τοῦ Οἰκουμενικοῦ Πατριαρχείου ἔτους 2013, σελ. 707)

---

[3] Τήν ἰδιότητα τοῦ Γενικοῦ Διευθυντῆ τῆς Ἀκαδημίας εἶχα ἀπό 1-2-1963 (σύσταση τῆς Ἐπιτροπῆς Ἱδρύσεως τῆς Ἀκαδημίας) μέχρι 31-12-2008 (παραίτηση).

ΜΕΡΟΣ Α΄

ΕΚΚΛΗΣΙΑΣΤΙΚΗ ΚΑΙ ΘΕΟΛΟΓΙΚΗ ΣΧΟΛΗ

1. Ἐκκλησιαστική Σχολή Κρήτης

Ἡ πρόνοια τοῦ Θεοῦ εὐδόκησε νά εἶμαι ἕνας ἀπό τούς μαθητές πού, ὕστερα ἀπό γραπτές εἰσαγωγικές ἐξετάσεις τόν Δεκέμβριο τοῦ 1945 στό ἱστορικό Α΄ Γυμνάσιο Χανίων, ἀποτελέσαμε τήν πρώτη τάξη τῆς Ἐκκλησιαστικῆς Σχολῆς Κρήτης, ὅταν αὐτή ἐπαναλειτούργησε ἀπό τόν Ἰανουάριο τοῦ 1946 καί ἑξῆς, ἀρχικά στήν Ἱ. Μονή Χρυσοπηγῆς καί στή συνέχεια στήν παραδοσιακή της κοιτίδα, τήν Ἱ. Μονή τῆς Ἁγίας Τριάδος Χανίων. Ἡ μαθητεία στή Σχολή ἦταν ἑπταετής.

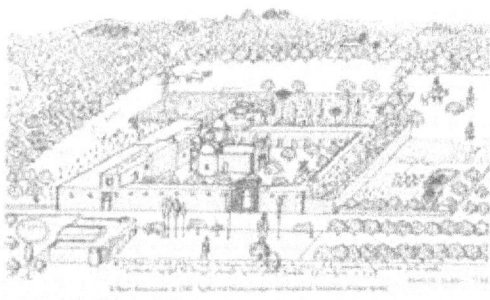

Ἔργον Ἀθαν. Κουφέλη

Φωτ.: προσφορά τῶν Ἱ. Μονῶν Ἁγ. Τριάδος καί Χρυσοπηγῆς.

Ὅπως συμβαίνει σέ ὅλα τά σχολεῖα, ἰδιαίτερα σέ συστήματα καί περιβάλλοντα κλειστῆς διαβίωσης καί ἀγωγῆς, διαμορφώθηκαν καί ἐδῶ ποικίλες σχέσεις. Γενικά ἦταν σχέσεις σεβασμοῦ ἀπό τήν πλευρά μας, τόσο πρός τούς πατέρες τῆς Μονῆς ὅσο καί, κυρίως, πρός τούς δασκάλους μας, μέ διαβαθμίσεις βέβαια, ἐνίοτε καί μέ κάποιες παροδικές ἀντιπάθειες.

Σεβαστός καί ἀγαπητός ὁ Διευθυντής τῆς Σχολῆς Πέτρος Μαράκης.

Απ, π. Ἰερεμίας, Ἐμμ.Ζαχαριουδάκης, Ἰωάν. Θυμιανός.

Ὁ Ἀρχιμανδρίτης Εἰρηναῖος Γαλανάκης ἦλθε στή Μονή τῆς μετανοίας του καί προστέθηκε στό διδακτικό προσωπικό τῆς Σχολῆς ἀπό τήν ἀρχή τοῦ σχολικοῦ ἔτους 1947/48 μέ τήν ἰδιότητα τοῦ Ὑποδιευθυντῆ. Δέν ἄργησε καθόλου νά κατακτήσει τίς καρδιές ὅλων ἀνεξαιρέτως τῶν παιδιῶν τῆς Κρήτης πού βρήκαμε στή Σχολή στέγη, τροφή ὑλική καί πνευματική, ἀλλά καί πατρική θαλπωρή στό ἱερό περιβάλλον τῆς ἱστορικῆς ἱερᾶς Μονῆς Ἁγ. Τριάδος στό Ἀκρωτήρι Χανίων, ὅπου, ἐκτός ἀπό τούς Καθηγητές μας, εὐεργετικά παρόντες στήν καθημερινή ζωή μας ἦταν καί οἱ πατέρες τῆς Μονῆς.

1948. Τρίτη τάξη τῆς Σχολῆς. Πίσω ἀριστερά ὁ πολυσέβαστος Ἱερομόναχος Δαμασκηνός. Στή μέση τῆς πρώτης σειρᾶς: Ἐ. Φουρναράκης, Ἀπ, Ἰ. Θυμιανός

2. Ἐπιστολές Εἰρηναίου

Εἰρηναῖος πρός Απ - Πρῶτες ἐπιστολές
Ἕνα γράμμα τοῦ Εἰρηναίου, πρῶτο ἀπό τά πρός ἐμέ σωζόμενα, ἀντικατοπτρίζει αἰσθήματα, ἔγνοιες, προοπτικές, ὅπως καί ὅσα δημοσιεύονται στή συνέχεια. Σέ αὐτά μαρτυρεῖται ἡ διαδρομή τοῦ πνευματικοῦ μας δεσμοῦ. Τά σταθερά της γνωρίσματα παραμένουν λίγο πολύ ἀναλλοίωτα, οἱ χρόνοι ὅμως καί οἱ καιροί ἐπιθέτουν βέβαια τό δικό τους στίγμα, ὅπως εἶναι φυσικό. Ἡ πατρική παραίνεση κυριαρχεῖ στίς ἐπιστολές του πού ἔλαβα κατά τά δύο τελευταῖα χρόνια τῆς φοίτησής μου στήν Ἐκκλησιαστική Σχολή καί κατά τίς θεολογικές σπουδές μου στή Θεσσαλονίκη. Εἶναι χειρόγραφες. Ἡ γραφή του εἶναι βιαστική, συχνά δυσανάγνωστη. Κάποιες λέξεις δέν ὁλοκληρώνονται. Ἀκολουθεῖ τό πολυτονικό σύστημα, χωρίς αὐστηρή ὀρθογραφική συνέπεια-προφανῶς ἐξ αἰτίας τῆς συνήθους βιασύνης, τῆς κόπωσης, ἀλλά καί τῆς οἰκειότητας μέ τόν παραλήπτη. Ὅταν θέλει νά δοθεῖ ἔμφαση σέ κάτι, τό γράφει μέ κόκκινο χρῶμα ἤ τό ὑπογραμμίζει, συνήθως μέ κόκκινο ἐπίσης. Ὅταν αἰσθάνεται πώς πρέπει νά ἐκφρασθεῖ μέ αὐθεντική ἐπισημότητα, προκρίνει καθαρευσιάνικη διατύπωση. Ὅπου κρίθηκε ἀναγκαῖο, ἔγινε σχετική γραμματική / γλωσσική ἐξομάλυνση στίς δημοσιευόμενες ἐπιστολές τοῦ Εἰρηναίου.

Δικά μου γράμματα πρός Εἰρηναῖον κατά τή διάρκεια τῶν σπουδῶν μου στήν Ἑλλάδα ὑπῆρξαν βέβαια, δυστυχῶς ὅμως δέν βρέθηκαν. Δέν εἴχαμε τίς σημερινές δυνατότητες δημιουργίας καί φύλαξης ἀντιγράφων. Οὔτε βέβαια καί τήν πρόβλεψη ὅτι κάποτε θά μποροῦσαν νά χρειασθοῦν. Ἐνδέχεται νά ὑπάρχουν κάποια στά κατάλοιπα τοῦ Ἐπισκόπου, νά γίνουν προσιτά καί νά ἀξιοποιηθοῦν ἐν καιρῷ πρός συμπλήρωση, βελτίωση ἤ καί ἐπεξήγηση κάποιων σημείων. Τοῦτο ἰσχύει ὡς εὐχή καί παράκληση καί γιά τήν περίοδο τῆς παραμονῆς μου στή Γερμανία, ὅπως καί γιά τό σύνολο τῆς παρούσας μελέτης.

Κατά τή διάρκεια τῆς στρατιωτικῆς θητείας μου (1957-58) ἡ ἀλληλογραφία δέν ἦταν συνήθης ἀπασχόληση. Ὁ Εἰρηναῖος, ἐξάλλου, πολυάσχολος ἀνέκαθεν, βρέθηκε ἀπό τήν ἀρχή τῆς ἐπισκοπικῆς του διακονίας (Δεκέμβριος 1957) ἐνώπιον μυρίων ζητημάτων, πού ἀπαιτοῦσαν τήν προσοχή καί τή δράση του. Κατά διαστήματα ὑπῆρχε τηλεφωνική ἐπικοινωνία μας. Ὅταν ὅμως πῆγα στή Γερμανία καί μάλιστα ὅταν δρομολογήθηκε ἡ διαδικασία προετοιμασίας τῆς Ἀκαδημίας, ἡ ἐπικοινωνία ἔγινε τακτική. Καί πάλιν ὅμως ἀπό τήν πλευρά μου δέν ὑπῆρξαν πολλά γράμματα, καί ἀπό ὅσα ἔγραψα στόν Ἐπίσκοπο (ἡ λήψη μερικῶν βεβαιώνεται σέ δικά του ἀπαντητικά) μόνον ὀλίγων ἀντίγραφα βρέθηκαν στό Ἀρχεῖο μου. Σπάνια ξανάγραφα χειρόγραφες ἐπιστολές μου γιά νά κρατήσω ἀντίγραφο. Γραφομηχανή ἄργησα νά μάθω. Γενικά, προτιμοῦσα τότε νά χρησιμοποιῶ περισσότερο τό τηλέφωνο καί λιγότερο τή γραφίδα. Ἐνίοτε μοῦ τηλεφωνοῦσε καί ὁ Εἰρηναῖος. Σημειώσεις ἀπό τηλεφωνικές ἐπικοινωνίες μας σπανίζουν ἐπίσης.

30-11-1951 ΑΑπ
Εἰρηναῖος (Παρίσι) πρός Απ (Ἁγ. Τριάδα)
Ὁ Εἰρηναῖος εἶναι μέ ὑποτροφία καί ἐκπαιδευτική ἄδεια γιά μετεκπαίδευση στή Γαλλία - στή Λίλλη πρῶτα καί μετά στό Παρίσι. Στή σκέψη, στήν προσευχή καί στή νοσταλγία του βρίσκονται συχνά ἡ Ἐκκλησιαστική Σχολή Κρήτης καί οἱ μαθητές του.

«Ἀγαπητό μου παιδί Ἀλέκο,
Τό γράμμα σου πῆρα τώρα καί ἀρκετές μέρες ἀλλά μόλις τώρα μπορῶ νά σοῦ ἀπαντήσω. Εὐχαριστῶ γιά τά αἰσθήματά σου πρός ἐμένα. Δέν εἶναι ἀνάγκη νά σοῦ ἐξηγήσω πόσο μεγάλο καί ὡραῖο νοιώθω τό δεσμό μου μέ ὅλους ἐσᾶς πού ἑτοιμάζεσθε νά δοθῆτε σέ ὡραῖα πνευματικά ἔργα.

Ἔρχονται στιγμές πού δέ βρίσκω τίποτε ἄλλο νά λογαριάσω στή ζωή μου παρά μόνο ἐσᾶς τά παιδιά μου. Ἐσεῖς παίρνετε μέσα στή σκέψη καί στήν καρδιά μου τό μέρος ἐκεῖνο πού γιά ἄλλους εἶναι γεμάτο ἀπό ἀγαθά, συμφέροντα καί δόξες. Δέν ἔχω ἄλλο ὄνειρο παρά νά σᾶς ἑτοιμάσω καί νά σᾶς προσφέρω σέ Κεῖνον πού ζητᾶ τίς ὄμορφες ψυχές. Μόνο ὁ Θεός ξέρει πόσο θλίβομαι καί ὑποφέρω ἐδῶ μακριά ἀπό τό ἔργο μου αὐτοῦ, ἕνα ἔργο πού μέ κούραζε ἀπό τό ἕνα μέρος ἀλλά καί πού μοῦ χάριζε τή μοναδική μου εὐτυχία. Παρακαλῶ τό Θεό νά εὐλογήσῃ κι αὐτούς μου τούς μόχθους. Ζοῦμε σέ μιά ἐποχή, παιδί μου, πού ἡ Ἐκκλησία ἔχει μιά ξεχωριστή ἱστορική ἀποστολή στή σωτηρία τοῦ κόσμου κι αὐτό μᾶς ὑποχρεώνει νά ἑτοιμαστοῦμε καλύτερα γιά νά ἀντιμετωπίσωμε τά σύγχρονα καθήκοντα τοῦ Χριστιανισμοῦ. Αὐτοῦ κάτω ζοῦμε στό μικρό νησί μας πλιό εὐτυχεῖς ἴσως ἀπό ὁπουδήποτε ἀλλοῦ. Ὅμως δέ μποροῦμε νά παρακολουθήσωμε τήν ἀγωνία καί τήν ὀδύνη τοῦ κόσμου πού συντρίβεται καί ζητᾶ φῶς καί σωτηρία. Κι εἴμεθα ἐμεῖς πού πρέπει νά τοῦ δώσουμε αὐτό τό φῶς. Καθήκοντα λοιπόν καί εὐθύνες.

Ἴσως αὔριο μεθαύριο νά βρεθῶ καί γώ ὁ ἴδιος πλιότερα δοσμένος στά καθήκοντα αὐτά καί θἆναι μεγάλη ἡ χαρά μου νἄχω ἐσᾶς τούς Μαθητάς μου συνεργούς καί βοηθούς μου. (b-Απ).

Μέ εὐχαριστεῖ ἡ ἐργασία σου στό χωριό πού πηγαίνεις {συνήθως τά Κουνουπιδιανά Ἀκρωτηρίου γιά κήρυγμα καί κατηχητικό}. Ἀρχίζοντας ἀπό τώρα τό Ἀποστολικό αὐτό ἔργο ἔχεις νά ὠφεληθῆς πολλά. Πρόσεχε μόνο γιατί στά χωριά δημιουργοῦνται εὔκολα παρεξηγήσεις. Νά μήν ἀμελῆς τά μαθήματά σου ὡστόσο, νά ἑτοιμάζεσαι γιά τό Πανεπιστήμιο κι ὥς τόν ἐρχόμενο Σεπτέμβριο θά δοῦμε μέ ποιό τρόπο θά μείνης στήν Ἀθήνα. Μπροστά στά μεγάλα καί ὡραῖα ὄνειρα ὅλα τά ἐμπόδια παραμερίζουν. Νά πῆς σ' ὅλα τά παιδιά τίς εὐχές καί τήν ἀγάπη μου. Εὐχαριστῶ τόν {Μιχάλη} Γιγουρτάκη καί θά τοῦ γράψω ἀργότερα.

Στήν ἐρχόμενη "Ἀναγέννηση" θά ἔχετε ἕνα δικό σας ὡραῖο γράμμα.[4]

Μέ εὐχές καί ἀγάπη
Εἰρηναῖος Γ λ».

3. Σταυροδρόμια καί διλήμματα

Στή διάρκεια τοῦ τελευταίου σχολικοῦ ἔτους (1951-52) στήν Ἐκκλησιαστική Σχολή Κρήτης ἐντάθηκαν οἱ προβληματισμοί γιά τό ἐπόμενο βῆμα μου. Ὑπῆρχαν διάφορες ἐπιλογές:

- *Γάμος καί χειροτονία*. Ὁ μακαριστός Κυδωνίας καί Ἀποκορώνου Ἀγαθάγγελος, ἀπό περισσή ἀγάπη πρός τό πρόσωπό μου κινούμενος, εἶχε ἐπιλέξει γιά μένα καί παπαδιά καί ἐνορία. Ὑπό τήν πίεση τῆς φτώχειας μας ὑπῆρχε ἡ πρός τοῦτο συγκατάθεση γονέων, ἀδελφῶν καί συγγενῶν μου.

- *Ἱερά Θεολογική Σχολή τῆς Χάλκης* - ὁ μακαριστός Κισάμου καί Σελίνου Εὐδόκιμος εἶχε προετοιμάσει τά πάντα.

- *Θεολογικές σπουδές στήν Ἑλλάδα* - ὄνειρο μακρινό, ἐλλείψει πόρων.

Ὁ δάσκαλος ἀπό τό Παρίσι ὅμως σκιαγραφοῦσε προοπτικές, ἔδειχνε τό δρόμο: «Νά μήν ἀμελῆς τά μαθήματά σου ὡστόσο, νά ἑτοιμάζεσαι γιά τό Πανεπιστήμιο κι ὥς τόν ἐρχόμενο Σεπτέμβριο θά δοῦμε μέ ποιό τρόπο θά μείνης στήν Ἀθήνα. Μπροστά στά μεγάλα καί ὡραῖα ὄνειρα ὅλα τά ἐμπόδια παραμερίζουν».

---

[4] «Δοθῆτε στίς ὡραῖες περιπέτειες τοῦ Σταυροῦ», Παρίσι, 3-12-1951, ΑΝΑΓΕΝΝΗΣΙΣ 99 (1-1-1952, σελ. 1574-77). Πρβλ. Εἰρηναίου Γ. Γαλανάκη..., Γράμματα στους μαθητές μου, Ἔκδοση Ἐκκλησιαστικοῦ Γυμνασίου-Λυκείου Κρήτης, Ἅγ. Ματθαῖος Χανίων 2013, σελ. 28-38. Τό γράμμα κλείνει μέ τήν προτροπή: «*Ἄν ἔχετε λοιπόν καί σεῖς περίσσια δύναμη, ἄν τίς ψυχές σας πλημμυρίζουν ὄνειρα καί πόθοι καί θέλετε σά νέοι νά δοθῆτε σέ περιπέτειες κι' ἀγῶνες, δοθῆτε στίς μεγάλες καί ἅγιες περιπέτειες τοῦ Σταυροῦ*».

Στίς κορφές τῆς Κρήτης

Τόν Ἰούνιο τοῦ 1952 ἐπέστρεψα στό φτωχικό σπιτικό μας στόν Λειβαδά τοῦ Σελίνου μέ τό Ἀπολυτήριο τῆς Ἐκκλησιαστικῆς Σχολῆς. Μέ τήν ἀγωνία τῆς ἐπιλογῆς ἄφησα τό χωριό καί πῆρα κατά πάνω τά βουνά. Ἤθελα ν' ἀναπνεύσω, ν' ἀγναντέψω πέρα ἀπό τόν ὁρίζοντα, νά ξαστερώσει τό μυαλό μου, νά κουβεντιάσω κατά μόνας μέ τήν ψυχή μου, ν' ἀφουγκραστῶ..., ν' ἀποφασίσω. Στίς νοτιοδυτικές κορυφές τῶν Λευκῶν Ὀρέων, κατά τήν *Ἀχλάδα*, ἔβοσκε τά πρόβατά του ὁ πρωτεξάδελφός μου Μανώλης Παπαδερός. Μέ καλοδέχτηκε, συμφωνήσαμε: Θά μέ ἀφήνουν ἀπερίσπαστο στήν ἐντατική μελέτη τῶν Λατινικῶν, πού δέν τά εἴχαμε στή Σχολή σέ ἰδιαίτερη ἐκτίμηση, ἦταν ὅμως ἕνα ἀπό τά ἐξεταστέα μαθήματα στίς γραπτές εἰσαγωγικές ἐξετάσεις στό Πανεπιστήμιο - γιά τήν περίπτωση πού θά ἔπαιρνα τό δρόμο γιά τή Θεσσαλονίκη. Θά κάνω λίγη ὥρα κάθε μέρα φροντιστήριο στόν γιό του, τόν Κωστή, καί θά μοιραζόμαστε τό φαγητό τους.

Καβαλάρης στίς κορφές τῆς Κρήτης, λοιπόν, τίς δαρμένες ἀπ' τόν Εὐρωκλύδωνα καί τούς ἄλλους ἀνέμους, τήν καμάρωνα ὡς ἦταν ἁπλωμένη ἀπ' Ἀνατολή σέ Δύση πάνω στά πελάγη κατά τό Βοριά καί τό Νότο νά βάνει ἀντισκάρι στά συνήθως ἄγρια κύματά τους, ἀνυπάκουη στήν προσταγή τους: *μέριασε... Κρήτη, νά διαβῶ*. Τήν καυτή λαμπρότητα τῆς ἡμέρας διαδεχόταν δροσάτη ἡ νύχτα μέ τήν ἀπεραντοσύνη τοῦ πολυέναστρου οὐρανοῦ. Ἦταν οἱ ἀτέλειωτες ὧρες τῆς ἀγρυπνίας καί τῆς ἱκεσίας: *Ποιό δρόμο νά διαλέξω, Κύριε· πρόσχες, ἐπίτελους, τῆς φωνῆς τῆς δεήσεώς μου!* Ἀπό τήν ὀδύνη τῆς σιγῆς ψυχανεμιζόμουν νά βγαίνει πάντα ἡ ἴδια ἀπόκριση: *Πολλές οἱ στράτες μπροστά σου, διάλεξε. Δικό σου τό χρέος!*

Διάλεξα! Πότε; Ὅταν μοῦ φέρανε ψηλά ἐκεῖ τό μαντάτο: Οἱ εἰσαγωγικές ἐξετάσεις στή Θεολογική Σχολή Θεσσαλονίκης θά γίνουν νωρίτερα ἀπό τήν προγραμματισμένη ἡμερομηνία. Ἄν θέλεις, βιάσου!

4. Θεολογική Σχολή Θεσσαλονίκης

Ὕστερα ἀπό ἕνα περιπετειῶδες ταξίδι ἔφθασα στή Θεσσαλονίκη, ὅπου μέ φιλοξένησαν ἀρχικά ὁ πρωτεξάδελφός μου Πέτρος Παπαδερός[5] καί ἡ σύζυγός του Ἑλένη. Μέ τή χάρη τοῦ Θεοῦ οἱ εἰσαγωγικές ἐξετάσεις πῆγαν καλά. Χάρηκε ὁ δάσκαλος:

---

[5] Ὁ Πέτρος ἦταν ἀδελφός τοῦ Μανώλη. Εἶχε τελειώσει τό Γυμνάσιο τῆς Παλαιόχωρας ὅταν ἄρχισε ἡ γερμανική κατοχή στήν Κρήτη καί τό Ἀντάρτικο στά χωριά μας. Ἀπό τήν Τρυπητή (ἐρημική ἀκτή ἀνατολικά τῆς Σούγιας Σελίνου, στό τέλος τοῦ ὁμώνυμου φαραγγιοῦ) ἔφυγε ἕνα βράδυ γιά τήν

12-10-1952 ΑΑπ
Εἰρηναῖος (Ἁγ. Τριάς⁶) πρός Απ (Θεσ.)
«Ἀγαπητέ μου Ἀλέκο,
Πῆρα τά τηλεγραφήματά σου καί εἶδα μέ μεγάλη μου χαρά τήν ἐπιτυχία σας {ἐννοεῖ τοῦ καταγόμενου ἀπό τά Χανιά Ἀπόστολου Παινεσάκη καί τή δική μου στίς εἰσαγωγικές ἐξετάσεις τῆς Θεολογικῆς Σχολῆς Θεσσαλονίκης}. Ἐδῶ εἶδα ἐπίσης καί τόν Ἀπόστολο ἀλλά τόν περιμένω νά μιλήσωμε κάποια ὥρα. Χθές πῆρα ἀκόμη ἕνα γράμμα ἀπό τόν κ. Σιώτη⁷ ὁ ὁποῖος μένει πολύ εὐχαριστημένος ἀπό τά ἀποτελέσματα τῶν ἐξετάσεών σας.

Εὔχομαι, παιδί μου, πάντα πρόοδο στά μαθήματά σας καί στή ζωή σας κοντά στό Χριστό. Ὕστερα ἀπό τίς ἐξετάσεις σας ἔρχεται τώρα τό ἄλλο πρόβλημα τῆς παραμονῆς σας αὐτοῦ. Περίμενα καί περιμένω ἀκόμη ἕνα γράμμα σου πού νά μοῦ ἐκθέτης τίς ἐνέργειές σου καί τά ἀποτελέσματα τῶν ἐνεργειῶν σου αὐτῶν σχετικῶς μέ τήν ἐξεύρεση ἐργασίας ἤ κάποιας βοηθείας ἐκ μέρους τοῦ Παναγιωτάτου Θεσσαλονίκης καί ἄλλων. Μήν δειλιάσης: Κτύπησε ὅλες τίς πόρτες πού μπορεῖς. Κάποια θά ἀνοίξη.

Ὁ κ. Σιώτης φαίνεται εὐχαριστημένος μαζί σας καί ἄν τοῦ περνᾶ θά σᾶς βοηθήση κάπου. Νά τόν ξαναδῆς καί νά τοῦ πῆς τά χαιρετίσματα καί τά εὐχαριστῶ μου γιά τήν ἐπιτυχία σας. Ἐδῶ ὁ Θεός φανέρωσε μιά μικρά φιλανθρωπία τήν ὁποίαν προορίζω γιά σᾶς. Θά περάσετε ἴσως ἕνα δυό μῆνες. Ὡστόσο κινηθῆτε αὐτοῦ πρός ὅλες τίς κατευθύνσεις. Ἐμεῖς ἐδῶ ξαναρχίζομε τό ἔργο μας μέσα ἀπό πολλές πικρίες καί παρεξηγήσεις ὅπως πάντα. Ἔχεις τίς εὐχές καί τήν ἀγάπη μου. Εἰρηναῖος».

Υ.Γ. «Φεύγοντας ἀπό δῶ πρόπερσι ἄφησα μιά μικρή Ῥητορική τοῦ Μεσολωρᾶ.⁸ Κάποιος μοῦ εἶπε

Μάρκος Σιώτης

Αἴγυπτο μέ τορπιλάκατο ἤ ὑποβρύχιο, δέν θυμοῦμαι, ἐκπαιδεύτηκε καί ὑπηρέτησε στήν Πολεμική Ἀεροπορία. Τό 1952 ὑπηρετοῦσε στήν Πολιτική Ἀεροπορία (Ἀεροδρόμιο Θεσσαλονίκης), συνταξιοδοτήθηκε ὡς Διευθυντής τοῦ Ἀεροδρομίου τοῦ Ἑλληνικοῦ. Μέ φιλοξένησε στό σπίτι του (Ὁδός Ἀποστόλου Παύλου) κατά τούς πρώτους, κρίσιμους μῆνες στή Θεσσαλονίκη.

⁶ Ἱ. Μονή Ἁγ.Τριάδος Ἀκρωτηρίου Χανίων, ἕδρα τῆς Ἐκκλησιαστικῆς Σχολῆς Κρήτης.

⁷ Μάρκος Σιώτης: Ὁ ἐκ Τήνου πολυσέβαστος Καθηγητής μου (1912-2003). Ἡ Θεολογική Σχολή Θεσσαλονίκης τόν εἶχε ἐκλέξει τόν Μάιο τοῦ 1951 παμψηφεί Τακτικό Καθηγητή τῆς Ἱστορίας τῶν χρόνων τῆς Καινῆς Διαθήκης καί τῆς Ἑρμηνείας τῆς Κ. Διαθήκης. Στή θέση αὐτή ὑπηρέτησε μέχρι τό τέλος τοῦ ἀκαδημαϊκοῦ ἔτους 1958-59, ὁπότε ἡ Θεολογική Σχολή Ἀθηνῶν τόν μετεκάλεσε ὁμόφωνα στήν ἴδια ἕδρα της. Μέλος τῆς Ἀκαδημίας Ἀθηνῶν, συμπαραστάτης μου καί φίλος σεβαστός καί γκαρδιακός διαβίου.

⁸ Ἰ. Ε. Μεσολωρᾶ, *Οἱ κυριώτεροι ὁρισμοί καί κανόνες τῆς Ἐκκλησιαστικῆς Ῥητορικῆς*, Ἐν Ἀθήναις 1923.

ὅτι τελευταῖος τήν εἶχες πάρει ἐσύ. Τή χρειάζομαι γιά τούς μαθητές τῆς Στ΄ τάξεως καί σέ παρακαλῶ, παιδί μου, νά μοῦ γράψης ἀμέσως ποῦ βρίσκεται.[9] Χαιρετισμούς στόν ξάδερφό σου κ. Παπαδερόν».

Μέ τή χάρη τοῦ Θεοῦ καί τήν πνευματική καί ὑλική στήριξη τοῦ Εἰρηναίου καί ἄλλων ἀνθρώπων, ἀλλά καί τήν ἐργασία μου, ὁλοκληρώθηκαν οἱ θεολογικές σπουδές μου στή Θεσσαλονίκη μέσα στό κανονικό χρονικό πλαίσιο (1952-1956). Ἀκολούθησε ἡ στρατιωτική θητεία μου (1957-1958). Ἦταν μιά πολλαπλῶς εὐλογημένη περίοδος τῆς ζωῆς μου.

5. Ἀπό τήν πορεία στή συνοδοιπορία

Τίς ἀπαρχές τῆς διαπροσωπικῆς σχέσης μου μέ τόν διδάσκαλο καί πνευματικό πατέρα Εἰρηναῖο στήν Ἐκκλησιαστική Σχολή καί τή σταδιακή ὡρίμανσή της κατά τίς σπουδές στή Θεσσαλονίκη ἀναπολῶ νοσταλγικά καί εὐγνωμόνως. Ἐκείνη ἡ ἀναστροφή, οἱονεί ὡς πορεία πρός ἀλλήλους, διαμορφώθηκε μετέπειτα ὡς διαχρονική μέν καί διαβίου μαθητεία παρά τῷ Ἐπισκόπῳ Εἰρηναίῳ, ταυτόχρονα δέ καί ὡς συνοδοιπορία πρός κοινούς στόχους, γιά τήν ἐπίμοχθη ἐνίοτε, πλήν ἀσφαλῆ προσέγγιση τῶν ὁποίων ἐγγύηση ἀποτελοῦσε ἡ σοφή καί ρηξικέλευθη προσωπικότητά του. Κάπου κάπου εἶχα τήν αἴσθηση πώς στή συμπόρευση αὐτή ὑπῆρχαν κάποια ἴχνη, ἀχνά ἔστω, ἐκείνης τῆς ἔμπλης ἀπό μυστήριο καί γοητεία συνοδοιπορίας πρός Ἐμμαούς (πρβλ. Λουκ. 24, 13 ἑξ.), μέ ἀόρατη, πλήν αἰσθητή τήν παρουσία Ἐκείνου, πού ὡς μυσταγωγός, ποδηγέτης καί ὁδοδείκτης κατά τίς μικρές μας ἤ μεγάλες καί «ἅγιες περιπέτειες τοῦ Σταυροῦ» ἐκράτυνε τήν ψυχή μας σέ στιγμές ἀδημονίας καί φώτιζε ἀνέλπιστες διεξόδους. Συχνά μιλούσαμε «πρός ἀλλήλους περί πάντων» ἤ ἀλληλογραφούσαμε στό πνεῦμα πού αὐτός ἤξερε νά ἐκφράζεται πορευόμενος καί κηρύττων «*αὐτόν ζῆν*».[10] Εἶναι ἀμέτρητες, ἐξάλλου, οἱ φορές πού αἰσθανθήκαμε τήν ἀνάγκη τῆς ἱκεσίας: «*μεῖνον μεθ' ἡμῶν, ὅτι ...κέκλικεν ἡ ἡμέρα*» - πλησιάζουν σκοτάδια! Ὅπως εἶναι ἀμέτρητες καί οἱ φορές πού ἐνώπιον ἐξόχως διλημματικῶν καταστάσεων, «*διηνοίχθησαν οἱ ὀφθαλμοί*» μας καί, θεία συνάρσει, «*ἐπεγνώσαμεν*» τό δέον γενέσθαι.

Κατά τήν περίοδο τῆς συμπόρευσής μου μέ τόν Εἰρηναῖο, στήν ὁποία ἀναφέρεται τό παρόν πόνημα, συναντήσαμε ἀνθρώπους πού μέ προθυμία καί ἀνιδιοτέλεια υἱοθέτησαν τό ὅραμα καί συνέπραξαν ἀποτελεσματικά στήν

---

[9] Ἔστειλα τό βιβλίο. Δυστυχῶς, τήν ἐποχή ἐκείνη δέν εἴχαμε τήν εὐχέρεια γιά ἀντίγραφα. Εἴθε κάποτε νά βρεθοῦν δικές μου ἐπιστολές στά κατάλοιπα τοῦ διδασκάλου.

[10] Βλ. τό βιβλίο τοῦ Εἰρηναίου, *Πορεῖες κι ἀλήθειες γιά τόν ἀγαπημένο μου Χριστό*, Ἀθῆναι 1954. Ἐπανεκδόσεις 1997, 2007.

πραγμάτωσή του. Φωτογραφίες καί βιογραφικά στοιχεῖα πού ἐμπεριέχονται στό κείμενο πού ἀκολουθεῖ δέν ἔχουν βέβαια βιογραφικές ἀξιώσεις. Ὑπηρετοῦν μόνο τή σχετική ἔστω γνωριμία τοῦ ἀναγνώστη μέ τά πρόσωπα ἀναφορᾶς καί τήν κατανόηση τῶν συνθηκῶν γενέσεως τοῦ ὁ ρ ά μ α τ ο ς , τοῦ τρόπου μέ τόν ὁποῖο τό διαχειριστήκαμε καί τῶν σχέσεων πού ἀναπτύχθηκαν μέ τούς συνοδίτες μας στήν πορεία πρός τήν πραγμάτωση του μέ τήν ἵδρυση καί λειτουργία τῆς Ὀρθοδόξου Ἀκαδημίας τῆς Κρήτης.

ΜΕΡΟΣ Β´

ΓΕΡΜΑΝΙΑ – ΣΠΟΥΔΕΣ ΚΑΙ ΔΡΑΣΕΙΣ
1958 – 1964

1. Ὑποτροφίες. Yale - Hamburg - Mainz

Ἡ συνέχιση τῶν σπουδῶν μου στό ἐξωτερικό ἦταν μιά ἐπιθυμία καί προοπτική πού καλλιεργήθηκε ἀπό νωρίς καί καθόρισε στόχους κατά τή διάρκεια τῶν  σπουδῶν στή Θεσσαλονίκη. Ἡ συστηματική σπουδή τῆς Γερμανικῆς γλώσσας στό ἐκεῖ Ἰνστιτοῦτο Γκαῖτε, ἀλλά καί τῆς Ἀγγλικῆς, ἐντάσσεται σ᾽ αὐτήν τήν προοπτική. Σχεδόν ἀμέσως μετά τήν ἀποπεράτωση τῶν σπουδῶν μου στή Θεσαλονίκη ἦρθε καί ἡ πρώτη ὑπόσχεση γιά χορηγία ὑποτροφίας ἀπό τό GRABMANN-INSTITUT, προκειμένου νά συνεχίσω τίς θεολογικές σπουδές μου στό Πανεπιστήμιο τοῦ Μονάχου (ἐπιστολή τοῦ Καθηγ. M. Schmaus ἀπό 11-12-1956). Ἔκρινα ὅμως ὅτι ἔπρεπε πρῶτα νά ἐκπληρώσω τίς στρατιωτικές ὑποχρεώσεις μου. Ἀργότερα πέρασα στήν Ἀθήνα ἀπό προφορική ἐξέταση (Καθηγ. Ἀμίλκας Ἀλιβιζάτος) γιά μεταπτυχιακές σπουδές στό ἐξωτερικό μέ ὑποτροφία τοῦ Παγκοσμίου Συμβουλίου Ἐκκλησιῶν (Π.Σ.Ε.). Ἀπό τή Γενεύη ἔλαβα γράμμα πού ἔλεγε ὅτι μοῦ χορηγήθηκε ὑποτροφία γιά τό περίφημο Πανεπιστήμιο τοῦ YALE τῆς Ἀμερικῆς. **Ἄν εἶχα ἀποδεχθεῖ αὐτήν τήν πολλά ὑποσχόμενη βέβαια ἐπιλογή χώρας καί πανεπιστημίου γιά μετεκπαίδευση, διαφορετική θά ἦταν ἀσφαλῶς ἡ πορεία τῆς ζωῆς μου καί τά πλεῖστα τῶν ὅσων ἀναγράφονται στό παρόν πόνημα δέν θά εἶχαν συμβεῖ!** (b-Απ).

Βασανιστικό παρέμενε, ὡστόσο, τό «*γερμανικό σύνδρομό*» μου: Ἡ δυσκολία νά κατανοήσω πῶς ὁ ἴδιος λαός πού ἔστειλε στόν τόπο μου - στό Σέλινο Χανίων - τόν αἱμοβόρο «χασάπη» Hans Wachter εἶχε γεννήσει ἐπίσης τόν Beethoven, τόν Goethe, τόν Rilke καί τόσους ἄλλους, γιά τούς ὁποίους μᾶς μιλοῦσε μέ ζέση στήν Ἐκκλησιαστική Σχολή ὁ Καθηγητής μας Ἀρχιμ. Εἰρηναῖος Γαλανάκης. Καί, παρά τήν ἔλξη πού ἀσκοῦσε ἡ εὐκαιρία μετοχῆς στό «ἀμερικανικό ὄνειρο» καί τή σαφῆ πιά τάση στούς ἀκαδημαϊκούς χώρους νά ἐπιλέγεται ὁλοένα καί περισσότερο ἡ Ἀμερική ἀντί τῆς Εὐρώπης γιά εὐρύτερες σπουδές, ζήτησα ἀπό τό Π.Σ.Ε. ἀλλαγή τόπου καί συγκεκριμένα τό Πανεπιστήμιο τοΰ Ἁμβούργου - αἴτημα πού ἱκανοποιήθηκε.

Γιατί τό Ἁμβοῦργο; Ἐπειδή ὑπῆρχε ἡ ἀκόλουθη προοπτική: Κατά τή διάρκεια τῶν σπουδῶν μου στή Θεσσαλονίκη συνδέθηκα περισσότερο μέ τόν Καθηγητή ἀείμνηστο Μάρκο Σιώτη, στενό φίλο τοῦ Εἰρηναίου, πού εἶχε μετεκπαιδευθεῖ στή Γερμανία. Ὁ Καθηγητής ἐγνώριζε τό ἐνδιαφέρον μου γιά τή Θρησκειολογία. Ὅταν λοιπόν μετακλήθηκε στή Θεολογική Σχολή Ἀθηνῶν, γνωστοποίησε τοῦτο σέ Καθηγητές τῆς Σχολῆς· πρώτιστα στόν κάτοχο τῆς ἕδρας τῆς Θρησκειολογίας Λεωνίδα Φιλιππίδη, ἀλλά καί στούς Ἀμίλκα Ἀλιβιζάτο, Βασίλειο Ἰωαννίδη καί ἄλλους. Ἡ συμβουλή, λοιπόν, καί σέ κάποιο βαθμό ἡ δέσμευση πού μέ συνόδευε στή Γερμανία ἦταν: Σπουδή τῆς Θρησκειολογίας, προκειμένου, ὅταν θά ἔλθει ἡ ὥρα, νά εἶμαι ἕνας ἀπό τούς ὑποψηφίους πού θά κριθοῦν γιά τήν ἕδρα τῆς Θρησκειολογίας στήν Ἀθήνα ἤ τή Θεσσαλονίκη.

Ἡ ἐπιλογή τοῦ Ἁμβούργου ὀφείλεται στό ὅτι τά χρόνια ἐκεῖνα Καθηγητής στό ἐκεῖ Πανεπιστήμιο ἦταν ὁ μεγάλου κύρους Θρησκειολόγος Walter Freytag. Ὅμως ὁ μετέπειτα καλός φίλος μου Θεολόγος ἀείμνηστος Ἰάκωβος Μάινας φρόντισε καί πῆρε τή θέση μου στό Ἁμβοῦργο, μέ ἀποτέλεσμα νά στείλουν ἐμένα στό MAINZ (Μάιντς).[11] Κανείς δέν μπορεῖ νά ἀπαντήσει στό ἐρώτημα, ποιά θά ἦταν ἡ μετέπειτα πορεία μου, ἐάν εἶχα πάει στό Ἁμβοῦργο. Σίγουρο εἶναι μόνον ὅτι **τό Μάιντς συνέβαλε ἀποφασιστικά στή γένεση τοῦ Ὁράματος γιά τήν Ἀκαδημία καί στήν τελική ἀπόφασή μου γιά τή μετέπειτα πορεία τῆς ζωῆς μου** (b-Ἀπ). Τό Παγκόσμιο Συμβούλιο Ἐκκλησιῶν χορηγοῦσε τότε ὑποτροφίες μόνο γιά ἕνα ἀκαδημαϊκό ἔτος (γιά μένα δηλ. τό 1958-59). Κατ' ἐξαίρεση μοῦ χορήγησε καί γιά δεύτερο ἔτος (1959-60), ὄχι ὅμως καί γιά τρίτο.

Στή Γερμανία ἔφθασα ἀρχές Ὀκτωβρίου τοῦ 1958. Πρῶτα πέρασα ἀπό τή Στουτγκάρδη, ὅπου εἶχε τήν ἕδρα της ἡ Ὑπηρεσία ὑποτροφιῶν τῆς Εὐαγγελικῆς Ἐκκλησίας τῆς Γερμανίας, ἡ ὁποία εἶχε ἀναλάβει τά τῆς ὑποτροφίας πού μοῦ εἶχε χορηγήσει τό Π. Σ. Ε.

Συνάντησα τόν Πάστορα le Coutre, Προϊστάμενο τῆς Ὑπηρεσίας αὐτῆς. Ὑπῆρξε ἰδιαίτερα εὐγενής. Μέ ἐνημέρωσε ἀναλυτικά γιά ζητήματα σχετικά μέ τήν πόλη καί τόν τόπο κατοικίας μου, μέ τό σύστημα σπουδῶν στό Πανεπιστήμιο καί γιά βασικά ἐκκλησιαστικά καί κοι-

---

[11] Κατά περίεργη τροπή τῶν πραγμάτων ἔλαβα τά Χριστούγεννα τοῦ 1959 ὡς δῶρο ἀπό τό Παγκόσμιο Συμβούλιο Ἐκκλησιῶν τόν τιμητικό Τόμο γιά τά 60χρονα τοῦ Καθηγητῆ!: BASILEIA: Walter Freytag zum 60. Geburtstag, Stuttgart 1959.

νωνικά φαινόμενα τῆς Γερμανίας καί τῆς Εὐρώπης. Ἀκολούθησε σύντομη ξενάγηση στήν πόλη. Φθάσαμε στόν Πύργο τῆς τηλεόρασης. Στό ἑστιατόριο τοῦ Πύργου τό γεῦμα συνδυάσθηκε μέ σειρά δικῶν του ἐρωτήσεων γιά τά καθ' ἡμᾶς ἐκκλησιαστικά καί πολιτικά πράγματα. Καθώς περπατούσαμε ἔπειτα στόν ἐξώστη τοῦ ἑστιατορίου γύρω ἀπό τόν ἄξονα τοῦ Πύργου καί ὁ le Coutre μέ ξεναγοῦσε στά ἀξιοθέατα τῆς πόλης καί σέ ὅσα ἔφθανε τό μάτι, αἰσθανόμουνα πώς ἤθελε νά μοῦ πεῖ: *Νά ἀξιοποιήσεις τήν ὑποτροφία γιά διεύρυνση τοῦ ὁρίζοντά σου καί σφαιρική ἀπόκτηση γνώσεων καί ἐμπειριῶν.*

le Coutre

2. Ἐκκλησία καί βιομηχανικός ἐργάτης

Ὡς τόπος πρώτης κατοικίας μου ὁρίσθηκε τό Goßner-Haus[12] στό Mainz-Kastel, ἀπέναντι ἀπό τήν πόλη, στή δεξιά - κατά τή ροή τῶν ὑδάτων - ὄχθη τοῦ Ρήνου, πού ἀπεῖχε μόλις λίγα μέτρα ἀπό τό δωμάτιό μου. Στό μεγάλο ἐκεῖνο κτηριακό συγκρότημα λειτουργοῦσε τότε τό Seminar für Kirchlichen Dienst in der Industrie (Σεμινάριο γιά Ἐκκλησιαστική Διακονία στή Βιομηχανία).

Τό εἶχε ἱδρύσει καί τό διηύθυνε ὁ Horst Symanowski (δεξιά στή φωτογραφία). Ἔργο τοῦ Σεμιναρίου ἦταν ἡ μετεκπαίδευση παστόρων, προκειμένου νά συμπαρασταθοῦν σέ ἐργαζόμενους στή βιομηχανία. Τό Σεμινάριο λειτουργεῖ ἀκόμη. Κατά τό πρῶτο ἑξάμηνο 1958/59 λοιπόν, παράλληλα μέ τίς σπουδές

Χαρακτική ἀπεικόνιση τοῦ MAINZ στίς ὄχθες τοῦ Ρήνου ἀπό τόν Mattheus Merian (1633).
Εὐγενής προσφορά τοῦ M. Simonis, Stadtarchiv Mainz.

---

[12] Ὁ Johannes Evangelista Goßner (1773-1858) ἦταν Προτεστάντης συγγραφέας, πάστορας, ὑμνογράφος καί ἱεραπόστολος, μέ μεγάλη δράση σέ περιοχές τῆς Εὐρώπης, ἰδίως στή Ρωσία, καθώς καί σέ ἄλλες ἡπείρους, ἐξαιρέτως στήν Ἰνδία. Τό πνεῦμα καί τό ἔργο του συνεχίζει ἀκόμη καί σήμερα ἡ Goßner Mission μέ ἔδρα τό Βερολίνο.

μου στό Πανεπιστήμιο, φοίτησα καί στό Σεμινάριο αὐτό (1.11.1958-20.4.1959). Λειτουργοῦσε σέ τρεῖς δίμηνες περιόδους. Κατά τήν πρώτη ὑπῆρχε ἐντατική διδασκαλία Οἰκονομίας, Κοινωνιολογίας, Κοινωνικῆς Ἠθικῆς, Ἱστορίας τῆς βιομηχανικῆς ἐπανάστασης, τοῦ Μαρξισμοῦ-Λενινισμοῦ, τοῦ Σοσιαλισμοῦ καί τῶν Συνδικάτων, ἀλλά καί παρουσίαση – συζήτηση διαφόρων ἄλλων θεμάτων. Ἀκολουθοῦσε δίμηνη ἔμμισθη ἐργασία σέ ἐργοστάσια μέ ὅλα τά ἰσχύοντα γιά ἀνειδίκευτους ἐργάτες, προκειμένου νά ἀποκτηθεῖ ἄμεση ἀναστροφή μέ τή ζωή, τά δικαιώματα καί τά προβλήματα τῶν ἐργαζομένων. Τό τελευταῖο δίμηνο ἦταν ἀφιερωμένο σέ συνέχιση τῶν μαθημάτων καί στήν ἐπεξεργασία τῶν νέων γνώσεων καί ἐμπειριῶν.

Στήν ἀρχή τοῦ δεύτερου διμήνου (Ἰανουάριος - Φεβρουάριος 1959) μέ ἔστειλαν στό ἐργοστάσιο Blendax GmbH, στό Μάιντς, ὅπου κατασκευάζαμε ὀδοντόπαστες, κοκκινάδια κ.ἄ. παρόμοια. Δουλειά μου ἦταν νά σηκώνω στήν πλάτη μου σάκκους γύψου, νά διανύω ἀπόσταση 50 μέτρων περίπου καί νά τούς ἀδειάζω σέ μιά κατασκευή πού ἔμοιαζε μέ χωνί καί ὁδηγοῦσε στόν ἀπό κάτω ὄροφο. Ἀνώτατος ἄρχων ἐδῶ ἦταν ἡ μηχανή. Αὐτή ὑπαγόρευε ρυθμούς

καί τρόπους κίνησης κάθε ἐργάτη, χωρίς σταματημό καί δίχως ἔλεος! Ἡ ταχύρρυθμη καί λίαν ἐντατική ἐκείνη ἐκπαίδευση ὁλοκληρώθηκε κατά τό τρίτο δίμηνο. Ἰδίως κατά τή διάρκεια τοῦ διμήνου αὐτοῦ εἶχα τήν εὐκαιρία νά διατυπώσω ἐρωτήματα καί ἀπόψεις μου ἀπό τή σκοπιά τῆς Ὀρθόδοξης Θεολογίας καί τῶν κοινωνικῶν δεδομένων τῆς χώρας μας. Ἦταν ἐνίοτε ἀμοιβαίως ὀχληρά ὅσα ἄκουγα καί ὅσα ἔλεγα, ὑπῆρχε ὅμως ὄχι μόνον ἀνοχή, ἀλλά καί εἰλικρινές ἐνδιαφέρον ἀπό τήν πλευρά τῆς Διεύθυνσης καί τῶν συμφοιτητῶν. Στίς 8.7.1959 ἔλαβα τό Πτυχίο τοῦ Σεμιναρίου ἀπό τόν Horst Symanowski.

Ἀπό τήν ἐγκατάστασή του οἰκογενειακῶς στο κτηριακό συγκρότημα τῆς Goßner Mission, Mainz-Kastel (1948) ὁ Symanowski ἀνέπτυξε θεολογική κριτική ἐπί τῶν βιομηχανικῶν καί ἄλλων κοινωνικῶν ἐξελίξεων στή Γερμανία. Ἡ κριτική καί ἐν πολλοῖς ἐπικριτική ἐκείνη θεολογία συστηματοποιήθηκε καί διευρύνθηκε μέ τό Σεμινάριο πού ἵδρυσε καί πού τόν ἀνέδειξε σέ Θεολόγο μεγάλης ἐπιρροῆς. Πεποίθησή του ἦταν ὅτι ἐκκλησιαστική καί πολιτική στράτευση ἀποτελοῦν μιά ἑνότητα. Ἀπόρροια τῆς πεποίθησης αὐτῆς ἦταν ἡ αἴσθηση προφητικῆς ἀποστολῆς του πρός κριτική - προοδευτική κατεύθυνση, ἡ ὁποία ὁδηγοῦσε σέ εὐθεία ἀντιπαράθεση πρός τή συντηρητικότερη ἀντίληψη ἐκκλησιαστικῶν κύκλων, πού ἔβλεπαν ὡς προέχον γιά τή Γερμανία τῆς ἐποχῆς ἐκείνης τή συνεννόηση καί τήν ἀμοιβαιότητα μεταξύ τῶν κοινωνικῶν ὁμάδων καί ἑταίρων, μέ στόχο τήν ἀνεμπόδιστη ἐπανεκκίνηση καί ἀνάπτυξη τῆς Βιομηχανίας. Ἡ ἔνταση αὐτή ἦταν λίαν αἰσθητή καί στά μαθήματα τοῦ Σεμιναρίου. Στόχος δέ τῶν ἐπικρίσεων ἦταν συχνά ὁ E b e r h a r d   M ü l l e r, Ἱδρυτής καί Διευθυντής τῆς Εὐαγγελικῆς Ἀκαδημίας στό Bad Boll, στή γραμμή τῆς ὁποίας πορεύονταν τότε καί οἱ περισσότερες τῶν λοιπῶν Ἀκαδημιῶν, εὐαγγελικῶν καί καθολικῶν. Μιά ἀπό αὐτές, τήν Εὐαγ. Ἀκαδημία τοῦ Βερολίνου, εἴχαμε ἐπισκεφθεῖ τό θέρος τοῦ 1955 τά μέλη τῆς Οἰκουμενικῆς Κατασκήνωσης στήν περιοχή Berlin-Heiligensee.

Οἱ ἐπικρίσεις ἐκεῖνες τοῦ Symanowski κέντρισαν τό ἐνδιαφέρον μου νά ἐνημερωθῶ καλύτερα γιά τίς Ἀκαδημίες, τόν νέο αὐτό τύπο Ἱδρυμάτων διαλόγου καί κοινωνικῆς ἐκκλησιαστικῆς δράσης, ἰδιαίτερα δέ γιά τόν Müller. Νά μελετήσω βιβλία του, ἀλλά καί τίς λεγόμενες Denkschriften, δηλαδή τά ἐπίσημα ἐκκλησιαστικά κείμενα-διακηρύξεις ἐπί καιρίων κοινωνικῶν ζητημάτων, πού ἀπηύθυνε κατά καιρούς ἡ Εὐαγ. Ἐκκλησία γενικά πρός τήν κοινωνία καί κυρίως πρός τίς πολιτικές ἡγεσίες. Ἡ συμμετοχή τοῦ Müller στή συγγραφή τῶν κειμένων αὐτῶν ἦταν σημαντική. Παρά τίς διαφωνίες τους, ἐγώ διέκρινα πώς ἐκεῖνο πού χώριζε τόν Symanowski ἀπό τόν Müller ἦταν περισσότερο ἡ κομματική ἐπιλογή καί ὄχι ἡ θεολογική προσέγγιση· ἡ βασική ἀφετηρία καί τῶν δύο ἦταν αὐτό πού διατύπωσε ἀργότερα μέ σαφήνεια ὁ Müller: «*Ἡ ἀφύπνιση τῶν συνειδήσεων παγκοσμίως καί ἡ ἀδιάλειπτη ἐγρήγορση τῶν ἀνθρώπων ὅσον ἀφορᾶ στίς ἀσθένειες στό σῶμα τῆς παγκόσμιας κοινωνίας πού ἐπιδεινώνονται ἀποτελοῦν κεντρικό καθῆκον τῆς Ἐκκλησίας*».[13] Ἀφύπνιση καί δράση μέ στόχο τή «*μετάνοια*» δομῶν ἀπανθρωπισμοῦ, δηλ. τήν ἀλλαγή ἤ τήν ἐξαφάνισή τους, ἐσήμαινε, νομίζω, καί γιά τούς δύο συνεπῆ ἀκολουθία τοῦ Χριστοῦ.

Ἡ εἴσοδος τοῦ Πανεπιστημίου τοῦ Μάιντς
«**εἴσελθε ... καὶ λαληθήσεταί σοι τί σε δεῖ ποιεῖν**» *(Πράξ. 9,6)*

---

[13] Eberhar Müller, *Bekehrung der Strukturen*, Zürich-Hamburg 1973, 210. Τό βιβλίο τοῦ Εἰρηναίου, *Ἡ πολιτική εὐθύνη τοῦ Χριστιανοῦ*, Καστέλλι 1963, καθώς καί ὅσα θά γράψει καί θά πεῖ ἀργότερα γιά τήν «*ἐπανάσταση τῶν συνειδήσεων*», βρίσκονται σέ ἁρμονία μέ τή διεθνῆ ἐκκλησιαστική προβληματική τῶν μεταπολεμικῶν - ψυχροπολεμικῶν χρόνων, πού ἀξιώνει ἐνεργό μετοχή τῶν Χριστιανῶν στό πολιτικό γίγνεσθαι.

Τό Σεμινάριο βρισκόταν στήν περιοχή τῆς Εὐαγ. Ἐκκλησίας Ἔσσης-Νασσάου, Πρόεδρος τῆς ὁποίας τήν ἐποχή ἐκείνη ἦταν ὁ Martin Niemöller (1947-1965). Περνοῦσε πότε πότε ἀπό τό Σεμινάριο καί εἴχαμε γνωρισθεῖ. Πληροφορήθηκε ὅτι κατάγομαι ἀπό τήν Κρήτη, μέ ρώτησε καί ἔμαθε γιά τίς δοκιμασίες μας τήν περίοδο τῆς Κατοχῆς, ἔμαθα καί ἐγώ πολλά γιά τήν ταραγμένη ζωή του. Κράτησα μιά φράση του, πού τή θεωροῦσε κανόνα τῆς ζωῆς του: «**Τό νά βλέπεις** {τό κακό} **καί νά σωπαίνεις, αὐτό εἶναι ἡ καθαυτό ἁμαρτία**». (b-Απ). Θυμίζει τή ρήση τοῦ Albert Einstein: «*Ὁ κόσμος εἶναι ἐπικίνδυνος ὄχι ἐξαιτίας αὐτῶν πού κάνουν τό κακό, ἀλλά ἐξαιτίας αὐτῶν πού τούς κοιτάζουν χωρίς νά κάνουν τίποτα*». Παλιά ἡ σοφία: *Qui tacet consentit* - *Ὁ σιωπῶν συναινεῖ* (λατινική ρήση).

Ἡ φοίτηση στό Σεμινάριο αὐτό καί εἰδικότερα οἱ προβληματισμοί γύρω ἀπό τήν ἀποστολή τῆς Ἐκκλησίας σέ μιά ραγδαίως μεταβαλλόμενη κοινωνία ἔθεσαν τά πρῶτα ἐρωτηματικά στόν θρησκειολογικό προσανατολισμό μου καί καλλιέργησαν τήν προδιάθεση γιά τό Ὅραμα τῆς Ἀκαδημίας.

3. Πανεπιστήμιο

Στόν κόσμο τῶν θεολογικῶν καί φιλοσοφικῶν προβληματισμῶν, τῶν Θρησκειῶν καί Πολιτισμῶν.

Ἀμέσως μετά τήν ἄφιξή μου στό Mainz (4-10-1958) ἔκαμα τήν ἐγγραφή μου στή Φιλοσοφική καί στήν Εὐαγγελική Θεολογική Σχολή τοῦ ἱστορικοῦ Πανεπιστημίου τοῦ Mainz (Μάιντς).[14] Παρακολούθησα καί μερικές παραδόσεις στή Ρωμαιοκαθολική Θεολογική Σχολή. Φοίτησα ἐπί 8 ἑξάμηνα. Τό χειμερινό ἑξάμηνο 1958/59 ἡ φοίτηση ἦταν χαλαρή, ἐπειδή παρακολουθοῦσα τό Σεμινάριο στό Mainz-Kastel. Ἐξάλλου, τό χειμερινό ἑξάμηνο 1961/62 ἔλαβα ἄδεια μερικῆς ἀναστολῆς φοιτήσεως, προκειμένου νά ἐπιταχύνω τήν ὁλοκλήρωση τῆς διδακτορικῆς διατριβῆς μου. Παρακολούθησα μαθήματα καί φροντιστηριακές ἀσκήσεις στήν Ἑρμηνευτική Θεολογία (Καθηγητές

---

[14] Ἡ μακρά ἱστορία τοῦ Πανεπιστημίου τοῦ Μάιντς καταγράφει καί μιά χαρακτηριστική σύμπτωση: Ἡ συγκατάθεση τοῦ Πάπα Sixtus IV. γιά τήν ἵδρυση Πανεπιστημίου στό Μάιντς δόθηκε στίς 23-11-1476. Ἡ λειτουργία τοῦ Πανεπιστημίου ἄρχισε τό 1477. Τά παιχνίδια τῆς Ἱστορίας ὁδήγησαν στό κλείσιμο τοῦ Πανεπιστημίου τό 1798 μέ ἀπόφαση τῆς τότε γαλλικῆς διακυβέρνησης τῆς περιοχῆς, ὅπως καί στήν ἐπαναλειτουργία του τό 1946, πάλι μέ ἀπόφαση τῶν γαλλικῶν Ἀρχῶν, καθώς τό Μάιντς καί ἡ εὐρύτερη περιοχή βρίσκονταν στή γαλλική ζώνη τῆς μεταπολεμικῆς κατοχῆς. Ἐπειδή τό Πανεπιστήμιο ἦταν στήν οὐσία νεοσύστατο, εἶχε καταβληθεῖ μέγιστη καί ἐπιτυχής προσπάθεια γιά ἀνάκτηση καί ἀνάπτυξη τοῦ ἐπιστημονικοῦ καί γενικότερου κύρους του. Γιά τήν ἀποφυγή παρείσδυσης φανατικῶν τοῦ ναζισμοῦ, ἰδίως στό ἐπιστημονικό προσωπικό, καταβλήθηκε ἰδιαίτερη μέριμνα τόσο ἀπό τίς γαλλικές Ἀρχές κατοχῆς ὅσο καί ἀπό τά πρῶτα στελέχη του, μεταξύ τῶν ὁποίων ἦταν καί ὁ Χίλκμαν.

Herbert Braun, μαθητής τοῦ Bultmann, καί Gustav Stählin, συντηρητικός), Θρησκειολογία καί Ἱεραποστολή (Walter Holsten), Φιλοσοφία (Karl Holzamer, Fritz-Joachim von Rintelen), Παιδαγωγικά (Karl Holzamer, Friedrich Delekat), Κοινωνιολογία (Wilhelm Emil Mühlmann). Εἰδικεύθηκα ὅμως στή Συγκριτική Ἐπιστήμη τῶν Πολιτισμῶν (Vergleichende Kulturwissenschaft, Καθηγητής Anton Hilckman). Διδάχθηκα καί στοιχεῖα τῆς ἀραβικῆς γλώσσας. Στό Πανεπιστήμιο τῆς Βόννης παρακολούθησα μερικά μαθήματα Κοινωνιολογίας τῆς Θρησκείας (Καθηγ. Gustav Mensching). Στό Μάιντς εἶχα ἐπίσης τήν εὐκαιρία νά παρακολουθήσω καί μαθήματα τοῦ Ἰνδοῦ Φιλοσόφου T. P. Raju, Καθηγητῆ στό Πανεπιστήμιο τοῦ Rajasthan. Ἀπαντώντας σέ ἐρώτημά μου, ποιά ἀπό τίς ἀρχαῖες γλῶσσες θά συνιστοῦσε νά σπουδάσω, ὁ Μ. Σιώτης (15-11-1958 ΑΑπ) προτείνει τή συριακή, τήν κοπτική ἤ αἰγυπτιακή. Προτίμησα τελικά τήν ἀραβική, περιορίσθηκα ὅμως μόλις σέ στοιχειώδη προσέγγισή της.[15] Ὡς ἐκ περισσοῦ βέβαια σημειώνω ὅτι τά οἰκουμενικά ζητήματα ἦταν στήν πρώτη σειρά τῶν ἐνδιαφερόντων μου.

Τό Πανεπιστήμιο φέρει τό ὄνομα τοῦ ἐφευρέτη τῆς τυπογραφίας, πού γεννήθηκε στό Μάιντς περί τό 1400: Johannes Gutenberg Universität - Πανεπιστήμιο Ἰωάννου Γουτεμβεργίου. Ὅπως εἶναι γνωστό, μεταξύ 1452 καί 1455 ἐκτύπωσε στό Μάιντς τό κύριο ἔργο του, τή Βίβλο, σέ 180 σώματα. Ἕνα ἀπό αὐτά φυλάσσεται στό Gutenberg-Museum, πού θεμελίωσαν οἱ κάτοικοι τοῦ Μάιντς τό 1900.

---

[15] 30-12-1962 ΑΑπ
Ἕνας φίλος θέλει νά μοῦ διδάξει καί τή λεγόμενη γραφή "Sütterlin", πού διαμορφώθηκε ἀπό τόν ἐκ Βερολίνου γραφίστα Ludwig Sütterlin. Διδασκόταν στά γερμανικά σχολεῖα κατά τήν περίοδο 1915 μέχρι 1940 περίπου καί ἦταν γνωστή ὡς «γερμανική γραφή».
Ὁ φίλος γράφει στήν ἀρχή:

Lieber Bruder Papaderos!
Sie haben mir mit Ihrem freundlichen Gedenken eine ganz große Weihnachtsfreude gemacht....(Ἀγαπητέ ἀδελφέ Παπαδερέ! Μέ τή φιλική ἀνάμνησή σας {εἶχα στείλει ἑόρτιες εὐχές} μοῦ κάματε μιά μεγάλη χριστουγεννιάτικη χαρά.

Ἀκολουθεῖ ἐκτενές κείμενο στή γραφή αὐτή, πού τή μελέτησα τότε πρός σκληρή διανοητική ἄσκησή μου!

Φωτ.: Prof. Klaus Sallmann   Johann Gutenberg, Stadtarchiv Mainz

4. Anton Hilckman

Ἰδιαίτερη εὐλογία τοῦ Θεοῦ ὑπῆρξε γιά μένα, ἀλλά καί γιά τήν ὑπόθεση τῆς Ἀκαδημίας, ἡ γνωριμία μέ τόν Dr. Dr. Anton Hilkman (Universitats-Professor) (4/3/1900–25/1/1970). Ἦταν ἕνας ἀπό τούς πρωτεργάτες τῆς ἐπανιδρύσεως τοῦ Πανεπιστημίου τοῦ Μάιντς. Πανεπιστήμων, θά μποροῦσε νά πεῖ κανείς γι' αὐτόν. Ἀφιερώθηκε στήν ἐπιστήμη πού ὁ ἴδιος ἀνέδειξε, τήν Vergleichende Kulturwissenschaft (Συγκριτική Ἐπιστήμη τῶν Πολιτισμῶν). Γεννημένος στήν πόλη Bevergern/Münster, μαθήτευσε σέ οὑμανιστικό Γυμνάσιο τῆς περιοχῆς. Ἀκολούθησε σπουδή τῆς Πολιτικῆς Οἰκονομίας στά Πανεπιστήμια Münster καί Freiburg Br., ὅπου ἀναγορεύθηκε σέ Διδάκτορα Πολιτικῶν Ἐπιστημῶν. Ὕστερα ἀπό σπουδές Φιλοσοφίας, Μαθηματικῶν καί Φυσικῶν Ἐπιστημῶν ἔλαβε δεύτερο διδακτορικό τίτλο (Φιλοσοφίας) στό Πανεπιστήμιο τοῦ Μιλάνου (1936). Διακρινόταν γιά τήν εὐρύτατη γλωσσομάθειά του. Ἄριστος γνώστης τῆς ἀρχαίας ἑλληνικῆς, παρακολούθησε τακτικά τά δικά μου μαθήματα νεοελληνικῆς γλώσσας, ἀσκούμενος σέ αὐτήν καί κατά τή συμβίωσή μας στό σπίτι του καί στό Ἰνστιτοῦτο μας τῆς Συγκριτικῆς Ἐπιστήμης τῶν Πολιτισμῶν, ὅπως θά δοῦμε παρακάτω.

Ἀφοσιωμένος στήν Καθολική Ἐκκλησία καί ὁπλισμένος μέ εὑρύτατες γνώσεις καί στέρεα χριστιανικά καί ἀνθρωπιστικά ἰδανικά, περιέγραψε ἤδη τό 1932 (Vie intellectuelle, Paris) τά ἐπαπειλούμενα δεινά στή Γερμανία καί στήν Εὐρώπη ὑπό τό ἐπερχόμενο ναζιστικό καθεστώς. Στήν «ἀποκαλυπτική προοπτική» τῶν προβλέψεών του εἶδε νά πλησιάζει ἡ ἐποχή τῆς «Ἐκκλησίας μαρτύρων» «Contra Torrentem» - ἐνάντια στό ρεῦμα. Αὐτός ἦταν σταθερά καί ἀδιαπραγμάτευτα ὁ κανόνας τῆς ζωῆς του. Οἱ ὁπαδοί τοῦ Χίτλερ διέγνωσαν ἐξ ἀρχῆς στό πρόσωπό του ἕναν ἐπικίνδυνο ἀντίπαλο. Καί μόλις κατέλαβαν τήν ἐξουσία, ἐνεργοποίησαν τίς δικές τους μεθοδεῖες ποικίλων εἰς βάρος του δοκιμασιῶν καί εὐτελισμῶν. Ἀπέδρασε γιά ἕνα διάστημα στή Γαλλία καί στήν Ἰταλία. Τό 1939 ὅμως τόν συνέλαβαν στή χώρα του καί τόν καταδίκασαν. Μέχρι τό 1943 γνώρισε 25 φυλακές καί στή συνέχεια τά Στρατόπεδα Συγκέντρωσης (Oranienburg, Buchenwald καί Langenstein) μέχρι τό τέλος τοῦ Πολέμου.[16]

Βασικά γνωρίσματα τῆς προσωπικότητάς του ἦταν: Ἀκράδαντη χριστιανική πίστη, ἀφοσίωση στήν Καθολική Ἐκκλησία, σεβασμός κάθε θρησκευτικῆς ἑτερότητας -μέ μή κρυπτόμενη πάντως ἀντιπάθεια πρός τό Ἰσλάμ-, πεισματική ἐμμονή σέ θεμελιώδεις ἀρχές καί πεποιθήσεις του, ἄοκνη ἐργατικότητα,

---

[16] Τό μόνο πρᾶγμα πού πρόλαβε νά πάρει κατά τήν ὥρα τῆς σύλληψής του ἀπό τήν *GESTAPO* (*Geheime Staatspolizei – Μυστική Ἀστυνομία τοῦ Κράτους*) ἦταν ἕνα βιβλίο 10x14, 959 σελίδων, μέ τίτλο: ΘΗΣΑΥΡΟΣ ΠΡΟΣΕΥΧΩΝ Ἤ ΣΥΝΕΚΔΗΜΟΣ ΟΡΘΟΔΟΞΟΥ, Κωνσταντινούπολις 1911. Ὅπως μοῦ εἶπε ὁ Χίλκμαν πολλές φορές, τό βιβλίο αὐτό ἦταν τό μόνο διαθέσιμο ἀνάγνωσμά του στά μαρτυρικά χρόνια πού ἀκολούθησαν. Τά κείμενα τοῦ βιβλίου αὐτοῦ χρησιμοποιοῦσε γιά τίς προσευχές του καί σ' αὐτό τό βιβλίο ὀφείλεται, μετά Θεόν, ἡ καρτερία του καί αὐτή ἡ ἐπιβίωσή του, ὅπως ὁμολογοῦσε εὐγνωμόνως.

Πῶς ἀπέκτησε τόν ΣΥΝΕΚΔΗΜΟΝ; Σύμφωνα μέ ὅσα μοῦ εἶπε ὁ Χίλκμαν, στό πανεπιστήμιο τῆς πόλης Freiburg in Br. εἶχε συμφοιτητή καί στενό φίλο τόν Κωνσταντίνο Γεωργούλη, ὁ ὁποῖος παρακολουθοῦσε μαθήματα φιλοσοφίας (Martin Heidegger) καί φιλολογίας (Fränkel καί Schadewaldt).

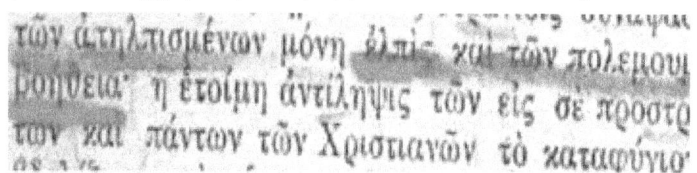

Ὕστερα ἀπό μιά πολύ ἔντονη φιλονικία τους, ὀφειλόμενη, ἄν θυμοῦμαι καλά, σέ διαμετρικά ἀντίθετη ἐκτίμηση τῆς φιλοναζιστικῆς Πρυτανικῆς Ὁμιλίας τοῦ Heidegger (Rektorsrede, 27-5-1933) ἐνώπιον τοῦ Χίτλερ, τήν ὁποία καταδίκασε ἀπερίφραστα ὁ Χίλκμαν, ὁ Γεωργούλης τόν κάλεσε στό δωμάτιό του, ὅπου, γιά νά τόν κατευνάσει, τοῦ χάρισε τόν ΣΥΝΕΚΔΗΜΟΝ. Βλ. Ἀλεξ. Κ. Παπαδεροῦ, «Τίς ἔκλεψεν ἡμῶν τήν ἐλπίδα;», *Διάλογοι Καταλλαγῆς* 72 (2004) 719-720. Ἡ ἐκεῖ δημοσιευόμενη πληροφορία περί Χίτλερ δέν ἐπιβεβαιώθηκε. Μᾶλλον ἐπρόκειτο μόνο γιά πρόθεση τοῦ Χίλκμαν καί ὄχι γιά ἀπόπειρά του νά δολοφονήσει τόν δικτάτορα. Στίς παραδόσεις του πάντως ὁ Χίλκμαν ἐπανέφερε συχνά τό ἀρχαῖο καί διαχρονικό δίλημμα σχετικά μέ τή «θανάτωση τοῦ *τυράννου*», μέ αἰσθητή τήν ἐνδιάθετη κατάφαση.

εὐρύτατη μόρφωση, ἄριστη γνώση πολλῶν γλωσσῶν, ἔμπρακτη ἀγάπη καί ὑποστήριξη ἀδικημένων καί βασανισμένων λαῶν, ἰδίως τῶν Ἀρμενίων, τῶν Βάσκων, τῶν Ἑλλήνων (προπαντός τῶν τῆς Μικρᾶς Ἀσίας καί τῆς Κύπρου), ἰδιαίτερα τῶν Πολωνῶν. Μάλιστα, μοῦ πρότεινε καί ἔγινα μέλος Σωματείου πού εἶχε συστήσει μέ τίτλο: «A m i c i P o l o n i a e » - Φίλοι τῆς Πολωνίας. Ἔργο του ἦταν ἡ μέριμνα γιά πολιτικούς πρόσφυγες ἀπό τήν Πολωνία. Ὑπῆρξε πρωτεργάτης στήν ἐπαναλειτουργία (1946) καί ἀνάπυξη τοῦ Πανεπιστημίου τοῦ MAINZ. Σέ δική του εἰσήγηση ὀφείλεται ἡ ἵδρυση τοῦ Institut für Vergleichende Kulturwissenschaft (Ἰνστιτοῦτο Συγκριτικῆς Ἐπιστήμης τῶν Πολιτισμῶν), τή Διεύθυνση τοῦ ὁποίου ἀνέλαβε ὡς Καθηγητής τῆς Φιλοσοφικῆς Σχολῆς.[17]

Συμπαραστάτης τοῦ Hilckman πολύτιμος στά καθημερινά τῆς ζωῆς, ἀλλά καί σέ πολλά τῆς ἐπιστήμης, ὑπῆρξε ἡ σύζυγός του Katharina, τό γένος Maus. Δέν ἀπέκτησαν παιδιά. Ὅταν ἔμαθαν τίς δικές μου δοκιμασίες κατά τή διάρκεια τῆς γερμανικῆς κατοχῆς τῆς Κρήτης, τά τοῦ ὁλοκαυτώματος τῶν Τριῶν Χωριῶν μας καί τοῦ ἐγκλεισμοῦ μας, τῶν γυναικοπαίδων τοῦ Λειβαδᾶ, στό κολαστήριο τῆς Ἁγιᾶς Χανίων, ζήτησαν μέ ἐπιμονή καί μέ φιλοξένησαν στό σπίτι τους ἐπί μακρόν, ὡς «ἀδελφόν ἐν δεσμωτηρίοις».[18]

Ἡ καθημερινή ἀναστροφή μας στό σπίτι καί στό Πανεπιστήμιο πού ἀκολούθησε ὑπῆρξε γιά μένα

Στίς 24-12-2012 ἡ σύζυγός μου καί ἐγώ τήν ἐπισκεφθήκαμε σέ γηροκομεῖο.

---

[17] Anton Hilckman, Geschichtsphilosophie-Kulturwissenschaft-Soziologie, in; SAECULUM XII,4.

[18] Εἴχαμε ἀργότερα τή χαρά νά ἀνταποδώσουμε σέ κεῖνον καί τή σύζυγό του τή φιλοξενία στό φτωχικό μας στόν Λειβαδᾶ, ἔστω καί μόνο γιά λίγες μέρες. Σέ τοπική ἐφημερίδα τῆς ἐποχῆς κάποιος εὐγενής ἄνθρωπος (Ε.Μ.) ἔγραψε μεταξύ ἄλλων: «Ἕνας θαυμαστής καί φίλος τῆς Ἑλλάδος: Ἀπό ἡμερῶν εὑρίσκεται εἰς τόν τόπον μας ἕνας ἐκλεκτός Ἐπιστήμων θαυμαστής καί φίλος τῆς Ἑλλάδος, ὁ κ. Anton Hilckman... Καθηγητής τῆς Συγκριτικῆς Ἐπιστήμης τῶν Πολιτισμῶν εἰς τό Πανεπιστήμιον τῆς Μαγεντίας... ὁμιλεῖ καί τήν ἀρχαίαν καί τήν δημοτικήν μας γλῶσσαν καί χαιρετίζων τούς Κρῆτας τούς ὀνομάζει ἐγκαρδίως συναγωνιστάς, διότι καί ἐκεῖνος εἰς τήν χώραν του ἐπολέμησε τόν Ναζισμόν καί παρέμεινεν ἐπί πενταετίαν δεινοπαθῶν εἰς τά στρατόπεδα συγκεντρώσεως».

πολύτιμη διαρκής διδαχή, μάλιστα καθώς ἀπό τό φιλόξενο ἐκεῖνο σπίτι περνοῦσαν σχεδόν καθημερινά σημαντικές προσωπικότητες ἀπό διάφορες χῶρες τοῦ κόσμου.

Τό Οἰκ. Πατριαρχεῖο τίμησε τόν Καθηγητή μέ τόν Σταυρό τοῦ Ἁγ. Ὄρους (23-11-1964 Απ πρός Hilckman καί 11-11-1964 Hilckman πρός Απ).[19]

23-11-1964 ΑΑπ
Απ πρός Χίλκμαν
Γράφω ἀπό τό Καστέλλι, ὅπου εἶχα πάει ὕστερα ἀπό τή Ρόδο καί ἐξηγῶ μέ κάθε λεπτομέρεια τούς λόγους γιά τούς ὁποίους δέν ἐπιτεύχθηκε ἡ ἐπίδοση τοῦ Σταυροῦ: Ἡ διάκριση αὐτή καθιερώθηκε κατά τή Χιλιετηρίδα τοῦ Ἁγ. Ὄρους. Μετά τή λήξη τῶν ἐκεῖ τελετῶν, τίς ὁποῖες καταγράψαμε μέ τό συνεργεῖο τῆς Β΄ Γερμανικῆς Τηλεόρασης καί παρουσιάσαμε στή συνέχεια, ἔγραψα στό Οἰκουμενικό Πατριαρχεῖο καί πρότεινα τήν ἐπίδοση τοῦ Σταυροῦ τοῦ Ἁγ. Ὄρους στόν Καθηγητή. Ἡ πρόταση ἔγινε ἀμέσως ἀποδεκτή καί ἀνατέθηκε σέ ἀρμόδιο ὑπάλληλο τοῦ Ἑλληνικοῦ Ὑπουργείου Ἐξωτερικῶν νά μεριμνήσει γιά τήν ἐπίδοση διά τῆς Ἑλληνικῆς Πρεσβείας στή Βόννη-δέν ὑπῆρχε ἀκόμη τότε Μητροπολίτης στή Γερμανία. Ἡ Πρεσβεία ἀργοπόρησε. Καί σημειώθηκαν οἱ παρεξηγήσεις καί τά μπερδέματα.

5. Θρησκειολογία ἤ Ἀκαδημία;

Ἡ ἑτοιμασία διδακτορικῆς διατριβῆς ἦταν ἐξ ἀρχῆς μέρος τοῦ προγράμματος τῆς μετάβασής μου στό ἐξωτερικό γιά περαιτέρω σπουδές. Σαφές ἦταν ἐπίσης ὅτι ἔπρεπε νά ἐπιλέξω κάποιο θρησκειολογικό θέμα. Ἀνοικτό ἔμενε μόνο τό κατά πόσον θά ὑπέβαλλα τή διατριβή πρός κρίση στή Γερμανία ἤ στήν

---

[19] 11-11-1964 ΑΑπ
Katharina Hilckman πρός Απ
Λόγοι ὑγείας τοῦ Καθηγ. Χίλκμαν, εὐαισθησίες τοῦ Γερμανίας Πολυεύκτου καί μπερδέματα στή συνεννόηση γιά ἡμερομηνίες κ.λπ. συνετέλεσαν, ὥστε, ὅταν ὁ Εἰρηναῖος καί ἐγώ φθάσαμε στό σπίτι τοῦ Χίλκμαν, στό Μάιντς, προκειμένου νά τοῦ ἐπιδώσουμε ἐξ ὀνόματος τοῦ Οἰκουμενικοῦ Πατριάρχου τόν Σταυρό τοῦ Ἁγ. Ὄρους, βρήκαμε κλειστή τήν πόρτα. Ἀφήσαμε τόν Σταυρό στό γειτονικό σπίτι καί συνεχίσαμε τό ταξίδι μας, μέ τήν πρόθεση νά παρακληθεῖ ὁ Σεβασμ. Πολυεύκτος νά κάμει τήν ἐπίδοση σέ εὔθετο χρόνο. Ὁ Καθηγητής καί ἡ σύζυγός του ἦταν ἤδη μακρυά, στόν τόπο γέννησής του (στήν κωμόπολη Bevergern), ὅπου συνέτασσε τή διαθήκη του, ἐνῶ οἱ ἐκκλησιαστικοί καί πολιτικοί ἄρχοντες τῆς πόλης τοῦ Münster ἑτοίμαζαν μεγάλη τελετή, προκειμένου νά ἑορτασθεῖ μέ κάθε μεγαλοπρέπεια ἡ ἐξ ὀνόματος τοῦ Ἀρχηγοῦ τῆς Ὀρθοδοξίας ἀναγνώριση καί τιμή πρός μιά διακεκριμένη προσωπικότητα τοῦ τόπου τους. Ἡ Κατερίνα γράφει τώρα πικρά λόγια σχετικά μέ τήν ὅλη παρεξήγηση, πού ἠχοῦν ἀκόμη πιό δυσάρεστα, καθώς ἡ ὑγεία τοῦ Καθηγητή ἔχει πάρει τόν κατήφορο, δυσκολεύεται νά ἐκτελέσει τίς ὑποχρεώσεις του στό Πανεπιστήμιο καί ἐγώ τόν ἐγκατέλειψα πρίν ἀπό σαράντα τόσες μέρες.

Ἑλλάδα. Ὁ Καθηγητής Μάρκος Σιώτης, μέ τόν ὁποῖο διατηροῦσα τακτική ἀλληλογραφία, πρότεινε θέματα πού ταίριαζαν στό σχέδιο γιά εἰδίκευσή μου στή Θρησκειολογία.[20] Ἐγώ ὅμως, ἔχοντας ὑπόψη ὅτι κατά κανόνα ἡ λεγόμενη inauguralis dissertatio, ἡ ἐναίσιμος διατριβή, ὡς πρωτότυπη πραγματεία πού ὑποβάλλεται πρός ἀπόκτηση διδακτορικοῦ τίτλου καθορίζει σέ μεγάλο βαθμό τόν ἐπιστημονικό καί ἐπαγγελματικό χῶρο τῆς μετέπειτα ἐνασχόλησης ἑνός ἐπιστήμονα, βρέθηκα τότε ἐνώπιον βασανιστικοῦ διλήμματος ὑπό τήν πίεση τῆς ἐπιλογῆς θέματος γιά τή διατριβή μου.

Ὅπως ἔχω ἤδη σημειώσει, τήν ἀναχώρησή μου ἀπό τήν Ἑλλάδα γιά σπουδές στή Γερμανία συνόδευε ἡ δέσμευσή μου νά σπουδάσω Θρησκειολογία. Πράγματι, ἀκολούθησα τή συμβουλή μέ συνέπεια. Προέκυψε ὅμως ἡ ἰδέα τῆς Ἀκαδημίας. Ὅσα ἀκολουθοῦν εἶναι ἐνδεικτικά τῶν ἀμφιταλαντεύσεων καί τῆς ἐσωτερικῆς μου διαπάλης. Ὁ Καθηγητής μου Μάρκος Σιώτης ἦταν ἐκεῖνος πού παρακολούθησε μέ ἐπιμονή τήν ἐπιστημονική μου πορεία, ἴσως ὄχι μόνον ἐξ αἰτίας τοῦ προσωπικοῦ μας δεσμοῦ, ἀλλά καί ἐπειδή σέ αὐτόν πρώτιστα ὀφείλεται ἡ παραπάνω συμβουλή γιά τήν κατεύθυνση τῶν σπουδῶν μου, προφανῶς δ' ἐπιπλέον ἐπειδή ὑπῆρξε σχετική συνεννόηση μέ τούς ἄλλους Καθηγητές πού ἦταν ἐνήμεροι γιά τόν προγραμματισμό τῶν σπουδῶν μου.

Ὅσα εἶχα διδαχθεῖ στό Σεμινάριο τοῦ Mainz-Kastel καί τά πρῶτα κιόλας ἀκούσματα στό Πανεπιστήμιο, π.χ. γιά τίς μεγάλες δοκιμασίες τοῦ δυτικοῦ Χριστιανισμοῦ κατά τούς τελευταίους αἰῶνες, τίς σύγχρονες ἀνατρεπτικές ἑρμηνευτικές προσεγγίσεις τῆς Ἁγίας Γραφῆς καί τίς λοιπές θεολογικές καί ἐκκλησιαστικές ἀντιπαραθέσεις, τίς προβλέψεις γιά συναντήσεις καί συγκρούσεις θρησκειῶν καί πολιτισμῶν, τίς ἀντιθετικές κοινωνικές θεωρίες, τίς συγκρουσιακές ἰδεολογίες καί τήν ἐπιβολή τους ἐντός ἀτμοσφαίρας ψυχροῦ πολέμου, τίς τάσεις τῆς νεώτερης καί σύγχρονης φιλοσοφικῆς σκέψης καί πολλά ἄλλα, ἄρχισαν νά συνοψίζονται στό ὁλοένα πιό ἐπίμονο ἐρώτημα: Τί σημαίνουν ὅλ' αὐτά γιά τή σύγχρονη ζωή καί ἀποστολή τῆς Ἐκκλησίας μας;

---

[20] 16-2-1959 ΑΑπ
Σιώτης πρός Απ
....Προτρέπει νά ἀρχίσω τήν ἑτοιμασία ἐναισίμου διατριβῆς.

7-3-1959 ΑΑπ
Σιώτης πρός Απ
«Εἶναι τῷ ὄντι καιρός νά γίνη ἡ ἐκλογή τοῦ θέματος τῆς διατριβῆς σου. Ὡς πρός τά θέματα τῶν χειρογράφων τοῦ Qumran... ὑπάρχει πέλαγος θεμάτων νά καταπιαστῇς μέ ἕνα εἰδικόν σημεῖον, λ.χ. "Ὁ ἀπόλυτος προορισμός τῆς αἱρέσεως τοῦ Qumran καί τοῦ Ἰσλαμισμοῦ (ὡς πρόδρομος τούτου)". Ἄλλα θέματα: 1) Ἰωάννης ὁ Δαμασκηνός καί ὁ Ἰσλαμισμός καί 2) Ἡ διδασκαλία τῆς μετεμψυχώσεως εἰς τούς Ἀνατολικούς Ἐκκλησιαστικούς Συγγραφεῖς».

ΑΛΕΞΑΝΔΡΟΣ Κ. ΠΑΠΑΔΕΡΟΣ

Ἡ μελέτη τῆς διδαχῆς καί τοῦ ἐν γένει ἔργου μεγάλων διδασκάλων τῆς θρησκείας, ὅπως τοῦ Βούδα, τοῦ Κομφούκιου, τοῦ Μωάμεθ[21], γιά τούς ὁποίους μιλοῦσε στίς παραδόσεις του ὁ Καθηγητής μου Holsten, ἦταν μέν γοητευτική, ἔκανε ὅμως ἀκόμη πιό βασανιστικό τό ἐρώτημα: Θρησκειολογικές ἔρευνες καί διδασκαλίες εἶναι σίγουρα ἐνδιαφέρουσες καί ἀναγκαῖες. Μήπως ὅμως ἄλλοι μποροῦν νά ἐργασθοῦν πιό ἀποτελεσματικά ἀπό μένα στόν τομέα αὐτόν; Εἶναι φρόνιμο νά ἀφιερώσω τή ζωή μου σ' αὐτές ἀντιπαρερχόμενος τίς ἀναπάντητες στήν Ἑλλάδα προκλήσεις τῶν νεωτέρων χρόνων, ὅπως καί ἐκεῖνες πού ζεῖ ἡ χώρα μας τώρα καί τίς ἄλλες, τίς σίγουρα σφοδρότερες τοῦ ἀνθρωπίνως ὁρατοῦ μέλλοντος;

Ἦταν ἡ ἐποχή πού οἱ ἡγεσίες τῶν χριστιανικῶν Ἐκκλησιῶν φαινόταν ὅτι εἶχαν προσλάβει ἐπιτέλους τά μηνύματα τῶν δύο παγκοσμίων πολέμων καί εἶχαν ἀρχίσει νά συγκλίνουν πρός ἀλλήλας καί πρός τήν ἀπό κοινοῦ ἀνάληψη τῶν εὐθυνῶν τους. Πολλές οἱ ὑποσχέσεις τῆς διαρκῶς ἐνδυναμούμενης Οἰκουμενικῆς Κίνησης μέ ἀποφασιστική συνδρομή καί τοῦ Οἰκουμενικοῦ Πατριαρχείου, καθώς καί οἱ ἐσωτερικές ζυμώσεις στή Ρωμαιοκαθολική Ἐκκλησία καί Θεολογία. Αὐτές οἱ διαπιστώσεις καί ἡ καλύτερη γνωριμία μου μέ τήν κοινωνική καί τήν ἐν γένει πολιτική καί πολιτισμική πραγματικότητα τοῦ εὐρύτερου δυτικοευρωπαϊκοῦ περίγυρου προστέθηκαν στούς προβληματισμούς πού εἶχαν ἀρχίσει νά ἀπεργάζονται τήν ἀποστασιοποίησή μου ἀπό τόν προγραμματισμό τῆς ἀκαδημαϊκῆς ἐνασχόλησής μου μέ τή Θρησκειολογία καί νά θέτουν ἐνώπιόν μου τό δίλημμα τῶν προτεραιοτήτων.

Ἦταν, ἐξάλλου, ἡ ἐποχή πού ἡ σπουδή τῆς Συγκριτικῆς Ἐπιστήμης τῶν Πολιτισμῶν περιελάμβανε μελέτη τῶν τότε κυρίαρχων συστημάτων ἀνάλυσης τοῦ πολιτισμικοῦ γίγνεσθαι, ὅπως ἐκείνων τοῦ Oswald Spengel - τό ὁποῖο ἀπέρριπτε μετά βδελυγμίας ὁ Χίλκμαν, ἐπειδή ὑπέτασσε τόν πολιτισμό σέ βιολογικούς καταναγκασμούς - ἤ τοῦ Arnold Joseph Toynbee, μέ τόν ὁποῖο διατηροῦσε καί προσωπικές φιλικές σχέσεις (τόν εἶχε μάλιστα φιλοξενήσει στό σπίτι του, στό Μάιντς, ὁπότε εἶχα καί ἐγώ τήν εὐκαιρία προσωπικῆς ἐπικοινωνίας μέ τόν μεγάλο Βρετανό ἱστορικό). Μέ εἶχε προβληματίσει ἰδιαίτερα τό σχῆμα τοῦ Toynbee *chalenge and response*, σύμφωνα μέ τό ὁποῖο ἡ γένεση, ἡ ἀνάπτυξη, ἡ διάρκεια ἤ ὁ μαρασμός καί ἡ ἐξαφάνιση τῶν πολιτισμῶν ἐξαρτῶνται σέ μεγάλο βαθμό ἀπό τό κατά πόσον εἶναι δημιουργική

---

[21] Οἱ σχετικές μελέτες ἐπανέφεραν συχνά στή μνήμη μου τήν πρώτη ἐπίσκεψή μου στόν ἱστορικό Φιλολογικό Σύλλογο Χανίων «Ο ΧΡΥΣΟΣΤΟΜΟΣ», ὅπου τήν Κυριακή 5 Δεκεμβρίου 1948 ἄκουσα τή διάλεξη τοῦ δασκάλου μου Ἀρχ. Εἰρηναίου Γαλανάκη μέ θέμα *Ὁ διδάσκαλος τῆς Θρησκείας διά μέσου τῶν αἰώνων*. Μέ τόν ἴδιο τίτλο ἐκδόθηκε στήν Ἀθήνα τό 1949. Πρβλ. Η Κρήτη τιμά τον Αλέξανδρο Κ. Παπαδερό..., σ. 53.

ἤ παθητική ἡ *ἀπάντηση* (*response*) πού δίδουν στίς ἑκάστοτε *προκλήσεις* (*chalenges*). Τί εἴδους ἀπαντήσεις ἔδωσαν ὁ Ἑλληνισμός καί ἡ Ὀρθοδοξία στίς προκλήσεις πού δέχθηκαν τούς τελευταίους αἰῶνες καί ποιές οἱ συνέπειες; Ποιές προκλήσεις δέχεται σήμερα καί διαφαίνεται ὅτι θά δεχθεῖ αὔριο ἡ Ὀρθοδοξία καί πόσο ἕτοιμη εἶναι νά ἀπαντήσει δημιουργικά;

Ὡς πρός τό τελευταῖο αὐτό ζήτημα, πολύ μέ εἶχε προβληματίσει μία πρόβλεψη τοῦ Spengler. Δημοσιεύει τό μνημειῶδες ἔργο του *Der Untergang des Abendlandes* (Ἡ δύση/παρακμή τῆς Δύσεως, τῆς Ἑσπερίας, τό τέλος, ὁ ἀφανισμός τοῦ Δυτικοῦ Πολιτισμοῦ) τόν καιρό τοῦ θριάμβου τῶν Μπολσεβίκων στή Ρωσία, γενάρχη τῶν ὁποίων θεωρεῖ τόν Τολστόι, ὁ Χριστιανισμός τοῦ ὁποίου, ὅπως ἰσχυρίζεται, «ἦταν μιά παρανόηση», καθ' ὅτι «*μιλοῦσε γιά Χριστό καί ἐννοοῦσε Μάρξ*». Καί ἐνῶ οἱ ἐπαναστάτες διακήρυσσαν ὡς νέο εὐαγγέλιο σωτηρίας τοῦ κόσμου τήν ἀπαλλαγή του ἀπό τό «ὄπιο τοῦ λαοῦ», τή θρησκεία, ὁ Spengler προφήτευε: «**Dem Christentum Dostojewskis gehört das nächste Jahrtausend**» - «*Στόν Χριστιανισμό τοῦ Ντοστογιέβσκι ἀνήκει ἡ ἐπόμενη χιλιετία.*»[22] *(b-Aπ)*.

Ὅπως κι ἄν ἔχουν καί ὅπως κι ἄν ἔλθουν τά πράγματα, σκεπτόμουν, ποιά δημιουργική ἀπάντηση ἔχει καί πῶς θά τή διατυπώσει ἡ Ὀρθοδοξία ἐνώπιον τῶν κοσμογονικῶν ἀλλαγῶν καί τῶν ἀνελέητων προκλήσεων τοῦ παρόντος αἰῶνος καί ἐκείνων πού ἔρχονται περισσότερο ὡς ἀπειλή παρά ὡς ἐλπίδα; Μήπως ἡ Θρησκειολογία εἶναι γιά μένα ἕνα δέλεαρ φυγῆς ἀπό τό καθῆκον ἑνός ὀρθοδόξου Θεολόγου τούτη τήν ὥρα;

Συνεχόμενος ἐκ τῶν δύο ἕλξεων (πρβλ. Φιλιπ.1, 23), τοῦ νά τηρήσω δηλαδή τή δέσμευσή μου περί προπαρασκευῆς γιά πανεπιστημιακή σταδιοδρομία ἤ νά στραφῶ πρός τό στίβο τῶν ἐκκλησιαστικῶν ἀγώνων, πάλευα μέ τούς δυό αὐτούς ἀσυμβίβαστους λογισμούς. Ἡ ἐσωτερική ζύμωση πού προκαλοῦσαν ἔφθανε ὄχι σπάνια σέ ἔντονη συνειδησιακή ταραχή. Οἱ σκέψεις γιά μιά Ἀκαδημία στήν Ἑλλάδα, καίτοι σέ πρώιμο στάδιο ἀκόμη, ἔθεταν ὁλοένα καί πιό ἐπίμονα σέ ἀμφισβήτηση τό νόημα ἐπιστημονικῆς ἐνασχόλησής μου μέ τή Θρησκειολογία, τήν ὁποία ὅμως ἀγαποῦσα, συνέχιζα νά τή μελετῶ καί δέν ἤθελα νά τῆς γυρίσω τήν πλάτη, μάλιστα καθώς αἰσθανόμουν πιεστική καί τήν ἠθική ὑποχρέωση ἔναντι τῶν Καθηγητῶν πού μέ εἶχαν τιμήσει μέ τή συμβουλή τους νά εἰδικευθῶ σ' αὐτόν τόν κλάδο. Γιά κάμποσο καιρό λοιπόν μέ βασάνιζε μιά διαπάλη μέ ἐνίοτε ἀκραία ἔνταση, πού μέ ἔκανε νά βιώνω ἔντονα τά λόγια τοῦ Γκαῖτε ἀπό τόν Φάουστ:

---

[22] Oswald Spengler, *Der Untergang des Abendlandes, Zweiter Band*, München 1923, 236-237.

ΑΛΕΞΑΝΔΡΟΣ Κ. ΠΑΠΑΔΕΡΟΣ

Zwei Seelen wohnen, ach! in meiner Brust,
Die eine will sich von der andern trennen;
(Faust I, Vers 1112-1113)

Στό στῆθος τό δικό μου ζοῦν –αχ! δυό ψυχές,
ἡ μιά θέλει ἀπ' τήν ἄλλη νά χωρίσει...
(δική μου μετάφραση)

6. Ἡ Μετακένωσις

*Μέ τόν **Κοραῆ** καί τόν **Οἰκονόμο** στόν κόσμο τῶν ἰδεῶν καί τῶν κοινωνικῶν ἐπαναστάσεων.*

Ὕστερα ἀπό μακρά καί βασανιστική περισυλλογή, ἔλαβα τήν ὁριστική πλέον ἀπόφαση νά στρέψω τό ἐρευνητικό ἐνδιαφέρον μου πρός ἐκεῖνα τά ζητήματα πού συνόψισα τελικά στή διατριβή μου. Ἐπέλεξα ὡς ἀντικείμενο ἔρευνας τή συνάντηση τοῦ Ἑλληνισμοῦ καί τῆς Ὀρθοδοξίας μέ τόν Διαφωτισμό. Ὡς κύρια πρόσωπα καί ἄξονες τῆς ἔρευνας, ὑπό τό πρίσμα καί μέ τίς μεθόδους τῆς Συγκριτικῆς Ἐπιστήμης τῶν Πολιτισμῶν, ἐπέλεξα τόν Ἀδαμάντιο Κοραῆ καί τόν Κωνσταντίνο Οἰκονόμο τόν ἐξ Οἰκονόμων. Ὁ Καθηγητής Hilckman δέν εἶχε ἀσχοληθεῖ μέ αὐτήν τήν προβληματική. Ὅταν ὅμως ἄκουσε τήν αἰτιολόγηση τῆς ἐπιλογῆς μου, ἐνέκρινε τό θέμα καί δέχθηκε νά εἶναι ἐκεῖνος ὁ Doktorvater - ὁ Καθηγητής πού θά ἐπέβλεπε τήν ἔρευνά μου καί τήν ὅλη διαδικασία. Ἡ ἔρευνα δέν ἦταν καθόλου εὔκολη, μεταξύ ἄλλων ἐπειδή δέν εἶχα στή Γερμανία ἐπαρκές ἀρχειακό καί βιβλιογραφικό ὑλικό. Ἤμουν ὑποχρεωμένος νά τό ἀναζητήσω καί μελετήσω στήν Ἑλλάδα κυρίως, στή Γαλλία καί στήν Ὀλλανδία.

Λαμβανομένων ὑπόψη τῶν περιστάσεων, ἡ συγγραφή τῆς διατριβῆς ὁλοκληρώθηκε σέ σχετικά σύντομο χρόνο. Μέ τή συνδρομή τοῦ Ἐλβετοῦ φίλου μου Richard Guyer-Frey τυπώθηκε σέ περιορισμένο ἀριθμό ἀντιτύπων.[23] Ἀκολούθησαν οἱ λοιπές αὐστηρές διαδικασίες: Rigorosum-προφορική ἐξέταση στά μαθήματα Συγκριτική Ἐπιστήμη τῶν Πολιτισμῶν (Καθηγ. Anton Hilckman), Φιλοσοφία (Καθηγ. Fritz-Joachim von Rintelen) καί Θρησκειολογία-Ἱεραποστολή

---

[23] *METAKENOSIS. Das kulturelle Zentralproblem des neuen Griechenland bei Korais und Oikonomos*, Mainz 1962, 303 σελίδες. METAKENOSIS. Griechenlands kulturelle Herausforderung durch die Aufklärung in der Sicht des Korais und des Oikonomos, 2. Aufl. in: Archiv für Vergleichende Kulturwissenschaft, hrsg. von Anton Hilckman, Bd. 6, Verlag Anton Hain, Meisenheim am Glan 1970. *ΜΕΤΑΚΕΝΩΣΙΣ. Ἑλλάδα-Ὀρθοδοξία-Διαφωτισμός κατά τόν Κοραῆ καί τόν Οἰκονόμο.* Μετάφραση ἀπό τό γερμανικό πρωτότυπο - συμπλήρωση. Μεταφραστής Ἐμμανουήλ Γεωργουδάκης, Ἐπιμέλεια κειμένου: Γεώργιος Βλαντῆς. Προλογίζει ὁ Π. Μ. Κιτρομηλίδης. ΑΚΡΙΤΑΣ, Ἀθήνα 2010, 355 σελίδες.

(Καθηγ. W. Holsten), καί ή κρίση τῆς διατριβῆς ἀπό ἑπταμελῆ Ἐπιτροπή Καθηγητῶν Θεολογίας καί Φιλοσοφίας. Μετά τήν ἔγκριση ἀκολούθησε (28 Φεβρ. 1962) ἡ τελετή τῆς ἀναγόρευσής μου σέ Διδάκτορα τῆς Φιλοσοφίας ἀπό τή Φιλοσοφική Σχολή τοῦ Πανεπιστημίου τοῦ MAINZ καί ἡ ἐπίδοση τοῦ σχετικοῦ τίτλου μέ τήν ἔνδειξη MAGNA CUM LAUDE. Ἡ ἐπίδοση ἀπό τόν Κοσμήτορα δέν ἔγινε στό Πανεπιστήμιο, ἀλλά, φιλίας ἕνεκεν, στό σπίτι τοῦ Χίλκμαν, ὅπου διέμενα καί ἐγώ. Ἀκολούθησε δεξίωση.

7. Ἐπιστημονικός Βοηθός - Διδασκαλία

Ὁ Καθηγητής Χίλκμαν, πού ὡς Doktorvater παρακολούθησε μέ τή γνωστή παλιά γερμανική αὐστηρότητα τήν ἑτοιμασία τῆς διατριβῆς μου, θέλησε νά συνεχισθεῖ ἡ συνεργασία μας. Εἰσηγήθηκε, ἡ Φιλοσοφική Σχολή πρότεινε καί ὁ Ὑπουργός Παιδείας τοῦ Ὁμοσπονδιακοῦ Κρατιδίου Ρηνανίας-Παλατινάτου μέ διόρισε στή θέση τοῦ Ἐπιστημονικοῦ Βοηθοῦ/Ἐπιμελητῆ στό Ἰνστιτοῦτο Συγκριτικῆς Ἐπιστήμης τῶν Πολιτισμῶν (ὑπηρέτησα ἀπό 1.1.1962 μέχρι 30.9.1963, μέ μηνιαῖο μισθό 995 DM, ἀπό 1.7.1962 DM 1.162). Μέ τήν ἰδιότητα αὐτή ἀντικαθιστοῦσα σέ μερικές παραδόσεις τόν συχνά ἀσθενῆ Καθηγητή (λόγω τῶν δεινοπαθημάτων του στίς φυλακές καί στά Στρατόπεδα Συγκέντρωσης), εἶχα τή συνδιεύθυνση φροντιστηριακῶν ἀσκήσεων καί τήν ἐπιμέλεια τῆς Βιβλιοθήκης τοῦ Ἰνστιτούτου (ἐπιλογή, ἀγορά, καταγραφή, πληρωμή, τακτοποίηση τῶν βιβλίων). Ἡ εὔνοια καί ἡ μεγάλη ἐκείνη ἐμπιστοσύνη δέν ἦταν ἀνεξάρτητα ἀπό τήν ἐλπίδα του ὅτι θά διατηροῦσα τό ἐνδιαφέρον μου γιά τήν Πολιτισμολογία, θά ἤμουν ὑποψήφιος διαδοχῆς του καί θά συνέβαλλα ὄχι μόνο στήν ἐπιβίωση τοῦ Ἰνστιτούτου του, ἀλλά καί στήν ἵδρυση ἀνάλογων ἐρευνητικῶν καί διδακτικῶν Κέντρων καί σέ ἄλλα Πανεπιστήμια (δυστυχῶς τό Ἰνστιτοῦτο δέν ἐπέζησε).

Ἡ Ἑλληνορθόδοξος Ἐκκλησία εἰς τό παρόν
Μέ ἔγκριση τῆς Συγκλήτου τοῦ Πανεπιστημίου ἀνέλαβα (μέ εὐθύνη τοῦ Καθηγ. Eugen Ludwichg Rapp) τή Διεύθυνση Ἐπιστημονικῆς Ὁμάδας Ἐργασίας (Arbeitsgemeinschaft) ὑπό τόν γενικό τίτλο: «*Arbeitsgemeinschaft: Die Griechisch-Orthodoxe Kirche der Gegenwart - Ἡ Ἑλληνορθόδοξος Ἐκκλησία εἰς τό παρόν*»,[24] μέ ταυτόχρονη ἄσκηση στή *νεοελληνική γλῶσσα* (τά μαθήματα παρακολουθοῦσαν οἱ Καθηγητές Hilckman καί Rapp, καθώς καί φοιτητές δια-

---

[24] Βλ. Johannes Gutenberg Universität Mainz, Vorlesungsverzeichnis Wintersemester 1960/61, 78 (καί ἑπόμενα).

φόρων Σχολῶν). Εἶδα πόσο ζωηρό ἦταν τό ἐνδιαφέρον γιά τόν ἑλληνορθόδοξο κόσμο μας.[25] Πρόσθεσα λοιπόν στούς τότε προβληματισμούς μου καί τοῦτον: μέ ποιούς τρόπους θά μποροῦσε καί θά ἔπρεπε νά καταθέτει ἡ Ὀρθοδοξία τή μαρτυρία της, ἰδίως ἐντός τῆς διαμορφούμενης νέας εὐρωπαϊκῆς πραγματικότητας, ἀξιοποιώντας μάλιστα καί τίς καινούριες εὐκαιρίες πού δημιουργεῖ ἡ σύγχρονη Οἰκουμενική Κίνηση;

Mainz, Πανεπιστήμιο. Φωτ: Καθηγ. Κ. Sallmann

---

[25] Μέ ἐπιστολή μου (4-2-1961 ΑΑπ) ἐνημερώνω τόν Ἀρχιεπίσκοπο Ἀθηνῶν καί πάσης Ἑλλάδος Θεόκλητο Β΄ (1957-1962) γιά τήν παραπάνω δραστηριότητα καί παρακαλῶ νά συστήσει τήν ἀποστολή 1-2 τευχῶν τοῦ περιοδικοῦ ΘΕΟΛΟΓΙΑ, προκειμένου νά τό παρουσιάσω στούς Καθηγητές καί νά ἐπιδιωχθεῖ ἡ ἐγγραφή τοῦ Πανεπιστημίου ὡς συνδρομητῆ, καθώς καί ἡ ἀγορά ἐπιστημονικῶν ἐκδόσεων τῆς Ἀποστολικῆς Διακονίας, μάλιστα τῆς σειρᾶς τῶν συγγραμμάτων τῶν Ἑλλήνων Πατέρων τῆς Ἐκκλησίας.
Οὔτε φωνή οὔτε ἀκρόασις!

ΜΕΡΟΣ Γ΄

ΠΕΡΙΣΠΑΣΜΟΙ

1. Αἰτίες περισπασμῶν

Ἡ μακρά παραμονή μου στή Γερμανία δέν ὑπηρέτησε μόνον αὐστηρά ἐπιστημονικούς σκοπούς γιά τούς ὁποίους εἶχα μεταβεῖ στό Μάιντς. Στό Πανεπιστήμιο σπουδάζω μέν Θρησκειολογία καί ἄλλα, δέν ἐπαναπαύομαι ὅμως στά θέλγητρα καί στή μακαριότητα τῆς βουδιστικῆς νιρβάνας. Τά προβλήματα τῶν Ἑλλήνων μεταναστῶν-ἐργατῶν δέν συγχωροῦν ἀπάθεια, μάλιστα ὕστερα καί ἀπό ὅσα διδάχθηκα στό Mainz-Kastel (ἡ σκέψη ὅτι ἀνάλογα προβλήματα ὑπάρχουν ἤδη καί στήν Ἑλλάδα καί πρόκειται νά ὀξυνθοῦν εἶχε ἀρχίσει νά ἐντάσσεται στούς προβληματισμούς μου γιά τήν ἀποστολή τῆς σχεδιαζόμενης Ἀκαδημίας). Ἀπό τόν πρῶτο κιόλας καιρό τῆς ἐκεῖ παρουσίας μου συνειδητοποίησα ὅτι δέν μποροῦσα νά ἀγνοήσω ἄλλες ἀνάγκες, ὅπως ἦταν ἡ μοίρα τῶν ἀνθρώπων μας, κατά τό πλεῖστον νέων ἀνδρῶν καί γυναικῶν, πού μετανάστευαν στή Γερμανία μέ πολλές ἐλπίδες, ἀλλά τά πρῶτα κυρίως χρόνια πάλευαν μέ ἀρκετές δυσκολίες.

Ὁ ἄλλος, πιό ἀπαιτητικός τομέας, σχετίζεται μέ τό γεγονός ὅτι ἡ παραμονή μου στή Γερμανία δέν ἐσήμαινε ἀποκοπή μου ἀπό τά τῆς Ἐπισκοπῆς μας Κισάμου καί Σελίνου καί ἀπό τούς ἀγῶνες τοῦ Εἰρηναίου καί τῶν ἐκεῖ συνεργατῶν του. Ἡ φτώχεια τοῦ λαοῦ καί ἡ προσπάθεια τῆς τοπικῆς Ἐκκλησίας νά παράσχει ἔμπρακτη παραμυθία ἰδίως στούς ἀνθρώπους τῆς ὑπαίθρου καί μιά στάλα ἐλπίδας στά νιάτα τοῦ τόπου δημιουργοῦσαν τήν ἀνάγκη προσφυγῆς σέ συνδρομή ἀπό τό ἐξωτερικό. Δικό μου ἔργο ἔλαχε λοιπόν νά εἶναι ἡ μέριμνα γιά τήν κατά τό δυνατόν ἱκανοποίηση τῆς ἀνάγκης αὐτῆς. Καί μόνον ἀπό αὐτά κατανοεῖ κανείς ὅτι τέτοιου εἴδους μέριμνες δέν ἦταν ἰδιαίτερα συμβατές μέ τήν προοπτική τῆς Θρησκειολογίας! Ἐπρόκειτο γιά ἕνα μόνιμο καί ἀπαιτητικό περισπασμό, πού ὅμως ἦταν ἐπωφελής γιά τήν Ἐπισκοπή μας καί σέ κάποιο βαθμό γιά τήν Κρήτη, γιά τήν Ἐκκλησία γενικότερα, καθώς καί γιά ἀνθρώπους μας στή Γερμανία. Μπορεῖ νά λεχθεῖ ὅμως ἐπίσης ὅτι οἱ περισπασμοί αὐτοί, καίτοι χρονοβόροι καί ἐνίοτε κοπιαστικοί, δέν μέ ἄφησαν νά κλειστῶ στά πανεπιστημιακά σπουδαστήρια. Ἐπέβαλαν ἐπικοινωνία μου μέ πρόσωπα καί Ὑπηρεσίες, πού δέν ἄργησαν νά ἀποδειχθοῦν εὐεργετικές ὄχι μόνο γιά ἐμπερίστατους ἀνθρώπους, ἀλλά καί γιά τήν ὑπόθεση τῆς Ἀκαδημίας, ὅπως θά φανεῖ στήν πορεία τῆς μελέτης αὐτῆς. Ὅσο προχωροῦν τά ἔργα τῆς Ἐπισκοπῆς καί ἐπιδοκιμάζονται ἀπό τό λαό, πού συνειδητοποιεῖ ὅτι δέν εἶναι ἔργα ματαιόδοξης βιτρίνας ἀλλά μαρτυρία πίστης, ἐλπίδας καί ἀγάπης, τόσο αὐξάνουν οἱ προσφορές πρός τόν Ἐπίσκοπο, ἀλλά καί τά πρός αὐτόν αἰτήματα, πού ἀναγκάζουν τόν ἴδιο νά ἐντείνει τίς προσδοκίες καί τίς παρακλήσεις του ἀπό ὅπου μποροῦσε νά ἐλπίζει κάποια συμπαράσταση.

2. Τό «ἐπαιτικόν» Τάγμα μας

«τοῦτο γὰρ ἔργον... τῶν ἀγγελικῶν ταγμάτων τε καὶ δυνάμεων ἐστι, τὸ διακονεῖν πρὸς εὐεργεσίαν καὶ τιμὴν τῆς εἰκόνος τοῦ θεοῦ, τουτέστι τοῦ ἀνθρώπου»
Cosm. Ind., top.2, (M 88,117D).

Παρά τίς ἐξαντλητικές αὐτές πιέσεις, τόν Ἐπίσκοπο δέν ἐγκαταλείπει οὔτε ἡ ἐλπίδα οὔτε καί τό χιοῦμορ, στό ὁποῖο ὀφείλω τήν πιό τιμητική προαγωγή μου τῶν χρόνων ἐκείνων:

4-7-1960 ΑΑπ
Εἰρηναῖος πρός Απ
«Ἡ σιωπή μου δέν ἔγκειται εἰς τίποτε ἄλλο παρά εἰς τά πολλά μου βάσανα. Ἀπό τῶν ἀρχῶν Ἰουνίου κτίζομε (θά κρατήση ἡ οἰκοδομή ὅλο τό καλοκαίρι) ἐδῶ τήν Οἰκοκυρική Σχολή καί εἴμεθα πνιγμένοι, διότι πολλά πράγματα πρέπει νά τά κάνωμε μόνοι μας. Στή Γωνιά βάλαμε τώρα ἕνα καλό ἡγούμενον {ἦταν ὁ Παρθένιος Ἀναγνωστάκης} καί ἐλπίζω ὅτι τοῦ χρόνου θά κτίσωμε καί κεῖνο πού θέλομε {μιά δυσανάγνωστη λέξη, ἴσως: ἐκεῖ}. Εἶναι δῶ καί ὁ π. Εἰρηναῖος μονίμως πιστεύω καί περιμένομε καί τήν ἀφεντιά σου. {ἐντός πλαισίου μέ κόκκινο:} Τό περιοδικό μας "Χριστιανική εὐθύνη" πρέπει νά φανῇ τόν Αὔγουστον. Γράψε μας ἄρθρα γύρω ἀπό τό κεντρικό θέμα: ἡ εὐθύνη τοῦ Χριστιανοῦ ἔναντι τοῦ κόσμου, τοῦ πολιτισμοῦ, τῆς εἰρήνης, τῆς χαρᾶς κ.λπ.[26] Γιά τό αὐτοκίνητον πού γράφεις δέν μοῦ μένει πρός τό παρόν οὔτε δεκάρα. Ἄν τό

---

[26] Πέμπτη, 1η Σεπτ. 1960: Τίθεται σέ κυκλοφορία τό πρῶτο τεῦχος τοῦ περιοδικοῦ τῆς Ἐπισκοπῆς Κισάμου καί Σελίνου, μέ τόν τίτλο "Χριστός καί Κόσμος", πού εἶναι ἐνδεικτικός γιά τόν προσανατολισμό τοῦ Ἐπισκόπου, νά μαρτυρεῖται ὁ Χριστός ὡς Σωτήρ τοῦ κόσμου καί ὁ κόσμος νά προσλαμβάνεται ἀπό τήν Ἐκκλησία μέ ὅλα τά τραύματα καί τίς προσδοκίες του, καί νά θεραπεύεται ἐν Χριστῷ μέ τή διπλή ἔννοια τοῦ ὅρου: Νά διακονεῖται καί νά ἰᾶται.

βρῆς χάρισμα φέρε το. Στή Γωνιά φιλοξενοῦμε προσωρινῶς τά ὀστά τῶν ἐν Κρήτῃ πεσόντων Γερμανῶν (ὥσπου νά κάνουν τό Μαυσωλεῖον εἰς Μάλεμε). Τό κεντρικό Γραφεῖον των εὑρίσκεται εἰς Volksbund Deutsche Kriegsgräberfürtsorge Kassel Ständerplatz 2. Πέρασε νά τούς γνωρίσης. Πιστεύω ὅτι ἀργότερα θά μᾶς δώσουν κάτι γιά τούς σκοπούς μας.

Μήν λησμονῆς ὅτι ζητιανεύομεν ἐπισήμως ἐδῶ κι ἐκεῖ κι ἄν καταδέχεσαι **σέ διορίζομεν ἐπίσημον ἀντιπρόσωπον τοῦ ἐπαιτικοῦ μας Τάγματος ἐν Εὐρώπῃ...** (b-Απ).Τό βρίσκω τόσο εὐαγγελικόν καί τόσο ποιητικόν νά ζητιανεύῃ κανείς {ἐννοεῖ γιά τούς ἄλλους}. Χαιρετισμούς ἀπό ὅλους μας. Αὐτές τίς μέρες εἶμαι ἄρρωστος ἀπό κρύο.

Ὁ Ἅγ. Φραγκίσκος ὡς ἐπαίτης.[27]

3. Προτροπή γιά ἐπιστροφή

Στή διάρκεια τῶν σπουδῶν στό Πανεπιστήμιο καί τῆς ἑτοιμασίας τῆς διδακτορικῆς διατριβῆς, ἐκτός ἀπό τίς δυσκολίες ὅσον ἀφορᾶ στήν παράταση τῆς ὑποτροφίας μου, δέχθηκα κατά καιρούς καί διάφορες προτροπές γιά ἐπιστροφή στήν Ἑλλάδα. Ἐνδεικτικά:

27-2-1960 ΑΑπ
Σιώτης πρός Απ
«Πρέπει νά τελειώσης μέ τό καλό καί νά ἔλθης, διά νά τακτοποιηθῆς».
Ὑπενθυμίζω τήν ἀγωνία τοῦ Εἰρηναίου:

---

[27] Ὅταν ὁ W. Koch μοῦ χάρισε τό ἄλλο γλυπτό του, πού ἔχει τοποθετηθεῖ στήν Ἀκαδημία («Der Seher»-«Ὁ Ὁρῶν»), θέλησα νά τόν εὐχαριστήσω προσωπικά καί τόν ἐπισκέφθηκα στήν κατοικία του (Rietberg, Γερμανία). Στήν αὐλή τοῦ σπιτιοῦ εἶδα, μεταξύ ἄλλων, τό γλυπτό τοῦ Ἅγ. Φραγκίσκου, σέ πρόπλασμα. Λέγω στόν φίλο μου: Κανείς δέν ἔχει γράψει τόσο βαθυστόχαστες σκέψεις γιά τόν Ἅγ. Φραγκίσκο ὅσον ὁ Καζαντζάκης. Νομίζω πώς οἱ δυό τους θά κάνουν καλή παρέα στό Μουσεῖο τοῦ συμπατριώτη μου συγγραφέα. Προτείνω νά τό χαρίσετε. Δέχτηκε πρόθυμα. Ἔκαμα τίς ἀναγκαῖες συνεννοήσεις μέ τούς ἁρμοδίους τοῦ Μουσείου. Ὁ Koch ἑτοίμασε τό γλυπτό σέ μπροῦντζο καί φρόντισε γιά τή μεταφορά του στό Ἡράκλειο (ὅλα μέ δικές του δαπάνες). Στίς 30-10-2004 ἔγινε ἡ τελετή ἀποκάλυψης τοῦ γλυπτοῦ στήν αὐλή τοῦ Μουσείου. Βλ. ΔΙΑΛΟΓΟΙ ΚΑΤΑΛΛΑΓΗΣ 75 (2004) 780.

Είρηναῖος πρός Απ, 28-3-1960
«**Πότε θά κατεβῆς; Χρειάζομαι ἀνθρώπους, Ἀλέκο μου, ἀνθρώπους χρειάζομαι.**» (b-Απ). Πρβλ. τό «*ἄνθρωπον οὐκ ἔχω*» (Ἰωάν. 5, 7). Οἱ προτροπές ἔγιναν πιό πιεστικές καί ταυτόχρονα διλημματικές γιά μένα, ὅταν ἦλθε (στίς 9-2-1963) ὁ διορισμός μου καί μάλιστα στό Γυμνάσιο Καστελλίου Κισάμου. Ἔγραψα τήν ἴδια μέρα:

9-2-1963 ΑΑπ
Απ πρός Εἰρηναῖον
«...Ὅσον ἀφορᾷ εἰς τόν διορισμόν μου θά εἶχα νά σκεφθῶ πολλά καί διά πλεῖστα νά εὐχαριστήσω. Κατ' ἀγαθήν σύμπτωσιν ἔρχεται σήμερα, ἡμέραν τῶν γενεθλίων μου, καί ἀκριβῶς τήν στιγμήν πού ἀνασκοπῶ τήν παρέλευσιν τριάντα ὁλοκλήρων ἐτῶν ζωῆς. Ὅσον ὀδυνηρά καί ἄν ἦσαν τά χρόνια αὐτά, προσβλέπω μέ βαθιά εὐγνωμοσύνη πρός τόν Θεόν καί πρός ὅλους ἐκείνους οἱ ὁποῖοι ἔδωσαν στά χρόνια αὐτά νόημα, θάρρος καί συμπαράσταση. Ἄς εὐχηθοῦμε νά εἶναι καί τά ἀκολουθοῦντα χρόνια ἐξ ἴσου δημιουργικά ὅσο καί κρίσιμα γιά τή δόξα τοῦ Θεοῦ».

21-2-1963 ΑΑπ
Εἰρηναῖος πρός Απ
«Χαίρω πού ὁ διορισμός σου ἐλήφθη τήν ἡμέραν τῶν γενεθλίων σου. Ἀσφαλῶς ἡ θεία Πρόνοια πού κατηύθυνε ὡς τώρα τά βήματά σου θά σέ κατευθύνη κι ἀπό δῶ καί πέρα. Ἐγώ ἰδιαιτέρως χαίρω, διότι εὑρέθη εὐκαιρία νά ἐργασθῆς κοντά μου καί στόν τόπο μας καί ἐλπίζω ὅτι αὐτό θά εἶναι συμφέρον μέγιστον δι' ὅλους μας». Ἀκολούθησε σειρά σχετικῶν καλοπροαίρετων παροτρύνσεων:

17-5-1963 ΑΑπ
Εἰρηναῖος πρός Απ
«Βιαστικά καί μόλις ἦλθα σοῦ γράφω δυό λόγια» {εἶχε ἐπιστρέψει ἀπό τή Γερμανία}. Γράφει ὅτι ὁ κ. Σιώτης συνιστᾶ νά ἀποδεχθῶ τό διορισμό μου στό Γυμνάσιο Καστελλίου. Ὁ Ἀνδριτσόπουλος, Δ/ντής Μέσης, προτείνει νά ὑποβάλω αἴτηση, νά ἀναφέρω τούς λόγους (πού ζητῶ ἀναβολή παρουσιάσεως), «νά δεχθοῦν νά προσέλθης μόνο κατά τό ἄνοιγμα τοῦ σχολείου στό ἐρχόμενο σχολ. ἔτος». Νά γράψω προσωπικά στόν Ἀνδριτσόπουλο, τόν ὁποῖο θά ξαναδεῖ ὁ Εἰρηναῖος στήν Ἀθήνα.

10-6-1963 ΑΑπ

Εἰρηναῖος πρός Απ

«Δύνασαι νά τοποθετηθῆς ὡς Δ/ντής τοῦ Γυμνασίου Κολυμβαρίου μέ ἐλαχίστας ὥρας διδασκαλίας».

Παρά τίς λογικές συστάσεις, ἐνημέρωσα τό Ὑπουργεῖο Παιδείας:

19-5-1963 ΑΑπ

Απ πρός Ὑπ. Παιδείας

Εὐχαριστῶ γιά τό διορισμό μου στό Γυμνάσιο Καστελλίου Κισάμου, τόν ὁποῖο ὅμως ἀδυνατῶ νά ἀποδεχθῶ. Ἡ μή ἀποδοχή ὀφείλεται στό ὅτι «διωρίσθην ἀπό 1ης Ἰανουαρίου 1962 εἰς τήν θέσιν τοῦ Ἐπιστημονικοῦ Βοηθοῦ παρά τῷ Ἰνστιτούτῳ τῆς Συγκριτικῆς Ἐπιστήμης τῶν Πολιτισμῶν τοῦ ἐνταῦθα {Μάιντς} Πανεπιστημίου, δεσμευθείς οὕτω ἐπί τινα χρόνον διά συμβάσεως. Πέραν τούτου μοί ἔχει ἀνατεθῆ ἀπό τριετίας ἡ διδασκαλία {στό Πανεπιστήμιο} τοῦ μαθήματος τῆς "*Εἰσαγωγῆς εἰς τόν νεώτερον ἑλληνορθόδοξον πνευματικόν βίον*" μετά παραλλήλου διδασκαλίας τῆς νεοελληνικῆς γλώσσης διά τούς φοιτητάς τῆς Φιλοσοφικῆς καί τῶν δύο Θεολογικῶν Σχολῶν». Τελικά, οὔτε αὐτόν τόν πρῶτο διορισμό ἀποδέχθηκα οὔτε, ἀργότερα, τόν δεύτερο, αὐτή τή φορά στήν Ἀθωνιάδα Ἐκκλ. Σχολή στό Ἅγ. Ὄρος. Ἄν τούς εἶχα ἀποδεχθεῖ, δέν θά εἶχε γίνει τίποτε ἀπό ὅσα ἀκολουθοῦν!

ΜΕΡΟΣ Δ΄

ΜΕΝΝΟΝΙΤΕΣ:
Ἕνα ἀπροσδόκητο μέ ἐπακόλουθα

MENNONITE CENTRAL COMMITTEE

 Μέ τή λέξη **οὐρανοκατέβατο** προσδιορίζουμε κάτι πού ἔρχεται αἰφνιδίως, χωρίς νά ἀναμένεται. Συνήθως ἐννοοῦμε κάτι καλό, οὐρανόσταλτο, θεόσταλτο. Κάτι τέτοιο ὑποπτεύθηκα ὅταν εἶχα μιά τηλεφωνική ἐπικοινωνία μέ πολύ περίεργο τρόπο: Θά πρέπει νά ἦταν τέλη Μαΐου τοῦ 1960. Μέ φιλοξενοῦσαν στό σπίτι τους, στήν πόλη τοῦ MAINZ, κοντά στό Πανεπιστήμιο, ὁ Καθηγητής Anton Hilckman καί ἡ σύζυγός του Katharina. Ἕνα πρωί πού ἀπουσίαζαν καί οἱ δύο χτύπησε τό τηλέφωνο στό ἰσόγειο τοῦ σπιτιοῦ. Ἐγώ βρισκόμουν στή λεκάνη τοῦ μπάνιου στόν ἐπάνω ὄροφο καί δέν μποροῦσα φυσικά νά ἀπαντήσω. Ὕστερα ἀπό σύντομη παύση τό τηλέφωνο χτύπησε πάλι, ξανά παύση, ξανά πολύ ἐπίμονα, φοβήθηκα μήπως συμβαίνει κάτι κακό, τυλίχθηκα μιά πετσέτα, ἔτρεξα κάτω. Στήν ἄλλη ἄκρη μιά ἀνδρική φωνή ἄρχισε νά ζητᾶ συγγνώμη γιά τήν πρωινή ἐνόχληση. Μιλοῦσε Ἀγγλικά. Ἐξήγησε πώς τηλεφωνεῖ ἀπό τήν κοντινή πόλη Φραγκφούρτη, πώς ἐκπροσωπεῖ μιάν ἀμερικανική ἐκκλησιαστική ὀργάνωση πού προσπαθεῖ νά βοηθήσει φτωχούς ἀγρότες κάπου κοντά στή Θεσσαλονίκη, πώς ἀντιμετωπίζουν προβλήματα, ἔμαθαν ὅτι βρίσκομαι στό Mainz καί θά ἤθελαν τή συμβουλή μου. Εἶπα ὅτι δέν μποροῦσα τήν ὥρα ἐκείνη νά παρατείνω τή συζήτηση, σημείωσα τόν ἀριθμό τηλεφώνου καί τή διεύθυνσή τους, λέγοντας πώς θά ἐπικοινωνήσω μαζί τους προσεχῶς. Τό ὄνομα πού μοῦ ἔδωσε ὁ συνομιλητής μου ἦταν *Peter Dyck*. Μάζεψα πανιά, σκούπισα τά νερά πού εἶχα ρίξει στή σκάλα καί στά πατώματα, γύρισα στό λουτρό μέ πολλές ἀπορίες γιά τό περίεργο αὐτό συμβάν.

 Ἔτσι ἄρχισε ἡ ἐπικοινωνία μου μέ τούς Μεννονίτες - ἀπαρχή τῶν ὅσων ἀκολούθησαν σέ συνεργασία μέ αὐτούς στήν Ἐπισκοπή μας Κισάμου καί Σελίνου (σημαντική συμβολή τους στήν ὀργάνωση καί λειτουργία τῆς Τεχνικῆς

P. Dyck

Σχολῆς στό Καστέλλι καί τοῦ Κέντρου Ἀγροτικῆς Ἀναπτύξεως στό Κολυμβάρι, παροχή εἰδῶν διατροφῆς, ρουχισμοῦ καί ὑπόδησης στή Μητρόπολη), ἀλλά καί ἄλλες δράσεις τους στό Βελονάδο καί Ἁλῶνες Ρεθύμνου καί στό Ἡράκλειο.

Κατά τό χειμερινό ἑξάμηνο 1988-89 φιλοξενήθηκα μέ τή σύζυγό μου ὡς Ἐπισκέπτης Καθηγητής στήν περίφημη Θεολογική Σχολή McCormick Theological Seminary τῆς Πρεσβυτεριανῆς Ἐκκλησίας, στό Σικάγο. Ἡ τιμητική πρόσκλησή μου ὀφείλεται στόν διακεκριμένο Καθηγητή αὐτῆς τῆς Σχολῆς Bruce Rigdon, γιά τόν ὁποῖο γίνεται λόγος σέ ἄλλα σημεῖα τῆς μελέτης αὐτῆς.

Στή διάρκεια τῆς ἐκεῖ παραμονῆς μας ἐπισκέφθηκα τό Κέντρο τῶν Μεννονιτῶν στό Akron, Pennsylvania. Στό πλούσιο Ἀρχεῖο τους διαπίστωσα τήν ὕπαρξη μεγάλου ἀριθμοῦ ἐκθέσεων καί ἄλλων ἐγγράφων σχετικῶν μέ τήν ἐργασία τους στή Μητρόπολή μας Κισάμου καί Σελίνου καί σέ ἄλλα μέρη τῆς Κρήτης. Ζήτησα καί πῆρα μαζί μου ἱκανό ἀριθμό φωτοαντιγράφων (περί τίς 1000 σελίδες).

Ἀπό τή μελέτη τους ὁδηγήθηκα ἀργότερα στήν πρόταση πρός τόν συνεργάτη μας στήν ΟΑΚ Θεολόγο Ἄγγελο Ν. Βαλλιανάτο νά μελετήσει αὐτό τό ἄγνωστο μέχρι τότε ὑλικό. Ἀγαθό ἀποτέλεσμα αὐτῆς τῆς ἐνέργειας ἦταν μιά ἐρευνητική ἐργασία, πού ἐπεκτάθηκε στό σύνολο τῶν Ἀρχείων τῶν Μεννονιτῶν καί ὁδήγησε τόν Βαλλιανάτο στήν ἐκπόνηση διδακτορικῆς διατριβῆς μέ ἐπιστασία τοῦ μακαριστοῦ Καθηγητῆ τῆς Θεολογικῆς Σχολῆς Ἀθηνῶν Ἠλία Βουλγαράκη.

Τήν ἐγκεκριμένη ἀπό τή Σχολή διατριβή ἐκείνη δημοσίευσε ὁ Βαλλιανάτος σέ βιβλίο ὑπό τόν τίτλο *Ἀπό την Ἱεραποστολή στην Ἐπικοινωνία. Η περίπτωση της παρουσίας των Μεννονιτών στην Ἑλλάδα 1950-1977*, Ἐκδόσεις ΑΡΤΟΣ ΖΩΗΣ, Ἀθήνα 1999 (ἀφοῦ ἀφαίρεσε μέρος τῶν ὑποσημειώσεων πού κρίθηκε πώς δέν θά εἶχαν ἐνδιαφέρον γιά τόν ἀναγνώστη, σελ. 23). Παραπέμπουμε στό βασικό αὐτό ἔργο καί προσθέτουμε στή συνέχεια ἐπιστολές καί συναφῆ ἔγγραφα πού ἀνταλλάξαμε (κυρίως οἱ Ἀ. Κ. Παπαδερός, Peter Dyck καί Ἐπίσκοπος Κισάμου καί Σελίνου Εἰρηναῖος) κατά τά πρῶτα χρόνια τῆς συνεργασίας μας, ὡς μερικό συμπλήρωμα τῆς ἐπισταμένης ἔρευνας τοῦ Βαλλιανάτου.

Γιά τή σχέση τῶν Μεννονιτῶν μέ τήν Ἐπισκοπή Κισάμου καί Σελίνου γράφει ὁ Βαλλιανάτος, σελ. 323, σημ. 422: «Κεντρικό ρόλο κατεῖχε ο Γενικός Διευθυντής της Ορθοδόξου Ακαδημίας Κρήτης Αλέξανδρος Παπαδερός τόσο στην γνωριμία του Επισκόπου με τους Μεννονίτες, όσο καί στην πρόσκλησή τους καθώς καί στη σχέση τους με το Ίδρυμα».

Ἡ μελέτη τοῦ Ἀρχείου τῶν Μεννονιτῶν ἔφερε στό φῶς σκέψεις, σχέδια καί ἐνέργειές των, πού δέν εἴχαμε ἀντιληφθεῖ τόν καιρό πού γίνονταν. Χαρακτηριστική εἶναι ἡ περίπτωση ἀναζήτησης ὀρθόδοξου Θεολόγου, πού ἤθελαν νά προσλάβουν στήν ὑπηρεσία τους στή Μακεδονία, προκειμένου νά διευκολυνθεῖ ἡ ἐπικοινωνία τους μέ τόν Μητροπολίτη Φλωρίνης Βασίλειο, ὁ ὁποῖος τούς κρατοῦσε σέ ἀπόσταση (Βαλλιανάτος 230):

«Μια από τις αναπάντεχες καί ενδιαφέρουσες λεπτομέρειες της ιστορίας των Μεννονιτών στην Ελλάδα είναι πως στην έρευνα για το κατάλληλο πρόσωπο που θα αποτελούσε βάση της προσπάθειάς τους να γεφυρώσουν το χάσμα ανάμεσα στους ίδιους καί στην Ορθόδοξη Εκκλησία, το πρόσωπο που προτάθηκε ήταν ο Αλέξανδρος Παπαδερός. Ο Αλέξανδρος Παπαδερός την εποχή εκείνη βρισκόταν στο Mainz της Γερμανίας, όπου καί τον βρήκε η έρευνα του διευθυντή του Γραφείου Ευρώπης, Peter J. Dyck. Την εποχή εκείνη δεν έγινε πρόταση στον Αλέξανδρο Παπαδερό για συνεργασία με τους Μεννονίτες. Θα τους προλάβει αργότερα, όταν θα επικοινωνήσει μαζί τους ως εκπρόσωπος του Μητροπολίτη Κισάμου καί Σελίνου, αρχίζοντας έτσι τη συνεργασία των Μεννονιτών στην Κρήτη» (Βαλλιανάτος 311, σημ. 405).

Στό εὔλογο ἐρώτημα πῶς ἔφθασαν στό ὄνομα καί στή διεύθυνσή μου, μπορῶ νά δώσω μόνο μιά πιθανή ἀπάντηση:

Ὅταν τόν Σεπτέμβριο τοῦ 1956 ὁλοκλήρωσα τίς σπουδές μου στή Θεσσαλονίκη, τή Διεύθυνση τῶν Φοιτητικῶν Ὁμάδων Κοινωνικῆς Διακονίας παρέδωσα στόν Καθηγητή Σάββα Ἀγουρίδη (29/11/1921-15/2//2009), πού μόλις εἶχε ἔλθει στή Σχολή ὡς ἔκτακτος Καθηγητής καί εἶχε ἐνδιαφέρον καί ἐμπειρία ἀπό παρόμοιες δραστηριότητες καί σχέσεις μέ ξένες ἐκκλησιαστικές Ὀργανώσεις (βλπ. ΠΑΡΑΡΤΗΜΑΤΑ ΜΕΡΟΣ Α΄- 3). Εὔλογη ἑπομένως ἡ ὑπόθεσή μου ὅτι ἀπό αὐτόν προῆλθε ἡ σύσταση τοῦ ὀνόματός μου πρός τούς Μεννονίτες καί ἡ πληροφορία γιά τόν τόπο τῶν τότε μεταπτυχιακῶν σπουδῶν μου (Mainz).

Σχετικό εἶναι καί τό ἀκόλουθο ἀπόσπασμα ἀπό ἐπιστολή του:

ΣΠΟΥΔΑΣΤΗΡΙΟΝ ΕΡΜΗΝΕΥΤΙΚΗΣ ΘΕΟΛΟΓΙΑΣ
ΚΑΘΗΓΗΤΗΣ: ΣΑΒΒΑΣ ΑΓΟΥΡΙΔΗΣ

23-2-1960 ΑΑπ
Ἀγουρίδης πρός Απ

«Ἡ ἐργασία τῶν κοινωνικῶν ὁμάδων ἀνεπτύχθη πράγματι πολύ κατά τό παρελθόν καί δή κατά τό τρέχον ἔτος. Εἶναι διαπεπιστωμένον ὅτι τά παλαιά μέλη τῆς ὁμάδος, μάλιστα δέ οἱ πρωτεργάται ὡς ὑμεῖς, παρακολουθοῦν μετά συγκινήσεως τήν πρόοδον αὐτήν».

ΜΕΡΟΣ Ε΄

ΤΟ ΟΡΑΜΑ ΜΙΑΣ ΑΚΑΔΗΜΙΑΣ ΣΤΗΝ ΕΛΛΑΔΑ ΚΑΙ Η ΤΡΑΧΕΙΑ ΟΔΟΣ ΠΡΟΣ ΤΗΝ ΕΚΠΛΗΡΩΣΗ ΤΟΥ

> «καὶ ἔσται τὰ σκολιὰ εἰς εὐθεῖαν
> καὶ αἱ τραχεῖαι εἰς ὁδοὺς λείας»
> (Λουκ. 3,5. Πρβλ. Ἠσ. 40, 4)

ΚΕΦΑΛΑΙΟΝ Α΄

1. Ἡ γένεση τῶν Χριστιανικῶν Ἀκαδημιῶν

Στό σημεῖο αὐτό τῆς συνοπτικῆς ἐξιστόρησης τῶν γενομένων χρήσιμη κρίνεται ἡ ἀναφορά στή γένεση τοῦ νέου θεσμοῦ τῶν Χριστιανικῶν Ἀκαδημιῶν.

Ὁ θεσμός ἐκκλησιαστικῶν Ἱδρυμάτων ἀφιερωμένων στή σύναξη ἀνθρώπων πέραν ἀπό κάθε διάκριση, προκειμένου νά διαλεχθοῦν ἐπί καιρίων ζητημάτων, καί στή δημιουργία εὐκαιριῶν γιά τήν Ἐκκλησία νά θέσει τά ζητήματα αὐτά ὑπό τό φῶς τοῦ Εὐαγγελίου ὑπῆρξε καρπός δραματικῶν ἐξελίξεων καί ἀντιπαραθέσεων πού ἐμφανίσθηκαν στόν εὐρωπαϊκό κυρίως χῶρο ἀπό τίς πρῶτες κιόλας δεκαετίες τοῦ 20οῦ αἰώνα. Ὡς πρῶτο Ἵδρυμα τοῦ τύπου αὐτοῦ ἀναφέρεται ἐκεῖνο τῆς πόλης Sigtuna τῆς Σουηδίας, πού λει-

Nathan Söderblom

Söderblom : «*Κύριε, δῶσε μου ταπεινοφροσύνη καί σοφία, γιά νά διακονῶ τή μεγάλη ὑπόθεση τῆς ἐλεύθερης ἑνότητας τῆς Ἐκκλησίας Σου*»
(ἀπό τό Ἡμερολόγιόν του, ἔτους 1890).

τούργησε από τό 1917 μεταξύ άλλων καί ώς τόπος διαλόγου Χριστιανών καί Μαρξιστών. Ήταν ή εποχή τοϋ όραματικοϋ Αρχιεπισκόπου *Nathan Söderblom* (1866-1931).

Παράλληλα πρός τήν προαγωγή τής οικουμενικής ιδέας περί διεκκλησιαστικής συνεργασίας, γιά τήν όποία σημαντικές ώς γνωστόν υπήρξαν οί πρωτοβουλίες τοϋ Οικουμενικού Πατριαρχείου, άναπτύχθηκε στή διάρκεια τοϋ μεσοπολέμου έντονος θεολογικός προβληματισμός γύρω άπό τά όξύτατα κοινωνικά καί πνευματικά ζητήματα. Όμως μόνο μετά τό τέλος τοϋ Β΄ Παγκοσμίου Πολέμου ό προβληματισμός αυτός προσέλαβε όργανωμένο χαρακτήρα άφύπνισης τής συνείδησης κληρικών καί λαϊκών γιά τήν άνάγκη νέων τρόπων άπάντησης τής Έκκλησίας στά νέα καί έν πολλοΐς όξύτατα προβλήματα τής μεταπολεμικής πραγματικότητας στήν Ευρώπη καί στόν κόσμο. Ό δ ι ά λ ο γ ο ς ήταν παντού ή μαγική λέξη, πού έδειχνε τόν ένδεδειγμένο δρόμο επικοινωνίας τής Έκκλησίας μέ τό νέο «κόσμο» τών μεγάλων άντιπαραθέσεων άλλά καί τών μεγάλων υποσχέσεων.

Πρώτο Ίδρυμα τοϋ νέου τύπου εκκλησιαστικών ιδρυμάτων πού έθεσαν μεταπολεμικά ώς αποστολή τους τή διακονία τής ανάγκης αύτής υπήρξε ή Evangelische Akademie (Ευαγγελική Ακαδημία) στό Bad Boll (BB), κοντά στή Στουτγκάρδη τής Γερμανίας. Άρχισε τή λειτουργία της ήδη τόν Σεπτέμβριο τοϋ 1945. Ό Eberhard Müller υπήρξε βασικός συντελεστής γιά τή δημιουργία Ακαδημιών εκτός Ευρώπης, άλλά καί τής Ακαδημίας τής Κρήτης, όπως θά δούμε στή συνέχεια[28].

Ευαγγελική Ακαδημία Bad Boll - είσοδος στό πρώτο κεντρικό κτήριο (φωτ. ΑΒΒ, δεξιά).

Μέ τόν καιρό ή πρώτη αύτή Χριστιανική Ακαδημία χρειάσθηκε νά πολλαπλασιάσει τίς κτηριακές εγκαταστάσεις της καί τόν αριθμό τών συνεργατών της, προκειμένου νά καλύψει τίς άνάγκες πού προκαλοϋσαν οί δραστηριότητες τοϋ βασικού Ιδρυτή καί πρώτου Διευθυντή της Δρος *Eberhard Müller.* Σέ σχετικά σύντομο χρονικό

---

[28] Σχετικά άρθρα, μέ βιβλιογραφία: W. Simpfendörfer, Akademien I. Evangelische Akademien, Ökumene Lexikon, Verlag Otto Lembeck – Verlag Josef Knecht, Frankfurt am Main 1987, 26-30. F. Henrich, Akademien II, Katholische Akademien, 30-32. A. Papaderos, Akademien III, Orthodoxe Akademie von Kreta, 32-33. A. Papaderos, Plurale und doch Eine Welt, στό συλλογικό Τόμο Ökumenisch lernen. Ein Dank an Werner Simpfendörfer, Berlin 1985, 151-163. Στόν Τόμο αύτό περιλαμβάνονται άξιόλογες μελέτες σχετικές μέ τίς άνά τόν κόσμο χριστιανικές Ακαδημίες. Άλέξ. Κ. Παπαδερός, «Ορθόδοξος Ακαδημία Κρήτης», *Θρησκευτική καί Ηθική Εγκυκλοπαίδεια* 12 (1968), 873-877.

διάστημα ό θεσμός τῶν Ἀκαδημιῶν ἁπλώθηκε σέ χῶρες τῆς Εὐρώπης καί ἐκτός αὐτῆς. Ἀρχικά τά Ἱδρύματα αὐτά δημιουργήθηκαν καί λειτούργησαν αὐτοτελῶς, σύντομα ὅμως συγκρότησαν Συνδέσμους συνεργασίας μέ ὁμολογιακή βάση (Εὐαγγελικές καί Καθολικές Ἀκαδημίες).

LEITERKREIS DER EVANGELISCHEN AKADEMIEN
IN DEUTSCHLAND E.V.

Δυό ἑλληνικά ὀνόματα

Τό ὅτι τό πρῶτο αὐτό Ἵδρυμα ἔλαβε τό ἑλληνικό ἐπίθετο *εὐαγγελική* οὐδόλως ξενίζει. Εἶναι ὁ ἐπίσημος ὁμολογιακός χαρακτηρισμός τῆς οἰκείας Ἐκκλησίας: Εὐαγγελική Ἐκκλησία τῆς Γερμανίας.

Τό *Ἀκαδημία* ὅμως; Λέγεται ὅτι ὁ Müller καί λίγοι ἄλλοι Θεολόγοι, ὅπως ὁ H. Thielicke, συζητοῦσαν ἀμέσως μετά τή λήξη τοῦ πολέμου τό βασανιστικό ἐρώτημα: *Τί ὀφείλει νά πράξει τώρα ἡ Ἐκκλησία μας ἐν ὄψει τῆς ἐνοχῆς καί τῶν ἐρειπίων;* Οἱ συζητήσεις δέν ὁδηγοῦσαν σέ ἀποτέλεσμα. Ὥσπου ἕνας ἀπό αὐτούς ἔθεσε τό ἐρώτημα: *Τί θά μᾶς συμβούλευαν ἄραγε οἱ ἀρχαῖοι Ἕλληνες νά πράξουμε σήμερα;* Δέν ἄργησαν καθόλου νά συμφωνήσουν: Δ ι ά λ ο γ ο , Ἀ κ α δ η μ ί α ![29]

---

[29] Κατά τήν τελετή τῶν ἐγκαινίων τῆς Ὀρθοδόξου Ἀκαδημίας Κρήτης κάλεσα στό βῆμα τόν E. Müller λέγοντας μεταξύ ἄλλων: «Ὁ κ. Müller εἶναι ὁ πρῶτος ἄνθρωπος ὁ ὁποῖος συνέλαβε τήν ἰδέαν τῆς Ἀκαδημίας ὑπό τήν νέαν αὐτῆς μορφήν...». Στό χαιρετισμό του ὁ Müller παρετήρησε: «Ὅταν ἐπεσκέφθην πρό ἔτους τήν Χριστιανικήν Ἀκαδημίαν τῆς Κορέας {Σεούλ}, εὗρον πρό τοῦ κτηρίου ἐκείνου μίαν μεγάλην λιθίνην πλάκα. Ἐπί τῆς πλακός ταύτης μαρτυρεῖται ὅτι ὁ κ. Παπαδερός ἔσφαλε πρό ὀλίγου, ὅταν εἶπεν ὅτι ἡ ἰδέα τῆς Ἀκαδημίας προέρχεται ἀπό ἐμέ. Διότι ἐκεῖ ἀναγράφεται δικαίως ὅτι ἡ ἰδέα τῆς Ἀκαδημίας ἐγεννήθη εἰς τήν Ἑλλάδα καί ὀφείλεται εἰς τόν φιλόσοφον Πλάτωνα {ζωηρά χειροκροτήματα!}. Ἀπό τῶν ἀρχῶν τῆς ἐργασίας μας εἰς Γερμανίαν ἐτονίσαμεν ὅτι εἰς τήν Ἑλλάδα ἀνεπτύχθη ὁ πολιτισμός τοῦ διαλόγου καί προσεπαθήσαμεν νά μεταφέρωμεν τοῦτον εἰς τήν βιομηχανικήν ἐποχήν...». 14-10-1968 ΑΒΒ. Βλ. καί Ἀλέξ. Κ. Παπαδερός (Ἐκδ.), ΔΙΑΛΟΓΟΙ ΕΥΘΥΝΗΣ, σ. 57-59.

Τό ὄνομα καθιερώθηκε: Evangelische Akademie - Εὐαγγελική Ἀ κ α δ η μ ί α. Καί υἱοθετήθηκε ἀπό τά περισσότερα ἀνά τόν κόσμο ὁμόλογα Ἱδρύματα πού δημιουργήθηκαν ἔκτοτε. Katholische Akademie - Καθολική Ἀκαδημία εἶναι ὁ τίτλος καί τῶν περισσότερων ὁμόλογων Ἱδρυμάτων τῆς Ρωμαιοκαθολικῆς Ἐκκλησίας, πού ἀκολούθησαν ἀπό τή δεκαετία τοῦ 1950 καί ἑξῆς. Ὁ ὅρος *Ἀκαδημία* ὑπάρχει ἐπίσης στά συλλογικά ὄργανα τῶν Ἱδρυμάτων αὐτῶν, ὅπως ὁ «Σύνδεσμος τῶν Διευθυντῶν τῶν ἐν Γερμανίᾳ Εὐαγγελικῶν Ἀκαδημιῶν» (Leiterkreis der Evangelsichen Akademien in Deutschland) καί ὁ ἀντίστοιχος Σύνδεσμος τῶν Καθολικῶν Ἀκαδημιῶν. Τό 1955 ἱδρύθηκε ὁ «Σύνδεσμος τῶν Διευθυντῶν τῶν ἐν Εὐρώπῃ Ἀκαδημιῶν καί Λαϊκῶν Κέντρων» {Κέντρων Ἐπιμόρφωσης τῶν Λαϊκῶν}, τά μέλη τοῦ ὁποίου ἀνῆκαν στίς κατά χῶρες τῆς Δυτικῆς Εὐρώπης Εὐαγγελικές Ἀκαδημίες. Μεταγενεστέρως τροποποιήθηκαν ὁρισμένοι τίτλοι, ὅπως θά δοῦμε παρακάτω.

2. Τό Ὅραμα μιᾶς Ἀκαδημίας στήν Ἑλλάδα

Ὅσα μέ τή μέγιστη δυνατή συντομία περιέγραψα μέχρι τώρα φανερώνουν μέ ἀρκετή ἐνάργεια, ἐλπίζω, ὅτι μέ τήν ὁλοκλήρωση τῆς ἐργώδους ἐρευνητικῆς καί συγγραφικῆς ἀπασχόλησής μου γιά τή διδακτορική διατριβή καταλάγιασε ὁ ἐντός μου βασανιστικός τάραχος ὅσον ἀφορᾶ στήν περαιτέρω πορεία τῆς ζωῆς μου, τουλάχιστον στό βαθμό πού μποροῦσα νά τήν ὁρίσω ὁ ἴδιος· ἡ δημιουργία μιᾶς Ὀρθόδοξης Ἀκαδημίας στήν Ἑλλάδα ἦταν πιά τό ὁριστικά σταθερό σημεῖο ἀναφορᾶς, παρά τό ὅτι συνεχίσθηκαν γιά ἀρκετό ἀκόμη διάστημα οἱ εὐκαιρίες - πειρασμοί πανεπιστημιακῆς σταδιοδρομίας, ὅπως δείχνει ἡ ἐπί τοῦ θέματος αὐτοῦ ἀλληλογραφία. Ἐξ ἄλλου, ἀφ' ἑνός ἡ ἀνασφαλής ἔκβαση τοῦ ἀγώνα γιά τήν ἐξασφάλιση τῶν χρημάτων γιά τήν Ἀκαδημία καί ἀφ' ἑτέρου ὁ διορισμός μου στή θέση τοῦ Ἐπιστημονικοῦ Βοηθοῦ-Ἐπιμελητή στό Ἰνστιτοῦτο τῆς Συγκριτικῆς Ἐπιστήμης τῶν Πολιτισμῶν τῆς Φιλοσοφικῆς Σχολῆς στό Πανεπιστήμιο τοῦ Μάιντς καί οἱ σχεδόν ἀσφαλεῖς προοπτικές σταδιοδρομίας στό Πανεπιστήμιο αὐτό συντελοῦσαν στή διαιώνιση τῆς ἀβεβαιότητας ὅσον ἀφορᾶ στό χρόνο ἐπιστροφῆς στήν πατρίδα.

Πάντως, ἡ παράταση τῆς παραμονῆς μου στή Γερμανία κύριο σκοπό ἔχει πλέον τήν καλύτερη προετοιμασία τῆς ἐκπλήρωσης τοῦ Ὁράματος τῆς Ἀκαδημίας. Παρά τό ὅτι ὁ τ ό π ο ς ἐγκατάστασης τῆς Ἀκαδημίας παρέμενε ἀκόμη σέ ἐκκρεμότητα,[30] τό περιεχόμενο τοῦ Ὁράματος εἶχε λάβει στό μεταξύ

---

[30] *Ἐπιλογή τοῦ τόπου γιά τήν Ἀκαδημία.* Τά βιώματα ἀπό τά χρόνια τῶν σπουδῶν μου στή Θεσσαλονίκη, οἱ πνευματικοί δεσμοί μέ τήν ἀποστολική Ἐκκλησία της, ὅπου ἐπί χρόνια ὑπηρέτησα

πιό συγκεκριμένη μορφή κυρίως κατά τήν ἐντατική ἐνασχόλησή μου μέ τά προβλήματα πού ἔθεσε ἡ ΜΕΤΑΚΕΝΩΣΙΣ, ὅπως:

- ἡ αὐτοσυνειδησία τοῦ Ἑλληνισμοῦ, τῆς Ὀρθοδοξίας, τῆς Εὐρώπης,

- ἡ ἀπό ἀπόψεως δυναμισμοῦ καί συνεπειῶν πρωτόφαντη νεωτερικότητα, ὁ ἄκρατος ὀρθολογισμός, οἱ ἐξελίξεις στήν ἐπιστήμη, στήν τεχνολογία, ἐν γένει στήν κοινωνία μέ τήν ἐκβιομηχάνιση, τήν ἀστυφιλία, τήν κινητικότητα λαϊκῶν μαζῶν (πρόσφυγες, μετανάστευση ἐργατικοῦ δυναμικοῦ) σέ συνάρτηση μέ τή συνάντηση καί τή σύγκρουση ἤ τή σύνθεση θρησκειῶν καί πολιτισμῶν,

- εἰδικότερα, τά προβλήματα πού ἔθεταν οἱ κυρίαρχες τότε ἀντιπαλότητες τοῦ ψυχροῦ πολέμου, καί μάλιστα τό πείραμα ἐφαρμογῆς πρῶτα καί κύρια στό σῶμα τῆς Ὀρθοδοξίας τοῦ γεννημένου στή Δύση Μαρξισμοῦ-Λενινισμοῦ. Ὅλ' αὐτά καί ἄλλα παρόμοια μέ εἶχαν βοηθήσει νά σχηματίσω σαφέστερη ἀντίληψη γιά τήν ἀνάγκη ἐξόδου τῆς Ἐκκλησίας μας καί τῆς θεολογίας της ἀπό τό ἐνδοστρεφές, ἀπατηλά αὐτάρκεσκο, στήν πραγματικότητα ὅμως φοβικό "καβούκι" της καί στράτευσης σέ συστηματικό διάλογο ἐπί τῶν ζητημάτων αὐτῶν, μέ ταυτόχρονη δράση γιά τά πρωτίστως πρακτικά, ὀργανωτικά καί ἐπιμορφωτικά

ὡς Ἱεροκήρυκας, τό Πανεπιστήμιο μέ τή Θεολογική Σχολή του, ἡ γειτνίαση μέ τό Οἰκουμενικό Πατριαχεῖο, τό Ἅγιον Ὄρος καί τίς χῶρες τῶν Βαλκανίων εὐνοοῦσαν τήν ἰδέα ἐπιλογῆς τῆς Θεσσαλονίκης γιά τή δημιουργία τῆς Ἀκαδημίας. Ὅταν, κατά τή χαραυγή τοῦ ὀράματος, ἔκαμα μιά σχετική συζήτηση μέ τόν τότε Μητροπολίτη Παντελεήμονα Α΄, ἡ ἰδέα τόν ἐνθουσίασε. Στήν παρατήρησή μου ὅτι ἕνα τέτοιο Ἵδρυμα ἐνδείκνυται νά μήν εἶναι μέσα στήν πόλη ἀλλά στά περίχωρά της, ἐκεῖνος ἔδωσε ἀμέσως ἀπάντηση: Μέ τό αὐτοκίνητό του ἀνεβήκαμε στό Πανόραμα, ὅπου μοῦ ἔδειξε τά ἐρείπια μιᾶς παλιᾶς Μονῆς, μέ ὑπέροχη θέα πρός τόν Κόλπο τοῦ Θερμαϊκοῦ καί πρός τή νύμφη του, τή Θεσσαλονίκη (νομίζω, ἐκεῖ πού βρίσκεται σήμερα ἡ γυναικεία Ἱ. Μονή Κοιμήσεως τῆς Θεοτόκου). Ὁποία εὐλογία, σκέφθηκα, τό Ὅραμα νά πραγματοποιηθεῖ στό Πανόραμα!

Φίλος μου Γερμανός Καθηγητής, πού γνώριζε καλά τή Θεσσαλονίκη, μοῦ ἔγραφε τότε: «*Μέ χαροποίησαν καί πάλι οἱ πληροφορίες γιά τά τῆς ἐργασίας σας {γιά Ἀκαδημία}. Γνωρίζετε πόσον ἀγαπῶ τήν Ἑλλάδα καί τήν Ἐκκλησία τῆς Ἀνατολῆς καί πόσον ἐπιδοκιμάζω τήν προσπάθειά σας*». Μάλιστα, μοῦ πρόσφερε ὑποτροφία γιά συνέχιση τῶν σπουδῶν μου στό Πανεπιστήμιό τους στήν πόλη Freiburg.

Δέν ξέρω τί μεσολάβησε καί ὁ πρῶτος ἐνθουσιασμός τοῦ Μητροπολίτη Θεσσαλονίκης, ὁ ὀφειλόμενος στήν εὐρύτητα τοῦ πνεύματός του ἀλλά καί στίς οἰκουμενικές ἐμπειρίες του, ἄρχισε γρήγορα νά ἐμφανίζει κάποιες ἀναστολές, ἀσυμβίβαστες πρός τή δική μου...βιασύνη.

Πίσω στήν Κρήτη, λοιπόν! Αὐτονόητη ἐπομένως ἦταν ἡ ἀντίδρασή μου: στήν Κρήτη! Καί συγκεκριμένα στήν Ἐπισκοπή μας (παρά τό ὅτι διαισθανόμουν τίς δυσκολίες, μερικές τῶν ὁποίων ἐπεσήμαναν ὁρισμένοι ἀπό τούς Γερμανούς ἀργότερα καί μάλιστα μέ ἐπιμονή, ὅπως θά δοῦμε, καθώς δέν μποροῦσαν νά φαντασθοῦν ἐπιτυχία μιᾶς Ἀκαδημίας ἐκτός Ἀθηνῶν ἤ πάντως ἄλλης μεγάλης πόλης). Ὑπῆρξε ὅμως καί γιά μένα μιά πρώτη ἀνασφάλεια: Στήν ἀπό 3-10-1960 ἐπιστολή του πρός τόν Dyck (γερμ.) ὁ Εἰρηναῖος καθορίζει τίς προτεραιότητες τῆς Ἐπισκοπῆς. Τό θέμα «Ἀκαδημία» δέν ἐμφανίζεται ἀκόμη στά ἐνδιαφέροντα καί τούς προγραμματισμούς τοῦ Ἐπισκόπου, καίτοι τό ἔχω ἐντάξει, ἀναλυτικά μάλιστα, στό ἀπό 13-7-1960 *Σχέδιο μιᾶς συνεργασίας στήν Ἐπισκοπή Κισάμου καί Σελίνου στήν Κρήτη*, τό ὁποῖο ἔστειλα διά τοῦ Dyck (Frankfurt) στήν Mennonite Central Committee, USA, καί στόν Ἐπίσκοπο. Οὔτε οἱ Μεννονίτες δείχνουν πρός τό παρόν ἐνδιαφέρον γιά Ἀκαδημία, ὅπως θά πράξουν ἀργότερα. Στίς ἀρχές τοῦ ἐπόμενου χρόνου ὁ Ἐπίσκοπος ἀναιρεῖ πρός στιγμήν τή συμφωνία μέ τούς Μεννονίτες, ἀλλά διαφοροποιεῖ εὐτυχῶς πρός θετική κατεύθυνση τή στάση του ἔναντι τῆς ἰδέας τῆς Ἀκαδημίας.

σχέδια, πού θά εὐνοοῦσαν τήν οἰκονομική ἀνάπτυξη καί τήν κοινωνική συνοχή τοῦ τόπου μας, πού μόλις εἶχεν ἐξέλθει ἀπό μιά φριχτή ξενική κατοχή, ἔναν ἀνθρωποκτόνο ἐμφύλιο πόλεμο, ἔχανε μέ τή μετανάστευση τό καλύτερο ἀνθρώπινο δυναμικό του καί κάθε προοπτική μέσα στήν ἀχλύ τῶν κομματικῶν σπαραγμῶν (δέν εἴχαμε προβλέψει τότε τή στρατιωτική χούντα πού ἀκολούθησε).[31]

3. Ἐκθέσεις

Προκειμένου νά ἐνισχυθεῖ τό ἔργο τῆς Ἐπισκοπῆς μας καί εἰδικότερα νά ὑπηρετηθεῖ τό σχέδιο γιά τήν Ἀκαδημία, χρειάσθηκε νά συντάξω τίς παρακάτω Ἐκθέσεις, πού ἀποτελοῦν λίγο πολύ μιά ἑνότητα καί στίς ὁποῖες θά παραπέμψω μερικές φορές στή συνέχεια.

Στίς Ἐκθέσεις αὐτές συνοψίζω ὅσα σέ ἀρχικές συζητήσεις μου περί Ἀκαδημίας ἔλεγα στόν ἀείμνηστο Καθηγητή μου Anton Hilckman καί τή σύζυγό του Katharina, σέ ἄλλα πρόσωπα, μάλιστα σέ ἐκπροσώπους Ἐκκλησιῶν καί Ὑπηρεσιῶν, ἀνεπίσημα στήν ἀρχή. Ἡ ἀνάγκη γιά γραπτές Ἐκθέσεις ἔγινε πιό αἰσθητή, ὅταν ἔπρεπε νά ἐνημερωθοῦν πιθανοί χορηγοί γιά τήν Ἀκαδημία ἤ γιά ἔργα στήν Ἐπισκοπή Κισάμου καί Σελίνου, ἀσκώντας τό ὡς ἄνω ὑψηλό λειτούργημα τοῦ «ἐπαίτη». Αὐτές οἱ Ἐκθέσεις ἔπρεπε νά εἶναι ἀκριβεῖς, εἰλικρινεῖς, ἀληθινές, κατά τό δυνατόν πειστικές. Μέ ἰδιαίτερη διάκριση καί ἀξιοπρέπεια ἔκρινα πώς ἔπρεπε νά χρησιμοποιῶ στίς προφορικές συζητήσεις καί σέ κείμενα ἕνα ἀπό τά πιό ἰσχυρά ἐπιχειρήματά μου: *τά δεινοπαθήματά μας κατά τή γερμανική Κατοχή*. Ἤξερα πώς ἄγγιζε συνειδήσεις ἐκείνων ἀπό τούς Γερμανούς πού εἶχαν ἔντονο τό αἴσθημα τῆς συλλογικῆς, ἐνδεχομένως καί τῆς προσωπικῆς

---

[31] Πολύ ἀργότερα ὁ Eberhard Müller, μέ τή μεγάλη ἐμπειρία του καί τή διεισδυτικότητα καί εὐρύτητα τῆς σκέψης του, ἐπεσήμανε σωστά τή σχέση μεταξύ τῆς ΜΕΤΑΚΕΝΩΣΗΣ καί τῆς Ἀκαδημίας:
17-4-1963 ΑΑπ
Μ πρός Απ
«Μόνο τώρα μπόρεσα νά ἀσχοληθῶ μέ τή διατριβή σας "Μετακένωσις". Στή διατριβή αὐτή καταπιαστήκατε μέ ἕνα ζήτημα πού σχετίζεται σίγουρα μέ τήν ἀποστολή τῆς Ἀκαδημίας. Ἡ Ἀκαδημία δέν θέλει μέν βέβαια νά ὑπηρετήσει κατά πρῶτο λόγο τή συνάντηση τῆς Ἑλλάδος μέ τήν ἀποκαλούμενη Ἑσπερία, στήν πράξη ὅμως κάθε ζήτημα ἀναπτυξιακῆς βοηθείας εἶναι φυσικά διαπάλη μέ τή δυτική τεχνική καί τίς συνέπειές της γιά ὅλη τήν πολιτισμική ζωή καί ὅλως ἰδιαιτέρως γιά τή Θεολογία. Γι' αὐτό τό λόγο ἔχετε ἀσφαλῶς μέ αὐτήν τή διατριβή ἐπεξεργασθεῖ τήν οὐσία θεμελιωδῶν ζητημάτων, μέ τά ὁποῖα ὀφείλει νά ἀσχοληθεῖ καί ἡ Ἀκαδημία. Ὕστερα ἀπό αὐτήν τήν ἐργασία, τό μόνο πού μπορῶ νά εὐχηθῶ εἶναι νά ἐπιτύχετε νά δημιουργήσετε μέ τήν Ἀκαδημία ἕνα αὐτοτελές πνευματικό Ἵδρυμα τοῦ Ἑλληνισμοῦ, πού ἀκριβῶς χάρη στήν αὐτοτελειά του θά εἶναι ἱκανό νά ἀναπτύξει ἕνα συμμετοχικό/ἑταιρικό διάλογο μέ τήν ὑπόλοιπη Εὐρώπη. Εἴθε ἡ συμβολή τῆς ἐργασίας τῆς Ἀκαδημίας, πού ἐλπίζουμε νά πραγματοποιηθεῖ, νά ἐπιτελέσει κατά τέτοιο τρόπο καί μιά Μετακένωση τῆς ἐργασίας τῆς Ἀκαδημίας στίς ἐν Ἑλλάδι συνθῆκες, ὥστε νά ἀναπαύεται ἐπ' αὐτῆς {τῆς Ἑλλάδος} τό Πνεῦμα τοῦ Θεοῦ καί νά οἰκοδομηθοῦν τοιουτοτρόπως γέφυρες ἀπό ἄνθρωπο σέ ἄνθρωπο καί ἀπό λαό σέ λαό».
{ἡ ἐπιστολή στάλθηκε σέ μένα στό Καστέλλι Κισάμου, ἀλλά καί στό χωριό μου, στόν Λειβαδά}.

ἐνοχῆς καί ζητοῦσαν εὐκαιρίες γιά ἔνδειξη μετάνοιας καί γιά πράξεις ἐξιλέωσης. Τά πρωτότυπα τῶν Ἐκθέσεων πού ἀκολουθοῦν τά ἔγραψα βέβαια στά Γερμανικά. Παραθέτω σέ μετάφρασή μου τά κείμενα τῶν Ἐκθέσεων αὐτῶν.

Πρώτη Ἔκθεση: Πρός MCC

13-7-1960 ΑΑπ

Απ πρός MCC (ἀπό Mz, πρβλ. Βαλλιανάτος 168 ἑξ.)

Στήν τετρασέλιδη ἐκείνη ἐπιστολή - πρόταση, «πρώτο αὐτό κείμενο ἐπαφῆς τῆς Μητρόπολης Κισάμου καί Σελίνου μέ τους Μεννονίτες» (Βαλλιανάτος 169 ἑξ.), ἔγραφα:

An das Mennonite Central Committee - Πρός τήν Κεντρική Μεννονιτική Ἐπιτροπή. Betr.: Plan einer Mitarbeit innerhalb des Bistums von Kissamos und Selinon auf Kreta - Θέμα: «*Σχέδιο μιᾶς συνεργασίας μέ τήν Ἐπισκοπή Κισάμου καί Σελίνου στήν Κρήτη*».

«Ὕστερα ἀπό τήν προσωπική ἐνημέρωσή μου στή Φραγκφούρτη γιά τήν ἐν γένει ἐργασία τῆς MCC - Κεντρικῆς Ἐπιτροπῆς τῶν Μεννονιτῶν, ἰδιαίτερα γιά τίς προσπάθειές τους στήν Ἑλλάδα, προπαντός δέ ὕστερα ἀπό τήν ἐξήγηση πού ἔλαβα, ὅτι ἡ βασική ἀρχή αὐτῆς τῆς δραστηριότητας εἶναι ἡ ἐμπράγματη ἀπάντηση στήν ἀξίωση τοῦ Σωτῆρος μας γιά ἀγάπη πρός τόν πλησίον καί ὅτι ἔτσι δίδεται μιά μαρτυρία τῆς πίστεως, πείσθηκα ὅτι στά πλαίσια τῶν διεκκλησιαστικῶν σχέσεων {ξεκαθάριζα ἐξ ἀρχῆς τό διεκκλησιαστικό πλαίσιο τῆς ἐνδεχόμενης συνεργασίας μας} καί μέ ἐκτίμηση τῆς σύγχρονης κατάστασης τοῦ κόσμου, μιά στενή συνεργασία ὄχι μόνο δυνατή, ἀλλά καί ἐπιθυμητή θά ἦταν. Ὑπ' αὐτήν τήν ἔννοια γνωστοποιῶ κατ' ἀρχήν τά ἀκόλουθα:

A. Φυσιογνωμία τοῦ τόπου

1. Ἡ Ἐκκλησία τῆς Κρήτης εἶναι Ἡμιαυτόνομη στά πλαίσια τῆς δικαιοδοσίας τοῦ Οἰκουμενικοῦ Πατριαρχείου Κωνσταντινουπόλεως. Ἡ Ἐπισκοπή, στήν ὁποία ἀνήκω καί ἐγώ, περιλαμβάνει τό δυτικό τμῆμα τῆς νήσου καί διακονεῖ περισσότερες ἀπό 80 Ἐνορίες. Ὁ Ἐπίσκοπος εἶναι ἕνας ἀπό τούς ἐξέχοντες Ἱεράρχες τῆς Ὀρθοδοξίας. Ὕστερα καί ἀπό σπουδές στή Γαλλία καί τή Γερμανία ἀπέκτησε μιά βαθιά κατανόηση τῆς χριστιανικῆς εὐθύνης γιά τόν ἄνθρωπο τῆς ἐποχῆς μας καί γιά τά εἰδικά προβλήματά του. Ἀπολαμβάνει μεγάλης ἐκτιμήσεως ἀπό μέρους τοῦ λαοῦ καί ἀπό κύκλους διανοουμένων στήν Ἑλλάδα. Προσπαθεῖ νά ἀνοίξει νέους δρόμους στήν Ἐκκλησία. Στό ἔργο του συμπαρίστανται νέοι ἱερεῖς, γυναῖκες καί ἄνδρες μέ καλή θεολογική καί κοινωνιολογική ἐκπαίδευση.

2. Ἡ περιοχή τῆς Ἐπισκοπῆς κατοικεῖται σχεδόν ἀποκλειστικά ἀπό γεωργούς καί βοσκούς. Πολλά χωριά δίδουν ἀκόμη τήν εἰκόνα τῆς πλήρους καταστροφῆς κατά τόν τελευταῖο πόλεμο». Ἀκολουθεῖ συνοπτική περιγραφή τῆς κρατούσας οἰκονομικο-κοινωνικῆς καί πνευματικῆς κατάστασης τοῦ τόπου: *Γεωργία* μέ τά χαρακτηριστικά καί τά προβλήματά της. *Κοινωνία* μέ τίς παραδόσεις της καί τίς δυσκολίες της, ὅπως οἱ τοπικές ἀντιπαλότητες, ἡ βεντέτα, ἄλλες κοινωνικές τριβές πού ἔχουν σχέση, μεταξύ ἄλλων, μέ τήν ἀνεργία, γενικότερα μέ τή φτώχεια, πού ὅμως δέν ἀποδυναμώνουν τήν παραδοσιακή φιλοξενία καί τήν ὑπερηφάνεια τῶν ἀνθρώπων. Καλοδεχούμενη ἡ ἐξωτερική βοήθεια, διατήρηση ὅμως τῶν ἐπιφυλάξεων γιά τίς ξενικές παρεμβάσεις. Ἐμπειρίες ἀπό τό παρελθόν συντηροῦν τή δυσπιστία ὅσον ἀφορᾶ στό κατά πόσον ὑπάρχει ἀληθινός Χριστιανισμός ἔξω ἀπό τόν δικό μας χῶρο. Ὁ λαός ἐμψυχώνεται ἀπό ἰσχυρή δύναμη συγχώρησης καί φιλίας, ἀναμένει ὅμως χειροπιαστές ἀποδείξεις καλῆς θέλησης. Λίγο ἐπηρεάζεται ἀπό μοντέρνες ἰδέες, βρίσκεται ὅμως διαρκῶς σέ κίνδυνο νά στηρίξει πολιτικά συστήματα πού ὑπόσχονται ἀσφάλεια καί βελτίωση τῶν βιοτικῶν συνθηκῶν. Εἶναι δεκτικός μάθησης, ὅταν τοῦ ὑποδεικνύονται νέοι τρόποι ἐργασίας καί συμβίωσης.

Β. Δεδομένα καί σχέδια γιά τό μέλλον
1. Ἀναδιοργάνωση τῆς ἐκκλησιαστικῆς ζωῆς
Στήν ὡς ἄνω κατάσταση βρῆκε ὁ Ἐπίσκοπος τούς πιστούς τῆς Ἐπαρχίας του. Γι' αὐτό ἐπιδιώκει ἀναδιοργάνωση τῆς ἐκκλησιαστικῆς ἐργασίας. Τά ἀποτελέσματα εἶναι ἤδη αἰσθητά.

2. Ἐκπαίδευση νεανίδων
Ἡ πεποίθηση ὅτι μιά ἄνοδος τοῦ ἐπιπέδου τῆς οἰκογένειας μπορεῖ νά ἐπιτευχθεῖ προπαντός μέ τήν ἐκπαίδευση μητέρων μέ χριστιανικό φρόνημα ὁδήγησε πρό διετίας στήν ἵδρυση μιᾶς Σχολῆς γιά κορίτσια {Οἰκοκυρική Σχολή, Καστέλλι}. Πολλές θυγατέρες ἀγροτῶν διδάσκονται ἐκεῖ κάθε χρόνο ὄχι μόνο οἰκοκυρικά, ἀνατροφή παιδιῶν κ.λπ. Μέ τή μελέτη τῆς Βίβλου καί γενικά μέ χριστιανικό τρόπο ζωῆς στηρίζονται στήν πίστη καί συνειδητοποιοῦν τή χριστιανική τους εὐθύνη. Σιγά σιγά βελτιώνονται οἱ ἀρχικά στοιχειώδεις συνθῆκες. Ἕνα νέο οἰκοδόμημα ἀνεγείρεται ἤδη καί καταβάλλεται προσπάθεια γιά ἐξασφάλιση κατάλληλου προσωπικοῦ καί ἐξοπλισμοῦ τῆς Σχολῆς.

3. Οἰκοτροφεῖα
Παιδιά ὀρφανά ἐξ αἰτίας τοῦ πολέμου καί ἄλλα ἀπό πολύ φτωχές οἰκογένειες φιλοξενοῦνται σέ δυό Οἰκοτροφεῖα καί μποροῦν νά συνεχίσουν τήν ἐκπαίδευσή τους σέ Γυμνάσια.

4. Ἰνστιτοῦτο γιά ἐκκλησιαστικές-κοινωνιολογικές σπουδές.
{Ὅσα συνοψίζονται παρακάτω ἀποτελοῦν μέρος τῆς προεργασίας πού

εἶχα κάμει στά πλαίσα τοῦ ὁράματος γιά τήν Ἀκαδημία}

Τόν ἑπόμενο χρόνο ἔχουμε τήν πρόθεση νά μετατρέψουμε ἕνα Μοναστήρι τῆς Ἐπισκοπῆς σέ Κέντρο Ἐρευνῶν καί Συναντήσεων.[32] Ὄχι πολύ μακριά ἀπό ἐκεῖ βρίσκεται ἡ Ἐκκλησιαστική Σχολή, ὅπου ἐκπαιδεύονται οἱ Ἱερεῖς τοῦ νησιοῦ. Γι' αὐτούς, γιά φοιτητές Θεολογίας καί ἄλλους νέους ἀνθρώπους (δασκάλους καί ἄλλους ἀπό τόν ἀκαδημαϊκό χῶρο) θέλουμε νά δημιουργήσουμε τίς προϋποθέσεις νά περνοῦν τίς διακοπές τους τό καλοκαίρι. Τόσο γιά ἱερεῖς ὅσο καί γιά ἄλλους ἀξιωματούχους τῆς Ἐκκλησίας Κρήτης θά ἐπιδιωχθεῖ νά γίνονται μαθήματα εἰσαγωγῆς στή γενική προβληματική τῆς ἐποχῆς μας. Ἐπιπλέον, θά διεξάγεται ἔρευνα ἐκκλησιαστικῶν καί κοινωνιολογικῶν ζητημάτων. Θά γίνεται συστηματική ἐπεξεργασία προβλημάτων τῆς θείας λατρείας, τῆς παιδείας, τῆς πολιτικῆς εὐθύνης τῆς Ἐκκλησίας κ.λπ. Τέτοια θέματα θά γίνονται ἀντικείμενο διαλόγου μέ συμμετοχή εὐρύτερου κύκλου ἀνθρώπων. Αὐτό τό Κέντρο, ἕνα εἶδος Ἐκκλησιαστικῆς Κοινωνικῆς Ἀκαδημίας, ἔχει ἰδιαίτερη σημασία γιά τήν Ἑλληνική Ἐκκλησία. Ἐλπίζουμε ὅτι μιά τέτοια προσπάθεια θά ἀποτελέσει ἕνα καλό παράδειγμα καί θά δώσει ἰσχυρή ὤθηση. Τό Μοναστήρι βέβαια χρειάζεται γενική ἀνακαίνιση. Ἡ Βιβλιοθήκη κρίνεται ἐξ ἀρχῆς ἀπαραίτητη.

5. Ἄν ἐπιτρέπεται νά ἀποτελῶ καί ἐγώ μέρος τῶν «δεδομένων», θά ἤθελα νά σᾶς παράσχω μερικά βιογραφικά μου στοιχεῖα (ἀκολουθεῖ σύντομο βιογραφικό). Στό σημεῖο πού ἀφορᾶ στήν ὑπό ἐπεξεργασία τότε διδακτορική διατριβή μου ἀναγράφω ὡς θέμα της: Ἡ δυσπιστία τῶν Ἑλλήνων ἔναντι τῆς Δύσης κατά τό πρῶτο μισό τοῦ 19ου αἰώνα. {Ἡ ὁριστικοποίηση τοῦ θέματος μέ ἐπίκεντρο τό πρόβλημα τῆς ΜΕΤΑΚΕΝΩΣΕΩΣ ἔγινε λίγο ἀργότερα}. Ἡ πολύ σύντομη αὐτοβιογραφική ἀναφορά ὁλοκληρώνεται μέ τήν παρατήρηση ὅτι οἱ Χριστιανικές Ἐκκλησίες εἶναι συνυπεύθυνες γιά τόν πόνο τοῦ κόσμου καί ὅτι ἀκριβῶς γιά τό λόγο αὐτό συνηγορῶ γιά μιά συνεργασία μαζί τους.

Γ. Σχέδιο συνεργασίας

Γιά τήν προαγωγή τῶν ἀνωτέρω θά ἦταν χρήσιμη ἡ συνεργασία μαζί σας σέ δυό περιοχές:

---

[32] Ὅταν καί ὅπου στά σχετικά κείμενα γίνεται λόγος γιά ἐργασίες στή Μονή πρός στέγαση τῆς Ἀκαδημίας, αὐτονόητο εἶναι ὅτι δέν πρόκειται βέβαια γιά κάποια ἐπέμβαση στό ἴδιο τό κτηριακό συγκρότημα τῆς Μονῆς, ἀλλά στόν πρός βορράν χῶρο της, ὅπου ὑπῆρχαν καί λίγα ἀκατοίκητα καί ἑτοιμόρροπα κελιά. Ἐκεῖ σκόπευε ὁ Εἰρηναῖος νά κάμει κάποια κτήρια, πρίν ἀρχίσει ἡ συζήτηση γιά Ἀκαδημία, ἀλλά καί μετά, γιά κάποιο διάστημα, ὅπως θά δοῦμε παρακάτω. Σέ σχέση μέ τήν αἴτηση γιά ἐπιχορήγηση τῆς Ἀκαδημίας, καίριας σημασίας ἦταν ἡ ἀποφυγή κάθε ὑπόνοιας ὅτι μέρος τῶν χρημάτων πού ἐπιδιώκαμε νά χορηγηθοῦν ἐπρόκειτο νά ἐκτραπεῖ ἀπό τόν βασικό σκοπό (Ἀκαδημία) καί νά χρησιμοποιηθεῖ γιά ὁποιεσδήποτε ἐργασίες στό κεντρικό κτηριακό συγκρότημα τῆς Μονῆς.

1. α) Φιλανθρωπία

Θά ἔχετε κάθε δυνατότητα γιά προσφορά βοήθειας σέ γεωργούς καί κτηνοτρόφους. Ἡ Ἐπισκοπή θά μποροῦσε ἴσως νά θέσει στή διάθεσή σας ἰδιόκτητες ἐκτάσεις γιά πειραματική χρήση.

β) Ἐπιθυμητή θά ἦταν ἡ ἴδρυση μιᾶς *Ἀγροτικῆς Σχολῆς*, ὅπου οἱ ἀγρότες τοῦ νησιοῦ θά μποροῦσαν νά γνωρίσουν πρότυπη ἐργασία. Ἡ Ἐπισκοπή θεωρεῖ μιά τέτοια Σχολή ὡς ἰδιαιτέρως ἀναγκαία καί θά σᾶς στήριζε ἐνθέρμως.

2α) Θά ἀποδεχόμεθα εὐγνωμόνως βοήθεια σέ προσωπικό καί ὑλικά γιά τήν Οἰκοκυρική Σχολή μας, ἡ σημασία τῆς ὁποίας γιά τήν Ἐκκλησία εἶναι φανερή.

β) Οἱ ἐμπειρίες σας θά μποροῦσαν νά συμβάλουν στήν *ἐρευνητική ἐργασία μας* στήν Ἀκαδημία, μάλιστα καθώς ἕνα Τμῆμα της θά ἀσχοληθεῖ μέ *οἰκουμενικές συναντήσεις.* Ὁ χρόνος θά δείξει στή συνεργασία τό σωστό δρόμο.

Ἀλέξανδρος Παπαδερός[33]

Δεύτερη Ἔκθεση

Χρόνος σύνταξης: 28.2.1961

Τήν Ἔκθεση αὐτή εἶχα συντάξει πρίν ἀπό τήν ἀνωτέρω ἡμερομηνία, τήν ὁριστικοποίησα ὅμως τότε, τήν ἔστειλα στόν Πρόεδρο τῆς Ἐκκλησίας τοῦ Παλατινάτου καί ἐκεῖνος τήν προώθησε σέ πολλές ἐκκλησιαστικές Ὑπηρεσίες, καθώς καί στόν Eberhard Müller.

«Alexander Papaderos, Theologe, Mainz-Land, Alter Ruhweg. Mainz, den 28.2.1961.

Ausführungen über die Errichtung einer kirchlichen Akademie auf Kreta» - "Ἔκθεσις περί δημιουργίας μιᾶς ἐκκλησιαστικῆς Ἀκαδημίας στήν Κρήτη.

Ἡ Ἐπισκοπή Κισάμου καί Σελίνου, πού περιλαμβάνει τό δυτικό τμῆμα τῆς νήσου Κρήτης, προσπαθεῖ νά οἰκοδομήσει μιά ἐκκλησιαστική Ἀκαδημία. Ὁ χαρακτήρας της πρέπει νά εἶναι παρόμοιος μέ ἐκεῖνον τῶν ἐν Γερμανίᾳ Εὐαγγελικῶν Ἀκαδημιῶν. Ὀφείλει ὅμως νά ἐπιλέξει σκοπούς καί μεθόδους ἐργασίας της σύμφωνα μέ τίς ἐκκλησιαστικές, οἰκονομικές, κρατικές καί κοινωνικές συνθῆκες τῆς Ἑλλάδας. Πρώτιστα, πρέπει νά ἀποτελέσει τήν ἀπαρχή μιᾶς νέας ἐκκλησιαστικῆς δραστηριότητας καί νά παρακινήσει εὐρύτερους κύκλους νά γνωρίσουν ἀκριβέστερα τό πρόσωπο τῆς ἐποχῆς μας. Ἡ ἐργασία τῆς Ἀκαδημίας πρέπει νά εἶναι ταυτόχρονα ἐσωστρεφής καί ἐξωστρεφής:

---

[33] Πρβλ. Βαλλιανάτος 168-170. Ὁ Βαλλιανάτος χρησιμοποίησε τήν ἀγγλική μετάφραση τοῦ δικοῦ μου πρωτοτύπου, πού ἦταν γραμμένο στά Γερμανικά καί εἶχε μεταφραστεῖ στά Ἀγγλικά ἀπό τό Γραφεῖο τῶν Μεννονιτῶν στή Frankfurt. Ἔτσι ἐξηγοῦνται οἱ κατά τό πλεῖστον ἐπουσιώδεις διαφορές πού ὑπάρχουν στήν ἀναφορά του στό παραπάνω καί σέ ἄλλα συναφῆ κείμενα πού ἀκολουθοῦν.

α) Πρός τά ἔσω:

Ἡ Ἑλλάδα παρουσιάζει σήμερα ἕνα λαμπρό παράδειγμα ραγδαίας κοινωνικῆς καί πολιτισμικῆς ἀναμόρφωσης. Αὐτή ἐκφράζεται προπαντός στή μετάβαση ἑνός μεγάλου μέρους τοῦ πληθυσμοῦ ἀπό τή γεωργία στή βιομηχανική κοινωνία ἤ στόν ἐξορθολογισμό καί τήν ἐκμηχάνιση τῆς ἀγροτικῆς ἐργασίας· περαιτέρω, στήν ὡς ἐκ τούτου διαρκῶς αὐξανόμενη ἐγκατάλειψη τῆς ὑπαίθρου καί μετακίνηση πρός τίς πόλεις ἤ τό ἐξωτερικό. Μιά ἐντυπωσιακά διευρυμένη μεταπολεμική τάξη διανοουμένων διαταράσσει τήν κοινωνική ἰσορροπία καί κινδυνεύει νά γίνει θύμα ἐπαναστατικῶν τάσεων. Ἡ πολύ μεγάλη ἀνεργία πλήττει ὄχι μόνο τούς ἐργάτες καί βιοτέχνες, ἀλλά καί τούς διανοούμενους (ὑπάρχουν π.χ. στή Ἑλλάδα σήμερα περισσότεροι ἀπό 1.000 "ἄνεργοι" Θεολόγοι!). Ἡ πολιτική ζωή βρίσκεται κοντά σέ μιά πόλωση, πού ἐπιβαρύνει τή συνολική ζωή τῆς χώρας. Ὁ μέ ζῆλο διεξαγόμενος ἀγώνας τῆς Ἐκκλησίας δέν κατορθώνει νά ἀντιμετωπίσει πάντοτε τίς καινούριες προκλήσεις. Τοῦτο ὀφείλεται, μεταξύ ἄλλων, στό διαρκῶς διευρυνόμενο χάσμα μεταξύ τῆς Ἐκκλησίας καί τοῦ ἀνθρώπου τῆς ἐποχῆς μας. Ἡ ἀποστολή τῆς Ἀκαδημίας μας πρέπει νά εἶναι, σύν τοῖς ἄλλοις, "νά συναντᾶ τόν μοντέρνο ἄνθρωπο μέ τά προβλήματα τῆς καθημερινότητάς του, νά τά ὁδηγεῖ σέ ἀποσαφήνιση ὑπό τό φῶς τοῦ Εὐαγγελίου καί νά μαρτυρεῖ ἔτσι τήν ἑνότητα τῆς ζωῆς ἐν τῇ ἐλευθερίᾳ τοῦ Εὐαγγελίου".

β) Πρός τά ἔξω:

Ὅλες οἱ χριστιανικές Ὁμολογίες, παρά τίς διαφορές τους, βρίσκονται μπροστά στά ἴδια κοινωνικά προβλήματα καί εἶναι ὑποχρεωμένες νά διεξάγουν διάλογο μέ τόν «κόσμο» καί νά τοῦ δίδουν τή μ ί α ἀπάντηση τοῦ Εὐαγγελίου. Ἡ ἐπίγνωση τοῦ γεγονότος αὐτοῦ μᾶς ὑποδεικνύει ὡς μιά ἀπό τίς βασικές ἀποστολές τῆς Ἀκαδημίας τήν προαγωγή τῆς συνάντησης τῆς Ἐκκλησίας μας μέ τίς ἄλλες χριστιανικές Ὁμολογίες. Αὐτό πρέπει νά γίνεται πρός δυό κατευθύνσεις: Πρῶτον, πρός τή συνάντηση μέ τίς ὑπάρχουσες στήν Ἑλλάδα μή Ὀρθόδοξες χριστιανικές κοινότητες. Ἡ μέχρι σήμερα ἐχθρική ἀντιπαλότητα ὀφείλει νά βρεῖ τή μοναδική κοινή βάση, προκειμένου - στά πλαίσια τῆς Οἰκουμένης - {Οἰκουμενικῆς Κινήσεως} νά μπορεῖ νά διευκρινίζει ἀμερόληπτα τά ἑκάστοτε ζητήματα καί νά διεξάγει ἕνα χριστιανικό διάλογο. Δεύτερον, ἡ Ἀκαδημία, ὡς τόπος ἔρευνας, ὀφείλει νά προάγει τήν ἐπιστημονική ἀνταλλαγή. Τά πορίσματα ἄλλων παρόμοιων Ἱδρυμάτων καί ἡ ἀπάντηση ἄλλων Ἐκκλησιῶν δέν ἐπιτρέπεται νά παραμένουν κτῆμα ὀλίγων ἀτόμων, ἀλλά νά γίνονται μέ συστηματικό τρόπο προσιτά σέ εὐρύτερους κύκλους. Ὁμοίως, ὀφείλει ἡ Ἀκαδημία νά κάνει γνωστές σέ ἄλλες Ἐκκλησίες τίς ἀπαντήσεις τῆς Ὀρθόδοξης Ἐκκλησίας. Θά ἦταν περιττό νά ἐξηγήσουμε τήν ἀναγκαιότητα πραγμάτωσης αὐτοῦ τοῦ σχεδίου. Διάφοροι Θεολόγοι καί ἄλλοι ἐπιστήμονες προετοιμάζονται ἤδη γι' αὐτήν τήν ἀποστολή. Ὡστόσο, προσκόπτουμε σέ μεγάλες οἰκονομικές δυσκολίες. Ὁ Ἐπίσκοπος Ε ἰ ρ η ν α ῖ ο ς (Κισάμου καί Σελίνου, Χανιά Κρήτης) θέλει νά διαθέσει πρός τό σκοπό αὐτό τά κτίσματα ἑνός παλαιοῦ μοναστηριοῦ, ὅπου ὅμως πρέπει νά γίνουν οἰκοδομικές ἀλλαγές. Ἐπιπλέον, λείπει μιά ἀνάλογη {πρός τούς σκοπούς τοῦ Ἱδρύματος} Βιβλιοθήκη, καθώς καί ἡ ἐσωτερική διαρρύθμιση {τῶν ἐγκαταστάσεων}, πού θά καταστήσουν τήν Ἀκαδημία ἱκανή νά ἐκπληρώνει τήν ἀποστολή της.

Ἀλέξανδρος Παπαδερός

Τρίτη Ἔκθεση

Χρόνος σύνταξης: 1962. Τά στατιστικά στοιχεῖα ἀφοροῦν στό ἔτος 1961. Ἡ Ἔκθεση αὐτή δέν ἔχει συγκεκριμένο παραλήπτη, δόθηκε σέ πολλούς.

Religiöse Bestrebungen und Hoffnungen in Kreta von heute -Θρησκευτικές προσπάθειες καί ἐλπίδες στήν Κρήτη σήμερα.

«1. Ἡ Ἐκκλησία τῆς Κρήτης

Ἡ Ἐκκλησία τῆς Κρήτης εἶναι Ἡμιαυτόνομος, ὑπάγεται στό Οἰκουμενικό Πατριαρχεῖο Κωνσταντινουπόλεως (καί ὄχι στήν Ἐκκλησία τῆς Ἑλλάδος) καί ἔχει δικό της Καταστατικό Χάρτη, βάσει τοῦ ὁποίου διοικεῖται ἀπό τήν Ἐπαρχιακή Σύνοδο τῆς Κρήτης. Ἡ Σύνοδος αὐτή ἀπαρτίζεται ἀπό τόν Μητροπολίτη καί τούς ἑπτά Ἐπισκόπους τῆς Κρήτης. Μερικά στατιστικά στοιχεῖα γιά τίς ὀκτώ Ἐπαρχίες τῆς Ἐκκλησίας Κρήτης (ἔτους 1961)[34] παρέχουν μιά εἰκόνα τῆς δομῆς τῆς Ἐκκλησίας αὐτῆς: Συνολικός πληθυσμός: Περίπου 500.000 (ὅλοι εἶναι μέλη τῆς ἑλληνορθόδοξης Ἐκκλησίας, μέ λίγες ἐξαιρέσεις). Ἐνορίες 700, παρεκκλήσια/ἐξωκκλήσια 2.730, Ἐφημέριοι 690, Μονές 34, Μοναχοί (καί Μοναχές) 420. Ὁ κλῆρος τῆς Κρήτης ἐκπαιδεύεται στήν Ἐκκλησιαστική Σχολή Ἁγ. Τριάδος (16 χιλ. ἀπό τά Χανιά), πού ἔχει πρός τό παρόν 250 μαθητές, καθώς καί στίς Θεολογικές Σχολές τῶν δύο ἑλληνικῶν Πανεπιστημίων καί στήν Κωνσταντινούπολη. Ἡ Ἐπισκοπή Κισάμου καί Σελίνου περιλαμβάνει τό βορειοδυτικό τμῆμα τῆς Κρήτης (βλ. σχέδιο). Ἡ Ἐπισκοπή αὐτή προσπαθεῖ μέ ἐπιτυχία τά τελευταῖα χρόνια νά προσαρμόσει τή χριστιανική μαρτυρία στίς ἰδιαίτερες ἀνάγκες τοῦ παρόντος».

Ἀκολουθεῖ ἀναφορά στά ὑπάρχοντα τότε καί στά σχεδιαζόμενα Ἱδρύματα τῆς Ἐπισκοπῆς.

---

[34] Πηγή: *Ἡμερολόγιον τῆς Ἐκκλησίας τῆς Ἑλλάδος* ἔτους 1961. Ἑπομένως τά στατιστικά στοιχεῖα ἀφοροῦν στό 1960.

2. Τό πρόγραμμα "ΓΩΝΙΑ"

Μέσω μιᾶς παραδειγματικῆς ἀναδιοργάνωσης ὅλων τῶν δραστηριοτήτων της ἀποβλέπει ἡ Ἐπισκοπή αὐτή σέ μιά ἐμβάθυνση τοῦ θρησκευτικοῦ βίου καί πέραν τῶν ὁρίων αὐτῆς καί σέ παρακίνηση εὐρύτερων ἐκκλησιαστικῶν καί θεολογικῶν κύκλων νά ἀνταποκριθοῦν στήν ἀλλαγή τῶν κοινωνικῶν συνθηκῶν. **Πρός τό σκοπό αὐτό ἡ Ἐπισκοπή σκέπτεται νά συστήσει ἕνα Ἵδρυμα παρόμοιο τῶν Ἐκκλησιαστικῶν Ἀκαδημιῶν τῆς Δυτικῆς Εὐρώπης, θεωρεῖ δέ τήν πραγμάτωση αὐτῆς τῆς ἰδέας ὡς ἐπειγόντως ἀναγκαία. Αὐτό τό Ἵδρυμα πρόκειται νά τεθεῖ στή διακονία τῆς Ἐκκλησίας ὁλόκληρης τῆς Κρήτης.** (b-Απ). Προκειμένου νά ἀποφευχθεῖ κατ' ἀρχήν ὁ πολλῶν ἀξιώσεων χαρακτηρισμός «Ἀκαδημία», χρησιμοποιοῦμε γι' αὐτό τό ὑπό σύσταση Ἵδρυμα τό ὄνομα τῆς Μονῆς ΓΩΝΙΑ (σημαίνει γωνία), πλησίον τῆς ὁποίας πρόκειται νά ἀνεγερθεῖ. Στήν ἡσυχία καί μοναχικότητα αὐτοῦ τοῦ τόπου ἐπιθυμεῖ ἡ Ἐπισκοπή μας νά ἑτοιμάσει ἕνα χῶρο συνάντησης μέ τούς ἀνθρώπους καί διαπάλης μέ τίς δυνάμεις πού τόν ἀπειλοῦν.

3. Ὁ τόπος

Οἱ μοναχοί γνώριζαν πάντοτε νά ἐπιλέγουν τά καλύτερα τοπία γιά τήν ἐγκατοίκησή τους. Ἕνα τέτοιο τοπίο μέ ὑπέροχο κλίμα καί σαγηνευτική φυσική ὀμορφιά προσφέρει καί ἡ ΓΩΝΙΑ. Βρίσκεται στό Ἀκρωτήριο Σπάθα, 1 χιλιόμετρο βόρεια τοῦ γνωστοῦ γιά τούς ἀμπελῶνες του χωριοῦ Κολυμβάρι, σέ ἀκτή τοῦ Κρητικοῦ Πελάγους, ἀκριβῶς στά σύνορα τῶν τριῶν ἐπαρχιῶν Κισάμου, Σελίνου καί Κυδωνίας, ἀπέναντι ἀπό τό ἀεροδρόμιο Μάλεμε καί ἀπό τά Λευκά Ὄρη (2452 μ.). Ἕνας πολύ καλός δρόμος 24 χιλ. συνδέει αὐτόν τόν τόπο μέ τά Χανιά, τήν πρωτεύουσα τῆς Κρήτης, καί μέ τό περίφημο Λιμάνι τῆς Σούδας. Μιά τέτοια τοποθεσία προσφέρει ἀναμφίβολα τόν πιό κατάλληλο τόπο γιά τήν ἀνέγερση τοῦ Ἱδρύματός μας. Ὅσον ἀφορᾶ στό ἐν λόγω Μοναστήρι, σημειώνουμε τά ἀκόλουθα: Ἡ "ΓΩΝΙΑ" {τό Ἵδρυμα} θά ἐπιτελεῖ τό ἔργο της ἐντελῶς ἀνεξάρτητα ἀπό τή Μονή, ἐπειδή δέν θέλει νά ἐπηρεάσει διόλου τήν ἐσωτερική της ζωή. Ἐξάλλου, οἱ ὀκτώ μοναχοί πού ζοῦν ἀκόμη στή Μονή καί ὑπηρετοῦν ὡς ἱερεῖς σέ γειτονικές ἐνορίες ἀναμένουν ἀπό τό ὑπό ἐκτέλεση Ἵδρυμα δημιουργικές ἐμπνεύσεις καί εἶναι ἕτοιμοι νά τό στηρίξουν μέ κάθε τρόπο.

4. Ἀποστολή τῆς "ΓΩΝΙΑΣ"

Μιά γιά ὁλόκληρη τήν Ἀνατολική Ἐκκλησία νέα μέθοδος ἐργασίας μπορεῖ νά νοηθεῖ μόνον ὡς μιά προσπάθεια - ὅπως ἀκριβῶς συμβαίνει καί μέ τίς ἐκκλησιαστικές Ἀκαδημίες στή Δύση. Τό Ἵδρυμα πού ἔχουμε στό σχέδιό μας δέν τό βλέπουμε ὡς ἁπλή μίμηση τῶν δυτικοευρωπαϊκῶν ἐκκλησιαστικῶν Ἀκαδημιῶν.

Αὐτές οἱ Ἀκαδημίες εἶναι γιά μᾶς ἕνα πρότυπο μόνο κατά τοῦτο, ὅτι:

α) ἀναγνωρίζουμε τό γεγονός πώς ὑπάρχουν ζητήματα κοινοῦ ἐνδιαφέροντος γιά ὁλόκληρο τόν Χριστιανισμό σέ Ἀνατολή καί Δύση, παρά τίς ὅποιες διαφορές ὅσον ἀφορᾶ στά ὁμολογιακά, κοινωνικο-πολιτικά, στήν ψυχολογία τῶν λαῶν κ.λπ. καί β) διαπιστώνουμε πώς οἱ χριστιανικές Ἀκαδημίες στή Δύση ἔχουν ἤδη ἀποδείξει ἐπαρκῶς τί εἴδους ἀποστολή μποροῦν νά ἐκπληρώσουν χάριν τοῦ συγχρόνου ἀνθρώπου. Ἡ Ἐκκλησία μας καί ὁ ἑλληνικός λαός γενικά ἔχουν τό προτέρημα ὅτι μόλις τώρα βρίσκονται ἐνώπιον προβλημάτων (ὅπως π.χ. ἡ ἐκβιομηχάνιση, ἡ ἐκκοσμίκευση, ἡ ἀποξένωση ὁλοένα καί μεγαλύτερου μέρους τοῦ λαοῦ ἀπό τά χριστιανικά ἰδεώδη κ.ο.κ.), τά ὁποῖα ἀντιμετωπίζει ἡ χριστιανοσύνη στή Δύση τώρα καί δεκαετίες ἤ μᾶλλον ἑκατονταετίες. Πολλά μποροῦμε λοιπόν νά διδαχτοῦμε ἀπό τίς ἐμπειρίες τῆς Δύσης. Γι' αὐτό ἀκριβῶς παρατηροῦμε ἀπό τή "ΓΩΝΙΑ" μέ μέγιστο ἐνδιαφέρον τίς ἐκκλησιαστικές Ἀκαδημίες στή δυτική Εὐρώπη καί τό ἔργο τους. Ἀναμφίβολα, ἡ κατάσταση στήν Ἑλλάδα εἶναι ἀπό πολλές ἀπόψεις ἐντελῶς διαφορετική ἀπό ἐκείνη στή δυτική Εὐρώπη, γεγονός ἀπό τό ὁποῖο προκύπτει καί ἡ ἰδιάζουσα ἀποστολή τοῦ Ἱδρύματος "ΓΩΝΙΑ" πού ἔχουμε σχεδιάσει. Σέ σχέση μέ τήν εὐρέως βιομηχανοποιημένη Δυτική Εὐρώπη ἡ κατάσταση στήν Ἑλλάδα εἶναι κατά τοῦτο εἰς βάθος διαφορετική, ὅτι ὁλόκληρο τό νησί τῆς Κρήτης καί λίγο πολύ ὁλόκληρη ἡ Ἑλλάδα εἶναι μιά κατ' ἐξοχήν ἀγροτική χώρα.

Αὐτός ὁ ἀγροτικός πληθυσμός ἔχει συρθεῖ ἤδη στή διαδικασία μιᾶς κοινωνικο-πολιτισμικῆς ἀνατροπῆς, πού λαμβάνει μάλιστα ραγδαία ἐπιτάχυνση καί ὁδηγεῖ σέ ...ἀρρωστημένα φαινόμενα. Γι' αὐτά καί τά αἴτιά τους δέν ὑπάρχει σωστή διάγνωση. Ὡς παράδειγμα ἀναφέρομε τό γιά τήν Κρήτη καί ὅλη τήν Ἑλλάδα σοβαρό πρόβλημα τῆς ἐγκατάλειψης τῆς ὑπαίθρου. Ἡ ἐσφαλμένη διάγνωση φαίνεται ἤδη στό ὅτι ὡς κύριο αἴτιο αὐτοῦ τοῦ γιά τή ζωή στήν Ἑλλάδα ἐπικίνδυνου φαινομένου ἀναφέρεται ἡ "ἀστυφιλία", δηλαδή ἡ εὔκολη ὑποταγή στήν ἕλξη τῆς πόλης. Ἡ διάγνωση θά ἦταν ἀκριβέστερη, ἄν ὡς κύριο αἴτιο θά ὀνομαζόταν τό ... "μίσος πρός τήν ὕπαιθρο". Εἶναι ἀφελές νά καταδικάζει κανείς ἁπλά τό φαινόμενο αὐτό χωρίς ἀναζήτηση τῆς ρίζας τῶν αἰτίων του καί τῶν δυνατοτήτων θεραπείας του.

Σίγουρα, τό σύνολο τῶν ὅρων ζωῆς τοῦ σημερινοῦ ἀγροτικοῦ πληθυσμοῦ τῆς Ἑλλάδας δικαιολογεῖ ἀπό πολλές ἀπόψεις τήν κριτική, ἀποτελεῖ ὅμως ἀθεράπευτη ἁπλοποίηση τό νά θεωρεῖ κανείς τή φυγή ἀπό τήν ὕπαιθρο μόνον ὡς ἐπιδίωξη πιό εὐνοϊκῶν δυνατοτήτων κέρδους καί βελτίωσης τοῦ βιοτικοῦ ἐπιπέδου. Αὐτό δέν εἶναι τό πρωτεῦον. Ἡ βελτίωση τῶν ὅρων ζωῆς ἔχει ἤδη ἀρκετά ἐπιτευχθεῖ. Ἐν τούτοις κυριαρχεῖ παντοῦ ἐντονότατη ἔλλειψη ἱκανοποίησης, πού ὀξύνεται σέ ἀντίστροφη σχέση πρός τή βελτίωση τῶν ὑλικῶν ὅρων ζωῆς.

Ἀκριβῶς ἐδῶ φαίνεται καθαρά ἡ ἀλήθεια τοῦ λόγου ὅτι ὁ ἄνθρωπος δέν μπορεῖ νά ζεῖ «ἐπ' ἄρτῳ μόνῳ». Ὁ ἄνθρωπος τῆς ὑπαίθρου (ὁ ἀγρότης, ὁ βοσκός, ὁ χειρωνακτικά ἐργαζόμενος, ἀκόμη καί ὁ δάσκαλος, ὁ γιατρός, ὁ ἱερέας, ὁ πλούσιος καί ὁ φτωχός) πιστεύει πώς τοῦ λείπει αὐτό πού δίδει ἀξία στή ζωή, ὁ ἄρτος τῆς ψυχῆς, τοῦ πνεύματος.

Μέχρι πρό τινος ἡ δύναμη τῶν παραδοσιακῶν μορφῶν ζωῆς, τό δέσιμο μέ ἤθη καί ἔθιμα, ἦταν τόσο μεγάλη, ὥστε νά μήν ὑπάρχει κίνδυνος ξεριζώματος. Προπαντός ἡ ἴδια ἡ θρησκεία ἦταν ἡ κύρια βιοτική δύναμη, πού διέτρεχε ὁλόκληρο τό Εἶναι αὐτῶν τῶν ἀνθρώπων. Ἀκριβῶς αὐτό ὑφίσταται τώρα τήν πίεση τῆς ἀλλαγῆς. Ὁ ἑλληνικός λαός ἀπειλεῖται σήμερα ἀπό τόν κίνδυνο νά χάσει τίς θρησκευτικές καί τίς ἠθικο-πνευματικές δυνάμεις, πού σέ περιόδους μέγιστης δοκιμασίας ἐξασφάλισαν τήν ἐπιβίωσή του. Τύπος, κινηματογράφος, τουρισμός συμβάλλουν στήν ἀποδυνάμωση καί ὑπονόμευση τῆς αὐτοπεποίθησης τοῦ λαοῦ, ταυτόχρονα δέ ὁ ἀστικός πληθυσμός καί οἱ Ἕλληνες τοῦ ἐξωτερικοῦ συμβάλλουν ἀπό τήν πλευρά τους στήν ἐπέκταση τοῦ φαινομένου τῆς ἐκρίζωσης. «Προοδευτικοί» διανοούμενοι (στήν πόλη ἤ στό ἐξωτερικό ἐκπαιδευμένα τέκνα αὐτοῦ τοῦ λαοῦ) συναγωνίζονται στήν ἀποβολή τοῦ ἐνδύματος τῆς «ἀγροτικότητας». Ὑπό τήν πίεση ἑνός αἰσθήματος κατωτερότητας ἔναντι τῆς "εὐρωπαϊκῆς" ἤ τῆς ἀμερικανικῆς νεολαίας προσπαθοῦν νά δείξουν πόσο "μοντέρνοι" καί "πολιτισμένοι" εἶναι καί πόσο ἔμαθαν νά διαμορφώνουν τή ζωή τους "ἐκσυγχρονισμένα". Ἀκόμη χειρότεροι εἶναι ἔπειτα οἱ παντελῶς ξεριζωμένοι ἐλευθερόφρονες καί οἱ προπαγανδιστές τῶν ἐπαναστατικῶν λύσεων, πού καταφέρνουν νά ἀξιοποιοῦν πρός ἴδιους σκοπούς τήν ἀπαισιοδοξία τοῦ λαοῦ. Αὐτή περίπου εἶναι, μέ λίγα λόγια, ἡ τωρινή κατάσταση τοῦ πληθυσμοῦ τῆς ὑπαίθρου στήν Κρήτη καί γενικά στήν Ἑλλάδα. Αὐτές οἱ πλατιές ἀγροτικές μάζες τοῦ λαοῦ διδάχτηκαν νά μισοῦν τήν ὕπαιθρο. Ἔτσι ἔχασαν τή χαρά τοῦ βίου στήν ὕπαιθρο καί στήν ἀγροτική ἐργασία, ἡ αὐτοπεποίθησή τους κλονίστηκε. Τούς ἔγιναν προβληματικές οἱ περί τήν πίστη πεποιθήσεις τους, οἱ ὁποῖες ἀποτελοῦσαν τό θεμέλιο ὁλόκληρης τῆς ὕπαρξής τους.

Ἡ βασική πρόθεση τοῦ σχεδίου "ΓΩΝΙΑ" εἶναι νά προσεγγίσει ἀκριβῶς αὐτά τά προβλήματα, δεδομένου ὅτι, ὡς ἐλέχθη, καί ὁ ἑλληνικός λαός ἔχει συρθεῖ στή διαδικασία τῶν ἀλλαγῶν τοῦ σύγχρονου κόσμου. Ἡ παλιά βεβαιότητά του, ἡ δοσμένη ἀπό τή θρησκεία του καί τόν παραδοσιακό πολιτισμό του, ἡ σταθερότητα καί ἰσορροπία θά καταπέσουν πλήρως, ἐάν οἱ ἤδη ἐν δράσει διαταραχές τῆς ἰσορροπίας ὀξυνθοῦν ἔτι μᾶλλον. Αὐτό εἶναι σίγουρα ἀναμενόμενο, ἐάν δέν συμβεῖ κάτι ἀποφασιστικό καί δέν ἀντιμετωπιστεῖ τό κακό στή ρίζα του. Πέραν αὐτῶν, δέν πρέπει νά παραβλέψει κανείς τό ὅτι ὁ ἑλληνικός λαός εἶναι παραδοσιακά ἐξόχως συντηρητικός. Ἡ σκέψη του καί ὁ τρόπος ζωῆς του εἶναι διαμορφωμένα ἀπό τό συντηρητικό πνεῦμα τῆς Ὀρθοδοξίας. Γι' αὐτό ἀκριβῶς ὁ ἄνθρωπος σ' αὐτήν τή χώρα ζεῖ σήμερα σέ μεγάλη ἔνταση μεταξύ μοντερνισμοῦ καί συντηρητισμοῦ, ἡ ὁποία εἶναι φανερή σέ ὅλες τίς περιοχές τοῦ θρησκευτικοῦ καί πολιτιστικοῦ βίου. Ὅποιος ἀποφασίσει νά τοποθετηθεῖ σέ ἕναν ἀπό τούς δυό ἀντιθετικούς πόλους περιπίπτει σέ ἀκρότητες, ἀνάμεσα στίς ὁποῖες δέν ὑπάρχει πιά κατανόηση. Ἀκριβῶς ἐδῶ ἐπιθυμεῖ ἡ "ΓΩΝΙΑ" νά ἐπιδιώξει μιά ἐξισορρόπηση. Ὁ συντηρητισμός, πού ἔχει τίς ρίζες του στά βάθη τῆς ψυχῆς τοῦ λαοῦ, παρασύρει σέ ἐπικίνδυνη αὐταπάτη. Ἕνα παράδειγμα: Στήν Ἑλλάδα εἶναι ὅλοι, χωρίς ἐξαίρεση, βαπτισμένοι. Δέν ὑπάρχει πολιτικός γάμος, ἀλλά μόνον ὁ ἐκκλησιαστικός. Γιά διαζύγια ἔχει πρώτα λόγο ἡ Ἐκκλησία. Στά σχολεῖα, ἀκόμη καί στά ἐπαγγελματικά, ἡ θρησκευτική ἀγωγή εἶναι αὐτονόητη. Αὐτό σημαίνει πῶς ὁ «θρησκευτικός» βίος εἶναι ἐπίσης κάτι τό αὐτονόητο, τό ἴδιο αὐτονόητο γιά τόν κομμουνιστή καί τόν ἐλευθερόφρονα (ἤ καί τόν ἄθεο ἀκόμη!) ὅπως γιά τόν «εὐσεβῆ».

Ἀνάγκη λοιπόν νά ἐλέγχεται κριτικά τί εἶναι ἁπλῶς συμβατική συμμόρφωση· χρειάζεται προφύλαξη ἀπό τόν κίνδυνο τέτοιες καταστάσεις νά συγχέονται μέ τόν πραγματικό θρησκευτικό βίο. Ἡ σταδιακή ἐκβιομηχάνιση τῆς χώρας, πού προχωρεῖ καί στήν Κρήτη, δημιουργεῖ ἐπιπλέον μιά ἐντελῶς νέα ἀποστολή γιά τήν Ἐκκλησία, πού σέ καμμιά περίπτωση δέν μπορεῖ νά τήν παραβλέψει. Αὐτό ἀνοίγει γιά τή "ΓΩΝΙΑ" ἕνα καινούριο πεδίο ἐργασίας. Τά ζητήματα πού ἀφοροῦν στή σχέση τοῦ βιομηχανικοῦ ἐργάτη μέ τόν ἐργοδότη του, τό Κράτος, τό συνδικάτο του, ἀλλά καί τήν Ἐκκλησία εἶναι ἐπαρκῶς γνωστά ἀπό τήν ἐμπειρία στή Δυτική Εὐρώπη. Ὅμως δέν πρέπει νά παροραθοῦν χαρακτηριστικές διαφορές. Ἤδη μιλήσαμε γιά τήν "ἀστυφιλία". Συνέπεια αὐτοῦ τοῦ ἰδιάζοντος ἑλληνικοῦ τρόπου ἐγκατάλειψης τῆς ὑπαίθρου εἶναι ἡ ὑπερπροσφορά ἐργατικοῦ δυναμικοῦ· ὁ γεωργός πού ἔγινε ἐργάτης - ἤ ἀκριβέστερα ὁ ξεριζωμένος πού ἔγινε προλετάριος - ἀρκεῖται στήν ἐξασφάλιση τῆς θέσης ἐργασίας του καί σέ μιά ἐλάχιστη ἀμοιβή πρός ἐπιβίωση, παρά τό ὅτι στά ἐνδότερα τῆς ψυχῆς του εἶναι ἔντονο τό βίωμα τῆς ἀδικίας.

Ἔτσι ἡ σχέση του μέ τόν ἐργοδότη του εἶναι συχνά σχέση ἔμφοβης ἔντασης, ἐνῶ ταυτόχρονα παραμένει σέ χαμηλό ἐπίπεδο τό συνδικαλιστικό ἐνδιαφέρον του. Σ' αὐτό συντελεῖ καί τό γεγονός ὅτι οἱ συνδικαλιστικές ἐπιδιώξεις λαμβάνουν συχνά πολιτική χροιά· αὐτό εἶναι μιά πρόσθετη ἐξήγηση τόσο γιά τή στάση ἀναμονῆς τοῦ μεγαλύτερου μέρους τῶν ἐργατῶν, ὅσο καί γιά τόν ἐνίοτε ἐκρηκτικό τρόπο μέ τόν ὁποῖο προβάλλουν αὐτές οἱ ὁμάδες τίς ἀξιώσεις τους. Ὁ ἐργάτης ἔχει σέ τέτοιες περιπτώσεις τήν αἴσθηση ὅτι τόν ἔχει ἐγκαταλείψει πλήρως ἡ Ἐκκλησία, καίτοι θά περίμενε πώς αὐτή, σύμφωνα μέ τήν κλήση τοῦ Εὐαγγελίου γιά κοινωνική δικαιοσύνη, θά μποροῦσε καί θά ὄφειλε νά συμβάλλει στήν ἐξισορρόπηση τῶν σχέσεων ἔντασης. Ἡ "ΓΩΝΙΑ" βλέπει ἐδῶ μιά μεγάλη ἀποστολή της ὅσον ἀφορᾶ στή "διακονία" τοῦ ἀνθρώπου τῆς βιομηχανίας.

Μιά ἄλλη ἀποστολή θά ἦταν ἡ ὑπέρβαση τῶν ἐσωτερικῶν δυσχερειῶν πού προκαλοῦνται στόν βιομηχανικό ἐργάτη μέ τήν ἀπότομη μετακίνησή του ἀπό τόν ἀγροτικό βίο. Ὡς τρίτη ἀποστολή ἀναφέρουμε τήν προσπάθεια γιά καταπραϋντική καί διαμεσολαβητική δράση σέ περιπτώσεις πού συνθλίβονται μικροεπιχειρήσεις ἀπό τήν ἀπορροφητική δύναμη μεγαλύτερων βιομηχανικῶν μονάδων (φαινόμενο πού παρατηρεῖται ἰδιαίτερα στίς δυό μεγαλύτερες πόλεις τῆς Κρήτης, τό Ἡράκλειο καί τά Χανιά). Κοντά σ' ὅλ' αὐτά δέν πρέπει βέβαια νά παραμεληθεῖ τό σύνολο τῶν δραστηριοτήτων πού προσιδιάζουν σέ μιά χριστιανική Ἀκαδημία καί μόνο λόγω τοῦ ὀνόματός της: καί στήν Κρήτη ὑπάρχουν πολλοί πού ὑποφέρουν ἀπό τή σύγχρονη διάσταση μεταξύ χριστιανικῆς καί κοσμικῆς σκέψης. Ὅπως ἔχει σχεδιασθεῖ, ἡ "ΓΩΝΙΑ" θέλει νά συμπαρασταθεῖ μέ τήν ἐλπίδα ὅτι θά βρεῖ λόγο λυτρωτικό γιά πολλούς ἀπό αὐτούς.

Συνοψίζοντας θά λέγαμε πώς ἡ "ΓΩΝΙΑ" θά περιλάβει στήν ἀποστολή της τίς ἀκόλουθες περιοχές:

1. Ζητήματα ἐσωτερικῆς ἐκκλησιαστικῆς-ὀργανωτικῆς μορφῆς (π.χ. λατρεία καί σύγχρονη ζωή, μορφές εὐσέβειας, ἀναδιοργάνωση τοῦ ἐνοριακοῦ βίου).

2. Δραστηριότητες πού ὑπαγορεύονται ἀπό τήν ἐν γένει εἰδική προβληματική τοῦ ἀγροτικοῦ πληθυσμοῦ.

3. Διακονία τοῦ ἀνθρώπου τῆς βιομηχανίας.

4. Ἐκκλησία καί διανόηση, θρησκεία καί μοντέρνα πνευματική ζωή. Ἡ "ΓΩΝΙΑ" ἐπιδιώκει, μέ ἄλλα λόγια, συνάντηση τῆς Ἐκκλησίας μέ τόν σύγχρονο ἄνθρωπο σέ ὅλα τά ζητήματα τῆς καθημερινότητας· μιά συνάντηση πού τώρα πιά δέν εἶναι δυνατή μόνον ἐνώπιον τῆς Ἁγίας Τραπέζης καί ὑπό τόν ἄμβωνα. Θά ἐξετασθοῦν ἀντικειμενικά καί θά συζητηθοῦν ἀφ' ἑνός "μοντέρνα" προβλήματα σέ ἐκκλησιαστική βάση, καθώς καί "ἐκκλησιαστικά" προβλήματα σέ κοσμική βάση. Ἡ "ΓΩΝΙΑ" προβλέπεται νά ἀποκτήσει εἰδικά ἐκπαιδευμένους συνεργάτες, προκειμένου νά προσεγγίσουν ἐπιστημονικά τά ἀνωτέρω ζητήματα, ὥστε νά ἔχει νόημα καί νά προάγει τήν ἀνάπτυξη ἡ συνάντηση μέ διάφορες ὁμάδες ἀνθρώπων καί ἐπαγγελματικῶν κύκλων. Περαιτέρω, τό προγραμματισμένο Ἵδρυμα ἐπιθυμεῖ νά ἐπιδιώξει ἐνεργοποίηση ὅλων τῶν δυνάμεων πού μποροῦν νά δράσουν θετικά στή διαδικασία τῆς κοινωνικῆς ἀναμόρφωσης καί τῆς πνευματικῆς ἀλλαγῆς· κατά πρῶτον τῶν ἱερέων καί τῶν Θεολόγων

ἀρχικά τῆς Κρήτης (στήν Ἑλλάδα ὑπάρχουν σήμερα περισσότεροι ἀπό 1.000 παντελῶς ἄνεργοι Θεολόγοι!), νά διαλεχθεῖ μαζί τους γιά τά σύγχρονα προβλήματα καί νά τούς βοηθήσει νά διαγνώσουν τό ἀληθινό πρόσωπο τῆς ἐποχῆς μας. Ἀναμένεται ὅτι μέ τή δραστηριότητα στή "ΓΩΝΙΑ" θά προαχθεῖ ἡ συνεργασία τῶν διαφόρων χριστιανικῶν Ὁμολογιῶν στήν Ἑλλάδα καί τοιουτοτρόπως καί ἡ οἰκουμενική ὑπόθεση τοῦ παρόντος. Ἄν αὐτό τό ἔργο ἀποδειχθεῖ δόκιμο σέ πρῶτο στάδιο, ἡ ἀποστολή τῆς "ΓΩΝΙΑΣ" θά διευρυνθεῖ κατά τίς ἀνάγκες καί τίς δυνατότητες. Σκεπτόμεθα προπαντός Θεολόγους καί νέους ἀνθρώπους ἀπό τήν Ἐγγύς Ἀνατολή (κάποιοι σπουδάζουν ἤδη στήν Ἑλλάδα), ἐνδεχομένως καί ἀπό χῶρες τοῦ Ἀνατολικοῦ Μπλόκ, πού θά μπορούσαμε νά συγκεντρώνουμε χωρίς ἰδιαίτερες δυσκολίες. Ἐλπίζεται, πάντως, ὅτι ἡ ἐργασία στή "ΓΩΝΙΑ" θά ἀποτελέσει ἕνα καλό παράδειγμα καί θά δώσει δημιουργικά κίνητρα ὄχι μόνο στήν Ἐκκλησία τῆς Κρήτης ἀλλά καί σέ εὐρύτερους κύκλους.

Ἀλέξανδρος Παπαδερός

Ἀκολουθεῖ πρόχειρο χειρόγραφο σχέδιο-χάρτης τῆς Δυτικῆς Κρήτης.

Τέταρτη Ἔκθεση

Χρόνος σύνταξης: Πρίν ἀπό τόν Ἰούλιο τοῦ 1962.[35] Stichworte über die Aufgabe der Akademie auf Kreta – Νύξεις γιά τήν ἀποστολή τῆς Ἀκαδημίας Κρήτης.

Παρόμοιο εἶναι τό περιεχόμενο ἑτέρου Ὑπομνήματός μου ὑπό τόν τίτλο αὐτόν, πού δηλώνει ὅτι πρόκειται γιά ἐπιγραμματικές μόνο ἀναφορές στό θέμα τῆς Ἀκαδημίας. Καί αὐτό τό Ὑπόμνημα χρησιμοποιήθηκε, αὐτοτελῶς ἤ ἐπικουρικῶς, σέ διάφορες περιπτώσεις.

«Ἀνάγκη κατ' ἀρχήν νά παραμεριστεῖ ἡ ἐντύπωση πού δημιουργήθηκε σέ μερικούς, ὅτι ἐπιδιώκουμε νά δημιουργήσουμε στήν Κρήτη ἕνα νέο "Bad Boll" {μιά μεγάλη Ἀκαδημία}. Μέγεθος καί ἀποστολή τῆς Ἀκαδημίας στήν Κρήτη ἔχουν καθορισθεῖ μέ αὐστηρότητα καί νηφαλιότητα σύμφωνα μέ τίς ἐκεῖ κρατοῦσες συνθῆκες.

---

[35] Βλ. 10-7-1962: Αὐτή καί τήν προηγούμενη Ἔκθεσή μου, καθώς καί στοιχεῖα ἀπό τίς λοιπές, ἀξιοποίησε ὁ Müller κατά τήν κρίσιμη συζήτηση στή Βόννη (βλ.16-7-1962). Στό ΑΒΒ ἐπισυνάπτεται στήν Ἔκθεση αὐτή μιά σελίδα, χωρίς ὑπογραφή. Ὁ συντάκτης (μᾶλλον ὁ Müller) ἐκφράζεται πολύ θετικά, ἐξαίρει ὁρισμένα σημεῖα τῆς Ἔκθεσης καί παρατηρεῖ ὅτι, ἐπειδή ἡ Ἐκκλησία τῆς Κρήτης συνδέεται μέ τό Οἰκ. Πατριαρχεῖο, ἡ Ἀκαδημία μπορεῖ πιό εὔκολα νά ἐπικοινωνεῖ μέ τίς χῶρες τοῦ Ἀνατολικοῦ μπλόκ καί μέ τόν Χριστιανισμό τῆς Ἐγγύς Ἀνατολῆς. «*Καλύτερα ἀπό ἀλλοῦ ἑπομένως εἶναι δυνατόν στή Γωνιά, σέ ἐλεύθερο καί οὐδέτερο χῶρο, νά συζητηθοῦν τά δύο προβλήματα πού φαίνεται νά εἶναι τά πιό φλέγοντα γιά ὁλόκληρη τήν Ὀρθοδοξία: Ὀρθοδοξία καί Πανισλαμισμός καί Ὀρθοδοξία καί Κομμουνισμός*».

Πρέπει ἐπίσης νά ἀπαντηθεῖ τό ἐρώτημα γιατί θέλουμε νά οἰκοδομήσουμε μιά Ἀκαδημία καί ὄχι κάτι ἄλλο, π.χ. μιά Γεωργική Σχολή.

Ἀπάντηση:

α) Ἡ Ἐπισκοπή μας διαθέτει ἤδη μιά Οἰκοκυρική καί μιά Τεχνική Σχολή.

Στήν Κρήτη ὑπάρχουν δυό κρατικές Γεωργικές Σχολές. Τό Κράτος σχεδιάζει μιά τρίτη. Ἄν δέν τήν ἱδρύσει, θά προσπαθήσει νά τό πράξει ἡ Ἐπισκοπή μας.

β) Ὅπως παντοῦ, ἔτσι καί στήν Κρήτη καί γενικά στήν Ἑλλάδα δέν ἐπιτρέπεται νά θεωρεῖται τό οἰκονομικό πρόβλημα ἀνεξάρτητα ἀπό τίς ἐν γένει πολιτισμικές καί θρησκευτικές συνθῆκες καί ἀνάγκες. Καμιά "βοήθεια ἀναπτύξεως" δέν μπορεῖ νά ἀποφέρει τούς προσδοκώμενους καρπούς, ὅταν παραθεωροῦνται οἱ μή οἰκονομικές ἀκαταστασίες. Ὁ λαός χρειάζεται μιά γενικότερη ἀναμόρφωση καί ἐπιμόρφωση σέ ὅλα τά ἐπίπεδα. Πρός τήν κατεύθυνση αὐτή θά ἐργασθεῖ ἡ Ἀκαδημία.

γ) Προβλήματα δέν ἀντιμετωπίζει μόνον ὁ ἀγροτικός ἀλλά καί ὁ ἀστικός πληθυσμός, ὅπως παρατηρεῖ κανείς στίς τρεῖς μεγαλύτερες πόλεις τῆς Κρήτης, Χανιά, Ρέθυμνο καί Ἡράκλειο. Διεύρυνση τοῦ ἀκαδημαϊκοῦ προλεταριάτου, ἐκπαιδευτικά προβλήματα, ἐκβιομηχάνιση, ἐργασιακά προβλήματα, ἀστυφιλία, γραφειοκρατία, τουρισμός, Βάσεις ΝΑΤΟ κ.λπ. εἶναι προβλήματα πού ἐπηρεάζουν ἄμεσα τή ζωή τοῦ ἀγροτικοῦ πληθυσμοῦ, ἐνῶ ἐπιφέρουν σοβαρές ἀλλαγές στά ἤθη καί ἔθιμα, στήν πίστη, στά πολιτικά φρονήματα τοῦ λαοῦ καί στή σχέση του μέ τήν Ἐκκλησία καί τή χριστιανική πίστη. Ἐνώπιον αὐτῶν τῶν ἐξελίξεων τῆς ἐκκοσμίκευσης καί τῆς ραγδαίας κοινωνικῆς ἀλλαγῆς ἡ Ἐκκλησία δέν μπορεῖ νά κλείνει τά μάτια. Δέν θά ἀνταποκριθεῖ στήν ἀποστολή της, ἐάν ἐπικεντρώσει τήν προσοχή της μόνο στόν ἀγροτικό πληθυσμό καί δή μόνο στά οἰκονομικά του προβλήματα.

Τό εὖρος αὐτό τῆς ἐργασίας τῆς Ἀκαδημίας φαίνεται πολύ μεγάλο. Κανείς ὅμως δέν ἰσχυρίζεται πώς ἡ ἐργασία τῆς Ἀκαδημίας, ἀπό τήν ἀρχή κιόλας, θά καλύψει ὅλα αὐτά. Ἀναφερόμαστε σέ ἕνα μεταγενέστερο στάδιο, καλό ὅμως εἶναι νά συνυπολογίζονται ὅλα, ὅταν γίνεται ἕνας σχεδιασμός.

Ἡ στροφή τοῦ ἐνδιαφέροντός μας πρός τήν ἀντιμετώπιση προβλημάτων τοῦ ἀγροτικοῦ πληθυσμοῦ θά ἔθετε τίς ἑξῆς κυρίως προτεραιότητες:

α) Δημιουργία προτύπων τά ὁποῖα θά πείθουν

Ἡ μετακίνηση τοῦ ἀγρότη ἀπό παραδοσιακές καί μή ἐπαρκῶς παραγωγικές μεθόδους σέ νέες προϋποθέτει ὅτι θά πεισθεῖ πώς εἶναι δυνατόν νά ἔχει μεγαλύτερα ἀποτελέσματα μέ λιγότερο κόπο. Αὐτή ἡ πειθώ μπορεῖ νά ἐπιτευχθεῖ μόνο μέ ἀποδεικτική ἐπίδειξη (Demonstration).

Ἀκολουθοῦν παραδείγματα, ὅπως ἄσκηση στήν κονσερβοποίηση φρούτων καί λαχανικῶν, βελτίωση τῆς κτηνοτροφίας, πτηνοτροφίας, χοιροτροφίας, μελισσοκομίας - αὐτά θά ἐπιδιώξει ἡ Ἀκαδημία.

Μέ τή δραστηριότητα αὐτή ἡ Ἀκαδημία θά συνδεθεῖ μέ τόν ἀγροτικό πληθυσμό καί θά ἐξασφαλίσει εὐκολότερα τά ἀναγκαῖα ἀγροτικά προϊόντα πού θά χρειασθεῖ.

β) *Συνεργασία - συνεταιρισμός*

Πολλές μιζέριες πού ἐπιβαρύνουν τή ζωή τῶν ἀγροτῶν μποροῦν νά ἀντιμετωπιστοῦν μέ συστηματικό διαφωτισμό τους καί συνεργασία μεταξύ τους καί μέ εἰδικούς.

Παραδείγματα:

Συνεταιρισμοί

Σέ κάθε ἐπαρχία ὑπάρχουν συνεταιρισμοί κατά εἶδος: λάδι, κρασί, ἐσπεριδοειδή. Πέραν τοῦ προβλήματος τῆς διεύθυνσής τους, προκαλεῖται καί ἀνταγωνισμός μεταξύ τους, παρά τό ὅτι ἀνήκουν στούς ἴδιους ἀγρότες. Οἱ συνεταιρισμοί αὐτοί παραμένουν ἐπιπλέον ἀσθενικοί, μέ ἀποτέλεσμα νά ἀποτελοῦν παίγνιο στά χέρια μεγαλεμπόρων τῆς Ἀθήνας καί τοῦ ἐξωτερικοῦ.

Νερό

Ὑπάρχει ἀρκετό στήν Κρήτη, ὅμως ἡ ἔλλειψη συνεργασίας γιά σωστή χρήση ὁδηγεῖ συχνά σέ ἀντιδικίες, πού καμιά φορά φθάνουν σέ ἀκραῖες ἐνέργειες, ἀκόμη καί σέ φόνο.

Βοσκότοποι

Παρόμοιο πρόβλημα, πηγή ἀντιπαλότητας καί φτώχειας, σπατάλης χρημάτων στά δικαστήρια ἐξ αἰτίας ἀγροζημιῶν κ.λπ.

Ἐδαφολογικά, ἀναδασμός

Ἡ ἑνότητα τῶν ἐδαφῶν κομματιάζεται λόγῳ πωλήσεων, προίκας καί κληρονομίας.

Παράδειγμα: Σέ ἕναν ἐλαιώνα 100 ἐλαιόδεντρων μπορεῖ νά ἔχει κάποιος ἄλλος 2-3 δικά του καί ἀντιστρόφως. Ἀποτέλεσμα: Ἀντιδικίες κατά τή συλλογή τοῦ καρποῦ, ἀπώλεια χρόνου κ.λπ.

Σέ ὅλες τίς ὡς ἄνω περιπτώσεις ἀπαιτοῦνται βασικές ἀλλαγές: λογική κατανομή τοῦ νεροῦ, τῶν βοσκοτόπων, ἀλλά καί ἀναδασμός.

Τά οἰκονομικά τῆς Ἀκαδημίας

Γιά τά πρῶτα 3 μέχρι 5 χρόνια χρειάζεται ἡ Ἀκαδημία οἰκονομική στήριξη, μέχρις ὅτου σταθεῖ στά πόδια της. Στήν ἀρχή θά ὑπάρχει ἐπιφυλακτικότητα καί ἑπομένως δέν θά εἶναι δυνατόν νά ζητοῦμε εἰσφορές συνέδρων πρός κάλυψη τῶν δαπανῶν. Τοῦτο θά γίνει κατορθωτό, ὅταν ἡ Ἀκαδημία ἀποδείξει τή χρησιμότητα τῆς ἐργασίας της. Ἡ πείρα μας δείχνει ὅτι ὁ λαός εἶναι πρόθυμος νά ὑποβληθεῖ σέ θυσίες, ὅταν βλέπει πώς ἔχουν νόημα. Τότε θά μπορέσει ἡ Ἀκαδημία νά ὑπολογίζει καί στή στήριξή της ἀπό ἕνα Κύκλο Φίλων της.

Ἡ Ἐκκλησία τῆς Κρήτης ἔχει τή δυνατότητα νά στηρίξει τήν Ἀκαδημία, ὅταν πεισθεῖ γιά τή σημασία της. Τό ἴδιο ἰσχύει καί γιά τό ἑλληνικό Κράτος, συνδρομή τοῦ ὁποίου πάντως ἐπιτρέπεται νά γίνει ἀποδεκτή μόνον ἐφ' ὅσον δέν θά τεθεῖ ἔτσι σέ κίνδυνο ἡ αὐτονομία τῆς Ἀκαδημίας.

Ἡ πανορθόδοξος σημασία τῆς Ἀκαδημίας
Οἱ ὑπεύθυνοι γιά τήν Ἀκαδημία τῆς Κρήτης δέν παρασύρονται ἀπό οὐτοπικές ἐπιδιώξεις. Ἡ ἐργασία τῆς Ἀκαδημίας θά περιλάβει ἀρχικά μόνο τήν Κρήτη, θά προχωρήσει βαθμηδόν καί δέν θά ἐπιχειρήσει τίποτε μή προσιτό στίς δυνάμεις της. Ὑπάρχει ὅμως ἡ ἐλπίδα ὅτι ἡ ἐργασία της θά βρεῖ ἀπήχηση σέ εὐρύτερους κύκλους.

Χρειάζεται νά ληφθεῖ ὑπόψιν ὅτι σήμερα ἡ Ἑλλάδα εἶναι ἡ μόνη ἐλεύθερη Ὀρθόδοξη χώρα, ὅτι ἐκκλησιαστικές ἐπαφές μέ χῶρες τοῦ ἀνατολικοῦ συνασπισμοῦ μόνο μέσω τῆς Ἑλλάδας εἶναι δυνατές καί ὅτι ἀπό τήν Κρήτη μπορεῖ νά συνδεθεῖ κανείς εὔκολα μέ τίς χῶρες τῆς Ἐγγύς Ἀνατολῆς (δέν πρέπει νά λησμονεῖται ὅτι ἡ Ἐκκλησία τῆς Κρήτης ὑπάγεται στό Οἰκουμενικό Πατριαρχεῖο καί ἔχει μεγαλύτερες ἀπό τήν Ἐκκλησία τῆς Ἑλλάδος δυνατότητες ἐπικοινωνίας).

Ἐπιπλέον: ἡ Ἀκαδημία τῆς Κρήτης μπορεῖ εὐκολότερα νά ἀποτελέσει πρότυπο γιά Ἀκαδημίες σέ «ὑπανάπτυκτες» χῶρες ἀπό ὅσο οἱ Ἀκαδημίες στή Δυτική Εὐρώπη, ὅπου οἱ συνθῆκες εἶναι οὐσιωδῶς διαφορετικές.

Ἡ οἰκουμενική σημασία τῆς Ἀκαδημίας
Βελτίωση τῆς διομολογιακῆς ἐπικοινωνίας στήν Ἑλλάδα.
Στενότερη σχέση μέ τίς ἐκκλησιαστικές Ἀκαδημίες στή Δύση, τή συνεργασία, συμβουλή καί πνευματική ὑποστήριξη τῶν ὁποίων θά ἀποδεχθοῦμε εὐγνωμόνως.

Τέλος τῶν ἐκθέσεων
Ὡς ἐκ περισσοῦ σημειώνω ἐδῶ ὅτι δέν θά εἶχα δυσκολία σήμερα νά συμφωνήσω μέ ὅσους θά ἔκριναν πώς οἱ ὡς ἄνω Ἐκθέσεις θά μποροῦσαν νά εἶναι πιό ἐμπεριστατωμένες, ἀκριβέστερες κ.λπ. Ἐκεῖνο πού δέν πρέπει νά λησμονηθεῖ εἶναι οἱ συνθῆκες συγγραφῆς τους στήν ξενιτιά, κυρίως ἡ ἔλλειψη τῶν ἀναγκαίων πηγῶν. Παρά τίς ὅποιες ἐλλείψεις τους πάντως, οἱ Ἐκθέσεις αὐτές ὑπηρέτησαν ἐπαρκῶς τό σκοπό συγγραφῆς τους.

Τεχνική Σχολή Καστελλίου
Ἡ Σχολή αὐτή, μιά ἀπό τίς πλέον εὐλογημένες ἐμπνεύσεις τοῦ Εἰρηναίου, βρῆκε μεγάλη ἀνταπόκριση στό ἐξωτερικό (Μεννονίτες, ἄλλες ἐκκλησιαστικές

Fröse   Kauffmann

ἀλλά καί κρατικές Ὑπηρεσίες), ἐπειδή, ὅπως καί ἡ Οἰκοκυρική Σχολή καί ἀργότερα τό *Κέντρον Ἀγροτικῆς Ἀναπτύξεως* στό Κολυμβάρι, ἀποτελοῦσαν, μεταξύ ἄλλων, ἀναπτυξιακά πρότυπα καί ἔμπρακτο ἀντίλογο στή διόλου ἀδικαιολόγητη βέβαια μομφή τῶν ξένων γιά τή μονομέρεια τῶν ἑλληνικῶν ἐκπαιδευτικῶν συστημάτων, πού ἐπικεντρώνουν τό ἐνδιαφέρον στά θεωρητικά καί παραμελοῦν τήν ἐπαγγελματική κατάρτιση.

Γιά τήν Τεχνική Σχολή οἱ Μεννονίτες διέθεσαν τούς δυό πρώτους Καθηγητές (Klaus Fröse, Γερμανία, καί Richard Kauffmann, USA). Ὁ πρῶτος ἔμεινε μέχρι 20-6-1964! Σέ αὐτόν ὀφείλω τίς ἀναμνηστικές φωτογραφίες πού παραθέτω ἐδῶ.

Πρώτη ἔκπληξη, ὅπως γράφουν: Ἡ ἀπρόσμενα φιλική ὑποδοχή τους ἀπό τόν Ἐπίσκοπο καί τόν π. Εἰρηναῖο Ἀθανασιάδη, πού θά εἶναι στό ἑξῆς ὁ μεταφραστής καί ὁδηγός τους στά τῆς λειτουργίας τῆς Σχολῆς καί τῆς ζωῆς τῶν μαθητῶν της. Ἡ Σχολή δημιουργήθηκε μέ μύριους κόπους, προκειμένου νά ὑπηρετήσει ἐπείγουσες ἀνάγκες στήν ἀγροτική κοινωνία τῆς Μητροπόλεως, τίς ὁποῖες προκαλοῦσε ἡ εἴσοδος τῆς μηχανῆς στή ζωή καί τήν ἐργασία τῶν ἀνθρώπων (μηχανοκαλλιέργια, αὐτοκίνητα, ἐξηλεκτρισμός...), χωρίς ὅμως τήν ὕπαρξη τεχνικῆς ὑποστήριξης ἔστω καί σέ ἐπίπεδο «πρώτων βοηθειῶν». Οἱ πρῶτοι 18 μαθητές μέ τόν π. Εἰρηναῖο καί τούς δυό ἐθελοντές Καθηγητές τους πάλεψαν μέ μύριες δυσκολίες καί βοήθησαν ἀποτελεσματικά στήν ἀνέγερση καί διευθέτηση τῶν ἐγκαταστάσεων τῆς Σχολῆς.

Ὁ Ὑπουργός Πολυχρόνης Πολυχρονίδης στή Σχολή

4. Τό ΝΑΙ τοῦ Ἐπισκόπου γιά τήν Ἀκαδημία

11-1-1961 ΑΑπ
Εἰρηναῖος πρός Απ
Εὐχές γιά τό νέον ἔτος.... «Στό γράμμα σου ἀπαντῶ πάλι ἀργά διότι φέτο κοντεύω νά παλαβώσω ἀπό τίς δουλειές. Σέ πληροφορῶ ὅτι ἀπό τήν Innere Mission und Hilfswerk, Stuttgart, μοῦ ἔστειλαν DM 21.000 (κατόπιν τῆς περυσινῆς αἰτήσεως εἰς Γενεύην)[36] καί ἐλπίζω ὅτι θά ἀποτελειώσω τήν Οἰκοκυρικήν Σχολήν Καστελλίου, ἡ ὁποία ἔγινε διά νόμου ἐπισήμως καί πρόκειται νά ἀρχίση τουλάχιστον Μάρτιον. Ἔπειτα ἔμαθα καί κάτι προχθές εἰς Ἀθήνας (σχετικά μέ τά ἔργα τῶν ἐν Ἑλλάδι {τῶν Μεννονιτῶν}) καί μέ ἔβαλεν σέ ἀνησυχίαν. Ὁ λαός μας ἐδῶ, Ἀλέκο, φιλότιμος καί δυστυχής ὅπως εἶναι, πουλιέται μέ ἕνα αὐγό! Φαντάσου λοιπόν τί μπορεῖ νά μᾶς δημιουργηθῆ μέ μιά πλατιά παρουσία ἐδῶ προσώπων μέ δολάρια κ.λπ.

Ὅπως σημειώνω καί στόν κ. Dyck, τό Συμβούλιον τῶν Ἐκκλησιῶν {Π.Σ.Ε.} εἶναι ὁ ἐπίσημος ὀργανισμός μέ τόν ὁποῖον μποροῦμε νά κάνωμε κάθε συνεργασία μας. Αὐτό γίνεται ἤδη μέ ὅλην τήν Ἐκκλησίαν μας, γιατί νά μήν πράξωμε καί μεῖς τά ἴδια; Αἱ περί ἀρνήσεως στρατεύσεως ἰδέαι τῶν Μεννονιτῶν θά συνδυασθοῦν ἐδῶ μέ κομμουνιστικάς ἰδέας καί καταλαβαίνεις τί παρεξηγήσεις μᾶς περιμένουν, ἰδιαιτέρως....[37] Λοιπόν θέλω νά μέ δικαιολογήσης καί σύ {στόν Dyck} καί νά βοηθήσης τίς θέσεις πού χαράζω μέ τό γράμμα μου αὐτό.

Τά σχέδιά σου μέ τήν Ἀκαδημία Γωνιᾶς[38] **τά βρίσκω καλά καί ἀπαραίτητα {π ρ ώ τ η ἀναφορά τοῦ Εἰρηναίου στό θέμα Α κ α δ η μ ί α }. Εἶναι καί δικές μου σκέψεις.**[39] **Θά βαδίσωμε ὅμως σιγά-σιγά. Ἤδη ἐγώ**

---

[36] Στήν περίπτωση αὐτή ὁ Ἐπίσκοπος ἀκολουθεῖ τήν ὁδό πού εἶχε θεσμοθετηθεῖ τότε γιά τή διεκκλησιαστική βοήθεια: Ὑποβολή αἰτήσεων στό Π.Σ.Ε., στή Γενεύη. Ἡ ἁρμόδια Ἐπιτροπή ἐλέγχει, ἀπορρίπτει ἤ ἐγκρίνει. Ὅσες αἰτήσεις ἐγκριθοῦν ἐντάσσονται σέ ἰδιαίτερο ἐτήσιο τεῦχος πού ἀποστέλλεται σέ Ἐκκλησίες ἤ ἐκκλησιαστικούς Ὀργανισμούς, πού ἔχουν τή δυνατότητα καί τή θέληση νά ἐνεργοῦν ὡς χορηγοί. Ἐπιλέγουν ὅσα αἰτήματα ἐπιθυμοῦν νά στηρίξουν καί γνωστοποιοῦν τίς ἀποφάσεις τους στούς αἰτοῦντες, ἀλλά καί στό Π.Σ.Ε. Ἔτσι ἀποφεύγεται τό ἐνδεχόμενο γιά τό ἴδιο ἔργο νά συνεισφέρουν περισσότεροι χορηγοί, ἐν ἀγνοία των. Σέ περίπτωση πολυδάπανων ἔργων θεμιτή εἶναι ἡ συνεισφορά περισσοτέρων, ἀπαραίτητα ὅμως ὕστερα ἀπό συνεννόηση. Ὑπῆρχαν ἐπίσης δύο ὅροι: α) Τά αἰτήματα νά διαβιβάζονται στό Π.Σ.Ε. μέσω τῶν οἰκείων ἐκκλησιαστικῶν ὀργάνων (Συνόδων ἤ Εἰδικῶν Ἐπιτροπῶν) καί β) Νά ὑπάρχει κάποια συμβολή τοῦ αἰτοῦντος (χρηματική, ἐργασία, διάθεση γῆς/οἰκοπέδου ἤ κάτι ἄλλο).

[37] Ἡ φράση δέν ὁλοκληρώνεται. Εἶναι ὅμως σαφής ὁ ὑπαινιγμός: Ὡς κύριο ἐπιχείρημα ἐναντίον του κατά τίς ἐπισκοπικές ἐκλογές εἶχε χρησιμοποιηθεῖ ὁ ἰσχυρισμός ὅτι διάκειται εὐμενῶς πρός ἀριστερές ἰδέες.

[38] Ὁ Εἰρηναῖος ἔχει ὑπόψη του τήν πρώτη (ἀπό 13-7-1960 ΑΑπ) Ἔκθεσή μου, τήν ὁποία ὑπέβαλα στήν MCC - τήν Κεντρική Ἐπιτροπή τῶν Μεννονιτῶν.

[39] «Εἶναι καί δικές μου σκέψεις»! Ἡ φράση αὐτή λειτούργησε ὡς ἀρραβώνας γιά τά περαιτέρω.

ἑτοιμάζομαι γιά μιά οἰκοδομή ἐκεῖ {Γωνιά} ἡ ὁποία θά εἶναι τό χειμώνα Σχολεῖο, τό καλοκαίρι παιδικαί κατασκηνώσεις καί ἐνδιαμέσως ἄνετος τόπος διά συνέδρια κλπ. {b-Απ}. Ἡ σχετική δαπάνη πρέπει νά ὑπολογίζεται εἰς 400-500 χιλιάδες {δρχ.}. Μᾶς παρουσιάζεται ὅμως ἕνα ἐμπόδιον, τοῦ νεροῦ. Δέν εἶναι ἀρκετόν. Ἔχω σκεφθῆ καί συζητήσει γι' αὐτό τό θέμα ἕνα οἰκουμενικό champ {κατασκήνωση} - στή Γωνιά καί ἐάν τελικά ἀποφασισθῆ νά ἔλθης νά τό διευθύνης. Μποροῦμε νά δεχθοῦμε βοήθεια ἀπ' ἔξω μέ τρόπο ὅμως ἀξιοπρεπῆ καί μακράν πάσης προπαγάνδας. Περιμένω γραπτά σου γιά τό περιοδικόν ἁπλᾶ καί σύντομα. Καλόν εἶναι νά βλέπης καί νά συνδέης τά ἄλλα μας παιδιά στό ἐξωτερικό.

Μέ τίς εὐχές καί τήν ἀγάπη μου. Χαιρετισμούς εἰς τόν Καθηγητή σου {Χίλκμαν}.

Κάτω ἀπό τήν ὑπογραφή του σημειώνει μέ κόκκινο χρῶμα: «Γιά τήν Ἀκαδημία προέχει τό κτήριο καί ὄχι τό πρόγραμμα, γι' αὐτό δέν ὁμιλῶ τώρα».

{Στήν κορυφή τῆς πρώτης σελίδας σημειώνει:} «<u>Τά παιδιά σέ χαιρετοῦν</u>».

PROT. LANDESKIRCHENRAT DER PFALZ

5. Ἡ Ἐκκλησία τοῦ Παλατινάτου

Ὁ περί «Ἐπαιτικοῦ Τάγματος» λόγος τοῦ Εἰρηναίου δέν ἦταν ἁπλός χαριεντισμός. Ἦταν μᾶλλον ἔκφραση τῆς συνήθους ἀγωνίας του γιά τό πῶς θά καλύπτει τίς τρέχουσες ἀνάγκες τῆς Ἐπισκοπῆς καί ἐκεῖνες πού θά προκαλέσει τό ἕνα ἤ τό ἄλλο ἀπό τά σχεδιαζόμενα. Οἱ διεκκλησιαστικές σχέσεις τῆς ἐποχῆς ἐκείνης εὐνοοῦσαν τή στήριξη προγραμμάτων διαφόρων Μητροπόλεων στήν Ἑλλάδα μέσω τοῦ Π.Σ.Ε. Στή διαδικασία αὐτή σημαντικός ὑπῆρξε ὁ ζῆλος καί ἡ προσφορά τοῦ ἐκ τῶν ἡμετέρων αἰδεσιμολ. Γεωργίου Τσέτση, Ἐπιτελικοῦ Στελέχους τοῦ Π.Σ.Ε.[40]

Ἡ ἀποτελεσματικότητα τοῦ «Ἐπαιτικοῦ Τάγματος» μᾶς ἀπαιτοῦσε, μεταξύ ἄλλων, ἐπαφές μέ ἀνθρώπους πού κατεῖχαν θέσεις – κλειδιά, στά Γραφεῖα τῶν ὁποίων ἔφθανε ἡ μιά ἤ ἡ ἄλλη αἴτηση τῆς Ἐπισκοπῆς μας καί οἱ ὁποῖοι θά παίξουν ἀργότερα λιγότερο ἤ περισσότερο σημαντικό ρόλο καί στήν πορεία πρός τήν Ἀκαδημία. Τέτοιες σχέσεις μου οἰκοδομοῦνται ἄλλοτε γοργά καί μέ τρόπο δυσερμήνευτο, ὅπως στήν περίπτωση τῶν Μεννονιτῶν, ἄλλοτε ἀργά, ἐπιλεκτικά, μέ προσοχή καί διάκριση.

---

[40] Βλ. *Ἡ διεκκλησιαστική συνεργασία στήν Ἑλλάδα - Ἔκθεσις πεπραγμένων τῆς Ἐπιτροπῆς Διεκκλησιαστικῆς Βοηθείας τοῦ Παγκοσμίου Συμβουλίου Ἐκκλησιῶν*, Ἀθήνα 1983.

Ὅσον ἀφορᾶ στήν Ἀκαδημία: Μέ τήν ἐνθάρρυνση τοῦ Καθηγητῆ μου Χίλκμαν, πού, ὡς εὐσεβής Καθολικός καί ἀγωνιστής κατά τοῦ Χίτλερ, ἦταν σεβαστός στήν Ἐκκλησία του, εἶχα ἀπευθυνθεῖ πρῶτα στήν Ὑπηρεσία τῆς Misereor. Ἐμφανίσθηκε κάποιο ἐνδιαφέρον, πού ὅμως ἦταν βασισμένο στήν παρανόηση ὅτι ἐπρόκειτο νά ἰδρύσουμε στήν Ἑλλάδα μιά κ α θ ο λ ι κ ή Ἀκαδημία. Ὅταν διαπιστώθηκε πώς ἐπρόκειτο γιά Ὀρθόδοξη Ἀκαδημία, ἡ Ὑπηρεσία αὐτή ἀπέσυρε τό ἐνδιαφέρον της.

Φυσικό ἦταν λοιπόν νά ἀναζητήσω ἄλλη πηγή. Δέν χρειάσθηκε πολλή σκέψη. Εἶχα ἀναπτύξει ἤδη καλές σχέσεις μέ τήν Εὐαγγελική Ἐκκλησία τοῦ Κρατιδίου *Rheinland-Pfalz* (Παλατινάτο τῆς Χώρας τοῦ Ρήνου). Πρωτεύουσα τοῦ Κρατιδίου εἶναι ἡ πόλη τοῦ Mainz, ἐνῶ ἡ ἕδρα τῆς ἐν λόγῳ Ἐκκλησίας βρίσκεται στήν πόλη Speyer-Σπάγιερ. Πρόκειται γιά μιάν "unierte"- ἑνωμένη προτεσταντική Ἐκκλησία, πού συγκροτήθηκε ἀπό τήν ἕνωση Λουθηρανῶν καί Μεταρρυθμισμένων τό 1818. Καθηγετές μου τῆς Εὐαγγελικῆς Θεολογικῆς Σχολῆς τοῦ Πανεπιστημίου τοῦ Μάιντς, πού ἦταν μέλη τῆς Συνόδου τῆς Ἐκκλησίας αὐτῆς, στελέχη τῆς Ἱεραποστολῆς της στήν Ἀφρική ἤ κάτοχοι ἄλλων ἐκκλησιαστικῶν ἀξιωμάτων, διευκόλυναν τήν προσωπική ἐπικοινωνία μου μέ τήν ἡγεσία τῆς Ἐκκλησίας αὐτῆς.[41] Ἡ ἐπικοινωνία ἐκείνη ὑπῆρξε ἀποφασιστική γιά τήν ὑπόθεση τῆς Ἀκαδημίας. Ἐνδεικτικό εἶναι τό παρακάτω γράμμα τοῦ Theo Schaller:

---

[41] Ἀναφέρω ἐνδεικτικά δυό ἀπό τούς Καθηγητές μου:
Walter Holsten (1908-1982). Δίδασκε Θρησκειολογία καί Ἱεραποστολή. Πολύτεκνος, εἶχε, μεταξύ πολλῶν ἄλλων, τήν ἐν γένει κοινωνική μέριμνα τοῦ Πανεπιστημίου γιά τούς φοιτητές. Κατά τό πρῶτο ἑξάμηνο τῆς φοίτησής μου ἤμουν ὁ μόνος φοιτητής του στό μάθημα τῆς Θρησκειολογίας. Παρά ταῦτα καί μάλιστα παρά τό ὅτι, ὅπως ἀποδείχθηκε ἀργότερα, ἦταν ἕνας λίαν προσηνής καί πατρικός ἄνθρωπος, πέρασαν βδομάδες πρίν νά ἀνταλλάξουμε μιά κουβέντα. Ἔμπαινε χωρίς καθυστέρηση στήν τεράστια αἴθουσα, μοῦ ἀπηύθυνε τόν χαιρετισμό «κύριέ μου», ἔκανε τό μάθημα καί ἔφευγε. Κάποτε ἔλαβα μιά ἐπιστολή του: *Θά ἤθελα νά ζητήσω συγγνώμη γιά τό ὅτι δέν θά μπορέσω νά κάμω τό μάθημα τήν ἐπόμενη βδομάδα, ἐπειδή συνεδριάζει ἡ Σύνοδος τῆς Ἐκκλησίας μας {Παλατινάτου}, τῆς ὁποίας εἶμαι μέλος. Παρακαλῶ νά ὁρίσετε ἡμέρα καί ὥρα τῆς δικῆς σας ἐπιλογῆς γιά ἀναπλήρωση τοῦ μαθήματος!* Αὐτό καί ἔκαμα. Στό τέλος τοῦ μαθήματος δέν ἔφυγε ἀμέσως, ὅπως ἔκανε προηγουμένως. Ἔμεινε, μιλήσαμε. Χάρηκε πού εἶμαι ἀπό τήν Ἑλλάδα καί Ὀρθόδοξος. Ὁ δεσμός μας δέν ἄργησε νά ἰσχυροποιηθεῖ.
Eugen Ludwig Rapp (1904-1977). Ὁ πολύπειρος στά τῆς Ἀφρικῆς Καθηγητής-Ἱεραπόστολος, μοῦ ἐξομολογήθηκε κάποτε περίπου τά ἑξῆς: *Ἄν καταφέρναμε νά ἀποδεσμευθοῦμε ἀπό τίς ὁμολογιακές μας ἀγκυλώσεις καί νά δοῦμε τήν εὐθύνη τῆς Ἱεραποστολῆς σέ βάθος χρόνου, θά ἔπρεπε Προτεστάντες καί Καθολικοί νά διακόψουμε κάθε ἱεραποστολική προσπάθεια στήν Ἀφρική καί νά θέσουμε ὅλα μας τά μέσα, τίς γνώσεις καί ὅλες τίς δυνάμεις μας στήν ἀνάπτυξη τῆς Ἱεραποστολῆς τῆς Ὀρθοδοξίας.*
Στήν εὔλογη ἀπορία μου ἔδωσε μιά ἐξίσου εὔλογη ἐξήγηση: *Ὁ ἄνθρωπος τῆς Ἀφρικῆς, εἶπε, ἀγαπᾶ τά χρώματα καί τίς πλούσιες τελετουργίες, μάλιστα ὅταν αὐτές τοῦ προκαλοῦν τήν αἴσθηση τῆς ἐγγύτητας, τῆς ἀμεσότητας, τῆς ἀποδοχῆς. Καί αὐτά, νομίζω, μόνον ἡ Ὀρθόδοξος Ἐκκλησία τά προσφέρει, ἄν δέν κάνω λάθος.*
Λάθος δέν ἔκανε ὁ ἄνθρωπος σίγουρα. Οἱ δικές τους ἀγκυλώσεις, ὡστόσο, ἀλλά καί οἱ δικές μας ἀδυναμίες ἁπλώνουν τήν ἀχλύ τους μπροστά μας καί θαμπώνουν τή θέαση χρόνου καί χρέους!

13-6-1960 ΑΑπ
Schaller πρός Απ-Μz

Ό Schaller έκφράζει τήν έπιθυμία νά έπισκεφθώ τήν έδρα τής Έκκλησίας τους στό Speyer γιά προσωπικές έπικοινωνίες καί γνωριμία μέ τήν Έκκλησία καί τήν πόλη τους, γιά τήν όποία φαίνονται περήφανοι - καί δικαίως! Τό πρόγραμμά του όμως τών έπόμενων ήμερών είναι πολύ φορτωμένο. Προτείνει λοιπόν νά γίνει ή συνάντησή μας στό Μάιντς, σέ ένα κτήριο πού φέρει τιμητικά τό όνομα τοϋ διάσημου Ίατροΰ, Θεολόγου καί Ίεραποστόλου Albert Schweizer. Στίς 20.6. πρόκειται νά συναντήσει έκεί τούς φοιτητές Θεολογίας, πού προέρχονται άπό τό Παλατινάτο. Άν μπορέσω νά πάω, θά γνωρίσω τούς φοιτητές καί θά ρυθμίσουμε τά σχετικά μέ ένα ταξίδι μου στήν πόλη Speyer, έδρα τής Έκκλησίας τους. Αύτό έγινε, φυσικά! Ήταν ή άπαρχή έπαφών, πού δέν θά άργήσουν νά θέσουν τό άχνό άκόμη όραμα τής Άκαδημίας σέ τροχιά όρατής πλέον πορείας.

Ό Καθηγητής καί Oberkirchenrat {δηλαδή Άνώτ. Έκκλησιαστικός Σύμβουλος} D. Theodor (Theo) *Schaller* (1900-1993) θά είναι άργότερα (1964-1969) Πρόεδρος τής Εύαγ. Έκκλησίας τοϋ Παλατινάτου. Τό D. στά Γερμανικά δηλώνει τίτλο: Δρ. τιμής ένεκεν}. Φωτ.ΑSp.

Άκολούθησε λοιπόν έπίσημη έπίσκεψή μου στήν Έκκλησία τοϋ Κρατιδίου τής Pfalz στήν πόλη Speyer, δηλαδή στήν Εύαγγελική Έκκλησία τοϋ Παλατινάτου.

Άνέκαθεν ή Έκκλησία αύτή είχε στενές σχέσεις μέ τό Πανεπιστήμιο τοϋ Mainz λόγω καί τής Εύαγγελικής Θεολογικής Σχολής τοϋ Πανεπιστημίου. Ένα χρονικό διάστημα τών σπουδών μου καλύφθηκε μέ ύποτροφία τής Έκκλησίας αύτής. Ό Πρόεδρός της *D. Dr. Hans Stempel*[42] (Φωτ. ΑSp) μέ δέχθηκε στό Γραφείο του μέ πολλή εύγένεια καί θέρμη. Τόν εύχαρίστησα γιά τή στήριξη τών σπουδών μου άπό τήν Έκκλησία του καί τόν ένημέρωσα γιά τήν

---

[42] Ό Hans Stempel (1894-1970) κατείχε τό άξίωμα τοϋ Προέδρου τής Έκκλησίας του άπό τό 1946 μέχρι τό 1964. Σημειώνω έδώ ότι μέ τόν διάδοχό του, τόν Schaller, άλλά καί μέ άλλα στελέχη τής Έκκλησίας τους, συνεργάσθηκα γιά θέματα τών Έλλήνων έργατών καί έργατριών στήν περιοχή τής Έκκλησίας αύτής. Οί σχέσεις μας ύπήρξαν παραγωγικές κατά τίς διάφορες φάσεις τής δημιουργίας τής Άκαδημίας καί τίς πρώτες δεκαετίες τής λειτουργίας της. Άντίθετα, οί σχέσεις μου μέ τόν Stempel ύπήρξαν άραιές καί διακριτικές, κυρίως λόγω τοϋ άξιώματός του. Έκείνος βρισκόταν πρός τό τέλος τής θητείας του, ένώ ή δική μου προσπάθεια ήταν έπικεντρωμένη πρώτιστα στίς σπουδές μου, στήν όλοκλήρωση τής διατριβής μου καί στά τής Έπισκοπής μας Κισάμου καί Σελίνου, ίδίως βέβαια στά τής Άκαδημίας. Ώστόσο, μιά μεταγενέστερη έπιστολή τής συζύγου του Hilde Stempel πρός έμένα (9.2.1971) άποκαλύπτει τό σταθερό ένδιαφέρον τους γιά τήν πορεία τής Άκαδημίας.

ἰδέα μιᾶς Ὀρθόδοξης Ἀκαδημίας. Ἔδειξε ἀμέσως ἐνδιαφέρον. Μιλήσαμε γιά διάφορες πηγές οἰκονομικῆς στήριξης. Ἔκαμα μιά νύξη γιά τό HILFSWERK τῆς EKiD {Εὐαγγελική Ἐκκλησία ἐν Γερμανίᾳ}, μέ τή σκέψη ὅτι θά μπορούσαμε ἴσως νά ἀσκήσουμε ἐκεῖ κάποια ἐπιρροή μέσω καί τοῦ Καθηγητῆ Μ. Σιώτη.[43]

Τοῦ ἀνέφερα ἐπίσης ὅτι στή διάρκεια τῆς Κατασκήνωσης στό Βερολίνο τό θέρος τοῦ 1955 εἶχα γνωρίσει, μεταξύ ἄλλων, τόν L. Kreyssig, ὁ ὁποῖος, ὅπως πληροφορήθηκα, εἶχε συστήσει στό μεταξύ μιά Ὀργάνωση, πού εἶχε σκοπό νά θέτει κάποια σημάδια ἐξιλέωσης, καταλλαγῆς καί εἰρήνης μέ τήν ἐκτέλεση κοινωφελοῦς ἔργου σέ τόπους ἰδιαίτερα τραυματισμένους ἀπό τή γερμανική κατοχή. Τό ἐπιβεβαίωσε.[44] Ἀναφέρθηκε ὡς χρήσιμη καί ἡ ἐπικοινωνία μέ τίς Εὐαγ. Ἀκαδημίες τῆς Γερμανίας καί μέ τό Π.Σ.Ε. Κρίναμε σκόπιμο νά τοῦ στείλω καί γραπτῶς τά τῶν προθέσεων καί ἀναγκῶν μας, ὥστε νά μπορεῖ νά ἐνεργήσει ἐπίσημα.

Ἔφυγα μέ τήν αἴσθηση πώς ἐκείνη ἡ συνάντησή μας ὑπῆρξε ἀφετηρία μιᾶς πορείας πρός τήν ἐκπλήρωση τοῦ ὁράματος. (b-Απ).

---

[43] Ὅταν πῆγα στό Βερολίνο τό καλοκαίρι τοῦ 1955, ὁ Μ. Σιώτης μοῦ εἶχε δώσει ἐπιστολή πρός τόν φίλο του ἰατρό Gerhard Gerstenmaier. {Σέ μεταγενέστερη ἐπιστολή του πρός ἐμένα (βλ. 7-3-1959 Σιώτης πρός Απ) γράφει: «Εἰς τό Βερολῖνον νά ἀναζητήσεις τόν κ. Gerhard Gerstenmaier. Θέλει νά ἐπισκεφθῆ τό καλοκαίρι τήν Ἑλλάδα. Νά τοῦ πῆς ὅτι τόν ἀναμένομεν μετά πολλῆς χαρᾶς»}. Ὁ Μ. Σιώτης μοῦ εἶχε διηγηθεῖ ὅτι στή διάρκεια τῶν σπουδῶν του στή Γερμανία εἶχε συνδεθεῖ μέ τήν οἰκογένεια Gerstenmaier. Τό 1955 λοιπόν ἀναζήτησα τόν φίλο του γιατρό, τοῦ ἔδωσα τήν ἐπιστολή, γνωρίστηκα μέ τούς οἰκείους του καί τούς ἐπισκέφθηκα κάμποσες φορές κατά τή διάρκεια τῆς Οἰκουμενικῆς Κατασκήνωσής μας στό Berlin-Heiligensee. Χρόνια ἀργότερα ἀνταποκρίθηκε πρόθυμα σέ παράκλησή μου καί διευκόλυνε τή διαμονή τῆς Ἕλενας Δούκα (τοῦ Οἰκοτροφείου Θηλέων τῆς Μητροπόλεώς μας Κισάμου καί Σελίνου), πού ἔκαμε λαμπρές σπουδές Ἰατρικῆς στό Βερολίνο, ὅπου καί σταδιοδρόμησε. Ἀδελφός τοῦ ἀνωτέρω ἦταν ὁ Θεολόγος Eugen Gerstenmaier (1906-1986), ὁ ὁποῖος ἤδη ὡς φοιτητής εἶχε ἀποστασιοποιηθεῖ ἀπό τό ναζιστικό καθεστώς. Μάλιστα, εἶχε γνώση καί τῶν σχεδίων κατά τῆς ζωῆς τοῦ Χίτλερ, μέ συνέπεια νά συλληφθεῖ καί αὐτός στίς 20 Ἰουλίου 1944. Τό 1945 ἡ Εὐαγγελική Ἐκκλησία τῆς Γερμανίας (EKiD) ὀργάνωσε τό Hilfswerk ὑπό τή Διεύθυνση τοῦ Eugen Gerstenmaier, πού τό διηύθυνε μέχρι τό 1951. Ἀρχική ἀποστολή του ἦταν ἡ διανομή βοηθημάτων πού ἔστελναν στήν κατεστραμμένη Γερμανία Ἐκκλησίες ἀπό τό ἐξωτερικό, καθώς καί ἡ μέριμνα γιά Γερμανούς ἐκπατρισθέντες καί πρόσφυγες. Τό ἔργο αὐτό τοῦ Hilfswerk, στό ὁποῖο προστέθηκαν ἡ φροντίδα γιά ἐργάτες ἀπό τήν Ἑλλάδα καί ἄλλες χῶρες καί διάφορες ἐπί πλέον κοινωνικές δραστηριότητες, ἀνέλαβε τό Diakonisches Werk, πού συστάθηκε ὡς διάδοχος Ὑπηρεσία τό 1975. Ἄς σημειωθεῖ ἐδῶ γιά τήν Ἱστορία ὅτι, ὅπως μοῦ διηγήθηκε κάποτε ὁ Μ. Σιώτης, προμήθευσε στόν φίλο του Eugen σχέδια πού εἶχαν ἐφαρμοσθεῖ στήν Ἑλλάδα γιά τήν ὑποδοχή προσφύγων μετά τή Μικρασιατική Καταστροφή, καθώς καί ἄλλα ἐνημερωτικά στοιχεῖα σχετικά μέ ἑλληνικές ἐμπειρίες ἐπιτυχίας καί ἀστοχίας κατά τήν ἀντιμετώπιση τῆς μεγάλης τραγωδίας τῶν χρόνων ἐκείνων. Τά στοιχεῖα αὐτά συμβουλεύθηκε ὁ Διευθυντής τοῦ Hilfswerk κατά τήν ἀνάπτυξη τῶν δραστηριοτήτων του. Σέ αὐτήν τήν ἀποτελεσματική δράση του λέγεται πώς ὀφείλει ἐν πολλοῖς ὁ Eugen Gerstenmaier τήν ἐντυπωσιακή πολιτική σταδιοδρομία του: Βουλευτής ἀπό τό 1949 (CDU) καί ἐπί μακρόν Πρόεδρος τοῦ Ὁμοσπονδιακοῦ Κοινοβουλίου (Bundestag, 1954 μέχρι 1969).

[44] Aktion Sühnezeichen.

Ἐπέστρεψα στό Mainz, ἔκαμα κάποιες προσθαφαιρέσεις στήν Ἔκθεση γιά ἀνέγερση Ἐκκλησιαστικῆς Ἀκαδημίας στήν Κρήτη, πού εἶχα ἑτοιμάσει ἀπό καιρό καί τήν ἔστειλα στόν Stempel («ΑΑπ+ΕΖΑ 97 Alexander Papaderos, Theologe, Mainz-Land, Alter Ruhweg. Mainz, den 28.2.1961. Ausführungen über die Errichtung einer kirchlichen Akademie auf Kreta {Ἀλέξανδρος Παπαδερός,..., Ἔκθεσις περί τῆς ἱδρύσεως μιᾶς ἐκκλησιαστικῆς Ἀκαδημίας στήν Κρήτη, Μάιντς 28-2-1961», βλ. ΕΚΘΕΣΕΙΣ).

6. Πρώτη ἐπιστολή μου πρός Stempel

28-2-1961 ΕΖΑ 97
Απ πρός Stempel
«Ἡ φιλική ὑποδοχή μου {στό Γραφεῖο σας} παραμένει στή μνήμη μου ὡς λίαν τιμητική καί ὡραία ἀνάμνηση. Ἦταν γιά μένα μιά πολύ καλή εὐκαιρία καί χαρά νά σᾶς γνωρίσω προσωπικά καί νά σᾶς ἐκφράσω τήν εὐγνωμοσύνη μου γιά τή βοήθεια πού μοῦ παρέσχε ἡ Ἐκκλησία σας.

Ὕστερα ἀπό δική σας ἐνθάρρυνση, σᾶς γράφω ὁρισμένες σκέψεις σχετικά μέ τό πρόγραμμά μας τῆς δημιουργίας μιᾶς ἐκκλησιαστικῆς Ἀκαδημίας στήν Κρήτη. Ἡ καθυστέρηση ὀφείλεται στό ὅτι ἤθελα πρῶτα νά ἐνημερώσω τόν Ἐπίσκοπό μου Κισάμου καί Σελίνου Εἰρηναῖο (Χανιά-Κρήτη) γιά τήν εὐγενική προθυμία σας καί νά συζητήσω μαζί του αὐτήν τή νέα προοπτική. Ἐπειδή τήν ἑβδομάδα τοῦ Πάσχα θά ταξιδέψω πιθανῶς στό Βερολίνο, θά ἦταν ἴσως εὐνοϊκό νά ἐπικοινωνήσω μέ τίς ἐκεῖ {ἐκκλησιαστικές} Ὑπηρεσίες. Θά σᾶς ἤμουν γι' αὐτό εὐγνώμων, ἄν προηγουμένως μπορούσατε νά προωθήσετε ἁρμοδίως τήν παράκλησή μας καί νά διευκολύνετε αὐτήν τήν ἐπικοινωνία μου.

Θά ἤθελα, ἀξιότιμε κ. Πρόεδρε, νά σᾶς εὐχαριστήσω, ἐξ ὀνόματος καί τοῦ Ἐπισκόπου μου Εἰρηναίου, γιά τήν προθυμία σας καί τή χριστιανική σας ἀγάπη. Ἡ Μονή στήν ὁποία προτιθέμεθα νά διαμορφώσουμε μιά Ἀκαδημία φιλοξενεῖ πρός τό παρόν τά ὀστά τῶν Γερμανῶν πού ἔπεσαν στήν Κρήτη. Εἴθε τό σχέδιό μας νά συμβάλει στό νά πνεύσει πάνω καί ἀπό αὐτά τά σημάδια τοῦ μίσους καί τοῦ θανάτου τό ζῶν Πνεῦμα τοῦ Ἀναστάντος καί αὐτή ἡ θέση νά ἀναδειχθεῖ σέ τόπο συνάντησης, καταλλαγῆς καί ἀγάπης τῶν λαῶν μας. Εἴθε ἀκόμη ἡ λογία {γράφω τή λέξη λ ο γ ί α ἑλληνιστί μέ τό χέρι} τῆς Εὐαγ. Ἐκκλησίας τῆς Γερμανίας ὑπέρ τῆς Ἐκκλησίας μας, γιά τήν ὁποία θερμῶς παρακαλοῦμε, νά κατανοηθεῖ μέ τό ἴδιο πνεῦμα».

7. Μοῦ ἄρεσε πολύ

6-3-1961 ΑΑπ
Εἰρηναῖος πρός Απ
Ὡς πρώτη ἡμερομηνία συγγραφῆς τῆς ἐπιστολῆς ἀναγράφεται:12 Φεβρουαρίου 1961, τήν ὁποία διαγράφει καί ἀπό πάνω της προσθέτει: 6 Μαρτίου 1961.

Ἀναφέρεται πρῶτα σέ τελευταῖο γράμμα μου, στό ὁποῖο φαίνεται ὅτι ἔκανα λόγο γιά τύψεις πού μέ βασάνιζαν ἐξ αἰτίας τοῦ γεγονότος ὅτι δέν μποροῦσα νά ἀνακουφίσω τήν οἰκογένειά μου, πού πάλευε μέ μεγάλη φτώχεια στό Λειβαδά τοῦ Σελίνου. Γράφει: «μοῦ θυμίζουν τά δικά μου φτωχά φοιτητικά χρόνια.

Ἔχουν δίκιο νά παραπονοῦνται κάπως οἱ δικοί σου... ἀλλά ἐσύ κύτταζε τ' ἀστέρι σου. Μήν παρεκκλίνης – αὔριο θά μπορῆς νά τούς βοηθήσης καλύτερα ἤ ἄν αὐτοί δέν θά ζοῦν θά βοηθήσης ἄλλους πολλούς γιά τό χατῆρι των... Εὐχαρίστως, Ἀλέκο μου, νά τούς βοηθήσω σέ ὅ,τι μπορῶ, θά ἤθελα μόνο νά γράψης τοῦ Κωστάκη {πατέρας μου} νά μοῦ ὑπενθυμίζη ὅ,τι θέλει γιατί κι ἐγώ ποῦ νά προφτάσω. Σέ λίγο θά ἔχω λίγα ροῦχα νά τούς στείλω.

Πάντως μήν ἔχεις τύψεις γιά τό δρόμο σου - πού εἶναι γεμᾶτος ἀπό ἀνωτερότητα καί ἀπό ἕνα πνεῦμα γενικωτέρου καλοῦ.

Καί τώρα {ἀκολουθεῖ ἀναφορά του στήν ἀπό 28-2-1961 δεύτερη Ἔκθεσή μου}:

α) **Μοῦ ἄρεσε πολύ ἡ ἔκθεσή σου διά τήν Kirchliche Akademie {Ἐκκλησιαστική Ἀκαδημία}** (b-Απ) καί τό γράμμα σου πρός τόν Präsident Stempler {ἀκολουθεῖ τή δική μου ἐκ παραδρομῆς ἐσφαλμένη γραφή σέ προηγούμενο κείμενό μου - τό σωστό εἶναι: Stempel}. Σημείωσε ὅτι κατ' αὐτάς ἔχω μίαν ἔνδειξιν ὅτι τρεῖς ἐπιστήμονες δικοί μας (1 γιατρός, 1 νομικός, 1 ἐκπαιδευτικός) θέλουν νά γίνουν *ἱερεῖς* {διορθώνει καί γράφει πάνω ἀπό τή λέξη αὐτή μέ κόκκινο *Μοναχοί*} καί ν' ἀφοσιωθοῦν σ' ἕνα ἔργον ὅπως τό ἔχομεν ὀνειρευθῆ ἤδη. Κατ' αὐτάς θά ἔχω μίαν ἐπίσημον μετ' αὐτῶν ὁμιλίαν. Φυσικά τούς εἶπα κάπως τό κοινόν σχέδιόν μας διά τήν Γωνιάν καί ἐλπίζω ὅτι ἡ Παναγία θά βοηθήση. {Δέν ἐπανῆλθε στό θέμα, ἡ προσδοκία δέν εὐλογήθηκε!}...Τόν Αὔγουστον θά ἔχωμεν ἐδῶ τήν κατασκήνωσιν...».

Ἡ Ἰ. Μονή Γωνιᾶς καί ὁ εὐρύτερος περίγυρός της τότε...

Παλιά φωτ. τοῦ Κολυμβαρίου

8. Ἐπιστολές Stempel ὡς ἀφετηρία

23-3-1961 EZA 97/562
Stempel πρός Απ

Μοῦ γράφει ὅτι στό Locarno, Tessin, ὅπου βρίσκεται γιά διακοπές, ἔλαβε τό γράμμα μου τῆς 28-2-1961 μέ τό συνημμένο Exposé {ἐννοεῖ τήν Ἔκθεσή μου - Ausführungen}.[45] Ἔκαμε ἀμέσως ἀντίγραφα τῆς Ἔκθεσης καί μέ συνοδευτικές ἐπιστολές του, πού λειτούργησαν ὡς ἀ φ ε τ η ρ ί α γιά τίς ἐπόμενες ἐξελίξεις, τά ἔστειλε:

- Στόν Πρόεδρο τοῦ Συνδέσμου τῶν Διευθυντῶν τῶν ἐν Γερμανίᾳ Εὐαγγελικῶν Ἀκαδημιῶν (Leiterkreis der Evangelischen Akademien in Deutschland Dr. Eberhard Müller, Bad Boll, Evang. Akademie).

---

[45] Ἔκθεσή μου RELIGIÖSE BESTREBUNGEN...

- Στήν Ἐκκλησιαστική Ὑπηρεσία Ἐξωτερικῶν Ὑποθέσεων τῆς ἐν Γερμανίᾳ Εὐαγγελικῆς Ἐκκλησίας (Kirchliches Aussenamt der Evang. Kirche in Deutschland, Frankfurt am Main, Untermainkai 81).

- Στόν Πρόεδρο D. Dr. Kreyssig (Berlin-Charlottenburg, Jebenstrasse 3), παρεκάλεσε ὅμως τόν E. Müller νά ἀσχοληθεῖ μέ τήν ὑπόθεσή μας.

Στόν Kreyssig ἔγραψε ὅτι τήν ἑβδομάδα τοῦ Πάσχα θά πάω στό Βερολίνο καί ὅτι μοῦ συνέστησε νά τόν συναντήσω.

Ἤδη, μέ τήν κοινοποίηση αὐτῆς τῆς Ἐκθεσῆς μου τό θέμα τῆς Ἀκαδημίας γίνεται γνωστό στούς πλέον ἀρμοδίους τῆς Γερμανίας.

23-3-1961 EZA 97/562
Stempel πρός M
Θέμα: Ἀνέγερση μιᾶς ἐκκλησιαστικῆς Ἀκαδημίας τῆς ἑλληνορθόδοξης Ἐκκλησίας στή νῆσο Κρήτη.

Ἀπευθυνόμενος στόν M ὡς Πρόεδρο τοῦ Συνδέσμου τῶν Διευθυντῶν τῶν ἐν Γερμανίᾳ Εὐαγγελικῶν Ἀκαδημιῶν, γράφει:

«Πολυσέβαστε, ἀγαπητέ ἀδελφέ Müller,

ὁ ἑλληνορθόδοξος Θεολόγος Ἀλέξανδρος Παπαδερός, οἰκουμενικός ὑπότροφος {ὁ χαρακτηρισμός αὐτός ἦταν τότε συνήθης γιά ὅσους ἐλάμβαναν ὑποτροφία σπουδῶν ἀπό τό Παγκόσμιο Συμβούλιο Ἐκκλησιῶν, σέ συνεργασία μέ τοπικές Ἐκκλησίες ἤ διάφορους Ὀργανισμούς, συνεργαζόμενους μέ τό Π.Σ.Ε.} τῆς Ἐκκλησίας μας στό Μάιντς, ἀπευθύνθηκε σέ μένα γιά τό θέμα τῆς ἀνέγερσης μιᾶς ἐκκλησιαστικῆς Ἀκαδημίας στή νῆσο Κρήτη. Ἐπισυνάπτω ἀντίγραφα τῆς πρός ἐμένα ἐπιστολῆς του τῆς 28.2.1961 καί μιᾶς ἐκθέσής του μέ τήν ἴδια ἡμερομηνία, πρός ἐνημέρωσή σας.

Ὑποθέτω ὅτι θά σᾶς ἐνδιαφέρει αὐτό τό ζήτημα. Εἶσθε διατεθειμένος νά ἐπεξεργασθεῖτε αὐτό τό θέμα, ἐνδεχομένως σέ συνεργασία μέ τήν ἐν Φραγκφούρτη Ἐκκλησιαστική Ὑπηρεσία Ἐξωτερικῶν Ὑποθέσεων {Kirchliches Aussenamt}; Μπορεῖτε νά ἐπικοινωνήσετε μέ τόν κ. Παπαδερό; Παρακαλῶ νά μέ ἐνημερώσετε σύντομα.

Μέ τά ἴδια στοιχεῖα καί ἀντίγραφο αὐτῆς τῆς ἐπιστολῆς μου ἐνημερώνω ταυτόχρονα τό Kirchliches Aussenamt στή Φραγκφούρτη καί τόν Πρόεδρο Kreyssig. Ὁ κ. Παπαδερός παρεκάλεσε νά μεσολαβήσω γιά ἐπικοινωνίες του στό Βερολίνο. Ὕστερα ἀπό τήν ἐνημέρωση τοῦ Aussenamt, δέν χρειάζεται νά ἀπασχολήσει γι' αὐτό τό ζήτημα τόν νέο Πρόεδρο {ἐννοεῖ τόν Πρόεδρο τῆς ἐν Γερμανίᾳ Εὐαγγελικῆς Ἐκκλησίας}.

Ἐπειδή βρίσκομαι σέ μιά δυστυχῶς ἀναγκαία ἀναρρωτική ἄδεια, δέν γράφω ἐκτενῶς».

Υ.Γ. Πρός τό Kirchliches Aussenamt {Ύπηρεσία έξωτερικῶν Ύποθέσεων τῆς Εὐαγ. Ἐκκλησίας τῆς Γερμανίας} in Frankfurt am Main, Untermainkai 81, μέ τή φιλική παράκληση νά ἐνημερωθεῖ.

Πρός τόν Πρόεδρο D. Dr. Kreyssig, Berlin-Charlottenburg, Jebenstrasse 1 oder 3, μέ τή φιλική παράκληση νά ἐνημερωθεῖ. Ἐπειδή ὁ κ. Παπαδερός θά ταξιδέψει στό Βερολίνο τήν ἑβδομάδα τοῦ Πάσχα καί μέ παρεκάλεσε νά μεσολαβήσω γιά ἐπικοινωνίες στό Βερολίνο, τοῦ προτείνω νά σᾶς ἀναζητήσει, ἀγαπητέ ἀδελφέ Kreyssig.

9. Aktion Sühnezeichen

29-3-1961 EZA 97/562

Kreyssig[46] πρός M

«Σήμερα ἔλαβα ἀπό τόν Stempel ἀντίγραφο τῶν ὅσων σοῦ ἔγραψε στίς 23 Μαρτίου σέ σχέση μέ τήν αἴτηση Παπαδεροῦ γιά τήν οἰκοδομή μιᾶς Ἀκαδημίας στήν Κρήτη.

Ἡ παρότρυνση εἶναι γιά μένα τόσον εὔθετη/ἐπίκαιρη, ὥστε θέλω νά πιστεύω ὅτι πρόκειται γιά καλή συντυχία. Πρίν ἀπό μιά βδομάδα ἐπέστρεψε ἀπό τήν Ἑλλάδα ἡ ὁμάδα τῶν ἀνδρῶν μας, ὕστερα ἀπό ὑπηρεσία ἑνός ἔτους στά Σέρβια.[47] Ἡ ὑποδοχή στό Darmstadt μέ τόν Niemöller ὑπῆρξε πολύ

[46] Ὁ *Lothar Kreyssig* ἦταν νομικός καί ἄνθρωπος τῆς Ἐκκλησίας. Τόν γνώρισα στό Βερολίνο τό 1955. Στό περιθώριο τῆς Συνόδου τῆς Εὐαγγελικῆς Ἐκκλησίας τῆς Γερμανίας τοῦ ἔτους 1958 πρότεινε τήν ὀργάνωση μιᾶς κίνησης γιά τήν εἰρήνη. Νέοι καί νέες τῆς Γερμανίας νά πηγαίνουν σέ «πρώην ἐχθρικές χῶρες» καί νά θέτουν ἕνα Sühnezeichen, ἕνα **σημάδι ἐξιλασμοῦ**, ἔκφρασης συγγνώμης καί ἐπιθυμίας γιά καταλλαγή. Ἀπό ἐκείνη τήν πρωτοβουλία γεννήθηκε ἡ «Aktion Sühnezeichen Friedensdienste e.V.» μιά «Δράση γιά Σημεῖα Ἐξιλασμοῦ - Ὑπηρεσίες Εἰρήνης».

[47] *Aktion Sühnezeichen-Friedensdienste*

Στό ΕΖΑ (97/562) ἀνακάλυψα ἕνα ἐνδιαφέρον γράμμα τῆς Aktion Sühnezeichen πρός τόν Καθηγητή Νικόλαο Λούβαρι μέ ἡμερομηνία 14-11-1959. Βρισκόταν τότε στό Βερολίνο. Εἶναι χαρακτηριστικό ὅτι τόν προσφωνοῦν Ἐξοχώτατον: Seiner Exzelenz, Herrn Professor Dr. Luvaris. Τό γράμμα ἐνδιαφέρει τή μελέτη μας αὐτή, ἐπειδή ἔχει σχέση μέ τήν πρώτη δράση τῆς Ὀργάνωσής τους στήν Ἑλλάδα. Πέραν τούτου, ἡ ἐπιστολή ἔχει καί κάποια ἱστορική σημασία, ἐπειδή ὁ Ν. Λούβαρις ὑπῆρξε Καθηγητής τοῦ Μιχαήλ Γαλανάκη {Σεβασμ. Εἰρηναίου} στή Θεολογική Σχολή Ἀθηνῶν καί ἔκτοτε τούς συνέδεε στενή φιλία.

Γράφουν:

«Εἴχατε τήν ἀβροφροσύνη νά μᾶς δεχθεῖτε τήν Τετάρτη 11.11 γιά μιά συζήτηση σχετική μέ τή διακονία ὑπέρ τῆς παγκόσμιας εἰρήνης. Μᾶς παρακινήσατε νά θέσουμε ὑπόψη σας γραπτῶς τίς σχετικές ἐρωτήσεις μας. Ἀνταποκρινόμεθα εὐχαρίστως καί λαμβάνομε τήν τιμή νά συνοψίσουμε ὡς ἀκολούθως τά σημεῖα πού θεωροῦμε ἰδιαιτέρως σημαντικά.

1. Ἀπό πληροφορίες τοῦ Ἐλβετοῦ ἀνταποκριτή μας κ. Max Roth μάθαμε ὅτι τά Σέρβια στήν περιοχή τοῦ Ὀλύμπου, 24 χιλ. νότια τῆς Κοζάνης, χρειάζονται ἐπειγόντως τή βοήθειά μας. Ὁ τόπος

ἑορταστική καί ἀδελφική. Ὁ χαιρετισμός καί ἡ ἀπόλυση {τῶν μελῶν τῆς ὁμάδας} στό Βερολίνο ἦταν μιά συγκινητική στιγμή.

Ἡ ὑπηρεσία στά Σέρβια συνεχίζεται.⁴⁸ Ἐλπίζω νά ἐπιτευχθεῖ ἡ συναδέλφωσή τους {τῶν Σερβίων} μέ τό Darmstadt. Ἡ πόλη ἔστειλε ἤδη ἐκεῖ ἕναν εἰδικό. Ἀπό τήν πλευρά τῆς Sühnezeichen ὅμως πρέπει νά στραφοῦμε πρός ἕναν ἀπό τούς πολλούς τόπους, ὅπου κατά τόν ἀνταρτοπόλεμο ἀνοίχθηκαν φρικτά τραύματα, πού ἔχουν ἐπουλωθεῖ μόνον ἐπιφανειακά.

Εἴχαμε κάποιες ἀμφιβολίες γιά τό κατά πόσον θά μπορούσαμε νά στραφοῦμε ἀπό τώρα πρός τήν Κρήτη, πού ἀρχικά μάλιστα εἶχε προβλεφθεῖ γιά τήν πρώτη δράση μας. Γιά ἱστορικούς λόγους ἐπιβάλλεται σέ μᾶς μιά παραδειγματική ὑπηρεσία ἐκεῖ - εἶναι κάτι πού χρειαζόμαστε. Αὐτή εἶναι ἡ ἄποψη καί τῆς κυρίας Schramm, ἀδελφῆς τοῦ Reinhold von Thadden, ἡ ὁποία ἐργάστηκε στήν Ἑλλάδα χρόνια πρίν ἀπό μᾶς. {Γιά τήν Ε. Schramm γίνεται λόγος παρακάτω}. Ἐπειδή ὅμως ἡ Κρήτη ἀπό πολλές ἀπόψεις, πού δέν μπορῶ νά τίς ἐκθέσω ἐδῶ ἐκτενέστερα, ἔχει τή δική της προβληματική, δέν ξέραμε ἄν ἔπρεπε νά ἐπιχειρήσουμε κάτι τώρα κιόλας.

Ὅλα αὐτά φαίνεται πῶς ἐπιλύονται μέ τήν πρόταση τοῦ Παπαδεροῦ. **Ἡ ἀνάγκη τῆς ἐξιλέωσης** (b-Ap) συνδυάζεται μέ τή δυνατότητα μιᾶς ἐκκλησιαστικῆς διακονίας, πού θά ἦταν ταυτόχρονα συντελεστική στήν ἀνανέωση τῆς σχέσης Ἐκκλησίας καί κόσμου. Γιά τήν κατάσταση τῆς Ὀρθόδοξης

αὐτός εἶναι σέ μεγάλο βαθμό κατεστραμμένος, δέν ἔχει ἠλεκτρικό καί ἀποχετευτικό δίκτυο, οὔτε, ὅπως φαίνεται, σχεδόν καμμιά βιοτεχνία καί καμμιά μικροβιομηχανία, ὥστε τά προϊόντα τους νά ἀποφέρουν κάποιο ἔσοδο γιά τά οἰκονομικά τῆς Κοινότητας».

Ρωτοῦν: Ἔχει ὁ Νομός Κοζάνης κάποιο ἀναπτυξιακό σχέδιο γιά τά Σέρβια, γιά δημιουργία θέσεων ἐργασίας, γιά ἐξηλεκτρισμό; Σέ τί ὀφείλεται τό ὅτι δέν ἔχει γίνει ἀκόμη τίποτε; Ὑπάρχουν σχέδια τῆς Κυβέρνησης γιά ἐκβιομηχάνιση; Ποιός δημόσιος ὑπάλληλος εἶναι ἁρμόδιος γι' αὐτά; Μποροῦν τά Σέρβια νά συνδεθοῦν μέ τό νέο ἐργοστάσιο ἠλεκτρισμοῦ τῆς Πτολεμαΐδας;

2. Ποιά ἀγροτικά προϊόντα μποροῦν νά παραχθοῦν στά Σέρβια, κατάλληλα γιά τήν ἐσωτερική {ἑλληνική} καί τή διεθνή ἀγορά;

3. Ποιᾶς μορφῆς ἐξωτερική βοήθεια ἔχει μέχρι τώρα παρασχεθεῖ στήν περιοχή; Ποιές χῶρες ἤ ποιοί Ὀργανισμοί (ΦΑΟ;) συμμετεῖχαν;

4. Ἐρωτᾶται ἄν μπορεῖ νά σχηματίσει στήν Ἀθήνα μιά Ἐπιτροπή ἀπό ἀνθρώπους τῆς Ἐκκλησίας, τῆς Κυβέρνησης, τῆς Βιομηχανίας, πού εἶναι ἀνοιχτοί γιά καινούριες ἰδέες καί μποροῦν νά διευκολύνουν τίς διασυνδέσεις τους πού εἶναι ἀναγκαῖες γιά τήν πραγματοποίηση τοῦ προγράμματός τους.

5. Ρωτοῦν ἄν γνωρίζει κατά πόσον ὁ ἐν Ἑλλάδι ἀμερικανικός στρατός πωλεῖ ἤ δανείζει ἀντικείμενα, ὅπως παράγκες, συσκευές κουζίνας, ἕνα μεταχειρισμένο φορτηγό αὐτοκίνητο, ἐργαλεῖα, ἠλεκτρικά εἴδη...

«Θά θεωρούσαμε εὐτυχῆ τόν ἑαυτό μας, ἄν βρίσκαμε στό πρόσωπό σας ἕνα φίλο τῶν σκέψεών μας, καί ἀναμένομε μέ μεγάλο ἐνδιαφέρον τήν ἀπάντησή σας». {δέν ἐντόπισα κάτι σχετικό}.

[48] Σέ γράμμα του τῆς 24-11-1959 ὁ Möckel συνιστᾶ στόν Pfarrer Dr. Franz von Hammerstein, συνεργάτη τῆς Aktion Sühnezeichen, νά μή συνδέσουν ἔντονα τό ἔργο τους στήν Ἑλλάδα μέ τόν Λούβαρη: Εἶναι, γράφει, ἕνας ἀπό τούς πιό γνωστούς Ἕλληνες στή Γερμανία, γνωρίζει τά πάντα στήν Ἑλλάδα, ὅπου ὅμως ἔχει πολλούς ἀντιπάλους, λόγω τῆς συμμετοχῆς του σέ κατοχική κυβέρνηση, πού τοῦ κόστισε φυλάκιση 6 χρόνων. Στό ἴδιο γράμμα δέν ἐνθαρρύνει τή σκέψη νά θέσουν τό ἔργο τους στήν Ἑλλάδα ὑπό τήν αἰγίδα τῆς Βασίλισσας {Φρειδερίκης}.

Ἐκκλησίας κάτι τέτοιο στήν Ἑλλάδα εἶναι ἕνα ἰδιαίτερα νευραλγικό σημεῖο. Ἄν μποροῦσε κανείς νά ἐλπίζει σέ κάποια πρόοδο, μέ ἀποφυγή τῶν κολλεκτιβιστικῶν λύσεων πατέντας τῶν γειτονικῶν χωρῶν Βουλγαρίας, Ἀλβανίας, Γιουγκοσλαβίας, θά ἔπρεπε νά γίνει κάτι σ' αὐτό τό σημεῖο. Μπορῶ μόνο νά ἐλπίζω πώς ὁ Θεολόγος Παπαδερός εἶναι σέ κάποιο βαθμό ἐξουσιοδοτημένος ἤ ὅτι κάπου στηρίζεται, ὥστε νά μήν ἀντιμετωπίσουμε εὐθύς καί πάλι τήν πρόφαση τοῦ προσηλυτισμοῦ. Ἀλλ' αὐτός θά ἦταν σχεδόν ὁ μοναδικός ἐνδοιασμός μας.[49]

Τώρα πιά γνωρίζεις σέ τί ἀποβλέπω. Ὁ Εὐρωπαϊκός Σύνδεσμος {τῶν Ἀκαδημιῶν} θά πρέπει μέ τή βοήθεια γερμανικῶν οἰκονομικῶν μέσων νά προσφέρει τήν προτεινόμενη ὑπηρεσία στήν Ἑλλάδα, τό προκεχωρημένο φυλάκιο τῆς Δύσης - φυσικά μέ προσοχή, χωρίς πάταγο καί διακηρύξεις. Ἀπό τήν πλευρά τῆς Aktion Sühnezeichen θά εἴμεθα πρόθυμοι νά ἀναλάβουμε τήν ἐκτέλεση {τοῦ ἔργου δηλ. τῆς Ἀκαδημίας} μέ ὅσες δυνατότητες καί ἐμπειρίες διαθέτουμε.

Ἄν ἀποφασισθεῖ ἡ ἐκτέλεση, θά πρότεινα ἔναρξη τήν ἄνοιξη τοῦ 1962. Θά εἴχαμε στήν περίπτωση αὐτή ἀρκετό χρόνο γιά συντεταγμένη ἔναρξη ὅσον ἀφορᾶ στό σχεδιασμό, τά οἰκονομικά, τό προσωπικό καί τά ὀργανωτικά.

Σέ παρακαλῶ, γράψε μου γρήγορα ἄν θέλετε νά συμπράξετε. Θά ἀποφύγω κάθε τοποθέτηση ἔναντι τοῦ αἰτοῦντος {Παπαδεροῦ} καί τοῦ Stempel, μέχρις ὅτου ἔχω τήν ἄποψή σου».

10. Πρώτη ἐπικοινωνία μου μέ τόν Müller

5-4-1961 ΑΒΒ+ΕΖΑ 562
Μ πρός Απ

Πρώτη ἐπικοινωνία μου μέ τόν Eberhard Müller,[50] ὁ ὁποῖος θά γίνει σύντομα ὁ κύριος συνοδοιπόρος καί ἐν πολλοῖς ὁδηγός στήν προσπάθειά

---

[49] Τό ζήτημα τοῦ προσηλυτισμοῦ εἶχε τεθεῖ ἀπό τήν πλευρά τῶν Ὀρθοδόξων τόσο στά μεγάλα συλλογικά ὄργανα, Π.Σ.Ε. καί Συμβούλιο Εὐρωπαϊκῶν Ἐκκλησιῶν (ΚΕΚ), ὅσο καί σέ διάφορες Ὑπηρεσίες καί σέ συνέδρια. Δική μου προσπάθεια ἐξ ἀρχῆς, σέ σχέση μέ τήν Ἀκαδημία καί ὅ,τι ἄλλο, ὑπῆρξε ὡς ἐκ τούτου, ἀλλά ὄχι μόνον ἐξ αἰτίας τοῦ προσηλυτισμοῦ, ἡ ρητή διευκρίνιση ὅτι πρόκειται γιά ἐπίσημη ἐκκλησιαστική καί ὄχι γιά ἰδιωτική δράση ὁποιασδήποτε μορφῆς.

[50] Ὁ Dr. D. Eberhard Müller (γεννήθηκε στή Stuttgart, 22.8.1906, ἀπεβίωσε στή Heidelberg, 11.1.1989), σπούδασε Θεολογία καί Φιλοσοφία (1925-31 Tübingen, Erlangen, Berlin). Τό 1929 ἀναγορεύθηκε Dr. phil. στό Erlangen. Ὑπηρέτησε ἀκολούθως σέ διάφορες σημαντικές θέσεις, συμμετεῖχε στόν πόλεμο (Ἀνατ. Εὐρώπη), κυρίως ὡς στρατιωτικός πάστορας. Τό 1955 ἔλαβε τόν τίτλο τοῦ Ἐπίτ. Δρος (Τυβίγγη). Μέ τή σύζυγό του Εὔα ἀπέκτησαν 10 παιδιά!

Συνιδρυτής καί κατά καιρούς Πρόεδρος τοῦ Εὐρωπαϊκοῦ Συνδέσμου τῶν Διευθυντῶν τῶν ἐν Γερμανίᾳ Εὐαγ. Ἀκαδημιῶν. 1953-79 μέλος τῆς Kammer für Soziale Ordnung der EKD, ἀπό τό 1968 Πρόεδρός της, βοήθησε στή δημιουργία Ἀκαδημιῶν σέ Ἰαπωνία, Κορέα, Νότ. Ἀφρική καί βέβαια στήν Κρήτη.

μας. Ἀπευθύνεται σέ μένα μέ τήν ἰδιότητά του ὡς Προέδρου τοῦ Σωματείου "Σύνδεσμος τῶν Διευθυντῶν τῶν ἐν Γερμανίᾳ Εὐαγγελικῶν Ἀκαδημιῶν" (LEITERKREIS DER EVANGELISCHEN AKADEMIEN IN DEUTSCHLAND).

Γράφει:

«Ὁ Πρόεδρος τῆς Ἐκκλησίας {Pfalz-Παλατινάτου} D. {Hans} S t e m p e l μοῦ ἔστειλε αὐτές τίς μέρες τήν ἀπό 28 Φεβρουαρίου ἐπιστολή σας {πρός αὐτόν}, στήν ὁποία ἔχετε ἀναπτύξει τό *σχέδιο μιᾶς χριστιανικῆς Ἀκαδημίας στή νῆσο Κρήτη*».[51] Ὁ Πρόεδρος τῆς Ἐκκλησίας κύριος Stempel μέ παροτρύνει νά ἔλθει σέ ἐπικοινωνία μαζί σας ὁ Σύνδεσμος τῶν Διευθυντῶν τῶν ἐν Γερμανίᾳ Εὐαγγελικῶν Ἀκαδημιῶν {ὁ Müller ἦταν Πρόεδρος τοῦ Συνδέσμου αὐτοῦ}. Εἴμεθα εὐχαρίστως πρόθυμοι πρός τοῦτο. Θά ἤθελα νά σᾶς προτείνω νά ἔλθετε στό Bad Boll καί νά γνωρίσετε γιά κάμποσο καιρό τήν ἐργασία μας, προκειμένου νά μελετήσετε τίς μεθόδους ἐργασίας μας. Μπορεῖτε ἴσως νά ἔλθετε ἐδῶ τίς ἑπόμενες ἑβδομάδες γιά μιά προκαταρκτική συζήτηση. Εἴμεθα εὐχαρίστως πρόθυμοι νά σᾶς καταβάλουμε τίς δαπάνες κινήσεώς σας. Ἴσως νά ἦταν τότε δυνατόν νά συμφωνηθεῖ μαζί σας μιά παραμονή σας ἐδῶ ἐπί ἕνα ἤ δύο μῆνες γιά ἐξοικείωσή σας μέ τίς μεθόδους ἐργασίας μας. Ἐπειδή θά ἀναχωρήσω στίς 2 Μαΐου γιά πολυήμερες διακοπές, καλό θά ἦταν νά

Ὁ Müller εἶχε τήν ἰδιαίτερη εὐλογία νά ἱδρύσει (μαζί μέ τόν *Theophil Wurm, Ἐπίσκοπο τῆς Εὐαγγελικῆς Ἐκκλησίας στό Κρατίδιο Württemberg*) τήν πρώτη Ἀκαδημία τοῦ νέου τύπου, ἡ ὁποία ὑπῆρξε ἀπαρχή γιά τή δημιουργία τῶν ἀνά τήν Οἰκουμένη ὁμόλογων εὐαγγελικῶν καί ρωμαιοκαθολικῶν Ἱδρυμάτων, ἀλλά καί τῆς δικῆς μας Ἀκαδημίας, πού ὑπῆρξε στή συνέχεια κίνητρο γιά τά ἀντίστοιχα Ἱδρύματα στόν Ὀρθόδοξο χῶρο (Διορθόδοξο Κέντρο Πεντέλης, Νέο Βάλαμο Φινλανδίας, Τσεχία, Βόλος, ἀνάλογη κίνηση στή Μόσχα). Ἡ πρώτη Ἀκαδημία (Evangelische Akademie Bad Boll), κοντά στή Στουτγκάρδη, ἄρχισε τή λειτουργία της τήν *29 Σεπτεμβρίου 1945*. Ὁ Müller διατήρησε τή Διεύθυνσή της μέχρι τό 1971. Ἔθεσε τόσο ἰσχυρά θεμέλια καί ἀνέπτυξε τόσο πλούσια δράση, ὥστε νά εἶναι μέχρι καί σήμερα τό πλέον δυναμικό ὅλων τῶν ἀνά τόν κόσμο ὁμόλογων Ἱδρυμάτων. Συγγράμματα τοῦ Μ: Βλ. Βιβλιογραφία.

[51] Σέ ἀντίγραφο τῆς ἐκθέσής μου Religiöse Bestrebungen und Hoffnungen in Kreta von heute, τό ὁποῖο ἔλαβα ἀπό τό Ἀρχεῖο τῆς Ἐκκλησίας τοῦ Παλατινάτου (2011), ὑπάρχουν εὐάριθμες δυσανάγνωστες μικροσημειώσεις - δεῖγμα τοῦ ὅτι ἡ ἔκθεση ἐκείνη πέρασε καί ἀξιολογήθηκε ἀπό διάφορες Ὑπηρεσίες τῆς Ἐκκλησίας αὐτῆς.

Ἐνδεικτικές γιά τή μεγάλη προσοχή μέ τήν ὁποία παρακολουθοῦσαν τά σχετικά μέ τήν ὑπόθεσή μας εἶναι οἱ σημειώσεις στήν πρώτη σελίδα. Ἐκεῖ φαίνεται ὅτι ἔλαβαν γνώση περισσότερα ἀνώτατα στελέχη τῆς Ἐκκλησίας τοῦ Παλατινάτου. Μεταξύ αὐτῶν καί οἱ κορυφαῖοι, καί μάλιστα μέ ἱεραρχική σειρά, ὅπως φαίνεται ἀπό τή σημείωση στό κάτω μέρος τῆς σελίδας, ὅπου ὁ Roos (μονογραφή του), μέ ἡμερομηνία 4.1.62 προωθεῖ τήν Ἔκθεση στόν Schaller μέ τή σημείωση: «μέ ἕναν ἐγκάρδιο χαιρετισμό ἀπό τόν Δρα κ. Παπαδερό», ἐνῶ στήν κορυφή τῆς σελίδας σημειώνεται: «Κύριον Πρόεδρον τῆς Ἐκκλησίας D. Stempel...».

Στό ἴδιο κείμενο τοῦ Ἀρχείου τοῦ ΒΒ ὑπάρχουν τρεῖς ἐπουσιώδεις μέν ὀρθογραφικές διορθώσεις, πού ὅμως καί αὐτές ἐπιβεβαιώνουν τήν αὐστηρή προσοχή μέ τήν ὁποία μελετοῦσαν τά κείμενά μας, τίς σκέψεις, τά σχέδια, τίς προτάσεις μας.

μπορούσε νά γίνει ή συζήτησή μας τόν Ἀπρίλιο».[52]

Τήν ἐπιστολή κοινοποιεῖ ὁ Müller στόν Stempel, ὡς ἀπάντηση στήν ἀπό 23.3.61 ἐπιστολή του, καθώς καί στόν Lothar Kreyssig, στό Βερολίνο:

5-4-1961 ABB+EZA 97/562
Μ πρός Kr
(Τό γράμμα ἀποστέλλεται στό Βερολίνο ἀεροπορικῶς! – MIT LUFTPOST).
Γράφει:
Ἀγαπητέ Lothar!
«Σοῦ στέλνω συνημμένως ἀντίγραφο τῆς ἐπιστολῆς μου πρός τόν κ. Π α - π α δ ε ρ ό. Θέλω πρῶτα νά γνωρίσω αὐτόν τόν ἄνθρωπο, ἀλλά πάντως πρόκειται μάλλον γιά σοβαρό ἄνθρωπο, γιατί διαφορετικά δέν θά εἶχε βέβαια λάβει οἰκουμενική ὑποτροφία ἀπό τήν Ἐκκλησία τοῦ Παλατινάτου» {Pfalz}.

Στή συνέχεια διατυπώνει ἀμφιβολίες ὅσον ἀφορᾶ στήν οἰκονομική ἐμπλοκή τους γιά μιά Ἀκαδημία στήν Κρήτη. Ὅπως δείχνει ἡ ἐμπειρία, γράφει, οἰκουμενικές δραστηριότητες ἐκτός Γερμανίας ἀπαιτοῦν πολλή ἐργασία, ἡ δέ οἰκονομική τους στήριξη εἶναι ἀρκετά δύσκολη. Ἐκτός καί ἄν ἡ Ὀργάνωση τοῦ Kreyssig θά ἤθελε νά συμπράξει, ὁπότε θά μποροῦσε ἴσως νά στηριχθεῖ ἡ προσπάθεια καί ἀπό τήν Ὑπηρεσία «Brot für die Welt».[53] Γράφει ἀκόμη ὅτι περιμένει τήν ἐπίσκεψή μου γιά νά μάθει ποιά σχέδια ἔχουμε καί ποιά οἰκονομική βοήθεια προσδοκοῦμε ἀπό τή γερμανική πλευρά, ὁπότε θά τόν ἐνημερώσει.

Κοιν.: Ἀντίγραφον ἐπιστολῆς πρός Απ

---

[52] Τό πρῶτο γράμμα μου πρός τόν Müller:
20-4-1961 ΑΑπ
Απ πρός Μ
«Ἀξιότιμε D.Dr. κ. Müller,
Μόλις σήμερα, μετά τήν ἐπιστροφή μου ἀπό τό Βερολίνο, μπορῶ νά ἀπαντήσω στήν ἀπό 5 Ἀπριλίου φιλική ἐπιστολή σας. Ἀσφαλῶς ἔχετε ἐνημερωθεῖ ἤδη ἀπό τόν Πρόεδρο κ. Kreyssig γιά τήν ἐκεῖ συνομιλία μας, ὥστε νά μή χρειάζεται καμία πληροφόρησή σας ἐκ μέρους μου. Γιά τήν πρότασή σας νά σᾶς ἐπισκεφθῶ στό Bad Boll σᾶς εὐχαριστῶ ἀπό καρδιᾶς. Εἶμαι βέβαιος ὅτι μιά σύντομη παραμονή μου κοντά σας θά εἶχε νά προσφέρει πολλά γιά τόν προκείμενο σκοπό. Δυστυχῶς, εἶμαι ἐντελῶς δεσμευμένος γιά τίς ἑπόμενες ἑβδομάδες καί ὡς ἐκ τούτου πιθανολογῶ ὅτι μιά ἐπίσκεψή μου θά εἶναι δυνατή μόνον μετά τίς διακοπές σας.
Σᾶς εὐχαριστῶ ἐκ τῶν προτέρων καί σᾶς παρακαλῶ νά μοῦ ἐπιτρέψετε νά ἐπικοινωνήσω μαζί σας μόλις θά μοῦ εἶναι δυνατόν νά σᾶς ἐπισκεφθῶ.
Διατελῶ μέ τούς καλύτερους χαιρετισμούς μου».

[53] "Brot für die Welt" («Ψωμί γιά τόν κόσμο»): Ἡ σύσταση τῆς Ὑπηρεσίας αὐτῆς τῆς Εὐαγγελικῆς Ἐκκλησίας τῆς Γερμανίας ἔγινε τό 1959. Ἔργο της εἶναι ἡ στήριξη ἀναπτυξιακῶν ἔργων καί προγραμμάτων σέ διάφορες χῶρες μέ βάση τίς ἀρχές «βοήθεια γιά αὐτοβοήθεια» καί «δικαιοσύνη γιά τούς φτωχούς». Ἀποτελεῖ συλλογική δραστηριότητα τῶν Εὐαγ. Ἐκκλησιῶν ὅλων τῶν Γερμανικῶν Κρατιδίων, καθώς καί τῶν λεγομένων Ἐλευθέρων Εὐαγγελικῶν Ἐκκλησιῶν. Βλ. Brot für die Welt: Fünf Jahrzehnte kirchliche Entwicklungszusammenarbeit: Wirkung, Erfahrungen, Lernprozesse, Brandes + Apsel Verlag Gm, 2008-10.

11. Σχέδια καί προβλήματα μέ τήν Aktion Sühnezeichen

Πρακτικά μιᾶς συζήτησης στό Mainz
Berlin, 6-4-1961 EZA 97/564
Θέμα: Συζήτηση μέ τόν κ. Ἀλέξανδρο Παπαδερό στήν οἰκία τοῦ Καθηγ. Anton Hilckman, Mainz-Land, Alter Ruhweg.

Ἔκαμε {ὁ Παπαδερός} τήν πρότασή του γιά διαμόρφωση ἐρειπίων μιᾶς Μονῆς στήν Κρήτη σέ μιάν ἐκκλησιαστική Ἀκαδημία - μέ τή συγκατάθεση καί κατ' ἀνάθεση τοῦ ἀρμόδιου Ἐπισκόπου. Σύμφωνα μέ ὅσα ἀνέφερε, δέν ἀναμένεται κανενός εἴδους ἀντίρρηση ἀπό τήν πλευρά τῶν Ὀρθοδόξων Ἐκκλησιῶν {γιά τήν ἐνέργεια αὐτή}. Γνωρίζει ἐξ ἄλλου τήν ἐργασία μας στά Σέρβια καί νομίζει πώς χάρη σ' αὐτήν εἴμεθα ἀρκετά γνωστοί, ὥστε νά μήν περιμένουμε ἔνσταση γιά προσηλυτισμό. Ἀντίθετα, ἔχει τή γνώμη πώς ἡ γενική πολιτική κατάσταση στήν Ἑλλάδα παραμένει τόσο ἄστατη, ὥστε νά μή συνιστᾶται αὐτοτελής ἀπό πλευρᾶς μας προκαταρκτική συζήτηση μέ ἑλληνικές κυβερνητικές Ὑπηρεσίες {αὐτό εἶναι θέμα τῆς τοπικῆς Ἐκκλησίας}. Ἀκόμη καί συνεννόηση μέ τήν ἔναντί μας καλοπροαίρετη ἑλληνική Πρεσβεία στό Βερολίνο {ἐννοοῦν τό Προξενεῖο} θά εἶναι μόνο τότε ἐνδεδειγμένη, ὅταν τό ἀνακοινώσει ἐκεῖνος.

Συνιστᾶται ἀκόμη νά προηγεῖται ἀλληλογραφία μαζί του στήν παραπάνω διεύθυνση.

Συμφωνοῦμε ὅτι θά μποροῦσε νά ἀρχίσει ὅσο τό δυνατόν νωρίτερα ὁ συγκεκριμένος σχεδιασμός μέ στόχο τήν ἔναρξη ἐργασιῶν τήν ἄνοιξη τοῦ 1962. Προπαρασκευαστικές ἐργασίες εἶναι ἴσως δυνατές ἤδη ἀπό τό φθινόπωρο τοῦ 1961. Ὁ Παπαδερός θά διευθύνει τόν Αὔγουστο μιά Κατασκήνωση τεσσάρων ἑβδομάδων στήν ἴδια περιοχή. Ἴσως θά μποροῦσε νά προσφέρει τότε κιόλας προπαρασκευαστικές ὑπηρεσίες.

Πρόκειται γιά βελτιωτικές ἐργασίες σέ ὑπάρχοντα, πλήν ἀρκετά ἐρειπωμένα καί ἐν μέρει κατεστραμμένα κτίσματα μιᾶς Μονῆς, πού ἔχει 10-12 μοναχούς. Χάρη στήν ἐπιρροή τοῦ Ἐπισκόπου, ἔχει ἐξασφαλισθεῖ ἡ πλήρης συνεργασία τους. Ἴσως θά χρειασθεῖ νά προστεθεῖ καί ἕνα καινούριο κτήριο. Ὁ Παπαδερός θά συμφωνοῦσε μέ γερμανικά σχέδια ἑνός φίλου μας Ἀρχιτέκτονα, π.χ. τοῦ Gulbransson. Πιθανῶς ὅμως νά εἶναι ἐνδεδειγμένος ὁ σχεδιασμός καί ἡ ἐπίβλεψη ἀπό ἕναν τοπικό Ἀρχιτέκτονα.

Ὁ Παπαδερός θά ἐνημερώσει τόν Ἐπίσκοπο γιά τή βασική προθυμία μας. Μόλις ἔχουμε σαφῆ εἰκόνα γιά τίς ἐνδογερμανικές προϋποθέσεις τοῦ προγράμματος, πρέπει νά γίνει ἕνα ταξίδι - ἐπίσκεψη {στόν τόπο τῆς οἰκοδομῆς}. Ὁ Παπαδερός ἔχει ἐνημερωθεῖ ὅτι πρέπει νά συμμετάσχουν οἱ φίλοι μας στήν Ἀθήνα.

Ὑπογραφή τοῦ Kreyssig.

Ὁ Θεός εὐλογεῖ τά βήματά μας
10-4-1961 ΑΑπ
Απ πρός Εἰρηναῖον
«Δόξα τῷ Θεῷ πάντων ἕνεκεν!

Ἡ βιβλική {πατερική} αὐτή φράσις ἐνέχει ἐδῶ τήν θέσιν προσευχῆς εὐχαριστηρίου καί μάλιστα ὑπό τήν ἀναλαμπήν τοῦ ἀναστασίμου φωτός.

Ἡ κάρτα μου ἀπό τό Ἀννόβερον προχθές προετοίμασε ἀσφαλῶς τό ἔδαφος καί τόν δρόμον τῆς ἐπιστολῆς αὐτῆς. Τό ταξίδι εἰς τό Βερολῖνον ἐστέφθη ὑπό ἀπροσδοκήτου ἐπιτυχίας, δι' ὅ εὐχαριστήσατε μαζί μου τόν πανάγαθον Θεόν. Πόσον εὐλογεῖ τά ταπεινά βήματά μας, ὅταν γίνωνται διά τήν δόξαν τοῦ ὀνόματός Του καί διά τήν ἀγάπην τῶν ἀνθρώπων!

Ὁ ἐπίσκοπος STEMPEL εἶχεν ἤδη κάμει τάς σχετικάς συστάσεις, ὥστε ἡ κεντρική διοίκησις τῆς Εὐαγγελικῆς Ἐκκλησίας τῆς Γερμανίας μοῦ ἐπεφύλαξε θερμήν καί πλήρη ἀγάπης ὑποδοχήν. Ἦλθον ἀμέσως εἰς ἐπαφήν μετά τοῦ ὀργανωτοῦ καί διευθυντοῦ {Kreyssig) τῆς μεγάλης Ὀργανώσεως "SÜHNE-ZEICHEN", ὁ ὁποῖος εἶχεν ἤδη μελετήσει μετά προσοχῆς τήν προγραμματικήν ἔκθεσίν μου περί τῆς μελετωμένης Ἀκαδημίας { Religiöse Bestrebungen und Hoffnungen in Kreta von heute}. Ὡς φαίνεται, ἐνεποίησεν ἡ ἔκθεσις αὐτή μεγάλην ἐντύπωσιν εἰς ὅλους ὅσοι τήν ἔλαβον, ἐάν κρίνω ἀπό τάς διαφόρους ἐκδηλώσεις καί τάς ἐπιστολάς τάς ὁποίας ἔλαβον ἐπ' αὐτοῦ. Φυσικά, δέν ἀναφέρεται ἡ εὐαρέσκεια εἰς τό ὡραῖον περιεχόμενον τῆς ἐκθέσεως. Δέν ἐννοῶ αὐτό. Ἐννοῶ τήν ἰδέαν τῆς Ἀκαδημίας, τήν πρωτοπόρον προσπάθειαν τῆς ἐπισκοπῆς μας, ὅπως χαράξῃ ἕνα νέον δρόμον εἰς τήν συνάντησιν τοῦ κόσμου μετά τοῦ Θεοῦ. Καί ἡ ἐπιδοκιμασία αὐτή θά πρέπει νά μᾶς πείσῃ ἤ καλλίτερον νά ἀφανίσῃ πᾶσαν ἀμφιβολίαν περί τῆς ἀξίας τοῦ ἔργου καί τοῦ θεοφιλοῦς αὐτοῦ σκοποῦ.

Ἡ ἐπιδοκιμασία αὐτή δέν εἶναι μόνον θεωρητική. Ἤδη ἐλάβομεν ἀποφάσεις, τάς ὁποίας εἶμαι βέβαιος ὅτι θά ἐγκρίνετε καί θά ὑποστηρίξετε μετά πάσης θέρμης.

Αἱ ἀποφάσεις βασίζονται ἀφ' ἑνός μέν ἐπί τοῦ τεθέντος σκοποῦ μας, ἀφ' ἑτέρου δέ ἐπί τοῦ προγράμματος τῆς ἀναφερθείσης ὀργανώσεως. Περί τοῦ πρώτου περιττεύει πᾶσα συζήτησις πλέον. Ἐπί τοῦ δευτέρου θά πρέπει νά γνωρίζετε συνοπτικῶς τά ἀκόλουθα: Ἡ Ὀργάνωσις SÜHNEZEICHEN εἶναι κατ' ἀρχήν μία Ὀργάνωσις προσωπικῆς πρωτοβουλίας τοῦ Γερμανοῦ KREYSSIG, ὁ ὁποῖος κατέχει ἀνωτάτην θέσιν εἰς τόν ἐκκλησιαστικόν Ὀργανισμόν τῆς γερμανικῆς προτεσταντικῆς Ἐκκλησίας. Οὗτος ἠγωνίσθη ἐπί μακρόν ἐναντίον τοῦ Χίτλερ, ὠργάνωσε δέ μεταπολεμικῶς τήν ἐργασίαν αὐτήν, σκοπός τῆς ὁποίας ἐτέθη ἡ ἐπί χριστιανικῆς, πέραν πάσης πολιτικῆς σκοπιμότητος, βάσεως ὑποβοήθησις περιοχῶν, αἵτινες ἐπλήγησαν καιρίως ὑπό τῆς μάστιγος τοῦ Ἐθνικοσοσιαλισμοῦ. Εἰς τήν Ἑλλάδα ἠθέλησαν κατ' ἀρχήν νά ἐργασθοῦν εἰς τήν Κρήτην. Ἐν τῷ μεταξύ παρενέβη ὅμως ἐπιτήδειός τις, ὁ ὁποῖος τούς ὡδήγησεν εἰς τόν Νομόν Κοζάνης, ὅπου ἤδη ἐργάζονται διά τήν ἀνοικοδόμησιν καί ὕδρευσιν, νομίζω, ἑνός χωρίου. Τό ἔργον τοῦτο περατοῦται συντόμως.

Κατά τήν διάρκειαν τῆς ἐν Βερολίνῳ ἐπισκέψεώς μου συνεζήτησα λοιπόν μετά τοῦ κ. Κράϊσσιχ τό πρόβλημα καί κατελήξαμεν εἰς τήν ἀπόφασιν <u>ὅπως ἡ Ὀργάνωσίς του ἀναλάβη ὅλα τά οἰκοδομικά ἔξοδα τῆς Ἀκαδημίας καί τήν ἐπίπλωσιν αὐτῆς</u>.

Αἱ οἰκοδομικαί ἐργασίαι δύνανται νά ἀρχίσουν ἀπό τοῦ προσεχοῦς φθινοπώρου ἤ, ἐάν τά σχέδια δέν ἀποπερατωθοῦν ἐν τῷ μεταξύ, ἤ ἀκόμη διά καιρικούς λόγους, ἀπό τῆς ἐπομένης ἀνοίξεως. Νομίζω ὅμως ὅτι θά πρέπει νά ἐπισπεύσωμεν κατά τό δυνατόν. Δύνασθε ἤδη ἐπί τῇ βάσει τῆς ἐπιστολῆς μου νά ἀναζητήσητε ἕνα καλόν ἀρχιτέκτονα καί νά ἀναθέσητε εἰς αὐτόν τά σχέδια. Ἡ ἐν λόγῳ ὀργάνωσις ἔχει εἰς τήν ὑπηρεσίαν αὐτῆς ἕνα ἀρχιτέκτονα, Καθηγητήν τοῦ Πανεπιστημίου τοῦ Μονάχου, ὁ ὁποῖος θά ἠδύνατο νά ἀναλάβη τό ἔργον. Κατόπιν ὅμως προσεκτικῆς μελέτης κατελήξαμεν εἰς τό συμπέρασμα ὅπως ἀνατεθῇ ἡ ἐργασία εἰς Ἕλληνα ἀρχιτέκτονα, καί δή διά δύο λόγους· πρῶτον, διά νά βοηθηθῇ καί διά τοῦ τρόπου αὐτοῦ κάποιος συμπατριώτης, καί δεύτερον, διά νά κρατήσῃ τό οἰκοδόμημα ἑλληνικήν καί ὀρθόδοξον ὄψιν. Φυσικά, θά πρέπει νά ληφθοῦν ὑπ' ὄψιν ὄχι μόνον οἱ ἀρχιτεκτονικοί, ἀλλά προπαντός οἱ πρακτικοί σκοποί τοῦ οἰκοδομήματος. Τά ἔξοδα θά καταβληθοῦν ἀπό τήν ὀργάνωσιν. Ὁ ἀρχιτέκτων θά πρέπει νά ἔλθη πρῶτον εἰς ἐπαφήν μετ' ἐμοῦ.

Ἕνα ἄλλο σημεῖον εἶναι τό αἰώνιον πρόβλημα τοῦ προσηλυτισμοῦ. Καί τοῦτο συνεζητήθη μετά πολλῆς προσοχῆς. Οἱ ἄνθρωποι φοβοῦνται μήπως περεξηγηθῇ ἡ προσπάθεια αὐτῶν. Τούς ἔδωσα τήν διαβεβαίωσιν ὅτι ἐπ' αὐτοῦ δέν πρέπει νά αἰσθάνωνται οὐδένα δισταγμόν καί ἀνέλαβα τάς ἐπ' αὐτοῦ ὑποχρεώσεις προσωπικῶς καί ἐν ἀναφορᾷ ἐπί τοῦ ὀνόματός σας. Τοῦτο ἐγένετο οὐχί ἐπιπολαίως, ἀλλ' ἐξ ἀκριβοῦς γνώσεως τῶν πραγμάτων. Ἡ ὀργάνωσις αὕτη δέν ἔχει κανένα ἀπολύτως προσηλυτιστικόν σκοπόν. Θέλει μόνον νά διαβεβαιώση τούς λαούς ὅτι δέν ἦσαν ὅλοι οἱ Γερμανοί ὀπαδοί τοῦ Χίτλερ καί φυσικά νά κερδίση καί πάλιν τήν ἐμπιστοσύνην αὐτῶν. Εἶναι ἔργον τῆς ἐπισήμου ἐκκλησιαστικῆς Ἀρχῆς, ἡ ὁποία χάριν τῆς οἰκουμενικῆς συναδελφώσεως δέν ἔχει συμφέρον νά δημιουργῇ τοιούτου εἴδους παρεξηγήσεις. Πέραν τούτου ὅμως κατώρθωσα κατά τινα τρόπον νά περιέλθῃ εἰς χεῖρας μου τό μυστικόν ἡμερολόγιον τῆς ὁμάδος ἡ ὁποία ἐργάζεται εἰς τήν Κοζάνην. Ἐξ αὐτοῦ ἀποκαλύπτονται πλήρως οἱ πραγματικοί σκοποί τῆς προσπαθείας, οἱ ὁποῖοι δέν εἶναι ἄλλοι ἀπό τούς ἤδη ἀναφερθέντας. Διά τοῦ τρόπου αὐτοῦ δυνάμεθα νά μή προβῶμεν εἰς μεγάλας ὑποχωρήσεις πρός τούς Μεννονίτας, τῶν ὁποίων ἡ παρουσία εἶναι βεβαίως ἀσυγκρίτως ἐπικινδυνωτέρα. Αὐτό πάλιν δέν θά πρέπει νά ὁδηγήσῃ εἰς ἀπότομον διακοπήν τῶν πρός αὐτούς σχέσεών μας.

Τέλος, θά πρέπει νά προσέξητε ἐπί τοῦ ἀκολούθου ζητήματος, τό ὁποῖον πρωτεύει παντός ἄλλου. Συμφώνως πρός τά κεκανονισμένα, ὡρίσθη ὡς τόπος ἀνοικοδομήσεως τό Μοναστήρι τῆς Γωνιᾶς. Ἐπ' αὐτοῦ ὅμως χρειάζονται ὡρισμέναι ἐγγυήσεις καί μία κατοχύρωσις τόσον δι' ἐμέ ὅσον καί διά τήν Ὀργάνωσιν. Διότι οὔτε ἐγώ οὔτε ἐκεῖνοι ἐργαζόμεθα διά νά πληθύνωμεν τούς κοιτῶνας τῶν καλογήρων,[54] πρᾶγμα πού οὔτε καί Σεῖς βεβαίως ἐπιθυμεῖτε. Μοῦ ἔθεσαν τό θέμα τοῦ Κανονικοῦ Δικαίου τῶν Μονῶν καί ἀναμένομεν ἐπ' αὐτοῦ μίαν ἔγγραφον συμφωνίαν.

Αὐτό ῥυθμίσατέ το, Σᾶς παρακαλῶ, ὁ ἴδιος, ἀλλά τό ταχύτερον. Θά ἔλεγα νά γίνῃ τό ἑξῆς· νά συγκαλέσητε τό Ἡγουμενοσυμβούλιον καί νά διαφωτίσητε τούς Μοναχούς ἐπί τοῦ σκοποῦ μας, χωρίς νά ἀναφέρετε περισσότερα ἐκείνων τά ὁποῖα δύνανται νά καταλάβουν καί νά ἐκτιμήσουν. Δηλαδή ὄχι πολλά!!! Ἐν συνεχείᾳ, καί ἐφ' ὅσον ἐπέλθῃ συμφωνία, νά ὑπογράψητε ἕνα εἶδος Συμβολαίου, εἰς τό ὁποῖον νά κατοχυρώνεται τόσον ἡ Μονή ὅσον καί προπαντός ἡ Ἀκαδημία. Δηλαδή ἡ Ἀκαδημία θά κρατηθῇ ὡς αὐτοτελές νομικόν πρόσωπον <u>ἀνῆκον ἀπ' εὐθείας εἰς τήν Ἐπισκοπήν, τελοῦν ὅμως ἐν συστεγάσει καί συνεργασίᾳ μετά τῆς Μονῆς.</u>

Ἐπίσης νά δηλοῦται σαφῶς ἡ προθυμία τῆς Μονῆς πρός τοῦτο. Μόνον ἐπί τῇ βάσει τοῦ Συμβολαίου τούτου, τοῦ ὁποίου δύο ἀντίγραφα θά πρέπει νά μᾶς ἀποσταλοῦν ἐδῶ, εἶναι δυνατόν νά προχωρήσω εἰς περαιτέρω ἐνεργείας καί ἀποφάσεις.

Ἀναμένω κατ' ἀρχήν τάς πρώτας ἐντυπώσεις Σας ἐπ' αὐτῶν καί ἐν συνεχείᾳ τάς περαιτέρω ἐνεργείας Σας, αἱ ὁποῖαι θά πρέπει νά μή καθυστερήσουν ἐπ' οὐδενί.

Παραλλήλως πρός αὐτά ἐπροχώρησα εἰς τάς ἀκολούθους ἐνεργείας:

Παρεκάλεσα μίαν ἄλλην Ὀργάνωσιν, ὅπως ἀναλάβῃ τήν προμήθειαν τῶν ἀναγκαιούντων συγγραμμάτων. Ἀνέλαβε τήν μερικήν μόνον ὑποχρέωσιν, ἀλλ' ἀσφαλῶς θά ἔχωμεν μίαν ἐνίσχυσιν. Ὁ Πρόεδρος τῶν Γερμανικῶν Εὐαγγελικῶν Ἀκαδημιῶν {Eberhard Müller} μοῦ ἔστειλε ἐπιστολήν, εἰς τήν ὁποίαν μέ προσκαλεῖ διά συνεννοήσεις καί δίμηνον φιλοξενίαν - προεργασίαν ἐπί τῆς περαιτέρω δράσεως. Τοῦτο δύναμαι ὅμως νά πραγματοποιήσω μόνον

---

[54] Μοῦ εἶχαν θέσει αὐτό τό ζήτημα εὐθέως καί ἔπρεπε νά λάβουν ῥητή διαβεβαίωση.

μετά 40 ἡμέρας, διότι τώρα πρωτεύει ἄλλη ἐργασία {διατριβή}. Τέλος, ἤρχισαν ἀσθενεῖς προεργασίαι διά τήν κατάταξιν τῆς Ἀκαδημίας μας εἰς τόν Σύνδεσμον τῶν Εὐρωπαϊκῶν Χριστιανικῶν Ἀκαδημιῶν, πρᾶγμα πού καί τό κῦρος αὐτῆς κατοχυρώνει ἐπί διεθνοῦς ἐπιπέδου καί ἀρκετήν οἰκονομικήν ὑποστήριξιν μᾶς ἐξασφαλίζει.

Παρακαλῶ τόν Θεόν νά Σᾶς πείσῃ ὅτι ἡ ἐπισκοπεία Σας δύναται νά κοσμηθῇ δι' ἑνός ἔργου, τό ὁποῖον μόνον τιμήν καί καρποφόρον προσφοράν θά ἔχῃ νά ἀποφέρῃ. Εἶμαι βέβαιος ὅτι δέν ἀρκεῖσθε εἰς τόν κατάρατον πιθηκισμόν τοῦ ἐκκλησιαστικοῦ ἔργου τῆς φοβίας, τῶν διασταγμῶν καί δουλικῶν ἐπαναλήψεων τοῦ μέχρι τοῦδε ἐπιδιωχθέντος ἐκκλησιαστικοῦ ἔργου τῆς αἰωνίου ὑποδοχῆς καί τοῦ ὀχληροῦ χορτασμοῦ τῶν ἐπαιτῶν. Ἡ μάχη, τό γνωρίζετε καλῶς καί ἀπό Σᾶς τό ἔμαθα καί ἐγώ, δέν δίδεται ἐναντίον σαρκός πού πεινᾷ καί αἵματος πού χύνεται καθημερινῶς, ἀλλ' ἐναντίον τῶν ἀρχῶν καί ἐξουσιῶν πού διαιωνίζουν τήν πεῖναν καί βυθίζουν σκληρότερον τήν μάχαιραν τοῦ κακοῦ εἰς τά σπλάγχνα τοῦ κόσμου. Μήν ἀρκεῖσθε εἰς τά ὡραῖα μέν, ἀλλά τετριμμένα καί ὀλίγον ἀποδοτικά ἔργα μιᾶς ἀγάπης ἡ ὁποία κοσμεῖται διά μεγάλων καί σαγηνευτικῶν λόγων καί δι' εὐτελῶν πράξεων. Ὁ Χριστός, πόσον καλά τό γνωρίζετε, ζητεῖ σήμερον πολύ περισσότερα ὅσων ἐζήτησε εἰς ὅλους τούς εἴκοσι αἰῶνας μαζί.

Ἡ Ἀκαδημία ἄς γίνῃ τό κέντρον μιᾶς σώφρονος καί {μία δυσανάγνωστη λέξη} δραστηριότητος. Ἄς βοηθήσῃ τήν Ὀρθοδοξίαν μας νά ἐξέλθῃ τῆς στενότητος τήν ὁποίαν ἀνοικοδομεῖ περί τό φιλελεύθερον πνεῦμα της ἡ ἄγνοια καί ἐσωκεντρική μηδαμινότης μας. Ἐγώ εἶμαι ἀποφασισμένος νά προχωρήσω εἰς τό ἔργον τοῦτο εἰς πεῖσμα κάθε θυσίας καί κάθε θανάτου. Ἀπέθανα συχνά καί ἔζησα... Ἄν τό καλογερικό πνεῦμα νικήσῃ καί πάλιν, τότε πρέπει νά ἀναζητήσω κάποιαν ἄλλην γωνιά {δέν εἶχε διαγραφεῖ πλήρως ἀπό τή σκέψη μου ἡ Θεσσαλονίκη} καί εἶμαι βέβαιος ὅτι ὁ δάκτυλος τοῦ Θεοῦ θά μοῦ δείξῃ τόν δρόμον.

Καταλαβαίνετε ὅτι ἡ σκέψις Σας νά κάνωμε στή Μονή ἕνα Γυμνάσιον καί κατά τάς διακοπάς νά γίνεται Ἀκαδημία... δέν εἶναι δυνατόν νά ἀνταποκριθῇ εἰς τήν σοβαρότητα τοῦ ἔργου. Ἡ Ἀκαδημία δέν εἶναι ὑπόθεσις δ ι α κ ο π ῶ ν ... Θέλει μόνον νά διακόψῃ τάς αἰωνίους διακοπάς τῆς Ἐκκλησίας... Τό Γυμνάσιον μπορεῖ νά γίνῃ κάπου κοντά καί ἐλπίζω νά βοηθηθῶμεν καί δι' αὐτό τό ἔργον. Ἐπ' οὐδενί ὅμως μία γελοιοποίησις τοῦ ἱεροῦ ἔργου μιᾶς Ἀκαδημίας, ἐκτός ἐάν δέν συμφωνῆτε ριζικῶς πρός τάς σκέψεις μου· ἀλλά τότε μόνον μίαν εὐχήν ἐπιτυχίας τοῦ ἰδικοῦ Σας ἔργου, ἐν πάσῃ περιπτώσει φωνήν πλήρη πικρίας θά ἔχω νά Σᾶς προσφέρω καί νά εἴπω: Θεέ μου, οὔτε αὐτός ἐκατάλαβε... Ἀλλ' ὄχι, ὄχι, αὐτό δέν μπορεῖ νά γίνῃ!!!

Ἕνα σοβαρόν πρόβλημα εἶναι τά πρόσωπα τά ὁποῖα θά βοηθήσουν εἰς τό ἔργον τοῦτο. Ἐπ' αὐτοῦ θά πρέπει νά κάνωμε μερικάς σκέψεις καί προεργασίαν, χωρίς ὅμως νά δεσμευθῶμεν καί νά ζημιώσωμεν τό ἔργον.

Τέλος καί τοῦτο: Εἰς τό Βερολῖνον ἠθέλησαν νά ἔλθουν ἀμέσως εἰς ἐπαφήν μετά τῆς ἑλληνικῆς πρεσβείας. Παρεκάλεσα νά μήν τό γνωρίσουν ἀκόμη εἰς αὐτήν καί ἐμείναμεν καί ἐπ' αὐτοῦ σύμφωνοι. Ἡ αἰτία εἶναι εὔλογος, δι' ὅ θά πρέπει νά ἐνεργῆτε καί Σεῖς ἀναλόγως.

Κλείνω μέ αὐτά γιά σήμερα καί περιμένω ἀμέσως ὁδηγίας καί σκέψεις. Ἐπί τῇ βάσει αὐτῶν θά κάνω μίαν δευτέραν ἔκθεσιν εἰς τό Βερολῖνον, ὥστε νά δυνηθοῦν νά ἀποστείλουν κάποιον, ὡς εἶπαν, διά νά σχηματίσῃ προσωπικήν γνώμην. Ἴσως θά πρέπει νά ἔλθωμε μαζί, ὅμως γράψατε σχετικῶς καί ἐπ' αὐτῶν καί ἐπί τοῦ ζητήματος τῆς κατασκηνώσεως. Σᾶς παρακαλῶ πολύ νά ἐνεργήσητε μετά μεγαλυτέρας ταχύτητος. Διότι ἡ παραμονή μου εἰς τήν Γερμανίαν δέν ἠμπορεῖ νά διαρκέσῃ πλέον ἐπί μακρόν καί θέλω νά συμπληρωθοῦν ὅλαι αἱ ἐργασίαι ἐν τῷ μεταξύ.

Ὁ ἀναστάς Κύριος ἄς εἶναι ὁδηγός μας».

20-4-1961 ΑΑπ
Απ πρός Stempel
«Ἐπέστρεψα ἀπό τό Βερολίνο καί θά ἤθελα σήμερα νά σᾶς εὐχαριστήσω γιά τίς συστάσεις σας. Ἀσφαλῶς, ὁ Πρόεδρος κύριος Kreyssig σᾶς ἐνημέρωσε ἤδη γιά τή συζήτησή μας. **Ἀποφασίσαμε, ἡ Δράση "Sühnezeichen" νά ἀναλάβει τήν ἀνέγερση τῆς Ἀκαδημίας**. (b-Απ)

Σίγουρα δέν ἔχουν παραμερισθεῖ μέ αὐτήν τήν ἀπόφαση ὅλες οἱ δυσκολίες, πλήν ὅμως ἡ βάση, τήν ὁποία ὀφείλουμε κατά κύριο λόγο σέ σᾶς, τέθηκε. Ἔχω ἐμπιστοσύνη ὅτι θά συνεχίσετε μέ τήν ἴδια κατανόηση νά μᾶς συμπαρίστασθε. Ὕστερα ἀπό παρακίνησή σας ὁ Διευθυντής τῆς Ἀκαδημίας κ. Eberhard Müller μοῦ πρότεινε μιά προκαταρκτική συζήτηση στό BB. Ἀναγκάστηκα νά ἀναβάλω δυστυχῶς αὐτήν τή συζήτηση πρός τό παρόν, ἐπειδή χρειάζομαι τήν ἐπόμενη ἑβδομάδα γιά τήν ἀποπεράτωση τῆς διδακτορικῆς διατριβῆς μου. Θά τό κάνω σέ πρώτη εὐκαιρία. Σᾶς εὐχαριστῶ γιά τήν ἀδελφική προθυμία σας καί βοήθεια, γιά τήν ὁποία ἐνημέρωσα ἤδη τόν Ἐπίσκοπό μου».

12-5-61 ΑΑπ
Εἰρηναῖος πρός Απ
«Εὔχομαι νά ὑγιαίνῃς καί νά εὐλογῆσαι ἀπό τόν Θεόν εἰς ὅλα τά βήματα τῆς ζωῆς σου.

Σήμερα πού ἑτοιμαζόμουνα νά σοῦ γράψω ἦρθε καί τό δεύτερο γράμμα σου. Ἔχεις δίκιο νά παραπονεῖσαι - εἶναι ἀκριβῶς ἕνας μῆνας ὕστερα ἀπό τό πρῶτο σου γράμμα, τό μεγάλο, τό εὐφρόσυνο. Ἄργησα διότι τήν περασμένη Κυριακή (7 τρέχοντος) εἴχαμε δῶ τά ἐγκαίνια τοῦ Νέου Οἰκοτροφειακοῦ Μεγάρου καί τῆς Οἰκοκυρικῆς. Ἐκτός ἀπό τούς δικούς μας παρέστησαν:

1) Ὁ ἐκ Γενεύης κ. Maxll ὁ γνωστός Μάξουελ {Rev. R. Maxwell}
2) Ὁ κ. King {ἀπό τήν Ἀθήνα}
3) Ὁ Γερμανός πάστωρ (τῆς παροικίας Ἀθηνῶν) κ. Moeckel
4) ἐξ Ἰνδιῶν Ὀρθόδοξος ἱερεύς Φίλιππος, Καθολικοί ἱερεῖς.

Ὁ κ. Moeckel -κατά πληροφορίες μου- εἶναι εἰδικός διά τάς Kirchliche Akademies {Ἐκκλησιαστικές Ἀκαδημίες[55]} καί ἤθελα νά μιλήσω μαζί του τά τῆς ἐπιστολῆς σου. Τοῦ εἶπα ὡρισμένα σημεῖα της, γνωρίζει καλά τό ἔργο τῆς SÜHNEZEICHEN καί τόν κ. Lothar KREYSSIG καί τοῦ ἄρεσε πολύ ἡ ἰδέα. Πήγαμε καί στή Γωνιά.

Λοιπόν: **Υἱοθετῶ ἀπολύτως τάς αὐτοῦ ἐνεργείας σου** {b-Απ} καί δέν θέλω νά σκέπτεσαι πώς εἶμαι τόσο μικρόμυαλος, ὥστε νά μή βλέπω πόσο πλατύ εἶναι αὐτό τό ἔργο. Ἔχω μόνο κάπου νά διορθώσω τίς σκέψεις καί τίς προτάσεις τῶν αὐτοῦ φίλων μας.

1) Βεβαίως ἀποδεχόμεθα τήν δωρεάν νά ἀναλάβουν αὐτοί τήν οἰκοδομήν τοῦ ἐν λόγῳ κτηρίου. Χρειάζεται ὅμως νά ἔχωμεν καί ἡμεῖς ἔστω καί συμβολικῶς μίαν οἰκονομικήν συνδρομήν εἰς τό κτήριον αὐτό. Δέν εἶναι ὀρθόν καί τιμητικόν διά τήν Ἐκκλησίαν μας νά τά δεχθοῦμε ὅλα σάν ζητιάνοι. Γι' αὐτό νά πῆς ὅτι μέσα στή δική των δαπάνη θά εἶναι καί ἡ δική μας συμβολή.[56]

2) Βεβαίως τό νέον οἴκημα θά εἶναι ἔξω ἀπό τή Μονή, θά ἀνήκη μᾶλλον εἰς τήν Ἐπισκοπή. Ὁ νέος Καταστατικός τῆς Ἐκκλησίας Κρήτης περιέχει εὐχέρειαν, ὥστε ἡ Μονή νά προσφέρη κτήματα-οἰκόπεδα διά ἐκπαιδευτικά ἱδρύματα κλπ.

3) <u>Αἱ οἰκοδομικαί ἐργασίαι πρέπει νά ἀρχίσουν τό ἀργότερον τό φθινόπωρον</u>. Τήν οἰκοδομήν θά ἀναθέσωμεν εἰς τόν ἐκ Κολυμβαρίου Μηχανικόν - Ἀρχιτέκτονα Μιχαήλ Μυλωνάκην (υἱόν τοῦ Γυμνασιάρχου), ὥστε νά τοῦ περικόψωμεν κάτι διά νά τό διαθέσωμεν ἀλλοῦ. Καλόν εἶναι, νομίζω, νά ἔχωμεν ἕνα σχέδιον μιᾶς ἐκτισμένης ἤδη Ἀκαδημίας ἀπ' αὐτοῦ καί ἐμεῖς σ' αὐτό νά προσθέσωμεν τό δικό μας Ἀνατολικό κομμάτι. Δίδω τήν σύστασίν σου εἰς τόν κ. Μυλωνάκην ὅπως ἀλληλογραφήσετε. Πάντως μήν τοῦ πῆς ἐσύ ὅτι θά πληρώσουν οἱ

---

[55] Ἐσφαλμένη πληροφορία. Ὅπως θά δοῦμε παρακάτω, ὁ Möckel ἐγνώριζε βέβαια τό νέο θεσμό τῶν Ἀκαδημιῶν, ὅμως μόνο μετά τή λήξη τῆς θητείας του στήν Ἀθήνα ἐργάσθηκε στήν Εὐαγγελική Ἀκαδημία τοῦ Βερολίνου.

[56] Ἐκτός ἀπό αὐτό τό λόγο ὑπῆρχε καί σχετική ὑποχρέωσή μας σύμφωνα μέ ὅσα εἶχαν καθιερωθεῖ ἀπό τό Π.Σ.Ε. γιά τή διεκκλησιαστική βοήθεια. Ἡ συνεισφορά τοῦ αἰτοῦντος ἦταν θετική προϋπόθεση γιά τήν ἔγκριση μιᾶς αἴτησης.

Τά κελιά, ὅπου οἰκοδομήθηκε ἡ Ἀκαδημία.[57]

ξένοι. {Δέν ἐπεκοινώνησα μέ τόν Μυλωνάκην}. Ἤδη εἰς τήν ὁμιλίαν μου τῆς περασμένης Κυριακῆς, κάνοντας μικρόν ἀπολογισμόν τοῦ ἔργου μας (κτίζομεν τώρα καί εἰς Κάνδανον καί εἰς Παλιόχωραν ὡραῖα κτήρια) εἶπα ὅτι εἰς Κολυμπάρι ἑτοιμάζομεν ἔργον τό ὁποῖον θά τιμήση τήν χώραν καί τήν Ὀρθόδοξον Ἐκκλησίαν μας.

4) Κρίνω ὀρθόν κατά τήν διάρκειαν τῆς οἰκουμενικῆς κατασκηνώσεως (χαίρω πού θά εἶσαι ὁ ἀρχηγός της. Τό ἤξερα ἀπό μακροῦ) νά ἔλθη καί κάποιος ἀπό αὐτοῦ νά δοῦμε ἐπί τόπου καλύτερα τό κτήριον. **Πάντως νά προχωρήσης, μέ τήν εὐχή μου, καί νά ἀποτελειώσης ὁριστικῶς τάς ἀποφάσεις μας περί τῆς Ἀκαδημίας.** (b-Απ)

Πολλά πράγματα δέν μέ ἀφήνουν νά ἔλθω οὔτε τώρα στό ἐξωτερικόν. Εὔχομαι νά ἔχω εὐχάριστα νέα τῶν σπουδῶν σου. Ὅταν πρόκειται νά κατεβῇς, ἄν χρειάζεσαι οἰκονομικά νά σοῦ στείλωμε εἰσιτήρια. Στά Χανιά θά ἔχωμεν συντόμως Goethe Institut.

Τά παιδιά ὅλα σέ χαιρετοῦν καί σέ ἀγαποῦν.

{μέ κόκκινο:} Με τήν εὐχή καί τήν ἀγάπη ὅλων μας

+ΟΚΣ Εἰρηναῖος».

Στήν κορυφή τῆς πρώτης σελίδας, μέ κόκκινο: «Θά ἦταν καλό νά εἶχα ἐδῶ μίαν μικράν ἔκθεσιν τοῦ χώρου Ἀκαδημίας διά τά σχέδια. Πόσα δωμάτια, πόσα πρόσωπα, αἴθουσα, βιβλιοθήκη». Στό κάτω μέρος τῆς ἴδιας σελίδας μέ κόκκινο: «Στό γέρο Κωστάκη {πατέρα μου} ἔδωσα 4 σακιά ἀλεῦρι, ἕνα μεγάλο δέμα ροῦχα, 1 σακί ρύζι κ.λπ.». Στήν κορυφή τῆς δεύτερης σελίδας, μέ κόκκινο: «Ὁ Θεός εὐλογεῖ τήν ταπεινή μας Ἐπισκοπή».

---

[57] «Ἡ Ἱερά ἡμῶν Μονή... ἀπεδέχθη προθύμως τήν πρότασιν τῶν πρωτεργατῶν τῆς ἰδρύσεως τῆς Ὀρθοδόξου Ἀκαδημίας Κρήτης, ὅπως παραχωρηθῇ τμῆμα τοῦ περιβάλλοντος τήν Μονήν χώρου διά τήν οἰκοδομήν τοῦ ἤδη ἀνεγερθέντος πνευματικοῦ καί ἱεροῦ Καθιδρύματος-τῆς ἐν λόγῳ Ἀκαδημίας... Δέν εἶναι τυχαῖον τό γεγονός ὅτι ἡ Ἀκαδημία ἐθεμελιώθη ἐπί τοῦ χώρου, εἰς τόν ὁποῖον ὑπῆρχον παλαιά κελία ἀειμνήστων Πατέρων τῆς Μονῆς..., ἐκ τῶν ὁποίων θερμαί προσευχαί ἀνεπέμποντο καθημερινῶς...καί ὅτε ἐπλησίαζεν ἡ ὥρα, ἵνα, ἐγκαταλελειμμένα πλέον, περιέλθουν εἰς ἀφάνειαν καί ἐρήμωσιν, ἀνυψώθη ἕν νέον ἱερόν Ἵδρυμα, καρπός ὁπωσδήποτε καί τῶν ἰδικῶν των ἀδιαλείπτων προσευχῶν». Ἀρχιμ. Παρθένιος Ἀναγνωστάκης, Ἡγούμενος τῆς Ἱ. Μονῆς Γωνιᾶς, Διάλογοι εὐθύνης 1971, 7 ἑξ.

15-5-1961 ΑΑπ
Stempel πρός Απ
«Διά τοῦ παρόντος ἔχω τήν τιμήν νά προσκαλέσω τόν Θεολόγον κ. Ἀλέξανδρον Παπαδερόν σέ μιά λιτή μικρή δεξίωση στήν κατοικία μου, ὁδός Zappalinstraβe 16, μετά τό τέλος τῆς συνεδρίας τῆς Συνόδου.
Μετ' ἐξαιρέτου ὑπολήψεως»

[Χειρόγραφη ὑπογραφή]

19-5-1961 ΑΑπ
Απ πρός Kreyssig
Ζητῶ κατανόηση γιά τό ὅτι μόλις τώρα μπορῶ νά τοῦ γράψω, ἐπειδή σήμερα ἔλαβα τήν ἀπάντηση τοῦ Ἐπισκόπου Κισάμου καί Σελίνου Εἰρηναίου στό γράμμα μου, μέ τό ὁποῖο τόν ἐνημέρωσα γιά τή συζήτησή μας στό Βερολίνο. Διαβιβάζω τίς εὐχαριστίες τοῦ Ἐπισκόπου καί τῆς Ἐπισκοπῆς γιά τήν προθυμία του νά βοηθήσει καί ἐκφράζω τήν προσωπική μου εὐγνωμοσύνη γιά τήν κατανόηση καί τήν ἐμπιστοσύνη του.

Ὁ Ἐπίσκοπος διαβεβαιώνει ὅτι τά λίγα πρόσωπα στά ὁποῖα γνωστοποιήθηκε τό σχέδιό μας {Ἀκαδημία} τό ὑποδέχθηκαν μέ ἐνθουσιασμό. Μεταξύ αὐτῶν καί ὁ Γερμανός πάστορας στήν Ἀθήνα {Möckel}, ὁ ὁποῖος ἐπισκέφθηκε πρόσφατα τήν Ἐπισκοπή καί τή Μονή {Γωνιᾶς}. Ὁ Ἐπίσκοπος παρέχει τή διαβεβαίωση ὅτι ἀπό πλευρᾶς Ἐπισκοπῆς δέν ὑπάρχουν ἐμπόδια γιά ἔναρξη τῆς οἰκοδομῆς. Ἀντίθετα, ἐπιθυμητή εἶναι ἡ ἔναρξη αὐτό τό φθινόπωρο. Θά πάω στήν Κρήτη τέλος Ἰουλίου, προκειμένου νά διευθύνω τήν Κατασκήνωση στό Καστέλλι. Προτείνω νά ἔλθει μαζί μου ἕνα ἐξουσιοδοτημένο πρόσωπο τῆς Ὀργάνωσής του, προκειμένου νά σχηματίσει προσωπική ἐντύπωση καί νά συζητήσουμε τίς περαιτέρω λεπτομέρειες. Ἡ Ἐπισκοπή μας ἐπιθυμεῖ νά συνεισφέρει μέ ἕνα μικρό ποσό στή δαπάνη τοῦ ἔργου, τό ὁποῖο θά ἀποτελεῖ ἔτσι σημεῖο συνεργατικότητας καί οἰκουμενικοῦ ζήλου. «Στίς 15 Μαΐου ἐνημέρωσα τόν Πρόεδρο {τῆς Ἐκκλησίας τοῦ Παλατινάτου} Δρα Stempel γιά {τό στάδιο στό ὁποῖο βρίσκεται} τό σχέδιό μας· χάρηκε πολύ γιά τήν προθυμία σας».

Κοιν.: Ἐπίσκοπον Εἰρηναῖον

8-6-1961 EZA 97/562
Kreyssig πρός Απ
«Ἀξιότιμε κύριε Παπαδερέ, σεβαστέ φίλε,
Ἐν μέσῳ πειρασμῶν, ὅπως ἀντιστοιχεῖ στήν κατάσταση τοῦ κόσμου καί ἰδιαίτερα τῆς φρικτῆς νέας ἀποκάλυψης τῆς γερμανικῆς ἐνοχῆς στή δίκη τοῦ

Eichmann,⁵⁸ ἡ πατρική ἀγάπη τοῦ Θεοῦ μᾶς χάρισε μόλις τίς τελευταῖες ἑβδομάδες μέσω παρακλήσεων καί κατανόησης χαρά καί ἐνθάρρυνση. Μεταξύ ἄλλων καί ἐκείνη πού μᾶς ἔδωσε ἡ ἀπό 19 Μαΐου φιλική ἐπιστολή σας. Μέ τούς συνεργάτες μου καί τούς φίλους τῆς διακονίας μας εὐχαριστῶ τόν Θεό, πού δέν παύει νά μᾶς ἐπιτρέπει νά λαμβάνουμε καί νά ἐφαρμόζουμε στήν πράξη συγχώρηση, καί τώρα μᾶς δίδει μιά ἑλκυστική ἀποστολή στήν Κρήτη μέ τήν ἀδελφική προθυμία τή δική σας καί τοῦ Ἐπισκόπου σας. Τήν Κρήτη εἴχαμε ἤδη πρό ἐτῶν προκρίνει ὡς μιά πρώτη προσφορά, ὅταν μᾶς πρόλαβε ἡ πρόσκληση νά ἀναλάβουμε μιά ὑποχρέωση πρῶτα στά Σέρβια. Θά ἀπαντοῦσα τάχιστα στή συγκατάθεσή σας, πού μᾶς συγκινεῖ. Ἤθελα ὅμως νά κερδίσω πλήρη ἀποδοχή ἀπό τόν κύκλο τῶν συνεργατῶν, ὥστε νά σᾶς ἀπαντήσω ὅσο τό δυνατόν πιό συγκεκριμένα.

Ὡς μιά ἰδιαιτέρως φιλική ὑπόδειξη θεωρῶ τό ὅτι, σύμφωνα μέ τήν ἔκθεσή σας, ὁ ἀδελφός Möckel ἀπό τήν Ἀθήνα ἔχει ἤδη συμφωνήσει μετά χαρᾶς. Αὐτός ὑπῆρξεν ἐξ ἀρχῆς ὁ ἔμπιστος ἄνθρωπός μας στήν Ἑλλάδα καί γνωρίζει ἄριστα τίς προθέσεις μας καί τούς ὅρους τῆς ἐργασίας μας.⁵⁹ Συμφωνοῦμε πλήρως μαζί σας πώς ὅλα τά ἐπί μέρους ζητήματα, πού ἀνήκουν σέ μιά ὁριστική συμφωνία, πρέπει νά συζητηθοῦν ἐπί τόπου καί ἀπ' εὐθείας μέ τούς ἐνδιαφερόμενους. Καί ὁ χρόνος πού ἔχετε προβλέψει φαίνεται κατάλληλος. Μέχρι 23 Ἰουλίου ὑπάρχει Kirchentag {μεγάλη συνέλευση τῶν Προτεσταντῶν} στό Βερολίνο. Ἕνα ταξίδι στήν Κρήτη θά μποροῦσε νά προβλεφθεῖ ἀπό τήν τελευταία ἑβδομάδα Ἰουλίου καί ἑξῆς».

Ἡ ἀποστολή πού ἀνατίθεται στήν Aktion Sühnezeichen τή δεσμεύει ὅσον ἀφορᾶ στό ἀναγκαῖο προσωπικό καί στά οἰκονομικά. Τό ἔργο θεωροῦν ὅτι πρέπει νά ἀναληφθεῖ σέ συνεργασία μέ τίς Εὐαγ. Ἀκαδημίες τῆς Γερμανίας. Πρός τοῦτο θά παρακαλέσει τόν Dr. Eberhard Müller, Leiterkreis der Akademien, νά ὁρίσει δύο πρόσωπα γιά τό ταξίδι στήν Κρήτη. Θά συνταξιδέψει καί ἕνας συνεργάτης του. Ἐκτός ἀπό Ἕλληνα Ἀρχιτέκτονα, προτείνει νά συμπράξει καί ἕνας ἔμπειρος Γερμανός ἀπό τό Μόναχο, πού στηρίζει τήν ἐργασία τους ἀφιλοκερδῶς. Θεωρεῖ καλή τήν πρόθεσή μας νά ἀρχίσουμε τό προσεχές φθινόπωρο. Καλή καί ἡ σύμπτωση μέ τήν Οἰκουμενική Κατασκήνωση πού θά διευθύνω (Καστέλλι). Ἐξ αἰτίας τῆς δίκης τοῦ Eichmann δέν θά μεταβεῖ στό Ἰσραήλ μιά ὁμάδα

---

⁵⁸ Ὁ Adolf Eichmann δικάσθηκε στά Ἱεροσόλυμα (11/4-15/12/1961) καί καταδικάσθηκε σέ θάνατο ὡς ὑπαίτιος θανάτου ἑκατομμυρίων Ἑβραίων. Ἄσκησε Ἔφεση, πού ἀπορίφθηκε στίς 29 Μαΐου 1962. Ἐκτελέσθηκε στίς 31 Μαΐου1962, τό σῶμα του παραδόθηκε στήν πυρά καί ἡ στάκτη σκορπίσθηκε στή Μεσόγειο θάλασα, προκειμένου νά ἀποφευχθεῖ... «προσκύνημα» σέ τάφο ἥρωα!

⁵⁹ Ὁ Möckel εἶχε συνεργασία μέ τή γερμανική Πρεσβεία τῶν Ἀθηνῶν, ἄλλες γερμανικές Ὑπηρεσίες, μέ τήν Εὐαγγελική Ἐκκλησία καί μέ Εὐαγγελικές Ἀκαδημίες τῆς Γερμανίας. Ἡ γνώμη του γιά ὑποθέσεις σχετικές μέ τήν Ἑλλάδα εἶχε ἰδιαίτερο βάρος γιά τίς ἐκκλησιαστικές καί ἄλλες Ὑπηρεσίες τῆς Γερμανίας.

ἐργασίας, ὅπως εἶχε προγραμματισθεῖ. Αὐτή λοιπόν μπορεῖ νά ἔλθει στήν Κρήτη (παρακαλεῖ πάντως νά χειρισθῶ ἐμπιστευτικά τήν τελευταία αὐτή ὑπόθεση). Ἐπειδή ὅμως πρίν ἀπό τήν ἔναρξη τῶν ἐργασιῶν ἀπαιτοῦνται πάρα πολλά, παρακαλεῖ νά διασφαλισθεῖ τό κατά πόσον θά εἶναι ἐφικτή ἡ ἔναρξη τό φθινόπωρο. Ἄν αὐτό κριθεῖ δυνατόν, παρακαλεῖ νά ἀποστείλουμε γρήγορα σχέδια, φωτογραφίες κ.λπ. γιά τήν ἀναγκαία διαφήμιση τοῦ προγράμματος.

«Ἄς μείνουμε συνδεδεμένοι ἐν τῇ εὐχαριστίᾳ πρός τόν Θεόν, ὁ ὁποῖος μᾶς ἐμπιστεύεται μιά ἀποστολή χάριν τῆς συγχώρησης καί τῆς καταλλαγῆς, πού ἀνήκουν στό κέντρο τῆς ἁγίας πατρικῆς ἀγάπης του. Εὐχαριστήσατε τόν Ἐπίσκοπο γιά τήν ἐπίδειξη ἀδελφικοῦ φρονήματος καί ἐμπιστοσύνης, πού μᾶς ὑποχρεώνει βαθιά».

9-6-1961 EZA 97/564
«Σ η μ ε ί ω μ α γιά μιά συζήτηση ἐνώπιον τοῦ Προέδρου Δρος κ. Kreyssig. Παρόντες ἦταν ἐπίσης οἱ κ. κ. Hammerstein, Nevermann, Manzke καί Ziesche.
1. Συμμετοχή τοῦ Bad Boll
Πέραν τῆς οἰκονομικῆς συμμετοχῆς πρέπει νά ἐπιδιωχθεῖ ἡ συμμετοχή τῆς ἐν Bad Boll Ἀκαδημίας ἐνδεχομένως μέ προσωπικό σέ μιά δραστηριότητα {τῆς Sühnezeichen}. Πρόκειται γιά τή δράση Ἰσραήλ ΙΙ ἤ γιά τήν Κρήτη. Στήν περίπτωση πού ἡ Κρήτη θά χρειασθεῖ νά ἀποτελέσει ὑποκατάστατο πρόγραμμα γιά τήν ὁμάδα Ὀλλανδίας-Ἰσραήλ, ἡ δέσμευση τῆς ὁποίας διαρκεῖ μέχρι τόν Μάρτιο τοῦ 1962, μπορεῖ μιά ἄλλη ὁμάδα νά ἀρχίσει ἐργασία στήν Κρήτη ἀπό τόν Ἀπρίλιο τοῦ 1962 καί ἑξῆς. Γιά τόν κύκλο ἀναδόχων τῆς Ἀκαδημίας τῆς Κρήτης {δηλ. χορηγῶν} πρέπει νά κερδηθοῦν ὅλες οἱ Ἀκαδημίες τῆς Γερμανίας. Θά μποροῦσε νά σκεφθεῖ κανείς συμμετοχή καί τῶν Ἀκαδημιῶν τῆς Εὐρώπης π.χ. γιά τήν ἀνέγερση καί τόν ἐξοπλισμό τῆς Βιβλιοθήκης.

Μέσω τοῦ κ. Παπαδεροῦ πρέπει νά σταλεῖ στόν ἁρμόδιο Ἐπίσκοπο μιά βασική ὑπόσχεση, καθώς καί μιά σχετική πληροφόρηση πρός τόν Πάστορα Bausch, Bad Boll, γιά τό πρόγραμμα αὐτό. Πρό παντός πρέπει νά ἀναμιχθεῖ ὁ Ἐφημέριος Möckel, μέ τήν παράκληση νά ἀναλάβει τή διασύνδεση στήν Ἑλλάδα μέ τίς Ὑπηρεσίες στήν Κρήτη καί ἄν εἶναι δυνατόν νά συμφωνήσει γιά μιά ἡμερομηνία {συνάντησης}, κατά τήν ὁποία οἱ ἐμπλεκόμενοι Ἕλληνες νά καταθέσουν συγκεκριμένες σκέψεις ὅσον ἀφορᾶ στά ἐρείπια τῆς Μονῆς {κελιά} καί στήν οἰκονομική δαπάνη». Σημειώνουν ὅτι ἐκτός ἀπό τόν Möckel θά πρέπει νά συμμετάσχουν ἀνά ἕνας ἐκπρόσωπος ἀπό τό Βερολίνο καί ἀπό τό Bad Boll, δυό Ἀρχιτέκτονες - ἕνας Γερμανός (Gulbranson, München) καί ἕνας Ἕλληνας. Ἡ συνάντηση πρέπει νά καταλήξει σέ συγκεκριμένη συμφωνία. Τό σημείωμα ὑπογράφει ὁ Ziesche.

9-6-1961 EZA 97/562 {BB}
Kreyssig πρός Bausch

Γράφει ὅτι πληροφορεῖται πώς ὁ Μ δέν ἔχει ἐπιστρέψει ἀκόμη ἀπό τήν ἄδειά του. Αὐτό δυσχεραίνει τό ζήτημα τῆς συνεργασίας τους γιά τό σχέδιο τῆς Κρήτης. Σχεδιάζεται γιά τό τέλος Ἰουλίου - ἀρχές Αὐγούστου ἕνα διερευνητικό ταξίδι στήν Κρήτη πρός ὁριστικοποίηση τῶν συμφωνιῶν. Ὁ Müller εἶχε συμφωνήσει μέ τό σχέδιο, ὑπό τόν ὅρο ὅτι ἡ Sühnezeichen θά διατηρήσει τήν πλήρη εὐθύνη. «Αὐτό εἶναι αὐτονόητο. Γιά τίς ἀξιώσεις αὐτοῦ τοῦ Προγράμματος ὅσον ἀφορᾶ στό προσωπικό καί τά οἰκονομικά θά αἰσθανόμεθα τό ἴδιο ὑπεύθυνοι καί θά ἐνεργήσουμε ὅπως γιά κάθε ἄλλη ἐργασία μας. Τό ζητούμενο εἶναι μόνο μιά ἑταιρική σύμπραξη» {τοῦ Müller}. Αὐτοῦ τοῦ εἴδους οἱ σχέσεις ἔχουν δοκιμασθεῖ καί ἀποτελοῦν βοήθεια γιά τήν εὐρεία κινητοποίηση τοῦ εὐαγγελικοῦ Χριστιανισμοῦ γιά τή στήριξη τοῦ προγράμματος. «Ὁ Müller ἦταν ἀπό τούς πρώτους πού ὑπέγραψαν τήν ἔκκληση» {ἱδρύσεως τῆς Aktion} πού περιελάμβανε αὐτή τή συνέργεια πολλῶν.

«Προσέξετε, παρακαλῶ φιλικά, τί ἔγραψε ὁ Παπαδερός στίς 19 Μαΐου καί τί τοῦ ἀπάντησα σήμερα». Ὅσον ἀφορᾶ στήν πρωτοβουλία στό Ἰσραήλ, προβλέπεται μιά βασική συνεννόηση τόν Σεπτέμβριο, μέ προοπτική νά ἀρχίσει ἡ ἐργασία τήν ἄνοιξη τοῦ 1962.

9-6-1961 EZA 97/562
Kreyssig πρός Möckel

Ἡ σκέψη γιά μιά δεύτερη δραστηριότητα τῆς Sühnezeichen στή Β. Ἑλλάδα δέν προχωρεῖ. Ἀντίθετα, τό πρῶτο σχέδιό μας γιά μιά ἐργασία στήν Κρήτη ἔλαβε γρήγορα σταθερή μορφή καί συμφωνία. Πρός ἰδιαίτερη χαρά μου, πληροφοροῦμαι ἀπό τόν κ. Παπαδερό ὅτι ἔχετε ἤδη ἐνημερωθεῖ γιά τό σχέδιο καί μέ τήν εὐκαιρία μιᾶς ἐπίσκεψης στήν Κρήτη τό ἐπιδοκιμάσατε μέ χαρά. Καί ἐπειδή γνωρίζετε τά τῆς Ἑλλάδος ὅσον κανείς ἄλλος, ὅπως γνωρίζετε καί τά τῆς Ὀργανώσής μας, θεωρῶ τοῦτο καλή συγκυρία. Θά εὐχόμουν νά παραμείνετε περισσότερο στήν Ἀθήνα, πάντως ὑπολογίζω στή βοήθειά σας γιά τήν ἀρχή. Ὅσον ἀφορᾶ στήν ἐνημέρωση τῶν ἑλληνικῶν ἀρχῶν καί τῆς Πρεσβείας, νομίζει πώς δέν πρέπει νά καθυστερήσουν καί πάλι νά τό πράξουν {ὅπως φαίνεται πώς εἶχαν κάμει ἄλλοτε}, θεωρεῖ ὅμως ὅτι εἶναι σκόπιμο νά περιμένουν μέχρι Ἰούλιο - Αὔγουστο, προκειμένου νά ρυθμισθοῦν μέχρι τότε ὁρισμένες λεπτομέρεις.

«Πρός ἐνημέρωσή σας ἐπισυνάπτω τά γράμματα πού ἀνταλλάξαμε ὁ Παπαδερός καί ἐγώ προσφάτως».

17-6-1961 EZA 97/562
Απ πρός Kreyssig
Βεβαιώνω ἁπλῶς τή λήψη τῆς ἀπό 8 Ἰουνίου ἐπιστολῆς του. «Συμφωνῶ βασικά μέ τήν πρότασή σας. Προώθησα στόν Ἐπίσκοπο Εἰρηναῖο τήν ἐπιστολή σας καί θά σᾶς ἐνημερώσω μόλις λάβω ἀπάντησή του».

21-6-1961 EZA 97/562
Kreyssig πρός Möckel
Εὐχαριστεῖ γιά ἐπιστολή του τῆς 14 Ἰουνίου. «Χαίρω γιά τό ὅτι βλέπετε τό πρόγραμμα Κρήτη θετικά σέ γενικές γραμμές». Συγκλίνουν πολλοί παράγοντες, πού μᾶς ἐνθαρρύνουν. «Συμφωνῶ ἐπίσης μαζί σας στό ὅτι ὁ ἐπίσημος χαρακτήρας πού ἔχει ἀπό τήν ἀρχή τό πράγμα αὐτό μᾶς ἀπαλλάσσει ἀπό τίς ἀπροσδόκητες δυσκολίες πού συναντήσαμε στό δρόμο πρός τά Σέρβια».
Παρακαλεῖ στή συνέχεια τόν Möckel νά κάμει ὁρισμένα πράγματα (μιά πρώτη ἐπίσημη ἐνημέρωση τῆς Γερμανικῆς Πρεσβείας στήν Ἀθήνα, ἐνδεχομένως καί τινων ἁρμόδιων ἑλληνικῶν Ἀρχῶν, νά κάμει σαφές ὅτι τό πρόγραμμα τῆς Κρήτης ἀποτελεῖ μιά δεύτερη δράση τους, πού δέν θά ἐμποδίσει τή συνέχιση ἐκείνης στή Β. Ἑλλάδα. «Ἄν γιά κάθε μιά ἀπό τίς γειτονικές χῶρες πού προσβλήθηκαν καί πληγώθηκαν στό παρελθόν ἀναπτύξαμε τρεῖς ἕως πέντε δράσεις, αὐτό πού κάνουμε στήν Ἑλλάδα εἶναι ἐλάχιστον... Γιά ἕναν εἰδικότερο λόγο σᾶς παρακαλῶ νά προετοιμάσουμε τά τῆς Κρήτης ὅσο τό δυνατόν νωρίτερα, παρά τίς θερινές διακοπές: Ὁ Παπαδερός, πού διευθύνει τόν Αὔγουστο στήν περιοχή μιά οἰκουμενική Κατασκήνωση, μᾶς παρακίνησε νά ἀρχίσουμε τήν ἐργασία ἤδη τό φθινόπωρο. Εἶναι αὐτονόητο βέβαια πώς ἔχω ἐπιφυλάξεις γιά τό κατά πόσον θά μπορεῖ νά ἑτοιμαστεῖ ἐπαρκῶς ἡ ἔναρξη μέχρι τότε. Αὐτό τοῦ τό ἔγραψα». Σημειώνει ὅμως πώς ἴσως καταστεῖ ἀναγκαῖο γιά τούς ἴδιους νά ἀρχίσουν γρήγορα στήν Κρήτη, ἄν δέν θά εἶναι δυνατόν νά μεταβοῦν στό Ἰσραήλ ἄτομα πού ἐργάζονται πρός τό παρόν στή Βόρειο Ὁλλανδία καί στό Taizé.

22-6-1961 EZA 97/562
Kreyssig πρός Απ
Εὐχαριστεῖ γιά τήν ἀπό 17 Ἰουνίου ἐπιστολή μου.
Ἄν στήν πρώτη ὁμάδα τους, πού προορίζεται γιά τό Ἰσραήλ καί θά ἐργάζεται μέχρι τέλος Αὐγούστου στήν Ὁλλανδία, δέν θά ἐπιτραπῆ ἡ εἴσοδος στό Ἰσραήλ, θά γίνει πιό ἐπιτακτική ἡ ἀπασχόληση τῶν μελῶν της στήν Κρήτη ἀπό τά μέσα ἤ τό τέλος Σεπτεμβρίου {πρόκειται γιά νέους, πού προσφέρουν Ersatzdienst, δηλαδή ἐναλλακτική ἐργασία, κυρίως σέ κοινωφελεῖς

δραστηριότητες,⁶⁰ ἀντί τῆς στρατιωτικῆς θητείας}. Γιά τό λόγο αὐτό παρακαλεῖ νά ἔχει ὡς τάχιστα τήν ἀπάντηση τοῦ Ἐπισκόπου.

23-6-1961 ΕΖΑ 97/562
Kreyssig πρός Rinderknecht

Ὁ Δρ. Hans Jakob Rinderknecht ἦταν τότε Διευθυντής τῆς Ἀκαδημίας τοῦ Boldern-Männedorf τῆς Ἑλβετίας, Πρόεδρος τοῦ Εὐρωπαϊκοῦ Συνδέσμου τῶν Διευθυντῶν τῶν Εὐαγγελικῶν Ἀκαδημιῶν τῆς Εὐρώπης καί λίγο ἀργότερα καλός μου φίλος. Σέ μιά τρισέλιδη ἐπιστολή ὁ Kreyssig τόν ἐπαινεῖ πρῶτα γιά τίς πολλές δεξιότητές του καί τόν εὐχαριστεῖ γιά τήν πρόσκληση σέ ἕνα συνέδριο στήν Ἀγγλία. Γράφει ὅτι μέ ἀφορμή τό συνέδριο στό Ν. Δελχί {Γ´ Γεν. Συνέλευση τοῦ Π.Σ.Ε.} θά ἐπιδιώξει συζήτηση μέ τίς {κατοχικές} Ἀρχές τοῦ Ἀνατ. Βερολίνου {μέ ἐπιδίωξη προφανῶς νά λάβει ἄδεια ἐξόδου ἀπό τή χώρα⁶¹}.

Ἄν πετύχει νά πάρει διαβατήριο, θά ἐπιδιώξει νά ἰσχύσει αὐτό καί γιά τήν Ἀγγλία. Ἐκφράζει τόν πόνο του γιά τό ὅτι, εὑρισκόμενος στό Ἀνατολικό Βερολίνο, βιώνει τίς δυσκολίες τοῦ ἀποκλεισμοῦ: «Εἴθε τά παθήματά μας ἐξ αἰτίας τοῦ ἀποκλεισμοῦ νά διατηρήσουν σέ ἐγρήγορση τή συναίσθηση πώς ἡ ἐλευθερία, ὡς στοιχεῖο τοῦ ἀνθρωπισμοῦ, δέν εἶναι κάτι τό αὐτονόητο, ἀλλ᾽ ὅτι πρέπει νά ἀποκτᾶται καί νά κερδίζεται ἐκ νέου καθημερινά».

Περιγράφει τίς πολιτικές καί ἐνδοεκκλησιαστικές δυσκολίες πού ἀντιμετωπίζουν καί τήν ἐργασία πού κάνει ἐκεῖνος μέ τή Δράση Sühnezeichen ἀπό τό 1958. Γιά τά προγράμματα, γράφει, πού ἀναλαμβάνουν νά ἐκτελέσουν στή μιά ἤ τήν ἄλλη χώρα ἔχουν οἱ ἴδιοι τήν εὐθύνη καί τήν ὅλη διαχείριση. Προσπαθοῦν ὅμως νά δημιουργήσουν γιά κάθε ἔργο ἕνα Κύκλο Ἑταίρων,

---

⁶⁰ Αὐτή ἡ *ἐναλλακτική ἐργασία* ἀντί τῆς ὑποχρεωτικῆς στρατιωτικῆς θητείας ἦταν τότε ἄγνωστη ἤ πάντως μή ἀποδεκτή στήν Ἑλλάδα. Εὔλογη ἑπομένως ἡ ἐπιφύλαξη τοῦ Εἰρηναίου νά δεχόμαστε τέτοιες ὁμάδες μέ κίνδυνο παρεξηγήσεων.

⁶¹ Ὅταν χρόνια ἀργότερα βρέθηκα στήν πόλη Erfurt τῆς τότε Ἀνατολικῆς Γερμανίας γιά ἕνα διεκκλησιαστικό συνέδριο καί ὁ Δήμαρχος ὀργάνωσε γιά μᾶς μιά δεξίωση, μέ πλησίασε ἕνας ψηλός ἀσπρομάλλης ἄνδρας – κάπως ὅμοιος μέ τόν ἀνωτέρω εἰκονιζόμενο – καί μοῦ εἶπε πώς ἤθελε νά μέ χαιρετήσει μέ ἰδιαίτερη χαρά, ἐπειδή ἔμαθε πώς εἶμαι Ἕλληνας καί ἐκεῖνος εἶναι Καθηγητής τῆς Κλασικῆς Ἀρχαιολογίας στό ἐκεῖ Πανεπιστήμιο. Ἀκολούθησε ἡ μεγάλη ἔκπληξη γιά μένα: Εἶμαι, εἶπε, 63 χρόνων. Μέ διακατέχει ὁλοένα καί πιό βασανιστικά ἡ προσδοκία νά γίνω 65, ὥστε νά ἔχω δικαίωμα νά ταξιδέψω στό ἐξωτερικό, δηλαδή νά ἔλθω ἐπιτέλους στήν Ἑλλάδα καί νά ἐπισκεφθῶ τούς τόπους καί τά μνημεῖα πού ἀποτελοῦν τό ἀντικείμενο τῆς ἔρευνας καί τῆς διδασκαλίας μου. Γιά πρώτη φορά συναντοῦσα ἄνθρωπο πού βιαζόταν τόσο πολύ νά...γεράσει!

φίλων δηλαδή πού θά τό στηρίξουν. Ἐνημερώνει συνοπτικά γιά τά τῆς Ἀκαδημίας στήν Κρήτη καί θέτει στή συνέχεια τό βασικό ἐρώτημα τῆς ἐπιστολῆς: Ὁ Σύνδεσμος τῶν Διευθυντῶν τῶν ἐν Γερμανία Εὐαγγελικῶν Ἀκαδημιῶν {μέ Πρόεδρο τότε τόν Müller} προβλέπεται νά εἶναι ὁ πρῶτος Κύκλος τῶν Ἑταίρων {γιά τήν Ἀκαδημία μας}. Ἀποδίδει ἰδιαίτερη σημασία στήν προοπτική αὐτή, ἐπειδή καί ὁ ἴδιος ἔχει δεσμούς μέ τό θεσμό τῶν Ἀκαδημιῶν καί ἐπιδοκιμάζει τή συλλογική παρουσία καί δράση τους σέ θεσμικό ἐπίπεδο, ἐξαίρει ὅμως στή συνέχεια ἐκτενῶς ἕναν τρίτο, πιό ἐνδιαφέροντα λόγο, πού ἀφορᾶ στήν ἰδιαιτερότητα τῆς Ἑλλάδας καί στή θέση τῆς Ἐκκλησίας στή χώρα αὐτή: «Κατά τήν πρώτη ὑπηρεσία μας, διάρκειας ἑνός ἔτους, στή Βόρειο Ἑλλάδα, στήν πόλη Σέρβια, πού καταστράφηκε κατά τόν ἀνταρτοπόλεμο, εἴδαμε πόσο ἀσυνήθως δυσχερής καί πολυεπίπεδη εἶναι μιά ἀποστολή στήν Ἑλλάδα. Αὐτό τό προπύργιο τῆς εὐρωπαϊκῆς οἰκογένειας ἀπό τήν πλευρά τῆς Ἐγγύς Ἀσίας δέν μπορεῖ νά προστατευθεῖ μόνο στρατιωτικά. Σ' αὐτήν τήν κοιτίδα τῆς Ἑσπερίας θά ἦταν πολύ περισσότερο ἀναγκαῖο νά γεννηθεῖ μιά νέα, δημιουργική ἀντίληψη περί τοῦ τί εἶναι ἡ χριστιανική καί εὐρωπαϊκή ὑπευθυνότητα. Ἄν ἤθελε ἐπιτευχθεῖ αὐτό, ἡ εὐρωπαϊκή οἰκογένεια θά δεχόταν καί πάλι μιά μεγάλη ὑπηρεσία σέ μιά διόρθωση τῆς τεχνικῆς καί οἰκονομικῆς τελειομανίας της (Perfektionimus). Ἀποτυχία στό σημεῖο αὐτό θά σήμαινε ἀπώλεια μιᾶς θέσης ἀποφασιστικῆς σημασίας». Ἀναφερόμενος στή συνέχεια στό κολλεκτιβιστικό γίγνεσθαι στίς γειτονικές χῶρες Ἀλβανία, Βουλγαρία καί Γιουγκοσλαβία καί στά ὅσα ἀκολούθησαν μετά τόν πόλεμο, σημειώνει ὅτι στήν Ἑλλάδα «ἡ Ἐκκλησία εἶναι μιά ἀποφασιστική δύναμη», πιθανῶς μάλιστα ἡ ἰσχυρότερη, «καθώς βρίσκεται κάτω ἀπό τίς προστατευτικές δυνάμεις τῆς παράδοσης. Ταυτόχρονα ὅμως ἀντιμετωπίζει τόν κίνδυνο νά περιτειχίζει καί νά δικαιώνει τίς φεουδαρχικές καί πατριαρχικές ἀνασχέσεις, πού ἀποτελοῦν κύριο ἐμπόδιο γιά τήν ἀπολύτως ἀναγκαία πρόοδο. Ὅποιος ὑποστηρίζει τήν Ὀρθόδοξη Ἐκκλησία στίς προσπάθειες μέ γνήσια στροφή πρός τόν κόσμο νά βρεῖ μιά καινούρια βεβαιότητα καί μιά καινούρια μορφή τῆς ἀποστολῆς της συμβάλλει οὐσιαστικά στήν ἐξυγίανση». Κατόπιν τῶν ἀνωτέρω διατυπώνει τήν ἄποψη καί πρόταση, οἱ Εὐρωπαϊκές Ἀκαδημίες νά συμπράξουν στήν ὅλη προσπάθεια, μέ τήν Ἀκαδημία τοῦ Bad Boll νά ἔχει τό συντονιστικό ρόλο ἀπό τήν πλευρά τῶν Ἀκαδημιῶν. Θεωρεῖ αὐτονόητη τή συνεργασία τῶν Ἀκαδημιῶν μέ τήν Ὀργάνωσή του, μάλιστα καθώς «ὁ Eberhard Müller ἦταν ἕνας ἀπό τούς πρώτους πού ὑπέγραψαν τήν ἔκκληση μέ τήν ὁποία γεννήθηκε ἡ Δράση {Sühnezeichen} τόν Ἀπρίλιο τοῦ 1958». Στέλνει στόν Müller ἀντίγραφο αὐτῆς τῆς ἐπιστολῆς καί παρακαλεῖ καί τούς δύο νά ἐξετάσουν ἄν καί πῶς θά συμπράξουν οἱ Ἀκαδημίες ὡς Ἑταῖροι στήν προσπάθεια γιά τήν Ἀκαδημία τῆς

Κρήτης. Ἐπεξηγεῖ δέ ὅτι ἑταιρική σχέση δέν σημαίνει μόνο οἰκονομική στήριξη, ἀλλά καί ἐξ ἀρχῆς συμμετοχή στήν "Konzeption" {δηλαδή στήν περί τῆς Ἀκαδημίας μας ἀντίληψη, στή διαμόρφωση τῆς ταυτότητάς της, πρᾶγμα πού δέν εἴχαμε ζητήσει, δέν ἐπιθυμούσαμε καί οὔτε θά ἀποδεχόμεθα βέβαια!}. Προτείνει πρός τοῦτο, στήν προβλεπόμενη γιά τόν Ἰούλιο ἤ Αὔγουστο ἀποστολή στήν Κρήτη ἑνός ἐξουσιοδοτημένου ἐκπροσώπου τῆς Sühnezeichen καί ἑνός ἀρχιτέκτονα ἴσως, νά συμμετάσχουν καί ἀνά ἕνας ἐκπρόσωπος ἀμφοτέρων (Müller καί Rinderknecht).

28-6-1961 EZA 97/562
Möckel πρός Kreyssig

Γράφει ὅτι εἶχε πρόσφατα τρεῖς συζητήσεις σχετικές μέ μιά δράση {τῆς Aktion Sühnezeichen} στήν Κρήτη:

Πρῶτον, μέ τόν ἐκπρόσωπο τοῦ Π.Σ.Ε. {στήν Ἑλλάδα} King, ὁ ὁποῖος εἶπε ὅτι ὁ Ἐπίσκοπος Εἰρηναῖος εἶχε πρό μηνῶν διαπραγματεύσεις μέ μιά ὁμάδα Κουακέρων (Quakers[62]) γιά ἐργασία τους στήν Ἐπισκοπή του. Οἱ Quakers συμφώνησαν, μετά ὅμως διεφώνησε ὁ Ἐπίσκοπος («ἴσως ἐπειδή στήν πατριωτική Ἑλλάδα δέν βλέπουν μέ καλό μάτι εἰρηνιστικές ὁμάδες»). Ὕστερα ἀπό παράκλησή του {Möckel}, ὁ King ἔγραψε στόν ἁρμόδιο γιά τά θέματα αὐτά, τόν κ. Metzler, πού βρίσκεται πρός τό παρόν γιά διακοπές στήν Εὐρώπη. Ἀναμένεται ἡ ἀπάντησή του, ὥστε νά διευκρινιστεῖ τό προκείμενο ζήτημα. Δεύτερον, συζήτηση μέ ἕναν ἐκπρόσωπο τῆς {Γερμανικῆς} Πρεσβείας, ὁ ὁποῖος μίλησε στή συνέχεια μέ τόν Πρέσβη Seelos. Συμπέρασμα: Ὁ Πρέσβης δέν εἶναι ἐνθουσιασμένος (ἡ ἐπιφύλαξή του ὀφείλεται στά τῶν Σερβίων καί στή συζήτησή του μέ τήν κ. Schramm), πλήν ὅμως ὁ ἄνθρωπος τῆς Πρεσβείας νομίζει πώς, ὅταν τεθοῦν μέ σοβαρότητα τά ζητήματα, ὁ Πρέσβης θά στηρίξει τήν Aktion {Sühnezeichen, γιά τήν Κρήτη}. «Τέλος, μπόρεσα νά μιλήσω χθές καί μέ τήν κυρία Schramm, πού βρίσκεται πρός τό παρόν στήν Ἑλλάδα καί θά ταξιδέψει γιά μιά βδομάδα στήν Κρήτη, ὅπου θά θελήσει σίγουρα νά συναντήσει καί τόν Ἐπίσκοπο Εἰρηναῖο. Θά τήν δῶ ξανά στίς 9 Ἰουλίου, δηλαδή λίγο πρίν ἔλθω στό Βερολίνο (Kirchentag), ὅπου θά σᾶς ἐνημερώσω εὐχαρίστως». Μιά πρώτη συζήτηση μέ ἑλληνικές Ὑπηρεσίες, σημειώνει, δέν ἔχει γιά τήν ὥρα νόημα, καθώς ἀρχίζουν οἱ θερινές διακοπές, ἀλλά καί ἐπειδή δέν ὑπάρχουν ἀκόμη ξεκάθαρα δεδομένα γιά τή δράση στήν Κρήτη, ὅπως τόπος, χρόνος, κ.λπ.

---

[62] Ὅπως θά δοῦμε παρακάτω, δέν ἐπρόκειτο γιά Quakers, ἀλλά γιά τούς Μεννονίτες! Τέτοιου εἴδους παρανοήσεις ἦταν εὐνόητο νά προκαλοῦν σοβαρά προβλήματα.

28-6-1961 ΕΖΑ 97/562

Kreyssig πρός Μ

Ὁ Kreyssig στέλνει στόν Müller ἀντίγραφο τῆς παραπάνω ἐπιστολῆς του πρός τόν Rinderknecht μέ δυό αἰτήματα:

- Νά διευκρινιστεῖ τό ἀργότερο ἐντός τῶν τεσσάρων ἑπομένων ἑβδομάδων ἐάν μποροῦν νά ἀρχίσουν τήν ἐργασία γιά τήν Ἀκαδημία τῆς Κρήτης τό προσεχές φθινόπωρο. Ἀπό τήν πλευρά του ὁ Kreyssig ἐπείγεται, κυρίως ἐπειδή, ἄν ἡ ὁμάδα πού ἐργάζεται στήν Ὁλλανδία δέν λάβει ἄδεια εἰσόδου καί ἐργασίας στό Ἰσραήλ, ἔχει ὡς μόνη ἐναλλακτική λύση τήν Κρήτη (τό αὐτό ἰσχύει καί γιά πέντε ἄτομα τῆς ὁμάδας τοῦ Taizé). Διά τοῦ Παπαδεροῦ, γράφει, ζήτησε ἀπό τόν Ἐπίσκοπο Εἰρηναῖο ἐνημέρωση γιά τό κατά πόσον θά ἔχουν διευκρινισθεῖ ἔγκαιρα τά τῶν σχεδίων, τά νομικά ζητήματα καί τά τῶν ὑλικῶν, ὥστε νά μποροῦν νά ἀρχίσουν τίς ἐργασίες πρός τό τέλος τοῦ φθινοπώρου. Νά διευκρινιστεῖ ἐπίσης τό θέμα τῆς ἑταιρικῆς σχέσης, στήν ὁποία ἀναφέρεται ἡ πρός τόν Rinderknecht ἐπιστολή του. Θεωρεῖ ὅτι ἡ ἰδέα τῆς εὐρωπαϊκῆς οἰκογένειας δέν μπορεῖ νά λείπει ἀπό τήν Konzeption τῆς Ἀκαδημίας τῆς Κρήτης, ὅτι ἑπομένως εἶναι ἀνάγκη νά συμπράξουν καί οἱ Ἀκαδημίες τῆς Εὐρώπης. Προτείνει νά συζητήσουν τίς λεπτομέρειες στά πλαίσια τοῦ Kirchentag πού θά πραγματοποιηθεῖ στό Βερολίνο τέλη Ἰουλίου. «Λοιπόν, ἔλα, ἀγαπητέ φίλε, ἄς κάμουμε κάτι δυναμικό».

30-6-61 ΑΑπ

Εἰρηναῖος πρός Απ

«Γιά τό ζήτημα τῆς Ἀκαδημίας ἔχομεν πρός τό παρόν ἕνα σοβαρόν κώλυμα, τοῦ νεροῦ. Πιστεύω νά ὑπερνικηθῇ σύν τῷ χρόνῳ.

Πάντως ἀναμένω τήν ἄφιξίν σου ἐδῶ καί τήν ἄφιξιν τῶν εἰδικῶν γιά νά δοῦμε τά πράγματα ἐπί τόπου καί νά μήν ἐκτεθοῦμε.

Πῆγα στήν Τράπεζα Ἑλλάδος νά σοῦ στείλω χρήματα, ἀλλά δέν ἔχεις λέγει σχετικά χαρτιά καί φοβοῦμαι νά τά στείλω μέσα σέ φάκελλον.

Γι' αὐτό πάρε δανεικά νά κατεβῆς καί τά στέλνομε κατόπιν ἅμα ἔλθης ἐδῶ.

Λόγοι ὑγείας μοῦ ἐπιβάλλουν νά πάω λίγο πρός τά βουνά τῆς περιφέρειάς σου καί σάν ἔλθης ἀρχές Ἰουλίου θά συναντηθοῦμε εἰς Δῆμον Καμπανοῦ.[63] Συγγνώμη διά τό σύντομον αὐτό σημείωμά μου.

Ἔχω μιά τέτοια κόπωση, πού δέν δύναμαι οὔτε ἕνα γράμμα νά γράψω.

Καλήν ἀντάμωσιν.

Μέ τήν εὐχή καί τήν ἀγάπη μου».

---

[63] Πρίν ἀπό χρόνια εἴχαμε φιλοξενηθεῖ κάμποσες ἡμέρες ἀπό τούς συμπεθέρους μου Τζατζιμάκηδες στόν Γκίγκιλο, λίγο πιό κάτω ἀπό τήν κορυφή τοῦ Βόλακα, ὅπου ἔχουν ἀκόμη τό μιτάτο τους. Ἐκεῖ, προφανῶς, ἐπιθυμοῦσε νά ἀναπαυθεῖ γιά λίγο καί πάλι.

2-7-1961
Ὁ Εἰρηναῖος στό Ἡράκλειο - Χειροτονία τοῦ Ἱεραπύτνης Φιλοθέου.

6-7-1961 EZA 97/562
Απ πρός Kreyssig
Μόλις ἔλαβα τήν ἀπάντηση τοῦ Ἐπισκόπου στήν ἀπό 8 Ἰουνίου ἐπιστολή σας. Χαιρόμαστε πού τό πρόγραμμα στήν Κρήτη μπορεῖ νά ἀρχίσει ἤδη τό φθινόπωρο. Πρέπει ὅμως νά σᾶς διαβιβάσω τή δυσάρεστη πληροφορία πού ἐμπεριέχεται στήν ἐπιστολή τοῦ Ἐπισκόπου, ὅτι δηλαδή στόν τόπο ἀνέγερσης τῆς Ἀκαδημίας δέν ὑπάρχει ἀκόμη ἀρκετό νερό. Ἡ θάλασσα εἶναι βέβαια πολύ κοντά, ἀφαλάτωση ὅμως δέν προσφέρεται ὡς λύση. Ὅσον ἀφορᾶ στόν Γερμανό Ἀρχιτέκτονα κ.λπ., ὁ Ἐπίσκοπος θεωρεῖ ἀναγκαία μιά συνάντηση ἐπί τόπου, στήν Κρήτη, μέ ἐκπροσώπους σας. Ἄν αὐτή πραγματοποιηθεῖ σύντομα, ὁ Ἐπίσκοπος θεωρεῖ πώς ἡ οἰκοδομή θά μπορεῖ νά ἀρχίσει ἐντός τοῦ τρέχοντος ἔτους.

Ἀναχωρῶ γιά τήν Ἑλλάδα γύρω στίς 20 Ἰουλίου. Μέχρι 29 Ἰουλίου ἡ διεύθυνσή μου εἶναι: Π.Σ.Ε., Σοφοκλέους 1, Ἀθήνα. 29 Ἰουλίου μέχρι 4 Σεπτεμβρίου: Καστέλλι Κισάμου.

12. Εὐτυχής ἀνατροπή

Στή μέχρι σήμερα συνεργασία μας μέ τήν Aktion Sühnezeichen ἀρχίζουν νά ἐμφανίζονται τάσεις ἀποστασιοποίησης ἀπό τήν ἰδέα τῆς Ἀκαδημίας. Ὁ Müller καί ὁ Rinderknecht δέν φαίνονται πρόθυμοι νά συμπράξουν, ἐπειδή προφανῶς γνωρίζουν ὅτι ἕνα ἔργο ὅπως ἡ Ἀκαδημία εἶναι πέραν τῶν δυνατοτήτων τῆς Ὀργάνωσης αὐτῆς, στήν ὁποία, ἄλλωστε, δέν ἐπιθυμοῦν προφανῶς νά παραχωρήσουν εὐκαιρία γιά ἀνάμιξή της στά τῶν Ἀκαδημιῶν. Καί οἱ τῆς Sühnezeichen ὅμως, παρά τόν ἀρχικό ἐνθουσιασμό τους, ἀντιλαμβάνονται τό μέγεθος τῆς εὐθύνης καί ἀναζητοῦν εὔσχημο τρόπο γιά ὑπαναχώρηση. Πρός τήν κατεύθυνση αὐτή ὁδηγοῦν τά πράγματα (ἐν ἀγνοίᾳ μας) ὁ Möckel καί ἡ Schramm, ὅπως θά δοῦμε παρακάτω.

Ἀπό τήν πλευρά μου: Εἶμαι ἱκανοποιημένος γιά ὅσα ἔγιναν μέχρι σήμερα σέ συνεργασία μέ τή Sühnezeichen. Τό θέμα *Ἀκαδημία Κρήτης* εἶναι πλέον γνωστό στούς τά πρῶτα φέροντες τῶν γερμανικῶν Ὑπηρεσιῶν, *ἐκκλησιαστικῶν καί πολιτικῶν, καθώς καί σέ ὅλες τίς Ἀκαδημίες τῆς Εὐρώπης*. Ὡς ἀρνητικό θά μποροῦσε νά θεωρηθεῖ ἡ ἀπώλεια κάποιου χρόνου. Στήν πραγματικότητα ὅμως δέν ἦταν ἀπώλεια γιά τήν Ἀκαδημία, ἦταν κέρδος καί μάλιστα πολύ μεγάλο! Διότι, ὅπως θά ἀποδειχθεῖ λίγο ἀργότερα, πρῶτον, ἡ ὑπόθεση τῆς

Ἀκαδημίας μας θά ἀναληφθεῖ ἀπό τόν πλέον ἁρμόδιο φορέα, δηλ. τόν κύκλο τῶν Ἀκαδημιῶν, δεύτερον, θά συγκροτηθοῦν στό μεταξύ δύο πλούσιες πηγές χρηματοδότησης: ἡ *Εὐαγγελική Κεντρική Ὑπηρεσία Βοηθείας Ἀναπτύξεως* (EZE) καί τό *Ὁμοσπονδιακό Ὑπουργεῖο Οἰκονομικῆς Συνεργασίας καί Ἀναπτύξεως*. Ἡ προσοχή μου στρέφεται πλέον στό νά μήν ἐγκαταλείψει πλήρως τήν Κρήτη ἡ Sühnezeichen. Αὐτό κατορθώθηκε (ἔργα στήν Κάντανο καί στόν Λειβαδά τοῦ Σελίνου).

1-8-1961 EZA 97/562

Σύμφωνα μέ αὐτό τό ἔγγραφο, ἕνα εἶδος Πρακτικῶν συζήτησης μεταξύ τῶν Nevermann, Ziesche, Kreyssig καί Möckel {στό Βερολίνο}, ὁ Möckel θά ἐπέστρεφε τήν ἑπομένην στήν Ἀθήνα καί τόν Ἰανουάριο θά ἀναλάμβανε τή θέση ἐφημερίου στήν Ἀκαδημία τοῦ Βερολίνου. Δηλώνει πρόθυμος νά διερευνήσει τό θέμα μιᾶς δεύτερης δράσης τῆς Sühnezeichen στήν Ἑλλάδα {πρώτη εἶναι ἐκείνη στά Σέρβια}.

Ὅσον ἀφορᾶ στήν Κρήτη:

«Ἐκεῖ ἐπιβάλλεται ἐπειγόντως νά διευκρινισθεῖ σέ συνεννόηση μέ τόν Ἐπίσκοπο Εἰρηναῖο ὅτι ἡ προβλεπόμενη ἀπό αὐτόν οἰκοδομή τῆς Ἀκαδημίας κοντά σέ ἕνα ἐρειπωμένο Μοναστήρι **δέν ἀποτελεῖ πρόγραμμα πού μπορεῖ νά ἐνταχθεῖ στούς σχεδιασμούς μας**. (b-Απ) Οὔτε ἄμεση σχέση ἔχει {τό Μοναστήρι} μέ ἕναν τόπο στόν ὁποῖον εἶναι φανερή ἡ ἐνοχή τοῦ πολέμου, οὔτε ὁ σκοπός {τῆς Ἀκαδημίας} ἐμφανίζει μέ διαύγεια ὅτι αὐτή, σέ σύγκριση μέ στοιχειώδεις ἀνάγκες τοῦ πληθυσμοῦ πού ἔχει πληγεῖ ἀπό γερμανικές πράξεις βίας, μπορεῖ νά ληφθεῖ ὑπόψη» {λίαν ἀνεπαρκής, πλήν εὔσχημος αἰτιολόγηση τῆς ἀποστασιοποίησης ἀπό τήν πέραν τῶν δυνάμεών τους ὑπόθεση τῆς Ἀκαδημίας}.

Παρακαλεῖται ὁ Möckel νά ἐξηγήσει στόν Ἐπίσκοπο Εἰρηναῖο τό λόγο τῆς ἀπόσυρσής τους ἀπό τά τῆς Ἀκαδημίας καί νά ἀναζητήσει ἄλλο πρόγραμμα στήν Ἑλλάδα, μέ συνεκτίμηση τῶν σκέψεων τῆς Schramm. Ὡς ἐναλλακτικοί τόποι ἀναφέρονται στή συνέχεια:

-ὁ Χορτιάτης, κοντά στή Θεσσαλονίκη, «ὅπου μέ εὐθύνη ἑνός Γερμανο-Ἕλληνα ὀνόματι Schubert ἔγιναν φρικαλεότητες κατά τόν ἀνταρτοπόλεμο» {ἐννοεῖ αὐτόν μεταξύ Ἑλλήνων καί Γερμανῶν} καί - τό Δίστομο, ὅπου «ἐκτελέσθηκαν 180 ἄνθρωποι, μεταξύ αὐτῶν παιδιά καί γέροντες».

Στό τέλος ἐπανέρχονται στό θέμα Ἀκαδημία καί γράφουν: «Ἔχοντας ὑπόψη τίς οἰκουμενικές σχέσεις μας καί ὕστερα ἀπό τίς πληροφορίες τοῦ ἐν Ἀθήναις οἰκουμενικοῦ ἐντεταλμένου Metzler, ἐπιβάλλεται ἀναμονή, μήπως μέ τήν ἀπόρριψη μιᾶς ὑπηρεσίας τῶν Quäker ἀπό τόν Εἰρηναῖο ἔχει προκληθεῖ μιά διαρκής δυσθυμία. Αὐτό τό ζήτημα πρέπει νά διευκρινισθεῖ ὁριστικά» {Κατά περίεργο τρόπο εἶχε διαδοθεῖ ὅτι ἐπρόκειτο γιά διατάραξη τῶν σχέσεών μας μέ Κουακέρους. Ὅπως θά ἀντιληφθοῦν λίγο ἀργότερα, δέν ἐπρόκειτο γιά Quäkers, μέ τούς ὁποίους δέν εἴχαμε καμιά ἐπικοινωνία, ἀλλά γιά τούς Μεννονίτες}. Πράγματι, ἡ ἐκ μέρους τοῦ Εἰρηναίου ἀναίρεση τῆς μετ' αὐτῶν συμφωνίας εἶχε γίνει τάχιστα γνωστή στούς κύκλους τῆς διεκκλησιαστικῆς συνεργασίας καί εἶχε προκαλέσει πολλούς προβληματισμούς, πού θά μποροῦσαν νά ἐγείρουν σοβαρά ἐμπόδια καί στήν ὑπόθεση τῆς Ἀκαδημίας.

2-8-1961 EZA 97/562
Kreyssig πρός Απ
Μιά μακροσκελής ... ἐπιστολή
«Ἀξιότιμε κύριε Παπαδερέ, ἀγαπητέ ἀδελφέ,
αὔριο ἐπιστρέφει στήν Ἀθήνα ὁ ἐφημέριος Möckel. Στούς συνεργάτες μου καί σέ μένα ἔφερε ὄχι μόνο τίς δικές του πληροφορίες, ἀλλά καί μιά ἐμπεριστατωμένη ἔκθεση τῆς κυρίας Ehrengard Schramm-v.Thadden. Αὐτή γνωρίζει ἀπό ἐτῶν τόν τόπο ἐργασίας μας στήν Ἑλλάδα καί πρόσφατα ταξίδεψε στήν Κρήτη καί μίλησε διεξοδικά καί μέ τόν Ἐπίσκοπο Εἰρηναῖο. Μέ βάση καί τίς δυό πληροφορίες, γιά τίς ὁποῖες εἴχαμε σήμερα τό πρωΐ βασική διαβούλευση, ἐπιθυμοῦμε νά ἐμμείνουμε στό σχέδιό μας, σύμφωνα μέ τό ὁποῖο, μεταξύ τῶν εὐάριθμων δυνατοτήτων πού θά εἴχαμε στήν Ἑλλάδα γιά μιά δεύτερη δράση τῆς Sühnezeichen, ἡ Κρήτη θά πρέπει νά ἔχει τό προβάδισμα. Ἐν τούτοις, εἶμαι εὐγνώμων γιά τό ὅτι καθυστέρησε ἡ ἀπόφαση ὕστερα καί ἀπό τήν ἐπιστολή σας τῆς 6 Ἰουλίου σέ σχέση μέ τό ἀρχικά προταθέν ἀπό σᾶς σχέδιο, καθώς αὐτό τό πρόγραμμα θεωροῦμε τώρα πώς δέν εἶναι τό σωστό.

Πρῶτ' ἀπ' ὅλα ἐπειδή, ἐξ αἰτίας ἑνός ἀπροσδόκητου ἐξωτερικοῦ ἐμποδίου, δέν θά μπορούσαμε νά προσεγγίσουμε τό ζήτημα. Εἴμεθα βέβαια αὐτόνομοι, διατελοῦμε ὅμως σέ μιά ἀπό τά πράγματα ἐπιβαλλόμενη ἑταιρική/συνεργατική σχέση μέ τίς οἰκουμενικές Ὑπηρεσίες πού ἐνεργοποιοῦνται στήν Ἑλλάδα. Ἐπί τοῦ θέματος τούτου ὁ κ. Metzler ἐγνώρισε στόν ἀδελφό Möckel ὅτι ἐμποδίστηκε μιά ἀποστολή τῆς Κοινότητας τῶν Quäker ἐξ αἰτίας μιᾶς διαφορᾶς γιά τήν ὁποία δέν γνωρίζουμε περισσότερα. Τό διακονικό φρόνημα τῶν Quäker κατέχει καί σέ μᾶς μιά τόσο ὑψηλή ἐκτίμηση, ὥστε, παραβλεπομένων διαφόρων ἱστορικῶν ἀφετηριῶν, δέν μποροῦμε νά ἀντιπαρέλθουμε αὐτές τίς διαφορές ἀβασάνιστα. Αὐτό θά ἐπηρέαζε τήν ἀδελφική ἀναστροφή ἐντός τῶν οἰκουμενικῶν διακονιῶν μας. Συμφωνήσαμε, λοιπόν, ὁ ἀδελφός Möckel νά διακριβώσει κατά πόσον, ἐξ αἰτίας αὐτῶν τῶν διαφορῶν, ὁ Metzler ἔχει κάποιες ἐνστάσεις γιά τήν ἀνάληψη μιᾶς ἀποστολῆς ἀπό μᾶς. Λογαριάζω μέ σιγουριά ὅτι δέν θά συμβεῖ κάτι τέτοιο. Ὀφείλουμε ὅμως νά προχωρήσουμε σωστά».

Στή συνέχεια καταγράφει ἐπιφυλάξεις, πού τούς μετέφεραν ὁ Möckel καί ἡ Schramm:

- Ὁ τόπος πού ἔχουμε ἐπιλέξει γιά τήν Ἀκαδημία {δίπλα στή Μονή Γωνιᾶς} δέν ἐντάσσεται στήν κατηγορία τῶν τόπων στούς ὁποίους προσφέρει τίς ὑπηρεσίες της ἡ Ὀργάνωσή τους {Sühnezeichen}, δηλαδή σέ τόπους πού ἔπληξαν ἄμεσα καί σκληρά οἱ Γερμανοί κατακτητές. Αὐτό ἰσχύει ἀκόμη καί γιά τήν περίπτωση πού τά ὀστά τῶν πεσόντων στήν Κρήτη Γερμανῶν ἤθελε ἐνταφιασθοῦν στήν περιοχή τῆς Μονῆς {ὁ τόπος τοῦ γερμανικοῦ νεκροταφείου δέν εἶχε ὁριστικοποιηθεῖ ἀκόμη τότε}.

- Ἄποψή τους εἶναι ὅτι ἡ ἐπιδιωκόμενη στήν Ἑλλάδα γενική ἐκπαίδευση, χωρίς ἀντίστοιχη τεχνική - ἐπαγγελματική, δέν ὑπηρετεῖ τίς κοινωνικές ἀνάγκες. Ἡ σχετική συστατική ἐπιστολή {πρός Rinderknecht} βασίσθηκε στήν ἐσφαλμένη σκέψη ὅτι ἡ Ἀκαδημία τῆς Κρήτης θά εἶναι ἕνας τόπος συνάντησης καί διαλόγου, ὅπως εἶναι οἱ ἐκκλησιαστικές Ἀκαδημίες στή Δύση. «Πρόκειται ὅμως γιά μιά ἀνώτερη Σχολή. Σύμφωνα μέ τίς ὑπάρχουσες ἐκθέσεις, βλέπω καί ἐγώ πώς λείπουν παντελῶς οἱ προϋποθέσεις γιά μιά ἐκκλησιαστική Ἀκαδημία {ὅπως ἐκεῖνες στή Δύση} προφανῶς λόγω τῶν ἐν γένει συνθηκῶν πού ἐπικρατοῦν πρός τό παρόν στήν Κρήτη».[64]

- Ἡ ἐργασία τῆς Ὀργάνωσής τους στηρίζεται σέ χορηγίες καί ἐθελοντισμό. Εἶναι ὑποχρεωμένοι νά δίδουν λεπτομερεῖς πληροφορίες γιά τά προγράμματα πού ἀναπτύσσουν, τά ὁποῖα πρέπει νά ἀνταποκρίνονται πλήρως στούς σκοπούς τῆς Ὀργάνωσης.

- Σύμφωνα μέ ἔκθεση τῆς κυρίας Schramm, ὑπάρχουν στήν Κρήτη ἀρκετοί τόποι πού δεινοπάθησαν καί εἶναι ὡς ἐκ τούτου πλησίον τῶν σκοπῶν τῆς Sühnezeichen. Θά προτιμοῦσαν ἕναν τόπο στά ὅρια τῆς ἐπισκοπῆς Κισάμου καί Σελίνου, ὅπως στήν Κάντανο (βελτιωτικές ἐργασίες στό σχολεῖο) καί, ἐνδεχομένως, μέ μιά δεύτερη ὁμάδα σέ παρόμοια δοκιμασμένο τόπο. Θέλουν δέ νά ἀπασχολήσουν καί ντόπιους ἐργάτες.

- Παρακάλεσαν τόν Möckel νά ἐπισκεφθεῖ πρός τοῦτο προσεχῶς τήν Κρήτη, «προκειμένου νά συμφωνήσει μέ τήν Ἐξοχότητά του τόν Ἐπίσκοπο Εἰρηναῖο καί μέ σᾶς ὅ,τι ἐνδείκνυται νά γίνει. Σέ κάθε περίπτωση σᾶς παρακαλῶ θερμά, ἀγαπητέ ἀδελφέ Παπαδερέ, ἐφ' ὅσον δέν ἤθελε καταστεῖ τοῦτο δυνατόν, νά ἐπιδιώξετε νά ἐπικοινωνήσετε μέ τόν ἀδελφό Möckel στήν Ἀθήνα».

---

[64] Προφανῶς ὁ Möckel καί ἡ Schramm δέν εἶχαν μεταφέρει ἀκριβεῖς πληροφορίες περί τῆς σχεδιαζόμενης Ἀκαδημίας.

- Μόλις ἔχουμε συγκεκριμένες προοπτικές, θά στείλουμε ἀπό τό Βερολίνο ἕναν ἤ δύο συνεργάτες μας, προκειμένου νά κάμουν δεσμευτικές συμφωνίες καί νά ἀρχίσουμε τίς ἐργασίες τήν ἄνοιξη.

-Παρακαλεῖ νά δείξω κατανόηση γιά τή διαφοροποίηση τῆς στάσης τους {ὅσον ἀφορᾶ στήν Ἀκαδημία} καί νά συνεργασθῶ γιά τήν ἀπό κοινοῦ ἐκτέλεση ἑνός πιό ἁρμόζοντος σ' αὐτούς ἔργου. Κλείνει μέ τή φράση: Τά παραπάνω «δέν ἀλλάζουν τίποτε στό ὅτι ἐμεῖς εἴμαστε οἱ δωρεοδόχοι...».

12-8-1961 EZA 97/562
Möck πρός Kreyssig

Ὁ κ. Ziesche τοῦ ἔστειλε μόλις τήν ἀπό 2.8. ἐπιστολή τοῦ Kreyssig πρός τόν κ. Παπαδερό καί ἄλλη ἐπιστολή τοῦ King. Ὁμολογεῖ ὅτι ἔκαμε λάθος γράφοντας γιά Quäkers, ἐνῶ πρόκειται γιά τούς Μεννονίτες. Αὐτοί, πληροφορεῖται, θά πᾶνε σίγουρα στό Καστέλλι. Ὁ Ἐπίσκοπος Εἰρηναῖος κατάφερε νά κερδίσει τήν ὑποστήριξη πολλῶν οἰκουμενικῶν Ὀργανισμῶν (ἔτσι, γράφει, ἔχει διαπιστώσει καί ἡ κ. Schramm), παρά τό ὅτι οἱ ἐν Ἀθήναις ἐκπρόσωποι τῆς Οἰκουμένης θά προτιμοῦσαν μιά «δικαιότερη» κατανομή τῆς οἰκουμενικῆς βοήθειας.

Προσθέτει: Προβάδισμα διατηροῦν προγράμματα στό Καστέλλι ἤ {γενικά στήν} Κρήτη. Ἐδῶ ἔγιναν πράγματι φοβερά πράγματα {κατά τόν πόλεμο}. Ὁ δέ Ἐπίσκοπος Εἰρηναῖος θά στηρίξει τή δράση τους. Θά ἤθελε νά μάθει τί τούς εἶπε ἡ κ. Schramm ἤ τί θά τούς πεῖ ἐνδεχομένως ἄν γίνει κουβέντα γιά τήν Κάντανο, γιά τήν ὁποία, γράφει, εἶχε μιλήσει ἐκεῖνος μέ τόν Ἐπίσκοπο πρίν πάει ἐκείνη στήν Κρήτη {ὑποκρύπτεται, ἀλλά δέν...κρύπτεται καί ἐδῶ ἡ ἀντιπαλότητα, ποιός εἶχε πρῶτος ποιά ἰδέα!...}. Τέλος, τούς πληροφορεῖ γιά ἐπιστολή του πρός ἐμένα, στήν ὁποία ἀναγγέλλει τήν ἐπίσκεψή του στό Καστέλλι ἀρχές Σεπτεμβρίου καί ζητᾶ τή βοήθειά μου.

12-8-1961 EZA 97/562
Möck (Ἀθήν) πρός Απ (Καστέλλι)

«Ἀσφαλῶς θά ἔχετε λάβει ἤδη μιά ἐπιστολή τοῦ Προέδρου Dr. κ. Kreissig {ὀρθή γραφή: Kreyssig} ἀπό τό Βερολίνο, πού σᾶς ἀναγγέλλει τήν ἐπίσκεψή μου. Ἔχω παρακληθεῖ νά ἔλθω στή διάρκεια τοῦ καλοκαιριοῦ αὐτοῦ στό Καστέλλι, προκειμένου νά συζητήσω ἐπί τόπου τίς δυνατότητες γιά προσφορά κάποιας ἐργασίας ἀπό τή Δράση "Sühnezeichen"».

Ἐρωτᾶ ἄν μπορεῖ νά ἔλθει μεταξύ 3-10 Σεπτεμβρίου καί ἄν μπορῶ νά τόν συνοδεύσω σέ διάφορους τόπους. Ζητᾶ νά διαβιβάσω τούς χαιρετισμούς του στόν Ἐπίσκοπο Εἰρηναῖο.

24-8-1961 ΕΖΑ 97/562
Απ. πρός Möckel-Ἀθήνα (γερμανιστί)
Γράφω ἀπό τό Καστέλλι, ὅπου διευθύνω τήν Κατασκήνωση τοῦ Παγκοσμίου Συμβουλίου Ἐκκλησιῶν - χτίζουμε τό ναό στήν αὐλή τῆς Μητροπόλεως, τόν ὁποῖο θά ἀφιερώσει ὁ Σεβασμ. Εἰρηναῖος στόν Ἅγ. Οἰκουμένιο υἱοθετώντας πρότασή μας, τῶν μελῶν τῆς Κατασκήνωσης.[65]

«Εὐχαριστῶ πολύ γιά τό γράμμα σας, ὁ κ. Kreyssig μοῦ τό εἶχε ἤδη προαναγγείλει». Ἡ περίοδος πού προτείνει γιά νά ἔλθει στήν Κρήτη (3-10 Σεπτεμβρίου) εἶναι καλή γιά μένα καί ἡ μόνη δυνατή, γιατί μετά θά φύγω ἀπό τήν Ἑλλάδα. Βέβαια, ἡ Κατασκήνωση διαρκεῖ μέχρι 5 Σεπτ. Θά ἦταν ὅμως καλό νά ἔλθει νωρίτερα, ὥστε νά δεῖ τά παιδιά καί μάλιστα τά ἐκ Γερμανίας, μερικά ἀπό τά ὁποῖα εἶχαν ἐκφράσει ἤδη τήν ἐπιθυμία νά μιλήσουν μαζί του. Ἀπό τίς 6 Σεπτ. θά τόν συνοδεύσω εὐχαρίστως σέ τόπους τῆς περιοχῆς. Καί ὁ Εἰρηναῖος χαίρεται γιά τήν ἐπίσκεψη. Ἀμφότεροι χαιρόμαστε γιά τήν εὐκαιρία νά ἐξετάσουμε ἐπί τόπου τή δυνατότητα κάποιας συνεργασίας.[66] Κοινοπ.: Herrn Präses Dr. Kreyssig.

24-8-1961 ΕΖΑ 97/562
Απ. πρός Kreyssig
Γράφω ἀπό τό Καστέλλι:
«...Τήν ἀπό 2 Αὐγούστου ἐπιστολή σας συζήτησα ἐπισταμένως μέ τόν Ἐπίσκοπο Εἰρηναῖο· σᾶς εὐχαριστοῦμε ὄχι μόνο γιά τό ὅτι ἡ Ὀργάνωσή σας

---

[65] Σέ μιά ἀπό τίς ὁμιλίες μου πρός τούς νέους αὐτούς ἀνθρώπους ἀπό διάφορες χῶρες εἶχα ἀναφερθεῖ στή θέση τῆς Ἁγ. Γραφῆς στή ζωή τῆς Ὀρθόδοξης Ἐκκλησίας καί στήν ἑρμηνευτική μας παράδοση καί εἶχα μνημονεύσει μεταξύ τῶν σημαντικῶν ἑρμηνευτῶν καί τόν Ἐπίσκοπο Τρίκκης (Θεσσαλία, 10ος αἰώνας) ἅγιο Ο ἰ κ ο υ μ έ ν ι ο καί τό σπουδαῖο ἑρμηνευτικό ἔργο του. Σέ μιά οἰκουμενική συντροφιά φυσικό ἦταν νά προκαλέσει ἐνδιαφέρον τό ὄνομα Οἰκουμένιος. Ἡ ζωηρή συζήτηση κατέληξε στήν πρόταση πρός τόν Εἰρηναῖο νά σκεφθεῖ μήπως θά ἦταν καλό νά ἀφιερώσει τό μικρό ναό στόν Ἅγιο Οἰκουμένιο.

[66] Πήγαμε στήν Κάντανο καί στά Τρία Χωριά (Μονή, Λειβαδά καί Κουστογέρακο). Στό ἑπτασέλιδο ὑπ' ἀριθμ. 14/1963 (Δεκέμβριος) Πρακτικό τοῦ Συμβουλίου τῆς Κοινότητας Καντάνου, πού ἀναφέρεται στό ἔργο τό ὁποῖο ἐκτέλεσε ἡ Ὁμάδα τῆς Aktion Sühnezeichen, μνημονεύονται δυό ἐπισκέψεις μου σχετικές μέ αὐτό, χωρίς γνώση τῶν ὅσων εἶχαν προηγηθεῖ καί ὅσων ἀκολούθησαν, οὔτε βέβαια τῆς ἀκρίβειας τῶν πραγμάτων: «Τό θέρος τοῦ 1961 ἐπεσκέφθησαν τήν Κοινότητά μας δύο ξένοι ἄγνωστοι Γερμανοί μετά τοῦ ἐν Γερμανίᾳ σπουδάζοντος Ἀλέκου Παπαδεροῦ, προερχόμενοι ἀπό τό Καστέλλι Κισσάμου ἀπ' ὅπου τούς ἀπέστειλεν ὁ Σεβασμιώτατος Μητροπολίτης μας κ. Εἰρηναῖος, μᾶς ἐζήτησαν καί ἐσυναντήθημεν εἰς τό Γραφεῖον τοῦ Γυμνασίου παρόντος τοῦ Ἱερέως Μιχαήλ Κουκουράκη καί τοῦ κ. Καθηγητοῦ Ἰωάννου Ἀναστασάκη...». Στήν ἴδια, πρώτη, σελίδα: «Μετά παρέλευσιν ἀρκετῶν μηνῶν ἀπό τῆς συναντήσεώς μας καί ὅταν ἐγώ {ὁ Πρόεδρος} ἀπουσίαζα εἰς Ἀθήνας πρός ἐκτέλεσιν ὑπηρεσίας τῆς Κοινότητος, ἐπεσκέφθησαν τήν Κάντανον ὁ εἰς Ἀθήνας Γερμανός Ἱερεύς κ. ΜΕΚΕΛ μετά τοῦ Ἀλεξάνδρου Παπαδεροῦ, ἐζήτησαν τόν Ἱερέα καί ἐμένα, διενυκτέρευσαν εἰς τήν οἰκίαν τοῦ Ἱερέως Μιχαήλ Κουκουράκη, τόν ὁποῖον καί ἠρώτησαν ἐάν θά εἶναι καλόν νά ἔλθουν ἐκ Γερμανίας νέοι Γερμανοί νά ἐργασθοῦν καί νά ἐκτελέσουν ἕνα μικρό ἔργο ὠφέλιμον γιά τήν Κάνδανον...» (ἐπιστολή Ἰ. Ἀναστασάκη πρός Ἀπ, 13-11-1964).

ἐπιμένει νά δίδει τό προβάδισμα στήν Κρήτη, ἀλλά καί ἐπειδή ἐπιστήσατε τήν προσοχή μας ἐπί ὁρισμένων σημείων τοῦ σχεδίου μας γιά τήν Ἀκαδημία. Ἡ ἀλλαγή πού σκέφθηκε ἡ Ὀργάνωσή σας δέν θά κλονίσει βέβαια τήν ἀποφασιστικότητά μας νά δημιουργήσουμε τήν Ἀκαδημία, παρά τό ὅτι δέν γνωρίζουμε μέ ποιά {οἰκονομικά} μέσα μποροῦμε νά φθάσουμε στό σκοπό αὐτό. Ἐπιθυμοῦμε πάντως νά συνεχίσουμε ὅπως καί πρίν τό διάλογο μαζί σας μέ τό ἴδιο πνεῦμα τῆς εἰλικρίνειας καί τῆς χριστιανικῆς εὐθύνης. Μέ δεδομένη τήν ἀκριβῆ γνώση τῆς ἐδῶ καταστάσεως μποροῦμε ἴσως νά σᾶς προφυλάξουμε ἀπό ἐσφαλμένες πληροφορίες καί συμβουλές. Γι' αὐτό ἐπιθυμοῦμε νά δώσουμε μιά ἐμπεριστατωμένη ἀπάντηση στό τελευταῖο γράμμα σας ὕστερα ἀπό τή συζήτησή μας μέ τόν ἐφημέριο κ. Möckel τό πρῶτο 15νθήμερο τοῦ Σεπτεμβρίου.

Μέ ἐγκάρδιους χαιρετισμούς ἐκ μέρους καί τοῦ Ἐπισκόπου Εἰρηναίου».

13. Κάντανος καί Λειβαδάς

21-9-1961 EZA97/564
Möckel πρός Sühnezeichen
Ἔκθεση πρός τή Sühnezeichen περί τοῦ διερευνητικοῦ ταξιδίου στή Δυτ. Κρήτη ἀπό 5 μέχρι 10.9.1961.

1) «Κατά τήν ὡς ἄνω χρονική περίοδο, συνοδευόμενος ἀπό τή σύζυγό μου, ἔκαμα ἕνα ταξίδι στήν Κρήτη καί συγκεκριμένα στά Χανιά, τήν Κάντανο, τόν Λειβαδά καί τή Μονή. Στό μεγαλύτερο μέρος τοῦ ταξιδίου μέ συνόδευσε ὁ κ. Ἀλέξανδρος Παπαδερός, ὁ νεαρός Θεολόγος καί ἔμπιστος τοῦ Ἐπισκόπου Εἰρηναίου, πού κατάγεται ἀπό τό χωριό Λειβαδάς. Ἤδη τήν πρώτη ἡμέρα μπόρεσα νά ἔχω συζήτηση μέ τόν Ἐπίσκοπο Εἰρηναῖο καί τόν Παπαδερό κατά τήν ὁποία καί οἱ δύο φάνηκαν ἀνοιχτοί στήν ὑπόθεση τῆς Sühnezeichen, παρακάλεσαν ὅμως μέ ἔμφαση νά ἀποφευχθοῦν οἱ μεγάλες ὑποσχέσεις πού δέν θά μπορέσουν νά τηρηθοῦν ἔπειτα». Ἀκούστηκαν καί κάποιες κριτικές παρατηρήσεις γιά τό πρόσφατο ταξίδι τῆς κυρίας Schramm. Ἀπάντησα πῶς ὅ,τι ὑπόσχεται ἡ Sühnezeichen μπορεῖ καί νά τό πραγματοποιήσει καί τόνισα πρός ἀμφοτέρους, ὅπως καί σέ ὅλο τό ταξίδι, ὅτι δέν μπορῶ νά ὑποσχεθῶ τίποτε, ἀλλ' ὅτι ἡ ἀποστολή μου περιορίζεται στήν ἀναγνώριση τοῦ χώρου καί σέ προπαρασκευή.

«Ἀποφασίσαμε στή συνέχεια νά ἀξιοποιήσουμε τίς καλές ἐπαφές τοῦ κ. Παπαδεροῦ μέ τά χωριά ὅπου μεγάλωσε καί πού ὑπέφεραν πολύ στόν πόλεμο καί νά ἐξετάσουμε κατ' ἀρχήν τήν κατάσταση ἐπί τόπου. Πῆγα τήν ἴδια ἡμέρα μέ τόν κ. Παπαδερό στήν Κάντανο, ὅπου εἴχαμε τό βράδυ μιά συζήτηση μέ τόν τοπικό ἐφημέριο Μιχαήλ Κουκουράκη. Μέ τή συγκρατημένη συμπεριφορά του προκαλεῖ ἐξαίρετη ἐντύπωση, προκαλεῖ ἐμπιστοσύνη. Συμφώνησε μέ τό σχέδιο πού τοῦ ἀναπτύξαμε. Ὑποσχέθηκε νά συνομιλήσει τίς ἐπόμενες ἡμέρες ἐμπιστευτικά μέ τό Δημοτικό Συμβούλιο.

2) Σημειώνει ἔπειτα ὅτι τόσο ἡ Κάντανος ὅσο καί ἡ Κοινότητα πού περιλαμβάνει τά χωριά Λειβαδά, Κουστογέρακο, Μονή καί Σούγια, καθώς καί ἄλλα χωριά στούς δυτικούς πρόποδες τῶν Λευκῶν Ὀρέων, χωριά πού ἀνήκουν στήν Ἐπισκοπή τοῦ Εἰρηναίου, ὑπέφεραν πολύ στόν πόλεμο {καθ᾽ ὁδόν καί ἐπί τόπου τοῦ εἶχα διηγηθεῖ λεπτομέρειες γιά τά γενόμενα}.

Ἀκολουθεῖ συνοπτική ἀναφορά στήν καταστροφή τῆς Καντάνου καί στά ἐπακόλουθά της.

Ἐνῶ ἡ Κάντανος ἀνοικοδομήθηκε μέ κρατική βοήθεια (ἐπισυνάπτει φωτογραφίες), τά μικρά ὀρεινά χωριά εἶναι ἀκόμη ἐρειπωμένα. Μόνο κάπου κάπου, ἀνάμεσα στά ἐρείπια, ἀναφαίνεται κάποιο ξαναχτισμένο σπίτι (δύο φωτογραφίες). Ἐγκλεισμός τῶν γυναικοπαίδων τοῦ Λειβαδᾶ στήν Ἁγιά, καταστροφή περιουσιῶν, ἐρήμωση τοῦ τόπου. «Ὁ κ. Παπαδερός, πού ἔζησε αὐτήν τήν περίοδο ὡς 9χρονο παιδί, μᾶς διηγήθηκε, ἐντελῶς χωρίς πάθος, ἐν μέρει φριχτές λεπτομέρειες, πού θά ἄξιζε νά σημειωθοῦν {δημοσιευθοῦν} κάποτε».

Ἀξιοσημείωτο εἶναι τό ὅτι δέν αἰσθάνεται κανείς σέ ὅλα αὐτά τά χωριά συνεχιζόμενο μίσος κατά τῶν Γερμανῶν. Ἐπιχειρεῖται κάποια ἑρμηνεία τούτου μέ διάφορες παρατηρήσεις. Ἡ Ἔκθεση ὅμως ἐμμένει στά τότε προβλήματα, στή φτώχεια κυρίως καί στήν ἐγκατάλειψη τῆς ὑπαίθρου. Στήν ἀντιμετώπιση αὐτῶν τῶν προβλημάτων πρέπει νά δοθεῖ προτεραιότητα. Τονίζεται ὅμως μέ ἔμφαση πώς ὅ,τι γίνει ἀπό τήν Sühnezeichen πρέπει νά διατηρήσει τό χαρακτήρα τῆς συμβολικῆς παρουσίας καί νά ἀποφύγει κάθε ὑπόνοια πώς ἔρχονται οἱ πλούσιοι Γερμανοί νά μᾶς σώσουν!

Προτάσεις γιά προγράμματα:

α) **Κάντανος**: Σήμερα κιόλας εἰδοποίησαν τόν κ. Παπαδερό στήν Ἀθήνα ὅτι θά προτιμοῦσαν ἕναν ἀγωγό νεροῦ σέ ἔκταση περίπου 5 χιλιομέτρων. Μιά ὁμάδα 10-15 ἐθελοντῶν, μεταξύ τῶν ὁποίων 3-4 κοριτσιῶν, θά μποροῦσε νά φιλοξενηθεῖ. Χωρίς ἀμφιβολία, τά μέλη τῆς ὁμάδας πού ἐργάστηκαν στήν Κάντανο θά προβλημάτισε ἡ λέξη *S ü h n e* τῆς πρώτης (ἀριστερά) ἀπό τίς ἀναμνηστικές στῆλες στήν πλατεία τῆς Καντάνου, ὅπως καί τῆς ἀρχικῆς ἐπιγραφῆς. Αὐτό πού ἐννοοῦσαν οἱ καταστροφεῖς τῆς Καντάνου ἐκφράζεται σωστά μέ τή λέξη *Vergeltung* (δεύτερη στήλη), πού σημαίνει *ἐκδίκηση*, ἀντίποινο, μιά καί κατά τήν ἰδεολογία καί τήν πρακτική τους ἡ ἀντίσταση τοῦ λαοῦ στήν ἐπιδρομή τους ἀποτελοῦσε ἔγκλημα, ἄξιο ἀντιποίνων. Ἐνῶ ἡ λέξη *Sühne*, δηλαδή *ἐξιλασμός*, σημαίνει τό ἀκριβῶς ἀντίθετο: τήν «ἀπόσπαση συγγνώμης μέ τόν ἐξευμενισμό τοῦ θυμοῦ κάποιου» - βασική ἐπιδίωξη τῆς

Aktion Sühnezeichen - «ὡς μεγάλη ἡ ἐλεημοσύνη τοῦ κυρίου καὶ ἐξιλασμὸς τοῖς ἐπιστρέφουσιν ἐπ' αὐτὸν» (Σοφ. Σειρ. 17, 29). Ὅσον ἀφορᾶ στή λέξη Ermordung, δολοφονία, ἡ E. Schramm διορθώνει: «Οἱ Κρῆτες ὅμως ἀγωνίσθηκαν, δέν ἐδολοφόνησαν» (Ein Hilfswerk..., σελ. 97).

Γράφει ἀκόμη ὁ Möckel:

β) **Λειβαδάς**: Ἐνῶ ἡ Κάντανος ἔλαβε οὐσιαστική βοήθεια γιά ἀνοικοδόμηση, ὁ Λειβαδάς καί τά ἄλλα χωριά τοῦ περίγυρου ἀνήκουν στίς πιό φτωχές καί ἐγκαταλελειμμένες περιοχές πού ἔχω γνωρίσει στήν Ἑλλάδα. Ὁ Λειβαδάς προσφέρεται περισσότερο, ἐπειδή βρίσκεται στό μέσον τῶν χωριῶν αὐτῶν, καί ὁ Παπαδερός θά εἶναι ὁ σωστός μεσολαβητής. «Καί οἱ πέντε προσωπικότητες πού κρατοῦν σφραγίδες στήν περιοχή {ἀσκοῦν τή μιά ἤ τήν ἄλλη ἐξουσία} εἶναι Παπαδεροί».

Ὡς ἔργο προέχει καί ἐδῶ τό νερό - ἴσως μιά μεγάλη δεξαμενή ἤ ἕνα σπίτι ὡς Ἰατρικός Σταθμός, αἴθουσα συνάξεων κ.λπ., ἐνδεχομένως καί ὡς Κοινοτικό Γραφεῖο, ἄν μεταφερθεῖ ἐκεῖ ἡ ἕδρα τῆς Κονότητας.

Οἱ ἐθελοντές (6-8 νέοι) μποροῦν νά φιλοξενηθοῦν σέ σπίτια. Οἱ συνθῆκες θά εἶναι πολύ δύσκολες καί θά ὑπάρχουν πολλές στερήσεις γιά τούς νέους, «πού ὅμως θά ἐξισορροπηθοῦν χάρη στήν πολύ μεγάλη φιλοξενία τῶν κατοίκων καί σέ ὅσα θά ζήσουν ἐκεῖ, σέ ἕναν αὐτοῦ τοῦ εἴδους μοναδικό πολιτισμό στήν Εὐρώπη».

21-9-1961 EZA97/564
Möckel πρός Sühnezeichen

Ὡς συμπλήρωμα τῆς ἀνωτέρω Ἐκθέσεώς του (19-9-1961) ἐνημερώνει τήν Ὀργάνωση ὅτι τό ἔργο πού πρόκειται νά ἀρχίσουν οἱ Μεννονίτες στό Καστέλλι προσεχῶς ἔχει ἀναπτυξιακό χαρακτήρα καί ἑπομένως δέν θά ὑπάρξει ἐπικάλυψη μέ ὅσα σκέπτεται νά κάμει ἡ Ὀργάνωση στήν Κρήτη. Σέ αὐτό συμφωνεῖ καί ὁ κ. King.

Ὅσον ἀφορᾶ στήν Ἀκαδημία ὅμως, ἡ κρίση του ἐγκαινιάζει τήν ἀποστασιοποίηση τῆς Ὀργάνωσης ἀπό τά μέχρι τοῦδε σχέδιά μας:

«Ὕστερα ἀπό νέα συζήτηση μέ τόν Ἐπίσκοπο Εἰρηναῖο καί ἐπίσκεψη τῆς Μονῆς Γωνιᾶς {μαζί μέ τόν Εἰρηναῖο}, φαίνεται νά ἐπιβεβαιώνεται ἡ ἐντύπωση πώς ἡ ἀνέγερση μιᾶς "Ἀκαδημίας" δίπλα στή Μονή δέν μπορεῖ νά εἶναι δουλειά τῆς Sühnezeichen. Καί ὁ ἴδιος ὁ Ἐπίσκοπος Εἰρηναῖος τό ἔχει τώρα ἀντιληφθεῖ.

Ὑπό μιάν εὐρύτερη ἔννοια βέβαια θά μποροῦσε ἀσφαλῶς ἡ ἐνεργός συνεισφορά στό πρόγραμμα αὐτό {τῆς Ἀκαδημίας} νά θεωρηθεῖ ὡς ἕνα μέρος τῆς ἐπανόρθωσης πού ἐμεῖς οἱ Γερμανοί θά μπορούσαμε νά προσφέρουμε ὡς ἀδελφική βοήθεια στήν Ὀρθόδοξη Ἐκκλησία καί τοιουτοτρόπως στόν ἑλληνικό λαό {σέ ὅλες τίς δικές μου συζητήσεις καί διαπραγματεύσεις, ἐπί πολλῶν ἐπιπέδων, μερικές ἀπό τίς ὁποῖες ὑπῆρξαν ...διπλωματικῶς συγκρατημένες, στήν οὐσία ὅμως πολύ ἔντονες, ἀπέκρουσα αὐτή τή συνήθη τότε προσέγγιση: Τούς φουκαράδες τούς Ἕλληνες, καλό εἶναι νά τούς βοηθήσουμε -ἤ: Ἄς προσφέρουμε ἀδελφική βοήθεια στούς ἀδελφούς Ὀρθοδόξους... Ἡ σαφής θέση μου: Σκοτώσατε ἀθώους, καταστρέψατε ἀδίκως· σᾶς δίδουμε τήν εὐκαιρία νά θέσετε ἕνα πετραδάκι, «σημεῖον» μετάνοιας καί ἐξιλασμοῦ!}. Ὅπως ἴσως ἐνθυμεῖσθε, σέ σχέση μέ τό πρόγραμμα Ἀκαδημία εἶχα πάντοτε μέχρι σήμερα ὑποστηρίξει πώς ἐπιβάλλεται ἀναμονή μέχρις ὅτου δειχθεῖ κατά πόσον ὁ Ἐπίσκοπος Εἰρηναῖος μέ τίς ἰδέες του θά μπορέσει νά ἐπιβληθεῖ στήν ἴδια τήν Ἐκκλησία του καί κατά πόσον θά λάβει ἀπό τούς ἐν Κρήτῃ ἀδελφούς του {Ἐπισκόπους} ἠθική ὑποστήριξη. Κατά τίς τωρινές συζητήσεις μας ὅμως στήν Κρήτη διαφοροποίησα τήν ἄποψή μου κατά τοῦτο, ὅτι εἶναι προτιμότερο νά μήν περιμένει κανείς αὐτήν τήν ἐξέλιξη – θά μποροῦσε νά διαρκέσει πολύ. Πιό εὔκολα μεταβάλλεται ἡ κοινή - ἐκκλησιαστική γνώμη ὅταν δοῦν τί συμβαίνει πραγματικά. Χρειάζεται βέβαια μεγαλύτερη διαύγεια στά σχέδια τοῦ Ἐπισκόπου καί νά ἀποσαφηνισθοῦν οἱ σκέψεις του σέ τέτοιο βαθμό, ὥστε νά εἶναι ἱκανός νά διατυπώνει ὁριοθετημένες προτάσεις. Πέραν τούτων, ἡ σημερινή συμβουλή μου εἶναι: Νά μή σπάσουν τά νήματα μέ τά ὁποῖα διασυνδέθηκε ἡ Aktion Sühnezeichen μέ τόν Σύνδεσμο τῶν Διευθυντῶν τῶν Εὐαγγελικῶν Ἀκαδημιῶν, ἀλλά νά κρατηθεῖ στά ὑπόψιν αὐτή ἡ ὑπόθεση» {τῆς Ἀκαδημίας}.

Στό τέλος τῆς συμπληρωματικῆς Ἐκθέσης (πού περιλαμβάνει καί ἄλλα ζητήματα, περισσότερο σχετικά μέ τά ἔργα τῆς Sühnezeichen στό Σέλινο) διαφαίνεται ἀφ' ἑνός τό πρόβλημα τῆς ἀνακριβοῦς πληροφόρησης {στή Sühnezeichen συζητοῦσαν, ὡς ἐναλλακτικό πρόγραμμα, τό σχολεῖο στήν Κάντανο, ἐνῶ τό εἶχε στό μεταξύ ἀνοικοδομήσει ἡ Κοινότητα}, ἀφ' ἑτέρου καί πάλι ἡ ἀντιπαλότητα τῶν διαφόρων γερμανικῶν Ὀργανώσεων καί ἡ ἔλλειψη συντονισμοῦ μεταξύ τους, ἡ ὁποία δέν ἦταν αἰσθητή σέ μᾶς τότε.

14. Ehrengard Schramm-von Thadden

Ἀπό ἐν μέρει ἄγνωστα μέχρι τότε σέ μᾶς ἔγγραφα πού ἔλαβα στίς 6-1-2012 ἀπό τό Evangelisches Zentralarchiv in Berlin, ὁδηγήθηκα σέ ὁρισμένες σημαντικές διαπιστώσεις. Τόν δέ Φεβρουάριο τοῦ 2013 ἔλαβα ἐπίσης μιά ἐπιστολή, τήν ὁποία συνυπέγραφε ἡ Marielisa von Thadden, βασικό στέλεχος τῆς Ἀκαδημίας Bad Boll. Ἐκείνη εἶχε στή συνέχεια τήν καλοσύνη νά μοῦ ἐξηγήσει ὅτι ὁ Reinold Leopold Adolf Ludwig von Thadden-Trieglaff (1891-1976)[67] ἦταν παπποῦς της, ὅτι ἡ Schramm (1900-1985) ἦταν ἀδελφή του καί ὅτι τό Ἀρχεῖο τῆς Schramm βρίσκεται στά χέρια τῶν γιῶν της. Γιά νά μή χρειασθεῖ νά προστρέξω καί σέ αὐτό τό Ἀρχεῖο, ἡ Marielisa μοῦ ἔστειλε ἕνα βιβλίο καί τό ἀνάτυπο ἑνός ἐκτενοῦς δημοσιεύματος – δύο σημαντικές πηγές πληροφοριῶν δηλαδή γιά τή δράση τῆς Schramm στήν Ἑλλάδα.[68] Τήν *προσφορά βοήθειας* (Hilfswerk) τῆς Schramm στήριζε ὁ Σύλλογος Deutscher Frauenring, e. V., - ἕνας δυναμικός Σύλλογος Γυναικῶν τῆς Γερμανίας. Ἡ Schramm, μιά διακεκριμένη, δυναμική καί μεγάλου κύρους προσωπικότητα, μέ σημαντική πολιτική καί φιλανθρωπική δράση, ἦταν Πρόεδρος τοῦ Τμήματος τοῦ Συλλόγου αὐτοῦ στήν πόλη Göttingen. Ἡ Aktion Sühnezeichen στήριζε οἰκονομικά τό ἔργο της,[69] εἶχε ἐπικοινωνία μαζί της καί ἐλάμβανε ὑπόψη τή γνώμη της, ὅπως φαίνεται καί ἀπό τήν ὡς ἄνω σχετική ἀλληλογραφία.

---

[67] Γερμανός νομικός. Ἀνῆκε στήν ἀντιχιτλερική μερίδα τῶν Προτεσταντῶν, πού ἦταν γνωστή ὡς ἡ Bekennende Kirche-Ἐκκλησία τῆς Ὁμολογίας. Ὑπῆρξε Ἰδρυτής καί πρῶτος Πρόεδρος τῆς μεγάλης περιοδικῆς σύναξης τοῦ γερμανικοῦ Προτεσταντισμοῦ, πού εἶναι γνωστή ὡς Deutscher Evangelischer Kirchentag. Βλ. Alexandros Papaderos, Wovon leben die Menschen? Die Bibelarbeit vom 15. Deutschen Evangelischen Kirchentag, Düsseldorf 1973 (Bibelarbeit über Luk. 15, 20-23, zusammen mit Walter Hollenweger), Stuttgart - Berlin 1973, 134-144. Τό ἴδιο κείμενο στό: Deutscher Evangelischer Kirchentag Düsseldorf. Dokumente. Kreuz Verlag, Stuttgart-Berlin 1973, 143-147, 150-152.

[68] Τό βιβλίο: Ehrengard Schramm, Ein Hilfswerk für Griechenland. Begegnungen und Erfahrungen mit Hinterbliebenen deutscher Gewalttaten der Jahre 1941-1944, Vanderhoeck & Rubrecht 2003. Τό δημοσίευμα: Helga-Maria Kühn, Ehrengard Schramm. Eine engagierte Göttinger Bürgerin, Sonderdruck aus Göttinger Jahrbuch 1993, 211-224.

[69] Kühn, σ. 219.

Τό ἐνδιαφέρον τῆς Schramm γιά τήν Ἑλλάδα ὀφείλεται πρώτιστα στήν ἐκπαίδευσή της, κατά τήν ὁποία ἐξοικειώθηκε μέ τήν ἑλληνική γλῶσσα καί Ἱστορία, ὄχι μόνο τήν ἀρχαία ἀλλά καί τή σύγχρονή της, ὅπως δείχνουν ἤδη προπολεμικά δημοσιεύματά της.[70] Ἀργότερα διδάχθηκε καί τή νέα ἑλληνική γλῶσσα μέ ἐπάρκεια γιά βασική συνεννόηση.[71]

Ὅπως δηλώνει στό βιβλίο της Ein Hilfswerk..., ἤδη στήν πρώτη μεταπολεμική ἐπίσκεψή της στήν Ἑλλάδα (1952) ἀνατρέχει ἡ «*στενή καί διαρκής*» σχέση τῆς Σράμ μέ τήν Κρήτη, ὅπου ἔφθασε τό καλοκαίρι τοῦ ἔτους αὐτοῦ ἀεροπορικῶς, μέ κάρτα δωρεάν διακίνησης πού εἶχε λάβει ἀπό τήν {ἑλληνική} Κυβέρνηση (ἀκολούθησαν καί ἄλλες ἐπισκέψεις της στό νησί: 1961, 1962, 1965, 1966, 1972, 1975 καί 1976). Τό ἀεροπλάνο (Dakota) προσγειώθηκε στό Μάλεμε, ἕνα ἀσήμαντο ἀεροδρόμιο, ἀπό τήν κατάληψη τοῦ ὁποίου ὅμως ἐξαρτήθηκε τό 1941 ἡ ἐπί τῆς Κρήτης κυριαρχία - ἐκεῖ «*ἔγινε ἡ μοναδική προσπάθεια νά κατακτηθεῖ μιά χώρα ἀπό τόν ἀέρα*».

Στό δρόμο πρός τά Χανιά, γράφει, βρίσκεται τό μνημεῖο πού στήθηκε στή διάρκεια τοῦ πολέμου γιά τούς ἀλεξιπτωτιστές «ἕνας ἀετός πού ὁρμᾶ πρός τά κάτω - ψυχρή-ἐπιθετική ναζιστική τέχνη, ἔκφραση τῆς βίας». Στή μνήμη τοῦ λαοῦ μας διατηρεῖται ὡς «*τό Κακό Πουλί*». Ἐδῶ, γράφει ἡ Σράμ, «*συνάντησα ἀνθρώπους τοῦ ἴδιου ἑλληνικοῦ ἔθνους, πού δέν μποροῦσαν νά ἀντιληφθοῦν γιατί οἱ Γερμανοί νικητές τούς φόρτωσαν {ὡς ἐνοχή} τήν προάσπιση τοῦ πατρίου ἐδάφους*» (σ. 86-87).

Τίς ἀναφορές της π.χ. ἀπό τήν ἐπίσκεψή της στό Κουστογέρακο (1961) καί στά ὅσα τραγικά ἔγιναν ἐκεῖ, στό χωριό μου (Λειβαδά), στή Μονή, στήν Κάντανο, στή Μαλάθηρο καί ἀλλοῦ θά ἤθελα νά τά συμπεριλάβω σέ ἰδιαίτερη μελέτη, ἀξιοποιώντας ὅσα γράφει ἐκείνη καί ἄλλα πού ἐμπεριέχονται σέ ντοκουμέντα ἀπό γερμανικά Ἀρχεῖα πού ἔχω συλλέξει.

---

[70] Griechenland und die Großen Mächte 1913-1923, Göttingen 1933. Georg II. und Venizelos, in: Ostdeutsche Morgenpost, 19.12.1935. Nach einigen Wochen. Wandlungen der griechischen Monarchie, in: Münchner Neueste Nachrichten, 29.12.1935. Das griechische Rätzel, in: Die Tat. Deutsche Monatsschrift 27. Jg., 11. Heft, Februar 1936, 841-b48. Griechenland heute und Morgen, in: Volk und Reich 1936, 230-237.

[71] Kühn, σ. 215.

Ἡ δεύτερη ἐπίσκεψή της στήν Κρήτη (1961), γράφει ἡ Σράμ, ἔγινε μέ πρόσκλησή της ἀπό τή Γερμανική Πρεσβεία, μέ ἀποστολή τήν ἀπάντηση στό ἐρώτημα ποιοί τόποι καί μέ ποιό τρόπο θά ἔπρεπε νά βοηθηθοῦν. Ἡ Πρεσβεία, γράφει, εἶχε φροντίσει νά τή βοηθήσουν ὁ Ἐπίσκοπος Εἰρηναῖος καί ὁ Εὐάγγελος Παπαντωνάκης. Ὁ τελευταῖος «*εἶχε (ματαίως) τήν ἐλπίδα νά λάβει τή θέση τοῦ Ἐπίτιμου Προξένου στά Χανιά*»,[72] ἡ ὁποία δόθηκε τό 1962 στόν «*Μανοῦσο Μανουσάκη, ἔναν ἄνδρα ζωηρό, κοσμογυρισμένο καί ἐνθουσιώδη... πολυμαθῆ*» (σ. 96). Ἀρχές Ἰουλίου 1961, γράφει ἡ Schramm, ξεναγήθηκε ἐπί διήμερο στήν Κίσαμο καί στό Σέλινο ἀπό τόν Ἐπίσκοπο Εἰρηναῖο, γιά τόν ὁποῖο ἐκφράζεται μέ σεβασμό, «*ἀκόμη καί ἐκεῖ πού ἀντιλήφθηκα ὅτι ἔπρεπε νά βαδίσω σέ διαφορετικούς ἀπό τούς δικούς του δρόμους*». Σημειώνει τά τῆς σχέσης τῆς Ἐκκλησίας Κρήτης μέ τό Οἰκουμενικό Πατριαρχεῖο, «*πού εἶναι γνωστό γιά τήν οἰκουμενικότητά του*». Ὑπογραμμίζει τό ἐνδιαφέρον τοῦ Εἰρηναίου γιά τήν παραδοσιακή ἀρχή τῆς Ὀρθοδοξίας νά νοιάζεται γιά τή μόρφωση τοῦ λαοῦ καί βλέπει ὑπό τό πρίσμα αὐτό τά Οἰκοτροφεῖα τῆς Μητροπόλεως, ἐκφράζει ὅμως ἐπιφυλάξεις γράφοντας πώς ἡ διευκόλυνση γιά ἐκπαίδευση συμβάλλει ἁπλῶς στήν ἀνεργία καί στή διεύρυνση τοῦ προλεταριάτου τῶν διανοουμένων. Ἀντίθετα, ἐπαινεῖ τήν Οἰκοκυρική Σχολή. Ὁ Ἐπίσκοπος τήν πῆγε στήν Κάντανο, προφανῶς γιά νά στηρίξει τό ὑπό ἀνέγερση Οἰκοτροφεῖο του, ἐκείνη ὡστόσο διέθεσε 20.000 μάρκα ὡς συνεισφορά γιά τήν ἀνοικοδόμηση καί διεύρυνση τοῦ Σχολείου. Φρόντισε ἀκόμη γιά τήν ἐπίπλωσή του καί τόν ἐξοπλισμό μέ τά ἀναγκαῖα γιά Ἐργαστήριο Φυσικῆς (σ. 97-98). Στό Κουστογέρακο ὑποσχέθηκε τό 1961 νά διαθέσει ἐπίσης 20.000 μάρκα, προκειμένου νά προχωρήσουν οἱ ἐργασίες γιά τόν αὐτοκινητόδρομο, πού ἀπεῖχε τότε 1200 μέτρα ἀπό τό χωριό, καί ἔδωσε κατ' ἀρχήν τίς 10.000 (σ. 99). Ἀναφέρονται παρόμοιες δραστηριότητές της στή Μαλάθηρο, στόν Σκινέ, στή Δαμάστα. Γιά ναούς πού κατέστρεψαν οἱ Γερμανοί δέν εἶχε ἐνδιαφέρον. Ἐξαίρεση τό Ἄνω Μέρος Ρεθύμνου, ὅπου διέθεσε 5.000 μάρκα, ἀρνήθηκε ὅμως νά συνεισφέρει καί γιά τό εἰκονοστάσι, ἐπειδή, ἀπό προτεσταντική ἄποψη, αὐτό «*ἀποτελεῖ ἕνα μή χριστιανικό στοιχεῖο τῆς παράδοσης*» (σ. 102).

Ἀπό τήν ὡς ἄνω ἔρευνά μας προκύπτει λοιπόν σαφῶς ὅτι ἡ ἀπόφαση τῆς Aktion Sühnezeichen νά ἀποσυρθεῖ ἀπό τήν ἀνάμιξή της στά τῆς Ἀκαδημίας ὀφείλεται καί σέ σχετικές ἀπόψεις καί εἰσηγήσεις τῆς E. Schramm. Βασικό σκεπτικό τους ἦταν ὅτι ἡ περιοχή τῆς Γωνιᾶς δέν ἀνήκει στούς τόπους πού ὑπέστησαν μεγάλες καταστροφές ἀπό τούς Γερμανούς {καίτοι βέβαια τό Μο-

---

[72] Ἡ πληροφορία αὐτή λύνει τήν ἀπορία ποιός ἦταν ὁ ὑποψήφιος πού εἶχε προτείνει ὁ Εἰρηναῖος γιά τή θέση αὐτή. Βλ. ἐπιστολή του 17-1-1963 ΑΑπ, Εἰρηναῖος πρός Ἀπ.

ναστήρι καί οἱ Μοναχοί δέν ἀπέφυγαν βιαιοπραγίες}. Ἡ ἐπί τοῦ θέματος θέση τῆς Schramm, καίτοι ἀρνητική, ὑπῆρξε γιά μᾶς τελικά εὐεργετική, δεδομένου ὅτι, ὅπως ἀποδείχθηκε, ἡ Aktion Sühnezeichen δέν θά μποροῦσε νά φέρει εἰς πέρας ἕνα τόσο πολυδάπανο ἔργο, ὅπως αὐτό τῆς Ἀκαδημίας, ἀλλά καί ἐπειδή, ἄν τό ἀποτολμοῦσε, θά προσέκρουε σίγουρα σέ ἀντίδραση τοῦ Müller καί γενικά τῶν Ἀκαδημιῶν.[73]

Σημείωση: Ἀπόψεις, κρίσεις καί ἐπικρίσεις Γερμανῶν Πρεσβευτῶν στήν Ἀθήνα, ὅπως αὐτές τοῦ Melchers, δέν ἐκφράζουν μόνο προσωπικές τους θέσεις, ἀλλά καί τή γενικότερη πολιτική τοῦ γερμανικοῦ Κράτους ἔναντι ἑλληνικῶν ἀξιώσεων γιά ἀποζημιώσεις. Γραμμή τοῦ Κράτους ἦταν νά τηρεῖ ἀπόσταση ἀπό διάφορους μή κρατικούς γερμανικούς φορεῖς πού ἀνέπτυσσαν κοινωφελεῖς δραστηριότητες στήν Ἑλλάδα, ὥστε ἡ προσφορά τους νά μήν ἐκλαμβάνεται ὡς ἕνα εἶδος ἀποζημιώσεως. Διαφοροποιήσεις στή στάση τῆς Πρεσβείας ἦταν πολύ σπάνιες. Ἡ E. Schramm (βλ. παραπάνω) γράφει π.χ.: «*Γιά πρώτη φορά ὕστερα ἀπό ὀκτώ χρόνια ἕνας Γερμανός Πρέσβης... ἐπιδοκίμασε δημόσια τήν ἐργασία μας. Ὁ κ. Seelos υἱοθέτησε καί τίς προτάσεις μου γιά τόπους στή Δυτική Ἑλλάδα καί τίς διεβίβασε μέ θετική εἰσήγηση στή Βόννη*» (Ein Hilfswerk.., 118). Ἡ θετική αὐτή στάση δείχνει, βέβαια, ὅτι ὑπῆρχαν γιά τούς Πρέσβεις κάποια περιθώρια, ἄν αὐτοί εἶχαν κατανόηση καί θάρρος. Ὁ διάδοχος τοῦ Seelos, ἀντίθετα, ὁ Πρέσβης Melchers, πού προκάλεσε σέ μᾶς τόσες δυσκολίες, ἔγραψε στήν Schramm (23.9.1970), ὡς συνταξιοῦχος πιά, πώς μιά δραστηριότητα ὅπως ἡ δική της «*μποροῦσε τήν περίοδο ἐκείνη νά θεωρηθεῖ ὡς γενική ἀναγνώριση τῆς ἐνοχῆς μας ὅσον ἀφορᾶ στό γενικό ζήτημα {τῶν ἀποζημιώσεων} καί νά δυσχεράνει τίς διαπραγματεύσεις. Ἡ προσπάθεια ἦταν νά κερδηθεῖ χρόνος καί γι' αὐτό ἦταν ἐπιθυμητή ἡ ἀναστολή τῆς δράσης σας*» - ἡ Schramm παραπονεῖται δικαίως ὅτι πέρασαν 10 χρόνια ἀπό τήν πρώτη ἐπίσκεψή της στά Καλάβρυτα, ὥσπου νά ἐμφανισθεῖ ἐκεῖ ἐπίσημα ἕνας Γερμανός πολιτικός, ὁ ὁποῖος ὅμως ἀπογοήτευσε τούς ἀνθρώπους.[74]

---

[73] Στά δημοσιεύματα τῆς Schramm πού ἀναφέραμε παραπάνω δέον νά προστεθοῦν καί τά ἀκόλουθα:
Kreta-heute. Ein Beitrag zu den Beziehungen zwischen Griechen und Deutschen, in: Göttinger Tageblatt ,05.07.1952. Der Partisanenkönig von Kreta, in: Göttinger Tageblatt, 26.07.1952. Kreta. Flugblatt des Deutschen Frauenrings, o.O. 1952. Wasser und Waffen. Eindrücke von der griechischen Nordgrenze, in: Gegenwart 06.06.1953. Griechenland und die Großmächte im Zweiten Weltkrieg, Wiesbaden 1955. Nordwestgriechenland in den Kriegsjahren. Das Bevölkerungsproblem der Gebirge (1940-1949), in: Hellas, Bonn, August 1961, 27-42. Griechenland vom Beginn der Dynastie Glücksburg bis zum Frieden mit der Türkei (1863-1923), in: Handbuch der Europäischen Geschichte, Band 6, Stuttgart 1968, S. 610- 617.

[74] Kühn, 218.

Ἀλλά καί ἐγώ πού μεταφέρω ἐδῶ αὐτές τίς πληροφορίες σήμερα (29-3-2013) διαβάζω στό βιβλίο τῆς Schramm (σ. 156), ὄχι χωρίς ἔκπληξη, ὅτι ὁ πολιτικός αὐτός ἦταν ὁ Πρόεδρος τῆς Γερμανίας Johannes R a u, πού πῆγε στά Καλάβρυτα τόν Ἀπρίλιο τοῦ 2001 μαζί μέ τόν Ἕλληνα Πρόεδρο {Κωνσταντίνο Στεφανόπουλο}, καί μπροστά ἀπό τό μνημεῖο τῶν 1200 ἐκτελεσθέντων στίς 13 Δεκεμβρίου 1943 ἀνδρῶν καί ἐφήβων εἶπε: «*Ἦλθα ἐδῶ, γιά νά διατηρήσω στή Γερμανία ζωντανή τή μνήμη γι' αὐτό {πού ἔγινε τότε}. Ἐδῶ, σ' αὐτόν τόν τόπο αἰσθάνομαι βαθιά θλίψη καί ντροπή*». Τό βιβλίο προσθέτει στό σημεῖο αὐτό: «*Οἱ ἄνθρωποι τῶν Καλαβρύτων εἶχαν ἐλπίσει διακαῶς νά ἀκούσουν μιά παράκληση γιά συγγνώμη (syngnómi). Ὅμως ὁ Rau ἔπρεπε νά ἀποφύγει αὐτή τή λέξη, ἐπειδή οἱ Καλαβρυτινοί θά μποροῦσαν νά συμπεράνουν {ἀπό τή λέξη αὐτή} πρόθεση γιά καταβολή ἀποζημιώσεων. Αὐτό ὅμως τό εἶχε ἀπορρίψει ἡ Ὁμοσπονδιακή Δημοκρατία γιά ὅλους τούς ἑλληνικούς τόπους πού δοκιμάσθηκαν*».

Ἡ δική μου ἔκπληξη ὀφείλεται στό ὅτι ὁ J . R a u (εἶχε ἔλθει παλαιότερα στό Καστέλλι) ἦταν ἕνας συνειδητά πιστός Χριστιανός καί θά περίμενε κανείς ἡ πρώτη του λέξη στά Καλάβρυτα νά εἶναι πράγματι: Σ υ γ γ ν ώ μ η !

31-12-1961 ΑΑπ
Εἰρηναῖος πρός Απ
...«**Διά τό ζήτημα τῆς Ἀκαδημίας δέν ἔχω καμμίαν ἀντίρρησιν ὅπως γράφεις, τό ἀφήνω ἐξ ὁλοκλήρου νά τό χειρισθῇς ἐσύ.** (b-Απ).

Σχετικάς ἐπιστολάς στά πρόσωπα πού γράφεις θά γράψω ἀμέσως μετά τήν ἐπάνοδόν μου ἐξ Ἀθηνῶν (6 τρέχοντος). Πάντως:

α) Ἡ Χρυσοπηγή δέν ἐνδείκνυται ποσῶς {γιά ἀνέγερση κάπου ἐκεῖ τῆς Ἀκαδημίας} λόγω τοῦ ὑγροῦ κλίματός της. Οὔτε μποροῦμε καθόλου νά συνεννοηθοῦμε μέ τόν ὅμορον... Αὐτό πρέπει νά τό ξέρῃς καί σύ. Ἡ εὐλογία τοῦ Θεοῦ στήν Ἐπισκοπή μας ἔχει ἤδη προκαλέσει τόσους φθόνους. <u>Περιμένω μόνο ἀπό τό Πατριαρχεῖον κατανόηση</u>. Ἄλλωστε ἡ Γωνιά μέ τό ἐξαίρετον κλίμα της δέν εἶναι καθόλου μακρυά ἀπό τήν πόλη.

β) Ἀληθινά πρέπει νά μᾶς τρομάζουν τά μετά τήν οἰκοδομήν ἔξοδα {ὁ σταθερός φόβος μου, ὅπως καί τῶν Γερμανῶν}. Ἀλλά ὁ Θεός θά μᾶς συνδράμῃ καί σ' αὐτό.

γ) Ἤδη βρίσκω τόσο ἀπαραίτητο ἕνα ταξίδι μας εἰς Γερμανίαν (Μάιο-Ἰούνιο) ὁπότε ἐσύ θά ἔχῃς κάνει τίς ἐπαφές σου καί ὁριστικά πλειά τότε θά ἀποφασίσωμεν.

Ἡ ἐν Γερμανίᾳ Ὀργάνωσις «*Brot für die Welt*» μοῦ ἔστειλε κατ' αὐτάς ἕνα φορτηγάκι (2 τόννων) καί ἀγωνίζομαι τώρα νά τό βγάλω ἀπό τά νύχια τῶν τελωνείων. Ἄν συναντήσῃς δικό των πές τό εὐχαριστῶ μου.

Ὅλα δόξα τῷ Θεῷ πηγαίνουν ἐδῶ καλά μέ πολλές προσπάθειες καί μέ ἄφθονα χρέη.
....
Μέ τήν εὐχή καί τήν ἀγάπη μου γιά τό ἔτος 1962».

1962

23-1-1962 ΑΑπ
Εἰρηναῖος πρός Απ
«Σήμερον γράφομεν τάς πρός τούς κ. Hilckman καί Schaller σχετικάς ἐπιστολάς ὅπως ἐζήτησες. Σοῦ στέλνω τό ἑλληνικόν τῆς πρός τόν κ. Hilckman, διότι παρόμοιον μέ μικρές παραλλαγές εἶναι καί τό ἄλλο (ἀγγλιστί). Εἶσαι λοιπόν ἐλεύθερος νά κινηθῇς ἐπί τοῦ ζητήματος τούτου.[75]
Τώρα περιμένω νά ἀκούσω τί ἀπέγινε μέ τίς ἐξετάσεις σου.

15. Λοιπά σχετικά

14-2-1962 ΑΒΒ
Möck πρός Μ
Ὁ Gerhard Möckel γράφει στόν Müller ἀπό τήν Evangelische Akademie Berlin. Ὁ «ἀδελφός Neisel» {πάστορας, Γραμματέας τοῦ Συνδέσμου τῶν Διευθυντῶν τῶν Ἀκαδημιῶν} τοῦ εἶχε στείλει μιά ἐπιστολή (6-11-1961) σχετική

---

[75] Ἡ δημιουργία ἐπικοινωνίας τοῦ Εἰρηναίου μέ προσωπικότητες πού εἶχαν ἤδη ἐνημερωθεῖ ἀπό μένα γιά τό πρόσωπο καί τό ἔργο του ἦταν μέρος τῆς στρατηγικῆς μου γιά τήν ὑπόθεση τῆς Ἀκαδημίας, ἀλλά καί γιά προγράμματα τῆς Μητροπόλεώς μας. Ὁ Ἐπίσκοπος εἶχε κατανοήσει τή σημασία τῶν σχετικῶν ἐνεργειῶν μου καί, παρά τά καθημερινά του βάσανα, εὕρισκε τρόπο νά ἱκανοποιεῖ καί αὐτήν τήν ἀνάγκη. Στή συγκεκριμένη περίπτωση γράφει στόν Καθηγητή μου Hilckman καί στόν Schaller. «*Ἐπί τῇ εὐκαιρίᾳ τοῦ νέου ἔτους 1962 ἐπιθυμῶ νά ἐπικοινωνήσω μαζί σας καί νά σᾶς εὐχηθῶ ἐκ βάθους καρδίας ὑγείαν καί πᾶσαν ἀπό Θεοῦ εὐλογίαν*». Εὐχαριστεῖ γιά τήν πρός ἐμένα καί τόν Γεώργιο Παπαδάκη προστασία τους καί συνεχίζει: «*Ἔχω ὅμως καί ἕτερον λόγον τῶν πρός ὑμᾶς εὐχαριστιῶν μου, διότι ὁ κ. Παπαδερός μοί ἐγνώρισεν ὅτι ἐδείξατε πολύ ἐνδιαφέρον διά τό σπουδαιότατον θέμα μιᾶς Ἐκκλησιαστικῆς Ἀκαδημίας τήν ὁποίαν θέλομεν νά ἱδρύσωμεν εἰς τήν Ἐπισκοπήν μας καί ἡ ὁποία πρόκειται νά βοηθήσῃ ὄχι μόνον τήν ἐπαφήν καί κατανόησιν τῶν διανοουμένων τοῦ τόπου μας πρός τήν Ἐκκλησίαν καί τήν Χριστιανικήν πίστιν, ἀλλά καί εὐρύτερον τούς σκοπούς τῆς οἰκουμενικῆς κινήσεως πρόκειται νά ἐξυπηρετήσῃ. Διότι διά τῶν συνεδρίων καί ἐπαφῶν αἱ ὁποῖαι πρόκειται νά γίνωνται εἰς τήν ἐν λόγῳ Ἀκαδημίαν οἱ ἐν Ἑλλάδι {καί Μέση Ἀνατολῇ προφανῶς} Καθολικοί καί Προτεστάνται θά ἔχουν τήν εὐκαιρίαν νά γνωρίσουν τούς ἀδελφούς τῶν Ὀρθοδόξους καί νά εἰσέλθουν εἰς γόνιμον μετ' αὐτῶν διάλογον* (ὁ Hilckman ἦταν Καθολικός, ὁ Schaller Προτεστάντης}. *Τό ζήτημα τῆς ἐν λόγῳ Ἀκαδημίας εἶναι ἡ σοβαρωτέρα ὑπόθεσις τοῦ Ἐπισκοπικοῦ μου Ἔργου, καί ἐπειδή αἱ δι' αὐτό δυσκολίαι μας ἐδῶ εἶναι μεγάλαι, θά παρακαλέσω ὑμᾶς θερμῶς ὅπως παντοιοτρόπως βοηθήσητε τόν κ. Παπαδερόν, τόν ὁποῖον ἔχω ἐξουσιοδοτήσει διά πᾶσαν ἐπί τοῦ θέματος τούτου μεταξύ τῶν ξένων Ἐκκλησιῶν συνεννόησιν*». Ἀκολούθως τούς καλεῖ νά φιλοξενηθοῦν στήν Ἐπισκοπή του καί κλείει μέ τήν εὐχή, ὅπως ὁ Κύριος «*ἀξιώσῃ πάντας ἡμᾶς νά ἴδωμεν κατά τάς ἡμέρας ἡμῶν αὐξανόμενον τό μέγιστον ἔργον τῆς τῶν Ἐκκλησιῶν τοῦ Χριστοῦ Ἑνώσεως...*» (Βλ. 23-1-1962 Εἰρηναῖος πρός Απ).

μέ τήν ὑπόθεση τῆς Ὀρθοδόξου "Ἀκαδημίας" στήν Κρήτη. Γράφει λοιπόν στόν Müller, προκειμένου νά τόν «ἐνημερώσει» γιά τό πῶς ἔχει ἡ ὑπόθεση αὐτή ἀπό τή σκοπιά τοῦ Ἐπισκόπου Εἰρηναίου:

«Ὁ Ἐπίσκοπος Εἰρηναῖος εἶναι ἕνας ἀπό τούς λίγους Ὀρθοδόξους Ἱεράρχες, πού ὁμιλοῦν ξένες γλῶσσες (ἔχει σπουδάσει στή Γερμανία καί στή Γαλλία), καί προπαντός ἕνας ἀπό τούς λίγους ἀνθρώπους τῆς Ἐκκλησίας πού ἀνησυχοῦν γιά τήν αὐξανόμενη ἀποξένωση τῶν διανοουμένων ἀπό τήν Ἐκκλησία. Ἔχει σχετικά ἀνέτοιμες, ἀζύμωτες/ἀκατέργαστες ἀκόμη ἀντιλήψεις ὅσον ἀφορᾶ σέ κάποια μορφή ἀκαδημαϊκῆς ἐργασίας. Θέλει πολύ νά οἰκοδομήσει πλησίον τῆς Μονῆς Γωνιᾶς κοντά στά Χανιά Κρήτης ἕνα κτήριο, πού ὅπως ἀκριβῶς καί οἱ δικές μας Ἀκαδημίες θά εἶναι ἀνοιχτό γιά τό διάλογο μεταξύ Ἐκκλησίας καί κόσμου, ἀλλά καί μεταξύ τῶν διαφόρων Ἐκκλησιῶν {Μελῶν} τοῦ Οἰκουμενικοῦ Συμβουλίου {τῶν Ἐκκλησιῶν, Γενεύη}. *Ἔχει μεταξύ ἄλλων τήν ἰδέα νά καλεῖ ἐκεῖ καί ἑλληνικές εὐαγγελικές ἐνορίες ἤ Ἐκκλησίες – εἶναι ἡ πρώτη φορά πού ἄκουσα κάτι τέτοιο ἀπό τό στόμα ἑνός Ὀρθοδόξου Ἐπισκόπου. Ἡ Ἑλληνική Εὐαγγελική Ἐκκλησία, πού εἶναι ἐπίσης μέλος τοῦ Οἰκουμενικοῦ Συμβουλίου, θεωρεῖται ἀπό ὀρθόδοξους κύκλους ὡς ἀνύπαρκτη ἤ ὡς αἵρεση.*

Ἀρχικά εἶχα τήν ἄποψη πώς, ὡς συνεργός ἀπό τή γερμανική – εὐαγγελική πλευρά θά ἔπρεπε νά εἶναι κανείς ἐπιφυλακτικός ὅσον ἀφορᾶ στήν ἀνέγερση μιᾶς τέτοιας Ἀκαδημίας καί νά περιμένει νά δεῖ κατά πόσο μπορεῖ ὁ Εἰρηναῖος νά ἐπιβληθεῖ ἔναντι τῶν συντηρητικῶν συναδέλφων του {Ἐπισκόπων}. Ἐν τούτοις, ἡ ἐκκλησιαστική κατάσταση στήν Κρήτη δέν εἶναι τόσο "συμπαγῶς" Ὀρθόδοξη {ἐννοεῖ προφανῶς: δέν διάκειται ἀρνητικά πρός τά οἰκουμενικά}, ὅπως στήν ἠπειρωτική Ἑλλάδα, καθώς ἡ Κρήτη ἀνήκει στό Οἰκουμενικό Πατριαρχεῖο. Χρειάσθηκε, ὡστόσο, νά ἀναθεωρήσω τήν ἀρχική γνώμη μου ὡς πρός τοῦτο, ὅτι, ὕστερα ἀπό καλύτερη γνώση τῶν τοπικῶν συνθηκῶν (συνεργάστηκα μέ τόν Εἰρηναῖο μέσω {τῶν Ὀργανώσεων} Brot für die Welt καί Sühnezeichen), ἔχω τώρα τήν ἄποψη πώς πρέπει νά βοηθήσει κανείς τόν Εἰρηναῖο ἀπό τήν ἀρχή αὐτῆς τῆς ὑπόθεσης καί νά μήν περιμένει ὥσπου νά ἐπιβληθεῖ. Ἄλλιῶς μπορεῖ νά διαρκέσει πάρα πολύ».

Στή συνέχεια ἀποκαλύπτει {τώρα τά μαθαίνουμε!!!!...} ὅτι ὁ ἴδιος εἶχε ματαιώσει ὅσα εἶχα διαπραγματευθεῖ μέ τόν Kreyssig, (ἀνέγερση ἀπό τήν Aktion *Sühnezeichen* τῶν ἐγκαταστάσεων τῆς Ἀκαδημίας).

Γράφει: «Ὅσον ἀφορᾶ στή μέχρι σήμερα πρωτοβουλία γι' αὐτήν τήν ὑπόθεση, ὁ Εἰρηναῖος διαπραγματεύθηκε διά τοῦ νεαροῦ Θεολόγου Παπαδεροῦ μέ τόν Πρόεδρο Kreyssig τό κατά πόσον θά μποροῦσε νά ἀναλάβει ἡ Aktion Sühnezeichen τήν ἀνέγερση τῆς Ἀκαδημίας. Στή Μονή Γωνιᾶς βρίσκονται πρός τό παρόν τά ὀστά 6.000 {ἀνακριβές} πεσόντων Γερμανῶν στρατιωτῶν. Σέ ἀπόσταση μόνον 6 χιλ. ἀπό τή Μονή αὐτή, γράφει, βρίσκεται τό διαβόητο {!} ἀεροδρόμιο τοῦ Μάλεμε.

Ἡ Aktion *Sühnezeichen* δέν θέλησε τελικά νά ἀρχίσει αὐτήν τήν ἐργασία, ἐπειδή ἡ πρώτη ἔκθεσή μου ἔδειξε πώς μιά ἄμεση σχέση μέ τό πρόγραμμα "Ἀκαδημία" δέν θά μποροῦσε νά διαπιστωθεῖ. Ἡ Aktion *Sühnezeichen*, πού ἐργαζόταν ἕνα χρόνο στά Σέρβια τῆς Βορ. Ἑλλάδας, εἶχε δεχθεῖ ἤδη κριτική, καθώς στόν τόπο ἐκεῖνο δέν ἔβλεπαν δῆθεν τήν ἀνάγκη τοῦ ἐξιλασμοῦ - τῆς καταλλαγῆς. Τό ἴδιο θά πρέπει νά περιμένει κανείς καί στό πρόγραμμα "Ἀκαδημία", καθώς ἡ σχέση του μέ τή Wiedergutmachung {ἐπανόρθωση} θά ἦταν μόνο πολύ ἔμμεση.

Ἀντίθετα, ἡ ὑποστήριξη τοῦ προγράμματος τῆς Ἀκαδημίας ἀπό τίς εὐαγγελικές Ἀκαδημίες τῆς Γερμανίας ἤ ἀπό τόν Σύνδεσμο τῶν Ἀκαδημιῶν τῆς Εὐρώπης θά εἶχε νόημα, γιατί θά ἦταν μιά ἀνιδιοτελής ἀδελφική βοήθεια, πού θά βοηθοῦσε νά συσταθεῖ ἕνα Ἵδρυμα γιά τό ὁποῖο δέν ὑπάρχει μέν ἀκόμη σωστή κατανόηση στόν ὀρθόδοξο χῶρο, τό ὁποῖο ὅμως εἶναι ἐπειγόντως ἀναγκαῖο καί τό ὁποῖο θά πρέπει ὕστερα νά ἀναπτυχθεῖ περαιτέρω. *Αὐτονόητο εἶναι ὅτι πρέπει νά παρακληθεῖ ὁ Ἐπίσκοπος Εἰρηναῖος νά παράσχει ἀκριβέστερες ἰδέες ὅσον ἀφορᾶ στήν ὑπόθεσή του* {προφανῶς ἀγνοοῦσε τήν ὅλη προεργασία καί μάλιστα Ἐκθέσεις μου καί σχετική ἀλληλογραφία} *καί νά διατεθεῖ ἴσως κάποια οἰκονομική βοήθεια γιά συγκεκριμένο σκοπό καί νά ὑπάρξει κατά κάποιο τρόπο ἐπιτήρηση ὅσον ἀφορᾶ στή χρήση»* {ἀφήνει ὑπονοούμενα..., πού ἐπανέρχονται καί ἀπό τήν πλευρά τῆς Γερμανικῆς Πρεσβείας στήν Ἀθήνα, μέ τήν ὁποία ἔχει στενή συνεργασία ὁ Möckel}. Προσθέτει:

«Ἀπορῶ, ἐξ ἄλλου, πῶς ὁ Ἀλέξανδρος Παπαδερός δέν ἐμφανίσθηκε καθόλου σέ σᾶς.[76] Δέν γνωρίζω δυστυχῶς ποῦ κρύβεται. Τό φθινόπωρο μοῦ εἶχε πεῖ ὅτι θά πήγαινε ἴσως στήν Ἰνδία γιά σπουδές».

Γράφει, τέλος, ὅτι τό Πάσχα σκέπτεται νά βρεθεῖ στήν Τυβίγγη καί νά ἐπισκεφθεῖ τό ΒΒ. Κάτω ἀπό τήν ὑπογραφή του σημειώνει ὡς διεύθυνσή του:

Bln {Berlin}-Wannsee, Am Kl. Wannsee 19 {διεύθυνση τῆς Ἀκαδημίας τοῦ Βερολίνου στήν τοποθεσία ὅπου τήν εἴχαμε ἐπισκεφθεῖ τό θέρος τοῦ 1955, πρίν μεταφερθεῖ σέ κεντρικό σημεῖο τῆς πόλης}.

---

[76] Ἡ ἀπορία εἶναι κατανοητή. Ὁ λόγος ἀναβολῆς τῆς πρώτης ἐπίσκεψής μου στό ΒΒ ἦταν διπλός: Ἀφ' ἑνός ἔπρεπε νά κλείσει τό ἐξόχως πιεστικό θέμα τῆς διατριβῆς μου καί ἀφ' ἑτέρου νά διερευνήσω πρῶτα τίς δυνατότητες καί διαθέσεις τοῦ Kreyssig, μέ τόν ὁποῖο εἶχα παλαιότερη προσωπική γνωριμία καί καλές πληροφορίες γιά τήν Ὀργάνωσή του καί ὄχι «νά παίζω σέ δύο ταμπλό».

15-2-1962 ΑΒΒ
Μ πρός Möck

Χαιρετίζει τήν ἄφιξή του στό Βερολίνο {μετάθεση ἀπό τήν Ἀθήνα}. Θά πάει καί ἐκεῖνος ἐκεῖ στίς 5/3 καί προτείνει νά συναντηθοῦν τό πρωί τῆς 6ης.

Στή συνέχεια γράφει: «Βλέπω θετικά τήν πρόταση νά μεριμνήσει ὁ Σύνδεσμος {τῶν Διευθυντῶν τῶν Ἀκαδημιῶν} γιά τήν Κρήτη. Θά ἔπρεπε νά σκεφθοῦμε ἀπό κοινοῦ μήπως θά ἔπρεπε ἐνδεχομένως νά πάω ἀεροπορικῶς στήν Κρήτη στή διάρκεια αὐτοῦ τοῦ χρόνου, προκειμένου νά συζητήσω προσωπικά μέ τόν ἐκεῖ Ἐπίσκοπο αὐτήν τήν ὑπόθεση· γιατί ἔχω τήν ἐντύπωση πώς μόνο μέ τήν ἀνταλλαγή ἐπιστολῶν δέν θά μπορέσουμε νά σχηματίσουμε ἀκριβῆ εἰκόνα, πρίν γνωρίσουμε ἐπακριβῶς τί θέλουν καί τί δέν θέλουν ἐκεῖ. Ἀπό αὐτό ἐξαρτᾶται ἀποφασιστικά τό κατά πόσο μποροῦμε νά συμμετάσχουμε στήν ὑπόθεση αὐτή. Ἄς μιλήσουμε λοιπόν γι' αὐτό τό ζήτημα μέ ἡσυχία στό Βερολίνο». Κλείνει τήν ἐπιστολή μέ χαιρετισμό «καί στόν ἀδελφό Müller-Gangloff».[77]

(Συνέχιση ἐπαφῶν)

1-3-1962 ΑΑπ
Απ-Mz πρός Stempel

Τοῦ ἀνακοινώνω ὅτι στίς 28 Φεβρουαρίου ἔγινε ἐπιτυχῶς ἡ ἐπί διδακτορίᾳ προφορική ἐξέτασή μου καί ὅτι διορίστηκα Ἐπιστημονικός Βοηθός στή Φιλοσοφική Σχολή τοῦ Πανεπιστημίου τοῦ Μάιντς, Ἰνστιτοῦτο Συγκριτικῆς Ἐπιστήμης τῶν Πολιτισμῶν. Ἐκφράζω τίς εὐχαριστίες μου γιά τή βοήθεια πού μοῦ πρόσφερε ἡ Ἐκκλησία του καί βεβαιώνω ὅτι οἱ γνώσεις καί ἐμπειρίες πού ἀπέκτησα ἀπό τήν ἐκκλησιαστική ζωή στή χώρα τους καί ἀπό τό Πανεπιστήμιο θά εἶναι πολύτιμα ἐφόδια γιά τή μελλοντική πορεία μου. Θά παρατείνω τήν παραμονή μου στή Γερμανία γιά περίπου ἕνα ἔτος, ἀφ' ἑνός γιά νά φροντίσω τά τῆς δημοσιεύσεως τῆς διδακτορικῆς διατριβῆς μου καί ἀφ' ἑτέρου γιά νά ὁλοκληρώσω τήν ἀποστολή πού μοῦ ἔχει ἐμπιστευθεῖ ἡ Ἐκκλησία μου.

1-3-1962 ΑΑπ
Απ-Mz πρός Schaller

Ἐπαναλαμβάνω περίπου τά ἴδια.

Προσθέτω ὅτι ὀφείλω πολλά στόν ἴδιο καί στήν οἰκογένειά του. Κοντά σας «ἐβίωσα πλεῖστα τῶν ὅσων ἐνεργεῖ τό Πνεῦμα τοῦ Θεοῦ ἐκεῖ πού εἶναι Αὐτό ἐπί τό ἔργον καί ὄχι οἱ ἀδυναμίες τῶν ἀνθρώπων».

---

[77] Ὁ Müller-Gangloff {1907-1980} ἵδρυσε τό 1951 τήν Εὐαγγελική Ἀκαδημία τοῦ {Δυτικοῦ} Βερολίνου, τήν ὁποία διηύθυνε μέχρι τό 1970. Μᾶς εἶχε ὑποδεχθεῖ στήν Ἀκαδημία του τό 1955, συναντηθήκαμε κάμποσες φορές κατά τή δεκαετία τοῦ 1960. Εἶχε συνεργασθεῖ στενά μέ τόν L. Kreyssig.

6-3-1962 ΑΑπ
Schaller πρός Απ
Συγχαίρει μέ θερμά λόγια γιά τήν ἐπιτυχῆ ἀποπεράτωση τῶν σπουδῶν μου καί περιμένει νά ποῦμε περισσότερα κατά τήν προσεχῆ συνάντησή μας στό Dürkheim.

«Σήμερα ἔλαβα ἐπιστολή καί ἀπό τόν Ἐπίσκοπό σας, πού ὑποστηρίζει τήν ἐπιμήκυνση τῆς παραμονῆς τοῦ κ. Παπαδάκη {Γεωργίου, Θεολόγου, πού σπουδάζει στή Χαϊδελβέργη} στή Γερμανία. Ἐλπίζω πῶς θά μπορέσω νά κάμω κάτι γι' αὐτό».

9-3-1962 ΑΒΒ
Möck πρός Απ
Εὐχαριστεῖ γιά ἐπιστολή μου ἀπό 7 Μαρτίου. Ἀνέμενε ἐναγωνίως ἕνα σημάδι ζωῆς ἐκ μέρους μου. «Εἶχα φοβηθεῖ πώς καθόσασταν στήν Ἰνδία σέ κάποιο ἰνδουϊστικό μοναστήρι, γιατί καί στό γράμμα πού σᾶς εἶχα στείλει στόν Λειβαδά δέν ἔχω πάρει ἀκόμη ἀπάντηση».

Ἐπισυνάπτει γράμμα πρός τόν Ἐπίσκοπο Εἰρηναῖο (πού παρακαλεῖ νά τό μεταφράσω καί νά τό στείλω στόν Ἐπίσκοπο μαζί μέ τό πρωτότυπο). «Ἀπ' αὐτό τό ἔγγραφο βλέπετε πώς ἡ ὑπόθεση τῆς Ἀκαδημίας στήν Κρήτη μέ ἀπασχολεῖ ἤδη ἀπό τίς πρῶτες βδομάδες τῆς ἐργασίας μου στή Γερμανία καί ὅτι, ὅσον ἐξαρτᾶται ἀπό μένα, θέλω νά ἐργασθῶ γιά τήν ἐπιτυχία τοῦ τολμηροῦ σχεδίου». Κρίνει πώς θά ἦταν χρήσιμο νά ἐπισκεφθῶ, μαζί μέ τόν Ἐπίσκοπο, μερικές Ἀκαδημίες.

Στή συνέχεια θέτει χωρίς περιστροφές τό λεπτεπίλεπτο θέμα τοῦ κατά πόσο θά ἀποδεχθοῦμε «*τήν καθολική προσφορά βοηθείας*».[78] Ὁμολογεῖ εὐθέως: «*Εἶμαι ζηλιάρης καί ὡς ἐκ τούτου ἀντίθετος*». Δέν ἀποκλείει καί τή μέθοδο τῶν ἰθαγενῶν τῆς Ἀφρικῆς: «*Νά λάβετε μέ τό δεξί εὐαγγελική, μέ τό ἀριστερό καθολική βοήθεια, ἀρκεῖ νά μήν τό πάρει κανείς μυρωδιά*»! – μιά πρόταση γιά τήν ὁποία εἶχα κάθε λόγο νά θυμώσω πολύ. Ἰσχυρίζεται ἀκόμη: Δέν ἐπιδιώκουμε νά οἰκοδομήσουμε ἕνα δικό μας μνημεῖο. Πρόκειται γιά μιά πραγματική ἀλτρουϊστική βοήθεια πρός τήν ἀδελφή Ὀρθόδοξο Ἐκκλησία {*πάλι ὁ ὑπερφίαλος δῆθεν ἀλτρουϊσμός, ἀντί τῆς τίμιας ὁμολογίας τῆς ἐνοχῆς!*} καί ἀφήνω τό ζήτημα στήν ἀπόφαση τῆς συνείδησής σας. Θεωρῶ πάντως βέβαιο ὅτι ἐμεῖς οἱ Εὐαγγελικοί μποροῦμε νά εἴμαστε πιό εἰλικρινά ἀπό ὅσο ἡ Ρώμη στό πλευρό σας».

---

[78] Προφανῶς εἶχε πληροφορηθεῖ ὅτι εἶχα ἀπευθυνθεῖ πρῶτα στήν Ὀργάνωση Misereor τῶν Καθολικῶν γιά τή χρηματοδότηση τοῦ ἔργου τῆς Ἀκαδημίας, δέν ἐγνώριζε ὅμως ὅτι ἡ προσπάθεια ἐκείνη δέν εἶχε εὐοδωθεῖ.

Τό δεύτερο ζήτημα στό όποῖο ἀναφέρεται εἶναι τό ἔργο τῆς Aktion Sühnezeichen στό χωριό μου {Λειβαδά Σελίνου}.

Κλείνει συγχαίροντας γιά τήν ἔγκριση τῆς διδακτορικῆς διατριβῆς μου καί τήν ἐπιτυχία στίς σχετικές ἐξετάσεις.

9-3-1962 ABB
Möck πρός Εἰρηναῖον

Γράφει γιά πρώτη φορά στόν Ἐπίσκοπο ἀπό τή Γερμανία {ὕστερα ἀπό τό πέρας τῆς ὑπηρεσίας του στήν Ἀθήνα καί τήν ἀνάληψη νέας θέσης στήν Εὐαγ. Ἀκαδημία τοῦ Βερολίνου}. Ἀναφέρει τά τῆς συζήτησής του μέ τόν «*μεγάλης ἐπιρροῆς καί πολύ δραστήριο*» ἄνθρωπο, τόν κ. Müller, τόν ὁποῖο ἐνημέρωσε γιά τήν ἰδέα μιᾶς Ἀκαδημίας στήν Κρήτη καί ἐκ μέρους τοῦ ὁποίου προτείνει τά ἀκόλουθα:

1) Νά ἔλθετε στή Γερμανία γιά τουλάχιστον τέσσερις ἑβδομάδες, προκειμένου νά παρακολουθήσετε ἀκριβέστερα τήν ἐργασία τῶν Εὐαγγελικῶν Ἀκαδημιῶν. Ἄν αὐτό δέν εἶναι δυνατόν, νά στείλετε ἕνα ἤ δύο ἐξουσιοδοτημένα πρόσωπα. «*Τό καλύτερο κατά τή γνώμη μου θά ἦταν νά ἀποδεχθεῖτε αὐτήν τήν πρόταση σεῖς προσωπικά καί ὁ κ. Ἀλέξανδρος Παπαδερός*». Στό παρόν στάδιο τῶν προπαρασκευαστικῶν συζητήσεων δέν μποροῦν νά δοθοῦν ὑποσχέσεις. Σᾶς παρακαλεῖ ὅμως ὁ κ. Müller νά ἐκφράσετε τή γνώμη σας γι' αὐτήν τήν πρόταση καί, ἄν τήν ἀποδέχεσθε, ἐκεῖνος θά μεριμνήσει γιά τά τοῦ ταξιδίου, χωρίς νά ὑποβληθεῖτε σέ ὁποιεσδήποτε δαπάνες.

2) Ἄν δέν μπορεῖτε νά ἀποδεχθεῖτε τήν πρόταση, θά προσπαθήσει ὁ κ. Müller νά ἔλθει στήν Κρήτη γύρω ἀπό τό Πάσχα, μαζί μέ τόν Γραμματέα τοῦ Συνδέσμου πάστορα Neisel, προκειμένου νά ἐξετάσουν ἐπί τόπου τίς δυνατότητες στήν Κρήτη, πρίν γίνει κάποια σοβαρή σκέψη γιά τυχόν βοήθεια ἐκ μέρους τοῦ Συνδέσμου.

Ὁ Möckel βεβαιώνει ὅτι θά συνεχίσει νά παρακολουθεῖ μέ ἐνδιαφέρον τό θέμα. Προσθέτει μάλιστα: Ἄν μοῦ ἐπιτρέπετε καί «μιά προσωπική ὑπόδειξη, θά σᾶς συμβούλευα νά συζητήσετε καί νά προετοιμάσετε τήν ἰδέα τῆς Ἀκαδημίας μέ τούς συναδέλφους σας {Ἐπισκόπους}, ἀρχικά ἴσως στήν ἴδια τήν Κρήτη. Κατά τήν ἐκτίμησή μου, ἕνα τόσο βαρυσήμαντο νέο βῆμα γιά τήν Ὀρθόδοξο Ἐκκλησία, ὅσο πρέπει νά εἶναι ἡ ἵδρυση μιᾶς Ἀκαδημίας, θά εἶναι δυνατό μόνον τότε, ὅταν βρεῖ στήριγμα στή συνείδηση περισσοτέρων. Θεωρεῖτε δυνατό καί ἀναγκαῖο νά παρέμβει στήν ὑπόθεση αὐτή ὁ Οἰκουμενικός Πατριάρχης Κωνσταντινουπόλεως;

Χαίρω γιά τό ὅτι τά σχέδιά μας - Aktion Sühnezeichen - στήν Κάνδανο εἶναι πιά ὁρατά καί προχωροῦν. Εἶμαι σέ ἐπαφή μέ τόν κ. Παπαδερό καί θά στείλω

καί αὐτό τό γράμμα μέσω αὐτοῦ σέ σᾶς».
Κοιν.: Απ

9-3-1962 ΑΑπ
Γραμματεία Stempel πρός Απ-Μz
Ὑπογράφει ὁ Schneider, μέ ἀποκαλεῖ Pfarrer -θεωρώντας πώς εἶμαι κληρικός-, βεβαιώνει τή λήψη τῆς ἀπό 1.3.1962 ἐπιστολῆς μου, γράφει ὅτι ὁ Πρόεδρος Stempel βρίσκεται σέ διακοπές, ἐνημερώθηκε γιά τήν πρός αὐτόν ἐπιστολή μου καί συγχαίρουν γιά τήν ἀναγόρευσή μου σέ Διδάκτορα.

21-3-1962 ΑΑπ
Εἰρηναῖος πρός Απ
«Εὔχομαι νά ὑγιαίνης καί νά εὐτυχῆς. Ἀπαντῶ πρῶτα στό ἀπό 1 τρέχοντος γράμμα σου. Τά νέα τῆς ἐπιστολῆς σου αὐτῆς[79] τά ἔμαθα πρῶτα στήν Ἀθήνα πού ἤμουν τέλη Φεβρουαρίου. Ἀλλά ἀφοῦ τά διάβασα καί μέ τά μάτια μου ἔνοιωσα καί γώ μιά μεγάλη χαρά καί ἱκανοποίηση. Συγχαίρω καί γώ μαζί σου καί συνεορτάζω τό λαμπρόν γεγονός. Νομίζω ὅτι ἡ εὔνοια τοῦ Θεοῦ στήν περίπτωσή σου ἦταν ἐξαιρετική καί δυναμώνει τήν πίστιν ὅλων μας. «Δός δόξαν τῷ Θεῷ», παιδί μου Ἀλέκο, καί μεῖνε καί σύ τώρα μέ τή σειρά σου γενναιόδωρος σέ ὅ,τι σοῦ ζητήσουν ὁ Θεός καί οἱ ἄνθρωποι.

Ἡ νίκη σου αὐτή πιστεύω ὅτι θά σέ ὁδηγήση μόνο σέ βαθυτέραν εὐγνωμοσύνην πρός τό Χριστό καί ὅλους ἐκείνους πού ὑπῆρξαν ὄργανά Του στήν προστασία καί τήν ἀνάδειξή σου. Πῆρα ἤδη γράμμα ἀπό τόν αὐτοῦ προστάτη σου κ. Hilckman (θά τοῦ ἀπαντήσω) τόν ὁποῖο θέλω καί πάλιν νά εὐχαριστήσω ὄχι μόνον προσωπικῶς ἀλλά καί ὡς Ἐκκλησία δι' ὅσα μέσω σοῦ προσέφερεν εἰς τήν Ὀρθόδοξον Ἐκκλησίαν μας. Τό ζήτημα τῆς ὑγείας σου πιστεύω νά λήξη τώρα μετά τήν ἐπιτυχίαν καί τήν ἀνάπαυσίν σου. Πάντως χρειάζεται νά πᾶς λίγο σέ ἐξοχή.[80] «Τό περιοδικόν σοῦ ἐστάλη ἀπό 1-1-62.

Καί τώρα γιά τό γράμμα σου τῆς 10 τρέχοντος.

Τέλη Ἀπριλίου δέν δύναμαι νά ἔλθω διότι ἔχομεν τό Πάσχα. Ἔχω ὅμως πρόσκληση νά μείνω 2 βδομάδες στό Bossey (14-29 Ἰουνίου) καί μπορῶ

---

[79] Ἔγκριση τῆς διδακτορικῆς διατριβῆς μου, ἐπιτυχής ὁλοκλήρωση τῶν προφορικῶν ἐξετάσεων, ἀναγόρευσή μου σέ διδάκτορα τῆς Φιλοσοφίας ἀπό τή Φιλοσοφική Σχολή τοῦ Πανεπιστημίου τοῦ Μάιντς καί διορισμός μου στή θέση τοῦ Ἐπιστημονικοῦ Βοηθοῦ (βλ. σχετικό σχόλιο στό ΧΚ 18 (1962) 288.

[80] Ὑπερκόπωση λόγω τῆς διατριβῆς, τῶν ὑπηρεσιακῶν ὑποχρεώσεων στό Πανεπιστήμιο, τῶν τῆς Ἀκαδημίας κ.λπ. Ἡ ἀπομόνωση μερικῶν ἡμερῶν στήν περιοχή Kniebis τοῦ Μέλανα Δρυμοῦ (σκί, πορεῖες σέ ρυθμό τροχάδην) ὑπῆρξε πολύ εὐεργετική.

κατόπιν νά ἔλθω στή Γερμανία καί νά συναντηθοῦμε ὅλα τά πρόσωπα πού χρειάζεται. Ὡστόσο ὁ κ. Müller (ὅπως γράφω στόν κ. Möckel) μπορεῖ νά ἔλθη ἐδῶ τό Πάσχα μαζί σου ἤ μέ ἄλλο πρόσωπο τῆς ὑπηρεσίας του. Τήν προσεχῆ ἑβδομάδα θά πάω στό Ἡράκλειον γιά ὁμιλία καί θά τά ποῦμε καθαρά μέ τόν Ἅγιον Κρήτης. Θά γράψω ὡστόσο καί στόν Πατριάρχην (τό νομίζω καλόν νά ἔχωμεν τήν εὐχήν του).

....

Μήν παρεξηγῆς, Ἀλέκο, γιά τή φαινομενική ἀδράνειά μου στό σημεῖον αὐτό (Ἀκαδημία μέ κόκκινο). Εἶναι πολύ μεγάλο καί πρέπει νά προχωροῦμε μέ "σημειωτόν" γιά νά μή γελοιοποιήσωμε καί τό ἔργον καί τόν ἑαυτό μας. Πάντως, τοῦτο τό καλοκαίρι (εἴτε ἐγώ ἔλθω αὐτοῦ ἤ σεῖς ἐδῶ) θά γίνουν ὁριστικώτερα πράγματα.

Σοῦ στέλνω ἀντίγραφο τῆς πρός τόν κ. Möckel ἐπιστολῆς μου. Νομίζω ὅτι ξέρει καλά Ἑλληνικά. Πάλι ἄν θέλει μετάφρασέ του. Τά παιδιά ὅλα σέ χαιρετοῦν καί σέ συγχαίρουν καί ὁ π. Εἰρηναῖος, δέν ἔχει κακωσύνη. Περιμένω νέα τῆς ὑγείας σου».

21-3-1962 ΑΒΒ
Εἰρηναῖος πρός Möckel[81]
«Εὐχαριστῶ θερμῶς διότι μέ ἐνθυμεῖσθε καί ἐργάζεσθε γιά νά πραγματοποιηθῆ ἕνας πολύ χριστιανικός πόθος μου - πού εἶναι νομίζω εὐγενής καί ἐπίκαιρος - ὁ πόθος μου διά μίαν "ἐκκλησιαστικήν Ἀκαδημίαν στήν Κρήτη" καί μάλιστα στήν Ἐπισκοπή μου».

Ἐκφράζεται θετικά γιά τόν Müller καί το βιβλιαράκι του «Die Welt ist anders geworden» {Ὁ κόσμος ἄλλαξε}, τό ὁποῖο γράφει ὅτι ἔχει ἤδη ἀπό τό 1956.

«Ἔχετε δίκαιον νά μοῦ ὑποδεικνύετε νά ἔλθω αὐτοῦ διά νά παραμείνω ὀλίγας ἑβδομάδας καί νά ὁμιλήσωμεν μέ τούς ἁρμοδίους γιά τό γνωστόν θέμα. Τοῦτο ὅμως δέν μοῦ εἶναι δυνατόν πρό τοῦ τέλους Ἰουνίου ἤ ἀρχάς Ἰουλίου. Οὔτε ἔχω πρόσωπον νά στείλω στή Γερμανία πρίν ἀπό τόν χρόνον αὐτόν. Θά μπορέσει μόνο περί τά τέλη Ἰουνίου ἤ ἀρχές Ἰουλίου... Θά εὐχαριστηθῶ ὅμως πολύ νά ἔλθη περί τό Πάσχα ἐδῶ ὁ κ. Müller μέ τόν κ. Παπαδερόν διά νά ἴδωμεν ἀπό κοινοῦ καί ἐπί "τόπου" τό ἐν λόγῳ ζήτημα. Νομίζω ὅτι ἡ ἐπί τόπου ἐξέτασις τοῦ ζητήματος παρ' εἰδικοῦ προσώπου εἶναι

---

[81] Ἔλαβα (ἐσώκλειστο στήν πρός ἐμένα ἐπιστολή του) τό ἀπαντητικό γράμμα τοῦ Εἰρηναίου πρός τόν Möckel. Τό πῆρα μαζί μου στόν Μέλανα Δρυμό (τοποθεσία Knibis-Schwarzwald), ὅπου πῆγα γιά ἀνάπαυση καί σκί. Τό μετέφρασα ἐκεῖ καί τό ἔστειλα στόν Möckel στό Βερολίνο στίς 27 Μαρτίου {σημειώνω στό τέλος τῆς μετάφρασης, ὡς Υ.Γ., ὅτι ὁ Ἐπίσκοπος θά εἶναι στό Μποσσαί τῆς Γενεύης ἀπό 14 μέχρι 29 Ἰουνίου}. Κράτησα ἀντίγραφο (χειρόγραφο) τοῦ ἑλληνικοῦ πρωτοτύπου.

πρωταρχικόν πρᾶγμα. Μέ τινας τῶν ἐν Κρήτῃ συναδέλφων μου συζητῶ τά σχετικά ζητήματα καί ἐντός τῶν ἡμερῶν θά γράψω περί τούτου καί εἰς τόν Οἰκουμενικόν Πατριάρχην μας.

Εὐχαριστῶ καί πάλιν θερμῶς διά τήν συμπαράστασίν σας εἰς τό ἔργον μου καί ἐστέ βέβαιος ὅτι τοῦτο εἶναι ἤδη μία πρᾶξις οἰκουμενικῆς δράσεως καί χριστιανικῆς ἑνότητος, διά τήν ὁποίαν ἀμφότεραι αἱ Ἐκκλησίαι μας δεικνύουν σήμερον πολύ ἐνδιαφέρον».

{Ἐλήφθη, μετεφράσθη καί ἀπεστάλη αὐθημερόν πρός Möckel.
Knibis-Schwarzwald, 27-3-1962 Απ}

27-3-1962 ΑΒΒ
Απ πρός Möck
Τόν πληροφορῶ ὅτι βρίσκομαι στόν Μέλανα Δρυμό (Schwarzwald) γιά διακοπές {ἀναγκαῖες ὕστερα ἀπό τό... Rigorosum καί τίς ἄλλες δοκιμασίες πού συνεπάγεται ἡ διαδικασία μιᾶς διδακτορικῆς διατριβῆς, στή Γερμανία, πού εἶχαν τελειώσει μέ τήν τελετή ἀπονομῆς τοῦ τίτλου στίς 28-2-1962}. Τοῦ στέλνω τό πρωτότυπο τῆς ἐπιστολῆς τοῦ Ἐπισκόπου καί τή μετάφρασή της πού ἑτοίμασα.

Προκρίνω τή μετάβαση μιᾶς ὁμάδας στήν Κρήτη, ὥστε νά ὑπάρξει μιά «ὁλοκληρωμένη καί ἀκριβής εἰκόνα τοῦ ἐγχειρήματος. Ἐπειδή ὅλη αὐτή ἡ ὑπόθεση {τῆς Ἀκαδημίας} σέ τελευταία ἀνάλυση στηρίζεται στή δική μου εὐθύνη, ὁ Ἐπίσκοπος ἐπιθυμεῖ νά συνταξιδεύσω ὁπωσδήποτε στήν Κρήτη. Αὐτό μοῦ προκαλεῖ κάποιες δυσκολίες, γιατί δέν γνωρίζω ἄν τό Πανεπιστήμιο θά μοῦ δώσει πρόσθετη ἄδεια». Ζητῶ ἐπιτάχυνση τῶν διαδικασιῶν, ρύθμιση τῶν σχετικῶν δαπανῶν τοῦ ταξιδίου, πού πρέπει νά γίνει στή διάρκεια τοῦ Ἀπριλίου, καθώς τό ἑπόμενο ἀκαδημαϊκό ἑξάμηνο ἀρχίζει τόν Μάιο καί ἐγώ θά πρέπει ἐπιπλέον νά εἶμαι στή Γενεύη στίς 29 καί 30 Ἀπριλίου «γιά ἕνα συνέδριο, πού εἶναι πολύ σημαντικό γιά τήν Ἐκκλησία μας».

Διακόπτω λοιπόν τήν ἄδειά μου καί ἐπιστρέφω στό Μάιντς, ὅπου θά περιμένω τήν ἀπάντηση.

30-3-1962 ΑΒΒ
Möckel πρός Μ
Ἀναφέρεται στήν ἀπάντηση τοῦ Εἰρηναίου στήν ἀπό 9 Μαρτίου ἐπιστολή του, τήν ὁποία ἐπισυνάπτει στίς ἀπό ἐμένα γενόμενες μεταφράσεις τῶν ἐπιστολῶν καί στίς προτεινόμενες ἐναλλακτικές λύσεις: Ἀναμονή ὥσπου νά ἔλθει ὁ Εἰρηναῖος στή Γερμανία τόν Ἰούλιο, μετά τό Bossey, ἤ ἄμεση μετάβαση στήν Κρήτη τοῦ Μ μαζί μέ μένα.

9-4-1962 ΑΒΒ
Μ πρός Möck
Εὐχαριστεῖ γιά τήν ἐπιστολή του καί τόν παρακαλεῖ νά ἐνημερώσει τόν Ἐπίσκοπο ὅτι ἀδυνατεῖ νά ἐπισκεφθεῖ τήν Κρήτη τό Πάσχα. Θά μεριμνήσει τώρα γιά τήν ἐξεύρεση τῶν χρημάτων πρός κάλυψη τῶν δαπανῶν γιά τήν ἐπίσκεψη τοῦ Ε ἰ ρ η ν α ί ο υ καί ὅταν τά ἐξασφαλίσει θά τοῦ στείλει τήν ἐπίσημη πρόσκληση. Θά γράψει στόν Δρ κ. Π α π α δ ε ρ ό ἀπ' εὐθείας {καί ὄχι διά τοῦ Möckel, ὅπως εἶχε προτείνει ἐκεῖνος}.

9-4-1962 ΑΒΒ
Μ πρός Scholz
Ὁ Scholz εἶναι ὑπεύθυνος τῶν Οἰκονομικῶν Ὑπηρεσιῶν τῆς Ἀκαδημίας ΒΒ. Τά τρέχοντα ζητήματα πού μᾶς ἀφοροῦν εἶναι ἡ ἀδυναμία τοῦ Müller νά ταξιδέψει τό Πάσχα στήν Κρήτη -παρακαλεῖ νά ἐνημερωθοῦμε περί τούτου ὁ Εἰρηναῖος καί ἐγώ-, ἡ ἐπίσημη πρόσκληση πρός τόν Εἰρηναῖο νά ἐπισκεφθεῖ τήν Ἀκαδημία καί ἡ κάλυψη τῶν δαπανῶν τοῦ ταξιδίου του.

Ἀπό ἄγνοια, παρανόηση ἤ παραδρομή σημειώνεται ὅτι «ὁ Ἐπίσκοπος τῆς Κρήτης» θέλει νά συστήσει στήν Κρήτη μιά «Εὐαγγελική Ἀκαδημία. Δέν γνωρίζουμε ἀκόμη τί ἐννοεῖ μέ αὐτό. Πρέπει ὅμως νά ἀρχίσουμε μιά συζήτηση μαζί του. Κατά τή γνώμη μου, ὁ Εὐρωπαϊκός Σύνδεσμος τῶν Διευθυντῶν {τῶν Εὐαγγελικῶν Ἀκαδημιῶν} ἔχει ζωηρό ἐνδιαφέρον γιά τή δημιουργία μιᾶς Ἀκαδημίας στό χῶρο τῆς Ἑλληνικῆς Ἐκκλησίας». Ἀναφέρει καί σχετική ἀλληλογραφία του μέ τόν Möckel, τῆς Εὐαγγελικῆς Ἀκαδημίας τοῦ Βερολίνου. Ζητᾶ ἀπό τόν Scholz νά βρεθεῖ τρόπος νά κληθεῖ ὁ Εἰρηναῖος καί νά ἐπιδιωχθεῖ τίς δαπάνες κινήσεώς του νά ἀναλάβει τό Ὑπουργεῖο Ἐσωτερικῶν.

Ὁ Scholz ἀπαντᾶ γραπτῶς (12-4-1962 ΑΒΒ) ὅτι, ὅπως προκύπτει ἀπό γράμμα τοῦ Möckel (30.3.), ὁ Εἰρηναῖος θά βρίσκεται περί τά τέλη Ἰουνίου στό Bossey/Γενεύη καί ὅπως γράφει ὁ Ἐπίσκοπος (21.3.) στόν Möckel {βλ. ἀνωτέρω τό γράμμα πού ἔχω μεταφράσει}, θά ἤθελε νά ἔλθει στή Γερμανία γιά μερικές ἑβδομάδες, ἀρχές Ἰουλίου. Ἑπομένως οἱ δαπάνες κινήσεώς του θά εἶναι περιορισμένες καί μποροῦν νά καλυφθοῦν ἀπό τόν Εὐρωπαϊκό Σύνδεσμο τῶν Ἀκαδημιῶν. Ἄποψή του εἶναι ὅτι γιά τέτοιες μικροδαπάνες δέν πρέπει νά ἀπευθύνονται στό Ὑπουργεῖο Ἐσωτερικῶν.

11-4-1962 ΑΒΒ
Μ πρός Απ
Ἀπευθύνει τήν ἐπιστολή του στή διεύθυνσή μου στό Πανεπιστήμιο τοῦ Μάιντς.

«Ὁ πάστορας κ. M ö c k e l - Βερολίνο μοῦ γράφει γιά ἕνα κοινό ταξίδι στήν Κρήτη. Τίς τελευταῖες ἑβδομάδες ἀναγκάστηκα νά ἀναλάβω τόσο πολλές ὑποχρεώσεις, ὥστε ἀδυνατῶ νά ταξιδέψω στήν Ἑλλάδα αὐτήν τήν ἄνοιξη. Ὅμως θά προσκαλέσουμε τόν Ἐπίσκοπο κ. Ε ἰ ρ η ν α ῖ ο στή Γερμανία γιά ἐπίσκεψη τῶν Εὐαγγελικῶν Ἀκαδημιῶν {γράφει μέ τήν ἰδιότητα τοῦ Προέδρου τοῦ Συλλόγου τῶν Διευθυντῶν τῶν Ἀκαδημιῶν τῆς Γερμανίας}.

Θά χαιρόμουν πολύ, ἄν σέ εὔθετο χρόνο ἔλθετε στό ΒΒ, προκειμένου νά συζητήσουμε γιά τό ἑλληνικό σχέδιο {Ἀκαδημία μας}. Πρό καιροῦ σᾶς εἶχα γράψει, δυστυχῶς ὅμως δέν εἶχα λάβει ἀπάντησή σας. Ἴσως νά μήν ἐλάβατε τό γράμμα μου.

Τήν ἑβδομάδα μετά τό Πάσχα θά εἶμαι στό ΒΒ. Θά χαιρόμουν ἄν μπορούσατε νά ἔλθετε τήν περίοδο ἐκείνη. Θά ἀναλάβουμε τή δαπάνη ταξιδίου σας».

13-4-1962 ΑΒΒ
Απ πρός Μ
«Σᾶς εὐχαριστῶ ἐγκαρδίως διά τήν ἀπό 11 Ἀπριλίου ἐπιστολή σας, τό περιεχόμενο τῆς ὁποίας γνωστοποιῶ πάραυτα στόν Ἐπίσκοπο Εἰρηναῖο. Εἶναι πολύ κρίμα πού δέν μπορεῖτε πρός τό παρόν νά ταξιδέψετε στήν Ἑλλάδα· ἐλπίζουμε πώς αὐτό θά εἶναι δυνατόν ἀργότερα.

Θά ἔλθω λίαν εὐχαρίστως στό ΒΒ καί σᾶς εὐχαριστῶ πολύ γιά τήν πρόσκληση, πού λαμβάνω ἀπό σᾶς ἐκ δευτέρου. Ὅπως σᾶς ἔγραφα ἤδη στίς 20 Ἀπριλίου 1961 (ἀπαντώντας στήν ἀπό 5 Ἀπριλίου ἐπιστολή σας), ἐπιθυμῶ πολύ νά γνωρίσω τήν ἐργασία τῆς Ἀκαδημίας σας. Δυστυχῶς δέν τό κατόρθωσα νωρίτερα, ἐπειδή ἡ ὁλοκλήρωση τῆς διατριβῆς μου μέ εἶχε τότε πλήρως ἀπορροφήσει καί στή συνέχεια χρειάσθηκε νά ταξιδέψω στήν Ἑλλάδα. Τήν ἑβδομάδα μετά τό Πάσχα ἔχω ἐλεύθερες ἡμέρες Τετάρτη μέχρι Παρασκευή (τό Σάββατο πρέπει νά πάω στή Γενεύη)· σᾶς παρακαλῶ λοιπόν νά ἔχω μιά πολύ ἁπλῆ γνωστοποίηση τοῦ χρόνου πού εἶναι πιό κατάλληλος γιά σᾶς».

17-4-1962 ΑΒΒ
Μ πρός Εἰρηναῖον
«Ὅπως μαθαίνω ἀπό τόν ἐφημέριο κ. Möckel {πού ἐργάζεται} στήν Εὐαγγελική Ἀκαδημία τοῦ Βερολίνου, ἔχετε ἐνδιαφέρον γιά τήν ἐργασία τῶν Εὐαγγελικῶν Ἀκαδημιῶν καί ἐξετάζετε πρός τό παρόν τό κατά πόσο μπορεῖτε νά συστήσετε στήν Κρήτη ἕνα παρόμοιο *Ἰνστιτοῦτο γιά τήν Προαγωγή τῆς Κοινωνικῆς Συνοχῆς καί τῆς Οἰκονομικῆς Ἀνάπτυξης στήν Κρήτη.*[82]

---

[82] Στήν πρώτη του κιόλας ἐπικοινωνία μέ τόν Εἰρηναῖο ὁ Müller υἱοθετεῖ τό προσωρινό πλαίσιο πού ἔχω διαμορφώσει (βλ. παραπάνω 13-7-1960 Απ πρός MCC) γιά τήν Ἀκαδημία.

Μέ χαρά πληροφοροῦμαι ὅτι φέτος τόν Ἰούνιο θά ταξιδέψετε στή Γενεύη, προκειμένου νά ἔχετε συζητήσεις στό Οἰκουμενικό Συμβούλιο τῶν Ἐκκλησιῶν.

Ἐπιτρέψατε νά σᾶς προσκαλέσω νά ἔλθετε στή συνέχεια στή Γερμανία, γιά νά γνωρίσετε προσωπικά τήν ἐργασία τῶν εὐαγγελικῶν Ἀκαδημιῶν. Θά ἦταν ἰδιαίτερη χαρά γιά μένα, ἐάν θά ἦταν δυνατόν νά γνωριστοῦμε προσωπικά καί νά σᾶς ἐνημερώσω γιά τήν ἱστορία, τούς στόχους καί τή σημερινή κατάσταση τῶν Εὐαγγελικῶν Ἀκαδημιῶν στή Γερμανία. Θά χαροῦμε πολύ νά σᾶς δεχθοῦμε στή Γερμανία ὡς φιλοξενούμενό μας. Ἐκτός αὐτοῦ, θά ἀναλάβουμε εὐχαρίστως {τή δαπάνη γιά} τό ταξίδι Γενεύη-Γερμανία, 1ῃ θέση {σιδηροδρομικῶς}.

Πρέπει πάντως νά ἐπιστήσω τήν προσοχή σας στό ὅτι τακτική συνεδριακή δραστηριότητα ἔχουμε στό Bad Boll μόνο μέχρι 24 Ἰουνίου τρ. ἔ. Ἀκολουθοῦν οἱ θερινές διακοπές, ὁπότε δέν θά σχηματίσετε κάποια ἐντύπωση γιά τό συνεδριακό γίγνεσθαι. Ἰδιαίτερη ἐπιθυμία μας θά ἦταν νά προγραμματίσετε τό ταξίδι σας {πρός Γερμανία} πρίν ἀπό τίς 24 Ἰουνίου».

18-4-1962 ΑΒΒ
Μ πρός Απ
Ἀπαντᾶ στήν ἐπιστολή μου τῆς 13.4 καί ἐκφράζει τή χαρά του γιά τήν ἐπικείμενη ἐπίσκεψή μου, κατά τήν ὁποία θά μιλήσουμε γιά τά σχέδιά μας στήν Κρήτη. Ἐσωκλείει προγράμματα συνεδρίων πού θά γίνουν κατά τήν ἐκεῖ παραμονή μου.

18-4-1962 ΑΑπ
Möck πρός Απ
Γράφει ἀπό τό Βερολίνο, ὡς προσθήκη στά ὅσα ἔγραψε στό τελευταῖο γράμμα του πρός τόν Εἰρηναῖο. Μᾶς προσκαλεῖ νά ἐπισκεφθοῦμε ὄχι μόνο τήν Ἀκαδημία τοῦ ΒΒ, ἀλλά καί ἐκείνη τοῦ Βερολίνου. Μοῦ στέλνει τό πρόγραμμα ἑνός συνεδρίου πού ἔχουν ἀπό 17 μέχρι 19 Ἰουλίου μέ Ὀλλανδούς. Θέμα: «Sühnezeichen Europa». Σκοπός τῆς ἐπίσκεψής μας θά ἦταν 1. Νά γνωρίσουμε, ἐκτός ἀπό τό ΒΒ, καί τή δική τους Ἀκαδημία {δέν ἐγνώριζε προφανῶς ὅτι ἐγώ τήν εἶχα γνωρίσει ἤδη τό θέρος τοῦ 1955}, καί 2. Νά ἐνημερωθοῦμε γιά ἕνα θέμα πού θά μᾶς ἐνδιαφέρει καί θά μποροῦμε νά τό στηρίξουμε. Ὁ Ἐπίσκοπος Εἰρηναῖος θά μποροῦσε νά κάμει μιά διάλεξη {στό συνέδριο} ἤ νά μιλήσει γιά τά τῆς Ἐπισκοπῆς του. Φυσικά θά καλύψουν τίς δαπάνες τοῦ ταξιδίου μας πρός τό Βερολίνο.

ΚΕΦΑΛΑΙΟΝ Β΄

1. Πρώτη συνάντησή μου μέ τόν Müller- Δρομολογεῖται ἡ λύση

Σημείωση: Στό πρῶτο πρός ἐμένα γράμμα τοῦ Müller {5-4-1961} εἶχα ἀπαντήσει συνοπτικά καί κάπως ἀόριστα (βλ. ἀνωτέρω, 20-4-1961), ἐπειδή τήν ἐποχή ἐκείνη εἶχα ἰδιαίτερα ἐντατική ἐρευνητική καί συγγραφική ἀπασχόληση μέ τήν ἐπί διδακτορίᾳ διατριβή μου, ἀλλά καί ἐπειδή εἶχα στηρίξει τίς ἐλπίδες μου στόν Kreyssig καί δέν ἤθελα νά δημιουργηθεῖ ἡ ἐντύπωση ὅτι ἀπευθύνομαι ταυτόχρονα σέ δύο ἐνδεχόμενες πηγές χρηματοδότησης. Ὕστερα ἀπό τίς τελευταῖες ἐξελίξεις στό θέμα τῆς συνεργασίας μας μέ τήν Aktion Sühnezeichen παραμερίσθηκε αὐτό τό κώλυμα. Πῆγα λοιπόν στό BB καί εἶχα μέ τόν Müller τήν πρώτη διεξοδική καί καθοριστική γιά τίς μελλοντικές ἐξελίξεις συζήτηση μέσα σέ λίαν εὔκρατο κλίμα:

26-27 Ἀπριλίου 1962

Ἐπισκέφθηκα τήν Ἀκαδημία τοῦ Bad Boll καί ἔλαβα μιά πρώτη εἰκόνα γιά πρόσωπα καί πράγματα. Στίς 27 Ἀπριλίου 1962 ἔγινε ἡ πρώτη συνάντησή μου μέ τόν Eberhard Müller. Τό ἀπροσδόκητα εὐλογημένο ἀποτέλεσμα συνοψίζεται στά ἔγγραφα πού ἀκολουθοῦν.

Τό πιό ἀναπάντεχο γιά μένα καί ὅλως ἀσύνηθες στή δική του συμπεριφορά σέ παρόμοιες περιπτώσεις ἦταν ὅτι, ἐνῶ μέχρι τότε διατηροῦσε ἀποστάσεις καί ἦταν εὔλογα πολύ ἐπιφυλακτικός, ἤδη μετά τήν πρώτη διεξοδική συζήτησή μας ἐνημέρωσε ἀμέσως τηλεφωνικά τόν Πρόεδρο τῆς ΕΖΕ Ἐπίσκοπο *Hermann Kunst*, ὁ ὁποῖος, λίαν περιέργως, ζήτησε νά λάβει ταχέως γραπτή ἀναφορά τοῦ Müller, προκειμένου νά τή φέρει πρός συζήτηση στήν ἁρμόδια Ἐπιτροπή κατά τήν ἀμέσως ἐπικείμενη συνεδρία της!

Ἡ πρώτη κιόλας ἐκείνη συνάντησή μας μπορεῖ λοιπόν νά θεωρηθεῖ ὡς ἐπιβεβαίωση τοῦ κύρους τοῦ Μ, τῆς ἐνεργητικότητας, τῆς ἐργατικότητάς του, ἀλλά καί ὡς ἡ ἀπαρχή τῆς τελικῆς φάσης τοῦ ἀγώνα πρός τήν ἐξασφάλιση τῶν πόρων γιά τήν ἀνέγερση καί τήν ἔναρξη λειτουργίας τῆς Ἀκαδημίας.

27-4-1962 ABB
Μ πρός Kunst
«Ἀγαπητέ ἀδελφέ Κούνστ!
Στή συνέχεια τῆς τηλεφωνικῆς συζήτησης πού μόλις κάναμε ἐπιτρέψατε νά ἐπαναλάβω ἐν τάχει, ὅπως συμφωνήσαμε, τά ἀκόλουθα, πού ἐπιθυμεῖτε νά θέσετε πρός συζήτηση στή συνεδρία τῆς 3 Μαΐου.

Στήν Κρήτη ὁ ἐξαιρέτως δραστήριος Ἐπίσκοπος Ε ἰ ρ η ν α ῖ ο ς προσπαθεῖ ἤδη ἀπό καιρό νά δημιουργήσει μιά Εὐαγγελική {sic!} Ἀκαδημία.[83] Ὁ Ἐπίσκοπος Εἰρηναῖος θεωρεῖται ὡς μιά ἀπό τίς ἡγετικές προσωπικότητες τῆς ἑλληνικῆς Ἐκκλησίας. Ἦταν ἀπεσταλμένος στό Ν. Δελχί, ὅπου ἐκλέχθηκε στήν Ἐπιτροπή τοῦ Οἰκουμενικοῦ Συμβουλίου {Π.Σ.Ε.} γιά τήν Ἱεραποστολή. Ὁ Ἐπίσκοπος Εἰρηναῖος θά ἔλθει τόν Ἰούλιο στή Γερμανία, προκειμένου νά συζητήσει μαζί μου τίς δυνατότητες ὑποστήριξης τῶν σχεδίων του μέσω τοῦ Συνδέσμου τῶν Εὐαγγελικῶν Ἀκαδημιῶν. Μέ τόν ἀπεσταλμένο του εἶχα μιά διεξοδική συζήτηση, ἀπό τήν ὁποία προκύπτουν τά ἀκόλουθα:

Ἡ δημιουργία μιᾶς Εὐαγγελικῆς Ἀκαδημίας στήν Κρήτη εἶναι σκόπιμο νά στηριχθεῖ, ἐπειδή ἡ Κρατική Ἐκκλησία στήν Μητέρα Ἑλλάδα εἶναι πολύ δυσκίνητη, ὥστε νά μήν μπορεῖ νά καταβληθεῖ ἐκεῖ ἡ πρώτη προσπάθεια λειτουργίας μιᾶς Ἀκαδημίας.[84]

Ἐξ ἄλλου, ἡ Κρήτη ἔχει προβλεφθεῖ {νά γίνει} Νατοϊκή Βάση. Ἐκεῖ θά ἐναλλάσσονται χιλιάδες στρατιῶτες.[85] Τοιουτοτρόπως θά προκύψουν ποικίλα

---

[83] Ὁ Müller διαβιβάζει τίς περί Εἰρηναίου πληροφορίες πού ἔδωσα καί βεβαιώνει ὅτι τό σχέδιο Ἀκαδημίας στήν Κρήτη δέν εἶναι ἰδιωτική ὑπόθεση, ἀλλά ἐπίσημο ἐκκλησιαστικό πρόγραμμα, ὅπως ἐξ ἀρχῆς καί πρός κάθε κατεύθυνση τό εἶχα παρουσιάσει. Ξενίζει βέβαια ἡ διατύπωση *Εὐαγγελική Ἀκαδημία*, πού τήν ἀποδίδω ὅμως σέ «κεκτημένη ταχύτητα», ὀφειλόμενη στήν ταυτόχρονη προσπάθεια τοῦ Müller νά δημιουργηθοῦν πράγματι εὐαγγελικές Ἀκαδημίες στήν Ἀσία καί τήν Ἀφρική, σέ συνεργασία μέ τίς ἐκεῖ προτεσταντικές κοινότητες. Ἡ διατύπωση ἔγινε προφανῶς ἐκ παραδρομῆς καί δέν εἶχε καμιά σημασία ἤ ἐπίπτωση. Ἄλλωστε, ἡ εἰκόνα τοῦ Εἰρηναίου, ὅπως τοῦ τήν περιέγραψα καί ἐκεῖνος τή μετέφερε ἀμέσως στόν Κούνστ, δέν μποροῦσε νά ἔχει καμιά σχέση μέ «εὐαγγελική» Ἀκαδημία. Ἐπιπλέον: Μαζί μέ τήν ἐπιστολή ἀποστέλλει στόν Κούνστ καί Ἔκθεσή μου, ὅπου σαφῶς περιγράφεται τό τί θέλουμε νά κάνουμε στήν Κρήτη. Ὑπενθυμίζω ὅτι καί ἡ καθολική Ὀργάνωση *Misereor*, στήν ὁποία εἶχα ἀπευθυνθεῖ ἀρχικά, θεώρησε περιέργως ὅτι ἀποβλέπαμε σέ ...*καθολική Ἀκαδημία* στήν Ἑλλάδα, ὅταν δέ διεπίστωσε περί τίνος πρόκειται, ἀπέσυρε τό ἐνδιαφέρον της! Νά σημειωθεῖ, τέλος, ὅτι ὁ Κούνστ εἶχε ἐπαφή μέ Ὀρθοδόξους, ἐπίσης δέ συνέδραμε τό Κέντρον τοῦ Οἰκουμενικοῦ Πατριαρχείου στό Chambésy τῆς Γενεύης καί τό Πατριαρχικόν Κέντρον Πατερικῶν Μελετῶν στή Θεσσαλονίκη.

[84] Ἀπό τήν ἐπισήμανση αὐτή προκύπτει ὅτι κατά τή συζήτησή μας εἶχα ἀναφέρει στόν Μ τήν ἀρχική σκέψη μου γιά δημιουργία τῆς Ἀκαδημίας στή Θεσσαλονίκη καί τήν ἀναβλητικότητα τοῦ Μητροπολίτη Παντελεήμονα.

[85] Στό σχετικό μέ τήν ἵδρυση τῆς ΟΑΚ Ὑπόμνημά μου εἶχα ἀναφερθεῖ καί στό ζήτημα αὐτό, τόσο ἐπειδή προκαλοῦσε μιά καινούρια πραγματικότητα γιά τήν Κρήτη, πού ὀφείλαμε νά λάβουμε ὑπόψη, ὅσο καί ἐπειδή γνώριζα ὅτι ὁ Kunst ἦταν ὄχι μόνο ὁ Ἐντεταλμένος τῆς Εὐαγγελικῆς Ἐκκλησίας τῆς Γερμανίας παρά τῇ Κυβερνήσει τῆς Βόννης, ἀλλά καί ὁ ἁρμόδιος κληρικός, ἀργότερα πρῶτος Ἐπίσκοπος τῶν Ἐνόπλων Δυνάμεων τῆς χώρας του - μέ ἄλλα λόγια, κατεῖχε θέσεις μεγάλης ἐπιρροῆς καί εὐθύνης!

νέα προβλήματα γιά τό λαό. Ἐπιπλέον, ἡ Κρήτη εἶναι ἕνας τόπος πού ὑπέφερε ἰδιαίτερα ἀπό τή γερμανική κατοχή καί ὅπου εἶναι ἰδιαίτερα ἐνδεδειγμένη μιά βοήθεια.[86]

Μιά ὁμάδα ἀπό περίπου 20 νέους ἐργάτες, πού ἔχει συγκροτηθεῖ ἀπό τήν Εὐαγ. Ἀκαδημία τοῦ ΒΒ, ἐπιθυμοῦν εὐχαρίστως νά συνεργασθοῦν προσωπικά γιά μισό χρόνο στήν οἰκοδόμηση τῆς ἐκεῖ Ἀκαδημίας καί μέ τόν τρόπο αὐτό νά προσφέρουν μιά ὑπηρεσία γιά τήν ἀνάπτυξη αὐτῆς τῆς χώρας. Περίπου 500.000 DM θά χρειασθοῦν γιά τήν ἀνέγερση τοῦ κτηρίου τῆς Ἀκαδημίας καί γιά συμβολή στά λειτουργικά ἔξοδα κατά τά πρῶτα τρία χρόνια {εἶχα τονίσει ἐξ ἀρχῆς αὐτήν τήν ἀνάγκη γιά ἐξασφάλιση τῶν ἐξόδων λειτουργίας κατά τά πρῶτα χρόνια τῆς Ἀκαδημίας}. Θεωρῶ αὐτό τό πρόγραμμα ὡς ἐξαιρέτως ἄξιο ὑποστήριξης καί σημαντικό καί θά ἤμουν πολύ εὐγνώμων, ἄν θά μπορούσατε νά τό ἐντάξετε στά προγράμματα τῆς ἀναπτυξιακῆς βοήθειας. Στήν Ἑλλάδα ἡ Ἐκκλησία συνεχίζει νά ἔχει μιά πνευματικά ἡγετική θέση καί ἡ συνεργασία της στήν ἀνάπτυξη τῆς χώρας ἔχει ἀποφασιστική ψυχολογική σημασία. Θά ἤμουν λοιπόν εὐγνώμων, ἄν θά μπορούσατε νά στηρίξετε τό πρόγραμμα.

Ἐπισυνάπτω ἕνα Ὑπόμνημα τοῦ κ. Π α π α δ ε ρ ο ῦ [87], ἑνός ἐξόχως εὐφυοῦς ἀπεσταλμένου τοῦ Ἐπισκόπου Εἰρηναίου, πού ἦρθε στή Γερμανία προκειμένου, μεταξύ ἄλλων, νά προωθήσει πρός τό παρόν αὐτά τά προβλήματα τῆς Ἀκαδημίας καί σήμερα ἐργάζεται στό Πανεπιστήμιο τοῦ Mainz».

Ἀπρίλιος 1962: Στό Καστέλλι συστήθηκε Κύκλος Χριστιανῶν Διανοουμένων (ἐκπαιδευτικῶν, ἰατρῶν κ.ἄ.) «μέ σκοπόν τήν ἔρευναν καί καλλιέργειαν τῶν χριστιανικῶν ἀληθειῶν ἐν τῇ ἐποχῇ μας». ΧΚ 20 (1062) 320.

2-5-1962 ΑΒΒ
Απ πρός Μ
Εἶχε ζητήσει περισσότερα ἀντίτυπα τῆς Ἐκθέσής μου γιά τήν Κρήτη {RELIGIOSE...}. Τοῦ τά στέλνω καί τοῦ παρέχω τήν ἄδεια νά κάμει τυχόν βελτιώσεις στό Ὑπόμνημα {δέν ἔκαμε}, καθώς καί κατάλογο μέ σημεῖα πού κατά τή γνώμη μου ἀναδεικνύουν τή σημασία τῆς Ἀκαδημίας Κρήτης.

Ἀκόμη, τόν εὐχαριστῶ γιά τή φιλική προθυμία του νά ἀσχοληθεῖ μέ τήν Κρήτη, ἀλλά καί γιά τίς ὄμορφες ἡμέρες πού πέρασα κοντά του.

---

[86] Χρησιμοποιεῖται καί ἐδῶ ἕνα ἀπό τά βασικά ἐπιχειρήματά μου κατά τίς τότε διαπραγματεύσεις μου: Καταστρέψατε..., καιρός νά οἰκοδομήσετε...
[87] Κατά τήν ἐπίσκεψή μου στό ΒΒ (26-27.4.) εἶχα ἐπιδώσει στόν Μ τίς Ἐκθέσεις μου: Religiöse...., Stichworte über die Aufgabe der Akademie auf Kreta. Ἐπίσης εἶχα ὑποσχεθεῖ νά τοῦ στέλνω περισσότερα ἀντίτυπα (βλ. ἐπιστολή μου 2-5-1962).

2-5-1962 ΑΑπ
Απ πρός Ειρηναίον
«Χθές βράδυ έπέστρεψα άπό τό ταξίδι στό Bad Boll καί στήν Ελβετία, τά άποτελέσματα τού όποίου σάς γνωρίζω λακωνικώς:

BAD BOLL
Ό κ. Müller, ή γυναίκα του καί τό προσωπικό τής Ακαδημίας μέ ύπεδέχθησαν μέ πολύ μεγάλη ευγένεια καί προθυμία. Συνεζήτησα μέ όλους {τόν ίδιο καί τούς ειδικούς συνεργάτες του} τό θέμα {τής Ακαδημίας μας} καί κατελήξαμε είς τά έξής:
1) Ό χαρακτήρ τής Ακαδημίας μας έγκρίνεται πλήρως, όπως τόν έτοποθέτησα είς τό πρόγραμμα τό όποίον ελάβατε.
2) Ό κ. Müller θά προσπαθήση αμέσως νά αναζητήση τίς ενδεχόμενες πηγές οίκονομικής ένισχύσεως καί έλπίζομε πώς θά έχομε κάτι τό συγκεκριμένον, ώσπου νά έλθετε.
3) Ό κ. Müller προτείνει τήν άποστολή 2-3 δικών μας άνθρώπων πρός είδικήν έκπαίδευσιν είς τήν Ακαδημίαν {του}, μέ τόν σκοπόν νά μάς βοηθήσουν άργότερον. Έπ' αύτού θά πρέπει νά κάμετε μερικές σκέψεις. Νομίζω πώς θά είναι σκόπιμον νά μετεκπαιδευθή καί μία κοπέλλα. Τά έξοδα κινήσεως καί διαμονής άναλαμβάνει ή Ακαδημία Bad Boll. Εύνόητον ότι οί μετεκπαιδευθησόμενοι δέν είναι άνάγκη νά είναι Θεολόγοι.
4) Ό κ. Müller θά ήθελε νά έλθετε έδώ πρό τής Γενεύης διά πολλούς λόγους. Σάς έγραψε καί σχετικώς, τό βρίσκω δέ καί έγώ προτιμώτερον. Ό κ. Möckel μάς προσκαλεί επίσης είς τό Βερολίνον, όπου θά ήθελε νά κάμετε καί μίαν διάλεξιν είς τήν Ακαδημίαν {τού Βερολίνου} περί Ορθοδοξίας καί τού έργου τής Επισκοπής σας είδικώτερον. Τοποθετεί όμως τήν ήμερομηνίαν είς τά μέσα Ιουλίου. Νομίζω πώς είναι πολύ άργά. Περιμένω λοιπόν τήν τελικήν σας άπόφασιν διά νά κάμω τίς σχετικές συνεννοήσεις.
5) Ό κ. Müller θέλει νά περάση τίς θερινές διακοπές του είς τήν Κρήτη μαζί μέ τήν γυναίκα του καί 2-3 άπό τά 10 παιδιά του. Τόν προσκάλεσα έπ' όνόματί σας στή Γωνιά καί Καστέλλι, μέ τήν ύπόσχεσιν ότι θά τούς φιλοξενήσουμε. Λογαριάζει νά έλθη τό πρώτον δεκαήμερον Αύγούστου.
6) Περιμένει τά αρχιτεκτονικά σχέδια τής Ακαδημίας καί τόν γενικόν προϋπολογισμόν τών οίκοδομικών κ.λπ. εξόδων, ώς σάς έγραψα.
7) Ή Ακαδημία Bad Boll έτοιμάζει μίαν όμάδα νέων Γερμανών διά τήν προσφοράν μιάς έργασίας, όπως καί ή AKTION SÜHNEZEICHEN. Μελετήσαμε τήν δυνατότητα άνοικοδομήσεως τής Ακαδημίας. Άν συμφωνήτε καί σείς, μπορεί νά πραγματοποιηθή αύτή ή σκέψις. Ή Όμάς ευρίσκεται τώρα σέ προ-

παρασκευή καί μπορεῖ νά ἀρχίση τό φθινόπωρον! Ἔθεσα τόν ἑξῆς ὅρο: Ἡ Ἀκαδημία δέν ἐπιτρέπεται νά φανῇ ὡς ἀποκλειστικόν ἔργον τῶν ξένων, ἀλλ' ὡς ἔργον τῆς Ἐπισκοπῆς, ἐνισχυόμενον καί ἔξωθεν. Ἡ ἄποψις ἐκρίθη λογική καί σκόπιμος. Μποροῦμε λοιπόν νά ἀρχίσωμε μέ θεμελίωσιν κ.λπ. καί ἔπειτα νά ἔλθουν ἐπικουρικῶς καί οἱ ξένοι. Ἐζήτησα ἀπό τόν κ. Müller νά μᾶς ἐξασφαλίση ἕνα κεφάλαιον διά νά ἀρχίσωμε καί τό ὑπεσχέθη».

2. Τό Τάγμα τοῦ Μεγάλου Κωνσταντίνου

(ORDO CONSTANTINI MAGNI-OCM)
Ἑλβετία

Μετά τό Bad Boll πῆγα στό συνέδριον τοῦ Βυζαντινοῦ Τάγματος τοῦ Ἁγίου Κωνσταντίνου. Συνεδρίασε στό SEXBRES, κοντά στή Λωζάνη. Σέ μιά πανηγυρική τελετή ἔγινε ἡ ἀνακήρυξίς μου εἰς {μέλος} ἱππότην τοῦ Τάγματος. Ἐντός τῶν ἡμερῶν ἀνακηρύσσεται καί ὁ κ. Χίλκμαν. Διεπίστωσα ὅτι τό Τάγμα διαπνέεται ἀπό καθαρῶς χριστιανικά αἰσθήματα. Ἐάν διαπιστωθῇ ὅτι μερικά ἐκ τῶν ἑλληνικῶν μελῶν ἔχουν ἐξωχριστιανικόν αἴσθημα, θά ζητήσω τόν ἀποκλεισμόν των, ὅπερ καί θά γίνῃ ἀσφαλῶς.

Αἱ θεμελιώδεις ἀρχαί τοῦ Τάγματος εἶναι σαφεῖς καί ἔχουν διατυπωθῇ σέ εἰδικόν τεῦχος. Πλήν τοῦ *Μακαρίου* {Ἀρχιεπισκόπου Κύπρου} συμμετέχουν καί προτεστάνται καί καθολικοί κληρικοί καί θεολόγοι... Τό Σάββατο βράδυ πήγαμε σχεδόν ὅλοι εἰς τήν Λωζάνην καί ἑορτάσαμε τό Ὀρθόδοξον Πάσχα. Διένειμα εἰς τούς συνέδρους τό τεῦχος περί τῆς Ἀκαδημίας καί ἀνέπτυξα εἰς μίαν συνεδρίασιν τόν σκοπόν της. Εὗρον πλήρη κατανόησιν. Ἐσχηματίσθη μία Ἐπιτροπή μελέτης τοῦ θέματος. Ἡ Ἐπιτροπή συνῆλθεν ὑπό τήν προεδρίαν μου. Μέλη της εἶναι εἷς τῶν μεγαλυτέρων βιομηχάνων τῆς Γερμανίας {Ludowici}, ὁ Διευθυντής ἀγροτικῶν μελετῶν τῆς περιοχῆς Βυρτεμβέργης, ὁ κ. Χίλκμαν καί ἕνας ἀκόμη Γερμανός ἐπιστήμων.

Κατελήξαμεν εἰς τάς ἑξῆς σκέψεις:

1) Ἐπειδή ἴσως εἶναι δύσκολον νά κατανοηθῇ ἐκ μέρους τῶν πολιτικῶν καί βιομηχανικῶν παραγόντων (οἱ ὁποῖοι πρόκειται νά μᾶς ἐνισχύσουν οἰκονομικῶς) ὁ σκοπός τῆς Ἀκαδημίας, κρίνεται σκοπιμωτέρα ἡ προβολή τῶν ὑπαρχόντων καί μελετωμένων ἱδρυμάτων τῆς Ἐπισκοπῆς, τῆς Οἰκοκυρικῆς, τῆς Τεχνικῆς

Σχολῆς καί μιᾶς Σχολῆς ἀγροτικῆς ἐκπαιδεύσεως. Ἤδη καταρτίζω τά σχέδια περαιτέρω ἀναπτύξεως καί ἐξοπλισμοῦ τῶν Σχολῶν αὐτῶν.

2) Τό σχέδιον τῆς Ἀκαδημίας δυνάμεθα νά παραστήσωμεν ἐνταῦθα ὡς συντονιστικόν κέντρον, ὁπότε καί θά ἔχωμεν δι' ὅλα μίαν ἐνίσχυσιν. Τόσον ἡ Ἀκαδημία Bad Boll ὅσον καί τό Τάγμα εἶναι ἀπολύτως σύμφωνοι εἰς τήν ἀπ' εὐθείας συνεργασίαν μετά τῆς Ἐπισκοπῆς, ἄνευ τῆς ἀναμίξεως τοῦ Κράτους ἤ ἄλλων παραγόντων. Δι' αὐτό τηροῦμε πλήρη μυστικότητα, πρᾶγμα τό ὁποῖον περιμένω καί ἀπό αὐτοῦ».

10-5-1962 ΑΑπ
Εἰρηναῖος πρός Απ
«Πῆρα καί τά δυό σου τελευταῖα γράμματα τά ὁποῖα εἶχαν εὐχάριστα διά τό ἔργον μας...
Μοῦ ἄρεσε πολύ ἡ εἰσηγητική ἔκθεσή σου γιά τό ἔργο τῆς Γωνιᾶς. (b-Απ). Στά ἐπιχειρήματά σου μπορεῖ νά προστεθῆ ἴσως καί τό γεγονός ὅτι ἡ πλησίον Σούδα (ὡς λιμάνι καί ἀεροδρόμιο τοῦ NATO) ἔχει διαρκῶς ἀνθρώπους ἀπό ὅλο τόν κόσμο καί ἀνθρώπους τοῦ πολέμου πού χρειάζονται τήν Ἐκκλησίαν {γίνεται σχετική ἀναφορά στίς Ἐκθέσεις μου}.

Καί τώρα ἐπί τῶν πληροφοριῶν πού μοῦ ζητᾶς:

α) Σχέδια πού χρειάζονται δέν ἔχω ἕτοιμα. Μίλησα μέ δυό μηχανικούς ἀλλά καί αὐτοί μοῦ ζητοῦν περιγραφή τοῦ οἰκήματος καί νομίζω ὅτι πρέπει νά ἔχωμε ἀπ' αὐτοῦ ἕνα Γεν. σχέδιον Ἀκαδημίας νά τό προσαρμόσωμε στά δικά μας Βυζαντινά (νομίζω) πλαίσια.

β) Οἱ μηχανικοί ὑπολογίζουν ὁπωσδήποτε 5-6 ἑκατομμύρια ἑλληνικῶν δραχμῶν.

γ) Ἔξοδα συντηρήσεως διά μίαν 5/τίαν εἶναι καλύτερον νά καθορισθοῦν ἀπό σένα αὐτοῦ.

στ) Μοῦ κάνει πολλή εὐχαρίστησιν νά φιλοξενήσωμεν τόν κ. Müller στήν Ἐπισκοπή μας ὅσο θέλει μετά τῆς οἰκογενείας του καί νομίζω ὅτι μποροῦμε νά πᾶμε καί στό Βερολίνο καί περί τά τέλη Ἰουλίου νά κατεβοῦμε ὅλοι μαζί στήν Κρήτη. Ἐπειδή ὅμως ἔχουμε τόν 15/Αὐγούστον, καλόν εἶναι ἡ φιλοξενία τοῦ κ. Müller νά συμπέση μετά τήν 10ην Αὐγούστου - θά τοῦ γράψω καί ἐγώ σήμερα.

ζ) ...Εὐχαριστώντας τόν κ. Schaller τοῦ προσέφερα 2 ὑποτροφίες Γυμνασίου εἰς τά Ἱδρύματα τῆς Ἐπισκοπῆς μου.

η) Εἰς τόν πρίγκιπα Πέτρον εἶχα μιλήσει πρό καιροῦ γιά τό ζήτημα τῆς Ἰνδίας {ὑποτροφία μου} καί ἴσως νά βοηθήση καί ἐκεῖνος».

3. Ὁ Εἰρηναῖος στή Γερμανία

10-5-1962 ΑΑπ
Εἰρηναῖος πρός Απ (συνέχεια)
«δ) Ἀδυνατῶ νά ἔλθω εἰς Γερμανίαν πρίν ἀπό Ἑλβετίαν. Εἰς Ἑλβετίαν θά εἶμαι 14-29 Ἰουνίου (Bossey), μετά ὁλόκληρον τόν Ἰούνιον θά τόν διαθέσω διά Γαλλία - Γερμανία (ἄν θέλη ὁ Θεός).

ε) Ἀπό τόν κ. Müller πῆρα ἤδη μίαν πρόσκλησιν (διά τοῦ κ. Möckel ἴσως) νά εὐρεθῶ εἰς Bad Boll εἰς τάς 24 Ἰουνίου καί νά προσπαθήσω γιά μιά δυό μέρες τουλάχιστον νά εὐρεθῶ ἐκεῖ - θά ὁρίσω ἀπό τό Bossey πότε ἀκριβῶς (ποῦ ἀκριβῶς εἶναι τό Bad Boll;).

....

θ) Θά ἑτοιμασθῶ γιά δυό ὁμιλίες περί Ἐκκλησίας καί ἐκπαιδεύσεως καί θά προσπαθήσω νά κρατῶ καί μικρά σλάϊτς γιά προβολές (φαντάζομαι ὅτι θά ἔχωμε γι᾽ αὐτές μηχάνημα). Ἐγώ θά ἑτοιμάζωμαι ἤδη γιά τό ταξίδι μου, ἀλλά περιμένω πάντα εἰδήσεις σου. Ὅλοι κάτω εἴμεθα καλά. Τό Σέλινο βγάζει ἀκόμη λάδι (22-24 τρέχοντος ἔχομε Σύνοδον καί 27 ἀποκαλυπτήρια μνημείου εἰς Καστέλλι πού ἔχομε καλέσει καί ὑπουργούς). Λοιπόν στηρίξου στόν Θεό καί ἄφησε τά ἄλλα.

Στεῖλε μου τηλέφωνά σου εἰς Γερμανίαν» {ἐννοεῖ τῆς νέας θέσης μου στό Πανεπιστήμιο}. Στό πλάι τῆς πρώτης σελίδας: «Ἡ Μαρία {Παπαδημητράκη} πρέπει νά ἔλθη γιά λίγο ἔξω νά φροντίση γιά τά βρογχικά πού τήν πέθαναν φέτο. Ποῦ μπορεῖ νά φιλοξενηθῆ;».

15-5-1962 ΑΒΒ
Εἰρηναῖος πρός Μ (γερμανιστί)
Εὐχαριστεῖ γιά τό ἀπό 17 Ἀπριλίου γράμμα του-πρόσκληση. Γνωρίζει ἤδη ἀπό τό 1956 τό βιβλίο του «Ὁ κόσμος ἄλλαξε» καί προσθέτει: «Χαίρω πού θά συναντήσω κάποιον πού κατέχει τόσο καλά τά προβλήματα τῆς χριστιανικῆς Ἐκκλησίας στό σύγχρονο κόσμο». Γράφει ἀκόμη ὅτι θά εἶναι στό Bossey ἀπό 14-19 Ἰουνίου 1962. «Θά προσπαθήσω νά ἔλθω νά σᾶς συναντήσω στό ΒΒ κατ᾽ αὐτή τή χρονική περίοδο.[88] Μέ μεγάλη χαρά πληροφορήθηκα ἀπό τόν κ.

---

[88] Τυπική περίπτωση τῆς ὄχι σπάνιας δυστυχῶς ἀπροσεξίας καί ἀσυνέπειας σέ ἐπιστολές τοῦ Εἰρηναίου, πού δημιουργοῦσαν ὄχι μόνο κακή ἐντύπωση, ἀλλά καί μεγάλο ἐκνευρισμό, καθώς προσέκρουαν εὐθέως στήν περί τάξεως, ἀκρίβειας καί συνέπειας ὑπερευαισθησία τῶν Γερμανῶν, ἀλλά καί στόν συνήθως μακροπρόθεσμο προγραμματισμό τῶν ἐργασιῶν καί ὑποχρεώσεών τους. Γράφει π.χ.: 14-19, ἐνῶ ἐπρόκειτο γιά 14-29. Ὑπόσχεται ἐπίσκεψη στό ΒΒ στή διάρκεια αὐτῆς, τῆς πρώτης περιόδου, ἐνῶ ἐννοοῦσε καί προγραμμάτιζε, ὅπως εἴχαμε συνεννοηθεῖ, νά ἔλθη στή Γερμανία μετά τό πέρας τῆς παραμονῆς στό Bossey! Ρωτήθηκα εὐτυχῶς, προσπάθησα νά δικαιολογήσω τά πράγματα, ἐπικαλούμενος γλωσσικές δυσκολίες, καί ἔδωσα τίς ἀκριβεῖς πληροφορίες.

Παπαδερό ὅτι ἐπιθυμεῖτε νά ἔλθετε στήν Κρήτη τό ἐρχόμενο καλοκαίρι. Εἶναι γιά μένα μεγάλη χαρά νά σᾶς προσκαλέσω μαζί μέ ὅλη τήν οἰκογένειά σας {10 παιδιά!} καί σᾶς περιμένω ἀνυπερθέτως.

Μέ ἐγκάρδιους χαιρετισμούς ἐν Χριστῷ».

22-5-1962 ΑΒΒ
Μ πρός Εἰρηναῖον
Εὐχαριστεῖ γιά τήν ἀπό 15 Μαΐου φιλική ἐπιστολή του καί ἐκφράζει τή χαρά του γιά τήν ἐπικείμενη ἐπίσκεψή του τόν Ἰούνιο. «Ὑποθέτω ὅτι δέν θά ἔλθετε σέ μᾶς ἀπό 14-19 Ἰουνίου, ἀλλά πρίν ἤ μετά. Θά ἤθελα νά πληροφορηθῶ τόν ἀκριβῆ χρόνο τῆς ἀφίξεώς σας». Προτείνει στόν Ἐπίσκοπο νά διαθέσει ἀρκετό χρόνο γιά τή Γερμανία, προκειμένου νά γνωρίσει τίς διάφορες μορφές τῆς ἐργασίας τους, ἀλλά καί ἐπειδή θά χρειασθεῖ ἴσως νά ἐπικοινωνήσει μέ διάφορες Ὑπηρεσίες πού ἐνδέχεται νά στηρίξουν τό πρόγραμμα γιά τήν Ἀκαδημία τῆς Κρήτης. Εὐχαριστεῖ γιά τήν πρόσκληση καί προβλέπει ἐπίσκεψη στήν Κρήτη τόν Αὔγουστο.

Κοιν. σέ μένα στό Mainz.

30-5-1962 ΑΑπ
Bausch πρός Απ
Ὁ Christoph Bausch, ἀνώτερο στέλεχος τῆς Ἀκαδημίας τοῦ ΒΒ, ἁρμόδιος γιά τόν τομέα Βιομηχανία - Τμῆμα Νεολαίας, γράφει:

«Ἴσως νά θυμᾶστε ἀκόμη τή συζήτησή μας στό ΒΒ γιά μιά ἐνδεχόμενη δραστηριότητα στήν πατρίδα σας μιᾶς ὁμάδας νέων ἀπό τήν περιοχή τῆς Βιομηχανίας».

Ἐρωτᾶ ἄν θά μποροῦσε νά μέ ἐπισκεφθεῖ στό MAINZ τό ἀπόγευμα τῆς Πέμπτης 14.6., κατά τήν ἐπιστροφή του ἀπό τήν Κολωνία. «Θά ἤμουν εὐγνώμων, ἄν εἴχατε τήν καλοσύνη νά δεχθεῖτε ἕνα συνεργάτη μου καί ἐμένα γιά μία ὥρα. Θά μπορούσατε, παρακαλῶ, νά μέ ἐνημερώσετε ἄν σᾶς ταιριάζει αὐτή ἡ ἡμερομηνία καί ποῦ θά μπορούσαμε νά συναντηθοῦμε...».[89]

---

[89] 2-6-1962 ΑΑπ, Απ πρός Bausch
Γράφω ὅτι θά χαρῶ νά τούς δῶ στό MAINZ καί ρωτῶ πότε ἀκριβῶς θά φθάσουν, ὥστε νά τούς περιμένω στό σιδηροδρομικό Σταθμό.
Στίς 12-6-1962 ἀπάντησε τηλεγραφικῶς ὅτι θά μέ περιμένουν στό Σταθμό τοῦ MAINZ, στίς 14. 6., ὥρα 14.00, γραμμή 1. Συναντηθήκαμε καί μιλήσαμε γιά μιά Κατασκήνωση νέων πού θά ἐργασθοῦν στό Κολυμπάρι.

2-6-1962 ΑΑπ
Απ-Μz πρός Roos
Τόν εὐχαριστῶ καί πάλι γιά τή συμμετοχή του στή χαρά τῆς ἀναγόρευσής μου σέ Διδάκτορα {ἐπιστολή του τῆς 14ης Μαρτίου}. Ἀμέσως μετά τίς ἐπί διδακτορίᾳ ἐξετάσεις πῆγα γιά σύντομη ἀνάπαυση στόν Μέλανα Δρυμό, «πρῶτες διακοπές στή ζωή μου» {στή Γερμανία}! Θά ἐπιθυμοῦσα νά ἀνταποκριθῶ στήν πρόσκλησή του γιά προσωπική συνάντησή μας. Γράφω ὅτι στίς 15 τοῦ Ἰουνίου θά πάω στό Dürckheim, ὅπου θά ὁμιλήσω πρός τούς συνεργάτες τῶν Ἐνοριῶν τῆς Ἐκκλησίας τους καί θά διανυκτερεύσω ἐκεῖ. Τήν ἑπομένη (Σάββατο, 16.6) θά μποροῦσα νά τόν ἐπισκεφθῶ, νά ξαναδῶ ἐκεῖνον καί τήν οἰκογένειά του.

«Θά εἴχαμε στήν περίπτωση αὐτήν τή δυνατότητα νά μιλήσουμε καί γιά τήν ἐπικείμενη ἐπίσκεψη τοῦ Ἐπισκόπου μας, πού ἔχει ἐκφράσει τήν ἐπιθυμία νά μεταφέρει προσωπικά στήν Ἐκκλησία σας τήν εὐχαριστία τῆς Ἐκκλησίας τῆς Κρήτης. Μέ αὐτήν τήν εὐκαιρία παίρνω τό θάρρος νά σᾶς στείλω τό Ὑπόμνημά μου περί τῶν σχεδίων μας γιά τό μέλλον καί σᾶς παρακαλῶ νά δώσετε τό δεύτερο ἀντίγραφο στόν Oberkirchenrat {Ἀνώτ. Ἐκκλησιαστικό Σύμβουλο} κύριο Schaller, μαζί μέ τούς ἐγκάρδιους χαιρετισμούς μου».

Oberkirchenrat
Friedrich/Fritz Roos
(1909-1994) Φωτ.: ASp.

17-6-1962 ΑΑπ
Εἰρηναῖος πρός Απ
Γράφει ἀπό τό Bossey, Γενεύη
«Ἀπό χθές πού σοῦ τηλεγράφησα ἤδη εὑρίσκομαι ἐδῶ.
Ἦρθα μέ τό τραῖνο καί εἶμαι πολύ κουρασμένος.

....

Κρατῶ φωτογραφίες τῆς Γωνιᾶς καί μικρά σλάιτς ἀπό πανηγύρια τῆς Ἐπισκοπῆς μας καί μποροῦμε νά κάνωμε μιά ὁμιλία γιά τήν Ἐκκλησία Κρήτης.

Καί τώρα τό ζήτημα τῆς ἐπισκέψεως πρός τόν κ. Müller: Ἀπό τήν Κρήτη τοῦ ἔγραψα ὅτι θά τόν ἐπισκεπτόμουν ἴσως κατά τό διάστημα ἀπό 14-29 Ἰουνίου.Τώρα βλέπω ὅμως ἐδῶ τό πρόγραμμα τῆς σειρᾶς συζητήσεων: Λατρεία καί καθημερινή ζωή καί βρίσκω μόνο 2 μέρες γιά νά ἔλθω. Ἐπειδή ὅμως χρειάζονται τουλάχιστον 10 ἡμέρες, κρίνω σκόπιμο νά ἔλθω μετά τήν 29 τρέχοντος (ἴσως τήν ἰδίαν ἡμέρα νά φύγω ἀπό δῶ). Σέ παρακαλῶ λοιπόν νά τηλεφωνήσης ἀμέσως στόν κ. Müller γιά ποιούς λόγους θά ἔλθω μόνον τότε καί σέ ἄλλην ἐπιστολήν μου θά σοῦ ὁρίσω τήν ὥραν ἀφίξεώς μου αὐτοῦ {Μάιντς}, ὁπότε θά μπορούσαμε νά κάμωμεν τήν ὁμιλίαν Σάββατο ἤ Κυριακή 1 Ἰουλίου. Πιό νωρίς εἶναι ἀδύνατον νά ἔλθω, διότι εἶναι ντροπή λόγω τῆς θέσεώς μου νά ἀφήσω τάς συζητήσεις ἐδῶ.

Ἀναμένω πάντως καί ἰδικές σου ὁδηγίες.

Κρατῶ μικρά δῶρα (πιάτα μέ Κρητικές παραστάσεις κ.λπ.). Ἡ Μαρία ἦλθε μαζί μου καί θά φιλοξενηθῇ μᾶλλον εἰς τά ἐδῶ καθολικά ἱδρύματα.

20-6-1962 ΑΒΒ
Απ πρός Μ

«Χθές μίλησα τηλεφωνικά μέ τόν Ἐπίσκοπο Εἰρηναῖο, πού βρίσκεται ἤδη στό Bossey. Μόλις ἔλαβα καί ἕνα γράμμα του. Κατά πᾶσαν πιθανότητα θά ἔλθει στό MAINZ τό Σάββατο, 30 Ἰουνίου. Ἐπιθυμεῖ νά λειτουργήσει στή Φραγκφούρτη. Σκέπτομαι λοιπόν ὅτι ἡ ἑπόμενη μέρα, Κυριακή, πρέπει νά κρατηθεῖ ἐλεύθερη. Στήν περίπτωση αὐτή θά μπορούσαμε νά ἔλθουμε στό ΒΒ τή Δευτέρα. Ὁ πάστωρ Möckel ἀπό τό Βερολίνο γράφει ὅμως ὅτι θά βρίσκεται στό MAINZ τήν 1 Ἰουλίου καί θέλει νά μιλήσει μέ τόν Ἐπίσκοπο Εἰρηναῖο. Γι' αὐτό θά ἤθελα νά σᾶς ρωτήσω ἄν μποροῦμε νά ἔλθουμε σέ σᾶς στίς 2 ἤ 3 Ἰουλίου.

Ὁ Ἐπίσκοπος Εἰρηναῖος λυπᾶται πολύ πού δέν μπορεῖ νά ἀποδεσμευθεῖ νωρίτερα ἀπό τό Bossey, ὅμως τό ἐκεῖ πρόγραμμα εἶναι πολύ φορτωμένο.

Θά ἤμουν πολύ εὐγνώμων γιά μιά σύντομη ἀπάντησή σας...».

23-6-1962 ΑΒΒ ΕΠΕΙΓΟΝ
Μ πρός Απ
{Ἕνα γράμμα φανερῆς ἀδημονίας}

«Ἡ ἡμερομηνία τῆς ἐπίσκεψης τοῦ Ἐπισκόπου κ. Ε ἰ ρ η ν α ί ο υ μοῦ δημιουργεῖ δυσκολίες. Τό πρωί τῆς 30 τρέχοντος ἔχω μιά ὁμιλία στό Ντύσσελντορφ καί ἀπό τό ἀπόγευμα τῆς μέρας αὐτῆς, ὥρα 15, μέχρι τήν Κυριακή, ὥρα 13, ἕνα μικρό συνέδριο στό Kronberg κοντά στή Φραγκφούρτη. Ἀπό ἐκεῖ πρέπει στή συνέχεια νά ταξιδέψω γιά Bodensee, ὅπου τό βράδυ τῆς Κυριακῆς ἀρχίζει μιά συνάντηση ἐργασίας. Θά εἶμαι πάλι στό ΒΒ στίς 5 Ἰουλίου τρ. ἔτους, πρωί».

Προτείνει νά πάει ὁ Εἰρηναῖος πρῶτα στό Βερολίνο καί ἡ ἐπίσκεψη στό ΒΒ νά γίνει τό Σαββατοκύριακο 6-8 Ἰουλίου. Θά διεξάγεται συνέδριο {ὥστε θά λάβει μιά γεύση ὁ Ἐπίσκοπος} καί ὁ ἴδιος θά ἔχει ἀρκετό χρόνο γιά συζήτηση.

«Ἄν αὐτό δέν εἶναι δυνατόν, ἡ μοναδική δυνατότητα θά ἦταν νά συναντηθοῦμε στή Φραγκφούρτη τήν Κυριακή, 1 Ἰουλίου, καί νά γευματίσουμε ἐκεῖ. Πρέπει ὅμως νά φύγω ἀπό τή Φραγκφούρτη γύρω στίς 14» {ὅπως γράφει παραπάνω, τήν Κυριακή εἶναι δεσμευμένος μέχρι 13. Ἑπομένως γιά τή συνάντηση καί τό γεῦμα μένει ἐλάχιστος χρόνος. Συγκρινόμενος πρός τήν παραμονή τοῦ Ἐπισκόπου ἐπί 4 ἑβδομάδες πού εἶχε προτείνει ἀρχικά ὁ Müller, ἡ παραπάνω πρόταση ...ἀπελπισίας ἐξέφραζε καί ἐπικίνδυνη γιά τήν ὑπόθεσή μας ἀπογοήτευση!}.

Γράφει πῶς στέλνει ἀντίγραφο αὐτῆς τῆς ἐπιστολῆς στόν Ἐπίσκοπο στό Bossey καί κλείνει σημειώνοντας {καί πάλι ὡς λύση ἀπελπισίας} ὅτι, ἄν μποροῦσε νά ἔλθει νωρίτερα στο ΒΒ, ἡ συζήτηση θά ἦταν δυνατόν νά γίνει τό βράδυ τῆς 29^{ης} Ἰουνίου.

27-6-1962 ABB
Σημείωμα Μ (ἐσωτερική διανομή)
Τό Σαββατοκύριακο 6/8 Ἰουλίου τρ. ἔ. ἔρχονται στό ΒΒ γιά συζήτηση ὁ Ἐπίσκοπος Ε ἰ ρ η ν α ῖ ο ς ἀπό τήν Κρήτη καί ὁ Δρ. Π α π α δ ε ρ ό ς ἀπό τό Μάιντς. Παρακαλῶ νά ἑτοιμασθεῖ μονόκλινο δωμάτιο γιά κάθε ἕναν ἀπό τούς κυρίους. Οἱ κύριοι εἶναι φιλοξενούμενοι τῆς Εὐαγ. Ἀκαδημίας ἤ τοῦ Συνδέσμου τῶν Εὐαγγελικῶν Ἀκαδημιῶν.

BB, 27 Ἰουνίου 1962
(Müller)
Διανομή
Γράφει 4 ὀνόματα ὑπευθύνων γιά τήν ὑποδοχή καί διαμονή μας.
Ὁ Pfarrer κ. Bausch παραγγέλλεται νά εἶναι διαθέσιμος γιά τυχόν συμμετοχή στή συζήτηση.[90]
Υ.Γ. Ἐνδέχεται νά ἔλθουν οἱ δύο κύριοι ἤδη ἀπό τήν Πέμπτη, 5 Ἰουλίου τρ. ἔ. Γι' αὐτό πρέπει προληπτικῶς νά κρατηθοῦν ἤδη ἀπό 5.7 δυό καλά μονόκλινα δωμάτια. Αὐτό τό Υ.Γ. προστέθηκε προφανῶς μετά τή λήψη τοῦ κατωτέρω τηλεγραφήματος.
Τό ἀνωτέρω σημείωμα εἶναι χαρακτηριστικό τοῦ τρόπου λειτουργίας τῆς Ἀκαδημίας τοῦ ΒΒ: Λήψη τηλεγραφήματος. Ἄμεση, γραπτή καί ἐνυπόγραφη ἐνημέρωση τῶν κατά περίπτωση ἁρμοδίων τοῦ προσωπικοῦ πρός ἄσκηση τῶν ἐν προκειμένῳ εὐθυνῶν τους. {Ἔτσι γίνεται κατανοητός ὁ ἔντονος ἐκνευρισμός πού προκαλοῦσε κάθε δική μας ἀοριστολογία καί ἀσυνέπεια.}

---

[90] Μέ ἀπαντητικό σημείωμά του (2-7-1962 ΑΒΒ) ὁ Christoph Bausch, ἡγετικό στέλεχος τῆς Ἀκαδημίας τοῦ ΒΒ, ἐνημερώνει τόν Μ ὅτι ἔχει προγραμματισμένη ὑποχρέωση (ἀπό 1 μέχρι 14 Ἰουλίου, La Punt). Προτείνει νά κληθεῖ ὁ *Weller*. «Πρίν ἀπό 14 ἡμέρες... ἐπισκεφθήκαμε τόν Δρα κ. Παπαδερό στό Mainz καί συζητήσαμε ξανά τό πρόγραμμα... Ὁ κ. Weller ἔχει λοιπόν πλήρη ἐνημέρωση γιά τό ποῦ βρίσκονται τά πράγματα...».

27-6-1962 ΑΒΒ
Εἰρηναῖος πρός Μ (τηλεγράφημα γερμανιστί)
Θά σᾶς ἐπισκεφθῶ στίς 5 Ἰουλίου.
Ἐπίσκοπος Εἰρηναῖος
{Τό τηλεγράφημα ἔχει δοθεῖ τηλεφωνικῶς}.

Συνεχίζονται οἱ περιπατητικοί στοχασμοί μας...

Ὁ Εἰρηναῖος πρώτη φορά στήν Ἀκαδημία τοῦ Bad Boll.
Ἀτενίζουμε αἰσιόδοξα τό μέλλον.

4. Συνάντηση μέ τόν Spranger

6-7-1962 ΑΑπ
Σήμερα, Παρασκευή, ἔγινε κάτι τό ἐντελῶς ἀναπάντεχο. Κατά τή διάρκεια τοῦ προγεύματος στό σπίτι τοῦ Müller ὁ Εἰρηναῖος ρωτᾶ ἄν ξέρουν κάτι γιά τόν Eduard Spranger. Ναί βέβαια, εἶπαν. Μένει ἐδῶ κοντά μας, στήν περιοχή τῆς Τυβίγγης. Ἑτοιμάζεται καί ἀποστέλλεται τηλεγράφημα μέ τό ἐρώτημα ἄν μποροῦμε νά τόν ἐπισκεφθοῦμε. Δέν ἄργησε καθόλου νά ἔλθει τηλεγραφικά ἡ ἀπάντησή του:

HEUTE AB 17.00 UHR FREUDIGEN HERZENS BEREITSPRANGER.
{ΣΗΜΕΡΑ ΑΠΟ ΩΡΑ 17.00 ΜΕ ΧΑΡΟΥΜΕΝΗ ΚΑΡΔΙΑ ΕΤΟΙΜΟΣ ΣΠΡΑΓΚΕΡ.}

Ὁ ὁδηγός τοῦ Müller μᾶς μετέφερε στήν ὥρα μας. Ὁ Καθηγητής καί ἡ σύζυγός του μᾶς περίμεναν καί μᾶς ὑποδέχθηκαν μέ ἀρχοντική εὐγένεια καί ἁπλότητα. Σέ ἕνα σχετικά μικρό καί ἀπέριττα ἐπιπλωμένο δωμάτιο τοῦ σπιτιοῦ τους εἶχαν ἑτοιμάσει κιόλας σέ μικρό, χαμηλό, στρογγυλό τραπέζι μιά κανάτα μέ ζεστό τσάι, φλυτζάνια καί ἕνα μικρό πανέρι μέ ντόπια βουτήματα. Ὁ Ἐπίσκοπος ἔκαμε τίς ἀπαραίτητες συστάσεις καί ἐξήγησε γιατί εἶναι μεγάλη ἡ εὐχαριστία μας γιά τήν ἄμεση ἀνταπόκριση στό ἐρώτημά μας ἐάν μποροῦμε νά τόν ἐπισκεφθοῦμε, προπαντός δέ γιατί εἶναι ἀκόμη μεγαλύτερη ἡ συγκίνησή μας γι' αὐτήν τή συνάντηση. Ἀνέφερε ὅτι ἤδη ἀπό τά φοιτητικά του χρόνια τό ὄνομά του ἦταν γνωστό στήν Ἑλλάδα, ἰδίως στούς ἐκπαιδευτικούς ὅλων τῶν βαθμίδων, καί ὅτι πολλές φορές μᾶς εἶχε μιλήσει στήν Ἐκκλησιαστική Σχολή γιά τό πρόσωπο καί τό ἔργο του. Ἡ ἐνημέρωση δέν ἄργησε νά φθάσει στό ὄνομα τοῦ Νικόλαου Λούβαρι (1887-1961, μέ τόν ὁποῖο εἶχε ἰδιαίτερο δεσμό ὁ Εἰρηναῖος ἀπό τά φοιτητικά του χρόνια καί μέχρι τήν ἐκδημία τοῦ δασκάλου): Ἦταν προπαντός ἐκεῖνος, εἶπε στόν Σπράγκερ, πού μᾶς μιλοῦσε συχνά γιά τό πρόσωπο καί τίς ἰδέες σας, τίς παιδαγωγικές καί τίς φιλοσοφικές.

Ὁ Σπράγκερ, λές καί εἶχε κάποια προαίσθηση, ἔσκυψε καί πῆρε ἀπό τό τραπεζάκι ἕνα μακρόστενο φάκελλο, τόν ἄνοιξε καί ἔσυρε ἕνα χειρόγραφο γράμμα, λέγοντάς μας πώς κάτι θά ἤθελε νά ἀκούσουμε. Διάβασε ἀργά, μέ ὁλοένα καί πιό σιγανή φωνή. Πολύ πρίν τελειώσει εἶχαν γίνει τά μάτια του βρύση. Μέ δυό λόγια: Ἔγραφε στόν Λούβαρι: Ἀγαπητέ Νίκο, πρίν ἀπό πάρα

Νικ. Λούβαρις

πολλά χρόνια εὐτύχησα νά σᾶς ἔχω σπουδαστή μου {Leipzig, 1911-1914}. Πρίν φύγετε εἴχαμε γίνει κιόλας καλοί φίλοι. Νομίζω πώς ἡ φιλία μας ἔχει ὡριμάσει ἀρκετά, ὥστε νά μποροῦμε νά ἀπευθυνόμεθε ὁ ἕνας στόν ἄλλο στόν ἑνικό. Καί ἐπειδή εἶμαι πρεσβύτερος στήν ἡλικία, σ ο ῦ τό προτείνω καί θά εἶμαι εὐτυχής ἐάν τό δεχθεῖς... Ἀκολούθησε μιά σιωπή πού καλύφθηκε μέ λυγμούς, ὅταν μᾶς ἔδωσε τόν φάκελλο μέ τή διεύθυνση τοῦ Λούβαρι στήν Ἀθήνα. Τό Ταχυδρομεῖο εἶχε σημειώσει: ΕΠΙΣΤΡΕΦΕΤΑΙ - ΑΠΕΒΙΩΣΕ.[91]

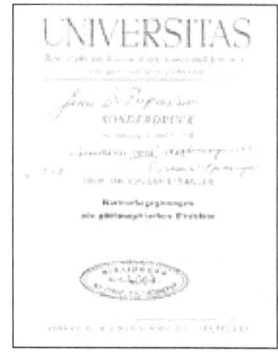

Ἐπειδή στή συζήτησή μας ὁ Spranger εἶχε δείξει ἐνδιαφέρον γιά τήν Ἐπιστήμη τῶν Πολιτισμῶν, μοῦ μίλησε γιά ἕνα σχετικό κείμενό του, δημοσιευμένο σέ δυό συνέχειες στό πολύ γνωστό ἐπιστημονικό περιοδικό UNIVERSITAS, τά ἀντίστοιχα τεύχη τοῦ ὁποίου μοῦ χάρισε.

Χαρακτηριστική τοῦ ἤθους του καί τῶν παραδόσεων πού διατηροῦσε εἶναι ἡ ἰδιόχειρη ἀφιέρωση: *Στόν Δρα κ. Παπαδερόν εὐγνωμόνως καί πλήρης ὑπολήψεως, 6.7.62, Eduard Spranger.* Ἐξέφρασε τήν ἐπιθυμία νά μείνουμε σέ ἐπαφή.

17-7-1962 ΑΑπ

Απ πρός Spranger

«Κατά τήν ἐπιστροφή μου ἀπό ταξίδια μου ἐντός τῆς Γερμανίας βρῆκα ἐδῶ στό Μάιντς τά δύο τεύχη {ἀνάτυπα} τοῦ {περιοδικοῦ} Universitas μέ τό ἄρθρο σας μέ τίτλο «*Kulturbegegnungen als philosophisches Problem*» {*Συναντήσεις πολιτισμῶν ὡς φιλοσοφικό πρόβλημα.* Ὅταν φύγαμε ἀπό τό σπίτι του λησμόνησα νά πάρω τά τεύχη πού μοῦ εἶχε προσφέρει. Εὐαρεστήθηκε νά μοῦ τά στείλει}. Ἡ φιλική προθυμία σας νά μέ ἐμπλουτίζετε περαιτέρω διά τῶν ὑψηλῶν δημιουργημάτων τοῦ πνεύματός σας μοῦ δίδει τό θάρρος νά σᾶς γράψω λίγα λόγια.

Δέν τολμῶ νά ἰσχυρισθῶ ὅτι σκοπός αὐτοῦ τοῦ γράμματος εἶναι νά ἐκπληρώσει τό καθῆκον ἔκφρασης μιᾶς εὐχαριστίας. Διότι ὑπάρχει βέβαια ἕνα εἶδος καθηκόντων, τά ὁποῖα μπορεῖ νά ἐπιτελέσει κανείς μόνο μέ τήν εἰς βάθος κατανόηση τοῦ πνεύματος τοῦ χορηγοῦ, μέ τή διαρκῶς ἐντονότερη

---

[91] Ὁ φιλόσοφος, παιδαγωγός καί ψυχολόγος Eduard Spranger (27/6/1882-17/9/1963) ἦταν γιά μᾶς τούς μαθητές τῆς Ἐκκλησιαστικῆς Σχολῆς μιά περίπου μυθική μορφή - ἔτσι μᾶς τόν εἶχε παρουσιάσει πολλές φορές ὁ Εἰρηναῖος, ἐπηρεασμένος ὁ ἴδιος ἀπό τόν Καθηγητή του στή Θεολογική Σχολή Ἀθηνῶν Ν. Λούβαρι. Ὅπως εἶναι γνωστό, ὁ Spranger ἀνέδειξε διεθνῶς τήν Παιδαγωγική σέ αὐτοτελῆ ἀκαδημαϊκό κλάδο, τήν πορεία τοῦ ὁποίου κατηύθυνε σέ μεγάλο βαθμό κατά τό πρῶτο μισό τοῦ 20οῦ αἰώνα. Μέρος ἀπό τό πλούσιο συγγραφικό ἔργο του ἔχουν μεταφράσει στά Ἑλληνικά ὁ Λούβαρις καί ἄλλοι.

βίωση καί πραγμάτωση τῶν ἀξιώσεων πού μᾶς δημιουργεῖ ἡ συνάντηση μέ τόν "διδάσκαλον". Ἐδῶ δέν ἐπαρκεῖ ἕνα ἁπλό εὐχαριστῶ!

Μέ τή σεμνότητα πού χαρακτηρίζει μόνον τόν ὄντως σοφό ἄνθρωπο προσπαθήσατε κατά τήν ἐπίσκεψή μας νά μᾶς πείσετε νά χρησιμοποιοῦμε τή λέξη "μεγάλος" μέ μεγαλύτερη προσοχή. Φυσικά στήν κρίση τοῦ Θεοῦ ἀπομένει τελικά νά ἀποφασίσει ποιός εἶναι "μεγάλος" καί ποιός "μικρός". Κατ' ἄνθρωπον κρίνοντες ὡστόσο, ἔχουμε τό δικαίωμα νά στεκόμαστε μπροστά σας ὡς ἐνώπιον ἑνός "Μεγάλου". Αὐτό εἶναι ἀναφαίρετο δικαίωμά μας.

Ὅσον ἀφορᾶ σέ μένα προσωπικά, ἐπιτρέψατε νά σᾶς περιγράψω μιά μικρή ἱστορία, τήν ὁποία θά κατανοήσετε σεῖς καλύτερα ἀπό κάθε ἄλλον».

Ἀκολουθεῖ μία σύντομη ἀναφορά στό ὁλοκαύτωμα τοῦ χωριοῦ μας καί στίς δοκιμασίες μας στίς φυλακές τῆς Ἁγιᾶς.

«Αὐτή ἦταν ἡ πρώτη γνωριμία μου μέ ἀνθρώπους τῆς Γερμανίας. Ἦταν δυστυχῶς μιά συνάντηση μέ τή φρικαλεότητα - τό θάνατο! Ὕστερα ἀπό αὐτά διατελοῦσα ἐπί χρόνια σέ ἕναν - γιά τήν ψυχή ἑνός παιδιοῦ ὅλως τραγικό - διάλογο μέ τήν ἀπορία καί τόν τρόμο, ὥσπου ἔπεσαν στά χέρια μου ἔργα Γερμανῶν διανοητῶν: Schiller, Goethe, ἀκόμη καί Schopenhauer καί Nietzsche. Ὅσο λιγότερο μποροῦσα νά ἀκολουθήσω τίς σκέψεις τους, τόσο πιό τυραννικό εἶχε ἀρχίσει νά γίνεται γιά μένα τό μυστήριο πού εἶχε κυριεύσει τήν καρδιά μου. Στόν Rilke πίστεψα πώς βρῆκα ἕνα νῆμα πού ὁδηγοῦσε στό ξέφωτο. Πλήν ὅμως τό μυστήριο, ἔχοντας προσλάβει τήν ἔνταση "μεταφυσικῆς ἀγωνίας", δέν μέ ἐγκατέλειπε: πῶς ἦταν δυνατόν ἀπό ἕνα καί τόν αὐτό λαό νά προέλθει τόσο πολύ *Ἀγαθόν* καί τόσο μεγάλη συμφορά;

Τότε ἦρθε στήν Κρήτη ὁ Λούβαρις καί ἐπισκέφθηκε τή Σχολή μας {Ἐκκλησιαστική Σχολή Κρήτης στήν Ἱ. Μονή Ἁγίας Τριάδος Ἀκρωτηρίου Χανίων}. Πρώτη στάση τῶν "Νοσταλγικῶν Περιπλανήσεων" του, τίς ὁποῖες εἶχε ἀρχίσει πάλι. Στό πρόσωπό του εὔκολα ἀναγνώριζε κανείς τήν ἀγωνία του, τήν τραγωδία του, πού - φυσικά σέ ἀσύγκριτα μικρότερο βαθμό - ἦταν καί δική μου. Ἡ ὁμιλία πού μᾶς ἔκαμε ἄρχισε ὡς ἑξῆς: *Παιδιά μου, ἦλθα νά σᾶς πῶ ἕνα παραμύθι, γιατί μέ τά παραμύθια ἐξηγεῖται τό μυστήριο τῆς ζωῆς.*

Δέν θυμοῦμαι ποιό ἦταν τό παραμύθι. Θυμοῦμαι ὅμως μέ ἀκρίβεια ὅτι ἀνέφερε τό ὄνομά σας καί μάλιστα κατά τέτοιο τρόπο, ὥστε ἀπό τότε αἰσθανόμουν ἰσχυρή ἕλξη πρός τό πρόσωπό σας καί τό αἴνιγμά μου ἔμοιαζε νά πλησιάζει στό ξεδιάλυμά του.

Ἡ ἱστορία ἐκτείνεται παραπέρα, δέν θέλω ὅμως νά συνεχίσω τή διήγηση. Ἕνα θά ἤθελα νά σᾶς πῶ, σεβαστέ κύριε Καθηγητά: Ἀπό τήν ἐποχή ἐκείνη προσπαθοῦσα μέ ζῆλο νά προσεγγίσω τή σκέψη σας καί ἔτσι μέ βοηθήσατε στήν πιό μεγάλη κρίση τῆς νεότητάς μου. Μοῦ δώσατε τή δύναμη νά στρέψω τό βλέμμα πέραν τῶν ἐρειπίων καί τῶν τάφων καί νά συνεχίσω, στή Γερμανία πιά, τήν ἀμεσότερη ἐπικοινωνία μέ αὐτό τό πνεῦμα πού εἶχε κερδίσει στό μεταξύ τή συμπάθειά μου.

Γιά τό λόγο αὐτό, καί μέ τή διαβεβαίωση ὅτι ἡ παραμονή μου στή Γερμανία δέν διέψευσε τίς προσδοκίες μου, μπορεῖτε ἀσφαλῶς νά ἀντιληφθεῖτε ὅτι ἡ ἐπίσκεψη στό σπίτι σας ἦταν γιά μένα ἡ ἱκανοποίηση μιᾶς πολύχρονης "νοσταλγίας".

Γι' αὐτό δεχθεῖτε, παρακαλῶ, σεβαστέ Διδάσκαλε, τήν ὑπόληψη καί τήν εὐγνωμοσύνη μου, πού ἐκφράζεται ἐπίσης πρός τήν πολυσέβαστη σύζυγό σας. Ὁ Κύριος μεθ' Ὑμῶν!» {ἑλληνιστί}

Σέ ὑστερόγραφο ζητῶ τήν ἄδειά του νά μεταφράσω καί νά δημοσιεύσω ἄρθρο του-νεκρολογία γιά τόν Λούβαρι, πού εἶχε δημοσιευθεῖ στό περιοδικό Universitas.

25-7-1962 ΑΑπ
Spranger πρός Απ
Μερικές μέρες ἀργότερα ὁ Spranger μοῦ στέλνει ἐπιστολή, πού ἤδη μέ τήν προσφώνηση μέ αἰφνιδιάζει:
«Πολυσέβαστε κύριε Δόκτωρ!

Ἐπιτρέψατέ μου νά σᾶς πῶ ἀκόμη μιά φορά πόσον εὐγνώμων σᾶς εἶμαι γιά τήν ἐπίσκεψη πού μᾶς κάματε μαζί μέ τόν Σεβασμιώτατον Ἐπίσκοπον κ. Εἰρηναῖον. Γιά μᾶς ἡ ἡμέρα {ἐκείνη} θά μείνει ὡς ἰδιαίτερη ἀνάμνηση.

Αὐτά πού μοῦ γράψατε γιά τήν ἐσωτερική καί τήν ἐξωτερική ἱστορία τῆς ζωῆς σας μέ συγκίνησαν βαθύτατα. «Leider ist mir bekannt, wie unglücklich das Vorgehen der Deutschen gerade in Kreta gewesen ist. Dieser Fleck lässt sich von unserer Ehre nicht abwaschen.» (**Γνωρίζω, δυστυχῶς, πόσον ἀτυχής ὑπῆρξε ἡ συμπεριφορά τῶν Γερμανῶν κατ' ἐξοχήν στήν Κρήτη. Αὐτή ἡ κηλίδα δέν μπορεῖ νά ξεπλυθεῖ ἀπό τήν τιμή μας).** (b-Απ). Σᾶς εὐχαριστῶ γιατί διατηρεῖτε μιά τόσον ἀγαθή ἀνάμνηση γιά τόν φίλο μου Λούβαρι. Ἀπό τή νεκρολογία μου ἀντιληφθήκατε βέβαια ὅτι καί ἐκεῖνος σέ δύσκολους καιρούς δέν ἐπέλεξε πάντοτε τό σωστό. Δέν θέλουμε ὅμως νά ἀμφισβητήσουμε τήν εἰλικρινῆ του πρόθεση.[92]

---

[92] Ὑπενθυμίζω ὅτι ὁ καταγόμενος ἀπό τήν Τῆνο Νικόλαος Λούβαρις (1885-1961) εἶχε κάμει λαμπρές σπουδές στή Γερμανία καί ὑπῆρξε διακεκριμένος Καθηγητής τῆς Θεολογικῆς Σχολῆς Ἀθηνῶν. Εἶχε ὅμως καί τό μεράκι τῆς πολιτικῆς: Γενικός Γραμματέας τοῦ Ὑπουργείου Παιδείας (1926-1928), Ὑπουργός Παιδείας (1936), ἀτυχῶς καί πάλιν Ὑπουργός Παιδείας στήν τρίτη κατοχική κυβέρνηση τοῦ Ἰ. Ράλλη, μέ ἀποτέλεσμα νά καταδικαστεῖ ἀπό τό Δικαστήριο Δωσιλόγων (1945). Τρία χρόνια ἀργότερα ὅμως ἀποφυλακίστηκε καί τό 1951 ἀμνηστεύθηκε, τό δέ 1959 ἐκλέχτηκε Ἀκαδημαϊκός.

Θά ἦταν γιά μένα τιμή καί χαρά, ἐάν θέλατε νά μεταφράσετε αὐτήν τή νεκρολογία στή μητρική σας γλώσσα. Δυστυχῶς, ἔχει ἐκφράσει ἤδη τήν ἴδια ἐπιθυμία ὁ κ. Μερεντίτης {1906-2000}, Καθηγητής τοῦ Πανεπιστημίου Ἀθηνῶν, προηγουμένως στήν Τυβίγγη. Ὀφείλω λοιπόν νά τοῦ ἀφήσω τό προβάδισμα. Ἐάν ὅμως ἀλλάξει γνώμη, θά μοῦ ἐπιτρέψετε νά σᾶς τό γνωρίσω.[93]

Ὁ χῶρος τῆς σημερινῆς ἐργασίας σας μέ ἐνδιαφέρει ὅλως ἰδιαιτέρως. Ἐλπίζω πολύ ὅτι τό Ἰνστιτοῦτο {Συγκριτικῆς Ἐπιστήμης τῶν Πολιτισμῶν, ὅπου ἤμουν τότε Ἐπιστημονικός Βοηθός} θά διατηρηθεῖ. Ἐάν ὅμως ἤθελε προκύψει σοβαρός κίνδυνος, νά μοῦ τό γνωρίσετε. Πρός τό παρόν ὁ χρόνος μου εἶναι πολύ ταραγμένος, καθώς ἔχω νά στείλω δυσανάλογο {πρός τόν διαθέσιμο χρόνο} ἀριθμό εὐχαριστιῶν. Παρά ταῦτα ἄς μείνουμε σέ ἐπαφή. Ἀργότερα μποροῦμε ἴσως νά συζητήσουμε εἰδικά γιά τό θέμα τῆς Μορφολογίας τῶν Πολιτισμῶν καί τή Συγκριτική Ἐπιστήμη τῶν Πολιτισμῶν. Γιά σήμερα ἐπαναλαμβάνω τήν εὐχαριστία μου γιά τή φιλόφρονα ἐπίσκεψή σας καί σᾶς εὔχομαι εὐχάριστες διακοπές, ἐάν ἐπίκεινται γιά σᾶς.

Μέ χαιρετισμό πλήρους σεβασμοῦ, ἐκ μέρους καί τῆς συζύγου μου.
Λίαν ἀφοσιωμένος σέ σᾶς, Eduard Spranger»

(συνέχεια τῶν δραστηριοτήτων)

4-6-1962 ΑΑπ
Lobisch πρός Ἀπ
Ὁ Klaus Lobisch, Προϊστάμενος τοῦ Τμήματος Οἰκουμενικῶν ὑποθέσεων τῆς INNERE MISSION UND HILFSWERK DER EKiD, γράφει ὅτι πρόσφατα διάβασε διάφορες ἐκθέσεις «οἰκουμενικῶν» ὑποτρόφων στή Γερμανία, προκειμένου νά δημοσιεύσουν κάποιες ἀπό αὐτές. Δυστυχῶς, δέν ὑπῆρχε καμιά πράγματι καλή ἔκθεση ἀπό τούς Ὀρθόδοξους ὑποτρόφους. Ἐπειδή ἐγώ ἔχω μείνει περισσότερο χρόνο στή Γερμανία καί ἔχω ἀσφαλῶς καλύτερη θεώρηση τῶν ἐκκλησιαστικῶν τους πραγμάτων, παρακαλεῖ νά συντάξω ἐντός τῶν ἑπομένων δύο μηνῶν ἕνα κείμενο πρός δημοσίευση, πού νά ἀναφέρεται σέ ἐμπειρίες ἀπό τό Πανεπιστήμιο, τήν ἐκκλησιαστική πραγματικότητα καί τήν ἐν γένει ζωή στή Γερμανία. Ἀντίγραφο τοῦ τελικοῦ κειμένου θά ἦταν καλό νά στείλω καί στό Π.Σ.Ε. στή Γενεύη.[94]

Ἐκτενή βιογραφία καί ἐργογραφία του δημοσίευσε ὁ Μ.Α.Σιώτης στή *Θρησκευτική καί Ἠθική Ἐγκυκλοπαιδεία*, 8ος τόμος, Ἀθῆναι 1966, 352-357. Πρβλ. Λεωνίδας Φιλιππίδης, Νικόλαος Λούβαρις, ΕΚΚΛΗΣΙΑ, ἔτος ΛΗ΄/ Πάσχα 1961, 139-140.
[93] Τή νεκρολογία (E. Spranger, Gedenken an Nikolaos Louvaris, Universitas, Tübingen 1962, 457-468) μετέφρασε πράγματι καί δημοσίευσε ὁ Κ. Ι. Μερεντίτης (*Ἐπετηρίς Ἑταιρείας Κυκλαδικῶν Μελετῶν* Β, 1962, 820-849, καί αὐτοτελῶς).
[94] Συνέταξα τό κείμενο, τό ὁποῖο δημοσιεύθηκε σέ συλλογικό Τόμο μέ κείμενα καί ἄλλων ὑποτρόφων:

5-6-1962 ΑΑπ
Π. Πολυχρονίδης πρός Απ

Ὁ ἀκατάπαυστος ἀγώνας τοῦ Σεβασμ. Εἰρηναίου καί ἡ ἀνάληψη πλήθους ὑποχρεώσεων καί χρονικά ἀλληλοσυγκρουόμενων δεσμεύσεων προκαλοῦν πολλαπλές δυσχέρειες. Μιά τυπική περίπτωση εἶναι ἐκείνη τήν ὁποία μοῦ περιγράφει ὁ Πολυχρόνης Πολυχρονίδης: Ἐπισκέφθηκε, γράφει, τήν ἡμέρα ἐκείνη (5.6) τόν Ludovici στό Γραφεῖο τοῦ Ἰορδανίδη. «Μέ τήν ἐπίσκεψίν μου πολύ εὐχαριστήθηκε, ὠμιλήσαμεν γιά σένα καί ἐπεβεβαιώθη ἡ ματάβασίς του εἰς Χανιά τήν 16ην τρ. μηνός». Τό ἴδιο μεσημέρι ὁ Ludovici θά ἔφευγε γιά τό Κάιρο καί θά ἐπέστρεφε στίς 15 τοῦ μηνός. Τοῦ ἐπέδειξαν, γράφει, ἐπιστολή μου πρός τόν Ludovici, ὅπου ἔγραφα ὅτι ὁ Πολυχρονίδης θά πλήρωνε τό εἰσιτήριό του γιά Κρήτη (εἶχα συνεννοηθεῖ μέ τό Γραφεῖο του καί φαίνεται ὅτι δέν τόν εἶχαν ἐνημερώσει). Ἐξέδωσε, γράφει, ἀμέσως ἀεροπορικό εἰσιτήριο γιά τίς 16 τρ. πρός Χανιά μετ' ἐπιστροφῆς, ἀντί 632 δραχμῶν. «Ἐπίσης διά νά σᾶς εὐχαριστήσω, ἀφοῦ τόσην σημασίαν ἀποδίδετε εἰς τό ἐν λόγῳ πρόσωπον, τόν κάλεσα καί θά τόν φιλοξενήσω τό βράδυ τῆς 15ης τρ. πού θά ἔχει ἐπιστρέψει ἀπό τό Κάιρον».

Ἐνῷ ὅμως ἔτσι εἶχαν τά πράγματα, ἐπιστρέφοντας στό σπίτι του τό μεσημέρι βρῆκε τηλεγράφημα τοῦ Θεοφιλεστάτου Εἰρηναίου, πού ζητοῦσε «ὅπως ἀνακοινώσω εἰς τόν κ. Ludovici ὅτι τόν παρακαλεῖ νά τόν ἐπισκεφθῇ τήν 9ην τρ. καθ' ὅσον τήν προσεχῆ ἑβδομάδα ἔχει ἐργασίαν ἔξω τῆς ἐπισκοπῆς καί ὅτι ἀναμένει ἀπάντησιν. Τοῦ ἀπήντησα ἀμέσως καί ἐπί λέξει: "Ἐπί τηλεγραφήματός σας ἀπαντῶ ὅτι κατόπιν τῆς μεθ' ὑμῶν τηλεφωνικῆς ἐπικοινωνίας καί μετά συνεννόησίν μου μέ κ. Λουντοβίτσι, ὅστις τώρα εὐρίσκεται Κάιρον, ἐπλήρωσα ἀεροπορικόν του εἰσιτήριον μετ' ἐπιστροφῆς διά Κρήτην, καί ἐνάτην πρωινήν δεκάτης ἕκτης τρέχοντος δέον κανονίσητε ἐργασίας σας, ὥστε τόν ὑποδεχθῆτε εἰς ἀεροδρόμιον Χανίων". Ταῦτα πρός πλήρη σχετικήν ἐνημέρωσίν σας».

Μετ' ἀγάπης
Π. Πολυχρονίδης

Alex. K. Papaderos, Eine Frage überschattet meine Bewunderung, {Ἕνα ἐρώτημα ἐπισκιάζει τόν θαυμασμό μου}, in: LEIBHAFTIGE ÖKUMENE, hrsg. von Christian Berg und Franz von Hammerstein, Lettner-Verlag, Berlin-Stuttgart 1963, 188-196.

10-7-1962 ΑΑπ

Απ πρός Μ

Στέλνω τίς «Σημειώσεις» μου (Stichworte) γιά τή συζήτησή του {στή Βόννη} τήν Παρασκευή καί παρακαλῶ νά μέ ἐνημερώσει γιά τό ἀποτέλεσμα.

Εὐχαριστίες γιά τή φιλοξενία μας στό ΒΒ. «Ὁ Ἐπίσκοπός μας ἐξέφρασε ἐπανειλημμένα τό θαυμασμό του γιά τήν ἐργασία σας καί τήν εὐγνωμοσύνη του γιά τήν ὑποστήριξη τῶν σχεδίων μας». Προσθέτω εὐχές γιά εὐχάριστες διακοπές του στήν Κρήτη.

15-7-1962 ΑΑπ

Εἰρηναῖος πρός Απ

«Τώρα περιμένω τήν σχετικήν ἀπόφασιν καί τόν κ. Müller. Ἤθελα νά τοῦ γνωρίσεις ὅτι τό αὐτοκίνητόν μας, τό μεγάλο, εἶναι μᾶλλον φορτηγόν καί δέν γνωρίζω κατά πόσον θά ἐξυπηρετῇ τήν οἰκογένειάν του εἰς τούς δικούς μας δρόμους. Τό μικρό βέβαια εἶναι καί αὐτό εἰς τήν διάθεσίν του, ἀλλά εἶναι μόνον διά 3-4 πρόσωπα. Ἐσύ πές του σχετικῶς. Πάντως ἐπιθυμῶ νά τόν φιλοξενήσω καθ᾽ ὅλα καί τόν περιμένω μέ ἀνοιχτήν τήν καρδίαν καί τήν θύραν τῆς Ἐπισκοπῆς μας. Εἰς Ἀθήνας μιλήσαμε διά μακρῶν μέ τόν κ. Σιώτην. Ἐκεῖνος φρονεῖ ὅτι θά πρέπει νά πλησιάσῃς τό ἐν Θεσ/νίκῃ Πανεπιστήμιον. Τοῦ ἀρέσει ὅμως καί ἡ Ἀκαδημία, ἄν καί δέν γνωρίζει ἀκόμη τήν ἔκτασιν τοῦ ἔργου της.

Ἀναμένω νεώτερες εἰδήσεις σου...

Ἐδῶ μέ περίμεναν χίλιες μύριες μικροϋποθέσεις καί κακίες διά νά μοῦ ἀμαυρώσουν τή χαρά τοῦ ταξιδίου... ἀλλά θά ἀγωνιζόμεθα δι᾽ ὅλα».

16-7-1962 ΑΑπ

Troebst πρός Απ

Ὁ Troebst μοῦ γράφει μέ χαρακτηριστικό χιοῦμορ:

«Εἶναι πολύ φιλικό ἐκ μέρους σας τό ὅτι, ὕστερα ἀπό τήν χωρίς ἴχνη ἐξαφάνισή σας, δίδετε πάλι κάποια σημάδια ζωῆς. Αὐτό φαίνεται πώς εἶναι ἡ συμπεριφορά ἐπισκόπων, νά στρέφουν πρός ὑψηλότερους σκοπούς τίς γήινες νοσταλγίες. Ἄς περιμένουμε νά δοῦμε τί θά γίνει, ὅταν θά εἴμαστε καί μεῖς οἱ ἴδιοι Ἐπίσκοποι.

Παρά τό ὅτι ἡ βραδιά μέ τήν προβολή εἰκόνων πού κάνατε ἦταν κάπως ἄτακτη, ὑπῆρξε ἀκριβῶς γι᾽ αὐτό πιό ἔγχρωμη. Ὅλοι μας ἐντυπωσιαστήκαμε, ὄχι λιγότερο ἀπό τά λακωνικά σας σχόλια στό περιθώριο.

Ἄς διατηρήσουμε τήν ἐπαφή μας καί τήν ἐλπίδα ὅτι οὔριοι ἄνεμοι θά μᾶς ὁδηγήσουν καί πάλι σέ κάποιο λιμάνι».

ΑΛΕΞΑΝΔΡΟΣ Κ. ΠΑΠΑΔΕΡΟΣ

5. Ἕνα ἐμπιστευτικό Πρωτόκολλο

16-7-1962 ΑΒΒ
Μ πρός Απ

«Σᾶς στέλνω τό ἀπό μνήμης Πρωτόκολλο πού ἔκαμα μετά τή συνεδρία στή Βόννη {13-7-1962}, ὅπου συζητήθηκε τό πρόγραμμα τῆς Ἀκαδημίας στήν Κρήτη.

Γιά τήν περίπτωση πού θέλετε νά στείλετε αὐτό τό Πρωτόκολλο στόν Ἐπίσκοπο κ. Ε ἰ ρ η ν α ῖ ο ἐπισυνάπτω ἕνα ἀντίτυπο.

Σᾶς παρακαλῶ νά χειρισθεῖτε αὐτό τό Πρωτόκολλο ὡς ἐ μ π ι σ τ ε υ τ ι κ ό καί νά παρακαλέσετε καί τόν Ἐπίσκοπο Εἰρηναῖο νά μήν τό δώσει σέ ἄλλα χέρια. Θεώρησα σημαντικό νά σᾶς ἐνημερώσω γιά τήν πορεία τῶν διαπραγματεύσεων, γιά νά μπορεῖτε νά σκεφθεῖτε ὁ ἴδιος κατά πόσο ἡ στοχοθέτηση τῆς σχεδιαζόμενης Ἀκαδημίας συμφωνεῖ περίπου μέ αὐτά πού περιέγραψα στή Βόννη, καθώς καί πῶς μποροῦν νά ἐπιλυθοῦν τά θέματα πού εἶναι ἀκόμη ἀδιευκρίνιστα».

Τό ἀπό 13-7-1962 Πρωτόκολλο (13-7-1962 ΑΒΒ) Ἐμπιστευτικό

ΠΡΩΤΟΚΟΛΛΟ γιά τή συζήτηση μέ τήν ὑπό τόν Prälaten K u n s t Ἐπιτροπή Ἀναπτύξεως, Bonn/Rhein 13 Ἰουλίου 1962.
Μέλη: Prälat D. Kunst,
Ἀνώτ. Ἐκκλησιαστ. Σύμβουλος Riedel
Landessuperitenden Schulze
Διευθυντής Ἱεραποστολῆς Pörksen
Dr. Geissler Ἵδρυμα Βοηθείας
Ἀντιπρόεδρος Stratenwerth, Ἐκκλησιαστική Ὑπηρεσία Ἐξωτερικῶν Ὑποθέσεων.

Ἡ συζήτηση ὑπῆρξε κάπως περιορισμένη χρονικά, ἐπειδή, ἐξ αἰτίας τροχαίου ἀτυχήματος (ὄχι δικοῦ μου), ἔφθασα μέ καθυστέρηση 1.1/2 ὥρας. Ὡς ἐκ τούτου ἡ συζήτηση κράτησε περίπου 45 λεπτά. Εἰσαγωγικῶς ἐνημέρωσα τήν Ἐπιτροπή γιά τή συνεργασία μεταξύ τοῦ Συνδέσμου τῶν Διευθυντῶν τῶν Εὐαγγελικῶν Ἀκαδημιῶν καί τοῦ Τμήματος τοῦ Π.Σ.Ε. γιά τούς Λαϊκούς σχετικά μέ τή δημιουργία Λαϊκῶν Ἰνστιτούτων στίς χῶρες τῆς Ἀσίας καί τῆς Ἀφρικῆς. Αὐτά τά Ἰνστιτοῦτα γιά Λαϊκούς ἐκτιμήθηκε καί στό Δελχί {Γεν. Συνέλευση τοῦ Π.Σ.Ε.} ὅτι εἶναι ἰδιαιτέρως ἐπείγοντα, ἐπειδή τό πρόβλημα τῆς ἀνάπτυξης ἀπό πλευρᾶς πνευματικῆς εἶναι κατά πρῶτο λόγο ζήτημα συνεργασίας, ὑπέρβασης παραδόσεων πού δέν χρησιμοποιοῦν τεχνικά μέσα, ἐμποδίων θρησκευτικῆς φύσεως, τεχνικῆς ἐκπαίδευσης καί ἀνάπτυξης ἐργασιακῶν μορφῶν, ὑπό τίς ὁποῖες, σέ μιά φιλελεύθερη κοινωνία, μπορεῖ νά οἰκοδομηθεῖ μιά λειτουργική κοινωνική δομή. Δέν ἐπιτρέπεται νά φαίνεται ὅτι τήν ἰκανότητα συνεργασίας παρέχει μόνον ὁ κομμουνισμός, ἐνῶ καλός Χριστιανός εἶναι ἐκεῖνος πού παραμένει προσκολλημένος σέ ἀτομικούς τρόπους ἐργασίας καί σκέψης.

Μεταβαίνοντας στό πρόγραμμα τῆς Κρήτης, ἐπεσήμανα ὅτι ἡ Κρήτη ὑπῆρξε πεδίον Μάχης καί ὅτι στή Μονή Γωνιᾶς, στήν περιοχή τῆς ὁποίας πρόκειται νά ἐγκατασταθεῖ τό γιά τήν Κρήτη σχεδιαζόμενο ὁμόλογο τῆς Ἀκαδημίας *Ἰνστιτοῦτο γιά τήν Προαγωγή τῆς Κοινωνικῆς Συνοχῆς καί τῆς Οἰκονομικῆς Ἀνάπτυξης στήν Κρήτη*, ἔχουν στεγασθεῖ οἱ ὀστεοθῆκες τῶν Γερμανῶν στρατιωτῶν. Ἡ Κρήτη, σέ σχέση μέ τήν ἔκταση εὔχρηστου μέρους τοῦ ἐδάφους της, εἶναι μιά ἀγροτική περιοχή μέ ὑπερπληθυσμό, ἡ ὁποία ἐπιπλέον, λόγω τῆς κατάτμησης τῶν ἐδαφῶν, εἶναι παγιδευμένη σέ ἀγροτική μικροοικονομία, πού χωρίς ριζικές ἀλλαγές τῆς κοινωνικῆς δομῆς της καί χωρίς τήν ἰκανότητα συνεργατικοῦ τρόπου ἐργασίας εἶναι ἀδύνατο νά ἀκολουθήσει τή σύγχρονη οἰκονομική διαδικασία. Πέραν αὐτῶν· ὑπάρχουν παράλογοι συνεταιρισμοί-νάνοι, πού δέν εἶναι ἱκανοί νά ἀναμετρηθοῦν μέ τούς ἐμπόρους πού ἔρχονται ἀπό τήν Ἀθήνα, καί πολύ εὔκολα πέφτουν στά χέρια τους. Ὁ πληθυσμός πού ἀσχολεῖται μέ τήν ἀγροτική οἰκονομία δέν ἔχει πείρα χρήσης τεχνικῶν ἐργαλείων, καί ἐπιπλέον ἐμπλέκεται συχνά σέ διαμάχες γιά ἀσήμαντα πράγματα πού ἀναφέρονται σέ δικαιώματα γιά νερό, βοσκοτόπια, καί ὄχι σπάνια δυσχεραίνουν καί τήν ἀξιοποίηση τῶν ὑπαρχουσῶν δυνατοτήτων. Ἡ ἀγροτική οἰκονομία τῆς Κρήτης, λόγω τοῦ μικροῦ αὐτοῦ δυναμικοῦ της, εἶναι ἐξόχως δυσχερές νά ἀνταποκριθεῖ στίς ἀπαιτήσεις τῆς σύγχρονης ἀγορᾶς. Σήμερα μόνο μεγάλα ἀγροκτήματα ἤ ἕνα συνεταιριστικό σύστημα πού ὄντως λειτουργεῖ εἶναι δυνατόν νά φέρουν στήν ἀγορά ὁμοιόμορφα, τυποποιημένα προϊόντα, ὅπως π.χ. φροῦτα τοῦ αὐτοῦ μεγέθους.

Στήν Κρήτη φαίνεται ὅτι λείπει ἐπίσης ἡ ἐμπειρία τῆς ἀξιοποίησης καί κονσερβοποίησης φρούτων. Συχνά γι' αὐτό σαπίζουν μεγάλης ἀξίας φροῦτα, πού θά ἦταν κατάλληλα γιά τή διατροφή τῶν ἐντοπίων ἤ γιά ἐξαγωγή. Ἡ παραδοσιακή εὐσέβεια πού κυριαρχεῖ στά χωριά ὁδηγεῖ συχνά μᾶλλον πρός παθητική ἀφοσίωση στόν Θεό, παρά σέ ἐνεργό εὐθύνη γιά προοδευτική ἀνάπτυξη.

Στά παραπάνω προστίθεται ἕνας καταστροφικός ἀτομικισμός κάθε ἐπιμέρους μικροῦ φορέα τῆς οἰκονομίας, καθώς καί πάθος ἐναντίον τῆς τεχνικῆς, κατά τό ὁποῖο ἡ νεωτερικότητα (Modernität) ἰσοδυναμεῖ μέ ἔκπτωση ἀπό τήν πίστη. Σέ ἀντίθεση πρός αὐτά, ἀναπτύσσεται συχνά μιά ἀντίσταση δραστήριων, προοδευτικῶν δυνάμεων, πού ὅμως ζητοῦν στή συνέχεια τήν τύχη τους ὡς ἀλλοδαποί ἐργάτες στό ἐξωτερικό ἤ τή σωτηρία τους σέ κομμουνιστικές ἰδεολογίες.

Ὅλα αὐτά τά προβλήματα θά μποροῦσαν νά λυθοῦν μόνον ἄν ἡ εἰσαγωγή τεχνικῶν μεθόδων καί τεχνικῆς ἐκπαίδευσης συνοδευθεῖ μέ καλλιέργεια τῆς ὁμαδικῆς σκέψης καί συνεργατικῆς ἱκανότητας. Ἀμφότερα ἀνήκουν στήν ἀποστολή τοῦ Ἱδρύματος πού ἔχει σχεδιασθεῖ. Ἡ συνολική στόχευσή του ἀνταποκρίνεται μέν σ' ἐκείνη τῶν Εὐαγγελικῶν Ἀκαδημιῶν, ἀναγκαίως ὅμως θά προσαρμοσθεῖ στίς συνθῆκες τῆς Ὀρθόδοξης Ἐκκλησίας καί μάλιστα σέ κεῖνες μιᾶς ὡς ἄνω ἀγροτικῆς χώρας.

Ὡς συνεδριακούς στόχους πού προσφέρονται γιά ἕνα τέτοιο Ἵδρυμα στήν Κρήτη θά μποροῦσε κανείς νά σκεφθεῖ τά ἀκόλουθα:

1) Συνέδρια γιά ἐκπροσώπους χωριῶν ἀπό διάφορες Μητροπόλεις, οἱ ὁποῖοι θά συσκέπτονται γιά τό μέλλον τοῦ νησιοῦ, τῶν ἀγροτικῶν κοινωνιῶν καί τοῦ Χριστιανισμοῦ στήν Κρήτη.

2) Συνέδρια γιά κλειστές ἀγροτικές γειτονιές, προκειμένου στήν ἤρεμη ἀτμόσφαιρα ἑνός πολυήμερου συνεδρίου νά γίνουν πρόθυμοι γιά συζήτηση καί νά ὁδηγηθοῦν σέ κοινή βούληση, ἀπό τήν ὁποία θά προκύψουν ἡ ἱκανότητα γιά ἀναδασμό, ρυθμίσεις γιά τό νερό καί ἄλλες παρόμοιες κοινοῦ ἐνδιαφέροντος ὑποθέσεις, ἀναγκαῖες γιά τήν οἰκονομική ἀνάπτυξη.

3) Ἐκπαίδευση σέ σύγχρονες μεθόδους παραγωγῆς φρούτων, γαλακτοκομίας, ἁλιείας.

4) Ἄσκηση στή χρήση μοντέρνων τεχνικῶν ἐργαλείων.

5) Ἐξειδίκευση στό συνεταιρίζεσθαι.

6) Προσέγγιση τοῦ «ἀκαδημαϊκοῦ προλεταριάτου» τῶν ἐν πολλοῖς ἀνέργων διανοουμένων, μέ σκοπό τήν περαιτέρω πνευματική προαγωγή τους καί ἀποδοχή ἐκ μέρους τους ἑνός φιλελεύθερου τρόπου ζωῆς.

7) Συνέδρια γιά κοινοτικούς/δημοτικούς καί κρατικούς ὑπαλλήλους μέ σκοπό τήν υἱοθέτηση ἐκ μέρους των δημοκρατικοῦ τρόπου ζωῆς (ἐγκατάλειψη διοικητικῶν μεθόδων πού θυμίζουν πασάδες).

8) Συνέδρια γιά προώθηση τοῦ τουρισμοῦ καί τῶν συναφῶν δράσεων κοινοῦ ἐνδιαφέροντος, πού ἐκτείνεται πέραν ἀπό τά ὅρια κάθε περιφέρειας {ὑπονοεῖται καί καταπολέμηση τοῦ τοπικισμοῦ}.

9) Συνέδρια γιά πνευματική ἀντιμετώπιση προβλημάτων πού δημιουργοῦνται ἀπό τίς νέες ΝΑΤΟϊκές Βάσεις στήν Κρήτη, ἀναστροφή ξένων στρατιωτικῶν μέ τόν τοπικό πληθυσμό.

10) Ἐπιμορφωτικά συνέδρια γιά ἱερεῖς, μέ ἄσκηση στήν τέχνη τοῦ διαλόγου, ὥστε νά μποροῦν νά ἐκπαιδεύουν τούς χωρικούς στό συνεργατικῶς σκέπτεσθαι.

11) Συνέδρια ἀντιμετώπισης πολιτικῶν ἰδεολογιῶν μέ στόχο τήν ἀντικειμενική κρίση ἑνός ἑκάστου τῶν μετεχόντων.

12) Οἰκουμενικές συναντήσεις μέ σκοπό τήν ἐκ μέρους τῶν Ὀρθοδόξων ἀντιμετώπιση τῶν προβλημάτων τοῦ κόσμου τῆς τεχνικῆς. {ἐν πολλοῖς ἀκριβής σύνοψις τῶν ἐκθέσεών μου}.

Ὡς λόγο γιά τήν πρόθεση νά ἀρχίσει ἕνα τέτοιο ἐγχείρημα στήν Κρήτη ἀνέφερα τά ἀκόλουθα:

α) Μέ ἐξαίρεση τή Mindola στή Ροδεσία, Ἀκαδημίες ὑπάρχουν κατά κύριο λόγο σέ τεχνολογικά λίαν ἀνεπτυγμένες χῶρες, ὅπως στήν Κεντρική καί Βόρεια Εὐρώπη καί στήν Ἰαπωνία. Γι' αὐτό ἀποδίδω ἰδιαίτερη σπουδαιότητα στή μεταφορά τῶν μεθόδων ἑνός συνεργατικοῦ τρόπου σκέψης καί ἐργασίας σέ τεχνικά λιγότερο ἀνεπτυγμένες χῶρες. Στήν περίπτωση τῆς Κρήτης ὑπάρχει ἡ δυνατότητα ἡ ἐκεῖ δημιουργούμενη Ἀκαδημία νά γίνει ἄμεσα δεκτή στό Σύνδεσμο τῶν Διευθυντῶν τῶν Εὐρωπαϊκῶν Ἀκαδημιῶν, ὥστε ἔτσι νά βρίσκεται σέ διαρκή πνευματική ἀνταλλαγή.

Μέ αὐτόν τόν τρόπο θά προκύψει ἡ δυνατότητα **νά ἀναπτυχθεῖ μιά καινούρια μορφή Ἀκαδημίας ὡς πρότυπο, πού θά ἦταν εὐκολότερο ἀπό ὅσο ἡ μορφή Ἀκαδημίας τῶν βιομηχανικῶν χωρῶν νά μεταφερθεῖ σέ πολλές χῶρες τῆς Ἀσίας καί τῆς Ἀφρικῆς.** (b-Απ). Ἡ Ἀκαδημία τῆς Κρήτης λοιπόν ἀναλαμβάνει τή μεγάλη εὐθύνη νά ἀποτελέσει αὐτό τό πρότυπο.

β) Τό γεγονός ὅτι ὁ ἴδιος ὁ Ἐπίσκοπος μιᾶς τοπικῆς Ἐκκλησίας παρακολουθεῖ ἄμεσα αὐτό τό σχεδιασμό τῆς Ἀκαδημίας παρέχει μιά εὐνοϊκή προϋπόθεση γιά τή σύμπραξη τῆς Ἀκαδημίας καί τῆς Ἐκκλησίας αὐτῆς.

Ἀναγκαῖα γιά τήν πραγμάτωση τοῦ προγράμματος εἶναι τά οἰκονομικά μέσα πού ἀπαιτοῦνται γιά τήν ἀνέγερση τῶν ἐγκαταστάσεων τῆς Ἀκαδημίας καί τή στήριξή της, ὅσον ἀφορᾶ στίς δαπάνες λειτουργίας της κατά τά 3 ἕως 4 πρῶτα χρόνια. Ὕστερα ἀπό τά 3 ἤ 4 χρόνια μπορεῖ νά λογαριάζει κανείς πώς τά ἀποτελέσματα τῆς ἐργασίας της θά ὁδηγήσουν ὁλόκληρη τήν ἑλληνική Ἐκκλησία, τό ἑλληνικό Κράτος, τίς ἐνορίες τῆς Κρήτης καί πολλούς χορηγούς πού ἐνδιαφέρονται γιά τήν ἀνάπτυξη τῆς Κρήτης νά ἀναλάβουν τίς δαπάνες λειτουργίας τῆς Ἀκαδημίας.

Οἱ γεωργικές δυνατότητες τῆς Μονῆς, καθώς καί οἱ χαμηλές ἐργατικές ἀποδοχές στήν Κρήτη εἶναι ἐπιπλέον παράγοντες πού θά κάμουν ἀκόμη πιό φθηνή τήν τρέχουσα λειτουργία.

Στό τέλος ἐνημέρωσα γιά τό ὅτι μιά ὁμάδα νέων Γερμανῶν τῆς Βυρτεμβέργης θέλουν νά διαθέσουν τρεῖς μῆνες προσωπικῆς ἐργασίας, προκειμένου νά κατασκευάσουν τόν ἀγωγό ὕδρευσης, ὡς πρώτη προεργασία γιά τό ὅλον πρόγραμμα, ἐνῶ ἡ ἴδια ἡ Ἀκαδημία γιά εὐνόητους λόγους πρέπει νά οἰκοδομηθεῖ ἀπό ντόπιους {εἴχαμε τονίσει ὅτι αὐτό πρέπει νά γίνει λόγω τῆς ὑπάρχουσας ἀνεργίας}.

Ἡ συζήτηση ἔδειξε μιά διαφοροποίηση ἀπόψεων.

Ρωτήθηκε κατά πόσον ὁλόκληρη ἡ Ἐκκλησία τῆς Κρήτης καί μάλιστα ὁ Ἀρχιεπίσκοπος θά στηρίξουν τό σχέδιο. Ἀκόμη, ἄν θά τό ἐπιδοκιμάσει τό Οἰκουμενικό Συμβούλιο τῶν Ἐκκλησιῶν. Ἐπίσης, μήπως θά ἦταν γιά τήν Κρήτη πιό ἀναγκαῖο νά συσταθεῖ ἕνα εἶδος Ἀνώτερου Λαϊκοῦ Σχολείου (Volkshochschule), στό ὁποῖο νά μεταδίδονται στούς συμμετέχοντες βασικές τεχνικές γνώσεις.

Θετικά παρατηρήθηκε ὅτι ὑπάρχει ἐδῶ στήν Κρήτη ἡ δυνατότητα νά ἀναπτυχθεῖ ἕνα νέο εἶδος Ἀκαδημίας, κάτι ἐνδιάμεσο μεταξύ τῶν Volkshochschulen τῆς Δανίας καί τῶν Ἀκαδημιῶν ὡς Κέντρων διαλόγου. Πάντως διατυπώθηκαν καί ἀμφιβολίες, μήπως ἀπό κρητικῆς πλευρᾶς τό πρόγραμμα θά ἐπιδιωχθεῖ νά χρησιμοποιηθεῖ σέ πρώτη γραμμή γιά ἐκπαίδευση ἱερέων καί ἑπομένως νά μή χρησιμοποιηθεῖ μέ τήν ἐξιδιασμένη ἀποστολή του, ὡς Ἰνστιτοῦτο πρός ἀντιμετώπιση τῶν προβλημάτων τοῦ κόσμου τῆς τεχνικῆς.

Στό τέλος συμφωνήθηκε νά προσπαθήσω νά διευκρινίσω τά τεθέντα ἐρωτήματα τόσο στήν Κρήτη ὅσο καί σέ ἐπαφή μέ τόν Ralph Y o u n g ἀπό τό Οἰκουμενικό Συμβούλιο, καί στή συνέχεια νά ἔχω ἐκ νέου διαβούλευση μέ τόν κ. G e i s s l e r ἀπό τό Hilfswerk γιά τό κατά πόσον εἶναι ἄξιο ὑποστηρίξης τό πρόγραμμα ὑπό τό πρίσμα τῆς Βοηθείας Ἀναπτύξεως. Μιά νέα ἀπόφαση γιά τό πρόγραμμα ἀναμένεται κατά τήν ἑπόμενη Συνεδρία τῆς Ἐπιτροπῆς στίς 7 Νοεμβρίου τρ. ἔτους.

Ὡς τελική ἐντύπωση σημειώνεται τό ἑξῆς: Ἐφ' ὅσον βρεῖ σύμφωνο τόν Ἀρχιεπίσκοπο Κρήτης καί τύχει συστάσεως ἀπό τό Οἰκουμενικό Συμβούλιο, τό πρόγραμμα, βάσει τῶν ὅσων ἀνέφερα, πού λίγο πολύ κατανοήθηκαν ἀπό τήν Ἐπιτροπή, μπορεῖ νά ἀναμένεται ὅτι θά ἐγκριθεῖ. Πρός τό παρόν βέβαια δέν μπορεῖ νά λεχθεῖ κάτι ἀσφαλέστερο.

Σέ μιά τελική συζήτηση μέ τόν κ. Geissler ἔλαβα τή διαβεβαίωσή του ὅτι ἀπό τό μεγάλο πρόγραμμα θά πρέπει νά ἀποσπασθεῖ τό μέρος πού ἀφορᾶ στήν ὕδρευση. Ὁ κ. Geissler μοῦ ὑποσχέθηκε νά ἐνδιαφερθεῖ - σέ περίπτωση πού αὐτή ἡ Ἐπιτροπή δέν ἐγκρίνει τά ἀναγκαῖα μέσα γιά τή γραμμή ὕδρευσης - νά τά ἀναλάβει ἡ Δράση BROT FÜR DIE WELT.

Τοῦ ὑποσχέθηκα ὅτι, μόλις ἐπιστρέψω ἀπό τήν Κρήτη, θά ὑποβάλω τά ἀναγκαῖα δικαιολογητικά (τά σχετικά μέ σωλῆνες ὕδρευσης κ.λπ.), ὥστε τόν Σεπτέμβριο κιόλας νά μπορεῖ νά ἀποφασισθεῖ ἡ ἔγκριση τῶν χρημάτων γιά τήν ὕδρευση.

Bad Boll, 13 Ἰουλίου 1962

Ὑπογραφή (D.Dr. Eberhard Müller)

6. Ἐπικοινωνία μέ τόν Κρήτης

20-7-1962 ΑΑπ
Απ πρός Κρήτης Εὐγένιον
«Σεβασμιώτατε!

Ἐπειδή ὀλίγας μόνον ἔσχον μέχρι σήμερον εὐκαιρίας δι' ἐπαφήν καί καλυτέραν γνωριμίαν μεθ' Ὑμῶν, φαίνεται ἴσως δυσερμήνευτος ἡ ἀποστολή τῆς παρούσης μου ἐπιστολῆς· δυσερμήνευτος πάντως καί παράδοξος μόνον δι' ὅσους - καί δή Θεολόγους - στεροῦνται ὑγιαινούσης ἐκκλησιαστικῆς συνειδήσεως, ἐνεργοῦν αὐτοβούλως καί δυσανασχετοῦν ὅταν πρόκειται νά δώσουν λόγον τοῖς "Ἡγουμένοις" διά τά ἔργα καί τάς προσπαθείας αὐτῶν. Ἐξ ἀντιθέτων σκέψεων καί ἀντιλήψεων κατεχόμενος, ἐπιθυμῶ, ἅμα τῇ ἀποπερατώσει τῶν ἐν τῇ ξένῃ σπουδῶν μου, ὅπως γνωρίσω τῇ Ὑμετέρᾳ Σεβασμιότητι τό ἐπιτελεσθέν ἔργον, ἐν τῇ βεβαιότητι ὅτι οὕτω καί ἐπιβεβλημένον χρέος ἐξοφλῶ καί ἱκανοποίησίν τινα προσφέρω τῇ Μητρί κατά Κρήτην Ἐκκλησίᾳ καί Ὑμῖν προσωπικῶς.

Αἱ ἐν Γερμανίᾳ σπουδαί μου ἤρξαντο κατ' Ὀκτώβριον τοῦ 1958. Ἐνεγράφην εἴς τε τήν Φιλοσοφικήν καί τήν Θεολογικήν Σχολήν τοῦ ἐνταῦθα Πανεπιστημίου, παρηκολούθησα δέ μαθήματα Κοινωνιολογίας τῆς Θρησκείας, Ἱεραποστολῆς, Φιλοσοφίας καί Συγκριτικῆς Ἐπιστήμης τῶν Πολιτισμῶν. Τά δύο τελευταῖα ἔτη κατηνάλωσα πρός τούτοις εἰς τήν συγγραφή διδακτορικῆς ἐργασίας, ἀντικείμενον τῆς ὁποίας ὑπῆρξεν ἡ ἔρευνα τῶν θρησκευτικῶν καί πολιτιστικῶν ἐπαφῶν καί ἀνταγωνισμῶν μεταξύ ὀρθοδόξου καί δυτικοῦ κόσμου κατά τήν περίοδον 1750-1850.

Ἡ διατριβή αὕτη, ἀποτελουμένη ἐκ 325 γερμανιστί συντεταγμένων σελίδων, ἐκρίθη ἐπιεικῶς παρά τῆς ἐνταῦθα Φιλοσοφικῆς Σχολῆς, τῇ δέ 28η Φεβρουαρίου ἀνεκηρύχθην, κατόπιν καί τῶν προφορικῶν ἐξετάσεων, εἰς Διδάκτορα τῆς Φιλοσοφίας μέ τόν βαθμόν «ἄριστα». Πάραυτα τό Πανεπιστήμιον προέκρινε καί τό Ὑπουργεῖον Παιδείας ἐνέκρινε τόν διορισμόν μου ὡς Ἐπιστημονικοῦ Βοηθοῦ παρά τῷ Ἰνστιτούτῳ τῆς Συγκριτικῆς Ἐπιστήμης τῶν Πολιτισμῶν {τῆς Φιλοσοφικῆς Σχολῆς}, ὅπου καί ἤδη ἀπασχολοῦμαι.

Διά τῆς παρατάσεως τῆς ἐνταῦθα παραμονῆς μου μέχρι τῆς ἀνοίξεως τοῦ προσεχοῦς ἔτους ἐπιδιώκω ἀφ' ἑνός μέν τήν ἐκτύπωσιν τῆς διατριβῆς μου, ἀφ' ἑτέρου δέ τήν ἀποπεράτωσιν ἄλλων τινῶν μελετῶν καί ὑποθέσεων.

Ἐν τῇ ἐλπίδι ὅτι δέν θέλετε κρίνει τά κατωτέρω ὡς ἐσκεμμένην κατάχρησιν τοῦ πολυτίμου χρόνου Σας, λαμβάνω τό θάρρος ὅπως διατυπώσω γενικῶς τάς ἐντυπώσεις μου ἐκ τῆς ἐνταῦθα παραμονῆς μου.

<u>Ἐξ ἐπόψεως ἐκκλησιαστικῆς</u>· ὁ πολλούς ταλαιπωρήσας καί πολύ κατά τόν

πόλεμον ταλαιπωρηθείς γερμανικός λαός ἐπέδειξε μεταπολεμικῶς αἰσθητήν στροφήν πρός τήν χριστιανικήν πίστιν. Ἐν τούτοις ἀπειλοῦνται καί πάλιν σήμερον τά πνευματικά καί δή τά θρησκευτικά αἰσθήματά του ἰσχυρῶς ὑπό δύο σχετικῶς νέων, ἀλλ' οὐχ' ἧττον πεισμόνων ἐχθρῶν: τοῦ ὑπερβολικοῦ πλούτου καί τῆς ραγδαίας ἀνατροπῆς τόσον τῆς συνθέσεως ὅσον καί τοῦ ρυθμοῦ ἐν τῇ πλοκῇ τῆς κοινωνίας.

Ἡ Ρωμαιοκαθολική Ἐκκλησία συγκρατεῖ {τό πλήρωμά της} τόσον ἐν Γερμανίᾳ ὅσον καί ἐν τῇ Δυτικῇ Εὐρώπῃ γενικώτερον περισσότερον ἤ ὁ Προτεσταντισμός, ὅστις εὑρίσκεται εἰς σχετικήν ὕφεσιν. Ὁ ἀριθμός τῶν θρησκευτικῶς ἀδιαφόρων, ἀκόμη δέ καί τῶν ἐμφανῶς ἀθέων, αὐξάνει αἰσθητῶς.

Καί αἱ δύο Ἐκκλησίαι καταβάλλουν πάντως ἀγωνιώδεις προσπαθείας πρός συγκράτησιν τοῦ ποιμνίου αὐτῶν. Ἐπί τοῦ πρακτικοῦ τομέως ἔχουν δημιουργήσει ἀξιόλογα κέντρα καί θέτουν εἰς ἐφαρμογήν ριζοσπαστικάς μεθόδους, ἀνταποκρινομένας εἰς τήν ἰδιάζουσαν ἐντολήν τῆς συγχρόνου κρίσεως. Ἐφρόντισα, ἐκμεταλλευόμενος πᾶσαν εὐκαιρίαν, νά κατατοπισθῶ πλήρως ἐπί τοῦ πεδίου τούτου, διότι πιστεύω ὅτι καί ὁ λαός μας εἰσῆλθε πλέον εἰς τόν κύκλον τῶν προβλημάτων τούτων ἤ πρόκειται νά εἰσέλθῃ συντόμως καί ὅτι, ὡς ἐκ τούτου, θά πρέπει νά εἴμεθα -ὡς Ἐκκλησία - ἕτοιμοι πρός ἀντιμετώπισίν των.

Ἐπιστημονικῶς· αἱ ἐπιστημονικαί μελέται μου δέν ἀνεφέρθησαν εἰς αὐστηρῶς θεολογικά θέματα· ἐπίστευον ἀπ' ἀρχῆς ὅτι οὔτε ἡ καθολική οὔτε ἰδίως ἡ προτεσταντική Θεολογία δύναται νά προσφέρῃ ἀκινδύνους διά τόν Ὀρθόδοξον Θεολόγον γνώσεις. Ἡ τελευταία μάλιστα ἐπαναλαμβάνει διά μίαν εἰσέτι φοράν τό θλιβερόν πείραμα ὑποβολῆς τῆς θείας Ἀποκαλύψεως ὑπό τήν ἀχαλίνωτον κριτικήν, ὥστε ὁ Ὀρθόδοξος Θεολόγος νά ἀπελπίζεται πάραυτα καί νά γίνεται λίαν προσεκτικός.

Εἶμαι, ἐξ ἀντιθέτου, ἱκανοποιημένος καί εὐγνώμων, διότι κατετοπίσθην τόσον ἐπί τῶν συγχρόνων φιλοσοφικῶν καί ἰδεολογικῶν ρευμάτων ὅσον καί ἐπί τῆς παγκοσμίου κοινωνικῆς καί πνευματικῆς καταστάσεως· αἱ σπουδαί τοῦ εἴδους αὐτοῦ παραμένουν εἰσέτι παρ' ἡμῖν δυστυχῶς δυσνόητοι, ἐνῶ ἡ Ὀρθοδοξία, κατέχουσα τό μεταίχμιον μεταξύ Ἀνατολῆς καί Δύσεως, καλεῖται καί πάλιν σήμερον νά διαδραματίσῃ ὄντως ἱστορικόν καί ἀποφασιστικόν ρόλον ἐν τῇ πορείᾳ τῆς παγκοσμίου Ἱστορίας.

Ἡ θέσις τῆς Ὀρθοδοξίας· αἱ διαπιστώσεις μου μέ ἀναγκάζουν νά μή θεωρῶ σοβαρά καί ἀνταποκρινόμενα εἰς τήν πραγματικότητα ὅσα περί «νοσταλγίας» τῆς Ὀρθοδοξίας λέγονται καί γράφονται παρ' ἡμῖν. Ὄχι, Σεβασμιώτατε, αὐτά ἀποτελοῦν δυστυχῶς εὐγενεῖς μόνον πόθους καί παραπλανητικάς ὑπερβολάς. Βεβαίως, παρουσιάζεται καί ἐπιστημονικῶς καί ἐξωεπιστημονικῶς μεγαλύτερον ἤ κατά τό παρελθόν ἐνδιαφέρον διά τήν Ἱστορίαν καί τήν ζωή τῆς Ἐκκλησίας μας· ἀλλ' ὁ παρατηρητής, ὁ ἱκανός νά διακρίνῃ μεταξύ λόγων εὐγενείας καί ἀληθοῦς καί ἐνδιαθέτου κρίσεως, μεταξύ ἐπιπολαίου ἐνθουσιασμοῦ καί ἠρέμου γνωματεύσεως οὐδένα ἔχει λόγον ἱκανοποιήσεως, πολλῷ δέ μᾶλλον αἰσιοδοξίας καί ἐπάρσεως. Ἡ ἐντός τοῦ Συμβουλίου τῶν Ἐκκλησιῶν καλλιεργουμένη διάθεσις καταλλαγῆς φέρει ἀναμφιβόλως ἀγαθούς διά τήν Ὀρθοδοξίαν καρπούς –μή λησμονουμένων τῶν κινδύνων! -, ἀλλ' οἱ εὐρύτεροι κύκλοι τῶν τε πιστῶν καί τῶν Θεολόγων ἀγνοοῦν τήν Ὀρθοδοξίαν· ὅ,τι δέ τυχόν γνωρίζουν προέρχεται ὡς ἐπί τό πλεῖστον ἐκ ρωσικῶν πηγῶν καί δέν εἶναι πάντοτε γνήσιον. Θά χρειασθῇ νά γίνουν ἀκόμη πολλά διά τήν συστηματικήν προβολήν τῆς Ἐκκλησίας μας. Προσωπικῶς εἰργάσθην κατά δύναμιν πρός τήν κατεύθυνσιν αὐτήν. Ἔδωσα πολυαρίθμους διαλέξεις, ἀπό διετίας δέ διδάσκω ἐπισήμως εἰς τό ἐνταῦθα Πανεπιστήμιον «Εἰσαγωγήν εἰς τόν ἑλληνορθόδοξον πνευματικόν βίον». Τά μαθήματα παρακολουθοῦν ἀκόμη καί Καθηγηταί, ἡ δέ ἀπήχησις αὐτῶν εἶναι, δόξα τῷ Θεῷ, ἱκανοποιητική.

Ἀλλ' αὐτά βεβαίως δέν ἀρκοῦν! Οἱ ξένοι ἀναμένουν πολύ περισσότερα ἐκ τῆς Ὀρθοδοξίας καί δή πρῶτον ἐντός τοῦ χώρου δράσεως αὐτῆς. Δέν χρειαζόμεθα τόσον ἐξωτερικήν διαφήμισιν, ὅσον ἐσωτερικήν ζωήν καί δρᾶσιν ἱκανήν νά πείσῃ τούς ἔξωθεν περί τῆς ζωτικότητος τῆς Ἐκκλησίας μας καί τῆς ἀκεραιότητος τῆς πίστεώς της.

Πιστεύω καί ἐγώ, ὡς ἀσφαλῶς καί Ὑμεῖς, Σεβασμιώτατε, ὅτι ἡ ἐν Κρήτῃ Ἐκκλησία δύναται νά πράξῃ ἐπ' αὐτοῦ πολλά καί νά σταθῇ ἀληθῶς ὡς φάρος ἐν τῇ Μεσογείῳ, ἐξαστράπτων φῶς γνησίως ὀρθόδοξον πρός τε τήν Ἀνατολήν καί πρός τήν Δύσιν.

Ἐν κόπῳ καί μόχθῳ ἱκανῷ ἐνεβάθυνα εἰς τήν μελέτην τῶν ἐν Κρήτῃ ἐκκλησιαστικῶν καί κοινωνικῶν συνθηκῶν καί κατέστρωσα μεγαλεπήβολον ἴσως, ἀλλ' οὐχί καί μή πραγματοποιήσιμον σχέδιον τονώσεως τῆς ἐκκλησιαστικῆς καί κοινωνικῆς δραστηριότητος ἐν τῇ νήσῳ μας. Ὁ Ἅγιος Κισάμου καί Σελίνου, μεθ' οὗ συνωμίλησα ἀναλυτικῶς ἐπ' αὐτοῦ κατά τήν πρόσφατον ἐπίσκεψίν του ἐνταῦθα, θά Σᾶς γνωρίσῃ τάς λεπτομερείας. Προσωπικῶς εἶμαι πάντοτε πρόθυμος διά πᾶσαν ἐπεξήγησιν καί περαιτέρω πληροφορίαν.

Ἀντιλαμβάνεσθε, σεβασμιώτατε Πάτερ, ὅτι αἱ συνθῆκαι τῆς ἐποχῆς ἀπαγορεύουν σήμερον ρητῶς τόν διασπασμόν {sic!, γράφε: τήν διάσπασιν} τῶν δυνάμεων τῆς Ἐκκλησίας εἰς ἐπί μέρους προσπαθείας, εἰς ἐγωκεντρικάς ἐπιδιώξεις, εἰς ἔργα μικρόπνοα. Ἐάν συνεργασθῶμεν ἐν ὁμονοίᾳ καί πλήρει συνειδήσει τῆς βαρείας εὐθύνης ἡμῶν ἔναντι τοῦ ὑπέρ ποτέ καί ἄλλοτε αἱματοκυλίστου σήμερον Σταυροῦ τοῦ Κυρίου ἡμῶν, δυνάμεθα νά ἐπιτύχωμεν πολύ περισσότερα ἐκείνων, ὅσα ἡ πεῖρα τοῦ παρελθόντος καί ἡ πτωχεία τοῦ παρόντος μᾶς ἐνθαρρύνουν νά ἐπιχειρήσωμεν.

Ὁ Ἅγιος Κισάμου, ὅστις μοῦ ὡμίλησε μετά μεγάλου ἐνθουσιασμοῦ περί τοῦ ἡγετικοῦ καί ἐμπνευσμένου ἔργου Σας, διακατέχεται ὑπό ζήλου καί θελήσεως, ἀρκούντως γνωστῶν εἰς Ὑμᾶς. Ἡ βασική ἄποψίς του, ὅτι τόσον ἡ ἰδιομορφία τῆς ἐν Κρήτῃ Ἐκκλησίας ὅσον καί αἱ σύγχρονοι παγκόσμιοι συνθῆκαι ἐπιβάλλουν συντονισμόν καί ἑνότητα τοῦ ἐν Κρήτῃ ποιμαντορικοῦ ἔργου ὑπό τήν φωτεινήν καθοδήγησίν Σας, θά γίνῃ, ἐλπίζω, κατανοητή καί παραδεκτή ὑπό τῶν Ἁγίων Συνοδικῶν καί θά τεθῇ συντόμως εἰς ἐφαρμογήν. Ἐγώ προσωπικῶς θά εἶμαι εὐτυχής, ἐάν ὑπ' αὐτάς τάς συνθήκας δυνηθῶ νά προσφέρω τάς ὑπηρεσίας μου εἰς τήν Ἐκκλησίαν τῆς Κρήτης, θυσιάζων πρός τοῦτο τάς πολλάς εὐκαιρίας καλυτέρας κατά κόσμον σταδιοδρομίας εἰς τό ἐξωτερικόν.

Ἐλπίζω ὅτι θά θελήσητε νά μοί παράσχητε τάς πολυτίμους νουθεσίας καί ὁδηγίας Σας, καί ἐν τῇ ἐλπίδι ταύτῃ διατελῶ,

μετά βαθυτάτου σεβασμοῦ
Ἀλέξανδρος Παπαδερός

Ο ΜΗΤΡΟΠΟΛΙΤΗΣ ΚΡΗΤΗΣ

Ἀπάντηση τοῦ Κρήτης

30-8-1962 ΑΑπ
Κρήτης Εὐγένιος πρός Απ
«Τῷ Ἐλλογ. κ. Ἀλεξάνδρῳ Παπαδερῷ
Ἀγαπητέ μοι,

Ἐγενόμην κάτοχος τῆς ἀπό 20 Ἰουλίου ἐπιστολῆς σας. Συγχαίρω ἐγκαρδίως διά τήν ἀποπεράτωσιν τῶν ἀνωτέρων σπουδῶν σας, εὐχόμενος ὑπέρ τῆς πλήρους ἱκανοποιήσεως τῶν εὐγενῶν πόθων σας.

Σᾶς εὐχαριστῶ θερμῶς καί διά τάς πληροφορίας σας σχετικῶς μέ τά αὐτόθι ἰδελογικά ῥεύματα καί τόν ῥυθμόν τῆς ζωῆς. Εἶναι ἀνησυχητικόν τό ὅτι αὐξάνονται αἰσθητῶς οἱ θρησκευτικῶς ἀδιάφοροι καί αὐτοί οἱ ἄθεοι, ἀλλά καί ἀξιοθαύμαστοι αἱ προσπάθειαι τῆς Ῥωμαιοκαθολικῆς καί τῶν Προτεσταντικῶν Ἐκκλησιῶν καί Ὁμολογιῶν πρός ἀντιμετώπισιν τῶν συγχρόνων προβλημάτων. Ὀρθῶς παρατηρεῖτε ὅτι τό θέμα τοῦτο πρέπει νά ἀπασχολήσῃ καί τήν Ἐκκλησίαν Κρήτης. Ἡ Ἐκκλησία Κρήτης λόγῳ τοῦ διοικητικοῦ της συστήματος, τῆς εὐσεβείας τοῦ λαοῦ μας καί τῆς δραστηριότητος τῶν Ἐπισκόπων της καί τῆς καλῆς συνεργασίας μετά τοῦ ὑπ' αὐτούς ἱεροῦ κλήρου καί διότι εἶναι μία μικρά Ἐκκλησία, πιστεύω ὅτι δύναται νά ἐπιτύχῃ μέ τήν συνεργασίαν τῶν ἐνταῦθα καί τῶν ἐκτός τῆς Ἑλλάδος καλῶν συνεργατῶν τῆς Ἐκκλησίας εὐκολότερον μίαν συγχρονισμένην ὀργάνωσιν.

Ἡ Ἐκκλησία μας ἔχει νά ἐπιδείξῃ πρόοδον εἰς τό ἔργον της. Δέν ἔχει ὅμως ἀκόμη πραγματοποιηθῆ ἡ ἑνότης τῆς δραστηριότητος αὐτῆς. Εὐτυχῶς ὑπάρχει ἡ καλή διάθεσις πρός συνεργασίαν, καί ἐλπίζω ὅτι ἡ ἑνότης τοῦ ἔργου τῆς Ἐκκλησίας θά γίνῃ συντόμως πραγματικότης. Θά ἦτο χρήσιμος ἔκθεσίς σας πρός τήν Ἱεράν Ἐπαρχιακήν Σύνοδον Κρήτης περί τῆς ὡς ἀναφέρετε ἐν τῇ ἐπιστολῇ σας τονώσεως τῆς ἐκκλησιαστικῆς καί κοινωνικῆς δραστηριότητος ἐν τῇ νήσῳ μας.

Συμφωνῶ μαζί σας περί τῆς ἀνάγκης τῆς προβολῆς τῆς Ὀρθοδοξίας ὑπό Ἑλλήνων Θεολόγων καί τῆς στενωτέρας ἐπαφῆς καί συνεργασίας τῆς Ἐκκλησίας μας μετά τῶν Ἐκκλησιῶν καί τῶν Προτεσταντικῶν Ὁμολογιῶν ἐντός τοῦ Παγκοσμίου Συμβουλίου τῶν Ἐκκλησιῶν διά τῆς ἀναπτύξεως τοῦ διαλόγου. Ἡ ἐν προκειμένῳ γραμμή τοῦ Οἰκουμενικοῦ Πατριαρχείου εἶναι ἡ ὀρθή καί ἐνδεδειγμένη. Εἰς τάς προσπαθείας τοῦ Οἰκουμενικοῦ Πατριαρχείου διά τήν ἑνότητα ἡ ἐν Κρήτῃ Ἐκκλησία, ὡς ἡ πλέον πολυάνθρωπος ἐν Ἑλλάδι Μητρόπολις τοῦ Οἰκουμενικοῦ Θρόνου, ὠργανωμένη κατά τό ἀρχαῖον καί ἐπί τῶν ἱερῶν κανόνων ἐρειδόμενον διοικητικόν σύστημα τῆς Ἐκκλησίας, δύναται νά συμβάλῃ μεγάλως.

Εὐχαριστῶ θερμῶς διά τήν ἀγαθήν πρόθεσίν σας νά προσφέρητε τάς ὑπηρεσίας σας εἰς τήν Ἐκκλησίαν τῆς Κρήτης.

Εὔχομαι ὁλοψύχως πᾶσαν ἀπό Θεοῦ ὑγείαν καί ἐνίσχυσιν πρός πλήρη ἐκπλήρωσιν τῶν εὐγενῶν πόθων σας.

Διάπυρος πρός Θεόν εὐχέτης
Ὁ Κρήτης Εὐγένιος».
(συνέχεια δραστηριοτήτων)

21-7-1962 ΑΒΒ
Απ πρός Μ
Σήμερα μόνο μιά λέξη εὐχαριστίας σέ σᾶς γιά τήν πολύ καλή ἐπιτυχία κατά τή συζήτηση τοῦ προγράμματός μας, καθώς καί γιά τό λεπτομερές Πρωτόκολλο τῆς συζήτησης ἐκείνης, τό ὁποῖο μοῦ στείλατε.

«Ἐπ' αὐτοῦ ἔχω μόνο τίς ἀκόλουθες παρατηρήσεις:

α) Συγκατάθεση τοῦ Ἀρχιεπισκόπου Κρήτης: Ἄν ἡ Ἀκαδημία ἦταν προωρισμένη μόνο γιά τήν Ἐπισκοπή μας, δέν θά χρειαζόμαστε κανενός εἴδους συγκατάθεση. Ἐμεῖς ὅμως σκεπτόμαστε ὁλόκληρη τήν Κρήτη. Γι' αὐτό τό λόγο μίλησε ἤδη ὁ Ἐπίσκοπος Εἰρηναῖος μέ τόν Μητροπολίτη Κρήτης. Ἀπομένει λοιπόν νά τόν διαφωτίσουμε ὅσον ἀφορᾶ στή σημασία αὐτοῦ τοῦ Ἱδρύματος. Χθές τοῦ ἔγραψα μιά μακρά ἐπιστολή καί ἐλπίζω ὅτι καί ὁ Ἐπίσκοπος Εἰρηναῖος θά τό ἐπιδιώξει μέ ἐπιδεξιότητα. Ἡ μόνη δυσκολία εἶναι ἡ ἀκόλουθη: Χανιά καί Ἡράκλειο εἶναι δυό πόλεις πού παλεύουν διαρκῶς γιά τό «Πρωτεῖον»! Ἐπιπλέον: οἱ Ἐπίσκοποι συναγωνίζονται ποιός θά κάμει τό σημαντικότερο ἔργο. Ὁ Ἐπίσκοπος Εἰρηναῖος ἔχει πρό πολλοῦ ἐκτοπίσει αὐτό τό πνεῦμα, ὅμως δέν βρίσκει πάντοτε κατανόηση. Ἐλπίζω, ὡστόσο, πώς ὁ Ἀρχιεπίσκοπος θά συμφωνήσει πλήρως. Σέ ἀντίθετη περίπτωση πρέπει νά πάει κάποιος στήν Κωνσταντινούπολη πρίν ἀπό τόν Νοέμβριο, προκειμένου νά ἐξασφαλίσει τήν ὑποστήριξη τοῦ Πατριάρχη, πού δέν πρέπει νά εἶναι καθόλου δύσκολο. Ἐλπίζω ὅμως ὅτι δέν θά χρειασθεῖ νά πᾶμε τόσο μακρυά.

β) Ἡ Ἀκαδημία δέν ἔχει ὡς ἀποστολή νά ἐκπαιδεύει ἱερεῖς. Τοῦτο εἶναι ἔργο τῆς Ἐκκλησιαστικῆς Σχολῆς. Ἀκριβές εἶναι ὡστόσο ὅτι ἐπιθυμοῦμε νά ἐπιμορφώνουμε τούς ἱερεῖς καί ἐλπίζουμε ὅτι κανείς δέν ἐναντιώνεται σ' αὐτό.

γ) Ἐλπίζω ἀκόμη ὅτι θά λάβετε τή συγκατάθεση τοῦ Ἐκκλησιαστικοῦ Συμβουλίου {τοῦ Π.Σ.Ε. ἐννοεῖται}.

Καί τώρα σᾶς εὔχομαι καλό ταξίδι στήν Κρήτη, ὅπου θά λάβετε σύντομα ἕνα γράμμα μου».

Στήν πίσω σελίδα τῆς ἐπιστολῆς μου αὐτῆς ἡ Γραμματέας Mohn ἔχει κάμει τήν ἀκόλουθη σημείωση:

Ὁ Δρ. κ. Παπαδερός, Mainz, θά διανυκτερεύσει ἀπό 2 πρός 3 Σεπτεμβρίου τρ. ἔ. στήν Εὐαγ. Ἀκαδημία τοῦ BB, προκειμένου νά συνταξιδεύσει στίς 3 Σεπτεμβρίου σέ ἕνα ἀπό τά αὐτοκίνητά μας {στήν Ἀκαδημία} στό Tutzing γιά τή Συνέλευση τοῦ Εὐρωπαϊκοῦ Συνδέσμου τῶν Διευθυντῶν τῶν Ἀκαδημιῶν.

Ὁ κ. Παπαδερός εἶναι φιλοξενούμενος τῆς Εὐαγγελικῆς Ἀκαδημίας.

Παρακαλοῦμε νά κρατηθεῖ δωμάτιο. Ὁ ἀριθμός τοῦ δωματίου {τό κλειδί} νά παραδοθεῖ στό Τηλεφωνικό Κέντρο (λόγω Κυριακῆς).

21-7-1962 ΑΑπ
Απ-Mz πρός Reuß
Ὁ Dr. Joseph Maria Reuß ἦταν Βοηθός Ἐπίσκοπος στό Mainz.[95] Οἱ ἐπιστολές

---

[95] Ἡ ἐπίσκεψη τοῦ Εἰρηναίου συνέπεσε μέ τήν ἀλλαγή στήν ἡγεσία τῆς ρωμαιοκαθολικῆς ἐπισκοπῆς τοῦ Μάιντς, πού εἶναι μιά ἀπό τίς πιό σημαντικές ἐπισκοπές τοῦ γερμανικοῦ Καθολικισμοῦ. Ὁ προηγούμενος Ἐπίσκοπος Albert Stohr ἀπεβίωσε στίς 3 Ἰουνίου 1961. Ὡς διάδοχος του προτάθηκε ἀπό τό Συμβούλιο τοῦ Καθεδρικοῦ Ναοῦ τοῦ Μάιντς (Domkapitel) ὁ Hermann Volk. Στίς 25 Μαρτίου 1962 ὁ Πάπας Ἰωάννης 23ος ἐπικύρωσε τήν ἐπιλογή αὐτή καί ἐξονόμασε τόν Volk 86ο διάδοχο τοῦ Ἁγ. Βονιφατίου. Κατά τό χρόνο τῆς ἐπίσκεψης τοῦ Εἰρηναίου ὁ Volk ἀπουσίαζε. Γι' αὐτό εἶχα ἀπευθυνθεῖ στόν Βοηθό Ἐπίσκοπο Reuß.

πού ἀνταλλάξαμε τότε ἔχουν σχέση μέ τήν ἐπίσκεψη τοῦ Εἰρηναίου στό Μάιντς καί τή μή ἱκανοποίηση τῆς ἐπιθυμίας του νά ἐπικοινωνήσει μέ τόν τοπικό καθολικό Ἐπίσκοπο, πράγμα πού ἐπιθυμοῦσαν ἐπίσης σφόδρα ὁ Καθηγητής Anton Hilckman καί ἡ σύζυγός του Katharina, ἀφοσιωμένα τέκνα τῆς Καθολικῆς Ἐκκλησίας.

Ἡ πρός Reuß ἐπιστολή μου:

«Ἐξοχώτατε!

Ὑπῆρξε παλαιό καί ὡραῖο ἔθος τῶν Χριστιανῶν, ἰδίως τῶν κληρικῶν, ὅταν εὑρίσκονται σέ ἄλλη ἐκκλησιαστική ἐπαρχία νά ἐπισκέπτονται τόν οἰκεῖο προκαθήμενο, προκειμένου νά ἀνταλλάξουν μετ' αὐτοῦ τόν ἀσπασμό τῆς ἐν Χριστῷ ἀγάπης. Ἡ διάσπαση στήν Ἐκκλησία ἐπέφερε τέτοια ὁμολογιακή ἀποκλειστικότητα στή σεβάσμια ἐκείνη συνήθεια, ὥστε νά θεωρεῖται, φαίνεται, παράδοξο τό νά θέλει κάποιος νά τηρήσει ἤ νά ἀναβιώσει αὐτήν τήν ἐντολή τῆς ἀδελφοσύνης.

Θά μποροῦσε, ὡστόσο, νά σκεφθεῖ κανείς τώρα πιά πῶς ἦρθε ὁ καιρός, αὐτό πού ἔγινε "παράδοξο" στήν Ἐκκλησία νά ἀποκατασταθεῖ καί πάλι στή σωστή θέση του.

Γιά τό λόγο αὐτό ὁ Ἐπίσκοπός μας Κισάμου καί Σελίνου (Κρήτης) Εἰρηναῖος ἐξέφρασε τήν ἐπιθυμία κατά τήν ἐπίσκεψή του στό Μάιντς νά ἐκδηλώσει αὐτό τό χριστιανικό φρόνημα πρός τόν προκαθήμενο τῆς ἐνταῦθα Καθολικῆς Ἐκκλησίας. Ἐξεδήλωσε ἁρμοδίως αὐτήν τήν ἐπιθυμία του, ἔλαβε ὅμως τήν πληροφορία ὅτι ἡ Ἐξοχότητά του {ὁ Ἐπίσκοπος τοῦ Μάιντς} λόγω προκαθορισμένων ταξιδιῶν ἦταν ὑποχρεωμένος νά ἀπουσιάζει ἀπό τό Μάιντς τίς ἡμέρες ἐκεῖνες. Τό Σάββατο 30 Ἰουνίου ἀπευθυνθήκαμε στή δική σας Γραμματεία σχετικά μέ τήν ἐπίσκεψη τοῦ ἐξοχοτάτου Ἐπισκόπου μας καί λάβαμε τήν ὁδηγία νά ρωτήσουμε πάλι τή Δευτέρα 2 Ἰουλίου. Κατ' αὐτήν τήν τελευταία προσπάθεια ὁ Βοηθός σας μοῦ εἶπε ὅτι λόγω ἐργασίας σας στό Σεμινάριο ἐμποδίζεσθε νά μᾶς δεχθεῖτε.

Φυσικά, τά χρονικά περιθώρια ἦταν πολύ στενά καί κατανοῶ πλήρως ὅτι εἶσθε πάντοτε πολύ ἀπασχολημένος. Μέ τήν ἐπιστολή αὐτή ἐπιθυμῶ ἁπλῶς νά ἐκφράσω τή μεγάλη θλίψη τοῦ Ἐπισκόπου μας. Αὐτός δέν εἶναι μόνον ἕνας ἀπό τούς πλέον διακεκριμένους κληρικούς ὁλόκληρης τῆς Ὀρθοδόξου Ἐκκλησίας, ἀλλά πιθανόν καί ὁ μόνος μεταξύ τῶν Ἐπισκόπων μας πού ἐπιδιώκει μέ ἰδιαίτερο ζῆλο νά ἀνοίξει ἕνα νέο δρόμο ἐπικοινωνίας μέ τήν Καθολική Ἐκκλησία, ὅπως ἀπέδειξε καί εἰς τό Ν. Δελχί {κατά τήν Γ΄ Γενική Συνέλευση τοῦ Παγκοσμίου Συμβουλίου Ἐκκλησιῶν}. Στή Γαλλία, ὅπου σπούδασε, κέρδισε γρήγορα τόν σεβασμό τοῦ γαλλικοῦ κλήρου καί αὐτόν τόν καιρό φιλοξενεῖται ἀπό τόν Καρδινάλιο τῶν Παρισίων. Γι' αὐτό ἦταν ἰδιαίτερα λυπημένος γιά τό ὅτι δέν μπόρεσε νά κερδίσει καί στή Γερμανία μιά τέτοια συνάντηση.

Μέ τήν εὐκαιρία αὐτή, Ἐξοχότατε, θά ἤθελα νά σᾶς διαβεβαιώσω ὅτι οἱ Ἕλληνες φοιτητές στό Μάιντς εἶναι λίαν εὐγνώμονες γιά ὅλα ὅσα πράττει γι' αὐτούς ἡ Ἐκκλησία σας, ἰδιαίτερα δέ ἡ Φοιτητική Κοινότητα {Studentengemeinde}. Γι' αὐτό καί θλιβόμεθα, ὅταν ἐμφανίζονται ἀφορμές δυσθυμίας. Ἐπιτρέψατε νά ἀναφέρω τήν περίπτωση τῆς πρόσφατης ἑορτῆς μας στίς 30 Ἰανουαρίου τρ. ἔτους. Ἡ «Ἑορτή τῶν Τριῶν Ἱεραρχῶν», δηλαδή τῶν Ἁγίων Πατέρων τῆς Ἐκκλησίας Βασιλείου, Γρηγορίου Ναζιανζηνοῦ καί Χρυσοστόμου, πού ἀποκαλεῖται ἐπίσης «Ἑορτή τῶν Γραμμάτων καί τῶν Ἐπιστημῶν», εἶναι ἡ κύρια ἑορτή τῶν ἑλληνικῶν Σχολείων καί Πανεπιστημίων. Δυστυχῶς, δέν εἴχαμε τή χαρά νά χαιρετήσουμε στήν ἑορτή αὐτή ἕναν ἐκπρόσωπο τῆς Ἐκκλησίας σας ἤ ἔστω τῆς σεβασμίας Καθολικῆς Θεολογικῆς Σχολῆς. Σεῖς ὁ ἴδιος εἴχατε τή φιλική εὐαισθησία νά μᾶς ἀνακοινώσετε τή θλίψη σας γιά τό ὅτι εἴχατε κάποιο ἐμπόδιο. Ἐπέδρασε πάντως ἀπογοητευτικά στούς φοιτητές μας τό ὅτι ἡ Θεολογική Σχολή ἀγνόησε πλήρως αὐτήν τήν ἑορτή, μάλιστα καθώς ἅπαντες οἱ Καθηγητές τῆς Εὐαγγελικῆς Θεολογικῆς Σχολῆς ἦταν παρόντες. Μπορεῖτε, Ἐξοχώτατε, νά ἀντιληφθεῖτε μέ πόση στενοχωρία συμπεριέλαβα τό γεγονός αὐτό στήν ἔκθεσή μου πρός τό Οἰκουμενικό Πατριαρχεῖο.

Σᾶς παρακαλῶ, Ἐξοχώτατε, νά θεωρήσετε τήν ἐπιστολή αὐτή μόνον ὡς ἔκφραση τῆς ἐπιθυμίας μου νά σᾶς ἐνημερώσω γιά γεγονότα πού πιθανῶς δέν ἔγιναν γνωστά σέ σᾶς προσωπικά. Ὡς φιλοξενούμενοι στή χώρα σας δέν ἔχουμε βέβαια κανενός εἴδους ἀξιώσεις, χαιρόμεθα ὅμως ὁσάκις δέν δίδονται ἀφορμές γιά παρεξηγήσεις καί πικρίες.

Ἐπικαλοῦμαι τήν εὐλογία σας καί διατελῶ,
μετ' ἐξιδιασμένης ἐκτιμήσεως
(Ἀλέξανδρος Παπαδερός)».[96]

---

[96] Reuß πρός Απ-Μz
Ἡ ἀπάντηση τοῦ Βοηθοῦ Ἐπισκόπου Reuß δέν ἄργησε νά ἔλθει. Γράφει:
«Ἀξιότιμε κ. Παπαδερέ,
Μέ ἐγκάρδιες εὐχαριστίες ἐπιβεβαιώνω τή λήψη τῆς ἀπό 21.7.1962 ἐπιστολῆς σας. Γιά πρώτη φορά πληροφορήθηκα διά τῆς ἐπιστολῆς σας ὅτι ὁ Σεβασμιώτατος Ἐπίσκοπος κύριος Εἰρηναῖος εἶχε τήν τόσο ἀγαθή πρόθεση νά μέ ἐπισκεφθεῖ. Ὁ Βοηθός, μέ τόν ὁποῖο μιλήσατε, σᾶς ἔδωσε τήν ἀρνητική ἀπάντηση ἐξ ἰδίων, χωρίς νά μέ ἐνημερώσει προηγουμένως, ἐπειδή τίς ἡμέρες ἐκεῖνες ἤμουν τόσον ἀδιάθετος, ὥστε νά συστήσει ὁ γιατρός πλήρη προστασία μου. Ὅταν τώρα ρώτησα τόν Βοηθό γιατί δέν μοῦ εἶπε τίποτε, δικαιολογήθηκε λέγοντας ὅτι λόγω τῆς ἀξίωσης τοῦ γιατροῦ ἀπέρριψε ὅλες τίς αἰτήσεις {γιά ἐπικοινωνία μαζί μου}. Εἶναι αὐτονόητο ὅτι, παρά τήν τότε ἀδυναμία μου, δέν θά εἶχα σέ καμιά περίπτωση ἀρνηθεῖ, ἀλλά θά εἶχα τουλάχιστον μιά σύντομη συνάντηση μέ τόν Σεβασμιώτατο. Ὁ Βοηθός λέγει πώς θυμᾶται ὅτι ἀνέφερε τότε πώς ἡ κατάσταση τῆς ὑγείας μου εἶχε ἐπιδεινωθεῖ λόγω ὑπερκοπώσεως. Σέ κάθε περίπτωση, λυποῦμαι γιά τό ὅτι δέν ρωτήθηκα, ὥστε νά ἔχω παρά ταῦτα μιά συνάντηση. Θά σᾶς ἤμουν εὐγνώμων, ἄν προωθούσατε τή συνημμένη ἐπιστολή πρός τήν Αὐτοῦ Ἐξοχότητα τόν Σεβασμιώτατο Ἐπίσκοπο κύριο Εἰρηναῖο {δέν κράτησα

23-7-1962 ΑΑπ
Μ πρός Εἰρηναῖον
Εὐχαριστεῖ γιά τό πιάτο μέ τίς ὡραῖες ἑλληνικές παραστάσεις, πού ἄφησε φεύγοντας ἀπό τό ΒΒ.
Χαίρονται ἤδη γιά τό ταξίδι στήν Κρήτη. Ἀπό τόν Πειραιά θά φύγουν τό βράδυ τῆς 6ης Αὐγούστου μέ τό ἀτμόπλοιο ΠΟΛΙΚΟΣ. Δέν γνωρίζουν ὥρα ἀφίξης στήν Κρήτη. Ἄν τό μάθουν στήν Ἀθήνα, θά τηλεγραφήσουν...
Κοιν. Σέ μένα στό Μάιντς

15-8-1962 ΑΑπ
Lobisch πρός Απ
Γράφει:
«Ἦταν γιά μᾶς μιά μεγάλη χαρά τό ὅτι ἐπισκεφθήκατε πρόσφατα μέ τόν Ἐπίσκοπο Εἰρηναῖο τό Γραφεῖο μας. Γιά σᾶς ἦταν ἴσως σέ κάποια {ζητήματα} λιγότερο εὐχάριστο, ἀφοῦ δέν ἐκπληρώθηκαν ὅλες οἱ ἐλπίδες πού συνδυάσατε μέ τήν ἐπίσκεψή σας».

Ὅσα ἀκολουθοῦν ἀποτελοῦν τυπικό δεῖγμα ὅλων ἐκείνων στή Γερμανία πού εἶχαν - καί μερικοί ἐξέφραζαν εὐθέως - ζωηρές ἐπιφυλάξεις ὅσον ἀφορᾶ στή δυνατότητα τῆς χώρας καί τῆς Ἐκκλησίας μας νά ἀνταποκριθεῖ στίς ἀξιώσεις μιᾶς Ἀκαδημίας τοῦ τύπου τῶν Ἀκαδημιῶν πού εἶχαν ἀναπτυχθεῖ μεταπολεμικῶς στή Γερμανία πρῶτα καί σέ ἄλλες χῶρες τῆς Δυτ. Εὐρώπης στή συνέχεια. Ὅλοι αὐτοί, ἀπό ἀγαθή πρόθεση ἐνδεχομένως, ἔβλεπαν καί μερικοί, ὅπως ἐν προκειμένῳ ὁ ἐπιστολογράφος μου, πρότειναν ἄλλες μορφές ἐκκλησιαστικῆς διακονίας. Ὁ Lobisch θά ἔβλεπε θετικά μιά Vokshochschule, μιά ἀνώτερη λαϊκή Σχολή ἤ κάτι σάν τήν Οἰκοκυρική Σχολή τοῦ Καστελλίου ἤ τό Κέντρο Ἀγροτικῆς Ἀνάπτυξης ἤ Τεχνικῆς Σχολῆς, δραστηριότητες δηλαδή πού εἶχαν ἤδη ἀναπτυχθεῖ στή Μητρόπολή μας ἤ ἦταν στό στάδιο τῆς γένεσής τους. Τέτοιες ἀπόψεις ἀνθρώπων πού ἀσκοῦσαν ἐξουσία ἐπί τῶν ἀποφάσεων διαφόρων Ὑπηρεσιῶν, ἐμπλεκομένων στήν ὑπόθεσή μας, ἀποτελοῦσαν βέβαια προσκόμματα, πού ἀντιμετωπίζαμε ὄχι ἀκόπως!

ἀντίγραφο τῆς ἐπιστολῆς ἐκείνης}. Ἀπό τήν ὡς ἄνω ἄρνηση καί ἀπό τό γεγονός ὅτι, ὅπως σᾶς ἔγραψα, δέν μποροῦσα δυστυχῶς νά συμμετάσχω στήν ἑορτή σας τῆς 30.1.1962 {ἑορτή τῶν Τριῶν Ἱεραρχῶν στό Πανεπιστήμιο} σᾶς παρακαλῶ νά μή συμπεράνετε πώς δέν μέ ἐνδιαφέρει ἡ κοινωνία μέ τούς Χριστιανούς τῆς Ὀρθοδόξου Ἐκκλησίας. Ἀντιθέτως, αἰσθάνομαι τόσον ἔντονα δεμένος μαζί τους, ὥστε νά ἔχω γιά κάμποσα χρόνια προσφιλῆ φιλοξενούμενο στό Σεμινάριό μας τόν λίαν σεβαστό κύριο Ἀντώνιο Ἀλεβιζόπουλο, μέ τόν ὁποῖο εἶχα πολλές συζητήσεις γιά τά κοινά μας ἐνδιαφέροντα.

27-7-1962 ΑΑπ

Möckel πρός Εἰρηναῖον

Ὁ Möckel γράφει ἐξ ὀνόματος τῆς Aktion Sühnezeichen καί ζητᾶ μιά συστατική ἐπιστολή κάποιας προσωπικότητας τῆς Κρήτης, πού νά βεβαιώνει τήν ἀναγκαιότητα τῶν ἔργων στήν Κάντανο καί τόν Λειβαδά. Στήν Κάντανο πρόκειται νά ἐκτελεσθεῖ ἔργο ὕδρευσης μέ 4 στέρνες, στόν Λειβαδά δέ ἕνα κοινωφελές σπίτι μέ Ἰατρικό Σταθμό. Ζητεῖται νά βεβαιωθεῖ

1. ὅτι πρόκειται γιά ζημίες πού προκλήθηκαν ἀπό τή γερμανική κατοχή,

2. ὅτι πρόκειται γιά τόπους ἡ οἰκονομική κατάσταση τῶν ὁποίων πρέπει νά βελτιωθεῖ ἐπειγόντως, προκειμένου νά ἔχουν οἱ ἄνθρωποι μιά ἐλπίδα πώς ἡ περιοχή τους θά συνεχίσει νά εἶναι ἡ πατρίδα τους καί μπορεῖ νά τούς τρέφει.

«Χρειαζόμεθα τή συστατική ἐπιστολή γιά τούς χορηγούς μας». Σημειώνει ἀκόμη πώς ἐλπίζει ὅτι οἱ συζητήσεις στό Bad Boll ἦταν ἀποτελεσματικές καί καρποφόρες. Στό ἀντίγραφο τῆς ἐπιστολῆς του αὐτῆς πρός τόν Εἰρηναῖο, τό ὁποῖο μοῦ ἔστειλε, προσθέτει χειρόγραφο ὑστερόγραφο: «Ἐγκάρδιο χαιρετισμό. Παρακαλῶ νά γράψετε καί σεῖς στόν Ἐπίσκοπο δυό λόγια σχετικά μέ τήν ὑπόθεση αὐτή».

7. Ὁ Müller στήν Κρήτη - Ἡ Ἔκθεσή του

14-8-1962 ΑΑπ

Εἰρηναῖος πρός Απ

«Σοῦ γράφω μόνο δυό λόγια. Ὁ κ. Müller εἶναι ἐδῶ {πρώτη ἐπίσκεψη} καί φαίνεται γοητευμένος ἀπό ὅλα. Ἤδη ἐνδιεφέρθη δι' ὅλα τά τοπικά ζητήματα.

Διά τήν Ἀκαδημίαν εἶναι ὁ ἴδιος πεπεισμένος καί θέλει μόνο νά πείση καί τούς λοιπούς. Μοῦ εἶπε νά σοῦ γράψω νά πάης ὁπωσδήποτε εἰς τό Συνέδριο τῆς Ἀκαδημίας <u>Tutzing bei München,</u> διότι ἐκεῖ θά γίνη λόγος περί τοῦ δικοῦ μας ἔργου καί θά δώσης ἐσύ σχετική ἀπάντησιν. Τά ἔξοδα μεταβάσεως θά πληρώση, λέγει, ὁ ἴδιος. Κατ' αὐτάς διέτρεξε μέγιστο κίνδυνον ἡ ὑγεία {του} εἰς συμπλοκήν 6 χωρίων Κισάμου διά τό νερό. Εὐτυχῶς ἀπεσόβησα σκοτωμούς. Ἔγραψαν ἐφημερίδες[97] καί ὁ κ. Müller εἶναι ἐνήμερος. Εἶμαι ὅμως τρομερά

---

[97] 26-7-1962 ΑΑπ

Χειρόγραφη ὑπογραφή καί σημείωση: Σᾶς παρακαλῶ νά συμπληρώσετε τή διεύθυνση στή συνημμένη ἐπιστολή καί νά τήν ἀποστείλετε.

Ὑπό τόν τίτλο Ο ΕΠΙΣΚΟΠΟΣ ΚΙΣΑΜΟΥ-ΣΕΛΙΝΟΥ κ. ΕΙΡΗΝΑΙΟΣ ΔΙΑ ΠΟΛΛΟΣΤΗΝ ΦΟΡΑΝ ΣΩΖΕΙ ΤΟ ΠΟΙΜΝΙΟΝ ΤΟΥ, ἡ ἐφημερίδα τῶν Χανίων ΕΘΝΙΚΗ (Τετάρτη, 8 Αὐγ. 1962, ἀριθμ. φύλλου 698) ἀναφέρει ὅτι τήν προηγουμένη εἶχε προκληθεῖ πολυώρη ἀντιδικία μεταξύ τῶν κατοίκων τῶν κοινοτήτων ἀφ' ἑνός τῶν Δελιανῶν καί ἀφ' ἑτέρου τῆς Ρόκκας, τοῦ Σφακοπηγαδίου καί τῶν Λυριδιανῶν. Περίπου 300 ἄνθρωποι εἶχαν ἐμπλακεῖ σέ διαπληκτισμούς γιά τό ν ε ρ ό τοῦ φράγματος

ἐξαντλημένος καί ἀδύναμος.
Ὁ κ. Müller θά φύγη ἀπό δῶ στίς 23 τρέχοντος.
Χαιρετισμούς στόν κ. Hilckman».

17-8-1962 ΑΑπ
Απ πρός Μ (Καστέλλι)
Χαιρετίζω τήν ἐπίσκεψη ἐκείνου καί τῆς οἰκογένειάς του στήν Κρήτη τῶν ἰσχυρῶν ἀνέμων {ὑπονοώντας ὄχι μόνο τά φυσικά φαινόμενα, ἀλλά καί τίς ποικίλες δοκιμασίες...}, πού συμβάλλουν στή διαμόρφωση τοῦ χαρακτήρα τῶν κατοίκων. «Γνωρίζετε ἤδη ποιές ψυχικές δυνάμεις βρίσκονται σκεπασμένες κάτω ἀπό μύριες οἰκονομικές καί πνευματικές δυσχέρειες καί ἀναμένουν τήν ἀπελευθέρωση καί τήν ἀνεμπόδιστη ἀνάπτυξή τους. Τώρα μπορεῖτε ἀσφαλῶς νά ἐκτιμήσετε κατά πόσον μπορεῖ μιά Ἀκαδημία νά προσφέρει βοήθεια πρός τοῦτο. Ἡ ἐκτίμησή σας μᾶς εἶναι τόσο πολύτιμη, ὅσο καί ἡ ἀδελφική ἀρωγή σας».

18-8-1962 ΑΒΒ
Μ πρός συνεργάτες ΒΒ
Σέ μιά κάρτα μέ τήν ὁποία στέλνει ἀπό τό Καστέλλι ἐγκάρδιους χαιρετισμούς στούς συνεργάτες του στό ΒΒ ὁ Müller γράφει:

«Ἀπό τή γῆ τῶν Κρητῶν, οἱ ὁποῖοι ἀπό τούς χρόνους τοῦ Ἀποστόλου Παύλου ἔχουν πρός τό συμφέρον τους ἀλλάξει πολύ {βλ. Τίτ. 1, 12 "Κρῆτες ἀεί ψεῦσται, κακά θηρία, γαστέρες ἀργαί"[98]},... Ἐδῶ ζοῦμε μέ σταφύλια καί καρπούζια…». Ἀκολουθεῖ ἔπαινος τῆς φιλοξενίας...

τῶν Δελιανῶν. Ὁ Ἐπίσκοπος, μαζί μέ τούς ἱερεῖς Στυλιανό Θεοδωρογλάκη, Παντελή Μαρκαντωνάκη καί Παναγιώτη Σημαντηράκη ἔτρεχε ἀπό τή μιά μεριά στήν ἄλλη, γιά νά συμβουλεύσει, νά ὑποσχεθεῖ λύση τοῦ προβλήματος, νά προλάβει τήν αἱματοχυσία. Ἐξαντλημένος ὑπό τόν καυτερό ἥλιο τοῦ Αὐγούστου ἔπεσε λιπόθυμος, ἔσπευσε ὁ γιατρός Ἀναγνωστάκης, οἱ ἄνθρωποι σεβάστηκαν, ἠρέμησαν καί ἀπεχώρησαν. «Ὁ Εἰρηναῖος... ἐνίσχυσε τό ἔργον τοῦ Κράτους», διαπιστώνει ἡ ἐφημερίδα. Ὁ Eberhard Müller ἦταν τότε στό Καστέλλι. Πληροφορήθηκε τά γενόμενα (πρβλ. ΧΚ 23/Σεπτ. 1962, 368). Μετέφρασα στά Γερμανικά (7-9-1962 ΑΒΒ) τό δημοσίευμα τῆς ΕΘΝΙΚΗΣ γιά τό ἐπεισόδιο στά Δελιανά καί τό ἔστειλα στόν Müller, ὁ ὁποῖος τό ἀνέφερε στήν ἐπιστολή αὐτή, ὡς ὑστερόγραφο, ἐξαίροντας τή μεγάλη ἐπιρροή τοῦ Εἰρηναίου {βλ. 14-8-1962 ΑΑπ, Εἰρηναῖος πρός Απ}. Ὁ Μ τό διακίνησε καί πρός πολλές Ὑπηρεσίες.

[98] Γιά τήν ἱστορικο-φιλολογική προέλευση καί τή χρήση αὐτοῦ τοῦ χαρακτηρισμοῦ βλ. Alexandros K. Papaderos, Die Winde Kretas und der Oikumene. Reflektionen zu Apg 27, in: Orthodoxie in Begegnung und Dialog. Festgabe für Metropolit Augoustinos, hrsg. von Anastasios Kallis und Bischof Evmenios (Tamiolakis) von Lefka unter Mitarbeit von Ines Kallis, Theophano Verlag, Münster 1998, 85-92.

Ὁ Εἰρηναῖος ἀκολούθησε μέ εὐλάβεια τήν προτροπή: «δεῖ οὖν τόν ἐπίσκοπον ἀνεπίληπτον εἶναι, ...φιλόξενον...». (Αʹ Τιμόθ. 3,2).

Ἡ Μαρία Παπαδημητράκη καί ἡ Ἀσπασία Μανούσακα τόν βοήθησαν καί σ' αὐτήν τή διακονία «ἄνευ γογγυσμῶν» (Αʹ Πέτρ. 4, 9).

20-8-1962 ABB
Μο πρός Απ
Κατ' ἐντολήν τοῦ Müller μοῦ διαβιβάζει πρόσκληση συμμετοχῆς στήν ἐτήσια Συνέλευση τοῦ «Συνδέσμου τῶν Διευθυντῶν τῶν ἐν Εὐρώπῃ Εὐαγγελικῶν Ἀκαδημιῶν καί Laieninstitute», πού θά γίνει ἀπό 3 μέχρι 8 Σεπτεμβρίου 1962 στήν Εὐαγ. Ἀκαδημία τοῦ Tutzing, κοντά στό Μόναχο. Θά ἀναλάβουν τίς δαπάνες ταξιδίου καί διαμονῆς. Ἐπισυνάπτει τό πρόγραμμα τῆς Συνελεύσεως καί σημειώνει πρακτικές ὁδηγίες.

20-8-1962 ABB
Ἀπό Γραμματεία Μ πρός Απ
Ἡ δεσποινίς R. Mohn, ἱκανότατη καί πάντοτε πρόθυμη Γραμματέας τοῦ Μ., μοῦ γράφει ὅτι ἔλαβε γράμμα του {ἀπό τήν Κρήτη} καί ζητᾶ νά μέ εἰδοποιήσουν ὅτι μέ καλεῖ στήν ἐτήσια Συνέλευση τοῦ Συνδέσμου... {Leiterkreis der Evangelischen Akademien und Laieninstitute in Europa}, πού συγκαλεῖται στήν Ἀκαδημία τοῦ Tutzing/Starnberger See, 3-8 Σεπτεμβρίου. Ἐκεῖνοι θά καλύψουν τίς δαπάνες. Προτείνουν νά πάω στό BB στίς 2.9., νά διανυκτερεύσω ἐκεῖ καί τή Δευτέρα, 3 Σεπτ., νά συνεχίσω τό ταξίδι σέ ἕνα ἀπό τά αὐτοκίνητά τους.

23-8-1962 ΑΑπ +ABB
Απ πρός Μο
Ἐπιβεβαιώνω τήν τηλεφωνική ἐπικοινωνία μας, κατά τήν ὁποία ἐδήλωσα ὅτι ἀποδέχομαι τήν πρόσκληση γιά τή Συνέλευση στήν Ἀκαδημία Tutzing καί ὅτι θά φθάσω στό BB τό βράδυ τῆς 2 Σεπτεμβρίου {προκειμένου νά ταξιδεύσω τήν ἑπόμενη μέ τόν Μ καί συνεργάτες του γιά τή Συνέλευση}.

29-8-1962 ABB
Μ πρός Εἰρηναῖον
Ἐπιστρέψαμε καλά χθές βράδυ... «Λίγο πρίν ἀπό τήν ἄφιξή μας ἀκούσαμε στό ραδιόφωνο γιά σεισμό στή Μεσόγειο καί φοβηθήκαμε πῶς θά ἐπηρεάσθηκε καί ἡ Κρήτη. Ἐλπίζουμε νά μήν ἔγινε κάτι κακό στήν περιοχή σας.

Ἐπιστρέψαμε μέ τήν καρδιά γεμάτη ἀπό εὐχαριστία καί χαρά γιά ὅλη τήν ἀγάπη, τή φιλία καί τή χριστιανική ἀδελφοσύνη πού βιώσαμε ἐκ μέρους πάρα πολλῶν ἀνθρώπων στή χώρα σας, ἰδιαίτερα ὅμως ἀπό σᾶς. Ἐξ ὀνόματος τῆς συζύγου μου καί τῶν παιδιῶν μου θέλω νά ἐκφράσω τίς λίαν ἐγκάρδιες εὐχαριστίες μου γιά τή φιλοξενία πού μᾶς προσφέρατε, γιά τή βαθιά ματιά στή ζωή τοῦ κρητικοῦ λαοῦ καί στήν οὐσία τῆς Ἐκκλησίας σας. Πρέπει νά πῶ ὅτι εἶμαι βαθιά ἐντυπωσιασμένος ἀπό τήν πρωτοχριστιανική οὐσία, πού εἶναι ζωντανή στό λαό σας καί στήν Ἐκκλησία σας. Εὔχομαι ἀπό καρδιᾶς νά εὐλογηθεῖ πλουσίως ἡ διακονία σας σέ αὐτήν τήν Ἐκκλησία καί σ' αὐτόν τό λαό καί νά μπορέσετε νά βοηθήσετε καί σεῖς στήν ἀνακαίνιση τῆς Ἐκκλησίας, πού εἶναι σήμερα ἀναγκαία σέ ὅλες τίς χῶρες τοῦ κόσμου...

Θά γράψω μιά ἔκθεση γιά ὅλες τίς ἐμπειρίες μου στήν Κρήτη καί θά συζητήσω αὐτήν τήν ἔκθεση μέ τόν κ. Παπαδερό, ὁ ὁποῖος θά ἔλθει ἐδῶ στίς 2 Σεπτεμβρίου. Θά ταξιδέψουμε μετά μαζί γιά τό Tutzing. Μέ τήν εὐκαιρία αὐτή θά συζητήσω μέ τόν κ. Παπαδερό διεξοδικά τό σύνολο τῶν περαιτέρω ἐνεργειῶν. Παρακαλῶ νά χαιρετήσετε ὅλους τούς φίλους πού μᾶς φρόντισαν στό Καστέλλι. Παρακαλῶ νά διαβιβάσετε στόν Ἀρχιεπίσκοπο κ. Εὐγένιο τούς μετ' ἀφοσιώσεως χαιρετισμούς μου. Ὁ Γραμματέας του μᾶς συνόδευσε μέ πολύ φιλικό τρόπο στήν Κνωσό καί μᾶς ἔδειξε ἐπίσης τό πολύ ὅμορφο Μουσεῖο τοῦ Ἡρακλείου. Ἐπιστρέψαμε λοιπόν μέ πλούσιες ἐμπειρίες καί ἀπό τό Ἡράκλειο.

Ἐσωκλείστως σᾶς στέλνω ἕνα ποίημα στό ὁποῖο ἔχω καταγράψει γιά τό οἰκογενειακό μας ἄλμπουμ τά τοῦ ταξιδίου μας. Σ' αὐτό θά ἀναγνωρίσετε κατά τόν καλύτερο τρόπο τά συναισθήματα μέ τά ὁποῖα βιώσαμε τήν Κρήτη». Πρβλ. ΧΚ 23 (1962) 368. Σέ μένα ἔστειλε τρία ποιήματά του, στά ὁποῖα καταγράφει ἐντυπώσεις καί βιώματά τους στήν Κρήτη, σέ εὐτράπελον ὕφος ζωηρῆς εὐθυμίας.

Κοιν.: Dr. Papaderos

Ἡ Ε Κ Θ Ε Σ Η τοῦ Müller
5-9-1962 ABB
Müller-Kretabericht
«Ἔ κ θ ε σ η

Γιά μιά ἐπίσκεψη στήν Ἐπαρχία Κισάμου Κρήτης καί στόν ἐκεῖ Ἐπίσκοπο Κισάμου Κρήτης Ε ἰ ρ η ν α ῖ ο τόν Αὔγουστο τοῦ 1962.

Προσκεκλημένος τοῦ Ἐπισκόπου Κισάμου Κρήτης Εἰρηναίου, ἤμουν τόν Αὔγουστο 1962 συνολικά 14 ἡμέρες στήν Κρήτη. Σχεδόν κάθε μέρα ἔκανα μέ τόν Ἐπίσκοπο Εἰρηναῖο ἐπισκέψεις καί εἶχα τίς ἀκόλουθες συναντήσεις:

Μιά συνάντηση μέ τόν κλῆρο τῆς Ἐπισκοπῆς καί συζήτηση γιά τήν ἀποστολή τῆς Ἐκκλησίας στή σύγχρονη κοινωνία, ὕστερα ἀπό σχετική εἰσήγησή μου.

Συνάντηση μέ ἡγετικές προσωπικότητες τῶν Γεωργικῶν Ὑπηρεσιῶν τοῦ Νομοῦ Χανίων κατά τά ἐγκαίνια Ἐκθέσης μιᾶς Σχολῆς γιά Ἀγρότισσες στή Μονή Γωνιᾶς.

Κοινό γεῦμα στή Γωνιά μέ τόν Στατηγό, τόν Ναύαρχο καί ἀνώτερους ἐπιτελικούς ἀξιωματικούς τῆς στρατιωτικῆς διοίκησης τῆς Κρήτης.

Συζήτηση καί γεῦμα μέ τά μέλη τοῦ Δημοτικοῦ Συμβουλίου Καστελλίου.

Πολλές προσωπικές συναντήσεις μέ διάφορους τῆς ἐκπαίδευσης στό Νομό Χανίων.

Συνάντηση μέ τόν Ἀρχιεπίσκοπο Κρήτης στό Ἡράκλειο.

Ὁλοήμερη συμμετοχή σέ ἐνοριακές συνάξεις στή Γωνιά, στήν Πολυρρήνεια, στή Χρυσοσκαλίτισσα καί στόν Πλάτανο.

Ἐπισκέψεις μέ τόν Ἐπίσκοπο σέ πολλά χωριά τῆς Ἐπαρχίας του, μέ διαφορετικές συνθῆκες τό καθένα, καί συζητήσεις μέ τούς ἀγρότες γιά τά ἀγροτικά τους προβλήματα.

Σχεδόν σέ ὅλες αὐτές τίς περιπτώσεις ἔκαμα σύντομες ἤ ἐκτενέστερες ὁμιλίες πρός τούς παρόντες ἤ συζητήσεις, μέ τή βοήθεια μεταφραστῆ. Τίς ἐντυπώσεις μου ἀπό αὐτές τίς συναντήσεις θά ἤθελα νά συνοψίσω ὡς ἀκολούθως:

Ἡ Δυτική Κρήτη, στήν ὁποία περιορίζονται σχεδόν ἀποκλειστικῶς οἱ ἐντυπώσεις μου, εἶναι ἀκόμη γερά δεμένη μέ παραδόσεις παλαιῶν γενεῶν. Ὡς πλέον θετικό διαπιστώνεται ἡ ἰσχυρή ἐκκλησιαστικότητα, πού ἐκφράζεται κυρίως στό μεγάλο σεβασμό πρός τόν Ἐπίσκοπο. Σημαντική ἦταν ἡ συμμετοχή σέ ἐνοριακές συνάξεις, ὅπως καί στόν ἐκκλησιασμό. Ὁ ἐπισκέπτης διαπιστώνει τίς ἐντυπωσιακές κοινωνικές παραδόσεις, π.χ. τή διαμορφωμένη μέ σταθερά ἔθιμα φιλοξενία, ἡ ὁποία ὁδηγεῖ στό συμπέρασμα ὅτι αὐτός εἶναι τόπος ἀρχαιοτάτου πολιτισμοῦ, οἱ κάτοικοι τοῦ ὁποίου διατήρησαν τίς κοινωνικές παραδόσεις τους ἀκόμη καί σέ πτώχευση αἰώνων. Ὡς ἀρνητικό πρέπει νά σημειωθεῖ ἐν προκειμένῳ τό ὅτι προφανῶς οἱ ἄνθρωποι ἐργάζονται κατ' οὐσίαν μέ γεωργικές μεθόδους πού παραμένουν ἐπί χιλιετίες σχετικά ἀμετάβλητες.

Κατά τίς συζητήσεις μέ τούς ἁπλούς ἀνθρώπους προκαλεῖ ἐντύπωση τό ὅτι παντοῦ θέτουν τό ἐρώτημα μήπως θά μποροῦσε νά βρεθεῖ γι' αὐτούς κάποια θέση στή Γερμανία. Ἰδιαίτερα μεταξύ τῶν ἀνδρῶν μέσης καί νεώτερης ἡλικίας κυριαρχεῖ εὐρέως ἡ πεποίθηση πώς δέν μπορεῖ νά καταφέρει κανείς τίποτε στήν Κρήτη, ἐπειδή δέν πωλοῦνται τά ἀγροτικά προϊόντα ἤ οἱ τιμές τους εἶναι πολύ κακές. Στή γεωργική παραγωγή πολύ ἐκτεταμένη στήν Ἀνατολική Κρήτη εἶναι ἡ ἐλαιοπαραγωγή, πού ὡστόσο ὑφίσταται ἤδη τόν ἀνταγωνισμό μέ τό τεχνητό λάδι {σπορέλαιον}. Ὁ καρπός τῆς ἐλιᾶς μαζεύεται μέ πολύ κόπο μέρα μέ τή μέρα, ἐπειδή πέφτει ἀπό τά δέντρα ἐπί μῆνες. Τό ἐρώτημά μου κατά πόσον ὑπάρχει κάποια σκέψη νά ἀκολουθηθεῖ τό παράδειγμα τοῦ Ἰσραήλ γιά μιά ἀναδιάρθρωση τῆς γεωργικῆς παραγωγῆς ἀπαντήθηκε κατά τό πλεῖστον μέ σκεπτικισμό.

Τό ἔδαφος, ὅσον ἀφορᾶ στή γονιμότητά του καί στίς γεωργικές του δυνατότητες, ὑπερτερεῖ σέ μεγάλο βαθμό σέ σύγκριση μέ ἐκεῖνο τοῦ Ἰσραήλ. Ἰδιαίτερα οἱ χαμηλότερες κοιλάδες τῶν βουνῶν δημιουργοῦν τήν ἐντύπωση μιᾶς αὐτόχρημα παραδείσιας εὐφορίας.

Ὁ Βορειοευρωπαῖος παρατηρεῖ μέ κάποια ἔκπληξη ὅτι δέν μπορεῖ νά περάσει κανείς ἀπό ἕνα χωριό καμιά ὥρα τῆς ἡμέρας, ἰδιαίτερα τό ἀπόγευμα καί τό βράδυ, χωρίς νά δεῖ μεγάλες ὁμάδες ἀνδρῶν νά κάθονται μπροστά στά σπίτια νά παίζουν χαρτιά ἤ νά πίνουν καφέ.[99] Εἶναι ὁλοφάνερο πώς οἱ ἄνδρες στήν Κρήτη εἶναι πολύ λιγότερο φίλεργοι ἀπό ὅσο οἱ γυναῖκες. Βέβαια, δέν μπορεῖ νά γενικεύει κανείς. Σέ πολλά μέρη συνάντησα ταυτόχρονα λίαν δραστήριες βιοτεχνίες καί ἐργατικούς οἰκοδόμους.

Χάρη στό κλίμα της, ὑπάρχουν στήν Κρήτη τόσο τά φροῦτα πού καλλιεργοῦνται στή Β. Εὐρώπη ὅσο καί τροπικά φροῦτα. Ὁλόκληρη ἡ σκάλα τῶν φρούτων πού εἶναι γνωστά σέ μᾶς μποροῦν νά παραχθοῦν στήν Κρήτη. Εἶδα ὅμως ἐκτεταμένες καλλιέργειες μόνο γιά σταφύλια (σταφίδες) καί ἐλαιῶνες.

Ἡ ἐντύπωσή μου γιά τούς ἀνθρώπους τῆς Κρήτης εἶναι ὅτι πρόκειται κατά τό πλεῖστον γιά πολύ εὐφυεῖς, ἐν μέρει ἐξαιρέτους ἀνθρώπους. Αὐτό ἰσχύει κατά πρῶτον γιά τόν ἴδιο τόν Ἐπίσκοπο Εἰρηναῖο. Χωρίς ἀμφιβολία **εἶναι μιά προσωπικότητα, πού σπάνια ἔχω συναντήσει στούς οἰκουμενικούς κύκλους.** (b- Απ). Αὐτός συνδυάζει τήν ἱκανότητα ἀπό στήθους ὁμιλίας προσιτῆς

---

[99] Ὅπως πολλοί περιηγητές προγενέστερων αἰώνων, πού περιγράφουν ἐπισκέψεις τους σέ μοναστήρια τῆς Ἀνατολῆς, μέμφονται ὡς ἀνέμελη τή ζωή μοναχῶν (βλ. Α.Κ.Παπαδεροῦ, ΜΕΤΑΚΕΝΩΣΙΣ), ἔτσι καί σύγχρονοι τουρίστες, πού ἀγνοοῦν τούς τρόπους καί τούς ρυθμούς ζωῆς καί ἐργασίας τοῦ ἀγροτικοῦ πληθυσμοῦ μας, ἐκφράζουν ποικιλότροπα ἐπίκριση γιά δῆθεν τεμπέληδες ἄνδρες στά χωριά μας, ὅταν τούς βλέπουν νά κάθονται ἀπό τίς πρωινές κιόλας ὥρες στά καφενεῖα. Ἔχοντας τοῦτο ὑπόψη καί γνωρίζοντας τίς περί ἐργασίας καί ἀποδοτικότητας ἀντιλήψεις καί πρακτικές τῶν Γερμανῶν, κόντεψε κάποτε νά προκαλέσω ἀπόρριψη τῆς αἰτήσής μας γιά ἐπιχορήγηση τῆς Ἀκαδημίας. Εἶχα κληθεῖ νά παρουσιάσω τίς βασικές ἰδέες μας καί τούς κύριους στόχους τῆς Ἀκαδημίας σέ μιά ὅλως κρίσιμη σύσκεψη στή Βόννη. Ἐνώπιον λοιπόν τῶν ἀνωτάτων ἐκκλησιαστικῶν καί κρατικῶν ὑπαλλήλων πού εἶχαν τήν ἐπί τοῦ θέματος ἀρμοδιότητα εἶπα, στή ρύμη τοῦ λόγου, ὅτι θά ἀσκήσουμε καί ἐργασιακή ἀγωγή, ὥστε νά περιορισθεῖ ἡ ἀπώλεια ἐργατικῶν ὡρῶν, π.χ. στά καφενεῖα. Ἕνας ἐκπρόσωπος τοῦ Ὑπουργείου Ἐξωτερικῶν, πού εἶχε ὑπηρετήσει στήν Ἑλλάδα, πετάχτηκε ὄρθιος, μέ διέκοψε μέ ἔκδηλο θυμό καί πρότεινε τερματισμό τῆς συζήτησης καί ἀπόρριψη τῆς αἰτήσής μας λέγοντας: *Ἕνα ἀπό τά καλύτερα πράγματα πού ἔχει ἡ Ἑλλάδα εἶναι τό καφενεῖο – δέν ἔχουμε δικαίωμα νά τό καταστρέψουμε!* Καθησύχασα ἐκεῖνον καί τούς ἄλλους μέ τή διορθωτική προσθήκη, ὅτι, ἐπειδή ἀκριβῶς τό ἀγαποῦμε τόσο πολύ οἱ Ἕλληνες τό καφενεῖο, δέν πρόκειται νά τό καταργήσει μιά Ἀκαδημία!

στόν ἁπλό λαό μέ θεμελιωμένη ἐξηγητική μόρφωση καί μεγάλη κατανόηση καί ἐνδιαφέρον γιά τά προβλήματα τῆς σύγχρονης ἐξέλιξης. Μέ τή βοήθεια μεταφραστῶν παρακολούθησα κηρύγματα καί ὁμιλίες του σέ ἐνοριακές ἐκδηλώσεις καί μοῦ προξένησε βαθιά ἐντύπωση τό μέ ποιά ἀμεσότητα, πρωτοτυπία καί πνευματική θέρμη λέγει στό λαό του τό βιβλικό μήνυμα καί τήν ἀλήθεια γιά τήν τωρινή του κατάσταση. Ὁ Ἐπίσκοπος Εἰρηναῖος κατέχει ἐπί τέσσερα χρόνια τό {ἐπισκοπικό} ἀξίωμα καί ὅμως εἶναι φανερό ὅτι ἔχει ἀποκτήσει ἤδη στά τέσσερα αὐτά χρόνια ἐξέχον κῦρος στήν Ἐπισκοπή του, ἀλλά καί πέραν αὐτῆς, ὅπως γνωρίζω ἀπό συζητήσεις μέ ἀνθρώπους ὅλων τῶν τάξεων. Αὐτό τό κῦρος ἀπολαμβάνει ὄχι μόνο μεταξύ τοῦ ἁπλοῦ λαοῦ, πού σηκώνεται παντοῦ ὅταν περνᾶ {μέ τό αὐτοκίνητο} ἀπό τά χωριά· τό ἀπολαμβάνει πρό παντός μεταξύ τῶν διανοουμένων, πού ἀναγνωρίζουν σ' αὐτόν μιά προοδευτική, δυναμική, ἡγετική πρσωπικότητα, προσηλωμένη στόν ἔμπρακτο βίο. Καί ὅμως στόν ἐν γένει τρόπο τῆς ζωῆς του ὁ Ἐπίσκοπος Εἰρηναῖος διακρίνεται γιά μιά μεγάλη προσωπική μετριοφροσύνη.

Ἡ ἐντύπωση πού σχηματίζει ἔτσι κανείς εἶναι ὅτι ἐδῶ, μέ ἐν μέρει πολύ λιτά μέσα καί μεγάλη προσωπική παρέμβαση, ἀρχίζει ἕνα μεταρρυθμιστικό ἔργο ὁλόκληρου τοῦ λαοῦ, στό κέντρο τοῦ ὁποίου βρίσκεται ὁ ἴδιος ὁ Ἐπίσκοπος Εἰρηναῖος. Ὁ Ἐπίσκοπος Εἰρηναῖος κατάγεται ἀπό ἕνα κρητικό ἀγροτικό σπίτι καί, ὅπως διαπιστώνει κανείς ἀπό ὅλες τίς συζητήσεις, φλέγεται ἀπό τήν ἀγάπη πρός τούς φτωχούς ἀνθρώπους τοῦ λαοῦ του, στούς ὁποίους θέλει νά δείξει τό δρόμο πρός ἕνα καλύτερο μέλλον, χωρίς ἐγκατάλειψη τῆς πατρίδας των. Ὁ Ἐπίσκοπος Εἰρηναῖος ἔχει ἐπίσης μεγάλη οἰκουμενική εὐρύτητα καί προκαλεῖ ἀπό κάθε ἄποψη τήν ἐντύπωση μιᾶς ἐπισκοπικῆς προσωπικότητας ὑπό τήν καλύτερη σημασία τοῦ ὅρου. Αὐτό φυσικά δέν τόν ἐμποδίζει νά δίδει στούς ἀνθρώπους του ἕνα πρότυπο καί σωματικῆς ἐργασίας. Εἶδα π.χ. πῶς ὁ ἴδιος καί ὁ κλῆρος του ἀνέβαζαν στή στέγη ντενεκέδες μέ μπετόν κατά τό χύσιμο τῆς τσιμεντένιας σκεπῆς μιᾶς νέας Τεχνικῆς Σχολῆς. Ἐπειδή ἡ σκεπή ἔπρεπε νά χυθεῖ χωρίς διακοπή καί δέν ὑπῆρχε κανενός εἴδους γερανός, εἶχε συγκεντρώσει ἀπό ὅλη τήν περιοχή περί τούς 70 βοηθούς-ἐθελοντές, πού, ἔχοντας ὡς πρότυπο τόν Ἐπίσκοπο, ἐργάσθηκαν μέ μεγάλο ἐνθουσιασμό. Κατά τό κήρυγμα σέ μιά ἐνοριακή σύναξη μίλησε ὁ Ἐπίσκοπος Εἰρηναῖος γιά παρατηρήσεις του σχετικές μέ τήν οἰκονομική, ἰδιαίτερα τήν ἀγροτική ζωή στήν Ὁλλανδία καί στήν Ἑλβετία καί ἀναφέρθηκε ἰδιαίτερα στό πόσο σκληρά ἐργάζονται ἐκεῖ, προκειμένου νά ἔχουν ἀποτελέσματα. Προφανῶς, ὁ Ἐπίσκοπος Εἰρηναῖος δέν ἀνήκει σέ κείνους πού ἀναμένουν κατά πρῶτο λόγο βοήθεια ἀπό τό ἐξωτερικό, ἀλλά σέ κείνους πού βάζουν πρῶτοι τό χέρι τους καί θέλουν νά κερδίσουν ἔτσι τό λαό τους. Στόν παρατηρητή προκαλεῖ ἀνησυχία μόνο τό ὅτι ὁ Ἐπίσκοπος Εἰρηναῖος ἐργάζεται ἀκατάπαυτα μέρα καί νύχτα καί μέ τά 52 χρόνια του ἴσως νά μήν ἀντέξει νά ὁλοκληρώσει τό μεταρρυθμιστικό ἔργο του. {μεταφράζω αὐτό τό σημεῖο σήμερα, 2 Αὐγούστου 2012, καί συλλογιέμαι: Ὁ συγγραφέας τοῦ κειμένου αὐτοῦ ἀπῆλθεν ἐκ τοῦ κόσμου τούτου στίς 11 Ἰανουαρίου 1989, ἐνῶ ὁ τότε 52χρονος ἔχει περάσει κιόλας τά 100, εἶναι μέ τή χάρη τοῦ Θεοῦ μιά χαρά ἀκόμη καί ἔχει ἀφήσει πίσω του πράματα καί θάματα, πού δέν μποροῦσε νά χωρέσει τότε οὔτε ἡ δική του φαντασία οὔτε ἐκείνη τοῦ Müller! - μηδένα πρό τοῦ τέλους...προδίκαζε! }.

Μαζί μέ τόν Ἐπίσκοπο Εἰρηναῖο ἐπισκέφθηκα καί τόν Ἀρχιεπίσκοπο Κρήτης Εὐγένιο. Εἶχα τήν ἐντύπωση ὅτι τούς συνδέει μιά σχέση ἀμοιβαίας ἐμπιστοσύνης. Προσκάλεσα καί τούς δύο Ἐπισκόπους νά κάμουν τόν ἑπόμενο χρόνο ἕνα πολυήμερο ταξίδι, γιά νά ἐπισκεφθοῦν τίς Εὐαγγελικές Ἀκαδημίες. Ἀποδέχθηκαν τήν πρόσκληση μέ πολύ φιλικό τρόπο.

Πρόσεξα ἰδιαίτερα τήν καλή σχέση τοῦ Ἐπισκόπου Εἰρηναίου μέ τήν ἡγετική μερίδα τῶν ἀνθρώπων τῆς Ἐπισκοπῆς του. Οἱ ὑπάλληλοι, πού φαίνεται πώς εἶναι συνηθισμένοι νά παίρνουν σέ ἄλλες περιπτώσεις μιά κάπως σουλτανοειδή {sultanartige} πόζα κυριάρχου ἔναντι τοῦ λαοῦ, ἔδειχναν ἀπέναντί του μεγάλη ἐκτίμηση καί ἐμφανῶς γνήσιο σεβασμό.

Εἶναι αὐτονόητο ὅτι οἱ ἐντυπώσεις μου τῶν 14 ἡμερῶν μόνο ἀτελεῖς μποροῦσαν νά εἶναι, μάλιστα καθώς δέν γνωρίζω τήν ἑλληνική γλῶσσα καί ἡ ἐπικοινωνία μου μέ τούς ἀνθρώπους γινόταν μόνο στά Ἀγγλικά ἤ Γερμανικά ἤ μέσω διερμηνέως. Πιστεύω, ἐν τούτοις, ὅτι στά βασικά σημεῖα οἱ ἐντυπώσεις μου εἶναι ἀκριβεῖς, μάλιστα καθώς σέ τέτοιες περιπτώσεις σημασία δέν ἔχει μόνο αὐτό πού ἀκούει κανείς, ἀλλά καί αὐτό πού βλέπει.

Ὅσον ἀφορᾶ στήν οἰκονομική στήριξη τῆς ἐργασίας τοῦ Ἐπισκόπου Εἰρηναίου, ἐπιθυμῶ νά πῶ τά ἀκόλουθα:

Ὁ Ἐπίσκοπος Εἰρηναῖος εἶναι ἕνας ἀπό τούς ἐκκλησιαστικούς ἡγέτες πού ἔχουν ἀντιληφθεῖ ὅτι τό μέλλον τῆς Ἐκκλησίας καί τό μέλλον τῆς οἰκονομίας τελοῦν σέ στενή ἀλληλεξάρτηση. Τά μέχρι σήμερα ἐγχειρήματά του φαίνεται πώς ἔχουν στεφθεῖ μέ ἐξαιρετική ἐπιτυχία. Αὐτό ἰσχύει ἰδιαίτερα γιά τήν Οἰκοκυρική Σχολή του, τήν ὁποία ξεκίνησε μέ δικά του μέσα καί στή συνέχεια τήν ὁλοκλήρωσε μέ οἰκουμενική βοήθεια, ἰδιαίτερα μέ μέσα τῆς Ὑπηρεσίας "Brot für die Welt". Σήμερα ἡ Σχολή μπορεῖ νά ἱκανοποιήσει μόνο μικρό μέρος τοῦ μεγάλου ἀριθμοῦ τῶν αἰτήσεων {γιά σπουδή σ' αὐτήν}. Σέ ταξίδια μας σταματοῦσαν συχνά τό αὐτοκίνητό μας γυναῖκες πού ζητοῦσαν ἀπό τόν Ἐπίσκοπο νά πάρει τήν κόρη τους στή Σχολή. Ὁ Ἐπίσκοπος, ἀκόμη καί ἀπό δυτική ὀπτική {θεωρούμενος}, εἶναι ὀφθαλμοφανῶς μιά τόσο ἀνεγνωρισμένη προσωπικότητα, ὥστε ὁ λόγος του ἀκόμη καί γιά οἰκονομικά μέτρα νά γίνεται ἀκουστός. Αὐτό ἰσχύει ἰδιαίτερα γιά τό Καστέλλι, ὅπου κατοικεῖ ὁ Ἐπίσκοπος. Ὅσο μπορῶ νά συμπεράνω ἀπό τίς παρατηρήσεις μου, ἀκόμη καί ἀπό τίς παρατηρήσεις τοῦ στενοῦ περιβάλλοντος τοῦ Ἐπισκόπου, ἔχουμε ἐνώπιόν μας μιά προσωπικότητα πού, πρωτίστως ἀπό ἀνθρώπινη πλευρά, εἶναι σέ μεγάλο βαθμό ἄξια ἐμπιστοσύνης.

Φυσικά, συζήτησα μέ τόν Ἐπίσκοπο Εἰρηναῖο ἰδιαιτέρως διεξοδικά τά σχέδιά του γιά τήν ἀνέγερση μιᾶς Ἀκαδημίας. Στό ζήτημα αὐτό προέχων στόχος εἶναι ἡ συνένωση καί κινητοποίηση τῶν δυνάμεων πού ἐνυπάρχουν στόν κρητικό λαό. Σύμφωνα μέ τίς παρατηρήσεις μου, δέν εἶναι δυνατόν νά ἀμφιβάλλει κανείς γιά τό ὅτι ἀπό ὅλους τούς κύκλους τοῦ πληθυσμοῦ, ἀκόμη καί ἀπό τίς ὑψηλά ἱστάμενες ἡγετικές προσωπικότητες, προσκλήσεις τοῦ Ἐπισκόπου γιά συνέδρια θά βροῦν ἀνταπόκριση. Ὁ Ἐπίσκοπος ἐπιθυμεῖ νά ἔχει ἕνα σπίτι στό ὁποῖο νά μπορεῖ νά καλεῖ διάφορες ὁμάδες πού πρέπει νά συνεργαστοῦν γιά τήν ἐπίλυση πνευματικῶν, κοινωνικῶν καί οἰκονομικῶν προβλημάτων, προκειμένου νά τούς κερδίσει γιά κοινή δράση καί νά ἀποσαφηνίσει μαζί τους τό δέον γενέσθαι. Κατά τήν ἄποψη τοῦ Ἐπισκόπου, αὐτό πού κυρίως προέχει πρός τό παρόν στήν Κρήτη εἶναι νά ἀφυπνισθοῦν οἱ ἄνθρωποι ἀπό τό λήθαργό τους, στόν ὁποῖο περιπίπτουν ἐπειδή ὁ καθένας, στή μοναξιά του, δέν βλέπει διέξοδο ἀπό τήν τωρινή οἰκονομική ἐξέλιξη. Οἱ κορυφαῖοι τῆς διανόησης καί τοῦ ἐργατικοῦ δυναμικοῦ πρέπει νά κρατηθοῦν ἀπό τή μετανάστευση στό ἐξωτερικό, μέ τό νά τούς δείξει κανείς μεγάλες κοινές δράσεις στόν τόπο τους. Στή Σχολή {Ἀκαδημία} ἐπιθυμεῖ πάντως ὁ Ἐπίσκοπος νά ὀργανώσει καί σειρές μαθημάτων, ὅπως κάνει ἤδη στήν Τεχνική καί τήν Οἰκοκυρική Σχολή του, ἀλλά ἀνεπαρκῶς ἀκόμη ὅσον ἀφορᾶ στή γεωργία. Προφανῶς ὅμως στήν Ἀκαδημία προέχει ἡ δημιουργία ἑνός εἴδους πηγῆς {ἀφετηρίας} γιά μιά κοινωνική καί οἰκονομική μεταρρύθμιση, ὥστε νά τεθεῖ σέ κίνηση κατ' ἀρχήν ἡ προθυμία καί ἡ στόχευση γιά μιά ἀναζωογόνηση τῆς οἰκονομίας τῆς Κρήτης. Πιστεύω πώς ἔχει δίκιο σ' αὐτήν τήν ἄποψή του καί ὅτι ὅλα τά ἐπιμέρους οἰκονομικά μέτρα θά εἶχαν λίγη ἀξία, ἄν δέν κατορθωθεῖ ἕνα συνολικό ξεκίνημα τοῦ κρητικοῦ λαοῦ. Ἔχω τήν ἐντύπωση ὅτι ὁ Ἐπίσκοπος Εἰρηναῖος εἶναι μιά προσωπικότητα πού θά εἶχε τήν ἱκανότητα νά προκαλέσει μιά τέτοια κίνηση καί γι' αὐτό **θά συνιστοῦσα νά θεωρηθεῖ ἡ Ἐπισκοπή του ὡς ἕνα εἶδος μοντέλου-προτύπου, στό ὁποῖο θά ἔπρεπε νά δοθεῖ μιά προνομιακή ἀναπτυξιακή στήριξη**. (b-Απ).

5 Σεπτεβρίου 1962

D. Dr. Eberhard Müller»

8. Ἡ Συνέλευση στό Tutzing

4-9-1962 ΑΑπ
Σχέδιο κινήσεως αὐτοκινήτων πρός Tutzing.
3-8/9/1962 Ἐτήσια Συνέλευση τοῦ Συνδέσμου τῶν Διευθυντῶν τῶν Εὐαγγελικῶν Ἀκαδημιῶν τῆς Εὐρώπης, στήν ὁποία μετέχω ὕστερα ἀπό ἐπίμονη προτροπή τοῦ Müller. Ἡ Συνέλευση πραγματοποιεῖται στήν Εὐαγγελική Ἀκαδημία τοῦ Tutzing. Ἡ ἐπιμονή τοῦ Μ νά συμμετάσχω ὁπωσδήποτε στή Συνέλευση ἦταν γιά μένα δυσερμήνευτη, καθώς ἡ Ἀκαδημία τῆς Κρήτης ἦταν ἀκόμη «στά σκαριά» - ἕνα ἀπό ἐκεῖνα τά γοητευτικά ὄνειρα τῆς αὐγῆς, πού σπάνια παραμένουν ὁρατά σάν ἀνατείλει ὁ ἥλιος! Ἐκεῖνος ὅμως ἤξερε καλά νά ἀξιοποιεῖ εὐκαιρίες, ἀλλά καί νά ἐπιβεβαιώνει τόν ἡγετικό ρόλο του στό ἅπλωμα τῆς ἀκαδημαϊκῆς ἰδέας.[100] Γιά πολλούς λόγους ἡ συμμετοχή ἐκείνη εἶχε γιά τήν ὑπόθεσή μας ἀγαθά ἀποτελέσματα. Μνημονεύω μόνον δύο:

Πρῶτον, τό ὅτι ἔγινε γνωστό τό σχέδιο ἰδρύσεως τῆς Ἀκαδημίας στήν Κρήτη -ὡς τῆς πρώτης Ἀκαδημίας τοῦ τύπου αὐτοῦ στόν ὀρθόδοξο κόσμο- καί ὅτι γνωρίστηκα προσωπικά μέ τούς τότε Διευθυντές τῶν Εὐαγγελικῶν Ἀκαδημιῶν τῆς Εὐρώπης, καθώς καί μέ ἄλλα πρόσωπα, γεγονός πού ἀποδείχθηκε χρήσιμο τόσο γιά τήν ἐπιτάχυνση τῶν διαδικασιῶν γιά τή δική

---

[100] Διευθυντής τῆς Ἀκαδημίας τοῦ Τούτσινγκ ἦταν τότε ὁ Gerhard Hildmann. Ἄς ἐπιτραπεῖ νά μνημονεύσω ἐδῶ καί τό ἀκόλουθο ἐπεισόδιο. Τό πρόγραμμα τῆς Συνέλευσης προέβλεπε ἐπίσκεψη στό Μόναχο (Πέμπτη, 6 Σεπτ., ἀπόγευμα-βράδυ) καί ὑποδοχή τῶν συνέδρων ἀπό τόν Δήμαρχο τῆς πρωτεύουσας τῆς Βαυαρίας. Κατά τή διάρκεια τοῦ δείπνου πού μᾶς παρέθεσε ἦρθε ὁ Müller ἤ ὁ Hildmann – δέν θυμοῦμαι - καί μοῦ λέγει: Εἶσαι ὁ νεώτερος τῆς συντροφιᾶς καί ἀποφασίσαμε νά προσφωνήσεις ἐσύ τόν Δήμαρχο! Παρά τήν ἔκπληξη καί τίς ζωηρές ἀντιρρήσεις μου ἦταν ἀνένδοτος. Ὅταν ἦρθε ἡ ὥρα, λοιπόν, σηκώθηκα καί εἶπα ὅ,τι μέ φώτισε ὁ Θεός τήν ὥρα ἐκείνη. Καί βέβαια ἀναφέρθηκα στόν φιλελληνισμό Γερμανῶν τινων κατά τήν Ἐπανάσταση τοῦ 1821, στίς ἰδιαίτερες σχέσεις μας μέ τή Βαυαρία καί δή τό Μόναχο, πού, μεταξύ ἄλλων, πρόσφερε (δέν εἶπα ἐπέβαλε μετά τῶν ἄλλων τότε ἰσχυρῶν... προστατῶν μας) καί τόν Ὄθωνα, ὡς πρῶτο βασιλέα τῆς Ἑλλάδος. Ἀτυχῶς γιά μένα ὁ Δήμαρχος - Oberbürgermeister Dr. Hans-Jochen Vogel, ἡγετικό στέλεχος τοῦ SPD - κάτι ἤξερε ἀπό Ἱστορία. Καί στήν ἀντιφώνησή του μέ εὐχαρίστησε βέβαια γιά ὅσα εἶπα, πρόσθεσε ὅμως: «Ὅσον ἀφορᾶ στόν βασιλιά Ὄθωνα, θά μοῦ ἐπιτρέψετε νά ὑπενθυμίσω πώς εἶναι φέτος ἀκριβῶς 100 χρόνια, ἀπό τότε πού μᾶς τόν στείλατε πίσω!» - τό ἑπόμενο ποτήρι μπύρας ἦταν πικρό!

Ὅπως εἶναι γνωστό, ὁ Ὄθωνας μέ τήν Ἀμαλία ἄφησαν τήν Ἑλλάδα στίς 23 Ὀκτωβρίου 1862, ἐπιβιβάσθηκαν στό ἀγγλικό πολεμικό πλοῖο «Σκύλλα», κατέφυγαν στό Μόναχο καί ἀργότερα στήν Bamberg, ὅπου ὁ Ὄθωνας ἀπεβίωσε στίς 14-7-1867, χωρίς ποτέ νά ἔχει παραιτηθεῖ ἐπίσημα ἀπό τό θρόνο.

μας Ἀκαδημία ὅσο καί γιά τή διεύρυνση τῶν δράσεών της πέραν τῶν ὁρίων τῆς χώρας μας ἤδη ἀπό τήν ἔναρξη τῆς λειτουργίας της, **πράγμα μοναδικό στήν ἱστορία τῶν Ἀκαδημιῶν αὐτῶν παγκοσμίως**. (b-Απ).

Δεύτερον, τό ὅτι πραγματοποιήθηκε ἐκεῖ μιά κρίσιμη συνάντησή μου μέ τούς ἐκπροσώπους τοῦ Παγκοσμίου Συμβουλίου Ἐκκλησιῶν Ralph Y o u n g καί Νίκο Ν η σ ι ώ τ η. Ὁ Young, Καναδός Μεθοδιστής, ἐξαίρετος ἄνθρωπος καί φιλορθόδοξος, ἦταν τότε Ἐκτ. Γραμματέας τοῦ Τμήματος Λαϊκῶν τοῦ Π.Σ.Ε., τό ὁποῖο Τμῆμα εἶχε καί τήν ἁρμοδιότητα τῶν σχέσεων τοῦ Παγκοσμίου Συμβουλίου μέ τίς Ἀκαδημίες. Ὁ Νίκος Νησιώτης ἦταν τό 1962 Ὑποδιευθυντής στό Bossey. Ἐπειδή ὁ Young εἶχε ἐνημερωθεῖ ἀπό τόν Müller ὅτι θά συζητηθεῖ τό θέμα τῆς Κρήτης, πῆρε μαζί του καί τόν Νησιώτη. Ἐκμεταλλευόμενοι τόν καλό καιρό καθήσαμε χάμω, στό καταπράσινο γρασίδι τῆς αὐλῆς τῆς Ἀκαδημίας καί συζητήσαμε ἐπί μακρόν τά τῆς Ἀκαδημίας μας. Φίλοι καί οἱ δυό ἀπό παλιότερα, ἦταν μέν λίαν εὐπροσήγοροι ἀπέναντί μου, συζητοῦσαν ὅμως μέ φανερό αἴσθημα εὐθύνης ἔναντι τοῦ Π.Σ.Ε., πού ἐκπροσωποῦσαν στή συζήτηση ἐκείνη. Κάποια στιγμή ὁ Νησιώτης μέ αἰφνιδιάζει, θέτοντας εὐθέως ἕνα ζήτημα, πού δέν εἶχα φαντασθεῖ πώς ἐγνώριζε. Ἔγινε ὁ ἑξῆς περίπου διάλογος:

Ν: Τό Π.Σ.Ε. σᾶς ἔδωσε ὑποτροφία γιά σπουδές Θρησκειολογίας. Ἐπίσης πήρατε ὑποτροφία γιά περαιτέρω θρησκειολογικές σπουδές στήν Ἰνδία. Γνωρίζω πώς ὑπάρχει συγκεκριμένο σχέδιο γιά σᾶς στήν Ἀθήνα. Καθηγητές τῆς Θεολογικῆς Σχολῆς (ὀνομάζει: Ἀλιβιζᾶτος, Σιώτης, Φιλιππίδης...) ἔχουν συνεννοηθεῖ μαζί σας νά σπουδάσετε Θρησκειολογία καί νά εἶστε καταρτισμένος ὑποψήφιος γιά τήν ἕδρα τοῦ κ. Φιλιππίδη, ὅταν ἐκεῖνος ἀποχωρήσει {ὑπηρέτησε στή Σχολή ἀπό τό 1939 μέχρι τό 1968}. Γιατί ἀλλάζετε πορεία; Γιατί ἀντιπαρέρχεσθε τήν ἐπιθυμία Καθηγητῶν πού προσβλέπουν σέ σᾶς, μάλιστα καθώς ἡ ὑπόθεση τῆς Ἀκαδημίας δέν εἶναι ἀκόμη σίγουρη καί πάντως θά ἀπαιτήσει σκληρούς ἀγῶνες καί θυσίες; Ποιός μᾶς βεβαιώνει ὅτι ὅταν προκηρυχθεῖ ἡ ἕδρα τοῦ κ. Φιλιππίδη δέν θά ὑποβάλετε ὑποψηφιότητα καί δέν θά ἐγκαταλείψετε τήν Ἀκαδημία, γιά τήν ὁποία μᾶς ζητᾶτε τώρα νά κάμουμε θετική εἰσήγηση πρός τό Π.Σ.Ε. νά χορηγήσει τήν ἀπαιτούμενη συστατική ἐπιστολή;

Απ: Ὁμολογῶ πώς θεωροῦσα τή σχετική συμβουλή τῶν σεβαστῶν Καθηγητῶν τῆς Ἀθήνας ἐμπιστευτική... Χαίρω ὅμως γιατί θέτετε καί αὐτό τό καίριο ζήτημα. Σέβομαι τήν πρόνοια τῶν Καθηγητῶν γιά τήν ἑτοιμασία ὑποψηφίων πρός διαδοχή τοῦ σοφοῦ Θρησκειολόγου τῆς Σχολῆς τῶν Ἀθηνῶν.

Ἔκαμα ὑπακοή στήν ἄλλωστε πολύ τιμητική γιά μένα πρόθεσή τους. Ἀγαπῶ τή Θρησκειολογία καί σπούδασα τό ἀντικείμενο αὐτό συστηματικά στό Mainz. Στήν πορεία ὅμως γνώρισα καί ἄλλα πράγματα (μίλησα σύντομα γιά τό Σεμινάριο στό Mainz Kastel, γιά τή διδακτορική διατριβή μου καί τήν ἐνασχόληση μέ νεοελληνικά προβλήματα καί προκλήσεις τοῦ Διαφωτισμοῦ, γιά τό ἔργο τῶν Ἀκαδημιῶν πού εἶχα γνωρίσει στό μεταξύ). Ὕστερα ἀπό ἔντονη ἐσωτερική πάλη ὡρίμασε στή συνείδησή μου ἡ βεβαιότητα: Θρησκειολογία μποροῦν νά διδάξουν καί ἄλλοι, μάλιστα καλύτερα ἀπό μένα {πράγματι ἐκλέχθηκε ὁ Ἀναστάσιος Γιαννουλάτος, ἀπό τό

Ν. Νησιώτης   R.Young

1972, Ἔκτακτος Καθηγητής Ἱστορίας τῶν Θρησκευμάτων στό Πανεπιστήμιο Ἀθηνῶν}. Γιά Ἀκαδημία ὅμως τοῦ συγκεκριμένου τύπου, τόσον ἀναγκαία γιά τήν Ἐκκλησία μας καί τή χώρα μας, δέν γνωρίζω νά ἔχει ἐνδιαφερθεῖ κανείς ἄλλος. Καί πιστεύω ἀκράδαντα πιά πώς αὐτός εἶναι ὁ δρόμος πού μοῦ δείχνει ὁ Θεός καί ἔχω ἀποφασίσει νά τόν ἀκολουθήσω.

Κάπου ἐδῶ ὁλοκληρώθηκε ἡ συζήτηση μέ τούς ἀπεσταλμένους τοῦ Π.Σ.Ε. Ἀκολούθησε λίγο ἀργότερα ἡ θετική τοποθέτηση τοῦ Συμβουλίου ἔναντι τοῦ σχεδίου μας γιά Ἀκαδημία στήν Κρήτη καί ἡ ἀμοιβαίως χρήσιμη ἔκτοτε καί μέχρι σήμερα συνεργασία.

4-9-1962 ΑΒΒ
Μ πρός Young

Ὁ Μ γράφει στόν Ralph Young ὅτι ἐπανέρχεται στή συζήτηση πού εἶχαν στό Tutzing γιά τήν Ἀκαδημία τῆς Κρήτης. Ὑπενθυμίζει ὅτι ἐκεῖ τοῦ ἔδωσε τό ἔγγραφο τοῦ Ἀρχιεπισκόπου Κρήτης καί τοῦ ἐπισυνάπτει ἕνα ἄλλο δικό του, πού εἶχε στείλει στή Στουτγκάρδη (Hilfswerk). Τόν παρακαλεῖ νά γράψει μιά ἐπιστολή συνηγορίας ὑπέρ τῆς Ἀκαδημίας μας καί νά τή στείλει στόν Ludwig Geissel, Innere Mission und Hilfswerk der EKD, Stuttgart, Alexanderstr. 23. Συνιστᾶ νά τονίσει, μεταξύ ἄλλων, τή σημασία πού ἔχει ἡ ἵδρυση μιᾶς Ἀκαδημίας σέ μιά ἀγροτική περιοχή, καθώς καί τό ὅτι «οἱ προϋποθέσεις ἀπό ἀπόψεως προσώπων στήν Ἐπίσκοπή Κισάμου μέ τόν Ἐπίσκοπο {ἔχει ἀναφέρει στήν ἀρχή τό πρόγραμμα μιᾶς Ἀκαδημίας, πού προωθεῖ ὁ Ἐπίσκοπος Εἰρηναῖος}, καθώς καί μέ τήν προσωπικότητα τοῦ Δρος κ. Παπαδεροῦ, τόν ὁποῖον γνωρίσατε στό Tutzing {εἴχαμε ἤδη γνωρισθεῖ παλαιότερα} φαίνεται νά ὑπόσχονται τόσα πολλά, ὥστε τό Τμῆμα Λαϊκῶν χαιρετίζει τήν ἵδρυση αὐτῆς τῆς Ἀκαδημίας».

Κοιν.: Απ {χειρογράφως}

10-9-1962 ABB
Μ πρός Geisel
Ὁ Müller γράφει στόν Geisel, Διευθυντή τῆς Innere Mission καί τοῦ Hilfswerk τῆς EKD, ὅτι τοῦ στέλνει συνημμένως τήν Ἔκθεση γιά τό ταξίδι του στήν Κρήτη καί προσθέτει:

«Οἱ διαπιστώσεις πού ἔκαμα ἐκεῖ ἰσχυροποίησαν ἀκόμη περισσότερο τήν πεποίθησή μου ὅτι πρέπει νά βοηθήσουμε τόν Ἐπίσκοπο Εἰρηναῖο ὅσο εἶναι δυνατόν, προκειμένου νά πραγματοποιηθεῖ ὁ στόχος δημιουργίας ἐκεῖ μιᾶς Ἀκαδημίας». Ἐπαναλαμβάνει τούς ἐπαινετικούς γιά τό πρόσωπο τοῦ Ἐπισκόπου χαρακτηρισμούς τῆς Ἐκθέσής του, οἱ ὁποῖοι, γράφει, τόν κάνουν νά συμφωνεῖ πολύ περισσότερο μέ αὐτό τό πρόγραμμα ἀπό ὁποιοδήποτε ἄλλο πρόγραμμα γιά Ἀκαδημία πού θά ζητοῦσε κάποιος ἀπό τήν Ἀθήνα ἤ ἀπό ὁπουδήποτε ἀλλοῦ. Ὄχι δέ μόνον γιά τήν Ἀκαδημία, ἀλλά καί γιά ἄλλα προγράμματα θά πρέπει νά στηριχθεῖ ὁ Ἐπίσκοπος Εἰρηναῖος. Θά ἄξιζε νά δημιουργηθεῖ στήν Ἐπαρχία του ἕνα «μοντέλο», γιατί, ὅπως πιστεύει, **σπάνια θά βρεῖ κανείς μιά τέτοια προσωπικότητα, πού εἶναι σέ τέτοιο βαθμό ἱκανή νά δημιουργήσει σέ ὁλόκληρη τήν Ἐπαρχία του μιά οἰκονομική μεταρρυθμιστική κίνηση». {b-Απ}.

Ἀναφέρεται στή συνέχεια στήν Τεχνική Σχολή Καστελλίου, τό κτήριο τῆς ὁποίας ὁλοκληρώθηκε κατά τή διάρκεια τῆς παραμονῆς του ἐκεῖ. Ὁ Ἐπίσκοπος ἔχει ὑποβάλει αἴτηση στήν Ὑπηρεσία "BROT FÜR DIE WELT" γιά τόν τεχνικό ἐξοπλισμό τῆς Σχολῆς καί ὁ Müller παρακαλεῖ νά συντρέξουν καί αὐτό τό ἔργο, καθώς θεωρεῖ θετικό τό νά γίνουν στόν ἴδιο τόπο περισσότερα ἔργα. Εὐχαριστεῖ γιά κατάλογο τῶν Ἐπισκόπων πού τοῦ ἔστειλε καί προσθέτει ὅτι συναντήθηκε μέ τόν Ἀρχιεπίσκοπο Κρήτης {Εὐγένιο} καί πέρασε μαζί του ἕνα βράδυ. «Ἔχει μεγάλο ἐνδιαφέρον γιά τό πρόγραμμα τῆς Ἀκαδημίας καί ὕστερα ἀπό παράκλησή μου τό ἐπιβεβαίωσε καί γραπτῶς».
Κοιν. Απ

Δημοσίευμα στόν «Ἀπόστολο Ἀνδρέα»
14-9-1962 ΑΑπ
Ἀρχιγρ. Συμεών πρός Απ
Ὁ Ἀρχιγραμματέας τῆς Ἁγίας καί Ἱερᾶς Συνόδου μοῦ γνωρίζει ὅτι ὁ Οἰκουμενικός Πατριάρχης Ἀθηναγόρας ἔλαβε τό κείμενο ἄρθρου μου καί τό ἔδωσε πρός δημοσίευση στό περιοδικό «Ἀπόστολος Ἀνδρέας».[101]

---

[101] Πρόκειται γιά σειρά ἄρθρων μου ὑπό τόν τίτλο: «Πίστις, Εὐχαριστία, Διακονία. Τό 79ον Συνέδριον τῶν ἐν Γερμανίᾳ Ρωμαιοκαθολικῶν», *Ἀπόστολος Ἀνδρέας* 5. 9. 1962 κ. ἑξ. – Α΄ μέρη ΙΓ΄}.

Οἱ Ἐπίσκοποι τῆς Κρήτης ἐξονομάζονται Μητροπολῖτες
Μέ τήν 812/25 Σεπτ. 1962 ἀπόφαση τῆς Ἁγίας καί Ἱερᾶς Συνόδου τοῦ Οἰκ. Πατριαρχείου ἔγινε ἡ προαγωγή τῶν Ἐπισκόπων Κρήτης σέ Μητροπόλεις τιμῆς ἕνεκεν καί τῶν Ἐπισκόπων αὐτῆς σέ Μητροπολῖτες, τιμῆς ἕνεκεν. ΧΚ 25(1962)394. Ἀλλάζουν καί οἱ τίτλοι στά χαρτιά ἀλληλογραφίας:

Ἔκαμα μέ σινική μελάνη ἕνα σχέδιο-πλαίσιο, ἔγραψα καί ἔστειλα στόν Εἰρηναῖο ἕνα συγχαρητήριο κείμενο μέ κάποιες σκέψεις γιά τήν ἀλλαγή ἐκείνη...

```
        ΒΑΣΙΛΕΙΟΝ ΤΗΣ ΕΛΛΑΔΟΣ
           ΜΗΤΡΟΠΟΛΙΣ
   ΙΕΡΑ ΕΠΙΣΚΟΠΗ ΚΙΣΑΜΟΥ & ΣΕΛΙΝΟΥ
```

18-9-1962 ΑΑπ
Απ πρός Young, Ἀγγλ.
Τοῦ στέλνω φωτογραφίες, ἐκφράζω εὐχαριστίες γιά τήν εὐμενῆ στάση του ἔναντι τῶν σχεδίων μας γιά τήν Ἀκαδημία καί σημειώνω ὅτι, ἐάν τελικά εὐοδωθοῦν, τοῦτο θά ὀφείλεται καί σέ κεῖνον.

22-9-1962 ΑΑπ
Εἰρηναῖος πρός Απ
«Θά λέγης ἀσφαλῶς ὅτι σέ ξεχάσαμε. Πάντως ἔστω καί ἀργά σοῦ εὐχόμεθα γιά τή γιορτή σου χρόνια πολλά, ὑγείαν καί προκοπήν.

Πῆρα τό γράμμα σου καί εὐχαριστῶ διά τά εὐχάριστα νέα του. Ἐλπίζω δυνατά στή θ. πρόνοια καί πιστεύω ὅτι τό κραταιό χέρι τοῦ Θεοῦ μᾶς εὐλογεῖ καί μᾶς ἐνισχύει. Πῆρα καί ἀπό τόν κ. Müller πρίν ἀπό τή συνάντηση τοῦ Tutzing καί εἶναι εὐχαριστημένος ἀπό τήν ἐδῶ ἐπίσκεψίν του. Εἰς Ἡράκλειον (αὐτό πού θέλεις) μιλήσαμε μᾶλλον περιωρισμένα μέ τόν Μητροπολίτην Κρήτης. Ἔδειξε πάντως πολλή κατανόησιν. Μοῦ εἶπε ὅτι, καί ἄν ἀκόμη δέν τό θέλουν ἄλλοι Ἐπίσκοποι, ἐκεῖνος τό εὐλογεῖ {τό σχέδιο γιά τήν Ἀκαδημία}. <u>Νομίζω πάντως ὅτι καλόν εἶναι νά τό παρουσιάζωμεν μόνον ὡς ἔργον τῆς Ἐκκλησίας Κρήτης, ἀλλά πρός τό παρόν νά κηδεμονεύεται καί νά κατευθύνεται μόνον ἀπό τήν Ἐπισκοπή μας. Αὐτό διά πολλούς λόγους.</u> Ὅταν πλειά μέ τοῦ Θεοῦ τήν εὐλογίαν θά ἔχη ἐπιβληθῆ, τότε μποροῦμε νά μιλήσωμε ἀνοιχτά καί νά τό κάνωμεν ἀνεξάρτητον.

Χαίρω πού ἑτοιμάζεσαι καί κατευθύνεσαι διά τό ὡραῖον αὐτό ἔργον μας καί θά εἶμαι πολύ εὐτυχής καί δυνατός ὅταν καί σύ θά εἶσαι ἐδῶ νά δίνωμεν μαζί τίς μάχες.

Ὑπάρχει μιά τεραστία προοπτική διά μεγάλα ἔργα. Ἀρκεῖ νά σοῦ γνωρίσω ὅτι τό Προεδρεῖον τῶν Ἀγροτικῶν Συλλόγων Νομοῦ Χανίων μέ ἐζήτησεν νά τεθῶ ἐπικεφαλῆς τῆς ὀργανώσεώς των.

Σοῦ γνωρίζω ἀκόμη ὅτι ἡ Τεχνική μας Σχολή ἀνεγνωρίσθη, ἐκτίσαμεν διδακτήριον, έργαστήριον καί τήν 27 τρέχοντος περί τά 100 παιδιά δίδουν εἰσιτηρίους (μέ κόκκινο: ἔγραψα νά ἔλθη ὁ ἀνεψιός ἀπό τόν Ἀζωγυρέ) {*Κώστας Παπαδογιαννάκης, γιός τῆς ἀδελφῆς μου Ἑλένης, ὁ ὁποῖος σταδιοδρόμησε ἀργότερα στή Ν. Ὑόρκη*}.

Εἰς Παλαιόχωραν συνεπληρώθη τό ἵδρυμα μέ δεύτερον ὅροφον ἀλλά ἐκεῖ δέν ἔχομεν "ἄ ν θ ρ ω π ο ν".

Ἄλλη εὐλογία: Εἰς Κυψέλην Ἀθηνῶν ἐνοικιάσαμεν τό μέγαρον πού ἔμενε ὁ ἀείμνηστος Χρύσανθος ἀρχιεπίσκοπος ὡς φοιτητικόν οἰκοτροφεῖον. Ἤδη λοιπόν ἔχομεν στέγην εἰς Ἀθήνας (χωρεῖ 20 παιδιά).

Σύν αὐτούς καί νέον μικρόν οἰκοτροφεῖον εἰς Βουκολιές.

Ἡ Μαρία στέλνει τούς χαιρετισμούς της καί σέ παρακαλεῖ νά τῆς γράψης ὅ,τι γνωρίζεις διά τό ἄσθμα, διότι δυστυχῶς ὑποφέρει πολύ καί εἶναι κρίμα νά ἀχρηστεύεται ἡ ἱκανότης της.

Χαιρετισμούς πολλούς στό ζεῦγος Hilckman, καί σκέπτομαι ἀπό τώρα τήν ἐδῶ ἐπίσκεψίν των.

Ἐάν ἀργῶ μή μέ παρεξηγῆς. Ἔχομε τρομερές δουλειές».

Στό ἀριστερό μέρος τῆς δεύτερης σελίδας γράφει μέ κόκκινο: Κατ' αὐτάς γράφω στό κ. Λουδοβίτσι. Πότε νά ὑπολογίζωμε τά χρήματα Ἀκαδημίας;

WORLD COUNCIL OF CHURCHES
DEPARTMENT ON THE LAITY
within the Division of Ecumenical Action

28-9-1962 ΑΑπ
Young πρός Απ

Εὐχαριστεῖ γιά τήν ἐπιστολή μου καί γιά τίς φωτογραφίες, πού θά βοηθήσουν στό νά διερμηνεύσουν {στό Π.Σ.Ε.} τίς ἀνάγκες ἀλλά καί τίς εὐκαιρίες μας. Ἐπειδή μόλις τώρα τέλειωσε ἡ περίοδος τῶν διακοπῶν, δέν ὑπῆρξε ἀκόμη χρόνος γιά τίς ἀναγκαῖες συζητήσεις στό Συμβούλιο, ἐλπίζει ὅμως ὅτι ἐντός τῆς ἄλλης ἑβδομάδας θά ἀποστείλει τήν ἐπιστολή γιά τήν ὁποία μιλήσαμε, στήν ὁποία θά ἐκφράζουν τό ἐνδιαφέρον τους γιά τά σχέδιά μας καί τήν ἐλπίδα ὅτι θά τούς ἐνημερώνουμε ἀπό καιρό σέ καιρό γιά τή σημειούμενη πρόοδο.

«Ἦταν πολύ καλό πού συναντηθήκαμε στό Tutzing καί σᾶς εὔχομαι ὅ,τι καλύτερο καθώς συνεχίζετε τίς σπουδές σας αὐτό τό χρόνο».

9-10-1962 ΑΒΒ
Εἰρηναῖος πρός Μ
(χειρόγραφη ἐπιστολή, γερμαν.)
Ἀπαντᾶ στήν ἀπό 29.8 ἐπιστολή τοῦ Müller.
«Δέν ἤξερα πώς ἐκτός ἀπό Θεολόγος εἶσθε καί ποιητής. Ὁ κ. Παπαδερός

μοῦ ἔγραψε τά νέα ἀπό τό Tutzing καί εἶμαι βέβαιος ὅτι ἡ ὑπόθεση τῆς Ἀκαδημίας μας στή Γωνιά προχωρεῖ».

Στέλνει γράμμα πρός τόν Kunst καί παρακαλεῖ νά στηρίξει καί ἐκεῖνος (Μ) τό αἴτημα γιά τό Λιμάνι τοῦ Καστελλίου.

Ἐπίσης: Ἀπό τόν Οἶκο J. Altmann, Stuttgart θά ἀγοράσουν αὐτόν τό μήνα ἕνα τυπογραφεῖο (ἐννοεῖ μιά μηχανή τυπογραφείου). Ζητᾶ ἀπό τόν Müller νά μάθει τί εἴδους μηχανή εἶναι αὐτή....

11-10-1962 ΑΒΒ
Μ πρός Εἰρηναῖον
Οἱ διαπραγματεύσεις γιά τά ζητήματα πού ἤθελα νά ξεκαθαρίσω ἐδῶ πᾶνε καλά. Σίγουρα σᾶς ἔχει γράψει σχετικά ὁ κ. Παπαδερός, πού ἦταν παρών στίς περισσότερες ἀπό τίς διαπραγματεύσεις στό Μόναχο. Στίς 19 Ὀκτωβρίου θά ἔχω μιά μακρά συζήτηση μέ τόν κ. G e i s e l στό Κεντρικό Γραφεῖο τοῦ Hilfswerk {ἐκκλησιαστική Ὀργάνωση Βοήθειας} στή Stuttgart καί ἐλπίζω ὅτι ἀρχές Νοεμβρίου θά ἔχουμε θετική ἀπόφαση ὅσον ἀφορᾶ στήν ἔγκριση τῆς χρηματοδότησης γιά τήν Ἀκαδημία στή Γωνιά.

Σέ σχέση μέ τό κρασί: Οἱ σχετικές διαπραγματεύσεις μου μέ ἐμπορικούς οἴκους προχωροῦν ἐπίσης. Ἐξετάζουν ἤδη τήν ποιότητα τοῦ κρασιοῦ πού μοῦ δώσατε.

Λιμάνι: Στίς 29 Ὀκτωβρίου θά ἔχω μιά συζήτηση μέ τόν Πρόεδρο τῆς Ὁμοσπονδίας L ü b k e καί μέ τήν εὐκαιρία αὐτή θά κάμω στή Βόννη ὅ,τι χρειάζεται γι' αὐτό τό ζήτημα, ἐφ' ὅσον θά ἔχω λάβει στό μεταξύ τά στοιχεῖα {φωτογραφίες ἀπό τό κατεστραμμένο Λιμάνι καί ἀπό τήν ἐπιγραφή «Hafenstrasse»}.

Στήν οἰκογένειά μας μιλοῦμε συχνά γιά τίς ὄμορφες μέρες στήν Κρήτη. Ἡ φωτογραφία σας βρίσκεται στή βιτρίνα τοῦ σπιτιοῦ μας καί μᾶς ὑπενθυμίζει αὐτόν τόν ὑπέροχο τόπο καί τόν Ἐπίσκοπό του.

16-10-1962 ΑΒΒ
Young πρός Μ (ἀγγλ.)
Αἰτιολογεῖ τήν καθυστερημένη ἀποστολή τῆς ἐπιστολῆς του λόγω διακοπῶν ὑπαλλήλων τοῦ Π.Σ.Ε. στή Γενεύη.

Μίλησε μέ τόν King, πού γνωρίζει τόν Ἐπίσκοπο Εἰρηναῖο καί πολύ καλά τήν Ἑλλάδα. Ἔδειξε ἀληθινό ἐνδιαφέρον γιά τή δημιουργία μιᾶς Ἀκαδημίας καί θά εἶχε ἐνδιαφέρον, ὅπως καί ὁ ἴδιος {Young}, νά παρακολουθήσει ἕνα πείραμα σχετιζόμενο στενά μέ ἀγροτική περιοχή.

Παρά τό ὅτι θά εἶναι εὔκολο γιά σᾶς {Müller} νά κάμετε ἀπ' εὐθείας ἐνέργειες γιά τά οἰκονομικά τῆς Ἀκαδημίας, θά ἔβλεπε σκόπιμο, ἡ αἴτηση νά ὑποβληθεῖ ἀπό τόν Ἐπίσκοπο Εἰρηναῖο κατ' εὐθείαν στό Π.Σ.Ε., νά συμπεριληφθεῖ στό σχετικό κατάλογο καί νά λάβει ἔτσι βοήθεια ἀπό διάφορες πηγές. Στήν περίπτωση πού θά ὑποβληθεῖ ἡ αἴτηση σέ μᾶς καί τεθεῖ στόν κατάλογο, θά γράψει χωρίς δισταγμό στόν Διευθυντή, Ludwig Geissel, σύμφωνα μέ τήν πρόταση τοῦ Müller.

Στή συνέχεια προγενέστερων συζητήσεών τους, μεταξύ ἄλλων καί στό Tutzing, τόν πληροφορεῖ ὅτι στό Π.Σ.Ε. ἀναπτύσσεται ὁλόνα καί μεγαλύτερο ἐνδιαφέρον γιά τίς Ἀκαδημίες καί τά Κέντρα Ἐπιμόρφωσης τῶν Λαϊκῶν καί Κέντρα Σπουδῶν σέ διάφορα μέρη τοῦ κόσμου, καθώς καί γιά συνεργασία μέ τίς ὑπάρχουσες δομές τῶν Ἀκαδημιῶν. Προβλέπει ὅτι σύντομα θά συγκροτηθεῖ Ἐπιτροπή μέ ὑπευθυνότητα γι' αὐτά τά ζητήματα. Στό μεταξύ εἶναι πρόθυμοι νά βοηθήσουν ὅπου μποροῦν.

19-10-1962 ΑΑπ
Summerscales πρός Απ (Ἄγγλ.)

Ὁ William Summerscales, Γραμματέας στό Lay Study Experimentation τοῦ Π.Σ.Ε. Γενεύη, γράφει ὅτι ἔδωσε τό γράμμα μου στήν Ντόρα Γόντικα, στά Γραφεῖα τοῦ Π.Σ.Ε. στήν Ἀθήνα, εἶχε μαζί της μακρά συζήτηση καί «χάρις στήν ἐπικοινωνία του αὐτή πού τόν διευκόλυνα νά ἔχει ἀπέκτησε μιά καθαρή εἰκόνα γιά τήν κατάσταση στήν Ὀρθόδοξο Ἐκκλησία τῆς Ἑλλάδος». Ἐκφράζει τήν ἐπιθυμία νά ἐπισκεφθεῖ τήν Κρήτη, χαίρεται γιά τή γνωριμία μας στό Tutzing καί θά περιμένει μέ ἐνδιαφέρον τίς ἀποφάσεις καί τά σχέδιά μου γιά τό μέλλον.

19-10-1962 ΑΒΒ
Μ πρός Geissel

Ἀναφέρεται στό γράμμα πού ἔλαβε ἀπό τόν Ralph Young. Ὁ Müller ὑποστηρίζει: Ἀφοῦ ὁ Young ἐκφράζεται θετικά γιά τό πρόγραμμα τῆς Ἀκαδημίας τῆς Κρήτης, δέν χρειάζεται νά σταλεῖ ἡ αἴτηση {γιά τήν Κρήτη} διά τοῦ Π.Σ.Ε. προκειμένου νά ληφθεῖ μιά ἐπίσημη συνηγορία. «Στόν Young δέν εἶπα φυσικά ὅτι στήν περίπτωση αὐτή πρόκειται γιά κρατικά χρήματα Ἀναπτυξιακῆς Βοήθειας, ἐπειδή, κατά τή γνώμη μου, αὐτό δέν εἶναι ὑπόθεση τοῦ Π.Σ.Ε»...

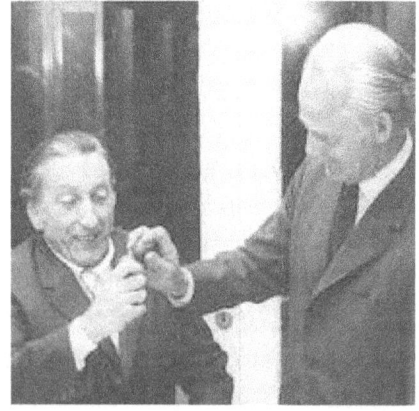

Ὁ Ralph Young ἐκφράζει θετική γνώμη τοῦ Π.Σ.Ε. γιά τό σχέδιο τῆς Ἀκαδημίας μας. Στή Φωτ. ΑΒΒ ὁ *Werner Simpfendörfer*, στέλεχος τοῦ Π.Σ.Ε., Γεν. Γραμματέας τοῦ Οἰκουμενικοῦ Συνδέσμου τῶν Ἀκαδημιῶν τῆς Εὐρώπης (1973-1985), τσουγκρίζει στήν ΟΑΚ τό πασχαλινό αὐγό μέ τόν Ralph Young (1972).

Σημειώνει ἀκόμη ὁ Müller: «Τίς ἐπόμενες ἡμέρες θά στείλω στήν Evangelische Zentralstelle für Entwicklungshilfe τήν ἐπίσημη αἴτηση» {γιά τήν Ἀκαδημία τῆς Κρήτης}.

EVANGELISCHE ZENTRALSTELLE FÜR ENTWICKLUNGSHILFE E.V.

9. Ἡ αἴτησή μας γιά χορηγία ὑπέρ τῆς Ἀκαδημίας

Ἑτοιμασία καί ὑποβολή τῆς αἴτησης
22-10-1962 ΑΒΒ
Μ πρός Mo
«Παρακαλῶ νά παρακαλέσετε τόν κ. Π α π α δ ε ρ ό νά ἔλθει στό ΒΒ τήν Τρίτη, 30 Ὀκτωβρίου, προκειμένου νά συντάξουμε σέ τελική μορφή τήν αἴτηση γιά τήν Ἀκαδημία τῆς Κρήτης. Νά καταβληθοῦν οἱ δαπάνες ταξιδίου του». Στίς 24 Ὀκτωβρίου ἡ Mohn σημειώνει στήν ἴδια σελίδα ὅτι θά φθάσω στίς 29 Ὀκτωβρίου καί δίδει ὁδηγίες γιά τά τῆς φιλοξενίας καί καταβολῆς τῶν δαπανῶν ταξιδίου. Στίς 30-10-1962 ὁ Μύλλερ καί ἐγώ συντάξαμε τήν ἀκόλουθη αἴτηση, τήν ὁποία ὑπέβαλε ἐκεῖνος τήν ἑπομένη στή Βόννη μέ τήν ἰδιότητα τοῦ Προέδρου τοῦ Συνδέσμου τῶν Διευθυντῶν τῶν ἐν Γερμανίᾳ Εὐαγγελικῶν Ἀκαδημιῶν:

31-10-1962 ΑΒΒ
Μ πρός EZE
«Σύνδεσμος τῶν Διευθυντῶν τῶν ἐν Γερμανίᾳ Εὐαγγελικῶν Ἀκαδημιῶν
Ἐμπιστευτικό

31 Ὀκτωβρίου 1962
Πρός
τήν Εὐαγγελική Κεντρική Ὑπηρεσία Βοηθείας Ἀναπτύξεως
5300 Bonn/Rhein
Poppelsdorfer Allee 29
Θέμα: Ἰνστιτοῦτο Γωνιά, Κρήτη
Μέ βάση τίς συζητήσεις μέ τόν Ἐπίσκοπο D. K u n s t στό Γραφεῖο του τήν

ἄνοιξη, ὁ ὑπογράφων ἔκαμε προσωπικά διεξοδικές ἔρευνες στήν Κρήτη».

Ἀκολουθεῖ λίαν συνοπτική ἐπανάληψη ὁρισμένων σημείων πού ἔχει καταγράψει ὁ Müller στήν ὡς ἄνω ἀπό 5 Σεπτ. 1962 Ἔκθεσή του. Δηλώνεται ὅτι, καίτοι τό *Ἰνστιτοῦτο γιά τήν Προαγωγή τῆς Κοινωνικῆς Συνοχῆς καί τῆς Οἰκονομικῆς Ἀνάπτυξης στήν Κρήτη* διαφέρει ἀπό τίς Ἀκαδημίες τῆς Εὐρώπης, αὐτές τό στηρίζουν, ἐπειδή ὑπάρχουν σημαντικοί κοινοί στόχοι, ὅπως «ὁ ἐξοπλισμός τῶν ἀνθρώπων γιά τήν ἀντιμετώπιση τῶν προβλημάτων τους πού προκαλοῦνται ἀπό τή μοντέρνα κοινωνία». Ἐπισημαίνεται ἀκόμη ἡ φιλοξενία ὀστῶν πεσόντων Γερμανῶν στή Μονή Γωνιᾶς, τό ὅτι ἡ «ἑλληνική Κυβέρνηση δέν ἔδωσε ἀκόμη ὁριστική ἄδεια ἐνταφιασμοῦ τους σέ ἑλληνικό ἔδαφος, ὅτι ἡ περιοχή αὐτή ὑπέφερε ἰδιαίτερα κατά τή γερμανική Κατοχή καί ὅτι ἐκεῖ πλησίον λειτούργησε Στρατόπεδο Συγκεντρώσεως» {Ἁγιά}.

Ἀναφορικά μέ τό σχέδιο τῆς Ἀκαδημίας δίδονται οἱ ἀκόλουθες πληροφορίες:

«*1) Ὄνομα*

Ἰνστιτοῦτο γιά τήν Προαγωγή τῆς Κοινωνικῆς Συνοχῆς καί τῆς Οἰκονομικῆς Ἀνάπτυξης στήν Κρήτη, Γωνιά.

2) Σκοπός τοῦ Ἰνστιτούτου

α) Ἡ ἀνάσχεση τῆς οἰκονομικῆς ἀνάπτυξης τῆς Κρήτης ὀφείλεται πρώτιστα στό γεγονός ὅτι ἐπί πολλά ἔτη οἱ πλέον δραστήριοι ἄνθρωποι, τόσο οἱ διανοούμενοι ὅσο καί οἱ χειρώνακτες, φεύγουν στό ἐξωτερικό. Ἐπαγγελματική ἤ ἀκαδημαϊκή ἐκπαίδευση ἔχει ὡς ἀποτέλεσμα τό ὅτι ἱκανώνει ἐκπαιδευμένους νά βρίσκουν ἰδίως στή βόρειο Εὐρώπη καί σέ ἄλλα μέρη τοῦ κόσμου μιά θέση ἐργασίας καί νά λαμβάνουν ἔτσι πολύ ἀνώτερη ἀμοιβή. Αὐτό δέν εἶναι δυνατόν νά ἀπαγορευθεῖ μέ τή βία. Εἶναι πολύ περισσότερο ἀνάγκη νά ἐπιδιωχθεῖ ἡ παραμονή στήν Κρήτη ἀκριβῶς αὐτῶν τῶν ἱκανότερων δυνάμεων τοῦ κρητικοῦ λαοῦ γιά κοινές δράσεις στήν ἴδια τήν Κρήτη. Ἐν ὄψει τῆς σημερινῆς καταστάσης, δέν μπορεῖ κανείς νά κατηγορήσει ὅποιον φεύγει στό ἐξωτερικό, γιατί, ὅσο μένει μόνος, δέν βλέπει καμιά δυνατότητα νά ἀναπτυχθεῖ ἤ νά βοηθήσει στήν ἀνάπτυξη τῆς χώρας του. Χρειάζεται λοιπόν συντονισμός τῶν πρός ἀνάπτυξη ἱκανῶν δυνάμεων, νά ἀφυπνισθεῖ ἡ θέληση γιά ἀνάπτυξη καί ἡ ἐλπίδα γιά τήν ἐπίτευξη αὐτοῦ τοῦ στόχου. Πρός τόν σκοπό αὐτό ὁ Ἐπίσκοπος Εἰρηναῖος ἐπιθυμεῖ νά ὀργανώνει σειρές μαθημάτων καί συνέδρια, ἀπό τά ὁποῖα νά προκύπτουν κοινοί συνεργασιακοί στόχοι πρός ἀνάπτυξη τοῦ τόπου.

Τό *Ἰνστιτοῦτο γιά τήν Προαγωγή τῆς Κοινωνικῆς Συνοχῆς καί τῆς Οἰκονομικῆς Ἀνάπτυξης στήν Κρήτη*, Γωνιά, πρέπει λοιπόν νά διαμορφωθεῖ ὡς τόπος παρόρμησης καί συντονισμοῦ γιά τήν οἰκονομική ἀνάπτυξη τῆς Κρήτης.

Σέ πρώτη θέση θά τεθοῦν οἱ ἐπιμορφωτικές δραστηριότητες γιά: Δημάρχους/Κοινοτάρχες, γεωργούς, ἐργαζόμενους σέ τεχνικά ἐπαγγέλματα, ἐκπροσώπους συνεταιρισμῶν, νέους πού βρίσκονται σέ ἐπαγγελματική ἐκπαίδευση. Τό *Ἰνστιτοῦτο γιά τήν Προαγωγή τῆς Κοινωνικῆς Συνοχῆς καί τῆς Οἰκονομικῆς Ἀνάπτυξης στήν Κρήτη,* Γωνιά, θά ὀργανώσει ἐπίσης συνεδρίες Ἐπιτροπῶν, οἱ ὁποῖες, σέ συνεργασία μέ τίς κρατικές Ὑπηρεσίες καί μέ Συμβούλους ἀπό τό ἐξωτερικό, θά ἐξετάζουν τά οἰκονομικά καί κοινωνικά προβλήματα τῆς Κρήτης.

β) Γιά ὁρισμένες ἐπαγγελματικές ὁμάδες, ἰδίως γιά τόν ἀγροτικό πληθυσμό, τό Ἰνστιτοῦτο Γωνιά θά πρέπει νά ὀργανώνει τακτικές ἐκδηλώσεις πρός εἰσαγωγή σέ ὁρισμένες μεθόδους καλλιέργειας καί χρήση σύγχρονων τεχνικῶν ἐργαλείων. Οἱ μεγάλες ἐκτάσεις τῆς Μονῆς Γωνιᾶς προσφέρονται γιά γεωργικούς πειραματισμούς/ἐφαρμογές.

γ) Χρειάζεται νά γίνονται ἐπίσης μαθήματα εἰσαγωγῆς ἱερέων σέ προβλήματα τῆς σύγχρονης κοινωνίας, καθώς οἱ ἱερεῖς τῆς Κρήτης ἔχουν ἀκόμη τήν πνευματική ἡγεσία τῶν κατοίκων τῶν χωριῶν καί πρέπει ἑπομένως πρῶτοι αὐτοί νά κερδηθοῦν γιά μιά καινούρια ἀνάπτυξη καί γιά τίς σχεδιαζόμενες δράσεις.

3) Φορέας

Τό *Ἰνστιτοῦτο γιά τήν Προαγωγή τῆς Κοινωνικῆς Συνοχῆς καί τῆς Οἰκονομικῆς Ἀνάπτυξης στήν Κρήτη,* Γωνιά, θά ἀποκτήσει δική του νομική προσωπικότητα. Μέχρις ὅτου δημιουργηθεῖ αὐτός ὁ φορέας, ἀσκεῖ τό ρόλο τοῦ φορέα ἡ Ἐπισκοπή Κισάμου, ὁ Ἐπίσκοπος τῆς ὁποίας ἔχει τήν πρωτοβουλία γιά τό *Ἰνστιτοῦτο γιά τήν Προαγωγή τῆς Κοινωνικῆς Συνοχῆς καί τῆς Οἰκονομικῆς Ἀνάπτυξης στήν Κρήτη.*

4) Προβλεπόμενος Διευθυντής

Δρ. Φιλοσ., Θεολόγος Ἀλέξανδρος Π α π α δ ε ρ ό ς, πρός τό παρόν Ἐπιστημονικός Βοηθός στό Πανεπιστήμιο τοῦ Mainz.

5) Δαπάνες οἰκοδομῆς   DM
α) Κτήριο τοῦ Ἰνστιτούτου μέ 35 ὑπνοδωμάτια γιά συνέδρους,
τραπεζαρία, σαλόνια, αἴθουσες διδασκαλίας, ἐπίπλωσή τους.   700.000
β) Ἐνίσχυση τῶν γραμμῶν ἠλεκτρισμοῦ καί ὕδρευσης μήκους
1χιλιομ., δεξαμενή νεροῦ καί βελτίωση τῶν ὁδῶν προσπέλασης.   100.000
γ) Κατοικίες Διευθυντῆ καί τριῶν ἐγγάμων συνεργατῶν.   120.000
δ) Σταῦλος/ἀποθήκη καί ἐργαστήριο γιά ἀγροτικά ἐργαλεῖα.   120.000
ε) Ἀγροτικές διαμορφώσεις χωραφιῶν τῆς Μονῆς Γωνιᾶς καί
βελτίωση τοῦ συστήματος ἄρδευσης.   80.000
στ) Ἀγροτικά μηχανήματα, εἴδη ἀγροτικῆς ἄσκησης
καί ἐκπαίδευσης.   100.000

ζ) Βιβλιοθήκη. 30.000
η) Εἰσφορά γιά λειτουργικά ἔξοδα τῶν πρώτων 5 ἐτῶν. 300.000
DM 1.550.000

6) Ἔσοδα
Evangelische Zentralstelle für Entwickungshilfe. 1.200.000
Ἐκκλησιαστικές εἰσφορές ἀπό τή Γερμανία. 250.000
Εἰσφορές ἀπό τήν Κρήτη/ἐθελοντική ἐργασία. 50.000
Ἐργασία μέ σύμπραξη τῆς "Aktion Sühnezeichen"
γιά ἀγωγό ὕδρευσης καί δρόμο. 50.000
1.550.000

Ὑπογραφή
(D. Dr. Eberhard Müller)».

Συνημμένα
Ἡ ἀπό 22-8-1962 συστατική ἐπιστολή τοῦ Ἀρχιεπισκόπου Κρήτης Εὐγενίου.
Τό ἀπό 16-10-1962 ἔγγραφο τοῦ Ralph Young, Προϊσταμένου τοῦ Τμήματος Λαϊκῶν τοῦ Π.Σ.Ε.
Χειρόγραφη σημείωση: Δρα κ. Παπαδερόν
Σημειωτέον ὅτι τά ἀναγραφόμενα γιά ἀγροτικές ἐργασίες καί τά ἀντίστοιχα ποσά ἀφοροῦν στό Κέντρον Ἀγροτικῆς Ἀναπτύξεως.

Προϋπολογισμός τοῦ Ἰνστιτούτου Γωνιά
31-10-1962 ΑΒΒ
Γιά τή λειτουργία τοῦ Ἰνστιτούτου ὁ ἐτήσιος Προϋπολογισμός πού ἑτοιμάσαμε προβλέπει:
ΕΞΟΔΑ   Προσωπικό σύνολο 40.000 DM,
         λοιπές δαπάνες 86.000 DM,
         Σύνολο ἐτησίως 126.000 DM.
ΕΣΟΔΑ: Οἱ δαπάνες προβλέπεται νά καλύπτονται ἀπό εἰσφορές τῆς Μητροπόλεως, τοῦ Κράτους, δωρεές, καθώς καί σέ εἶδος ἀπό τή Μονή καί ἀπό γεωργούς.

10. Σχέσεις μέ τή Γερμανική Πρεσβεία Ἀθηνῶν

Δυστροπεῖ ὁ Πρέσβης τῆς Γερμανίας

31-10-1962 ΑΒΒ+ΑΑπ
Μ πρός S e e l o s
Ὁ Dr. Gebhard S e e l o s, τέως Πρέσβης τῆς Γερμανίας στήν Ἀθήνα, ἦταν στό μεταξύ Πρέσβης στή Βραζιλία. Κατά τήν ἑτοιμασία τῆς παραπάνω αἰτήσεως εἶπα στόν Müller ὅτι ὁ Πρέσβης αὐτός εἶχε ἰδιαίτερη ἐκτίμηση γιά τόν Εἰρηναῖο. Κατόπιν αὐτοῦ ὁ Müller ἔκρινε σκόπιμο νά τοῦ στείλει στό Rio de Janeiro ἀντίγραφο τῆς αἰτήσεως (καί τά συνημμένα), μέ τήν παράκληση νά γράψει ἕνα συστατικό γράμμα, θετικό γιά τόν Εἰρηναῖο καί τό προτεινόμενο Ἰνστιτοῦτο γιά τήν Προαγωγή τῆς Κοινωνικῆς Συνοχῆς καί τῆς Οἰκονομικῆς Ἀνάπτυξης στήν Κρήτη, νά στείλει τό γράμμα στόν Müller καί ἐκεῖνος νά τό ὑποβάλει στή Βόννη, πρός στήριξη τῆς αἴτησης.

Ἡ ἐπιστολή τοῦ Müller:

«Ἀπό πολλοῦ χρόνου διεξάγονται διαπραγματεύσεις μεταξύ τοῦ Συνδέσμου τῶν Διευθυντῶν τῶν ἐν Γερμανίᾳ Εὐαγγελικῶν Ἀκαδημιῶν καί τοῦ Ἐπισκόπου Κισάμου Κρήτης κ. Εἰρηναίου. Ὁ Ἐπίσκοπος Εἰρηναῖος σχεδιάζει ἕνα *Ἰνστιτοῦτο γιά τήν Προαγωγή τῆς Κοινωνικῆς Συνοχῆς καί τῆς Οἰκονομικῆς Ἀνάπτυξης στήν Κρήτη* κοντά στήν ἐκεῖ Μονή Γωνιᾶς, γιά τό ὁποῖο σᾶς πληροφοροῦν τά συνημμένα. Ἐπειδή ζητεῖται συνδρομή ἀπό τή Γερμανία γιά τήν ἀνέγερση τοῦ Ἰνστιτούτου αὐτοῦ, πῆγα στήν Κρήτη γιά 16 ἡμέρες, μελέτησα διεξοδικά τήν κατάσταση καί ἀποφάσισα νά παρέμβω ἀποφασιστικά ὑπέρ τοῦ Ἰνστιτούτου αὐτοῦ.

Γράφω σέ σᾶς, ἐπειδή ἄκουσα ὅτι, λόγω τῆς ὑπηρεσίας σας ὡς Πρεσβευτής στήν Ἀθήνα, γνωρίζετε τήν κατάσταση στήν Κρήτη καί προσωπικά τόν Ἐπίσκοπο Εἰρηναῖο. Θά ἤθελα λοιπόν νά σᾶς παρακαλέσω, ἄν τό κρίνετε σκόπιμο, νά γράψετε μιά συστατική ἐπιστολή γι' αὐτό τό Projekt. Ἡ σύσταση θά μποροῦσε νά ἀφορᾶ τόσο στό πρόσωπο τοῦ Ἐπισκόπου Εἰρηναίου, ὅσο καί στή συγκεκριμένη πρόθεση, ἡ ὁποία ἐκτίθεται στά συνημμένα. Ἡ συστατική ἐπιστολή μπορεῖ νά ἀπευθύνεται σέ μένα ὡς Πρόεδρο τοῦ Συνδέσμου τῶν Διευθυντῶν τῶν ἐν Γερμανίᾳ Εὐαγγελικῶν Ἀκαδημιῶν. Ἀπό μένα θά προωθηθεῖ ἔπειτα στήν Εὐαγγελική Κεντρική Ὑπηρεσία Βοηθείας Ἀναπτύξεως».

Συνημ.:
Ἡ ἀπό 31-10-62 αἴτηση πρός τήν ΕΖΕ.
Φωτοαντίγραφο τοῦ ἐγγράφου τοῦ Ἀρχιεπισκόπου Εὐγενίου.
Κοιν.: Δρα Παπαδερό

8-11-1962 ΑΒΒ
Seelos πρός Μ
Άμεση ἀπάντηση τοῦ Πρέσβη: «Ἀπό τήν ὑπηρεσία μου στήν Ἀθήνα γνωρίζω μέν πολύ καλά τόν Ἐπίσκοπο Κισάμου Κρήτης Εἰρηναῖο, ὅμως γιά λόγους ἁρμοδιότητας δέν μπορῶ νά ἐκφράσω γνώμη γιά τό Σχέδιο. Γι' αὐτό διεβίβασα τό γράμμα σας, μέ τά συνημμένα, στήν ἐν Ἀθήναις Πρεσβεία γιά τα περαιτέρω».
Χειρόγρ. Σημείωση Müller: Φωτοτυπία στόν Δρα Παπαδερό.
Ἡ ἀπροσδόκητη αὐτή ἐξέλιξη προκάλεσε ἐκνευρισμό στόν Müller καί ὄχι μόνο: [102]

15-11-1962 ΑΒΒ
Μ πρός Απ
Στή Βόννη ἡ αἴτηση «*διῆλθε διά τῆς ἐκκλησιαστικῆς πύλης*», δηλ. ἐγκρίθηκε ἀπό τήν ΕΖΕ. Ἀπομένει ἡ ἔγκριση ἀπό τό ἁρμόδιο Ὑπουργεῖο.

«Ἀκολουθώντας τήν πρότασή σας ρώτησα τόν Πρέσβη Seelos, ὁ ὁποῖος μοῦ ἔγραψε τήν ἐπιστολή φωτοαντίγραφο τῆς ὁποίας ἐπισυνάπτω». Ἐκφράζει στή συνέχεια τό φόβο του ὅτι, ἀφοῦ τά σχετικά ἔγγραφα πῆγαν στήν Ἀθήνα, θά ἐνημερωθεῖ ἀσφαλῶς ἡ Ἑλληνική Κυβέρνηση {ἐννοεῖ ὅτι πρό τῆς τελικῆς ἐγκρίσεως καί ἀπό τήν Κυβέρνηση τῆς Βόννης τό ὅλον θέμα δέν ἔπρεπε νά γνωστοποιηθεῖ, ὥστε νά μήν προκληθοῦν ὁποιαδήποτε τυχόν ἐμπόδια...}. Συνιστᾶ λοιπόν νά ἐνημερώσω ἀμέσως τόν Ἐπίσκοπο Εἰρηναῖο, ὥστε νά εἶναι προετοιμασμένος γιά τήν περίπτωση πού θά ἀναμιχθεῖ ἡ Κυβέρνηση τῶν Ἀθηνῶν. Καί νά συστήσω νά ἐπισκεφθεῖ τό ταχύτερο τόν Γερμανό Πρέσβη στήν Ἀθήνα.

16-11-1962 ΑΑπ
Απ πρός Εἰρηναῖον «κατεπεῖγον»
«Ἀντί τοῦ τηλεγραφήματος πού εἶχα ὑποσχεθεῖ ἔρχεται τό γράμμα αὐτό καί μάλιστα κάπως ἀργά, διότι μόλις αὐτή τή στιγμή ἔλαβα τάς τελευταίας θετικάς εἰδήσεις. Ἡ ὑποβληθεῖσα {διά τοῦ Müller} αἴτησίς μου <u>ἐνεκρίθη ὑπό τῆς ἐκκλησιαστικῆς ἐπιτροπῆς</u>. Αὐτό σημαίνει ὅτι κερδίσαμε τήν πρώτη φάση τοῦ ζητήματος.

---

[102] Οἱ φόβοι τοῦ Müller ἦταν πλήρως δικαιολογημένοι. Δέν γνωρίζω ἄν προέρχονταν ἀπό κάποια διαίσθηση, ἄν εἶχε συζητήσει μέ τόν Εἰρηναῖο τά τῆς διαταραχῆς τῶν σχέσεών του μέ τή Γερμανική Πρεσβεία στήν Ἀθήνα ἤ ἄν εἶχε κάποιες πληροφορίες ἤ διαβολές ἀπό ἄλλες πηγές. Πρβλ. τίς ἀκόλουθες ἐπιστολές του πρός ἐμένα καί μάλιστα ἐκείνη τῆς 17-1-1963.

Ἡ δευτέρα φάσις, δηλαδή ἡ ἔγκρισις καί ἐκ μέρους τῆς γερμανικῆς Κυβερνήσεως, ἄρχισεν ἤδη, προβλέπεται ὅμως δυσκολοτέρα τῆς πρώτης. Διά φιλικοῦ μου προσώπου τῆς Γερμανικῆς Βουλῆς καί Κυβερνήσεως ἐπηρεάζω ἤδη τήν πορείαν τοῦ θέματος καί ἐλπίζω ὅτι θά ἐπιτύχω.

Ἐν τῷ μεταξύ παρουσιάσθη ἡ ἑξῆς ἀνωμαλία, ἡ ὁποία πρέπει νά ἀντιμετωπισθῇ <u>ἀμέσως καί σθεναρῶς</u>. Κατόπιν εἰσηγήσεώς μου ἔγραψεν ὁ κ. Müller πρό ἡμερῶν μίαν ἐπιστολήν εἰς τόν κ. Seelos, τόν πρώην Γερμανόν Πρεσβευτήν εἰς τάς Ἀθήνας, ὁ ὁποῖος ὑπηρετεῖ ἤδη εἰς τήν Βραζιλίαν. Εἰς τήν ἐπιστολήν αὐτήν τόν παρεκάλει νά γράψῃ μίαν συστατικήν ἐπιστολήν, δεδομένου ὅτι Σᾶς ἐγνώριζε καί Σᾶς ἐξετίμα πολύ. Ὁ Πρεσβευτής ἀπήντησε διά τῆς ἐσωκλείστου ἐν φωτοτυπίᾳ ἐπιστολῆς. Ἐξ αὐτῆς προκύπτει ὅτι διεβίβασε τό θέμα εἰς τήν ἐν Ἀθήναις Γερμανικήν Πρεσβείαν διά τά περαιτέρω, καθ' ὅτι αὐτός δέν ἔχει πλέον ἁρμοδιότητα. Σᾶς ἀποστέλλω ἀντίγραφα τῶν ἐγγράφων τά ὁποῖα ἔλαβεν ὁ κ. Seelos καί τά ὁποῖα εὑρίσκονται ἤδη εἰς τήν ἐν Ἀθήναις Γερμανικήν Πρεσβείαν. Ὅπως βλέπετε, πρόκειται περί τῆς ἐμπιστευτικῆς ἐκθέσεως μετά τοῦ προϋπολογισμοῦ κ.λπ., μαζί καί τό συστατικόν τοῦ Μητροπολίτου Κρήτης.

Ἡ πρᾶξις αὐτή τοῦ Πρεσβευτοῦ ἦτο ἐσφαλμένη, διότι ἔπρεπε νά μᾶς συνεννοηθῇ πρό πάσης ἄλλης ἐνεργείας, ἀλλά τώρα εἶναι πλέον ἀργά. Προβλέπομεν ὅτι ἡ Γερμανική Πρεσβεία θά ἀναφέρῃ τό ζήτημα εἰς τήν ἑλληνικήν Κυβέρνησιν, ἀφοῦ μάλιστα πρόκειται περί ἑνός τόσον σοβαροῦ θέματος. Διά νά προλάβωμεν πᾶσαν δυνατήν ἀντίδρασιν, θά πρέπει νά ἐπικοινωνήσετε ἀμέσως μετά τῆς Πρεσβείας καί νά κατατοπίσετε τόν Πρεσβευτήν ἐπί τοῦ ἀντικειμένου τῆς προσπαθείας μας καί νά φροντίσετε νά παραμείνῃ τό θέμα μακράν τῆς πολιτικῆς. Τονίσατε ὅτι πρόκειται περί μιᾶς καθαρῶς ἐκκλησιαστικῆς ὑποθέσεως καί ὅτι ἡ θέσις τῆς γερμανικῆς Κυβερνήσεως εἶναι μόνον τυπική. Ζητήσατε ἀπό τόν Πρεσβευτήν μίαν ἐπιστολήν, ἀπευθυνομένην πρός τόν κ. Müller, εἰς τήν ὁποίαν νά συνηγορῇ ὑπέρ τοῦ ἔργου.[103]

Εἶναι περιττόν νά τονίσω τήν σοβαρότητα καί τό κατεπεῖγον τοῦ πράγματος.

Διερχόμεθα αὐτήν τήν στιγμήν τήν πλέον κρίσιμον καμπήν εἰς τήν ὅλην ὑπόθεσιν.

Κρατήσετέ με ἐνήμερον τῆς ἐξελίξεως καί ἀπαντήσατε ἐπί τῶν προηγουμένων.

Περιττόν ἐπίσης νά σημειώσω ὅτι τά ἑκάστοτε ἀποστελλόμενα ἔγγραφα θά πρέπει νά φυλάσσωνται ἐπιμελῶς διά τό ἀρχεῖον.

---

[103] Ποιός ἦταν ὁ κίνδυνος: Ἄν ἔφθανε τό θέμα στήν ἑλληνική κυβέρνηση καί ἐκείνη ἔκρινε ὅτι πρόκειται γιά αἴτηση πολεμικῶν ἐπανορθώσεων, ἡ αἴτησή μας ἔπρεπε νά ὑποβληθεῖ πρῶτα στήν κυβέρνηση τῆς Ἑλλάδος, ἑπομένως θά ἔφευγε ἀπό τήν ἁρμοδιότητα τῆς ἐκκλησιαστικῆς Ὑπηρεσίας (EZE) καί ὡς αἴτηση γιά ἐπανορθώσεις θά πήγαινε στόν κάλαθο τῶν ἀχρήστων!

Μέ συγχωρεῖτε διά τό "ὕφος" τῶν ἐπιστολῶν μου, τό ὁποῖον εἶναι συνήθως ἐπιτακτικόν. Αὐτό συμβαίνει φυσικά μόνον ἐπειδή γράφω ἐπειγόντως καί ἐν εἴδει τηλεγραφήματος!».

25-11-1962 ΑΑπ
Εἰρηναῖος πρός Απ
{Ὅλο τό γράμμα εἶναι γραμμένο μέ κόκκινο}
«Μόλις πῆρα τό γράμμα σου (τό τελευταῖο) ἦλθα στήν Ἀθήνα στήν Πρεσβεία καί εἶπα τά σχετικά. Πιστεύω ὅτι αὔριο ἤ μεθαύριο θά ἔλθη τό γράμμα πρός τόν κ. Müller καί θά εἶναι καλόν. Κατ' ἀρχήν μάλιστα ἕνας Σύμβουλος μοῦ εἶπε ὅτι θά τό ἔδιδαν σέ μένα τό γράμμα αὐτό, ἀλλά κατόπιν εἶπαν ὅτι ὁ Πρεσβευτής θά τό στείλη ὁ ἴδιος. Ἔσο λοιπόν ἥσυχος ἀπό τῆς πλευρᾶς αὐτῆς.
Εἶμαι βέβαιος ὅτι ὁ Θεός θά εὐλογήση τήν προσπάθειάν μας αὐτήν».

Πάλι τά τῆς Πρεσβείας
16-1-1963 ABB
Mo πρός M
«Ὁ Δρ. Παπαδερός νομίζει ὅτι θά ἦταν ἴσως ἐνδεδειγμένο νά πληροφορηθεῖ περισσότερα ἀπό τό γράμμα τοῦ Γερμανοῦ Πρέσβη στήν Ἀθήνα (γιά τήν ἐκεῖ ἐπίσκεψή του) ἀπό ὅσα γνωρίζει ἤδη.
Νά τοῦ δώσουμε ἕνα ἀπόσπασμα ἤ ἕνα φωτοαντίγραφο;».
Χειρόγραφη ἀπάντηση: δυσανάγνωστη. Μάλλον Nein-ὄχι.

17-1-1963 ΑΑπ
Εἰρηναῖος πρός Απ
Τό γράμμα σου τό τελευταῖο σχετικῶς μέ τήν Ἀκαδημία μέ λύπησε ὄχι γιά τό ἐμπόδιο, ἀλλά γιατί φαντάζομαι ὅτι πρόκειται περί διαβολῆς.
Ἰδού αἱ σχετικαί ἀπαντήσεις μου:
α) Μέ τόν προκάτοχον Πρεσβευτήν κ. Ζέελος εἴχαμε καλάς σχέσεις καί νομίζω μέ ὅλην τήν Πρεσβεία. Μέ τόν νῦν Πρέσβην εἴχαμε μόνο μίαν γνωριμίαν ὅταν πρωτοῆλθε στήν Ἑλλάδα. Ὑποψιάζομαι πάντως δύο πράγματα:
α) Ὡς γνωστόν, ἔχομεν τά ὀστά τῶν πεσόντων Γερμανῶν εἰς Γωνιά μέχρι ἀνεγέρσεως Μαυσωλείου εἰς Μάλεμε. Τό περασμένο καλοκαίρι χωρίς ἐγώ νά γνωρίζω τίποτε ἡ Νομαρχία Χανίων ἔστειλε ἔγγραφον εἰς Ὑπουργεῖον Ἐσωτερικῶν νά ἐνεργήση νά κενωθῆ γρήγορα ἡ Μονή ἀπ' αὐτά (ἴσως τῇ εἰσηγήσει κάποιου). Τό χαρτί αὐτό τό πῆρε, φαίνεται, ἡ Γερ. Πρεσβεία καί ἔγραψε σχετικῶς καί γώ πῆγα ἀμέσως στήν Ἀθήνα στήν Πρεσβεία, μίλησα <u>μέ</u>

τόν κ. Rufus (νομίζω, διότι ὁ Πρεσβευτής ἦτο ἀπησχολημένος) καί τόν ἐβεβαίωσα ὅτι τά ὀστᾶ αὐτά σύμφωνα μέ παλαιότερη ὑπόσχεσή μου θά μείνουν ἐκεῖ μέχρι ἀνεγέρσεως τοῦ Μνημείου. Κατόπιν ἐπιστροφῆς Κρήτην, πῆγα στή Νομαρχία καί παρεκάλεσα νά μή γίνη ἐκ νέου ἐνέργεια ἐπ' αὐτοῦ χωρίς γνῶσιν μου. Αὐτά ἔγραψα καί ἐγνώρισα καί εἰς Γερ. Πρεσβείαν. Κάνω λοιπόν μίαν σκέψιν μήπως αὐτό ἐπηρέασε λίγο τά πράγματα.

β) Μιά ἄλλη ὑπόνοια: Εἰς Χανιά ἔγινε μία πάλη πολιτικῶν προσώπων διά κάποιον Πρόξενον πού ὁρίζεται εἰς Χανιά: Ἐγώ ἐκ παρακλήσεως ὡμίλησα ἐμμέσως ὑπέρ τοῦ ἑνός καί ὁ ἄλλος ἴσως τό ἔμαθε καί ἔχων σχέσεις μέ τήν Πρεσβείαν μέ διέβαλεν. Αὐτό θεωρῶ μᾶλλον βέβαιον, διότι, ὅταν ἐγώ μετέβην εἰς Πρεσβείαν διά τό ζήτημα Ἀκαδημίας, παρ' ὅλον ὅτι δύο τρεῖς φορές ἐζήτησα νά ἴδω τόν Πρεσβευτήν, μοῦ εἶπαν ὅτι ἦτο ἀπησχολημένος, ἀπουσίαζε κ.λπ. Πάντως ὅ,τι ἔγινε ἔγινε ἀπό δικά μας πρόσωπα (ἐκ Χανίων) καί πρόσωπα τῆς Πρεσβείας.

Μᾶλλον πρόκειται περί τῆς διαβολῆς αὐτῆς. Πάντως ἐγώ καί πρό ὀλίγων ἡμερῶν ηὐχήθην εἰς Πρεσβείαν καί ἐκάλεσα, ἐζήτησα δηλ. νά πληροφορηθῶ ἐάν ὁ κ. Πρέσβης μπορεῖ νά παραστῆ εἰς τά μετ' ὀλίγον ἐγκαίνια τοῦ Τυπογραφείου μας.

γ) Ἐκ τῶν Ἑλλήνων ἐκεῖνοι μέ τούς ὁποίους ὡμίλησα κάπως εὐρύτερον (κατ' ἀνάγκην) διά τό θέμα ἦτο ὁ Κρήτης καί ὁ Νομάρχης Χανίων. Σέ ἄλλους μόνον ἀόριστα πράγματα ἔχω εἰπῆ.

22-1-1963 ΑΑπ
Εἰρηναῖος (Ἀθήν) πρός Απ
«Ἐν συνεχείᾳ τῆς προχθεσινῆς ἐπιστολῆς σου γνωρίζω ὅτι τό πρόσωπον μετά τοῦ ὁποίου εἶχον ὁμιλήσει πρό καιροῦ ἐδῶ εἰς Πρεσβείαν ἦτο ὁ κ. Paulus (καί ὄχι Rufus πού σοῦ ἔγραψα).

Ἐγώ βέβαια κάνω ὅτι δέν ξέρω τίποτα ἀπό ὅσα μοῦ ἔγραψες, συμπεραίνω ὅμως ὅτι πρόκειται περί διαβολῆς. Θά διαφωτισθῶ δέ καλύτερα ὅταν συναντηθοῦμε καί μιλήσωμε ἤ ἄν μπορῆς ἐσύ νά μοῦ γράψης τί ἀκριβῶς ἀπήντησαν ἀπό δῶ.

Ἡ Μητρόπολίς μας (δόξα τῷ Θεῷ) ἔχει καλό ὄνομα καί μόνο μία συκοφαντία θά ἔγραφε ἀντιθέτως».

Διαλλακτική ἡ Πρεσβεία
23-1-1963 ΑΒΒ
Melchers πρός Μ
Εὐχαριστεῖ γιά τήν ἀπό 3-1-1963 ἐπιστολή του. «Σᾶς διαβεβαιώνω γιά μιά

φορά ἀκόμη ὅτι συμφωνοῦμε στή βασική τοποθέτηση, ὅτι πρέπει νά βοηθηθεῖ ὁ λαός τῆς Κρήτης.

Ὅταν ἐπισκεφθῶ τήν Κρήτη, θά πάω καί στό Καστέλλι νά δῶ τό ἔργο τοῦ Ἐπισκόπου Εἰρηναίου. Σᾶς γνωρίζω πάντως ὅτι τόσον ὁ προκάτοχός μου κ. Seelos ὅσο καί οἱ συνεργάτες μου βρέθηκαν συχνά στήν Κρήτη καί ἔχουν προσωπική ἀντίληψη γιά τό ἔργο τοῦ Ἐπισκόπου Εἰρηναίου».

Τό *Ἰνστιτοῦτο γιά τήν Προαγωγή τῆς Κοινωνικῆς Συνοχῆς καί τῆς Οἰκονομικῆς Ἀνάπτυξης στήν Κρήτη*, Γωνιά, ὅπως γράφετε, θά ἔχει δική του νομική προσωπικότητα καί οἰκονομική αὐτοτέλεια, ὥστε νά ἀποφευχθεῖ ἡ γιά ἄλλους σκοπούς χρήση τῶν ποσῶν πού θά διατεθοῦν γι' αὐτό. «Ἀπό τό γράμμα σας πληροφοροῦμαι ἐπίσης ὅτι τήν ἐπί τοῦ Ἰνστιτούτου ἐποπτείαν θά ἔχει ἕνα Συμβούλιον, ἀποτελούμενον ἀπό ἡγετικές προσωπικότητες τῆς Κρήτης.

Συμφωνῶ μαζί σας πώς ἔχει ἰδιαίτερη σημασία τό πρόσωπο πού θά διευθύνει τό *Ἰνστιτοῦτο γιά τήν Προαγωγή τῆς Κοινωνικῆς Συνοχῆς καί τῆς Οἰκονομικῆς Ἀνάπτυξης στήν Κρήτη*. Ἡ θετική κρίση σας γιά τόν Δρα κ. Παπαδερό προκάλεσε πολύ τό ἐνδιαφέρον μου. Θά ἤθελα νά ἀξιοποιήσω τήν παρότρυνσή σας καί νά προτείνω νά ἐπισκεφθεῖ μιά φορά ὁ Δρ. κ. Παπαδερός τόν ἁρμόδιο Εἰσηγητή στό Ὑπουργεῖο Ἐξωτερικῶν. Ἐάν συμφωνεῖτε, θά ἐνημερώσω τό Ὑπουργεῖο Ἐξωτερικῶν μέ τήν ὑποβολή τῆς ἀλληλογραφίας μας.

Ἀφοῦ συνεπέρανα ἀπό τήν ἐπιστολή σας ὅτι σεῖς προσωπικά ἀσχοληθήκατε λίαν ἐπισταμένως μέ τήν ἐπεξεργασία τοῦ σχεδίου {Ἀκαδημίας}, καί ἐφ' ὅσον εἶναι ἐφικτό νά παραμερισθοῦν οἱ φόβοι πού διατυπώθηκαν ἀπό τήν πλευρά τῆς Πρεσβείας, ἐπί πλέον δέ ἐφ' ὅσον ἡ ἐπίσκεψη τοῦ Δρος κ. Παπαδεροῦ θά ἔχει θετική ἔκβαση, εἶμαι ἕτοιμος νά ἀποσύρω τίς ἐπιφυλάξεις τῆς Πρεσβείας καί νά ὑποστηρίξω τό σχέδιο.»

Ἐκφράζει τήν εὐχή νά διευρύνουν τήν ἀλληλογραφία τους μέ μιά προσωπική συζήτηση σέ περίπτωση πού βρεθεῖ σύντομα στήν Ἑλλάδα ὁ Müller.

24-1-1963 ΑΒΒ ἐπεῖγον
Απ πρός Μ
....

Σχέση τοῦ Ἐπισκόπου μέ τή Γερμανική Πρεσβεία: «Μέ πολλή προσοχή – καί χωρίς νά πῶ τίποτε γιά τή συζήτησή μου μέ σᾶς - ρώτησα τόν Ἐπίσκοπο Εἰρηναῖο πῶς εἶναι σήμερα αὐτή ἡ σχέση. Ἔχει διαισθανθεῖ πῶς ὁ νέος Πρέσβης, σέ ἀντίθεση μέ τόν προηγούμενο, τόν ἀντιμετωπίζει {Ἐπίσκοπον} κάπως ψυχρά. Ἀρνήθηκε 2-3 φορές νά τόν δεχθεῖ, μέ τή δικαιολογία ὅτι "εἶναι πολύ ἀπασχολημένος"». Ὁ Ἐπίσκοπος Εἰρηναῖος ὑποψιάζεται διαβολή γιά δύο λόγους:

α) «Ἄγνωστοι στόν Ἐπίσκοπο ἄνθρωποι (ἴσως Μοναχοί;), ζήτησαν ἀπό τήν Πρεσβεία, διά τῆς Νομαρχίας Χανίων, νά ἀπομακρύνει τό ταχύτερο δυνατόν τά ὀστά... ἀπό τή Μονή. Ὅταν τό πληροφορήθηκε ὁ Ἐπίσκοπος Εἰρηναῖος, διαμαρτυρήθηκε ἔντονα στή Νομαρχία καί τῆς ἀπαγόρευσε νά ἀναμιχθεῖ ξανά σέ αὐτήν τήν ὑπόθεση. Ἡ Πρεσβεία ὅμως δέν γνωρίζει τίς λεπτομέρειες καί πιστεύει ἴσως πώς αὐτό ἦταν πρωτοβουλία τοῦ Ἐπισκόπου. Προσπαθεῖ νά διορθώσει στήν Πρεσβεία αὐτήν τήν παρανόηση».

β) Ἡ Γερμανία θέλει νά ἐγκαταστήσει στά Χανιά Προξενεῖο καί νά διορίσει ὡς Πρόξενο ἕναν ντόπιο. Ὑπάρχουν δυό ὑποψήφιοι, ἀπό τούς ὁποίους {ὁ Ἐπίσκοπος Εἰρηναῖος} ὑποστήριξε τόν ἕνα... Ὁ δεύτερος τό πληροφορήθηκε ἴσως καί προσπαθεῖ νά διαβάλει τόν Ἐπίσκοπο στήν Πρεσβεία. Ἐλπίζει ὅτι, ἄν τόν δεχθεῖ ὁ Πρέσβης, ἡ σχέση μπορεῖ νά βελτιωθεῖ.

Ὁ Ἐπίσκοπος πάντως προσκάλεσε τόν Πρέσβη νά παραστεῖ στά ἐγκαίνια τοῦ Τυπογραφείου στό Καστέλλι, πού ἐπίκεινται. Ἄς ἀναμένουμε λοιπόν!

25-1-1963 ΑΒΒ
Μ πρός Απ
Οἱ ὑποψίες πού ἀναφέρετε, ὅσον ἀφορᾶ στόν ἐκνευρισμό τῆς Πρεσβείας, πιστεύω ὅτι δέν εὐσταθοῦν. Καλά ἔκαμε ὅμως ὁ Ἐπίσκοπος καί προσκάλεσε τόν Πρέσβη... Ἄν δέν πάει ὁ ἴδιος, πρέπει νά ἐπιμείνει ὁ Εἰρηναῖος νά παραστεῖ κάποιος ἀπό τήν Πρεσβεία.

Ὁ Πρέσβης δέν μοῦ ἔγραψε ἀκόμη ἄν θά σᾶς δεχθεῖ. Ἄν δέν ἔλθει ἀπάντηση πρίν ἀπό τήν ἀναχώρησή σας τόν Μάρτιο γιά Ἀθήνα, θά προσπαθήσω νά ἔχω τηλεφωνική ἐπικοινωνία μέ τόν Πρέσβη.

4-2-1963 ΑΑπ
Εἰρηναῖος πρός Απ
«Ἤμουν εἰς Ἀθήνας (χωρίς νά μεταβῶ εἰς Πρεσβείαν) καί ὅταν ἦλθα ἐδῶ βρῆκα τό ἀπό 13-1-63 γράμμα σου.

Δέν θεωρῶ σκόπιμον νά «ἀπολογηθῶ» εἰς κρίσεις ξένων περί ἐμοῦ. Ἐσύ μέ γνωρίζεις κάπως καί ἡ ταπεινή μου προσπάθεια ἐδῶ εἶναι ἐπίσης μία "μαρτυρία" περί τῆς Διοικήσεώς μου.

Ὁμολογῶ ὅτι σέ πολλές περιπτώσεις δέν ἔχω τήν "διοίκησιν" ἑνός ρομπότ, εἴμεθα Ἕλληνες, ἄτακτοι, πρόχειροι ἴσως, ὅμως εἴμεθα Ἕλληνες….

Πάντως προτιμῶ νά μήν ὑπάρχουν "διαβολές" στή μέση κι ἄς κρίνουν ὅπως θέλουν οἱ φίλοι μας…».

9-2-1963 ΑΑπ
Απ πρός Εἰρηναῖον
«Σήμερα ἦλθα πρωί στό Πανεπιστήμιο γιά νά Σᾶς γράψω τήν εὐχάριστη εἴδηση, ὅτι ὁ Πρεσβευτής τῆς Γερμανίας στήν Ἀθήνα ἔγραψε ἐπιτέλους ἕνα πολύ θετικό συστατικό σύμφωνα μέ τήν ἐπιθυμία μας {ἐπιστολή τοῦ Πρέσβη πρός Μ ἀπό 23-1-1963}. Αὐτό ἔγινε κατόπιν ἐπιμονῆς τοῦ κ. Müller, ὁ ὁποῖος διεφώτισε τόν Πρεσβευτή ἐπί τοῦ ζητήματος {Ἀκαδημίας}, τό νόημα τοῦ ὁποίου φαίνεται ὅτι δέν εἶχε συλλάβει ἀπ' ἀρχῆς. Τώρα ὑπερπηδήσαμε καί αὐτήν τή δυσκολία, ὥστε νά βαίνωμεν πλέον, Θεοῦ εὐδοκοῦντος, εἰς τήν ὁριστικήν λύσιν τοῦ ζητήματος».

....
Ὅσα ἔγραφα στό τελευταῖο γράμμα μου δέν πρέπει νά ἑρμηνευθοῦν οὔτε ὡς κατηγορία οὔτε -πρός Θεοῦ- ὡς προτροπή πρός ἀ π ο λ ο γ ι σ μ ό ν !!! Εἶχαν τό νόημα μιᾶς πληροφορίας καί τίποτε ἄλλο. Ὁ κ. Müller μοῦ γράφει ὅτι, σύμφωνα μέ τίς πληροφορίες καί τήν ἐντύπωσή του, ἄλλοι πρέπει νά εἶναι οἱ λόγοι οἱ ὁποῖοι ἐψύχραναν τήν Πρεσβείαν καί ὄχι ἐκεῖνοι τούς ὁποίους ἀναφέρετε. Δέν μοῦ γράφει ὅμως συγκεκριμένον τι. Ὁ κ. Müller εὑρίσκει πολύ καλή τή σκέψη Σας νά καλέσετε τόν Πρεσβευτή στά ἐγαίνια τοῦ τυπογραφείου· ἐάν δέν ἔλθει αὐτός, ἐπιμείνετε νά ἔλθει κάποιος τῆς Πρεσβείας.

11-2-63 ΑΒΒ
Μ πρός Melchers
Εὐχαριστεῖ γιά τήν ἀπό 23 Ἰανουαρίου φιλική ἐπιστολή του.
Ἡ αἴτηση γιά τήν Κρήτη δέν ἔχει φθάσει ἀκόμη στό Ὑπουργεῖο Ἐξωτερικῶν, ἐπειδή τά πράγματα στήν Εὐαγγελική Ὑπηρεσία γιά Ἀναπτυξιακή Βοήθεια (EZE) εἶναι ἀκόμη κάπως ἀκατάστατα, καθώς αὐτή ἡ Ὑπηρεσία εἶναι νεοσύστατη καί ὑπάρχουν πάρα πολλές αἰτήσεις. «Γιά τό λόγο αὐτό θά ἦταν μάλλον κάπως νωρίς νά ζητηθεῖ ἀπό σᾶς ἡ τοποθέτησή σας {ἐπί τοῦ ζητήματος τῆς Ἀκαδημίας} καί ἡ ὑποβολή {στό Ὑπ. Ἐξωτερικῶν τῆς Βόννης} τῆς ἀλληλογραφίας μας. Ἀρχικά ἤθελα νά ἐπισυνάψω στήν αἴτηση μιά σύσταση τοῦ Πρέσβεως κ. S e e l o s. Στό μεταξύ ὅμως ἔχει ὑποβληθεῖ ἡ αἴτηση {στήν ἁρμόδια ἐκκλησιαστική Ὑπηρεσία} καί, κατά τή γνώμη μου, θά εἶναι πιό σκόπιμο νά ὑποβάλετε στό Ὑπουργεῖο Ἐξωτερικῶν τήν ἄποψή σας καί -ἐάν τό κρίνετε σωστό- τήν ἀλληλογραφία μας, ἀφοῦ θά ἔχει φθάσει ἐκεῖ ἡ αἴτηση. Ὅπως σᾶς ἔχει γνωστοποιηθεῖ, ἡ Πρεσβεία τῆς Ἀθήνας θά συμμετάσχει ἔτσι κι ἀλλιῶς {στή λήψη ἀποφάσεως} καί ἑπομένως τότε θά εἶναι ὁ κατάλληλος καιρός γιά τήν τοποθέτησή σας.
Ὁ Δρ. κ. Παπαδερός θά ταξιδέψει γιά τήν Ἑλλάδα τόν Μάρτιο ἤ τόν

Ἀπρίλιο καί θά τοῦ ζητήσω νά σᾶς ἐπισκεφθεῖ, ὥστε νά τόν γνωρίσετε ἔστω καί γιά λίγο.

Ἐγώ θά μπορέσω ἴσως νά κάμω μιά στάση στήν Ἀθήνα τόν Σεπτέμβριο. Τότε θά ταξιδεύω πρός τήν Ἄπω Ἀνατολή καί μέ αὐτήν τήν εὐκαιρία, ἄν θά μοῦ εἶναι δυνατόν, θά χαρῶ νά γνωριστοῦμε».

Μ πρός Απ
«Ἔλαβα νέο, φιλικό γράμμα ἀπό τήν Πρεσβεία στήν Ἀθήνα. Τό θέμα μοιάζει τώρα νά ἔχει διευκρινισθεῖ σέ κάποιο βαθμό. Ὁ Πρέσβης θά ἔβλεπε πολύ θετικά μιά ἐπίσκεψή σας μαζί μου στόν ἁρμόδιο εἰσηγητή γιά τήν Ἑλλάδα στό Ὑπουργεῖο Ἐξωτερικῶν. Ἐκτός τούτου, θά φροντίσω ὕστερα νά γίνετε δεκτός ἀπό τόν Πρέσβη στήν Ἀθήνα».

21-2-1963 ΑΑπ
Εἰρηναῖος πρός Απ
Μέ εὐχαριστεῖ γιά τήν ἐπιστολή μου μέ τά εὐχάριστα νέα.
«Εἶχα καί γώ μιά καλή ἐπιστολή πρό καιροῦ ἀπό τόν ἐν Ἀθήναις Γερμανόν Πρεσβευτήν, χωρίς νά μοῦ ἀναφέρη βεβαίως τίποτα διά τήν ἀλληλογραφίαν Müller κ.λπ. Κατά μίαν πληροφορίαν ὁ κ. Πρεσβευτής θά ἔλθη τήν Κυριακήν εἰς Χανιά (καλεσμένος ἀπό τόν Δήμαρχον ἕνεκα δωρεᾶς του) καί θά τόν συναντήσω καί ἐγώ».

....

21-3-1963 ΑΒΒ
Μ πρός Melchers
«Σᾶς εὐχαριστῶ πολύ γιά τή φιλική ἐπιστολή σας τῆς 23 Ἰανουαρίου, στήν ὁποία δέν ἀπάντησα ὥς τώρα, ἐπειδή ἤθελα νά ἐξετάσω πρῶτα στή Βόννη πού βρίσκεται ἡ ὑπόθεση. Τά πράγματα ἔχουν δρομολογηθῆ πιά ἐντελῶς σύμφωνα μέ τίς προτάσεις σας. Σᾶς στέλνω ἐσωκλείστως ἕνα φωτοαντίγραφο τοῦ Πρωτοκόλλου γιά τή σύσταση τοῦ Συμβουλίου γιά τό *Ἰνστιτοῦτο γιά τήν Προαγωγή τῆς Κοινωνικῆς Συνοχῆς καί τῆς Οἰκονομικῆς Ἀνάπτυξης στήν Κρήτη*.

Παρακάλεσα τόν Δρα Παπαδερό νά σᾶς ἐπισκεφθεῖ ὅταν ἔλθει στήν Ἀθήνα, ὥστε νά μπορέσετε νά τόν γνωρίσετε προσωπικά.

Ὁ Μητροπολίτης Ε ἰ ρ η ν α ῖ ο ς καί ὁ Ἀρχιεπίσκοπος Ε ὐ γ έ ν ι ο ς ἀπό τό Ἡράκλειο ἔχουν λάβει στό μεταξύ πρόσκληση ἀπό τό Ὑπουργεῖο Ἐξωτερικῶν νά ἐπισκεφθοῦν τίς Εὐαγγελικές Ἀκαδημίες στή Γερμανία καί θά μᾶς ἔλθουν τέλος Ἀπριλίου. Οἱ δύο αὐτοί κύριοι, ὅπως καί ὁ Δρ. κ. Παπαδερός, πού εἶναι πρός τό παρόν στήν Ἑλλάδα, θά ἐπισκεφθοῦν ἐπίσης τόν ἁρμόδιο Εἰσηγητή στό Ὑπουργεῖο Ἐξωτερικῶν.

Ἐν ὄψει αὐτῶν τῶν δεδομένων θά χαρῶ πολύ, ἄν θά συνηγορούσατε ὑπέρ τοῦ Ἰνστιτούτου τῆς Γωνιᾶς».

Κοιν. Ἀπ, Λειβαδά Χανιά Κρήτης

26-3-1963 ΑΒΒ
Μ πρός Εἰρηναῖον
«Ἐπιθυμῶ νά σᾶς γνωρίσω ὅτι ὁ Γερμανός Πρέσβης στήν Ἀθήνα φαίνεται ὅτι ἀπεκόμισε ἀπό τήν ἐπίσκεψή του στό Καστέλλι τόσο καλές ἐντυπώσεις γιά τήν ἐργασία σας, ὥστε εἶναι πλέον ἕτοιμος νά ὑποστηρίξει τήν αἴτηση γιά τήν Ἀκαδημία πού θά ὑποβάλουμε. Γράφει ἀκόμη {ὁ Πρέσβης} ὅτι θά χαρεῖ ἄν τόν ἐπισκεφθεῖ ὁ Δρ. κ. Παπαδερός στήν Ἀθήνα. Παρακαλῶ λοιπόν νά τόν παρακινήσετε νά ἐπισκεφθεῖ στήν Ἀθήνα τόν Πρέσβη κ. M e l c h e r s. Ὁ Πρέσβης Melchers θά ἐκδηλώσει τή συνηγορία του μόλις τοῦ στείλω ἀντίγραφο τῆς νέας αἴτησης πού θέλουμε νά ὑποβάλουμε».

6-4-1963 ΑΑπ
Εἰρηναῖος πρός Πρέσβη Γερμανίας
Εὐχαριστεῖ γιά τήν πρόσκληση πού ἔλαβε ἐκ μέρους τῆς Κυβερνήσεως τῆς Ὁμοσπονδιακῆς Δημοκρατίας τῆς Γερμανίας, νά ἐπισκεφθεῖ αὐτήν τή χώρα ἀπό 24^{ης} Ἀπριλίου μέχρι 10^{ης} Μαΐου. Παρακαλεῖ νά διαβιβασθοῦν στό «ἐν Βόννη Γραφεῖον τῶν ἐξωτερικῶν ὑποθέσεων» {Ὑπουργεῖο Ἐξωτερικῶν} οἱ εὐχαριστίες του γιά τήν «ἐξόχως τιμητική» πρόσκληση στήν «φιλοπρόοδον καί δημιουργικήν χώραν Ὑμῶν, ἐν τῇ ὁποίᾳ τό Ἑλληνικόν πνεῦμα εὗρε πάντοτε φίλους καί θαυμαστάς καί ἡ ὁποία σήμερον προσέτι παρέχει ἐργασίαν, ἐπιστημονικήν κατάρτισιν καί στοργήν εἰς χιλιάδας συμπατριωτῶν μας».

Ἐνημέρωση τῆς Πρεσβείας
11-5-1963 ΑΒΒ
Μ πρός Melchers
«Μέσω διαπραγματεύσεων μέ τήν Evangelische Arbeitsgemeinschaft für Entwicklungshilfe, Bonn, ἔγιναν κάποιες ἀλλαγές στήν αἴτηση γιά τή σχεδιαζόμενη Ἀκαδημία τῆς Κρήτης. Ἔτσι, μόνο σήμερα μπορῶ νά σᾶς στείλω τό κείμενο αὐτῆς τῆς αἴτησης, μαζί μέ τή δική μου συνηγορία.

Θά ἤμουν πολύ εὐγνώμων, ἄν θά στέλνατε τώρα στή Βόννη τή δική σας θετική εἰσήγηση, τήν ὁποία ὑποσχεθήκατε στή φιλική ἐπιστολή σας».

Συνημ.: Αἴτηση γιά τήν Ἐκκλ. Ἀκαδημία Γωνιά

Συστατική ἐπιστολή τοῦ Νομάρχη Χανίων
Συστατική ἐπιστολή τοῦ D. Müller

20-7-1963 ΑΒΒ
Μ πρός Melchers
Διέρχεται ἐξ Ἀθηνῶν καί θά μποροῦσε νά πάει στήν Πρεσβεία τό πρωί τῆς 9ης Σεπτεμβρίου, προκειμένου νά συζητήσουν γιά τό πρόγραμμα τοῦ Ἐπισκόπου καί τῆς Ἀκαδημίας. Ἀναμένει ἀπάντηση.[104]

(συνέχεια δραστηριοτήτων)

16-11-1962 ΑΑπ
Εἰρηναῖος πρός Απ
 «Ἔλαβον καί τάς δύο τελευταίας ἐπιστολάς σου. Χαίρω πού εἶσαι καλά καί προοδεύεις. Ἐγώ αὐτές τίς μέρες εἶμαι ἀρκετά ἀδιάθετος, μόλις κάθομαι καί σοῦ γράφω δυό λόγια.

α) Ὅπως θά εἶδες καί στό τηλεγράφημά μου, ἀναμένω τόν κ. Ludowici ἀρχάς Δεκεμβρίου.

β) Τό ἔγγραφον πού χρειαζόμεθα ἀπό τόν Νομάρχην πιστεύω νά τό ἔχω αὔριο καί θά τό στείλω ἀμέσως.

γ) Ἀποστέλλω ἰδίαις χερσίν τά δύο φύλλα (Δεκεμβρίου 1961-Ἰανουαρίου 1962) τοῦ περιοδικοῦ μας πού ἔχουν τά ἄρθρα τοῦ κ. Καθηγητοῦ σου.

δ) Ἀπό τήν Ὀργάνωση "MIZERIO.." {MISEREOR} ζήτησα διά τά 300 παιδιά τῶν Ἱδρυμάτων μας τρόφιμα (κονσέρβες ἄν θέλουν) ἤ χρήματα διά τήν Τεχνικήν Σχολήν {μέ κόκκινο}: φέτος ἔχομεν τεράστιες οἰκονομικές δυσκολίες.

ε) Ἀναμένω καί γώ ἐναγωνίως νεωτέρας εἰδήσεις σου περί τῆς γνωστῆς ἀποφάσεως {χρηματοδότηση Ἀκαδημίας}. Τάς ἀναμένω ἀπό 2 τρέχοντος καί ἀνησυχῶ.

στ) Στήν Κάνδανο ἡ γεώτρηση ἐπέτυχε πολύ καί βρέθηκε ἄφθονο νερό.

ζ) Τήν ἐρχομένην Κυριακήν 18 τρέχοντος ἔχομεν τό Μνημόσυνον Ἀποστολίδη, ὁμιλητής ὁ κ. Φυτράκης.

---

[104] Ὁ Müller συνιστᾶ νά προσκληθεῖ ὁ Πρέσβης στό Καστέλλι, π.χ. γιά τά Ἐγκαίνια τοῦ τυπογραφείου. Ὅμως τά ἐγκαίνια ἔγιναν στίς 30 Σεπτ. 1964. Ἐκ μέρους τῆς Γερμανικῆς Πρεσβείας παρόντες ἦταν ὁ Dr. Holler καί ὁ Πρόξενος στά Χανιά Μανοῦσος Μανουσάκης. Γιά τό Τυπογραφεῖο «*εἶχε χορηγηθῆ σημαντική ἐνίσχυσις παρά τῆς ἀνωτέρω Πρεσβείας*». ΧΚ 44 (1964) 114. Στήν ἴδια σελίδα σημειώνεται ὅτι στίς 4 Σεπτ. ἡ κ. Mayer, ἐκπρόσωπος τῆς Γερμανικῆς Πρεσβείας, παρέδωσε στή Μονή Γωνιᾶς ἕνα τρακτέρ «*εἰς ἠθικήν ἀναγνώρισιν τῆς φιλοξενίας ὑπό τῆς Μονῆς τῶν σαρκοφάγων τῶν ἐν Κρήτῃ πεσόντων Γερμανῶν στρατιωτῶν*».

η) Τήν 9 τρέχοντος εἴχαμε τά ἐγκαίνια τῆς Τεχνικῆς Σχολῆς, ἦλθαν ἐπίτηδες οἱ Ὑπουργοί κ. Ἀλιμπράντης καί Κούνδουρος. Τό Καστέλλι γνώρισε μιά μεγάλη δόξα. Ἦταν καί ὅλοι οἱ Νομάρχαι Κρήτης κ.λπ.

Νά πῇς τούς χαιρετισμούς καί τήν ἀγάπη στό ζεῦγος Hilckman καί τούς ἐνθυμοῦμαι πάντα καί τούς περιμένω τήν ἄνοιξη.

Δέν δύναμαι νά προχωρήσω εἰς τίποτε ἐάν δέν ἔχω τήν γνωστήν εὐνοϊκήν ἀπόφασιν καί ἀπάντησίν σου (b-Απ) {ἐννοεῖ τήν ἀνάληψη τῆς Διεύθυνσης τῆς Ἀκαδημίας}.

Ὁ π. Εἰρηναῖος καί ὅλοι μας σέ χαιρετοῦμεν».

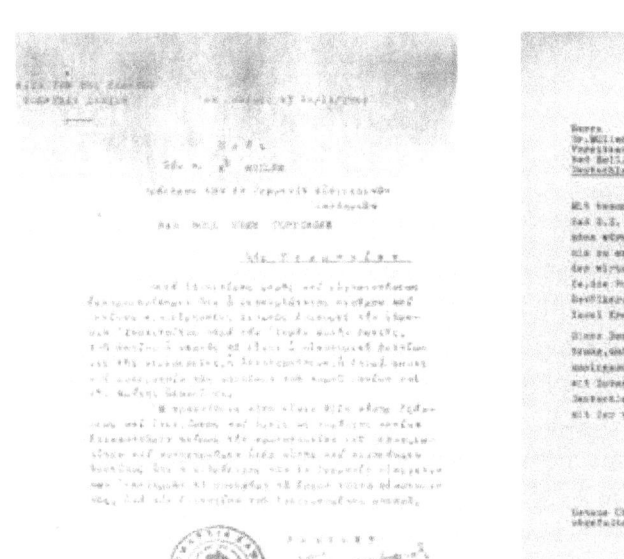
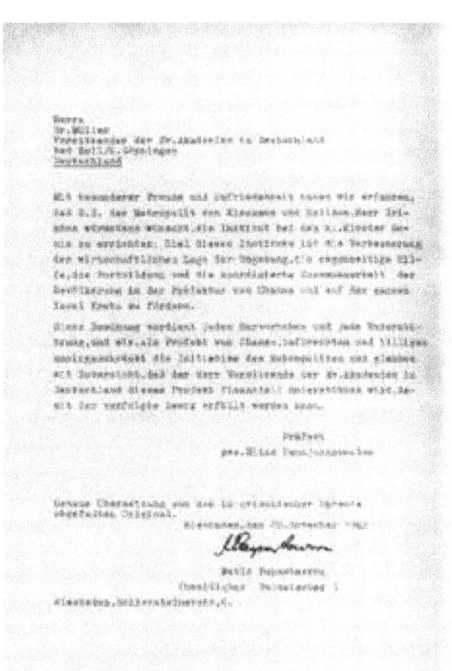

11. Συναινοῦν Μητροπολίτης καί Νομάρχης

Ὁ Κρήτης ὑπέρ τῆς Ἀκαδημίας
22-8-1962 ASp
Κρήτης Εὐγένιος πρός Μ (γερμανιστί)
Μέ αὐτήν τή συστατική ἐπιστολή του ὁ μακαριστός Μητροπολίτης Κρήτης Εὐγένιος πρόσφερε οὐσιαστική βοήθεια στήν προσπάθειά μας.

ΒΑΣΙΛΕΙΟΝ ΤΗΣ ΕΛΛΑΔΟΣ
ΙΕΡΑ ΜΗΤΡΟΠΟΛΙΣ ΚΡΗΤΗΣ
                                      Ἡράκλειον 22 Αὐγούστου 1962
Ἀριθμ. Πρωτ.
Πρός
τόν Πρόεδρον τοῦ Συνδέσμου τῶν Διευθυντῶν τῶν ἐν Γερμανίᾳ Εὐαγγελικῶν Ἀκαδημιῶν.
Μετά χαρᾶς πληροφοροῦμαι ὅτι ὁ ἀδελφός μου Εἰρηναῖος, Ἐπίσκοπος Κισάμου, ἐπιθυμεῖ νά ἱδρύσει εἰς Γωνιάν ἕνα Ἰνστιτοῦτον Λαϊκῶν διά τήν προαγωγήν τῆς ἐκπαιδεύσεως καί συνεργασίας ἐνηλίκων ἀνθρώπων τοῦ λαοῦ μας. Χαίρω ἰδιαιτέρως διά τό ὅτι ὁ Σύνδεσμος τῶν Διευθυντῶν τῶν ἐν Γερμανίᾳ Εὐαγγελικῶν Ἀκαδημιῶν ἐπιθυμεῖ νά παρακινήσει φιλικές Ὀργανώσεις νά στηρίξουν τήν Ἐκκλησίαν τῆς Κρήτης κατά τήν οἰκοδόμησιν ἑνός τοιούτου Ἰνστιτούτου. Νά εἶσθε βέβαιοι ὅτι ὁλόκληρος ἡ Ἐκκλησία τῆς Κρήτης θά συνοδεύσει τό σχέδιον αὐτό μετά συμπαθείας καί μετά παρακλήσεως πρός τόν Θεόν διά τήν εὐλογίαν Αὐτοῦ.
                          Σφραγίδα-ὑπογραφή: Ὁ Κρήτης Εὐγένιος

(Μετάφρ.: Απ)

16-11-1962 ΑΒΒ+ASp
Νομάρχης πρός Μ

«ΒΑΣΙΛΕΙΟΝ ΤΗΣ ΕΛΛΑΔΟΣ
ΝΟΜΑΡΧΙΑ ΧΑΝΙΩΝ Ἐν Χανίοις τῇ 16/11/1962

                                              Πρός
                                Τόν κ. ΔR MULLER
            Πρόεδρον τῶν ἐν Γερμανίᾳ Εὐαγγελικῶν Ἀκαδημιῶν
                         BAD BOLL UBER GOPPINGEN
                               <u>Εἰς Γερμανίαν</u>

Μετά ἰδιαιτέρας χαρᾶς καί εὐχαριστήσεως ἐπληροφορήθημεν ὅτι ὁ Σεβασμιώτατος Κισάμου καί Σελίνου κ.κ. Εἰρηναῖος διακαῶς ἐπιθυμεῖ τήν ἵδρυσιν Ἰνστιτούτου παρά τήν Ἱεράν Μονήν Γωνιᾶς, τοῦ ὁποίου ὁ σκοπός θά εἶναι ἡ οἰκονομική βελτίωσις τῆς περιφερείας, ἡ ἀλληλοβοήθεια, ἡ ἐπιμόρφωσις τῶν κατοίκων τοῦ Νομοῦ Χανίων καί τῆς Κρήτης ὁλοκλήρου.

Ἡ προσπάθεια αὕτη εἶναι ἀξία πάσης ἐξάρσεως καί ἐνισχύσεως καί ἡμεῖς ὡς Νομάρχης Χανίων ἐπικροτοῦμεν πλήρως τήν πρωτοβουλίαν τοῦ Σεβασμιωτάτου καί συνηγοροῦμεν ὑπέρ αὐτῆς καί πιστεύομεν ἀπολύτως ὅτι ὁ κ. Πρόεδρος τῶν ἐν Γερμανίᾳ Εὐαγγελικῶν Ἀκαδημιῶν θά συνδράμῃ τό ἔργον τοῦτο οἰκονομικῶς διά τήν ἐπιτυχίαν τοῦ ἐπιδιωκομένου σκοποῦ.

PRÄFEKT

Σφραγίδα
Ὑπογραφή ΗΛΙΑΣ ΠΑΠΑΓΙΑΝΝΟΠΟΥΛΟΣ».

{Τή μετάφραση στά Γερμανικά μέ ἡμερομηνία 28-11-1962 ἔκαμε ὁ Μάκης Παπασταύρου, ὁρκωτός μεταφραστής}.[105]

19-11-1962 ΑΑπ
Μο πρός Απ
Σέ σύντομο ἐνημερωτικό σημείωμά της μοῦ γράφει:
«Οὐδέν νεώτερον ἀκόμη.
Ἡ συζήτηση τοῦ D. Müller στή Βόννη θά γίνει ἀρχές Δεκεμβρίου (αὐτό μόνον ὡς προσωπική πληροφορία. Ἡ μισή ζωή εἶναι ὑπομονή)».

22-11-1962 ΑΒΒ
Μ πρός Εἰρηναῖον
Ὁ κ. Παπαδερός θά σᾶς ἔχει ἐνημερώσει ἤδη γιά τήν ἐξέλιξη τῶν ὑποθέσεων. Φαίνεται πῶς θά χρειαστοῦμε περισσότερο χρόνο ἀπό ὅσον εἶχα ὑπολογίσει. Οἱ ὅροι ἔγκρισης ἐπιχορηγήσεων ἔγιναν πολύ σχολαστικοί, προκειμένου νά

---

[105] 1-12-1962 ΑΑπ
Απ πρός Νομάρχη Χανίων
Εὐχαριστήρια ἐπιστολή μου πρός τόν τότε Νομάρχη Χανίων Ἡλία Παπαγιαννόπουλο γιά τό ἀπό 16-11-1962 ἔγγραφό του πρός τόν Müller, μέ τό ὁποῖο στηρίζει τήν ὑπόθεση τῆς Ἀκαδημίας. Μέ τήν εὐκαιρία τόν ἐνημερώνω γιά τίς προσπάθειές μου πρός τήν AKTION SÜHNEZEICHEN, προκειμένου νά ἐκτελέσει κάποιο ἔργο στήν Κάντανο καί στό χωριό μου, τόν Λειβαδά Σελίνου. Καί ὡς πρός μέν τήν Κάντανο, σημειώνω, τά πράγματα προχωροῦν καλά, στό Λειβαδά ὅμως καί τά ὅμορα χωριά Κουστογέρακο, Μονή καί Σούγια ὑπάρχει ἀσυμφωνία ὅσον ἀφορᾶ στό τί πρέπει νά γίνει, γεγονός πού δυσχεραίνει τίς προσπάθειές μου.

διασφαλισθεῖ ἡ σωστή χρήση τῶν χρημάτων. Πάντως σέ καμιά Ὑπηρεσία δέν ἔλαβαν μέχρι σήμερα ἀρνητική ἀπόφαση.

25-11-1962 ΑΑπ
Εἰρηναῖος πρός Απ
....
Τήν 18 τρέχοντος ἐκάναμε εἰς Γωνιά τό Μνημόσυνο Ἀποστολίδη καί ἦλθαν οἱ κ.κ. Σιώτης, Φυτράκης, ὅστις καί ὡμίλησε. Ἦταν ὡραῖα καί γώ ἐδήλωσα ἐν τῇ Τραπέζῃ ὅτι τό Μνημόσυνον αὐτό εἶναι μία ἐπίσημος ἀρχή σοβαρᾶς πνευματικῆς ἐργασίας ἐν Γωνιᾷ.
Χαιρετισμούς στό ζεῦγος {Χίλκμαν}. Ἀναμένω νεώτερά σου. Εὐχάριστα.
....
Μέ εὐχές καί ἀγάπη.
(χωρίς ὑπογραφή, ἐλλείψει χώρου...)

12. Ὁ Κρήτης καί ὁ Εἰρηναῖος προσκαλοῦνται ἐπισήμως στή Γερμανία

27-11-1962 ΑΒΒ
Μ πρός Εἰρηναῖον
«Πληροφορήθηκα μόλις τώρα ἀπό τό Ὑπουργεῖο Ἐξωτερικῶν τῆς Ὁμοσπονδιακῆς Γερμανίας ὅτι θά προσκληθεῖτε στή Γερμανία {παρακάτω ἐξηγεῖ: Σεῖς καί ὁ Ἀρχιεπίσκοπος Κρήτης} ὡς κρατικοί φιλοξενούμενοι τῆς Ὁμοσπονδιακῆς Κυβερνήσεως τό ἔτος 1963, προκειμένου νά μελετήσετε ἐπί 3 ἑβδομάδες τίς Εὐαγγελικές Ἀκαδημίες. Ἡ πρόσκληση περιλαμβάνει ἀεροπορικό εἰσιτήριο 1 θέσεως πρός Γερμανία, τίς δαπάνες διακινήσεως καί ξενοδοχείων στή Γερμανία καί ἐπιπλέον 50 DM ἡμερησίως...»
Προτρέπει νά πᾶνε τόν Μάρτιο, ἐπειδή ἀργότερα εἶναι μεγάλος ὁ ἀριθμός τῶν προσκεκλημένων. Ἐξάλλου, τόν Μάρτιο ἐνδέχεται νά εἶναι ὁ κατάλληλος χρόνος γιά συζήτηση τοῦ θέματος τοῦ Ἰνστιτούτου Γωνιᾶς.
Παρακαλεῖ νά συνεννοηθεῖ μέ τόν Ἀρχιεπίσκοπο ὅσον ἀφορᾶ στήν ἀκριβή ἡμερομηνία, ὥστε ἐκεῖνος νά προετοιμάσει τά ἀναγκαῖα σέ συνεννόηση μέ τίς Ἀκαδημίες.
Ἐπειδή δέν γνωρίζει τή διεύθυνση τοῦ Ἀρχιεπισκόπου, ἐσωκλείει τήν πρός αὐτόν πρόσκληση καί παρακαλεῖ νά ἐπιδοθεῖ μέ μετάφραση. Πάντως, θά πάρουν καί τήν ἐπίσημη πρόσκληση τοῦ Ὑπουργείου Ἐξωτερικῶν μέσω τῆς Πρεσβείας τῶν Ἀθηνῶν.
Κοινοποίηση σέ μένα.

27-11-1962 ΑΑπ
Μ πρός Κρήτης Εὐγένιον
Ἀπευθύνεται πρός τόν Ἀρχιεπίσκοπο Κρήτης Εὐγένιο καί τοῦ ἀνακοινώνει ὅτι «σύντομα θά λάβει διά τοῦ ἐν Ἀθήναις Πρέσβεως τῆς Γερμανίας ἐπίσημη πρόσκληση γιά ἐπίσκεψη τριῶν ἑβδομάδων στή Γερμανία ὡς προσκεκλημένος τῆς Ὁμοσπονδιακῆς Κυβερνήσεως. Ἡ πρόσκληση περιλαμβάνει ἀεροπορικό εἰσιτήριο πρός Γερμανία 1ης θέσεως, ὅλες τίς δαπάνες κινήσεως στή Γερμανία, τίς δαπάνες ξενοδοχείου καί ἐπιπλέον 50 μάρκα ἡμερησίως. Σκοπός τῆς προσκλήσεως εἶναι νά διευκολύνει τή γνωριμία σας μέ τίς Εὐαγγελικές Ἀκαδημίες τῆς Γερμανίας. Ὡς ἐκ τούτου τό ταξίδι σας θά ἑτοιμαστεῖ ἀπό τόν Σύνδεσμο τῶν Διευθυντῶν τῶν ἐν Γερμανίᾳ Εὐαγγελικῶν Ἀκαδημιῶν, σέ συνεργασία μέ τό Ὑπουργεῖο Ἐξωτερικῶν.

Θά σᾶς εἴμεθα εὐγνώμονες, ἄν, σέ συνεννόηση μέ τόν Ἐπίσκοπο Κισάμου καί Σελίνου κύριο Εἰρηναῖο, θά μᾶς γνωρίζατε τό ταχύτερο δυνατόν πότε θά μπορούσατε νά ἀρχίσετε τό ταξίδι σας στή Γερμανία. Ἐπιθυμητό θά ἦταν νά γίνει αὐτό τό ταξίδι τόν Μάρτιο. Ἄν ἐμποδίζεσθε αὐτήν τήν περίοδο, θά ἦταν δυνατόν καί ἕνα μεταγενέστερο χρονικό διάστημα, ὄχι ὅμως μετά τόν Ἰούνιο.

Θά χαιρόμουν ἰδιαίτερα, ἐάν μέ αὐτήν τήν εὐκαιρία θά μποροῦσα νά ἀνταποδώσω τήν εὐγενῆ φιλοξενία πού προσφέρατε σέ μένα καί στήν οἰκογένειά μου στό Ἡράκλειο».

Κοιν. : Απ

30-11-1962 ΑΒΒ
Απ πρός Μ
Χαιρετίζω τό ἐπίτευγμά του, νά ἐξασφαλίσει ἐπίσημη κρατική πρόσκληση γιά τούς δύο Κρῆτες Ἱεράρχες.

Ἐπισημαίνω δυσκολίες ὅσον ἀφορᾶ στίς ἡμερομηνίες. Ὁ Ἐπίσκοπος Εἰρηναῖος ἔχει προσκαλέσει τόν Καθηγητή μου κ. Χίλκμαν στήν Κρήτη γιά τόν Μάρτιο καί Ἀπρίλιο. Θά τόν συνοδεύσω. Καί ἀποχαιρετῶ τή Γερμανία {ὁ ἀποχαιρετισμός, ὡστόσο, ἔγινε ὕστερα ἀπό 16 μῆνες - χρόνο πού ἀπαιτήθηκε γιά τά τῆς Ἀκαδημίας}. Ἄλλη δυσκολία εἶναι ὅτι τόν Ἀπρίλιο θά ἐπισκεφθοῦν τήν Κρήτη μέλη τοῦ Τάγματος ΟCΜ. Μεταξύ ἄλλων ἀναμένονται ὁ Ἀρχιεπίσκοπος Κύπρου Μακάριος[106] καί ἄλλα Μέλη τοῦ Τάγματος, ὅπως ὁ

---

[106] Τελικά ὁ Ἀρχιεπίσκοπος δέν ἦλθε. Διατηροῦσα κάποια ἐπικοινωνία μαζί του. Διά τοῦ Καθηγ. Κονομῆ τοῦ ἔστειλα σέ ἀνάτυπο τήν ἀφιερωμένη σ' αὐτόν ὁμιλία μου *Κωνσταντῖνος Κριάρης ὁ Ἀρχηγός τοῦ Σελίνου*, πού εἶχα ἐκφωνήσει κατά τήν ἀποκάλυψη τῆς προτομῆς τοῦ Κριάρη στά Χανιά, μέ συνοδευτική ἐπιστολή (24-4-1967), στή ὁποία ἀπάντησε μέ θερμά λόγια. Σημειώνω γιά τήν Ἱστορία ὅτι στήν κηδεία του ἔλαβα μέρος ὡς ἐκπρόσωπος τοῦ Συμβουλίου Εὐρωπαϊκῶν

Προϊστάμενος τοῦ Προγράμματος τῆς Γαλλικῆς Κυβερνήσεως γιά τήν παροχή Ἀναπτυξιακῆς Βοηθείας καί πολλές ἄλλες προσωπικότητες τοῦ πολιτικοῦ, οἰκονομικοῦ καί ἐπιστημονικοῦ χώρου, τούς ὁποίους πρέπει νά ἐνημερώσω γιά τά προβλήματα τῆς Κρήτης.

Προτείνω ὡς πιό εὐπρόσδεκτο χρόνο τόν Φεβρουάριο - Μάρτιο ἤ τόν Μάιο. Ἐρωτῶ ἄν ἀναμένεται νά συνοδεύσω τούς Ἱεράρχες (θετικά καί δυσκολίες ἑνός τέτοιου ἐνδεχομένου).

1-12-1962 ΑΑπ
Απ πρός Κρήτης Εὐγένιον
«Σεβασμιώτατε!

Ἐλπίζω ὅτι μέχρις ἀφίξεως τῆς παρούσης μου θά ἔχετε λάβει μέσω τοῦ Ἁγίου Κισάμου ἐπιστολήν τοῦ Προέδρου τῶν ἐν Γερμανίᾳ Εὐαγγελικῶν Ἀκαδημιῶν περί προσκλήσεώς Σας εἰς Γερμανίαν ὡς φιλοξενουμένου τῆς Γερμανικῆς Κυβερνήσεως. Εἶχα μελετήσει τό θέμα τοῦτο πρό πολλοῦ μετά τοῦ κ. Müller καί δή καί τῇ ὑποκινήσει τοῦ Ἁγίου Κισάμου, δι' ὅ καί χαίρω ὅλως ἰδιαιτέρως ἐπί τῇ προσδοκίᾳ τῆς ἀφίξεώς Σας.

Δέν ἀμφιβάλλω, Σεβασμιώτετε, ὅτι θά θελήσητε νά ὑποβληθῆτε εἰς τόν κόπον ἑνός τοιούτου ταξιδίου, τό ὁποῖον θά ἀποβῇ ἀσφαλῶς εἰς ὄφελος τοῦ οἰκουμενικοῦ πνεύματος, εἰς προβολήν τῆς ἐν Κρήτῃ Ἐκκλησίας ἡμῶν καί τῶν νέων κοινῶν προσπαθειῶν πρός καλυτέραν ὀργάνωσιν τοῦ ἔργου αὐτῆς. Ἐπιτρέψατέ μοι μόνον, Σεβασμιώτατε, νά ἐκθέσω ὁρισμένας σκέψεις ὡς πρός τόν χρόνον τοῦ ταξιδίου, τάς ὁποίας ὑποβάλλω συγχρόνως εἰς τόν Ἅγιον Κισάμου καί εἰς τόν κ. Müller.

{Ἀκολουθεῖ σύντομη ἀναφορά στό Τάγμα τοῦ Μ. Κων/νου}

Ὡς πρῶτος καί μόνος πρός τό παρόν Κρής-μέλος τοῦ Τάγματος, ἐπέτυχα νά πείσω τήν ἡγεσίαν τοῦ Τάγματος, ὅπως διαθέσῃ 4-5 ἡμέρας διά τήν Κρήτην, γνωρίζω δέ τοῦτο εἰς Ὑμᾶς σήμερον ἐπισήμως ὡς ἐξουσιοδοτημένος ἐκ μέρους τοῦ Τάγματος. Ἐλπίζω ὅτι εἰς τόν ἑορτασμόν αὐτόν θά συμμετάσχουν ἅπαντα τά μέλη. Μεταξύ αὐτῶν συγκαταλέγονται περιφανεῖς προσωπικότητες, ὡς εἷς Ὑφυπουργός τῆς Γερμανικῆς Κυβερνήσεως, ὁ Δντής τοῦ Προγράμματος Βοηθείας

Ἐκκλησιῶν. Πρίν φύγω ἀπό τά Χανιά εἶπα στόν τότε Δήμαρχο τῆς πόλης Ἀντώνη Μαρή: Φεύγω ἀπό τήν πόλη τοῦ ἑνός Ἐθνάρχη καί πηγαίνω στήν κηδεία τοῦ ἄλλου Ἐθνάρχη. Μήπως θά ἦταν σωστό νά πάρω λίγο χῶμα ἀπό τόν τάφο τοῦ Ἐλευθερίου Βενιζέλου καί νά τό ἀποθέσω στόν τάφο τοῦ Μακαρίου; Ἐκθύμως τό ἐνέκρινε παραυτά. Ἐνημερώθηκαν οἱ ἁρμόδιοι στήν Κύπρο καί μέ αἰφνιδίασαν στό ἀεροδρόμιο, ὅπου ὑποδέχθηκαν ἐπισήμως τό χῶμα! Μέ πολλή δυσκολία πρόλαβα νά ρίξω στόν βαθύ τάφο του τήν ἀρχαϊκή λήκυθο, στήν ὁποία τό εἶχα τοποθετήσει (ἔπεσε δίπλα ἀπό τήν ἀριστερή πλευρά τοῦ προσώπου του). Στό περιοδικό «Ἀπόστολος Βαρνάβας» ἔχουν δημοσιευθεῖ τά λίγα λόγια πού εἶπα τήν ὥρα ἐκείνη.

Ἀναπτύξεως τῆς Γαλλίας {πρός ἄλλας χώρας} καί ἄλλοι ἐπιστήμονες, οἰκονομολόγοι καί πολιτικοί διεθνοῦς κύρους καί μεγάλης ἰσχύος. Ἐπιδίωξίς μου εἶναι ὅπως οἱ ἄνθρωποι αὐτοί γνωρίσουν ἐκ τοῦ πλησίον τά προβλήματα τῆς νήσου μας, ἔχομαι δέ τῆς ἐλπίδος, ὅτι ἐκ τούτου δύναται νά προκύψῃ τι ἀγαθόν δι' ὅλους.

Τά μέλη τοῦ Τάγματος οὐδένα ἐπιθυμοῦν νά ἐπιβαρύνουν οἰκονομικῶς διά τῆς ἐπισκέψεως αὐτῆς, καλόν θά εἶναι ὅμως νά προετοιμασθῇ κατάλληλος ὑποδοχή αὐτῶν ἐν Κρήτῃ. Ὡς ἐκ τούτου θεωρῶ τήν παρουσίαν Σας εἰς τήν νῆσον ἀπαραίτητον πολύ πρό τῆς ἀφίξεως αὐτῶν. Πέραν τούτου εἶμαι ὑποχρεωμένος νά εὑρίσκωμαι ἀρχάς Μαρτίου εἰς τήν Ἑλλάδα διά τήν σχετικήν προετοιμασίαν, ὡς ἐκ τούτου δέ δέν θά μοῦ ἦτο δυνατόν νά Σᾶς συνοδεύσω ἐνταῦθα ὡς προβλέπεται τόσον διά τάς γλωσσικάς δυσκολίας ὅσον καί διά τόν ὅλον κατατοπισμόν Σας. Ὑποβάλλω ὡς ἐκ τούτου εὐλαβῶς τήν παράκλησιν, ὅπως καθορίσητε τό ταξείδιον αὐτό εἰ δυνατόν μεταξύ 20ῆς Φεβρουαρίου καί 10ης Μαρτίου καί ἀπαντήσητε ἀναλόγως, κατόπιν συνεννοήσεως μετά τοῦ Ἁγίου Κισάμου, εἰς τήν ἐπίσημον πρόσκλησιν τῆς Γερμανικῆς Πρεσβείας, τήν ὁποίαν θά λάβητε ἐντός τῶν προσεχῶν ἡμερῶν. Ἐάν πάλιν δέν εἶναι δυνατόν νά πραγματοποιήσητε τό ταξείδιον αὐτό ἐντός τῆς ἀνωτέρω ἡμερομηνίας, τότε θά ἤμην λίαν εὐγνώμων, ἐάν ἠθέλατε νά ταξιδεύσητε μετά τήν 10ην Μαΐου, ἤτοι μετά τήν λῆξιν τῆς ἐπισκέψεως τοῦ Τάγματος εἰς Κρήτην.

Ἡ Ἔκθεσίς μου πρός τήν Ἱεράν Ἐπαρχιακήν Σύνοδον Κρήτης, τήν ὁποίαν Σᾶς ὑπεσχέθην παλαιότερον, καλόν θά ἦτο νά ὑποβληθῇ μετά τήν συνάντησίν μας.

Χαίρω ἰδιαιτέρως διά τήν πρόοδον εἰς τά προβλήματα τῆς Ἐκκλησίας Κρήτης, θά ηὐχόμην ὅμως ὅπως τό Πατριαρχεῖον ἐπεδείκνυε ἀκόμη μεγαλυτέραν κατανόησιν· ἄς ἐλπίσωμεν ὅτι τοῦτο θα ἐπιτευχθῇ συντόμως.

Εὐχαριστῶν τέλος θερμῶς διά τήν ἀπό 30ῆς Αὐγούστου ἐπιστολήν Σας, διατελῶ, μετά βαθυτάτου σεβασμοῦ».

3-12-1962 ΑΒΒ
Μ πρός Απ
Ἐπιδοκιμάζει τή σκέψη νά συνοδεύσω τούς Ἱεράρχες καί τήν πρότασί μου νά γίνει ἡ ἐπίσκεψή τους τόν Φεβρουάριο. Ἀφήνει σέ μένα νά συμφωνήσω μαζί τους τά τῶν ἡμερομηνιῶν. Χειρόγραφο Υ.Γ.: Ἐρωτᾷ ἄν θά πάω στήν Κρήτη τά Χριστούγεννα, ὥστε νά ἐτοιμάσει δῶρα! Συνημ.: Φωτοαντίγραφο τῆς συστατικῆς ἐπιστολῆς τοῦ Νομάρχη Χανίων καί μετάφρασί της.

26-12-1962 ΑΑπ
Απ πρός Ἀρχιγραμματέα Συμεών
Ἐκφράζω εὐχές πρός τόν Ἀρχιγραμματέα τῆς Ἁγίας καί Ἱερᾶς Συνόδου

τοῦ Οἰκουμενικοῦ Πατριαρχείου καί τόν παρακαλῶ νά μοῦ στείλει 3-5 ἀντίτυπα τῆς μελέτης μου,[107] προκειμένου νά ἐνημερωθοῦν ἁρμόδιες ἐκκλησιαστικές Ὑπηρεσίες τῆς ΡΚαθολικῆς Ἐκκλησίας τῆς Γερμανίας. Στή συνέχεια σημειώνω μεταξύ ἄλλων ὅτι ἐργάζομαι γιά ἕνα «σοβαρόν ἐκκλησιαστικόν ἔργον» στήν Κρήτη, γιά τό ὁποῖο «νομίζω ὅτι καί παλαιότερον Σᾶς ἔγραψα» σχετικῶς. «Δέν δύναμαι μέν νά Σᾶς γράψω σήμερον περισσότερα ἐπ' αὐτοῦ, ἐλπίζω ὅμως ὅτι πολύ συντόμως θά εἶμαι εἰς θέσιν νά τό πράξω καί εἶμαι βέβαιος ὅτι καί Σεῖς προσωπικῶς ἀλλά καί τό Πατριαρχεῖον θά ἔχετε λόγους νά χαρῆτε βαθύτατα».

1963

3-1-1963 ΑΒΒ
Μ πρός Απ
Ἀνησυχεῖ γιά τό ὅτι ὁ Εἰρηναῖος δέν ἀπάντησε ἀκόμη στό θέμα τῆς ἐπίσκεψης ἐκείνου καί τοῦ Εὐγενίου. Πρέπει νά γίνει ἔγκαιρα τό πρόγραμμα. Παρακαλεῖ νά ἐπικοινωνήσω μέ τήν Κρήτη πρός ἐπιτάχυνση τοῦ καθορισμοῦ τῶν ἡμερομηνιῶν.

Ὁ Εἰρηναῖος καλόν θά ἦταν νά ἔλθει γρήγορα στή Γερμανία (ἐννοεῖ μόνος, ἀνεξάρτητα ἀπό τήν ἐπίσημη ἐπίσκεψη).

4-1-1963 ΑΒΒ
Εἰρηναῖος πρός Μ (χειρόγραφη ἐπιστολή, γερμανιστί)
«Ἀγαπητέ φίλε καί ἀδελφέ ἐν Χριστῷ»
Εὐχές γιά τό νέον ἔτος.
Εὐχαριστίες γιά ὅ,τι κάνει, ἰδιαίτερα χάριν τῆς Ἀκαδημίας.
«...Τήν ἐπίσκεψη στή Γερμανία μέ τόν Ἀρχιεπίσκοπο Εὐγένιο θά πραγματοποιήσουμε ἴσως μετά τό Πάσχα» {πάλι αὐτό τό *vieleicht*, τό *ἴσως* τῆς ἀπροσδιοριστίας, πού κάνει ἀδύνατο κάθε σοβαρό προγραμματισμό...}.

Τό καλοκαίρι ἡ Ἐπισκοπή μου περιμένει ὅλη τήν οἰκογένειά σας καί τούς φίλους σας...»

Μετά τήν ὑπογραφή, στό ἀριστερό μέρος:
«Τώρα καί 3 μῆνες ὅλοι οἱ Ἐπίσκοποι τῆς Κρήτης ἀποκτήσαμε τόν τίτλο *Μητροπολίτης*».

---

[107] *ΠΙΣΤΙΣ-ΕΥΧΑΡΙΣΤΙΑ-ΔΙΑΚΟΝΙΑ. Τό 79ον Συνέδριον τῶν ἐν Γερμανίᾳ Ρωμαιοκαθολικῶν*, πού δημοσιεύθηκε στό περιοδικό τοῦ Πατριαρχείου ΑΠΟΣΤΟΛΟΣ ΑΝΔΡΕΑΣ σέ συνέχειες (5.9.1962 κ. ἑξ. - Α΄ μέχρι ΙΓ΄).

Τήν ἐπιστολή συνοδεύει κάρτα μέ παράσταση βρακοφόρου καί χειρόγραφη σημείωση (γερμανιστί): Καστέλλι 4-1-1963.

«Dr. Müller,
Αὐτός ὁ Κρητικός ἔρχεται γιά νά σᾶς πεῖ: Εὐλογημένο τό νέον ἔτος 1963 καί ἐλᾶτε πάλι τό ἐπόμενο καλοκαίρι στήν Κρήτη στήν Ἐπισκοπή μου, Μητροπολίτης Εἰρηναῖος».

13-1-1963 ΑΑπ
Εἰρηναῖος πρός Απ
«Ἐμεῖς μέ τόν ἅγιον Κρήτης θά ἔλθωμεν μᾶλλον {!!!} τόν Μάιον εἰς Γερμανίαν ὅταν μᾶς ἔλθη ἡ πρόσκλησις».

17-1-1963 ΑΑπ
Εἰρηναῖος πρός Απ
....
«...στό διάστημα αὐτό {τῶν ἑορτῶν} πέρασα πολλές οἰκονομικές δυσχέρειες, γιατί εἶχα χρέη ἀπό τό καλοκαίρι, ἡ ζωή φέτο εἶναι πολύ ἀκριβή (διά τά Ἱδρύματα ἐννοῶ) καί ἔπρεπε νά κάνω πάλι ἕνα σωρό μικροπράματα διά νά τά βολέψω».
Μέ κόκκινο: «Διά τό ταξίδι μου αὐτοῦ.
Τό ἐλογαριάζαμε μέ τόν ἅγιον Κρήτης δι᾽ ἀρχάς Μαΐου (τώρα μέ τά Μητροπολιτικά Κρήτης ἐκεῖνος φοβᾶται μήπως δέν τοῦ ἐπιτρέψη τό ταξεῖδι ὁ Πατριάρχης). Ἀπό 15-26 Μαρτίου πού γράφεις εἶναι τόσα ἐμπόδια χειμώ{νας} καί προπάντων Σαρακοστή πού δέν μποροῦμε νά λείπωμεν ἀπό τήν Ἐκκλησίαν μας.
Δυνάμεθα ὅμως νά ἔλθωμεν ἀμέσως μετά τήν ἐπιστροφήν τοῦ Τάγματος, δηλ. περί τήν 20ήν Ἀπριλίου. <u>Δηλ. μπορῶ νά ὁρίσω ἀπό τώρα τήν 22 Ἀπριλίου ἡμέραν ἀναχωρήσεώς</u> μου ἐκ Κρήτης καί δύνασαι ὡς τοιαύτην νά δηλώσης ἀμέσως στόν κ. Müller. <u>Ἐάν ὅμως πράγματι εἶναι ἀπαραίτητος ἐνωρίτερον ἡ παρουσία μου αὐτοῦ, θά ὑποχρεωθῶ</u> κατ᾽ ἀνάγκην νά φύγω ἀπό δῶ <u>τήν 25ην Φεβρουαρίου καί νά ἔλθω πάλιν</u> βιαστικά γιά 10 μέρες. Προτιμῶ ὅμως τήν πρώτη περίπτωση δηλ. τῆς 22 Ἀπριλίου γιά πολλούς λόγους. <u>Θέλω δέ νά ἔλθω σιδηροδρομικῶς</u>».

22-1-1963 ΑΑπ
Εἰρηναῖος (Ἀθήν) πρός Απ
«...μᾶλλον τόν Ἀπρίλιον δηλ. μετά τό Πάσχα (22 Ἀπριλίου) δύναμαι νά ἔλθω αὐτοῦ πάνω».

24-1-1963 ΑΒΒ ἐπεῖγον
Απ πρός Μ
....
Οἱ Σεβασμιότατοι Εἰρηναῖος καί Εὐγένιος θά ἔλθουν <u>ὁριστικά</u> τέλη Ἀπριλίου, ἀρχές Μαΐου, «ἐφ' ὅσον βεβαίως λάβουν στό μεταξύ τήν ἐπίσημη πρόσκληση». Γιά νά εἴμαστε σίγουροι προτείνω νά ὁρίσουμε ὡς ἡμέρα ἀφίξεώς των τήν 1η Μαΐου. Ὡστόσο, κάποιο πρόβλημα μέ τόν Ἀρχιεπίσκοπο καί τή σχέση του μέ τό Πατριαρχεῖο δικαιολογεῖ τό φόβο, μήπως δέν λάβει ἔγκριση ταξιδίου. Θά ξεδιαλύνω τά πράγματα τόν Μάρτιο καί θά σᾶς γράψω ἀπό τήν Κρήτη.

25-1-1963 ΑΒΒ
Μ πρός Απ
Ἡ πρόσκληση {πρός τόν Κρήτης καί τόν Εἰρηναῖο} μπορεῖ νά σταλεῖ μέσω τῆς Πρεσβείας τῶν Ἀθηνῶν, μόνον ἀφοῦ γνωστοποιηθεῖ ἡ ἀκριβής ἡμερομηνία ἀφίξεώς τους.

28-1-1963 ΑΒΒ
Σημείωση Μο
Θέμα: Κρατική {ἐπίσημη} ἐπίσκεψη Ἀρχιεπισκόπου ἀπό τό Ἡράκλειο καί Ἐπισκόπου ἀπό Κίσαμο.
Σχετικό: Ἔγγραφο τοῦ Δρος Μ πρός Δρ. Παπαδερό ἀπό 25-1-63.
Τηλεφωνική ἐνημέρωση ἀπό τόν Δρα Παπαδερό:
Κρατική ἐπίσκεψη Ἀρχιεπισκόπου ἀπό τό Ἡράκλειο καί Ἐπισκόπου ἀπό Κίσαμο ἀρχίζει τήν 1.5.1963.

4-2-1963 ΑΑπ
Εἰρηναῖος πρός Απ
«Διά τόν χρόνον ἐπισκέψεώς μας Γερμανία ἐβράδυνα ἀκόμη καί δι' ἕνα λόγον, διότι ἐνῶ ἐπερίμενα τόν Ἅγιον Κρήτης νά συγχρονίσωμεν τήν ἐπίσκεψίν μας, μέχρι σήμερον δέν ἔχω τελικήν ἀπάντησίν του. Ἐγώ πάντως ὥρισα ἤδη, ὅπως σοῦ ἔγραψα, τόν χρόνον αὐτόν στίς 22 Ἀπριλίου καί παρακαλῶ νά τό πῆς αὐτό στόν κ. Müller».

9-2-1963 ΑΑπ
Απ πρός Εἰρηναῖον
«Ὡς ἡμέραν ἀφίξεώς Σας στή Γερμανία ὥρισα τελικῶς τήν <u>πρώτην</u> Μαΐου. Ἡ 22 Ἀπριλίου εἶναι κάπως ἐνωρίς, διότι θά εὑρίσκομαι ὁ ἴδιος ἀκόμη στήν Ἑλλάδα. Σᾶς παρακαλῶ λοιπόν νά ἐγκρίνετε τήν ἡμερομηνία αὐτή ὡς τήν

οριστική. Φροντίσετε νά πείσετε καί τόν Μητροπολίτη {Κρήτης Εὐγένιο}, ἴσως τοῦ ξαναγράψω καί ἐγώ».

13-2-1963 ΑΒΒ+ΑΑπ
Μ πρός Κρήτης Εὐγένιον
Μέ μεγάλη χαρά ἔλαβε τήν ἀπό 5 Φεβρουαρίου ἐπιστολή του (Μητροπολίτου} μέ τήν πληροφορία «ὅτι ἀπό 25 Ἀπριλίου μπορεῖτε νά πραγματοποιήσετε τήν ἐπίσκεψή σας στή Γερμανία. Ζήτησα ἀπό τό Ὑπουργεῖο Ἐξωτερικῶν, Βόννη, νά σᾶς σταλεῖ μιά ἐπίσημη πρόσκληση γιά μιά ἐπίσκεψη πού ἀρχίζει στίς 25 Ἀπριλίου. Εἶναι αὐτονόητο ὅτι σεῖς θά ἐπιλέξετε ἄν θά ταξιδέψετε σιδηροδρομικῶς ἤ ἀεροπορικῶς. Ἐάν ταξιδέψετε μέ τό τρένο, θά παραγγελθεῖ γιά σᾶς μιά θέση 1^{ης} τάξεως σέ βαγόνι ὕπνου.

Ἡ πρόσκληση θά γίνει μέσω τῆς Γερμανικῆς Πρεσβείας Ἀθηνῶν.

Θά ἤμουν εὐγνώμων, ἄν θά εἴχατε τήν καλοσύνη νά μοῦ γνωρίσετε κατά τό δυνατόν ἀμέσως πόσο καιρό μπορεῖτε νά μείνετε στή Γερμανία, προκειμένου νά ὀργανώσουμε τό πρόγραμμα τοῦ ταξιδίου σέ συνεργασία μέ τό Ὑπουργεῖο Ἐξωτερικῶν. Θά προβλεφθεῖ μιά ἐπίσκεψη στή Βόννη καί στό Βερολίνο καί φυσικά στίς σημαντικότερες Εὐαγγελικές Ἀκαδημίες.

Χαιρόμαστε γιά τήν ἐπίσκεψή σας».
Κοιν.: Δρα κ. Παπαδερόν, Μάιντς

6-4-1963 ΑΑπ
Εἰρηναῖος πρός Μ
«Εὐχαριστῶ γιά τίς ἐπιστολές σας τῆς 21 καί 27 Μαρτίου, καθώς καί γιά τήν πρόσκληση τήν ὁποία μοῦ ἔστειλε ἡ Κυβέρνηση τῆς Ὁμοσπονδιακῆς Δημοκρατίας.

Γνωρίζω καλά ὅτι τήν πρόσκληση αὐτή τήν ὀφείλω ἀποκλειστικά σέ σᾶς καί χαίρω πολύ γιά τό ὅτι, μέ αὐτήν τήν εὐκαιρία, θά ξαναδῶ ἐσᾶς καί τήν ἀγαπητή οἰκογένειά σας καί θά γνωρίσω ἀπό κοντά τήν ἐξαίρετη δράση σας.

Ὁ κ. Παπαδερός, πού μαζί μέ τόν Καθηγητή Χίλκμαν εἶναι πρός τό παρόν κοντά μας, μοῦ ἔφερε τά ὄμορφα δῶρα σας, οἱ παραλῆπτες τῶν ὁποίων σᾶς εὐχαριστοῦν πολύ.

Τά σχέδια γιά τήν οἰκοδομή τῆς Ἀκαδημίας ἑτοιμάζονται γρήγορα καί θά τά ἔχω μαζί μου».

Εὐχές γιά τό Πάσχα.

6-4-1963 ΑΑπ

Απ πρός Μ (ἀπό τό Καστέλλι)

«Τά σχέδια ἄρχισαν δυστυχῶς νά γίνονται μόνο μετά τήν ἄφιξή μου στήν Κρήτη. Ἐλπίζω νά τά φέρουμε κατά τήν ἄφιξη στή Γερμανία. Δέν γνωρίζω μόνον ἄν μπορέσουμε νά ὑπολογίσουμε ἐδῶ τό κόστος γιά τήν ἐπίπλωση καί γενικότερα γιά τόν ἐξοπλισμό, μάλιστα καθώς θά προτιμοῦσα νά τά ἀγοράσουμε ἀπό τή Γερμανία.

Πρός τό παρόν σχεδιάζουμε τό πρόγραμμα {ἐργασιῶν} γιά τόν πρῶτο χρόνο τῆς Ἀκαδημίας. Ἐλπίζω νά βρεῖτε τό χρόνο νά ἐξετάσετε μαζί μας αὐτό τό πρόγραμμα.

Εἶχα λογαριάσει νά ἐπιστρέψω στή Γερμανία στίς ἀρχές Μαΐου, μαζί μέ τόν Καθηγητή Χίλκμαν - μέ τό αὐτοκίνητό του. Ἐπειδή ὅμως ἡ ἐπίσκεψη τῶν δύο Ἐπισκόπων {Κρήτης Εὐγενίου καί Κισάμου καί Σελίνου Εἰρηναίου} ἀρχίζει περίπου μιά βδομάδα νωρίτερα, εἶμαι ἀναγκασμένος νά ταξιδέψω καί ἐγώ μέ τό τρένο, ὄχι ὅμως μαζί τους, ἀλλά 3-4 μέρες ἀργότερα. Δυστυχῶς, ὅσο καί ἄν τό ἤθελα, δέν γίνεται νωρίτερα. Θά ἔλθω λοιπόν κατ' εὐθεῖαν στό Bad Boll καί θά συνοδεύσω τούς Ἐπισκόπους ἀπ' ἐκεῖ καί πέρα.

Τόν Γερμανό Πρέσβη στήν Ἀθήνα θά ἐπισκεφθῶ σέ πρώτη εὐκαιρία.

Εὔχομαι σέ σᾶς καί στήν οἰκογένειά σας εὐλογημένη πασχαλινή ἑορτή καί σᾶς χαιρετῶ ἐγκαρδίως».

Ὁ Κρήτης ἀκυρώνει ἐπίσκεψη στή Γερμανία.
18-4-1963 ΑΑπ

Μο πρός Απ

Ἡ Γραμματέας τοῦ Müller μοῦ στέλνει τό γράμμα στήν Κρήτη (Καστέλλι καί Λειβαδά).

Ὁ Δρ. Müller εἶναι καί πάλι, ὅπως σχεδόν πάντα, σέ ταξίδια. Ἐρωτᾶ:

«1. Πότε ἔρχεσθε;

2. Ἄν δέν ἔλθετε, ποιός θά συνοδεύσει τόν Σεβασμ. Εἰρηναῖο τίς πρῶτες ἡμέρες;

3. Ἐπ' εὐκαιρίᾳ: Μέ λύπη ἀκούσαμε ὅτι δέν θά ἔλθει ὁ Σεβασμ. Ἀρχιεπίσκοπος Εὐγένιος».

22-4-1963 ΑΒΒ

Απ πρός Μ (χειρόγραφο, Θεσ.)

«Ἐν τάχει θέλω νά σᾶς εὐχαριστήσω γιά τήν ἀποστολή τοῦ προγράμματος. Εἶναι κρίμα πού ὁ Μητροπολίτης Κρήτης Εὐγένιος δέν μπορεῖ τελικά νά ἔλθει, καίτοι προσπάθησα πολύ νά ἐπιτύχω τό ἀντίθετο.

Μιά σειρά δυσχερειών παρεμποδίζει ἐπίσης τή δική μου ἔγκαιρη ἄφιξη στό ΒΒ. Θά ἦταν μήπως δυνατόν, ἡ προγραμματισμένη εἰσαγωγή στήν ἐργασία τῆς Ἀκαδημίας (26.4) νά μετατεθεῖ 1-2 ἡμέρες, π.χ. τό βράδυ τῆς 28.4; Ἐλπίζω ὅτι στό μεταξύ θά ἔχω φθάσει.

Γιά διάφορους λόγους θά ἤθελα νά πήγαινα καί ἐγώ στό Βερολίνο, καθώς διαφορετικά θά εἶναι μόνος ὁ Ἐπίσκοπος Εἰρηναῖος. Ἔχω νά συζητήσω ἐκεῖ πολλά πράγματα μέ τήν Aktion Sühnezeichen.

Τά σχέδια εἶναι ἤδη ἕτοιμα καί θά τά φέρουμε μαζί μας».

26-4-1963 ABB
Mohn Σημείωμα
Ὁ Mordhorst ἔκλεισε στό Ὑπ. Ἐξωτερικῶν, στή Βόννη, μιά συζήτηση τοῦ Μητροπολίτη Εἰρηναίου, τοῦ Δρος Μ καί τοῦ Δρος Παπαδεροῦ μέ τόν Δρα Kunisch στίς 6 Μαΐου, ὥρα 10. Ἀπό τήν ΕΖΕ δέν θά παραστεῖ κανείς.

4-5-1963
Πρόγραμμα τοῦ Ὑπουργείου Ἐξωτερικῶν: ΦΙΛΟΞΕΝΟΥΜΕΝΟΙ ΤΗΣ ΟΜΟΣΠΟΝΔΙΑΚΗΣ ΚΥΒΕΡΝΗΣΕΩΣ - Ὁμάδα φιλοξενουμένων {κατηγορία}: Κληρικοί. Ἡμερομηνίες: 25 Ἀπριλίου μέχρι 10 Μαΐου 1963. Ἄτομα 4 {ὑπολογίζουν ἀκόμη μέ συμμετοχή καί τοῦ Σεβασμ. Εὐγενίου. Ὁ Müller καί ἐγώ εἴμεθα συνοδοί}. Ἀκολουθεῖ λεπτομερές πρόγραμμα τῆς παραμονῆς μας στή Βόννη (5-7/5/63). Ἐντύπωση κάνει ἡ ἐπιμονή τῶν Γερμανῶν στόν γραπτό καθορισμό καί τῆς τελευταίας μικρολεπτομέρειας τοῦ προγράμματος, τοῦ ὡραρίου καί τῶν κατά περίπτωση ὑπευθύνων προσώπων.

Ὁποία σύμπτωση! Ὅπως δείχνει ἡ κάρτα-πρόσκληση, τό «πρόγευμα» {στήν πραγματικότητα ἦταν γεῦμα, ἀφοῦ πρόκειται γιά μεσημέρι, ὥρα 13.00} προσφέρθηκε στό ξενοδοχεῖο Königshof, ὅπου δόθηκε καί τό γεῦμα μετά τήν ἐνθρόνιση τοῦ Εἰρηναίου, ὡς Μητροπολίτη Γερμανίας, στίς 6 Φεβρουαρίου 1972, καί ὅπου τόν ἀποχαιρέτησα ἐκ μέρους τῆς Κρήτης![108]

---

[108] Βλ. ΑΜΠΕΛΟΣ 5-6 (1972) 4, ὅπου ἡ προσφώνησή μου καί τό ἐπίκαιρο νεοριζίτικό μου «Παιδιά κι εἴντα νά γίνηκε τοῦ Καστελλιοῦ ὁ Δεσπότης...».

6/9-5-1963 ΑΒΒ
Arnoldshain
Στήν Εὐαγ. Ἀκαδημία Arnoldshain im Taunus, πλησίον τῆς Φραγκφούρτης, πραγματοποιεῖται ἀπό 6 μέχρι 9 Μαΐου 1963 συνέδριο τοῦ Συνδέσμου τῶν Διευθυντῶν τῶν ἐν Γερμανίᾳ Εὐαγγελικῶν Ἀκαδημιῶν. Μετέχουμε ὁ Σεβασμ. Εἰρηναῖος καί ἐγώ. Κύριο θέμα: Προβλήματα συγκρητισμοῦ.[109]

10-5-1963 ΑΒΒ
Ἦρθαν στό ΒΒ καί εἶδαν τόν Σεβασμ. καί μένα ο Frommann/OCM καί ὁ Oberregierungsrat a.D. Albert Siller, Leonberg (ABB 21.5.63).

10-5-1963ΑΒΒ
Δωρεά αὐτοκινήτου
Ὁ Ἐντεταλμένος τῆς Εὐαγ. Ἐκκλησίας παρά τῇ Κυβερνήσει {Kunst} καί ὁ Leiterkreis {Σύνδεσμος τῶν Διευθυντῶν τῶν Ἀκαδημιῶν} δωρίζουν στόν Σεβασμ. Μητροπολίτη Εἰρηναῖο, Καστέλλι Κρήτης, ἕνα αὐτοκίνητο Mercedes Benz, Typ 190b, ἔτος κατασκευῆς 1961. Τό αὐτοκίνητο θά μεταφέρει στήν Κρήτη ὁ κ. Weller.
Θέση ὑπογραφῆς
                   Müller

---

[109] Στίς 31 Αὐγούστου 1984 ἔγιναν τά ἐγκαίνια ἑνός νέου οἰκοδομήματος, πού προστέθηκε στό συγκρότημα τῆς Εὐαγ. Ἀκαδημίας τοῦ Arnoldshain καί ἔλαβε τό ὄνομα „Martin-Niemöller-Haus" - «Οἶκος Μάρτιν Νίμελλερ». Ἡ Ἐκτελεστική Ἐπιτροπή καί τά μέλη τοῦ Οἰκουμενικοῦ Συνδέσμου τῶν Ἀκαδημιῶν τῆς Εὐρώπης μοῦ ἔκαμαν τότε τήν τιμή νά ἐκπροσωπήσω τήν Ἐπιτροπή καί τόν Σύνδεσμο στή σχετική τελετή. Στόν χαιρετισμό μου λοιπόν, ἀπευθυνόμενος στόν Διευθυντή τῆς Ἀκαδημίας Martin Stöhr, εἶπα καί τά ἑξῆς: «Ἀγαπητέ Martin, γνωρίζεις βέβαια πόσον στενά εἶμαι ἀπό χρόνια συνδεδεμένος μέ τήν Ἐκκλησία σου καί μέ τήν Ἀκαδημία σου. Γνωρίζεις ἰδιαίτερα ὅτι τόσο ὁ Ἐπίσκοπός μας Εἰρηναῖος ὅσον καί ἐγώ ἐλάβαμε ἀπό τήν περιοχή τῆς Ἔσσης κάποιες παρορμήσεις γιά τήν ἵδρυση τῆς Ἀκαδημίας τῆς Κρήτης. Ἐγώ μάλιστα εἶχα τό μεγάλο προνόμιο κατά τή διάρκεια τῶν σπουδῶν μου στό Mainz νά γνωρισθῶ μέ τόν μακαριστό Προκαθήμενο τῆς Ἐκκλησίας σας Martin Niemöller, σέ μιά ἐποχή δηλαδή κατά τήν ὁποία ἔπρεπε νά ἀποφασίσω ποιό δρόμο θά ἀκολουθοῦσα στή ζωή μου. Ὁ δρόμος τῆς δικῆς του ζωῆς καί ἡ θαρραλέα μαρτυρία του συνετέλεσαν στή λήψη τῆς δικῆς μου ἀπόφασης. Γι' αὐτό ὑπῆρξε μεγάλη δωρεά τοῦ Θεοῦ τό ὅτι ὁ Martin Niemöller ἦταν ὁ πρῶτος ἄνθρωπος πού ἔκαμε μιά ὁμιλία στήν Ὀρθόδοξο Ἀκαδημία τῆς Κρήτης (1967), μέ τήν τότε ἰδιότητα ἑνός τῶν Προέδρων τοῦ Παγκοσμίου Συμβουλίου Ἐκκλησιῶν». Βλ. Grußwort von Akademiedirektor Dr. Alexandros Papaderos, Orthodoxe Akademie Kreta, in: ARNOLDSHAINER AKZENTE 2, 84, σελ. 9-10. Πρβλ. κατωτέρω, παράγραφος: *Ἡ Κεντρική Ἐπιτροπή τοῦ Π.Σ.Ε. στήν Κρήτη*.

Οἱ π α ρ ο ρ μ ή σ ε ι ς, τίς ὁποῖες ὑπαινίσσομαι, ἀναφέρονται κυρίως στό ὡς ἄνω ταξίδι τοῦ Εἰρηναίου, πού εἶχε ὡς σκοπό τή γνωριμία του μέ τό θεσμό τῶν Ἀκαδημιῶν (στήν Ἀκαδημία τοῦ Arnoldshain φαίνεται ὅτι εἶχε βρεθεῖ μιά μέρα τό 1956, κατά τήν παραμονή του στή Φραγκφούρτη), ἀλλά καί στίς δικές μου συχνές ἐπισκέψεις στήν Ἀκαδημία αὐτή κατά τήν περίοδο τῶν σπουδῶν μου στό Mainz.

Υ.Γ. Τό πρωτότυπο τοῦ ἐγγράφου ἔλαβε ὁ κ. Weller πρίν ἀπό τήν ἔναρξη τοῦ ταξιδίου του στίς 16-5-1963.[110]

10-5-1963, ὥρα 10.55 ΑΒΒ
Τηλεγράφημα πρός Frau Mantaka, Leibnizstr. 22, München
«Ἔρχομαι ἀπόψε τό βράδυ ὥρα 6-8. Εἰρηναῖος».
(διανυκτέρευσή του: Bundesbahn-Hotel, München, στίς 10 πρός 11, ΑΒΒ 21.5.63).

(ἀναδρομή στίς κύριες δραστηριότητες)

29-11-1962 ΑΑπ
Απ πρός Μ
Τοῦ στέλνω shlides ἀπό τήν Κρήτη, καθώς καί τό συστατικό Γράμμα τοῦ Νομάρχη Χανίων μέ μετάφραση.

3-12-1962 ΑΒΒ
Μ πρός Mordhorst
Ἀποστέλλει τό ἔγγραφο τοῦ Νομάρχη Χανίων καί μετάφρασή του, καθώς καί ἀπόκομμα ἀπό τήν ἐφημερίδα τῆς Ὀργάνωσης «Μέριμνα γιά Πολεμικά Νεκροταφεῖα» (Kriegsgräberfürsorge), προκειμένου νά προστεθοῦν στόν φάκελλο γιά τό *Ἰνστιτοῦτο γιά τήν Προαγωγή τῆς Κοινωνικῆς Συνοχῆς καί τῆς Οἰκονομικῆς Ἀνάπτυξης στήν Κρήτη*. Σημειώνει ὅτι ἀναμένεται καί ἐπιστολή τοῦ Πρέσβη τους στήν Ἀθήνα.

Γράφει ἀκόμη ὅτι στίς 12 Δεκεμβρίου ἔχει συζήτηση μέ τόν Staatssekretär {Ὑφυπουργό} Vialon καί θά θέσει καί τό ζήτημα τοῦ Σχεδίου τῆς Γωνιᾶς.

9-12-1962 ΑΒΒ
Απ πρός Μ
Δέν θά πάω στήν Κρήτη τά Χριστούγεννα.
Δέν ἔλαβα ἀκόμη ἀπάντηση ἀπό τούς Ἱεράρχες.
Ἐλάβατε γράμμα ἀπό τή Γερμανική Πρεσβεία τῆς Ἀθήνας;

---

[110] 29-7-1963: Σημείωμα τοῦ Müller πρός Scholz: Ὁ Ἐπίσκοπος Εἰρηναῖος πρέπει νά πληρώσει γιά τό αὐτοκίνητο στό Τελωνεῖο περισσότερα ἀπό ὅσα πληρώσαμε ἐδῶ γιά τήν ἀγορά του. Νά τό πάρουμε πίσω καί νά στείλουμε τά χρήματα τῆς ἀξίας του στόν Ἐπίσκοπο.
29-7-1963 ΑΑπ+ΑΒΒ, Μ πρός Απ
Δέχεται νά ἐπιστραφεῖ τό αὐτοκίνητο Mercedes, πού εἶχε σταλεῖ στόν Ἐπίσκοπο Εἰρηναῖο {ἐπειδή δέν μποροῦσε νά πληρώσει τούς ὑψηλούς δασμούς στό Τελωνεῖο}. Θά ἐκτιμηθεῖ ἡ ἀξία του καί θά τοῦ στείλουν τά χρήματα. Ἐκτός καί ἄν προσπαθήσουν νά θεωρηθεῖ τό αὐτοκίνητο δωρεά τοῦ Π.Σ.Ε. Πιθανῶς ὅμως καί τότε νά ἐπιβληθεῖ τέλος ἐκτελωνισμοῦ.

Ὀρθοδοξία καί σύγχρονη εὐρωπαϊκή διανόηση

12-12-1962

Στό Ἰνστιτοῦτο Συγκριτικῆς Ἐπιστήμης τῶν Πολιτισμῶν τοῦ Πανεπιστημίου Ἰωάννου Γουτεμβεργίου τῆς Μαγεντίας, στό ὁποῖο εἶμαι Ἐπιστημονικός Βοηθός, συνεδριάζει σήμερα ἡ Ὁμάδα τοῦ Ἀνώτερου Σεμιναρίου μας, στό ὁποῖο μετέχουν ἐπιστήμονες μεταπτυχιακοῦ ἐπιπέδου. Παρουσιάζει τή μελέτη του ὁ Haupp, μέ θέμα: «*Ὄψεις τοῦ βυζαντινοῦ Χριστιανισμοῦ στό ἔργο τοῦ Hugo Ball*».[111] Ὁ εἰσηγητής ἐπικεντρώνει τήν εἰσήγησή του στόν Ἰωάννη τῆς Κλίμακος καί στόν Συμεών τόν Στυλίτη. Παρακολουθῶ τά πρόσωπα τῶν παρόντων ἐπιστημόνων ἀπό διάφορες χῶρες καί ἠπείρους καί ἀπό διαφορετικές θρησκευτικές καί πολιτισμικές παραδόσεις. Στήν ἔνταση τῆς προσοχῆς τους κατά τή διάρκεια τῆς εἰσήγησης καί στή βαθυστόχαστη συζήτηση πού ἀκολούθησε, μέ πολλές ἐρωτήσεις πού ἀπευθύνθηκαν σέ μένα, αἰσθάνθηκα τήν εὐθύνη τοῦ Ὀρθόδοξου ἀνθρώπου ἔναντι τῆς πνευματικῆς, ὑπαρξιακῆς ἀγωνίας τοῦ σύγχρονου κόσμου. Ταυτόχρονα ὅμως ἔνιωσα νά ἑδραιώνεται ἡ πεποίθησή μου γιά τήν ἀνάγκη μιᾶς Ὀρθόδοξης Ἀκαδημίας, πού θά ἀξιοποιεῖ παρόμοιες εὐκαιρίες καί προκλήσεις γιά μιά διαλογική σχέση μέ τή σύγχρονη εὐρωπαϊκή διανόηση, προσεγγίζοντας ὑπό τό φῶς τοῦ Εὐαγγελίου τίς δημιουργικές ἐξάρσεις της, ἀλλά καί τίς ὑπαρξιακές της κρίσεις.

19-12-1962 ΑΒΒ
Μ πρός Εἰρηναῖον
Χωρίς νά ἀναφέρει οὔτε λέξη γιά τήν περίπου ἀστεία ἐπιστολή τοῦ Πρέσβη, γράφει: «Ἐπιθυμῶ νά σᾶς στείλω τούς λίαν ἐγκαρδίους χαιρετισμούς μου καί τίς εὐχές μου γιά τά Χριστούγεννα. Εἴθε νά σᾶς χαρίσει ὁ Θεός καί κατά τό νέον ἔτος ὅλες τίς δωρεές τοῦ πνεύματος, ἀλλά καί τοῦ σώματος, τίς ὁποῖες χρειάζεσθε γιά τήν ἐκπλήρωση τοῦ μεγάλου λιτουργήματός σας. Εἴθε νά ἐπικαλύψει μέ τήν εἰρήνη καί τήν ἀγαθότητά Του ὁλόκληρη τήν Ἐπισκοπή σας».

Ἀρνητική ἀπάντηση γιά τό κρασί. Θά κάμει μιά ἀκόμη προσπάθεια μέ ἄλλο ἔμπορο.

«Ὅσον ἀφορᾶ στό *Ἰνστιτοῦτο γιά τήν Προαγωγή τῆς Κοινωνικῆς Συνοχῆς καί τῆς Οἰκονομικῆς Ἀνάπτυξης στήν Κρήτη*, Γωνιά: Τήν περασμένη ἑβδομάδα

---

[111] Hugo Ball {1886-1927}, *Byzantinisches Christentum. Drei Heiligenleben* (zu Joannes Klimax, Dionysius Areopagita und Symeon dem Styliten). Duncker & Humblot, München 1923. Neuauflage, herausgegeben und kommentiert von Bernd Wacker, Wallstein Verlag, Göttingen 2011.

συναντήθηκα μέ τόν ἁρμόδιο Γεν. Διευθυντή στό Ὑπουργεῖο γιά Ἀναπτυξιακή Βοήθεια στή Βόννη. Μοῦ ὑποσχέθηκε ὅτι θά τό στηρίξει. Πρέπει ὅμως νά ὑπολογίζουμε ὅτι θά περάσουν μερικοί μῆνες, ὥσπου νά λάβουμε μιά συγκατάθεση. Ἔχω ὅμως τήν πεποίθηση ὅτι θά ἐπιτύχει αὐτό τό σχέδιο».

Στήν ὁμάδα τῶν νέων πού ἤθελαν νά ἀρχίσουν τόν Φεβρουάριο τήν ἐργασία γιά τήν ἐγκατάσταση τῆς ὕδρευσης ἔδωσε τήν παρηγορία ὅτι θά τό κάμουν τό φθινόπωρο τοῦ ἑπόμενου χρόνου. Εἶπε ὅτι δέν μποροῦν νά τό κάμουν πρίν εἶναι σίγουρο ἄν θά ἀνεγερθεῖ ἡ Ἀκαδημία ἤ ὄχι.

Στέλνει ὀκτώ δῶρα γιά τά Χριστούγεννα.

1963
(συνέχεια μέ ἄλλα κείμενα)

3-1-1963 ΑΒΒ
Απ πρός Μ
Εὐχές γιά τό νέο ἔτος.

Τόν ἐνημερώνω ὅτι ὁ Dr. Ludowici (ἀπό τό Jockgrim), πού μεταξύ ἄλλων ἔχει καί γνώσεις ἀρχιτεκτονικῆς, ἔχει προσφέρει συμβουλευτικά ὑπηρεσίες σέ περιοχές τῆς Ἑλλάδας οἱ ὁποῖες ἔχουν ταλαιπωρηθεῖ ἀπό σεισμούς κ.λπ. Ἀρχές Δεκεμβρίου ἦταν γιά κάμποσες ἡμέρες στό Καστέλλι. Τόν εἶχα παρακαλέσει νά ρίξει μιά ματιά καί στή Γωνιά γιά κάποιες ἐνδεχομένως χρήσιμες ἰδέες. Τώρα ἐπιθυμεῖ νά ἐπισκεφθεῖ τό ΒΒ καί νά συζητήσουμε οἱ τρεῖς μαζί κάποιες ἀρχιτεκτονικές προτάσεις του γιά τήν Ἀκαδημία, ὅπως μοῦ τηλεγράφησε πρό ἡμερῶν. Θά εἶναι στό Καστέλλι καί πάλι τόν Ἀπρίλιο καί εἶναι πρόθυμος νά βοηθήσει.

Κλείνω μέ τό ἐρώτημα ἐάν ἔλαβε συστατική ἐπιστολή ἀπό τόν Πρέσβη στήν Ἀθήνα.

9-1-1963 ΑΑπ
Απ πρός Εἰρηναῖον
«Δέν Σᾶς ἔγραψα οὔτ' ἐγώ γιά τίς ἅγιες ἡμέρες, ὅπως κι ἐμένα δέν μοῦ ἔγραψε κανένας, οὔτ' ἀπό τό σπίτι μας, καί ἀνησυχῶ πολύ. Ἐλπίζω ὅμως πώς Σεῖς τουλάχιστον θά προσευχηθήκατε γιά μένα, ὅπως ἔκανα καί ἐγώ {γιά Σᾶς}.

Μέ τόν κ. Λουδοβίτσι μίλησα δυό φορές τηλεφωνικῶς. Φαίνεται κατενθουσιασμένος ἀπό τήν ἐπίσκεψη. Τό προσεχές Σάββατο θά ἐπισκεφθοῦμε μαζί τόν κ. Müller στήν Ἀκαδημία {Bad Boll}, γιά νά συζητήσουμε τίς ἐντυπώσεις καί τά σχέδια τοῦ κ. Λουντοβίτσι. {Ἡ Γραμματέας τοῦ Μ ἐνημερώνει, μέ σημείωμα ἐσωτερικῆς διανομῆς, τά ἁρμόδια κατά περίπτωση πρόσωπα τῆς

Ἀκαδημίας ΒΒ ὅτι τό Σάββατο 12-1-1963 θά φθάσουμε ἐκεῖ ὁ Δρ. Ludowici καί ἐγώ γιά μιά συζήτηση μέ τόν Μ.}

....

Ὡς πρός τό Συνέδριον τοῦ Τάγματος: Ἐπ' αὐτοῦ γράφω εἰς ἰδιαίτερον φύλλον.

Ἀναμένω ἐπειγόντως ἀποφάσεις. Ὅσα Σᾶς γράφω εἶναι ἀποτέλεσμα μιᾶς ἐπιστολῆς τοῦ κ. Müller, τήν ὁποίαν ἔλαβα μόλις, καί τό περιεχόμενον τῆς ὁποίας -κατά παράκλησίν του- δέν ἠμπορῶ νά ἀναλύσω περισσότερον.

Ὁ κ. Müller στέλνει χαιρετισμούς. Τό ζήτημα τοῦ κρασιοῦ δέν κατώρθωσε νά τακτοποιήση ἀκόμη».

13 -1-1963 ΑΑπ
Εἰρηναῖος πρός Απ
«Σοῦ εὔχομαι ὑγείαν-πρόοδον καί πᾶσαν εὐλογίαν κατά τό 1963.

Πρίν ἀπό τάς ἑορτάς σοῦ εἶχα γράψει 2 γράμματα καί ἐπειδή περίμενα ἀπάντησή σου δέν σοῦ ξανάγραψα.

Πιστεύω νά εἶσαι καλά. Διότι ἐμᾶς ἐδῶ δέν μᾶς ξελείπουν οἱ ἀρρώστιες.

Ἀπό τόν κ. Müller παίρνω συχνά εἰδήσεις σχετικά καί μέ τό θέμα τῆς Ἀκαδημίας, ὅτι εὑρίσκεται τό οἰκονομικό της μέρος εἰς τή Γερμανική Κυβέρνηση. Ἀπό τήν ἐν Ἀθήναις Πρεσβεία μοῦ εἶπαν ὅτι θά ἔστελναν σχετικήν ἐπιστολήν, δέν γνωρίζω τί ἔκαμαν.

Πάντως εἰς τήν Γωνιά ἠρχίσαμεν συναντήσεις καί συνέδρια διαφόρων πνευματικῶν παραγόντων. Καί σήμερον ἀκριβῶς εἴχαμε μιά τέτοια συνάντηση γεωπόνων, ἰατρῶν, διδασκάλων καί ἱερέων.

Ὁ κ. Ludowici ἦλθε ἐδῶ καί ἔφυγε, νομίζω, εὐχαριστημένος.

Μέ τόν κ. Νομάρχη εἴχαμε μιά πρώτη συζήτηση γιά τό θέμα τῆς φιλοξενίας τῶν μελῶν τοῦ Τάγματος, ἄν τελικά ἀποφασίσετε νά ἔλθετε τό Πάσχα (περίπου). Ἐμεῖς μέ τόν Ἅγιον Κρήτης θά ἔλθωμεν μᾶλλον {!!!} τόν Μάιον εἰς Γερμανίαν ὅταν μᾶς ἔλθη ἡ πρόσκλησις.

Ἐδῶ φέτο ἔχομεν πολλή φτώχεια καί κατά Ἰανουάριον <u>τρομεράν ἀνομβρίαν</u>: ἐννόει.

Σοῦ στέλνω μιά ἐπιστολή ἑνός δυστυχοῦς πατέρα πού ἔχασε τό παιδί του στή Γερμανία καί κύτταξε νά μοῦ στείλεις τό συντομώτερον εἰδήσεις γιά τήν οἰκογένειά του.

Ἀναμένω νέα καί εἰδήσεις σου γιά ὅλα».

13. Σύσταση Ἐπιτροπῆς Ἱδρύσεως

13-1-1963 ΑΑπ
Απ πρός Εἰρηναῖον
«Μόλις ἐπέστρεψα ἀπό τήν ἐπίσκεψη πού ἔκανα μαζί μέ τόν κ. Λουντοβίτσι στό Bad Boll καί τή συζήτηση μέ τόν κ. Müller. Ἀπό τήν ἐπίσκεψη {ἀκριβέστερα: συζήτηση} αὐτή δέν προέκυψε τίποτε τό θετικόν {δέν μᾶς ἱκανοποίησαν οἱ ἀρχιτεκτονικές ἰδέες τοῦ Λουντοβίτσι[112]}.

....

Ὁ κ. Müller μοῦ εἶπε καί τό ἑξῆς· τόσον ἡ Στουτγκάρδη {διάφορες ἐκκλησιαστικές Ὑπηρεσίες ἐκεῖ, πού ἐμπλέκονται ἄμεσα ἤ ἔμμεσα στό θέμα τῆς Ἀκαδημίας μας καί σέ διάφορα αἰτήματα τῆς Μητροπόλεώς μας}, ὅσον καί τά ἁρμόδια Ὑπουργεῖα θεωροῦν ἀπαραίτητη τή σύσταση μιᾶς Ἐπιτροπῆς, ἡ ὁποία -ὡς νομικόν πρόσωπον- θά προσφέρη τήν ἐγγύησιν μιᾶς καλῆς χρησιμοποιήσεως τῶν χρημάτων καί λειτουργίας τοῦ Ἱδρύματος. Ἡ Ἐπιτροπή θά τελῆ ὑπό τήν προεδρίαν Σας. Νομίζω πώς τρία μέλη εἶναι πρός τό παρόν ἀρκετά (μαζί μέ Σᾶς τέσσερα). Τήν ἐπιλογή ἀφήνω σέ Σᾶς, π.χ. τόν Χ. Πολυχρονίδη -ὡς οἰκονομικόν σύμβουλον-, ἐφ' ὅσον δέν κινδυνεύει διά τῆς παρουσίας του τό πολιτικῶς οὐδέτερον τῆς Ἀκαδημίας! Ἐνδεχομένως ἕνα νομικόν καί ὁπωσδήποτε ἕνα ἐκ τοῦ ἀγροτικοῦ κόσμου, π.χ. γεωπόνον, πρόεδρον ἑνός συνεταιρισμοῦ. Τό ἐπάγγελμα τῶν μελῶν πρέπει πάντως νά προδιαγράφη τρόπον τινά τούς σκοπούς τῆς Ἀκαδημίας. Γιά νά μήν ἀνακατέψουμε ἀμέσως τή γραφειοκρατία, ἄς λάβη τήν μορφήν ἑνός μητροπολιτικοῦ Συμβουλίου, ἐκτός ἄν μπορῆτε νά ἐπιτύχητε μιά κάποια νομική κύρωση ἐντός ἐμπιστευτικοῦ περιβάλλοντος, ἀλλά πάντως ἐν πλήρει ἀφανείᾳ.

Ἡ Ἐπιτροπή αὐτή νά συντάξῃ ἕνα σχετικόν πρωτόκολλον, μία παράγραφος τοῦ ὁποίου νά ἀναφέρη ὅτι ἀνατίθεται σέ μένα ἡ Διεύθυνσις τῆς Ἀκαδημίας. Εἰς τήν θέσιν αὐτήν καλόν θά εἶναι νά ἀναφέρωνται καί οἱ τίτλοι (Δρ. Φιλ. Ἀλέξανδρος Παπαδερός, Θεολόγος).[113]

---

[112] Ὅπως ἦταν καί ὁ ἴδιος, ἔτσι περίεργες, σοφές ἴσως, πλήν διόλου ἄμεσα ἐφαρμόσιμες ἦταν καί κάποιες ἀπόψεις του γιά τό πῶς πρέπει νά χτισθεῖ ἡ Ἀκαδημία. Ὑποστήριξε π.χ. ὅτι ἐπειδή ἡ εὐρύτερη περιοχή τῆς Κρήτης εἶναι σεισμογενής, τά κτήρια δέν πρέπει νά θεμελιώνονται ἀπ' εὐθείας στό ἔδαφος, ἀλλά νά στηρίζονται πάνω σέ μεταλλική πλατφόρμα, ἡ ὁποία θά εἶναι προσαρμοσμένη σέ σφαιρικές μεταλλικές μπάλες, πού σέ περίπτωση σεισμοῦ θά μποροῦν νά μετακινοῦνται ἐλαφρῶς καί νά ἀπορροφοῦν ἔτσι τίς σεισμικές δονήσεις μιά πρόταση γιά περαιτέρω ἔρευνα...

[113] Αὐτό ἦταν προσωπική ἀπαίτηση τοῦ Müller. Ὅπως μοῦ εἶχε πεῖ ὁ ἴδιος, ὅλα τά συμβαλλόμενα μέρη ἀπό γερμανικῆς πλευρᾶς ἤθελαν νά ἔχουν συγκεκριμένα δεδομένα ὅσον ἀφορᾶ στά πρόσωπα πού θά ἀναλάβουν τήν εὐθύνη νά λειτουργήσουν τήν Ἀκαδημία. Τούς ἦταν ἀδύνατον νά ἐγκρίνουν

Ἡ σύστασις τῆς Ἐπιτροπῆς πρέπει νά γίνη τό ταχύτερον. Μόλις συντάξετε τό σχετικόν πρωτόκολλον, νά μοῦ στείλετε ἕνα ἀντίγραφον αὐτοῦ, ὄχι ὁλοκλήρου, ἀλλά μόνον 3 παραγράφων· τῆς πρώτης, ἡ ὁποία νά ἀναφέρη τά ὀνόματα τῶν μελῶν μετά τοῦ ἐπαγγέλματος αὐτῶν· τῆς δευτέρας, ἡ ὁποία θά δηλώνη τόν σκοπόν τῆς Ἐπιτροπῆς (προπαρασκευή ἱδρύσεως τῆς Ἀκαδημίας καί ἐπίβλεψις κατά τήν ἐκτέλεσιν τοῦ ἔργου ἅμα τῇ ἐνάρξει αὐτοῦ). Ἡ τρίτη παράγραφος νά ἀναφέρη ὅτι ἡ Ἐπιτροπή ἀναθέτει εἰς ἐμέ τήν Διεύθυνσιν τοῦ ἔργου τόσον κατά τό προπαρασκευαστικόν στάδιον ὅσον καί ἅμα τῇ ἐνάρξει τῆς λειτουργίας αὐτοῦ.

Τό ἀντίγραφον αὐτό χρειαζόμεθα εἰς διπλοῦν, κανονικῶς ὑπογεγραμμένον ὑφ' ἁπάντων τῶν μελῶν καί φέρον τήν σφραγίδα τῆς Μητροπόλεως.

Αὐτάς τάς ὁδηγίας μοῦ ἔδωσεν ὁ κ. Müller. Θά Σᾶς γράψη καί ὁ ἴδιος ἐπ' αὐτοῦ, τά ἀναλύω ὅμως ἐδῶ, γιά νά μήν προκύψουν παρανοήσεις λόγω τῆς γλώσσης. Φαίνεται ὅτι οἱ ἀρμόδιοι ἐπιδιώκουν μιά ἐγγύηση {στήν οὐσία μιά θεσμική δέσμευση καί σιγουριά ὅσον ἀφορᾶ στά τῆς διαχείρισης τοῦ ἔργου τῆς οἰκοδομῆς καί στά τῆς διεύθυνσης τοῦ Ἱδρύματος στή συνέχεια}. Τό ἀντίγραφον θά μεταφρασθῇ ἐδῶ καί θά διαβιβασθῇ εἰς τούς ἁρμοδίους. Ἐπειδή τό ἐζήτησαν ὡς ἕνα τῶν δικαιολογητικῶν, ἡ ὅλη ὑπόθεσις θά καθυστερήση πάλιν μέχρις ἀφίξεώς του».

Ἐπιτροπή Ἱδρύσεως
1-2-1963 ΑΑπ+ΑΒΒ+ΑSp

ΒΑΣΙΛΕΙΟΝ ΤΗΣ ΕΛΛΑΔΟΣ
ΙΕΡΑ ΕΠΙΣΚΟΠΗ ΚΙΣΑΜΟΥ ΚΑΙ ΣΕΛΙΝΟΥ
Ἐν Καστελλίῳ τῇ 1 Φεβρουαρίου 1963.
Ἀριθ. Πρωτ.

Π Ρ Ω Τ Ο Κ Ο Λ Λ Ο Ν ΕΠΙΤΡΟΠΗΣ ΙΔΡΥΣΕΩΣ
Ἐ κ κ λ η σ ι α σ τ ι κ ῆ ς   Ἀ κ α δ η μ ί α ς παρά τῇ Ἱερᾷ Μονῇ Γωνιᾶς Κισάμου Κρήτης.

α) Συνιστᾶται Ἐπιτροπή Ἱδρύσεως Ἐκκλησιαστικῆς Ἀκαδημίας παρά τῇ Ἱερᾷ Μονῇ Γωνιᾶς μέ σκοπόν τήν πνευματικήν καί οἰκονομικήν ἀνάπτυξιν τοῦ τόπου, ἀπαρτιζομένη:

ἐπιχορηγήσεις καί μάλιστα ὑψηλῶν ποσῶν χωρίς θεσμικές καί ἄλλες ἐγγυήσεις. Καί τό ὅτι δέν εἶχαν ἄδικο φάνηκε στήν ἀνησυχία πού προκάλεσε ὁ διορισμός μου στό Παιδαγωγικό Ἰνστιτοῦτο, ὅπως θά δοῦμε ἀργότερα.

1) Ἐκ τοῦ Σεβασμιωτάτου Μητροπολίτου Κισάμου καί Σελίνου κ.κ. Εἰρηναίου, ὡς Προέδρου αὐτῆς.

2) Ἐκ τοῦ Γεωργίου Τσουρῆ, Ἰατροῦ, Νομαρχιακοῦ Συμβούλου τῆς Ἐπαρχίας Σελίνου.

3) Ἐκ τοῦ κ. Χαρίδημου Πολυχρονίδη, Νομικοῦ, Διευθυντοῦ Τραπέζης Ἑλλάδος Χανίων.

4) Ἐκ τοῦ κ. Νικολάου Ψυλλάκη, Γεωπόνου, Διευθυντοῦ Ἰνστιτούτου Ἐλαίας Κρήτης

5) Ἐκ τοῦ Μιχ. Στεφ. Μυλωνάκη, Μηχανικοῦ.

β) Ἔ ρ γ ο ν τῆς Ἐπιτροπῆς: Η π ρ ο π α ρ α σ κ ε υ ή ἰδρύσεως τῆς Ἀκαδημίας καί ἡ ἐπίβλεψις τοῦ ἔργου κατά τήν ἐκτέλεσίν του.

γ) Ἡ Ἐπιτροπή ἀναθέτει τήν Διεύθυνσιν τῆς Ἀκαδημίας τόσον κατά τό προπαρασκευαστικόν αὐτῆς στάδιον ὅσον καί μετά τήν ἔναρξιν τῆς λειτουργίας αὐτῆς εἰς τόν Δρ. Φιλοσοφίας κ. Ἀλέξανδρον Παπαδερόν, Θεολόγον, εὐρισκόμενον ἤδη εἰς MAINZ Γερμανίας. [114]

(ἕπονται καί τά λοιπά ἄρθρα)

Ὁ Π ρ ό ε δ ρ ο ς   Τά μέλη
Ὁ Κισάμου καί Σελίνου   1. Γεώργιος Τσουρῆς
ὑπογραφή   σφραγίδα
Ε ἰ ρ η ν α ῖ ο ς 2.Χαρίδ. Πολυχρονίδης

Ἀκριβές ἀντίγραφον   3. Νικόλαος Ψυλλάκης
ἐν Καστελλίῳ τῇ 4/2/63
Ὁ Πρόεδρος   4. Μιχ. Στ. Μυλωνάκης
ὑπογραφή
Ὁ Κισάμου καί Σελίνου
Ε ἰ ρ η ν α ῖ ο ς
Ἔγινε ἐπίσημη μετάφραση στά Γερμανικά ἀπό τόν Μάκη Παπασταύρου.

---

[114] Στό πλαίσιο προετοιμασίας τῆς ΟΑΚ κρίθηκε στή Γερμανία ἐπιβεβλημένη ἡ συγκρότηση Ἐπιτροπῆς Ἱδρύσεως τῆς Ἀκαδημίας καί ἀπόφαση διορισμοῦ μου ὡς Διευθυντῆ της κατά τό προπαρασκευαστικό στάδιο καί μετά τήν ἔναρξη τῆς λειτουργίας της. Ἡ ἀξίωση ἐκείνη τῆς Βόννης, ἀλλά καί τοῦ Müller (στήν πραγματικότητα ὅ ρ ο ς τους γιά περαιτέρω προώθηση τῆς αἴτησής μας) ἀπέβλεπε σέ δύο στόχους: 1. Ὕπαρξη μιᾶς ἀνεξάρτητης νομικῆς προσωπικότητας γιά τή διαχείριση τῶν χρημάτων, μέ συμμετοχή τῆς Μητροπόλεως, ὄχι ὅμως μόνον αὐτῆς (εἶχαν κακή ἐμπειρία ἀπό ἐκκλησιαστικές διοικήσεις σέ Ἀσία, Ἀφρική καί Λατινική Ἀμερική). 2. Ἤθελαν νά μέ δεσμεύσουν ἀπό τότε, ὥστε - καί ἔναντι τοῦ Ὁμοσπονδιακοῦ Ὑπουργείου τους - νά εἶναι σίγουροι ὅτι δέν θά διαθέσουν τόσα χρήματα, χωρίς νά ἔχει ἐξασφαλισθεῖ ἡ Διεύθυνση τοῦ Ἱδρύματος. Τό τελευταῖο αὐτό θέμα, πού μοῦ τό εἶχαν θέσει ἐπίμονα, ἐπανέρχεται στίς μεταγενέστερες συζητήσεις καί στή σχετική ἀλληλογραφία. Ἦταν μιά λογική ἀξίωση, πού συνέβαλε καί αὐτή στήν ἐπιτάχυνση τῆς ἀποστασιοποίησής μου ἀπό τήν ἀρχική ἰδέα τῆς πανεπιστημιακῆς σταδιοδρομίας.

4-2-1963 ΑΑπ
Εἰρηναῖος πρός Απ
....
«Σοῦ στέλνω ἐσωκλείστως δύο ἀντίγραφα Πρωτοκόλλου-Ἴδρυμα τῆς Γωνιᾶς (ὅπως τά θέλεις). Πρόκειται περί προχείρου Ἐπιτροπῆς τήν ὁποίαν σκέπτομαι νά πλουτίσω καί μέ ἄλλα πρόσωπα καί νά τό κάμωμεν <u>Νομικόν πρόσωπον</u>.

Πιστεύω νά σέ ἱκανοποιοῦν τά πρόσωπα, ἔβαλα καί τό Σέλινον μέσα» {ἐννοεῖ τόν ἰατρό Γεώργιο Τσουρῆ, ἀπό τό χωριό μου, τόν Λειβαδά, ἄνθρωπο ἔντονης παρουσίας στά κοινά καί προασπιστή τῶν δικαίων τοῦ Σελίνου ἔναντι τῶν Ἀρχῶν}.

13-1-1963 ΑΑπ
Απ πρός Εἰρηναῖον
«Ἐάν δέν ἔλθετε τόν Φεβρουάριον, θά ἀναχωρήσω ἀπ' ἐδῶ μέ τόν Καθηγητήν καί τή γυναίκα του ἀρχάς Μαρτίου {γιά τήν Κρήτη}. Σήμερα προσεκάλεσα καί δύο ἄλλους Καθηγητάς μέ τίς γυναῖκες τους νά ἔλθουν μαζί μας. Δέν εἶπαν ἀκόμη «ναί», ἐλπίζω ὅμως πώς θά δεχθοῦν. Εἶναι σημαίνοντα πρόσωπα καί ἡ ἐπίσκεψίς των θά δημιουργήσει τίς προϋποθέσεις μιᾶς καλῆς συνεργασίας. Ἐπίσης προσεκάλεσα τόν Διευθυντήν τῆς Εὐαγγελ. Ἀκαδημίας τοῦ Χόλσταϊν κ. Heyer, ὁ ὁποῖος θά φθάση στήν Κρήτη κατά τίς 22 Ἀπριλίου γιά 10 περίπου ἡμέρες. Εἶναι δυνατόν νά μείνουν στό Καστέλλι, σ' ἕνα σπίτι; Αὐτοί θά πληρώσουν τά ἔξοδά τους.

Σήμερα ἔλαβα ἐπίσης ἕνα γράμμα ἀπό δύο «διακόνισσες», οἱ ὁποῖες μέ ρωτοῦν -κατά σύστασιν τοῦ κ. Schaller, τῆς Ἐκκλησίας τοῦ Speyer - κατά πόσον θά μποροῦσαν νά ἔλθουν για ...μερικές ἑβδομάδες στό Καστέλλι. Κάναμε κακή ἀρχή καί μοῦ φαίνεται ὅτι τά μπλέξαμε ἄσχημα. Θά τούς συστήσω, νομίζω, νά πληρώσουν καί αὐτές τά ἔξοδά τους, περιμένω ὅμως τήν ἀπάντησή Σας. Θέλουν νά ἔρθουν τήν ἄνοιξη.

.... Ἔτσι γέμισαν πάλι οἱ σελίδες. Λοιπόν....ὑπομονή ὥς τήν ἄλλη φορά».

15-1-1963 ΑΒΒ
Μ πρός Εἰρηναῖον
Τά δῶρα πού σᾶς ἔχω ὑποσχεθεῖ θά τά φέρει ὁ κ. Παπαδερός. Ἐκεῖνος θά κάμει τά ἀναγκαῖα στό Τελωνεῖο.

Εὐχαριστεῖ γιά τήν πρόσκληση. Δέν μπορεῖ νά ἐπισκεφθεῖ πάλι τήν Κρήτη τό ἐπόμενο καλοκαίρι, ἐπειδή θά βρίσκεται στήν Ἀνατολική Ἀσία. Ἐλπίζει νά γίνει αὐτό ἀργότερα, ὅταν θά εἶναι ἕτοιμη ἡ Ἀκαδημία.

Κοινοποίηση σέ μένα.

18-1-1963 ABB
Ludowici πρός M
Ὁ Ludowici γράφει στόν Müller, μεταξύ ἄλλων:
Μέ προσκλήσεις κυβερνήσεων τῆς Ἑλλάδας ἐργάστηκε γιά τά προβλήματα πού προκάλεσαν σεισμοί στά Ἰόνια νησιά καί στήν περιοχή Βόλου-Λάρισας.

Κρήτη: Ἡ παρατεταμένη τουρκική κατάκτηση καί οἱ καταστροφές κατά τή γερμανική κατοχή φέρουν εὐθύνη γιά τήν καθυστερημένη κατάσταση τῆς Κρήτης. Χρειάζεται λοιπόν ἰδιαίτερη ἀναπτυξιακή βοήθεια. Οἱ προοπτικές εἶναι καλές: Ἡ γεωργία ἔχει πολλές δυνατότητες, τό ἔδαφος ἐμπεριέχει θησαυρούς, μεγάλες εἶναι οἱ ἱκανότητες τοῦ πληθυσμοῦ. Ἐκεῖνο πού χρειάζεται εἶναι ἀφ᾿ ἑνός ἡ ἐκπαίδευση ἀνθρώπων πού γνωρίζουν τόν τόπο καί εἶναι δεμένοι μαζί του, ἀφ᾿ ἑτέρου πρότυπες οἰκονομικές δράσεις.

Προϋπόθεση γιά μιά ἀποτελεσματική βοήθεια ἀναπτύξεως εἶναι ἕνα τοπικό Ἵδρυμα γιά τήν προαγωγή ἀναπτυξιακῶν καί ἐκπαιδευτικῶν δράσεων, ὄχι μόνο γιά τήν Κρήτη, ἀλλά καί γιά τήν Ἀνατ. Μεσόγειο. Ἡ Γωνιά {σημειώνει στό τέλος τῆς ἐπιστολῆς} εἶναι ὁ κατάλληλος τόπος γιά ἕνα τέτοιο Ἵδρυμα.

Δύσκολα μπορεῖ νά κατανοήσει κανείς πῶς μῆλα τῆς Καλιφόρνιας {ἐννοεῖ προφανῶς πορτοκάλια}, παρά τό ὑψηλό κόστος παραγωγῆς καί μεταφορᾶς τους, διατίθενται ἐπιτυχῶς στίς ἀγορές τῆς κεντρικῆς Εὐρώπης, ἐνῶ τά χαμηλότερου κόστους παραγωγῆς καί μεταφορᾶς καί ποιοτικῶς καλύτερα μῆλα {πορτοκάλια} τῆς Κρήτης σαπίζουν κάτω ἀπό τά δέντρα.

Τό αὐτό ἰσχύει γιά τό ἐξαίρετο κρασί τῆς Κρήτης, πού εἴτε περιμένει στίς ἀποθῆκες τόν ἀγοραστή εἴτε πωλεῖται σέ ἐξευτελιστικές τιμές καί ἐμφανίζεται ὕστερα στίς ἀγορές τῆς Εὐρώπης μέ ἄλλο ὄνομα καί ἀπαράδεκτα ὑψηλό κέρδος.

Ἀπαιτεῖται ἐπιλογή ποικιλιῶν καί ἄμεση σχέση μέ τίς ἀγορές μέσω συνεταιρισμῶν παραγωγῆς καί ἐμπορίας.[115] Ἡ Οἰκοκυρική καί ἡ Τεχνική Σχολή στό Καστέλλι δείχνουν τό σωστό δρόμο γιά τήν κατάρτιση στελεχῶν, πού εἶναι ἀναγκαῖα σέ διάφορους τομεῖς.

Δηλώνει ἕτοιμος νά συνεισφέρει μέ τίς γνώσεις καί τίς ἐμπειρίες του.

---

[115] Ἐντυπωσιάζει ἡ ποιότητα τῆς συνοπτικῆς ἔστω ἀνάλυσης προβλημάτων τοῦ τόπου μας καί ἡ ὑπόδειξη τρόπων ἀντιμετώπισής των. Ἀπό τήν ἀρχή κιόλας ἡ Ἀκαδημία κινήθηκε πρός κατευθύνσεις πού ὑπηρετοῦσαν πραγματικά προβλήματα τῶν ἀνθρώπων τοῦ τόπου, ἡ ἐπίλυση τῶν ὁποίων ἀπαιτοῦσε, πρίν ἀπ᾿ ὅλα, συνειδητοποίηση τῶν γενεσιουργῶν αἰτίων κάθε προβλήματος καί ἀνάληψη ὁμαδικῆς δράσης. Ὡς τυπικό παράδειγμα ἀναφέρουμε ἐδῶ τήν προσπάθεια τῆς Ἀκαδημίας γιά ὀργάνωση κοινῆς ἐμπορίας τῶν ἑσπεριδοειδῶν, μέ σειρά δράσεων, ὕστερα ἀπό τό πρῶτο ἐπί τοῦ θέματος συνέδριο ἀριθμ. 141/20-21 Νοεμβρίου 1972. Τό σκεπτικό αὐτῆς τῆς προσπάθειας: «*Οἱ καλλιεργητές ἐσπεριδοειδῶν τῆς Κρήτης καί μάλιστα τῶν Χανίων, ὅπου ὁ μεγαλύτερος ὄγκος τῆς παραγωγῆς, θεωροῦν τόν ἑαυτό τους θῦμα διαρκοῦς ἐκμεταλλεύσεως, ἀντιμετωπίζουν συνεχῶς σοβαρά προβλήματα διαθέσεως τῶν προϊόντων καί περιμένουν, ὡς ἀπό μηχανῆς θεό, τήν παρέμβαση τοῦ Κράτους γιά τον καθορισμό τιμῆς ἀσφαλείας, ἐπιδοτήσεις κ.λ.π. Τό μόνιμο τοῦτο πρόβλημα*

4-2-1963 ΑΑπ
Εἰρηναῖος πρός Απ
....

«Σᾶς περιμένομεν τώρα τόν Μάρτιον μέ τόν κ. Hilckman καί τούς φίλους του καί τίς διακόνισσες τοῦ κ. Schaller -νά ἔλθετε ὅσοι θέλετε. Οἱ διακόνισσες τοῦ κ. Schaller θά ἦταν βέβαια καλύτερο νά ἔλθουν κατ' Αὔγουστον, ἀλλά πάντως ἄς ἔλθουν ὅταν θέλουν. {μέ κόκκινο:} Πάντως τώρα περιμένουμε σᾶς μέ τόν κ. Hilckman νά μᾶς εἰδοποιήσετε ἐγκαίρως νά ἔλθωμε νά σᾶς πάρωμεν.

....
ε) Διά τόν ἀνεψιόν θά βρεθῆ κάτι ἀπό τά Ἱδρύματα τῆς Ἐπισκοπῆς.
{μέ κόκκινο:} Βρῆκες τό Γιατρό ἀπό τό Ρέθυμνο;»

9-2-1963 ΑΑπ
Απ πρός Εἰρηναῖον
.... «Εἰς τό Πανεπιστήμιον μέ περίμενε ἕνα γράμμα σας ἀπό 4.2. μέ τό ἀπόσπασμα τοῦ πρωτοκόλλου. Τόσον ἡ σύνταξίς του ὅσον καί ἡ ἐπιλογή τῶν ὀνομάτων μέ ἱκανοποιεῖ πλήρως. Πρόκειται φυσικά γιά ἕνα τυπικόν ἔγγραφον, τό ὁποῖον δέν μᾶς ἐνδιαφέρει εἰς τήν οὐσίαν, ἀφοῦ καί οἱ δύο περιφρονοῦμεν κάτι τό καθαρῶς τυπικόν. Ἀλλ' ὅπως εἴπαμε, πρέπει νά λαμβάνωμεν ὑπ' ὄψιν καί τήν νοοτροπίαν τῶν ἄλλων.

....
Πολύ θά ἤθελα νά ἐκδώσουμε στό τυπογραφεῖο μας τό πρῶτο μου βιβλίο στά ἑλληνικά, τό ὁποῖον θά εἶναι ἕτοιμο τέλη Φεβρουαρίου. Ἀλλ' ἀσφαλῶς δέν θά εἶναι δυνατόν, ἀφοῦ περιλαμβάνει πλῆθος ξένης βιβλιογραφίας.

Γιά τό ζήτημα τοῦ γιατροῦ ἀπό τό Ρέθυμνον δέν ἔχω ἀκόμη ἀπάντηση ἀπό τή Στουτγκάρδη· ἔγραψα καί στόν ἴδιο γιά νά τόν καθησυχάσω.

....
Λυπήθηκα πολύ μέ τό θάνατο τοῦ νονοῦ σας, ἔγραψα δυό λόγια στό σπίτι. Ὁ Θεός νά ἀναπαύση τήν ψυχή του.

Μέ τόν κ. Χίλκμαν θά φύγωμε ἀπ' ἐδῶ ἀρχάς Μαρτίου, δέν ξέρω ὅμως πότε ἀκριβῶς θά φθάσωμε στήν Κρήτη, ἀφοῦ θά ἔλθωμε μέσω Θεσσαλονίκης. Τό κακό εἶναι πώς τό συγγενολόι μου ἐκεῖ, στή Θεσσαλονίκη, ἄρχισε δια-

---

υπήρξε αντικείμενο ειδικής επιστημονικής μελέτης της Ορθοδόξου Ακαδημίας. Το πόρισμα της μελέτης είναι πως η λύση βρίσκεται μόνο στην οργάνωση κ ο ι ν ή ς   ε μ π ο ρ ί α ς με ελεύθερη σύμπραξη κατά το δυνατόν του συνόλου των παραγωγών. Με το συνέδριο αυτό εγκαινιάζεται η διαδικασία ενημερώσεως των αγροτών, που επιδιώκεται τόσο με συνάξεις στην Ακαδημία, όσο και με ανάλογες εκδηλώσεις στα χωριά της περιοχής». Πρβλ. Ὀρθόδοξος Ἀκαδημία Κρήτης, Πρώτη Δεκαετία (1968-1977), Γωνιά Χανίων 1980, 40-41.

πραγματεύσεις... παντρειᾶς μου!!! Χωρίς νά μέ ρωτήσουν καί ἔτσι θά μοῦ δημιουργήσουν πάλι στεναχώριες, σάν νά μήν ἔφθαναν οἱ τόσες ἄλλες.

Ὁ χειμώνας ἦταν καί ἐδῶ τόσον φοβερός, ὥστε ἄρχισα νά νοσταλγῶ ἰδιαίτερα τόν ἥλιο τῆς Κρήτης μας, ἐλπίζω δέ ὅτι δέν θά διαψεύση τίς προσδοκίες μου».

11-2-1963 ABB
Μ πρός Απ

....

Παρακαλεῖ νά τοῦ γνωρίσω πότε θά ταξιδέψω γιά τήν Ἑλλάδα. Θέλει νά πάρω μαζί μου κάποια δῶρα.

Στήν ἴδια σελίδα ἔχει προστεθεῖ μέ γραφομηχανή σημείωση τῆς Mohn γιά τόν κ. Müller:

Ὁ Δρ. Παπαδερός γνωστοποιεῖ ὅτι
α) στίς 21.2. πρέπει να μπεῖ στό Νοσοκομεῖο γιά μιά ἐγχείριση,
β) ἀρχές Μαρτίου τρ. ἔτους ταξιδεύει γιά τήν Ἑλλάδα.

18-2-1963 ABB
Γραμματεία ΒΒ πρός Μ

Ὁ Δρ. Παπαδερός λέγει ὅτι μπορεῖ νά συνταξιδεύσει στή Βόννη μέχρι 5 Μαρτίου 1963 (ἐπίσκεψη στό Ὑπουργεῖο Ἐξωτερικῶν;). Μετά τήν ἡμερομηνία αὐτή ταξιδεύει γιά τήν Ἑλλάδα.

Δέν θά θέλατε νά προσπαθήσετε νά κλείσετε μιά συζήτηση γιά τίς 28.2 πρίν ἀπό τίς 11.00;

Ἄν θά τόν πάρετε στό αὐτοκίνητο, μπορεῖτε νά πάρετε μαζί σας τά δῶρα {γιά τήν Κρήτη}. Ἄν ὄχι, πρέπει νά σταλοῦν γρήγορα στό Μάιντς.

Ὁ Δρ. Παπαδερός παρακαλεῖ νά ἔχει γρήγορα σχετική πληροφόρηση, ἐπειδή θέλει νά ὀργανώσει τήν παραμονή του στό Νοσοκομεῖο σέ συσχετισμό μέ τήν ἡμερομηνία {στή Βόννη}.

19-2-1963 ABB
Μ πρός ΕΖΕ

«Σχετικό: Αἴτηση τοῦ Συνδέσμου τῶν Εὐαγγελικῶν Ἀκαδημιῶν γιά τήν ὑποστήριξη τοῦ Ἰνστιτούτου Γωνιᾶς Κρήτης.

Συνημμένως ἀποστέλλω ὡς ἐκ τῶν ὑστέρων προσθήκη στήν ὡς ἄνω αἴτηση τό Πρωτόκολλο μετά μεταφράσεως γιά τή σύσταση μιᾶς Ἐπιτροπῆς Ἱδρύσεως τοῦ Ἰνστιτούτου αὐτοῦ. Παρακαλῶ νά ἐπισυναφθεῖ τό Πρωτόκολλο στήν αἴτηση».

20-2-1963 ΑΒΒ
Μο πρός Μ
Στό σημείωμά της αὐτό πρός τόν Μ ἡ Γραμματέας του τόν ἐνημερώνει ὅτι ἡ συζήτησή μας μέ τόν Mordhorst ὁρίστηκε γιά τήν 1 Μαρτίου 1963, ὥρα 15.00 στή Βόννη, μεγάλο Ἑστιατόριο τῆς Beethovenhalle. Ὅτι ἔχω ἐνημερωθεῖ. Ρωτᾶ τόν Μ ἄν στήν ἐπιστροφή ἀπό τή Βόννη θά μέ πάρει μαζί του στό αὐτοκίνητο καί θά μέ ἀφήσει στό MAINZ. Ὑπενθυμίζει ὅτι πρέπει νά μοῦ φέρει καί τά δῶρα του γιά τήν Κρήτη (Schallen).

21-2-1963 ΑΑπ
Εἰρηναῖος πρός Απ
....

Θά ἦτο τιμή διά τό τυπογραφεῖο μας νά ἀρχίση μέ τό ἔργο σου, ἄν τοῦτο καθίσταται "τεχνικῶς" δυνατό. {Ἐννοεῖ τή διδακτορική διατριβή μου ΜΕΤΑ-ΚΕΝΟSIS..... Τό τεχνικό ζήτημα ἀναφέρεται στό ὅτι δέν ἐγνώριζε ἀκόμη ἄν τό τυπογραφεῖο θά διέθετε τά ἀναγκαῖα στοιχεῖα γιά ἐκτύπωση γερμανικοῦ κειμένου ἤ, ἀκόμη καί ἄν τά διέθετε, ἄν θά ὑπάρχουν τυπογράφοι μέ τίς ἀναγκαῖες γνώσεις γιά ξενόγλωσσα κείμενα. Καί βέβαια δόθηκε ἄλλη λύση σέ αὐτό τό θέμα.} Τά μηχανήματα εἶναι ἤδη εἰς Χανιά καί προσεχῶς θά κάμωμε τήν ἐγκατάστασί των».
Συνιστᾶ νά μήν ἐπιταχύνω τά τοῦ γάμου μου![116]

«Ἐπιθυμῶ ἰδιαιτέρως νά εὐχαριστήσωμεν τόν κ. Χίλκμαν καί θά ἤθελα ἐκ τῶν προτέρων νά γνωρίζω πότε θά φθάσετε ἐδῶ, πῶς νά ρυθμίσωμεν τήν εἰς Χανιά παραμονήν του, ταξείδια κλπ. Πές καί στό Γιῶργο {Παπαδάκη} νά κατεβῇ κάτω τώρα στίς διακοπές καί νά μή σαπίζῃ πιά στήν ὑγρή Heidelberg. Ἀναμένομεν ὅλοι τήν ἄφιξίν σου ἐδῶ μέ χαρά καί τήν εὐχή καί τήν ἀγάπη μας».
Στό πλάι: «Σημείωσε ὅτι ὑπάρχει ἐξαιρετική δυστυχία φέτο στήν Κρήτη καί φέρε πολλά μάρκα».

25-2-1963 ΑΒΒ
Γραμματεία ΒΒ πρός Απ
«Ἡ ἡμερομηνία γιά τή συζήτηση στή Βόννη εἶναι:
Παρασκευή, 1 Μαρτίου 1963, ὥρα 15.00.

---

[116] Τήν Ἄννα Πολυχρονιάδου (φοιτήτρια Φιλοσοφικῆς Θεσσαλονίκης, Γαλλικῆς Φιλολογίας, ὑπάλληλο ΟΤΕ) πού μοῦ προξένευσε ὁ ἐν Θεσσαλονίκη νεώτερος ἀδελφός μου Εὐτύχιος, ἱερέας στίς 40 Ἐκκλησίες, τήν εἶδα γιά πρώτη φορά περίπου ἕνα μήνα μετά τήν ὡς ἄνω ἐπιστολή, ὁ ἀρραβώνας μας ἔγινε στίς 24 Ἀπριλίου καί ὁ γάμος στίς 16 Αὐγούστου 1963.

Τόπος: Bonn, Beethovenhalle, μεγάλο Ἑστιατόριο. Θά ἀναγνωρίσετε ἐκεῖ τόν Δρα Müller {πάλι ἀστειεύεται ἡ κυρία Ρουθ!}. Σημεῖο ἀναγνώρισης: 2 πατερίτσες (ἀπό τό σκί ἔφερε διπλό κάταγμα στόν ἀστράγαλο). Πρέπει νά πᾶτε σιδηροδρομικῶς, ἐπειδή ὁ D. Müller εἶναι ἤδη στήν περιοχή τῆς Βόννης. Στήν ἐπιστροφή μπορεῖτε νά συνταξιδέψετε στό αὐτοκίνητο τοῦ D. Müller». Ἑπτά δῶρα γιά τήν Κρήτη.

«Καλή ἐπιτυχία {στή συζήτηση} καί περαστικά».

14. Ἀποφάσεις στή Βόννη

1-3-1963 ΑΑπ
Απ πρός Εἰρηναῖον
Χειρόγραφη ἐπιστολή μου ἀπό τή Βόννη:
«Ἦρθα σήμερα ἐδῶ στή Βόννη γιά μιά συζήτηση μέ τόν κ. Müller καί τόν Διευθυντήν τοῦ γερμαν. προγράμματος βοηθείας ἀναπτύξεως (Entwicklungshilfe) τῆς ΕΚiD {Evangelische Kirche in Deutschland - Εὐαγγελική Ἐκκλησία ἐν Γερμανίᾳ}. Κατά τή συζήτηση αὐτή, ἡ ὁποία τελείωσε μόλις πρό ὀλίγου, ἔγινε ἐπισκόπησις τοῦ ζητήματος τῆς Ἀκαδημίας μας, ἐκτίμησις τῶν μέχρι τοῦδε δεδομένων καί ἐλήφθησαν αἱ ἀκόλουθοι ἀποφάσεις -ἐν μέρει κατόπιν ἰδικῆς μου ἐπιμονῆς, κατά τό πλεῖστον ὅμως αὐθορμήτως καί ὡς ἐκ τῶν πραγμάτων:

Α. Γενικό πρόγραμμα:
1. Οἰκοδομή τῆς Ἀκαδημίας καί ἔναρξις τῆς λειτουργίας αὐτῆς
2. Μετά διετίαν ἤ τριετίαν ἀπό τῆς ἐνάρξεως λειτουργίας τῆς Ἀκαδημίας οἰκοδόμησις τῶν οἰκημάτων καί ἐγκαταστάσεων τοῦ γεωργικοῦ προγράμματος καί ἔναρξις τῆς λειτουργίας αὐτοῦ. Συμπέρασμα: ἐπιβολή τοῦ ἰδικοῦ μας ἀρχικοῦ προγράμματος {πρῶτα νά ἐξασφαλισθεῖ ἡ Ἀκαδημία διά τά πνευματικά προβλήματα}.

Β. Ἀκαδημία:
Ἀνοικοδόμησις της Ἀκαδημίας εἰς δύο στάδια, λόγω οἰκονομικῆς ἀνεπαρκείας. Δεύτερον στάδιον: Ἐπί τῇ βάσει τῶν ἀρχικῶν μας προτάσεων (πρβλ. τόν ὑπό τοῦ κ. Müller ὑπογεγραμμένον προϋπολογισμόν-σχέδιον). Τό στάδιον αὐτό θά πραγματοποιηθῇ ἐν καιρῷ. Προηγουμένως θά οἰκοδομηθῇ ἡ Ἀκαδημία κατά τό:
Πρῶτον στάδιον, ἤτοι ἐπί τῇ βάσει τοῦ ὑπάρχοντος σχεδίου, ἀφαιρουμένων 1) 10 δωματίων καί 2) 2 κατοικιῶν τῶν συνεργατῶν.
Κατά τό πρῶτον στάδιον ἑπομένως θά οἰκοδομηθοῦν:

15 διπλά δωμάτια, 10 μονά, σύνολον 25 δωμάτια.
1 κατοικία Διευθυντοῦ.
Τά ὑπόλοιπα ὡς ἐν τῷ σχεδίῳ (τραπεζαρίαι, αἴθουσα διδασκαλίας καί συγκεντρώσεων κ.λπ.). Ἡ θέσις, τό μέγεθος κ.λπ. τούτων πρέπει νά εἶναι ἀνάλογα τοῦ δευτέρου – τελικοῦ σταδίου. Λεπτομερείας ὅταν ἔλθω. Βεβαίως ὅλ' αὐτά δέν σημαίνουν ἀκόμη <u>τελικήν</u> ἔγκρισιν. Ἐπέτυχα πάντως τήν <u>ἔγκρισιν</u> ἐνάρξεως <u>μελέτης</u> τοῦ σχεδίου. <u>Ἑπομένως ἀναθέσατε ἀμέσως εἰς τόν ἀρχιτέκτονα τήν διεξαγωγήν τῆς μελέτης</u>, ἐπειδή πρέπει νά τήν ἔχωμεν μαζί μας τόν Μάιον!! Χρήματα διά τήν ἀμοιβήν τοῦ ἀρχιτέκτονος ἤ θά φέρω ἤ θά σταλοῦν συντόμως. Νά ἀρχίση τάς προκαταρκτικάς μετρήσεις καί ὅταν ἔλθω θά τοῦ δώσω τάς λεπτομερεῖς ὁδηγίας. Τό βῆμα τοῦτο ἑρμηνεύει ὁ κ. Müller ὡς βεβαίαν ἔνδειξιν τελικῆς ἐγκρίσεως τοῦ ὅλου προγράμματος. Τόν Μάιον πρέπει νά ἔχωμε μαζί μας ἐπίσης τό πρόγραμμα λειτουργίας τῆς Ἀκαδημίας κατά τό πρῶτον ἔτος (θέματα, προσκληθησόμενοι, ἀριθμός τούτων, ἡμέραι διαρκείας συσκέψεων κ.λπ., κυρίως ὅμως θέματα). Παρακαλῶ κάμετε μερικές σκέψεις ὥσπου νά τά ποῦμε. Γιά τόν παπά Γιάννη {Ψαράκη} νομίζω ὅτι εἶναι ἀκόμη κάπως νωρίς.
Ἐμεῖς φεύγομεν ἀπ' ἐδῶ κατά τάς 10 Μαρτίου.
Οἱ ἐν Βόννῃ εἶναι καλά, ὁ {Στυλιανός} Χαρκιανάκης {μετέπειτα Ἀρχιεπίσκοπος Αὐστραλίας} ἀναμένει ἀπάντησιν».

Τίς παραπάνω ἀποφάσεις υἱοθέτησαν στή συνέχεια ὁ Hermann Kunst, ὁ Hans Thimme καί οἱ λοιποί διοικοῦντες τῆς EZE. Ἡ Ὀρθόδοξος Ἀκαδημία Κρήτης ἄρχισε πλέον νά φαίνεται ὡς ἕνα novum καί unicum στόν κόσμο τῆς Ὀρθοδοξίας.

6-3-1963 ΑΒΒ
Μ πρός Εἰρηναῖον
Εὐχαριστεῖ γιά ἐπιστολή του ἀπό 24 Φεβρουαρίου.
«Ἔχοντας ὑπόψη τήν πληροφορία πού μᾶς δίδετε, ὅτι ἀπό 23 Ἀπριλίου μπορεῖτε νά ἀρχίσετε τό ταξίδι σας, καταρτίσαμε ἕνα σχέδιο τοῦ ταξιδίου σας, πού ἀρχίζει στή Γερμανία στίς 25 Ἀπριλίου. Ἔχουμε τρεῖς ἄλλους ἐπισκέπτες, ἕναν ἀπό τήν Ἰαπωνία, ἕναν ἀπό τήν Κορέα καί ἕναν ἀπό τήν Ταϊβάν, πού ἔρχονται ἐπίσης στή Γερμανία ὡς φιλοξενούμενοι τοῦ Ὑπουργείου Ἐξωτερικῶν τήν ἴδια χρονική περίοδο».
Μιά ἐπίσκεψη στό ἐργοστάσιο Mercedes-Benz μπορεῖ νά γίνει. Πάντως παράδοση αὐτοκινήτου εἶναι δυνατή ὕστερα ἀπό 20 μῆνες {μετά τήν παραγγελία}. Γιά τήν περίπτωσή σας μποροῦμε νά ἐπιδιώξουμε μιά ἐξαίρεση, γι'

αὐτό ὅμως θά μιλήσουμε ὅταν ἔλθετε.[117]

Ὁ Δρ. Παπαδερός θά σᾶς δεῖ στό Καστέλλι σέ ὀκτώ μέρες. Πῆρε μαζί του τά δῶρα γιά τίς οἰκογένειες πού μᾶς φιλοξένησαν.

15. Ἐκπόνηση ἀρχιτεκτονικῶν σχεδίων τῆς ΟΑΚ

6-3-1963 ΑΒΒ
Μ πρός Εἰρηναῖον
Τά τῆς Ἀκαδημίας φαίνεται πώς ὁδεύουν καλῶς. Ὁ Διευθυντής τῆς ΕΖΕ μοῦ ὑποσχέθηκε ὅτι θά δρομολογήσει τώρα τίς διαδικασίες πρῶτα γιά τήν ἔγκριση τῆς δαπάνης τῶν σχεδίων. 5.000 μέχρι 10.000 DM μποροῦν νά διατεθοῦν στόν Ἀρχιτέκτονα γιά προσεγμένα σχέδια. Στή συνέχεια θά ἐγκριθεῖ τό ὅλον πρόγραμμα. Θά φροντίσω νά συναντηθεῖτε στή Βόννη μέ τούς ἁρμόδιους γιά τήν ἔγκριση τοῦ προγράμματος.

21-3-1963 ΑΒΒ
Μ πρός Εἰρηναῖον
Ὑπάρχει πρόοδος στήν ἐξεύρεση τῶν χρημάτων γιά τήν Ἀκαδημία. Ὁ Διευθυντής τῆς ἁρμόδιας Ἐκκλησιαστικῆς Ὑπηρεσίας {Βόννη} παρακαλεῖ νά ἑτοιμασθοῦν σχέδια σέ κλίμακα 1:200 καί προϋπολογισμός. Καλόν εἶναι νά χωρισθεῖ τό Σχέδιο σέ δύο. Ἀφ᾽ ἑνός στό οἰκοδόμημα στή Γωνιά, συμπεριλαμβανομένων τῶν κατοικιῶν καί τοῦ ἀγωγοῦ ὕδρευσης, καί ἀφ᾽ ἑτέρου στό Κέντρο Ἀγροτικῆς Ἀναπτύξεως. Προτεραιότητα πρέπει νά δοθεῖ στά τῆς Ἀκαδημίας, καί ἀργότερα τά ὑπόλοιπα. Οἱ δαπάνες γιά τήν Ἀκαδημία πρέπει νά ὑπολογισθοῦν ἐπακριβῶς καί, ἄν εἶναι δυνατόν, νά μήν ὑπερβαίνουν τό ποσόν τῶν 700.000 Μάρκων. Καλόν εἶναι νά φαίνεται στόν Προϋπολογισμό καί ἡ δική σας συνεισφορά (π.χ. ἐθελοντική ἐργασία κ.λπ.). Ἀσφαλῶς ἐνδείκνυται τά σχέδια καί ὁ Προϋπολογισμός νά κατατεθοῦν τό ἀργότερο κατά τήν ἄφιξή σας. Θά διευκόλυνε, ὡστόσο, τή συζήτηση ἡ ἀποστολή τους προηγουμένως,

---

[117] 20-4-1963 ΑΑπ, Gredler πρός Mercedes
Ὁ W. Gredler, Μόνιμος Ἀντιπρόσωπος τῆς Αὐστρίας στό Συμβούλιο τῆς Εὐρώπης στό Στρασβοῦργο, ἦταν διακεκριμένο μέλος τοῦ Τάγματος τοῦ Μ. Κων/νου. Κατά τήν ἐπιστροφή του ἀπό τήν ἐπίσκεψη τοῦ OCM στήν Κρήτη, ὁ Gredler γράφει ἀπό τήν Ἀθήνα ἐπιστολή πρός τόν Γεν. Διευθυντή τῆς Ἑταιρίας Mercedes-Benz:
«*Καίτοι σπάνια ἀπευθύνομαι πρός τούς ἰσχυρούς τῆς οἰκονομίας, σᾶς ἀπευθύνω μιά παράκληση*». Ἀκολουθεῖ συνοπτική ἀναφορά στό πολύπλευρο ἔργο τοῦ Σεβασμ. Εἰρηναίου, ἐξαιρέτως σέ αὐτό πού ἀφορᾶ στήν ὕπαιθρο τῆς Κρήτης καί στήν ἀντιμετώπιση τῆς φτώχειας. Προκειμένου νά μπορεῖ ὁ Ἐπίσκοπος νά ἐπισκέπτεται ἀσφαλέστερα τά χωριά, χρειάζεται ἕνα αὐτοκίνητο Mercedes. Παρακαλεῖ λοιπόν τόν Γεν. Διευθυντή νά δεχθεῖ τόν Ἐπίσκοπο, πού θά ἐπισκεφθεῖ προσεχῶς τή Γερμανία, καί νά τοῦ διαθέσει ἕνα αὐτοκίνητο, ἔστω μέ μειωμένη τιμή.

ὥστε νά ἔχει ἐνημερωθεῖ ἡ ἀρμόδια Ὑπηρεσία.

Τό γράμμα κοινοποιεῖται σέ μένα στόν Λειβαδά, μέ τή σημείωση: Παρακαλῶ τά σχέδια <u>τό ἀργότερο</u> νά τά φέρετε μαζί σας!

23-5-1963 ΑΑπ
Εἰρηναῖος πρός Απ
...«Υ.Γ. Ὅταν ἦρθα εἶπα στούς Μηχανικούς ὅτι θά λάβουν χρήματα ἀπό τή Γερμανία μέ τήν ἄφιξη τοῦ κ. Weller {ἀπό τήν Ἀκαδημία ΒΒ}. Τώρα ἦρθε καί μοῦ εἶπε ὁ κ. Weller ὅτι δέν γνωρίζει τίποτε. Οἱ ἄνθρωποι ἔχουν ἐργασθῆ ἤδη πολύ καί δέν πρέπει νά μείνει ἔτσι, ἄς τά στείλει διά τραπέζης (στό ὄνομά μου) ὁ κ. Müller».

8-7-1963 ΑΒΒ
Απ πρός Μ
«Στή συνέχεια τῆς πρόσφατης τηλεφωνικῆς ἐπικοινωνίας μας θά ἤθελα νά σᾶς γνωρίσω τά ἀποτελέσματα τοῦ ταξιδίου μου στήν Ἑλλάδα ἀπό 17 Ἰουνίου μέχρι 5 Ἰουλίου.

Ὅπως σᾶς εἶπα ἤδη, ὡς Ἐπιστημονικός Σύμβουλος τῆς Δεύτερης Γερμανικῆς Τηλεόρασης {ZDF}, πῆγα ἀεροπορικῶς στήν Ἑλλάδα, ὅπου κάναμε μιά ταινία ντοκουμέντο γιά τή 1000ετία τοῦ Ἁγ. Ὄρους. Ἐπειδή δέν εἶχα χρόνο νά πάω στήν Κρήτη, ρώτησα τόν Ἀρχιτέκτονα μήπως θά μποροῦσε νά ἔλθει στήν Ἀθήνα, ὅπου καί ἦλθε (θά πρέπει φυσικά νά ἀναλάβουμε τά ἔξοδα κινήσεώς του). Μαζί του ἦλθε καί ὁ Ἐπίσκοπος Εἰρηναῖος, πού ταξίδεψε ὕστερα μαζί μου στό Ἅγιον Ὄρος.

Κυδωνίας καί Ἀποκορώνου Νικηφόρος, Κισάμου καί Σελίνου Εἰρηναῖος, Γορτύνης καί Ἀρκαδίας Τιμόθεος στό πλοῖο πρός Ἅγ. Ὄρος.

Στήν Ἀθήνα ἀποφασίσαμε νά κάμει ὁ Ἀρχιτέκτονας στά σχέδια ὅλες τίς ἀλλαγές πού καθορίσαμε στή Βόννη. Μόλις λάβω τά τροποποιημένα σχέδια καί τόν Προϋπολογισμό, θά τά πάω ὁ ἴδιος στή Βόννη, ὅπως προτείνατε».

Λοιπές ἐξελίξεις τοῦ ἔτους 1963

Ἀλλαγή οἰκοδομικοῦ προγράμματος
11-6-1963 ΑΑπ
Mordhorst πρός Απ

Πιστός στήν αὐστηρή τήρηση τῆς τάξης, πού ὑπαγορεύει ἄμεση καί ἀκριβῆ καταγραφή ὅσων συζητοῦνται καί προπαντός ὅσων συμφωνοῦνται προφορικά, ὁ Mordhorst ἀμέσως μετά τήν ἀναχώρησή μου ἀπό τό Γραφεῖο του στή Βόννη μοῦ γράφει αὐθημερόν τά ἀκόλουθα:

«Μέ βάση τή συζήτησή μας στίς 11 Ἰουνίου στό Γραφεῖο μας, ἐπιθυμοῦμε νά συνοψίσουμε ἄλλη μιά φορά ὡς ἀκολούθως τίς προτάσεις μας γιά ἀλλαγή τοῦ οἰκοδομικοῦ προγράμματος, μέ ἄλλα λόγια, τίς προτροπές μας γιά ἀλλαγή τοῦ οἰκοδομικοῦ προγράμματος».

1. Ἀντί νά εἶναι ὅλα τά δωμάτια δίκλινα, προτείνουμε νά εἶναι τά 2/3 μονόκλινα καί 1/3 δίκλινα. Σέ συνέδρια ζητοῦνται συνήθως μονόκλινα. Τά μονόκλινα ὅμως νά εἶναι τόσον εὐρύχωρα, ὥστε νά μπορεῖ νά τοποθετεῖται ἕνας καναπές, ὅταν χρειάζεται. Πάντως, ὁ συνολικός ἀριθμός κλινῶν δέν πρέπει νά εἶναι ἀνώτερος τῶν 70, ἡ δέ χρήση καναπέ νά θεωρεῖται ὡς ἐξαίρεση.

2. Θεωροῦμε ὑπερβολικές τίς ἐγκαταστάσεις ὑγιεινῆς. Θεωροῦμε ἱκανοποιητικό νά ὑπάρχουν 5, τό πολύ 10 δωμάτια μέ δικό τους ντούς καί WC. Στά ὑπόλοιπα δωμάτια, μονόκλινα ἤ δίκλινα, νά ὑπάρχει ζεστό καί κρύο νερό, τά ντούς ὅμως καί τά WC νά εἶναι κοινά. Ἔτσι θά ἐπιτευχθεῖ μείωση τῆς δαπάνης.

3. Ἡ προβλεπόμενη κουζίνα δέν ἐπαρκεῖ γιά 80-100 ἄτομα. Ἀκολουθοῦν ὁδηγίες γιά ἐπέκταση καί βελτίωση τῆς κουζίνας, τῶν συσκευῶν καί τῶν βοηθητικῶν χώρων.

Ἀνάλογη ἐπέκταση καί βελτίωση προτείνεται γιά τούς χώρους ἑστίασης.

4. Συνιστοῦμε νά σκεφθεῖτε μήπως πρέπει νά προστεθεῖ καί ἄλλος χῶρος γιά τήν ἀποθήκευση τροφίμων καί ἀναψυκτικῶν.

5. Συνιστοῦμε νά σκεφθεῖτε μήπως δέν εἶναι ἀρκετά τά δωμάτια πού ἔχουν προγραμματισθεῖ γιά τό προσωπικό. Ἀμφιβάλλουμε ἄν ἡ κουζίνα μπορεῖ νά λειτουργήσει μόνο μέ μιά μαγείρισσα, ἴσως χρειάζεται ἕνας ἐπιπλέον χῶρος γιά μιά βοηθό μαγείρισσα.

6. Θεωροῦμε πολλές τίς λεκάνες γιά τό πλύσιμο τῶν χεριῶν στό χῶρο δίπλα στήν τραπεζαρία. Οἱ φιλοξενούμενοι μποροῦν νά πλένονται στά δωμάτιά τους. 5-6 λεκάνες ἀρκοῦν. Ὁ ὑπόλοιπος χῶρος νά διατεθεῖ γιά γκαρνταρόμπα.

7. Ἡ αἴθουσα συνεδριάσεων θά πρέπει νά σχεδιασθεῖ ἔτσι, ὥστε οἱ σύνεδροι νά κάθονται σέ μορφή πετάλου, προκειμένου νά μποροῦν νά βλέπουν ὁ ἕνας

τόν ἄλλο κατά τή συζήτηση.

8. Ὁ ἀριθμός τῶν λουτρῶν μπορεῖ νά μειωθεῖ στό μισό, ἀφοῦ θά ὑπάρχουν τά ντούς. Ὁμοίως, μποροῦν νά περιορισθοῦν τά WC τοῦ προσωπικοῦ τῆς κουζίνας σέ δύο. Γιά τούς χώρους τοῦ προσωπικοῦ στό ἰσόγειο νά προβλεφθοῦν 1-2 ἰδιαίτερα WC καί ἕνα λουτρό.

9. Στούς διαδρόμους θά πρέπει νά προβλεφθοῦν χῶροι γιά νά τοποθετοῦνται σκοῦπες καί ἄλλες συσκευές καί ὑλικά καθαρισμοῦ. Νά ἐξετασθεῖ ἄν ἐπαρκοῦν οἱ χῶροι τοποθέτησης ἄπλυτων ρούχων, λοιπῶν ὑλικῶν καί ἐργαλείων κήπου.

Κατά τά λοιπά θεωροῦμε ὅτι πρέπει νά διατηρηθεῖ ἡ βασική δομή τοῦ κτηρίου. Θά χαιρετούσαμε μιά προσωπική συζήτηση μέ τόν ἀρχιτέκτονα.

Θά εἴμεθα εὐγνώμονες γιά μιά ἀπάντησή σας ὅσον ἀφορᾶ στήν ὁριστικοποίηση τοῦ οἰκοδομικοῦ προγράμματος.

Κοιν.: Δρ. Müller

{Τό γερμανικό πρωτότυπο τοῦ κειμένου πού συνοψίζουμε εἶναι διατυπωμένο μέ πολλή λεπτότητα, σέ μορφή προτροπῆς, χωρίς ἐπιτακτικό χαρακτήρα.[118]}

16-6-1963 ΑΑπ

Απ πρός Μο

Γράφω ὅτι ἀναχωρῶ σέ λίγες ὧρες γιά τή Θεσσαλονίκη (τηλεόραση, χιλιετία Ἁγ. Ὄρους...). Τηλεγράφησα στόν ἀρχιτέκτονα νά ἔλθει στήν Ἀθήνα, προκειμένουν νά λάβει ὁδηγίες γιά τά σχέδια, σύμφωνα μέ ὅσα συζητήσαμε. Ἄν ἔχουν νεώτερες προτάσεις, παρακαλῶ νά τίς στείλουν ἄμεσα στή διεύθυνσή μου, στή Θεσσαλονίκη, ἀλλά καί στό Καστέλλι {ὅπου πρόκειται νά πάω μετά τό Ὄρος}. Εὐελπιστῶ νά ἔχω τά τροποποιημένα σχέδια κατά τήν ἐπιστροφή μου στή Γερμανία.

20-6-1963 ΑΑπ

ΕΖΕ πρός Απ

Εὐχαριστοῦν γιά τήν ἐπιστολή μου τῆς 16 Ἰουνίου. Χαίρονται γιά τό ὅτι μέ τό ἐπικείμενο ταξίδι μου στήν Ἑλλάδα θά συζητήσω μέ τόν ἀρχιτέκτονα τίς τροποποιήσεις τῶν σχεδίων, γιά τίς ὁποῖες μιλήσαμε στή Βόννη στίς 11

---

[118] Χειρόγραφο σημείωμά μου (γερμανιστί):
Τρίτη, 11/6/63
1) Ταξίδι στή Βόννη. Συζήτηση μέ κ. Mordhorst. Βλ. ἐπιστολή του τῆς 11.6.1963. Δαπάνη DM 27.30
2) Τηλεφωνική συζήτηση μέ Δρ. E. Müller, BB, Δαπάνη DM 2.80
3) Τηλεγράφημα πρός Πελεκάνον (μέ λατινικούς χαρακτῆρες):
«Γνωρίσατε δυνατότητα ἀμέσου πραγματοποιήσεως ἀνεξόδου ἑβδομαδιαίου ἀεροπορικοῦ ταξιδίου Γερμανίαν πρός τροποποίησιν σχεδίου. Παπαδερός». Δαπάνη DM 9.50.

Ἰουνίου καί τίς ὁποῖες κατέγραψαν στήν πρός ἐμέ ἐπιστολή τους τῆς ἡμέρας ἐκείνης. Δέν ἔχουν καμμιά ἄλλη πρόταση τροποποίησης. Εὐελπιστοῦν ὅτι κατά τήν ἐπιστροφή μου θά ἔχω μαζί μου τά τροποποιημένα σχέδια, ὥστε νά ἐπιταχυνθοῦν οἱ διαδικασίες.

«Σύμφωνα μέ τήν ἐπιθυμία σας, στέλνουμε ἀντίγραφο αὐτῆς τῆς ἐπιστολῆς στόν Μητροπολίτη Εἰρηναῖο στό Καστέλλι καί ἐλπίζουμε ὅτι μέ αὐτόν τόν τρόπο θά φθάσει αὐτή ἡ ἐπιστολή ἔγκαιρα σέ σᾶς».

Υ.Γ. Παρακαλοῦν, οἱ ἐπιγραφές στά σχέδια νά γράφωνται καί γερμανιστί, προκειμένου νά ἀποφεύγωνται παρανοήσεις.

Διόρθωση σχεδίων
26-6-1963 ΑΒΒ
Εἰρηναῖος πρός Μ
Εὐχαριστεῖ γιά τό ταξίδι στή Γερμανία, πού ἦταν εὐχάριστο καί χρήσιμο γιά τό ἔργο του στήν Ἐκκλησία. Συναντήθηκε στήν Ἀθήνα μέ κ. Παπαδερό καί μέ τόν Ἀρχιτέκτονα. Θά λάβετε σύντομα τά διορθωμένα καί βελτιωμένα σχέδια.

Ὁ κ. Παπαδερός θά σᾶς ἐξηγήσει γιατί δέν μποροῦμε νά ἐνοικιάζουμε τήν Ἀκαδημία τό καλοκαίρι. «Μποροῦμε νά χτίσουμε ἕνα σπίτι κοντά στή θάλασσα καί στό γερμανικό νεκροταφεῖο γιά τούς Γερμανούς φίλους μας καί τουρίστες».

«Μέ τόν ἀγωγό ὕδρευσης θά ἀρχίσουμε τόν Σεπτέμβριον, ὅπως συνεννοηθήκαμε ἤδη μέ τόν κ. Weller - δέν εἶν' ἔτσι;

Τό δῶρο τοῦ Ἐπισκόπου Kunst {αὐτοκίνητο} εἶναι ἐξαίρετο καί πολύ χρήσιμο». Παρακαλεῖ νά προωθηθεῖ στόν Κούνστ ἐσώκλειστη ἐπιστολή του.

Ιούλιος 1963 ΑΑπ
Πελεκάνος πρός Απ
Μοῦ στέλνει, εἰς διπλοῦν, τή νέα μελέτη γιά τήν Ἀκαδημία, μέ τίς τροποποιήσεις πού χρειάστηκε νά γίνουν, καθώς καί τή μελέτη ἀντλιοστασίου, τόν ὑπολογισμό κόστους κ.λπ.

16-7-1963 ΑΒΒ
Μ πρός Wolckenhaar, Innere Mission, Stuttgart
Ἐνημερώνει γιά τά τῆς Ἀκαδημίας. Ἡ ἔγκριση τῆς αἴτησης ἀναμένεται νά γίνει κατά τόν Νοέμβριο. Στό μεταξύ ὅμως πρέπει νά δοθεῖ στόν ἀρχιτέκτονα μιά προκαταβολή-5.000 μάρκα. Ὁ Ἐπίσκοπος Εἰρηναῖος δέν ἔχει αὐτά τά χρήματα. Παρακαλεῖ νά βρεθεῖ μιά λύση.

Ἀλλαγές στά σχέδια

Ὅπως μᾶς εἶχε ἐνημερώσει ὁ Διευθυντής τῆς EZE Mordhorst (βλ. 14-2-1964), οἱ ἀντιπρόσωποι τοῦ Ὑπουργείου Ἐξωτερικῶν πού ἔλαβαν μέρος σέ σύσκεψη, στήν ὁποίαν μετεῖχαν ἐπίσης ἐκεῖνος καί ὁ Müller, ἄφησαν νά ἐννοηθεῖ ὅτι ὑπό ὁρισμένες προϋποθέσεις θά ἦταν διατεθειμένοι νά ἄρουν τίς ἀντιρρήσεις τους γιά τό πρόγραμμα «Ἀκαδημία Γωνιά». Νά μειώσουν τό ποσό τῆς ἐπιχορήγησης ἐπεδίωκαν οἱ ἄνθρωποι, ἀλλά καί νά «δέσουν τό γάιδαρό τους» γερά, δηλ. νά σιγουρευτοῦν γιά τή λειτουργικότητα καί τή βιωσιμότητα τῆς σχεδιαζόμενης Ἀκαδημίας.

Ὕστερα ἀπό συζήτηση μέ τήν EZE, λοιπόν, καί τό ἀπό 14-2-1964 ἔγγραφό της, ἡ ὁδηγία πού ἔδωσα στήν Κρήτη ἦταν νά περιορισθεῖ δραστικά ὁ ὄγκος τῶν κτηρίων.

14-3-1964 ΑΑπ
Εἰρηναῖος πρός Απ
{ἀπόσπασμα}:
δ) «Οἱ μηχανικοί {ὁ Πολιτ. Μηχανικός Μιχαήλ Πελεκάνος - Προϊστάμενος τῶν Τεχνικῶν Ὑπηρεσιῶν τῆς Νομαρχίας Χανίων - καί ὁ Ἐμμ. Μαριακάκης, στό ἰδιωτικό τους Γραφεῖο στή Σπλάντζια Χανίων καί μέ ἀμοιβή βέβαια} σύμφωνα μέ ὁδηγίες σου ξανακάνουν τά σχέδια καί πιστεύω ὅτι τά στέλνουν κατ' αὐτάς. Ὑπάρχει μία πιθανότητα νά συνέλθη ἡ Ἐπιτροπή Πίστεως καί Τάξεως εἰς Κρήτην καί ζητεῖται οἴκημα - φαντάσου πόσο χρειάζεται αὐτό... Ἡ ἰδέα τῆς ἐργασίας μέ Ἀφρική ὡριμάζει τόσο πολύ στή σκέψη ὅλων».

21-3-1964 ΑΑπ
Εἰρηναῖος πρός Απ
{ἀπόσπασμα ἀπό τήν ὡς ἄνω ἐπιστολή}:
«Συνοπτικῶς ἀπαντῶ καί γιά συντομία στήν τελευταία σου ἐπιστολή.
α) Τά σχέδια ἔγιναν κατά τάς ὁδηγίας σου καί τά στέλνω τή Δευτέρα εἰς τριπλοῦν. Πιστεύω ὅτι μένομεν εἰς τά πλαίσια τῶν οἰκονομικῶν δυνατοτήτων πού θέλομε, τῶν 700 χιλιάδων δηλ. μάρκων συμπεριλαμβανομένης ἐπιπλώσεως, εἰδῶν κουζίνας κ.λπ.».

Μάρτιος 1964 ΑΒΒ
Μιχ. Πελεκάνος
«ΤΕΧΝΙΚΟ-ΟΙΚΟΝΟΜΙΚΗ ΕΚΘΕΣΙΣ ΑΦΟΡΩΣΑ ΤΑ ΕΝ ΓΕΝΕΙ ΕΡΓΑ».
Τό κόστος τοῦ συνολικοῦ ἔργου, μέ ἐπίπλωση, τό ὑπολογίζει σέ 5.850.000 δρχ. Αἰτούμενη χορηγία 5.250.000 δρχ.{δηλ. περίπου 750.000 DM} καί συμβολή Ἱ. Μητροπόλεως Κισάμου καί Σελίνου 600.000 δρχ. {περίπου 85.700 DM}.

24-4-1964 ABB
Kubi πρός Απ (Θεσ)
Ὁ ἀρχιτέκτονας Kubi μοῦ στέλνει τά σχέδια τῆς Ἀκαδημίας, τά ὁποῖα ἐπεξεργάσθηκε μέ τούς συνεργάτες του. Ὅπως ἔμαθε ἀπό τόν κ. Müller, ἡ ἐπίσκεψή του {Müller} στή Βόννη πῆγε καλά.

Ὅσον ἀφορᾶ στά σχέδια, παρατηρεῖ ὅτι πρόκειται γιά ἐπεξεργασία τῶν σχεδίων πού ἔλαβε καί ὄχι γιά μιά λύση. Ἄν ἡ πρόθεση γιά τήν οἰκοδομή στηριχθεῖ ἀπό τή Βόννη, θεωροῦν ἀναγκαῖο νά μελετήσουν τήν κατάσταση τοῦ οἰκοπέδου μαζί μέ τόν ἀρχιτέκτονά μας, νά συζητήσουν τό θέμα Ἀκαδημία καί τότε νά ἐπεξεργασθοῦν μιά πρόταση, πιθανότατα πολύ διαφορετική ἀπό τήν ὑπάρχουσα - πιστεύουν πώς ὑπάρχει καλύτερη, δηλ. πιό ταιριαστή σέ μιάν Ἀκαδημία.

2-5-1964 ABB
Μ πρός Απ (Θεσ)
Μοῦ στέλνει τό γράμμα τοῦ Kubi μέ τά σχέδια.
«Ἡ συζήτηση στή Βόννη πῆγε πολύ καλά. Πιστεύω πώς μποροῦμε νά λογαριάζουμε μέ μιά ἀπόφαση μέχρι τόν Ἰούνιο ἤ Ἰούλιο καί μάλιστα μέ μιά θετική ἀπόφαση. Αὐτή πάντως ἦταν ἡ ἄποψη καί τοῦ Διευθυντῆ κ. M o d - h o r s t , μέ τόν ὁποῖο συζήτησα διεξοδικά τό ὅλο ζήτημα.
Σχέδιο: Δέν μπορεῖ νά μείνει ὅπως τό ἔχει σχεδιάσει τώρα ὁ Kubi».
Προτείνει: Μόλις ἐγκριθεῖ ἡ αἴτησή μας, νά πάω στή Γερμανία μαζί μέ τόν ἀρχιτέκτονά μας {Μ. Πελεκάνο}, νά ἐπισκεφθοῦμε κάποιες Ἀκαδημίες - Tutzing, Bad Boll, Arnoldshain - προκειμένου νά ἔχουμε σαφῆ εἰκόνα γιά τό πῶς πρέπει νά εἶναι ἕνας τόπος τῆς συζήτησης, πού εἶναι ταυτόχρονα ἕνα συνεδριακό ξενοδοχεῖο. Νά ἀκολουθήσει μιά συζήτηση μέ τόν ἔμπειρο ἀρχιτέκτονά μας. Ἡ δαπάνη 2.000 μάρκων σέ σχέση μέ τή συνολική δαπάνη ἑνός ἑκατομμυρίου ἀξίζει ἀληθινά. Ἄλλωστε, ὁ Διευθυντής κ. Mordhorst ὑποστήριξε τήν ἄποψη πώς εἶναι ἀναγκαῖο νά προστεθεῖ κεντρική θέρμανση καί κλιματισμός στούς χώρους ἑστίασης καί συνεδριάσεων καί εἶναι πρόθυμος νά ζητήσει πρόσθετη ἐπιχορήγηση 50.000 μάρκων πρός τοῦτο.

28-10-1964 ABB
Σημείωση Γραμματείας του Μ:
Ὅλα τά σχέδια γιά τήν Ἀκαδημία τῆς Κρήτης πού εἴχαμε δόθηκαν στόν Μ. γιά τή συζήτηση μέ τον Ἐπίσκοπο Εἰρηναῖο καί τόν ἀρχιτέκτονα στις 28-10-1964 στό Bad Boll.

Πάλι ἀρχιτεκτονικές ἀλλαγές

Διαπιστώσαμε ὅτι χρειάζεται περαιτέρω ἐπεξεργασία τῶν σχεδίων καί ἀκριβέστεροι ὑπολογισμοί ὅσον ἀφορᾶ στά τεχνικά ζητήματα, ἀλλά καί στό κόστος, λαμβανομένων ὑπόψη καί τῶν ἀνατιμήσεων πού ἔχουν σημειωθεῖ στό μεταξύ στήν Ἑλλάδα.

5-12-1964 ABB
Μ πρός Ἀπ, Θεσ.
«Ὁ ἀρχιτέτων I h l e, σύμφωνα μέ τήν ἐντολή πού ἔλαβε, ἐπεξεργάσθηκε καί ἄλλαξε ἀκόμη μιά φορά τά σχέδια τῆς Ἀκαδημίας Γωνιᾶς καί προπαντός τά κοστολόγησε ἐκ νέου. Ἔτσι, διαπιστώθηκε ὅτι ὁ ὑπολογισμός τῶν κυβικῶν μέτρων πού ἔγινε στήν Κρήτη δέν ἦταν ἀκριβής, ὅτι, πολύ περισσότερο, τό σύνολο τῶν κυβικῶν μέτρων τοῦ μέχρι τοῦδε σχεδίου εἶναι σχεδόν διπλάσιο ἀπό αὐτό πού ἔχει ἀναφερθεῖ. Ὡς ἐκ τούτου, ὁ κ. Ihle περιόρισε κάπως τό Projekt, χωρίς νά ἐπηρεάσει τή βασική του μορφή ἀνοικείως. Σίγουρο εἶναι, πάντως, ὅτι ἡ δαπάνη πού ἔχει ὑπολογισθεῖ δέν ἐπαρκεῖ. Ἡ ΕΖΕ ἀπεφάσισε κατόπιν τούτου νά ὑποβάλει πρόσθετη αἴτηση καί νά ζητήσει 1,2 ἑκατομμύρια ὡς δωρεά τῆς ἀναπτυξιακῆς βοήθειας. Ὡς βάση τέθηκε τό ποσόν τῶν 60 DM ἀνά κυβικό μέτρο χτισμένου χώρου. Ἐλήφθη ὑπόψη ὅτι ἡ Μητρόπολις Κισάμου θά ἐξοικονομήσει μέ ἐργασιακή συνεισφορά 170.000 DM, δηλ. 15% τοῦ κόστους οἰκοδομῆς. Ὁ Διευθυντής κ. M o r d h o r s t ἔχει μέ βεβαιότητα τή γνώμη ὅτι σύντομα, δηλ. σέ λίγες βδομάδες, θά δοθεῖ αὐτό τό πρόσθετο ποσόν. Μόνο τότε μποροῦν νά ἀρχίσουν οἱ πληρωμές.

Ἀπό σᾶς παρακαλοῦν νά ἔχουν ἄ μ ε σ α μιά βεβαίωση πώς ἡ συνεισφορά σας εἶναι δυνατή στήν ἔκταση πού ἔχει προβλεφθεῖ καί ὅτι τά σχέδια, ὅπως ἀποστέλλονται σέ σᾶς ταυτόχρονα μέ αὐτό τό ἔγγραφο ταχυδρομικῶς, ὡς συστημένα καί ἐπειγόντως, ἐγκρίνονται ἀπό σᾶς. Ἐγώ ὁ ἴδιος ἀμφισβήτησα τό ὕψος τῆς αἴθουσας συνεδριάσεων, πού, ἐνῶ εἶναι μεγάλη, ἔχει τό ἴδιο ὕψος μέ τά ὑπνοδωμάτια. Ὁ ἀρχιτέκτων λέγει ὅτι αὐτό μπορεῖ νά ἀλλάξει εὔκολα μέ τήν προσθήκη μιᾶς σκάλας στούς διαδρόμους πού ὁδηγοῦν στά δωμάτια. Αὐτό πρέπει νά γίνει ὁπωσδήποτε. Μιά αἴθουσα συνεδριάσεων τοῦ μεγέθους ἐκείνης τοῦ BB πρέπει ὁπωσδήποτε νά εἶναι ψηλότερη ἀπό ὅσο σέ ἕνα σύνηθες ὑπνοδωμάτιο. Παρακαλῶ, πάρτε μιά σύμφωνη γνώμη τοῦ Ἐπισκόπου κ. Ε ἰ ρ η ν α ί ο υ καί στεῖλτε την ἀμέσως σέ μένα».

15-12-1964 ABB
Εἰρηναῖος πρός Μ
«Ὁ κ. Παπαδερός μέ ἐνημέρωσε γιά τίς νέες δυσκολίες πού προέκυψαν σέ

σχέση μέ τόν ὑπολογισμό τοῦ κόστους οἰκοδομῆς. Εἴμεθα εὐγνώμονες στόν ἀρχιτέκτονα κ. Ihle πού ἐπέστησε ἔγκαιρα τήν προσοχή μας. Χαιρόμεθα ἐπίσης πού ὁ Διευθυντής κ. Mordhorst εἶναι πρόθυμος νά ἐξασφαλίσει τούς πρόσθετους πόρους βάσει συμπληρωματικῆς αἰτήσεως.

Παρακαλοῦμε νά διαβεβαιώσετε τήν ΕΖΕ ἐξ ὀνόματός μας ὅτι ὅσα ἔχουμε ὑποσχεθεῖ ὡς συνεισφορά τῆς Μητροπόλεώς μας εἶναι ἐξ ὁλοκλήρου δ υ ν α τ ά καί θά διατεθοῦν κατά τήν πορεία τῶν ἐργασιῶν, πλήρως.

Σχέδια: Συμφωνοῦμε πλήρως καί εὐχαριστοῦμε τόν κ. Ihle γιά τόν κόπο του. Ἐπιδοκιμάζουμε τήν ἀντίρρησή σας ὅσον ἀφορᾶ στό ὕψος τῆς αἰθούσας συνεδριάσεων. Φυσικά πρέπει νά εἶναι πολύ μεγαλύτερο ἀπό ἐκεῖνο τῶν ὑπνοδωματίων προπαντός λόγω καί τοῦ κλίματός μας.

Μέ τήν ἐλπίδα ὅτι τώρα πλέον μποροῦμε νά ἀρχίσουμε σύντομα τήν οἰκοδομή, χαιρετῶ ἐγκαρδίως ἐσᾶς καί τήν οἰκογένειά σας ἐν τῇ ἀγάπῃ τοῦ Κυρίου ἡμῶν».[119]

20-1-1965 ΑΑπ
Ihle πρός Απ
Γράφει ὅτι, ὅπως ἔμαθε, ἔλαβα ἤδη τό σχέδιό του γιά τήν Ἀκαδημία, ὅτι μοῦ στέλνει ἕνα ἀκόμη ἀντίγραφο καί ὅτι χρειάζεται νά γνωρίζει ἄν ὁ Πελεκάνος ἑτοιμάζει τά στατικά καί ἄν πρόκειται νά ἀναλάβει τήν ἐπίβλεψη ἐκτέλεσης τοῦ ἔργου.

27-4-1965 ΑΑπ
ΕΖΕ πρός Απ
Ἐπεῖγον τηλεγράφημα στή διεύθυνσή μου στή Θεσσαλονίκη (Νικ. Φωκᾶ), πού ὁ ΟΤΕ τό προωθεῖ στή νέα διεύθυνσή μου Κρίσσης 158 Νέα Κυψέλη, Ἀθήνα.

Ζητοῦν ἀποστολή ἐπειγόντως τῶν στατικῶν ὑπολογισμῶν... Κάθε καθυστέρηση προκαλεῖ παρακινδύνευση τοῦ προγράμματός μας. Περιμένουν ἀπάντησή μου μέ δεσμευτική ἡμερομηνία.

13-5-1965 ΑΒΒ
Σημείωση Γραμματείας πρός Μ
Ὁ κ. Knoebel, ΕΖΕ τηλεφώνησε:
.... Ἡ ΕΖΕ περιμένει ἀπό τήν Ἑλλάδα τά στατικά πού ζήτησε.

---

[119] 7-1-1965, Γραμματεία
Τό ἔγγραφο αὐτό τοῦ Σεβασμ. Εἰρηναίου διαβιβάσθηκε ἀπό τόν κ. Müller στόν κ. Mordhorst στίς 7 Ἰαν. 1965.

Στατικοί ὑπολογισμοί
22-5-1965 ΑΑπ
Απ (Ἀθήν) πρός Mordhorst
....
Ὑπηρεσιακές ὑποχρεώσεις ἀνάγκαζαν δυστυχῶς τόν ἀρχιτέκτονά μας νά ἀναβάλλει συνεχῶς τήν ἐπεξεργασία τους.

Ἀναθέσαμε γι' αὐτό σέ δυό ἄλλους μηχανικούς τήν ἐντολή καί αὐτοί σέ ἐνάμιση μήνα ἐτοίμασαν τήν ἐργασία... Ὁ κ. Ihle δέν θά συναντήσει γλωσσικές δυσκολίες, καθώς ἀκολουθήθηκε τό γερμανικό σύστημα καί δέν κρίνεται ἀναγκαία ἡ μετάφραση τῶν ὀλίγων κειμένων πού εἶναι γραμμένα στά Ἑλληνικά. Ἄν ὅμως θά ἔχει κάποιες δυσκολίες, παρακαλῶ νά ἀποταθεῖ στόν Ἀρχιμανδρίτη Δρα Στυλιανό Χαρκιανάκη, Beuel, Steinstr. 50. Αὐτός κατάγεται ἀπό τήν Κρήτη, ἀνήκει στούς καλούς μας συνεργάτες καί εἶναι πρός τό παρόν Ἕλληνας ἐφημέριος στή Βόννη. Ὁ π. Χαρκιανάκης θά κάμει εὐχαρίστως τίς ἀναγκαῖες μεταφράσεις.

29-6-1965 ΑΒΒ
Απ (Ἀθήν) πρός Μ
.... Δέν ἀρχίσαμε ἀκόμη οἰκοδομικές ἐργασίες, ὅπως εἶχε ἐλπίσει ὁ Διευθυντής κ. Mordhorst, ἐπειδή ἀναμένουμε ὁριστική ἔγκριση τοῦ προγράμματος. Θά ἀρχίσουμε μόλις ἐπιστρέψει ὁ Ἐπίσκοπος καί ἴσως νά ἔχουμε ὁλοκληρώσει τίς ἐκσκαφές μέχρι τίς ἀρχές Αὐγούστου {ἀργήσαμε λίγο.}. Μέχρι τότε θά ἔχει τελειώσει καί ὁ κ. Ihle τίς λεπτομέρειες τῶν σχεδίων καί ἴσως νά ἔλθει καί ὁ ἴδιος στήν Κρήτη. Στό μεταξύ κάναμε ὅ,τι χρειάζεται, γιά νά προχωρήσουμε γρήγορα.

Ἀπό τήν Ἀκαδημία σας ἔχουμε λάβει κάποια δάνεια. Παρακαλῶ νά ἔχω ἀποδείξεις πρός ἐξόφληση. Τό ἴδιο ἰσχύει γιά τόν ἀρχιτέκτονα κ. Kubisch.

22-9-1967 ΑΑπ
ΕΖΕ πρός Απ
Ταξίδι τοῦ ἀρχιτέκτονά τους Ihle στήν Κρήτη, ἐπίσκεψη στήν Ἀκαδημία (4-6 Ὀκτωβρίου) καί ἐπίλυση τυχόν προβλημάτων. Στήν Ἀθήνα θά ὑπάρχει ἀρκετός χρόνος γιά συνάντησή σας καί συζήτηση-ἐπίλυση θεμάτων {νομίζουν πώς εἶμαι ἀκόμη στήν Ἀθήνα. Γράφουν σχετικῶς καί στόν Εἰρηναῖο}.

30-1-1968 ΑΒΒ
Μ πρός Απ
Πῆγε στήν ΕΖΕ, στή Βόννη, προκειμένου νά προωθήσει ὅσα εἴχαμε συζητήσει στήν Κρήτη.

Ἀκολουθοῦν ἐνδιαφέρουσες διαπιστώσεις:
Οἱ ἀρχιτέκτονες **«καταβρόχθισαν» περίπου 120.000 DM** (b-Απ) ἀπό τά ἐγκεκριμένα, ἐννοεῖται {αὐτό ἴσχυσε κυρίως γιά τούς ἐκ Γερμανίας ἀρχιτέκτονες}.

Μάρτιος 1963
Ἔφθασαν στό Καστέλλι ἀπό τή Γερμανία τά μηχανήματα γιά τό Τυπογραφεῖο. Ἡ Δ/νσή του ἀνατέθηκε στόν τυπογράφο Ἐμμ. Τυράκη.
ΧΚ 30(1963)64.

(συνέχεια δραστηριοτήτων)

Ὁ Χίλκμαν στήν Κρήτη
Ὁ Καθηγ. Anton Hilckman καί ἡ σύζυγός του ἐπισκέφθηκαν τή Μητρόπολη μέ τόν Απ ἀπό τόν Λειβαδά, Ἐπιστημονικό Βοηθό στό Πανεπιστήμιο Γουτεμβεργίου. ΧΚ 30(1963) 64.

16. Συστατική ἐπιστολή τοῦ D. Müller

11-5-1963 ABB + ASp
Μέ τήν ἰδιότητα τοῦ Προέδρου τοῦ Συνδέσμου τῶν Διευντῶν τῶν ἐν Γερμανίᾳ Εὐαγγελικῶν Ἀκαδημιῶν (LEITERKREIS DER EVANGELISCHEN AKADEMIEN IN DEUTSCHLAND) ὁ Eberhard Müller γράφει στίς 11 Μαΐου 1963 ἕνα συστατικό κείμενο μεγάλης σημασίας γιά τήν ὑπόθεση τῆς Ἀκαδημίας. Τό ἔγγραφο δέν ἀναφέρει παραλήπτη. Ἔχει μᾶλλον τόν χαρακτήρα γ ν ω μ ά - τ ε υ σ η ς γιά κάθε ἐνδιαφερόμενο. Τό ἀπέστειλε σέ διάφορες ἐκκλησιαστικές καί κρατικές Ὑπηρεσίες.

Εἰσαγωγικά ἀναφέρεται σέ ἐνημέρωσή του ἀπό τόν τότε Γερμανό Πάστορα στήν Ἀθήνα {Gerhard Möckel} γιά τά περί Ὀρθοδόξου Ἀκαδημίας σχέδια {προηγουμένως εἶχε ἐνημερωθεῖ ἀπό τόν Stempel, βλ. 23-3-1961 EZA 97/562 Stempel πρός Μ}, τά ὁποῖα ἐξέτασε σέ συνεννόηση μέ τίς ἁρμόδιες Ὑπηρεσίες τοῦ Παγκοσμίου Συμβουλίου Ἐκκλησιῶν, καθώς καί προσωπικά κατά τή διάρκεια ἐπίσκεψής του 16 ἡμερῶν στήν Κρήτη.

Προτάσσεται ἕνα πορτραῖτο τοῦ Ἐπισκόπου:
«**Ὁ Ἐπίσκοπος Εἰρηναῖος εἶναι μιά πέραν τοῦ συνήθους προικισμένη καί εὐυπόληπτη προσωπικότητα**. Ταξίδεψα ἐπί 16 ἡμέρες μαζί του σέ ὁλόκληρη τήν Ἐπαρχία του καί παραβρέθηκα σέ εἰδικές ἀγροτικές ἐκδηλώσεις, συναντήσεις Κοινοτικῶν Συμβουλίων, συναντήσεις μέ ἀνώτερους στρατιωτικούς τῆς Κρήτης κ.ἀ.

"Ύστερα ἀπό συζητήσεις μου μέ διάφορα πρόσωπα τῆς περιοχῆς διεπίστωσα ὅτι **ὁ Ἐπίσκοπος Εἰρηναῖος κατέχει μιά ὑπερέχουσα πνευματική καί διανοητική ποιότητα. Εἶναι ἀπό κάθε ἄποψη μιά προοδευτική προσωπικότητα, πού ἔχει τή δυνατότητα νά συνδέει τήν πνευματική ἀφύπνιση μέ τήν ἀπόκτηση νέων οἰκονομικῶν μεθόδων. Γνωρίζει πῶς τό μέλλον τοῦ λαοῦ του ἐξαρτᾶται ἀποφασιστικά ἀπό τήν οἰκονομική ἀνάπτυξη καί ἑστιάζει ὅλη τή δύναμή του στό νά δημιουργήσει στήν Ἐπαρχία του τίς πρός τοῦτο πνευματικές προϋποθέσεις.** (b-Απ).

Στή διάρκεια τῶν 4 ἐτῶν πού εἶναι ὁ Εἰρηναῖος Ἐπίσκοπος ἵδρυσε μιά Οἰκοκυρική Σχολή, γιά τήν ὁποία ὑπάρχουν διαρκῶς αἰτήσεις τρεῖς φορές περισσότερες ἀπό τή δυνατότητα τῆς Σχολῆς. Ἐπιπλέον, ὁ Ἐπίσκοπος Εἰρηναῖος ἵδρυσε μιά Τεχνική Σχολή, πού λειτουργεῖ τώρα καί μισό χρόνο. Τά σχέδιά του γιά τήν Ἀκαδημία ἀποτελοῦν χωρίς ἀμφιβολία τό πιό σημαντικό ἐγχείρημά του (Projekt), τό ὁποῖο, ἐν ὄψει τῶν ὑπαρχουσῶν συνθηκῶν, εἶναι πράγματι ἀποφασιστικῆς σημασίας. Ὅλες οἱ διδαχές καί οἱ τεχνικές ἐπενδύσεις στήν Κρήτη δέν μποροῦν νά ἐμποδίσουν τήν ἀποδημία τῶν καλύτερων ἀνθρώπων, ἐάν δέν ἐπιτευχθεῖ νά κερδηθοῦν γιά μιά οἰκονομική καί κοινωνική ἀνακαίνιση τῆς πατρίδας των. Εἶμαι πεπεισμένος ὅτι ὁ Ἐπίσκοπος Εἰρηναῖος διαθέτει τό πρός τοῦτο κύρος, ἐάν τοῦ δοθεῖ ἡ δυνατότητα, νά συγκεντρώνει σέ ἕνα κατάλληλο *Ἰνστιτοῦτο γιά τήν Προαγωγή τῆς Κοινωνικῆς Συνοχῆς καί τῆς Οἰκονομικῆς Ἀνάπτυξης στήν Κρήτη* ἐκεῖνες κατά περίπτωση τίς ὁμάδες πού πρέπει νά κερδηθοῦν γιά κοινή δράση.

Ἀποτελεῖ μιά εὐτυχῆ συγκυρία τό ὅτι ὁ Ἐπίσκοπος Εἰρηναῖος ἔχει κερδίσει ὡς μελλοντικό Διευθυντή τῆς Ἀκαδημίας ἕναν ἐξόχως δραστήριο νέο ἀκαδημαϊκά ἐκπαιδευμένο (Akademiker), πού σπούδασε στή Γερμανία καί πρός τό παρόν εἶναι Ἐπιστημονικός Βοηθός στό Μάιντς. Στή Γερμανία ἀναγορεύθηκε διδάκτωρ. Τό ὄνομά του εἶναι: Ἀλέξανδρος Π α π α δ ε ρ ό ς . Ὁ Δρ. Ἀλέξανδρος Παπαδερός εἶναι μαθητής τοῦ Ἐπισκόπου Εἰρηναίου. Στήν Ἑλλάδα τά οἰκονομικά του εἰσοδήματα θά εἶναι αἰσθητῶς λιγότερα ἐκείνων στή Γερμανία. Τό ὅτι παρά ταῦτα ἀναλαμβάνει αὐτή τήν ἀποστολή βασίζεται στήν ἀγάπη του πρός τήν πατρίδα του, τήν ὁποία {ἀγάπη} ἔχει κοινή μέ τόν Ἐπίσκοπο Εἰρηναῖο.

Γιά τούς λόγους αὐτούς ἐπιθυμῶ νά συστήσω λίαν ἐνθέρμως αὐτό τό σχέδιο. Ἀποτελεῖ ἕνα σημαντικό ἐγχείρημα, νά θέσει σέ κίνηση μιά θετική ἐξέλιξη σέ μιά χώρα, ἡ ὁποία ἐξ αἰτίας μεγάλων δοκιμασιῶν ἐπί αἰῶνες ἔχει ἐξαιρετικά μεγάλη καθυστέρηση ὅσον ἀφορᾶ στήν οἰκονομική της ἀνάπτυξη, παρά τό ὅτι ἀπό αὐτήν τή χώρα προῆλθε πρίν ἀπό χιλιετίες ὁ Εὐρωπαϊκός πολιτισμός».

Άπό τήν έμφαση πού δίδεται στήν οικονομία γίνεται φανερό πώς ή επιστολή προορίζεται πρώτιστα γιά τό Όμοσπονδιακό Ύπουργεΐο γιά Άναπτυξιακή Βοήθεια καί τήν ΕΖΕ, πού, όπως μαρτυρεί καί ό τίτλος της, στηρίζει αναπτυξιακά προγράμματα.

17. Ή οριστική μορφή τής αιτήσεώς μας

Τήν ίδια ημερομηνία μέ τή συστατική επιστολή τού Müller φέρει καί ή αίτηση πού υπέβαλα στήν αρμόδια Ύπηρεσία, στή Βόννη. Τό γενικό πλαίσιο τής αίτησης οριστικοποιήσαμε (ό Ειρηναίος, ό Müller καί εγώ) σε σχετική συζήτησή μας στό ΒΒ, 9 καί 10-5-1963:

11-5-1963 ΑΑπ
Απ πρός ΕΖΕ
«ΕΚΚΛΗΣΙΑΣΤΙΚΗ ΑΚΑΔΗΜΙΑ ΓΩΝΙΑ
Ό Διευθυντής
11 Μαΐου 1963

Πρός τήν
Εύαγγελική Κεντρική Ύπηρεσία Βοηθείας Άναπτύξεως
5300 B o n n / Rhein
Poppelsdorfer Allee 29
Θέμα: Αίτηση γιά παροχή βοήθειας [120]
1. Τόπος: Κρήτη, Νομός Χανίων
2. Αιτών: Επιτροπή Ιδρύσεως Εκκλησιαστικής Ακαδημίας στή Γωνιά Κισάμου Κρήτης.
3. Νόμιμος φορέας: Ώσπου ή Εκκλησιαστική Ακαδημία τής Γωνιάς νά άποκτήσει νομική προσωπικότητα, νόμιμος φορέας είναι ή Μητρόπολις

---

[120] Μεταφράζω στά Γερμανικά τήν επίσημη αίτησή μας (συνολικά 28 σελίδες). Τήν υπογράφω στό Γραφείο μου, στό Πανεπιστήμιο τού Μάιντς. Γιά πρώτη φορά χρησιμοποιώ τήν ιδιότητα τού Διευθυντή τής Ακαδημίας! Στό διαβιβαστικό γράμμα τού Müller πρός τόν Knoebel/ΕΖΕ, Βόννη, υπό τήν αύτή ημερομηνία (11-5-1963), σημειώνεται ότι ή μετάφραση τής Τεχνικής Εκθέσεως τού αρχιτέκτονα {Μιχ. Πελεκάνου} καί τών λοιπών συνοδευτικών στοιχείων (σχεδίων κ.λπ.) δέν έγινε άπό ειδικό τεχνικό, γι' αυτό επισυνάπτονται καί 3 αντίγραφα τού ελληνικού πρωτοτύπου τού αρχιτέκτονα, ώστε νά μπορεί νά γίνει ό τυχόν αναγκαίος έλεγχος. Στό ίδιο γράμμα σημειώνεται ότι υποβάλλεται ή αίτηση σέ 11 αντίγραφα, τά δέ σχέδια σέ τρία. Στό φυλασσόμενο στό Άρχείο τού ΒΒ αντίγραφο τής επιστολής τού Müller, κάτω άπό τήν υπογραφή του, υπάρχει ή ακόλουθη σημείωση (γερμανιστί): «Αυτό τό έγγραφο μαζί μέ όλα τά συνημμένα επιδόθηκε προσωπικά άπό τόν Δρα Παπαδερό στόν κ. Knoebel στίς 13.5.1963». Η αίτηση διαβιβάσθηκε άπό τίς γερμανικές Ύπηρεσίες καί στόν Πρέσβη στήν Άθήνα Dr. Wilhelm Melchers.

Κισάμου τῆς Ἑλληνορθόδοξης Ἐκκλησίας τῆς Κρήτης, ἐκπροσωπούμενη ἀπό τόν Σεβασμ. Μητροπολίτη Ε ἰ ρ η ν α ῖ ο.

4. Περιγραφή τοῦ προγράμματος

Α) Ἡ Μονή Γωνιᾶς βρίσκεται 24 χιλ. δυτικά τῶν Χανίων, Πρωτεύουσας τῆς Κρήτης, ἐπί τῆς βορείου ἀκτῆς τῆς Κρήτης. Στή Μονή αὐτή βρίσκονται πρός τό παρόν 8.000 ὀστεοδόχοι τῶν πεσόντων Γερμανῶν στρατιωτῶν». Πρόκειται νά ἐνταφιασθοῦν σέ μεγάλο γερμανικό νεκροταφεῖο σέ κοντινή περιοχή, «ὕστερα ἀπό τήν ἔγκριση πού ἔδωσε πρό ὀλίγου καιροῦ ἡ Ἑλληνική Κυβέρνηση. Ἡ περιοχή τῆς Γωνιᾶς ὑπέστη ἰδιαίτερη ταλαιπωρία κατά τήν περίοδο τοῦ πολέμου. Πλησίον ὑπῆρχε ἕνα KZ {Στρατόπεδο Συγκέντρωσης, Ἀγιά}».

Ἐπειδή ἡ Κρήτη θά ἔχει καί στό μέλλον μεγάλη στρατηγική σημασία, θά μεταφερθοῦν στήν Κρήτη ὁλοένα καί περισσότερες στρατιωτικές δυνάμεις τοῦ ΝΑΤΟ. Προβλέπεται ὅτι θά ἀνεγερθοῦν μεγάλες στρατιωτικές Σχολές. Ἔτσι δημιουργεῖται ὁ κίνδυνος ὁ λαός τῆς Κρήτης νά ἔχει μόνο ἐπί στρατιωτικοῦ ἐπιπέδου ἐπαφή μέ τίς τεχνικές καί πολιτικές ἐξελίξεις τῆς Δυτικῆς Εὐρώπης.

Ἡ Ἀκαδημία πού ἔχει προγραμματισθεῖ πρόκειται νά εἶναι ἕνας τόπος συνάντησης μεταξύ τῆς παλαιᾶς πολιτισμικῆς καί οἰκονομικῆς παράδοσης τῆς Κρήτης μέ τίς μοντέρνες κοινωνικές καί τεχνικές ἐξελίξεις. Ἐπιθυμεῖ προπαντός νά γίνει ἐπίκεντρο τῆς κοινωνικῆς συνοχῆς καί πνευματική ἀφετηρία γιά τήν οἰκονομική ἀνάπτυξη τῆς Κρήτης.

Ἡ οἰκονομική ἀνάπτυξη τῆς Κρήτης δυσχεραίνεται κατά κύριο λόγο ἀπό τό γεγονός ὅτι ἀπό ἐτῶν οἱ πλέον δραστήριοι ἄνθρωποι ἀπό τό χῶρο τόσο τῆς διανόησης ὅσο καί τῶν ἀσχολουμένων μέ χειρωνακτικά ἐπαγγέλματα μεταναστεύουν στό ἐξωτερικό. Ἡ μετανάστευση αὐτοῦ τοῦ ἀνθρώπινου δυναμικοῦ δέν μπορεῖ νά ἀποτραπεῖ μέ τή βία. Χρειάζεται συντονισμός, ἐνθάρρυνση τῆς βούλησης γιά ἀνάπτυξη τοῦ τόπου καί τόνωση τῆς ἐλπίδας γιά τίς ἀναπτυξιακές δυνατότητες τοῦ νησιοῦ μέ ἀπό κοινοῦ προσπάθειες.

Στή συνέχεια ἀναλύεται αὐτό τό πρόβλημα τῆς ἀπώλειας ἱκανοῦ ἀνθρώπινου δυναμικοῦ, προπαντός σέ κάποιο βαθμό ἀκαδημαϊκά ἤ ἐπαγγελματικά ἐκπαιδευμένων νέων κατά τό πλεῖστον ἀνθρώπων πού μεταναστεύουν σέ χῶρες τοῦ εὐρωπαϊκοῦ βορρᾶ, καί ἡ ἀνάγκη δημιουργίας στήν Κρήτη κινήτρων καί δυνατοτήτων συμμετοχῆς σέ ἀναπτυξιακές δραστηριότητες. Ἀναφέρονται, ὡς παράδειγμα, οἱ σχετικές πρωτοβουλίες τοῦ Σεβασμ. Εἰρηναίου.

«Ἡ Ἐκκλησιαστική Ἀκαδημία στή Γωνιά λοιπόν δέν πρόκειται νά γίνει τόπος θεολογικῆς ἐκπαίδευσης, ἀλλά τόπος ἀφύπνισης καί παρακίνησης γιά ἀπό κοινοῦ προσπάθειες πρός ἀνάπτυξη τῆς Κρήτης καί γιά συντονισμό τῶν ὑπαρχουσῶν δυνάμεων».

Προτεραιότητα θά δοθεῖ σέ προγράμματα ἐπιμόρφωσης στελεχῶν τῆς

Τοπικῆς Αὐτοδιοίκησης, τῶν Γεωργικῶν Συνεταιρισμῶν καί Ἑνώσεων, τῶν στελεχῶν τῆς δημόσιας ὑγείας, σέ ἐπαγγελματική κατάρτιση νέων. Σέ συνεργασία μέ τίς κρατικές Ὑπηρεσίες θά λειτουργήσουν Ἐπιτροπές πού θά προάγουν τήν ἔρευνα οἰκονομικῶν καί κοινωνικῶν προβλημάτων τῆς Κρήτης μέ τή συνδρομή καί ἀλλοδαπῶν εἰδικῶν. Μεγαλύτερης διάρκειας προγράμματα θά ἐπιδιώξουν, ὥστε ἀπό κάθε χωριό νά καταρτισθεῖ τουλάχιστον ἕνα πρόσωπο ἱκανό νά λειτουργήσει συμβουλευτικά γιά τήν ἀνάπτυξη τοῦ χωριοῦ. Συζητήσεις γιά ἐφαρμογή καινοτόμων μεθόδων καί ἐπίδειξη σύγχρονων τεχνικῶν μέσων ἀναφέρονται ὡς μέρος τοῦ ὅλου προγραμματισμοῦ.

Περαιτέρω προβλέπεται χρησιμοποίηση κτημάτων τῆς Μονῆς Γωνιᾶς γιά δημιουργία πρότυπου Ἀγροκτήματος, καθώς καί εἰδικές ἐπιμορφωτικές δραστηριότητες γιά στελέχη τῆς Ἐκκλησίας καί ἰδίως γιά ἱερεῖς, πού πρέπει νά ἐνημερώνονται γιά τά σύγχρονα κοινωνικά ζητήματα. Διότι οἱ ἱερεῖς στήν Κρήτη ἀποτελοῦν ἀκόμη τήν πνευματική ἡγεσία τῶν ἀγροτικῶν πληθυσμῶν καί μποροῦν ἑπομένως νά συμβάλουν ἀποτελεσματικά στήν ἀλλαγή νοοτροπίας καί ἀποδοχή μιᾶς σύγχρονης τεχνολογικῆς ἀνάπτυξης. «Ὁ Ἐπίσκοπος Εἰρηναῖος, πού εἶναι ἕνας ἐξόχως μοντέρνος ἄνθρωπος, θά παίξει ἐν προκειμένῳ ἕνα ἡγετικό πνευματικό ρόλο. Θά εἶναι πιθανῶς σημαντική γιά ὅλη τήν Ἑλλάδα ἡ τυχόν ἐπιτυχής ἐφαρμογή στήν Κρήτη ἑνός ἀναπτυξιακοῦ προτύπου».

Β) Τό πρόγραμμα (Projekt)

Προβλέπεται ἡ ἀνέγερση ἑνός Κέντρου διδασκαλίας καί συνεδρίων, ἱκανοῦ νά φιλοξενεῖ 50-60 ἄτομα. Ἡ μεγάλη αἴθουσα συνεδριάσεων εἶναι σχεδιασμένη γιά τήν πραγματοποίηση μεγαλύτερων ἐκδηλώσεων, μέ προοπτική νά χρησιμοποιοῦνται (γιά διανυκτέρευση) καί καταλύματα ἐκτός τοῦ Κέντρου. Ἀπό συνεδριακές συνάξεις στή Μονή Γωνιᾶς ἔχει διαπιστωθεῖ, ὡστόσο, ὅτι ἡ ἔλλειψη δυνατοτήτων διανυκτέρευσης ἀποτελεῖ σημαντικό ἐμπόδιο. Συνυποβάλλονται ἀρχιτεκτονικά σχέδια τοῦ Κέντρου. Προβλέπονται καί δυό κατοικίες γιά διευθυντικά στελέχη τῆς Ἀκαδημίας.

Προσωπικό

α) Διευθυντής τῆς Ἀκαδημίας.

β) Ἀναπληρωτής τοῦ Διευθυντῆ.

γ) Φύλακας.

δ) Μαγείρισσα.

Οἰκιακῆς φύσεως ἐργασίες θά ἐκτελοῦνται ἀπό δεκαμελεῖς ὁμάδες τῆς Οἰκοκυρικῆς Σχολῆς, ἡ ὁποία λειτουργεῖ στό Καστέλλι μέ φροντίδα τοῦ Ἐπισκόπου Εἰρηναίου καί ἔχει περί τίς 60 μαθήτριες.

Σέ συνημμένα ἔγγραφα σημειώνονται καί ἀναλύονται τά Κεφάλαια: <u>Δαπάνες</u>

οἰκοδομῆς, Τρόπος κάλυψης τῶν δαπανῶν, Ἔξοδα λειτουργίας.

Ὕψος αἰτουμένης βοήθειας
α) Οἰκοδομές   6.000.000 δρχ.
β) Χορηγία γιά ἔξοδα λειτουργίας γιά τά πρῶτα 3 χρόνια   230.000 DM
Νομικός φορέας πού ἔχει προβλεφθεῖ: Ἐκκλησιαστική Ἀκαδημία Γωνιᾶς.
Διευθυντής πού ἔχει προβλεφθεῖ: Δρ.Φιλοσ.-Θεολόγος Ἀλέξαδρος Παπαδερός, πρός τό παρόν Ἐπιστημονικός Βοηθός στό Πανεπιστήμιο τοῦ Μάιντς.
Γνωματεύσεις καί συστάσεις: Βλ. συνημμ.
Ἄποψη τῆς Κυβέρνησης: Βλ. Συνημμ.

Ὑπογραφή

(Δρ. Ἀλέξανδρος Παπαδερός)
Διεύθυνση Πανεπιστημίου ὡς ἄνω, τηλ. 37 580»

Τήν αἴτηση συνοδεύει τό ἀπό 13-5-1963 ΑΑπ+ΑΒΒ
Σημείωμα τῆς Γραμματείας τοῦ Μ:
Θέμα: Αἴτηση Ἐκκλησιαστική Ἀκαδημία Γωνιά.
Ἔλαβαν:
11 ἀντίγραφα ἡ ΕΖΕ/Βόννη
2 ἀντίγραφα Δρ. Παπαδερός
1 ἀντίγραφο D. Müller, Φάκελλος Κρήτη (8).
1 ἀντίγραφο Πρέσβης Dr. Wilhelm Melchers, Ἀθήνα.

Ἡ αἴτηση περιλαμβάνει:
Τό ἀπό 11-5-1963 ἔγγραφο τοῦ Διευθυντῆ τῆς Ἐκκλησιαστικῆς Ἀκαδημίας Γωνιά {Α.Κ.Παπαδεροῦ} πρός τήν ΕΖΕ/Βόννη, μέ τά συνημμένα:
Πρωτόκολλο τῆς Ἐπιτροπῆς Ἰδρύσεως..., ἀπό 1-2-1963, πρωτότυπο καί μετάφραση στά γερμανικά.
Συστατική ἐπιστολή τοῦ Νομάρχη Χανίων ἀπό 16-11-1962, πρωτότυπο καί μετάφραση στά γερμανικά.
Συστατική ἐπιστολή τοῦ Ἀρχιεπισκόπου Εὐγενίου, ἀπό 22-8-1962, πρωτότυπο καί μετάφραση στά γερμανικά.
Συστατική ἐπιστολή τοῦ Προέδρου τοῦ Συνδέσμου τῶν Διευθυντῶν τῶν ἐν Γερμανίᾳ Εὐαγγελικῶν Ἀκαδημιῶν D. Dr. Eberhard Müller, ἀπό 11-5-1963.
Περιεχόμενα τοῦ φακέλλου.
Τεχνικά σχέδια κατοικίας Διευθυντῆ, κτήριο Ι., κτήριο ΙΙ.
Κεντρικό κτήριο.

Ἀμοιβή Μηχανικοῦ.
Ὑπολογισμός δαπανῶν.
Προϋπολογισμός τοῦ Ἰνστιτούτου Γωνιά {Ἀκαδημίας}.
Bad Boll, 13 Μαΐου 1963

Υ.Γ.: Στήν ΕΖΕ δόθηκαν, ἐκτός ἀπό τά 11 ἀντίγραφα τῆς αἴτησης, 3 ἀντίγραφα τῶν σχεδίων.
Ἡ αἴτηση κλπ. μεταφέρθηκαν {στή Βόννη} προσωπικά ἀπό τόν Δρα Παπαδερό στίς 13-5-1963.
Στόν Knoebel/EZE ἀνά 11 φωτοαντίγραφα τοῦ ἐγγράφου τοῦ Νομάρχη Χανίων (πρωτότυπο καί μετάφραση) μέ τήν παράκληση νά τά προσθέσει στήν αἴτησή μου.

11-5-1963 ABB
Μ πρός ΕΖΕ
«Θέμα: Αἴτηση γιά Ἐκκλησιαστική Ἀκαδημία Γωνιά
Ἀξιότιμε κ. Knöbel!
Συνημμένως σᾶς ἀποστέλλω ἐπιτέλους τήν αἴτηση γιά τήν ἀνέγερση τῆς ἐκκλησιαστικῆς Ἀκαδημίας Γωνιᾶς στήν Κρήτη. Ἡ αἴτηση ἑτοιμάσθηκε ἀπό τόν Δρα κ. Ἀλέξανδρο Π α π α δ ε ρ ό ὁ ὁποῖος ἔχει προβλεφθεῖ ἀπό τήν Ἐπιτροπή Ἰδρύσεως τῆς Ἐκκλησιαστικῆς Ἀκαδημίας κοντά στή Μονή Γωνιά νά εἶναι ὁ μελλοντικός Διευθυντής τῆς Ἀκαδημίας.
Σύμφωνα μέ αὐτήν τήν αἴτηση, δικαιοῦχος εἰσπράξεως τῶν χρημάτων εἶναι ἡ Μητρόπολις Κισάμου γιά τήν περίπτωση πού μέχρι τήν καταβολή τῶν χρημάτων δέν θά ἔχει ὁλοκληρωθεῖ ἡ σύστασις τῆς Ἀκαδημίας σέ Νομικό Πρόσωπο».
Ὅσον ἀφορᾶ στή μετάφραση ἀπό τά Ἑλληνικά στά Γερμανικά τῶν τεχνικῶν ἐκθέσεων τοῦ ἀρχιτέκτονα, ὀφείλουμε νά σημειώσουμε ὅτι αὐτή ἡ μετάφραση δέν ἔγινε ἀπό κάποιον εἰδικό σέ οἰκοδομικά ζητήματα, δι' ὅ καί δέν εἴμεθα σίγουροι ὅτι σέ ὅλες τίς περιπτώσεις ἔχουν ἀποδοθεῖ σωστά οἱ τεχνικοί ὅροι. Γι' αὐτό ἀποστέλλομε συνημμένως 3 ἐπιπλέον ἀντίγραφα τῆς Ἑλληνικῆς Ἐκθέσης τοῦ ἀρχιτέκτονα, προκειμένου, σέ περίπτωση ἀμφιβολίας, νά μπορεῖ νά ληφθεῖ ὑπόψη τό πρωτότυπο κείμενο. Στίς γνωματεύσεις καί συστάσεις πού ἀναφέρονται στήν αἴτηση παρακαλοῦμε νά προσθέσετε τά πρωτότυπα τῶν γνωματεύσεων καί συστάσεων πού ἔχετε λάβει ἤδη, καθώς καί τήν ἄποψη τῆς Κυβέρνησης (Νομαρχίας) Χανίων.
Μέ φιλικούς χαιρετισμούς, Ὑμέτερος (D. Dr. Eberhard Müller).
Συνημμένα

Αἴτηση σέ 11 ἀντίγραφα
Σχέδια εἰς τριπλοῦν
Σημείωση: Αὐτό τό ἔγγραφο καί ὅλα τά συνημμένα ἐπιδόθηκαν στόν κ. Knoebel προσωπικά ἀπό τόν Δρα Παπαδερό στίς 13-5-1963.
Κοιν.: ...2) D/καί Αἴτηση, εἰς διπλοῦν: Δρ. Παπαδερόν, Μάιντς

17-5-1963 ΑΑπ
Εἰρηναῖος πρός Απ
«Βιαστικά καί μόλις ἦλθα σοῦ γράφω δυό λόγια». {εἶχε ἐπιστρέψει ἀπό τή Γερμανία}.
............(διορισμός μου στό Καστέλλι)
«Σέ εὐχαριστῶ γιά ὅσα προσέφερες κατά τό ταξείδι μου αὐτοῦ, τό ὁποῖον νομίζω ὑπῆρξε εὐλογημένον».
Χαιρετισμούς στόν κ. Χίλκμαν.
Προσεχῆ ἑβδομάδα πηγαίνω εἰς τό Ὄρος.

21.5.1963 ABB
Σημείωμα τῆς Γραμματείας τοῦ Μ
Μέ ἀφορμή τήν ἐπίσκεψη τοῦ Ἐπισκόπου Εἰρηναίου ἦταν στό BB στίς 10 Μαΐου 1963 ὁ συνταξιοῦχος Ἀνώτ. Κυβερνητικός Σύμβουλος Albert S i l l e r, Leonberg, Seestrasse 94, τηλ. 8137.

21.5.63 ABB
Σημείωμα τῆς Γραμματείας
Μέ ἀφορμή τήν ἐπίσκεψη τοῦ Ἐπισκόπου Εἰρηναίου ἦταν στό BB στίς 10 Μαΐου 1963 ὁ Δρ. κ. Ferdinand F r o m a n n, Stuttgart-N, Ehrenhaldenstaffel 3, τηλ. 29 19 19.

21.5.63 ABB
Σημείωμα τῆς Γραμματείας
Ἡ κάλυψη τῶν δαπανῶν τῆς διανυκτέρευσης τοῦ Ἐπισκόπου Εἰρηναίου στήν Ἀκαδημία BB 10/11-5-1963 καί στό ξενοδοχεῖο Bundesbahn-Hotel, München, θά γίνει ἀπό τό Ὑπουργεῖο Ἐξωτερικῶν.

Ὕδρευση
Ἕνα ἀπό τά πρῶτα ζητήματα πού χρειάζεται νά ἀντιμετωπιστοῦν εἶναι ἡ ἐξασφάλιση ν ε ρ ο ῦ στό χῶρο πού ἔχει ἐπιλεγεῖ γιά τήν ἀνέγερση τῶν ἐγκαταστάσεων τῆς Ἀκαδημίας.

«Aktion K R E T A»

Αὐτός ὁ «μαχητικός» τίτλος {Δράση ΚΡΗΤΗ} δόθηκε ἀπό τό Τμῆμα Νεότητας τῆς Ἀκαδημίας ΒΒ στό ἐγχείρημα νά ἔλθει μιά ὁμάδα νέων ἀπό τή Γερμανία στό Κολυμπάρι γιά νά προσφέρει τρίμηνη ἐθελοντική ἐργασία, κατ' ἀναλογία μέ τό ἔργο τῶν ὁμάδων τῆς Aktion Sühnezeichen στήν Κάντανο καί τόν Λειβαδά. Ἀντικείμενο: ὕδρευση τῆς Ἀκαδημίας.[121]

Πρός τοῦτο ἦρθε πρῶτα ὁ μηχανικός Peter Danner, γιά νά ἐξετάσει ἐπί τόπου τίς διάφορες πλευρές τοῦ ἐγχειρήματος ὅσον ἀφορᾶ στά τεχνικά ζητήματα.

21-5-1963 ABB
Πρωτόκολλο συνεδρίας

Σέ συνοπτικό μνημόνιό του ὁ Pastor Reinhold Weller, ἁρμόδιος γιά θέματα νεολαίας στήν Ἀκαδημία τοῦ ΒΒ, σημειώνει ὅτι ἀναχώρησε ὁδηγώντας αὐτοκίνητο, προοριζόμενο γιά τή Μητρόπολή μας, τήν Παρασκευή 17.5. ἀπό τή Στουτγκάρδη {ἴσως μαζί μέ τόν μηχανικό Peter Danner). Διανυκτέρευση στό Zagreb. Στίς 18.5. διανυκτέρευση στό Negotino. 19.5. διανυκτέρευση στήν Ἀθήνα, 21.5. ἄφιξη στή Σούδα μέ τό πλοῖο, μετάβαση στό Καστέλλι. Ἀμέσως μετά πῆγαν στό Βουλγάρω {ἑορτή Ἅγ. Κωνσταντίνου καί Ἑλένης}, λειτούργησε ὁ Εἰρηναῖος, γεῦμα στό σπίτι τοῦ γιατροῦ τοῦ χωριοῦ. Ἀπόγευμα συνεδρία στή Μονή Γωνιᾶς.[122]

---

[121] Ἡ ὕδρευση τῶν κατοίκων τοῦ Κολυμπαρίου γινόταν τότε κυρίως ἀπό τήν πηγή «Μισαήλ», στό ρυάκι πίσω ἀπό τό Νεκροταφεῖο. Ὁ Χριστοδουλάκης (πατέρας τῆς Λιλίκας, ἡ ὁποία ἐργάσθηκε μέ ζῆλο στήν Ἀκαδημία) εἶχε διαθέσει στήν Κοινότητα τό χῶρο κάτω ἀπό τό σπίτι του, ὅπου ἔγινε ἡ δεξαμενή, πού ὑπάρχει ἀκόμη (2013). Ἐκεῖ μεταφέρθηκε τό νερό μέ σωλῆνες (τμῆμα τους βρέθηκε στό οἰκόπεδό μας κατά τίς ἐκσκαφές γιά τό χτίσιμο τοῦ σπιτιοῦ μας κοντά στή δεξαμενή). Ἀπό τή δεξαμενή ἔπαιρναν ἔκτοτε οἱ γυναῖκες νερό, μιά λαήνα, μιά στάμνα, κάθε οἰκογένεια ἡμερησίως! Ὁ Danner ὑπολόγισε ὅτι ἡ Ἀκαδημία θά πάρει νερό ἀπό τό πηγάδι τοῦ Νίκου Πατεράκη (ἀπέναντι ἀπό τό σημερινό Ζαχαροπλαστεῖο ΜΕΛΙΣΣΑ). Διαδρομή: Τοποθέτηση σωλήνων ὑπογείως μέχρι τή δεξαμενή πού θά κατασκευαστεῖ στά Γριμπιλιανά. Μεταφορά τοῦ νεροῦ μέ ἀντλία μέχρι τή δεξαμενή αὐτή (ὑπολογίζει τήν ὑψομετρική διαφορά σέ 50 μ. περίπου καί τήν ἀπόσταση σέ περίπου 600 μ.). Ἀπό ἐκεῖ θά χρειασθεῖ χαντάκι γιά τήν κάλυψη τῶν σωλήνων (2.400 μ. περίπου) μέχρι τή δεξαμενή τῆς Ἀκαδημίας. Αὐτό τό χαντάκι περνοῦσε ἀκριβῶς πάνω ἀπό τό νέο σπίτι μας - ὑπάρχει ἐκεῖ φρεάτιο), κάτω ἀπό τό Νεκροταφεῖο καί πάνω ἀπό τή Μονή. Ἀπό τή δεξαμενή πού ἔγινε μέ αὐτήν τήν εὐκαιρία στά Γριμπιλιανά ἄρχισαν νά ὑδρεύονται καί τά σπίτια τοῦ χωριοῦ καί ἔπαψε τό βάσανο τῆς λαήνας (ἀλλά καί ἡ γοητεία της μέ τά τόσα λαογραφικά καί ἄλλα πού συνδέονται μέ αὐτήν, παντοῦ ὅπου χρησιμοποιήθηκε!). Ἀπό τό πηγάδι πήγαινε τό νερό στή δεξαμενή τῶν Γριμπιλιανῶν, ὥσπου ἦρθε τό νερό ἀπό τά Νωπήγεια.

[122] Γράφει ἀκόμη ὅτι τήν Πέμπτη, ἑορτή τῆς Ἀναλήψεως, πῆγαν στόν Καμπανό τοῦ Ἀνατ. Σελίνου, ὅπου λειτούργησε ὁ Εἰρηναῖος καί ὅτι ἀκολούθησε θεμελίωση τοῦ ἔργου τῆς ὕδρευσης τοῦ χωριοῦ, ἑόρτιο γεῦμα - μαζί καί ὁμάδα ἀπό τήν Aktion Sühnezeichen, ἐπιστροφή στό Καστέλλι, ἐπεξεργασία καί μετάφραση τοῦ Πρωτοκόλλου, τήν ἑπόμενη ἀναχώρηση ἀπό τά Χανιά ἀεροπορικῶς γιά τήν Ἀθήνα καί στή συνέχεια, σιδηροδρομικῶς, ἐπιστροφή στή Στουτγκάρδη τό ἀπόγευμα τῆς Κυριακῆς 26.5.

Στό Πρωτόκολλο ἀναφέρεται ὅτι στή συνεδρία ἦταν παρόντες οἱ: Σεβασμ. Μητροπολίτης Κισάμου καί Σελίνου ΕΙΡΗΝΑΙΟΣ {προστίθεται ἡ λέξη *Κτήτωρ*}, Ἀρχιμ. Εἰρηναῖος, μεταφραστής, Froese, μεταφραστής, Μ. Πελεκάνος, Πολιτ. Μηχανικός, Ἐμμ. Μαριακάκης, Ἀρχιτέκτων, R. Weller, Ἱερεύς ἐπί τῶν Νέων, P. Danner, Ἀρχιτέκτων.

Θεώρησαν, φαίνεται, ὡς βέβαιη τήν Ὁμάδα 20 νέων πού θά ἔφερνε στήν Κρήτη ὁ Weller. Προβλέπουν διάρκεια ἐργασίας 3 μῆνες, ἔναρξη μετά τίς 20-8-1963, συνεργασία καί 10 Ἑλλήνων, διαμονή στό Κολυμπάρι (ἐνοικίαση κάποιας αἴθουσας), εἰσφορά Γερμανῶν 5 DM ἡμερησίως γιά διαμονή, διατροφή, πλύσιμο ρούχων. Οἱ Ἕλληνες ἐργάτες θά λαμβάνουν 10 DM ἡμερησίως. Ἀποστολή: «Τοποθέτησις εἰς χανδάκι {πού θά ἀνοίξουν οἱ ἴδιοι} καί ἐφοδιασμός ἀπό τό ἀντλιοστάσιον πρός ὑδατοδεξαμενή καί ἀπό ἐκεῖ πρός τήν Ἀκαδημίαν, οἰκοδομή δεξαμενῆς». Ἀκολουθοῦν ὀργανωτικές καί ἄλλες λεπτομέρειες καί ὁρίζεται νά μεταφρασθεῖ τό Πρωτόκολλο στά Ἑλληνικά σέ 4 ἀντίτυπα, ἕνα ἀπό τά ὁποῖα νά στείλουν σέ μένα. Τό Πρωτόκολλο {ἑλληνική μετάφραση} ἔχουν ὑπογράψει ὅλοι οἱ ἀνωτέρω.[123]

Σέ πολύ συνοπτική ἔκθεσή του (28-5-1963 ΑΒΒ) ὁ Danner ἀναφέρει τά σχετικά μέ τόν ἀγωγό καί συστάσεις γιά ὅσους νέους πρόκειται νά ἐργασθοῦν.

23-5-1963 ΑΑπ
Εἰρηναῖος πρός Απ
Στό παρόν γράμμα πάνω ἀπό τή λέξη ΕΠΙΣΚΟΠΗ ἔχει τεθεῖ, γιά πρώτη φορά, ὁ νέος τίτλος: ΜΗΤΡΟΠΟΛΙΣ

ΒΑΣΙΛΕΙΟΝ ΤΗΣ ΕΛΛΑΔΟΣ
ΙΕΡΑ ΜΗΤΡΟΠΟΛΙΣ ΚΙΣΑΜΟΥ & ΣΕΛΙΝΟΥ

«Οἱ φίλοι ἦλθαν ἀπό τή Γερμανία, ἔφεραν τό ἁμάξι καί κάναμε καί τό σχέδιον διά τήν ὕδρευσιν εἰς Κολυμβάρι.

Ἔχω τή γνώμη ὅτι μόνον ὑλικά {γιά τήν Ἀκαδημία} πρέπει νά πάρωμεν ἀπό τό ἐξωτερικόν (ἴσως καί εἴδη ὑγιεινῆς) καί ὅλα νά τά κατασκευάσωμεν ἐδῶ διά νά ἐργασθοῦν καί οἱ ἄνθρωποι.

Εἰς τόν κ. Weller εἶπα ὅτι εἰς τό γκρούπ ἐργασίας διά τό νερό κ.λπ. πρέπει νά ἔχωμεν καί Ἕλληνας ἐργάτας ἐπί <u>πληρωμῇ</u> ὄχι διότι δέν ἔχομεν πολλούς πού θά ἐργασθοῦν ἐθελοντικῶς, ἀλλά διότι, ἐφ' ὅσον ἔχομεν μεγάλον ἀριθμόν

---

[123] Στίς 5-6-1963 ὁ Weller στέλνει ἐγκύκλιο γράμμα σέ ἐνδιαφερόμενους νέους, περιγράφει μέ λίγα λόγια τά ἀνωτέρω καί καλεῖ ἐκείνους πού θά ἤθελαν νά ἐργασθοῦν στήν Κρήτη νά συναντηθοῦν σέ ὁριζόμενο τόπο στίς 13.6. γιά ἐνημέρωση.

ἀνέργων, δέν πρέπει νά ἐργάζωνται οἱ ξένοι καί οἱ δικοί μας νά βλέπουν μόνον. Αὐτό νά ἐξηγήσετε καί εἰς τόν κ. Müller.

Θά ἤθελα ἐπίσης νά εἶχα τή Δ/νση τοῦ Ἐπισκόπου Kunst (νομίζω) νά τόν εὐχαριστήσω διά τό μέγα δῶρον του.

Μή λησμονῆς τό τρακτέρ τώρα πού εἶναι ἀκόμη ζεστά.

Στήν Κάνδανον πάει καλά ἡ ἐργασία, στό Λειβαδά φαίνεται ὅτι ὑπάρχουν μικροπαράπονα.

Εὐχές πολλές καί εὐλογία».

....

14-6-1963 ΑΒΒ

Στό Ἀρχεῖο τοῦ ΒΒ (1963 6 14 Aktion Kreta 1) φέρεται ὅτι ἔλαβαν αὐτήν τήν ἡμέρα (σχετική σφραγίδα εἰσαγωγῆς) τήν ἀπό 28 Μαΐου 1963 Τεχνική Ἔκθεση μιᾶς σελίδας τοῦ μηχανικοῦ Peter Danner (ἀπό τή Στουτγκάρδη) γιά τήν ὑδροδότηση τῆς Ἀκαδημίας. Σύμφωνα μέ τήν ἔρευνα πού εἶχε κάμει στό Κολυμπάρι, ὅπου εἶχε ἀποσταλεῖ πρός τοῦτο, περιγράφει τή διαδρομή πού θά ἀκολουθήσουν οἱ σωλῆνες καί ἐπομένως ποιές ἐκσκαφές θά χρειασθοῦν, ποιά ἐργαλεῖα καί ποιά προληπτικά μέτρα εἶναι ἀναγκαῖα γιά τήν ὁμάδα τῶν νέων πού θέλει νά στείλει ὁ Μ γιά τό σκοπό αὐτό.[124]

8-7-1963 ΑΒΒ
Απ πρός Μ

....

Ὅσον ἀφορᾶ στόν ἀγωγό ὕδρευσης: Οἱ ἐργασίες τῆς ὁμάδας τῶν νέων ἀπό τή Γερμανία πού θέλουν νά ἐργασθοῦν γιά τήν ὕδρευση τῆς Ἀκαδημίας, μποροῦν νά ἀρχίσουν ἀπό τόν Αὔγουστο, ἄν ἔχουν οἰκονομική αὐτάρκεια καί δέν θά βαρύνουν τήν Ἀκαδημία, ὅπως μέ εἶχε βεβαιώσει ὁ κ. Weller. Διαφορετικά, ὁ ἀγωγός θά πρέπει νά ἐνταχθεῖ στό συνολικό προϋπολογισμό οἰκοδομῆς τῆς Ἀκαδημίας, ἀπό τόν ὁποῖο θά μποροῦσε τότε νά καλυφθοῦν

---

[124] Ἀκολούθησε ταξίδι (17-26 Μαΐου 1963) τοῦ Reinhold Weller, ὑπεύθυνου Νεότητας τῆς Ἀκαδημίας ΒΒ, ὁ ὁποῖος ἔφερε στό Καστέλλι καί ἕνα PKW (1963 6.14. ΒΒ Aktion Kreta 2), ἀκολουθώντας τή συνήθη διαδρομή, πού εἶχα κάμει καί ἐγώ πολλές φορές ὁδηγώντας τό αὐτοκίνητό μου - καί μιά φορά μέ τό ζεῦγος Hilckman καί ὁδηγό τήν ἀκούραστη σύζυγο τοῦ Καθηγητῆ Κατερίνα (Stuttgart-München-Salzburg-Bad Gastein-Villach-Laibach-Zagreb-Belgrad-Nis-Skopje-Negotino-Gevgelija-Θεσσαλονίκη-Λάρισα-Λαμία-Ἀθήνα-Πειραιάς, πλοῖο, Σούδα). Ὁ Weller φιλοξενήθηκε στό Καστέλλι, συζήτησε καί μελέτησε λεπτομέρειες τοῦ σχεδίου. Στίς 21 Μαΐου 1963 ἔγινε στή Μονή Γωνιᾶς συνεδρία μέ συμμετοχή τῶν Σεβασμ. Εἰρηναίου, Ἀρχιμ. Εἰρηναίου Ἀθανασιάδη, Μιχ. Πελεκάνου, Πολ. Μηχανικοῦ, Ἐμμ. Μαριακάκη, Klaus Froese, R. Weller, P. Danner, Πολιτ. Μηχανικοῦ. Συζητήθηκαν οἱ λεπτομέρειες τοῦ προγράμματος. Τό σχετικό Πρωτόκολλο, ὑπογεγραμμένο ἀπό ὅλους, ὁρίσθηκε νά σταλεῖ, μεταξύ ἄλλων, καί σέ μένα (βλ. ἑλληνικό πρωτότυπο 1963 6.14. ΒΒ Aktion Kreta 3, γερμανικό 1963 6.14. ΒΒ Aktion Kreta 4).

οἱ δαπάνες γιά τήν ὁμάδα τῶν νέων σας, καίτοι ἔχουμε βέβαια στήν Κρήτη ἀρκετούς ἐργάτες, γιά τους ὁποίους δέν χρειάζεται νά πληρώνουμε γιά ἔξοδα ταξιδίου καί διαμονῆς. Ἀναμένω τήν ἄποψη τοῦ κ. Weller καί τή δική σας.

Υ.Γ.: Καθυστέρησα μέχρι σήμερα (12.7) τήν ἀποστολή τῆς ἐπιστολῆς μου, μέ τήν ἐλπίδα ὅτι θά ἔλθουν στό μεταξύ τά σχέδια, πρᾶγμα πού δυστυχῶς δέν ἔγινε.

19-7-1963 ΑΒΒ
Μ πρός Απ
Θέμα ἀγωγοῦ ὕδρευσης τῆς Ἀκαδημίας: Ρώτησε στίς Ὑπηρεσίες Hilfswerk καί Brot für die Welt ἄν εἶναι δυνατή μιά ἰδιαίτερη χορηγία γιά αὐτό τό ἔργο. Εἶναι βέβαιο ὅτι κατά τό τρέχον ἔτος δέν μπορεῖ νά ἐργασθεῖ ἡ Κατασκήνωση πού ἔχει σχεδιασθεῖ, οὔτε νά γίνει κάτι ἄλλο. Μπορεῖ ὅμως ἡ Κατασκήνωση νά ἀρχίσει τόν Φεβρουάριο τοῦ 1964. Τί νομίζετε; Θά ἤθελα πολύ νά πᾶνε στήν Κρήτη οἱ ἐθελοντές, ὅπου ἀσφαλῶς θά ὑπάρξουν καλές διανθρώπινες σχέσεις. Ὅμως τό συνολικό κόστος δέν πρέπει νά εἶναι μεγαλύτερο ἀπό ἐκεῖνο πού ἀπαιτεῖται γιά τήν ἀπασχόληση ντόπιων. Σᾶς παρακαλῶ νά μοῦ πῆτε ἀνοιχτά τή γνώμη σας. Ἄν εἶναι ἀρνητική, μποροῦν οἱ ἐθελοντές νά ἐργασθοῦν σέ κάποια ἄλλη χώρα.

Θά μποροῦσε βέβαια νά προσπαθήσει κανείς νά πάρει κάποια χρήματα γι' αὐτό τό ἔργο ἀπό τό «Brot für die Welt». Χρήματα ὅμως ἀπό αὐτήν τήν Ὑπηρεσία δέν πρέπει νά χρησιμοποιηθοῦν μόνο γιά τήν Κατασκήνωση, ἀλλά κυρίως γιά οἰκονομική βοήθεια πρός τόν τόπο σας.

Τούτων οὕτως ἐχόντων, γράφει, ἡ Κατασκήνωση μπορεῖ νά γίνει μόνον:
1. ἄν τά ἔξοδά της δέν θά εἶναι ὑψηλότερα ἀπό τή δαπάνη ἀμοιβῆς ντόπιων ἐργατῶν,
2. ἄν δέν δημιουργοῦνται δυσκολίες μέ τή μετάθεση τῆς Κατασκήνωσης στόν Φεβρουάριο 1964.

Ἄν βέβαια δέν ὑπάρξουν αὐτές οἱ δυό δυσκολίες, θά πρέπει νά τηρηθεῖ τό σχέδιο γιά τήν Κατασκήνωση.

Ἐσωκλείω ἀντίγραφο αὐτῆς τῆς ἐπιστολῆς γιά τήν περίπτωση πού θεωρεῖτε σκόπιμο νά ἐνημερώσετε γραπτῶς τόν Ἐπίσκοπο Εἰρηναῖο.

Ἀναβολή
27-5-1963 ΑΒΒ
Μ πρός Απ
Ἡ αἴτηση γιά τήν Ἀκαδημία δέν τέθηκε δυστυχῶς ἀκόμη ὑπόψη τοῦ Kunst, ἐπειδή, ὅπως εἶπεν ὁ Knoebel {EZE}, λείπει κάτι σημαντικό: Τά στοιχεῖα σχετικά

μέ τόν έξοπλισμό καί τήν έξεύρεση τών άντιστοίχων ποσών είναι άνεπαρκή ή λείπουν τελείως. Συνιστά νά έπικοινωνήσω τηλεφωνικώς μέ τόν Knoebel στήν EZE καί ένδεχομένως νά πάω στή Βόννη γιά νά προωθήσω τήν ύπόθεση. Διαφορετικά, μιά καί ό ίδιος θά βρίσκεται στή Βόννη στίς 14 Ιουνίου καί ίσως νά έχει έπιστρέψει καί ό Mordhorst, θά μπορούμε νά δούμε μαζί τό όλον θέμα.

18. Έξοδα λειτουργίας τής Άκαδημίας

Ύστερα άπό τίς διερευνητικές έπαφές μου, τίς συζητήσεις, τά έγγραφα κ.λπ. πού προηγήθηκαν καί τίς σχετικές συνεννοήσεις μέ τόν Είρηναίο, είχα στό ΒΒ μιά τελική συνεργασία μέ τόν Müller (30-10-1962), κατά τήν όποία συντάξαμε τήν αίτηση πρός τήν EZE (Evangelische Zenralstelle für Entwicklungshilfe-Εύαγγελική Κεντρική Υπηρεσία Βοηθείας Άναπτύξεως, Bonn), τήν όποία ύπέβαλε έκείνος τήν έπομένη στήν ώς άνω Υπηρεσία, μέ τήν ίδιότητα τού Προέδρου τού Συνδέσμου τών Διευθυντών τών έν Γερμανία Εύαγγελικών Άκαδημιών (βλ. 31-10-1962 Μ πρός EZE). Τό άρχικό αύτό αίτημα ήταν ή διάθεση άπό τήν EZE 1.200.000 DM γιά τήν άνέγερση στήν Κρήτη τών έγκαταστάσεων καί γιά τήν προμήθεια τού έξοπλισμού ένός **Ίνστιτούτου γιά τήν Προαγωγή τής Κοινωνικής Συνοχής καί τής Οίκονομικής Άνάπτυξης** (αύτόν τόν τίτλο είχα χρησιμοποιήσει άρχικά, έπειδή έκρινα πρόωρη τήν έπίσημη χρήση τού όρου Άκαδημία, καθώς αύτός ό τίτλος έμπεριείχε μιά συγκεκριμένη στόχευση: Άνάπτυξη καί Συνοχή, δηλ. βασικές έπιδιώξεις τόσο τής EZE όσο καί τού Ύπουργείου πού τή χρηματοδοτούσε). Τό ύπόλοιπο ποσό (350.000 DM) γιά τήν κάλυψη τής προβλεπόμενης συνολικής δαπάνης (1.550.000 DM) γράψαμε ότι θά συγκεντρωθεί άπό άλλες πηγές (γερμανικές καί τοπικές).

Γιά τά έξοδα λειτουργίας τής Άκαδημίας κατά τά πρώτα 5 έτη είχαμε έντάξει στήν αίτηση τό ποσό τών 300.000 DM, δηλ. 60.000 κατ' έτος. Στήν πορεία ή πρόβλεψη περιορίσθηκε στά τρία πρώτα έτη, άλλά μέ έτήσιο ποσό 120.000 DM, δηλ. 360.000 DM συνολικά γιά τά πρώτα τρία έτη. Παρά τήν πρόβλεψη αύτή καί τήν προσδοκία ότι ή EZE θά συμπεριελάμβανε καί τό ποσό αύτό στήν τελική της άπόφαση, ό ρεαλισμός τού Müller έβλεπε ύπερβολική τήν καθησυχαστική αίσιοδοξία τού Είρηναίου, έν μέρει καί τή δική μου, ότι μετά τήν πρώτη τριετία δέν θά μάς ήταν άπαραίτητη ή βοήθεια άπό τό έξωτερικό. Ή άνησυχία του αύτή δέν άργησε νά γίνει πιεστική. Γνώριζε πώς, άν άποτύγχανε ή Άκαδημία τής Κρήτης, σχέδια γιά Άκαδημίες σέ χώρες τού Τρίτου Κόσμου δύσκολα θά μπορούσαν νά χρηματοδοτηθούν, όπως είχε λεχθεί πολλές φορές. Μέ κάθε τρόπο λοιπόν έπρεπε νά έξασφαλισθούν τά ἔξοδα λειτουργίας. Ἡ προβληματική αὐτή ἔστρεψε τή σχετική συζήτηση πρός δυό ἐναλλακτικές κατευθύνσεις:

1. Μερική «**τουριστική**» χρήση τῶν ἐγκαταστάσεων τῆς Ἀκαδημίας γιά **διακοπές,** ἐνδεχομένως ἀκόμη καί μέ ἀλλαγή τοῦ τόπου ἀνέγερσης τῶν ἐγκαταστάσεων αὐτῶν, ἤ

2. ἐξασφάλιση **ἐγγύησης** γιά κάλυψη τυχόν ἐλλείμματος μετά τήν πρώτη τριετία γιά τά ἑπόμενα τρία χρόνια (δηλαδή 6ετής ἐξασφάλιση ὁμαλῆς λειτουργίας, μέχρις ὅτου καταστεῖ δυνατή ἡ σταθεροποίηση τῆς οἰκονομικῆς αὐτάρκειας καί ἀνεξαρτησίας τῆς Ἀκαδημίας).

Τά δυό αὐτά θέματα τίθενται τόσο σέ προφορικές συζητήσεις, ὅσο καί στή διεξαγόμενη ἀλληλογραφία, τήν ὁποία ἐντάσσω ἐδῶ στή συνέχεια, χωρίς αὐστηρή τήρηση τῆς χρονολογικῆς σειρᾶς, σέ δύο θεματικές ἑνότητες: *Ἀκαδημία καί Τουρισμός* καί *Ἐγγύηση*.

Ἀκαδημία καί Τουρισμός

Παρά τά ὅσα ἔχω τονίσει στίς ΕΚΘΕΣΕΙΣ μου σέ ἄλλα ἔγγραφα καί σέ προφορικές συζητήσεις γιά τά προβλήματα πού ἀρχίζουν νά διαφαίνονται στήν Κρήτη τά χρόνια ἐκεῖνα σέ σχέση μέ τόν Τουρισμό καί μάλιστα τόν λεγόμενο μ α ζ ι κ ό, ὁ Müller δέν ἀποκλείει τήν ἔνταξη καί τοῦ Τουρισμοῦ στίς ἐνδεχόμενες πηγές χρημάτων γιά τήν κάλυψη ἔστω καί μέρους μόνον τῶν δαπανῶν λειτουργίας τῆς Ἀκαδημίας.

Σέ ἐπιστολή του πρός ἐμένα (27-5-1963 ΑΒΒ+ΑΑπ, Μ πρός Απ) γράφει μεταξύ ἄλλων ὅτι ἔκαμε διάφορες σκέψεις, τίς ὁποῖες κατέγραψε σέ ἐπιστολή πρός τόν Ἐπίσκοπο Εἰρηναῖο {τήν ὁποία κοινοποιεῖ καί σέ μένα ἐσωκλείστως}. «Δέν ἐπιθυμῶ νά καθυστερήσω τήν ἔγκριση τῆς αἴτησης {γιά τήν Ἀκαδημία} καί γι' αὐτό λέγω τίς σκέψεις μου μόνο σέ σᾶς καί στόν Ἐπίσκοπο Εἰρηναῖο. Πρέπει ὅμως νά ξανασκεφθεῖ κανείς σέ βάθος τό ὅλον θέμα μέ τήν ἔννοια πού ὑπαινίσσομαι» {βασικά, πῶς θά ἐξασφαλισθοῦν τά ἔξοδα λειτουργίας τῆς Ἀκαδημίας}.

28-5-1963 ΑΒΒ
Μ πρός Εἰρηναῖον
«Γιά μιά ἀκόμη φορά θά ἤθελα νά Σᾶς ἐκφράσω τή χαρά μου γιά τό ὅτι μπορέσαμε νά σᾶς ἔχουμε ἐδῶ. Ἐλπίζω πώς ὅλα αὐτά διακονοῦν τό ἔργο τοῦ Θεοῦ καί ὅτι Αὐτός κατευθύνει τά πάντα ἔτσι, ὥστε νά ἔχουν νόημα καί νά ἀποφέρουν καρπούς».

Στή συνέχεια ἐκφράζει ζωηρή ἀνησυχία γιά τήν ἐπιβίωση τῆς Ἀκαδημίας, μέ δεδομένο τό μέγεθος τοῦ σχεδιαζομένου οἰκοδομήματος καί τό ὅτι ἡ γερμανική χορηγία γιά τίς δαπάνες λειτουργίας της δέν θά εἶναι δυνατόν νά παραταθεῖ πέραν τῆς πρώτης τριετίας. Τό γεγονός αὐτό τόν ὁδηγεῖ στή σκέψη ὅτι, ἄν θά χτιζόταν ἡ Ἀκαδημία σέ τόπο πού θά διευκόλυνε τή χρήση της γιά διακοπές 3-4 μῆνες τό καλοκαίρι, θά ἦταν δυνατόν νά κερδίζει περίπου 40.000 DM καί νά ἀντιμετωπίζει ἔτσι μέρος τῶν δαπανῶν λειτουργίας της κατά τούς ὑπόλοιπους μῆνες. Γράφει ὅτι ἡ ἐξασφάλιση τῆς λειτουργίας τῆς Ἀκαδημίας τῆς Κρήτης ἔχει τεράστια σημασία γιά τά ἄλλα ἀνάλογα προγράμματα. {Χρόνια ἀργότερα ἐξασφάλισα πάλι ἀπό τή Γερμανία χορηγία 1.000.000 ΕΥΡΩ. Μέ εἰδική συμβολαιογραφική πράξη ὁ Σεβασμ. Εἰρηναῖος καί ἐγώ ὁρίσαμε νά τηρεῖται τό ποσόν αὐτό σέ Τράπεζα ὡς ΕΙΔΙΚΟΣ ΛΟΓΑΡΙΑΣΜΟΣ, ἀπό τούς τόκους τοῦ ὁποίου λαμβάνει ἔκτοτε ἡ Ἀκαδημία ἕνα σεβαστό ποσόν ἐτησίως}.

Μέ τό πρόβλημα αὐτό, συνεχίζει, συνδέονται δυό ζητήματα:

1. Πιθανές δυσκολίες πού θά προκύψουν ἀπό τήν παρουσία τουριστῶν τούς θερινούς μῆνες στήν περιοχή τῆς Μονῆς.

2. Ἡ προβλεπόμενη κατασκευή τοῦ γερμανικοῦ νεκροταφείου θά σημάνει ἐπίσκεψη πολλῶν ἀνθρώπων στήν περιοχή αὐτή καί ἑπομένως θά δημιουργήσει τήν ἀνάγκη ἑνός ξενοδοχείου. Κάποιος ἀσφαλῶς θά ἀξιοποιήσει αὐτήν τήν εὐκαιρία.

Μέ αὐτά τά δεδομένα διερωτᾶται μήπως πρέπει νά ἐξετασθεῖ τό ἐνδεχόμενο **ἀλλαγῆς τόπου ἀνεγέρσεως τῆς Ἀκαδημίας**. (b-Απ). Αὐτό δέν θά ἐπηρεάσει τίς διαδικασίες ἐγκρίσεως τῆς αἰτήσεώς μας. Τό ζήτημα ὅμως σχετίζεται καί μέ τόν ἀγωγό ὕδρευσης. Ἄν ἄλλαζε ὁ τόπος ἀνέγερσης τῆς Ἀκαδημίας, δέν θά ἦταν ἀναγκαῖος ὁ ἀγωγός.

Σημειώνει ὅτι κοινοποιεῖ αὐτήν τήν ἐπιστολή του καί σέ μένα, προκειμένου ὁ Ἐπίσκοπος καί ἐγώ νά συζητήσουμε τό σοβαρό αὐτό θέμα.[125]

28-5-1963 ABB
Sekr.BB πρός Απ
Μοῦ στέλνουν τό πρωτότυπο τῆς ἐπιστολῆς πρός Εἰρηναῖον καί ἀντίγραφο γιά μένα, μέ σχεδόν ἐναγώνια παράκληση τοῦ Müller: Νά τό στείλω γρήγορα στήν Κρήτη, ἐνδεχομένως μέ μετάφραση καί σχόλιά μου.

---

[125] Στήν ἴδια ἐπιστολή γράφει ἀκόμη:
«Ἡ ἔγκριση τῶν χρημάτων καθυστερεῖ καί πάλι, ἐπειδή στήν αἴτηση δέν ἔχει ὑπολογισθεῖ τό κόστος τῆς ἐπίπλωσης, πού πρέπει νά προστεθεῖ. Γιά τό ὅλον πρόγραμμα πάντως δέν προκαλεῖται κίνδυνος ἀπό τήν παράλειψη αὐτή.

Στή Βόννη μέ ρωτήσατε ἄν πρέπει νά εὐχαριστήσετε τόν κ. Kunst γιά τό αὐτοκίνητο. Τότε δέν θεωροῦσα κατάλληλο τόν χρόνο. Τώρα ὅμως καλόν εἶναι νά τό κάμετε, ἄν δέν τό ἔχετε κάμει ἤδη. Τό γράμμα μπορεῖ νά εἶναι στά Ἑλληνικά, ἐάν ἐπισυναφθεῖ μιά μετάφρασή του ἀπό τόν Δρα κ. Παπαδερό».

Κοιν.:Απ, Μάιντς.

10-6-1963 ΑΑπ
Εἰρηναῖος πρός Απ
«Ἀνάμεσα στά δυό γράμματά σου καί τοῦ κ. Müller ἀνέβηκα δυό φορές στήν Ἀθήνα μέ ἄλλα βάσανα καί σοῦ ἀπαντῶ κάπως λίγο ἀργά. Γιά νά μή χάνω χρόνο καί γιά νά μή μαθαίνουν καί πολλοί τό θέμα τῆς Ἀκαδημίας, σοῦ γράφω μέ τό χέρι καί <u>ξεχώρισε ἀπό τό γράμμα μου αὐτό ὅ,τι νομίζεις καλόν καί γιά τόν κ. Müller καί στεῖλε το ἐσύ</u>. Τό γράμμα τοῦ κ. Müller καί τό δικό σου μέ ἔκαμαν νά σκεφθῶ πολύ τό ζήτημα αὐτό καί σοῦ παραθέτω καί γώ τίς σκέψεις μου ἤ μᾶλλον τίς ἀποφάσεις μου.

α) Βεβαίως δέν ἐπιθυμοῦμεν νά ἀρχίσωμεν ἕνα ἔργον τό ὁποῖον θά ἀναγκαστοῦμε κάποτε νά σταματήσωμεν καί οὔτε εἶναι ὀρθόν νά ἐκθέσωμεν τόν κ. Müller στή χώρα του, ὁ ὁποῖος τόσον ἐνδιαφέρον δεικνύει διά τό σοβαρόν αὐτό ζήτημα τῆς Μητροπόλεώς μας.

β) Δέν πρέπει ὅμως νά ἀναζητήσωμεν ἄλλον τόπον διά τήν Ἀκαδημίαν ἀπό ἐκεῖνον τόν ὁποῖον ἔχομεν ἤδη ἐπιλέξει. <u>Ἡ ἱστορικότητα τοῦ τόπου, ἡ ἀπόστασις ἀπό Χανιά, ἡ κεντρικότης του διά τήν Μητρόπολίν μας, τό κλίμα</u> κ.λπ. εἶναι πράγματα τά ὁποῖα οὐδαμοῦ ἀλλοῦ δυνάμεθα νά εὕρωμεν.

γ) Τό καθ' ἑαυτό ἔργον τῆς Ἀκαδημίας θά γίνεται κατά τό θέρος καί μάλιστα (Αὔγουστον-Σεπτέμβριον), διότι οἱ πλεῖστοι πνευματικοί ἄνθρωποι τοῦ <u>τόπου μας</u> τότε μόνον περίπου εὐκαιροῦν. Ἑπομένως δέν δυνάμεθα νά ὁμιλοῦμεν καί πολύ περί ἐνοικιάσεως. {Ὁ Εἰρηναῖος διατηρεῖ ἀκόμη τήν ἰδέα μιᾶς Ἀκαδημίας θερινῶν διακοπῶν περίπου}.

δ) Διά τό σοβαρόν ζήτημα τῶν οἰκονομικῶν τῆς Ἀκαδημίας συνεζητήσαμεν αὐτοῦ καί ὡμιλήσαμεν δι' ἄλλα οἰκονομικά μέσα (καλλιέργεια ἀγρῶν, μικρά ἐργοστάσια κ.λπ.).

ε) <u>Δι' οἰκονομικούς λόγους</u> καί λουτρά διά τούς ἐν Γερμανίᾳ φίλους μας δυνάμεθα νά οἰκοδομήσωμεν <u>ἕνα ξενοδοχεῖον</u> ἤ μικρά σπιτάκια εἰς παραλίαν ἀπό Κολυμπάρι ἕως Ταυρωνίτη (εἰς τήν καλυτέραν θέσιν καί πλησίον τοῦ Μάλεμε) ἤ εἰς τόν μυχόν τοῦ Κόλπου Καστελλίου (ἀνατολικῶς Καστελλίου). Δυνάμεθα δέ τήν βάσιν αὐτή τῆς μικρᾶς μας «λουτροπόλεως», εἰς τήν ὁποίαν θά κινοῦνται ἀνέτως οἱ φιλοξενούμενοι, νά<u> τήν ἔχωμεν ἀπό τό ὁλικόν ποσόν τοῦ κτηρίου</u> καί <u>κατόπιν περικοπῆς ὡρισμένων μή ἀπαραιτήτων χώρων ἤ πολυτελῶν</u> ἐξοπλισμῶν του (Ἡ Ἀκαδημία θά ἔχει μεταφορικόν μέσον).

στ) Τό εἰς Παλαιόχωραν οἰκοτροφεῖον μας δυνάμεθα ἐπίσης κάλλιστα <u>νά χρησιμοποιοῦμεν διά τόν σκοπόν αὐτόν</u> κατά τό θέρος καί εἶναι ὡς γνωρίζεις ἀρκετά εὐρύχωρον. Δέν εἶναι τόσον τό Μοναστήρι πού μᾶς ἐμποδίζει τό νά χρησιμοποιοῦμεν τήν Ἀκαδημίαν ὡς λουτρόπολιν, ξενῶνα κλπ. Εἶναι προπάντων ἡ φύση αὐτοῦ τοῦ Ἱδρύματος πού εἰς τήν χώραν μας πρέπει νά <u>ἔχῃ καί μίαν τυπικήν σοβαρότητα</u>.

Κατά ταῦτα, δέν ἀρνούμεθα μίαν μερικήν φιλοξενίαν εἰς Ἀκαδημίαν διά τούς ἐξ Εὐρώπης, δυνάμεθα ὅμως νά ὀργανώσωμεν καλύτερον ταύτην εἰς παρακειμένους χώρους ὡς ἀνωτέρω ἐκθέτω. Ἑπομένως πρέπει νά προχωρήσωμεν. Τό νερό πού ζητοῦμε ἀπό τό πηγάδι εὑρέθη κατάλληλον. Καί πρέπει νά ἑτοιμάζωνται οἱ νέοι τῆς SÜHNEZEICHEN διά Κολυμβάρι. Τά χρήματα ὅμως διά τά σχέδια πρέπει νά σταλοῦν, διότι εἴμεθα ἐκτεθειμένοι εἰς τούς μηχανικούς».[126]

Χιλιετηρίδα τοῦ Ἁγ. Ὄρους

Ὡς κορυφαία εὐλογία τοῦ διορισμοῦ μου ὡς Ἐπιστημονικοῦ Συμβούλου στή Δεύτερη Γερμανική Τηλεόραση θεωρῶ τήν τηλεοπτική ταινία 1000 JAHRE ATHOS - 1000 ΧΡΟΝΙΑ ΑΘΩΣ, στήν ὁποία συνοψίσαμε βασικά συμβάντα στό Ὄρος κατά τή διάρκεια τῶν ἑορτῶν τῆς Χιλιετηρίδας.[127]

Προκαθήμενοι Ὀρθοδ. Ἐκκλησιῶν ἐπί τοῦ πλοίου πρός τό Ἅγ. Ὄρος.
Περισσότερα βλ. στό ΜΕΡΟΣ Ε΄- Παράρτημα.

---

[126] Γράφει ἀκόμη: «Δύνασαι νά τοποθετηθῆς ὡς Δ/ντής τοῦ Γυμνασίου Κολυμβαρίου μέ ἐλαχίστας ὥρας διδασκαλίας. Ἐσωκλείω ἐπιστολήν δι' Ἐπίσκοπον Kunst (νά τή μεταφράσης μέ... πιπέρι γερμανικό) καί τό χαρτί τῆς Μαρίας, ἡ ἄδεια θά σοῦ σταλῇ ἀπό Ἀθήνα. Χαιρετισμούς κ. Hilckman, θά γράψω.
Τήν ἀγάπη καί εὐλογίαν μου καί εἰς Ἄνναν».
Στό τέλος τῆς πρώτης σελίδας μέ κόκκινο: «Ἀλέκο, σοβαρόν θέμα προκύπτει εἰς Λειβαδά. Ὅλοι οἱ συνοικισμοί καί οἱ Λειβαδιανοί ἀκόμη προτιμοῦσαν ἀντί τοῦ {ἰατρικοῦ} σταθμοῦ ἠλεκτροφωτισμόν τῆς Κοινότητος διά τοῦ ὁποίου ὅλοι ὠφελοῦνται. Ζητοῦν ἀναθεώρησιν σχεδίου. Εὑρίσκω λογικόν αἴτημά των καί γράφω εἰς κ. Möckel. Ἐάν τοῦτο εἶναι δυνατόν, νά γίνη καί ἄς ἀναβληθῇ λίγο τό ἔργον ἐκεῖ. Ἐγώ εἶπα ὅτι εἶναι καλόν ἀλλά τό θεωρῶ δύσκολον».
{τήν επιστολή πρός Kunst βλ. 20-7-1963}

[127] Βλ. τό πλούσιο ὑλικό-ἀφιέρωμα στό Ἅγ. Ὄρος καί στίς τελετές τῆς Χιλιετηρίδας στό περιοδικό ΕΚΚΛΗΣΙΑ, τεύχη 15-16 (1-15 Αὐγούστου 1963).

8-7-1963 ΑΒΒ
Απ πρός Μ)
(ἀπόσπασμα):
«Μέ τόν Ἐπίσκοπο Εἰρηναῖο συζήτησα ἐκτενῶς {στήν Ἀθήνα, καθ' ὁδόν πρός Ἅγ. Ὄρος} τήν πρότασί σας γιά τίς δαπάνες λειτουργίας τῆς Ἀκαδημίας {χρήση τοῦ οἰκήματος γιά τουρίστες τό καλοκαίρι ἔναντι ἀμοιβῆς}. Καί ὁ Ἐπίσκοπος ἔχει κατανοήσει πλήρως τήν πρότασί σας καί δέν παραβλέπει καθόλου τούς σοβαρούς λόγους τῆς ἀνησυχίας σας γιά τήν περαιτέρω ἀνάπτυξη τῆς Ἀκαδημίας.

Καταλήξαμε ὅμως στήν πεποίθηση ὅτι, <u>χωρίς νά θεωροῦμε αὐτό τό σχέδιο ἀνεφάρμοστο</u> {χρήση οἰκήματος γιά διακοπές}, δέν μᾶς ἐπιτρέπεται νά βασίσουμε τά οἰκονομικά τῆς Ἀκαδημίας σ' αὐτό τό σχέδιο. Ὡς ἐσχάτη λύση δέν τό ἀποκλείει οὔτε ὁ Ἐπίσκοπος Εἰρηναῖος, ὄχι ὅμως ὡς μιά ἀπό τίς πρῶτες! Πρίν ἀπό τήν ἐφαρμογή τοῦ σχεδίου αὐτοῦ πρέπει δηλαδή νά ἐξετασθεῖ μήπως ἔτσι ἐνδέχεται νά προκληθεῖ γιά τήν Ἀκαδημία περισσότερη ζημία παρά κέρδος. Καί τοῦτο ἐξ αἰτίας τῆς πολύ γνωστῆς σέ μᾶς ἀντίδρασης τοῦ λαοῦ καί τῆς ἐπίσημης Ἐκκλησίας.

Ἐδῶ θά ἤθελα νά τονίσω κατηγορηματικά ὅτι, σέ περίπτωση ἐφαρμογῆς αὐτοῦ τοῦ σχεδίου, δ έ ν ἦταν τό Μοναστήρι ἐκεῖνο πού θά προκαλοῦσε τή μεγαλύτερη δυσκολία, ὥστε -λαμβάνοντας αὐτό ὑπόψη- νά ἔπρεπε τώρα κιόλας νά ἀναζητήσουμε ἀλλοῦ οἰκόπεδο γιά τήν οἰκοδομή {εἶχε γίνει σκέψη γιά κάτι τέτοιο πρός τήν κατεύθυνση Ταυρωνίτη-Μάλεμε}. Στό σχέδιο αὐτό ἀντιτίθεται πρίν ἀπ' ὅλα ὁ ἴδιος ὁ χαρακτήρας τῆς Ἀκαδημίας ἔτσι, ὥστε ὁ τόπος οἰκοδομῆς της νά μήν εἶναι ἀδιάφορος. Ὁ Ἐπίσκοπος Εἰρηναῖος δέν θέλει μέν νά δημιουργήσει ἕνα δεύτερο Μοναστήρι, ἀλλά πάντως ἕναν τόπο ἐσωτερικῆς ἡσυχίας καί περισυλλογῆς, πού πρέπει μέ μόνη τήν ὑπόληψή του νά ἐκπέμπει μιά δυναμική ἕλξη. Αὐτό ὑπαγορεύουν ἡ ψυχολογία τοῦ λαοῦ μας καί οἱ παραδόσεις τῆς Ἐκκλησίας μας, πού πρέπει νά λάβουμε ὑπόψη, μάλιστα στίς ἀρχές τῆς ἐργασίας μας. Εἴμαστε ὅμως σίγουροι ὅτι, ἄν μέ τήν Ἀκαδημία προετοιμάζαμε κατάλληλα τό λαό καί τήν Ἐκκλησία, θά μπορούσαμε νά δημιουργήσουμε ἐδῶ ἕναν τόπο συνάντησης, ὅπου θά ἦταν ἀνεκτό καί τό σχέδιό σας».

Στό δικαιολογημένο ἐρώτημά σας ἀπό ποῦ θά προέλθουν τά χρήματα γιά τά λειτουργικά ἔξοδα τῆς Ἀκαδημίας, ἔχουμε ἐν μέρει ἀπαντήσει μέ τόν προϋπολογισμό πού ὑποβάλαμε καί ἐμπεριέχει τά ἔσοδα. Μέ πλήρη συναίσθηση τῆς εὐθύνης μας ἔναντί σας {ἐπανειλημμένα μᾶς εἶχε τονισθεῖ ἡ σημασία ἐπιτυχίας τῆς δικῆς μας Ἀκαδημίας, προκειμένου νά χρηματοδοτηθοῦν καί ἄλλες σέ Ἀσία καί Ἀφρική}, πιστεύουμε σίγουρα ὅτι ἡ Ἀκαδημία μας θά εἶναι σύντομα αὐτοσυντήρητη.

Ἄλλες πηγές οἰκονομικῆς στήριξης ἀναγράφονται στή συνέχεια: Εὔποροι Κρῆτες, ἡ Ἐπισκοπή μας, ἡ Ἐκκλησία Κρήτης, τό Κράτος, τό ἀγροτικό πρόγραμμα πού ἔχουμε σχεδιάσει {τό Κέντρον Ἀγροτικῆς Ἀναπτύξεως}, ἐνδεχομένως καί ἕνα ἐργοστάσιο χυμῶν {ἦταν τότε μέρος τῶν σχεδίων μας}.

«Σᾶς μεταφέρω λοιπόν ὄχι μόνο τούς ἐγκάρδιους χαιρετισμούς τοῦ Ἐπισκόπου μας, ἀλλά καί τήν πεποίθηση πού εἶναι βασισμένη σέ μακρά, ὑπεύθυνη ἐμπειρία του, ὅτι αὐτό τό ἔργο θά καρποφορήσει. Καί ἐλπίζουμε σταθερά πώς θά ἀτενίζετε τή Γωνιά μέ περηφάνεια».

Μ πρός Απ (Ἀπόσπασμα ἐπιστολῆς του τῆς 16-7-1963)

Υ.Γ.: «Εὐχαριστῶ γιά τό γράμμα σας τῆς 8 Ἰουλίου. Συμφωνῶ νά κάνουμε τώρα τήν αἴτηση γιά τήν οἰκοδομή ὅπως ἔχει σχεδιασθεῖ καί νά ἀφήσουμε γιά ἀργότερα τό θέμα τῆς πιθανῆς χρήσης {τῆς οἰκοδομῆς} γιά θερινούς φιλοξενούμενους {ἐννοεῖ τουρίστες, πρός οἰκονομική ἐνίσχυση τῆς Ἀκαδημίας}».

19. Ἐγγύηση

Ὕστερα ἀπό τήν ἀνωτέρω τοποθέτηση τοῦ Müller, ἡ ὁποία διαισθάνομαι νά ἐκφράζει πικρία καί ἀνησυχία, ἡ προσπάθειά μου στρέφεται σέ ἐντατικοποίηση τῆς ἀναζήτησης **ἐγγυητικῶν ἐπιστολῶν** ἀπό ἀξιόπιστους φορεῖς, πού θά βεβαίωναν ὅτι θά ἀνελάμβαναν τήν κάλυψη τῶν ἐξόδων λειτουργίας τῆς Ἀκαδημίας κατά τή δεύτερη τριετία, σέ περίπτωση πού θά προκύψει ἔλλειμμα. Τό ἐνδεχόμενο αὐτό τοῦ ἐλλείμματος διακατεῖχε βέβαια ὄχι μόνον ἐμένα καί τόν Εἰρηναῖο, ἀλλά καί τή γερμανική πλευρά. Ὁ Müller μάλιστα προβληματίσθηκε ἀκόμη περισσότερο, ὅταν ἔλαβε τήν ὡς ἄνω ἀπό 14-12-1962 ΑΒΒ ἐμπιστευτική ἐπιστολή τοῦ Γερμανοῦ Πρέσβη στήν Ἀθήνα Melchers. Ἀγωνίσθηκε μέν σθεναρά γιά νά τόν μεταπείσει, ὅπως καί ἔγινε μετά πολλῶν βασάνων, διατήρησε ὅμως καί τίς δικές του ἀμφιβολίες, πού ὅμως δέν ἔκαμψαν τό ἀνυποχώρητο πεῖσμα του!

Στήν ἀπό 14-1-1964 ΑΒΒ ἐπιστολή του πρός τόν Kunst ἀναφέρεται καί στό πρόβλημα τῶν ἐξόδων λειτουργίας τῆς Ἀκαδημίας μας καί γράφει: «.. τό πρόβλημα πού δέν ἔχει λυθεῖ ἀκόμη εἶναι τά ἔξοδα λειτουργίας, πού κανονικά θά ἔπρεπε νά ἀναλάβουν οἱ Ὀρθόδοξες Ἐκκλησίες».

Ὁ προβληματισμός γύρω ἀπό τήν ἐξασφάλιση τῶν δαπανῶν λειτουργίας μετά τήν πρώτη τριετία μᾶς προκάλεσε πολλούς πονοκεφάλους, ὅταν προβλήθηκε, ἀκριβέστερα μάλιστα ὅταν ἐπιβλήθηκε ὡς ὅρος «ἐκ τῶν ὧν οὐκ ἄνευ» ἀπό τήν πλευρά τοῦ Ὑπουργείου Ἐξωτερικῶν τῆς Γερμανίας, πού ἔθεσαν καί τούς λοιπούς νέους ὅρους γιά τήν ἔγκριση τῆς αἴτησής μας, σύμφωνα μέ τήν ἀπό 14-2-1964 ΑΑπ ἐπιστολή τοῦ Διευθυντῆ τῆς EZE Mordhorst πρός τόν Müller.

Γράφει, μεταξύ ἄλλων:

«4) Πέραν τούτων, οἱ ἐκπρόσωποι τοῦ Ὑπουργείου Ἐξωτερικῶν δέν εἶναι σίγουροι ὅτι μετά τήν παρέλευση τῶν πρώτων τριῶν χρόνων οἱ δαπάνες λειτουργίας {τῆς Ἀκαδημίας} θά μπορέσουν νά καλυφθοῦν πράγματι πλήρως ἀπό τίς ἀναγραφόμενες στήν αἴτηση πηγές - τή Μητρόπολη καί τούς Ἕλληνες χορηγούς.

Διατυπώθηκαν ἐπίσης ἀμφιβολίες γιά τό κατά πόσον μπορεῖ νά λογαριάζει κανείς τόσο πολύ σέ συνεισφορά προϊόντων ἀπό τή Μονή, ὅπως προβλέπεται στή σελ. 9 τῆς ὑπάρχουσας αἴτησης στή στήλη ΕΣΟΔΑ. Καί ἐδῶ χρειάζεται περισσότερη σαφήνεια, ὥστε νά παραμερισθοῦν οἱ ἀνησυχίες πού ἐκδηλώθηκαν».[128]

Ὁ Mordhorst, πού ἔβλεπε ἐξ ἀρχῆς θετικά τήν αἴτησή μας, προσθέτει: «Ἐρευνητέον τέλος μήπως ἡ Ἐκκλησία κάποιου {γερμανικοῦ} Κρατιδίου θά ἦταν πρόθυμη νά ἀναλάβει μιά ἐγγύηση.

Ἡ EZE εἶναι εὐχαρίστως πρόθυμη νά στηρίξει μέ ἐπιμονή τό πρόγραμμα {Ἀκαδημία} ἐνώπιον τῶν διαφόρων συμβαλλομένων ἀπό τήν πλευρά τῆς Ὁμοσπονδιακῆς Κυβερνήσεως στή μορφή πού τροποποιήθηκε καί διευρύνθηκε ὡς ἄνω».

Ἐγγυητές:

α) Μητρόπολις Κισάμου καί Σελίνου

Ἐνημέρωσα τόν Εἰρηναῖο γιά τή δυσμενῆ αὐτή ἐξέλιξη καί ἐξέφρασα τήν ἄποψη ὅτι πρώτη ἡ Μητρόπολίς μας θά ἦταν φρόνιμο νά ἐγγυηθεῖ μέρος τῆς δαπάνης πού ἐνδεχομένως θά χρειασθεῖ νά καλυφθεῖ στό μέλλον.

Στήν ἀπό 21-3-1964 ΑΑπ ἐπιστολή του πρός ἐμένα ὁ Εἰρηναῖος, ἔχοντας ὑπόψη τή βασική θέση πού εἴχαμε διαμορφώσει ἐξ ἀρχῆς, ὅτι ὅταν ζητοῦμε ἀπό ξένους κάποια βοήθεια θά πρέπει νά τούς λέμε ποιά εἶναι ἡ δική μας εἰσφορά - μιά καθιερωμένη ἄλλωστε τακτική στίς τότε διεκκλησιαστικές σχέσεις, γράφει:

«Συνοπτικῶς ἀπαντῶ καί γιά συντομία στήν τελευταία σου ἐπιστολή...

γ) Τήν ἐγγύησιν τῆς Μητροπόλεως γράφω καί συναποστέλλω εἰς 3/πλοῦν».

Δέν ἄργησε νά ἔλθει ἡ ἀπό 20 Μαρτίου 1964 ἐγγυητική ἐπιστολή, μέ τήν ὁποία βεβαιώνει ὁ Σεβασμιώτατος σέ γερμανική γλῶσσα: «Ἡ Μητρόπολις Κισάμου καί Σελίνου δηλώνει ὅτι εἶναι ἕτοιμη νά ἐγγυηθεῖ μιά εἰσφορά ὕψους 50.000 DM ἐτησίως γιά τά ἔξοδα λειτουργίας τῆς Ἀκαδημίας Γωνιᾶς.

---

[128] Βλ. τήν ἀπό 12-8-1963 ΑΒΒ+ASp θετική γνωμάτευση τῆς EZE, ὅπου ἀναγράφεται ὅτι σέ ἐδάφη τῆς Μονῆς Γωνιᾶς θά ὀργανωθεῖ μιά πρότυπη γεωργική φάρμα. «Τά προϊόντα της θά πρέπει νά ὑπηρετοῦν τήν κάλυψη τῶν δαπανῶν λειτουργίας τῆς Ἀκαδημίας».

Αὐτή ἡ ἐγγύηση ὑπέρ τῆς Ἀκαδημίας Γωνιᾶς, πού εἶναι ἀνεξάρτητη ἀπό τίς λοιπές οἰκονομικές πρσφορές τῆς Μητροπόλεώς μας γιά τήν Ἀκαδημία Γωνιᾶς, ἰσχύει ἀπό τήν παρέλευση τῶν τριῶν πρώτων χρόνων τῆς ἐργασίας τῆς Ἀκαδημίας».

Ὡς ἐκ περισσοῦ βεβαιώνει ὁ Σεβασμιώτατος αὐτό πού ἔχει κάμει ἐγγράφως καί ἄλλη φορά, ὅτι «ἡ Μητρόπολις εἶναι ἕτοιμη καί μπορεῖ νά ἐκπληρώσει ὅλες τίς {λοιπές} οἰκονομικές ὑποχρεώσεις της ἔναντι τῆς Ἀκαδημίας, οἱ ὁποῖες ἀναγράφονται στόν Προϋπολογισμό τῆς Ἀκαδημίας ὡς προσφορές αὐτῆς. Καί ἀκόμη ὅτι, ὡς Προϊστάμενος τῆς ἱερᾶς Μονῆς Γωνιᾶς, ἐγγυᾶται ἐπιπλέον τήν ἐκπλήρωση τῶν οἰκονομικῶν ὑποχρεώσεων πού ἀνέλαβε ἡ Μονή ἔναντι τῆς Ἀκαδημίας».

β) Τάγμα τοῦ Μεγ. Κωνσταντίνου

Ὡς ἕτερος ἐγγυητής εἶχα ἐπιδιώξει νά εἶναι τό Τάγμα, καίτοι γνώριζα τίς περιορισμένες δυνατότητές του. Σέ σύναξη μελῶν τοῦ Τάγματος, λοιπόν, πού εἴχαμε στή Στουτγκάρδη (βλ. 29/30-1-1964 ΑΑπ) ἀνέφερα τό πρόβλημα.

29/30-1-1964 ΑΑπ
Bericht von Stuttgart - Μνημόνιο Στουτγκάρδης
Στίς 29/30 Ἰανουαρίου 1964 συναντήθηκα στή Στουτγκάρδη μέ μέλη τοῦ Τάγματος τῆς περιοχῆς αὐτῆς καί τά ἐνημέρωσα γιά τά τῆς Ἀκαδημίας. Σέ Μνημόνιο πού συνέταξαν στή συνέχεια, γράφουν:

«Μέ πρωτοβουλία τῶν ἐν τῷ Τάγματι ἀδελφῶν μας, τοῦ Σεβασμ. Εἰρηναίου, Μητροπολίτου Κισάμου καί Σελίνου, πού ἑδρεύει στό Καστέλλι τῆς Δυτ. Κρήτης, καί τοῦ Θεολόγου Δρος Ἀλεξάνδρου Παπαδεροῦ, πρόκειται νά ἀνεγερθεῖ ἡ πρώτη ἑλληνορθόδοξος Ἀκαδημία δίπλα στήν ἀπό αἰώνων ὑφισταμένη Μονή Γωνιᾶς, περίπου 20 χιλ. δυτικά τῶν Χανίων».

Ἀναφέρουν στή συνέχεια ὅτι ἡ Ἀκαδημία θά εἶναι παρόμοια μέ ἐκεῖνες στή Γερμανία καί τήν Ἑλβετία, ὅμως, λόγω τῶν ἑλληνικῶν δεδομένων καί ἀναγκῶν, θά διαφοροποιηθεῖ σέ πολλά σημεῖα (βλ. Religiöse...). Ἀπό αὐτήν τήν Ἀκαδημία, προσθέτουν, ἀναμένεται νά προέλθουν κίνητρα γιά ἀνάλογες δραστηριότητες στήν εὐρύτερη περιοχή τῆς Μ. Ἀνατολῆς καί τῆς Ἀφρικῆς. Μέ πολλή αἰσιοδοξία σημειώνουν ὅτι οἱ δαπάνες τῆς οἰκοδομῆς θά καλυφθοῦν κατά 50% ἀπό τή Μητρόπολη καί οἱ λοιπές ἀπό τή Γερμανία καί ὅτι τά ἐγκαίνια θά γίνουν τό 1966! Ἀναφέρονται ἀκόμη στίς δαπάνες λειτουργίας, στή βοήθεια πού θά ἔχει ἡ Ἀκαδημία ἀπό τό Κέντρον Ἀγροτικῆς Ἀναπτύξεως πού εἶναι μέρος τοῦ προγραμματισμοῦ καί θά στηριχθεῖ ἀπό τό ἑλληνικό Ὑπουργεῖο Γεωργίας.

Σχεδιάζεται ἀκόμη Σύλλογος ἀποδήμων Κρητῶν πού θά στηρίζει τήν Ἀκαδημία, ὅπως ἔχουν ὑποσχεθεῖ νά πράττουν τό Παγκόσμιο Συμβούλιο

Ἐκκλησιῶν καί ὁ ἐκ τῶν μελῶν τοῦ Τάγματος Ὑπουργός Δρ. Willfried Gredler, Μόνιμος Ἐντεταλμένος τῆς Αὐστρίας στό Συμβούλιο τῆς Εὐρώπης, ὁ ὁποῖος θά ἐπιδιώξει χορηγίες ἀπό τό Ἵδρυμα Fulbright.

Ὅσον ἀφορᾶ στήν ἐγγύηση τοῦ Τάγματος, σημειώνεται ὅτι πρέπει νά μεριμνήσουν ἀπό τώρα γιά τήν ἐξοικονόμηση τοῦ ἀναγκαίου ποσοῦ (10.000 DM ἐτησίως ἐπί 3 χρόνια=30.000 DM). Ὑπῆρχε τότε στό Τάγμα ἡ σκέψη νά μεταφερθεῖ ἡ ἕδρα τῆς Γραμματείας του στήν Κρήτη, κάπου κοντά στή Μονή/Ἀκαδημία. Πράγματι, ὁ Γεν. Γραμματέας von Gröhnhagen ἔμεινε κάποιο διάστημα στό Καστέλλι.

Ὁ Εἰρηναῖος μέ τό ζεῦγος Willfried καί Sidi Gredler στόν Ἀποκόρωνα (1963).

12-2-1964 ΑΑπ
Frommann πρός Απ

Ὁ Ferdinand Frommann, διακεκριμένο μέλος τοῦ Τάγματος, διερμηνεύει τόν ἐνθουσιασμό τῶν μελῶν του γιά διάλεξη πού ἔκαμα στή Στουτγκάρδη (29-1-1964), πού συνοδεύθηκε μέ προβολή τῆς τηλεοπτικῆς ταινίας γιά τή χιλιετηρίδα τοῦ Ἅγ. Ὄρους, τήν ὁποία ταινία ἐπαινοῦν ὁμοίως. **Ἐκφράζει τή βεβαιότητα ὅτι θά μᾶς δοθεῖ ἡ ἐγγύηση τοῦ Τάγματος τήν ὁποία ζήτησα κατά τή συνεδρία στό ξενοδοχεῖο Brenner, Στουτγκάρδη.** (b-Aπ). Προτρέπει νά στείλω στόν Guyer-Frey ἀντίγραφα τῶν τηλεγραφημάτων τά ὁποῖα ἔστειλα ἐξ ὀνόματος τοῦ Τάγματος {γιά ἄλλη ὑπόθεση, βλ. ἐπιστολή μου πρός Εἰρηναῖον, 27-11-1963} στόν Οἰκουμενικό Πατριάρχη καί στόν Πρόεδρο τῆς Κύπρου Ἀρχιεπίσκοπο Μακάριο.

Πληροφορεῖται ὅτι στίς 21 Μαρτίου πρόκειται νά δώσω διάλεξη στή Γενεύη καί ἐπιθυμεῖ νά συμμετάσχει καί ἐκεῖνος στήν ἐκδήλωση αὐτή.

Πράγματι, ἡ Elisabeth, σύζυγος τοῦ Guyer-Frey, μοῦ ἔστειλε τήν ἀπό 22-2-1964 ΑΑπ πρόσκληση γιά τήν 7η Γεν. Συνέλευση τοῦ ὑπό τόν τίτλο NOTARAS Σωματείου γιά Πρόσφυγες καί Βοήθεια Ἀναπτύξεως - NOTARAS GENEVE-Gesellschaft für Flüchtlings-und Entwicklungshilfe -, πού ἔχει ἱδρύσει τό Τάγμα μέ ἕδρα τή Γενεύη. Μεταξύ τῶν θεμάτων ἀναγράφεται καί ἡ «Ἐνημέρωση ἀπό τόν Ἀ. Παπαδερό γιά τήν ἐν σχεδίῳ Ἀκαδημία στή Γωνιά, Δυτική Κρήτη». Ἡ Συνέλευση πραγματοποιήθηκε στή Γενεύη (ξενοδοχεῖο La Perle du Lac) τό ἀπόγευμα τοῦ Σαββάτου 21 Μαρτίου 1964. Ἔγινε ἡ ὁμιλία μου γιά τήν Κρήτη, τή Μητρόπολή μας, τήν Ἀκαδημία καί τό πρόβλημα τῆς ἐγγύησης. Ἀκολούθησε συζήτηση καί ὁ Πρόεδρος Guyer-Frey εἰσηγήθηκε τήν παροχή τῆς Ἐγγυητικῆς Ἐπιστολῆς. Ἡ εἰσήγηση ἔγινε ὁμόφωνα δεκτή καί μᾶς δόθηκε ἡ ἀπό 21 Μαρτίου 1964 ἐγγύηση γιά 10.000 DM ἐτησίως ἐπί τρία χρόνια, ὕστερα ἀπό τήν παρέλευση τῶν πρώτων τριῶν ἐτῶν λειτουργίας τῆς Ἀκαδημίας. Τήν ἐγγυητική ἐπιστολή ὑπογράφουν οἱ Richard Guyer-Frey, Rolf Maurer καί Christian Mischler[129]. Οἱ ἐγγυητικές ἐπιστολές τῆς Μητροπόλεως καί τοῦ Τάγματος ὑποβλήθηκαν στήν EZE (βλ. 21-4-1964 ABB, M πρός EZE).

γ) *Ἐκκλησία τοῦ Παλατινάτου*

Ἔχοντας ὑπόψη τήν παραπάνω σκέψη τοῦ Mordhorst -συμμετοχή κάποιας γερμανικῆς Ἐκκλησίας στήν κάλυψη ἐξόδων λειτουργίας-, καθώς καί τίς καλές προσωπικές σχέσεις μου μέ τήν ἡγεσία τῆς Εὐαγ. Ἐκκλησίας τοῦ Παλατινάτου, ἀπηύθυνα τήν ἀκόλουθη ἐπιστολή πρός τόν Πρόεδρο τῆς Ἐκκλησίας αὐτῆς, ὅπου, πέραν τῆς ἐγγυήσεως, παρακαλοῦσα νά μᾶς βοηθήσουν προσεχῶς γιά τήν κάλυψη μέρους δαπάνης 75.000 DM! (γιά προκαταρκτικές ἐργασίες):

16-3-1964 ASp+ABB
Απ-BB πρός Speyer
ΕΠΙΤΡΟΠΗ ΙΔΡΥΣΕΩΣ ΤΗΣ ΑΚΑΔΗΜΙΑΣ ΓΩΝΙΑΣ
Ὁ Διευθυντής

Πρός
τόν κύριον Πρόεδρον τῆς Ἡνωμένης Προτεσταντικῆς Εὐαγγελικῆς-Χριστιανικῆς Ἐκκλησίας τῆς Pfalz
Θέμα: Ἐγγύηση γιά τήν Ἀκαδημία Γωνιᾶς/Κρήτης
«Σεβασμιώτατε κύριε Πρόεδρε,
Κατ' ἐντολήν τῆς Ἐπιτροπῆς Ἱδρύσεως τοῦ «Ἰνστιτούτου γιά τήν προαγωγή τῆς κοινωνικῆς ὁλοκλήρωσης καί τῆς οἰκονομικῆς ἀνάπτυξης στήν Κρήτη» (συνοπτική ἐπωνυμία: "Ἀκαδημία Γωνιᾶς"), Πρόεδρος τῆς ὁποίας {Ἐπιτροπῆς} εἶναι ὁ Σεβασμιώτατος Μητροπολίτης Κισάμου καί Σελίνου Εἰρηναῖος, σᾶς ἐκφράζω τήν ἀκόλουθη παράκληση:

Ἡ Ἀκαδημία τῆς Γωνιᾶς, τήν ἀποστολή τῆς ὁποίας μπορεῖτε νά δεῖτε στά συνημμένα ἔγγραφα, θά οἰκοδομηθεῖ ἀπό τή Μητρόπολη Κισάμου καί Σελίνου μέ τή βοήθεια τῆς Εὐαγγελικῆς Κεντρικῆς Ὑπηρεσίας γιά Ἀναπτυξιακή Βοήθεια {EZE}, Βόννη. Καί οἱ δαπάνες λειτουργίας ἔχουν διασφαλισθεῖ γιά τά τρία πρῶτα χρόνια. Εἴμεθα σταθερῶς πεπεισμένοι ὅτι στή διάρκεια τῶν τριῶν

---

[129] Σέ ἐπιστολή του (Αὔγουστος 1977), μέ τήν ὁποία μέ ἐνημέρωσε ὅτι διαλύθηκε ἡ Διεθνής Ἕνωσις Φίλων τῆς Γωνιᾶς, ὁ Richard Guyer-Frey σημειώνει ἐπίσης ὅτι τό Ἀρχεῖο τῆς Ἕνωσης αὐτῆς παραδόθηκε στό ἐλβετικό Σωματεῖο τῶν Ἱπποτῶν τοῦ Κωνσταντίνου {Τάγμα Μεγάλου Κωνσταντίνου, OCM}.

αὐτῶν ἐτῶν θά ἐπιτύχουμε νά ἐξασφαλίσουμε τά οἰκονομικά τῆς Ἀκαδημίας τόσον, ὥστε νά μή χρειάζεται πλέον ἐξωτερική βοήθεια.

Προκειμένου νά ἔχουμε μιά διασφάλιση γιά τήν προσδοκία αὐτή, ἡ ὡς ἄνω Εὐαγγελική Κεντρική Ὑπηρεσία ἀπαιτεῖ τώρα μιά ἐγγύηση ἀπό θεσμούς πού θά ἦταν ἔτοιμοι νά προσφέρουν βοήθεια σέ περίπτωση ἀνάγκης. Αὐτή ἡ ἐγγύηση θά ἀρχίζει μετά τήν παρέλευση τῶν πρώτων τριῶν χρόνων {λειτουργίας τῆς Ἀκαδημίας} καί θά ἐκτείνεται σέ τρία χρόνια.

Οἱ ἐτήσιες δαπάνες τῆς Ἀκαδημίας προβλέπεται νά εἶναι 120.000 DM.

Ἡ Μητρόπολις Κισάμου καί Σελίνου ἔχει ἀναλάβει ἤδη ἐν τῇ ἀνωτέρω ἐννοίᾳ τήν ἐγγύησιν γιά 50.000 DM {ἐτησίως}. Ἐξάλλου, τό "Διεθνές Βυζαντινόν Τάγμα τοῦ Μεγάλου Κωνσταντίνου" ἀνέλαβε τήν ἐγγύηση γιά ἐτήσια εἰσφορά 10.000 DM.

Γιά τήν Ἀκαδημία Γωνιᾶς, τήν Ἐκκλησία μας, ἀλλά καί γιά τόν λαό τῆς Κρήτης, τόν ὁποῖο πρόκειται νά διακονήσει ἡ Ἀκαδημία, θά ἦταν μεγάλη βοήθεια, ἐάν ἡ Ἐκκλησία σας θά ἤθελε νά ἐγγυηθεῖ γιά τρία ἔτη τό ὑπόλοιπον ἥμισυ τῶν ἀναγκαίων ἐτήσιων δαπανῶν ὕψους 60.000 DM.

Δεδομένου ὅτι ἡ ἐργασία τῆς Ἀκαδημίας θά εἶναι ἀπίθανο νά ἀρχίσει πρίν ἀπό τό τέλος τοῦ ἔτους 1965, δέν θά χρειασθεῖ νά ἐνεργοποιηθεῖ ἡ ἐγγύηση πρίν ἀπό τό τέλος τοῦ ἔτους 1968.

Θά σᾶς εἴμεθα ἰδιαιτέρως εὐγνώμονες, ἐάν ἡ Ἐκκλησία σας θά μποροῦσε νά μᾶς βοηθήσει καί στήν ἀκόλουθη ὑπόθεση: Μέχρι νά ὁλοκληρωθεῖ τό οἰκοδόμημα τῆς Ἀκαδημίας, θά χρειασθεῖ νά ἐκτελεσθοῦν προπαρασκευαστικές ἐργασίες. Οἱ πρός τοῦτο δαπάνες γιά τό τρέχον ἔτος 1964 εἶναι DM 30.000 καί γιά τό 1965 DM 45.000. Ἡ Μητρόπολις Κισάμου καί Σελίνου εἶναι σέ θέση νά ἀναλάβει μόνο τό 1/3 τοῦ ποσοῦ αὐτοῦ. Γι' αὐτό θά ἦταν γιά μᾶς μιά μεγάλη βοήθεια, ἐάν ἡ Ἐκκλησία σας θά μποροῦσε νά καλύψει τά ὑπόλοιπα 2/3 καί μέ τόν τρόπο αὐτό νά θέσει τόν πρῶτο θεμέλιο λίθο γιά τήν ἐργασία τῆς Ἀκαδημίας μας.

Γιά τό τρέχον ἔτος 1964 λοιπόν θά ἔπρεπε νά διατεθοῦν DM 20.000 καί γιά τό ἔτος 1965 DM 30.000.

Μέ τήν ἐλπίδα ὅτι ἡ παράκλησή μας θά βρεῖ στήν Ἐκκλησία σας κατανόηση καί ἑτοιμότητα βοηθείας, διατελῶ…».

Συνημμένα
Γνωμάτευση τῆς ΕΖΕ ἀπό 12-8-1963.
Γνωμάτευση τοῦ Προέδρου τοῦ Συνδέσμου τῶν Διευθυντῶν τῶν ἐν Γερμανίᾳ Εὐαγ. Ἀκαδημιῶν ἀπό 11-5-63.

9-4-1964 ΑΒΒ
Απ πρός Schaller
Γράφω ἀπό τό ΒΒ στόν Πρόεδρο τῆς Ἐκκλησίας τοῦ Παλατινάτου καί ἐκφράζω τήν ἐλπίδα ὅτι ὁ γιός του θά μπορέσει νά πραγματοποιήσει τό ταξίδι στήν Ἑλλάδα, μιά καί τελικά δέν μπορεῖ νά συνταξιδεύσει μαζί μου τώρα.

Ἐπικαλούμενος τό ὅτι μέσα Ἀπρίλίου πρόκειται νά συζητηθεῖ στή Βόννη ἡ αἴτησή μας γιά τήν Ἀκαδημία, ἐπισημαίνω ὅτι θά ἦταν θετικό νά εἴχαμε προηγουμένως τήν ἀπόφασή τους (γιά ἐπιχορήγηση καί ἐγγύηση). Τόν παρακαλῶ νά τή στείλει στόν Müller, μέ ἀντίγραφο σέ μένα.

Ἐν ὄψει ἀναχωρήσεώς μου προσθέτω:

«**Ἀφήνω τή Γερμανία μέ βαθύτατη εὐγνωμοσύνη πρός ὅλους τούς ἀνθρώπους οἱ ὁποῖοι μέ βοήθησαν νά ὀργανώσω τήν ἐδῶ παραμονή μου μέ πληρότητα νοήματος**». (b-Απ).

Κάτω ἀπό τό ὄνομά μου ἡ Γραμματεία τοῦ Μ σημειώνει:
Μετά τήν ὑπαγόρευση ἀναχώρησε γιά τήν Ἑλλάδα.

30-4-1964 ASp
Ἀπόσπασμα Πρακτικῶν τοῦ Συμβουλίου τῆς Εὐαγ. Ἐκκλησίας τοῦ Παλατινάτου (θέμα 18°). Ὁ OKR. Hussong ἀνακοινώνει τό αἴτημα πού ἔχω διατυπώσει ἐξ ὀνόματος τῆς Ἐπιτροπῆς Ἱδρύσεως τῆς Ἀκαδημίας καί λέγει ὅτι ζητοῦμε:

1. Γιά τό 1964 ἐπιχορήγηση 20.000 DM.
Γιά τό 1965 30.000 DM.

2. Ἐγγύηση γιά κάλυψη λειτουργικῶν ἀναγκῶν σέ περίπτωση ἀνάγκης γιά τά ἔτη 1968, 1969 καί 1970, ὕψους 60.000 DM ἐτησίως.

«Προκύπτει μιά σειρά ἐρωτήσεων, οἱ ὁποῖες πρέπει νά διαβιβασθοῦν ἐγγράφως στόν Δρα Παπαδερό, μελλοντικό Διευθυντή τῆς Ἀκαδημίας. Μετά τή λήψη τῶν ἀπαντήσεων θά ἀκολουθήσει νέα διαβούλευση».

19-5-1964 ASp
Ἐκκλησία Pfalz πρός Απ (Θεσ)
Ἀπό τήν Ἐκκλησία τοῦ Παλατινάτου ἀπαντοῦν στήν ἀπό 16-3-1964 (πρβλ. 30-4-1964) ἐπιστολή μου. Γράφουν: Ἡ Ἐκκλησία μας «εἶναι κατά βάσιν εὐχαρίστως πρόθυμη νά σᾶς ὑποστηρίξει στή δημιουργία τῆς Ἀκαδημίας σας». Χρειάζεται ὅμως διευκρινίσεις ἐπί ζητημάτων τῆς ὡς ἄνω αἰτήσεώς μου:

1. Γιά προκαταρκτικές ἐργασίες ζητοῦμε 20.000 γιά τό 1964 καί 30.000 γιά τό 1965. Ποιές δαπάνες θά καλύψουν αὐτά τά ποσά;

2. Ὑπάρχουν ἤδη ὁριστικές ὑποσχέσεις τῆς ΕΖΕ ὅσον ἀφορᾶ στά ἔξοδα

οἰκοδόμησης τῆς Ἀκαδημίας καί δαπανῶν λειτουργίας της γιά τά πρῶτα τρία χρόνια;

3. Πῶς διαμορφώνονται οἱ ἐτήσιες ἀνάγκες τῶν 120.000 DM (δαπάνες λειτουργίας);

4. Σέ ποιό ὕψος ὑπολογίζεται τό συνολικό κόστος γιά τήν οἰκοδομή καί τόν ἐξοπλισμό τῆς Ἀκαδημίας;

25-5-1964 ASp
Εἰρηναῖος πρός τήν Κυβέρνηση τῆς Ἐκκλ. Pfalz
Ὕστερα ἀπό συνεννόησή μας, ὁ Σεβασμιώτατος γράφει (στά Γερμανικά) ἐπιστολή μέ τήν ἰδιότητα τοῦ Μητροπολίτη ἀλλά καί τοῦ Προέδρου τῆς Ἐπιτροπῆς Ἱδρύσεως τῆς Ἀκαδημίας.
Ἀντικείμενο τῆς ἐπιστολῆς εἶναι ἡ παράκληση νά ἀναλάβει ἡ Ἐκκλησία αὐτήν τήν ἐγγύηση πού ἀξιώνει ἡ EZE. «Ἀναφέρομαι ἐν προκειμένῳ στίς προφορικές καί γραπτές διαπραγματεύσεις πού ἔχει κάμει ἐπί τοῦ θέματος τούτου ὁ ἐντεταλμένος μας καί μελλοντικός Διευθυντής τῆς Ἀκαδημίας Δρ. κ. Ἀλέξανδρος Παπαδερός μέ τόν Πρόεδρον Dr. {τό ὀρθόν: D.} κ. Schaller καί τό Προτεσταντικό Ἐκκλησιαστικόν Συμβούλιον Pfalz».
Τό ἕτερον αἴτημα ἀφορᾶ στό ποσό τῶν 75.000 DM πρός κάλυψη δαπανῶν γιά προπαρασκευαστικές ἐργασίες. Ἡ Μητρόπολις ἀναλαμβάνει νά διαθέσει πρός τοῦτο 25.000 DM. Τό ὑπόλοιπο ποσό τῶν 50.000 DM παρακαλεῖται νά καλύψει ἡ Ἐκκλησία τοῦ Pfalz γιά τά ἔτη 1964 καί 1965. «Ἐκφράζουμε αὐτήν τήν παράκληση, ἐπειδή θά καταβάλουμε κάθε προσπάθεια νά μήν κάνουμε χρήση τῆς ἐγγυήσεως γιά τά ἔτη 1969, 1970 καί 1971.
Ἀπευθυνόμενοι στήν Ἐκκλησία σας γιά τή μεγάλη αὐτή βοήθεια, ἔχουμε ἐμπιστοσύνη στήν ἀδελφική κατανόησή σας γιά τή σημερινή ἐκκλησιαστική καί οἰκονομική κατάσταση τοῦ λαοῦ μας. Χωρίς οἰκουμενική στήριξη θά ἦταν ἀδύνατο νά ἀρχίσουμε τήν ἐργασία τῆς Ἀκαδημίας».
Προσθέτει εὐχαριστίες γιά τίς ἐμπειρίες πού λαμβάνουμε ἀπό τό ἔργο τῶν Ἀκαδημιῶν τῆς Γερμανίας καί γιά τίς διευκολύνσεις πού παρέχουν οἱ Ἐκκλησίες της σέ Ἕλληνες γιά μετεκπαίδευση. Ἐκφράζει τήν ἐλπίδα ὅτι, ὕστερα ἀπό τήν ἀντιμετώπιση τῶν ἀρχικῶν δυσκολιῶν, θά μπορέσουμε νά ἀναλάβουμε πλήρως τήν εὐθύνη γιά τήν Ἀκαδημία. «Ἡ ἁπλῆ ἐπιθυμία μας εἶναι νά διαμορφωθεῖ ἡ Ἀκαδημία σέ τόπο συνάντησης πολλῶν Χριστιανῶν μέ τήν Ὀρθοδοξία».

25-5-1964 ΑΒΒ
Απ (Ἀθ) πρός Μ
Εὐχαριστῶ γιά τίς καλές εἰδήσεις τῆς ἀπό 2 Μαΐου ἐπιστολῆς του.

Τόν ἐνημερώνω ὅτι ὅλες οἱ συζητήσεις πού κάνω στήν Ἑλλάδα γιά τό σχέδιο τῆς Ἀκαδημίας μας στερεώνουν τήν πεποίθησή μου ὅτι κάναμε σωστή ἐπιλογή καί βαδίζουμε σέ καλό δρόμο. Εἶναι ὁ «καιρός» τῆς Ἀκαδημίας. «Ἔχω γίνει σχεδόν ἀνυπόμονος, ἐπειδή θέλω νά ἐφαρμόσω στήν πράξη τίς πλούσιες καί πολύτιμες ἐμπειρίες πού εἶχα τήν εὐκαιρία νά κερδίσω κοντά σας. Δέν θά ἦταν ἐπαρκεῖς οἱ λέξεις, ἄν ἤθελα νά σκιαγραφήσω μέ αὐτές ὅσα ὀφείλω σέ σᾶς προσωπικά, στήν οἰκογένειά σας, σέ ὅλους τούς φίλους καί στήν Ἀκαδημία {ΒΒ} γιά τίς ἐμπειρίες αὐτές καί τόν ὄμορφο χρόνο {κοντά σας}».

Στίς 18 Μαΐου μέ ἐπισκέφθηκε στή Θεσσαλονίκη ὁ Friedrich Roos.[130] Μιλήσαμε γιά διάφορα ζητήματα σχετικά μέ τήν Ἀκαδημία καί τόν διευκόλυνα νά ἐπισκεφθεῖ διάφορα μέρη τῆς χώρας καί τήν Ἀθήνα. Δέν μπόρεσε νά πάει στήν Κρήτη, ὅπου ἄλλωστε καί ὁ Ἐπίσκοπος Εἰρηναῖος δέν θά ἦταν διαθέσιμος αὐτές τίς μέρες. Ἀπό ὅσα εἶδε καί ὅσα εἴπαμε πείσθηκε ἀκόμη περισσότερο γιά τήν ἀναγκαιότητα τῆς Ἀκαδημίας μας καί μοῦ ὑποσχέθηκε ὅτι θά ἀναλάβουν κατά τό ἥμισυ τήν ἐγγύηση (τό ἄλλο μισό ἔχει ἀναλάβει ἤδη ἡ Μητρόπολίς μας καί τό Τάγμα τοῦ Μεγ. Κωνσταντίνου), καθώς καί τήν ἐν γένει στήριξη τῆς Ἀκαδημίας καί στό μέλλον. Γιά ὅσα ἔχουμε ζητήσει ἀπό τήν Ἐκκλησία τους ὑπάρχει ἤδη μιά πρώτη θετική ἀπόφαση, πού πρέπει ἁπλῶς νά ἐπικυρωθεῖ ἀπό τή Σύνοδό τους. Τόν παρεκάλεσα νά σᾶς ἐνημερώσει γι' αὐτήν τή βασική ἀπόφαση, ὥστε νά διευκολυνθεῖ τοιουτοτρόπως καί ἡ ἀπόφαση στή Βόννη. Μοῦ ὑποσχέθηκε ἐπίσης νά μᾶς διαθέσουν ἤδη (πρίν ἀπό τήν τελική ἐπικύρωση ἀπό τή Σύνοδο) 10.000 μάρκα ἀπό τό ἐγκεκριμένο ποσό τῶν 50.000 μάρκων, ὥστε νά μπορέσουμε νά ἀρχίσουμε {κάποιες ἐργασίες στό χῶρο ἀνεγέρσεως τῆς Ἀκαδημίας}.

Στήν Ἀθήνα ἦρθε στό μεταξύ ὁ Ἐπίσκοπος Εἰρηναῖος, μιλήσαμε γιά ὅλα καί συμφωνοῦμε μαζί σας νά γίνει ἡ ἐπίσκεψη τοῦ ἀρχιτέκτονά μας στή Γερμανία, ὥστε νά ἀποκτήσει εὐκρινέστερη εἰκόνα γιά τίς ἀνάγκες μιᾶς Ἀκαδημίας.[131]

---

[130] Ὁ Roos μέ ἐπισκέφθηκε στή Θεσσαλονίκη στίς 18 Μαΐου 1964 προερχόμενος ἀπό τή Γιουγκοσλαβία, ὅπου εἶχε ἐπισκεφθεῖ διάφορες Εὐαγ. Ἐνορίες. Τόν πῆγα μέχρι τήν Ἀθήνα. Καθ' ὁδόν ἐπισκεφθήκαμε διάφορα μέρη-μνημεῖα (Μετέωρα κ.ἄ.). Στά προάστια τῆς Ἀθήνας, κοντά στήν ἐθνική ὁδό, πρόσεξε ἕνα γάιδαρο. Ἔκπληκτος μέ ρωτᾶ: «*Ὑπάρχουν ἀκόμη στήν Ἀθήνα γαϊδάροι;*». Χαριτολογώντας ἀπάντησα: *Περιμένετε καί θά δεῖτε πολλούς ἀκόμη!* ...Ἀπό τήν Ἀθήνα ἔφυγε ἀεροπορικῶς γιά τή Γερμανία στίς 22 Μαΐου.

[131] *Γράφω ἀκόμη*: Ἐγώ θά μείνω γιά κάμποσο καιρό στή Θεσσαλονίκη, ὅπου ἐπεξεργάζομαι τίς ἐμπειρίες μου ἀπό τό ΒΒ. Τόν Ἰούλιο καί μέχρι μέσα Αὐγούστου θά εἶμαι στήν Κρήτη, ὅπου χρειάζεται νά κάμω προπαρασκευαστικές ἐργασίες.

26-5-1964 ASp

Στά Πρακτικά τοῦ Συμβουλίου τῆς Ἐκκλησίας τοῦ Παλατινάτου ἀναφέρεται: …Ἀναμένεται ἀπάντηση ἀπό τόν Δρ. Παπαδερό στίς ἐρωτήσεις μας. Νά ἐρωτηθεῖ ἡ Βόννη ποιές προϋποθέσεις ἀπαιτοῦνται γιά τήν ἔγκριση τοῦ προγράμματος {τῆς Ἀκαδημίας}.

27-5-1964 ASp
Roos πρός Απ (Θεσ)

Ἀναφέρεται στήν ἐπίσκεψή του στή χώρα μας καί στίς ἄριστες ἐντυπώσεις πού ἀπεκόμισε. «Λείπουν οἱ λέξεις γιά νά ἐκφράσω πλήρως τίς ἐντυπώσεις πού κέρδισα στίς λίγες αὐτές ἡμέρες καί πόσο ἔντονα, ἀκριβῶς ὕστερα ἀπό αὐτό τό ταξίδι, μέ συνέχει τό οἰκουμενικό ζήτημα. Εἶμαι ἀρκετά νηφάλιος, ὥστε νά ἀντιλαμβάνομαι τήν ἐκκλησιαστική συνοχή ἰδιαίτερα τῶν μεγάλων Ἐκκλησιῶν, πού ἔχουν ἐπίγνωση τῆς παράδοσης καί βαστάζουν τό βάρος αὐτῆς. Ὅμως ἀκριβῶς γι' αὐτό ἡ ἀδελφική κατανόηση πού αἰσθανόμεθα ἀμοιβαίως σήμερα πρέπει νά ἐκτιμηθεῖ περισσότερο. Οὕτως ἤ ἄλλως, χωρίς ἀμοιβαῖο σεβασμό μεταξύ τῶν Ἐκκλησιῶν καμμιά οἰκουμενική ἐργασία δέν εἶναι δυνατή».

Ἀναφερόμενος στήν ἐπιστολή τοῦ Σεβασμ. Εἰρηναίου πρός τήν Ἐκκλησία τους, γράφει ὅτι ἔχουν τή διάθεση νά ἀνταποκριθοῦν θετικά στά αἰτήματα πού διατυπώνει, ἐφιστᾶ ὅμως τήν προσοχή μας στήν ἀνάγκη γιά πληρότητα στήν ἐνημέρωσή τους ὅσον ἀφορᾶ στό σύνολο καί στά ἐπί μέρους, ἀκρίβεια, εὐκρίνεια καί ἀναλυτική περιγραφή καί αἰτιολόγηση, διότι μόνον ἔτσι τά συλλογικά ὄργανά τους μποροῦν νά συζητήσουν καί νά λάβουν ἀποφάσεις – μέ ἄλλα λόγια, αὐστηρή γερμανική νοοτροπία καί πάλι!

4-6-1964 ASp
Απ-Θεσ. πρός OKR Hussong

Ἀπαντῶ σέ ἐρωτήσεις τῆς ἀπό 19-5-1964 ἐπιστολῆς του.

«Εἶμαι βέβαιος ὅτι ἔχετε στό μεταξύ ἐνημερωθεῖ ἐπαρκῶς ἀπό τόν Ἀνώτ. Ἐκκλ. Σύμβουλο κ. Roos γιά ὅλα τά σχέδιά μας. Γι' αὐτό ἀπαντῶ συνοπτικά στίς ἐρωτήσεις σας:

1. {Ἡ ἐρώτηση ἦταν: Γιά προκαταρκτικές ἐργασίες ζητοῦμε 20.000 γιά τό 1964 καί 30.000 γιά τό 1965. Ποιές δαπάνες θά καλύψουν αὐτά τά ποσά;}.

Τό συνημμένο συμφωνητικό γιά δάνειο, ὑπογεγραμμένο καί ἀπό τόν Ἐπίσκοπο, παρακαλῶ νά προωθηθεῖ στόν κ. Scholz. Τό αὐτοκίνητο {τῆς Μητροπόλεως} ἐπιβιώνει στό κλίμα καί στούς δρόμους τῆς Ἑλλάδας.

Ὁ Ἐπίσκοπος Εἰρηναῖος ἐπαναλαμβάνει τήν πρόσκληση νά περάσετε στήν Κρήτη τοῦτο τό καλοκαίρι, μαζί μέ ὁλόκληρη τήν οἰκογένεια. Ἡ δεσπ. Μόν ἔχει τήν εὐλογία τοῦ Ἐπισκόπου καί οἱ ἄνθρωποι στή Μονή Χρυσοσκαλίτισσας τήν περιμένουν νοσταλγικά.

Έπισυνάπτω έναν προϋπολογισμό πού είχα έτοιμάσει καί τόν όποιο ένέκρινε καί ό Σεβασμ. Ειρηναίος κατά τήν έδώ, στή Θεσσαλονίκη, επίσκεψή του τήν προηγούμενη εβδομάδα.[132]

2. {Ή ερώτηση ήταν: *Υπάρχουν ήδη οριστικές υποσχέσεις της ΕΖΕ όσον αφορά στά έξοδα οικοδόμησης της Ακαδημίας καί δαπανών λειτουργίας της γιά τά πρώτα τρία χρόνια;*}. Ή ΕΖΕ έχει κατά βάση αποφασίσει τή στήριξη τοῦ σχεδίου. Ή οριστική υπόσχεση δέν μπορούσε νά δοθεί άκόμη, έπειδή, ύστερα από έπιθυμία της ΕΖΕ, χρειάσθηκε νέα έπεξεργασία τών σχεδίων. Άφοῦ έγινε καί αυτό ελπίζουμε νά έχουμε τήν έγκριση τών αιτηθέντων ποσών αυτόν τό μήνα ή στή διάρκεια τοῦ έπομένου, έκτός καί άν ή ΕΖΕ άναμείνει τήν άπόφαση της Εκκλησίας σας γιά τήν έγγύηση πού έχουμε ζητήσει.

3. {*Ή ερώτηση ήταν: Πώς διαμορφώνονται οι ετήσιες ανάγκες τών 120.000 DM-δαπάνες λειτουργίας;*}. Σας παρακαλώ νά δείτε τό συνημμένο 2.[133]

---

[132] Υπολογισμός δαπανών γιά προεργασίες στήν Ακαδημία της Κρήτης DM
1. Άγορά ένός τρακτέρ 14.500
2. Διαμόρφωση μιας φάρμας 16.000
3. Άγορά αυτοκινήτου (VW) .3.700
4. Ασφάλιση αυτοκινήτου 700
5. Δαπάνες Γραφείου καί ταξιδίων
(έτησίως 1.500, γιά 2 χρόνια) 3.000
6. Μισθός τοῦ Δ/ντή της Ακαδημίας (μηνιαίως 750 Χ 2 έτη) 18.000
7. Μισθός ένός γεωργού (μηνιαίως 300 Χ 2 έτη) 7.200
8. Σεμινάρια-εκπαίδευση συνεργατών 8.500
9. Λοιπά καί απρόβλεπτα 3.400
                                                        75.000

Ώς έτος νοούνται έδώ 12 μήνες από τήν έναρξη έκτελέσεως τών άνωτέρω, ήτοι από τής εγκρίσεως τών αιτουμένων χορηγιών.
Τό ποσό τών 20.000 DM πού ζητείται γιά τό πρώτο έτος
θά καλύψει έξ ολοκλήρου: τίς δαπάνες
ύπ' άριθμ. 3 καί 8 – 1° έτος 5.700
μερικώς τίς δαπάνες ύπ' άριθμ. 6 καί 7 7.350
μερικώς λοιπές δαπάνες 6.950
                                            σύνολο 20.000

Σέ σχέση μέ τή δαπάνη άριθμ. 2 θά ήθελα νά σημειώσω ότι μέ τήν ετοιμασία μιας αγροτικής φάρμας {αυτό πού ονομάσαμε αργότερα ΚΕΝΤΡΟΝ ΑΓΡΟΤΙΚΗΣ ΑΝΑΠΤΥΞΕΩΣ, στό Κολυμπάρι} άποβλέπουμε στήν εξασφάλιση μέρους τών προϊόντων πού χρειαζόμαστε γιά τή λειτουργία της Ακαδημίας. Πέραν τούτου, ή έν λόγω φάρμα πρέπει νά αποτελέσει ένα πρότυπο γιά τούς γεωργούς όσον αφορά στό πώς μπορούν νά βελτιώσουν τίς μεθόδους έργασίας καί τά προϊόντα. Ή εισφορά της Μητροπόλεώς μας (25.000 DM) θά χρησιμοποιηθεί κυρίως γιά τήν έτοιμασία αυτής της φάρμας. Πρέπει όμως νά αρχίσουμε τό ταχύτερο τήν έτοιμασία της φάρμας, άν θέλουμε νά υπολογίζουμε ότι θά έχουμε σέ δυό χρόνια ένα έστω καί άρχικά περιορισμένο αποτέλεσμα.

Το ποσό 6.950 πού αναφέρεται στό τέλος θέλουμε νά χρησιμοποιηθεί πρό παντός γιά τήν αγορά τοῦ τρακτέρ. Τό υπόλοιπο τοῦ αναγκαίου ποσού θά προσφέρει ίσως ή Μητρόπολίς μας. Θά ήταν όμως μιά μεγάλη βοήθεια γιά μάς, εάν μπορούσε νά αγορασθεί τό τρακτέρ πιό φθηνά στή Γερμανία, πάντως καί σέ μιά τέτοια περίπτωση θά πρέπει νά πληρώσουμε υψηλά τέλη Τελωνείου.

Ή φάρμα θά διαμορφωθεί σέ κτήμα της Μονής Γωνιάς, πού θά μάς διατεθεί άδαπάνως.

[133] Προϋπολογισμός (σέ DM): Μισθοί 30.000, λοιπά 90.000=120.000.

Τό ἥμισυ τῆς ἐγγύησης ἔχουν ἀναλάβει στό μεταξύ ἡ Μητρόπολίς μας καί τό Διεθνές Τάγμα τοῦ Μεγ. Κωνσταντίνου, τά σχετικά ἔγγραφα ἔχουν κατατεθεῖ στή Βόννη. Παρεκάλεσα τόν D. Dr. Eberhard Müller νά σᾶς στείλει ὅλα τά δικαιολογητικά, ἀπό τά ὁποῖα μπορεῖτε νά διαπιστώσετε πῶς προκύπτει τό συνολικό ἐτήσιο ποσό τῶν 120.000 DM πού ἀπαιτεῖται, ποιά ἔσοδα ὑπολογίζουμε ὅτι θά ἔχουμε τά ἐπόμενα χρόνια καί, ὅσον ἀφορᾶ στήν 4η ἐρώτησή σας {*Σέ ποιό ὕψος ὑπολογίζεται τό συνολικό κόστος γιά τήν οἰκοδομή καί τόν ἐξοπλισμό τῆς Ἀκαδημίας;*}, παρεκάλεσα τόν κ. Müller νά ἀπαντήσει, ἐπειδή τά σχετικά δικαιολογητικά βρίσκονται ἀκόμη στό ΒΒ.

Μέ τήν ἐλπίδα πώς ἔχετε τώρα ὅλες τίς λεπτομέρειες πού χρειάζεσθε προκειμένου νά μᾶς βοηθήσετε, καί μέ τήν ἔκφραση τῆς ἐγκάρδιας εὐγνωμοσύνης μου γιά τή φιλική προθυμία σας, διατελῶ…».

30-6-1964 ΑΑπ+ASp+ΑΒΒ
Müller πρός Roos
«Ὁ κ. Παπαδερός μέ παρεκάλεσε νά ἀπαντήσω σέ κάποιες ἐρωτήσεις σας σχετικά μέ τό Projekt Ἀκαδημία…». Ἀπαντᾶ:
…………..
Ἐρώτηση 4) Σέ ποιό ὕψος ὑπολογίζεται τό συνολικό κόστος γιά τήν οἰκοδομή καί τόν ἐξοπλισμό τῆς Ἀκαδημίας;
Ἀπάντηση: (σημειώνω ἐδῶ τά τελικά ποσά, σέ δραχμές): Γενικές ἐργασίες, κεντρικό κτήριο, οἰκία Διευθυντῆ, ἐξοπλισμός, σχέδια, λοιπά, 5.850.000. Ἀπό αὐτά 600.000 ἀποτελοῦν εἰσφορά πού ἔχει ὑποσχεθεῖ ἡ Μητρόπολις, ἡ ὁποία ἀνέλαβε ἐπίσης τήν εὐθύνη γιά τήν προσφορά τοῦ οἰκοπέδου καί γιά τό δρόμο. Ἀπό τήν EZE ἔχει ζητηθεῖ ἐπιπλέον ποσό 65.000 DM γιά κεντρική θέρμανση καί βιβλιοθήκη.

«Θά χαιρέτιζα ἐνθέρμως τήν ἀνάληψη ἀπό τήν Προτεσταντική Ἐκκλησία τοῦ Παλατινάτου τῆς ἐγγύησης γιά τήν Ἀκαδημία Γωνιά Κρήτης πού τῆς ζητήθηκε».

16-7-1964 ASp
Roos πρός Απ
……. ἡ Κυβένηση τῆς Ἐκκλησίας, ὑπό τήν αἵρεσιν ἐγκρίσεως ἀπό τήν ἑπόμενη Σύνοδο, …. ἔλαβε κατ' ἀρχήν τήν ἀπόφαση νά ἀναλάβει τήν ἐπιθυμητή ἐγγύηση γιά τρία χρόνια.

29-7-1964 ASp+ABB
Roos πρός Leiterkreis / Müller

....

Ἡ Κυβέρνηση τῆς Ἐκκλησίας τους ἀποφάσισε στίς 14 Ἰουλίου 1964 νά διαθέσει 50.000 DM γιά τίς προκαταρκτικές ἐργασίες τῆς Ἀκαδημίας, ἐπιπλέον δέ νά ἀναλάβει τήν ἐγγύηση {ἀκριβέστερα: Ausfallbürgschaft, ἤτοι καταβολή δαπανῶν σέ περίπτωση ἀδυναμίας τῆς Ἀκαδημίας νά τίς καλύψει} γιά τά ἔτη 1969/70/71. Σᾶς παρακαλοῦμε νά τό γνωστοποιήσετε στήν EZE. Οἱ ἀποφάσεις αὐτές χρειάζονται βέβαια ἔγκριση ἀπό τή Σύνοδό μας τοῦ φθινοπώρου, εἶναι ὅμως ἀπίθανο νά ὑποστοῦν κάποια ἀλλαγή, ἀφοῦ ἡ Ἐκκλησιαστική Κυβέρνηση ἔχει δημιουργήσει ἤδη τετελεσμένα.

Ἐπιτέλους ἔληξε καί αὐτός ὁ ἀγώνας τῶν ἐγγυήσεων γιά τά ἔξοδα λειτουργίας καί ἑπομένως αὐτό πού ἀναμένεται τώρα εἶναι ἡ τελική ἔγκριση τῆς αἴτησής μας. Ὁ Θεός βοηθός! (b-Απ).

Τελικά δέν ἔγινε μέν χρήση τῶν ἀνωτέρω ἐγγυήσεων, τό Ἵδρυμα ὅμως, ὕστερα ἀπό τήν ἀπροσδόκητα ταχύτατη ἀνάπτυξή του, πού ἔτυχε γενικῆς ἀναγνωρίσεως στό ἐξωτερικό, δέχτηκε ἐπί ἔτη φιλικές χορηγίες, κυρίως ἀπό γερμανικές ἐκκλησιαστικές πηγές, μέχρις ὅτου ὁ Σεβασμ. Εἰρηναῖος καί ὁ γράφων τίς ἐνημερώσαμε ὅτι μέ τήν εὐλογία τοῦ Θεοῦ δέν χρειάζεται πλέον ἡ Ἀκαδημία νά δεσμεύει χρήματα, πού εἶναι πολύ πιό ἀναγκαῖα σέ ἄλλους τόπους.

(συνέχεια δραστηριοτήτων)
27-6-1963 ΒΒ
Μ πρός Böhme
Στόν Dr. Böhme, βασικό συνεργάτη τῆς Ἀκαδημίας τοῦ ΒΒ, στέλνει ὁ Müller τήν ἀκόλουθη ὁδηγία:
Ὁ Δρ. Παπαδερός, μελλοντκός Δ/ντής τῆς Ἀκαδημίας Κρήτης, πού εἶναι τώρα Βοηθός στό Πανεπιστήμιο τοῦ Μάιντς, θά ἐγκαταλείψει τή θέση του αὐτή καί θά ἔλθει γιά μετεκπαίδευση ἐδῶ. Παρακαλῶ νά ἀναγραφεῖ στήν Ἡμερήσια Διάταξη τῆς διευθυντικῆς μας Ὁμάδας τό θέμα ἄν μποροῦμε νά τόν προσλάβουμε, ὅπως ἄλλοτε τόν Saiki.

2-7-1963 ABB
Μ πρός Εἰρηναῖον
Εὐχαριστεῖ γιά τό ἀπό 26 Ἰουνίου γράμμα του. «Ἀναμένω λοιπόν περαιτέρω πληροφορίες ἀπό τόν κ. Παπαδερό σχετικά μέ τήν ἐξεύρεση τῶν χρημάτων γιά τίς δαπάνες λειτουργίας» {τῆς Ἀκαδημίας}.

Διευκρινίζει πώς τό σχέδιό του γιά φιλοξενία ἐπί πληρωμῇ τά καλοκαίρια ἀνθρώπων ἀπό τή Γερμανία δέν ἀποβλέπει σέ ἱκανοποίηση γερμανικοῦ ἐνδιαφέροντος, ἀλλά στήν οἰκονομική στήριξη τῆς Ἀκαδημίας μέ τίς μεγάλες διαστάσεις τῶν κτηρίων της, πού θά ἀπαιτήσουν ἀνάλογα μεγάλες δαπάνες, στίς ὁποῖες δέν θά μποροῦν νά συμβάλλουν ἐπί μακρόν τό Π.Σ.Ε. ἤ οἱ γερμανικές Ἐκκλησίες.

Ἀγωγός νεροῦ: Οἱ ἐργασίες μποροῦν νά ἀρχίσουν τόν Φεβρουάριο τοῦ 1964, ἐπειδή, ἐξ αἰτίας τῶν ἀλλαγῶν στά σχέδια, ἡ ἔγκριση τῶν χρημάτων δέν προβλέπεται νά γίνει πρίν ἀπό τόν Νοέμβριο. Ἄν βέβαια μπορεῖτε νά καλύψετε τή δαπάνη μέ δικά σας χρήματα, οἱ ἐργασίες γιά τόν ἀγωγό μποροῦν νά ἀρχίσουν νωρίτερα.

Προώθησε τό γράμμα πρός τόν Kunst.

«Σκεπτόμαστε ἐσᾶς καί τήν ἐργασία σας μέ πολλή ἀγάπη καί χαιρόμαστε γιά κάθε διακονία πού μποροῦμε νά κάνουμε γιά τήν Ἐκκλησία σας. Γνώρισα τό περασμένο καλοκαίρι καί ἀγάπησα πολύ τόν λαό τῆς Κρήτης καί τήν Ἐκκλησία σας καί θά ἤθελα εὐχαρίστως νά πράξω καί στό μέλλον ὅλα ὅσα ἐπιτρέπουν οἱ δυνάμεις μου, γιά νά σᾶς στηρίξω στίς ἐργασίες σας μέ χριστιανική ἀδελφοσύνη».

Εἰρηναῖος πρός Ἀπ ΑΑπ
χωρίς ἡμερομηνία
Ἀγωγός ὕδρευσης, καθυστέρηση
«Εἰς ἀπάντησιν τελευταίας σου ἐπιστολῆς γνωρίζω

α) Τά σχέδια (με ὑποδείξεις, διορθώσεις κ.λπ.) ἐστάλησαν ἀπό τόν κ. Πελεκάνον.

β) Πῆγα στό Ὑπουργεῖο Παιδείας… μπορεῖς νά διοριστεῖς μόνον ὡς δόκιμος… ξιάσου.

γ) Χρήματα δέν ἔχω δυστυχῶς νά δώσω στούς μηχανικούς, ἀλλά μοῦ εἶπαν ὅτι μποροῦν νά κάνουν ὑπομονή.

δ) Μέ τόν Πατριάρχη {Ἀθηναγόρα} περάσαμε καλά. Ἦλθε στό Καστέλλι. Ἡ Κρήτη εὐχαριστήθηκε καί κεῖνος πιστεύω τό ἴδιο.[134]

ε) Γιά τό γάμο σας ἔρχομαι βεβαίως ὅπου θέλεις καί μέ τά πόδια. Ἐπειδή ὅμως θά ἔχωμε ἐδῶ μιά κατασκήνωση Βέλγων (15.8-2.9.), θά προτιμοῦσα

---

[134] 17-7-1963
Ὁ Οἰκ. Πατριάρχης Ἀθηναγόρας στή Μητρόπολη Κισάμου καί Σελίνου.
«Ἡ ψυχή τῆς Κρήτης ἔχει τό πνεῦμα καί τήν κληρονομιά τοῦ κορυφαίου καί οἰκουμενικοῦ Ἀποστόλου Παύλου…Τά παιδιά τῆς Κρήτης εἶναι πάντα οἰκουμενικοί ἄνθρωποι». (Ἀπό τήν προσφώνηση τοῦ Εἰρηναίου στό Καστέλλι, ΧΚ, Σεπτ. 1963).

τέλη Αὐγούστου ἤ ἀρχάς Σ/βρίου.... Τό αὐτοκίνητο μᾶς τό ἔκλεισαν στό Τελωνεῖο, διότι ζητοῦν 60 χιλιάδες καί ἐγώ προσπαθῶ νά τά γλιτώσω».

7-7-1963 ΑΑπ
Hildmann πρός Απ
Ὁ Gerhard Hildmann, Διευθυντής τῆς Ἀκαδημίας τοῦ Tutzing, γράφει ὅτι τό πρωί τῆς 3ης Αὐγούστου φθάνουν στά Χανιά (4 ἄτομα), ἀνταποκρινόμενοι, ὅπως γνωρίζω, στήν πρόσκληση τοῦ «Ἀρχιεπισκόπου κ. Εἰρηναίου». Ἀποφάσισαν νά ταξιδέψουν ἀεροπορικῶς καί ὄχι μέ αὐτοκίνητο. Ἑπομένως δέν θά μπορέσουν νά φιλοξενηθοῦν ἀπό τή μνηστή μου στή Θεσσαλονίκη, ὅπως εἴχαμε συνεννοηθεῖ ἀρχικά. Ἐλπίζει νά συναντηθοῦμε στήν Κρήτη.[135]

16-7-1963 ΑΒΒ
Μ πρός Απ
Μοῦ ἀνακοινώνει ὅτι ἀποφάσισαν νά μέ δεχθοῦν στό ΒΒ ἀπό 1.10.1963 μέ μηνιαῖο ἐπίδομα 600 DM καί ἐπιπλέον διαμονή καί διατροφή. Ἐπειδή γνωρίζω καλά τή γερμανική γλώσσα, γράφει, θά μπορέσω νά αὐξήσω αὐτό τό ἐπίδομα μέ διαλέξεις καί δημοσιεύματα. Ἐκφράζει τή χαρά του γιά τήν ἐπικείμενη συνεργασία μας.
Προσωπική παράκληση: Νά διευκολύνουμε τή Γραμματέα του νά βρεῖ ἕναν ἥσυχο τόπο γιά διακοπές 4 ἑβδομάδων στήν Κρήτη ἤ κάπου ἀλλοῦ στήν Ἑλλάδα, χωρίς βέβαια δική μας οἰκονομική ἐπιβάρυνση.
Ἐπιδιώκει νά βρεῖ χρήματα γιά τόν ἀγωγό τοῦ νεροῦ (ὑπολογίζει πῶς θά χρειαστοῦν περίπου 50.000 DM), πάντως ὄχι κατά τό τρέχον ἔτος, ἀλλά ἀπό τόν Φεβρουάριο τοῦ 1964. Ἔχει ἐνημερώσει σχετικά τούς νέους {πού ἔχουν τήν πρόθεση νά ἐργαστοῦν ἐθελοντικά στήν Κρήτη).

20-7-1963 ΑΒΒ
Μ πρός Απ
Θά ἤθελα νά σᾶς ρωτήσω σχετικά μέ τό αὐτοκίνητο Mercedes τοῦ Ἐπισκόπου Εἰρηναίου. Δέν θά ἤθελα νά τοῦ γίνει βάρος αὐτή ἡ ὑπόθεση {οἰκονομικά προβλήματα ἐκτελωνισμοῦ}. Νά πάρουμε πίσω τό αὐτοκίνητο καί νά τοῦ δώσουμε ἕνα χρηματικό ποσό; Ἤ μήπως δέν θά μπορέσει νά προμηθευθεῖ μέ αὐτά τά χρήματα {δέν γράφει πόσα} ἕνα αὐτοκίνητο {τίνος

---

[135] Τίς ἐντυπώσεις τους ἀπό τήν Κρήτη καί τό θαυμασμό τους γιά τό λαό της, μάλιστα δέ γιά τούς δύο Εἰρηναίους, τόν «Μικρό» καί τόν Ἐπίσκοπο, κατέγραψαν ὁ ἴδιος καί ὁ γιός του σέ μικρό μέν, ἐξαίρετο ὅμως ἀπό λογοτεχνική ἄποψη βιβλιαράκι ὑπό τόν τίτλο «Τά νησιά ὑμνοῦν τό Θεό» (Gerhard und Andreas Hildmann, Gotteslob der Inseln, Tutzing 1963).

εἴδους;} στήν Ἑλλάδα; Μήπως μποροῦμε νά κάνουμε κάτι μέσω τῆς Γερμανικῆς Πρεσβείας;

20-7-1963 ΑΑπ
Απ-Mz πρός Kunst
«Ὁ Ἐπίσκοπος Εἰρηναῖος μοῦ ἔστειλε πρό καιροῦ τή συνημμένη ἐπιστολή πρός ἐσᾶς, προκειμένου νά σᾶς τή στείλω μέ μετάφρασή της. Ἀτυχῶς, ἡ ἐπιστολή αὐτή ἦλθε {στό Μάιντς} κατά τήν ἀπουσία μου στήν Ἑλλάδα, ὅπου συμμετεῖχα στό Ἰωβηλαῖον τῶν 1000 χρόνων τοῦ Ἁγ. Ὄρους. Αὐτός εἶναι ὁ λόγος, ἐξ αἰτίας τοῦ ὁποίου ἔρχονται ἡ ἐπιστολή καί ἡ μετάφραση τόσο ἀργά, πρᾶγμα γιά τό ὁποῖο λυποῦμαι ἰδιαιτέρως.

Δράττομαι τῆς εὐκαιρίας αὐτῆς γιά νά σᾶς εὐχαριστήσω καί ἐγώ γιά τό ἐνδιαφέρον πού ἐπιδεικνύετε ὑπέρ τῆς Ἐκκλησίας μας, ἰδιαιτέρως γιά τή φιλική καί πλήρη κατανοήσεως ὑποστήριξη τοῦ προγράμματος πού ἀφορᾶ στήν Ἀκαδημία μας τῆς Κρήτης, πού θά ἀποτελέσει τήν ἀποστολή τῆς ζωῆς μου καί στήν ὁποία θά προσφέρω ὅλες τίς δυνάμεις μου».

10-6-1963 ΑΑπ
Εἰρηναῖος πρός Kunst
{τό ἑλληνιστί γραμμένο πρωτότυπο τῆς ἐπιστολῆς τοῦ Εἰρηναίου εἶχα στείλει στόν Kunst, χωρίς νά κρατήσω ἀντίγραφό του. Μεταφράζω λοιπόν ἐδῶ τό κείμενο τῆς μεταφράσεως τοῦ ἑλληνικοῦ πρωτοτύπου, βλ. καί 10-6-1963}.

«Λίαν σεβαστέ ἀδελφέ,
Ἡ τελευταία ἐπίσκεψίς μου εἰς τήν Γερμανίαν ὑπῆρξε δι' ἐμέ λίαν εὐχάριστος καί, ἀληθῶς εἰπεῖν, μία εὐλογία τοῦ Θεοῦ». Ἀναφέρει στή συνέχεια ὅτι ἐπισκέφθηκε πόλεις καί πνευματικά κέντρα, γνώρισε ἀπό κοντά τά προβλήματά τους, ἀλλά καί δημιουργικούς ἀνθρώπους.

Βαθειά ἐντύπωση τοῦ προξένησε ἡ γρήγορη ἐπανοικοδόμηση τῆς ἐρειπωμένης ἀπό τόν πόλεμο χώρας του, ἡ οἰκονομική ἀνάπτυξή της καί ἡ σφοδρή ἐπιθυμία τοῦ λαοῦ γιά ἐλευθερία καί γιά τήν ἐπανένωση τῆς Γερμανίας.[136]

---

[136] Ὅσον ἐνθυμοῦμαι, τήν ἐποχή ἐκείνη ἐλάχιστοι τολμοῦσαν νά μιλήσουν στή Γερμανία γιά ἐπανένωση. Μίλησε τό... διπλωματικό δαιμόνιο τοῦ Εἰρηναίου καί τοῦ Φαναρίου! Καί ὄχι μόνον αὐτό: Ἦταν, φαίνεται, πρόρρηση, πού ἔμελε νά ἐπανέλθει πιό ἀποφασιστικά, πάλι ἀπό τόν Εἰρηναῖο, ὕστερα ἀπό τή μετάθεσή του στή Βόννη. Ὅταν τέθηκε θέμα ἀναγνωρίσεως τῆς Μητροπόλης ἀπό τό γερμανικό Κράτος, προέκυψε θέμα διατυπώσεως. Ἡ γερμανική πλευρά δέν μποροῦσε νά καταλάβει, πῶς ἦταν δυνατόν νά γράφεται *Μητρόπολις Γερμανίας*... τή στιγμή πού ὑπῆρχαν τότε δυό Γερμανίες! Οἱ δικοί μας ἐπέμειναν καί τό ἐπέβαλαν... προφητικά. Γι' αὐτό, ἄλλωστε, δέν χρειάστηκε νά γίνει καμιά ἀλλαγή στή σχετική διατύπωση μετά τήν ἐπανένωση τῆς Γερμανίας!

Εὐχαριστεῖ γιά τήν ἐγκάρδια φιλοξενία παντοῦ, ὅλως ἰδιαιτέρως δέ τόν ἴδιο τόν Ἐπίσκοπο Kunst «γιά τό πολύτιμο δῶρο, τό αὐτοκίνητο Mercedes - μιά ὄντως ἀρχοντική δωρεά.

Σέ αὐτή τή δωρεά βλέπω ὅμως, πέραν τῶν ἄλλων, ἕν βαθύτερον νόημα, τήν ἔκφρασιν τῆς ἀλληλεγγύης καί τῶν ἀδελφικῶν σχέσεων μεταξύ τῶν Ἐκκλησιῶν μας εἰς τό οἰκουμενικόν πλαίσιον τῶν σχέσεων καί τῆς συνεργασίας.

Σᾶς εὐχαριστῶ λοιπόν ἀκόμη μιά φορά, σεβαστέ ἀδελφέ ἐν Χριστῷ, διά τό πολύτιμον δῶρον σας καί ἐκφράζω τήν εὐχήν καί τήν παράκλησίν μου νά ἔλθετε σύντομα στήν Κρήτη καί νά τιμήσετε μέ τήν παρουσίαν σας τήν Ἐπισκοπήν μου.

Μετ' ἀδελφικῶν χαιρετισμῶν ἐν χριστιανικῇ ἀγάπῃ».

24-7-1963 ΑΒΒ
Απ πρός Μ
Ἀποδέχομαι εὐγνωμόνως τούς ὅρους παραμονῆς μου στό ΒΒ ἀπό 1.10.{1963}.

Μέ τό καλό νά πάει ἡ Mohn στήν Κρήτη. Εἶναι ἀπό καιρό προσκεκλημένη ἀπό τόν Ἐπίσκοπο καί ἀπό ἐμένα. Ὑπολογίζω νά εἶμαι στήν Κρήτη γύρω στίς 20 Αὐγούστου, ὁπότε θά συζητήσω τίς λεπτομέρειες μέ τόν Ἐπίσκοπο. Ἄν ὅμως θέλει νά πάει νωρίτερα, κανένα πρόβλημα. Ἀρκεῖ νά γνωρίζουμε τό χρόνο ἄφιξής της.

Ἀγωγός ὕδρευσης: Ἀφοῦ συζητήσω μέ τόν Ἐπίσκοπο, θά ἀπαντήσω στήν ἀπό 19 Ἰουλίου ἐπιστολή του. Σέ κάθε περίπτωση, ἀπορρίπτω τή στήριξη ἀπό τήν Ὑπηρεσία «Brot für die Welt» {Ψωμί γιά τόν κοσμο}, καθώς ἀποστολή αὐτῆς τῆς δραστηριότητας, πού μᾶς ἔχει βοηθήσει ἤδη πολυτρόπως, δέν εἶναι τό «νερό γιά τή Γωνιά»!

Αὐτοκίνητο (ἐπιστολή 20.7.): Θά μιλήσω μέ τόν Ἐπίσκοπο. Ἄν δέχεσθε νά ἐπιστραφεῖ τό αὐτοκίνητο στή Γερμανία καί συμφωνεῖ καί ἐκεῖνος, μπορῶ νά τό φέρω ὁδικῶς ἀρχές Σεπτεμβρίου. Ἐλπίζω ὅμως νά τά καταφέρουμε νά τό κρατήσουμε στήν Κρήτη.

Οἱ ἀλλαγές στά σχέδια δέν ἦλθαν ἀκόμη. Μήπως μποροῦμε νά βροῦμε τρόπο γιά μιά προκαταβολή στόν ἀρχιτέκτονα;

Ὑπολογίζω νά φύγω γιά τήν Ἑλλάδα μέ αὐτοκίνητο μεταξύ 5 καί 10 Αὐγούστου. Θά μποροῦσα νά κάμω στάση στό ΒΒ, νά μιλήσουμε καί γιά τίς διακοπές τῆς δεσπ. Mohn.

25-7-1963 ΑΒΒ
INNERE MISSION πρός Μ
Ὁ Wolkenhaar γράφει ὅτι ἀπαντᾶ στήν ἀπό 16.7. ἐπιστολή τοῦ Müller, κάνει ὅμως λόγο γιά ἐγγυητική ἐπιστολή, πού δέν ζητήθηκε {ἐκτός καί ἄν τό εἶχε ζητήσει ὁ Müller προφορικά σέ πρόσφατη συνάντησή τους}, δέν ἀναφέρεται ὅμως καθόλου στό αἴτημα γιά τά 5.000 μάρκα. Σημειώνει ἁπλῶς τήν παροιμία: *«ὅπου δέν ὑπάρχει τίποτε, ἔχασε καί ὁ Κάιζερ τό δίκιο του»* καί προσθέτει: Θά δραστηριοποιήσεις χωρίς ἄλλο τόσα πολλά ταλέντα, ὥστε ἡ ἀρνητική ἀπάντησή μου νά μή σημάνει παρακινδύνευση τοῦ ἐγχειρήματός σου στήν Κρήτη.

29-7-1963 ΑΒΒ
Μ πρός Απ
Ἐκφράζει τή χαρά του γιά τό ὅτι τήν 1ῃ Ὀκτωβρίου θά πάω στό Bad Boll {ἔναρξη τῆς ἐκεῖ ἑξάμηνης μετεκπαιδεύσής μου}.
....
Ἀμοιβή γιά τά ἀρχιτεκτονικά σχέδια: Εἶναι πρόθυμος νά δώσει προκαταβολή 3.000 μάρκα, ἄν χρειάζεται 1.000 ἤ καί 2.000 περισσότερα. Μέ ρωτᾶ: Νά τά στείλει στόν Εἰρηναῖο ἤ νά τά πάρω ἐγώ φεύγοντας προσεχῶς γιά τήν Κρήτη;
Ἄν θέλω νά περάσω ἀπό τό ΒΒ καθ' ὁδόν πρός Κρήτη γιά νά μιλήσουμε, νά ξέρω ὅτι φεύγει στίς 6.8 γιά διακοπές.
Κοινοπ.: Σεβασμ. Εἰρηναῖος

Νέα διαπραγμάτευση μέ τήν ΕΖΕ
2-8-1963 ΑΑπ
Σημείωμά μου
Ἀπό χειρόγραφο σημείωμά μου μέ ἔνδειξη: Βόννη 2/8/63, προκύπτει ὅτι τήν ἡμέρα ἐκείνη εἶχα καί πάλι διαπραγματεύσεις μέ τήν ΕΖΕ, τό ἀποτέλεσμα τῶν ὁποίων εἶχα συνοπτικά καταγράψει:

	DM
Οἰκοδομή	1.390.000
Ἀρχιτέκτων	12.600
Κουζίνα	20.000
Ἐξοπλισμός	<u>200.000</u>
Σύνολο	1.622.600
Ἀπρόβλεπτα	37.400
	<u>1.660.000</u>
Ἴδια συμμετοχή	565.000

Αἰτούμενα   **1.095.000**
Χ 7 {δρχ.} =   **7.665.000** {δρχ.}

2 καί 3-8-1963
Σημειώματα Γραμματείας Μ
2-8-1963 πρός Μ
Ὁ Δρ. Παπαδερός τηλεφώνησε ἀπό τό Μάιντς ὅτι αὐτήν τήν ἑβδομάδα πῆγε δυό φορές στή Βόννη. Τά πράγματα εἶναι ἐντάξει ἐκεῖ. Θά ἔλθει στό ΒΒ τό βράδυ τοῦ Σαββάτου 3.8. καί θά ἤθελε νά ἔχετε σύντομη συζήτηση. Θά συνεχίσει τό ταξίδι του νωρίς τό πρωί τῆς 4.8. μέ ἕνα συνοδό του. Παρακαλεῖ νά διατεθεῖ ποσό 4.000 μάρκων γιά τόν ἀρχιτέκτονα.[137]

3-8-1963: Δίδονται ὁδηγίες γιά τά τῆς φιλοξενίας μας στό ΒΒ.

Σημείωση γιά τό Ταμεῖο τῆς Εὐαγ. Ἀκαδημίας Bad Boll:
Ὁ Δρ. Παπαδερός ἔκαμε 6 ταξίδια Μάιντς-Βόννη γιά τό θέμα τῆς αἴτησης γιά τήν Κρήτη. Παρακαλῶ νά καταβληθοῦν σ' αὐτόν τά ἔξοδα ταξιδίου:
6 φορές Μάιντς-Βόννη ἐπί DM 26=156.
Bad Boll, 3 Αὐγούστου 1963.

                                                                              (D.Müller)

3-8-1963: Ἀπόδειξη
Λόγω τῶν διαπραγματεύσεων γιά τό *Ἰνστιτοῦτο γιά τήν Προαγωγή τῆς Κοινωνικῆς Συνοχῆς καί τῆς Οἰκονομικῆς Ἀνάπτυξης στήν Κρήτη*, Γωνιά, πῆγα στή διάρκεια τοῦ παρελθόντος μισοῦ χρόνου ἕξι φορές ἀπό τό Μάιντς στή Βόννη γιά διαπραγματεύσεις μέ τήν ΕΖΕ.
Πρός τοῦτο εἶχα ἔξοδα ταξιδίου σέ 2ῃ θέση 6Χ26 = DM 156.
Βεβαιώνω τή λήψη τοῦ ποσοῦ τῶν DM 156.
Bad Boll, 3 Αὐγούστου 1963.

                                                                              (Δρ. Παπαδερός)

3-8-1963 ΑΑπ
Απ πρός Heyer
Ἀπαντῶ σέ ἐπιστολή του (19.6.1963) ἐν τάχει: Ἀναχωρῶ σήμερα γιά τήν Ἑλλάδα, αὐτήν τή φορά γιά τό γάμο μου {16.8.}. Στό ἄρθρο μου γιά τό

---

[137] *4-8-1963 ΑΒΒ*
Αὐτή ἡ ἡμερομηνία ἀναφέρεται ὡς ὑστερόγραφο στό ἀντίγραφο πρωτότυπης ἀπόδειξης γιά 4.000 μάρκα προκαταβολῆς γιά ἀμοιβή τοῦ ἀρχιτέκτονα. Τήν ἀπόδειξη ἔλαβα στό ΒΒ φεύγοντας γιά τήν Κρήτη, προκειμένου νά τήν ὑπογράψει ὁ Σεβασμ. Εἰρηναῖος, ὥστε νά εἰσπράξει ὁ Müller ἀπό τή Βόννη τό ποσό αὐτό, ὅταν θά ἐγκριθεῖ ἡ αἴτησή μας.

Βυζάντιο πρέπει νά κάμω κάποιες διορθώσεις. Ἡ ἐπίσκεψη στό Ἅγ. Ὄρος ἦταν ἕνα δυνατό βίωμα. Στό περιοδικό BEGEGNUNG δημοσιεύεται προσεχῶς σχετικό ἄρθρο μου. Εἶμαι πρόθυμος νά δώσω τήν ἀναγκαία ἐγγύηση γιά τήν ἀποδοχή σας στό Τάγμα τοῦ Μεγάλου Κωνσταντίνου, ἐσωκλείω τήν ἔντυπη αἴτηση. Ἡ ἐπόμενη σύναξη τοῦ Τάγματος θά γίνει τόν Ὀκτώβριο στό Innsbruck. Νά εἴσαστε ἐκεῖ γιά τήν ἐπίσημη ὑποδοχή σας. Στόν Λειβαδά θά μείνω μέχρι περίπου 30 Αὐγούστου.

4-8-1963 ΑΒΒ
Μο πρός Μ
«Παράκληση τοῦ Δρος Παπαδεροῦ, νά καλέσετε ἐγγράφως τόν Καθηγητή Χίλκμαν γιά μιά εἰσήγηση σέ κάποιο συνέδριο τῆς Ἀκαδημίας ΒΒ ἐπί τῶν θεμάτων:
Τό πρόβλημα τῆς Ἰδεολογίας.
Πολιτική ὡριμότητα.
Φιλοσοφία τῆς Ἱστορίας ἤ Θεολογία τῆς Ἱστορίας (Spengler, Toynbee κ.ἄ.).
Προβλήματα τῆς ἀνάπτυξης ἀπό τή σκοπιά τῆς Ἱστορίας τοῦ Πολιτισμοῦ.
Σύγχρονες συναντήσεις καί συγκρούσεις Πολιτισμῶν.[138]

5-8-1963 ΑΒΒ
Παραγγελία Μ πρός Scholz: Νά ἐνοικιασθεῖ στό χωριό Boll ἕνα σπίτι 2 δωματίων μέ δυνατότητα μαγειρέματος γιά τόν Ἀλέξανδρο Παπαδερό καί τή σύζυγό του Ἄννα ἀπό 1.10.1963.
Νά ἐξετασθεῖ μέ τήν κ. Hilsenbeck ἡ ἀπασχόληση τῆς κ. Παπαδεροῦ. Δέν ὁμιλεῖ Γερμανικά {εἶναι πτυχιοῦχος Γαλλικῆς Φιλολογίας τοῦ Πανεπιστημίου Θεσσαλονίκης}. Τίς πρῶτες βδομάδες θά πρέπει νά συνεργασθεῖ στό σπίτι {Ἀκαδημία}, ὥστε νά ἀποκτήσει μιά ἀντίληψη γιά τά τῆς διοίκησης μιᾶς Ἀκαδημίας (στόν τομέα τῶν οἰκοκυρικῶν).

---

[138] 6-8-1963 ΑΒΒ
Σημείωμα Γραμματείας
Ὁ Μ, ὕστερα ἀπό πρόταση τοῦ Δρος Παπαδεροῦ, συνιστᾶ ὡς εἰσηγητή γιά ὁμάδες ἀλλοδαπῶν ἤ καί γιά ἄλλους τόν Καθηγητή Dr. Dr. Anton Hilckman, 6500 Mainz-Land, Alter Ruhweg. Θέματα περίπου τά ἀνωτέρω. Ἐσωτερική διανομή σέ ἁρμόδιους συνεργάτες τῆς Ἀκαδημίας ΒΒ.

20. Θετική γνωμάτευση τῆς ΕΖΕ

12-8-1963 ABB+ASp
EZE Gutachten
Projekt-Nr.: 63-8-23 *Ἰνστιτοῦτο γιά τήν Προαγωγή τῆς Κοινωνικῆς Συνοχῆς καί τῆς Οἰκονομικῆς Ἀνάπτυξης στήν Κρήτη/Γωνιά.*
Z.- Nr.:46-1
                                (Συνοπτική ὀνομασία: Ἀκαδημία Γωνιᾶς)
1.) Χώρα: Ἑλλάς/Κρήτη   Τόπος: Γωνιά, Νομαρχία Χανίων
2.) Αἰτῶν: Ἐπιτροπή Ἰδρύσεως τῆς Ἀκαδημίας Γωνιᾶς
      Πρόεδρος: Ἐπίσκοπος Εἰρηναῖος
      (Πρᾶξις συστάσεως {Ἐπιτροπῆς} 1.2.63, διαθέσιμη)
3.) Περιγραφή τοῦ Projekt:
   Α) Κατάσταση
      Γεωγραφική θέση:
Ἡ Μονή Γωνιᾶς, πολύ πλησίον τῆς ὁποίας πρόκειται νά ἀνεγερθεῖ ἡ Ἀκαδημία Γωνιᾶς, βρίσκεται στή βόρεια παραλία τῆς Κρήτης, σέ συγκοινωνιακά εὐνοϊκή θέση: 24 χιλ. δυτικά τῶν Χανίων, πρωτεύσουσας τῆς νήσου, καί τοῦ λιμένος τῆς Σούδας, συνδέεται μέ τούς τόπους αὐτούς μέ καλή ὁδό. Πλησίον βρίσκεται τό παλιό ἀεροδρόμιο Μάλεμε, σέ ὄχι μακρυνή ἀπόσταση τό σύχρονο ἀεροδρόμιο Ἀκρωτηρίου (βλ. σκίτσο χάρτη, συν. 1).

Ὕστερα ἀπό ἐπιθυμία τοῦ {Συνδέσμου} Volksbund Deutsche Kriegsgräberfürsorge e.V. ἡ Μονή Γωνιᾶς στεγάζει κατά τά τελευταῖα χρόνια σέ ἕναν ἰδιαίτερο χῶρο τῆς Μονῆς {ἀκριβές: σέ διάφορα κελιά} τίς ὀστεοθῆκες περίπου 8.500 πεσόντων Γερμανῶν στρατιωτῶν {ὑπερβολικός ὁ ἀριθμός! - κατά καιρούς διαδίδονταν ἀντικρουόμενες σχετικές πληροφορίες}. Ἔχει σχεδιασθεῖ γερμανικό στρατιωτικό νεκροταφεῖο πλησίον τῆς Μονῆς.

Πολιτική καί οἰκονομική κατάσταση:
Ἡ Κρήτη - ὅπως καί τό μεγαλύτερο μέρος τῆς Ἑλλάδας γενικά - εἶναι κατά τό πλεῖστον ἀγροτική γῆ».

Ἀκολουθεῖ συνοπτική καταγραφή τῶν κυριώτερων δραστηριοτήτων καί προϊόντων: Κτηνοτροφία, ἁλιεία, ἐσπεριδοειδή, ἐλαιοκομία, κρασί. Τό ἔδαφος εἶναι παραγωγικό. Καί ὅμως ἡ Κρήτη, ἀπό οἰκονομική ἄποψη, δέν εἶναι ἀρκετά ἀνεπτυγμένη περιοχή. Τοῦτο ὀφείλεται πρώτιστα στίς λίαν ἀπαρχαιωμένες μεθόδους καλλιέργειας. Οἱ γεωργοί εἶναι πολύ ἐπιφυλακτικοί ἔναντι νεωτερισμῶν καί τεχνικῶν μέσων. Συναντοῦν μεγάλες δυσκολίες στήν πώληση τῶν προϊόντων τους. Τό συνεταιριστικό σύστημα χρειάζεται ἐπειγόντως βελτίωση.

Σοβαρό ἐμπόδιο γιά τήν ἀνάπτυξη τῆς χώρας εἶναι ἡ ἀστυφιλία καί ἡ ἀποδημία στό ἐξωτερικό τῶν πλέον ἱκανῶν ἀνθρώπων. Ἡ ἐξέλιξη αὐτή δέν εἶναι δυνατόν νά ἀναχαιτισθεῖ μέ νομοθετικά μέτρα {ἐννοεῖται μέτρα πού ἐπιβάλλουν παραμονή στή χώρα}. Ἡ μόνη νοητή βοήθεια εἶναι νά παραμείνουν αὐτοί οἱ ἄνθρωποι στόν τόπο τους, νά τονωθεῖ ἡ αὐτοπεποίθησή τους καί νά καταδειχθοῦν δρόμοι αὐτοβοήθειας, πού θά μποροῦσαν νά δημιουργήσουν στήν Κρήτη οἰκονομικές καί κοινωνικές συνθῆκες οἱ ὁποῖες θά ἐγγυῶνται βάση διαβίωσης παρόμοια μέ ἐκείνη τῶν λοιπῶν εὐρωπαϊκῶν συνθηκῶν. «Γιά τό καλό τοῦ τόπου θά ἔπρεπε νά φροντίσει κανείς νά διασυνδέσει μέ ἔξυπνο τρόπο τίς παλιές πολιτισμικές καί οἰκονομικές μορφές ζωῆς, πού διατηροῦνται μέχρι σήμερα πολύ ἐπίμονα στήν Κρήτη, μέ τίς ἀντιλήψεις τῆς σύγχρονης τεχνικῆς καί κοινωνικῆς ἐξέλιξης».

Σημαντικά προβλήματα δημιουργοῦνται ἐπίσης μέ τόν διαρκῶς αὐξανόμενο τουρισμό, καθώς τά τελευταῖα χρόνια ὁ πληθυσμός, ἐντελῶς ἀνέτοιμος, βρίσκεται ὁλοένα καί περισσότερο ἀντιμέτωπος μέ ἀντιλήψεις γιά τή ζωή καί μέ βιοτικές συνήθειες ξένων λαῶν καί ὄχι σπάνια ἔχει πρό ὀφθαλμῶν πολύ ἀρνητικές εἰκόνες τοῦ δυτικοῦ πολιτισμοῦ. «Διαφαίνεται ὡς ἐκ τούτου ὁ κίνδυνος νά καταστοῦν ἀναξιόπιστες οἱ οἰκεῖες ἠθικές καί πολιτισμικές παραδόσεις, ἐνδεχομένως μάλιστα καί νά ἐγκαταλειφθοῦν, χωρίς νά εἶναι δυνατή ἡ ἀντικατάστασή τους μέ κάτι ἰσάξιο. Σέ σύγκριση μέ τόν συνολικό πληθυσμό τῆς Κρήτης, ἡ μερίδα τῶν μορφωμένων εἶναι μεγάλη. Μεταξύ αὐτῶν ὑπάρχει ἤδη σήμερα μιά ὄχι μικρή ὁμάδα, πού ἔχει ἀποτινάξει παλαιούς δεσμούς καί τώρα, χωρίς μιά νέα σαφῆ κοσμοθεωρία, τείνει νά παρασυρθεῖ ἀπό τάσεις ἀποδόμησης ἤ νά παραιτηθεῖ {ἀπό κάθε προοπτική καί ἐλπίδα}. Αὐτή ἡ ἐξέλιξη εἶναι ἀνάγκη νά ἀντιμετωπισθεῖ».

Ἀκολουθεῖ ἀναφορά στήν αὐξανόμενη ἀνησυχία πού προκαλεῖται στήν Κρήτη ἀπό τή μετατροπή τοῦ νησιοῦ σέ νατοϊκή βάση μέ ἐκπαιδευτικές σχολές καί στρατοπέδευση ἰσχυρῶν μονάδων. «Χωρίς ἀμφιβολία, ὑπάρχει ἔτσι ὁ κίνδυνος νά προσλάβει ὁ κρητικός λαός μιά πολύ ἐλαττωματική εἰκόνα γιά τή σύγχρονη δυτικοευρωπαϊκή καί ἀμερικανική τεχνική, κοινωνική καί κοινωνικοπολιτική ἐξέλιξη».

Ἐν ὄψει τῶν ἀνωτέρω καταστάσεων καί κινδύνων καί μέ τήν ἐπιθυμία νά προσφερθεῖ μιά «καρποφόρος συμβολή στήν ἀνάπτυξη τῆς Κρήτης», ὁ Ὀρθόδοξος Ἐπίσκοπος Εἰρηναῖος, μαζί μέ μερικούς ἀπό τούς συνεργάτες του, ἀνέπτυξε τό σχέδιο τῆς δημιουργίας ἑνός καθιδρύματος, ἡ ἀποστολή τοῦ ὁποίου μπορεῖ νά περιγραφεῖ μέ τήν ἐπωνυμία *"Ἰνστιτοῦτο γιά τήν Προαγωγή τῆς Κοινωνικῆς Συνοχῆς καί τῆς Οἰκονομικῆς Ἀνάπτυξης στήν Κρήτη / Γωνιά"*. Ὁ Ἐπίσκοπος Εἰρηναῖος ἀξιολόγησε πρός τοῦτο τίς ἐμπειρίες πού ἔχουν ἀποκτηθεῖ στήν ἐργασία τῶν Ἀκαδημιῶν στό χῶρο τῆς ἐν Γερμανίᾳ

Εὐαγγελικῆς Ἐκκλησίας καί καθόρισε τούς στόχους τοῦ ὑπό ἵδρυση Ἰνστιτούτου - συνοπτική ὀνομασία Ἀκαδημία Γωνιά - λαμβάνοντας ὑπόψη τά ἰδιάζοντα δεδομένα τῆς χώρας του».

Στήν Ἀκαδημία θά ὀργανώνονται συνέδρια καί ἐπιμορφωτικές δραστηριότητες γιά Δημάρχους, ἐκπροσώπους συνεταιρισμῶν, δασκάλους, ὑπαλλήλους...

«Ἐπειδή ὁ κρητικός λαός εἶναι ἰσχυρά δεμένος μέ τή θρησκευτική παράδοσή του καί ἡ ἐπίδραση τῆς Ἐκκλησίας σέ ὅλες τίς πτυχές τῆς ζωῆς εἶναι ἀποφασιστική, ἱερεῖς καί {ἄλλοι} συνεργάτες τῆς Ὀρθόδοξης Ἐκκλησίας πρέπει μέ τακτικά σεμινάρια νά ἐπιμορφωθοῦν ὅσον ἀφορᾶ στά προβλήματα τῆς μοντέρνας κοινωνίας, ὥστε ἀπό τή θέση τους νά μποροῦν νά συνεισφέρουν κατά δύναμη στήν ἀνάπτυξη τῆς χώρας τους σέ διάφορες περιοχές. Ἐπειδή οἱ ἱερεῖς ἔχουν σέ μεγάλη ἔκταση τήν πνευματική καθοδήγηση τοῦ κατά τό πλεῖστον ἀγροτικοῦ πληθυσμοῦ, τά σεμινάρια αὐτά ἔχουν ἰδιαίτερη σημασία.

Περαιτέρω θά πρέπει νά συσταθοῦν στήν Ἀκαδημία Ἐπιτροπές, στό πλαίσιο τῶν ὁποίων καί σέ συνεργασία μέ κρατικά ὄργανα, ἀλλά καί μέ τήν πρόσκληση Συμβούλων ἀπό τό ἐξωτερικό, νά ἐξετάζονται, σέ ἐπιστημονική ὁμαδική ἐργασία, οἰκονομικά καί κοινωνικά προβλήματα τῆς Κρήτης. Ὕστερα ἀπό τό ξεκίνημα διάρκειας περίπου δύο ἐτῶν, κατά τά ὁποῖα θά ἔχουν πραγματοποιηθεῖ τά σεμινάρια καί συνέδρια πού ἔχουν ἀναφερθεῖ, γεωργοί καί εἰδικοί στή γεωργία θά πρέπει νά παρακολουθήσουν ἰδιαίτερες διδακτικές ἑνότητες μακρᾶς διάρκειας, προκειμένου νά ἐνημερωθοῦν ἐπισταμένως γιά τήν ἐφαρμογή σύγχρονων καλλιεργητικῶν μεθόδων καί τή χρήση ἀγροτικῶν ἐργαλείων καί μηχανῶν.

Πρός τοῦτο θά πρέπει νά διατεθοῦν στήν Ἀκαδημία ἐδάφη τῆς Μονῆς Γωνιᾶς καί νά ὀργανωθεῖ μιά πρότυπη γεωργική φάρμα. Τά προϊόντα της θά πρέπει νά ὑπηρετοῦν τήν κάλυψη τῶν δαπανῶν λειτουργίας τῆς Ἀκαδημίας.

Παρόμοια μικρότερα ἐπιτυχημένα Σεμινάρια ἔχει ὀργανώσει ἤδη ἡ Μονή Γωνιᾶς {ἀκριβέστερα: ἔχουν ὀργανωθεῖ ἤδη στή Μονή}, ἔπασχαν ὅμως ἀπό τό γεγονός ὅτι οἱ συμμετέχοντες δέν μποροῦσαν νά διαμένουν στή Μονή.

Τό Projekt πού ἔχει σχεδιασθεῖ προβλέπει δυνατότητα διαμονῆς 65 συνέδρων σέ νέο οἴκημα. Οἱ χῶροι συνεδριάσεων καί ὁμιλιῶν θά ἔχουν τέτοιες διαστάσεις, ὥστε νά μποροῦν νά βρίσκουν θέση καί σύνεδροι πού θά προσέρχονται ἐπιπλέον ἀπό τήν περιοχή μόνο κατά τή διάρκεια τῆς ἡμέρας, προκειμένου νά συμμετάσχουν σέ ἐκδηλώσεις τῆς Ἀκαδημίας. Ὁ Ἐπίσκοπος ΕΙΡΗΝΑΙΟΣ καί οἱ συνεργάτες του ἐλπίζουν πώς ἡ ἐργασία τῆς Ἀκαδημίας θά ἀκτινοβολήσει πέραν τῆς Κρήτης ἐφ' ὅλης τῆς Ἑλλάδος καί θά προσφέρει ἀξιόλογη βοήθεια γιά συνολική ἀνάπτυξη. Ἡ ἐλπίδα αὐτή στηρίζεται οὐσιαστικά στό ὅτι μεγάλο μέρος τῶν ἐμπόρων, ὑπαλλήλων καί ἀκαδημαϊκά ἐργαζομένων στην ἑλληνική πατρίδα, καθώς καί στό ἐξωτερικό, κατάγονται ἀπό τήν Κρήτη καί διατηροῦν ζωντανές σχέσεις μέ τήν ἰδιαίτερη πατρίδα τους. Μπορεῖ λοιπόν νά ἀναμένεται ὅτι θά στηρίξουν τήν ἐργασία τῆς Ἀκαδημίας ἰδεατῶς, ἀλλά καί οἰκονομικῶς, θά ἀξιοποιήσουν τά πορίσματα συνάξεων τῆς Ἀκαδημίας στό χῶρο δράσης τους καί θά τά διαδώσουν εὐρύτερα (π.χ. στή Θεσσαλονίκη ζοῦν περισσότεροι ἀπό 10.000 Κρῆτες).

Β) Τό Projekt

α) Προετοιμασίες πού ἔχουν γίνει μέχρι τώρα.

Ἀπόκτηση οἰκοπέδου 50.000 τ.μ. Ἡ ἐπιλογή τόσο μεγάλης ἔκτασης διασφαλίζει τήν ἐπέκταση τῆς Ἀκαδημίας στό μέλλον.[139] Διεξαγωγή μικρῶν προπαρασκευαστικῶν συνεδρίων καί σεμιναρίων στή Μονή Γωνιᾶς.

β) Προσωπικό

Κατ' ἀρχήν ἔχουν προβλεφθεῖ:

1 Διευθυντής (Δρ. Ἀλέξανδρος ΠΑΠΑΔΕΡΟΣ)

1 Ἀναπληρωτής Διευθυντής (ἕνας ἱερέας)

Βοηθητικό προσωπικό

1 μαγείρισσα

10 μαθήτριες τῆς ὑπάρχουσας Σχολῆς Οἰκοκυρικῆς, Καστέλλι.

Ὁ φορέας τοῦ Projekt ὑπολογίζει ὅτι κατά τά τρία πρῶτα χρόνια λειτουργίας εἶναι δυνατή μιά αὔξηση τῶν εἰσφορῶν καί δωρεῶν ἀπό διάφορους χορηγούς μέχρι πλήρους κάλυψης τῶν λειτουργικῶν δαπανῶν. Μετά τήν παρέλευση τῶν πρώτων τριῶν ἐτῶν πρέπει νά συγκροτηθεῖ ἕνας Κύκλος Φίλων {τῆς Ἀκαδημίας, ὅπως ὑπάρχει σέ μερικές ἀπό τίς Ἀκαδημίες στή Δύση}, πού θά

---

[139] Ἡ πρόνοια αὐτή ἀποδείχθηκε σοφή. Γιατί, πέραν τῶν ἄλλων, στήν ἔκταση αὐτή τῶν τελικά 60 στρεμμάτων προστέθηκαν:
-Ἡ νέα πτέρυγα, τήν ὁποίαν ἐγκαινίασε ἡ Α.Θ.Π. ὁ Οἰκουμενικός Πατριάρχης Βαρθολομαῖος (1995).
-Σύνδεση τῆς Ἀκαδημίας μέ τό κεντρικό ὁδικό δίκτυο καί ἀπό τή βόρεια πλευρά τοῦ Ἱδρύματος.
-Λιθόκτιστη κλίμακα ἐπικοινωνίας μέ τήν ἀκτή.
-Εὐρύτατοι αὔλειοι χῶροι, ἐξόχως χρήσιμοι γιά τή ζωή τοῦ Ἱδρύματος.
-Ἡ Κεντρική Βιβλιοθήκη τῆς Ἀκαδημίας.
-Ἡ οἰκία, ὅπου διαμένει κατά καιρούς καί ἐργάζεται ὁ φίλος καί εὐεργέτης τοῦ Ἱδρύματος Ἀμερικανός συγγραφέας Robert Fulghum.
-Ἡ προσθήκη ἄλλων κατοικιῶν προσωπικοῦ.
-Ἡ προσθήκη δεύτερης, μικρῆς τραπεζαρίας στή δυτική πλευρά τοῦ πρώτου κτηρίου.
-Ἡ διαμόρφωση τοῦ Μουσείου Κρητικῶν Βοτάνων καί τοῦ περιβάλλοντος αὐτό χώρου.
-Ἡ διάνοιξη δρόμου μέχρι τούς βράχους βορείως τοῦ Ἱδρύματος, ὅπου ἔγινε ἡ μετατροπή μικρῆς σπηλιᾶς σέ ἐξωκκλήσι - Κάθισμα τοῦ Ἁγίου Μακαρίου τοῦ Αἰγυπτίου.
-Ἡ δεύτερη μεγάλη δεξαμενή νεροῦ περίπου στό ὕψος τοῦ παρακειμένου Μνημείου τῶν πεσόντων κατά τή Μάχη τῆς Κρήτης Εὐελπίδων (καί αὐτό τό τμῆμα ἦταν μέρος τῆς ὡς ἄνω ἔκτασης).
-Ἡ ἐγκατάσταση ἰδιόκτητου Βιολογικοῦ Καθαρισμοῦ τῆς Ἀκαδημίας.

περιλαμβάνει κατοίκους τῆς Κρήτης καί Κρῆτες πού ζοῦν στόν ὑπόλοιπο ἑλλαδικό χῶρο καί στό ἐξωτερικό, πρό παντός στή Β. Ἀμερική. Μέ τή βοήθεια αὐτοῦ τοῦ Κύκλου τῶν Φίλων πρέπει νά συγκεντρώνονται σημαντικά ποσά γιά τή συντήρηση τῆς ἐργασίας τοῦ Ἰνστιτούτου. Ἐκτός αὐτοῦ, μπορεῖ νά ὑπολογίσει κανείς ὅτι τό Παγκόσμιο Συμβούλιο τῶν Ἐκκλησιῶν, πού συνηγορεῖ ἐνθέρμως ὑπέρ τῆς ἀνεγέρσεως τῆς Ἀκαδημίας στή Γωνιά, θά στηρίξει οἰκονομικά τό *Ἰνστιτοῦτο γιά τήν Προαγωγή τῆς Κοινωνικῆς Συνοχῆς καί τῆς Οἰκονομικῆς Ἀνάπτυξης στήν Κρήτη.*

Ἐπαφές πού ἔχουν ἤδη ἀναληφθεῖ μέ τό Ἴδρυμα Rockfeller στήν Ἀμερική προβλέπεται ὅτι θά ὁδηγήσουν σέ προαγωγή τῆς ἐργασίας τοῦ Ἰνστιτούτου μέσω καί αὐτοῦ τοῦ Ἰδρύματος.

Τέλος, μπορεῖ νά λογαριάσει κανείς ὅτι καί ἡ ἑλληνική Κυβέρνηση ὕστερα ἀπό τήν ἔναρξη τῆς ἐργασίας {τῆς Ἀκαδημίας} σέ αὐξανόμενο μέτρο θά δηλώσει τό ἐνδιαφέρον της δι' αὐξήσεως τῶν χορηγιῶν της.

4.) Προβλεπόμενος νόμιμος φορέας: Μητρόπολις Κισάμου καί Σελίνου.

Ἡ Μητρόπολις θά μετατρέψει τήν Ἐπιτροπή Ἱδρύσεως μιᾶς Ἐκκλησιαστικῆς Ἀκαδημίας παρά τῇ Ἱερᾷ Μονῇ σέ ἕνα νόμιμο Σύνδεσμο ὡς φορέα τοῦ Ἰνστιτούτου. Μέχρι νά συσταθεῖ αὐτός ὁ Σύνδεσμος, φορέας τοῦ Projekt εἶναι ἡ Μητρόπολις.

5.) Γνωματεύσεις καί συστάσεις

Συνηγορία τῆς Πρεσβείας τῆς Ὁμοσπονδιακῆς Δημοκρατίας τῆς Γερμανίας {στήν Ἀθήνα}.

Συνηγορία τοῦ Συνδέσμου τῶν Διευθυντῶν τῶν ἐν Γερμανίᾳ Εὐαγγελικῶν Ἀκαδημιῶν.

Συνηγορία τοῦ Μητροπολίτη Κρήτης {Εὐγενίου}.

6.) Θέσις τῆς Κυβέρνησης: Συνηγορία τοῦ Νομάρχη Χανίων.

7.) Θέσις τῆς Εὐαγγελικῆς Κεντρικῆς Ὑπηρεσίας.

Ἡ ἀνέγερση τοῦ "Ἰνστιτούτου γιά τήν προαγωγή τῆς Κοινωνικῆς Συνοχῆς καί τῆς Οἰκονομικῆς Ἀνάπτυξης στήν Κρήτη / Γωνιά" προετοιμάσθηκε ὕστερα ἀπό ἐπισταμένη ἔρευνα τῆς ἐργασίας τῶν Ἀκαδημιῶν στό χῶρο τῆς ἐν Γερμανίᾳ Εὐαγγελικῆς Ἐκκλησίας. Ὁ Σύνδεσμος τῶν Διευθυντῶν τῶν Εὐαγγελικῶν Ἀκαδημιῶν, ἀντιπροσωπευόμενος ἀπό τόν D. Dr. Eberhard Müller, Bad Boll, πρόσφερε οὐσιαστική βοήθεια κατά τήν ἐπεξεργασία τοῦ προγράμματος τοῦ σχεδιασθέντος Ἰνστιτούτου, καθώς καί κατά τήν ἀνάπτυξη τοῦ οἰκοδομικοῦ προγράμματος.

Ἡ σκοποθεσία τοῦ Ἰνστιτούτου λαμβάνει ὑπόψη τίς ἰδιαίτερες συνθῆκες στήν Κρήτη, οἱ ὁποῖες ἐπιβάλλουν στήν Ἀκαδημία {τῆς Κρήτης} ἀποστολή οὐσιαστικά διαφορετική ἀπό ἐκείνη τῶν γερμανικῶν Ἀκαδημιῶν.

Ὡς Διευθυντής τῆς Ἀκαδημίας ἔχει προβλεφθεῖ ὁ Δρ. Φιλοσ., Θεολόγος Ἀλέξανδρος Παπαδερός ἀπό τήν Κρήτη, ὁ ὁποῖος ἐργάζεται πρός τό παρόν στό Μάιντς ὡς Βοηθός στό Ἰνστιτοῦτο Συγκριτικῆς Ἐπιστήμης τῶν Πολιτισμῶν τοῦ Πανεπιστημίου Ἰωάννου Γουτεμβεργίου.

Μέ τήν ἀνέγερση διαφόρων κοινωνικῶν Ἱδρυμάτων στήν Κρήτη, πού λειτουργοῦν ἀπό ἐτῶν, ὁ Ἐπίσκοπος Εἰρηναῖος ἔχει ἀποδείξει ὅτι μποροῦν νά κινητοποιηθοῦν στήν Ἐπαρχία του δυνάμεις οἱ ὁποῖες εἶναι σέ θέση νά συμβάλουν στή στήριξη ἀκόμη καί ἑνός Projekt τόσο μεγάλου βεληνεκοῦς, ὅπως εἶναι τό Ἰνστιτοῦτο πού ἔχει σχεδιασθεῖ.

Κατά τά πρῶτα χρόνια τῆς ἐκκίνησης ὁ Σύνδεσμος τῶν Διευθυντῶν τῶν Εὐαγγελικῶν Ἀκαδημιῶν τῆς Γερμανίας θά συνδράμει τή διαμόρφωση τοῦ ἔργου τῆς Ἀκαδημίας μέ τήν ἀποστολή διδακτικοῦ προσωπικοῦ {βλ.: Συνεργάτες}.

Λαμβανομένης ὑπόψη τῆς σχετικά ὑψηλῆς συνεισφορᾶς τῆς Μητροπόλεως Κισάμου στή δημιουργία τοῦ Ἰνστιτούτου, κρίνουμε ὡς δικαιολογημένο τό ὅτι γιά τά πρῶτα τρία χρόνια τῆς λειτουργίας ζητεῖται μιά χορηγία πρός κάλυψη τῶν λειτουργικῶν δαπανῶν, χωρίς τήν ὁποία δέν μπορεῖ νά ἐπιτευχθεῖ ἡ δόμηση τῆς ἐργασίας.

Συνελόντι εἰπεῖν, θεωροῦμε τό σχέδιο, πού ὑπόσχεται μιά οὐσιαστική συμβολή στήν ἀνάπτυξη τῆς Ἑλλάδας, ὡς λίαν ἄξιο ὑποστηρίξεως καί παρακαλοῦμε νά ἐπιχορηγηθεῖ μέ τό ποσό τῶν DM 1.394.000.

Βόννη, 12 Αὐγούστου 1963
EVANGELISHCE ZENTRALLSTELLE FÜR EEMTWICKLUNGSHILFE
Bonn, Poppelsdorfer Allee 29».

{Στο κείμενο αὐτό ἀναγνωρίζει κανείς εὔκολα ὅτι ἔχουν μελετήσει καί ἀξιοποιήσει τίς ΕΚΘΕΣΕΙΣ μου, τή μέχρι τότε ἀλληλογραφία καί προφορικές συζητήσεις μας.}

3-9-1963 ΑΒΒ
Μ πρός Εἰρηναῖον
«Πληροφοροῦμαι ἀπό τή Βόννη ὅτι ἡ αἴτηση γιά τήν Ἀκαδημία στή Γωνιά εἶναι τώρα ἐντάξει καί ἀκολουθεῖ τή συνήθη πορεία. Ὑποθέτω ὅτι τόν Ὀκτώβριο τρ. ἔ. θά ἔχουμε τήν ὁριστική ἔγκριση. Δέν εἶναι πιθανό νά ἀνακύψουν τώρα καί ἄλλες δυσκολίες» {ὑπεραισιόδοξος!}.

Στίς 9 Σεπτ. συνάντησή του μέ τόν Πρέσβη στήν Ἀθήνα. Ἀναχώρηση αὐθημερόν γιά τήν Ἀσία, ἐπιστροφή στήν Εὐρώπη ἀρχές Δεκεμβρίου.

«Ὁ Δρ. Παπαδερός εἶχε τήν καλωσύνη νά προσκαλέσει καί ἐξ ὀνόματός σας τήν δεσπ. Μόν στήν Κρήτη. Τό μέγιστον τῆς ἐργασίας κατά τήν προετοιμασία τῆς κοινῆς μας δράσης ἐκτέλεσε ἡ δεσπ. Μόν καί γι' αὐτό χαίρω ἰδιαίτερα γιά

τό ὅτι θά ἔχει τήν εὐκαιρία νά μείνει στήν Κρήτη γιά 4 ἑβδομάδες...».
Κοιν.: Δρ. Παπαδερό

11-9-1963 ΑΒΒ
Σημείωμα Γραμματείας Μ
Ὁ Δρ. Παπαδερός μέ τή σύζυγό του πέρασαν σήμερα ἀπ' ἐδῶ γιά λίγο. Θά ἐπιστρέψουν τήν 1η Ὀκτωβρίου. Ἡ σύζυγος θά μείνει μόνο δυό μῆνες.

15-9-1963 ΑΒΒ
Γραμματεία Μ πρός Εἰρηναῖον
Ἡ Pastor Dr. Margit S a h l i n, Σουηδία, θά εἶναι στήν Ἑλλάδα ἀπό 3 Ὀκτωβρίου, σέ ταξίδι μελετῶν γιά 2 ἑβδομάδες. Θέλει νά ἔλθει νά σᾶς δεῖ καί νά ἐνημερωθεῖ γιά τήν ἐργασία στήν Κρήτη.

16-9-1963 ΑΒΒ
Μανουσάκης πρός Pfauter

Ἐπίσημο ἔγγραφο μέ στοιχεῖα (γερμανιστί):

ΠΡΟΞΕΝΕΙΟ ΤΗΣ ΟΜΟΣΠΟΝΔΙΑΚΗΣ ΔΗΜΟΚΡΑΤΙΑΣ ΤΗΣ ΓΕΡΜΑΝΙΑΣ
/Χανιά/Κρήτη
Ὁδός Ε. Βενιζέλου 96, τηλ. 24 96
Ἐ μ π ι σ τ ε υ τ ι κ ό

Ὁ Πρόξενος τῆς Γερμανίας στά Χανιά Μανοῦσος Μανουσάκης ἀπευθύνει τό ἔγγραφο στόν Dr. Karl Pfauter, Γερμανική Πρεσβεία, Ἀθήνα, σέ ἀπάντηση ἐγγράφου της μέ στοιχεῖα Ku 602-80-12.Sept.:
«Ἀγαπητέ κ. Δρ. Pfauter!
Ὁ κ. Χαρίδημος Πολυχρονίδης {ἦταν τότε Διευθυντής τῆς Τράπεζας τῆς Ἑλλάδος στά Χανιά} θά συνταξιοδοτηθεῖ στό τέλος τοῦ τρ. ἔτους. Ἀπό ἐτῶν κύρια ἀπασχόλησή του εἶναι ἡ πολιτική. Εἶναι ὁ πολιτικός ἀντιπρόσωπος τοῦ ἀδελφοῦ του, τοῦ Βουλευτῆ Πολυχρόνη Πολυχρονίδη. Ὡς ἐκ τούτου ἔχει τίς συμπάθειές του, ἀλλά καί τίς ἀντιπάθειες καί ἀντιθέσεις. Βλέπει τά πάντα ὑπό τό πρίσμα τῶν πολιτικῶν ἐνδιαφερόντων τοῦ ἀδελφοῦ του. Γι' αὐτό πιστεύω ὅτι δέν θά εἶναι ὁ κατάλληλος ἄνθρωπος γιά τό Συμβούλιο τοῦ Ἰνστιτούτου {Γωνιᾶς}.
Θά πρότεινα νά ἐπιλεγεῖ ὁ Πρόεδρος τοῦ Ἐμποροβιομηχανικοῦ Ἐπιμελητηρίου Χανίων κ. Δημοσθένης Γαγάνης, ἕνας ἔμπειρος καί στήν κρίση του ἀνεξάρτητος

ἄνθρωπος τῆς Οἰκονομίας. Μέ τόν κ. Γαγάνη θά ἦταν ἐξασφαλισμένη καί μιά καλή συνεργασία».[140]

19-9-1962 ΑΑπ
Möckel πρός Απ
Μοῦ γράφει ἀπό τήν Εὐαγγελική Ἀκαδημία τοῦ Βερολίνου (Berlin-Wannsee, Am Kleinen Wannsee 19). Εὐχαριστεῖ γιά ἐπιστολή μου τῆς 24.8. ἀπό τό Hannover. Ἀναφέρεται πρῶτα στά σχέδιά μας γιά τόν Λειβαδά καί τήν Κάντανο καί στή συνέχεια παρακαλεῖ νά συμμετάσχω σέ συνέδριο πού ἑτοιμάζει γιά τίς ἀρχές Νοεμβρίου, μέ καλεσμένους Ἕλληνες φοιτητές ὅλων τῶν κλάδων πού σπουδάζουν στό Βερολίνο καί στή Δυτική Γερμανία {ἐγκύκλιο γράμμα-πρόσκληση ἀπό 16-7-1962 ΑΑπ}. Παρακαλεῖ νά ἀναλάβω θέμα σχετικό μέ τίς ἱστορικές καί πνευματικές συνέπειες τοῦ Σχίσματος τοῦ 1054 καί νά τίς συσχετίσω μέ τά σύγχρονα δρώμενα. Ἡ Ἀκαδημία τους θά πληρώσει τά ἔξοδα κινήσεως Μάιντς - Βερολίνο καί ἐπιστροφή, καθώς καί ἀμοιβή 75 DM.[141]

---

[140] Στό εὔλογο ἐρώτημα πῶς ἐξηγεῖται ἡ ἀνάμιξη αὐτή στά τῆς Ἀκαδημίας ἀπαντᾶ τό παρακάτω ἔγγραφο, ἀντίγραφο τοῦ ὁποίου μοῦ δόθηκε ἐμπιστευτικά ἀπό τό Bad Boll στίς 17-12-1963:
28-9-1963 ΑΒΒ
Pfauter πρός Μ
«Ἀναφορικά μέ τή συζήτηση πού εἴχαμε μαζί σας στήν Ἀθήνα, ἐπιτρέψατε νά σᾶς διαβιβάσω τό ἀντίγραφο ἑνός ἐγγράφου τοῦ Προξένου μας στήν Κρήτη κυρίου Μανουσάκη, πρός ἐμπιστευτική χρήση. Τοῦ ζητήσαμε πληροφορίες γιά τόν κ. {Χαρίδημο} Πολυχρονίδη, ὁ ὁποῖος θά ἦταν ἐνδεχομένως ὑποψήφιος γιά τήν Ἐπιτροπή ἀνέγερσης τῆς Ἀκαδημίας στή Γωνιά».
Μέ ἔγγραφό της πρός τόν Pfauter (7.10.1963 ΑΒΒ) ἡ Γραμματεία τοῦ Μ βεβαιώνει τή λήψη τῆς ἐπιστολῆς του καί προσθέτει, ὅτι ὁ κ. Müller θά ἐνημερωθεῖ, ὅταν ἐπιστρέψει ἀπό ταξίδι στό ἐξωτερικό τόν Δεκέμβριο. {Ἡ Πρεσβεία λοιπόν ἐνημέρωσε τόν Müller, ἴσως μέ τήν πρόθεση νά μᾶς ἐπηρεάσει. Ὁ Müller ὅμως οὔτε νύξη ἔκαμε σέ μᾶς γι' αὐτό τό ζήτημα, οὔτε καί θά ἐπιτρέπαμε φυσικά σέ κανέναν τέτοιου εἴδους παρεμβάσεις. Σημειώνω πάντως ὅτι καί τοῦ Μ. Μανουσάκη ἡ συμπεριφορά ἔναντι τῆς Ἀκαδημίας καί τῶν ἀνθρώπων της ἦταν πάντοτε ἄψογη.}
[141] 4-10-1962 ΑΑπ
Möckel πρός Απ
Ἐπανέρχεται στό θέμα τῆς εἰσηγήσής μου στό συνέδριο τοῦ Βερολίνου. Ἐπικαλούμενος μακρά σειρά λόγων καί ἐπιχειρημάτων, παρακαλεῖ μέ ἰδιαίτερη ἐπιμονή νά τόν βοηθήσω.

27-11-1962 ΑΑπ
Möck πρός Απ
Μέ κολακευτικά λόγια εὐχαριστεῖ γιά τή συμμετοχή μου στό συνέδριο τοῦ Βερολίνου καί ἰδιαίτερα γιά τήν εἰσήγησή μου καί παρακαλεῖ νά βοηθήσω καί στό ἑπόμενο, εἰδικά γιά Ἕλληνες, πού σπουδάζουν σέ Θεολογικές Σχολές τῆς Γερμανίας, καθώς καί γιά ἱερεῖς μας. Στίς 29-11-1962 ΑΑπ ἔστειλε τή σχετική ἐγκύκλιο ἐπιστολή-πρόσκληση, μαζί μέ ἔγγραφο τῶν Ἀντωνίου Παπαντωνίου καί Κωνσταντίνου Παπαπέτρου, πού συνιστοῦν συμμετοχή. Στήν ἐπιστολή ἀναγράφεται τό σχέδιο προγράμματος καί ἡ προτεινόμενη ἡμερομηνία τοῦ συνεδρίου (19 μέχρι 26 Μαρτίου 1963).
Θέτει σειρά σκέψεων καί ἐρωτημάτων καί ζητᾶ τή γνώμη μου. Θέμα: *Ἡ ἀθεΐα καί τό μέλλον τῶν Ἐκκλησιῶν μας*. Ἐλπίζει ὅτι μέ τό θέμα αὐτό «θά μποῦμε σέ μιά ἀμερόληπτη {ὄχι ὁμολογιακά φορτισμένη} συζήτηση γιά ἕνα ζήτημα πού στενοχωρεῖ ὅλους ἐμᾶς τούς Χριστιανούς, πρίν κάθε συ-

Ἡ ἀμοιβή μοῦ φάνηκε γλίσχρα. Ὅταν ὅμως ἔκαμα ἕνα πρόχειρο λογαριασμό γιά τήν Ἀκαδημία τῆς Κρήτης (... συνέδρια μέ... εἰσηγήσεις πρός ... δρχ.) τρόμαξα! Δέν θυμοῦμαι ἄν τότε ἔκαμα τή σκέψη νά μήν ἀκολουθήσουμε τήν πρακτική τῶν γερμανικῶν Ἀκαδημιῶν σ' αὐτό τό ζήτημα, ἀλλά νά προσφέρουμε στούς εἰσηγητές μας μόνο φιλοξενία καί κάλυψη δαπανῶν κινήσεως. Πάντως αὐτό ἔγινε πράγματι ἀργότερα καί αὐτό ἰσχύει ἀκόμη. Στό πλῆθος τῶν εἰσηγητῶν - θά πρέπει νά εἶναι ἤδη χιλιάδες! - πού ἀποδέχθηκαν πρόθυμα τήν ἐθελούσια προσφορά (μερικοί μάλιστα ἀρνήθηκαν νά καλύψουμε καί τίς δαπάνες κινήσεώς τους) ὀφείλει σέ μεγάλο βαθμό ἡ Ἀκαδημία τῆς Κρήτης τήν ἀνάπτυξη καί τήν ἐπιβίωσή της.

23-9-1963 ΑΑπ
Εἰρηναῖος πρός Απ
«Πρῶτα στέλνω ἄλλη μιά φορά τήν εὐχή μου τήν πατρική γιά τό γάμο σου μέ τήν Ἀννούλα καί εὔχομαι νά βρῆτε καί οἱ δυό σας στό γάμο αὐτό τή δυνατή στόν κόσμο αὐτό χαρά καί δύναμη. Ἦταν καί γιά μένα μιά λύπη πού δέν συναντηθήκαμε ἐδῶ, πού δέν σέ ἄφησαν νά κατεβῆς ἐδῶ, ἀλλά εἶχα ἐπηρεασθῆ κεῖνες τίς μέρες πολύ ἀπό τή γνωστή ὑπόθεση.

Μέ τόν κ. Müller συναντηθήκαμε στό ἀεροδρόμιον {Ἑλληνικόν} ἐπί ὥραν καί τόν κατευώδωσα τήν 9ην τρέχοντος διά Κάιρον. Ἐλπίζομεν ὅλοι ὅτι τόν Ὀκτώβριον ἐπιτέλους θά ἔχωμεν τήν ὁριστικήν ἀπόφασιν. Ὁ κ. Müller μίλησε καί μέ τόν Πρεσβευτήν εἰς Ἀθήνας καί εἶναι καί κεῖνος σύμφωνος διά τό ἔργον μας. Ἔτσι ἐλπίζω νά σέ ἔχω καί πάλιν κοντά μου καί νά ἀξιοποιήσωμεν καλύτερα καί οἱ δυό μας καί τοῦ Θεοῦ τήν εὐλογίαν καί τήν προσδοκίαν τῶν ἀνθρώπων. Αὐτές τίς μέρες ἔχομεν ἕνα τεράστιον ὀργασμόν μέ τό ἄνοιγμα τῶν σχολείων. Πιστεύω ὅτι ὁ Θεός μπορεῖ νά μᾶς προσφέρη πολλά καί μεῖς πρέπει νά ἔχωμε ἕτοιμα τά χέρια μας. Νομίζω ὅτι ἕνα μικρό καί ἁπλό ἀρθράκι σου διά τό περιοδικόν μας θά εἶναι καλόν διά τό μέλλον. Ἐδῶ κάναμε μιά νέα

νομιλητής (Ὀρθόδοξος ἤ Προτεστάντης) ἀποσυρθεῖ στή χοχλιδόκουπα τῶν σκέψεών του». Προβλέπει μιά βραδυνή συνάντηση μέ τόν Ἑλληνο-Γερμανικό Σύλλογο. Θά ἤθελε ἕναν ὁμιλητή γιά τή συνάντηση αὐτή, ἱκανό νά ἀναδείξει τήν ἔνταση ἀνάμεσα στήν ἀρχαία καί τή σύγχρονη Ἑλλάδα. «Ἐμεῖς ἐδῶ στή Γερμανία τεντώνουμε τούς Ἕλληνες σέ κρεβάτι τοῦ Προκρούστη καί τούς μετροῦμε μέ τά ἰδεώδη τῆς ἀρχαιότητας, πού σημαίνει ὅτι δέν τούς δίδουμε τό δικαίωμα νά εἶναι αὐτοί πού εἶναι». Ζητᾶ τή γνώμη μου γιά εἰσηγητές, κάποιον ὅπως τόν Πρέσβη {Θεμιστοκλῆ} Τσάτσο ἤ τόν Γαϊτανίδη (Μόναχο) ἤ τόν Erhart Kästner. Τέλος, θέλει τή γνώμη μου γιά τό κατά πόσον κρίνω σκόπιμο νά περιληφθεῖ στό πρόγραμμα καί ὁ ἀθεϊσμός ὡς ἰδεολογία τῆς Ἀνατολικῆς Εὐρώπης.

16-12-1962 ΑΑπ
Απ πρός Möck
Ἀπαντῶ στό γράμμα του τῆς 27ης Νοεμβρίου, διατυπώνω σκέψεις καί προτάσεις καί σημειώνω ὅτι δέν θά μπορέσω νά συμμετάσχω στό συνέδριο αὐτό.

ἀγορά χωραφιῶν, νέα προσθήκη κτηρίων καί πιστεύω καί νέα προσθήκη «προσωπικοῦ». Εἴχαμε μιά θαυμασία ἔκθεση (δικό μας περίπτερο μέ ὑφαντά, βιβλία, μηχανήματα στήν ἔκθεση Καστελλίου, πῆρε διεθνές χρῶμα) καί μιά σχετικῶς καλή διεθνῆ ἐπίσης κατασκήνωση.

Ἐν ὄψει ἐκλογῶν κινεῖται πολύ εἰς Χανιά ὁ κ. Ψαρουδάκης καί ὅλοι μέ βάζουν σέ πειρασμό (δέν κατεβαίνεις, λένε, νά τούς σαρώσης ὅλους). **Ἐγώ βέβαια δέν κινοῦμαι, ὀνειρεύομαι ὅμως τήν κίνηση αὐτή γιά _σένα_.** (b-Απ).[142]

Θά γράψω αὔριο στόν κ. Ludovici γιά τό θέμα πού μοῦ ἔγραψες σχετικά μέ τά Ἰδρύματα.

Περιμένομε αὐτές τίς μέρες τή Γραμματέα τοῦ κ. Müller.

Γιά τόν ἀνεψιό σου (Ἀζωγυρέ) θά δοῦμε τί θά γίνη, διά τόν κ. Παπαδερό ὅμως φέτο δέν παίρνομε κανένα παιδί τῆς α΄ τάξεως. Διά τό μέλλον ὅμως εὐχαρίστως.

Λοιπόν αὐτά μέ τήν ἀγάπη καί τήν εὐχή μου καί ἐλπίζω ὅτι μέ τήν καλή σου Ἀννούλα θά εἶσαι τώρα εὐτυχής καί χαρούμενος καί θά ἔχης τήν εὐκαιρία νά μαζέψης ὅλες σου τίς δυνάμεις γιά τό μεγάλο σου δρόμο. **Μή λησμονῇς, ἀγαπητέ μου Ἀλέκο, ὅτι ἐγώ πότε πότε σκέπτομαι τά γεράματα καί τό τέλος... καί χρειάζομαι τά (δυσανάγνωστη λέξη, ἴσως: δικά) μου παιδιά πῶς θά κληρονομήσουν τό βασίλειον τῶν ἰδεῶν, τῶν θυσιῶν καί τῶν ἀγώνων μου**. (b-Απ).

Πιστεύω πώς καί ἡ Ἀννούλα εἶναι δικό μας παιδί καί σέ πρώτη εὐκαιρία θέλω νά τή δοῦμε καί νά τή φιλοξενήσουμε ἐδῶ.

Μέ τάς εὐχάς καί τήν ἀγάπη μου».

Υ.Γ. μέ κόκκινο: «Ἄν δεῖς κάπου τόν Ἐπίσκοπο Kunst χαιρέτησέ τον ἐκ μέρους μου. Τόν περιμένομε στήν Κρήτη.

Τίς ἀποδείξεις χρημάτων {γι' αὐτά πού παρέλαβα ἀπό τό ΒΒ} ἔδωσα εἰς τόν κ. Müller κατά τήν συνάντησίν μας εἰς ἀεροδρόμιον Ἀθηνῶν».

30-9-1963 ΑΑπ
Παραίτησή μου ἀπό τή θέση τοῦ Ἐπιστημονικοῦ Βοηθοῦ στό Ἰνστιτοῦτο Συγκριτικῆς Ἐπιστήμης τῶν Πολιτισμῶν, Φιλοσοφική Σχολή τοῦ Πανεπιστημίου τοῦ Mainz, τήν ὁποίαν κατεῖχα ἀπό 1-1-1962.

---

[142] Ὁ πειρασμός αὐτός δεν ἄργησε νά μέ πλησιάσει ἤδη κατά τή διάρκεια τῆς Χούντας, πολύ ἔντονα μετά τήν πτώση της καί πάλι ἀργότερα. Τεῖχος προστασίας στάθηκε πάντοτε ἡ Ἀκαδημία.

ΚΕΦΑΛΑΙΟΝ Γ΄

1. Μελέτη τοῦ ἔργου τῶν Χριστιανικῶν Ἀκαδημιῶν

1-10-1963 μέχρι 30-3-1964-Ἀκαδημία ΒΒ

Στίς 30.9.1963 παραιτήθηκα ἀπό τή θέση τοῦ Βοηθοῦ στό Πανεπιστήμιο τοῦ Μάιντς, προκειμένου νά μελετήσω ἐπισταμένως τό ἔργο τῶν Ἀκαδημιῶν, μέ ἕδρα τήν Ἀκαδημία τοῦ Bad Boll ἀπό 1-10-1963 μέχρι 31-3-1964. Μέ τήν πρόθυμη βοήθεια τοῦ πολυάριθμου προσωπικοῦ της μπόρεσα νά γνωρίσω ὅλους τούς χώρους καί τούς τρόπους διοίκησης καί διαχείρησης. Ἡ Ἀκαδημία διευκόλυνε ταυτόχρονα τή φιλοξενία μου καί σέ ἄλλα ὁμόλογα Ἱδρύματα, προκειμένου νά εἶναι περισσότερο σφαιρική ἡ ἐνημέρωσή μου. Τό πιό σημαντικό βέβαια ἦταν ὅτι ὡς μέλος τοῦ Ἐπιστημονικοῦ Συμβουλίου τῆς Ἀκαδημίας εἶχα τήν εὐκαιρία νά παρακολουθήσω ἕνα εὐρύ φάσμα συζητήσεων γιά θέματα συνεδριακοῦ προγραμματισμοῦ καί μεθόδων καί ἀρχῶν θεολογικῆς προσέγγισης παντοειδῶν προβλημάτων. Ἐπιπλέον, μέ τή συμμετοχή σέ πολλά συνέδρια εἶχα τήν εὐκαιρία νά ἀσκηθῶ στή διαλογική διαχείρηση ποικίλων θεμάτων, ἀλλά καί νά ἀποκτήσω προσωπική γνωριμία καί σχέση διάρκειας μέ σημαντικές προσωπικότητες.

Παραθέτω, ὡς παράδειγμα, ἕνα ἀπό ἀρκετά γράμματα, πού φαίνονται ἴσως ἄσχετα σέ πρώτη ματιά, εἶναι ὅμως ἐνδεικτικά τῆς προσπάθειάς μου γιά κατά τό δυνατόν σφαιρική προετοιμασία τῆς Ἀκαδημίας. Βασική μέριμνα στή φάση αὐτή εἶναι βέβαια ἡ ἐξασφάλιση τῶν ἀναγκαίων πόρων. Χωρίς ὅμως ἐπιστημονική σταθεροποίηση, θεολογική θεμελίωση, διαυγῆ πνευματικό προσανατολισμό, μεθοδολογικούς δεῖκτες πορείας καί ἐπιλεγμένες συνεργασίες, τό σχεδιαζόμενο κτήριο τῆς Ἀκαδημίας θά κινδύνευε νά ἔχει τή μοίρα ἐκκλησιαστικῶν τινων κτισμάτων, πού γίνονται ἁπλῶς γιά νά φαίνονται...

Μέ ἐπιστολή του τῆς 26-9-1964 ΑΑπ ὁ Καθηγητής D. Dr. Walter Uhsadel, ἀπό τό Πανεπιστήμιο τῆς Τυβίγγης, εὐχαριστεῖ γιά γράμμα μου τῆς 19-9-1964, ἀπαντᾶ σέ ἐρωτήματα πού μέ ἀπασχολοῦσαν τότε στά πλαίσια τῆς προεργασίας γιά δράσεις τῆς Ἀκαδημίας μας στό χῶρο τῆς ἀνάπτυξης, γενικότερα τῆς οἰκονομίας καί εἰδικότερα στό περί «ἰδιονομίας» (Eigengesetzlichkeit) τῆς οἰκονομίας ζήτημα, πού ἀπασχολοῦσε τότε ἔντονα τήν ἐπιστήμη καί περισσότερο τήν πολιτική.

Γράφει: *«Τό πρόβλημα τῆς ἰδιονομίας προσεγγίζεται σέ μᾶς μέ τρόπο πού μπερδεύει. Ἐμφανίζεται π.χ. ὡς ζήτημα «Αὐτονομίας (Autonomie) τῆς*

Παιδαγωγικῆς» καί ἔχει προκαλέσει μεγάλη ταραχή. Τό ζήτημα, ὡστόσο, εἶναι ἁπλά κατά πόσο ἡ αὐτονομία νοεῖται σέ ἀντίθεση πρός τήν ἑτερονομία (Heteronomie, π.χ. διά τῆς πολιτικῆς ἐξουσίας) ἤ πρός τή θεονομία (Theonomie). Κάθε ἐπιστήμη ὀφείλει νά προφυλάξει τήν αὐτονομία της ἀπό ἀλλοτριωτικές ἐπιδράσεις ἄλλων ἐπιστημῶν ἤ κοσμοθεωριῶν. Ἀπό τήν ἄλλη μεριά ἡ θεονομία δέν ἐπιτρέπεται νά ὑπολαμβάνεται ὡς κυριαρχία τῆς Θεολογίας (ἤ μιᾶς θεολογικῆς κατεύθυνσης) ἐπί τῆς Παιδαγωγικῆς, τῆς Ψυχολογίας, τῆς Κοινωνιολογίας, τῆς οἰκονομικῆς ἤ πολιτικῆς ζωῆς.

Ἡ Θεολογία μας βρίσκεται σήμερα στόν κίνδυνο νά κάμει τό ἀντίθετο λάθος. Ἀπό τό φόβο πώς δέν θά μποροῦσε πλέον νά γίνεται ἀκουστή, ἀπεργάζεται μόνη της τήν ἐκκοσμίκευσή της, ὅπως τό ζήσατε στή συζήτησή μας στό Bad Boll. Νομίζω πώς ἡ Θεολογία ὀφείλει νά ἐκφράζει τό λόγο της γιά τά προβλήματα τῶν καιρῶν μας κατά τέτοιο τρόπο, ὥστε νά εἶναι ὄντως ὁ δικός της (ὁ μή ἐκκοσμικευμένος) λόγος, ἀλλά καί χωρίς ἀξίωση κληρικοκρατίας. Πρός τοῦτο χρειάζεται πρῶτα πρῶτα νά διδάσκεται ταπεινά ἀπό τίς ἐπιστῆμες πού ἐξηγοῦν τόν σύγχρονο ἄνθρωπο καί τά προβλήματα τῶν καιρῶν. Αὐτό ὅμως δέν πρέπει νά συγχέεται μέ τήν ἐκκοσμίκευση. Μιά Ἐκκλησία πού ἐγκαταλείπει τήν οὐσία της δέν μπορεῖ νά ὠφελήσει τόν κόσμο. Ἡ πραγματικότητα στήν ὁποία ζοῦμε ἀναζητᾶ, ἀντίθετα, τήν Ἐκκλησία στήν οὐσιαστική της μορφή καί αὐτή ἡ μορφή δέν εἶναι κάτι τό ἐκκοσμικευμένο, ἀλλά Μυστήριον. Γνωρίζετε πώς μέ τήν ἄποψή μου αὐτή δέν εἶμαι μέν μόνος, εἶμαι ὅμως ἐνάντια στό ρεῦμα πού εἶναι τῆς μόδας».

3-10-1963 ΑΑπ
Απ πρός EZE
Γράφω στόν Kloebel:
Στέλνω μέ καθυστέρηση σχέδιο ἐργασίας τῆς Ἀκαδημίας γιά ἕνα χρόνο. Πάλευα μέ μιά γρίπη. Ἕνα παλαιότερο σχέδιο εἶχα δώσει στόν κ. Müller, πού ξέχασε νά μοῦ τό ἐπιστρέψει. Γι' αὐτό ἔπρεπε νά συντάξω νέο σχέδιο, πού ὅμως συμφωνεῖ μέ τό πρῶτο τό ὁποῖο εἶχε γίνει σέ συνεργασία μέ τόν Ἐπίσκοπο Εἰρηναῖο. Πιθανόν νά χρειαστοῦν κάποιες τροποποιήσεις, ὁπότε μποροῦν νά ληφθοῦν ὑπόψη καί δικές τους προτάσεις.

Αὔριο ἐγκαταλείπω τό MAINZ καί μπορεῖτε νά ἐπικοινωνεῖτε μαζί μου στό BB. Θά μείνω ἐκεῖ μερικούς μῆνες, προκειμένου νά γνωρίσω καλύτερα τήν ἐργασία τῆς Ἀκαδημίας.

10-10-1963-ΑΑπ

Εἰρηναῖος πρός Απ

Ὁ Σεβασμιώτατος μοῦ ἀποστέλλει κατάλογο ἐφοδίων γιά Τεχνικές Σχολές, Οἰκοτροφεῖα κ.λπ. γιά τά ὁποῖα ἀναμένεται νά φροντίσω. Ὁ κατάλογος εἶναι γραμμένος στά γερμανικά. Σημειώνονται 10 δραστηριότητες (Οἰκοτροφεῖα, Τεχνική Σχολή, Σχολή Μουσικῆς καί Τυπογραφεῖο) καί ἀριθμός ἀτόμων (σύνολο 428). Γράφεται ἀκόμη: «Πέραν αὐτῶν προσφέρουμε κοινά γεύματα σέ 3.000 παιδιά στή διάρκεια τοῦ χειμώνα».

Ἀναμένεται νά μεριμνήσω γιά τρόφιμα (κονσέρβες, κρέας, τυρί, βούτυρο), κρεβάτια, εἴδη κλιμνοστρωμνῆς, γιά τήν Τεχνική Σχολή μηχανές καί ἠλεκτρικά εἴδη, μουσικά ὄργανα γιά τή Σχολή Μουσικῆς. «Προπαντός χρειαζόμαστε διάφορα ἀνταλλακτικά γιά τήν Τεχνική Σχολή... Ἄν σταλοῦν μέσω τῆς Οἰκουμενικῆς Ἐκκλησιαστικῆς Κινήσεως {ἐννοεῖ τό Παγκόσμιο Συμβούλιο Ἐκκλησιῶν}, δέν θά καταβληθοῦν δασμοί».

10-10-1963 ΑΑπ

Αὐτήν τήν ἡμερομηνία φέρει ἡ ἀπάντηση ἀπό τό Ἰνστιτοῦτο τοῦ Τούμπη σέ γράμμα μου (ἀπό 3 Ὀκτωβρίου). Στήν ὅλη μέριμνά μου γιά τήν Ἀκαδημία εἶχα προσθέσει καί ἐκείνη γιά τή μελλοντική βιβλιοθήκη της. Παίρνοντας τό θάρρος ἀπό τήν προσωπική γνωριμία μου μέ τόν διάσημο Ἱστορικό, ζήτησα τά βιβλία του, ὡς δωρεά πρός τό προγραμματιζόμενο Ἵδρυμα. Ἡ ἀπάντηση εἶναι κατανοητή:

Ἀράχνες καί εἰκόνες
12-10-1963 ΑΑπ

Στό σημερινό φύλλο τῆς ἐφημερίδας STIMME DER ARBEIT {Φωνή τῆς ἐργασίας, μέ τήν ἔννοια τῆς *ἐργατιᾶς*}, Stuttgart {ὄργανο τῶν ἐργαζομένων πού ἀνήκουν στήν Εὐαγγελική Ἐκκλησία}, διαβάζω ἕνα ἄρθρο μέ τίτλο Unter Spinnen und Ikonen {Κάτω ἀπό ἀράχνες καί εἰκόνες}, γραμμένο ἀπό τόν Karl-Werner Bühler. Πρόκειται γιά ταξιδιωτικές ἐντυπώσεις τοῦ συγγραφέα, μέ σχεδόν ἀποκλειστική ἀναφορά σέ ἐκκλησιαστικά καί θεολογικά ζητήματα τῆς Ἑλλάδας. Σημειώνω μερικές ἀπό τίς παρατηρήσεις του πού μέ προβλημάτισαν ἰδιαίτερα:

- Ἀρχίζει μέ τά «ὑπολείμματα τοῦ κάποτε διάσημου ναοῦ τῆς Γόρτυνας... Ἡ "Ἁγία Τράπεζα" εἶναι στολισμένη μέ μιά φτηνή εἰκόνα-ἐλαιογραφία, πού παριστᾶ τόν Τίτο, τόν συνεργό τοῦ Παύλου, ὡς πρῶτο Ἐπίσκοπο τῆς Κρήτης». Ἤδη στίς πρῶτες αὐτές λέξεις ἀναγνωρίζει κανείς τή διάθεση γιά ἐπίκριση, ἀμφισβήτηση, ἀλλά καί ἐπισήμανση τῆς δικῆς μας ἀτημέλειας.

- Καίτοι ὁ ναός καταστράφηκε ἀπό τούς Ἄραβες, προσθέτει, αὐτά τά ἐρείπια παραμένουν τόπος προσευχῆς. «Τό ἴδιο γίνεται παντοῦ στήν Ἑλλάδα. Ὅπου ὑπῆρξε κάποτε ἕνας τόπος λατρείας, ἡ παράδοση συνεχίζεται ἀδιάσπαστη, ἐντελῶς ἀδιάφορο ἄν πρόκειται γιά χριστιανικό ἤ εἰδωλολατρικό» {ἱερό}. Ἀκολουθοῦν καί ἄλλες ἀνάλογες ἀναφορές μέ βάση τή θεωρία ὅτι στήν Ἑλλάδα εἰδωλολατρικό καί χριστιανικό ἐπιβιώνουν σέ περίπου ἀγαστή συμβίωση. Ἔτσι ἐξηγεῖ τή στενή σχέση Χριστιανισμοῦ καί Ἔθνους στήν Ἑλλάδα, σχέση στήν ὁποία ἀποδίδει καί τήν ἐπιβίωση τοῦ λαοῦ στή μακρά περίοδο τῆς τουρκικῆς κυριαρχίας.

- Τόν ἐπισκέπτη ἀπό τήν κεντρική Εὐρώπη, γράφει, γοητεύουν «ἡ ὡραιότητα τῶν λειτουργικῶν ὕμνων, τό στυφό καί τά χρώματα τῶν εἰκόνων. Τόν καταλαμβάνει ἕνα οἰκουμενικό συναίσθημα {οἰκειότητας}, ἀκόμη καί ὅταν δέν καταλαβαίνει τί συμβαίνει στήν ὀρθόδοξη λατρεία».

- Ἀκολουθοῦν πληροφορίες γιά τό χαμηλό μορφωτικό ἐπίπεδο τοῦ κλήρου καί τίς γλίσχρες ἀποδοχές του, γιά τήν ἰσχνή συμμετοχή τοῦ λαοῦ στόν ἐκκλησιασμό, ἀκόμη καί τήν ἡμέρα τοῦ Πάσχα, «πού εἶναι ἡ μέγιστη ἑορτή τῶν Ὀρθοδόξων». Γράφει καί ἄλλα... Συμπέρασμά του: «Παρ' ὅλ' αὐτά, οἱ Ἕλληνες εἶναι πιό θρησκευόμενοι ἀπό τούς "πεφωτισμένους" τῆς Κεντρικῆς Εὐρώπης. Δύσκολα ὅμως μπορεῖ νά λεχθεῖ ὅτι εἶναι χριστιανικότεροι, καθώς ἡ ἑλληνορθόδοξη θρησκεία τους εἶναι ἀκόμη τόσο πολύ διαποτισμένη ἀπό βυζαντινισμό καί εἰδωλολατρία». Ὁ θαυμασμός γιά τό κάλλος τοῦ Ὁσίου Λουκᾶ δέν ἐμποδίζει τόν συγγραφέα νά ἐντοπίσει ἀράχνες σέ παρακείμενο ναό, ἄτεχνες εἰκόνες καί ποικίλες ἀκαταστασίες. «**Ἡ ἑλληνορθόδοξη Ἐκκλησία εἶναι παρήφανη γιά τήν παράδοσή της. Ὅμως κινδυνεύει νά πάθει ἀσφυξία μέσα σ' αὐτήν**». (b-Απ).

- Οἱ φτωχοί, γράφει, λένε πώς ἡ Ἐκκλησία ἔχει στενή σχέση μέ τό Κράτος καί τούς ἰσχυρούς τῆς πολιτικῆς. «Πόσον καιρό ἀκόμη θά ἀκούει τήν Ἐκκλησία τό βιομηχανικό προλεταριᾶτο πού δημιουργεῖται; Πόσον καιρό ἀκόμη θά εἶναι εὐχαριστημένοι μέ μιά μυστική Θεολογία οἱ Ἕλληνες, πού βιώνουν τώρα τόν πρῶτο "διαφωτισμό" τους;».

- Βέβαια, προσθέτει, «αὐτή ἡ Ἐκκλησία εἶναι κάτι περισσότερο ἀπό ἕνα ἑτοιμόρροπο ἐρείπιο ἀποστεωμένης ἐκκλησιαστικότητας». Τό «περισσότερο» βρίσκεται κατά τόν συγγραφέα στήν κίνηση τῆς ΖΩΗΣ, τίς δραστηριότητες τῆς ὁποίας συνοψίζει στή συνέχεια, γιά νά κλείσει τό ἄρθρο μέ τήν παρατήρηση: «Ἡ πρωτοβουλία ὅμως γιά ὅλ' αὐτά {τά θετικά τῆς ΖΩΗΣ} δέν προέρχεται ἀπό τήν ἐπίσημη Ἐκκλησία. Ὅμως αὐτή βρίσκεται ἐνώπιον τοῦ λαοῦ καί αὐτή ὁμιλεῖ στό Παγκόσμιο Συμβούλιο τῶν Ἐκκλησιῶν».

Τό ἄρθρο συνοδεύει μιά ἐντυπωσιακή φωτογραφία μέ τή λεζάντα: «Πίσω ἀπό τά τείχη Μονῆς τοῦ Ἁγ. Ὄρους ζεῖ αὐτός ὁ Ἕλληνας μοναχός» -ἴσως ἕνας ἀκόμη ἐπικριτικός ὑπαινιγμός γιά τήν κοινωνική «ἀπραξία» τοῦ Ὀρθόδοξου Μοναχισμοῦ σέ ἀντίθεση μέ τίς πολλαπλές δραστηριότητες τῶν μοναστικῶν Ταγμάτων τῆς Δύσης.

Τό παραπάνω εἶναι ἕνα ἀπό πολλά παρόμοια κείμενα παλαιότερων περιηγητῶν ἤ σύγχρονα πού διαβάζω συχνά σέ βιβλία, περιοδικά καί ἐφημερίδες. Τά περισσότερα δίδουν τήν ἐντύπωση πώς ὑπαγορεύονται ἀπό τό ἕνα καί τό αὐτό πνεῦμα τῆς δυτικῆς προκατάληψης, πού συνόψισε ὁ Adolf Harnack στή γνωστή ἐπίκρισή του τῆς Ὀρθοδοξίας.

Ἔχοντας τελειώσει τή διδακτορική διατριβή μου μέ τίς ἑτερόκλιτες ἀντιπαλότητες γύρω ἀπό τό φαινόμενο πού ὀνομάζεται ΜΕΤΑΚΕΝΩΣΙΣ καί ἐργαζόμενος τώρα γιά τήν πραγμάτωση τοῦ ὁράματος τῆς Ὀρθοδόξου Ἀκαδημίας Κρήτης, μελετῶ τέτοια κείμενα ὑπό τό πρίσμα τῆς ἀποστολῆς καί τῶν προτεραιοτήτων αὐτοῦ τοῦ Ἱδρύματος πρός δυό κατευθύνσεις:

1. Τέτοιες κριτικές παρατηρήσεις, ἀνεξάρτητα ἀπό τό κατά πόσον εἶναι δικαιολογημένες ἤ μή, ὀφείλουμε νά τίς ἀξιοποιοῦμε πρός αὐτοέλεγχο καί αὐτοδιόρθωση, ἀκολουθώντας τή σοφή προτροπή: «δίδου σοφῷ ἀφορμὴν καὶ σοφώτερος ἔσται» (Παροιμ. 9,9).

2. Θά μπορέσουμε ἄραγε μέ τήν Ἀκαδημία νά ἀξιοποιήσουμε ξένους δημοσιογράφους, συγγραφεῖς καί ἄλλους ἀνθρώπους πού διάκεινται εὐμενῶς ἔναντι τῆς χώρας καί τῆς Ἐκκλησίας μας, νά τούς ποῦμε ἕνα ε ὐ χ α ρ ι σ τ ῶ καί νά γνωριστοῦμε καλύτερα; Διερωτῶμαι ποιά εἰδικά προγράμματα καί ποιές δράσεις θά ἐπιτρέψουν στό Ἵδρυμα νά ἀπαντᾶ σέ ἀνυπόστατους ἰσχυρισμούς καί, τηρώντας μέ εὐλάβεια τό *ἀληθεύοντες ἐν ἀγάπῃ* (Ἐφεσ. 4,15), νά ἀναπτύσσει δημιουργικό διάλογο μέ ἑτερόδοξους καί ἑτερόφωτους, πρός ἀμοιβαία «*οἰκοδομὴν καὶ παράκλησιν καὶ παραμυθίαν*» (Α΄ Κορ. 14, 3). Σέ τέτοιες ἀφορμές καί σέ παρόμοιες σκέψεις βρίσκονται οἱ ἀπαρχές μεταγενέστερων προγραμμάτων τῆς Ἀκαδημίας, ὅπως Η ΚΡΗΤΗ ΧΘΕΣ ΚΑΙ ΣΗΜΕΡΑ καί ΖΩΣΑ ΟΡΘΟΔΟΞΙΑ.

16-10-1963 ΑΑπ
Εἰρηναῖος πρός Απ
Ἀπαντᾶ στό ἐρώτημά μου ἄν μποροῦν νά φιλοξενήσουν ὁμάδες νέων ἀπό τή Γερμανία: Δύσκολο, πρίν ἑτοιμασθεῖ ἡ Ἀκαδημία. Καί πάντως ἄν τούς δεχθοῦν θά πρέπει νά εἶναι εἴτε μόνο ἀγόρια εἴτε μόνο κορίτσα: «Καί τά δυό ὄχι, διότι γνωρίζεις τά συνήθεια τῶν ξένων».

Πάλι ὑπαινιγμοί καί προαγωγές μέ χιοῦμορ: «Ὁ Γιῶργος {Παπαδάκης} ἦρθε ἐδῶ καί ἕνα βράδυ καθίσαμε ὅλοι μαζί, π. Εἰρηναῖος, Νίκος {Μαρκαντώνης}, καί μαζί μέ σένα {θεωρήθηκα παρών!} κάναμε τό Ὑπουργεῖο τῶν Ἐξωτερικῶν τῆς Μητροπόλεως, τό ὁποῖον καί σοῦ ἀνετέθη».

....

«Ἀναμένω μετ' ἀγωνίας τήν τελικήν ἀπάντησιν διά τήν Ἀκαδημίαν μας.

Σοῦ ἀποστέλλω ἐπιστολή τοῦ "Brot für die Welt" {ἀρνητική} καί σέ παρακαλῶ νά τηλεφωνήσῃς ἀμέσως ἐκ μέρους μου στή Stuttgart: Συναντῶ φέτο τεράστιες δυσκολίες διά τήν Τεχνικήν, διότι οἱ Μεννωνίται ἔστειλαν μόνον ἕνα καθηγητή καί εἶμαι ὑποχρεωμένος νά πάρω ἀπό τά Χανιά καθηγητάς, νά ὁπλίσω τό ἐργαστήριο κ.λπ. Χρειάζομαι κολοσσιαῖα ἔξοδα. Ὑπόμνησέ τους τήν δοθεῖσαν ὑπόσχεσιν καί ὅτι ἐπαναλαμβάνομεν τήν παράκλησίν μας. Νά μοῦ ἐπιστραφῇ ἡ ἐπιστολή.

Ἡ Fr. Mohn ἀπολαμβάνει τή Χρυσοσκαλίτισσα καί δέν θέλει νά φύγει. Τά ἐκλογικά μαίνονται στήν Ἑλλάδα. Καί ἡ Κρήτη πολλές ἐλπίδες...».

Υ.Γ. Ὁ κ. Möckel καί Σία θέλουν νά παραχωρήσουν τό σπίτι τοῦ Λειβαδᾶ {αὐτό πού ἔχτισε ἡ Ὁμάδα τῆς Aktion Sühnezeichen} εἰς ἐνορίαν τοῦ χωριοῦ. Ἐγώ προκρίνω, τί λέγεις ἐσύ; Στό πλάι μέ κόκκινο: Χαιρετισμούς...., τώρα χρειάζεται τό τρακτέρ, νά ἐνοχλήσῃς...

20-10-1963 ΑΑπ
Εἰρηναῖος πρός Απ
Στέλνει μέ τήν επιστολή αὐτή τόν μέ ἡμερομηνία 10-10-1963 κατάλογο 10 Ἱδρυμάτων καί δραστηριοτήτων τῆς Μητροπόλεως διά τόν κ. Hobus.

«Εἶδα ὅτι τίς 2-3 Νοεμβρίου τό Τάγμα μας ἔχει συνέλευσιν εἰς Innsbruck καί μεταξύ τῶν θεμάτων ὁ κ. Ludovici θά ὁμιλήσῃ περί τοῦ ἔργου μας.

Ἐγώ γράφω στόν Ludovici καί Guyer-Frey ὅτι δέν δύναμαι νά πάω {συνεδρία Συνόδου} καί δύνασαι σύ νά παραστῇς καί ἐκ μέρους μου.

Στέλλω δέ καί χαιρετισμόν διά τοῦ κ. Guyer στή Συνέλευσιν, ἡ ὁποία ἀσφαλῶς θά ἀσχοληθῇ καί πάλιν μέ τό ἔργον μας {ἀντίγραφο σέ μένα}. Στόν Ludovici στέλνω ἀντίγραφον ἐκθέσεώς του πρός τόν κ. Hobus».

21-10-1963 ΑΑπ
Εἰρηναῖος πρός Απ
«Διά τοῦ κ. Guyer παρουσιάζω τήν συνημμένην ἐπιστολήν εἰς τήν Συνέλευσιν τοῦ Innsbruck[143] καί διά τοῦ κ. Ludowici στέλνω ἐπίσης κατάλογον γερμανιστί,

---

[143] «Χαιρετίζω ἀπό τήν Κρήτη τήν Ὑψηλή Συνέλευσή σας καί σᾶς εὔχομαι καλή ἐπιτυχία στό ἔργο σας γιά τόν βυζαντινό πολιτισμό, πού ἔχει βρεῖ σέ σᾶς μιά τρόπον τινά εὐνοϊκή στέγη». Ἀδυνατεῖ νά

τόν ὁποῖον ἔστειλα καί εἰς τόν κ. Hobus διά σοῦ.

Ἀναμένω λοιπόν τήν Μεγάλην ἀπάντησιν».

Καί... «ὑπουργός ἐξωτερικῶν»!

25-10-1963 ΑΑπ
Απ πρός Εἰρηναῖον
«Πῆρα καί τά τρία γράμματα, αὐτή τή στιγμή μάλιστα ἦρθε καί τό τέταρτο. Εὐχαριστῶ καί ζητῶ συγγνώμη γιά τήν καθυστέρηση τῆς ἀπαντήσεως. Τοῦτο ὀφείλεται πρῶτα στό ὅτι μέ τή μεταφορά μας ἐδῶ {ΒΒ} εἴχαμε μερικές δυσκολίες, δεύτερον μέ τήν ἐπιθυμία μου νά ἑτοιμάσω ἕνα ἀρθρίδιο γιά τόν μακαρίτη πιά Σπράγκερ, τό ὁποῖο καί ἀποστέλλω.

Ἡ "αἴσθηση τοῦ τέλους" μᾶς ἀνησύχησε πολύ, ἐλπίζω ὅμως πώς ἦταν μία αἴσθηση στιγμιαία, χωρίς πραγματική βάση. Ἐγώ ξέρω βέβαια πόσο μέρος τῆς "κληρονομίας" πέφτει στό μερτικό μου καί δέν τό ἀρνοῦμαι, ὅμως ὁ Θεός νά μᾶς προστατεύσει ἀπό τόν πρόωρο ἐρχομό τέτοιων σκέψεων.

Τό "ὑπουργεῖον ἐξωτερικῶν" ἀναλαμβάνω βέβαια, ἀφοῦ μοῦ ἀνατίθεται, εὐχαριστῶν, ἀλλ᾽ ὑπό τόν ὅρον, ὅτι αὐτό δέν σημαίνει ἔμμεσον ἀπομόνωσίν μου ἀπό τά "ἐσωτερικά".

Στό ζήτημα τῆς Ἀκαδημίας ἀναμένομεν. Πρό καιροῦ μοῦ ζήτησαν ἀπό τό Ὑπουργεῖον Ἐξωτερικῶν ἕνα διάγραμμα τῆς ἐργασίας κατά τό πρῶτον ἔτος. Ἐκεῖνο πού εἴχαμε ἑτοιμάσει μαζί ἐδῶ τό εἶχα παραδώσει στόν κ. Müller, ὁ ὁποῖος εὐρίσκεται ἀκόμη στήν Ἰαπωνία, καί ἀναγκάστηκα νά ἑτοιμάσω ἕνα νέο, πάντως ἐπί τῇ βάσει τῶν τότε σημειώσεων. Ἐπειδή μόλις ἀνέλαβε ἐδῶ ἡ νέα Κυβέρνηση, ἴσως ἔχομε μία σχετική καθυστέρηση στή λήψη ἀποφάσεως. Πάντως, ὁ ἁρμόδιος Ὑπουργός δέν ἄλλαξε καί ἑπομένως δέν ὑπάρχει λόγος ἀνησυχίας.

Ἔντυπα γιά τά Ἱδρύματα διαβιβάζονται ὅπου δεῖ. Βλέπω μονάχα πώς πρέπει νά ξαναδιαβάσετε λίγα Γερμανικά, πάντως ἐλπίζω νά τά καταλάβουν... Μέ τόν κ. Φρόμμαν εἶχα τελευταῖα μία συζήτηση καί μοῦ εἶπε καί γιά τίς ραπτομηχανές (NÄHEMASCHINEN!!). Τά γερμανικά μέλη τοῦ Τάγματος κάνουν καί μία συλλογή χρημάτων γιά τό Καστέλλι. Ἴσως ἐξοικονομήσουμε τό τρακτέρ ἀπ᾽ αὐτά. Στό συνέδριο {τοῦ Τάγματος} δέν θά πάω, γράφω ὅμως.

Τηλεφώνησα ἀμέσως στή Στουτγκάρδη καί ὁ Διευθυντής τῆς Ὑπηρεσίας μοῦ εἶπε τά ἑξῆς· γνωρίζουν πολύ καλά τί γίνεται στό Καστέλλι καί ἐκτιμοῦν

μετάσχει στή Συνέλευση, εὐχαριστεῖ γιά 2 δέματα μέ κονσέρβες καί γιά τήν εἴδηση ὅτι προσεχῶς ἀποστέλλονται ἠλεκτρικές ραπτομηχανές. Ἡ ἐργασία τῆς Μητροπόλεως δέν ἔχει ἀποκλειστικά ἐκκλησιαστικό, ἀλλά καί κοινωνικό χαρακτήρα μέ στόχο τήν ἀνάπτυξη τοῦ ἑλληνικοῦ λαοῦ. «Ἡ ἐπίσκεψη μιᾶς ὁμάδας τοῦ Τάγματος τό παρελθόν Πάσχα ἦταν μιά λίαν εὐτυχής περίπτωση καί μιά τιμή γιά τή Μητρόπολή μας».

βαθειά τήν ἐκεῖ ἐργασία. Γι' αὐτό ἀντιμετωπίζουν πάντα μέ κατανόηση κάθε νέον αἴτημα, ὅπως καί τό σχετικό μέ τήν Τεχνική Σχολή. Ἡ αἴτησις λοιπόν αὐτή ἐνεκρίθη σέ πρώτη συζήτηση, ἀπομένει τώρα καί ἡ ἔγκριση τῆς ἀνωτάτης Ἐπιτροπῆς, ἡ ὁποία θά συνεδριάσει ἐντός τοῦ Νοεμβρίου. Οἱ προοπτικές εἶναι ἄριστες.

Προσέθεσα καί τή δική μου παράκληση, ἐξήγησα τούς λόγους, γιά τούς ὁποίους ἐπιβάλλεται ἡ ἔγκριση καί ἔλαβα πολύ ἐνθαρρυντική ἀπάντηση. Λοιπόν, μικρά ἀκόμη ὑπομονή. Ἐπιστρέφω τήν ἐπιστολήν. Γιά τό ἔργον τοῦ Λειβαδᾶ θά γράψω στόν κ. Μέκελ. Δέν ἔχω ἀντίρρησιν, ἀλλ' οὔτε καί... συμφωνῶ. Φοβοῦμαι πώς θά χειροτερεύσει τό κακό, ἄν δέν γίνει ἡ μεταβίβαση ὅπως πρέπει. Ἀπό τήν ἄλλη μεριά εἶναι μία λύση, τήν ὁποία εἶχα σκεφθεῖ καί ἐγώ γιά διαφόρους λόγους. Κυρίως ἐπειδή ἔτσι θά ὑπάρχει κάποιος ὑπεύθυνος καί δεύτερον γιατί θά παύσει ἡ ὑπόνοια ὅτι τό κτήριο προορίζεται γιά μελλοντικό Κοινοτικό Γραφεῖο, πρᾶγμα πού σημαίνει μεταφορά τῆς ἕδρας τῆς Κοινότητος ἀπό Σούγια στό Λειβαδά, αὐτός εἶναι ἄλλωστε ἕνας ἀπό τούς λόγους γιά τούς ὁποίους φωνάζουν οἱ Μονιῶτες καί οἱ Σουγιῶτες.

Παρακολουθῶ μέ ἔντονη ἀγωνία τήν ἐξέλιξη τῶν πολιτικῶν πραγμάτων στήν Ἑλλάδα. Ἄν εἴχαμε Ἐκκλησία δέν θα 'ταν βέβαια δύσκολο νά ὑπάρχει καί ἕνας Εἰρηναῖος στή Βουλή... Ἀλλά π ο ῦ   Β ο υ λ ή !!! Ἄν προετοιμάζετε ἕνα ἔργο γιά μένα... προετοιμάζομαι καί ἐγώ γιά τό ἔργο, θέλω μονάχα νά πείσω τόν ἑαυτό μου ὅτι τό ἔργο αὐτό θά εἶναι γιά τό θέλημα καί τή δόξα τοῦ Θεοῦ καί ὄχι γιά μένα. Φοβοῦμαι μονάχα μήπως πεταχτεῖ κανένας καί ἁρπάξει καί θερίσει ἐκεῖ ὅπου ἄλλοι ἐκοπίασαν. Ἴσως ἔπρεπε νά χειριστοῦμε διαφορετικά τήν εὐκαιρία αὐτῶν τῶν ἐκλογῶν, ἀλλά βρισκόμαστε ἀκόμη τόσον ἀνοργάνωτοι. Γι' αὐτό καί τό ἐξωτερικό μοῦ γίνεται σιγά σιγά ἀνυπόφορο, νοιώθω ξορισμένος καί αὐτό μ' ἐξοργίζει».

19-11-1963 ΑΑπ
Εἰρηναῖος πρός Ἀπ
«Πῆρα πρό ἡμερῶν τό γράμμα σου καί τό ὡραῖον ἄρθρο γιά τον Μακαρίτη Σπράγγερ, δημοσιεύεται κατ' αὐτάς.[144]

Οἱ τῆς Sühnezeichen Λειβαδᾶ φεύγουν ἐντός ὀλίγου καί χθές πού ἦλθαν ἐδῶ εἴπαμε ὁριστικά ὅτι τό κτήριον θά ὑπαχθῆ εἰς τόν ἐνοριακόν ναόν τῶν Ἁγ. Πάντων καί θά ὑπηρετῆ πολλούς κοινωνικούς σκοπούς. Νομίζω εἶναι αὐτή ἡ καλύτερη λύση.[145]

---

[144] Ἀλέξ. Κ. Παπαδερός, «Ἀποχαιρετισμός ἀπό τόν Spranger», ΧΚ 36 (1963) 147 – 149.
[145] Οἱ ὁμάδες Καντάνου καί Λειβαδᾶ ἔφυγαν ἀπό τήν Κρήτη στίς 13-12-1963. Σχεδόν δυό χρόνια ἀργότερα ὁ τότε Προϊστάμενος τῆς Aktion Sühnezeichen Πάστορας Klaus Wilm ἔστειλε στίς 22-3-

Θά σέ παρακαλέσω νά φροντίσης νά σταλῆ κατά τό δυνατόν ταχύτερα μία πρόσκλησις εἰς τόν Ἀντώνιον Θεοδωράκην (δικό μας παιδί) πού θέλει νά ἔλθη νά ἐργασθῆ αὐτοῦ (καί σέ καλήν ἐργασίαν). Θά σέ παρακαλέσω νά φροντίσης ἀμέσως.

Τά τῶν ἐκλογῶν γνωρίζεις ἤδη. Ἡ Ἑλλάς καί ἡ Κρήτη ἰδίως τώρα πανηγυρίζομεν. Περιμένομεν πολλά.

Τό πείραμα τῆς Χριστιανικῆς Δημοκρατίας δέν πέτυχε καθόλου...Ὑπῆρξαν πολλοί λόγοι τούς ὁποίους θά ποῦμε ἐν καιρῷ.

Ἀναμένω τά νέα τῆς Ἀκαδημίας διότι ὁ καιρός περνᾶ καί δέν βλέπω...

Γιά τό τρακτέρ μήν ἐνεργῆς, διότι θά σταλῆ ἕνα ἐκ Kassel (ἀπό τήν Ὑπηρεσία Γερμ. Νεκροταφείων).

Δέν γνωρίζω τί ἔγινε εἰς τό ἐν Innsbruck Tagung der Konst..Orden {στή Συνέλευση τοῦ Τάγματος τοῦ Μ. Κωνσταντίνου}.

Τί λέγει τώρα ἡ Fr. Routh διά Χρυσοσκαλίτισσα; Λοιπόν ἀναμένω τήν πρόσκλησιν τοῦ Θεοδωράκη καί τά ἄλλα εὐχάριστα νέα σου. Τί κάνεις αὐτοῦ; {Bad Boll}. Τί σπουδάζεις ἀκόμη;[146] Τί κάνει ἡ Ἄννα;».

Χίλια μύρια κύματα...
26-11-1963 ΑΒΒ
Μο πρός Μ
Θέμα: Ἀκαδημία Γωνιᾶς

Ἐνημερώνει τόν Μ: «Ὕστερα ἀπό παράκληση τοῦ Δρος Παπαδεροῦ τηλεφώνησα ἀπό καιρό σέ καιρό (περίπου κάθε 10 μέρες) στόν Διευθυντή {τῆς ΕΖΕ} Mordhorst

---

1965 (Ἀρχεῖο ΑΑπ) ἕνα ἐγκύκλιο γράμμα του πρός τόν Σεβασμ. Εἰρηναῖο, τή Νομαρχία Χανίων, τούς ἐφημερίους Καντάνου, Λειβαδᾶ καί Ροδοβανίου, τόν Πρόεδρο τῆς Κοινότητας Καντάνου, τά Κοινοτικά Συμβούλια Καντάνου καί Σούγιας, τό Εἰρηνοδικεῖο Καντάνου, τόν Θεολόγο Ἰωάννη Ἀναστασάκη, τόν Γερμανό Πάστορα Heimer, τόν Heiner Schmidt (Ἀθήνα) καί σέ μένα. Γράφει πώς ἀναγκάζεται νά στείλει αὐτήν τήν ἐπιστολή, ἐπειδή εἶχε φθάσει καί σχολιάζεται ἀκόμη καί σέ Ὑπηρεσίες τῆς Γερμανίας φήμη πώς ὁ Ἀρχηγός τῆς Γερμανικῆς Ὁμάδας καί ὁ Πρόεδρος τῆς Κοινότητας Καντάνου ὑπεξαίρεσαν δῆθεν καί μοιράστηκαν ποσόν 400.000 δρχ. μετά τό τέλος τῶν ἐργασιῶν στήν Κάντανο. Ἀποδίδει τή φήμη αὐτή σέ παρεξήγηση πού ὑποθέτει πώς ὀφείλεται στό γεγονός ὅτι κατά τήν ἀποχώρηση τῶν γερμανικῶν Ὁμάδων ὁ Ἀρχηγός τους ἔκλεισε Λογαριασμό πού εἶχαν ἀνοίξει σέ Τράπεζα τῶν Χανίων καί ἀνέλαβε τό ὑπόλοιπο (457.881,50 δρχ.), δηλαδή «ἕναν ὁλόκληρο σάκκο γεμάτο χαρτονομίσματα. Πολλοί ἄνθρωποι, ὑπάλληλοι καί πελάτες τῆς Τράπεζας, τό εἶδαν αὐτό καί φαίνεται πώς τό διέδωσαν». Βεβαιώνει ὅτι δέν ὑπῆρξε καμιά ἀπολύτως ἀταξία καί ἐκφράζει εὐαρέσκεια γιά τή συνεργατικότητα τοῦ Προέδρου Γ. Πυροβολάκη, ἀπορρίπτοντας τίς «κατ' αὐτοῦ ἀνόητες καί ἐνδεχομένως κακόβουλες κατηγορίες».

[146] Γνώριζε βεβαίως ὁ Σεβασμιώτατος τί σπούδαζα τότε ἐκεῖ, στήν Εὐαγγελική Ἀκαδημία τοῦ Bad Boll: Σπούδαζα θεωρία καί πράξη τῆς λειτουργίας της. Τό ἐρώτημά του εἶναι μᾶλλον... ρητορικό: θέλει νά πεῖ, γιατί χρειάζεται νά παρατείνεις τίς σπουδές σου, ἔλα πίσω, ἀρκετά ἔμαθες, ἀνθρώπους δέν ἔχω... Τήν περίοδο ἐκείνη δημοσιεύθηκε ἡ συνέντευξή μου μέ θέμα «*Ἐκκλησία καί κοινωνία στήν Ἑλλάδα*» - Kirche und Gesellschaft in Griechenland, in: Aktuelle Gespräche 4 (Bad Boll, 1963) 8-13, πού ἔδωσε ἀφορμή γιά πολλές συζητήσεις.

(κυρίες Beyer καί Martin), ζητώντας ἐνημέρωση γιά τό στάδιο τῆς ἔγκρισης.

Οἱ πληροφορίες ἦταν μέχρι τώρα πάντοτε, καμμιά ἀπόφαση -δέν πρέπει νά παραιτηθοῦμε ἀπό τήν ἐλπίδα. Ἡ αἴτηση γιά τήν Ἀκαδημία τῆς Γωνιᾶς εἶναι διαφορετικῆς μορφῆς ἀπό τίς λοιπές αἰτήσεις πού ἔχουν ὑποβληθεῖ μέχρι τώρα. Γι' αὐτό ἡ ἐξέταση στίς 10 διαφορετικές Ὑπηρεσίες διαρκεῖ περισσότερο».

Ἀπό τή σημείωση αὐτή προκύπτει τό πλῆθος τῶν προφανῶς ἐκκλησιαστικῶν καί κρατικῶν Ὑπηρεσιῶν πού ἐμπλέκονται στήν ὑπόθεση τῆς Ἀκαδημίας μας καί λαμβάνουν γνώση τῆς σχετικῆς ἀλληλογραφίας!

12-12-1963 ΑΒΒ
Μ πρός ὅλους τούς Διευθυντές τῶν Τμημάτων τῆς Ἀκαδημίας
«Ὁ Δρ. κ. Παπαδερός βρίσκεται αὐτό τόν καιρό στήν Ἀκαδημία μας γιά ἐκπαίδευση στά τοῦ ἔργου της. Εἶναι σημαντικό νά ἀποκτήσει κάποια ἄσκηση στή διεύθυνση διαλόγων. Θά ἤμουν γι' αὐτό εὐγνώμων, ἄν θά τοῦ ἀναθέτατε εὐκαιριακά τή διεύθυνση τῶν συζητήσεων σέ ὁμάδες ἤ σέ μικρά συνέδρια. Θεωρῶ ὡς ἰδιαίτερα σημαντικό νά ἀποκτήσει ὁ Δρ. Παπαδερός πολλή ἄσκηση στή διεύθυνση συνεδρίων, γιατί μόνον τότε μπορεῖ νά ὑπάρξει κάποια προσδοκία ὅτι θά ἐπιτύχει ἡ Ἀκαδημία στήν Κρήτη, καί αὐτό ἔχει μεγάλη σημασία γιά ὁλόκληρη τήν περαιτέρω ὑπερπόντια ἐργασία».

Προγραμματισμός τοῦ ἔργου τῆς Ἀκαδημίας
Οἱ ΕΚΘΕΣΕΙΣ (βλ. παραπάνω) καί σχετικές ἀναφορές στήν ἐν γένει ἀλληλογραφία, μάλιστα σέ ἐκεῖνα πρός τήν ΕΖΕ καί σέ σχετικά τοῦ Müller, περιλαμβάνουν ἤδη βασικά στοιχεῖα γιά τήν ἀποστολή τῆς Ἀκαδημίας. Καθώς ὅμως ἐντείνονται οἱ διαπραγματεύσεις καί τό Ὅραμα μεταποιεῖται σέ συγκεκριμένες δράσεις (ἐκπόνηση οἰκοδομικῶν σχεδίων κ.λπ.), δημιουργεῖται ἡ ἀνάγκη γιά συγκεκριμενοποίηση τῶν προτεραιοτήτων ὅσον ἀφορᾶ στή συνεδριακή ἐργασία τῆς Ἀκαδημίας. Τά ὁμόλογα Ἱδρύματα στή Δυτική Εὐρώπη ἑτοιμάζουν ἔγκαιρα τό πρόγραμμα τοῦ ἑπόμενου ἔτους μέ κάθε λεπτομέρεια (ἡμερομηνία, θέμα, εἰσηγητές, κόστος συμμετοχῆς κ.λπ.). Ὅπως θά δοῦμε στή συνέχεια, ἡ ἀξίωση γιά κατάρτιση καί ὑποβολή στήν ΕΖΕ ἀνάλογων δικῶν μας προγραμμάτων γίνεται μέ τόν καιρό ὁλοένα καί πιό πιεστική.

18-12-1963 ΑΒΒ
Πρόγραμμα Γωνιά
Αὐτήν τήν ἡμερομηνία λήψεως στήν Ἀκαδημία τοῦ ΒΒ φέρει ἕνα γερμανικό κείμενό μου ἀναφερόμενο στήν ἐργασία στό Ἰνστιτοῦτο Γωνιά. Στή διάρκεια

τοῦ πρώτου ἔτους προβλέπω ὅτι θά περιλαμβάνει περί τούς 20 κύκλους θεμάτων ποικίλου ἀντικειμένου, καθώς καί ἄλλες δραστηριότητες. Παραλείπεται ἡ ἀναγραφή τους ἐδῶ, ἐπειδή ἐπανέρχονται, ἐξειδικευμένα, σέ μεταγενέστερα σχετικά ἔγγραφα.

1964

16-1-1964 ΑΑπ
Hilckman πρός Απ
Ὁ Καθηγητής μου μέ προσφωνεῖ αὐτή τή φορά: *Ἀγαπητέ ἀδελφέ Ἀλέκο* (μέ τό χέρι, ἑλληνιστί).

Εὐχαριστεῖ γιά ἐπιστολές καί εὐχετήριες κάρτες μου, ἰδιαίτερα δέ γιά τήν πρός αὐτόν τιμητική διάκριση {ἀπό τό Οἰκουμενικό Πατριαρχεῖο, Σταυρός τοῦ Ἁγ. Ὄρους, ὕστερα ἀπό εἰσήγησή μου}, τήν ὁποία ἀποδέχεται μέ *εὐγνωμοσύνη* καί *συγκίνηση* (γράφει καί αὐτές τίς δύο λέξεις μέ τό χέρι, ἑλληνιστί ἐπίσης). «Θά προσπαθήσω νά ἀποδείξω ὅτι αὐτή {ἡ διάκριση} δέν δόθηκε σέ κάποιον ἀνάξιο».

Μοῦ ἐσωκλείει τήν ἐπιστολή τοῦ Barandiaran, τοῦ Ἰησουίτη μεταφραστῆ τοῦ Ὁμήρου στά Βασκικά, ὁ ὁποῖος τοῦ γράφει σέ ἄλλη ἐπιστολή ὅτι εἶναι βαθύτατα συγκινημένος ἀπό τό περί αὐτοῦ δημοσίευμά μου, τό ὁποῖο τοῦ ἔστειλαν μέ ἄλλον Ἰησουίτη, ἐπειδή πληροφορήθηκαν ὅτι σέ καμιά περίπτωση δέν θά ἔπρεπε νά ἐμπιστευθοῦν τό ἱσπανικό ταχυδρομεῖο. Ὁ Barandiaran θά χαρεῖ πολύ νά λάβει γράμμα μου, στό ὁποῖο ὅμως δέν πρέπει νά κάνω κανένα πολιτικό σχόλιο {ἦταν περίοδος μεγάλων ἐντάσεων μεταξύ τῆς Ἰσπανίας καί τῆς περιοχῆς τῶν Βάσκων}. Καί ἡ πρός ἐμένα ἐπιστολή τοῦ Barandiaran, γραμμένη ἤδη τόν Νοέμβριο, ἔφθασε στά χέρια τοῦ Χίλκμαν μέσω πλάγιων διαδρομῶν. Ἐπειδή ἄρεσε πολύ στόν ἴδιο καί στή γυναίκα του, θά ἤθελαν πολύ ἕνα φωτοαντίγραφο.

Πάπας καί Πατριάρχης στά Ἱεροσόλυμα
16-1-1964 ΑΑπ
Katharina Hilckman πρός Απ
Ἡ Katharina, σύζυγος τοῦ Καθηγητῆ μου Anton Hilckman, εὐσεβής καθολική, ὅπως καί ἐκεῖνος, μοῦ γράφει μεταξύ ἄλλων:

«Παρακολουθήσαμε στήν τηλεόραση τή συνάντηση τῶν δύο Πατριαρχῶν {Πάπα Παύλου Στ΄ καί Ἀθηναγόρα} στά Ἱεροσόλυμα. Συγκλονισθήκαμε βαθύτατα, ὅταν οἱ δυό ἐκπρόσωποι τῆς Ἀνατολικῆς καί τῆς Δυτικῆς Ἐκκλησίας, πού ἐπί τόσα χρόνια εἶχαν γυρίσει τήν πλάτη ὁ ἕνας στόν ἄλλο, ἀγκαλιάσθηκαν πρός ἀδελφικό ἀσπασμό ἐπί ἁγιοτάτου ἐδάφους· τό ὅτι ἐμεῖς, ἄνθρωποι ἁμαρτωλοί, ἀξιωθήκαμε νά γίνουμε μάρτυρες τοῦ γεγονότος αὐτοῦ, εἶναι γιά μᾶς, πού ὑποφέραμε τόσο πολύ καί ὑποφέρουμε ἀκόμη γιά τή διαίρεση, τό ὡραιότατο ὅλων ἐκείνων πού μπόρεσε νά μᾶς προσφέρει μέχρι σήμερα ὁ 20ός αἰώνας».[147]

Σέ ἄλλο γράμμα της (7-2-1964-ΑΑπ) ἡ Katharina γράφει: Ὁ σύζυγός της μέ παρακαλεῖ νά μεριμνήσω νά λάβει ὅσα τεύχη τοῦ πατριαρχικοῦ ἐντύπου ΑΠΟΣΤΟΛΟΣ ΑΝΔΡΕΑΣ ἀναφέρονται στή συνάντηση στά Ἱεροσόλυμα. Φίλος του ἀπό τή Ρώμη τοῦ ἔστειλε τά τρία τεύχη τοῦ OSSERVATORE ROMANO, πού ἀναφέρονται στό ἴδιο συμβάν. Θά ἤθελε νά γνωρίζει πῶς τό ἀναφέρουν στήν Πόλη.

13-2-1964 ΑΑπ
Schaller πρός Απ

Ὁ Ἀνώτ. Ἐκκλησιαστικός Σύμβουλος {Oberkirchenrat} τῆς Εὐαγ. Ἐκκλησίας τοῦ Παλατινάτου (Pfalz) Καθηγητής Schaller, ἀργότερα Πρόεδρος τῆς Ἐκκλησίας αὐτῆς, γράφει:

«Κατά τή σύντομη συνάντησή μας στή διάρκεια τῆς Συνόδου δέν μπόρεσα νά ἐκφράσω μιά παράκληση, τήν ὁποία θά ἤθελα τώρα νά σᾶς ἐκθέσω ἐγγράφως.

Τό περιοδικό "Kirche in der Zeit", πού σᾶς εἶναι ἀσφαλῶς γνωστό, ἐπιθυμεῖ νά ἐκδώσει ἕνα ἰδιαίτερο τεῦχος μέ τήν εὐκαιρία τῶν 70ῶν Γενεθλίων τοῦ Προέδρου {τῆς Ἐκκλησίας} μας Δρος ἐπί τιμῆ κ. Stempel. Στό τεῦχος αὐτό θά δημοσιευθοῦν ὄχι μόνο ἐργασίες πού ἀναφέρονται εὐθέως σέ ζητήματα τῆς δραστηριότητάς του, ἀλλά καί ἄλλες γενικοῦ ἐνδιαφέροντος».

---

[147] Δέν εἶχα τό χρόνο γιά νά μεταβῶ στά Ἱεροσόλυμα τήν περίοδο ἐκείνη μέ τό συνεργεῖο τῆς 2ης Γερμ. Τηλεόρασης, ἡ ὁποία ὅμως ἐκάλυψε πλήρως τά γενόμενα. Πάντως, ἡ ἱστορική ἐκείνη συνάντηση ὑπῆρξε ἀφορμή γιά τήν πρώτη, ἐπεισοδιακή, ἐμφάνισή μου σέ τηλεόραση. Ἤμουν τίς ἡμέρες ἐκεῖνες στό Mainz. Ἐντελῶς ἀπροσδόκητα ἔλαβα ἕνα τηλεφώνημα ἀπό τή 2η Γερμανική Τηλεόραση νά σπεύσω στά Studios της στά ὑψώματα Taunus, κοντά στή Φραγκφούρτη. Ἔφθασα ἐκεῖ ὅσο πιό γρήγορα μποροῦσα. Μέ περίμενε ἕνας Καθολικός καλόγερος, εὔσωμος, γενειάδα καί μαλλιά πυκνά καί μακρυά, μαῦρα ράσα, πανομοιότυπο Ὀρθόδοξου μοναχοῦ. Ἦταν ὁ π. Mitnacht, πρόσωπο εὐρύτερα γνωστό στή Γερμανία. Ἐγώ ἤμουν τότε πολύ ἀδύνατος καί βέβαια χωρίς κανένα διακριτικό Ὀρθόδοξου λαϊκοῦ Θεολόγου. Μᾶς εἶπαν ὅτι μᾶς κάλεσαν γιά ἕνα σχολιασμό τῆς συνάντησης Πάπα καί Πατριάρχη στά Ἱεροσόλυμα. Μᾶς πῆραν βιαστικά σέ δυό δωμάτια, ὅπου μᾶς «μασκάρεψαν» μέ ἕνα σωρό μπογιάδες. Ἀμέσως ἔπειτα μᾶς ὁδήγησαν σέ ἄλλο δωμάτιο μέ τίς κάμερες καί τούς προβολεῖς καί μᾶς εἶπαν πώς ἡ ζωντανή ἀναμετάδοση ἀρχίζει. Ἐμεῖς, βλέποντας ὁ ἕνας τοῦ ἄλλου τά «χάλια», καταληφθήκαμε ἀπό ἕνα νευρικό γέλωτα, πού δέν εἶχε σταματημό. Στό μεταξύ βλέπαμε σέ μιά τηλεόραση τόν ἑαυτό μας καί τόν συντονιστή τῆς ἐκπομπῆς, πού τά εἶχε τελείως χαμένα! Λέγω: «*Ἀγαπητοί τηλεθεατές, τό θέμα γιά τό ὁποῖο θά συζητήσουμε εἶναι τόσο εὐχάριστο, ὥστε, ὅπως βλέπετε, δύσκολα συγκρατοῦμε τή χαρά μας!*». «*Ναί, ναί πράγματι*», λέγει ὁ καλόγερος. Ἡ ἐκπομπή μπόρεσε ἔτσι νά συνεχισθεῖ ἀπρόσκοπτα! Πρβλ. τό ἄρθρο μου Alex. Papaderos, Papst und Patriarch auf dem Ölberg, in: Stimme der Arbeit, Stuttgart (8. 2. 1964) 3.

Σέ σχετική συζήτηση μέ τόν Ἀρχισυντάκτη, προσθέτει, σκέφθηκε πώς «τά ζητήματα πού σχετίζονται μέ τό σχέδιο δημιουργίας τῆς Ἀκαδημίας σας στήν Κρήτη θά μποροῦσαν μέ αὐτή τήν εὐκαιρία νά λάβουν εὐρύτερη δημοσιότητα, μάλιστα καθώς ὁ Πρόεδρος τῆς Ἐκκλησίας μας ἔδειξε μεγάλο ἐνδιαφέρον γιά τίς προθέσεις σας. Θά εἶχε ἐπίσης σίγουρα μεγάλη ἀξία νά γίνουν ἔτσι γνωστές κάποιες ἀπό τίς σκέψεις πού βρίσκονται πίσω ἀπό τό ἐξαίρετο βιβλίο σας «Μετακένωσις», οἱ ὁποῖες ἀφοροῦν στά προβλήματα τῆς Ἐκκλησίας στήν Ἑλλάδα ἔναντι τοῦ σημερινοῦ μοντέρνου κόσμου. Σκέπτομαι ἄλλωστε πώς ὅλ' αὐτά συμπεριλαμβάνονται στήν ἀποστολή τῆς Ἀκαδημίας. Ἡ παράκλησή μου λοιπόν εἶναι νά θελήσετε νά δηλώσετε ὅτι εἶσθε πρόθυμος νά μᾶς γράψετε ἕνα τέτοιο ἄρθρο». Θετική ἀπάντησή μου θά προωθήσει στόν Ἀρχισυντάκτη Heidtman, πού θά συνεννοηθεῖ μαζί μου γιά τήν ἔκταση τοῦ ἄρθρου.

17-1-1964 ΑΑπ
Απ-ΒΒ πρός Schaller
«Δέν σᾶς εἶχα ἀκόμη εὐχαριστήσει γιά τό ὅτι ἀκούσατε κατά τή συνεδρία τῆς Συνόδου τά σχετικά μέ τήν ὑπόθεσή μας {μοῦ εἶχαν κάμει τή μεγάλη τιμή νά ἐμφανισθῶ ἐνώπιον τῆς Συνόδου τῆς Ἐκκλησίας τους, νά ἐκθέσω τά σχετικά μέ τήν πορεία τοῦ σχεδίου τῆς Ἀκαδημίας καί τίς μελλοντικές προοπτικές της, ἀλλά καί νά ἀπαντήσω σέ ἐρωτήσεις τῶν συνοδικῶν μελῶν, κληρικῶν καί λαϊκῶν} καί μοῦ προσφέρετε ἤδη μιά καινούρια χαρά». Μοῦ εἶχε γράψει ὅτι τό ὑψηλοῦ ἐπιπέδου περιοδικό Kirche in der Zeit ἐπρόκειτο νά ἀφιερώσει ἕνα τεῦχος του στόν D. Hans Stempel γιά τά 70ά γενέθλιά του (8.7.1964) καί πρότεινε νά συνεισφέρω μιά μελέτη μου. Τοῦ γράφω λοιπόν ὅτι εἶναι μεγάλη ἡ τιμή καί ἀκόμη πιό μεγάλη ἡ εὐθύνη, ἀλλ' ὅτι θά προσπαθήσω. Προτείνω μάλιστα τό θέμα: *Kulturelle Metakenosis und kirchliche Diakonie - Πολιτισμική Μετακένωσις καί ἐκκλησιαστική διακονία*, δηλαδή «ποιά προβλήματα καί ποιές ὑποχρεώσεις δημιουργοῦνται γιά τήν Ἐκκλησία, ἐάν, κατά τή συνάντηση δύο πολιτισμῶν διαταραχθεῖ ἡ ὑπάρχουσα ἁρμονία μεταξύ τοῦ ἐντόπιου πολιτισμοῦ καί τῆς ἐντόπιας μορφῆς τοῦ Χριστιανισμοῦ».

Γράφω ὅτι θά ἐξετάσω τό θέμα σέ συστηματικό ἐπίπεδο, μέ ἀναφορά ὅμως στίς ἐξελίξεις στήν Ἑλλάδα κατά τούς νεώτερους χρόνους καί σέ συνδυασμό μέ τούς προβληματισμούς πού σχεδιάζουμε νά ἀπασχολήσουν τήν Ἀκαδημία. Πράγματι ἡ μελέτη δημοσιεύθηκε μέ τόν ἀνωτέρω τίτλο στό ἀφιερωματικό τεῦχος τοῦ ἐν λόγω περιοδικοῦ.[148]

---

[148] Alexander Papaderos, Kulturelle Metakenosis und kirchliche Diakonie, in: Kirche in der Zeit XIX. 7 (Düsseldorf, Juli 1964) 328-331.

Ἡ Ἀκαδημία τῆς Κρήτης σέ ρόλο πειράματος!

Ἡ Evangelische Zenzralstelle für Entwicklungshilfe, EZE (Εὐαγγελική Κεντρική Ὑπηρεσία Βοηθείας Ἀναπτύξεως) καί τό Ὁμοσπονδιακό Ὑπουργεῖο Οἰκονομικῆς Συνεργασίας καί Ἀναπτύξεως εἶναι νεοσύστατοι Ὀργανισμοί, χωρίς ἱκανή ἐμπειρία, καί ὡς ἐκ τούτου ὑπέρ τό δέον ἴσως προσεκτικοί, σχεδόν σχολαστικοί στίς σχέσεις καί τίς ἐνέργειές τους. Οἱ χορηγίες πού παρέχει ἡ EZE προέρχονται ἀπό χρήματα πού λαμβάνει ἀπό τό Ὑπουργεῖο. Παρεμβαίνει ὅμως καί τό Ὑπουργεῖο Ἐξωτερικῶν. Πρόσθετη εὐαισθησία προκαλεῖ τό γεγονός ὅτι ἡ αἴτησή μας ἦταν ἡ πρώτη πού εἶχε λάβει ἡ EZE! Ὁ Πρόεδρός της H. Kunst, ὁλόκληρο τό Συμβούλιο, ἡ Διεύθυνση καί τά στελέχη τῆς EZE, ἀλλά καί τό Ὑπουργεῖο, ἀποδίδουν μεγάλη σημασία στό κατά πόσον θά ἐπιτύχει τό... ΠΕΙΡΑΜΑ ΚΡΗΤΗ, γιατί τότε μόνο θά χρηματοδοτήσουν καί ἄλλα ἀνάλογα προγράμματα στόν Τρίτο Κόσμο. Σχετική ἀπόφαση φορτώνει σέ μᾶς τεράστιες εὐθύνες, στόν δέ Müller προκαλεῖ δικαιολογημένη ὀργή!:

14-1-1964 ABB
Μ πρός Kunst

«Μετά τήν ἐπιστροφή μου ἀπό τό ἀνά τόν κόσμο ταξίδι μου, ἄκουσα μέ λύπη, ὅτι ἡ Ἐπιτροπή σας γιά Ἀναπτυξιακή Βοήθεια ἀποφάσισε νά μή δεχθεῖ κατ' ἀρχήν ἄλλο Projekt ἐκτός ἀπό αὐτό στή Γωνιά Κρήτης, ὥσπου νά συλλεγοῦν ἐμπειρίες ἀπό τό Projekt τῆς Γωνιᾶς. Διετύπωσα ἤδη τούς ἐνδοιασμούς μου πρός τόν κ. Mordhorst, τούς ὁποίους συζήτησα ἐπίσης μέ τόν διπλωματικό Σύμβουλο Kunisch {Ὑπουργεῖο Ἐξωτερικῶν, Βόννη}.

Οἱ ἐνδοιασμοί γιά τήν ἀπόφαση αὐτή εἶναι οἱ ἀκόλουθοι:

1) Ἐμπειρίες γιά τήν ἀποτελεσματικότητα ἑνός οἰκοδομήματος Ἀκαδημίας μποροῦν νά διαπιστωθοῦν σέ κάποιο βαθμό τό νωρίτερο 2 χρόνια ἀπό τήν ὁλοκλήρωσή του. Ὁριστικά πορίσματα μάλιστα χρειάζονται πολύ περισσότερο χρόνο. Ἄν θά παρέμενε αὐτή ἡ ἀπόφαση {σέ ἰσχύ}, δέν θά μποροῦσε κανείς νά ζητήσει χρήματα γιά τέτοια ἐγχειρήματα πρίν ἀπό πέντε χρόνια.

2) Στό μεταξύ ὑπάρχουν ἐμπειρίες ἀπό τήν Ἀκαδημία στήν Ἰαπωνία. Τό 1964 θά γίνουν ἐκεῖ 110 συνέδρια, τά περισσότερα τῶν ὁποίων ὑπηρετοῦν τήν ἐσωτερική τάξη καί ὁλοκλήρωση τῆς κοινωνίας. Διαπιστώνεται ὅτι σέ τέτοιες μή χριστιανικές χῶρες οἱ ἄνθρωποι εἶναι πιό ἀνοιχτοί ἀπέναντι σέ τέτοια ἐργασία ἀπό ὅσο ἴσως σέ χριστιανικές χῶρες, ἐπειδή ἔχουν μεγαλύτερη ἀνάγκη ἀπό τίς ἠθικές δυνάμεις γιά τήν ὁλοκλήρωσή τους. Ἡ αἴτηση τῆς Κορέας λοιπόν δέν ἐπιτρέπεται σέ καμιά περίπτωση νά τεθεῖ σέ ἀναμονή ἐπί τόσο μεγάλο χρονικό διάστημα. Ἀντίθετα, μπορεῖ νά πεῖ κανείς ὅτι, μέ βάση τίς ἐμπειρίες στό Τόκυο, μπορεῖ τώρα νά γίνει κάτι σέ παρόμοιες περιπτώσεις».

3) Ἡ Ἐπιτροπή τῶν ἀντιπροσώπων τῶν Ἐκκλησιῶν τῶν γερμανικῶν Κρατιδίων, πού στηρίζει τίς προσπάθειες γιά τήν Κορέα, ἔχει λάβει ἤδη θετικές ἀποφάσεις καί ἔχει ἀναλάβει τά ἔξοδα λειτουργίας. «Ἡ περίπτωση λοιπόν {τῆς Κορέας} εἶναι διαφορετική ἀπό ἐκείνη τῆς Γωνιᾶς, ἐπειδή ἐκεῖ {Κρήτη} τό πρόβλημα πού δέν ἔχει λυθεῖ ἀκόμη εἶναι τά ἔξοδα λειτουργίας, πού κανονικά θά ἔπρεπε νά ἀναλάβουν οἱ Ὀρθόδοξες Ἐκκλησίες».

4) Οἱ ἐμπειρίες ἀπό τήν Κρήτη δέν μποροῦν σέ καμιά περίπτωση νά ληφθοῦν ὑπόψη γιά μιά μή χριστιανική ἀσιατική χώρα. Γιά τήν Κορέα πολύ περισότερο προσδιοριστικές εἶναι οἱ ἐμπειρίες ἀπό τό Τόκυο, παρά τό ὅτι ἡ Κορέα βρίσκεται σέ καλύτερη θέση, καθώς τό ποσοστό τῶν Χριστιανῶν στήν Κορέα εἶναι εἴκοσι φορές μεγαλύτερο ἀπό ἐκεῖνο τῆς Ἰαπωνίας».

Γιά ὅλους αὐτούς τούς λόγους ὁ Müller παρακαλεῖ νά ἐπανεξεταστεῖ τό ζήτημα κατά τήν ἐπόμενη συνεδρία τῆς Ἐπιτροπῆς, στήν ὁποία ζητεῖ νά τόν καλέσουν νά τούς ἐνημερώσει γιά τήν ἐπίσκεψή του στήν Κορέα.

25-1-1964: Ἀπεβίωσε στή Γωνιά ὁ Ἡγούμενος Ἰωακείμ Λατινάκης καί ἐτάφη τήν ἐπομένη.

3-6 Φεβρουαρίου 1964 ΑΑπ
Μετέχω σέ συνέδριο μέ θέμα: *Das Dorf im Umbruch-Fragen der kirchlichen Seelsorge im heutigen Dorf: Τό χωριό ἀλλάζει - Ποιμαντικά προβλήματα στό σημερινό χωριό.* Διαπιστώνω ἀρκετές ὁμοιότητες μέ τά σχετικά ποιμαντικά προβλήματα στά δικά μας χωριά, ἀλλά καί μεγάλες διαφορές στόν τρόπο ἀντιμετώπισης τῶν προβλημάτων αὐτῶν. Ἀνταλλαγή ἐμπειριῶν μεταξύ κληρικῶν διαφόρων προελεύσεων θά μποροῦσε νά ἀποτελέσει ἕνα χρήσιμο πρόγραμμα διάρκειας στήν Ἀκαδημία μας.

7-2-1964 ΑΑπ
Katharina Hilckman πρός Ἀπ
«Ὁ {Καθηγητής} κ. Rapp μᾶς μίλησε γιά τή θετική ἔκβαση τῆς ἐπίσκεψής σου στό Speyer· νά δώσει ὁ Θεός, ἡ μιά πέτρα νά πέσει σύντομα πάνω στήν ἄλλη, ὥστε τό ἔργο τῆς ζωῆς σου {Ἀκαδημία} νά στέκεται κάτω ἀπό τόν ἀγαθόν ἀστέρα τῶν 31^{ων} γενεθλίων σου» {9/2 - μεγάλη αἰσιοδοξία!}.

«Παντέρμη Κρήτη»
12-2-1964 ΑΑπ
Εἰρηναῖος πρός Ἀπ
«Θά ἔχης μάθει ἤδη τή φοβερή εἴδηση. Ὁ {Σοφοκλῆς} Βενιζέλος δέν

ὑπάρχει πλειά στή ζωή. Ἡ Κρήτη, ἡ "Παντέρμη Κρήτη" τόν ἔχασε καί νοιώθει μεγάλο καί ἀβάσταχτο τόν καημό του. Εἴμαστε ὅλοι τρομερά θλιμμένοι, γιατί ἕνα μεγάλο μέρος σχεδίων καί ὀνείρων μας μένει τώρα χωρίς στήριγμα. Ἐλπίζομε ὅμως πάντα στό Θεό, πώς θά φανερώσει καί πάλι μεγάλα παιδιά στήν Κρήτη.

α) Τό ζήτημα τῆς τοποθετήσεώς σου τό εἶχα τόσο ὡραῖα ρυθμίσει, ἀλλά δέ σοῦ ἀποκρύπτω ὅτι τώρα θά ἔχωμε περισσότερες δυσκολίες. Στό Ὑπουργεῖο Παιδείας ὑπάρχει μιά Δ/ση (νομίζω τῆς Οὐνέσκο) πού σοῦ ταιριάζει, διότι διά τήν ἄλλην πρός τό παρόν εἶναι ἀπολύτως ὑπεσχημένη. Τόν Ἰανουάριον πῆγα τρίς εἰς Ἀθήνας, κινήθηκα διά τόν Σειραδάκην {Δημήτριο, ἀπό τόν Λειβαδά, πρ. Ἀρχηγό ΓΕΣ, προτροπή μας νά πολιτευθεῖ} καί ἀμέσως μετά τάς ἐκλογάς θά πάω πάλιν. Θέλω νά τοποθετηθεῖς κάπου καί νά εἶσαι στήν Ἑλλάδα.

β) Καλά ἔκαμες καί πῆγες στό Speyer καί εὐχαριστῶ γιά τίς ἐπιτυχίες σου στό ζήτημα τῆς Ἀκαδημίας.

γ) Κρίνω καί γώ σκόπιμον νά φιλοξενήσωμε τήν Ἀκαδημίαν τοῦ Σλέσβιχ {στό} Καστέλλι καί Κολυμβάρι ὅπως εἴπαμε (στήν Παλαιόχωρα εἶναι δύσκολον λόγω ἀποστάσεως). Χρειάζεται ὅμως νά γνωρίζωμεν πότε ἀκριβῶς θά ἔλθουν / χρονικά ὅρια (ἐμεῖς εὐκαιροῦμε μόνο ἀπό 10 ἤ 15 Αὐγούστου ἕως 15 Σεπτεμβρίου).

Πόσα παιδιά θά εἶναι καί ἄν θέλουν νά τούς μαγερεύωμε κ.λπ. Στό ζήτημα τῶν τιμῶν θά συμφωνήσωμε (νομίζω 10-12 δρχ. ὕπνο κάτι εἶναι. <u>Ἀλλά προπαντός νά τονισθῇ ὅτι πρέπει νά συμμορφωθοῦν μέ τόν τόπο μας</u>.

δ) Σοῦ στέλνω ἕνα σχέδιον βιογραφίας μου καί πᾶρε ἀπό ἐκεῖ ὅσα σοῦ χρειάζονται. Εἶναι λίγο πρόχειρα, ἀλλά ἐσύ θά τά κατατάξῃς καλύτερα.

ε) Ὁ θάνατος τοῦ Βενιζέλου ὁπωσδήποτε θά ἔχῃ ἀντίκτυπο στίς ἐκλογές τῆς Κυριακῆς. Ἐλπίζω πάντως ὅτι τό Κέντρον θά ἔλθῃ πάλιν πρῶτον. Ὅμως ἐχάσαμε, ἐχάσαμε.

Λέγεται ὅτι ὁ Νικήτας Βενιζέλος (ἀδελφός τοῦ μικροῦ Λευτεράκη) μέ πολλάς ἱκανότητας θά κληθῇ νά συνεχίσῃ τήν παράδοση τῆς οἰκογενείας.

Χαιρετισμούς στόν κ. Müller καί νά βάλῃ τά δυνατά του νά μή χάσωμε τελικά τό σχέδιο {Ἀκαδημία}.

Δέν ἔχω νέα γιά τό Ξανθουδάκι καί ἔκανα σήμερα τηλεγράφημα.

Τά παιδιά ὅλα σέ ἀγαποῦν καί σέ χαιρετοῦν.

Μέ τίς εὐχές καί τήν ἀγάπη μου».

2. Νέες ἀξιώσεις τοῦ γερμανικοῦ Ὑπ. Ἐξωτερικῶν

14-2-1964 ΑΑπ
ΕΖΕ πρός Μ
Ὁ Διευθυντής τῆς ΕΖΕ Mordhorst γράφει στόν Müller πώς οἱ ἀντιπρόσωποι τοῦ Ὑπουργείου Ἐξωτερικῶν πού ἔλαβαν μέρος στήν κοινή σύσκεψη, στήν ὁποίαν μετεῖχαν ἐκεῖνος καί ὁ Müller, ἄφησαν νά ἐννοηθεῖ ὅτι ὑπό ὁρισμένες προϋποθέσεις θά ἦταν διατεθειμένοι νά ἄρουν τίς ἀντιρρήσεις τους γιά τό πρόγραμμα «Ἀκαδημία Γωνιά». Στίς προϋποθέσεις αὐτές ἀνήκουυν τά ἀκόλουθα σημεῖα:

1) Ἡ οἰκοδομή πού ἔχει προβλεφθεῖ νά ἁπλουστευθεῖ ἔτσι, ὥστε ἡ αἰτούμενη χορηγία τῶν 1.394.000 DM νά περιορισθεῖ σέ 700.000, τό πολύ 800.000 DM.

Αὐτό θά μποροῦσε νά ἐπιτευχθεῖ μέ ἀφαίρεση τῆς αἴθουσας συνεδριάσεων καί τοῦ χώρου πολλαπλῶν χρήσεων καί μέ ἐλάττωση τῶν μονόκλινων δωματίων καί μετατροπή τους σέ περισσοτέρων κλινῶν. Τό κατά πόσον εἶναι τοῦτο δυνατόν πρέπει νά ἐξετασθεῖ μέ βάση τίς ὑπάρχουσες συνθῆκες στήν Κρήτη.

Ἐπιπλέον: Ἁπλούστευση τῶν χώρων ὑγιεινῆς καί ἐν γένει τοῦ συνόλου τῶν ἐγκαταστάσεων. Ἄν δέν ἐπαρκέσουν τά ἀνωτέρω γιά τόν περιορισμό τῆς δαπάνης, νά ἀφαιρεθεῖ καί ἡ κατοικία γιά τόν ἀναπληρωτή Διευθυντή {**φανερή καί ἐξοργιστική ἡ τριτοκοσμική κατάσταση τήν ὁποία θέλουν νά μᾶς ἐπιβάλουν! b-Αρ**}.

2) Ἀναθεώρηση τοῦ ὑποβληθέντος στήν ΕΖΕ προγράμματος σπουδῶν καί σαφέστερος καθορισμός τοῦ σκοποῦ τοῦ Ἰνστιτούτου {Ἀκαδημίας}.

Αὐτό πού προφανῶς ἐνδιαφέρει ἰδιαίτερα τούς ἐκπροσώπους τοῦ Ὑπουργείου Ἐξωτερικῶν εἶναι νά καταστεῖ σαφές ὅτι ὑπάρχει στήν Κρήτη ἐπαρκής ὁμάδα ἀνθρώπων ἐνδιαφερομένων νά συμμετέχουν σέ συνέδρια καί ἱκανῶν νά ἐπεξεργάζωνται πράγματι τά κατά περίπτωση θέματα {ὑποκρύπτεται καί πάλιν ἡ ἀνησυχία μήπως δέν ἀποδειχθεῖ εὐνοϊκή καί ἀποτελεσματική ἡ ἐπιλογή ἐπαρχιακοῦ καί ἀπομονωμένου χώρου γιά τήν ἀνέγερση τῆς Ἀκαδημίας, καθώς καί ἡ ἀλαζονική ἀντίληψη μερικῶν, ὅτι οἱ "ἀνέσεις" στό κτήριο τῆς Ἀκαδημίας μας μποροῦν νά εἶναι στό ἐπίπεδο κάποιας περιφερειακῆς χώρας τῆς Ἀφρικῆς...}.

3) Στήν ἐν λόγω συζήτηση διατυπώθηκε ἡ ἀνησυχία ὅτι ὁ ἐν γένει σχεδιασμός στηρίζεται ὑπέρμετρα στήν ὕπαρξη μόνον ἑνός ἱκανοῦ Διευθυντῆ - δηλ. τοῦ Δρος Παπαδεροῦ. Πολύ δικαιολογημένα φοβοῦνται ὅτι δέν ὑπάρχουν καί ἄλλα πρόσωπα, ἱκανά γιά διδασκαλία, διεύθυνση συνεδριάσεων κλπ., ὥστε νά ἀποκτήσει τό νέο Ἰνστιτοῦτο πράγματι ἕνα "πρόσωπο".

Θά χρειασθεῖ λοιπόν μιά πρόσθετη αἴτηση, πού θά ἐξαλείψει τίς ἀνησυχίες αὐτές καί θά κάμει σαφές ὅτι ὁ Σύνδεσμος τῶν Ἀκαδημιῶν τῆς Γερμανίας θά στηρίξει τό Ἰνστιτοῦτο πρός αὐτήν τήν κατεύθυνση καί θά βοηθήσει στήν ἀντιμετώπιση τῶν ἀφετηριακῶν δυσχερειῶν.

4) Πέραν τούτων, οἱ ἐκπρόσωποι τοῦ Ὑπουργείου Ἐξωτερικῶν δέν εἶναι σίγουροι ὅτι μετά τήν παρέλευση τῶν πρώτων τριῶν χρόνων τά ἔξοδα λειτουργίας {τῆς Ἀκαδημίας} θά μπορέσουν νά καλυφθοῦν πράγματι πλήρως ἀπό τίς ἀναγραφόμενες στήν αἴτηση πηγές - τή Μητρόπολη καί τούς Ἕλληνες χορηγούς.

Διατυπώθηκαν ἐπίσης ἀμφιβολίες γιά τό κατά πόσο μπορεῖ νά λογαριάζει κανείς τόσο πολύ μέ συνεισφορά προϊόντων ἀπό τή Μονή, ὅπως προβλέπεται στή σελ. 9 τῆς ὑπάρχουσας αἴτησης στή στήλη ΕΣΟΔΑ. Καί ἐδῶ χρειάζεται περισσότερη σαφήνεια, ὥστε νά παραμερισθοῦν οἱ ἀνησυχίες πού ἐκδηλώθηκαν {σέ αὐτές τίς ἐπιφυλάξεις δέν εἶχαν ἄδικο, γιά μᾶς ὅμως δέν ὑπῆρχαν τότε ἄλλες ἐπιλογές}.

Ἐρευνητέο, τέλος, μήπως ἡ Ἐκκλησία κάποιου {γερμανικοῦ} Κρατιδίου θά ἦταν πρόθυμη νά ἀναλάβει μιά ἐγγύηση {ὅτι θά εἰσφέρει τά τυχόν ἐλλείποντα, μετά τήν παρέλευση τῶν πρώτων τριῶν ἐτῶν, γιά τά ὁποῖα προβλέπεται στήν αἴτηση σχετική χορηγία τῆς ΕΖΕ}.

Ἡ ΕΖΕ εἶναι εὐχαρίστως πρόθυμη νά στηρίξει μέ ἐπιμονή τό πρόγραμμα {Ἀκαδημία Κρήτης} ἐνώπιον τῶν διαφόρων συμβαλλομένων ἀπό τήν πλευρά τῆς Ὁμοσπονδιακῆς Κυβερνήσεως στή μορφή πού τροποποιεῖται ὡς ἄνω.

20-2-1964 ΑΑπ
ΕΖΕ πρός Απ-ΒΒ
Ἀναφέρεται σέ τηλεφωνική ἐπικοινωνία μας, ἡ ὁποία εἶχε προηγηθεῖ, σχετικά μέ τήν αἴτηση πού ἔχει ὑποβληθεῖ ἀπό τήν ΕΖΕ στήν Κυβέρνηση γιά τήν Ἀκαδημία μας, μέ τά συνοδευτικά ἔγγραφα, τούς ὑπολογισμούς τῶν δαπανῶν, τήν ἀλλαγή τῶν σχεδίων μέ στόχο τόν περιορισμό τῆς δαπάνης σέ 700.000 μέχρι 800.000 DM. Ἔχω παρατηρήσει πολλές φορές αὐτήν τήν τακτική γερμανικῶν Ὑπηρεσιῶν - καί ὄχι μόνο: Ἔχεις μιά τηλεφωνική ἐπικοινωνία· καταγράφουν καί σοῦ στέλνουν τά λεχθέντα, καθώς *verba volant, scripta manent!*

23-2-1964 ΑΑπ
Απ (ΒΒ) πρός Εἰρηναῖον
«Λίγο πρίν εἰσαχθῶ ἀπόψε στό νοσοκομεῖο γιά μιά μικρή ἐγχείρηση, στή μύτη, ἀποστέλλω κατάσταση τῶν ἀπαιτουμένων τροποποιήσεων εἰς διπλοῦν, γιά νά ἔχει καί ὁ μηχανικός. Οἱ τροποποιήσεις ἐκρίθησαν ἀναγκαῖες ὕστερα ἀπό τή διαπίστωση πώς θά δυσκολευτοῦμε νά διατηρήσουμε ἕνα πολύ μεγάλο κτήριο, τό ὁποῖο ἄλλωστε εἶναι, στό παλαιό σχέδιο, δυσανάλογο

πρός τίς ὑπάρχουσες ἀνάγκες. Νά συστήσετε στούς μηχανικούς νά ἐπιδείξουν περισσοτέραν προσοχήν καί ἀκρίβειαν, νά κάμουν εὐπαρουσίαστους καί μέ σχολαστικότητα ὑπολογισμένους λογαριασμούς, ἐπειδή αὐτό θά εἶναι τό τελικό σχέδιο καί, ὅταν ἀρχίσουμε νά χτίζουμε, δέν πρέπει νά πέσουμε ἔξω· ἀλλά καί ἐπειδή οἱ ἐδῶ Ὑπηρεσίες ἔχουν ἀκριβῆ στοιχεῖα τῶν ἐν Ἑλλάδι τιμῶν κ.λπ. Ἐπειδή ἐγώ ἀφήνω τή Γερμανία ὁριστικά τέλη Μαρτίου, θά εἶμαι εὐγνώμων, ἐάν ἑτοιμαστοῦν τά πάντα ὥς τότε, ὥστε νά ὑποβληθοῦν κατά τό διάστημα τῆς ἐδῶ παρουσίας μου πρός ἀποφυγήν ἄλλης καθυστερήσεως καί περιττῶν κόπων.

Μόλις μετά δυό τρεῖς μέρες βγῶ μέ τή δύναμη τοῦ Θεοῦ ἀπό τό Νοσοκομεῖο, θά σᾶς γράψω τί ἄλλο πρέπει νά γίνει σχετικά μέ τήν Ἀκαδημία.

Τό ἐδῶ Ὑπουργεῖον τῶν Ἐξωτερικῶν φέρει ἀκόμη μεγάλες ἀντιρρήσεις, ὅταν ὅμως γίνουν ὅλα ὅσα γράφω, δέν θά ἔχει λόγους.

Ἡ ἐγχείρησις τοῦ Ξανθουδάκη πῆγε πολύ καλά, παρακολουθῶ συνεχῶς μέ τό τηλέφωνο τήν ἐξέλιξή του καί εὑρίσκεται οὐσιαστικά ἐκτός κινδύνου.

Ὁ κ. Guyer γράφει ὅτι κάτι ἔπρεπε νά στείλετε στό Γραφεῖο τῶν Λουθηρανῶν στή Γενεύη γιά τήν παροχή μιᾶς ἐνισχύσεως καί πρέπει νά ὑποβληθεῖ σύντομα.

Ἐγώ ἔχω μιά διάλεξη στή Γενεύη στίς 21 Μαρτίου καί θά δῶ καί τούς ἐκεῖ.

Αὐτά λοιπόν τά "λίγα" πάλι γιά σήμερα καί ὁ καλός Θεός ἄς εἶναι βοηθός μας».

Ἀναθεώρηση Προγράμματος Σπουδῶν

(*μέ τή διατύπωση αὐτή οἱ Γερμανοί ἐννοοῦν τόσο τά συνέδρια τῆς Ἀκαδημίας, ὅσο καί τίς πρός τοῦτο ἀπαιτούμενες κατά περίπτωση μελέτες, τήν ἑτοιμασία καί ἀξιοποίηση συμπερασμάτων καί ἐν γένει τό ἔργο τοῦ Ἱδρύματος*).

6-4-1964 ASp
STUDIENPLAN DER AKADEMIE GONIA
(ΠΡΟΓΡΑΜΜΑ ΣΠΟΥΔΩΝ ΤΗΣ ΑΚΑΔΗΜΙΑΣ ΓΩΝΙΑΣ)

Αὐτόν τόν τίτλο καί τήν ἡμερομηνία 6 Ἀπριλίου 1964 φέρει κείμενο 13 σελίδων. Τό συνέταξα (στά Γερμανικά) βάσει προγενέστερων σχετικῶν σχεδίων μου[149] καί ὕστερα ἀπό συνεννόηση μέ τόν Εἰρηναῖο καί μερικούς ἀπό τούς κατωτέρω ἀναγραφόμενους μελλοντικούς συνεργάτες, προκειμένου νά ὑποβληθεῖ

---

[149] Σέ σχέδιό μου (18-12-1963 ABB, στά Γερμανικά) γιά τήν ἐργασία τοῦ Ἰνστιτούτου Γωνιᾶς κατά τό πρῶτο ἔτος τῆς λειτουργίας του ἀναφέρω: Α. Συνέδρια εἰδικοῦ χαρακτήρα: α) Συνέδρια γιά τόν ἀγροτικό πληθυσμό, μέ 10 εἰδικότερα θέματα, β) Συνέδρια γιά διάφορες ἐπαγγελματικές ὁμάδες, μέ 7 θέματα, γ) Συνέδρια γιά νέους, μέ ἔμφαση στόν ἐπαγγελματικό προσανατολισμό. Β. Συνέδρια γενικοῦ χαρακτήρα. Γ. Σεμινάρια. Δ. Ἐργασία Ἐπιτροπῶν.

στήν ΕΖΕ ώς άπάντηση στό σχετικό αἴτημα τῶν ἐκπροσώπων τοῦ Ὑπουργείου Ἐξωτερικῶν (βλ.14-2-1964) γιά ἐπανεξέταση τοῦ προγενέστερου προγράμματος καί άκριβέστερο προσδιορισμό τοῦ σκοποῦ τῆς Ἀκαδημίας. Κατά τό χρόνο συγγραφῆς τοῦ κειμένου δέν ἦταν δυνατόν νά προβλεφθοῦν οἱ συνθῆκες ὑπό τίς ὁποῖες θά ἄρχιζε τή λειτουργία του τό Ἵδρυμα 4 χρόνια ἀργότερα, ἰδίως ἡ γιά ἕνα ἔργο διαλόγου ὅλως ἀρνητική ἀτμόσφαιρα τοῦ ἐπιβληθέντος ἀπό 21-4-1967 δικτατορικοῦ μονολόγου. Ὁ προγραμματισμός ἔγινε μέ βάση τά δεδομένα τοῦ χρόνου συντάξεώς του καί μέ ἰδιαίτερη προσοχή πρός δύο κατευθύνσεις:

Π ρ ῶ τ ο ν, νά κινηθεῖ στά πλαίσια τῶν ΕΚΘΕΣΕΩΝ μου πού εἶχαν προηγηθεῖ, καθώς καί τῶν λοιπῶν κειμένων πού εἶχαν ὑποβληθεῖ (αἰτήσεις μας, Γνωμάτευση τοῦ Müller καί λοιπά συναφῆ).

Δ ε ύ τ ε ρ ο ν, νά λάβει ὑπόψη τήν εἰδική ἀποστολή, τήν εὐθύνη καί τίς δεσμεύσεις τῆς ΕΖΕ ἔναντι τοῦ Κράτους, πού ἦταν ὁ χορηγός τῶν κονδυλίων, κύριος προορισμός τῶν ὁποίων ἦταν ἡ συμβολή στήν οἰκονομική ἀνάπτυξη καί τήν κοινωνική συνοχή τῶν τόπων στούς ὁποίους ἐπρόκειτο νά ἐπενδυθοῦν κατά περίπτωση τά χρήματα. Δέον νά σημειωθοῦν ἐδῶ, μέ ἰδιαίτερη ἔμφαση, τά ἀκόλουθα στοιχεῖα, πού δημιουργοῦσαν γιά μᾶς ἐξιδιασμένη εὐθύνη:

α) Ὅτι ἡ ἀναπτυξιακή βοήθεια, γιά τήν ὁποία εἶχε συσταθεῖ ἰδιαίτερο Ὁμοσπονδιακό Ὑπουργεῖο, προορισμό εἶχε τίς χῶρες τοῦ λεγόμενου τότε Τρίτου Κόσμου, στόν ὁποῖο δέν ἀνῆκε βέβαια ἡ Ἑλλάδα. Ἑπομένως ἡ ἔγκριση τῆς αἰτήσής μας θά ἦταν μιά ἐξαίρεση καί ὡς ἐκ τούτου ἔπρεπε νά εἶναι πλήρως αἰτιολογημένη.

β) Ἡ αἴτησή μας ἦταν ἡ πρώτη πού ἔλαβε καί προωθοῦσε ἡ νεοσύστατη ΕΖΕ. Ὑπῆρχε λοιπόν καί ἀπό τήν πλευρά της πλήρως κατανοητή εὐαισθησία! Ἄν δέν ἔπειθε ἡ Ἀκαδημία τῆς Κρήτης, ὁλόκληρο τό πρόγραμμα δημιουργίας Ἀκαδημιῶν στήν Ἀσία, τήν Ἀφρική καί τή Λατινική Ἀμερική - Καραϊβική θά προσέκρουε σέ σοβαρές δυσκολίες.

γ) Ἡ ΕΖΕ, Ὑπηρεσία τῆς Εὐαγγελικῆς Ἐκκλησίας τῆς Γερμανίας, ὀργανώθηκε τό 1962 ὡς ἀντίστοιχη Ὀργάνωση πρός ἐκείνη τῆς Καθολικῆς Ἐκκλησίας τῆς Γερμανίας MISEREOR (1958). Ἄν καί δέν ὑπῆρχε μεταξύ τους ἐμφανής ἀνταγωνισμός, ἐμφανής καί κατανοητή σέ κάποιο βαθμό ἦταν, ὡστόσο, ἡ ἅμιλλα (ἐνίοτε καί κάτι παραπάνω, βλ. 9-3-1962), καθώς καί τό εὔλογο ἐνδιαφέρον τους νά ὑποστηρίζουν προγράμματα μέ προοπτική ἐπιτυχίας, μάλιστα καθώς κοινή πηγή χρηματοδότησής τους ἦταν τό Ὑπουργεῖο Οἰκονομικῆς Συνεργασίας καί Ἀναπτύξεως.

δ) Τελευταῖο, πλήν διόλου δευτερεῦον, ἦταν τό γεγονός ὅτι τό δικό μας πρόγραμμα ἀποτελοῦσε μιά προφανῶς ἀπροσδόκητη ἐξαίρεση ἀπό ὁμολογιακή ἄποψη. Στήν τρομακτική διάσταση μεταξύ τοῦ πλούσιου Βορρᾶ καί τοῦ ἐξαθλιωμένου Νότου ἡ ἀναπτυξιακή πολιτική τῆς Γερμανίας ἀκολούθησε τήν πιό ἔξυπνη μέθοδο -ἕνα στρωμένο μονοπάτι: Ἀντί νά βασισθεῖ μόνο στίς διπλωματικές της Ὑπηρεσίες στό ἐξωτερικό καί στίς ὄχι σπάνια κατηγορούμενες γιά διαφθορά καί ἀνεπάρκεια κρατικές δομές ὑπανάπτυκτων χωρῶν, προτίμησε νά ἀξιοποιήσει στό μέγιστο δυνατό τίς κατά τόπους χριστιανικές κοινότητες, καθολικές καί εὐαγγελικές, μέ τίς ὁποῖες μποροῦσε, διά τῶν δύο ἐν Γερμανίᾳ μεγαλυτέρων Ἐκκλησιῶν, νά ἀναπτύξει ἄμεσες, ἀποτελεσματικές καί λιγότερο δαπανηρές ἑταιρικές σχέσεις καί δράσεις.

Ἐμεῖς ὅμως ἀποτελούσαμε μιά πρώτη ἐξαίρεση γιά τό συγκεκριμένο πλαίσιο ἁρμοδιοτήτων τόσο τῶν Ὑπηρεσιῶν MISEREOR καί EZE ὅσο καί τοῦ Ὑπουργείου Οἰκονομικῆς Συνεργασίας καί Ἀναπτύξεως. Ἀφ' ἑνός ἐπρόκειτο νά δημιουργήσουμε ἕνα ὀ ρ θ ό δ ο ξ ο Κέντρο (δηλ. κάτι πρωτοφανές καί γιά τίς δύο Ὑπηρεσίες, MISEREOR/EZE καί Ὑπουργεῖο) καί ἀφ' ἑτέρου ἡ Ἑλλάδα, παρά τίς καταστροφές πού εἶχαν προηγηθεῖ, δέν ἀνῆκε στίς ὑπανάπτυκτες χῶρες καί ὡς ἐκ τούτου οὔτε στίς ἁρμοδιότητες ἤ πάντως στίς προτεραιότητες τοῦ ἐν λόγῳ Ὑπουργείου. Δύο δεδομένα, ὡστόσο, διευκόλυναν τή θέση μας:

α) Τό ὅτι διά τοῦ Παγκοσμίου Συμβουλίου Ἐκκλησιῶν καί ἀπό διάφορες ἐκκλησιαστικές (κατά κανόνα προτεσταντικές) ὀργανώσεις ἐλάμβαναν ἤδη ἀπό ἐτῶν ποικίλη βοήθεια πολλές Μητροπόλεις στήν Ἑλλάδα - ὅπως καί ἡ δική μας (καί ἐδῶ κατά κανόνα ἐπίσης ἀπό προτεσταντικές, ἐνίοτε ὅμως καί καθολικές πηγές, πρβλ. 16-11-1962).

β) Τά δεινά τοῦ πολέμου καί ἰδιαίτερα ἐκεῖνα τῆς Κρήτης δέν ἦταν εὔκολο νά παραθεωρηθοῦν κατά τήν κρίση τῆς αἰτήσης μας καί τήν ἐπ' αὐτῆς ἀπόφαση. Βέβαια οἱ κρατικές γερμανικές Ὑπηρεσίες ἦταν ἐξόχως εὐαίσθητες καί προσεκτικές, ὥστε ἡ ἱκανοποίηση τοῦ αἰτήματός μας νά μήν ἑρμηνευθεῖ ὡς ...πολεμική ἀποζημίωση καί δημιουργηθεῖ ἔτσι κακό προηγούμενο!.

Στό ἀναθεωρημένο αὐτό Πρόγραμμα Σπουδῶν, λοιπόν, πού ὑπέβαλα εἶχα τολμήσει τήν πρόβλεψη ὅτι κατά τόν πρῶτο χρόνο λειτουργίας τῆς Ἀκαδημίας θά μπορούσαμε νά ὀργανώσουμε περίπου 60, τό πολύ 80 συνέδρια.[150]

Τά πρῶτα αὐτά συνέδρια, ἔγραφα, θά ἀσχοληθοῦν μέ βασικά προβλήματα τοῦ λαοῦ τῆς Κρήτης, προκειμένου νά δημιουργηθεῖ μιά γερή βάση γιά τήν περαιτέρω ἐργασία τῆς Ἀκαδημίας (σέ χρονικό ὁρίζοντα 5ετίας). Ὅσα ἀκολουθοῦν ἀποτελοῦν μόνο ἕνα γενικό πλαίσιο. Ἡ διατύπωση τῶν ἐπιμέρους θεμάτων δέν πρέπει νά θεωρηθεῖ ὡς ὁριστική.

---

[150] Ἀπό τόν Ὀκτώβριο τοῦ 1968 (ἐγκαίνια τῆς ΟΑΚ) μέχρι τόν Ὀκτώβριο τοῦ 1969 πραγματοποιήθηκαν 37, μερικά ἀπό τά ὁποῖα ἦταν πολυήμερα, καθώς καί ἱκανός ἀριθμός ἀπό τίς ἐκδηλώσεις ἐκεῖνες πού δέν λαμβάνουν συνεδριακό ἀριθμό (ἐπισκέψεις / ξενάγηση-συζήτηση μέ μαθητές καί δασκάλους σχολείων, ἄλλες Ὁμάδες, συσκέψεις μέ Ἐπιτροπές κ.λπ.). Πρίν ἀπό τά ἐγκαίνια (Αὔγουστο – Σεπτέμβριο) εἶχαν γίνει ἐπίσης 4 συνέδρια.

Ἀκολουθοῦν 22 κύκλοι συνεδριακῶν δράσεων. Στό κείμενο πού ὑποβλήθηκε ὑπάρχει σύντομη ἀνάλυση τῶν κύριων στόχων κάθε κύκλου. Ἐδῶ περιορίζομαι σέ ἐνδεικτική μόνο σύνοψη τῆς ἀντίστοιχης ἀνάλυσης:

1. Ἐγωκεντρική ἤ κοινοβιακή ἐργασία καί ζωή

Παραδοσιακές ἀρχές καί δομές τοῦ κοινωνικοῦ βίου, πού εὐνοοῦσαν τή συνεργασία καί στόν οἰκονομικό τομέα, ὑποχωροῦν ὑπό τήν πίεση τοῦ μοντέρνου ἐγωκεντρισμοῦ. Στόχος τῆς δράσης αὐτῆς θά εἶναι ἡ τόνωση τοῦ πνεύματος τῆς συνεργασίας καί ἀλληλεγγύης, π.χ. πρός παραγωγικό ἐξορθολογισμό καί συνεργατική χρήση τῶν νέων μηχανικῶν μέσων στή γεωργία.

2. Συνεταιρισμοί καί οἰκονομική ἀνάπτυξη

Τό συνεταιριστικό σύστημα πάσχει μεταξύ ἄλλων καί ἀπό τό ὅτι δέν προτάσσει οἰκονομικούς - ἀναπτυξιακούς στόχους, ἀλλά συχνά προσωπικούς καί πολιτικούς. Τοπικισμός καί ἀνταγωνισμός διευκολύνουν τούς ἐμπόρους νά ἐκμεταλλεύονται πρός ἴδιον ὄφελος τίς ἀδυναμίες τῶν συνεταιρισμῶν καί τῶν Ἑνώσεων. Μέ τά συνέδρια θά ἐπιδιωχθεῖ ἡ ἀντικειμενική προσέγγιση τῶν προβλημάτων καί ἡ ἐνθάρρυνση τῶν ἀγροτῶν πρός τήν κατεύθυνση τῶν ἀναγκαίων διαρθρωτικῶν ἀλλαγῶν, ὥστε τό συνεταιριστικό σύστημα νά ἀνακτήσει τήν ἐμπιστοσύνη τους καί νά ἀνταποκριθεῖ στίς ἀπαιτήσεις τῆς σύγχρονης οἰκονομικῆς ἀνάπτυξης.

3. Τό χωριό καί τά σύγχρονα τεχνικά μέσα

Τά τεχνικά μέσα φθάνουν ἤδη ὥς τό τελευταῖο χωριό. Τή σωστή χρήση καί ἀξιοποίησή τους ὅμως δυσχεραίνουν ἡ ἄγνοια, ἡ ἀπουσία τεχνιτῶν, ὁ κακός ὑπολογισμός κόστους καί χρήσης. Ἡ Τεχνική Σχολή τῆς Μητροπόλεως Κισάμου καί Σελίνου, καθώς καί ἡ ἀγροτική, τήν ὁποία ἑτοιμάζουμε μαζί μέ τήν Ἀκαδημία {Κέντρο Ἀγροτικῆς Ἀνάπτυξης στό Κολυμβάρι}, σκοπό ἔχουν τήν ἐκπαίδευση ἀνθρώπων καί τήν ἐφαρμογή μεθόδων πού θά συμβάλλουν στή δημιουργική ἀξιοποίηση τῶν νέων τεχνικῶν καί λοιπῶν δυνατοτήτων.

4. Μή οἰκονομικές (ἤτοι πνευματικές - ἠθικές) προϋποθέσεις τῆς οἰκονομικῆς ἀνάπτυξης

Ἀναμφίβολα, ἡ οἰκονομική ἀνάπτυξη καί ἡ ἐν γένει ἄνοδος τοῦ βιοτικοῦ ἐπιπέδου ἀποτελοῦν μιά σύνθετη διαδικασία πού δέν ἐξαρτᾶται μόνο ἀπό οἰκονομικούς παράγοντες. Σημαντικός εἶναι καί ὁ ρόλος πνευματικῶν καί ἠθικῶν ἀρχῶν καί κοινωνικῶν δομῶν, πού θά ἀποτελοῦν μέρος τῶν ἐκπαιδευτικῶν καί συνεδριακῶν δράσεων τῆς Ἀκαδημίας.

5. Ἀστυφιλία - τί ἐπιτρέπεται καί τί μπορεῖ νά γίνει πρός ἀνάσχεσή της

Τί εἶναι ἀνάγκη καί τί δυνατόν νά γίνει πρός ἀνάσχεσή της. Ἀκολουθοῦν συγκεκριμένες δράσεις.

6. Ὁ ἀπόφοιτος δευτεροβάθμιας ἐκπαίδευσης ὡς γεωργός

Πολλοί ἀπό τούς νέους αὐτούς ἀνθρώπους (ἀγόρια καί κορίτσια) δέν προχωροῦν σέ πανεπιστημιακές σπουδές. Δημιουργεῖται ἕνα εἶδος ἀκαδημαϊκοῦ προλεταριάτου. Ἔχει ὅμως ἀποδειχθεῖ ὅτι ἀρκετοί ἀπό αὐτούς, ὅταν ἐπιδίδονται σέ ἀγροτικές ἀπασχολήσεις, καί ἐπιτυχία σημειώνουν καί ἡγετικά πρόσωπα ἀναδεικνύονται. Εἶναι περισσότερο δεκτικοί νέων ἰδεῶν καί μεθόδων καί, μέ κατάλληλη ἐκπαίδευση καί ἐνθάρρυνση, μποροῦν νά συμβάλουν δημιουργικά στή βελτίωση ὄχι μόνο τῶν οἰκονομικῶν ἀλλά καί τῶν ἐν γένει συνθηκῶν.

7. Αὐθεντία καί εὐθύνη

Ἱερεῖς, ἰατροί, ἐκπαιδευτικοί, δικαστικοί, ἀστυνομικοί, ἀγρονόμοι, δήμαρχοι καί ἄλλα πρόσωπα, πού ἀποτελοῦν τίς "αὐθεντίες" τῆς ὑπαίθρου, στή σχέση τους α) πρός ἀλλήλους καί β) πρός τόν ἀγροτικό πληθυσμό θά εἶναι ἕνας ἄλλος, ἀναγκαῖος χῶρος δραστηριοτήτων τῆς Ἀκαδημίας.

8. Τό καφενεῖο - ἐλεύθερος χρόνος στό χωριό

Σύντομη περιγραφή τῆς ζωῆς (κυρίως τῶν ἀνδρῶν) στό καφενεῖο, τά θετικά καί τά ἀρνητικά του. Ἡ Ἀκαδημία θά προσεγγίσει καί αὐτόν τόν τρόπο ζωῆς καί θά χρησιμοποιήσει τό καφανεῖο ὡς τόπο συγκεκριμένων δράσεών της.

9. Παλιά ἔθιμα καί μοντέρνα πραγματικότητα

Ἀναφέρονται παραδείγματα κοινωνικῶν δομῶν καί ἐθίμων, τά ὁποῖα εἶναι ἀνάγκη νά ἀποτελέσουν ἀντικείμενο δραστηριοτήτων τῆς Ἀκαδημίας, ὅπως π.χ. ἡ προίκα, ἡ βεντέτα, ἡ ἐν γένει θέση τῆς γυναίκας στήν οἰκογένεια, στήν ἐκπαίδευση, ἀπασχόληση, γενικότερα στήν κοινωνία καί στή ζωή τῆς Ἐκκλησίας, ὁ ἀναγκαῖος ἀναδασμός, τά συγκρουσιακά προβλήματα βοσκοτόπων, ἡ διανομή καί χρήση τοῦ νεροῦ κ.ἄ.

10. Γεωργοί σέ ἄλλες χῶρες

Εἰδικές ἐνημερωτικές συνάξεις, στίς ὁποῖες γεωργοί τῆς Κρήτης θά ἔχουν τήν εὐκαιρία νά συνομιλήσουν μέ εἰδικούς εἰσηγητές ἀπό ἄλλες χῶρες καί νά γνωρίσουν πῶς σέ περιοχές ὅπου τά ἐδάφη καί οἱ λοιπές συνθῆκες εὐνοοῦν τήν παραγωγικότητα πολύ λιγότερο ἀπό ὅσο στήν Κρήτη ἔχουν ἐπιτύχει πολύ καλύτερα ἀποτελέσματα (π.χ. Ἰσραήλ).

11. Ὁ ἄνθρωπος ὡς τουρίστας καί ὡς φιλοξενῶν

Ἡ ἀνάπτυξη τοῦ Τουρισμοῦ συνοδεύεται ἀπό σοβαρές ἀλλαγές κοινωνικῶν ἀντιλήψεων καί συμπεριφορῶν, καθώς καί μέ πλῆθος πρακτικῶν ζητημάτων πού χρειάζεται νά ἐπισημανθοῦν καί νά ἀντιμετωπισθοῦν ἔγκαιρα.

12. Προτερήματα καί ἐλαττώματα τοῦ ἐμπορεύεσθαι, συνέπειες γιά τήν οἰκονομική ἀνάπτυξη - συνέδρια γιά ἐμπόρους

Παραδοσιακές δομές καί ἤθη τοῦ ἐμπορεύεσθαι ἀντιμετωπίζουν ἤδη κρίσεις, πού θά ἐνταθοῦν ἀκόμη περισσότερο μέ τή διεθνοποίηση τοῦ ἐμπορίου καί τή διαμόρφωση νέων πραγματικοτήτων. Ἡ Ἀκαδημία πρέπει νά διευκολύνει τήν ενημέρωση τῶν ἐμπόρων καί τό διάλογο ἐπί τῶν διαφαινομένων σοβαρῶν προβλημάτων.

13. Ἔχει μέλλον ἡ βιοτεχνία;

Ἡ βιοτεχνία καί ἡ μικροεπιχείρηση ἀντιμετωπίζουν ἤδη τό πρόβλημα τῆς ἐπιβίωσής τους. Ἀκόμη καί ἐργάτες πού ἐπιστρέφουν ἀπό τό ἐξωτερικό ἐπενδύουν ἐνίοτε κάποιο κεφάλαιο χωρίς ἐξακρίβωση τῆς προοπτικῆς ἐπιτυχίας. Ἡ μεταβατική αὐτή κατάσταση καί συναφῆ ζητήματα, ὅπως ἡ συγκρότηση συντεχνιῶν, ἡ δημιουργία συμβουλευτικῶν ὀργάνων γιά τή βιοτεχνία, τό σύστημα δανειοδότησης κλπ., ὀφείλουν νά ἀποτελέσουν ἀντικείμενο ἐνημέρωσης καί διαλόγου.

14. Βιομηχανία

Ἡ πολιτική ἡγεσία τῆς χώρας ὑπόσχεται ἐπιτάχυνση τῆς ἐκβιομηχάνισης τοῦ νησιοῦ. Ἕνα τέτοιο ἐνδεχόμενο θά ἐπιφέρει σημαντικές ἀλλαγές συνοδευόμενες ἀπό ἀνθρώπινα προβλήματα, τά ὁποῖα συνεπάγεται ἡ μετατροπή τοῦ ἀγρότη σέ βιομηχανικό ἐργάτη. Αὐτά καί ἄλλα προβλήματα, πού συνοδεύουν τή μετάβαση ἀπό τόν κατ' ἐξοχήν ἀγροτικό στόν βιομηχανικό τρόπο ἐργασίας καί ζωῆς, ἀποτελοῦν ζητήματα πού πρέπει νά ἀπασχολήσουν τήν Ἐκκλησία, τήν ἐκπαίδευση κ.λπ. Ἡ Ἀκαδημία θά ἐπιδιώξει στήν περίπτωση αὐτή τή συνεργασία μέ τίς Ἀκαδημίες τῆς Γερμανίας, προκειμένουν νά ἀξιοποιηθοῦν οἱ γνώσεις καί ἐμπειρίες ἀπό τήν ἀντίσοιχη μετάβαση στή χώρα αὐτή.

15. Προβλήματα Συνδικάτων

Οἱ ἀνωτέρω καί ἄλλες οἰκονομικο-κοινωνικές ἀλλαγές δημιουργοῦν τήν ἀνάγκη προαγωγῆς τοῦ διαλόγου μεταξύ τῶν κοινωνικῶν ἑταίρων, προκειμένου νά ἀποφευχθεῖ ἡ περαιτέρω τόνωση τῆς ριζοσπαστικότητας τῶν συνδικάτων καί νά διευκολυνθεῖ ἡ νηφάλια προσέγγιση καί ἐπίλυση τῶν προβλημάτων.

16. Συλλογικότητα

Εἶναι ἀνεπτυγμένη στήν Ἑλλάδα, προσφέρει θετικές ὑπηρεσίες, πάσχει ὅμως συχνά ἀπό ἐσωτερικές ἀδυναμίες τῶν συλλογικῶν ὀργάνων καί ἀπό ὑποταγή τῶν Συλλόγων σέ κομματικές σκοπιμότητες. Ἐπειδή εἶναι σημαντικός καί ἀναγκαῖος ὁ πολιτιστικός καί κοινωνικός ρόλος τῶν συσσωματώσεων αὐτῶν, ἡ Ἀκαδημία θά διευκολύνει τόν διάλογο γιά τίς ἀναγκαῖες βελτιώσεις.

17. Ἐκπαιδευτικά προβλήματα.

Ἡ ἑλληνική κοινωνία βιώνει σήμερα σημαντικές πολιτισμικές καί κοινωνικές ἀλλαγές. Τό Παλαιό καί τό Νέο συγκρούονται παντοῦ, ἰδιαίτερα ὅμως στό χῶρο τῆς παιδείας. Ἱερεῖς, παιδαγωγοί, γονεῖς κ.ἄ. εἶναι ἀνάγκη νά ἔχουν ἀφορμές καί δυνατότητες διαλόγου, μάλιστα καθώς οἱ ἀλλαγές στήν οἰκονομία καί σέ ἄλλες περιοχές τοῦ κοινωνικοῦ βίου κάνουν ἀναγκαία τή δική τους ἐκπαίδευση καί μετεκπαίδευση.

18. Ἐπαγγελματικά προβλήματα τῶν νέων
Κυρίαρχη εἶναι στήν Ἑλλάδα ἡ τάση πρός τήν ἀνθρωπιστική ἐκπαίδευση καί τίς θεωρητικές ἐπιστῆμες. Ὁ ἐπαγγελματικός προσανατολισμός πρός τεχνικά-πρακτικά ἐπαγγέλματα ὑστερεῖ, μέ ἀρνητικό ἀποτέλεσμα γιά πολλούς τομεῖς τοῦ κοινωνικοῦ βίου καί ἰδίως γιά τήν οἰκονομική ἀνάπτυξη. Ἐπιβάλλεται ἀνάπτυξη δραστηριοτήτων πρός ἐπίτευξη τῆς ἀναγκαίας ἐξισορρόπησης.

19. Ἡ Εὐρωπαϊκή Οἰκονομική Κοινότητα καί ἡ δομή τῆς Οἰκονομίας μας
Ἡ ἐνσωμάτωση τῆς Ἑλλάδας στήν Εὐρωπαϊκή Οἰκονομική Κοινότητα ἀνοίγει γιά τή χώρα μας νέες εὐκαιρίες, προκαλεῖ ὅμως ταυτόχρονα σέ πολλούς ἀνθρώπους μεγάλες ἔγνοιες. Ὑπάρχει ὁ φόβος ὅτι ἡ ἑλληνική οἰκονομία ἐνδέχεται νά γίνει θῦμα τῶν μεγάλων οἰκονομικῶν συνασπισμῶν. Μέ τή βοήθεια εἰδικῶν θά καταβληθεῖ προσπάθεια νά διευκρινισθοῦν ἡ σημασία τῆς οἰκονοικῆς καί πολιτικῆς συνεργασίας σέ ὑπερεθνικό ἐπίπεδο καί οἱ δομικές, οἰκονομικές καί ἀνθρώπινες προϋποθέσεις γιά μιά καλή σύμπραξη τοῦ ἑλληνικοῦ λαοῦ μέ τή μεγάλη εὐρωπαϊκή κοινότητα.

20. Ὁ στρατιώτης ἐν τῷ μέσῳ ἡμῶν
Ἡ Κρήτη εἶναι μιά σημαντική βάση γιά τήν ὑπεράσπιση τῆς Ἑλλάδας καί τοῦ ἐλεύθερου κόσμου. Πρός τό σκοπό αὐτό στρατοπεδεύουν στήν Κρήτη πολλές μονάδες τῶν ἑλληνικῶν, ἀλλά καί συμμαχικῶν ἐνόπλων δυνάμεων. Ἡ Ἀκαδημία ἐνδιαφέρεται γιά καλές σχέσεις τῶν στρατιωτικῶν μέ τόν τοπικό πληθυσμό καί γιά πρόληψη καί ἀντιμετώπιση παρεξηγήσεων.

21. Σεμινάρια
Σέ μορφή σεμιναρίων, δηλαδή συνάξεων μιᾶς ἤ καί περισσότερων ἑβδομάδων κάθε φορά, θά ἐπιδιωχθεῖ εἰσαγωγή ἱερέων καί λαϊκῶν Θεολόγων στά προβλήματα τῆς νεωτερικῆς κοινωνίας καί στά ποιμαντικά καί λοιπά καθήκοντα πού συνεπάγεται ἡ ἀλλαγή αὐτή.

22. Συνέδρια Μελετῶν καί συνεδρίες Ἐπιτροπῶν
Γιά τή μελέτη προβλημάτων τῆς οἰκονομικῆς καί πολιτισμικῆς ἀνάπτυξης θά χρειασθεῖ νά συγκροτηθοῦν Ἐπιτροπές Μελετῶν. Ἐπειδή ὅμως δέν ὑπάρχει ἀκόμη στήν Κρήτη ἀρκετή ἐμπειρία γιά ὁμαδική ἐπιστημονική ἐργασία, χρειάζεται νά ἀσχοληθεῖ ἡ Ἀκαδημία μέ τήν ἄσκηση ἀνθρώπων στίς μεθόδους τέτοιων Ἐπιτροπῶν Μελέτης καί σέ σχετικά πρότυπα.
(6 Ἀπριλίου 1964).

Συνεργάτες
Ἐπισυνάπτεται κατάλογος προσώπων πού ἔχουν δηλώσει ὅτι εἶναι πρόθυμοι νά μᾶς βοηθήσουν ἐθελοντικά στή διεύθυνση συνεδρίων ἤ ὡς εἰσηγητές:
1. *Ψυλάκης Νίκος*, Γεωπόνος, Διευθυντής τοῦ Ἰνστιτούτου Ἐλαίας, Χανιά,

σπουδές στήν Ἀθήνα καί στήν Ἰταλία.

2. *Συκιανάκης Γεώργιος*, Οἰκονομολόγος, σπουδές στήν Ἀθήνα, Διδάκτωρ Πανεπιστημίου τοῦ Μάιντς {σπουδάζαμε ἐκεῖ ταυτόχρονα γιά κάποιο διάστημα}, στέλεχος τῆς Ὑπηρεσίας Περιφερειακῆς Ἀναπτύξεως Κρήτης (ΥΠΑΚ)

3. *Τσουρής Γεώργιος*, Δρ. Ἰατρικῆς, Ἰατρός, Διευθυντής τοῦ Σανατορίου Χανίων, σπουδές στήν Ἀθήνα καί στό Παρίσι (Τομέας Ὑγείας)

4. *Παπαδάκης Γεώργιος*, Ἐκπαιδευτικός {Θεολόγος}, σπουδές στήν Ἀθήνα, στό Wuppertal καί στή Heidelberg.

5. *Μαρκαντώνης Νίκος*, Ἐκπαιδευτικός {Θεολόγος}, σπουδές στήν Ἀθήνα καί στή Bonn.

6. *Γαλιάτσος Ἰωάννης*, Ἐκπαιδευτικός {Θεολόγος}, σπουδές στήν Ἀθήνα.

7. *Γουλιέλμος Ἰωάννης*, Δάσκαλος, σπουδές στήν Κρήτη καί στήν Tübingen.

8. *Ἀρχιμ. Εἰρηναῖος Ἀθανασιάδης*, Σπουδές στήν Κωνσταντινούπολη {Χάλκη} καί Bristol.

9. *Ἀρχιμ. Ἰγνάτιος Χατζηνικολάου*, Σπουδές στήν Ἀθήνα καί στή Lille (Ψυχολογία, Κοιν. Ψυχολογία).

10. *Ἀρχιμ. Ἄνθιμος Βαρδάκης*, Συντ. Γυμνασιάρχης.

Ὁ κύκλος τῶν προσώπων αὐτῶν θά διευρυνθεῖ μέ συνεργάτες ἀπό ἄλλες περιοχές τοῦ οἰκονομικοῦ καί κοινωνικοῦ βίου.

3. Ὑποβολή στήν ΕΖΕ τῶν ἀναθεωρημένων στοιχείων

21-4-1964 ΑΒΒ
Μ πρός ΕΖΕ
Ὡς ἀπάντηση στό ἀπό 14-2-1964 ἔγγραφο τῆς ΕΖΕ ὁ Μ τῆς διαβιβάζει τά νέα στοιχεῖα πού τοῦ ἔστειλα καί γράφει σχετικῶς:

«Βάσει τοῦ ἀνωτέρω ἐγγράφου καί ὕστερα ἀπό διαβούλευση μέ τόν Δρα κ. Π α π α δ ε ρ ό καί τόν Ἐπίσκοπο Κισάμου, ἔγινε ἐπανεξέταση καί τροποποίηση τοῦ Projekt Γωνιά {Ἀκαδημία}.

1. Τό σχέδιο περιορίσθηκε αἰσθητά ἀπό οἰκοδομική ἄποψη. Ὑποβάλλεται τό νέο σχέδιο, συνημ. 1 {στό πρωτότυπο καί σέ δική μου μετάφραση}.

2. Τό προβλεπόμενο πρόγραμμα σπουδῶν ἐπανεξετάσθηκε σέ συνεργασία μέ τούς ἐν Κρήτῃ ἐνδιαφερομένους, συνημ. 2. Στό σχεδιασμό αὐτό φαίνεται καί ποιές ὁμάδες ἀνθρώπων προβλέπεται νά συμμετάσχουν σέ συνέδρια καί σεμινάρια τῆς Ἀκαδημίας κατά τά 5 πρῶτα χρόνια.

3. Ὅσον ἀφορᾶ στό ἐρώτημα ποιός θά στηρίξει τά συνέδρια καί σεμινάρια: Σέ συνεργασία μέ τή Μητρόπολη Κισάμου καταρτίσθηκε ἕνα ἐπιτελεῖο ἐθελοντῶν συνεργατῶν καί διευθυντῶν συνεδρίων, οἱ ὁποῖοι συνεργάζονται

ἤδη μέ τή Μητρόπολη καί τή Μονή Γωνιᾶς, συνημ. 3.

4. Ἔξοδα λειτουργίας: Καταρτίσθηκε νέος προϋπολογισμός, συνημ. 4».

5. Κεντρική θέρμανση - Κλιματισμός δέν εἶχε προβλεφθεῖ, ἀκριβέστερα εἶχε ἀπορριφθεῖ ἀπό τή Βόννη μέ τό ἐπιχείρημα ὅτι οἱ κλιματικές συνθῆκες στήν Κρήτη δέν ἀπαιτοῦν αὐτές τίς ...πολυτέλειες. Ἐπανέφερα τό θέμα στόν Μ καί πείσθηκε νά τό θέσουμε καί πάλι καί μάλιστα ἐπιτακτικά. Γράφει λοιπόν σχετικά καί ζητᾶ ἐπιπλέον ἐπιχορήγηση 50.000 DM γιά κεντρική θέρμανση, ἀλλά καί κλιματισμό κατά τό θέρος, ἄν ὄχι στά ὑπνοδωμάτια, τουλάχιστον στούς ὑπόλοιπους χώρους.

6. Ζητεῖται ἀκόμη ἐπιχορήγηση 15.000 DM γιά τόν ἀναγκαῖο πυρήνα μιᾶς βιβλιοθήκης μέ τά βασικά συγγράμματα (ἑλληνικά καί ξένα).

Στό ἴδιο ἔγγραφο ἐπισυνάπτονται ἐπίσης:

α) Ἡ ἀπό 21 Μαρτίου 1964 ἐγγυητική ἐπιστολή τοῦ Διεθνοῦς Βυζαντινοῦ Τάγματος τοῦ Μεγάλου Κωνσταντίνου {δεσμεύεται νά διαθέσει 10.000 DM ἐτησίως καί γιά τρία χρόνια, πού ἀρχίζουν μετά τήν παρέλευση τῶν πρώτων τριῶν χρόνων λειτουργίας τῆς Ἀκαδημίας. Σημειώνεται ἐπίσης ὅτι γιά τή συμβολή στίς δαπάνες λειτουργίας τῆς Ἀκαδημίας τό Τάγμα συνέστησε Ἵδρυμα ὑπό τόν τίτλο "Stiftung pro Gonia" - Ἵδυμα γιά τή Γωνιά - στήν Ἑλβετία}.

β) Ἡ ἀπό 20 Μαρτίου 1964 ἐγγυητική Ἐπιστολή τοῦ Μητροπολίτη Κισάμου καί Σελίνου Εἰρηναίου {σύμφωνα μέ τήν ὁποία ἡ Μητρόπολις ἐγγυᾶται κατ' ἀρχήν ἐτήσια εἰσφορά 50.000 DM πρός τήν Ἀκαδημία ἐπί τρία χρόνια μετά τήν παρέλευση τριετίας ἀπό τήν ἔναρξη λειτουργίας της, ἐπιπροσθέτως τῶν λοιπῶν οἰκονομικῶν ὑποχρεώσεων ἔναντι τῆς Ἀκαδημίας τίς ὁποῖες ἔχει ἀναλάβει καί εἶναι πρόθυμη καί σέ θέση νά ἐκπληρώσει σύμφωνα μέ τούς σχετικούς Προϋπολογισμούς. Τέλος, ἐγγυᾶται τήν πλήρη ἐκπλήρωση τῶν οἰκονομικῶν ὑποχρεώσεων πού ἔχει ἀναλάβει ἔναντι τῆς Ἀκαδημίας ἡ Μονή Γωνιᾶς}.

{Συνέχεια ἀπό προγενέστερα ἔγγραφα}:

15-2-1964 ΑΒΒ

Σημείωση τῆς Mohn, ὅτι μοῦ ἔκλεισε ἐπίσκεψη στόν γιατρό Minnich στό Göppingen τή Δευτέρα, 17 Φεβρουαρίου, ὥρα 16.00. Ὁ γιατρός προΐσταται καί Τμήματος στό Νοσοκομεῖο, ὅπου μπορεῖ νά μέ νοσηλεύσει, ἄν χρειαστεῖ. {βλπ. παραπάνω, 23-2-1964 ΑΑπ)

22/23-2-1964 ΑΑπ

Στό ξενοδοχεῖο Malakoff στό Wiesensteig διεξάγεται συνέδριο τῆς Ἀκαδημίας τοῦ ΒΒ. Θέμα: «*Οἱ Σύλλογοί μας*». Μετέχουν μέλη τῆς διοίκησης διαφόρων

Συλλόγων, τῆς Τοπικῆς Αὐτοδιοίκησης καί Ἐνοριακῶν Συμβουλίων. Εἶμαι δεύτερος εἰσηγητής τήν πρώτη ἡμέρα. Θέμα: *Ματιά πάνω ἀπό τόν φράχτη: Διαμόρφωση Κοινωνικῶν Δομῶν στήν Κρήτη*. Μεταξύ ἄλλων ἀναφέρθηκα καί στήν ὑπό ἵδρυση Ἀκαδημία, μέρος τῆς ἀποστολῆς τῆς ὁποίας θά εἶναι ἡ τόνωση παραδοσιακῶν δομῶν κοινωνικότητας, ἡ στήριξη τῆς κοινωνικῆς συνοχῆς καί ἡ προαγωγή τῆς συλλογικότητας.

12-3-1964 ΑΒΒ
Γραμματεία Μ πρός Brunner ΑΑπ +ΑΒΒ
Τό γράμμα ἀπευθύνεται στόν Διευθυντή τῆς Εὐαγ. Ἀκαδημίας τοῦ Liebfrauenberg, La Maison de l' Eglise, κοντά στό Στρασβοῦργο.

«Ἔχουμε στήν Ἀκαδημία μας αὐτόν τόν καιρό τόν Δρα Ἀλέξανδρο Π α - π α δ ε ρ ό, τρόπον τινά ὡς "ἐθελοντή γιά ἐργασία σέ Ἀκαδημία". Ὁ κ. Παπαδερός κατάγεται ἀπό τήν Κρήτη καί σκοπεύει νά ἀσχοληθεῖ ἐκεῖ μέ μιά ἐργασία παρόμοια μέ ἐκείνη τῶν Ἀκαδημιῶν.

Προκειμένου νά ἀποκτήσει μιά κατά τό δυνατόν εὐρύτερη εἰκόνα γιά τίς διάφορες μορφές καί μεθόδους τῆς ἐργασίας τῶν Ἀκαδημιῶν, θά ἤθελε πολύ νά ἐπισκεφθεῖ καί σᾶς...».

Πῆγα (17-20 Μαρτίου), ξεναγήθηκα ἀπό τόν Διευθυντή Pfarrer Paul Brunner καί τή σύζυγό του, πού εἶναι καί συνεργάτις του στήν Ἀκαδημία αὐτή τῶν Γερμανόφωνων Λουθηρανῶν τῆς πρώην γερμανικῆς περιοχῆς Elsas τῆς Γαλλίας.

Τό Κέντρο εἶναι χτισμένο σέ δασώδη πλαγιά βόρεια τοῦ Στρασβούργου, ὁ καθεδρικός ναός τοῦ ὁποίου διακρίνεται καθαρά στό βάθος τοῦ ὁρίζοντα.

Ἔκαμα καί ἐδῶ τή συνήθη «*ἀκαδημαϊκή κατασκοπία*» πού ἀσκῶ τώρα καί κάμποσο καιρό, συγκεντρώνοντας τυχόν χρήσιμες ἰδέες γιά τή δική μας οἰκοδομή καί μελλοντική ἐργασία στήν Κρήτη. Μέ ἐνδιαφέρουν κυρίως οἱ λεπτομέρειες καί οἱ λύσεις πού ἔχουν δοθεῖ στή μιά ἤ τήν ἄλλη Ἀκαδημία (π.χ. διαρρύθμιση καί ἐξοπλισμός ἑνός ὑπνοδωματίου ἤ ἄλλων χώρων, ἀποθῆκες τροφίμων ἤ ἄλλων εἰδῶν, ἐξοπλισμός τοῦ μαγειρείου, τῆς τραπεζαρίας, ἐξωτερικοί χῶροι, προσωπικό, ἰδιότητες, συμπεριφορά, οἰκονομικά, διαχείριση, τηρούμενα βιβλία, τρόπος διοίκησης, θέματα συνεδρίων, συνεδριακοί χῶροι, ἐξοπλισμός τους, διεύθυνση συνεδριάσεων, θέματα συνεδρίων καί πλεῖστα ἄλλα).

13-3-1964 ΑΑπ
Εἰρηναῖος πρός Ἀπ
«Σοῦ ἐσωκλείω τό σημείωμα τῆς ἐδῶ Τραπέζης διά τά χρήματα ἐκ Γερμανίας. Δέν γνωρίζω ἄν ἦταν ἀπό τό Westfallen».

Ὁ Πατριάρχης ἀπήντησεν: εὐλογοῦμεν «ἐν ἀναμονῇ τῆς ὑπεσχημένης πληρεστέρας Ἐκθέσεως τῆς ὑμετέρας Ἱερότητος περί τῆς Ἀκαδημίας καί τῶν σκοπῶν αὐτῆς, συγχαίρομεν...».

«Οὐδεμία νύξις γίνεται διά τήν πανορθόδοξον Σύσκεψιν. Λοιπόν κύτταξε μήπως διά τοῦ Ὑπουργείου Ἐξωτερικῶν μάθωμεν τίποτα».

Οἱ δουλειές συνεχίζονται.

23-4-1964 ABB
Böhme πρός M
Ὁ Dr. Wolfgang Böhme, ἀπό τά βασικά στελέχη τῆς Ἀκαδημίας BB, ἐνημερώνει τόν Müller, ὅτι «κατά τήν τελευταία συνεδρία τῆς ὁμάδας ΕΚΚΛΗΣΙΑ ΚΑΙ ΕΝΟΡΙΑ ἀποφασίσθηκε νά ὀργανώσω (Böhme) μαζί μέ τόν Παπαδερό ἕνα συνέδριο «ΟΡΘΟΔΟΞΙΑ ΚΑΙ ΚΟΙΝΩΝΙΑ», πού θά διευκολύνει τήν ἐργασία του στήν Κρήτη καί θά βρεῖ ὑπέρ αὐτῆς ἀπήχηση στή Γερμανία. Συζήτησα αὐτό τό θέμα μέ τόν Παπαδερό πρίν ἀπό τήν ἀναχώρησή του. Σύμφωνα μέ αὐτήν τή συζήτηση, θά θεωροῦσε σωστό ἄν τό φθινόπωρο τοῦ 1965, ἐνδεχομένως μαζί μέ τό Ὑπουργεῖο Ἐξωτερικῶν {τῆς Γερμανίας}, κάναμε ἕνα μεγάλο συνέδριο στό BB, πού θά ἦταν κάτι σάν βολή ἐκκίνησης στή Γερμανία γιά τήν ἐργασία τῆς Ἀκαδημίας στήν Κρήτη. Σταθμίσθηκε τό κατά πόσο θά μποροῦσε κανείς μέσω τῆς Γερμανικῆς Πρεσβείας τῆς Ἀθήνας νά κερδίσει ἐνδεχομένως τόν Ἕλληνα Βασιλιά γιά μιά τέτοια ὑπόθεση» -μεγαλεπήβολες σκέψεις τοῦ Böhme! Σέ κάθε περίπτωση θά μποροῦσε πάντως κανείς νά συγκεντρώσει Ἕλληνες καί Γερμανούς ἀπό τό χῶρο τῆς Ἐκκλησίας καί τῆς πολιτικῆς γιά μιά ἀντιπαράσταση. Ὅσον ἀφορᾶ στά θέματα, ἔγιναν διάφορες σκέψεις. Ἕνα πάντως δέν θά ἔπρεπε νά λείψει: «*Εἶναι ἡ Ὀρθοδοξία ὑπεύθυνη γιά τήν ἐξάπλωση τοῦ κομμουνισμοῦ στήν Ἀνατολή;*». Ἀπό ἕνα τέτοιο θέμα θά προχωροῦσε κανείς σέ ἄλλα θέματα πού ἀφοροῦν τή σχέση τῆς Ὀρθοδοξίας μέ τή μοντέρνα πλουραλιστική κοινωνία.

Σέ μεταγενέστερη φάση θά μποροῦσε νά ὀργανωθεῖ ἄλλο, μικρότερο συνέδριο Ὀρθοδόξων καί Γερμανῶν Θεολόγων, πού θά συζητοῦσαν προβλήματα ἐργασίας μιᾶς Ἀκαδημίας στήν Κρήτη. Αὐτό τό συνέδριο θά μποροῦσε νά γίνει καί στήν Ἀθήνα.

Ζητᾶ τήν ἄποψη τοῦ Müller.[151]

---

[151] 24-4-1964
Γραμματεία M πρός Böhme
Ἀπάντηση Müller: Κατά βάση ναί! Συζήτηση.
Κοιν.: Παπαδερός

Μιά πολυσήμαντη λ ο γ ί α γιά τήν Ἀκαδημία
1-4-1964 ASp
Στό πρόγραμμα τῆς ἱεροτελεστίας ἐνθρονίσεώς του ὁ νέος Πρόεδρος τῆς Προτεσταντικῆς Ἐκκλησίας τοῦ Παλατινάτου Theodor Schaller[152] γράφει: «**Ὁ δίσκος {Kollekte} στό τέλος τῆς ἀκολουθίας προορίζεται γιά τήν ἀνέγερση μιᾶς Ἀκαδημίας τῆς Ὀρθοδόξου Ἐκκλησίας Κρήτης»**! (b-Απ).

16-6-1964 ASp
Πρακτικά τοῦ Συμβουλίου τῆς Ἐκκλ. τοῦ Παλατινάτου: Πρόταση Roos, ἔγκριση 50.000 σύμφωνα μέ τόν ὡς ἄνω ὑπολογισμό πού ὑπέβαλα.

29-6-1964 ASp
Schaller πρός Εἰρηναῖον
Ὁ D. Theo Schaller εἶναι ὁ διάδοχος τοῦ Stempel στήν Προεδρία τῆς Εὐαγ. Ἐκκλησίας στό Κρατίδιο Pfalz. Μέ τή νέα αὐτή ἰδιότητά του ἀπευθύνεται στόν Σεβασμ. Εἰρηναῖο.
«Γιά τρία πράγματα θά γράψω σήμερα:
Κατ' ἀρχήν ἐπαναλαμβάνω τίς εὐχαριστίες μου γιά τούς φιλικούς καί ἀδελφικούς χαιρετισμούς σας ἐπί τῇ κλήσει μου εἰς τό λειτούργημα τοῦ Προέδρου τῆς Ἐκκλησίας {μας}. Μόνο μέ βαρειά καρδιά ἔλαβα τήν ἀπόφαση νά ἀνταποκριθῶ σ' αὐτήν τήν κλήση, γι' αὐτό καί στούς διαφόρους συγχαρητηρίους χαιρετισμούς διέγνωσα μιά βοήθεια.
Τό ἑπόμενο: Κατά τήν ἱεροτελεστία τῆς ἀναλήψεως τοῦ ἀνωτέρω λειτουργήματος ἔγινε σύμφωνα μέ ἐπιθυμία μου περιφορά δίσκου γιά τήν ἀνέγερση τῆς Ὀρθοδόξου Ἀκαδημίας στή Γωνιά,[153] ὁ ὁποῖος, μαζί μέ μιά δωρεά πού

---

[152] Σχετικά: 23-9-1970 Theo Schaller πρός Απ, 5-11-1970 Απ πρός Schaller, ἐγκύκλιος ἐπιστολή τῆς Hilde Stempel (Febr. 1971).

[153] Στό πρόγραμμα τῆς ἱεροτελεστίας γιά τήν ἐγκατάσταση {ἤ ἐνθρόνιση κατά τά καθ' ἡμᾶς} τοῦ Schaller ὡς νέου Προέδρου τῆς Ἐκκλησίας του διακρίνονται τά ὀνόματα ἐκείνων πού συμπράττουν στήν τελετή. Πρῶτος μεταξύ αὐτῶν ἀναφέρεται ὁ D. {Kurt} Scharf, διακεκριμένη ἐκκλησιαστική προσωπικότητα, πού κατεῖχε τότε τό ἀνώτατο ἀξίωμα τοῦ γερμανικοῦ Προτεσταντισμοῦ, ἦταν δηλαδή Πρόεδρος τοῦ Συμβουλίου τῆς ἐν Γερμανίᾳ Εὐαγγελικῆς Ἐκκλησίας (Vorsitzender des Rates der Evangelischen Kirche in Deutschland, 1961-1967), ὡς διάδοχος τοῦ Otto Dibelius, τόν ὁποῖο διαδέχθηκε ἐπίσης στό ἀξίωμα τοῦ Ἐπισκόπου τῆς Εὐαγγελικῆς Ἐκκλησίας τοῦ Berlin-Brandenburg (1966-1976). Ἡ ὑπέρ τῆς Ἀκαδημίας πράξη τοῦ Schaller σέ μιά τόσο ἐπίσημη ὥρα δέν ἀξιολογεῖται λοιπόν μόνο μέ ἀναφορά στό σημαντικό ποσό πού συγκεντρώθηκε καί διατέθηκε. Πολύ μεγαλύτερη ἦταν ἡ συμβολική - οἰκουμενική σημασία τῆς κίνησης αὐτῆς (κατά κάποιο τρόπο θυμίζει τήν λογίαν τῶν πρώτων Χριστιανῶν, βλ. Α΄ Κορ. 16, 1), ἐπιπλέον δέ τό γεγονός ὅτι ἐνώπιον τῶν ἐπισήμων ἐκκλησιαστικῶν λειτουργῶν, τῶν κρατικῶν ἀξιωματούχων καί πλήθους λαοῦ διαδηλώνεται ἔμπρακτα τό ἐνδιαφέρον γιά τήν Ἀκαδημία μας!

μοῦ ἔκαμε ἡ προηγούμενη Ἐνορία μου, ἀπέφερε τό ποσό τῶν 2.300 μάρκων περίπου. Θά σᾶς ἤμουν εὐγνώμων, ἄν μοῦ γνωρίζατε ἕναν τραπεζιτικό λογαριασμό, στόν ὁποῖο νά ἐμβάσουμε τό ποσό αὐτό. Χαίρω γιά τό ὅτι μποροῦμε ἔτσι νά σᾶς στείλουμε ἕνα πρῶτο λιθαράκι ἀπό τό Παλατινάτο γιά τά θεμέλια.

Τέλος, θέλω νά σᾶς ἀνακοινώσω σήμερα ὅτι, ὕστερα ἀπό τίς διαπραγματεύσεις πού διεξήγαγε ὁ Ἀνώτ. Ἐκκλησιαστικός Σύμβουλος κ. Roos, τό Ἐκκλησιαστικό Συμβούλιο τοῦ Κρατιδίου μας ἔλαβε τήν ἀπόφαση νά ἀναλάβει τή βοήθεια πού ἔχει ζητηθεῖ καί πού εἶναι ἀναγκαία γιά τήν Ἀκαδημία. Ἐλπίζω ὅτι τώρα πιά καί ἡ Ἐκκλησιαστική Κυβέρνηση, πού θά ἀποφασίσει σύντομα ἐπ' αὐτοῦ, θά υἱοθετήσει αὐτήν τήν ἀπόφαση. Θά ἦταν γιά μᾶς μεγάλη χαρά, ἄν θά μπορέσουμε νά βοηθήσουμε καί ἐμεῖς αὐτό τό ἔργο, πού τό θεωροῦμε ἐξαιρέτως σημαντικό.

Σᾶς χαιρετῶ ἐν τῷ ἐγκαρδίῳ δεσμῷ τῆς πίστεως εἰς τόν Ἰησοῦν Χριστόν, τόν Κύριον ἡμῶν».

Ἐπισυνάπτεται ἀπόσπασμα τῆς ὑπ' ἀριθμ. 26/16-6-1964 ἀπόφασης τοῦ Ἐκκλησιαστικοῦ Συμβουλίου.

2-7-1964 ΑΒΒ
Μ πρός Εἰρηναῖον
Δυό γιοί του στήν Ἑλλάδα, κυρίως στήν Κρήτη.
Ἀπό τή Βόννη: Ὅλα καλά, πλήν ὑπομονή, πολλές οἱ αἰτήσεις. Εἶναι ἀπόλυτα σίγουρος γιά τήν ἔγκριση.
Κοιν.: Ἀπ

9-7-1964 ΑΒΒ
Ἀπ (Ἀθήνα) πρός Μ
«Καθ' ὁδόν πρός τήν Κρήτη ἔλαβα τό ἀντίγραφο τῆς ἐπιστολῆς σας πρός τόν Σεβ. Εἰρηναῖο πού εἶναι ἐπίσης ἐδῶ στήν Ἀθήνα. Μοῦ ζήτησε νά ἀπαντήσω ἐξ ὀνόματός του. Προηγουμένως ὅμως ἐκφράζω τά ἐγκάρδια συγχαρητήρια μου γιά τήν καλή ὁλοκλήρωση τῶν θεολογικῶν σπουδῶν τοῦ Burkhard {γιοῦ του}. Τοῦ εὔχομαι τήν εὐλογία τοῦ Θεοῦ, μάλιστα καθώς δέν εἶναι εὔκολο νά εἶναι κανείς Θεολόγος, γιός ἑνός ἀνθρώπου πού μπόρεσε νά συνδέσει τή ζωή του μέ μιά μεγάλη ἀποστολή. Μεγάλη κληρονομιά εἶναι βάρος μεγάλο!».

Οἱ γιοί του μποροῦν ἀσφαλῶς νά ἔλθουν στήν Κρήτη, εἶναι καλεσμένοι καί ἀπό τόν Ἐπίσκοπο. Γιά διάφορους λόγους θά ἔφθαναν στό Καστέλλι μετά τίς 15 Αὐγούστου. Ἄν περάσουν ἀπό τή Θεσσαλονίκη, θά χαρῶ νά τούς ὑποδεχθῶ ἐκεῖ.

15-7-1964 ΑΑπ
Οἰκ. Πατριαρχεῖο πρός Ἀπ-Θεσ.
Ὁ Ἀρχιμ. Γαβριήλ, Ἀρχιγραμματέας τῆς Ἁγίας καί Ἱερᾶς Συνόδου τοῦ Οἰκουμενικοῦ Πατριαρχείου, γράφει ὅτι ὁ Πατριάρχης Ἀθηναγόρας ἔλαβε τό ἀπό 7 Ἰουλίου γράμμα μου καί τό παρέπεμψε στήν Ἁγία καί Ἱερά Σύνοδο γιά τά περαιτέρω {δυστυχῶς δέν βρέθηκε ἀντίγραφο τῆς ἐπιστολῆς μου αὐτῆς}.

15-7-1964 ΑΑπ
Μο πρός Ἀπ
Χειρόγραφη ἐπιστολή – ἔρχεται γιά διακοπές στήν Κρήτη καί θά χαιρόταν, ἄν θά μποροῦσα νά τήν ὑποδεχθῶ στό αεροδρόμιο Χανίων.
Στή γυναίκα αὐτή χρωστοῦμε μεγάλη εὐγνωμοσύνη, καθώς ὅ,τι ἔχει σχέση μέ τόν Müller περνᾶ ἀπό τά χέρια της. Ἐξ ἀρχῆς ἔδειξε ἀδιάλειπτο ἐνδιαφέρον γιά τά τῆς Κρήτης. Εἶναι καλεσμένη τοῦ Σεβασμ. Εἰρηναίου καί θά φιλοξενηθεῖ στή Χρυσοσκαλίτισσα.

17-7-1964 ASp
Roos πρός Εἰρηναῖον
Ὁ Roos γράφει κατ' ἐντολήν τοῦ Προέδρου τῆς Ἐκκλησίας τους {D. Schaller} σχετικά μέ τίς ὡς ἄνω ἐγκρίσεις {βλ. 16-7-1964, Roos πρός Ἀπ}.
«Γιά μᾶς ἀποτελεῖ μεγάλη χαρά τό γεγονός ὅτι αὐτές οἱ οἰκουμενικές σχέσεις ἐπιδοκιμάσθηκαν μεγάλως καί ἡ Ἐκκλησία μας τοῦ Κρατιδίου Pfalz βλέπει σ' αὐτήν τήν ἀποστολή {οἰκουμενική προσφορά βοήθειας} μιά εὐγνώμονη εὐκαιρία νά ἀσκήσει οἰκουμενική ζωή στήν πράξη.
Ἰδιαιτέρως χαιρόμεθα γιά τό ὅτι ἡ ἐργασία τῶν ἐδῶ ὑποτρόφων σας, τοῦ Δρος Παπαδεροῦ καί τοῦ Διευθυντῆ Ἐκκλ. Σχολῆς {Γεωργίου} Παπαδάκη, ὁδήγησε σέ τόσο ἀξιόλογες νέες σχέσεις καί μποροῦμε τώρα νά σᾶς βοηθήσουμε κάπως νά πραγματοποιήσετε αὐτό πού ἀναγνωρίζετε πώς εἶναι ἀναγκαῖο σήμερα γιά τήν Ἐκκλησία σας.
Ἐκφράζουμε τήν ἐλπίδα ὅτι σεῖς, Σεβασμιώτατε, καί ὁ συνεργός σας Δρ. Παπαδερός θά ἐπιτύχετε νά πραγματοποιήσετε τά σχέδια γιά τήν Ἀκαδημία σας στή Γωνιά, καί σᾶς διαβεβαιώνουμε ἀπό τήν πλευρά μας ὅτι θά πράξουμε ὅλα ὅσα ἐπιτρέπουν οἱ περιορισμένες δυνάμεις μας».

17-7-1964 ABB
Ἀπ (Καστέλλι) πρός Μ
«Μόλις πληροφοροῦμαι ὅτι ἡ Κυβέρνηση τῆς Ἐκκλησίας στό Speyer ἀποφάσισε νά μᾶς διαθέσει ποσό 20.000 μάρκων γιά τίς προπαρασκευαστικές

ἐργασίες. Αὐτή εἶναι μιά καλή βάση, μποροῦμε νά ἀρχίσουμε!».

29-7-1964 ASp
Εἰρηναῖος πρός Schaller
Εὐχαριστεῖ γιά τίς ὑπέρ τῆς Ἀκαδημίας θετικές ἀποφάσεις τῆς Ἐκκλησιαστικῆς Κυβερνήσεώς τους. «Σᾶς εἴμεθα πολύ εὐγνώμονες γι' αὐτήν τή γενναιόδωρη βοήθεια καί σᾶς παρακαλοῦμε νά ἐκφράσετε στά μέλη τῆς ἐκκλησιαστικῆς Κυβερνήσεώς σας τήν εὐγνωμοσύνη μας.

Ὅλως ἰδιαιτέρως σᾶς εὐχαριστῶ ἐπίσης γιά τό ὅτι τήν ἡμέρα τῆς ἀναλήψεως τοῦ ἀνωτάτου ἀξιώματος τῆς Ἐκκλησίας σας {ἐνθρόνιση} σκεφθήκατε τίς μικρές μας προσπάθειες, ὅπως μέ ἐνημέρωσε ἤδη ὁ Δρ. κ. Παπαδερός. Τή φιλική συλλογή χρημάτων κατά τήν ἱεροτελεστία ἐκείνη ἀποδεχόμεθα εὐχαρίστως ὡς συμβολική δωρεά μέ βαθύ νόημα καί σᾶς παρακαλοῦμε νά ἐμβάσετε τό ποσό ἐπ' ὀνόματί μας στήν ΕΘΝΙΚΗ ΤΡΑΠΕΖΑ, Χανιά/Κρήτη.

Μέ τήν πεποίθηση ὅτι ὁ ἀρξάμενος ἤδη δεσμός μεταξύ τῶν Ἐκκλησιῶν μας θά φέρει πολλούς καί θεάρεστους καρπούς, διατελῶ...».

29-7-1964 ASp
Εἰρηναῖος πρός Roos
«Ἡ ἐπιστολή σας τῆς 17ης Ἰουλίου... ἔφερε πολλή χαρά σέ μένα καί στόν Δρα κ. Παπαδερό». - εὐχαριστίες πρός τήν Ἐκκλησία του καί τόν ἴδιο.

Ὁδηγίες γιά τήν πρώτη χορηγία τῶν 20.000 DM πού ἐγκρίθηκε: 3.700 νά σταλοῦν στήν Ἀκαδημία Bad Boll γιά τό αὐτοκίνητο πού ἀγόρασε γιά τήν Ἀκαδημία μας καί τά ὑπόλοιπα 16.300 στήν ΕΘΝΙΚΗ ΤΡΑΠΕΖΑ ὡς ἄνω.

1-8-1964 ΑΑπ
Uhsadel πρός Απ
Ὁ Walter Franz Uhsadel (1900-1985), Καθηγητής Πρακτικῆς Θεολογίας στήν Εὐαγ. Θεολογική Σχολή τοῦ Πανεπιστημίου τῆς Τυβίγγης, μοῦ ζητᾶ συγγνώμη γιά τό ὅτι ματαιώθηκε τό ταξίδι στήν Ἑλλάδα τοῦ γιοῦ του καί ἑνός φίλου του, πού τούς περίμενα. Προσθέτει:

«Χάρηκα πολύ γιά τή συνάντησή μας στό Bad Boll. Διάβασα μέ μεγάλο ἐνδιαφέρον τήν ἔντυπη ἔκθεσή σας γιά τίς ἐμπειρίες πού εἴχατε στή Γερμανία[154] καί συμφωνῶ. **Κατά τή συζήτησή μας στό Bad Boll ἀντιληφθήκατε ἀσφαλῶς πόσο ἀβοήθητη εἶναι ἡ Θεολογία μας, ἐπειδή δέν ἔχει μιά σαφῆ ἐκκλησιολογία. Θά εἶναι πολύ σημαντικό οἱ νέοι Θεολόγοι μας**

---

[154] Alexander K. Papaderos, Eine Frage überschattet meine Bewunderung, in: LEIBHAFTIGE ÖKUMENE, hrsg. von Christian Berg und Franz von Hammerstein, Lettner-Verlag, Berlin-Stuttgart 1963, 188-196.

νά άποκτήσουν οικουμενικές έπαφές, προκειμένου νά άναγνωρίσουν αύτήν τήν έλλειψη». (b-Απ).

Τέτοιες όμολογίες άπό έπίσημα χείλη ένδυναμώνουν τήν αἴσθηση τῆς εὐθύνης τῆς Ὀρθοδοξίας γιά προαγωγή τοῦ διεκκλησιαστικοῦ θεολογικοῦ διαλόγου, τόν ὁποῖο πρέπει νά διακονήσει καί ἡ Ἀκαδημία μας.

1-9-1964 ΑΑπ
Εἰρηναῖος πρός Απ
Εἰσέπραξε τά χρήματα πού ἔστειλαν άπό τό Speyer.

11-9-1964 ΑΒΒ
Μ πρός Εἰρηναῖον
Ὁ Müller εὐχαριστεῖ γιά τή φιλοξενία πού προσφέρθηκε στούς γιούς του {Bertram καί Burkhard}, πού πῆραν μαζί τους τίς καλύτερες ἀναμνήσεις.

Ἡ ὑπόθεσή μας στή Βόννη βαίνει καλῶς καί ἡ τελική ἔγκριση ἀναμένεται σέ περίπου 4 ἑβδομάδες. Ὁ Müller παρακολουθεῖ τακτικά τηλεφωνικῶς τό ζήτημα καί προσεχῶς θά μιλήσει προσωπικά στή Βόννη μέ τόν ἁρμόδιο εἰσηγητή.

19-9-1964 ΑΑπ
Απ - Θεσ. πρός 2ᴴ Γερμ. Τηλεόραση/ZDF, Schmandt
Προτείνω νά καλύψουμε προσεχεῖς ἐκδηλώσεις στήν Πάτρα (τά τῆς ἀπόδοσης τῆς Τιμίας Κάρας τοῦ Ἀποστόλου Ἀνδρέα άπό τό Βατικανό στήν Ἐκκλησία τῆς Πάτρας). Ἡ πρόταση έγκρίθηκε καί ἔγινε προβολή στή Δύση τῶν σημαντικῶν συμβάντων.

4. Η Ε Γ Κ ΡΙΣΗ!

30-9-1964 ΑΒΒ
Σημείωση Γραμματείας ΒΒ:
Τηλεφώνημα άπό τήν ΕΖΕ:
«Τό πρόγραμμα Κρήτης έγκρίθηκε.
Ἡ εἴδηση θά διαβιβασθεῖ αὔριο στόν Δρα Παπαδερό - Ἐπίσκοπο Εἰρηναῖο».
Ἐ π ι τ έ λ ο υ ς !

1-10-1964 ΑΒΒ
Μ πρός Εἰρηναῖον
«Σήμερα μπορῶ νά κάμω τήν εὐχάριστη ἀνακοίνωση ὅτι χθές μοῦ τηλε-

φώνησαν πώς ὁ Ὑπουργός τοῦ Ὑπουργείου Ἀνάπτυξης ἐνέκρινε ὁριστικά τό σχέδιο τῆς Γωνιᾶς. Ὅταν τίς ἐπόμενες ἡμέρες θά λάβω τή γραπτή ἐπιβεβαίωση, θά σᾶς τηλεγραφήσω».

Μετά τήν ἐξασφάλιση τῆς χρηματοδότησης τοῦ ἔργου τίθεται τό ζήτημα τῶν ἑπομένων βημάτων. Ἤ νά ἔλθει ἕνας ἀρχιτέκτονας τῆς EZE (μέ δικά της ἔξοδα[155]) στήν Κρήτη γιά ὀκτώ μέρες, ἤ νά ἔλθετε σεῖς, ὁ κ. Παπαδερός καί ὁ ἀρχιτέκτονας στή Γερμανία πρός συζήτηση τῶν θεμάτων.

Κοινοπ.: Ἀπ., Θεσ.

Τό γράμμα τῆς ἔγκρισης

23-10-1964 ΑΒΒ
Mordhorst πρός Μητρόπολη/Ἀπ
(Νομίζουν πώς βρίσκομαι ἀκόμη στό ΒΒ καί στέλνουν ἐκεῖ τό ἔγγραφο)

ΕΥΑΓΓΕΛΙΚΗ ΚΕΝΤΡΙΚΗ ΥΠΗΡΕΣΙΑ ΑΝΑΠΤΥΞΙΑΚΗΣ ΒΟΗΘΕΙΑΣ
Ὁ Διευθυντής
Βόννη, 23 Ὀκτωβρίου 1964

Πρός τήν
Μητρόπολη Κισάμου
ὑπόψη Δρος κ. Παπαδεροῦ
Ἀκαδημία Boll
Bad Boll über Göppingen

Θέμα: Projekt Nr. 63-7-23 Z-Nr. 64-1[156]

---

[155] Βασισθήκαμε στήν ἄποψη αὐτή τοῦ Μ καί δεχθήκαμε νά ἔλθει ὁ ἀρχιτέκτονας τῆς EZE. Ἡ συμβολή του ὑπῆρξε ἀποφασιστική καί πολύτιμη. Ἡ τιμή ὅμως, δηλ. ἡ ὑπερβολικά ὑψηλή ἀμοιβή του, ἀφαιρέθηκε ἀπό τό ἐγκεκριμένο ποσό τῆς χορηγίας.

[156] Ἡ ἀριθμητική ἔνδειξη 64-1 ἔχει ὅλως ἰδιαίτερη σημασία. Ἡ EVANGELISCHE ZENTRALSTELLE FÜR ENTWICKLUNGSHILFE (Εὐαγγελική Κεντρική Ὑπηρεσία Βοηθείας Ἀναπτύξεως) ἦταν ἕνα νεοσύστατο Σωματεῖο, πού ἔκρινε, ὡς π ρ ώ τ η, τή δική μας αἴτηση. Γιά πολλούς λόγους λοιπόν εἶχε μέγιστο ἐνδιαφέρον νά διασφαλίσει καί νά ἀποδείξει ὅτι εἶναι μιά Ὑπηρεσία ἱκανή νά διαχειρισθεῖ σωστά καί ἀποτελεσματικά τήν ἀποστολή πού τῆς εἶχε ἀνατεθεῖ. Γιά νά γίνει κατανοητό αὐτό ἀπό τόν ἀναγνώστη, θεωροῦμε ἀναγκαῖο νά σημειώσουμε τά ἀκόλουθα: Τό «οἰκονομικό θαῦμα» στή Δυτική Γερμανία τῆς δεκαετίας τοῦ 1950 ἐπέτρεψε στήν ἐξωτερική πολιτική τῆς χώρας αὐτῆς νά σχεδιάσει καί νά ἐφαρμόσει ἕνα εὐρύ πρόγραμμα βοήθειας πρός ὑπό ἀνάπτυξη χῶρες, κυρίως τοῦ λεγόμενου Τρίτου Κόσμου. Πέραν τῶν κινήτρων τῆς ἀλληλεγγύης καί τῶν μεσοπρόθεσμων καί μακροπρόθεσμων πολιτικῶν καί οἰκονομικῶν βλέψεων αὐτῆς τῆς ἐνέργειας τοῦ Κράτους, ὑπῆρχε βέβαια καί ἡ ἐπιδίωξη νά ἀποκατασταθεῖ ἡ ὑπόληψη καί τῆς χώρας καί τῶν κατοίκων της στή διεθνή κοινή γνώμη. Κυρίως τό στοιχεῖο αὐτό ἀξιοποίησα γιά τή δική μας περίπτωση, πού ἀποτελοῦσε μιά

ΑΛΕΞΑΝΔΡΟΣ Κ. ΠΑΠΑΔΕΡΟΣ

Ἰνστιτοῦτο γιά τήν Προαγωγή τῆς Κοινωνικῆς Συνοχῆς καί τῆς Οἰκονομικῆς Ἀνάπτυξης στήν Κρήτη /Γωνιά.

Ἀξιότιμε Δρ. κ. Παπαδερέ,
Σέ ἀναφορά πρός τήν ἀνωτέρω αἴτησή σας καί βάσει τῶν ὅρων ἔγκρισης τῆς Κεντρικῆς μας Ὑπηρεσίας σᾶς χορηγεῖται μιά δωρεά ὕψους DM 1.094.000 (ὁλογράφως: ἕνα ἑκατομμύριο ἐνενήντα τέσσερις χιλιάδες Γερμανικά Μάρκα). Τό Ὑπουργεῖο Ἐξωτερικῶν διατηρεῖ τήν ἐπιφύλαξη τροποποίησης τῆς ἐγκριτικῆς βεβαίωσης, ἐπειδή λείπει ἀκόμη ἡ εἰδική οἰκοδομική γνωμάτευση {Τεχνική Ἔκθεση}.

Τά ἐγκεκριμένα ποσά εἶναι δεσμευμένα γιά συγκεκριμένο σκοπό καί μποροῦν νά χρησιμοποιηθοῦν σύμφωνα μέ τούς ὅρους ἔγκρισης καί τήν ἀνάλυση στή σελίδα 3 τῆς ἀπό 19.6.1964 αἴτησής μας (τήν ὁποία αἴτηση σᾶς ἐπισυνάπτουμε σέ φωτοτυπία). Σύμφωνα μέ αὐτή DM 854.000 προορίζονται ἀποκλειστικά γιά οἰκοδομικές δαπάνες καί DM 240.000 γιά τήν κάλυψη τῶν ἐξόδων λειτουργίας τῶν πρώτων 3 ἐτῶν. Προστίθενται ἐπιπλέον τά DM 280.000 πού ἀναγράφονται στόν προϋπολογισμό.

<u>Ἐφιστοῦμε κατηγορηματικά τήν προσοχή σας στό ὅτι μέ τό ἐγκεκριμένο ποσό πρέπει νά περατωθεῖ σέ βαθμό λειτουργικῆς ἑτοιμότητας ὁλόκληρο τό πρόγραμμα πού ἔχετε σχεδιάσει. Κάθε ὑπέρβαση τοῦ κόστους ὀφείλετε νά καλύψετε ἐξ ἰδίων.</u> Παρακαλοῦμε νά μᾶς βεβαιώσετε κατηγορηματικά ὅτι

-καί μάλιστα τήν πρώτη καί ἴσως μοναδική- ἐξαίρεση, δεδομένου ὅτι, ὅπως σημειώνω καί ἀλλοῦ, ἡ Ἑλλάδα δέν ἀνῆκε βέβαια στόν Τρίτο Κόσμο καί ἑπομένως οὔτε στίς ἁρμοδιότητες τοῦ νεοσύστατου (14-11-1961) Ὑπουργείου Οἰκονομικῆς Συνεργασίας καί Ἀναπτύξεως ("Ministerium für wirtschaftliche Zusammenarbeit und Entwicklung"), στό ὁποῖο ἀνατέθηκε ἡ ἐφαρμογή τῆς ὡς ἄνω πολιτικῆς, σέ συνεργασία βέβαια μέ τό Ὑπουργεῖο Ἐξωτερικῶν. Πρῶτος Ὑπουργός ὁρίσθηκε ὁ Walter Scheel, μετέπειτα Πρόεδρος τῆς Ὁμοσπονδιακῆς Δημοκρατίας τῆς Γερμανίας (1974-1979). Ὅπως σημειώνεται ἤδη στήν ἀρχή τοῦ παρόντος πονήματος (ὑποσημ. 1), αὐτός ὑπέγραψε τήν ἀπόφαση ἐγκρίσεως τῆς αἰτήσής μας.

Οἱ Ἐκκλησίες τῆς Γερμανίας (Ρωμαιοκαθολική καί Εὐαγγελική) διέθεταν βέβαια πολύ παλαιότερη παράδοση γνώσεων καί δράσεων πρός ἀντιμετώπιση τῆς ἀνθρώπινης φτώχειας καί δοκιμασίας ἐν γένει, σέ συνδυασμό μέ τήν Ἱεραποστολή. Εἰδικότερα, ὅσον ἀφορᾶ σέ ἀναπτυξιακά προγράμματα, ἡ Καθολική Ἐκκλησία τῆς Γερμανίας εἶχε δημιουργήσει ἤδη ἀπό τό 1958 εἰδική Ὑπηρεσία μέ τόν τίτλο MISEREOR, μέ ἀποστολή τή στήριξη ἀναπτυξιακῶν προγραμμάτων καί μάλιστα χωρίς ἀποκλεισμό θρησκευτικῆς, φυλετικῆς ἤ ἄλλης φύσεως. Μέ τήν ἴδια ἀποστολή ἱδρύθηκε τό 1962 ἀπό τήν Εὐαγγελική Ἐκκλησία τῆς Γερμανίας ἡ Evangelische Zentralstelle für Entwicklungshilfe, e.V., μέ ἕδρα τή Βόννη.

Τρεῖς βασικές ἀρχές συμφωνήθηκε νά τηροῦνται αὐστηρά κατά τή διάθεση τῶν κρατικῶν ἀναπτυξιακῶν ἐπιχορηγήσεων πρός τίς δύο αὐτές Ὑπηρεσίες: 1.Ἀποκλείεται διασύνδεση τῶν κρατικῶν ἐπιχορηγήσεων μέ πολιτικές ὑποθέσεις. 2.Τό Κράτος ἀποφεύγει κάθε ἐπηρεασμό τοῦ ἐκκλησιαστικοῦ σχεδιασμοῦ προγραμμάτων. 3.Μέ κρατικά χρήματα δέν ὑποστηρίζονται ποιμαντικά ἤ ἱεραποστολικά προγράμματα. Πρβλ. R. Boeckler, Zwischenkirchliche Hilfe I, evang. Sicht, καί E.L. Stehle, Zwischenkirchliche Hilfe II, kath. Sicht, Ökumene Lexikon, 2. Aufl. Frankfurt/M 1987, 1305-1312.

ἀναγνωρίζετε αὐτόν τόν πρόσθετον ὅρο, πού δέν περιλαμβάνεται στούς ὅρους μας ἔγκρισης.

Σᾶς ἀποστέλλομε ὡς συνημμένα 2 ἀντίτυπα τῶν ὅρων μας ἔγκρισης ὅπως ἔχουν συνταχθεῖ τόν Ἰούλιο τοῦ 1964. Τό ἕνα ἀντίτυπο προορίζεται γιά τό ἀρχεῖο σας, τό ἄλλο παρακαλοῦμε νά μᾶς τό ἐπιστρέψετε ὑπογεγραμμένο νομίμως. <u>Ἡ παροῦσα βεβαίωση ἔγκρισης ἐνεργοποιεῖται μέ τή λήψη αὐτῶν τῶν νομίμως ὑπογεγραμμένων ὅρων ἔγκρισης</u>. Στό μεταξύ θά ἔχετε κατορθώσει νά συστήσετε τόν νόμιμο φορέα σας γιά τό Ἰνστιτοῦτο σας, ἀπό τόν ὁποῖο πρέπει νά ὑπογραφοῦν οἱ ὅροι ἔγκρισης.

Ἀναλήψεις χρημάτων γιά πληρωμές μπορεῖτε νά κάνετε μέ ἐφαρμογή τῶν ἀντίστοιχων διατάξεων τῶν ὅρων ἔγκρισης (σελ. 2, I, 4). Συνεπῶς, πρέπει νά ἀποδεικνύεται μέ ἐπικυρωμένα ἀντίγραφα Λογαριασμῶν ἤ μέ κατάθεση Συμβάσεων μέ Οἰκοδομικές ἤ ἄλλες Ἑταιρεῖες κ.λπ. ὅτι τά ποσά ἀνάληψης εἶναι πληρωτέα.

Προκειμένου νά ἐπιταχυνθεῖ ὅσο γίνεται πιό γρήγορα ἡ προώθηση τοῦ προγράμματος, θά ἦταν καλό νά ὑποβάλετε τό συντομότερο δυνατόν αἰτήσεις πληρωμῶν. Γιά αἰτήσεις καί βεβαιώσεις πληρωμῶν ἡ Εὐαγγελική Κεντρική Ὑπηρεσία Βοηθείας Ἀναπτύξεως ἔχει ἑτοιμάσει φόρμες, ἀπό τίς ὁποῖες σᾶς στέλνομε ἤδη τώρα ἀνά ἕνα ὑπόδειγμα μέ τήν παράκληση νά χρησιμοποιεῖτε ἀνάλογα αὐτές τίς φόρμες.

Τέλος παρακαλοῦμε νά ἐπιβεβαιώσετε τή λήψη τοῦ παρόντος ἐγγράφου.
Μέ φιλικούς χαιρετισμούς
EVANGELISCHE ZENTRALSTELLE FÜR ENTWICKLUNGSHILFE e.V.
Σφραγίδα - Ὑπογραφή
(Mordhorst)

Συνημμένα
Εὐχαριστίες
6-10-1964 ΑΒΒ
Εἰρηναῖος πρός Μ

Εὐχαριστεῖ γιά τήν ἀπό 11.9. ἐπιστολή του καί ἐκφράζεται μέ θερμά λόγια γιά τήν ἐπίσκεψη τῶν γιῶν τοῦ Müller, πού ἄφησαν ἄριστες ἐντυπώσεις. Ἐπιθυμία του εἶναι νά διατηρηθεῖ ἡ ἐπικοινωνία μέ τήν οἰκογένειά του.

«Γιά τή χαροποιό εἴδησή σας τῆς 1.10. {ὁριστική ἔγκριση τῆς αἴτησής μας} θερμή εὐχαριστίαν ἀπευθύνω πρός τόν Θεόν. Σέ σᾶς στέλνω τόν πλέον ἐγκάρδιο χαιρετισμό καί τήν ἱκανοποίησή μου γιά τή μεγάλη ἐπιτυχία τῆς ἐγκρίσεως τοῦ προγράμματος». Προσθέτει ὅτι ἔχει συζητήσει μαζί μου τά τῆς ἐπικειμένης ἀποστολῆς μας {σέ σχέση μέ τήν Ἀκαδημία} καί ὅτι ἐλπίζει νά μεταβεῖ στή Γερμανία μέ τόν Ἀρχιτέκτονα Πελεκάνο μέχρι τίς 20 Ὀκτωβρίου.

6-10-1964 ΑΒΒ
Απ (Θεσ) πρός Μ
«Ἄν ἤμουν δεισιδαίμων, θά ἔπρεπε νά ἀντιληφθῶ μέ κάποιο συναίσθημα φόβου τήν εἴδηση γιά τήν ἔγκριση τοῦ σχεδίου μας· ἡ εὐτυχία εἶναι τόσο μεγάλη (ἡ μεγαλύτερη μετά ἀπό τή γέννηση τοῦ παιδιοῦ μας), ὥστε θά μποροῦσε νά φοβηθεῖ κανείς πώς οἱ θεοί θά ζηλέψουν! Ἀκούω τήν εἴδηση μέ δέος πρό τῆς μεγάλης ἀποστολῆς, μέ εὐγνωμοσύνη καί θαυμασμό: Στήν πραγματικότητα ἐπιβάλατε τό πρόγραμμα πολύ γρήγορα!».

13-10-1964 ASp
Müller πρός Roos
«Σήμερα μπορῶ νά σᾶς κάμω τήν εὐχάριστη γνωστοποίηση ὅτι ἡ Εὐαγγελική Ὁμάδα Ἐργασίας γιά Ἀναπτυξιακή Βοήθεια {ἡ EZE} μοῦ γνώρισε, κατ' ἀρχήν προφορικά, ὅτι ὁ Ὑπουργός S c h e e l ἐνέκρινε τό πρόγραμμα τῆς Κρήτης. Ἡ γραπτή ἔγκριση δέν ἔφθασε ἀκόμη, ὅμως, κατά τή γνώμη τοῦ Διευθυντοῦ κ. M o r d h o r s t, ἔχει ληφθεῖ ἡ βασική ἀπόφαση. Ἡ ἀπόφαση ὑπῆρξε θετική, μεταξύ ἄλλων καί ἐπειδή ἡ Ἐκκλησία τοῦ Παλατινάτου ἔκαμε τή φιλική δήλωση ὅτι εἶναι πρόθυμη νά ἐγγυηθεῖ τή συνέχιση τῆς ἐργασίας {τῆς Ἀκαδημίας}. Ἐπανειλημμένως στίς διαπραγματεύσεις μου στή Βόννη εἶχε λεχθεῖ ὅτι αὐτό κυρίως ἦταν ἀκόμη τό ἀνοιχτό ζήτημα, πού ρυθμίσθηκε μέ τή φιλική σας συγκατάθεση. Γι' αὐτό καί ἐπιθυμῶ νά σᾶς εὐχαριστήσω θερμά. Ὁ Ἐπίσκοπος κ. Εἰρηναῖος καί ὁ Δρ. κ. Παπαδερός προβλέπεται νά ἔλθουν τήν ἑπόμενη ἑβδομάδα στή Γερμανία, ἐπειδή πρέπει νά διευκρινισθοῦν μερικά ἀκόμη ζητήματα σχετικά μέ τήν οἰκοδομή. Ἀσφαλῶς οἱ δύο κύριοι θά ἤθελαν νά κάμουν μέ αὐτήν τήν εὐκαιρία μιά ἐπίσημη ἐπίσκεψη εὐχαριστίας καί στήν Ἐκκλησία τοῦ Παλατινάτου».
Κοιν.: Δρ. Παπαδερό.

Νέο ταξίδι στή Γερμανία
Σύμφωνα μέ τίς πληροφορίες μας, ἡ ἔγκριση τῆς αἴτησής μας φαινόταν πλέον πιό σίγουρη καί προσεχής. Ἔτσι ὁ Εἰρηναῖος, ὁ Μιχ. Πελεκάνος, ἡ γυναίκα του, ἡ μητέρα της καί ἐγώ ἀποφασίσαμε νά ταξιδέψουμε στή Γερμανία.[157]

---

[157] 12-10-1964 ΑΒΒ
Απ (Θεσ) πρός Μο
Ἀκόμη προβλήματα μέ τίς ἡμερομηνίες τοῦ ταξιδίου...
Ὁ ἀρχιτέκτων ἔρχεται γιά πρώτη φορά στή Δυτ. Εὐρώπη. Κατανοητό λοιπόν ὅτι θέλει νά πάρει μαζί του καί τή γυναίκα του. Στό μεταξύ μαθαίνω πώς θά ἔλθει καί ἡ πεθερά του. Θά πληρώσουμε μόνο τά δικά του ἔξοδα...

16-9-1964 ΑΒΒ

Μ πρός Απ (Θεσ.)

Στή Βόννη, ὅπου εἶχε πάει, διαπίστωσε ὅτι, ἐκτός ἀπροόπτου, ἡ ἔγκριση τῆς αἰτήσής μας θά γίνει ἐντός τοῦ Ὀκτωβρίου.

Τόν Ὀκτώβριο πρέπει νά δηλώσουμε πόσα χρήματα θά ἐπενδύσουμε ἐντός τοῦ ἔτους καί πρός τί. Κρίνει ὅτι προτεραιότητα ἔχει ἡ τοποθέτηση τοῦ ἀγωγοῦ ὕδρευσης. Ἐπισημαίνει ὅτι, σύμφωνα μέ τούς Κανονισμούς, ὅσα χρήματα ζητήσουμε γιά τό 1964 πρέπει νά χρησιμοποιηθοῦν ἐντός τοῦ ἔτους αὐτοῦ.

Ἀρχιτεκτονικά: Ἀναγκαία ἡ συζήτηση μέ τόν ἀρχιτέκτονα. Προτείνει νά τόν πάρω καί νά πᾶμε μαζί τόν Ὀκτ. στή Γερμανία, προκειμένου, ἐκτός ἀπό τή συζήτηση, νά γνωρίσει καί μερικές Ἀκαδημίες. Τίς δαπάνες μποροῦμε νά ἐντάξουμε στά χρήματα πού θά δοθοῦν.

Ἐνδεχομένως εἰσαγωγή εἰδῶν ὑγιεινῆς καλῆς ποιότητας ἀπό τή Γερμανία.

Ἄν ὁ Εἰρηναῖος θέλει νά εἶναι παρών στή συζήτηση γιά τά οἰκοδομικά, μπορεῖ νά συναντηθοῦμε ὅλοι στήν Ἀθήνα (ὅπου εἶναι πρόθυμος νά ἔλθει). Στήν περίπτωση ὅμως αὐτή ὁ ἀρχιτέκτονάς μας δέν θά ἐπισκεφθεῖ Ἀκαδημίες.

Κοιν.: Σεβ. Εἰρ.

21-9-1964 ΑΑπ

Απ (Θεσ.) πρός Πελεκ.

Ἀνακοινώνω στόν Μιχάλη Πελεκάνο ὅτι ἡ τελική ἔγκριση τῆς αἰτήσής μας ἀναμένεται νά γίνει ἀρχές Ὀκτωβρίου. Παρακαλῶ νά συνεννοηθεῖ μέ τόν Σεβασμιώτατο καί νά μοῦ γνωρίσουν πόσα χρήματα εἶναι δυνατόν νά χρησιμοποιηθοῦν ἀπό 1^{ης} Νοεμβρίου μέχρι 31^{ης} Δεκεμβρίου 1964, προκειμένου νά τά ζητήσουμε σύμφωνα μέ τόν κανονισμό, πού πρέπει νά τηρεῖται μέ μεγάλη προσοχή. Προτείνω νά προηγηθεῖ ἡ μεταφορά τοῦ νεροῦ καί νά ἀρχίσει ἡ προετοιμασία τοῦ ἐδάφους. Ζητῶ ἀκόμη νά σκεφθεῖ ποιά ὑλικά ἐνδείκνυται νά ἀγοράσουμε ἀπό τή Γερμανία, μέ δεδομένο ὅτι θά εἰσαχθοῦν χωρίς δασμούς (εἴδη ὑγιεινῆς, ἐπίπλωσης...). Νά ἑτοιμάζεται γιά ταξίδι πού πρέπει νά κάνουμε στή Γερμανία μαζί, προκειμένου νά γνωρίσει μερικές Ἀκαδημίες καί νά γίνουν ἀναγκαῖες συζητήσεις. Θά συνταξιδεύσει καί ὁ Σεβασμιώτατος.

22-9-1964 ΑΒΒ

Απ (Θεσ.) πρός Μ

Ὁ Ἐπίσκοπος καί ἐγώ χαιρόμαστε γιά τήν προοπτική σύντομης ἔγκρισης. Ἄν συμβεῖ αὐτό, πρέπει νά ἀρχίσουμε ἤδη ἐντός τοῦ ἔτους τίς ἐργασίες ἀνοικοδόμησης τῆς Ἀκαδημίας, ὅπως γράφετε.

Τόν Ὀκτώβριο μποροῦμε νά ἔλθουμε στή Γερμανία. Ὁ Ἐπίσκοπος ἔχει οὕτως ἢ ἄλλως μιά πρόσκληση γιά ἕνα συνέδριο τόν Ὀκτώβριο στό Aachen. Μέ τόν ἀρχιτέκτονα μίλησα, θά φροντίσει νά ἔλθει καί ἐκεῖνος. Θά ταξιδέψουμε μέ τό τρένο, ὥστε νά περιορίσουμε τά ἔξοδα. Μποροῦμε νά ἀρχίσουμε μέ τόν ἀγωγό ὕδρευσης, ἀλλά καί μέ προετοιμασία τοῦ οἰκοπέδου. Θά πάρουμε στό μεταξύ ἀπόφαση καί γιά τό κατά πόσον θά ἀγοράσουμε κάποια ὑλικά ἀπό τή Γερμανία.

Εὐχαριστίες γιά τή συμβολή στήν πραγματοποίηση τοῦ συνεδρίου στό Καστέλλι. Παρά τίς δυσκολίες πῆγε καλά. Ἦταν τό πρῶτο. Καί μπορῶ νά πῶ ταπεινά πώς ἀποκτήσαμε μιά ἀκόμη βεβαιότητα γιά τήν ἀνάγκη καί τή μεγάλη ἀξία μιᾶς Ἀκαδημίας, βεβαιότητα πού ἀπέκτησαν καί ἄλλοι ἄνθρωποι.

2-10-1964 ΑΒΒ
Απ (Θεσ.) πρός Μ

Χθές ἐπέστρεψα ἀπό τήν Ἀθήνα, ὅπου συναντήθηκα μέ τόν ἀρχιτέκτονά μας. Συμφωνήσαμε νά ἔλθουμε στή Γερμανία. Θά ἔλθει καί ὁ Σεβασμ. Εἰρηναῖος (ἐκεῖνος καί ἐγώ θά συμμετάσχουμε σέ συνέδριο στό Ἄαχεν {Τάγμα Μεγ. Κων/νου, 23-25.10}. Ἀναχώρηση ἀπό Θεσ/νίκη στίς 16.10. Μέχρι 23.10 θά ἔχουμε χρόνο γιά ἐπισκέψεις σέ Ἀκαδημίες καί συζητήσεις. Μετά τό Ἄαχεν θά ἔχουμε καί πάλι χρόνο, ἄν χρειασθεῖ. Ἀφήνουμε ὅμως σέ σᾶς τόν καθορισμό τοῦ προγράμματος.

Τά ἔξοδα τοῦ ταξιδίου θά καταβληθοῦν ἀπό μᾶς, ἀργότερα ὁ λογαριασμός. Ἐπειδή σέ λίγο θά φύγω γιά τήν Κρήτη, προκειμένου νά διευθύνω ἐκεῖ ἕνα συνέδριο, παρακαλῶ νά λάβω ἐκεῖ ἕνα ἀντίγραφο τῆς ἀπάντησής σας, γιά τήν περίπτωση πού θά βρίσκομαι ἀκόμη ἐκεῖ.

6-10-1964 ΑΒΒ
Εἰρηναῖος πρός Μ

....

Συζήτησα μέ κ. Παπαδερό: Μποροῦμε νά ἔλθουμε στή Γερμανία μετά τίς 20 Ὀκτωβρίου, μαζί μέ τόν ἀρχιτέκτονα κ. Πελεκάνο.

6-10-1964 ΑΒΒ
Απ (Θεσ) πρός Μ

....

Ταξίδι: Μποροῦμε νά ξεκινήσουμε ἀπό τή Θεσσαλονίκη στίς 18.10.
Ὁ κ. Roos μοῦ γράφει πώς ἡ Ἐκκλησία τους ἐνέκρινε τόσο τήν ἐγγύηση, ὅσο καί μιά ἄμεση βοήθεια. Καίτοι σᾶς τό κοινοποίησαν, δέν ἔλαβαν ἀκόμη

κάποια ἀπάντησή σας. Δέν διέκρινα κάποιο παράπονό τους. Δέν θά ἦταν ὅμως φρόνιμο νά περάσει ὁ Ἐπίσκοπός μας ἀπό ἐκεῖ γιά μιά ἐπίσκεψη καί μέ αὐτήν τήν εὐκαιρία νά ἱκανοποιηθεῖ καί ἡ προσμονή τους γιά μιά δική σας ἀπάντηση;

Δέν θά εἶχα ἀντίρρηση νά ἔλθει στήν Κρήτη ὁ ἀρχιτέκτονας τῆς ΕΖΕ μετά τή δική μας ἐπίσκεψη στή Γερμανία. Αὐτό θά ἦταν χρήσιμο τώρα, στίς ἀρχές τοῦ ἔργου.

6-10-1964 ASp
Απ (Θεσ) πρός Roos
«Σήμερα μπορῶ νά σᾶς κάμω τήν εὐχάριστη ἀνακοίνωση ὅτι τό πρόγραμμά μας γιά τή Γωνιά ἐγκρίθηκε ὁριστικά πιά ἀπό τήν πλευρά τῆς Βόννης! Αὐτό σημαίνει ὅτι ἤδη τόν Νοέμβριο μποροῦμε νά ἀρχίσουμε τήν οἰκοδομή καί νά ἐντατικοποιήσουμε τίς ἐν γένει ἐργασίες».

Τοῦ γράφω ἀκόμη ὅτι στίς 18 Ὀκτωβρίου θά ταξιδέψουμε στή Γερμανία - Σεβασμ. Εἰρηναῖος, ἀρχιτέκτονας {Μιχάλης Πελεκάνος} καί ἐγώ, προκειμένου νά ρυθμίσουμε στό Bad Boll καί στή Βόννη μερικές λεπτομέρειες, κυρίως ἀρχιτεκτονικές. Ἀφήνω ἀνοιχτό τό ἐνδεχόμενο νά ζητήσουμε νά τούς ἐπισκεφθοῦμε, ἄν τό ἐπιτρέψουν οἱ ἄλλες ἀπασχολήσεις, ὥστε νά μιλήσουμε διεξοδικά γιά ὅλα τά κοινοῦ ἐνδιαφέροντος ζητήματα.

....
Γιά τό πρόβλημα μέ τόν Μητροπολίτη Πολύευκτο γράφω ὅτι θά προσπαθήσουμε, ὁ Σεβασμ. Εἰρηναῖος καί ἐγώ, νά ἔχουμε μιά σχετική συζήτηση μαζί του στή Βόννη.

8-10-1964 ABB
Γραμματεία Μ πρός Απ, Θεσ.
Εὐχαριστία γιά τό ἀπό 2.10 γράμμα μου. Πρόλαβαν νά ἐνημερώσουν τόν Müller, πού ἦταν ἀκόμη στό Ἀμβοῦργο, καθ' ὁδόν πρός τό Nyborg.

Ὁ κ. Müller συμφωνεῖ μέ τίς προτεινόμενες ἡμερομηνίες καί χαίρεται ἰδιαίτερα γιά τή συμμετοχή καί τοῦ Ἐπισκόπου Εἰρηναίου.

Μεγάλη προσπάθεια γιά συντονισμό ἡμερομηνιῶν.

Ἀντίγραφο ἀποστέλλεται σέ μένα στό Καστέλλι.

9-10-1964 ΑΑπ
Εἰρηναῖος πρός Απ (Θεσ)
Θά πάει στήν Ἀθήνα στίς 15.10, θά ἔλθει στή Θεσσαλονίκη στίς 18 καί θά φύγουμε γιά τή Γερμανία τή Δευτέρα, 19.10 (θά εἶναι μαζί μας καί ὁ Μ.

Πελεκάνος μέ τή γυναίκα του καί τήν πεθερά του). Ὁ Müller μᾶς περιμένει στίς 20. Νά κανονίσω λοιπόν τίς θέσεις στό τρένο.

Μοῦ στέλνει ἕνα χαρτί τοῦ Ὑπ. Οἰκονομικῶν γιά αὐτοκίνητο καί θέλει νά ζητήσω ἀπό δικό μου πρόσωπο στήν Ἀθήνα νά πάει νά πάρει καί ἕνα ἄλλο χαρτί νά μοῦ τό στείλει ἀμέσως.

{Μετά τήν ὑπογραφή, μέ κόκκινο:} «Προσοχή νά μή χάσωμεν τό χαρτί τελωνείου».

13-10-1964 ΑΒΒ
Μ πρός Απ Θεσ., τηλεγράφημα
Ἐπίσκεψη ἀπό 19 Ὀκτωβρίου εὐπρόσδεκτη.

14-10-1964 ΑΒΒ
Μ πρός Απ (Θεσ) τηλεγράφημα:
Πρόταση: Ἐπίσκεψη Tutzing, ΒΒ 21.10, Βόννη 22.10.

14-10-1964 ΑΒΒ
Γραμματεία Μ πρός Απ (Θεσ)
Προηγούμενα τηλεγραφήματα.
Συγκεκριμένα:
Πέμπτη, 22 Ὀκτωβρίου 1964, συζήτηση στή Βόννη μέ Διευθυντή Mordhorst.

Πρό τῆς 21 Ὀκτωβρίου δέν εἶναι δυνατή ἡ ἐπίσκεψή σας στό ΒΒ ἐλλείψει δωματίων. Ἐπιθυμία μας εἶναι ὁ Ἐπίσκοπος καί σεῖς νά ἔχετε ἄνεση. Νά τηλεφωνήσουμε ἀπό τό Tutzing νά μᾶς πάρουν μέ αὐτοκίνητό τους. Μετά μπορεῖτε νά προχωρήσετε πρός Βόννη, Ἄαχεν καί κατά τήν ἐπιστροφή ἴσως πάλι ΒΒ. Μή λησμονήσετε τό Μάιντς, σᾶς περιμένουν οἱ Χίλκμαν ἀνυπερθέτως!

Τήν ἐπίσκεψη τοῦ Ἐπισκόπου στό Sreyer θά ρυθμίσουμε ἐδῶ τηλεφωνικῶς στίς 21 Ὀκτωβρίου.

16-10-1964 ΑΒΒ
Απ πρός Μ (Θεσ. τηλεγράφημα)
Ἀποδεχόμεθα ἡμερομηνίες. Ἄφιξη στό Tutzing Τετάρτη πρωί.
ΠΑΠΑΔΕΡΟΣ
Σημείωση τῆς Mohn: Ἐνημέρωση τοῦ Rieger ὅτι οἱ Εἰρηναῖος, Παπαδερός, ἀρχιτέκτων καί ἴσως ἡ σύζυγός του φθάνουν στό Τούτσιγκ τό πρωί τῆς Τετάρτης 21.10.64. Θά μᾶς παραλάβουν τό ἀπόγευμα τῆς ἴδιας ἡμέρας.

20-10-1964 ΑΒΒ
Σημείωση Γραμματείας πρός Απ
Οἱ Χίλκμαν τηλεφώνησαν δυό φορές. Θά ἀπουσιάσουν μέχρι 26.10. Φαίνεται πώς σᾶς περιμένουν μέ ἀνυπομονησία.

20-10-1964 ΑΒΒ
Γραμματεία Μ
Σημείωση: Τό ἀπόγευμα ἤ βράδυ τῆς Τετάρτης, 21 Ὀκτωβρίου 1964, ἔρχονται οἱ ἑξῆς φιλοξενούμενοι ἀπό τήν Ἑλλάδα:
Σεβασμ. Εἰρηναῖος, Καστέλλι
Δρ. Παπαδερός...
Ἕνας Ἕλληνας ἀρχιτέκτων μέ τή σύζυγο καί τήν πεθερά του.
Ὁ κ. Müller παρακαλεῖ νά ἑτοιμαστοῦν τά τῆς διαμονῆς των γιά τή νύχτα 21/22.10.1964. Εἶναι φιλοξενούμενοι τῆς Ἀκαδημίας - ὁ κ. Scholz θά πεῖ ποιός λογαριασμός θά χρεωθεῖ. Παρακαλῶ, γιά τόν Ἐπίσκοπο ἕνα «ἐπισκοπικό δωμάτιο»!
Ἀναχώρηση τῶν φιλοξενουμένων στίς 22 Ὀκτωβρίου, πρωί (ἔχει ρυθμισθεῖ ἤδη).
Στό ἐπάνω μέρος τῆς ἴδιας σελίδας δίδεται γραπτή ὁδηγία στόν κ. Porstendörfer, ὁδηγό τοῦ Μ, νά μεριμνήσει γιά τή μεταφορά τῶν ἀνωτέρω στόν πλησιόχωρο Σιδηροδρομικό Σταθμό τοῦ Göppingen, τήν Πέμπτη, 22 Ὀκτωβρίου 1964, ὥρα 8.00 (μέ τό αὐτοκίνητο Diesel). Ἀναχώρηση τοῦ τρένου: 8.34.

20-10-1964 ΑΒΒ
Μο πρός συνεργάτες ΒΒ
Ἄφιξή μας, παραλαβή...

20-10-1964 ΑΒΒ
Μο πρός Απ
Πρόγραμμα στή Βόννη

21-10-1964 ΑΒΒ
Μο πρός Μ
Τηλεφώνησε ὁ Δρ. Παπαδερός: Ἄφιξή τους μέ τρένο στό Göppingen στίς 17.53. Παράκληση γιά σύντομη συζήτηση μέ Μ τό βράδυ, πρίν πᾶνε αὔριο στή Βόννη. Διεξοδική συζήτηση τήν ἄλλη βδομάδα.

20-10-1964 ΑΒΒ
Σημείωση Γραμματείας πρός Απ
Τηλεφωνήματα ἀπό τούς Χίλκμαν, μᾶς περιμένουν ἐναγωνίως!

20-10-1964 ΑΒΒ
Γραμματεία Μ πρός Απ
Θέμα: Συζήτηση μέ Διευθυντή Mordhorst, Bonn
Ἡ συζήτησή σας μέ τόν Mordhorst, Διευθυντή τῆς ΕΖΕ, ἔχει ὁρισθεῖ γιά τίς 22.10, μετά τήν ἄφιξή σας στή Βόννη μέ τό τρένο (ὥρα 13.46). Ἐπειδή στό Σταθμό τῆς Βόννης ἀπαγορεύεται τό Parking, δέν μποροῦν νά σᾶς παραλάβουν μέ δικό τους αὐτοκίνητο. Μέ ΤΑΧΙ θά χρειασθεῖτε 10 λεπτά, μέ τά πόδια 3.[158]

21-10-1964 ΑΒΒ
Γραμματεία πρός Μ
Θέμα: Ἐπίσκεψη Ἐπισκόπου Εἰρηναίου...
Ὁ Δρ. Παπαδερός τηλεφώνησε ἀπό τό Tutzing ὅτι οἱ ἀνωτέρω φθάνουν στό Σταθμό τοῦ Göppingen τήν Τετάρτη, 21.10.1964, στίς 17.53.
Ὁ κ. Porstendörfer θά μεριμνήσει γιά τήν παραλαβή τους. Δεῖπνο στήν Ἀκαδημία.
Ὁ κ. Παπαδερός παρεκάλεσε νά ἔχουν μιά σύντομη συζήτηση μαζί σας. Εἶναι μέν κουρασμένοι, θεωροῦν ὅμως ἀναγκαῖο νά μιλήσουν γιά λίγο μαζί σας πρίν ἀπό τήν ἐπίσκεψή τους στόν Διευθυντή Mordhorst. Ἀργότερα (τήν ἑπόμενη ἑβδομάδα) χρειάζεται μιά ἐκτενής συζήτηση στό ΒΒ, ἀφοῦ θά ἔχουν ὁλοκληρώσει τίς προβλεπόμενες ἐπισκέψεις τους σέ Ἀκαδημίες.

22-10-1964 ΑΒΒ
Ταξίδι Ἐπισκόπου Εἰρηναίου καί Δρ. Α. Παπαδεροῦ
22.10.1964: Bonn
22-25.10.1964: Aachen

---

[158] Στήν πίσω πλευρά τοῦ χαρτιοῦ ἔχω σημειώσει Ἀκαδημίες πού ἐπισκεφθήκαμε (Mühlheim, Loccum, Arnoldshain) καί τό MAINZ.
Γιά τό ταξίδι αὐτό τοῦ Σεβασμιωτάτου ὑπάρχει ἡ ἀκόλουθη σημείωση στό ΧΚ 47 (1964)161: «Κατά τό ἀπό 16 π. μηνός ταξίδιόν του εἰς Γερμανίαν μετά τοῦ Δρ. Ἀλ. Παπαδεροῦ, ὁ Σεβασμ. Μητροπολίτης μας α) ἔλαβε μέρος εἰς τό ἐν Aachen Γερμανικόν {ἐννοεῖται Γερμανίας} Συνέδριον τῶν Ἱπποτῶν τοῦ Ἁγ. Κωνσταντίνου καί β) Ἠσχολήθη μέ τό θέμα τῆς Ὀρθοδόξου Ἐκκλησιαστικῆς Ἀκαδημίας ἐν Γωνιᾷ Κισάμου». Παραλείπεται ἀναφορά στήν ἐπίσκεψή μας στή Φραγκφούρτη, ὅπου συναντηθήκαμε μέ τόν Dyck στό Γραφεῖο του καί ὁριστικοποιήσαμε τά τῆς συνεργασίας μας γιά τό Ἀγρόκτημα στό Κολυμπάρι. Βαλλ. 182 ἑξ.

23-10-1964 ABB
Γραμματεία Μ
Θέμα: Παραμονή τῶν Ἑλλήνων φίλων μας στό ΒΒ
Ἐπίσκοπος Εἰρηναῖος, Δρ. Παπαδερός, ἀρχιτέκτων μέ σύζυγο καί πεθερά θά ἐπανέλθουν στό ΒΒ πιθανῶς ὡς ἑξῆς:

1) Ἐπίσκοπος Εἰρηναῖος στίς 26.10.1964 στή διάρκεια τῆς ἡμέρας ἤ τό βράδυ.

2) Δρ. Παπαδερός καί λοιποί μᾶλλον κατά τό βράδυ τῆς Τρίτης, 27.10.1964.

Θά μείνουν μᾶλλον μέχρι 28 Ὀκτωβρίου τρ. ἔτους. Δέν εἶναι βέβαιο ἄν θά φύγουν στίς 28 ἤ στίς 29.[159]

Εἶναι φιλοξενούμενοι... κ.λπ. ὡς ἀνωτέρω.

25.10.1964: Mühlheim {γνωριμία μέ τήν ἐκεῖ Ἀκαδημία}.
26/27.10.1964: Διανυκτέρευση καθ' ὁδόν ἤ στήν Ev. Akademie Arnoldshain, Dr. Kallenbach Dr. Renkewitz.
27/10: Bad Boll
28/10: Bad Boll
Τύπος

Ὁ κ. Kräter, ὑπεύθυνος Τύπου στήν Εὐαγ. Ἀκαδημία τοῦ Mühlheim, ἐνημερώνει τή Γραμματεία τοῦ Μ ὅτι θέλει νά στείλει στό epd Düsseldorf περίπου τήν ἀκόλουθη εἴδηση σχετικά μέ τήν ἐπίσκεψη τοῦ Ἐπισκόπου Εἰρηναίου, Δρος Παπαδεροῦ κ.λπ.:

Ἡ ὁμάδα ἦταν τήν Κυριακή (25.10.64) στό Mühlheim. Κάνει ἕνα ταξίδι μελέτης, πού ἀποβλέπει στό νά συγκεντρώσουν στίς Εὐαγ. Ἀκαδημίες τῆς Ὁμοσπονδιακῆς Δημοκρατίας ἐμπειρίες γιά τήν ἵδρυση μιᾶς ἑλληνορθόδοξης Ἀκαδημίας στήν Κρήτη (οἰκοδομικές - ἀρχιτεκτονικές ἐμπειρίες).

Ἡ Γραμματεία τηλεφώνησε στόν Δρ. Müller στή Φραγκφούρτη καί ἔλαβε τή συγκατάθεσή του.

Τηλεφώνησε στόν Kräter καί τοῦ κοινοποίησε τή συγκατάθεση τοῦ Müller.

{Αὐτή ἡ διαδικασία δείχνει τήν ἀλλαγή πού ἐπῆλθε μετά τό «σκάνδαλο Heyer» καί τή σχετική ὁδηγία τοῦ Μ., νά ἐνημερώνεται πρίν ἀπό τή δημοσίευση εἰδήσεων γιά Ἀκαδημίες στό ἐξωτερικό. «Ἀπού καεῖ στά κάρβουνα φυσᾶ καί τό γιαούρτι!»}.

---

[159] 26-10-1964
Γραμματεία Μ
Στίς 28-10-1964 εἴχαμε, οἱ ἐξ Ἑλλάδος, συζήτηση στό ΒΒ μέ τόν ἀρχιτέκτονα Ihle καί τόν κ. Müller γιά τά σχέδια.

24-10-1964 ΑΑπ

Metropolit von Westkreta in Aachen
Er nimmt am Treffen des Konstantin-Ordens teil – Gäste aus zehn Nationen

Στήν ἐφημερίδα Aachener Volkszeitung δημοσιεύεται εἴδηση ὑπό τόν τίτλο: Metropolit von Westkreta in Aachen {Μητροπολίτης ἀπό τή Δυτική Κρήτη στό Ἄαχεν}, μέ ὑπότιτλο: Λαμβάνει μέρος σέ συνάντηση τοῦ Τάγματος Κωνσταντίνου - Φιλοξενούμενοι ἀπό δέκα Ἔθνη.

Γράφει: Διακεκριμένες προσωπικότητες, ἀξιωματοῦχοι κληρικοί, Ἐπιστήμονες, Διπλωμάτες, Κρατικοί ὑπάλληλοι καί Ἐπιχειρηματίες θά βρίσκονται τό Σάββατο καί τήν Κυριακή στό Ἄαχεν, προκειμένου νά λάβουν μέρος σέ συνέλευση τοῦ Τάγματος Κωνσταντίνου. Θά ἀσχοληθοῦν μέ προβλήματα Ἀνθρωπίνων Δικαιωμάτων, ἐκκλησιαστικά ζητήματα καί θέματα Προσφύγων, Ἀναπτυξιακῆς Βοήθειας καί Πολιτισμοῦ. Μεταξύ ἄλλων θά συζητηθεῖ καί «ἡ προσφορά βοήθειας πρός τή Νιγηρία καί τήν Κρήτη».

Ἡ ἐπιλογή τοῦ Ἄαχεν γιά τή συνάντησή μας ἐκείνη ὀφείλεται στούς δεσμούς τῆς πόλης αὐτῆς μέ τό Βυζάντιο, γιά τούς ὁποίους ἔγινε καί εἰδική διάλεξη.

26-10-1964 ΑΑπ
Rieger πρός Μ
Πρίν δυό χρόνια γνώρισε στή Λέσβο μιά νέα κοπέλα, ἐργαζόμενη στή Μυτιλήνη ὡς παιδαγωγός σέ μιά οἰκογένεια ἐκεῖ. Θά ἤθελε πολύ νά ἀξιοποιήσει τίς γνώσεις της τῆς ἑλληνικῆς γλώσσας στό ἐπάγγελμά της. Τοῦ εἶχε κάμει καλή ἐντύπωση.

Ἔλαβε τώρα ἕνα γράμμα της, πού ἐπισυνάπτει. Τῆς ἀπάντησα νά γράψει σέ σένα. Ἴσως ἐνδιαφέρει ἕνα τέτοιο γράμμα γιά τό πρόγραμμα τῆς Κρήτης.

{Μοῦ ἔστειλαν τό γράμμα της. Σκέφτηκα: Ἀκόμη δέν τόν εἴδαμε καί Γιάννη τόν ἐβγάλαμε!}.

26-10-1964 ΑΑπ
Γραμματεία Μ
Ἐνημέρωση τῶν ἁρμοδίων τοῦ προσωπικοῦ γιά ἄφιξη στό ΒΒ ἑνός ἀρχιτέκτονα ἀπό τήν ΕΖΕ {Ihle} τό ἀπόγευμα τῆς 27^{ης}, προκειμένου νά συνεργασθεῖ μέ τόν Ἐπίσκοπο Εἰρηναῖο καί ἄλλους {Μ. Πελεκάνο, Müller καί μένα} τήν ἑπομένη.

27-10-1964 ΑΑπ

Τό Πρακτορεῖο Εἰδήσεων τῆς Εὐαγ. Ἐκκλησίας (Evangelischer Presse Dienst epd ZA Nr. 248, 27-10-1964,σελ.5) γνωστοποιεῖ τήν ἐπίσκεψη τοῦ Σεβασμ. Εἰρηναίου καί ἐμοῦ στή Γερμανία μέ τήν προσφιλῆ στούς Γερμανούς σημείωση ὅτι «*κατά τό πρότυπο τῶν ἐν Γερμανίᾳ Εὐαγγελικῶν Ἀκαδημιῶν, πρόκειται νά ἱδρυθεῖ στήν Κρήτη μιά ἑλληνορθόδοξος Ἀκαδημία...*».

Προκειμένου νά συγκεντρώσουν πληροφορίες γιά τό πρόγραμμα αὐτό, ὁ Ἐπίσκοπος Εἰρηναῖος, ἕνας τῶν ἑπτά ἑλληνορθοδόξων Μητροπολιτῶν τῆς μεσογειακῆς νήσου, καί ὁ Δρ. Ἀλέξανδρος Παπαδερός ἐπισκέπτονται αὐτές τίς μέρες Εὐαγγελικές Ἀκαδημίες στήν Ὁμοσπονδιακή Γερμανία.

5. Ὑπογράφονται οἱ Ὅροι Ἐγκρίσεως

28-10-1964 ΑΒΒ

Ἀρχιτεκτονικά - Ὅροι ἐγκρίσεως

Ὁ Σεβασμ. Εἰρηναῖος, ἐγώ καί ὁ Μ. Πελεκάνος μέ τή γυναίκα του καί τήν πεθερά του εἴμεθα στό ΒΒ. Συνεργασία μέ τόν ἀρχιτέκτονα Ihle.

Σήμερα, ἐθνική ἑορτή μας (28 Ὀκτωβρίου), μνήμη πολέμου, καταστροφῶν καί θανάτων, ἀλλά καί προσδοκίας τῶν Ἑλλήνων γιά κάποιου εἴδους ἐπανόρθωσης, ὁ Σεβασμιώτατος, ἐντελῶς συμπτωματικά βέβαια, ὑπέγραψε ἐδῶ τούς ὅρους ἐγκρίσεως τῆς χορηγίας ἀπό τήν Εὐαγγελική Κεντρική Ὑπηρεσία Βοηθείας Ἀναπτύξεως (EZE- Bewilligungsbedingungen), ὑπό τήν ἰδιότητα τοῦ Προέδρου τῆς ΕΠΙΤΡΟΠΗΣ ΙΔΡΥΣΕΩΣ ΤΗΣ ΑΚΑΔΗΜΙΑΣ ΓΩ-ΝΙΑΣ. Οἱ 6 σελίδες τοῦ ἐν λόγῳ ἐγγράφου περιλαμβάνουν λεπτομερεῖς ὅρους, προϋποθέσεις καί ὑποχρεώσεις γιά τή σωστή διαχείριση τοῦ ἐγκεκριμένου ποσοῦ, τήν κατηγορηματική ἀπαγόρευση χρήσης ἔστω καί ἐλάχιστου ποσοῦ γιά ἀλλότριους σκοπούς, τόν τρόπο τῆς ἐκταμίευσης τῶν πόρων ἀνάλογα μέ τήν πρόοδο τοῦ ἔργου, τῆς διενέργειας διαγωνισμῶν, τήν αὐστηρή τήρηση τοῦ προϋπολογισμοῦ τοῦ ἔργου μέ ρητή ἀπαγόρευση μετακίνησης ποσῶν ἀπό τό ἕνα κεφάλαιο ἤ ἄρθρο τοῦ προϋπολογισμοῦ σέ ἄλλο χωρίς γραπτή ἔγκριση τῆς EZE, τόν τρόπο ὑποβολῆς οἰκονομικῶν ἀπολογισμῶν κ.λπ.

{Κατά καιρούς οἱ Ὅροι Ἐγκρίσεως ἄλλαζαν πρός τό λεπτομερέστερο καί αὐστηρότερο. Τό δεύτερο καί τελευταῖο σχετικό ἔγγραφο, πού ἀφοροῦσε εἰδικότερα στά ἔξοδα λειτουργίας τῆς Ἀκαδημίας, ὑπέγραψε ὁ Σεβασμιώτατος Εἰρηναῖος στις 17.12.1969}.

29-10-1964 ΑΑπ
Απ (από ΒΒ) πρός Mordhorst
«Μετά θερμών εὐχαριστιών ἐπιβεβαιώνω τή λήψη τῆς ἀπό 23.10.1964 ἐπιστολῆς σας.

Ἐπιθυμῶ νά ἐκφράσω καί γραπτῶς {εἶχα εὐχαριστήσει ἤδη τηλεφωνικῶς} τίς ἐγκάρδιες εὐχαριστίες μου γιά τήν ἔγκριση τοῦ προγράμματός μας.

Γιά τά οἰκοδομικά ζητήματα μιλήσαμε μέ τόν ἀρχιτέκτονά σας κ. Ihle χθές ἐκτενῶς στό Bad Boll. Ἐλπίζω ὅτι θά σᾶς ἐνημερώσει.

Θά ἤθελα ἐπίσης νά σᾶς διαβεβαιώσω ὅτι μέ τά ποσά πού ἐγκρίθηκαν θά ὁλοκληρώσουμε τά προγραμματισθέντα. Προέκυψε καί αὐτό ἀπό τή χθεσινή συζήτηση πού ἔγινε παρουσίᾳ τοῦ Ἐπισκόπου μας καί τοῦ Κρητικοῦ ἀρχιτέκτονα {Μ. Πελεκάνου}.

Συνημμένως σᾶς ἀποστέλλω τούς ὅρους ἔγκρισης, νομοτύπως ὑπογεγραμμένους ἀπό τόν Ἐπίσκοπο Εἰρηναῖο. Ἐπιπλέον σᾶς ἀποστέλλω ἕνα πρῶτο αἴτημα πληρωμῆς γιά 137.000 DM μετά συνημμένων.
Μέ φιλικούς χαιρετισμούς
(Δρ. Α. Παπαδερός)

Συνημμένα: Ὅροι Ἔγκρισης, Αἴτημα πληρωμῆς.
Στήν ἐπόμενη σελίδα τοῦ φύλλου δίδω ὁδηγίες σχετικές μέ τό ἀνωτέρω ποσό.

Σχολιάζει ὁ Τύπος

2-11-1964 ΑΒΒ
Ἀκαδημία μέ γερμανικό πρότυπο εἶναι ὁ τίτλος σημειώματος στή μεγάλης κυκλοφορίας ἐφημερίδα Stuttgarter Nachrichten (2.11.1964, σελ. 10). Γράφει: «Τίς Εὐαγγελικές Ἀκαδημίες στό ΒΒ καί σέ ἄλλους τόπους ἐπισκέφθηκε ὁ Μητροπολίτης Εἰρηναῖος, Ἐπίσκοπος τῆς ἑλληνορθόδοξης Ἐκκλησίας στή Δυτική Κρήτη. Ὁ πνευματικός ἀξιωματοῦχος εἶχε ἔλθει στό Ἄαχεν σέ ἕνα συνέδριο τῶν Ἱπποτῶν τοῦ Τάγματος τοῦ Κωνσταντίνου, μέλος τοῦ ὁποίου εἶναι. Ὁ Ἀρχιεπίσκοπος ὑποστηρίζεται ἀπό τό Τάγμα στό κοινωνικό του ἔργο. Στή Γωνιά - Χανιά Κρήτης πρόκειται προσεχῶς νά ἀνεγερθεῖ μιά Ἀκαδημία τῆς ἑλληνορθόδοξης Ἐκκλησίας, πού θά ἐργασθεῖ κατά τό πρότυπο τῶν Εὐαγγελικῶν Ἀκαδημιῶν τῆς Γερμανίας. Ὡς Διευθυντής τῆς ἐπελέγη ὁ Δρ. Ἀλέξανδρος Παπαδερός, πού σπούδασε στό Μάιντς Συγκριτικές Ἐπιστῆμες τοῦ Πολιτισμοῦ, Θεολογία καί Φιλοσοφία καί ἀνακηρύχθηκε διδάκτωρ στό ἐκεῖ Πανεπιστήμιο. Συνόδευσε τόν Μητροπολίτη στό ταξίδι του. Ἡ Εὐαγγελική Ἐκκλησία τῆς Γερμανίας ἐπιθυμεῖ νά στηρίξει τήν ἐργασία τῆς Ἀκαδημίας. Ὁ Μητροπολίτης

Εἰρηναῖος ἔχει παροτρύνει νά φυλαχθοῦν στή Μονή Γωνιᾶς - Χανιά ὀστεοθῆκες τῶν Γερμανῶν στρατιωτῶν πού ἔπεσαν στήν Κρήτη, ὥσπου νά μπορέσει νά διαμορφωθεῖ ἕνα Νεκροταφεῖο γιά τούς νεκρούς τοῦ πολέμου πλησίον τῆς Μονῆς.[160] Πάνω στόν τηλεοπτικό Πύργο τῆς Στουτγκάρδης μίλησε ὁ Μητροπολίτης γιά τά σχέδιά του μέ τήν Ἀκαδημία, ἡ ἐργασία τῆς ὁποίας θά ὑπηρετήσει κυρίως τήν προσέγγιση τῶν Ἐκκλησιῶν».[161]

Παρόμοιο κείμενο δημοσίευσε τό Πρακτορεῖο epd ZA Nr. 248 (27. Oktober 1964 σέλ. 5).

23-25/10/1964 ΑΑπ
Ὁ Εἰρηναῖος καί ἐγώ μετέχουμε στή Συνέλευση τοῦ OCM στήν πόλη Aachen τῆς Γερμανίας.[162]

Φορτηγό αὐτοκίνητο
13-7-1965
Ἀπό ἕναν πρόχειρο ὑπολογισμό πού ἔκαμα προέκυψε ὅτι θά ἦταν σημαντικό κέρδος γιά τήν Ἀκαδημία νά ἀγοράσουμε ἕνα ἀνατρεπόμενο φορτηγό αὐτοκίνητο καί νά κάνουμε ὅλες τίς μεταφορές ὑλικῶν κ.λπ. πού θά χρειασθεῖ νά γίνουν κατά τή φάση τῆς οἰκοδομῆς, καθώς καί ἄλλες ἀναγκαῖες γιά τό Κέντρο Ἀγροτικῆς

Μητροπολίτης Εἰρηναῖος καί Δρ. Ἀλέξανδρος Παπαδερός στόν Πύργο τῆς Τηλεοράσεως.

---

[160] Ἡ ἐπισήμανση αὐτή ἐπαναλαμβάνεται σέ διάφορα κείμενα, χωρίς ὅμως νά ἀναφέρεται, ἀπό ἄγνοια ἴσως, ὅτι ἡ προσφορά αὐτή τῆς Μονῆς ἔγινε παρά τό ὅτι οἱ Μοναχοί της καί ὁ Ἐπίσκοπος Κισάμου καί Σελίνου Εὐδόκιμος ταλαιπωρήθηκαν μεγάλως κατά τήν κατοχή, ὅπως καί ἡ ἴδια ἡ Μονή, γεγονός πού δέν ἐκτιμήθηκε σωστά καί ἀπό τήν Aktion Sühnezeichen (πρβλ. 1-8-1961 EZA 97/562). Βλπ. Ι.Δ. Ἀναστασάκη, Η Εκκλησία στη „Μάχη της Κρήτης" και τη Γερμανική Κατοχή 1941-1945, Χανιά 1994, 28 ἑξ.

[161] Κατά τό πρότυπο τῶν ἐν Γερμανίᾳ Εὐαγγελικῶν Ἀκαδημιῶν πρόκειται νά ἱδρυθεῖ στήν Κρήτη μιά ἑλληνορθόδοξος Ἀκαδημία. Πρβλ.: Evangelisches Gemeindeblatt Würtemberg, 15-11-64, 59 Jg. Nr. 46, S. 6.

[162] "Ύστερα ἀπό τήν ἀπό 6-5-1965 Πρόσκληση τοῦ Προέδρου Κωνστ. Ἰορδανίδη, πραγματοποιήθηκε στήν Ἀθήνα τήν 12η Μαΐου 1965, ὥρα 19.00 (Αἴθουσα Συμβουλίων τοῦ Ἑλλ. Ἐρυθροῦ Σταυροῦ, Ἀκαδημίας - Λυκαβηττοῦ 1) ἡ 1η Γεν. Συνέλευση τοῦ Ἑλληνικοῦ Τμήματος τοῦ Ἱδρύματος ΜΕΓΑΛΟΥ ΚΩΝΣΤΑΝΤΙΝΟΥ. Κατ' αὐτήν ἔγινε ἡ ἐπίδοση τῶν διπλωμάτων στά νέα μέλη, μεταξύ τῶν ὁποίων ἦταν καί ὁ Κρήτης Εὐγένιος. Ὁ Σεβασμ. Εἰρηναῖος, ἐγώ καί ὁ Κορν. Ἀγγελίδης ἐνημερώσαμε τούς παρόντες γιά τά τῆς Συνελεύσεως τοῦ Aachen.

Ἀναπτύξεως καί τή Μητρόπολη. Ὁ Εἰρηναῖος υἱοθέτησε τή σκέψη αὐτή, ὁ δέ ὁδηγός του *Δημ. Νικηφοράκης*, ἱκανός, ἀκάματος καί πρόθυμος πάντοτε, δήλωσε ὅτι ἀναλαμβάνει εὐχαρίστως καί αὐτήν τήν πρόσθετη ἐργασία. Μετέφερα τή σκέψη στόν Müller, ὁ ὁποῖος ἀνέλαβε τίς ἐνέργειες γιά τήν ἐξεύρεση τοῦ αὐτοκινήτου σέ προσιτή τιμή.

5-11-1964 Α
Μο πρός Απ (Θεσ.)
Θέμα ἀνατρεπόμενου φορτηγοῦ αὐτοκινήτου. Ὁ Müller βρῆκε ἕνα 5,5 τόνων, σχεδόν καινούριο. Τιμή καινούριου 27.000 μάρκα, προσφερόμενου 20.000 (Mercedes). Ἀναμένουν τηλεγραφικῶς ἀπόφασή μας.

Ἔχουν τά ἀρχιτεκτονικά σχέδια τῆς Ἀκαδημίας τοῦ Arnoldshain καί μποροῦν νά μᾶς στείλουν φωτοαντίγραφά τους. Ὁ κ. Gehret ὅμως θεωρεῖ ὅτι εἶναι περιττά, ἀφοῦ ἑτοιμάσαμε ἤδη μέ το ἀρχιτεκτονικό Γραφεῖο τῆς Βόννης τόσο ὄμορφα σχέδια.

Στέλνει δύο φωτοτυπίες ἀποκόμματος ἀπό τήν ἐφημερίδα STUTTGARTER NACHRICHTEN.

9-11-1964 ΑΒΒ
Απ-Θεσ. πρός Μ ΑΕΡΟΠΟΡΙΚΩΣ ΕΠΕΙΓΟΝ
Ὕστερα ἀπό τηλεφωνική συνεννόηση μέ τόν Ἐπίσκοπο, σᾶς ἔστειλα σήμερα τό ἀκόλουθο τηλεγράφημα:
ΑΝ Η ΜΗΧΑΝΗ ΕΙΝΑΙ DIESEL ΠΑΡΑΚΑΛΩ ΠΑΡΑΓΓΕΙΛΕΤΕ ΤΟ ΦΟΡΤΗΓΟ ΑΥΤΟΚΙΝΗΤΟ ΕΠΙΣΤΟΛΗ ΑΚΟΛΟΥΘΕΙ.

Ἐπιστολή:
Εὐχαριστῶ γιά τούς κόπους σας. Ἐδῶ εἶναι ἀκριβή ἡ βενζίνη. Ἄν εἶναι πετρελαιοκίνητο, παρακαλῶ νά τό παρεγγείλετε. Στήν περίπτωση αὐτή θά πῶ στή Βόννη νά σᾶς διαβιβάσουν ἀμέσως τά χρήματα.

Μεταφορά: Θά ἦταν καλό νά φορτώσουμε τό αὐτοκίνητο μέ ὑλικά ἀπό τή Γερμανία. Ὅμως δέν μποροῦμε ἀκόμη νά ἀποφασίσουμε τί νά ἀγοράσουμε ἀπό τή Γερμανία. Οὔτε ἔχουμε ὁδηγό, στόν ὁποῖο νά ἐμπιστευθοῦμε τή μεταφορά τοῦ αὐτοκινήτου. Τό καλύτερο λοιπόν θά εἶναι νά παρακληθεῖ τό ἐργοστάσιο Mercedes-Werke νά μᾶς στείλει τό αὐτοκίνητο σιδηροδρομικῶς στόν Πειραιᾶ (παραλήπτης: Εἰρηναῖος, Μητροπολίτης Κισάμου καί Σελίνου, Καστέλλι Χανιά), ἐλπίζω νά μήν εἶναι πολύ ἀκριβή ἡ μεταφορά.

Θά χρειασθοῦμε στήν περίπτωση αὐτή μιά βεβαίωση ὅτι τό αὐτοκίνητο ἀγοράσθηκε μέ χρήματα τῆς Εὐαγ. Ἐκκλησίας τῆς Γερμανίας ἤ τῆς ΕΖΕ καί ὅτι ἀποστέλλεται στή Μητρόπολη Κισάμου καί Σελίνου ὡς δῶρο, ὥστε νά ρυθμίσουμε εὐκολότερα τά τοῦ Τελωνείου.

16-11-1964 ΑΒΒ
Μ πρός Απ Θεσ.
Ἐπανέρχεται στό θέμα τοῦ φορτηγοῦ αὐτοκινήτου. Ἀναζητοῦν καί σέ ἄλλο ἐργοστάσιο ἕνα καλό αὐτοκίνητο. Πάντως ἡ ἀξία του θά εἶναι 25 μέχρι 27.000 DM. Ἕνα φορτηγό ἀξίζει νά ἀγοραστεῖ μόνο ἄν χρησιμοποιηθεῖ ἐντατικά καί ὄχι εὐκαιριακά γιά κάποιες μεταφορές τῆς Μητροπόλεως {δέν εἶχα, φαίνεται, συζητήσει τότε μαζί του ὅτι ἡ σκέψη μου γιά ἀγορά φορτηγοῦ ἦταν ἀποτέλεσμα ὑπολογισμοῦ τῶν δαπανῶν μεταφορᾶς τῶν ὑλικῶν γιά τήν ἀνέγερση τῆς Ἀκαδημίας, μεταφορῶν τοῦ Κέντρου Ἀγροτικῆς Ἀναπτύξεως καί τῆς Μητροπόλεως, πού ἔδειξε ὅτι θά ἦταν συμφερότερη ἡ ἀγορά ἑνός φορτηγοῦ αὐτοκινήτου, τό ὁποῖο θά ὁδηγοῦσε ὁ πάντοτε πρόθυμος, ἀκάματος ὁδηγός τῆς Μητρόπολης ἀείμνηστος Δημήτριος Νικηφοράκης ἤ καί κάποιος ἀπό τούς συνεργάτες μας στήν Ἀκαδημία}. Ὁ Müller προτείνει νά τό ξανασκεφθῶ καί νά τοῦ γράψω.

29-6-1965 ΑΒΒ
Απ (Ἀθ.) πρός Μ
Γράφω στόν Müller ὅτι ἀποφασίσαμε νά ἀγοράσουμε ἕνα φορτηγό.
Σημειώνω τίς ἰδιότητες πού πρέπει νά ἔχει, τόν παρακαλῶ νά φροντίσει γιά τήν ἀγορά καί ἀποστολή του καί νά στείλει τό λογαριασμό σέ μένα {προκειμένου νά τόν στείλω στή Βόννη πρός ἐξόφληση}. Νά στείλει στόν Ἐπίσκοπο Εἰρηναῖο μιά βεβαίωση ὅτι τό αὐτοκίνητο εἶναι δωρεά {πρός διευκόλυνσή μας στό Τελωνεῖο}.

17-12-1964 ΑΑπ
Εἰρηναῖος πρός Απ
Εὐχές γιά τά Χριστούγεννα. «Ἔστειλα σήμερον τάς δύο εἰς Γερμανίαν ἐπιστολάς καί θά ἀναμένω εἰδήσεις σου νεωτέρας ἀπό τόν κ. Müller.
Δέν ἐγνώριζον ὅτι ἡ Τράπεζα δέν ἀπεδέσμευσε τήν ἐγγύησιν καί γι' αὐτό δέν εἶχα στείλει χρήματα. Σήμερον ὅμως σοῦ στέλνω διά ΕΘΝΙΚΗ Τράπεζα 8 χιλιάδες διά τάς ἑορτάς καί ὅταν σοῦ ἐπιστρέψῃ ἡ Τράπεζα τά χρήματα ρυθμίζεις τό ὅλον θέμα {δάνειο}. Συγγνώμη διά τήν καθυστέρησιν, ἀλλά ἔμενα μέ τήν ἰδέαν ὅτι εἶχες λάβει τά ἄλλα χρήματα.
Τό Σάββατο (μεθαύριο) θά πληρώσωμεν εἰς Σούδαν τό σχετικόν πρόστιμον.
Ἐλπίζω ὅτι κατ' αὐτάς ρυθμίζεται τό θέμα σου εἰς Ἀθήνας καί θά χαρῶ ζωηρά νά σέ δῶ τοποθετημένον ὑψηλά καί <u>τακτοποιημένον κάπου</u>.

Σήμερα ἦλθαν πάλι οἱ Μεννονῖται ἀπό Ἀριδαίαν καί κάναμε μιά νέα προπαρασκευή τοῦ ἔργου εἰς Κολυμβάρι».

{Μετά τήν ὑπογραφή, μέ κόκκινο:} «Τά μηχανήματα δέν ἦλθαν καί σέ παρακαλῶ ἰδιαιτέρως.

Ἐλπίζω νά συναντηθοῦμε τήν προσεχῆ Δευτέρα εἰς Ἀθήνας πού εἶπα νά σέ καλέσουν εἰς σύσκεψιν Κρητῶν πνευματικῶν ἀρχόντων».

1965

4-1-1965 ΑΑπ
Zimmermann πρός Απ
Ἀπό τό Βερολίνο στέλνει εὐχές καί παρακαλεῖ νά γράψω γιά τό περιοδικό KYRIOS μιά βιβλιοκρισία γιά τό βιβλίο τοῦ Hans-Joachim Schulz, Die byzantinische Liturgie {Ἡ βυζαντινή Λειτουργία}.

«Μιά βαριά σκιά ἔριξε πάνω στή χριστουγεννιάτικη χαρά μας ὁ αἰφνίδιος θάνατος τοῦ Leo Zander,[163] πιστεύω πώς ἡ ὀρθόδοξη χριστιανοσύνη ὑπέστη μιά μεγάλη ἀπώλεια. Δύσκολα θά ὑπάρξει ἀντικαταστάτης του σέ ὅ,τι ἔκανε γιά τήν κατανόηση μεταξύ Ὀρθοδόξων καί Προτεσταντῶν. Εἶχε ἕναν ἰδιαίτερα χαριτωμένο τρόπο ἀναστροφῆς μέ τούς συνανθρώπους του καί πολλή ὑπομονή μέ τούς Προτεστάντες».

Στή νέα ἀποστολή βιβλίων στό Καστέλλι περιλαμβάνονται, γράφει, τό Geheimnis der Geschichte {Μυστήριον τῆς Ἱστορίας} τοῦ Daniélou καί τό Pro ecclesia {Γιά/Ὑπέρ τῆς Ἐκκλησίας} τοῦ Brunner. Στόν Ἐπίσκοπο Εἰρηναῖο προσωπικά θά στείλει ἕνα βιβλίο τοῦ Ἐκδοτικοῦ τους Οἴκου, πού ταιριάζει στήν ἐργασία του καί στήν ἐν γένει ἀντίληψή του γιά τήν ἐκκλησιαστική διακονία {τό βιβλίο τοῦ Σκανδιναυοῦ Brattgard, Im Haushalt Gottes - Στήν Οἰκονομία τοῦ Θεοῦ}.

Μοιράζεται μαζί μας τή χαρά γιά τήν οἰκοδομή τῆς Ἀκαδημίας.

4-1-1965 ΑΑπ
Zimmermann πρός Απ
Γράφει καί στέλνει εὐχές ἡ Helena Zimmermann ἀπό τή Φραγκφούρτη, Johann

---

[163] Ὁ Leo Zander (Ἁγ. Πετρούπολη 19.2.1893, πέθανε στίς 17.12.1964 κατά τήν ἐπιστροφή του ἀπό τή Γερμανία στό Παρίσι. Φιλόσοφος καί Θεολόγος ἐκ τῶν κορυφαίων τῆς ἐποχῆς του καί ἐκ τῶν πρωτεργατῶν τῆς Οἰκουμενικῆς Κινήσεως. Ἐδίδαξε στό Ἰνστιτοῦτο τοῦ Ἁγ. Σεργίου στό Παρίσι, ἐστήριξε τούς Ρώσους πού εἶχαν καταφύγει, ὅπως καί ὁ ἴδιος, στή Δυτική Εὐρώπη καί βοήθησε πλῆθος ἑτεροδόξων νά γνωρίσουν τή λειτουργική ζωή καί γενικότερα τήν πνευματικότητα τῆς Ὀρθοδοξίας. Ὅραμά του ἦταν μιά δυτική Ὀρθοδοξία, ἱκανή νά διαλεχθεῖ δημιουργικά μέ τόν δυτικό Χριστιανισμό. Ἀπό τά ἔργα του: Western Orthodoxy, St. Tikhon Press, ἄ.ἔ. Einheit ohne Vereinigung, 1959.

Wolfgang Goethe-Universität, Philosophisches Seminar, ὅπου συνεργάζεται μέ τούς Καθηγητές Horkheimer, Adorno, Habermas. Τήν προηγούμενη μέρα πῆγε, λέει, στήν πόλη Freiburg {ἐκεῖ πού πέθανε ὁ Καζαντζάκης}, καλεσμένη ἀπό τόν φίλο μου Καθηγητή τῆς Ἀρχαιολογίας Kollwitz-στήν κουβέντα ἦρθε καί ἡ ἀθιβολή μου, «*πού τριγύρισες ἤδη τόν κόσμον ὅλον, ἀναζητώντας τόν σκοπό σου.*

Ἔχουμε σχέσεις μέ διάφορες Ἀκαδημίες - ὁ Adorno καί ἄλλοι Καθηγητές τοῦ Ἰνστιτούτου μου - γιά ὁμιλίες», ἔμμεση πρόταση γιά μελλοντική συνεργασία τους στήν Ἀκαδημία τῆς Κρήτης.

6-1-1965 ABB
Σύμφωνα μέ τόν ἐκ 4 σελίδων Προϋπολογισμό δαπάνης (Kostenvoranschlag) γιά τήν Ἀκαδημία καί δυό κατοικίες, τόν ὁποῖο ἑτοίμασε καί ὑπέβαλε ὁ Ihle, ἀρχιτέκτων τῆς EZE, τό κόστος ἀνέρχεται τώρα σέ 1.600.000 DM!

Ζητοῦμε αὔξηση τοῦ ποσοῦ χορηγίας
9-1-1965 ABB
Mordhorst πρός Ὑπουργεῖο Ἐξωτερικῶν (Auswärtiges Amt) καί Ὁμοσπονδιακό Ὑπουργεῖο Οἰκονομικῆς Συνεργασίας (Bundesministerium für Wirtschaftliche Zusammenarbeit).

Ὁ Διευθυντής τῆς EZE ἀπευθύνει ἔγγραφο ἀποφασιστικῆς σημασίας πρός τά ἀνωτέρω Ὑπουργεῖα.

Συνοψίζω τό περιεχόμενο:

Μετά τήν ἔγκριση καί ἀπό τήν κρατική πλευρά τῆς αἴτησης γιά τήν Ἀκαδημία τῆς Κρήτης (Ἀπόφαση IV 3-80 SL/1-60/0-2-94.08 τῆς 21.10.1964) ἡ EZE ἀνέθεσε στόν ἀρχιτέκτονα W. Ihle, Bonn, τήν ἐπεξεργασία τῶν σχεδίων ἀπό τήν Κρήτη καί τῶν σχετικῶν κοστολογήσεων. Ἀκολούθησαν διεξοδικές συζητήσεις (τοῦ Ihle) μέ τόν ἀρχιτέκτονα τῆς Κρήτης {Μ. Πελεκάνο}, τά συμπεράσματα τῶν ὁποίων ἀξιοποιήθηκαν ἀπό τόν Ihle κατά τήν ἐπεξεργασία τῶν νέων σχεδίων καί τόν {νέο} ὑπολογισμό τῶν δαπανῶν.

«Κατά τή διάρκεια τῆς ἐπεξεργασίας προέκυψε ὅτι τά οἰκοδομικά σχέδια πού ἑτοιμάσθηκαν στήν Κρήτη παρουσιάζουν τεχνικά οἰκοδομικά λάθη, τά ὁποῖα πρέπει νά ἐκλείψουν. Ὡς ἐκ τούτου τά μέχρι σήμερα ὑποβληθέντα σχέδια καί οἱ συναφεῖς κοστολογήσεις πρέπει νά θεωρηθοῦν ὡς ξεπερασμένα καί ἄκυρα.

Ὑποβάλλομε συνημμένως τά νέα, λεπτομερῆ σχέδια οἰκοδομῆς μετά τῆς ἀντιστοίχου κοστολογήσεως σύμφωνα μέ DIN 276/277, τά ὁποῖα ἐπεξεργάσθηκε ὁ Γερμανός ἀρχιτέκτων».

Ἐνῶ ὁ ὄγκος τῶν κτισμάτων τῆς Ἀκαδημίας παραμένει ὁ ἴδιος, τό κόστος ἀνέρχεται στό ποσό τῶν 1.600.000 DM. Προστίθενται 240.000 DM ὡς ἐπιχορήγηση γιά τά ἔξοδα λειτουργίας τῆς Ἀκαδημίας κατά τά πρῶτα 3 χρόνια. Σύνολο 1.840.000 DM. Ἀφαιροῦνται 400.000 DM, ὡς ποσό τοπικῆς εἰσφορᾶς (ἐκτίμηση οἰκοπέδου 210.000 DM, προσπελάσεις 70.000 DM, οἰκοδομικές διευκολύνσεις 100.000 DM, χρηματική συμβολή 20.000), ὑπόλοιπο: 1.440.000 DM. Ἔχει ἐγκριθεῖ ποσό 1.094.000 DM, ἔλλειμμα 346.000 DM. Παράκληση, νά ἐγκριθοῦν τά νέα σχέδια καί τό πρόσθετο αὐτό κονδύλι.

14-1-1965
Γραμματεία Μ πρός κυρία Ostersetzer, Arnoldshain.
Ἐπιστροφή σχεδίων ἀπό κ. Παπαδερό (εἴχαμε ζητήσει τά ἀρχιτεκτονικά σχέδια τῆς Ἀκαδημίας αὐτῆς πρός ἐνημέρωση τῶν τεχνικῶν μας).

6. Ἀνασύνθεση τῆς Ἐπιτροπῆς Ἱδρύσεως

15-1-1965 ΑΑπ
Μέ Πράξη του ὑπό τήν ἡμερομηνία αὐτή ὁ Σεβασμ. Εἰρηναῖος τροποποίησε τήν ἀπό 1ης Φεβρουαρίου 1963 Πράξη του, μέ τήν ὁποίαν εἶχε συσταθεῖ ἡ «Ἐπιτροπή Ἱδρύσεως Ἐκκλησιαστικῆς Ἀκαδημίας παρά τῇ Ἱερᾷ Μονῇ Γωνιᾶς Κισάμου Κρήτης» {ἡ Ἐπιτροπή ἐκείνη εἶχε μείνει ἀνενεργός· μόνη ἀποστολή της ἦταν ἡ ἱκανοποίηση τῆς ἀξίωσης τῶν χορηγῶν νά ὑπάρχει ἔστω καί τυπικά ἕνας φορέας εἰδικά γιά τόν ἐπιδιωκόμενο σκοπό}. Στή νέα Πράξη ὑπό τόν τίτλον «Ἀνασύνθεσις τῆς ἀπό 1ης Φεβρουαρίου 1963 Ἱδρυτικῆς Ἐπιτροπῆς» γράφει ὅτι «...μετά γνώμην καί τοῦ Διευθυντοῦ τῆς Ἀκαδημίας κ. Ἀλεξάνδρου Παπαδεροῦ», ἀνασυνθέτει τήν ὡς ἄνω Ἐπιτροπή ὡς κάτωθι:
«Πρόεδρος: Ὁ Κισάμου καί Σελίνου Εἰρηναῖος.
Γεν. Γραμμ. Ὁ Πάρεδρος τοῦ Παιδαγωγικοῦ Ἰνστιτούτου κ. Ἀλέξανδρος Παπαδερός, Δ/ντής τῆς Ἀκαδημίας.
Μέλη: Ὁ Πανοσιολ. Ἀρχιμανδρίτης Παρθένιος Ἀναγνωστάκης, Ἡγούμενος τῆς Ἱ. Μονῆς Κυρίας Γωνιᾶς, ὁ Δημήτριος Οἰκονόμου, Πρόεδρος τοῦ Φορολογικοῦ Δικαστηρίου Ἡρακλείου Κρήτης {ἄμισθος Νομικός Σύμβουλος τῆς Ἀκαδημίας}, ὁ κ. Σπύρος Μαρῆς, ἔμπορος ἐν Καστελλίῳ».[164]
Προστίθεται ὅτι:
Στήν Ἐπιτροπή μετέχουν ἄνευ ψήφου, ὅταν καλοῦνται, «ὁ ἐπιβλέπων Μηχανικός Μιχαήλ Πελεκάνος καί ὁ βοηθός αὐτοῦ Ἐμμ. Μαριακάκης, εἰς οὕς ἐν

---

[164] Ἡ σύνθεση τῆς Ἐπιτροπῆς ὑπηρετεῖ πρακτικούς σκοπούς καί ὄχι βέβαια πολιτικούς, ὅπως ἄφηνε νά ἐννοηθεῖ ἡ ἀλληλογραφία Μανουσάκη-Pfaute (βλ. 16-9-1963 ABB), πού ἀνήκει, ἄλλωστε, στά ἄγνωστα σέ μᾶς τότε ἔγγραφα. Τήν ὕπαρξή τους ἀνακάλυψα μέ τήν τωρινή ἔρευνα σέ ξένα Ἀρχεῖα.

συνεννοήσει μετά τῆς Evang. Zentralstelle, e.V., Bonn, ἀνετέθη ἡ ἐπίβλεψις τοῦ ἔργου, προσέτι δέ καί ὁ ὑπό τῆς ἀνωτέρω Γερμανικῆς Ὑπηρεσίας διατεθησόμενος ἡμῖν τυχόν μηχανικός... Κατά τά λοιπά τηροῦνται αἱ ἐν τῷ ἀπό 1.2.1963 Πρωτοκόλλῳ τῆς Ἐπιτροπῆς ἀναγραφόμεναι ἀποφάσεις».

Στό ἑξῆς ἡ Ἐπιτροπή καλεῖται «ΕΠΙΤΡΟΠΗ ΙΔΡΥΣΕΩΣ ΟΡΘΟΔΟΞΟΥ ΑΚΑΔΗΜΙΑΣ ΚΡΗΤΗΣ».

Ὁρίζεται ὅτι ἡ σφραγίδα φέρει κύκλωθεν τίς λέξεις ΙΕΡΑ ΜΗΤΡΟΠΟΛΙΣ ΚΙΣΑΜΟΥ-ΣΕΛΙΝΟΥ καί στό κέντρο ΟΡΘΟΔΟΞΟΣ ΑΚΑΔΗΜΙΑ ΓΩΝΙΑΣ.

Ἡ συμμετοχή στήν Ἐπιτροπή εἶναι τιμητική καί οὐδεμία ἀποζημίωσις ἤ ἄλλη ἀμοιβή καταβάλλεται στά μέλη της.

5-2-1965 ΑΑπ
Zimmermann πρός Απ
Γράφει γιά οἰκονομικές δυσκολίες τοῦ Ἐκδοτικοῦ Οἴκου, ὁ ὁποῖος ἐκδίδει καί τό περιοδικό KYRIOS, ἡ ἔκδοση τοῦ ὁποίου ὅμως θά συνεχισθεῖ κανονικά. Μάλιστα, παρακαλοῦν νά γράφω περισσότερα ἄρθρα, νά παρακινήσω καί ἄλλους Ἕλληνες νά συνεργαστοῦν καί νά βοηθήσω τό περιοδικό νά βρεῖ καί ἄλλους συνεργάτες ἀπό τόν ὀρθόδοξο χῶρο, ἐπειδή δέν θά εἶναι καλό νά γράφουν μόνον Ἕλληνες.

Δέν ἔχει καλή συνεργασία μέ τόν κ. Möckel, ἐκφράζεται ἀρνητικά.

Τώρα καί στό μέλλον θά ἔχει κάπως περισσότερα χρήματα γιά δωρεές πρός τό Καστέλλι. «Ἀπό τόν Ἐπίσκοπο Εἰρηναῖο ἔλαβα μιά κάρτα μέ τό ναό τῆς Μονῆς τοῦ Παρθενῶνα. Πῆγα ἐκεῖ πάνω μέ τή δεσποινίδα Engel καί διατηρῶ μιά ὄμορφη ἀνάμνηση ἀπό τίς ὧρες γαλήνης καί εὐσέβειας πού ἔζησα μέ τίς μοναχές. Ἀπορῶ καί ἡ ἴδια γιά τή διάρκεια καί τόν πλοῦτο τῶν εὐλογιῶν ἀπό τίς ἑβδομάδες {πού πέρασα} στήν Κρήτη».

15-2-1965 ΑΒΒ
Απ Ἀθ. πρός Μ
«Εἶχα τηλεφωνική ἐπικοινωνία μέ τή Βόννη καί διατηρῶ ἀλληλογραφία μέ τόν ἀρχιτέκτονα κ. Ihle. Ὁ ἀρχιτέκτονάς μας κ. Πελεκάνος θά ὁλοκληρώσει σύντομα τά στατικά. Ἐλπίζουμε ὅτι ἔτσι θά ἐγκριθεῖ τελικά ἡ αἴτησή μας καί θά μποροῦμε νά ἀρχίσουμε τήν οἰκοδομή.

.... {ἀναφορά στά τοῦ Παιδ. Ἰνστιτούτου, βλ. ἀνωτέρω}

Υ.Γ.: Στό μεταξύ θεμελιώσαμε τήν Ἀγροτική Σχολή κοντά στή Μονή Γωνιᾶς, λειτουργεῖ ἤδη καί πολλά μᾶς ὑπόσχεται.

Παρακαλῶ νά σημειώσετε τή νέα διεύθυνσή μου:
Alex. Papaderos, Odos Krissis 58, K y p s e l i ATHEN (809)

19-2-1965 ASp
Απ-Αθ πρός Roos
.... {ένημέρωση γιά τό Παιδ. Ίνστιτοῦτο, βλ. παραπάνω}
Οἱ προεργασίες γιά τήν Ἀκαδημία προχωροῦν, παρά τό ὅτι δέν ἐλάβαμε ἀκόμη χρήματα ἀπό τή Βόννη – αὐτό, ὡστόσο, θά γίνει ἐντός τῶν προσεχῶν ἑβδομάδων. Στό μεταξύ, ἀρχές Φεβρουαρίου θεμελιώσαμε τήν Ἀγροτική Σχολή. Μᾶς βοηθοῦν δυό Μεννονίτες ἀπό τόν Καναδᾶ. Χρειαζόμαστε ὅμως τά χρήματα πού ἔχετε ἐγκρίνει καί παρακαλῶ νά στείλετε στόν Ἐπίσκοπο Εἰρηναῖο ὁλόκληρο τό ποσό ἤ ἔστω μέρος αὐτοῦ. Ἕνα μέρος ἀπό τό ποσό αὐτό (περίπου 680 DM μηνιαίως) προορίζεται γιά τή μισθοδοσία μου. **Δέν χρειάζομαι πιά αὐτό τό ποσό. «Μπορεῖτε λοιπόν γιά τήν περίοδο ἀπό 1 Φεβρουαρίου 1965 καί ἑξῆς νά ἀφαιρέσετε τό ποσό πού ἀναλογεῖ ἤ νά στηρίξετε ἀκόμη περισσότερο τόν Ἐπίσκοπο Εἰρηναῖο, διαθέτοντάς του ὁλόκληρο τό ἀρχικά ἐγκεκριμένο ποσό»** {b-Απ}.

19-2-1965 ABB
Γραμματεία Μ
Ὁ Δρ. Παπαδερός γράφει: Ἀνησυχοῦμε γιά τήν Ἀκαδημία. Καθυστερεῖ πάρα πολύ!

20-2-1965 ABB
Μ πρός Απ Αθ.
.............{Παιδ. Ίνστιτοῦτο, βλ. παραπάνω}.
Βόννη: Καθυστέρηση λόγω πρόσθετης αἴτησης. Ἐπίκριση γιά προχειρότητα ὑπολογισμῶν... Στίς κρατικές Ὑπηρεσίες διακρίνει εἰρωνεία... Αὐτά δυσχεραίνουν τήν ἐν γένει ἐργασία του {γιά τή δική μας καί ἄλλες Ἀκαδημίες}. «Θά εἶμαι λοιπόν πολύ εὐγνώμων, ἄν ἐπαγρυπνεῖτε, ὥστε στό μέλλον νά ἐπικρατεῖ μέγιστη ἀκρίβεια ὅσον ἀφορᾶ σέ αἰτήσεις, διαπραγματεύσεις καί διαχείριση χρημάτων, γιατί διαφορετικά δημιουργοῦνται γιά μᾶς μεγάλες δυσκολίες».
Χαίρει γιά τήν Ἀγροτική Σχολή... Χαιρετισμούς στόν Εἰρηναῖο.

26-2-1965 ASp
Roos πρός Εἰρηναῖον
Ἔστειλαν αὐτήν τήν ἡμέρα ἐπιπλέον 20.000 DM στή διεύθυνση τοῦ Σεβασμ. Εἰρηναίου {Ἐθνική Τράπεζα}. Χαίρονται γιά τή σημειούμενη πρόοδο τῶν τῆς Ἀκαδημίας.
.... {ἀναφορά στό Παιδ. Ἰνστιτοῦτο, βλ. παραπάνω}

26-2-1965 ASp
Roos πρός Απ-Θεσ.
Σέ ἄλλη ἐπιστολή εἶχα σημειώσει ὅτι, ἔχοντας ὑπόψη προβλήματα ὑγείας του, δέν θέλω νά τόν βαρύνω μέ συχνά δικά μου γράμματα.
Γράφει: «Χάρηκα πολύ γιά τό γράμμα σας τῆς 19ης Φεβρουαρίου 1965. Εὐχαριστῶ πολύ γι' αὐτό. Μέ αὐτήν τήν εὐκαιρία ἐπιτρέψατε νά ἐπαναλάβω ὅτι δέν βλέπω τίς ἐπιστολές σας ὡς ἐνόχληση, ἀλλ' ὅτι χαίρομαι κάθε φορά πού μαθαίνω κάτι γιά σᾶς καί τήν ἐργασία σας. Ἀκριβῶς αὐτές οἱ ἐπαφές εἶναι γιά τήν κατάσταση τῆς ὑγείας μου μᾶλλον εὐνοϊκές, παρά κουραστικές».
.... Εὐχαριστίες καί πάλι γιά τίς προσπάθειές μου στό ζήτημα τῆς δικαστικῆς δέσμευσης τοῦ νεαροῦ Ἕλληνα νά ἀναλάβει τίς εὐθύνες του γιά τή διατροφή τῶν δύο τέκνων του, πού ἐγκατέλειψε στή Γερμανία.
Ἔστειλε πάλι 20.000 DM γιά τήν Ἀκαδημία. Δέν θά ἀφαιρέσουν τό ποσό πού ἀναλογεῖ στή μισθοδοσία μου {ἀπό τήν ὁποία εἶχα παραιτηθεῖ, βλ. 19.2.1965}, ἀλλά θά στείλουν ὁλόκληρο τό ὑπόλοιπο ποσό τῶν 10.000 DM {δηλ. τό σύνολο τοῦ ἐγκεκριμένου ποσοῦ τῶν 50.000 DM}.

27-3-1965 ASp
Εἰρηναῖος πρός Roos
Χαίρει γιά τή βελτίωση τῆς ὑγείας του. Εὐχαριστεῖ γιά τά χρήματα, 20.000 DM.
Ἐνημερώνει ὅτι θά καθυστερήσει λίγο ἀκόμη ἡ ἔναρξη τῶν οἰκοδομικῶν ἐργασιῶν τῆς Ἀκαδημίας, ἐπειδή πρέπει νά γίνουν κάποιες ἀλλαγές στά σχέδια. Ἀπό πνευματική ἄποψη ὅμως ἡ Ἀκαδημία οἰκοδομεῖται ἤδη μέ συναντήσεις στή Γωνιά.
....
Ἔμαθε ἀπό τόν Παπατζανάκη ὅτι ὁ Roos θά πάει τόν Ὀκτώβριο στή Γιουγκοσλαβία καί τόν καλεῖ νά ἐπισκεφθεῖ καί τήν Κρήτη.

7-4-1965 ΑΑπ
Siller πρός Απ
Ὁ Siller, διακεκριμένο μέλος τοῦ Τάγματος, μοῦ γράφει ὅτι θά φθάσει μέ πλοῖο στά Χανιά τό πρωί τῆς Κυριακῆς 18/4 καί ὅτι τό αὐτοκίνητο γιά τόν Ἐπίσκοπο ἀποστέλλεται μέσω τοῦ Γερμανικοῦ καί τοῦ Ἑλληνικοῦ Ἐρυθροῦ Σταυροῦ.

Ἐπιτροπή Ἱδρύσεως τῆς ΟΑΚ - Πρώτη Συνεδρία
1-5-1965

Στήν Ἱ. Μονή Γωνιᾶς πραγματοποιήθηκε ἡ πρώτη συνεδρία τῆς Ἐπιτροπῆς Ἱδρύσεως τῆς Ὀρθοδόξου Ἀκαδημίας Κρήτης ὑπό τήν προεδρία τοῦ Προέδρου της Σεβασμ. Μητροπολίτου Κισάμου καί Σελίνου Εἰρηναίου μέ τή νέα σύνθεσή της, σύμφωνα μέ τήν ἀπό 15.1.1965 Πράξη τοῦ Σεβασμιωτάτου, μέ τήν ὁποία τροποποίησε τήν ἀπό 1.2.1963 ἀντίστοιχη Πράξη του. Τήν Ἐπιτροπή αὐτή ἀπετέλεσαν οἱ: Πρόεδρος ὁ Σεβασμ. Εἰρηναῖος, Γεν. Γραμματέας ὁ Ἀλέξανδρος Παπαδερός, Πάρεδρος τοῦ Παιδαγωγικοῦ Ἰνστιτούτου καί Δ/ντής τῆς Ἀκαδημίας. Μέλη δέ οἱ: Ἀρχιμ. Παρθένιος Ἀναγνωστάκης, Ἡγούμενος τῆς Ἱ. Μονῆς Γωνιᾶς, Δημήτριος Οἰκονόμου, Πρόεδρος τοῦ Φορολογικοῦ Δικαστηρίου Ἡρακλείου Κρήτης καί Σπύρος Μαρῆς, ἔμπορος στό Καστέλλι Κισάμου. Παρόντες ἤμαστε ὅλοι οἱ ἀνωτέρω καί οἱ ἀποφάσεις ἦταν ὁμόφωνες. Ἡ Ἐπιτροπή ἔθεσε τό ὅλον πλαίσιο τῶν διαδικασιῶν ἀνεγέρσεως τῶν κτηριακῶν ἐγκαταστάσεων τῆς Ἀκαδημίας, ἐξουσιοδότησε τόν Πρόεδρό της νά προβαίνει στίς πάσης φύσεως πληρωμές, υἱοθέτησε τήν πρόταση τοῦ Ἡγουμένου νά ἀρχίσουν ἀμέσως οἱ ἐργασίες προετοιμασίας τοῦ οἰκοπέδου, χωρίς ἀναμονή τῶν διαδικασιῶν παραχωρήσεως τῆς σχετικῆς ἐκτάσεως - οἱ ὁποῖες πάντως κρίθηκε ὅτι πρέπει νά ἀρχίσουν ἀμέσως. Ἐπίσης, ἀποφασίσθηκε ἡ συγκρότηση Ἐκτελεστικῆς Ἐπιτροπῆς, ἀποτελούμενης ἀπό τά τρία πρῶτα ὡς ἄνω πρόσωπα.

Κατά τή δεύτερη συνεδρία τῆς Ἐπιτροπῆς (τέλη Ἰουλίου), ὁπότε εἶχαν συντελεσθεῖ οἱ κατά νόμον πράξεις (διαγωνισμός κ.λπ.), ἡ ἐκτέλεση τοῦ ἔργου ἀνατέθηκε στόν Ματθαῖο Μουντοκαλάκη, πολιτικ. μηχανικό καί ἐργολάβο, καί ἐξουσιοδοτήθηκε ὁ Σεβασμ. Πρόεδρος νά ὑπογράψει τό πρωτόκολλο ἐγκατάστασης τοῦ ἐργολάβου καί νά μεριμνήσει γιά τήν ἄμεση ἔναρξη τῶν ἐργασιῶν, μέ τή βοήθεια τοῦ ἐπιβλέποντος μηχανικοῦ Μιχαήλ Πελεκάνου καί τοῦ βοηθοῦ του Ἐμμ. Μαριακάκη. (Απ ΗΜ).

Μέ τήν ὅλως τιμητική βέβαια ἔνταξή μου στά πρῶτα μέλη τοῦ Παιδαγωγικοῦ Ἰνστιτούτου ἀρχίζει μιά νέα τραχεία ὁδός καί γιά μένα, ἀλλά καί γιά τίς ὑποθέσεις τῆς Ἀκαδημίας. Λόγω τῶν πολλῶν καί ἐξόχως ἀπαιτητικῶν καθηκόντων μου στό Ἰνστιτοῦτο,[165] συνέχισα μέν τίς ἀναγκαῖες γιά τήν Ἀκαδημία

---

[165] Χωρίς νά ἀπαλλαγῶ πλήρως ἀπό τά καθήκοντά μου στό Ἰνστιτοῦτο, ἀποσπάσθηκα στήν Κεντρική Ὑπηρεσία τοῦ Ὑπουργείου ὡς Ἀντιπρόεδρος τοῦ Κεντρικοῦ Ὑπηρεσιακοῦ Συμβουλίου Δευτεροβάθμιας Ἐκπαίδευσης (ΚΥΣΔΕ). Τό πενταμελές αὐτό Συμβούλιο εἶχε τίς διοικητικές καί πειθαρχικές ἁρμοδιότητες τοῦ καταργηθέντος Ἀνωτάτου Ἐκπαιδευτικοῦ Συμβουλίου, ὅσον ἀφορᾶ στή Δευτεροβάθμια Ἐκπαίδευση. Μέ τίς ἀλλαγές πού ἐπέφερε ἡ Ἐκπαιδευτική Μεταρρύθμιση, ὅπως λ.χ. ὁ χωρισμός σέ Γυμνάσιο καί Λύκειο, τό Συμβούλιο ἦταν τό ἀνώτατο ἁρμόδιο ὄργανο γιά πλῆθος ὑποθέσεων, ὅπως ἐπιλογή καί τοποθέτηση Βοηθῶν Γυμνασιαρχῶν, Γυμνασιαρχῶν, Βοηθῶν Λυκειαρχῶν, Λυκειαρχῶν, τοποθετήσεις Γεν. Ἐπιθεωρητῶν, μεταθέσεις ἐκπαιδευτικῶν, καί γιά ἄλλες,

ἐπαφές μέ τό ἐξωτερικό, μετεῖχα στίς συνεδρίες τῶν ὡς ἄνω συλλογικῶν ὀργάνων, εἶχα τακτική τηλεφωνική ἐπικοινωνία μέ τόν Σεβασμιώτατο, τούς ἐπιβλέποντες, τόν ἐργολάβο καί τούς κατά περίπτωση ὑπεργολάβους, ταξίδευα συχνά στήν Κρήτη ἔστω καί μόνο γιά λίγες ὥρες καί διεκπεραίωνα πλῆθος ὑποθέσεων τῆς Ἀκαδημίας, πού ἔπρεπε νά ἀντιμετωπισθοῦν στήν περιοχή τῆς Ἀττικῆς.

Τό κύριο βάρος ὅμως καί τήν εὐθύνη τοῦ ὅλου οἰκοδομικοῦ ἔργου ἔφεραν ἔκτοτε ὁ Σεβασμιώτατος Εἰρηναῖος καί τά λοιπά μέλη τῆς Ἐπιτροπῆς μέχρι τόν Ἰούλιο τοῦ 1967, ὁπότε ἀπολύθηκα ἀπό τή χούντα μέ τόν Ἀναγκαστικό Νόμο της 59/30.6.1967 (ἔγγραφο ΥΠΕΠΘ 95139/8.7.1967) καί μπόρεσα νά ἀσκήσω ἀπερίσπαστος τά πρός τήν Ἀκαδημία καθήκοντά μου.[166]

συχνά δυσχερεῖς κρίσεις καί ἀποφάσεις, ἐνίοτε ἰδιαίτερα δυσάρεστες (ἰδίως ἐκεῖνες πειθαρχικῆς φύσεως), διαχείριση πιεστικῶν ἀξιώσεων ἀπό Γραφεῖα Βουλευτῶν (γιά τοποθετήσεις, μεταθέσεις κ.ἄ.), πολύωρες ἀκροάσεις ἐκπαιδευτικῶν.
  Ἐπιπλέον: Ἀπό τήν ἀρχή τῆς θητείας μου στό Π.Ι. μοῦ ἀνατέθηκαν καί ἄλλα δυσχερῆ καθήκοντα:
  - Ἀναπληρωματικό Μέλος τοῦ Ἀνωτ. Συμβουλίου Ἐκκλ. Ἐκπαιδεύσεως.
  - Μέλος τοῦ Συμβουλίου Ἐπιλογῆς Ἐποπτικοῦ Προσωπικοῦ.
  - Μέλος Ἐπιτροπῶν κρίσεως καί ἐγκρίσεως διδακτικῶν βιβλίων.
  - Ἐκπροσώπηση τοῦ Ὑπουργείου ἤ τοῦ Π.Ι. σέ διεθνῆ Συνέδρια, Διασκέψεις τοῦ Συμβουλίου τῆς Εὐρώπης, τῆς ΟΥΝΕΣΚΟ καί ἄλλων διεθνῶν Ὀργανισμῶν, εἰδικές ἀποστολές.
  - Ὁμιλίες στό Ραδιόφωνο ἤ σέ συνάξεις ἐκπαιδευτικῶν σέ διάφορες πόλεις τῆς χώρας.
  - Μέλος τῆς τριμελοῦς Δευτεροβάθμιας Ἐπιτροπῆς Ἐλέγχου Θεαμάτων τοῦ Ὑπουργείου Προεδρίας τῆς Κυβερνήσεως (ὡς ἐκπρόσωπος τοῦ Ὑπ. Παιδείας). Στήν Ἐπιτροπή ἐκείνη μετεῖχαν ἐπίσης ὁ Γεν. Γραμματέας Τύπου Καρβούνης καί ὁ Γεν. Ἀστυνομικός Διευθυντής Ἀθηνῶν Ἀρχοντουλάκης.
  - Διδασκαλεῖο Μέσης Ἐκπαιδεύσεως: Ἀναπλ. Διευθυντής Σπουδῶν.
    Διδασκαλία: - Θρησκευτικαί ζυμώσεις εἰς τόν ἐξωχριστιανικόν κόσμον (γιά Θεολόγους Καθηγητές).
  - Εἰσαγωγή εἰς τήν Κοινωνιολογίαν (γιά Θεολόγους, Φιλολόγους, Μαθηματικούς καί Φυσικούς).
    Κέντρον Μετεκπαιδεύσεως Δημοδιδασκάλων:
  - Κοινωνιολογία τῆς Ἀγωγῆς.
    Ἐθνική Ἀκαδημία Σωματικῆς Ἀγωγῆς: Φιλοσοφία.

[166] 1974
  Μετά τήν πτώση τῆς δικτατορίας ἡ σχέση μου μέ τό Ὑπουργεῖο ἐξελίχθηκε ὡς ἀκολούθως, πάντοτε μέ τή σύμφωνη γνώμη τοῦ Διοικ. Συμβουλίου τῆς Ἀκαδημίας καί ταυτόχρονη ἄσκηση τῆς διευθύνσής της (ἀμισθί):
  Ἐπάνοδος στήν Ὑπηρεσία (Π.Δ. τῆς 19-11-74) μέ ἀναδρομική προαγωγή στό βαθμό τοῦ Ἐκπαιδευτικοῦ Συμβούλου ἀπό 19-1-1971. Ἀπόσπαση στήν Ἐπιτροπή Διοικήσεως καί Οἰκονομικῆς Διαχειρίσεως τοῦ Πανεπιστημίου Κρήτης ἀπό 19-3-1975 μέχρι 23-2-1976), ὕστερα ἀπό πρόταση τῆς Ἐπιτροπῆς, μέ ἕδρα τήν Κρήτη καί μέ αὐξημένες ἁρμοδιότητες γιά τήν ταχύτερη προώθηση καί τήν ἐπί τόπου ἐπίλυση θεμάτων τοῦ Πανεπιστημίου. Ἐπάνοδος στό Κέντρο Ἐκπαιδευτικῶν Μελετῶν καί Ἐπιμορφώσεως (ἀπό 25-2-1976, παραίτηση 5-7-1977). Εἰδικός Σύμβουλος Θρησκευμάτων (15-4-1982, παραίτηση 16-2-84). Ἐπάνοδος στό Παιδ. Ἰνστ. 27-6-1989. Τριετής ἀπόσπαση στήν ΟΑΚ (19-4-1995) πρός ἐφαρμογή τοῦ προγράμματος πού εἶχα προτείνει: «Πειραματική διδασκαλία τῆς Τοπικῆς Ἱστορίας» σέ 140 δημοτικά σχολεῖα ὅλου τοῦ νησιοῦ, μέ παράλληλα ἐπιμορφωτικά προγράμματα γιά τούς δασκάλους. Ὑποχρέωση συμμετοχῆς στά συλλογικά ὄργανα τοῦ Π. Ι. ὅταν μέ καλοῦσε ὁ Πρόεδρος. Ἀπό τό 1998: μέλος τοῦ «Συμβουλίου ἐπιλογῆς Σχολικῶν Συμβούλων» εἰδικότητας Θεολόγων.
  Ὁριστική παραίτηση:
  Στίς 13 Ἰουλίου 1999 ἀναγκάστηκα νά ὑποβάλω τήν παραίτησή μου ἀπό τή θέση τοῦ Θεολόγου

Εὐγνωμόνως καί καθηκόντως σημειώνεται ἐδῶ ὅτι πολύτιμος καί ἄμισθος τεχνικός σύμβουλος γιά τά ἐν γένει ἔργα τῆς Μητροπόλεως, εἰδικότερα δέ γιά τά τῆς Ἀκαδημίας τότε καί ἔκτοτε ὑπῆρξε ὁ πολιτ. μηχανικός Ἰωάν. Μ. Δασκαλάκης. Πολύτιμη ὁμοίως ὑπῆρξε ἡ νομική συμπαράσταση τοῦ δικηγόρου Πολύβιου Λαγουδάκη.

Π. Λαγουδάκης   Ἰ. Δασκαλάκης

Πρόσθετη χορηγία
13-5-1965 ΑΒΒ
Σημείωση Γραμματείας πρός Μ
Ὁ κ. Knoebel, ΕΖΕ τηλεφώνησε:
Γιά τήν Ὀρθόδοξο Ἀκαδημία Γωνιά ἐγκρίθηκαν ἐπιπλέον 346.000 DM. Ὁ κ. Mordhorst ἔχει μιά συνάντηση μέ τόν κ. Ihle τήν ἐπόμενη ἑβδομάδα. Ἡ ΕΖΕ περιμένει ἀπό τήν Ἑλλάδα τά στατικά πού ζήτησε.
Κοιν.: Δρ. Παπαδερό, Ἀθήνα.

18-5-1965 ΑΒΒ
Μ πρός Απ Αθ.
«Ἡ Εὐαγγελική Κεντρική Ὑπηρεσία Βοηθείας Ἀναπτύξεως {ΕΖΕ} ἐνέκρινε καί τό ὑπόλοιπο ποσό γιά τήν οἰκοδομή στή Γωνιά. Εἶχα κάπως τήν ἀνησυχία μήπως ἡ οἰκοδομή θά γίνει τώρα πολυδάπανη. Ὅλα στό ἐξῆς θά ἐξαρτηθοῦν ἀπό τήν ἐργασία πού θά γίνεται πράγματι στό οἰκοδόμημα καί θά ὑπηρετεῖ τήν ἀνάπτυξη τῆς Κ ρ ή τ η ς. Παρακαλῶ, πάρετε πολύ σοβαρά τήν προκείμενη εὐθύνη πρός τό συμφέρον ὅλων τῶν ἐπομένων ἐγκρίσεων γιά Ἰνστιτοῦτα

Συμβούλου τοῦ Παιδαγωγικοῦ Ἰνστιτούτου, ὕστερα ἀπό συρροή περιστατικῶν πού προκάλεσαν σφοδρή σύγκρουσή μου μέ τόν Πρόεδρο καί Συμβούλους τοῦ Ἰνστιτούτου γιά θέματα ἀρχῶν καί θεολογικῆς συνέπειας (π.χ. ἀντίδρασή μου στήν ἐπίμονη προσπάθεια νά ἀφαιρεθοῦν ἀπό βιβλίο θρησκευτικῶν τά περί μασωνίας, αἱρέσεων, παραθρησκευτικῶν ὀργανώσεων, ἀλλά καί στήν τάση γιά αὔξηση τοῦ ἀριθμοῦ τῶν μαθημάτων σέ Γυμνάσιο-Λύκειο, διόγκωση τῆς ὕλης, ἄρα ἀνώφελη καί ἐξοντωτική ἐπιβάρυνση τῶν μαθητῶν). Ἐπειδή ὁ Ὑπουργός καθυστεροῦσε νά ἀποδεχθεῖ τήν παραίτηση, τήν ὑπέβαλα καί πάλι στίς 9 Αὐγούστου 1999, ὁπότε, σύμφωνα μέ τόν Ὑπαλληλικό Κώδικα, λύθηκε αὐτοδικαίως ἡ ὑπαλληλική μου σχέση.
Κατά τίς περιόδους τῶν ὑπηρεσιῶν μου στό Ὑπουργεῖο ἡ ἀπουσία μου ἀναπληρώθηκε μερικῶς ἀπό ἐκπαιδευτικούς, τήν ἀπόσπαση τῶν ὁποίων στό Ἵδρυμα εἶχα θέσει ὡς ὅρο τῆς ὑπηρεσίας μου στό Ὑπουργεῖο. Κατά τίς περιόδους ἐκεῖνες ἡ Ἀκαδημία δέν χρειάσθηκε νά καταβάλλει μισθό καί ἀσφαλιστικές εἰσφορές. Συνταξιοδοτήθηκα ἀπό τό Δημόσιο.

Λαϊκῶν» {**Laieninstitute-Ἀκαδημίες. Τό ἐξ ἀρχῆς κρίσιμο ζήτημα: Ἀπό τήν ἐπιτυχία ἤ μή τοῦ ἐγχειρήματος ''Ἀκαδημία Κρήτης'' ἡ EZE καί τά Ὑπουργεῖα θά κρίνουν ἄν καί ὑπό ποίους ὅρους θά χρηματοδοτήσουν ἄλλα ἀνάλογα προγράμματα σέ Ἀσία, Ἀφρική, ἀλλά καί Λατινική Ἀμερική. Ὅπως εἶναι φυσικό, τό γεγονός αὐτό προκαλεῖ σέ μένα λίαν ἐπαχθές αἴσθημα εὐθύνης!**}. (b-Απ).

Διατυπώνει περαιτέρω τή σκέψη μήπως, ἄν δέν χρειαστοῦμε τώρα ὅλα τά ἐγκεκριμένα χρήματα, πού ἀνέρχονται στό πόσον τῶν 1,2 ἤ 1,3 ἐκατομμύρια μάρκα, νά διαθέσουμε ἕνα μέρος τους γιά τήν **Ἀγροτική Σχολή**, ὥστε νά φανεῖ {πέραν τῶν ἐγγεγραμμένων γιά τά ἔξοδα λειτουργίας τῶν τριῶν πρώτων ἐτῶν}, τώρα κιόλας, ὅτι ἐδῶ ὑπηρετεῖται ἡ οἰκονομική ἀνάπτυξη τῆς χώρας. «**Δεδομένου ὅτι ἡ Γωνιά {Ἀκαδημία} εἶναι τό πρῶτο Projekt τῆς EZE αὐτοῦ τοῦ εἴδους, εἶναι φυσικά ἐξόχως σημαντικό τό ὅτι ἐδῶ τελεῖται μιά καλή καί ἀποτελεσματική ἐργασία**». (b-Απ).

Χαιρετισμούς στό Ἐπίσκοπο Εἰρηναῖο καί συγχαρητήρια γιά τήν ἔγκριση.

19-5-1965 ABB
Μ πρός Rinderknecht
Στόν Dr. Hans Jakob Rinderknech {Männedorf/Zürich}, Πρόεδρο τοῦ Εὐρωπαϊκοῦ Συνδέσμου τῶν Ἀκαδημιῶν, δίδει ὁ Müller πληροφορίες γιά τήν πορεία τῶν προσπαθειῶν ὑπέρ Ἀκαδημιῶν στήν Ἀσία καί τήν Ἀφρική καί προσθέτει: «...σήμερα τό ἀπόγευμα μάθαμε ὅτι ἐγκρίθηκε ἡ πρόσθετη ἐπιχορήγηση γιά τήν οἰκοδομή στήν Κ ρ ή τ η .... **Προβλέπεται ὅτι αὐτή θά εἶναι ἡ πρώτη Ἀκαδημία σέ ὀρθόδοξο χῶρο**». (b-Απ).

21-5-1965 ABB
Απ πρός Μ
Ἀπαντῶ στό ἀπό 18/5 γράμμα του πού ἔλαβα σήμερα, μέ τήν εὐχάριστη εἴδηση γιά τήν ἔγκριση τοῦ πρόσθετου ποσοῦ πού ζητήσαμε. «Τά σχέδιά μας γίνονται ἔτσι πραγματικότητα, ἡ ὁποία γεμίζει κι ἐμένα μέ ἔγνοιες: Θά ἱκανοποιήσουμε τίς προσδοκίες σας καί τά δικά μας ὄνειρα;

Ἡ δική σας ἰδιαίτερη ἔγνοια, πού ἀφορᾶ στό μέγεθος τῆς οἰκοδομῆς, θά ἀποδειχθεῖ κατά πᾶσαν πιθανότητα ἀδικαιολόγητη. **Τόν τελευταῖο καιρό ἀνέβηκαν ἐδῶ οἱ τιμές πάρα πολύ, ἔτσι πού οἱ παλαιότεροι ὑπολογισμοί δέν εἶναι πιά ἀκριβεῖς.** (b-Απ). Ἡ πρότασή σας ὅμως ἔχει ἀρκετά ὑπέρ αὐτῆς καί θέλουμε νά τήν προσέξουμε ἀνάλογα». Ἤδη ἀπό τόν Φεβρουάριο ἀρχίσαμε τό γεωργικό πρόγραμμά μας. Κάποια πράγματα εἶναι κιόλας ἐκεῖ ὁρατά. Ἄν μποροῦμε πράγματι νά χρησιμοποιήσουμε μέρος τῶν ἐγκεκριμένων χρημάτων γιά τήν Ἀγροτική Σχολή, θά ἔχουμε ἐκεῖ πολύ γρήγορα ἕνα πειστικό δεῖγμα τῆς νέας ἀρχῆς. Γνωρίζω καλά τί σημαίνει τό δικό μας Projekt γιά τήν περαιτέρω ἐργασία τῆς EZE. Ὁ Ἐπίσκοπος Εἰρηναῖος καί ἐγώ θά καταβάλουμε γι' αὐτό τίς καλύτερες προσπάθειές μας γιά τήν ἐπιτυχία τῆς βαριᾶς καί ὑπεύθυνης ἀποστολῆς.

Ὅσον ἀφορᾶ στή σκέψη σας γιά ἐκπαίδευση ἑνός δεύτερου ἀνθρώπου ὁ ὁποῖος θά μέ βοηθήσει, ἄν χρειασθεῖ: ἔχω ἤδη στή σκέψη μου κάποια πρόσωπα, θά ἤθελα καί τή γνώμη σας.

22-5-1965ΑΑπ
Απ (Αθήν) πρός Mordhorst
«Ἡ εἴδηση ὅτι τό πρόγραμμά μας ἐγκρίθηκε πλέον ὁριστικά μᾶς προκάλεσε μεγάλη χαρά. Ἐκφράζω πρός ἐσᾶς καί τούς συνεργάτες σας τή βαθιά μου εὐγνωμοσύνη. Μπορῶ νά προείπω μέ βεβαιότητα ὅτι ὁ κρητικός λαός καί ἡ Ἐκκλησία μας θά ἐκφράσουν τά ἴδια συναισθήματα εὐγνωμοσύνης, μόλις τό οἰκοδόμημα θα ἀναλάβει τό ἔργο του».

....

«Ὕστερα ἀπό μιά χθεσινή συζήτησή μου μέ τόν Σεβασμ. Μητροπολίτη Εἰρηναῖο, θά σᾶς ὑποβάλουμε ἀμέσως μιά αἴτηση γιά 100-200.000 DM, προκειμένου νά μποροῦμε νά ἀρχίσουμε ἄμεσα τίς ἐργασίες διαμόρφωσης τοῦ ἐδάφους. Εἶναι πολύ ἀναγκαῖο νά προχωρήσουμε κατά τό δυνατόν γρήγορα. Ἡ κατάσταση ἐδῶ ἔχει κάπως ἀλλάξει τόν τελευταῖο καιρό: οἱ τιμές ἔχουν ἀνέβει καί ἤδη ὑποφέρουμε ἀπό μιά αἰσθητή σέ ὅλες τίς περιοχές τῆς ζωῆς ἔλλειψη ἐργατικῶν δυνάμεων. Ἡ Γερμανία τίς ἔχει ὅλες ἀπορροφήσει!! Πέραν αὐτῶν, πρέπει νά ἐκμεταλλευτοῦμε τό καλοκαίρι».

Ὁ κ. Ihle, πού θά ἐπεξεργασθεῖ τά σχέδια βάσει τῶν στατικῶν, θά ἦταν καλό νά ἔλθει στήν Κρήτη, προκειμένου νά σχηματίσει προσωπική εἰκόνα τῆς καταστάσεως.

Τέλος, θά ἤθελα νά σημειώσω ὅτι ἡ προγραμματισμένη Ἀγροτική Σχολή {Κέντρον Ἀγροτικῆς Ἀναπτύξεως, Κολυμβάρι} θεμελιώθηκε ἤδη ἀρχές Μαρτίου.

26-5-1965 ΑΒΒ
Σημείωση Γραμματείας
Οἱ Πάστορες Kley καί Reblin θέλουν νά φέρουν Ὁμάδες τό 1966 στήν Ἀκαδημία:
Δέν θά εἶναι ἕτοιμη. Ὅμως ὑπάρχει στό Κολυμπάρι κτήριο γιά περίπου 60 ἄτομα {Οἰκοτροφεῖο}. Νά ἀποφασίσετε γρήγορα, γιατί τό ζητοῦν πολλοί.
Στήν ἴδια σελίδα, πάνω, σημείωση:

Προφορικά ἀπό Απ πρός Μ (Ἀθήνα-ΒΒ): Ὁ κ. Ihle... πρότεινε ἀγορά ὑλικῶν... ἀπό τή Γερμανία.

Ὅρος μου: Τά ἴδια πρέπει νά εἶναι φθηνότερα ἀπό ὅσο στήν Ἑλλάδα. Τό ἄριστο θά ἦταν νά σταλοῦν ὡς δωρεά. Σύγκριση τιμῶν. Ὁ Μ ἔλαβε γνώση καί ἀναμένει γράμμα μου.

26-5-1965 ΑΒΒ
Μ πρός Απ (Αθ.)
Ὑπενθυμίζει ὅτι δέν ἐπιτρέπεται χρήση χρημάτων τῆς χορηγίας γιά ἄλλους σκοπούς {Ἀγροτικά} πρίν τελειώσει τό κτήριο τῆς Ἀκαδημίας καί ἀποπληρωθεῖ. Ἄν γίνει κάποια ἐξοικονόμηση χρημάτων τώρα, ἴσως μποροῦν ἀργότερα νά χρησιμοποιηθοῦν ὡς ἄνω. Ἴσως ὅμως εἶναι καλύτερα νά γίνουν μερικά ἐπιπλέον ὑπνοδωμάτια στήν Ἀκαδημία.

Ἐπιμόρφωση συνεργάτη στό ΒΒ: Αὐτό ἔχει γίνει ἤδη γιά στελέχη ἀπό Ἰαπωνία καί Κορέα. Χρειάσθηκε νά προηγηθεῖ γλωσσική προπαίδεια στό Ἰνστιτοῦτο Γκαῖτε. Ὁ πρός ἐκπαίδευση στό ΒΒ τυχόν μελλοντικός συνεργάτης πρέπει νά εἶναι ἱκανός νά ἀναλάβει ἀργότερα καί διευθυντικές εὐθύνες, ἄν χρειασθεῖ.

3-6-1965 ΑΑπ
Mordh πρός Απ
Εὐχαριστεῖ γιά ἐπιστολή μου τῆς 22ας Μαΐου καί τήν ἀποστολή τῶν στατικῶν. Τά ἐκτελεστικά σχέδια ἑτοιμάζονται, τά στατικά θά ληφθοῦν ὑπόψη.

Προκειμένου νά ὁρισθεῖ ἡ ἔναρξη τῶν οἰκοδομικῶν ἐργασιῶν, παρακαλεῖ νά τόν ἐνημερώσω ἄν ὁλοκληρώθηκε ἡ προετοιμασία τοῦ οἰκοπέδου (ἐκβραχισμοί κ.λπ.), ὅπως εἶχα συμφωνήσει μέ τόν ἀρχιτέκτονά τους Ihle στό ΒΒ τό περασμένο φθινόπωρο - ἐργασίες πού εἶναι μέρος τῆς δικῆς μας συμμετοχῆς.

Τεχνικές καί ὀργανωτικές λεπτομέρειες πού χρειάζεται νά ρυθμίσουμε. Ὁ ἀρχιτέκτων Ihle θά προτιμοῦσε νά συναντηθεῖ περί τά τέλη Ἰουλίου - ἀρχές Αὐγούστου στήν Κρήτη μέ τά πρόσωπα μέ τά ὁποῖα πρέπει νά γίνουν οἱ τελευταῖοι τεχνικοί ἔλεγχοι καί οἱ συνεννοήσεις, προκειμένου νά ἀρχίσει ἡ οἰκοδόμηση.

8-6-1965 ASp
Roos πρός Εἰρηναῖον
Εὐχαριστεῖ γιά ἐπιστολή του. Ἐπίκεινται τά ἐγκαίνια Κέντρου Ἑλλήνων Ἐργατῶν πού δημιουργεῖ ἡ Ἐκκλησία τοῦ Speyer στήν πόλη Ludwigshaven. Ἐξ ὀνόματος καί τοῦ Προέδρου Schaller καλεῖ τόν Ἐπίσκοπο νά τούς ἐπισκεφθεῖ στό Speyer, ἐάν πάει στή Γερμανία τόν Ἰούλιο.

25-6-1965 ESp
Roos πρός Απ-Αθ
Μοῦ στέλνει βιβλία πού ζήτησα... Ἐλπίζει ὅτι θά συνοδεύσω καί πάλι τόν Σεβασμ. Εἰρηναῖο κατά τήν ἐνδεχόμενη ἐπίσκεψή του τόν Ἰούλιο καί καλεῖ καί ἐμένα ὁμοίως στό Speyer.

29-6-1965 ABB
Απ (Αθ.) πρός Μ
Ὑποθέτω ὅτι ἔχετε ἤδη ἐπικοινωνήσει μέ τόν Ἐπίσκοπο Εἰρηναῖο. Βρίσκεται τώρα στήν Ἑλβετία (Bossey) καί θά προσπαθήσει εἴτε νά ἔλθει στό ΒΒ εἴτε νά μιλήσετε τηλεφωνικῶς..........
Περιμένουμε τή δεσποινίδα Mohn, ἐλπίζουμε νά ἔλθετε καί σεῖς μέ τήν οἰκογένειά σας.

Ὁ Εἰρηναῖος στή Γερμανία
2-7-1965 ABB
Εἰρηναῖος πρός Μ Τηλεγράφημα
Εἶμαι στή Γενεύη Bossey ΣΤΟΠ. Δευτέρα ἤ Τρίτη ἔρχομαι Stuttgart {πάλι τό **ἤ** τῆς ἀσάφειας...}.[167]

3-7-1965 ABB
Γραμματεία Μ πρός προσωπικό
Τήν Κυριακή, 4 Ἰουλίου 1965, ἄγνωστο ποιά ὥρα, ἔρχεται ὁ Ἐπίσκοπος Εἰρηναῖος, Καστέλλι/Κρήτη, γιά συζήτηση μέ τόν κ. Μ. Θά μείνει τουλάχιστον μέχρι τή Δευτέρα, 5/7. Ἀναχώρηση ἄγνωστη.
Ὁ κ. Μ παρακαλεῖ νά κρατηθεῖ ἕνα μονόκλινο δωμάτιο (344).
Ὁ Ἐπίσκοπος Εἰρηναῖος εἶναι φιλοξενούμενος τῆς Εὐαγ. Ἀκαδημίας.

3-7-1965 ASp
Απ-Αθ πρός Roos
Γράφω ἀπό τήν Ἀθήνα καί μάλιστα σέ χαρτί μέ τήν ἔνδειξη ΥΠΟΥΡΓΕΙΟΝ ΕΘΝΙΚΗΣ ΠΑΙΔΕΙΑΣ ΚΑΙ ΘΡΗΣΚΕΥΜΑΤΩΝ ΠΑΙΔΑΓΩΓΙΚΟΝ ΙΝΣΤΙΤΟΥΤΟΝ καί μέ διεύθυνση κατοικίας: Κρίσσης 58–Κυψέλη, τηλ. 847 851.
Ἀναμένω τά βιβλία καί εὐχαριστῶ. Ὁ Σεβασμ. Εἰρηναῖος εἶναι ἤδη στό Bossey, ἴσως φθάσει μέχρι Γερμανία. Ἡ ἀνέγερση τῆς Ἀκαδημίας θά ἀρχίσει τίς ἑπόμενες ἑβδομάδες.

---

[167] Στό Οἰκουμενικό Ἰνστιτοῦτο τοῦ Bossey ἔγινε τότε (28/6-3/7) ἕνα συνέδριο γιά τήν εἰρήνη, στό ὁποῖο ἔλαβε μέρος. Ἀκολούθως στή Γερμανία. ΧΚ 54 (1965) 111.

Λέγεται ὅτι ὁ Εἰρηναῖος θά εἶναι ὁ ἐπόμενος Πατριάρχης Ἀλεξανδρείας (εἶναι ἐμπιστευτική, παρακαλῶ, ἡ πληροφορία). (b-Απ).

....

5-7-1965 ABB
Scholz πρός EZE
Ἀναφερόμενος σέ προκαταβολές πού εἶχαν πληρώσει γιά τήν Ἀκαδημία τῆς Κρήτης, νά τούς στείλουν συνολικά 10.449,60 DM ἀπό τό ποσό πού ἔχει ἐγκριθεῖ γιά τήν Κρήτη.

5-7-1965 ABB
Μ πρός Απ

....

Ἡ Ὑπηρεσία στή Βόννη ἐπιθυμεῖ «νά ζητήσετε τό ταχύτερο δυνατόν νά σᾶς στείλουν τά προοριζόμενα γιά τήν Ἑλλάδα {Ἀκαδημία} χρήματα. Ἴσως νά ἔχει γίνει ἤδη».
Προσοχή στή διαχείριση τῶν χρημάτων!
«Ἐπιτρέψατε ὅμως νά ἐπιστήσω τήν προσοχή σας σέ κάτι: Αὐτά τά χρήματα δέν πρέπει σέ καμμιά περίπτωση - ἔστω καί γιά μικρό διάστημα - νά χρησιμοποιηθοῦν γιά σκοπούς ἄλλους ἀπό ἐκείνους γιά τούς ὁποίους ἔχουν προορισθεῖ. Τό γράφω, γιατί στήν Ἰαπωνία προκλήθηκαν πολύ μεγάλες δυσκολίες, ἐπειδή οἱ φίλοι μας ἐκεῖ χρήματα προορισμένα γιά οἰκοδομή ἤθελαν νά τά χρησιμοποιήσουν προσωρινά γιά ἄλλους σκοπούς. Κάτι τέτοιο εἶναι ἀντίθετο πρός τούς κανονισμούς πού ἰσχύουν στή Γερμανία γιά τέτοια χρήματα. Ἀργότερα θά πρέπει φυσικά νά δώσουμε ἀκριβῆ λογαριασμό. Εἶναι λοιπόν σημαντική ἡ τήρηση τῶν κανονισμῶν».
Ἐπισημαίνει τό αὐτονόητο - καί καλά κάνει!

5-7-1965 ABB
Μ πρός Απ
Ἦταν ἐκεῖ {στό ΒΒ} πρίν ἀπό λίγο ὁ Ἐπίσκοπος κ. Εἰρηναῖος. Συμφώνησαν νά μεταφέρει στήν Κρήτη τό φορτηγό αὐτοκίνητο[168] ὁ ὁδηγός του {Μ},

---

[168] Τίς πρακτικές διαδικασίες (ἀγορά τοῦ φορτηγοῦ καί μεταφορά του στήν Κρήτη) ἀνέλαβε ἡ Ἀκαδημία τοῦ ΒΒ. Ἀγοράστηκε ἕνα ἀνατρεπόμενο φορτηγό Daimler-Benz, LK 1113/36, χρώματος γκρί, ἔτους κατασκευῆς 1965, ὠφέλιμου φορτίου 6.150 kg, μέ συνολικό ἐπιτρεπόμενο βάρος 10.500 kg. Κόστος: 27.206,50 μάρκα (12-7-1965 ΒΒ, W. Held). Ἡ EZE, πού ἔκαμε τήν πληρωμή ἀπό τό ἐγκεκριμένο γιά τήν Ἀκαδημία κονδύλι (Μ πρός EZE 12-7-1965 ΒΒ), χορήγησε βεβαίωση δωρεᾶς

ἐπειδή ἡ μεταφορά μέ τραῖνο θά ἦταν πολύ πιό δαπανηρή. Θά στείλουν νωρίτερα τά χαρτιά, ὥστε νά προετοιμασθοῦν τά τοῦ ἐκτελωνισμοῦ. Ὁ Ἐπίσκοπος εἶπε ὅτι θά ἦταν ἴσως καλύτερα νά πάω στά (ἑλληνο-γιουγκοσλαβικά} σύνορα καί νά ρυθμίσω ἐκεῖ τά τοῦ τελωνείου - θά δοῦμε.

7-7-1965 ΑΒΒ
Φορτηγό αὐτοκίνητο
Στόν Εἰρηναῖο (7.7.1965 ΒΒ) καί σέ μένα (Μ πρός Απ/Ἀθήνα, Κρίσσης 58, Κυψέλη, 5.7.1965 ΒΒ) στέλνουν τά σχετικά μέ τό φορτηγό αὐτοκίνητο δικαιολογητικά, προκειμένου νά μεριμνήσουμε γιά τά τοῦ ἐκτελωνισμοῦ χωρίς δασμούς.

13-7-1965 ΑΒΒ
Γραμματεία Μ πρός Enzmann
Ὁ Δρ. Μ στέλνει σχετικό ἔντυπο παραγγελίας τοῦ φορτηγοῦ αὐτοκινήτου μας MERCEDES-BENZ Typ LK 1113 Kipper.[169]

28-7-1965 ΑΒΒ
LKW-Kipper - Φορτηγό
Ὁ Postendörfer {ὁδηγός τοῦ Μ} καί ἡ γυναίκα του θά ἀναχωρήσουν στίς 2.8.1965 γιά τήν Κρήτη {ὅπου θά μεταφέρει τό φορτηγό αὐτοκίνητο τῆς Ἀκαδημίας}. Γιά τίς δαπάνες του ὑπολογίζονται 6 μέρες γιά τήν κίνηση μέχρι τήν Κρήτη (ὑπάρχει περιορισμός ταχύτητας γιά φορτηγά), 3 μέρες ἐπιστροφή. Οἱ δαπάνες ταξιδίου βαρύνουν τήν Ἀκαδημία καί θά πληρωθοῦν ἀπό τή Βόννη/ἐγκεκριμένη ἐπιχορήγηση.

28-8-1965 ΑΑπ
Εἰρηναῖος πρός EZE
Τό φορτηγό αὐτοκίνητο ἔφθασε καί χρησιμοποιεῖται ἤδη, διευκολύνοντας μεγάλως τήν ἐργασία - εὐχαριστοῦμε θερμά καί γι' αὐτήν τή βοήθεια.

γιά τό Τελωνεῖο (EZE 7-7-1965 GESCHENKURKUNDE). Ἡ μεταφορά στήν Κρήτη ἔγινε ὁδικῶς ἀπό τόν Porstendörfer, ὁδηγό τῆς Ἀκαδημίας ΒΒ. Τόν συνόδευσε ἡ σύζυγός του. Τίς δαπάνες ταξιδίου ἀμφοτέρων ἐκάλυψε ἡ Ἀκαδημία ΒΒ (15-7-1965 Müller – Scholz ΒΒ).
[169] 4-11-1964 ΑΒΒ, σημείωση Γραμματείας: Ὁ Μ μίλησε τηλεφωνικῶς μέ τόν Διευθυντή Held {τῶν ἐργοστασίων} Daimler-Benz γιά τό φορτηγό αὐτοκίνητό μας. Ὁ Held θά κάμει κάτι γι' αὐτό τό θέμα {ἔκπτωση στήν τιμή...} καί θά τηλεφωνήσει.

Καί κεραμεύς ὁ Ἐπίσκοπος;
26-7-1965 ΑΒΒ
Siller πρός Εἰρηναῖον

Ἀπό τήν πλευρά τῶν γερμανικῶν Ὑπουργείων γίνεται ὁλοένα καί πιό πιεστικό τό ἐρώτημα τῆς μακροπρόθεσμης ἐξασφάλισης τῶν ἐξόδων λειτουργίας τῆς Ἀκαδημίας. Ἐπειδή καί μεῖς ἔχουμε σαφῆ ἀντίληψη γιά τίς δυσκολίες πού θά ἔλθουν, κάνουμε διάφορες σκέψεις. Ὁ Siller, ἐκ τῶν διακεκριμένων μελῶν τοῦ OCM, εἶναι γνωστός γιά τίς ἐπιδόσεις του σέ διάφορες χῶρες τοῦ Γ΄ κόσμου, ὅπου παρέχει ἀποτελεσματικές συμβουλές γιά τή δημιουργία ποικίλων ἀναπτυξιακῶν-παραγωγικῶν μονάδων. Γράφει λοιπόν ὅτι συνεργάσθηκε μέ τόν Ludowici γιά τή σκέψη μας νά δημιουργήσουμε μιά μονάδα κατασκευῆς κεραμιδιῶν {γιά ἔσοδα πρός στήριξη τῆς Ἀκαδημίας, ἀλλά καί γιά ἀπασχόληση κάποιων νέων ἀνθρώπων τοῦ τόπου}. Προτείναμε ὡς καύσιμη ὕλη τήν ἐλαιοπυρήνα. Ὁ Ludowici {ἰδιοκτήτης μεγάλης κεραμοποιίας στή Γερμανία} ἀπορρίπτει αὐτήν τήν ἰδέα (ἡ ὕλη αὐτή πρέπει νά περάσει ἀπό σειρά δοκιμῶν, ὥσπου νά ἀποδειχθεῖ ἡ καταλληλότητά της λίαν ἀμφίβολη) καί τονίζει ὅτι μόνο τό πετρέλαιο ἐνδείκνυται - ἄρα δύσκολα τά πράγματα! Ὁ Siller ἀντιπροτείνει ἐργοστάσιο μετατροπῆς τοῦ πάσης φύσεως ξύλου σέ χρήσιμες - προσοδοφόρες ξυλοσανίδες καί ἄλλες παρόμοιες κατασκευές.

24-8-1965 ΑΑπ
ΕΖΕ πρός Απ

Τηλεγράφημα πού ἔλαβα τηλεφωνικῶς στήν κατοικία μας, Κρίσσης 58, Ἀθήνα. Πρός ρύθμιση ἡμερομηνίας ἐπισκέψεως τοῦ ἀρχιτέκτονά τους Ihle στήν Κρήτη, ζητοῦν ἐπειγόντως ἐνημέρωση γιά ἐτοιμότητα ἔναρξης ἐργασιῶν οἰκοδομῆς.

28-8-1965 ΑΑπ
Εἰρηναῖος πρός ΕΖΕ

Εὐχαριστεῖ γιά ἐπιστολή τους τῆς 19ης Ἰουλίου καί γιά τήν **πρώτη δόση 90.000 DM** (b-Απ) γιά τήν Ἀκαδημία, τή λήψη τῶν ὁποίων βεβαιώνει. Θά λάβουν σύντομα τούς λογαριασμούς/ἀποδείξεις. Δυστυχῶς, καθυστερήσαμε στήν προετοιμασία τοῦ οἰκοπέδου. Οἱ ἐργασίες ἀνέγερσης μποροῦν πιά νά ἀρχίσουν σύντομα. Μέ αὐτό τό δεδομένο σᾶς τηλεγράφησε ὁ κ. Παπαδερός καί πρότεινε νά ἐπιταχύνει τήν ἐδῶ ἄφιξή του ὁ κ. Ihle, προκειμένου νά ρυθμιστοῦν οἱ τελευταῖες λεπτομέρειες καί νά ἀρχίσει ἀμέσως ἡ οἰκοδομή. Ὕστερα ἀπό διακήρυξη σύμφωνα μέ τά ἰσχύοντα στόν τόπο μας, ἀναθέσαμε τό ἔργο σέ ντόπιο ἔμπειρο ἐργολάβο, πού ἔχει τήν πλήρη ἐμπιστοσύνη μας.
....

Παρακαλεῖ, τέλος, νά ἐπανεξετάσουν τό κατά πόσον εἶναι συμφέρουσα μιά παλιότερη ἰδέα: νά ἀγορασθοῦν στή Γερμανία τό τσιμέντο καί τά σίδερα καί νά μεταφερθοῦν μέ πλοῖο ἀπό τό Ἁμβοῦργο στήν Κρήτη.

7-9-1965 ΑΒΒ
Μ πρός Εἰρηναῖον
Ὁ κ. Ihle θέλει νά ἔλθει στήν Κρήτη στίς 16 Σεπτ. τρ. ἔτους. Χρειάζεται νά συνεργαστεῖ μέ τόν ἐπιβλέποντα καί μέ τόν ἄνθρωπο πού ἔκαμε τίς μετρήσεις. Καλό θά εἶναι νά βρίσκεται ἐκεῖ καί ὁ κ. Π α π α δ ε ρ ό ς , ὥστε νά ρυθμιστοῦν ὅλες οἱ ἐκκρεμότητες σχετικά μέ τήν οἰκοδομή. Ὁ κ. Ihle θά ἔχει μαζί του καί τή γυναίκα του καί μετά τίς συζητήσεις θά κάμουν διακοπές στήν Κρήτη. Τό καλοκαίρι πῆγε κατ' ἀνάθεσή μου στήν Κορέα καί Ἰαπωνία γιά ζητήματα τῶν ἐκεῖ Ἀκαδημιῶν. Πρόσφερε πολλές ὑπηρεσίες γιά τά σχέδια {τῆς Ἀκαδημίας μας} καί θά ἤμουν εὐγνώμων, ἄν τοῦ βρίσκατε κάποιο κατάλυμα.
Κοινοπ.:Απ καί Ihle

30-9-1965 ΑΑπ
Εἰρηναῖος πρός Απ (Ἀθήνα)
«Ὁ Ihle βρίσκεται στόν Ἅγ. Νικόλαο, θά ἔλθη 3 ἤ 4 τοῦ μηνός διά νά φύγη {ἀπό Χανιά}.
Οἱ δουλειές προχωροῦν σιγά σιγά, ἀλλά ἐμεῖς ἐδῶ κοντεύομε νά χάσωμε τό μυαλό μας μέ τίς δουλειές καί τούς ἀνθρώπους πού δέν συμμερίζονται καθόλου τήν ἀγωνία μας νά τίς τελειώσουν.
Σοῦ στέλνω χαρτιά τῆς Ζωῆς,[170] τῆς κοπέλας ἀπό τήν Ἀφρική, νά ρωτήσης πῶς θά ἐγγραφῆ εἰς τήν Ε΄ Γυμνασίου, διότι ὁ κ. Λυκειάρχης δέν ἀρκεῖται στά στοιχεῖα πού τοῦ ἔδωσα καί δέν τήν γράφει. Σέ παρακαλῶ νά τό ἐνεργήσης ἀμέσως καί νά μέ εἰδοποιήσης.
Ἐλπίζω ὅτι στίς 7 ἤ 8 τρέχοντος θά ἔλθω εἰς Ἀθήνας νά μιλήσωμε γιά ὅλα. Χαιρετισμούς στήν Ἀννούλα, τήν κόρη σου καί τήν κ. Φεβρωνία».

---

[170] Ἡ Ζωή ἦταν μιά νέα κοπέλα ἀπό τήν Οὐγκάντα, πού φιλοξενήθηκε στήν Ἱ. Μητρόπολη Κισάμου καί Σελίνου, φοίτησε στό Γυμνάσιο-Λύκειο καί ἐπέστρεψε στήν πατρίδα της, ὅπου εἶχε μιά καλή σταδιοδρομία. Κατά τήν ἄφιξή της στήν Ἑλλάδα τήν ὑποδέχτηκα στό ἀεροδρόμιο τοῦ Ἑλληνικοῦ, ὕστερα ἀπό ἐπιθυμία τοῦ Εἰρηναίου νά τή φιλοξενήσουμε μερικές μέρες, προκειμένου νά γνωρίσει κάπως τήν Ἀθήνα. Μᾶς εἶχε προβληματίσει τότε πάρα πολύ τό πῶς θά ἀντιδροῦσε στή θέα της ἡ κόρη μας Μαρία, πού ἦταν ἀκόμη σέ νηπιακή ἡλικία καί πόσο ἦταν ἐνδεχόμενο νά πληγωθεῖ ἡ ξένη κοπέλα ἀπό τυχόν ἀρνητική ἀντίδραση τοῦ παιδιοῦ. Ὕστερα ἀπό ἀρκετή σκέψη περιήλθαμε πολλά μαγαζιά ἀναζητώντας μιά μεγάλη μαύρη κούκλα. Ἡ Μαρία ἀποδέχτηκε τήν κούκλα πολύ ἄνετα. Καί ἔτσι, ὅταν πρωτοεῖδε τή Ζωή, ἔπεσε αὐθόρμητα στήν ἀγκαλιά της – τό πρῶτο μεγάλο δῶρο πού ἔλαβε στήν Ἑλλάδα, ὅπως εἶπε.

7. Ἔναρξη ἐργασιῶν

Στό ΧΚ 55 (1965) 128 δημοσιεύεται ὅτι ἄρχισαν οἱ ἐργασίες οἰκοδομῆς τῆς Ἀκαδημίας, τίς ὁποῖες ἀνέλαβε ὁ Ματθαῖος Μουντοκαλάκης ὕστερα ἀπό μειοδοτικό διαγωνισμό.

Πρῶτες ἐπεμβάσεις στό χῶρο τῶν κελιῶν.

Φωτ.ΑΒΒ

Ἀγορά ὑλικῶν ἀπό Γερμανία;
1/4-10-1965 ΑΒΒ

Σημείωμα Γραμματείας τοῦ Μ γιά προφορικό μήνυμά μου πρός αὐτόν, 1 καί 4 Ὀκτωβρίου: Ὁ ἀρχιτέκτων Ihle, τῆς ΕΖΕ, κατά τήν ἐπίσκεψή του στή Γωνιά τόν Σεπτέμβριο 1965, πρότεινε νά γίνει προμήθεια ὅλων τῶν ὑδραυλικῶν καί ἠλεκτρικῶν εἰδῶν ἀπό τή Γερμανία. **Ὅρος Παπαδεροῦ: Αὐτά τά εἴδη θά πρέπει νά εἶναι πιό φθηνά ἀπό ὅσο στήν Ἑλλάδα (Κρήτη), ἀκόμη καλύτερο, νά δοθοῦν δωρεάν. Ὁ Μ παρακαλεῖται νά προσπαθήσει.** (b-Απ).

Ἀπό τήν πλευρά του ὁ Δρ. Παπαδερός, ὅταν λάβει ἀπό τόν κ. Ihle τούς καταλόγους μέ τίς τιμές καί τούς ἀντίστοιχους ἀπό τήν Ἑλλάδα, θά ἐπικοινωνήσει μέ τόν κ. Μ.

Ὁ κ. Μ ἔλαβε γνώση αὐτῆς τῆς ἀνακοίνωσης καί θά ἀναμένει σχετικό ἔγγραφο τοῦ κ. Παπαδεροῦ.

Κοιν.: Δρ. Παπαδερός, Κρήτη {Σεβασμ. Εἰρηναῖος}, Ihle/ΕΖΕ

Τελικά ἀρνηθήκαμε καί αὐτήν καί ἄλλες, ἐν μέρει πιεστικές προτάσεις.

6-10-1965 ΑΑπ
Wisser πρός Απ
«Εὐχαριστῶ πολύ γιά τήν ἐνδιαφέρουσα ὁμιλία σας,[171] ἡ ὁποία μοῦ ἄνοιξε τούς ὀφθαλμούς γιά τίς ἀσυνήθεις καί λίαν ἀξιοπρόσεκτες μεταρρυθμιστικές ἐξελίξεις στήν πατρίδα σας, τήν ὁποίαν μεγάλως ἐκτιμῶ. Εἶμαι βέβαιος ὅτι

---

[171] Alexandros K. Papaderos, Das griechische Schulwesen und die Ausbildung für soziale Berufe in Griechenland, in: Der Konstantinsritter 14 (1965) 5-12.

αὐτή ἡ Μεταρρύθμιση, στηριζόμενη σέ τέτοιους διορατικούς καί πεπεισμένους γιά τήν ἀποστολή τους ἀνθρώπους ὅπως ἐσεῖς, θά ὁδηγήσει σέ εὐλογημένο ἀποτέλεσμα γιά τή χώρα σας καί τούς ἀνθρώπους της».

Ἀναφέρεται στίς ἐσωτερικές ἐξελίξεις στήν Ἑλλάδα καί, ἐμπιστευόμενος, γράφει, τή γνώμη μου, παρακαλεῖ νά τοῦ γράψω ποιός ἔχει δίκιο, ὁ βασιλιάς ἤ ὁ Παπανδρέου!

7-10-1965 ΑΒΒ
Ἀπόσπασμα ἀπό ἐπιστολή Mordhorst πρός Μ

Ὁ Ihle ἐπέστρεψε χθές ἀπό τή Γωνιά μέ πολύ καλές ἐντυπώσεις. Τό οἰκόπεδο εἶχε προετοιμασθεῖ καλά καί σωστά. Ὑπῆρχε ἕνας ἱκανός ἐπιβλέπων. Ἀπό τή Γερμανία πρέπει νά γίνει εἰσαγωγή ὅλων τῶν ὑλικῶν γιά τή θέρμανση, τά εἴδη ὑγιεινῆς καί τά ἡλεκτρολογικά. Θά ἦταν χρήσιμο νά πάει, κατά περίπτωση, ἕνας τεχνίτης ἀπό τή Γερμανία πρός συνεργασία μέ τούς τοπικούς {ὑδραυλικούς, ἡλεκτρολόγους κλπ.}. Εἶμαι πολύ χαρούμενος γιά τό ὅτι αὐτό τό πρόγραμμα προχωρεῖ ἐπιτέλους.

Σημείωση Απ: Ὁ Ihle ἐνθουσιάσθηκε ἀπό τόν Ἅγ. Νικόλαο καί ἐνδιαφέρθηκε νά ἀγοράσει οἰκόπεδο καί νά οἰκοδομήσει ἐκεῖ ξενοδοχεῖο.

Μέ τόν Εἰρηναῖο στή Γαλλία καί Γερμανία
29/31-10-1965

Πρῶτα λάβαμε μέρος σέ Συνέλευση τοῦ Τάγματος τοῦ Μεγ. Κων/νου στό Στρασβοῦργο. Ἔλαβαν μέρος περί τά 70 μέλη ἀπό διάφορες χῶρες. Κατά τήν ἐναρκτήρια συνεδρία ὁ Σεβασμιώτατος καί ἐγώ μιλήσαμε γιά τά τῆς Μητροπόλεως καί τῆς Ἀκαδημίας, γιά τά τῆς Ἐκπαιδευτικῆς Μεταρρυθμίσεως στήν Ἑλλάδα καί γιά τό ἐμπερίστατο τοῦ Οἰκουμενικοῦ Πατριαρχείου.

Ἐκτενῆ περιγραφή γιά τά ἐν Στρασβούργῳ βλ. στό ΧΚ 58 (1965)173-174, 2αί σελ. 176.[172] Στήν Ἔκθεση Πεπραγμένων τοῦ Τάγματος γιά τό 1964

---

[172] Γιά τή συμμετοχή μου στή Συνέλευση ἐκείνη εἶχα λάβει σχετική ἄδεια ἀπό τό Ὑπουργεῖο Ἐθνικῆς Παιδείας καί Θρησκευμάτων, ὅπου ὑπηρετοῦσα τότε. Μετά τήν ἐπιστροφή μου ὑπέβαλα κατά τά καθιερωμένα (ἔγγραφό μου τῆς 9-11-1965 ΑΑπ, διά τοῦ Τμήματος Διεθνῶν Μορφωτικῶν Σχέσεων) Ἔκθεση (8 σελίδων) ὑπό τόν τίτλο ΒΥΖΑΝΤΙΝΟΝ ΤΑΓΜΑ ΤΟΥ ΜΕΓ. ΚΩΝΣΤΑΝΤΙΝΟΥ, τό κείμενο τῆς ὁμιλίας μου στή Συνέλευση καί πίνακα τῶν μετασχόντων. Στήν Ἔκθεσή μου πρός τό Ὑπουργεῖο ἔγραφα μεταξύ ἄλλων καί τά ἀκόλουθα:
«Τό ἀπόγευμα τῆς 29ης Ὀκτωβρίου ἐγένετο ἡ πρώτη πανηγυρική σύσκεψις {τῶν μελῶν τοῦ Τάγματος}. Κατ' αὐτήν ἔσχον τήν εὐκαιρίαν νά ἀναπτύξω πρός τούς συνέδρους τήν ἐξέλιξιν τοῦ κυπριακοῦ προβλήματος (ὁ Πρόεδρος τῆς Κυπριακῆς Δημοκρατίας Ἀρχιεπίσκοπος Μακάριος εἶναι μέλος τοῦ OCM), ἀνεφέρθην δέ διεξοδικώτερον εἰς τάς διώξεις τῶν ἐν Κωνσταντινουπόλει Ἑλλήνων καί τοῦ Οἰκουμενικοῦ Πατριαρχείου. Οἱ σύνεδροι διεκήρυξαν τήν ἀμέριστον συμπάθειάν των, ἀποδεχθέντες ὁμοφώνως {ὕστερα ἀπό πρότασή μου} Ψήφισμα, τό ὁποῖον ἐδόθη εἰς τόν παγκόσμιον τύπον καί τούς σταθμούς ραδιοφωνίας καί τηλεοράσεως, ἔχει δέ ὡς ἀκολούθως: «*Τό Διεθνές*

ἀναγράφεται ὅτι «ἀξιοσημείωτος εἶναι ἡ ἐκ μέρους του σημαντική ἐνίσχυσις τοῦ κοινωφελοῦς ἔργου τῆς Ἱερᾶς Μητροπόλεως Κισάμου καί Σελίνου (ὁ προκαθήμενος αὐτῆς {Σεβασμ. Εἰρηναῖος} παρίστατο εἰς τήν συνεδρίαν). Ἀνεκοινώθη ἐπίσης ἡ ἵδρυσις Διεθνοῦς Σωματείου (STIFTUNG PRO GONIA) διά τήν περαιτέρω ἐνίσχυσιν τοῦ ἔργου τούτου. Αὐτή ἡ ΔΙΕΘΝΗΣ ΕΝΩΣΙΣ ΦΙΛΩΝ ΤΗΣ ΓΩΝΙΑΣ - Stiftung Pro Gonia/Fontation Pro Gonia, τήν ὁποία εἶχε ἱδρύσει τό 1965 ὁ Guyer-Frey μέ πρόθεση νά συντρέξει τήν Ἀκαδημία, δέν ἀπέφερε ἄξιο λόγου οἰκονομικό ὄφελος. Κατά τήν ἐπίσκεψη τῆς ἡγεσίας καί μελῶν τοῦ Τάγματος στήν Κρήτη τόν Μάιο τοῦ 1969 καί τή διαμονή τους στήν Ἀκαδημία, ὁ Καγκελλάριος τοῦ Τάγματος καί Πρόεδρος τῆς Ἕνωσης Ἑλβετός Richard Guyer-Frey πρόσφερε μιά χρηματική δωρεά στό Ἵδρυμα (19-5-1969). Βλ. Das Pfingsttreffen des OCM auf Kreta 1969, στό Δελτίον τοῦ Τάγματος Le Chevalier Constantinien 24, 11. Ἡ Ἕνωσις διαλύθηκε τό 1977. Σέ γράμμα του {23-8-1977 Guyer-Frey πρός Απ} ἀνακοινώνει τή διάλυση καί ἀναφέρει ὡς αἰτιολογία, πρῶτον ὅτι δέν ἀναμένει σημαντικές εἰσφορές γι' αὐτήν τήν Ἕνωση, δεύτερον ὅτι ἡ ὑπέρ τῶν Ἱδρυμάτων τῆς Μητροπόλεως ἐνίσχυση ἐνεργεῖται μέσω τῆς NOTARAS-Genossenschaft, καί τρίτον ὅτι διατρέχων τό 73ο ἔτος τῆς ἡλικίας του ἐπιθυμεῖ νά τακτοποιήσει τά τοῦ οἴκου

Τάγμα τοῦ Μεγάλου Κωνσταντίνου, κατά τήν ἐφετινήν Γενικήν Συνέλευσιν αὐτοῦ, διεπίστωσε μετά λύπης τάς παγκοσμίου ἐκτάσεως συχνάς καί σκανδαλώδεις προσβολάς τῶν δικαιωμάτων καί τῶν θεμελιωδῶν ἐλευθεριῶν τοῦ ἀνθρώπου. Ἰδιαιτέρως ἐξέφρασε τήν ἐλπίδα ὅτι θά ἀποκατασταθοῦν εἰρηνικαί συνθῆκαι εἰς τήν μεσογειακήν νῆσον Κύπρον καί ὅτι θά ἀρθοῦν τά πάσης φύσεως περιοριστικά μέτρα ἐναντίον τοῦ Οἰκουμενικοῦ Πατριαρχείου Κωνσταντινουπόλεως».

Σημείωσα ἐπίσης στήν Ἔκθεση τά τῆς ἐπίσκεψής μας στό Συμβούλιο τῆς Εὐρώπης (30.10.), ὅπου εἴχαμε εἰδική διάσκεψη ὑπό τήν προεδρία τοῦ Ἀναπλ. Γεν. Γραμματέα τοῦ Συμβουλίου *Πόλυ Μοδινοῦ*, κατά τήν ὁποία ὑποστήριξα, μεταξύ ἄλλων, «*τήν ζωτικήν ἀνάγκην, ὅπως ἡ ἐκπαιδευτική πολιτική, ἡ ἀκολουθουμένη ὑπό τοῦ Συμβ. τῆς Εὐρώπης, μή ἀποβῇ εἰς βάρος τῆς πολιτιστικῆς ἰδιομορφίας τῶν εὐρωπαϊκῶν λαῶν· ἡ πολιτική ἑνοποίησης (Politische Vereinigung) καί ἡ ὁμοιομορφία τοῦ δικαίου (Rechtsuniformität) ἀποτελοῦν βεβαίως καθολικήν προσδοκίαν {εἰς τά πλαίσια τῆς εὐρωπαϊκῆς ἑνοποίησης}, χάριν τῆς ὁποίας ὅμως οὔτε σκόπιμον εἶναι οὔτε ἀναγκαῖον νά θυσιασθῇ ἡ πολιτισμική πολυμορφία (Kulturelle Pluriformität). Εἶναι σαφές ὅτι ἡ τοιαύτη τοποθέτησις τοῦ ζητήματος εἶναι ἀποφασιστικῆς σημασίας κυρίως διά τήν διδασκαλίαν τῆς Ἱστορίας, ἀλλά καί τῶν ἀνθρωπιστικῶν μαθημάτων γενικώτερον. Ὁ κ. Μοδινός παρέσχε τήν διαβεβαίωσιν, ὅτι τό ὄντως θεμελιῶδες τοῦτο ζήτημα θά ἀποτελέσῃ ὁπωσδήποτε ἀντικείμενον σοβαρᾶς μελέτης*».

Στό Συμβούλιο τῆς Εὐρώπης εἶχα ἰδιαίτερη ὑπηρεσιακή συνεργασία μέ στελέχη τοῦ «*Συμβουλίου Μορφωτικῆς Συνεργασίας - Ἐπιτροπή Γενικῆς καί Τεχνικῆς Ἐκπαιδεύσεως*», ἤτοι μέ τόν Διευθυντή τῆς Ἐπιτροπῆς Neumann καί τόν ἐκ τῶν μελῶν της Combes Bemtgen. Διαπιστώθηκε ἡ ἀνάγκη νά ἀντιμετωπισθοῦν ἀπό τήν Ἑλλάδα τά ἀκόλουθα ζητήματα:

α) Οὐσιαστική καί ὄχι «ἀσθενής», ὅπως μέχρι τότε, πλήν ἐλαχίστων ἐξαιρέσεων, ἐκπροσώπηση τῆς χώρας μας στήν Ἐπιτροπή.

β) Διδασκαλία ξένων γλωσσῶν στήν Ἑλλάδα.

Ἀπό τήν πλευρά μου ζήτησα τακτική ἐνημέρωση τοῦ Παιδ. Ἰνστιτούτου γιά ἐκδόσεις, ἀποφάσεις καί δράσεις τοῦ Συμβουλίου στόν τομέα Παιδείας καί Πολιτισμοῦ.

Τό ἀπόγευμα τῆς 30/10 ἀνέπτυξα ἐνώπιον τῶν Μελῶν τοῦ Τάγματος τό θέμα: «*Τό ἐν Ἑλλάδι ἐκπαιδευτικόν σύστημα*» (βλ. A.K. Papaderos, Das griechische Schulwesen und die Ausbildung für soziale Berufe in Griechenland, In: Der Konstantinsritter 14 (1965) 5-12.

του. Σέ Ὑστερόγραφο πάντως δέν παραλείπει νά σημειώσει τή βαθιά του ἀπογοήτευση:«Διαθέσατε τίς ἐγκαταστάσεις τῆς χριστιανικῆς Ἀκαδημίας σας στόν κύκλο τῶν ἀθέων γύρω ἀπό τόν Μίκη Θεοδωράκη, τόν Mitterand, τόν Beermann {ἐννοεῖ τόν Wolf Biermann}, σέ αὐτούς τούς Εὐρωκομμουνιστές...»! Ἀναφέρεται στό μεγάλο διεθνές Συμπόσιο, ἀριθμ. **287, μέ θέμα: ΣΟΣΙΑΛΙ-ΣΜΟΣ ΚΑΙ ΠΟΛΙΤΙΣΜΟΣ** (12-15.8.1977). Μελέτη πολιτιστικῶν θεωριῶν καί Χριστιανισμοῦ. Πρόκειται γιά τήν πρώτη οὐσιαστική διαλογική συνάντηση Σοσιαλισμοῦ καί Ὀρθοδοξίας στόν τόπο μας.

Ὡσαύτως, ἀπεφασίσθη ὅπως ἡ ἑπομένη Γεν. Συνέλευσις τοῦ OCM συγκληθῇ εἰς Κρήτην, 1967».

Μετά τό Στρασβοῦργο ὁ Σεβασμ. Εἰρηναῖος ἐπισκέφθηκε τόν Μ στό ΒΒ.

2-11-1965 ΑΒΒ
Σημείωση Γραμματείας Μ
Ὁ Ἐπίσκοπος Εἰρηναῖος φιλοξενήθηκε στό ΒΒ ἀπό 31.10 μέχρι 2.11.1965.
Ἦλθε γιά συζητήσεις μέ κ. Μ.
Στήν Ἀκαδημία εἶχε 1 δεῖπνο καί 1 πρόγευμα.
Γιά τά λοιπά ἦταν φιλοξενούμενος τῆς οἰκογένειας Μ.

Στήν ἴδια σελίδα ὑπάρχει φωτοτυπημένη κάρτα τοῦ Εἰρηναίου μέ εὐχές γιά τά Χριστούγεννα καί τό Νέο Ἔτος 1966 {στά Γαλλικά}, μέ ὑπογραφή του καί ἡμερομηνία 15.12.1965 {ὡς ἡμερομηνία λήψεως σημειώνεται: 20.12.65}

17-11-1965 ΑΑπ
Εἰρηναῖος πρός Απ
«Ἐν συνεχείᾳ τῆς προχθεσινῆς μας συνομιλίας σοῦ γνωρίζω

α) Κατόπιν ἐγγράφου τῆς 28.8.85 ἡ Ἀνώνυμη Ἑταιρεία Τσιμέντων (Δραγατσανίου 8, τηλ. 233 381) ἀπήντησαν ὅτι μᾶς χορηγοῦν τσιμέντα (200 τόννους) πρός 413 δρχ. κατά τόνο ἐπ' αὐτοκινήτου εἰς Δραπετσώνα ἤ 433 ἐντός τοῦ πλοίου - ἐάν πληρωθοῦν ἀμέσως θά ὑπάρξη ἔκπτωση ὥστε ὁ τόνος νά εἶναι 423 ἐντός πλοίου.

β) Ὁμοίως ἡ Χαλυβουργική, κ. Χαλκιάς τηλ. 237-811, μᾶς παραδίδει σίδερα εἰς Χανιά α) τῶν 6,8,10χ4.15 καί γενική ἔκπτωσιν 6%, β) σίδερα τῶν 12 καί ἄνω χ4 καί γενική ἔκπτωση 6% {ἀπό κάτω μέ κόκκινο:} καί γενική ἔκπτωση 2%, ἐζήτησα 100 τόννους σίδερα ἔχομε λάβει 10 τόνους.

Μπορεῖς λοιπόν νά τηλεφωνήσης νά δῆς σχετικῶς καί ἄν πράγματι μεταβάλλονται αἱ τιμαί, νά πάρωμε τώρα αὐτά. Αἱ ἐργασίαι προχωροῦν κάπως, ἀλλά μᾶς καθυστερεῖ ὁ μεγάλος ἐκβραχισμός πού ἔπρεπε νά γίνη ἀπό τό δυτικό μέρος καί ὁ ὁποῖος τελειώνει ἤδη.

Τήν 28ην τρέχοντος εἰς Γωνιά συνεχίζομεν τάς συναντήσεις τῶν Θεολόγων καί ἄν μπορῆς ἔλα.

Πιθανόν νά ἔλθω ἐντός τῆς ἐρχομένης ἑβδομάδος ἀπάνω {Ἀθήνα}.

Παρακολουθῶ τά ἐν τῷ Ὑπουργείῳ καί Ἐκκλησίᾳ καί λυποῦμαι».

4-12-1965 ASp
Απ πρός Roos
....

Εἴμαστε χαρούμενοι γιά τήν ἔναρξη τῶν οἰκοδομικῶν ἐργασιῶν στήν Ἀκαδημία. Δυστυχῶς ὅμως δέν ἔχουμε πιά ἐργάτες -ἡ Γερμανία τούς ἀπορρόφησε ὅλους! Ἔχουν μείνει μόνο οἱ μεγαλύτεροι σέ ἡλικία, λιγότερο ἀποδοτικοί, ἐνῶ ἀνεβαίνουν οἱ μισθοί καί οἱ τιμές τῶν ὑλικῶν. Καί ὁ Ἀγροτικός Σταθμός {Κέντρον Ἀγροτικῆς Ἀναπτύξεως} οἰκοδομήθηκε. Ἀπομένει ὁ ἐξοπλισμός μέ διάφορα ἐργαλεῖα καί τά ἀναγκαῖα ζῶα.

Διατυπώνω τήν παράκληση, ἄν εἶναι δυνατόν, νά στείλουν στήν Κρήτη τά ὑπόλοιπα χρήματα ἀπό τήν ἐγκεκριμένη χορηγία τους, ἐντός τοῦ ἔτους ἤ ἀρχές τοῦ ἑπομένου - «ὁ φτωχός Ἐπίσκοπος Εἰρηναῖος ἔχει πάλι -ὅπως πάντοτε!-μεγάλες δυσκολίες».

Στήν Ἑλλάδα θριαμβεύει ὁ διάβολος! Πολιτικές καί ἐκκλησιαστικές δυσκολίες.

23-12-1965 ASp
Ἀπό τήν Ἐκκλησία τοῦ Pfalz ὁ Kirchenoberinspektor W. Sohn μέ ἐνημερώνει, ὅτι ἀπό τό ποσό τῶν 50.000 μάρκων πού ἔχουν ἐγκρίνει γιά τήν Ἀκαδημία, ἔχουν σταλεῖ ἤδη στήν Ἐθνική Τράπεζα, στά Χανιά, 40.000 καί ὅτι ἀρχές τοῦ 1966 θά σταλοῦν στήν ἴδια Τράπεζα τά ὑπόλοιπα 10.000.

23-12-1965 ABB
Απ (Ἀθ) πρός Μ
Εὐχές γιά τά Χριστούγεννα καί τό νέο ἔτος.
Τόν ἄλλο μήνα θά ἑτοιμάσω μιά Ἔκθεση γιά τήν πορεία τῶν ἐργασιῶν. Τέλη Ἰανουαρίου ὁ Εἰρηναῖος θά κάμει μιά διάλεξη στήν Κολωνία.

ΑΛΕΞΑΝΔΡΟΣ Κ. ΠΑΠΑΔΕΡΟΣ

1966

Ἐπιστολή πρός Symanowski
13-1-1966 ΑΑπ
Απ (ἀπό τήν Ἀθήνα) πρός Symanowski

«Ἡ μακρά σιωπή μου θά ἔχει ἴσως προκαλέσει σέ σᾶς τήν ἐντύπωση πώς ἔχω παντελῶς λησμονήσει τόν ὄμορφο χρόνο πού πέρασα κοντά σας, καθώς καί τίς γνώσεις καί τά ἐρεθίσματα πού μπόρεσα νά κερδίσω στό Σεμινάριο. Τίποτε δέν θά ἦταν πιό λαθεμένο ἀπό μιά τέτοια ἐντύπωση!

Μέ τήν εὐκαιρία τῆς ἀρχῆς ἑνός νέου ἔτους, πού σᾶς εὔχομαι νά εἶναι εὐλογημένο καί δημιουργικό, ἐπιτρέψατε νά συνοψίσω μερικά πράγματα σέ σχέση μέ τήν πορεία τῆς ζωῆς μου ἀπό τό MAINZ καί ἑξῆς:

Ἔχοντας ὑπόψη τίς συνθῆκες πού κυριαρχοῦν ἐδῶ {στήν Ἑλλάδα} εἶχα ἤδη στό Μάιντς ἀμφιβολίες ὅσον ἀφορᾶ στή δυνατότητα καί τή σκοπιμότητα μιᾶς εὐθείας μεταφύτευσης τοῦ Σεμιναρίου σας, ὡς ἰδέας καί ὡς Ἱδρύματος, στήν Ἑλλάδα. Φυσικά ὑπάρχουν καί σέ μᾶς τά προβλήματα μιᾶς αὐξανόμενης βιομηχανικῆς κοινωνίας, καθώς καί τά συναφῆ ζητήματα καί ἡ ἐν σχέσει μέ αὐτά ἀποστολή τῆς Ἐκκλησίας, ἔστω καί ὄχι ἀκόμη τόσο ἐπιτακτικά καί καθοριστικά ὅσο σέ σᾶς. Ἡ Ἐκκλησία δέν ἔχει ἀσχοληθεῖ ἀκόμη σοβαρά μέ αὐτά - ὑπάρχουν μόνο ἐδῶ κι ἐκεῖ κάποιες ἰδιωτικές πρωτοβουλίες, χωρίς συντονισμό καί ἀποκρυσταλλωμένη συνέπεια. Κάποιος πρέπει λοιπόν νά κάμει ἐπιτέλους τήν ἀρχή, πρίν εἶναι πολύ ἀργά. "Κάποιος" - ποιός πρέπει νά εἶναι αὐτός; Κάποιος πού πέρασε ἀπό τό Mainz-Kastel δέν εἶναι ἴσως ὁ κατάλληλος, δέν ἔχει ὅμως καμιά δικαιολογία, ἐάν, καίτοι ἔχει τήν ἐμπειρία, σιωπᾶ! Σέ καμιά περίπτωση λοιπόν δέν θά ἤθελα νά σιωπῶ. Διερωτῶμαι μόνο ποιός θά ἦταν ὁ σωστός δρόμος.

Ὕστερα ἀπό μακρά περισυλλογή, κατέληξα στήν πεποίθηση ὅτι τό πρόβλημα σέ μᾶς εἶναι πιό πολυεπίπεδο ἀπό ὅσο σέ σᾶς καί ὅτι γι' αὐτό πρέπει νά ἀρχίσει κανείς ἀπό μιά εὐρύτερη βάση: ἀπό μιά βάση πού θά ἔπρεπε νά ἐπιδιώξει εἰλικρινῆ συνάντηση τῆς Ἐκκλησίας μέ τόν ἑαυτό της, πρίν ἀπό ὑπεύθυνη συνάντηση τῆς Ἐκκλησίας μέ τόν κόσμο. Ἴσως νά ἀπορεῖτε γιά τό ὅτι ἀπό τό Μάιντς πῆγα στό Bad Boll καί μελέτησα τήν ἐκεῖ ἐργασία ἐπί μισό καί πλέον χρόνο! Ἡ διαφορά τῶν σκέψεων πού κυριαρχεῖ στούς δυό αὐτούς τόπους ὑπῆρξε ὡστόσο καρποφόρος γιά μένα, ἐπειδή δυό ἀπόψεις, δυό τρόποι θεώρησης τῶν πραγμάτων δέν ζημιώνουν ἐκεῖνον πού ἀναζητᾶ τό δρόμο πού εἶναι πιό σωστός γιά τή δική του περίπτωση. Κάπου ἐκεῖ βρισκόταν ἡ "χρυσή μέση ὁδός"!

Τό ἀποτέλεσμα τῆς πολύχρονης προσπάθειάς μου ὑπῆρξε ἡ θεμελίωση μιᾶς "Ὀρθόδοξης Ἀκαδημίας" στήν Κρήτη – τό πρῶτο Ἵδρυμα τοῦ εἴδους αὐτοῦ σέ Ὀρθόδοξο ἔδαφος. Ὅσον ἀφορᾶ στήν ἰδέα, ἡ Ἀκαδημία αὐτή εἶναι φυσικά παρόμοια μέ τίς Εὐαγγελικές Ἀκαδημίες τῆς Γερμανίας, στήν πραγματικότητα ὅμως ἡ ἐργασία μας ἐδῶ θά ἀνταποκρίνεται στίς δικές μας συνθῆκες καί προϋποθέσεις. Πρόκειται γιά τό κεντρικό πρόβλημα, μέ ποιό τρόπο πρέπει νά συναντήσει ἡ Ἐκκλησία τόν μοντέρνο κόσμο. Θέλουμε νά ἀρχίσουμε ἀπό πολύ ἁπλά ζητήματα τοῦ ἀγροτικοῦ πληθυσμοῦ καί νά προχωρήσουμε σιγά σιγά στά κρίσιμα ζητήματα τοῦ παρόντος. Πρίν ἀπ' ὅλα πρέπει νά ἐπιδιωχθεῖ στήν Ἀκαδημία μιά "ἀναστροφή τῆς σκέψης" (μετάνοια!) ἐκείνων τῶν ἀνθρώπων πού ἀποκαλοῦν τόν ἑαυτό τους '"Ἐκκλησία" ἢ ζοῦν ἄμεσα μέ τήν Ἐκκλησία καί ἀ π ό τήν Ἐκκλησία! Ἀλλ' αὐτή ἡ "ἀναστροφή τῆς σκέψης" μπορεῖ φυσικά νά ἐπιτευχθεῖ μόνο μέ τή γνώση τῆς σημερινῆς κοινωνικῆς πραγματικότητας. Ὡς ἐκ τούτου ἡ Ἀκαδημία θά διευκολύνει ἀπό τήν ἀρχή τή συνάντηση μέ αὐτήν τήν πραγματικότητα. Ἐκτός αὐτοῦ, ἐλπίζουμε νά δημιουργήσουμε ἐδῶ ἕνα οἰκουμενικό κέντρο συνάντησης Ἀνατολῆς - Δύσης, μάλιστα καθώς ἡ Ἐκκλησία τῆς Κρήτης εἶναι ἡμιαυτόνομη καί ἔχει καλή συνεργασία μέ τό Οἰκουμενικό Πατριαρχεῖο Κωνσταντινουπόλεως, εἶναι δηλαδή ἀνοιχτή γιά τά οἰκουμενικά ζητήματα.

Αὐτό τό σχέδιο θέλω νά τό πραγματοποιήσω μαζί μέ τόν Ἐπίσκοπο Εἰρηναῖο ἀπό τή Δυτική Κρήτη. Ὁ Ἐπίσκοπος Εἰρηναῖος, πού τόν γνωρίζετε καί σεῖς (ἐπισκεφθήκαμε μαζί πρό ἐτῶν τόν Οἶκο Goßner καί μιλήσαμε μαζί σας), εἶναι ὁ πιό μορφωμένος, ὁ πιό ἀνοιχτός γιά τά κοινωνικά ζητήματα καί περισσότερο ἐνδιαφερόμενος γιά τά οἰκουμενικά κληρικός τῆς Ἐκκλησίας μας. Μιά ἁρμονική συνεργασία εἶναι σίγουρη.

Ἀρχίσαμε τόν Ἰούνιο τήν οἰκοδομή τοῦ σπιτιοῦ. Ἐλπίζουμε πώς θά μπορέσουμε νά ἀρχίσουμε τήν κυρίως ἐργασία πρός τό τέλος τοῦ ἑπόμενου ἔτους».

Ἀκολουθεῖ σύντομη περιγραφή τοῦ τοπίου καί ἀναφορά στή Μονή Γωνιᾶς. Ἡ Ἀκαδημία δέν θά λειτουργήσει «ὡς ἀντίθεση στήν παράδοση, ἀλλά ὡς ἀναζωογόνησή της σύμφωνα μέ τήν πεμπτουσία της, καθώς καί μέ τίς προσδοκίες καί τίς ἀξιώσεις τῆς ἐποχῆς μας».

Περιγράφονται οἱ ἐγκαταστάσεις καί οἱ δυνατότητες τοῦ κτηρίου. «Σεῖς καί τό Σεμινάριο εἶστε ἤδη ἀπό τώρα ἐγκαρδίως καλεσμένοι. Δέν φαντάζομαι νά ἀποτελέσει γιά σᾶς πρόσκομμα τό ὅτι σέ μεγάλο βαθμό ὀφείλουμε τήν πραγματοποίηση αὐτοῦ τοῦ σχεδίου στή δραστήρια ὑποστήριξη τοῦ Dr. Eberhard Müller-ἤ;» {τό ἤ; ὑπονοεῖ ὅτι ἴσως ὑπάρχει πρόσκομμα, δεδομένου ὅτι ἦταν σφοδρή μεταξύ ἐκείνου καί τοῦ Müller ἡ ἀντιπαλότητα σέ θέματα θεολογίας καί ἐκκλησιαστικῆς πολιτικῆς}.

«Κοντά στήν Ἀκαδημία καί στά πλαίσια τοῦ γενικοῦ σχεδιασμοῦ ἔχει ἤδη διαμορφωθεῖ ἕνα πρότυπο Ἀγρόκτημα. Ἐδῶ δημιουργεῖται σιγά σιγά ἕνα πρότυπο γιά τούς ἀγρότες, καθώς μιά κύρια ἀποστολή τῆς Ἀκαδημίας εἶναι ἡ προαγωγή τῆς κοινωνικῆς συνοχῆς καί τῆς οἰκονομικῆς ἀνάπτυξης τῆς χώρας. Ἀπό αὐτό τό ἀγρόκτημα, πού θά καλλιεργήσει καί θά ἐκμεταλλευθεῖ ἀγρούς τῆς ὡς ἄνω Μονῆς, θά προμηθεύεται ἡ Ἀκαδημία ἕνα μέρος τῶν εἰδῶν διατροφῆς κ.λπ.

Βλέπετε λοιπόν... ὅτι μερικές ἰδέες ἀρχίζουν καί ἐδῶ νά ἀποδίδουν καρπούς. Γι' αὐτό σᾶς παρακαλῶ νά διευκολύνετε τήν περαιτέρω ἐπικοινωνία μου μέ τή ζωή καί τή σκέψη τοῦ κύκλου σας· ἐνώπιον ὅλων μας βρίσκονται τά ἴδια προβλήματα καί οἱ ἴδιες προκλήσεις καί ἰσχύει πάντοτε τό λεγόμενο στό Γαλάτας 6, 2 {«*ἀλλήλων τὰ βάρη βαστάζετε, καὶ οὕτως ἀναπληρώσατε τὸν νόμον τοῦ Χριστοῦ*».}.

{Κλείνω τήν ἐπιστολή μέ σύντομη ἀναφορά στό Παιδ. Ἰνστιτοῦτο, βλ. παραπάνω}.

8-2-1966 ΑΒΒ
ΕΖΕ πρός Απ
Μέ τίς ἀλλαγές πού ἀναφέρετε στήν ἀπό 11.1.1966 ἐπιστολή σας συμφωνοῦμε, ἀφοῦ δέν ἀλλάζει ἡ συνολική σύλληψη τοῦ οἰκοδομήματος, ἀλλά μόνο ἡ θέση μέρους αὐτοῦ. Γιά τίς ἀλλαγές πού κάνατε συμφωνεῖ καί ὁ ἀρχιτέκτων κ. Ihle.

Ἐλπίζουμε πώς τώρα θά ἐπιταχυνθεῖ ἡ ἀνέγερση τῆς Ἀκαδημίας.

18-2-1966 ASp
Roos πρός Εἰρ.
Ἐκφράζει τή λύπη του γιά τό ὅτι ἀπουσίαζε ὅταν ὁ Σεβασμ. Εἰρηναῖος τοῦ τηλεφώνησε ἀπό τή Φραγκφούρτη.

Μέ τό ἔμβασμα τῆς 17ης Φεβρ. ὁλοκληρώθηκε ἡ ἀποστολή τοῦ ἐγκεκριμένου ποσοῦ τῶν 50.000 μάρκων.

Παράκληση νά ἀποσταλοῦν ἀποδεικτικά χρήσεως τοῦ ποσοῦ αὐτοῦ. Παρακαλεῖ νά ὑπάρξει ἀπό τήν πλευρά τοῦ Ἐπισκόπου κατανόηση γιά τό αἴτημα αὐτό τῆς ἀποστολῆς ἀποδείξεων, ὅμως εἶναι ὑποχρεωμένοι ἔναντι τῶν ἐκκλησιαστικῶν καί κρατικῶν Ἀρχῶν {νά τηροῦν αὐστηρά τούς διαχειριστικούς κανονισμούς.}

21-3-1966 ΑΑπ
Möckel πρός Απ-Αθ
Ἐργάζεται στήν Εὐαγ. Ἀκαδημία τοῦ Βερολίνου καί ζητᾶ ἐπειγόντως τή βοήθειά μου, ἐπειδή ἀπό διάφορους Θεολόγους καί νομικούς Ἀθηνῶν καί Θεσσαλονίκης δέν ἔλαβε ἱκανοποιητική ἀπάντηση. Πρόκειται γιά τίς διατάξεις τοῦ Ἐκκλησιαστικοῦ - Κανονικοῦ Δικαίου, πού ἀφοροῦν στούς μικτούς γάμους ὀρθοδόξων μέ ἑτεροδόξους Χριστιανούς, εἰδικότερα μεταξύ Ὀρθοδόξων καί

Εὐαγγελικῶν (Ἑλλήνων ἐργατῶν στή Γερμανία καί δικῶν τους ἀνθρώπων). Ἔχει ἤδη τίς σχετικές διατάξεις τοῦ Ἀστικοῦ Δικαίου, χρειάζεται τίς ἐκκλησιαστικές.

Μιά αἰσιόδοξη πρόβλεψη!
Περιοδικό ΧΚ62 (1966) 64
«Ἡ Ἀκαδημία Γωνιᾶς
Αἱ ἐργασίαι τῆς Ὀρθοδόξου Ἀκαδημίας Γωνιᾶς προχωροῦν ἤδη κανονικῶς καί ἐλπίζεται ὅτι μέχρι τοῦ προσεχοῦς φθινοπώρου τό ὅλον οἰκοδόμημα θά εἶναι ἕτοιμον».

Στήν ἴδια σελίδα ἐπαινεῖται ἡ «κεράμωσις» τῆς Ι. Μονῆς Γωνιᾶς μέ φροντίδα τοῦ Ἡγουμένου Παρθενίου...

Φωτ. ABB

3-4-1966 ASp
Εἰρηναῖος πρός Roos
Ἀπάντηση στό ἀπό 18/2 γράμμα του. Ἀντί ἀποδείξεων ὑποβάλλεται κατάλογος δαπανῶν πού καλύφθηκαν μέ τά 50.000 μάρκα. Τό μεγαλύτερο ποσό (21.500 DM) ἀναγράφεται ὅτι δαπανήθηκε γιά τήν «Οἰκοδομή τοῦ Ἀγροτικοῦ Τμήματος τῆς Ἀκαδημίας» (Κέντρου Ἀγροτικῆς Ἀναπτύξεως στό Κολυμβάρι). Ἀναγράφεται ἐπίσης ποσό 6.500 DM ὡς δική μου μισθοδοσία.

4-4-1966 ABB
Ἀπ Ἄθ πρός Μ
Χειρόγραφο γράμμα.
Εὐχές γιά τό Πάσχα.
«Εἴμεθα πολύ εὐτυχεῖς βλέποντας τήν Ἀκαδημία μας νά ὑψώνεται σιγά σιγά. Ὁλοκληρώθηκε ἤδη ἡ στέγη τοῦ ἰσογείου τοῦ πρώτου τμήματος. Ἡ θεμελίωση μᾶς πῆρε πολύ χρόνο. Τώρα ὅμως ὅλα μποροῦν νά προχωροῦν πολύ

4-4-1966 ΑΒΒ:
Εἴμεθα πολύ εὐτυχεῖς βλέποντας τήν Ἀκαδημία μας νά ὑψώνεται σιγά σιγά.

γρήγορα. Λογαριάζουμε ὅτι ἡ οἰκοδομή θά εἶναι ἕτοιμη γιά λειτουργία μέχρι τόν Ἰούνιο τοῦ ἑπομένου ἔτους.

18 Ἀπριλίου: Στή Γωνιά καί ἔπειτα στό Καστέλλι ἔγινε σύσκεψη γιά τήν Ἀγροτική μας Σχολή στά Κλαδουριανά Κολυμβαρίου. Μετεῖχαν: Εἰρηναῖος., Εἰρηναῖος Ἀθανασιάδης, P. Dyck, J Weller, V. Klassen, M. Beck, M. Lansdale, A. Bartholomew, Δ/ντής Γεωργίας Ἡλιάκης, Δ/ντής Ἰνστιτούτου Ἐλαίας Ψυλάκης. ΧΚ 63 (1966) 80.

26 Ἀπριλίου 1966: Στό Καστέλλι μίλησε ἡ Basilea, Προϊσταμένη τοῦ νεοσυσταθέντος πρώτου Λουθηρανικοῦ Μοναστηρίου στήν πόλη Darmstadt τῆς Γερμανίας.

Γενική παρατήρηση: Οἱ σελίδες τοῦ περιοδικοῦ ΧΚ μέ τίς μόνιμες στῆλες ΠΑΓΚΟΣΜΙΑ ΧΡΙΣΤΙΑΝΙΚΑ ΝΕΑ καί ΤΟ ΧΡΟΝΙΚΟΝ ΤΗΣ ΜΗΤΡΟΠΟΛΕΩΣ ΜΑΣ δείχνουν τό σταθερό ἐνδιαφέρον γιά μιά οἰκουμενική ματιά, καθώς καί τίς οἰκουμενικές σχέσεις τῆς Μητροπόλεως Κισάμου καί Σελίνου.

9-5-1966 ΑΒΒ
Μ πρός Απ
Εὐχαριστίες γιά τίς πασχάλιες εὐχές μου.
Ἐλπίζει νά προχωροῦν οἱ οἰκοδομικές ἐργασίες. Ἀπορῶ ὅμως γιατί ἀπαιτεῖται τόσο πολύς χρόνος.

Στήν Κορέα πῆραν τά πρῶτα χρήματα πρίν ἀπό 4 ἑβδομάδες. Ἐτοιμάζονται γιά τά ἐγκαίνια τέλος Ὀκτωβρίου. Φαίνεται πώς διαθέτουν ἀπεριόριστο ἀριθμό ἐργατῶν. Ἀνέκυψαν κάποιες δυσκολίες στήν οἰκοδομή σας - γιατί ἀργοπορεῖ τόσο;
Ἐλπίζει νά ἔλθω τοῦ χρόνου γιά τά ἐγκαίνια.

Μάιος 1966
Πάλι σύσκεψη γιά Κέντρον Ἀγρ. Ἀναπτ., παρών καί ὁ P. Dyck.

8. Ἐνημερωτικές Ἐκθέσεις

23-6-1966 ΑΒΒ
Απ πρός EZE
Μέ τήν ἀποδοχή τῶν ὅρων ἔγκρισης τῆς χορηγίας ἔχουμε ἀναλάβει, μεταξύ ἄλλων, τήν ὑποχρέωση νά ἐνημερώνουμε ἀνά τετράμηνο τήν EZE γιά τήν πορεία τῶν ἔργων (§ III.). Ἀνταποκρινόμενος στήν ὑποχρέωση αὐτή, ὑποβάλλω μιά πρώτη Ἔκθεση, ὅπου ἀναφέρω:

« Α. Οἰκοδομικές ἐργασίες:

Οἱ ἐκρήξεις γιά ἐκβραχισμούς καί οἱ λοιπές ἐργασίες ἐπί τοῦ ἐδάφους, πού διήρκεσαν πολύ χρόνο, ὁλοκληρώθηκαν, ὅπως καί ἡ θεμελίωση ὅλων τῶν κτηρίων. {ἡ σύσταση τοῦ ἐδάφους -σκληρή πέτρα- ἐπιβάρυνε τό ἔργο χρονικά καί οἰκονομικά, ἐπέβαλε δέ μετακίνηση τῶν πτερύγων Β καί C κατά 9 μέτρα πρός τή θάλασσα}.

Στό πρῶτο, τό καί μεγαλύτερο κτήριο, ὁλοκληρώθηκαν ἐπίσης οἱ ἐργασίες πού ἔχουν σχέση μέ τό τσιμέντο, δηλ. κολῶνες καί στέγες στό ἰσόγειο καί τόν ὄροφο. Στό ἰσόγειο ἔχουν κτισθεῖ ἐπίσης οἱ ἐξωτερικοί καί οἱ ἐσωτερικοί τοῖχοι καί ἔχει ἀρχίσει ἡ οἰκοδομή τῆς αἴθουσας συνεδριάσεων.

Β. Λοιπά :

Μέ τόν ἐργολάβο ἔχουμε συμφωνήσει ὅτι θά τελειώσει τίς οἰκοδομικές ἐργασίες μέχρι τόν ἑπόμενο Νοέμβριο. Ὕστερα ἀπό δημόσιο διαγωνισμό ἀνατέθηκε σέ ἐπιπλοποιό (στήν πόλη τῶν Χανίων) νά ἑτοιμάσει τά κουφώματα. Μέ τήν ἴδια διαδικασία ἀνατέθηκε σέ μηχανικό τῶν Χανίων ἡ μελέτη καί κοστολόγηση γιά τά ὑδραυλικά, τά ἠλεκτρολογικά καί τήν κεντρική θέρμανση. Καί αὐτή ἡ ἐργασία ὁλοκληρώθηκε. Θά ἐρευνήσουμε τώρα τήν ἑλληνική ἀγορά, προκειμένου νά διαπιστώσουμε ἄν εἶναι συμφερότερο νά ἀγοράσουμε τά σχετικά ὑλικά ἐδῶ ἤ στή Γερμανία. Ὕστερα ἀπό τίς ἀρχικές δυσκολίες ἔχει ὁμαλοποιηθεῖ στό μεταξύ ὁ ρυθμός τῶν ἐργασιῶν. Ἡ συνεργασία μέ τόν ἐργολάβο καί τούς ἄλλους συμπράττοντες εἶναι καλή, ἐνῶ ἡ προμήθεια τῶν ὑλικῶν γίνεται χωρίς ἰδιαίτερες δυσκολίες. Ἐλπίζουμε ὅτι θά μπορέσουμε νά ἐγκαινιάσουμε τήν Ἀκαδημία πρός τό τέλος τῆς ἐπόμενης ἄνοιξης. Φωτογραφίες ἀπό τήν οἰκοδομή θά λάβετε ἀπό τόν κ. Fähnrich».[173]

29-6-1966 ΑΒΒ
Μο πρός Απ
Εὐχαριστεῖ γιά τήν ἄμεση ἀποστολή τῆς κάρτας μέ τήν ὑπογραφή μου. Τό ἴδιο, γράφει, ἔκαμε κι ὁ Εἰρηναῖος, ὁ μικρός. Παραπονεῖται ὅμως γιατί δέν ἔκαμε τό ἴδιο καί ὁ Ἐπίσκοπος Εἰρηναῖος, καίτοι τοῦ ἐστειλαν τό πρός ὑπογραφή κείμενο μεταφρασμένο στά Γαλλικά. «Κρίμα! Ἄν εἶχε γίνει γρήγορα, θά μπορούσαμε νά εἴχαμε προσθέσει τήν ὑπογραφή» - {60ά γενέθλια τοῦ Müller}.

29-6-1966 ΑΒΒ
Μο πρός Sasse, Tübingen
Προωθεῖ Κατάλογο βιβλίων, τόν ὁποῖο τῆς εἶχα στείλει ἀπό τή Θεσσαλονίκη, καί τόν παρακαλεῖ νά φροντίσει νά μοῦ τά στείλει γρήγορα, μαζί μέ τό λογαριασμό.

Ἀναζήτηση συνεργατῶν
29-6-1966 ΑΑπ
Απ (Ἀθήν) πρός Χαμαλίδη
Εἶναι γνωστός μου Θεολόγος καί ἐργάζεται στή Γερμανία ὡς Κοινωνικός Λειτουργός. Γράφω: «Ἀπό τόν π. Στυλιανό Χαρκιανάκη, πού ἦταν σήμερα στό σπίτι μου, πῆρα τή διεύθυνση τοῦ ἱερέως μέσω τοῦ ὁποίου, ὅπως μοῦ εἶπε ὁ π. Στυλιανός, εἶναι δυνατόν νά ἐπικοινωνήσω μαζί σου». Τόν ἐνημερώνω γιά τά τῆς Ἀκαδημίας καί ζητῶ τυχόν ἐκδήλωση ἐνδιαφέροντος γιά συνεργασία.

7-7-1966 ΑΒΒ
Knöbel (EZE) πρός Απ Ἀθ
Εὐχαριστεῖ γιά τό ἀπό 23.6.1966 γράμμα μου καί τήν ἀποστολή τῆς καταστάσεως πληρωμῶν μέχρι 30 Μαΐου 1966. Ἡ κατάσταση εἶναι στά Ἑλληνικά. «Ἀγνοοῦντες τήν ἑλληνικήν γλῶσσαν θά σᾶς ὀφείλαμε πολλή εὐχαριστία, ἐάν μᾶς ὑποβάλλατε αὐτήν τήν κατάσταση καί πάλι σέ γερμανική γλώσσα. Εὐτυχῶς

---

[173] Ὁ H. Fähnrich ἦλθε στήν Ἀκαδημία ὕστερα ἀπό δική μας παράκληση πρός τήν EZE νά μᾶς στείλει ἕναν ἱκανό ἄνθρωπο γιά θέματα ἐπίβλεψης καί γιά τά οἰκονομικά τῆς οἰκοδομῆς. Στήν Ἔκθεσή μου γιά τό ἔτος 1968 γράφω: «Ἡ ἑτοιμασία τῆς οἰκοδομῆς κόστισε σέ ὅλους μας, ἰδιαίτερα στόν Μητροπολίτη μας Εἰρηναῖο, πολύ κόπο καί χρόνο. Στό σημεῖο αὐτό ἐκφράζεται ἐγκάρδια εὐχαριστία στόν Hans Fähnrich, ὁ ὁποῖος, ὡς Ἐργοδηγός ἰδιαίτερα κατά τό τελευταῖο στάδιο τῆς οἰκοδομῆς συντόνισε τίς διάφορες Ἑταιρίες μέ πολλή ἐνεργητικότητα καί γνώση καί ἐπετάχυνε τό ρυθμό τῶν ἐργασιῶν». Alexandros Papaderos, Orthodoxe Akademie von Kreta, Arbeitsbericht 1968, Gonia 1969, 5). Ἡ συμβολή του ὑπῆρξε σημαντική καί κατά τά ἐπόμενα χρόνια, μέχρι καί τήν ὁλοκλήρωση τοῦ τελικοῦ λογαριασμοῦ.

δέν ἔχετε δυσχέρεια νά τό κάμετε». Σημειώνει ὅτι σέ ἔκθεση τοῦ Fähnrich βλέπουν πώς παραγγείλαμε ἤδη φωτοτυπική συσκευή καί ἑπομένως ἡ ὡς ἄνω διαδικασία δέν πρέπει νά εἶναι πιά δύσκολη. Χαιρετίζει τήν πρόοδο τῶν ἐργασιῶν.

Weizsäcker καί ΟΑΚ
29-7-1966 ΑΑπ
C.v.Weizsäcker πρός Απ-Αθήν.

Ὁ Καθηγητής Carl Friedrich von Weizsäcker[174] μοῦ γράφει ἀπό τό Ἁμβοῦργο, στό Πανεπιστήμιο τοῦ ὁποίου διευθύνει τό Φιλοσοφικό Σεμινάριο:

«Φιλίας ἕνεκεν μοῦ στείλατε μιά κάρτα ὅταν ἤμουν στήν Ἀθήνα, μέ τήν ὁποία μοῦ προτείνατε ἐπανάληψη τῆς συνάντησής μας πού εἴχαμε στό Bad Boll. Δυστυχῶς ἤμουν τότε τόσο δεσμευμένος, ὥστε νά μήν μπορῶ τελικά νά ἀξιοποιήσω τήν πρότασή σας. Θά ἤθελα τώρα τουλάχιστον νά σᾶς εὐχαριστήσω γιά τήν πρόταση καί νά παρακαλέσω νά μέ συγχωρήσετε γιά τή σιωπή μου».

Μέ τόν διάσημο αὐτό ἐπιστήμονα εἴχαμε συνεργασία σέ διάφορα οἰκουμενικά θέματα στά πλαίσια τοῦ Π.Σ.Ε., ἰδιαίτερα κατά τήν περίοδο τῆς θητείας τοῦ γαμπροῦ του Καθηγ. Konrad Raiser ὡς Γεν. Γραμματέα τοῦ Συμβουλίου (1992-2003). Ἦταν πρεσβύτερος ἀδελφός τοῦ ἐκ τῶν Προέδρων τῆς Γερμανίας Richard von Weizsäcker, ὁ ὁποῖος ἐπισκέφθηκε μέ τή σύζυγό του τήν Ὀρθόδοξο Ἀκαδημία (25-11-1985) καί ἐξέφρασε τίς εὐχαριστίες τῆς χώρας του γιά τό ἔργο τοῦ Ἰδρύματος ὑπέρ τῆς κ α τ α λ λ α γ ῆ ς μεταξύ τῶν λαῶν μας. Σέ εὐχαριστήρια ἐπιστολή του (3-12-1985) μοῦ ἔγραφε τότε μεταξύ ἄλλων: «Μέ τόν ἐπίσκοπο Κροῦζε ἀντάλλαξα ἀναμνήσεις ἀπό τήν Ἀκαδημία, οἱ ὁποῖες ἔκαμαν καί τούς δύο μας νά σᾶς θυμηθοῦμε μέ εὐγνωμοσύνη» (Διάλ. Καταλλαγῆς 6 (1987) 43). Ὁ Κροῦζε ἦταν τότε Ἐπίσκοπος τοῦ Δυτ. Βερολίνου καί εἶχε ἐπισκεφθεῖ παλαιότερα τήν Ἀκαδημία.

Μέ ἀπόφαση τοῦ Προέδρου Richard von Weizsäcker μοῦ ἀπονεμήθηκε ἀργότερα (1992) τό Παράσημο (Σταυρός) Ἐξαιρέτων Ὑπηρεσιῶν Α΄ Τάξεως τῆς Ὁμοσπονδιακῆς Δημοκρατίας τῆς Γερμανίας. Ἡ σχετική τελετή δέν ἔγινε, ὅπως συμβαίνει κατά κανόνα, στήν Πρεσβεία, ἀλλά στήν Ἀκαδημία, κατ' ἐξαίρεσιν, προφανῶς τιμῆς ἕνεκεν πρός τό Ἵδρυμα, ὅπου ἦλθε πρός τοῦτο ὁ Πρέσβης Leopold Bill von Bredow τό ἀπόγευμα τῆς Πέμπτης, 16 Ἰουλίου 1992.

Ἀποσπάσματα ἀπό τήν προσφώνηση τοῦ Πρέσβεως:

- Ἡ εἴδηση γιά τήν ἀπονομή «ἔφθασε στήν Πρεσβεία μας ἤδη τόν Μάρτιο τοῦ 1992» - δέν ἦταν ὅμως τότε δυνατή ἡ ἄμεση ἐπίσκεψή του στήν Κρήτη.

---

[174] Διάσημος Φυσικός, Φιλόσοφος καί ἀγωνιστής τῆς εἰρήνης (1912-2007).

- «Ο δρόμος της ζωής σας, κ. Παπαδερέ, είναι δρόμος ενός στρατευμένου Χριστιανού και Κρητικού. Ήδη από τα νεανικά σας χρόνια γνωρίσατε τί σημαίνουν βία και καταπίεση, όταν δεκάχρονος ακόμη ριχθήκατε στη φυλακή από τις τότε γερμανικές δυνάμεις κατοχής, επειδή υποστηρίξατε την ελληνική αντίσταση. Όμως αυτό το βίωμα δεν σας εμπόδισε να κάμετε αργότερα στη Γερμανία θεολογικές και κοινωνιολογικές σπουδές. Συγχωρήσατε τους βασανιστές σας».

- Ο δρόμος σας είχε μια προσημείωση: να συναντηθείτε με μια άλλη μεγάλη προσωπικότητα της Κρήτης, τον Σεβ. Μητροπολίτη Κισάμου και Σελίνου κ. Ειρηναίο, ...ο οποίος – ας λεχθεί επ' ευκαιρία – προηγήθηκε υμών με την απονομή προς αυτόν του Ομοσπονδιακού Παρασήμου Εξαιρέτων Υπηρεσιών».

- «Ένα όλως ιδιαιτέρως εξέχον μέρος του έργου σας, αξιότιμε κ. Παπαδερέ, αναφέρεται στη διακονία σας της καταλλαγής με μας τους Γερμανούς...Είδατε και βλέπετε ακόμη ως αποστολή σας την καταλλαγή των άλλοτε εχθρών».

- Το γερμανικό νεκροταφείο (Μάλεμε) «διαμορφώθηκε με την πρωτοβουλία του επισκόπου, που βρήκε και σ' αυτό το έργο την υποστήριξη του ανθρώπου, που παρασημοφορούμε σήμερα σ' αυτή τη θέση».

- «Η χαρά μου είναι μεγάλη που μπορώ να απονείμω στον Δρα Παπαδερό, εξ ονόματος του κ. Προέδρου της Ομοσπονδίας το Παράσημο (Σταυρό) Εξαιρέτων Υπηρεσιών Α΄ Τάξεως της Ομοσπονδιακής Δημοκρατίας της Γερ-

Ό πρόεδρος στήν ΟΑΚ

μανίας. Σας εὔχομαι τήν εὐλογία τοῦ Θεοῦ γιά τήν ὑπόλοιπη ζωή σας καί γιά τή μελλοντική σας ἐργασία». Ὁλόκληρο τό κείμενο τῆς ὁμιλίας τοῦ Πρέσβεως, τήν Προσφώνηση τοῦ Σεβασμ. Μητροπολίτου Κυδωνίας καί Ἀποκορώνου Εἰρηναίου (ὁ Σεβασμ. Μητροποίτης Κισάμου καί Σελίνου Εἰρηναῖος ἀπουσίαζε στίς Βρυξέλλες), τά συγχαρητήρια Γράμματα τῆς Α.Θ.Π. τοῦ Οἰκουμενικοῦ Πατριάρχου Βαρθολομαίου καί τοῦ Πρωθυπουργοῦ Κ. Μητσοτάκη, καθώς καί τό ὑπό ἡμερομηνία 13-2-1992 σχετικό Δίπλωμα βλπ. στό περιοδικό Διάλ. Καταλλαγῆς 26 (1992) 204-208.

Ἡ Ἐκκκλησία τῆς Κρήτης τιμᾶ τόν Müller
Ἡ ἐπίσημη ἐπιστολή σέ μεγάλο σχῆμα καί σφραγίδα τῆς Μητροπόλεως, γραμμένη στά Γερμανικά, ὑπογράφεται ἀπό τόν Εἰρηναῖο καί μένα:

Αὔγ. 1966 ΑΒΒ
ΙΕΡΑ ΜΗΤΡΟΠΟΛΙΣ ΚΙΣΑΜΟΥ ΚΑΙ ΣΕΛΙΝΟΥ
Γωνιά/Κρήτη, Αὔγουστος 1966
Κύριον
D. Dr. Eberhard M ü l l e r
Διευθυντήν τῆς Εὐαγγελικῆς Ἀκαδημίας
Bad Boll
Γερμανίαν
Ἀξιότιμε Δρ. κ. Müller, ἀγαπητέ ἀδελφέ ἐν Χριστῷ!
Εἰς τό Ἰωβηλαῖον καί τήν ἑορτήν σας μετέχομεν ἐν πνεύματι μετά χαρᾶς καί ἀφοσιώσεως. Εὐχαριστοῦμεν μεθ' ὑμῶν τόν Θεόν, ὁ ὁποῖος σᾶς ἐπροίκισε μετά πολλῶν χαρισμάτων, ἀπό τῶν εὐλογημένων καρπῶν τῶν ὁποίων ὠφελήθημεν καί ἡμεῖς γνῶσιν καί δύναμιν. Διότι, καταδείξαντες καί ἐν δυνάμει πράξεως διανοίξαντες ὑμεῖς αὐτός ὄχι ἁπλῶς μίαν μεταξύ πολλῶν, ἀλλ' ἴσως τήν μόνην ἀκόμη δυνατήν ὁδόν διά τό σωτηριῶδες κήρυγμα τοῦ Εὐαγγελίου ἐν τῷ νεωτέρῳ μεταβαλλομένῳ κόσμῳ,[175] ὑπερέβητε τά ὅρια τῆς ἰδίας ὑμῶν Ὁμολογίας καί ἀπέβητε εὐεργέτης τῆς ὅλης τοῦ Θεοῦ Ἐκκλησίας.

Εἰς ἀναγνώρισιν τῶν ἰδιαιτέρων ὑπηρεσιῶν ὑμῶν πρός τήν ἡμετέραν Ἐκκλησίαν καί χώραν, κατόπιν ἡμετέρας προτάσεως, ἡ Ἱερά Σύνοδος τῆς Ἀποστολικῆς Ἐκκλησίας τῆς Κρήτης κατά τήν πρόσφατον συνεδρίαν Αὐτῆς ὁμοφώνως καί εὐφροσύνως ἀπεφάσισεν, ὅπως ἐπιβραβεύσῃ ὑμᾶς διά τοῦ Παρασήμου «τοῦ Ἀποστόλου Τίτου». Μετά πολλῆς χαρᾶς ἠθέλομεν ἀπονείμει προσωπικῶς τό σημεῖον τοῦτο τιμῆς ἐπ' εὐκαιρίᾳ τοῦ Ἰωβηλαίου ὑμῶν,

---

[175] Ἀναφορά στό βιβλίο τοῦ E. Müller, Die Welt ist anders geworden. Vom Weg der Kirche im 20. Jahrhundert, 1953 {Ὁ κόσμος ἄλλαξε. Ὁ δρόμος τῆς Ἐκκλησίας τόν 20ό αἰώνα, 1953).

ἀτυχῶς ὅμως ἐμποδιζόμεθα ἀμφότεροι κατά τοῦτον τόν χρόνον. Ἐλάβομεν ὅμως παρά τῆς Ἱερᾶς Συνόδου τήν ἐξουσιοδότησιν, ὅπως ἀνακοινώσωμεν ὑμῖν ἐπισήμως τήν βράβευσιν ταύτην· ἐπί τῇ ἐλπίδι ὅτι ἀποδέχεσθε τήν ἔνδειξιν ταύτην τῆς πρός ὑμᾶς ὑπολήψεως καί ἀγάπης, ἐπιθυμοῦμεν ὅπως ἀπονεμηθῇ ὑμῖν κατά τά ἐγκαίνια τῆς ἡμετέρας ἐν Γωνιᾷ Ὀρθοδόξου Ἀκαδημίας διά χειρῶν τοῦ Σεβασμιωτάτου Ἀρχιεπισκόπου Κρήτης.

Ἱκετεύοντες νῦν ὅθεν δι' ὅλης καρδίας τόν Θεόν, ἀδελφέ ἠγαπημένε, ὅπως χαρίζηται ὑμᾶς ἐπί ἔτη ὡς πλεῖστα τῇ Ἐκκλησίᾳ αὐτοῦ καί διαφυλάττῃ ἐν ὑγείᾳ, ἀσπαζόμεθα ὑμᾶς ἐν τῇ ἀγάπῃ τοῦ Κυρίου Ἰησοῦ Χριστοῦ καί διατελοῦμεν,
ὑμέτεροι ἐν ἀφοσιώσει

ὑπογραφή/σφραγίς ὑπογραφή

Εἰρηναῖος
Μητροπολίτης Κισάμου καί Σελίνου
Δρ. Ἀλέξανδρος Παπαδερός

25-8-1966 ΑΒΒ
Μ πρός Εἰρηναῖον
«Κατά τόν ἐπίσημο ἑορτασμό τῶν γενεθλίων μου αἰφνιδιάσθηκα ἀπό τήν ἀνάγνωση τῆς ἐπιστολῆς σας, στήν ὁποία μοῦ ἀναγγέλλετε τήν ἀπονομή τοῦ Παρασήμου τοῦ Τίτου ἀπό τήν Ἱερά Σύνοδο τῆς Ὀρθοδόξου Ἐκκλησίας τῆς Κρήτης. Αὐτή ἡ ἀνακοίνωση προκάλεσε μεγάλη χαρά σέ μένα καί σέ ὅλους τούς παρόντες. Ἐπιθυμῶ νά εὐχαριστήσω ἀπό καρδιᾶς ἐσᾶς καί τήν Ἱερά Σύνοδο Κρήτης γι' αὐτήν τήν ἀνακοίνωση. Προγεύομαι ἤδη τή χαρά τῶν ἐγκαινίων τῆς Ἀκαδημίας στήν Κρήτη, κατά τά ὁποῖα πρόκειται νά ἀπονεμηθεῖ σέ μένα ἐπίσημα αὐτό τό παράσημο.

Αὐτή ἡ τιμή εἶναι γιά μένα - ἐκτός ἀπό τήν προσωπική ἀναγνώριση τῶν προσπαθειῶν μου γιά τήν Ὀρθόδοξο Ἀκαδημία στή Γωνιά - ἕνα χαροποιό σημάδι τοῦ δεσμοῦ μέ τήν Ἐκκλησία σας, τίς ἀνάγκες, τίς ἔγνοιες καί τή βαθειά εὐσέβεια τῆς ὁποίας εἶχα τήν εὐκαιρία νά γνωρίσω πρίν ἀπό μερικά χρόνια. Ἰδιαίτερα εἶναι ἕνα σημάδι τοῦ δεσμοῦ μου μαζί σας καί μέ τόν ἀδελφό Παπαδερό καί ἐλπίζω πώς αὐτός ὁ δεσμός θά διατηρηθεῖ ἐπί πολλά χρόνια καί διά τῆς ἐργασίας τῆς Ἀκαδημίας.

Ἡ γυναίκα μου μετέχει στό χαιρετισμό μου. Χαιρετήσατε παρακαλῶ καί τόν Ἀρχιμανδρίτη κ. Εἰρηναῖο καί ὅλους τούς ἐκεῖ φίλους πού μᾶς γνωρίζουν. Θά ἤμουν εὐγνώμων γιά μιά κατά τό δυνατόν πολύ ἔγκαιρη γνωστοποίηση τῆς ἡμερομηνίας τῶν ἐγκαινίων τῆς Ἀκαδημίας».
Κοιν. Απ

19-9-1966 ΑΒΒ
Μ πρός Ihle

Επέστρεψε από δίμηνο ταξίδι σέ διάφορες χῶρες καί βρῆκε γράμμα του ἀπό 22 Ἰουλίου 1966 καί πολύ ὡραῖες φωτογραφίες. «Ἰδιαίτερα μέ ἐνδιέφερε βέβαια τό τμῆμα πού ἀναφέρεται στή Γωνιά. Εἶδα μέ χαρά πώς ἡ ξεροτοιχία ἐκεῖ εἶναι λίγο πολύ ἕτοιμη. Μπορεῖ λοιπόν νά ἐλπίζει κανείς ὅτι θά γίνουν καί τά ἐγκαίνια τήν ἐπόμενη ἄνοιξη».

Ὁ Εἰρηναῖος στή Μόσχα
23-9-1966 ΑΑπ
Εἰρηναῖος πρός Απ

Μοῦ γράφει ἀπό τό Μόναχο: «Θά ἀπορῆς ἀσφαλῶς μέ τή σιωπή μου ἀλλά περίμενα τελικά νά δῶ ἄν θά πάω στή Μόσχα. Ἐπιτέλους -Θεοῦ θέλοντος-φεύγω αὔριο πρωί καί θά μείνω λιγώτερο ἀπό ὅ,τι εἶχα προγραμματίσει (ἐλπίζω τέλος τρέχοντος νά ἔλθω Ἀθήνας).

Τηλεφωνικῶς μίλησα μέ τόν κ. Müller (τόν Νοέμβριον πηγαίνει Κορέαν) καί τόν κ. Dyck. Από ἕνα φίλο σου Ἑβραῖον πού ἐργάζεται ἐδῶ στήν τηλεόραση ἔμαθα ὅτι ὁ Ἀντώνιος (Χίλκμαν) από Mainz εἶναι πολύ ἄρρωστος - ὁ φίλος σου αὐτός μοῦ ζήτησε τή διεύθυσή σου καί τήν ἔδωσα.

Φιλοξενοῦμαι στήν Ἀκαδημία τοῦ κ. Hildmann {Tutzing}, ὁ ὁποῖος σοῦ στέλνει χαιρετισμούς - γιά τήν ὁμιλία σου δέν ξέρει ἀκόμη τί θά κάμει, ἡ Tagung {συνέδριο} εἶναι 2-4 προσεχοῦς Ἰανουαρίου.

.....**Σχέδια καί ἰδέες γεμίζουν τό μυαλό μου. Δέν γνωρίζομε τί ἔχει γράψει ὁ Θεός στήν ἀπέραντη δωρεά τῆς χάριτός του γιά μένα καί γιά σένα καί γιά τή συνεργασία μας. Μποροῦμε μόνο νά εἴμαστε πάντοτε ἕτοιμοι καί ἄξιοι καί προχωροῦμε κάτω ἀπό τό φῶς καί τό κραταιό χέρι Του**». (b-Απ).

7-11-1966 ΑΒΒ
Μο πρός Απ (Ἀθ., Προαιρεσίου, Παγκράτι)

Ὁ κ. Müller ἐπιστρέφει ἀπό τήν Ἀνατ. Ἀσία. Θά χαρεῖ πολύ, ἄν μπορεῖτε νά συναντηθεῖτε στό Ἀεροδρόμιο Ἀθηνῶν, ἀκόμη καλύτερα καί μέ τόν Ἐπίσκοπο Εἰρηναῖο, ἄν συμβεῖ νά βρίσκεται στήν Ἀθήνα. Ἄφιξη: Πέμπτη, 8 Δεκεμβρίου 1966, 6.30. Ἀναχώρηση 9.45. Παρακαλεῖ νά τήν ἐνημερώσω ἄν μπορεῖ νά πραγματοποιηθεῖ αὐτή ἡ συνάντηση, ὥστε νά προωθήσει τήν εἴδηση στόν Müller, Τόκυο.

Στό ΒΒ προβλέπουν νά μετακομίσουν στό νέο κτήριο Γραφείων στή διάρκεια τῶν ἑπομένων 3 μηνῶν.

Ὁ Ν. Νησιώτης προτείνει
11-11-1966 ΑΑπ
Νησιώτης πρός Απ
Ἀναφέρεται σέ συζήτησή μας στοῦ Zonars στήν Ἀθήνα καί μάλιστα σέ 2 ἀπό 4 βασικά θέματα.

1. Ἕνα μικρό συνέδριο, ἐναρκτήριο τῆς Ἀκαδημίας: «Νομίζω ὅτι βρῆκα τήν καλύτερη λύση», γράφει. Προτείνει λοιπόν ἕνα συνέδριο, πού θά εἶναι σημαντικό καί γιά τή μετέπειτα ἐργασία τῆς Ἀκαδημίας, ἀλλά καί σχετικό μέ τήν ἐργασία μου στό Παιδαγωγικό Ἰνστιτοῦτο. Ἡ Division τῆς Ecumenical Action, πού τελεῖ ὑπό τή διεύθυνση τοῦ γνωστοῦ θεολόγου Father Paul Verghese {Ἐκκλησία Malabar τῶν Ἰνδιῶν, ἀργότερα ἦρθε στήν Ἀκαδημία, ἐγώ δέ τόν ἐπισκέφθηκα ὡς Μητροπολίτη στήν ἕδρα του, Νέο Δελχί}, ἁρμόδιου γιά ζητήματα χριστιανικῆς ἐκπαιδεύσεως στή Γεν. Γραμματεία τοῦ Π.Σ.Ε. Περίπου 15 Ἕλληνες «πού ἔχουν κάτι νά ποῦν» καί 10 ξένοι εἰδικοί σέ συνέδριο 3-4 ἡμερῶν «θά ἦταν ὅ,τι πρέπει».

2. Στή Συνέλευση τῆς Κεντρικῆς Ἐπιτροπῆς τοῦ Π.Σ.Ε. πού θά συνέλθει τό καλοκαίρι τοῦ 1967 στό Ἡράκλειο τῆς Κρήτης προτείνεται νά γίνει μιά ὁμιλία γιά τήν Ἱστορία τῆς Ἐκκλησίας τῆς Κρήτης. Ὁ Christopher King, πού ἔρχεται προσεχῶς στήν Ἑλλάδα, θά μεταφέρει σχετική πρότασή του {Νησιώτη} στήν Τοπική Ἐπιτροπή γιά τήν ἔνταξη τῆς ὁμιλίας στό πρόγραμμα, μέ ὁμιλητή ἐμένα. Ἐάν τό προτείνει ἡ Τοπική Ἐπιτροπή, ἡ Γενεύη θά συμφωνήσει.[176]

---

[176] Ἐπιστολή μου (20-5-1967) πρός Γεώργιον Τσέτσην, Γενεύη, τήν ὁποία κοινοποιῶ καί στόν Ν. Νησιώτη, Μποσσαί: Στήν πρόσφατη συνάντησή μας στό ἀεροδρόμιο τοῦ Ἑλληνικοῦ μοῦ εἴπατε ὅτι ὁριστικοποιήσατε μέ τόν Σεβασμ. Κρήτης τά τῆς ὁμιλίας καί ζητήσατε νά στείλω γρήγορα στή Γενεύη τό κείμενο (γιά μετάφραση). Ὁ Σεβασμ. Κρήτης λέγει ὅτι εἶναι ἀπολύτως σύμφωνος, διά τά περαιτέρω ὅμως νά ἀπευθυνθῶ στόν κ. Bell. Ὁ Bell μέ παραπέμπει στή Γενεύη, ὡς μόνη ἁρμόδια γιά τήν ὁριστικοποίηση τοῦ προγράμματος. Τό κείμενο εἶναι σχεδόν ἕτοιμο. Δέν νομίζω ὅμως «ὅτι μοῦ ἐπιτρέπεται νά προβῶ πλέον εἰς ἄλλην ἐνέργειαν, διότι, ἐνῷ ἀποκλειστικός σκοπός μου εἶναι νά ἐνισχύσω κατά τό δυνατόν τήν ἀρτιωτέραν παρουσίαν τῆς Ἐκκλησίας μας, διαισθάνομαι ἤδη ὅτι δέν ἀποκλείεται νά παρεξηγηθοῦν αἱ προθέσεις μου».

Ἡ ὁμιλία δέν ἔγινε. Ἦταν πρόσφατη ἡ ἀπόλυσή μου ἀπό τή χούντα, ἤμουν ἑπομένως persona non grata-ὁ «καιρός» δέν ἦταν «εὐπρόσδεκτος». Κλήθηκα παρά ταῦτα ὡς «παρατηρητής».

«ΑΡΙΘ. Πρωτ 3986 ΔΙΕΚΠ 1956

Ἐν Ἡρακλείῳ τῇ 14 Αὐγούστου 1967
Τῷ Ἐλλογιμωτάτῳ κ. Ἀλεξάνδρῳ Παπαδερῷ

Ἡ Ἱερά Σύνοδος τῆς ἐν Κρήτῃ Ἐκκλησίας παρακαλεῖ δι' ἡμῶν τήν ὑμετέραν ἐλλογιμότητα, ὅπως μετάσχῃ τοῦ Συνεδρίου τῆς Κεντρικῆς Ἐπιτροπῆς τοῦ Παγκοσμίου Συμβουλίου Ἐκκλησιῶν ὡς φιλοξενουμένη τῆς Ἐκκλησίας Κρήτης καί Παρατηρητής ἐν αὐτῷ.

Διάπυρος πρός Θεόν εὐχέτης Ὑμῶν,

Ὁ Κρήτης Εὐγένιος».

Γιά τά δύο ἄλλα θέματα θά μοῦ γράψει ἀργότερα, ἐάν ἔχει καλές ἐξελίξεις.[177]

15-11-1966 ΑΒΒ
Απ πρός Μο
Συνάντηση μέ Μ στήν Ἀθήνα.
Μέ χαρά θά συναντηθῶ στό ἀεροδρόμιο τῆς Ἀθήνας μέ τόν κ. Müller. Ὁ Ἐπίσκοπος Εἰρηναῖος εἶναι αὐτές τίς μέρες στήν Ἀθήνα, τόν ἐνημέρωσα, ἴσως νά μπορέσει νά ἔλθει καί ἐκεῖνος. Ἔχουμε πολλά νά ποῦμε.
Μέ τήν πορεία τῶν ἐργασιῶν στήν Κρήτη εἴμαστε εὐχαριστημένοι. Τά ἐξωτερικά τέλειωσαν. Ἀρχίζουμε τά ἐσωτερικά.
Τόν Φεβρουάριο περιμένουμε τό δεύτερο παιδί μας. Ἔτσι ἐξασφαλίζω τό...γυναικεῖο[178] στρατό μου γιά τή μεγάλη ἐπανάσταση πρός ἀνακαίνιση τῆς Ἐκκλησίας καί τῆς κοινωνίας στήν Κρήτη διά τῆς Ἀκαδημίας!!!

21-11-1966 ΑΒΒ
Μο πρός Απ
Ἀλλαγή ἡμέρας διελεύσης τοῦ Müller ἀπό τήν Ἀθήνα. Μέσω Hongkong θά πάει πρῶτα στό Ναϊρόμπι/Κένυα καί ἀπό ἐκεῖ Ἀθήνα - Στουτγκάρδη. Θά μοῦ τηλεφωνήσει. Ἄν θέλω νά ἐπικοινωνήσω μαζί του, ἡ διεύθυνσή του εἶναι:
D. Dr. Eberhard Müller, c/o Dr. Alfred Schmidt, 12-9, 2-chome. Sanno, Ota-ku, Tokyo/Japan.
Κοιν.: Müller, Τόκυο. Σημειώνει καί τόν ἀριθμό τηλεφώνου μου στήν Ἀθήνα: 715 579.

22-11-1966 ΑΒΒ
Μο πρός Απ
Ἀλλαγή ἡμέρας διελεύσεως Μ. Ὁ ἴδιος ἀσφαλῶς θά μέ ἐνημερώσει γιά τήν ἡμέρα καί ὥρα ἀφίξής του στήν Ἀθήνα.

22-11-1966 ΑΑπ
Εἰρηναῖος πρός Απ
«Σέ μεριμένουμε τό Σάββατο κι ὅταν κατεβῆς σέ παρακαλῶ νά κρατᾶς τά βιβλία πού πῆρες πρό καιροῦ καί μοῦ χρειάζονται διά τό μάθημα τῆς Κοινω-

---

[177] 15-3-1968 ΑΒΒ
Συζήτησή μου μέ τόν Νίκο Νησιώτη, Διευθυντή τοῦ Ἰνστιτούτου Μποσσαΐ (συνεργασία τοῦ Ἰνστιτούτου καί τοῦ Π.Σ.Ε. μέ τήν Ἀκαδημία, ἀνταλλαγή ἀπόψεων γιά δράσεις τῆς Ἀκαδημίας).
[178] Περιμέναμε κορίτσι, ὁ Θεός μᾶς χάρισε τόν Πολυχρόνη (11-2-1967).

νιολογίας[179] πού άρχίσαμε ἤδη στό Σεμινάριο (μεταξύ ἄλλων)
α) Τό κοινωνικόν πρόβλημα καί ὁ Χριστιανισμός
β) Ἱστορία τῆς Κοινωνικῆς Προνοίας
γ) Ἡ οἰκονομική ἀνάπτυξις
δ) Die Kirche in der modernen Gesellschaft {Ἡ Ἐκκλησία στή μοντέρνα κοινωνία}
Μή λησμονῆς τό Γυμναστή Καστελλίου -τόν περιμένουμε καί τόν ὑπεσχέθης».
28-11-1966
Στά Χανιά γίνεται ἡ τελετή ἀποκαλυπτηρίων τῆς προτομῆς τοῦ Κωνσταντίνου Κριάρη, κατά τήν ὁποίαν εἶμαι κύριος ὁμιλητής.[180]

ΚΡΗΤΗ: Ἕνα νησί ἀναβιώνει.

Ὑπό τόν τίτλο αὐτό ἡ Erika Friese, Kreta: Eine Insel lebt auf, DAS DIAKONISCHE WERK 11 (1966) 9, συνοψίζει τή βασική ἐντύπωσή της ἀπό ἐπίσκεψη στήν Κρήτη: Μέ τά ἔργα στή Μητρόπολη Κισάμου καί Σελίνου, μέ τό Κέντρον Ἀγροτικῆς Ἀναπτύξεως (ΚΑΑ) καί τήν Ἀκαδημία ἡ Κρήτη παίρνει καινούρια ζωή!

Ὁ Βιργίλιος ἀπό τό Κάνσας στό ΚΑΑ.

Ψωμί γιά τόν κόσμο

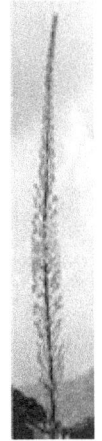

Οἱ πρῶτοι ἐθελοντές. Φωτ. R. Kaufman

---

[179] Δίδασκα τότε Κοινωνιολογία τῆς Ἀγωγῆς στούς μετεκπαιδευόμενους δασκάλους.
[180] Ἀλεξάνδρου Κ. Παπαδεροῦ, Κωνσταντῖνος Κριάρης ὁ Ἀρχηγός τοῦ Σελίνου, Ἀνάτυπον ἐκ τοῦ ἱστορικοῦ-λαογραφικοῦ περιοδικοῦ "Κρητική Ἑστία", Ἀθήνα 1967. Πρβλ. ΧΚ 70 (1966) 176.

Τό Κέντρο Άγροτικῆς Άναπτύξεως

7-12-1966
Κρήτης πρός Εἰρηναῖον
Σέ χειρόγραφη ἐπιστολή ἐνημερώνει τόν Εἰρηναῖο ὅτι γιά ὑπηρεσιακούς λόγους «ἡ μετάβασίς μου εἰς Ἀθήνας καθίσταται ἀνέφικτος πρό τῆς 14ης Δ/βρίου.

Σᾶς πέμπω τήν ἀπόφασιν τῆς Συνόδου, ἵνα καταθέσητε αὐτήν εἰς τό Ὑπουργεῖον καί συνεννοηθῆτε σχετικῶς διά τόν καλύτερον τρόπον τῆς ρυθμίσεως τοῦ ἐκκλησιαστικοῦ θέματος.

Ἀπό τηλεφώνου ὠμίλησα διά τήν ἀποστολήν της {ἀποφάσεως} εἰς τήν κ. Παπαδεροῦ.

Μετά ἀδελφικῶν ἀσπασμῶν
+ Ὁ Κρήτης Εὐγένιος»

Ὁ Εἰρηναῖος μοῦ ἔστειλε στό Ὑπουργεῖο τά σχετικά καί ἔπραξα τά δέοντα.

19-12-1966 ΑΒΒ
Μ πρός Απ
Δέν μπόρεσε τελικά νά βρεῖ κατάλληλη γραμμή γιά στάση στήν Ἀθήνα.

Ἔγνοια γιά τήν πορεία τῆς οἰκοδομῆς, τῶν ἐγκαινίων καί τῶν πρώτων δραστηριοτήτων μας.

Ὁ Ἐπίσκοπος Εἰρηναῖος τοῦ τηλεφώνησε πρό δύο μηνῶν ἀπό τό Μόναχο καθ' ὁδόν πρός Μόσχα. Ὑποσχέθηκε νά ἔλθει ἐδῶ κατά τήν ἐπιστροφή. Δέν τό ἔκαμε. Ἐρωτᾶ ἄν τυχόν πρόκειται νά πάω ἐγώ στή Γερμανία. Ἡ ἐμπειρία στήν Ἀσία δείχνει πώς μέ τήν ὁλοκλήρωση μιᾶς οἰκοδομῆς δέν τελειώνουν τά προβλήματα. Περισσότερα εἶναι αὐτά τῆς σωστῆς ἐνάρξης. Βέβαια, ὁ Ἐπίσκοπος καί σεῖς ἔχετε τήν εὐθύνη. Ὅμως θά ἦταν χρήσιμη μιά διαβούλεση...

22-12-1966 ΑΒΒ
Εἰρηναῖος πρός Μ
Εὐχετήρια κάρτα γιά τά Χριστούγεννα, μέ 6 Κρητικούς βρακοφόρους.

1967

24-1-1967 ΑΒΒ
Μ πρός Εἰρηναῖον
Εὐχαριστίες γιά τίς ἑόρτιες εὐχές.
Ἐκφράζει τή λύπη του, γιατί δέν μπόρεσε νά διέλθει ἀπό τήν Ἀθήνα, ἀλλά καί γιατί ὁ Εἰρηναῖος δέν πέρασε ἀπό τή Γερμανία κατά τήν ἐπιστροφή του ἀπό τή Μόσχα. Προσβλέπει σέ συνάντηση ἐντός τοῦ ἔτους.
Ἀπό τόν κ. Mordhorst πληροφορήθηκε ὅτι ἡ οἰκοδομή τῆς Ἀκαδημίας μας ἔχει προχωρήσει τόσο πολύ, ὥστε νά γίνουν ἴσως τά ἐγκαίνια τόν Μάιο, καί τόν Αὔγουστο τό συνέδριο τοῦ Παγκοσμίου Συμβουλίου Ἐκκλησιῶν στήν Ἀκαδημία {ἐννοεῖ τή Συνέλευση τῆς Κεντρικῆς Ἐπιτροπῆς τοῦ Συμβουλίου, πού ἔγινε τελικά στό Ἡράκλειο, ἀφοῦ δέν ἦταν ἕτοιμη ἡ Ἀκαδημία}. Προτείνει νά κληθεῖ ὁ Ἐπίσκοπος Κούνστ στά ἐγκαίνια, στά ὁποῖα θά ἤθελε νά παρίσταται καί ὁ ἴδιος, ἄν τό θέλουμε. Ζητᾶ ἡμερομηνία ἐγκαινίων!
Ἔχει λυθεῖ τό πρόβλημα τῆς Διεύθυνσης;
Θά ἐπιστρέψει ὁ κ. Παπαδερός;
Πρέπει νά ἀναζητηθεῖ ἄλλο πρόσωπο; Νά τό βοηθήσουμε νά ἐνημερωθεῖ γιά τά ζητήματα μιᾶς Ἀκαδημίας; «Παλιά εἶναι ἡ ἐμπειρία πώς ἡ οἰκοδομή ἑνός τέτοιου σπιτιοῦ δέν εἶναι τόσο δύσκολη, ὅσο τό νά τό γεμίσει κανείς μετά μέ ζωή καί μέ καλά συνέδρια. Γνώμη μου εἶναι πώς πρέπει νά φροντίσει κανείς ἀπό τώρα γι' αὐτό».
Κοινοπ.: Ἀπ., Ἀθήνα.

24-2-1967 ΑΒΒ
Βεβαίωση {ὑπόσχεση} Εἰρηναίου για ΕΙΣΦΟΡΑ ΙΕΡΑΣ ΜΗΤΡΟΠΟΛΕΩΣ ΕΙΣ ΤΑ ΕΡΓΑ ΑΚΑΔΗΜΙΑΣ ΓΩΝΙΑΣ

Α. ΥΔΡΕΥΣΙΣ   δρχμ.
1. Ἀγωγός μήκους 1.300 μέτρων   325.000
2. Δεξαμενή ὄγκου 40 κυβικῶν   120.000
Β. ΟΔΟΠΟΙΙΑ
1. Ὁδός προσπελάσεως ἀπό κεντρική
ὁδό, μῆκος 1 χιλιόμ.   300.000
ΣΥΝΟΛΟΝ   745.000
                            Σφραγίδα-ὑπογραφή
                            Ὁ Κισάμου καί Σελίνου Εἰρηναῖος
ΝΟΜΑΡΧΙΑ ΧΑΝΙΩΝ
Θεωρεῖται καί ἐπιβεβαιοῦται
ὁ ὡς ἄνω λογαριασμός τῆς Ἱ. Μητροπόλεως Κισάμου καί Σελίνου.
Ἐν Χανίοις τῇ.....
Ο ΝΟΜΑΡΧΗΣ {χωρίς ἡμερομηνία, σφραγίδα καί ὑπογραφή}

4-2-1967 ΑΒΒ
Fähnrich πρός Απ
Ἀπό τή Βόννη μοῦ γράφει ὅτι κατά τήν ἐπίσκεψή του στήν οἰκοδομή τόν Ἰανουάριο συνεργάσθηκε μέ τόν Ἐπίσκοπο καί τόν κ. Μαπιακάκη {Μαριακάκη} καί διευκρινίστηκαν ὅλα τά ζητήματα. Ἐλπίζει ὅτι ὁ ἀνάδοχος τῶν ἐργασιῶν γιά ὑδραυλικά καί χώρους ὑγιεινῆς θά μᾶς στείλει τό ἀναμενόμενο ἀποτέλεσμα. Κατά τή διάρκεια τῆς παραμονῆς του μπόρεσε νά ἑτοιμάσει μέ τόν Ἐπίσκοπο τόν ἀπολογισμό τοῦ {παρελθόντος} ἔτους, τόν ὁποῖο ἔστειλε στή Βόννη τήν 1.2.1967.

Ζητᾶ νά στείλω ἀμέσως στή Βόννη τόν ἀπολογισμό τοῦ Σεπτεμβρίου ὅσον ἀφορᾶ στή δική μας {Μητροπόλεως} εἰσφορά.

Στή Βόννη εἶναι εὐχαριστημένοι μέ τήν πρόοδο τῶν ἐργασιῶν, καθυστερήσεις ὅμως δέν πρέπει νά γίνουν στό ἐξῆς. Ὁ Διευθυντής {τῆς ΕΖΕ) κ. Mordhorst ἐπιθυμεῖ νά ὁρισθεῖ ὡς προθεσμία ὁλοκλήρωσης {τῆς Ἀκαδημίας} ἡ 15η Ἰουλίου 1967. Παρακαλεῖ νά συγκεντρώσω τήν προσοχή μου στήν τήρηση αὐτῆς τῆς προθεσμίας. Ἐπισυνάπτει μιά γραπτή βεβαίωση ἀπό τόν ἐργολάβο Μ. {Μουντοκαλάκη - ἐννοεῖ, νά ὑπογράψει ὁ Μουντοκαλάκης τή βεβαίωση}. Ζητᾶ ἀκόμη μιά βεβαίωση τοῦ Μητροπολίτη ὅτι ἔχει καταβληθεῖ ἕνα μέρος τῆς εἰσφορᾶς τῆς Μητροπόλεως - καθώς τοῦτο ἀποτελεῖ βασικό στοιχεῖο τῆς σύμβασης μεταξύ Βόννης καί φορέα τοῦ ἔργου {Ἐπιτροπή Ἱδρύσεως..., ἀλλά γιά τήν εἰσφορά ἔχει δεσμευθεῖ ἡ Μητρόπολις}. Ἡ Βόννη ἐπιθυμεῖ ἐπίσης νά συνεννοηθῶ ἐγώ μέ τόν Διευθυντή Mordhorst γιά τό θέμα τῆς ἀπασχόλησής μου κατά τά ἐπόμενα χρόνια στήν Ἀκαδημία {ἀνησυχοῦν μήπως δέν ὑπάρξει

Διευθυντής...}. Ἡ ἐπόμενη ἐπίσκεψή του {Fähnrich} στό ἐργοτάξιο {Ἀκαδημία} θά γίνει ἀπό 3 μέχρι περίπου 11 Μαρτίου - μιά συνάντησή μας εἶναι ἐπιθυμητή.
Κοιν.: Βόννη
Μητροπολίτη
{Ἡ Βόννη γίνεται ὁλοένα καί πιό πιεστική, ὅμως στό δυσάρεστο αὐτό ἔργο δέν δίδουν ἀκόμη ἐπισημότητα, δέν γράφει ὁ Δ/ντής...}.

24-2-1967 ΑΒΒ
Εἰρηναῖος πρός Μ, Γερμ.
Εὐχαριστεῖ γιά τό τελευταῖο του γράμμα.
Τά ἐγκαίνια τῆς Ἀκαδημίας δέν εἶναι δυνατόν νά γίνουν πρίν ἀπό τόν Νοέμβριο τρ. ἔ. Ἡ οἰκοδομή θά εἶναι ἕτοιμη τόν Ἰούλιο, χρειαζόμαστε ὅμως χρόνο γιά τήν ἐπίπλωση καί γιά μικροεργασίες. Ἐξ ἄλλου, τά ἐγκαίνια εἶναι μιά πολύ σοβαρή ὑπόθεση. Δέν θέλουμε νά ρισκάρουμε μιά ἡμερομηνία πού δέν θά μπορέσουμε νά τηρήσουμε. Σημειῶστε ὅμως τήν περίοδο μεταξύ 1 καί 20 Νοεμβρίου. Ἡ ὁριστικοποίηση τῆς ἡμερομηνίας δέν θά γίνει μονομερῶς ἀπό μᾶς, ἀλλά σέ συνεννόηση μαζί σας {καί μέ πολλούς ἄλλους, βέβαια}. Ἀκολουθεῖ σειρά ὀνομάτων, πού θά θέλαμε νά ἔλθουν ἀπό τή Γερμανία: Ἐκτός ἀπό τούς φίλους στό ΒΒ: Ὁ Πρόεδρος τῆς Ἐκκλησίας τοῦ Παλατινάτου, ὁ Mordhorst, κάποιος ἀπό τήν Innere Mission, ὁ Peter Dyck τῆς Mennonite Central Committee, Frankfurt «ἐπειδή οἱ Μεννονίτες δημιούργησαν τή φάρμα τῆς Ἀκαδημίας» {Κέντρον Ἀγροτικῆς Ἀναπτύξεως στό Κολυμπάρι}, καί φυσικά ὁ Ἐπίσκοπος Kunst. Παρακαλεῖ τόν Müller νά ἐπικοινωνήσει μέ τούς ἀνωτέρω καί ὅποιους ἄλλους κρίνει ἐκεῖνος πῶς πρέπει νά κληθοῦν καί νά συντονίσει τά τῶν ἡμερομηνιῶν...
«Ὡς πρός τή δεύτερη ἐρώτηση, δηλαδή ποιός θά ἀναλάβει τή Διεύθυνση τῆς Ἀκαδημίας: Ὕστερα ἀπό συζήτηση μέ τόν Δρα κ. Παπαδερό μπορῶ νά σᾶς βεβαιώσω ὅτι θά διατηρήσει αὐτός ὁ ἴδιος τήν εὐθύνη γιά τήν Ἀκαδημία. Ἐξόχως ἐπιθυμητό θά ἦταν φυσικά, ἄν θά μποροῦσε ὁ κ. Παπαδερός νά τό κάνει χωρίς νά ἐγκαταλείψει τήν ὑψηλή θέση πού κατέχει τώρα {Παιδαγωγικό Ἰνστιτοῦτο}, ἐπειδή ἀπό τή θέση αὐτή θά μποροῦσε νά μᾶς βοηθᾶ πολύ. Πάντως ἀποφασίσαμε νά ἔλθει ὁ κ. Παπαδερός σέ σᾶς τό Πάσχα (δηλ. περίπου τέλη Ἀπριλίου) γιά ὁριστική συζήτηση τόσο τοῦ θέματος αὐτοῦ μαζί σας ὅσο καί ἄλλων ζητημάτων, πού ἀφοροῦν τό καλό ξεκίνημα τῆς Ἀκαδημίας». Ἐρωτᾶ ἄν θά εἶναι τότε εὔκαιρος. Ὑποθέτει ἀκόμη ὅτι καί ὁ Διευθυντής Mordhorst θά εἶχε ἐνδιαφέρον γιά μιά συζήτηση. Ἡ περίοδος τοῦ Πάσχα εἶναι, γιά ὑπηρεσιακούς λόγους, σχεδόν ἡ μόνη δυνατή, «ἐκτός καί ἄν θά ἔχουμε τήν ἴδια περίοδο ἐκλογές».

1-3-1967 ΑΒΒ
Μ πρός Εἰρηναῖον
Ἀναφέρεται στά ἐγκαίνια τῆς Ἀκαδημίας τοῦ Κυότο, ὅπου θά παραστεῖ. Ἔτσι τοῦ ταιριάζει πολύ νά ἔλθει στήν Κρήτη κατά τήν ἐπιστροφή, τόν Νοέμβριο, γιά τά ἐγκαίνια τῆς δικῆς μας Ἀκαδημίας. Θά συνεννοηθεῖ μέ τόν Κούνστ.

Ἰδιαίτερα χαίρεται γιά τήν προβλεπόμενη ἐπίσκεψή μου κατά τό Πάσχα, περί τά τέλη Ἀπριλίου. Πάσχα ὅμως εἶναι τέλη Μαρτίου {τά συνήθη μπλεξίματα μέ τό πότε ἔχουμε Πάσχα ἐμεῖς, πότε οἱ Δυτικοί...}. Ἐκεῖνος θά εἶναι στό Βερολίνο γιά τή Σύνοδο τῆς Εὐαγγελικῆς Ἐκκλησίας τῆς Γερμανίας μεταξύ 30 Μαρτίου καί 7 Ἀπριλίου. Θά προτιμοῦσε νά πάω γύρω στίς 26 Μαρτίου. Τότε θά ἐνημερωθεῖ γιά πολλά καί μποροῦμε νά βροῦμε καί κοινά ταιριαστή ἡμερομηνία γιά τά ἐγκαίνια στήν Κρήτη.

Κοιν.: Απ

14-3-1967 ΑΒΒ
Μ πρός Kunst
Τόν Νοέμβριο πρόκειται νά γίνουν τά ἐγκαίνια τῆς Ἀκαδημίας στήν Κρήτη. Ὁ Ἐπίσκοπος Εἰρηναῖος ἄφησε σέ μένα τήν ἐπιλογή τῆς ἡμερομηνίας. Θά χαρεῖ πολύ, ἄν συμμετάσχετε. Στήν περίπτωση αὐτή θά λάβετε ἐπίσημη πρόσκληση. Σέ μένα θά ταίριαζε μιά ἡμερομηνία γύρω στίς 10 Νοεμβρίου τρ. ἔ.

Μέλη τῆς αὐτῆς πίστεως
Εἶχα γράψει στόν Παναγιώτατο Οἰκουμενικό Πατριάρχη (δέν βρέθηκε ἡ ἐπιστολή).
4-4-1967 ΑΑπ
Πατρ. Ἀθηναγόρας πρός Απ

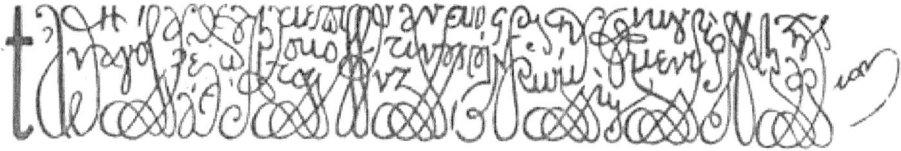

«Τῷ Ἐλλογίμῳ κ. Ἀλεξάνδρῳ Παπαδερῷ, Θεολόγῳ, Παρέδρῳ τοῦ Παιδαγωγικοῦ Ἰνστιτούτου, τέκνῳ ἡμῶν ἐν Κυρίῳ ἀγαπητῷ, χάριν καί εἰρήνην παρά Θεοῦ.
Εἰς Ἀθήνας.

Ὡς διατελοῦμεν ἐν πολλῇ νοερᾷ ἐπικοινωνίᾳ μετά τῆς ὑμετέρας ἀγαπητῆς Ἐλλογιμότητος, μεγάλως ἐχάρημεν κομισάμενοι τήν ἀπό κη' Μαρτίου ἐ.ἔ. ἐπιστολήν αὐτῆς καί δεξάμενοι πατρικῶς τήν Εὐγενεστάτην κ. Ἐρίκαν Γούλφ.

Εἰς ἀπάντησιν προαγόμενοι εὐχαριστοῦμεν διά τήν ἐπιστολήν ταύτην πλήρη εὐλαβῶν αἰσθημάτων καί ἐκδηλώσεων πλουσίας καρδίας καί εὐγενῶν σκέψεων καί ἰδιαιτέρως διά τήν ὑψηλήν ἀντίληψιν ἐπί τῆς ἑνότητος τῶν Ἁγίων τοῦ Χριστοῦ Ἐκκλησιῶν, ἐντός τῆς ὁποίας σύμπας ὁ Χριστιανικός κόσμος διεβίου κατά τούς πρώτους δέκα αἰῶνας, καί τήν συνάντησιν ἐντός τοῦ Ἁγίου Ποτηρίου τοῦ Χριστοῦ.

Τά τελευταῖα μεγάλα Ἐκκλησιαστικά γεγονότα ἀποτελοῦσι κλεῖδας διά τήν ἀναζήτησιν τῆς ἀποκαταστάσεως τῆς Χριστιανικῆς ἑνότητος. Δημιουργοῦσι δυνατότητας πρακτικῶς ἀνεξαντλήτους. Χαράττουσι κατά Προφητικόν τρόπον τόν δρόμον, τόν ὁποῖον Ἀνατολή καί Δύσις ὀφείλουσι νά ἀκολουθήσωσι διά νά ἀνταποκριθῶσιν εἰς τήν ἔκκλησιν τοῦ Κυρίου, ὅπως ἐπιστρέψωσιν εἰς τήν κοινήν πίστιν καί συνείδησιν, ὅτι εἴμεθα μέλη τῆς αὐτῆς πίστεως καί ὀπαδοί τοῦ αὐτοῦ Χριστοῦ.

Πρός τήν κατεύθυνσιν ταύτην, ἡ ἀγάπη τοῦ Χριστοῦ ἐπέπεσεν ἐπί τῶν τέκνων αὐτοῦ φωτίζουσα τάς διανοίας καί θερμαίνουσα τάς καρδίας αὐτῶν. Ἡ Οἰκουμενική Κίνησις προχωρεῖ καί οὐδέν δύναται ἀναστεῖλαι αὐτήν.

Ἐξ ἄλλου, διερχόμεθα ἡμέρας μεγάλας καί πᾶς Ὀρθόδοξος Χριστιανός, καί δή Θεολόγος, θεματοφύλαξ τῶν χαρισμάτων τοῦ Ἁγίου Πνεύματος, βοηθεῖ τήν Ἐκκλησίαν Αὐτοῦ, ἥτις σήμερον ἀκούει τήν ἄνωθεν φωνήν ζητοῦσαν τάξιν Προφητῶν, καί οὐ μόνον προβλεπόντων καί προλεγόντων τά μέλλοντα γενέσθαι ἀσφαλῶς, ἀλλά καί θαρραλέως προετοιμαζόντων τήν ἔλευσιν αὐτῶν, ἐν χρόνῳ, κατά τήν εὐδοκίαν τοῦ Κυρίου.

Διά τοῦτο θεωροῦμεν τάς ἐπικοινωνίας ταύτας καί τάς ἐπιστολάς ὡς προ-αγγέλους τῆς ἐρχομένης μεγάλης ταύτης ἡμέρας καί ὑμᾶς πολύτιμον συνεργάτην εἰς τήν προσπάθειαν τῆς διαδόσεως τῆς κοινῆς πίστεως τῶν Χριστιανῶν.

Δίδομεν μεγάλην σημασίαν εἰς τάς προσευχάς ὑμῶν καί ἐκφράζομεν τήν ἐπιθυμίαν νά μανθάνωμεν παρ' ὑμῶν ἀπό καιροῦ εἰς καιρόν.

Καί ἐπί τούτοις, ἀπονέμοντες τῇ ὑμετέρᾳ προσφιλεῖ Ἐλλογιμότητι τάς πατρικάς ἡμῶν εὐχάς, ἐπικαλούμεθα ἐπ' αὐτήν καί τούς ἀγαπητούς οἰκείους αὐτῆς τήν ἄνωθεν εὐλογίαν.

{χειρογράφως} Καί καλόν Ἅγιον Πάσχα

αϡεζ´ Ἀπριλίου δ´.

Μετά πολλῆς ἀγάπης διάπυρος πρός Θεόν εὐχέτης».

28-4-1967 ΑΒΒ
Απ πρός Μ
Ἐνημερώνοντας τόν Müller ὅτι, ἀναγκαζόμενος νά ἀναβάλω τό γιά τήν περίοδο αὐτή τοῦ ἑλληνικοῦ Πάσχα προγραμματισμένο ταξίδι μου στή Γερμανία, γράφω τουλάχιστον αὐτήν τήν ἐπιστολή καί ὅτι τό πράττω συνειδητά σήμερα {Μ. Παρασκευή, ὑπαινιγμός γιά τήν 21η Ἀπριλίου...}.

Ἡ οἰκογένειά μας μεγάλωσε. Ἀποκτήσαμε γιό.

Εὐρισκόμεθα ἐνώπιον νέων ἐξελίξεων, πού ἀσφαλῶς προβληματίζουν καί σᾶς. «Φυσικά, πέραν τῶν ἀναπάντητων εἰσέτι, προκύπτουν ἤδη νέα ἐρωτήματα ὅσον ἀφορᾶ στήν ἐργασία μας. Ἀπό αὐτά τά ἐρωτήματα παρακαλῶ νά γνωρίζετε τό ἕνα πού ἔχει ἀπαντηθεῖ ὁριστικά καί μέ σαφήνεια: **Θά ἀναλάβω τήν ἀποστολή στήν Ἀκαδημία, ὅπως ἔχει ἐξ ἀρχῆς προβλεφθεῖ**». (b-Απ).

Γιά μιά ἐπίσκεψη στό ΒΒ δέν μπορῶ νά πῶ τίποτε ἀκόμη. Ἴσως λάβω κάποια πρόσκλησή σας γιά ὁμιλία ἐπί θεολογικοῦ τινος θέματος. Ὁ Ἐπίσκοπος Εἰρηναῖος εἶναι καλά. «Μέ χαρά μπορῶ στό μεταξύ νά σᾶς πῶ ὅτι ὁ Μητροπολίτης {Χαλκηδόνος} Μελίτων ἀπό τήν Κωνσταντινούπολη, πού ἦταν ἐδῶ πρίν μιά βδομάδα ὡς ἐκπρόσωπος τοῦ Οἰκουμενικοῦ Πατριάρχου, χαιρέτησε μέ ἰδιαίτερο ἐνδιαφέρον τά περί Ἀκαδημίας σχέδια καί μοῦ ὑποσχέθηκε τήν πλήρη ὑποστήριξη τοῦ Πατριαρχείου.[181]

Θά ἔλθετε μήπως στήν Κρήτη τόν Αὔγουστο γιά τήν οἰκουμενική Συνέλευση; {Κεντρική Ἐπιτροπή τοῦ Παγκοσμίου Συμβουλίου Ἐκκλησιῶν στό Ἡράκλειο}. Πρόκειται νά κάμω μιά ὁμιλία ἐκεῖ».

2-5-1967 ΑΑπ
Τό ΕΘΝΟΣ τῶν Ἀθηνῶν (σελ. 6) δημοσιεύει ἀνταπόκριση ἀπό τά Χανιά, σύμφωνα μέ τήν ὁποία προχωροῦν «μέ γοργόν ρυθμόν αἱ ἐργασίαι ἀνεγέρσεως κτηρίου εἰς Κολυμβάρι Κισάμου διά τήν στέγασιν τῆς "Ὀρθοδόξου Ἀκαδημίας Γωνιᾶς"... Ἡ ΙΔΕΑ τῆς ἱδρύσεως ...ἀνήκει εἰς τόν Μητροπολίτην Κισάμου καί Σελίνου Εἰρηναῖον. Τά ἐγκαίνια ὑπολογίζεται νά γίνουν τόν προσεχῆ Αὔγουστον», εἰς τά πλαίσια τῆς συνεδρίας τῆς Κεντρικῆς Ἐπιτροπῆς τοῦ Π.Σ.Ε. στό Ἡράκλειο.

---

[181] Εἶχα πρόσκληση νά ὁμιλήσω στή Σχολή Ἐθνικῆς Ἀμύνης {Διοικητής ὁ Ἀντιναύαρχος Χ. Φούφας} τήν Παρασκευή, 21η Ἀπριλίου. Ὅταν τό ἀνέφερα στόν Ὑπουργό Παιδείας Γρηγόριο Κασιμάτη, εἶπε: *Θά πᾶμε μαζί!* Δέν πήγαμε βέβαια. Εἶχα συνεννοηθεῖ μέ τόν Σεβασμ. Χαλκηδόνος Μελίτωνα νά τόν ἐπισκεφθῶ πρωί στό ξενοδοχεῖο τῆς Μεγ. Βρετανίας. Παρά τήν ἀπαγόρευση τῆς κυκλοφορίας, ἀγνόησα τόν κίνδυνο. Μέ σταμάτησε ἕνας ἀστυνομικός. Πρόσεξα ὅτι εἶχε στή ζώνη μόνο τή θήκη-τοῦ εἶχαν ἀφαιρέσει προφανῶς τό περίστροφο! Στή διαταγή του νά ἐπιστρέψω ἀμέσως στό σπίτι μου ἐξήγησα τό λόγο τῆς μετάβασής μου στό ξενοδοχεῖο. Μέ συνόδευσε στό κοντινό στρατιωτικό φυλάκιο. Ἐξήγησα πάλι. Μέ διαδοχικές συνοδεῖες στρατιωτικῶν ἔφθασα στό ξενοδοχεῖο, συζήτησα μέ τόν Σεβασμιώτατο κυρίως τά τῆς Ἀκαδημίας ὑπό τίς νέες πολιτικές συνθῆκες καί, μέ τήν ἴδια διαδικασία, ἐπέστρεψα στό σπίτι.

Ἡ ἐσφαλμένη αὐτή πληροφόρηση ἀναμεταδόθηκε καί ἀπό τό Πρακτορεῖο epd, 12-5-1967 ABB:

«Ἕνα νέο οἰκουμενικό Κέντρο Μελετῶν, ἡ "Ὀρθόδοξος Ἀκαδημία Γωνιά", πρόκειται νά ἐγκαινιασθεῖ τόν Αὔγουστο κατά τή διάρκεια τῆς ἐτήσιας Συνέλευσης τῆς Κεντρικῆς Ἐπιτροπῆς τοῦ Οἰκουμενικοῦ Συμβουλίου Ἐκκλησιῶν στήν Κρήτη. Ἡ Ἀκαδημία οἰκοδομήθηκε σέ συνεννόηση μέ τό Οἰκουμενικό Πατριαρχεῖο Κωνσταντινουπόλεως, στό ὁποῖο ὑπάγονται εὐθέως οἱ ὀρθόδοξες Ἐκκλησίες τῆς νήσου» (epd Nr. 108, 12 Mai 1967, σελ. 3). Προφανῶς ὁ συντάκτης βασίσθηκε στό ἀνωτέρω δημοσίευμα τῆς ἐφημερίδας ΕΘΝΟΣ.

12-5-1967 ABB
Μ πρός Απ Ἀθ
Ἀπαντᾶ στήν ἀπό 28.4.1967 ἐπιστολή μου καί ἐκφράζει τή λύπη του γιά τήν ἀναβολή τοῦ ταξιδίου μου.

Διατυπώνει, ὡς ἐπείγουσα παράκληση, τήν πρόσκληση νά συμμετάσχω στίς 3 Ἰουνίου 1967 σέ μιά σύναξη στό ΒΒ μέ θέμα: «*Ἐκπαίδευση σέ μιά πίστη - σέ ποιάν Ὁμολογία;*» -ἐκπαιδευτικά καί ἄλλα συναφῆ προβλήματα μικτῶν γάμων, στούς ὁποίους προστίθενται ἤδη καί μικτοί γάμοι μεταξύ Ὀρθοδόξων καί ἑτεροδόξων Χριστιανῶν, λόγω τῆς μεταναστεύσεως.

Ἡ συμμετοχή μου, γράφει, θά δώσει τήν εὐκαιρία νά συζητήσουμε καί προβλήματα παροχῆς βοήθειας ἀναπτύξεως γιά ἑλληνικά προγράμματα, πού ἀκριβῶς τώρα πρέπει νά στηριχθοῦν περισσότερο.

Τέλος, ἐρωτᾶ ἄν θά μποροῦσε νά περάσει στήν Κρήτη 2 ἤ 3 μῆνες ὁ γιός του Bernhard. Ἀπό τόν Ὀκτώβριο ἀρχίζει σπουδές Θεολογίας. Πρέπει νά μάθει ἀρχαῖα ἑλληνικά. Προηγουμένως ὅμως θέλει νά μάθει νέα Ἑλληνικά. Θά μποροῦσε νά βοηθήσει στίς ἐργασίες τῆς Ἀκαδημίας ἤ νά ἐργασθεῖ ὡς ὁδηγός τοῦ Ἐπισκόπου.

Εὐχές γιά τή γέννηση τοῦ γιοῦ μας.

Μεγάλη ἡ προσδοκία τοῦ Πατριάρχη
15-5-1967 ΑΑπ
Εἰρηνουπόλεως Συμεών πρός Απ (Χειρόγραφη ἐπιστολή)
....

«Ἤδη ἔρχομαι εἰς τό ζήτημα τῆς μελετωμένης ἐλεύσεώς Σου ἐνταῦθα πρός ὑποβολήν τῇ Ἐκκλησίᾳ τοῦ προγράμματος τῆς ὑπό ἀνέγερσιν ἐν Κρήτῃ Ἀκαδημίας ἐκκλησιαστικῶν καί κοινωνικῶν σπουδῶν. Ἐπεκοινώνησα σχετικῶς μετά τοῦ Πατριάρχου, ὁ Ὁποῖος ἐχάρη ἐπί τῷ ἀκούσματι ὅτι πρόκειται ν' ἀναλάβῃς τήν διεύθυνσιν τῆς Ἀκαδημίας, ἐντέλλεται δέ ὅπως ἔλθῃς ἐνταῦθα τό ταχύτερον δυνατόν πρός συζήτησιν ἐφ' ὅλων τῶν σχετικῶν καί λῆψιν τῶν προσηκουσῶν ἀποφάσεων. Ἡ Παναγιότης Του ἀποδίδει μεγάλην σημασίαν εἰς τό ζήτημα τῆς ἱδρύσεως τῆς Ἀκαδημίας καί πολλάς προσδοκίας στηρίζει ἐπ' αὐτήν.[182] Γράψε λοιπόν, ἄνευ χρονοτριβῆς, εἰς τόν Πατριάρχην σχετικῶς πρός τά μετ' ἐμοῦ ἐν προκειμένῳ ἀνταλλαγέντα, σημειῶν ἄμα ἡμέραν καί μέσον ἀφίξεώς Σου ἐνταῦθα. Ἀφ' ἑτέρου δέ ἐνημερώνεις καί ἐμέ διά τά περαιτέρω».

2-6-1967 ΑΒΒ
Απ - Ἀθ πρός Εὐαγ. Ἀκαδημία ΒΒ Τηλεγράφημα
"Ερχομαι Lufthansaflug 006 Stuttgart-Flughafen 3 Ἰουνίου 12.40.

ΠΑΠΑΔΕΡΟΣ

2-6-1967 ΑΒΒ
Γραμματεία Μ - Ὑπηρεσιακό σημείωμα
Ὁ Δρ. κ. Παπαδερός θά συμμετάσχει στό ἀπό 2 μέχρι 4.6.67 συνέδριο. Ἔρχεται στό ἀεροδρόμιο στίς 3.6.67, στίς 12.40. Ἡμέρα ἀναχώρησης ἄγνωστη.
Δίδονται πρακτικές ὁδηγίες.

5-6-67 ΑΒΒ
Γραμματεία Μ - Ὑπηρεσιακό σημείωμα
Τά ἔξοδα γιά τά τηλεφωνήματα πού ἔκαμε ὁ Δρ. κ. Παπαδερός κατά τήν ἐπίσκεψή του στό ΒΒ (3-5.6.67) ἀναλαμβάνονται ἀπό τήν Ἀκαδημία ἐντολῇ τοῦ κ. Müller.
{Κατά τήν παραμονή μου στό ΒΒ συζήτησα μέ τόν Μ ἀλλά καί μέ τόν Mordhorst στή Βόννη ὅλα τά ζητήματα, μέ ἔμφαση ἐκεῖνα πού προκύπτουν ὕστερα ἀπό τήν πολιτική ἀλλαγή στήν Ἑλλάδα}.

20-6-1967 ΑΑπ
Fähnrich πρός Εἰρηναῖον
Ὁ H.I. Fähnrich γράφει ἀπό τή Θεσσαλονίκη στόν Εἰρηναῖο {τόν ὀνομάζει «Ἱερώνυμον»! - ἐπηρεασμένος ἴσως ἀπό τά τῶν Ἀθηνῶν}.

---

[182] Ὁ Καθηγητής Βασίλειος Σταυρίδης ἐξαίρει τό γεγονός ὅτι ἐπί πατριαρχίας Ἀθηναγόρα ἔγινε ἡ θεμελίωση ἐκκλησιαστικῶν Ἱδρυμάτων, μεταξύ τῶν ὁποίων καί τῆς Ὀρθοδόξου Ἀκαδημίας Κρήτης. V. Istavridis/H. Krüger, Athenagoras I., Ökumene Lexikon, Verlag Otto Lembeck – Verlag Josef Knecht, Frankfurt am Main 1987, 101-102.

Λέγει ὅτι μίλησε μαζί μου τηλεφωνικῶς στίς 15.6.67 καί ἔμαθε ὅτι εἶχα κάμει τό ταξίδι μου στή Γερμανία, ὅπου συνομίλησα μέ τόν Mordhorst γιά τήν Ἀκαδημία καί τό πρόγραμμα πού θά ἀρχίσουμε μετά τά ἐγκαίνιά της, καί ἀκόμη ὅτι θά ἐπιστρέψω στήν Κρήτη τέλη τοῦ μήνα, «ὥστε ὅλα τά ἄτομα τά ὁποῖα λαμβάνουν μέρος στό κτίσιμο νά μπορέσουν νά συνομιλήσουν» {ἐννοεῖ, μαζί μου}. Ἐκεῖνος θά φθάσει στά Χανιά στίς 27 Ἰουνίου καί θά μιλήσει μέ τόν κ. Παπιακάκη {ἐννοεῖ τόν Ἐμμ. Μαριακάκη}, τόν ὁποῖο παρακαλεῖ νά ἑτοιμάσει τήν ἕκτη Ἔκθεση γιά τά ἔξοδα τῆς Ἀκαδημίας πρός ἀποστολή στή Βόννη.
Κοιν. Δρ. Παπαδερός, Ἀθῆναι
Κύριον Μαπιακάκην {Μαριακάκην}

28-6-1967 ΑΒΒ
Μ πρός Απ
Μέ ἐνημερώνει γιά τήν ἐπίσκεψη τῶν παιδιῶν του στήν Ἑλλάδα.

28-6-1967 ΑΒΒ
Μ πρός Απ Ἀθ
Ἔρχονται 2 γιοί του στήν Ἀθήνα στίς 11 ἤ 12 Ἰουλίου.

7-7-1967 ΑΑρ
Hilck πρός Απ
Ὁ Καθηγητής μου Χίλκμαν στέλνει μιά χειρόγραφη ἐπιστολή του μέ ἐμφανῶς τρεμουλιαστό χέρι γραμμένη, δεῖγμα πῶς ἔχει ἐπιδεινωθεῖ ἡ κατάσταση τῆς ὑγείας του. Παρά ταῦτα δείχνει ἐνδιαφέρον γιά τήν ἐξεύρεση θέσης ἐργασίας γιά τόν γιό ἑνός ἱερέα, ὅπως εἶχα παρακαλέσει. Μέ πληροφορεῖ ἀκόμη ὅτι ὁ Πρέσβης Κύρου ἀπάντησε ἀμέσως στήν ἀπό 29.6.1967 ΑΑπ ἐπιστολή του {ἔγραφε στόν Πρέσβη μας στή Βόννη, μεταξύ ἄλλων: «Πιστεύω ὅτι δέν ὑπερβάλλω λέγοντας ὅτι ἡ ΜΕ-ΤΑΚΕΝΟSIS, κατά τούς δυτικοευρωπαίους πού τή γνώρισαν, ἀποτελεῖ ἕνα ἀπό τά ἔργα-κλειδιά γιά τήν κατανόηση τοῦ κεντρικοῦ πολιτισμικοῦ προβλήματος τῆς νεώτερης Ἑλλάδας». Γι' αὐτό ρωτοῦσε ἄν θά μποροῦσε ἡ Πρεσβεία νά διαθέσει 3.000 μάρκα γιά δεύτερη ἔκδοση τῆς ἐργασίας, μέ τήν ὑποχρέωση τοῦ ἐκδότη νά τά ἐπιστρέψει ἀπό τά ἔσοδα πού θά προκύψουν ἀπό τήν πώληση τοῦ βιβλίου}. Ἀπάντηση: Ἡ Πρεσβεία δέν διαθέτει κονδύλια γιά δαπάνες ὅπως αὐτή πού ζητήθηκε, ἀλλ' ὅτι ἔγραψε σχετικά στήν Ἀθήνα...

7-7-67 ΑΒΒ
Μ πρός Απ Ἀθ
Τηλεγράφημα
Οἱ γιοί του «Bertram καί Bernhard ἔρχονται Τρίτη, 11 Ἰουλίου 14.40 {Σιδη-ροδρ.} Σταθμός».
Μέ πρόσκληση τοῦ Σεβ. Εἰρηναίου τά μέλη συνεδρίου Φυσικῆς, πού ἔγινε τόν Ἰούλιο στά Χανιά (Ἐπαμ. Χαϊδεμενάκης), ἐπισκέφθηκαν τήν Ἀκαδημία καί παρεκάθησαν σέ γεῦμα στή Μονή. Προθυμία μας γιά συνεργασία...
ΧΚ 76 (1967) 112.

Καί πάλι οἱ ἀγορές ἀπό τή Γερμανία
Ἐν ὄψει ἀγορῶν γιά τήν ἐπίπλωση τῆς Ἀκαδημίας καί τήν προμήθεια διαφόρων συσκευῶν καί εἰδῶν ἐξοπλισμοῦ αὐξάνονται οἱ πιέσεις τῆς ΕΖΕ γιά τήν ἀγορά τους ἀπό τή Γερμανία. Εἶναι φανερό ὅτι καί ἡ ΕΖΕ βρίσκεται ὑπό τήν πίεση Ὑπουργείων πού δέχονται μέ τή σειρά τούς αἰτήματα ἑταιριῶν. Ἔχουμε κατανόηση, ὅμως ἡ οἰκονομική στενότητα εἶναι ἀπαγορευτική.

Πιθανῶς στή σθεναρή ἀπόφασή μας οἱ προμήθειες αὐτές νά γίνουν ἀπό τήν Ἑλλάδα, ὀφείλεται τουλάχιστον ἐν μέρει ἡ ἀπροθυμία τῆς Βόννης νά ἱκανοποιήσει αἴτημά μας γιά πρόσθετη χορηγία.

Μέλη τῆς Κεντρικῆς Ἐπιτροπῆς τοῦ Παγκοσμίου Συμβουλίου Ἐκκλησιῶν στήν Ὀρθόδοξο Ἀκαδημία καί στό Καστέλλι
Στίς 26-27 Αὐγούστου 1967 ἐπισκέφθηκαν τή Μητρόπολη Κισάμου καί Σελίνου πολλά ἀπό τά μέλη τῆς Κεντρικῆς Ἐπιτροπῆς τοῦ Π.Σ.Ε., πού εἶχε συνέλθει στό Ἡράκλειο. Ἔφθασαν στόν Ταυρωνίτη τό ἀπόγευμα τῆς 26ης, ὅπου ἔτυχαν ἐνθουσιώδους ὑποδοχῆς ἀπό ἱερεῖς, μέλη τοῦ Γυναικείου Συλλόγου καί ἀνθρώπους τῆς περιοχῆς. Τό ἴδιο καί στό Κολυμπάρι. Ἐπισκέφθηκαν πρῶτα τή Φάρμα (Κέντρον Ἀγροτικῆς Ἀναπτύξεως), ὅπου τούς ἐνημέρωσα γιά τό ἔργο πού ἐπιτελεῖται ἐκεῖ, στά πλαίσια γενικότερου ἀναπτυξιακοῦ προγράμματος τῆς τοπικῆς Ἐκκλησίας.

Στή βεράντα τῆς ὑπό ἀποπεράτωση Ἀκαδημίας πραγματοποιήθηκε στή συνέχεια ἡ πρώτη καί μάλιστα οἰκουμενική συνεδρία. Μιά σύντομη ἐνημέρωση πού τούς ἔκαμα γιά τά τῆς γενέσεως καί τῆς ἀποστολῆς τῆς Ἀκαδημίας προκάλεσε σειρά ἐρωταποκρίσεων. Τή γιά τήν Ἀκαδημία ἱστορική ἐκείνη πρώτη ἐκδήλωση ἔκλεισε μέ ἐμπνευσμένη καί συγκινητική προσλαλιά ὁ Martin Niemöller ἐξ ὀνόματος τοῦ Παγκοσμίου Συμβουλίου, ἕνας ἀπό τούς Προέδρους τοῦ ὁποίου ἦταν τότε. Μετέφραζε ὁ Νίκος Νησιώτης. Ὅλοι οἱ φιλοξενούμενοι, προπαντός οἱ ἡγετικοί ἄνδρες τῆς Οἰκουμένης, μεταξύ τῶν ὁποίων καί ὁ

Franklin C. Fry, ὑποσχέθηκαν πλήρη ὑποστήριξη.[183] Ὡς ἀναμνηστικό διένειμε ἡ σύζυγός μου ἕνα πληροφοριακό κείμενο. Ἀκολούθησε ἐπίσκεψη καί δεῖπνο στήν Ἱ. Μονή Γωνιᾶς, ὅπου τούς δεξιώθηκαν μέ τή συνήθη φιλόξενη προθυμία ὁ Ἡγούμενος καί οἱ ἀδελφοί τῆς Μονῆς.

Τήν ἑπόμενη ἐπισκέφθηκαν τό Καστέλλι. Ὁ Σεβασμιώτατος Εἰρηναῖος, πολλοί ἱερεῖς καί πλῆθος λαοῦ τούς ὑποδέχθηκαν στήν αὐλή τοῦ Ἁγ. Οἰκουμενίου καί τῶν Ἱδρυμάτων, ὅπου ἀκολούθησε ὑπαίθρια Θ. Λειτουργία, προεξάρχοντος τοῦ Σεβασμ. Μητροπολίτου Καλαβρίας Αἰμιλιανοῦ, ὁ ὁποῖος ἐκήρυξε καί τόν θεῖον λόγον. Χαιρετισμό ἀπηύθυναν ἐπίσης ὁ Πρόεδρος τῆς Κεντρικῆς Ἐπιτροπῆς τοῦ Π.Σ.Ε. Franklin C. Fry καί ὁ Μητροπολίτης Leningrad Νικόδημος. Ἀκολούθησε περιήγησή τους στήν Ἔκθεση Λαϊκῆς Τέχνης καί ἕνα ἀπό τά λιτά, πλήν ἀρχοντικά γεύματα πού ἤξερε νά προσφέρει ὁ Σεβασμ. Εἰρηναῖος μέ τούς συνεργάτες του καί τά μέλη τοῦ Συλλόγου Γυναικῶν Καστελλίου.

Τό καλοκαίρι τοῦ 1967 ἐπισκέφθηκε πάλι τή Μητρόπολη Κισάμου καί Σελίνου ὁ Hildmann, Διευθυντής τῆς Εὐαγ. Ἀκαδημίας τοῦ Tutzing.

Πρῶτο γράμμα ἀπό τή Γωνιά
8-9-1967 ΑΒΒ
Απ πρός Μ
Χειρόγραφη ἐπιστολή μου ἀπό τή Γωνιά:

«Μέ χαρά σᾶς στέλνω τό πρῶτο γράμμα μου ἀπό τή Γωνιά. Ἀπελεύθερος ἀπό τήν ὑπηρεσία μου στό Ὑπουργεῖο {εἶχα ἀπολυθεῖ ἀπό τή Χούντα τόν Ἰούλιο} μπορῶ πλέον νά ἀφοσιωθῶ πλήρως στήν ἀποστολή μου στήν Ἀκαδημία. Εἶμαι ἐδῶ ἀπό ἑνός μηνός περίπου καί ἐπιβλέπω ὁ ἴδιος τίς οἰκοδομικές ἐργασίες. Καί ἡ οἰκογένειά μου θά μετοικήσει ἐδῶ μόλις ἑτοιμασθεῖ ἡ κατοικία». Νέα διεύθυνσή μου: Gonia/ Chania-Kreta. Οἱ γιοί του ἐπιστρέφουν καί θά διηγηθοῦν...

Στίς 26-27 Αὐγούστου ὑποδεχθήκαμε ἐδῶ πολλά ἀπό τά μέλη τοῦ συνεδρίου τοῦ Π.Σ.Ε. {τῆς εἰς Ἡράκλειον συνελθούσης Κεντρικῆς Ἐπιτροπῆς αὐτοῦ).

Τούς ἔδειξα πρῶτα τή φάρμα. Ἀργά τό ἀπόγευμα τῆς 26ης Αὐγούστου εἴχαμε στήν Ἀκαδημία - τρόπος τοῦ λέγειν - τήν πρώτη καί μάλιστα οἰκουμενική συνεδρία». Ἀκολουθεῖ σύντομη περιγραφή τῶν γεγονότων. «Ὅλοι οἱ φιλο-

---

[183] Ὑπῆρξε ἔκτοτε στενή συνεργασία τῆς Ὀρθοδόξου Ἀκαδημίας Κρήτης μέ τό Παγκόσμιο Συμβούλιο Ἐκκλησιῶν, τό δέ καλοκαίρι τοῦ 2012 (28 Αὐγούστου μέχρι 5 Σεπτεμβρίου) ἡ Ἀκαδημία φιλοξένησε τήν Κεντρική Ἐπιτροπή τοῦ Π.Σ.Ε. μέ πρόσκληση καί αὐτή τή φορά τοῦ Οἰκουμενικοῦ Πατριαρχείου. Τήν ἔναρξη τῶν ἐργασιῶν τῆς Συνελεύσεως ἐκήρυξε ὁ Παναγιώτατος Οἰκ. Πατριάρχης Βαρθολομαῖος. Βλπ. Α. Κ. Παπαδερός, Η Κεντρική Επιτροπή τοῦ Παγκοσμίου Συμβουλίου Ἐκκλησιῶν στήν Ὀρθόδοξο Ἀκαδημία, Τρίτη, ΙΔΙΩΤΙΚΗ ΟΔΟΣ, 21 Αὐγούστου 2012. Πρβλ. Ἀλεξ. Κ. Παπαδεροῦ, Ὁ Πατριάρχης Βαρθολομαῖος καί ἡ ἀγάπη του γιά τήν Κρήτη, ΠΝΕΥΜΑΤΙΚΗ ΔΙΑΚΟΝΙΑ 4 (2011), τ. 120, 76-79.

ξενούμενοι, προπαντός οἱ ἡγετικοί ἄνδρες τῆς Οἰκουμένης, μεταξύ τῶν ὁποίων καί ὁ Fry,[184] ὑποσχέθηκαν πλήρη ὑποστήριξη. Ὁ Ἀντιπρόεδρος Thimme, πού ἔμεινε μέ τή σύζυγό του ἐδῶ μερικές ἡμέρες, ἔδειξε ἰδιαίτερο ἐνδιαφέρον γιά τήν Ἀκαδημία. Ὁμολόγησε ὅτι ἀρχικά δέν ἦταν ὑπέρ τοῦ σχεδίου μας -Projekt-, ἀφοῦ ὅμως εἶχε ἐδῶ προσωπική ἐμπειρία, πείσθηκε ἐξ ὁλοκλήρου.

Παρ' ὅλ' αὐτά, ὑπάρχουν φυσικά μεγάλες δυσκολίες ἀκόμη ἐξ αἰτίας τῆς σημερινῆς καταστάσεως {ὑπονοεῖται ἡ Χούντα}. Θά ἦταν γι' αὐτό πολύ καλό, ἄν μπορούσατε νά ρυθμίσετε τά πράγματα ἔτσι, ὥστε κατά τήν ἐπιστροφή σας ἀπό τήν Ἰαπωνία νά μείνετε μερικές μέρες μαζί μας. Θά μπορούσατε νά μᾶς βοηθήσετε πολύ στό σχεδιασμό τῶν πρώτων προγραμμάτων. Ὑπολογίζουμε ὅτι μποροῦμε νά ἀρχίσουμε τό ἀργότερο τόν Φεβρουάριο. Δέν θά ἀγοράσουμε τά ἔπιπλα στή Γερμανία, ἐπειδή οἱ τιμές σύν μεταφορά καί τέλη ἐκτελωνισμοῦ εἶναι πολύ ὑψηλές».

Ντόπια σκαλιστά καθίσματα στό σαλόνι καί ἁπλές καρέκλες στήν αἴθουσα συνεδριάσεων. Φωτ. ABB.

18-9-1967 ABB
Μ πρός Απ

Ἐκφράζει τή χαρά του γιά τήν ἐπίσκεψη στήν Ἀκαδημία τῶν ἐκπροσώπων τοῦ Π.Σ.Ε. - ἐλπίζει νά ἔχει καρποφόρες συνέπειες αὐτή ἡ ἐπίσκεψη. Θά λείψει ἐπί πολύ στήν Ἀσία καί δέν θά μπορέσει νά συναντηθοῦμε στήν Ἀθήνα κατά τήν ἐπιστροφή του ἤ νά ἔλθει στήν Κρήτη αὐτό τό φθινόπωρο, προκειμένου νά συζητήσουμε θέματα σχετικά μέ τό πρόγραμμα τῆς Ἀκαδημίας. Βρίσκει ὡραῖες τίς φωτογραφίες πού τοῦ ἔστειλα. Τό οἴκημα {τῆς Ἀκαδημίας} προσαρμόζεται πολύ ὄμορφα μέ τό τοπίο. Συγχαρητήρια! Ἐλπίζει νά μήν ἀποδειχθεῖ πώς εἶναι πολύ μεγάλο τό οἰκοδόμημα, γιατί αὐτό θά σήμαινε καί πολλές δαπάνες λειτουργίας {τόν βασανίζουν ἀκόμη αὐτές οἱ δαπάνες}.

---

[184] Fry, Franklin Clark (1900-1968), Πρόεδρος τῆς Λουθηρανικῆς Ἐκκλησίας τῶν ΗΠΑ. Ἀπό τό 1954 μέχρι τό θάνατό του ἦταν Πρόεδρος τῆς Κεντρικῆς καί Ἐκτελεστικῆς Ἐπιτροπῆς τοῦ Π.Σ.Ε.

Οἱ γιοί του δέν ἐπέστρεψαν ἀκόμη {ἀπό τήν Κρήτη}. Εὐχαριστεῖ καί μένα γιά τήν πρός αὐτούς βοήθεια.

Υ.Γ. Ἀφοῦ ὁ ἴδιος δέν μπορεῖ νά ἔλθει στήν Κρήτη, διερωτᾶται κατά πόσο θά ἦταν σκόπιμο νά στείλει ἕνα συνεργάτη του, ὁ ὁποῖος προσπαθεῖ νά θέσει σέ κίνηση Ἀκαδημίες στήν Ἀφρική, νά ἔλθει καί νά συζητήσει μαζί μου τά τῶν ἀπαρχῶν λειτουργίας τῆς Ἀκαδημίας μας. Εἶναι ὁ Δρ. Lyko, Προϊστάμενος στήν Ἀκαδημία ΒΒ τοῦ Τμήματος γιά Ἐμπόριο καί Τράπεζες. Ἴσως μπορεῖ νά μᾶς συμβουλεύσει κυρίως γιά τά ἔξοδα λειτουργίας {Ὁ μόνιμος πόνος!}.

21-9-1967 ΑΑπ
Katharina Hilckman πρός Ἀπ
«Ὅλως ἰδιαιτέρως χαιρόμεθα γιά τήν πρόοδο ἀνεγέρσεως τῆς Ἀκαδημίας σας: Ὁποῖον εὐτύχημα τό ὅτι συνέλαβες τόν καιρό ἐκεῖνο αὐτό τό σχέδιο καί τό ἐπέβαλες μέ "γροθιές"! Εἴμαστε πολύ χαρούμενοι πού δέν μπορεῖ κανείς εὔκολα νά σέ...». {γνωρίζει τίς δυσκολίες μου μέ τή Χούντα καί αὐτές ὑπονοεῖ}.

29-9-1967 ΑΒΒ
Ἀπ-Ἀθ πρός Μ
Σκεπτόμαστε νά ξεκινήσουμε τήν ἐργασία τῆς Ἀκαδημίας ἀρχές τοῦ ἑπόμενου χρόνου, πολύ συντηρητικά λόγω τῆς ἐνεστώσης καταστάσεως. Δέν κρίνω, ὡς ἐκ τούτου, χρήσιμο νά ἔλθει τώρα ὁ κ. Lyko {συνεργάτης τῆς Ἀκαδημίας τους, πού ἤθελε νά φέρει μιά ὁμάδα στήν Ἀκαδημία μας}. «Ἡ κανονική ἔναρξη τῶν ἐργασιῶν τῆς Ἀκαδημίας πρέπει νά καθυστερήσει ἀκόμη.

Ὁ Ἐπίσκοπος Εἰρηναῖος, πού ἐπέστρεψε πρίν λίγες μέρες ἀπό τήν Κωνσταντινούπολη καί ἀναχωρεῖ αὔριο γιά τήν Αὐστρία, μοῦ ἔδωσε τό τελευταῖο γράμμα σας καί μέ παρεκάλεσε νά ἀπαντήσω. Δέν ἔχουμε ἀκόμη κάποιον, τόν ὁποῖο, μετά τή μετεκπαίδευση {σέ Ἀκαδημίες στή Δύση}, θά μπορούσαμε νά προσλάβουμε μόνιμα στήν Ἀκαδημία. Ἐγώ ὁ ἴδιος θά εἶχα ἐνδιαφέρον νά παρακολουθήσω τίς 4 ἑβδομάδες στήν Ἀγγλία, ἐπειδή δέν γνωρίζω τό ἐκεῖ ἐπιτελούμενο ἐκκλησιαστικό καί κοινωνικό ἔργο. Συμφωνεῖ καί ὁ Ἐπίσκοπος Εἰρηναῖος. Πρέπει ὅμως νά τό γνωρίζω ἔγκαιρα, ὥστε νά σχεδιάσω γιά τόν Μάιο συνέδρια, πού θά μποροῦν νά διευθύνουν μόνοι τους ὁ Ἐπίσκοπος ἤ ὁ Ἀρχιμανδρίτης Εἰρηναῖος».

7-11-1967 ΑΑπ
Εἰρηναῖος καί Ἀπ (χωρίς ὄνομα παραλήπτη - τό ἔστειλα στόν Μ, πρβλ. 23.2.1968 DÜ)
Αἴτηση γιά ἀποστολή εἰδικοῦ πού θά ἐξετάσει τή σκοπιμότητα καί τή δυνα-

τότητα δημιουργίας ἐργοστασίου χυμῶν στήν Κρήτη.

Συνοπτική ἀνάλυση τοῦ προβλήματος τῆς μή ὀρθολογικῆς ἀξιοποίησης πολλῶν φρούτων τῆς Κρήτης, παρά τίς πολλές δυνατότητες, ἐπειδή λείπει τόσο ἡ τεχνογνωσία (π.χ. γιά τό χυμό σταφυλιοῦ-Traubensaft, ἐξόχως ἀγαπητό ἀναψυκτικό στή Γερμανία!) ὅσο καί ἕνα σύγχρονο ἐργοστάσιο (ἐξαίρεση: χυμός πορτοκαλιοῦ). Οἱ δυνατότητες ἐπαύξησης τῆς φρουτοπαραγωγῆς εἶναι μεγάλες καί μποροῦν νά ἐπιτευχθοῦν, ἄν δημιουργηθοῦν ἰσχυρά κίνητρα, ὥστε νά γίνουν οἱ ἀναγκαῖες γεωργικές μεταρρυθμίσεις. Ἐπείγουσα ἡ ἀνάγκη ἀντιμετώπισης τῆς ἀνεργίας, κίνητρα γιά νέους ἀγρότες. Ἀξιοποίηση κτημάτων τῆς Μονῆς Γωνιᾶς. Ἐπιμορφωτικές δραστηριότητες στήν Ἀκαδημία καί στό Κέντρον Ἀγροτικῆς Ἀναπτύξεως.

Στόχος λοιπόν: Νά πάρουν ἀξία τά φροῦτα καί τά λαχανικά τῆς Κρήτης (π.χ. πολτός ντομάτας). Δημιουργία θέσεων ἐργασίας. Ἐξασφάλιση μόνιμων ἐσόδων πρός κάλυψη τῶν δαπανῶν λειτουργίας τῆς Ἀκαδημίας.

20-11-1967 ΑΑπ
Quest πρός Απ
«Τώρα εἶμαι στό Ἄμβοῦργο καί στίς τέσσερις ἑβδομάδες τῆς ἐδῶ διαμονῆς μου συνήθισα σχετικά καλά τίς νέες συνθῆκες. Στίς 5 Νοεμβρίου ἔκαμα ἐδῶ τό πρῶτο κήρυγμά μου ἐπ' εὐκαιρίᾳ τῆς ἀναλήψεως τῶν καθηκόντων μου ἐδῶ στόν ναό τοῦ Μιχαήλ.[185] Σᾶς στέλνω μιά φωτογραφία γιά νά ἔχετε μιά κάποια ἀντίληψη τοῦ ναοῦ, ἀλλά καί τῆς κατοικίας μου.

Εἶναι πολλά τά ἐδῶ καθήκοντα, ὅμως τό θέλγητρο τοῦ Πρωθιερέως (Hauptpastorenamt) συνίσταται στό ὅτι εἶναι ὁ Ἱεροκήρυκας σέ ἕνα μεγάλο ναό, ὅτι συνεργάζεται μέ κύρια εὐθύνη στόν καταρτισμό τοῦ θεολογικοῦ δυναμικοῦ καί ὅτι μετέχει σέ διοικητικές ἁρμοδιότητες τῆς Ἐκκλησίας. Πιστεύω ὅτι αὐτός ὁ συνδυασμός εἶναι κάτι πού μοῦ ταιριάζει. Τό Ἄμβοῦργο εἶναι μιά ὄμορφη πόλη. Ὅπως εἶπε ἕνας Καθολικός συνάδελφος κατά τήν ἀνάληψη τῶν καθηκόντων μου, οἱ ἄνθρωποι ἐδῶ δέν εἶναι οὔτε κακοί οὔτε καλοί, ἀλλά εἶναι ἁπλά Ἀμβούργιοι. Ὑποθέτω πώς τό ἴδιο μπορεῖ νά πεῖ κανείς καί γιά τούς συμπατριῶτες σας. Αὐτή εἶναι σίγουρα ἡ κατάσταση παντοῦ, ὅπως τή βλέπουν οἱ Θεολόγοι.

---

[185] Michaeliskirche ἤ ἁπλά Michel.

Πρός ἄμεση ἐνημέρωσή σας: Τά πρῶτα 1.000 μάρκα γιά γερμανόφωνα βιβλία τῆς Ἀκαδημίας σας ἔχουν συγκεντρωθεῖ ἤδη κατά τή Λειτουργία πού τελέσθηκε στόν Ἅγ. Μιχαήλ κατά τήν ἀνάληψη τῶν καθηκόντων μου.[186] Στό μεταξύ ἐνημέρωσα τόν Καθηγητή Thielicke γιά τήν ὑπόθεση αὐτή καί ἔλαβα τή διαβεβαίωσή του ὅτι καί ἐκεῖνος, μέ τίς καλές ἐπαφές του, θά κάμει ὅ,τι μπορεῖ, ὥστε νά συγκεντρώσουμε ἕνα καλό ποσό γερμανικῶν μάρκων πρός ἀγορά βιβλίων γιά τή Βιβλιοθήκη τῆς Ἀκαδημίας στή Γωνιά. Στή συνέχεια πρέπει νά ἐξετάσουμε μέ προσοχή τόν τρόπο ἀποστολῆς τους στήν Κρήτη.

Γιά μένα ἦταν μεγάλη ἡ χαρά τῆς ἐπανασυνάντησής μας στή διάρκεια τῶν διακοπῶν μου στό νησί. Τίποτε ἀπό τίς διακοπές μου δέν μοῦ ἄφησε τόση μεγάλη καί βαθιά χαρά ὅσο ἡ πραγματικότητα τῆς Ἀκαδημίας. Σᾶς εὔχομαι ἀπό καρδιᾶς τό μεγάλο, ὄμορφο σπίτι καί ἡ θαυμάσια κατοικία σας νά προχωροῦν πλέον καί νά ὁλοκληρώνονται ἔτσι, ὥστε τό νέο ἔτος νά μπορεῖτε νά ὁρίσετε τά πρῶτα συνέδρια. Ἀσφαλῶς ἔχετε τό κεφάλι σας γεμάτο μέ σκέψεις τόσο γιά τήν ἐξωτερική ὄψη τοῦ κτηρίου, ὅσο καί γιά τήν ὀργάνωση τῶν συνεδρίων. Πότε θά μετοικήσετε μέ τήν οἰκογένεια στή Γωνιά;».

Ἐπειδή καθυστέρησε νά φθάσει τό ἀεροπλάνο στήν Ἀθήνα καί ἔπρεπε νά προλάβει τό τραῖνο, δέν εἶχε χρόνο γιά νά τηλεφωνήσει στό σπίτι μου. Ὅταν ξαναπάω στή Γερμανία, νά συμπεριλάβω στό πρόγραμμά μου καί τό Ἀμβοῦργο.

Σχετικά μέ τό σχέδιο τῆς ἐπίσκεψης τοῦ Ἐπισκόπου Εἰρηναίου στή Γερμανία: «Μέ τό ἴδιο ταχυδρομεῖο τοῦ ἔγραψα καί τοῦ πρόσφερα τήν πρόσκλησή μου καί τή βοήθειά μου γιά τά σχέδιά του σχετικά μέ ἕνα πλοῖο {ΑΝΕΚ}. Ἐπιτρέψατε νά σᾶς εὐχαριστήσω ἀκόμη μιά φορά γιά ὅλα ὅσα μέ τή βοήθειά σας μπόρεσα νά ἀντιληφθῶ σέ σχέση μέ τήν πολιτική καί ἐκκλησιαστική κατάσταση στήν Ἑλλάδα. Ἡ ἐπίσκεψη στόν Ἐπίσκοπο στό Καστέλλι καί ἡ ἑορτή τῶν ἐγκαινίων τῆς ἐκκλησίας στή Σπηλιά θά μοῦ μείνουν ἀλησμόνητα».

14-12-1967 ΑΒΒ
Ἀπ, Γωνιά, πρός ΕΖΕ

Ὁ κ. Fähnrich, πού ἔρχεται στή Γερμανία γιά τά Χριστούγεννα καί σᾶς φέρνει αὐτήν τήν ἐπιστολή, θά σᾶς ἐνημερώσει γιά τίς ἐργασίες στήν Ἀκαδημία, τίς ὁποῖες προώθησε ἐντατικά καί μέ πολλή ἐργατικότητα.

Ὑπολογίζουμε ἔναρξη ἐργασιῶν {τῆς Ἀκαδημίας} ἀπό τόν ἑπόμενο Μάρτιο, δοκιμαστικά νωρίτερα. Ζητῶ ὁδηγίες γιά τόν τρόπο πού πρέπει νά ὑποβάλουμε

---

[186] Στό τέλος τοῦ ἔντυπου προγράμματος τῆς ἐπίσημης τελετῆς ἀναγράφεται: «*Ἡ συλλογή/Kollekte* {ὁ ἐκκλησιαστικός αὐτός ὅρος ἀντιστοιχεῖ σέ ὅ,τι ὀνομάζουμε *δίσκο κατά τήν τέλεση τῆς Θ. Λειτουργίας*} *γιά τήν ὁποία παρακαλοῦμε, προορίζεται γιά τήν ἀγορά γερμανικῶν θεολογικῶν βιβλίων γιά τή Βιβλιοθήκη τῆς πρώτης ἑλληνορθόδοξης Ἀκαδημίας στήν Κρήτη*».

αἴτηση γιά ἀποστολή χρημάτων πρός κάλυψη λειτουργικῶν δαπανῶν καί ἀπολογισμό γιά τή χρήση τους. Γιά λόγους πού θά ἐξηγήσει ὁ κ. Fähnrich, γράφω, καλό θά εἶναι νά μᾶς ἐμβάζετε τό ποσό ὄχι μηνιαίως, ἀλλά γιά ὁλόκληρο τό ἔτος ἤ τουλάχιστον ἀνά ἑξάμηνο.

Δέν ἔχω ἀποφασίσει ἀκόμη τόν τρόπο κατανομῆς τοῦ ἐγκεκριμένου ποσοῦ γιά τήν κάλυψη δαπανῶν λειτουργίας κατά τά πρῶτα τρία ἔτη. Μᾶς λείπει ἡ πείρα. «Ἐξ ἄλλου, φοβούμεθα πολύ ὅτι, ὑπό τίς παροῦσες συνθῆκες {δικτατορία}, δέν μποροῦν νά πραγματοποιηθοῦν ὅλα ὅσα σχεδιάζουμε».

Ἀρχές Ἰανουαρίου περιμένουμε τόν κ. Müller, ὁ ὁποῖος θά μᾶς βοηθήσει μέ τή μεγάλη πείρα του νά διαμορφώσουμε τό πρόγραμμα, τό ὁποῖο θά σᾶς γνωστοποιήσουμε στή συνέχεια.

Ἐπειδή, ὅπως μᾶς ἔγραψαν, δέν μποροῦν νά ἱκανοποιήσουν πρόσφατο αἴτημά μας, παρακαλῶ νά στείλουν 10-15.000 DM ἀπό τό κονδύλι τῶν δαπανῶν λειτουργίας, προκειμένου νά ἀγοράσουμε κάποια πράγματα πού τά χρειαζόμαστε ἀμέσως.

Ἐκφράζω εὐχαριστίες γιά τήν προτροπή τους νά ἀπευθυνθῶ στήν Ὑπηρεσία «Dienste in Übersee» {Ἐκκλ. Ὀργάνωση πού ἀποστέλλει προσωπικό γιά προσφορά ἐργασίας σέ ἄλλες χῶρες, κυρίως τοῦ Τρίτου Κόσμου}.

Εὐχές γιά τά Χριστούγεννα καί τό νέο ἔτος.

21-12-1967 ABB
ΕΖΕ πρός Ὑπουργ. Ἐξωτερικῶν
Ὁ Διευθυντής τῆς ΕΖΕ Mordhorst ἐνημερώνει ἀναλυτικά τό Ὁμοσπονδιακό Ὑπουργεῖο Ἐξωτερικῶν γιά τά τῶν οἰκοδομικῶν καί λοιπῶν ἐργασιῶν στήν Ἀκαδημία πού ἔχουν ὁλοκληρωθεῖ ἤ βρίσκονται πρός τό τέλος, γιά τήν ἀδυναμία μας νά χτίσουμε τήν προβλεπόμενη κατοικία τοῦ Ὑποδιευθυντῆ ἐξ αἰτίας τῶν πρόσθετων ἐκβραχισμῶν πού χρειάσθηκε νά γίνουν, γιά τή μεγάλη αὔξηση τῶν τιμῶν στήν Ἑλλάδα, ἐξ αἰτίας τῆς ὁποίας ἀποφασίσαμε νά μήν ἀγοράσουμε ἀπό τή Γερμανία μεγάλο μέρος τοῦ ἐξοπλισμοῦ {ὅπως μᾶς εἶχαν ἐπιμόνως παροτρύνει}, ἀλλά νά κατασκευάσουμε ἤ νά ἀγοράσουμε στήν Κρήτη τά ἀναγκαῖα, μέ συνέπεια τόν σημαντικό περιορισμό τῆς δαπάνης κ.λπ.

Ἡ ΕΖΕ παρακαλεῖ τό Ὑπουργεῖο νά ἐγκρίνει τίς ἀλλαγές αὐτές, ὥστε νά μπορέσει νά ἑτοιμάσει καί νά ὑποβάλει στό Ὑπουργεῖο τόν τελικό ἀπολογισμό τοῦ ὅλου ἔργου.

28-12-1967 ABB
Μ πρός Απ
Χάρηκε γιά τήν ἐπίσκεψη τοῦ Ἐπισκόπου Εἰρηναίου. Ἐλπίζει πώς τά πολιτικά

πράγματα στήν Ἑλλάδα ξεκαθαρίζουν σιγά σιγά, ὅτι θά ἔχουμε σύντομα νέο Σύνταγμα καί ὁμαλοποίηση τῆς κατάστασης {φροῦδες ἐλπίδες!}.

Εὐχές γιά τό νέο ἔτος.

Ὁ Ἐπίσκοπος Εἰρηναῖος τοῦ εἶπε πώς τά ἐπίσημα ἐγκαίνια θά γίνουν τόν ἐπόμενο Αὔγουστο καί ὅτι στό μεταξύ θά γίνουν μικρές ἐκκλησιαστικές συνάξεις.

Ὡς ἡμερομηνία ἐγκαινίων ἀνέφερε ὁ Εἰρηναῖος τήν 18ῃ ἤ τήν 25ῃ Αὐγούστου. Ὁ Kunst θά προτιμοῦσε τήν 25ῃ. Θά ἤθελε νά ὁριστικοποιήσουμε τό ταχύτερο τήν ἡμερομηνία {πολύ αἰσιόδοξη ἡ πρόβλεψη τοῦ Εἰρηναίου, ἐγώ εἶχα ἐπιφυλάξεις}.

Στή συνέχεια διατυπώνει σκέψεις γιά τά ἐγκαίνια. Στά πρόσφατα ἐγκαίνια τῆς Ἀκαδημίας τοῦ Κυότο τῆς Ἰαπωνίας, γράφει, ἔγινε τό λάθος νά διαθέσουν πολύ χρόνο σέ λατρευτικές πράξεις, πού ἐνόχλησαν τούς καλεσμένους οἱ ὁποῖοι δέν ἦταν Χριστιανοί. Ἡ βασική του σκέψη εἶναι νά γίνει αἰσθητός ἤδη στά ἐγκαίνια ὁ χαρακτήρας τῆς Ἀκαδημίας ὡς τόπου διαλόγου μέ ὅλους τούς ἀνθρώπους, ἀκόμη καί μέ ἐκείνους πού ἔχασαν τήν ἐπαφή τους μέ τήν Ἐκκλησία.

29-12-1967 ΑΑπ
Απ-Αθ πρός Quest

Ἐπικαλούμενος φόρτο ἐργασίας καί συνεχῆ ταξίδια μεταξύ Ἀθήνας καί Κρήτης, ζητῶ κατανόηση γιά καθυστερημένη ἀπάντηση σέ δική του ἐπιστολή.

Ὁ Ἐπίσκοπός μας Εἰρηναῖος, γράφω, μοῦ μίλησε γιά τήν πρός αὐτόν βοήθειά σας καί γιά τίς συζητήσεις σας. Εἶναι πολύ εὐχαριστημένος γιά ὅσα κάνατε καί εἴπατε.[187]

Τόν εὐχαριστῶ γιά τό κείμενο τοῦ πρώτου κηρύγματος πού ἔκαμε ὡς νέος Πρωθιερέας στόν μεγάλο κεντρικό ναό τοῦ Ἁγ. Μιχαήλ τοῦ Ἁμβούργου. Ἰδιαίτερα ὅμως τόν εὐχαριστῶ γιά τήν ἀπρόσμενη ἰδέα καί ἀπόφασή του νά δοθοῦν στήν Ὀρθόδοξο Ἀκαδημία μας τά χρήματα τοῦ δίσκου τῆς πρώτης Λειτουργίας του μέ τή νέα ὑψηλή ἰδιότητά του στόν ἀνωτέρω ναό. «Αὐτό μοῦ δίδει θάρρος καί προκαλεῖ αἰσθήματα εὐγνωμοσύνης. Γνωρίσατε ἤδη πολύ καλά τίς συνθῆκες ὑπό τίς ὁποῖες τολμῶ νά ἀρχίσω μιά τόσο σημαντική

---

[187] Ὅταν πῆγε ὁ Εἰρηναῖος στό Ἁμβοῦργο γιά ἀγορά τοῦ πρώτου πλοίου τῆς ANEK, εἶχα κανονίσει νά συναντηθεῖ μέ τόν παλιό μου φίλο Quest. Πράγματι, αὐτός τόν φιλοξένησε καί τόν βοήθησε στίς ἐκεῖ ἐπαφές του. Ὁ Quest ὑπῆρξε ἕνας ἀπό τούς πιό συνεπεῖς καί ἀποτελεσματικούς συνεργάτες μας στά πλαίσια τοῦ προγράμματος τῆς Ἀκαδημίας «ΖΩΣΑ ΟΡΘΟΔΟΞΙΑ». Βλπ. A.K.Papaderos, Diakonie der Versöhnung, in: Hans-Hermann Tiemann (Hg.) Erinnerung an Hans-Jürgen-Quest (1924-1999), Lit Verlag, Münster 2004, 111-115. Στόν Τόμο Jürgen Sonnenberg, Wenn Theologie praktisch wird..., Steinkopf, Stuttgart 1983, πού ἐκδόθηκε ἐν ὄψει τῶν 60ῶν γενεθλίων τοῦ Quest (Φεβρ. 1984), ὑπάρχουν καί 2 κείμενα ἀπό μᾶς: Irinäos Galanakis, Aufstand der Gewissen (Ἐπανάσταση τῶν συνειδήσεων, σ. 222-229) καί Alexandros Papaderos, Skizzen aus dem Leben kretischer Priester {Σκίτσα ἀπό τή ζωή κρητικῶν ἱερέων}, σ. 230-245.

καί όραματική ἐργασία. Καί γνωρίζετε ἐπίσης ὅτι μπορῶ νά τό πράξω μόνο ἐπειδή πιστεύω ἀκράδαντα ὅτι ὁ Θεός θά ἀνοίξει δρόμους - συνεχῶς ἀνοίγει, μέσω τῶν ὁποίων παρέχεται σέ μᾶς βοήθεια καί συμπαράσταση».

Τό ὑπόλοιπο τῆς ἐκτενοῦς ἐκείνης ἐπιστολῆς ἀναφέρεται στήν προσπάθειά μας νά δημιουργήσουμε τόν πυρήνα μιᾶς βιβλιοθήκης στήν Ἀκαδημία. Γράφω ποιά γερμανικά βιβλία θά προτιμούσαμε (πρωτίστως λεξικά καί ἄλλα βασικά ἔργα). Ὀνομάζω μερικά ἀπό αὐτά καί τόν παρακαλῶ νά ἀποφασίσει γιά τά ὑπόλοιπα ὁ ἴδιος κατά τήν κρίση του ἤ νά παρακαλέσει ἐκ μέρους μου τόν διάσημο Καθηγητή Thielicke (μέ τόν ὁποῖο εἶχα ἀγαθές σχέσεις) νά τόν βοηθήσει στήν ἐπιλογή.

Τέλος, τόν ἐνημερώνω γιά τήν πρόοδο τῶν οἰκοδομικῶν ἐργασιῶν στήν Ἀκαδημία καί γιά τή σκέψη νά τελέσουμε τά ἐγκαίνιά της στίς 15 Αὐγούστου τοῦ 1968, στά ὁποῖα ὁ Ἐπίσκοπος Εἰρηναῖος καί ἐγώ θά χαροῦμε πολύ νά εἶναι καί ἐκεῖνος μαζί μας.

1968

12-1-1968 ABB
Μ πρός Kunst
Τίς τελευταῖες ἡμέρες ἤμουν στήν Κρήτη. Τά ἐγκαίνια τῆς Ἀκαδημίας πρόκειταιι νά γίνουν στίς 15 Αὐγούστου. Θά ἤμουν εὐγνώμων ἄν συμμετάσχετε.

18-1-1968 ABB
Knöbel / EZE πρός Απ
Οἱ Γερμανοί βιάζονται! Οἱ δικές τους Ἀκαδημίες, πλήρως ὀργανωμένες καί στελεχωμένες, δημοσιεύουν ἔγκαιρα εἴτε τά ἐτήσια εἴτε τά ἑξαμηνιαῖα προγράμματά τους. Περιμένουν λοιπόν καί ἀπό μᾶς κάτι ἀνάλογο, στά πρῶτα μας κιόλας βήματα καί μάλιστα μῆνες πρίν ἀπό τά ἐγκαίνια! Ἡ EZE μοῦ διαβιβάζει λοιπόν ἀπόσπασμα ἐγγράφου πρός αὐτήν τοῦ Ὁμοσπονδιακοῦ Ὑπουργείου Οἰκονομικῆς Συνεργασίας (Bundesministerium für wirtschaftliche Zusammen-arbeit): «Ἐν ὄψει τῶν ἐγκαινίων τῆς Ἀκαδημίας Γωνιᾶς θά σᾶς εἴμεθα εὐγνώμονες γιά τήν κατά τό δυνατόν σύντομη ἀποστολή μιᾶς σύνοψης τῶν ἤδη προγραμματισμένων συνεδρίων» καί προσθέτει καί τή δική της ἀνάλογη παράκληση, διευκρινίζοντας μάλιστα ὅτι (μέ ἔγγραφό τους τῆς 19ης Ἰουνίου 1964) εἶχαν στείλει στό Ὑπουργεῖο τό ἀπό 6ης Ἀπριλίου 1964 πρόγραμμα σπουδῶν τῆς ὑπό μελέτη ἀκόμη Ἀκαδημίας μας, τό ὁποῖο εἶχα συντάξει μαζί μέ κατάλογο θέσεων προσωπικοῦ! (μήν τάξεις παιδιοῦ καί Ἁγίου!!!).

Συνοπτική Ἔκθεση τοῦ Müller
25-1-1968 ABB
M Bericht

Σέ δισέλιδο κείμενό του μέ τίτλο «*Ἔκθεση γιά τήν ἐπίσκεψή μου στήν Κρήτη ἀπό 8 ἕως 10 Ἰανουαρίου 1968*» ὁ Müller γράφει: «Εἶχα πρῶτα μιά συζήτηση στήν Ἀθήνα μέ τόν Δρα Παπαδερό, στήν ὁποία ἔλαβε μέρος καί ἡ σύζυγός του. Μέ ἐνημέρωσε γιά τήν οἰκονομική καί τήν ἐν γένει κατάσταση τῆς Ἀκαδημίας». Ἀπό οἰκονομική ἄποψη, γράφει, σημειωτέον εἶναι τό ὅτι οἱ δαπάνες οἰκοδομῆς ἀπό τό χρόνο ὑποβολῆς τῆς αἴτησής μας γιά τή χορηγία τό 1964 μέχρι σήμερα ἔχουν αὐξηθεῖ κατά 40%. Μόνο ὁ ἐργολάβος ζήτησε 300.000 δρχ. περισσότερα ἀπό ὅσα εἶχαν προβλεφθεῖ στόν προϋπολογισμό. Αὐτή ἡ αὔξηση προκαλεῖ σοβαρές δυσκολίες παρά τά αὐστηρά μέτρα περιορισμοῦ τῶν δαπανῶν πού ἔχουν ληφθεῖ. Ἐξεταστέο τό κατά πόσον εἶναι δυνατή μιά πρόσθετη ἔγκριση. Ὑποσχέθηκε νά ἐρευνήσει αὐτό τό ζήτημα. Ὑπάρχει κίνδυνος νά μήν εἶναι δυνατή ἡ προμήθεια ὁρισμένων εἰδῶν ἐξοπλισμοῦ, ἀπολύτως ἀναγκαίων.

Τά ἐγκαίνια προγραμματίζονται γιά τίς 15 Αὐγούστου 1968. Ἀνέλαβε νά ἐνημερώσει τόν Ἐπίσκοπο Κούνστ καί νά ρωτήσει τόν Rieger {Διευθυντή τῆς Ἀκαδημίας τοῦ Tutzing} ἄν ἔχει κίνητρα καί ὑλικό γιά συνέδρια μέ θέμα τόν Τουρισμό, καθώς αὐτό εἶναι ἕνα σημαντικό θέμα γιά τήν Κρήτη. Ἀκόμη ἀνέλαβε τήν ὑποχρέωση νά ἐξετάσει τό ἄν καί κατά πόσο θά μποροῦσαν νά καλύψουν ἄμεσα τή δαπάνη γιά ὁρισμένα ἀντικείμενα πού εἶναι ἐντελῶς ἀπαραίτητα.

Κρίσιμο θεωρεῖ τό θέμα μέ ποιό προσωπικό θά λειτουργήσει ἡ Ἀκαδημία. Προβλέπεται ἕνας μικρός ἀριθμός μόνιμου προσωπικοῦ, πού θά ἐνισχύεται κατά περίπτωση. Ζητήθηκε {ἀπό μᾶς} νά ἔλθει στήν Ἀκαδημία {ἡ Γραμματέας του} κυρία Mohn ἀπό ἀρχές Ἰουλίου μέχρι μέσα Αὐγούστου, προκειμένου νά βοηθήσει στήν ὀργάνωση τῆς Γραμματείας, μάλιστα ἐν ὄψει τῶν ἐγκαινίων καί τοῦ μεγάλου συνεδρίου πού προγραμματίζεται νά ἀκολουθήσει ἀμέσως μετά.

Ἀνέλαβε τήν ὑποχρέωση νά ρωτήσει στήν Ὑπηρεσία «DIENSTE IN ÜBERSEE» ἐάν θά ἦταν πρόθυμοι νά στείλουν στή Γωνιά {Ἀκαδημία} ἕναν εἰδικό γιά παραγωγή χυμῶν. Ἐπίσης ὑποσχέθηκε νά ἐξετάσει κατά πόσον θά ἤθελε ὁ Καθηγητής Tinbergen νά συνδράμει τό ἐναρκτήριο συνέδριο τῆς 16ης Αὐγούστου.

Ὁ δρ. Παπαδερός τόν ἐνημέρωσε ὅτι ἀπό τήν EZE ἔλαβαν μέχρι σήμερα 960.000 DM. Λέγεται ὅτι στή Βόννη θά παρακρατήσουν 75.000 μέχρι 80.000 DM γιά ἀποζημίωση τοῦ ἀρχιτέκτονα {Ihle} καί παρόμοια. Ὑποσχέθηκε νά ἐξετάσει αὐτό τό θέμα {διαμαρτυρήθηκα γιά τό πολύ μεγάλο αὐτό κόστος, μάλιστα καθώς, ὅταν ἔγινε λόγος γιά ἀνάμιξη τοῦ Ihle, δέν μᾶς εἶχαν ἐνημερώσει ὅτι τό κόστος θά βαρύνει τή χορηγία, οὔτε ἑπομένως εἴχαμε κάμει κάποια συμφωνία μέ τόν ἀρχιτέκτονά τους...}.

Στή Γωνιά ἔχουν ὁλοκληρωθεῖ σχεδόν οἱ οἰκοδομικές ἐργασίες καί τό κτήριο βρίσκεται σέ μιά πολύ ὄμορφη τοποθεσία καί ἔχει καλό ἐξοπλισμό. Ἔχει γίνει ἕνας συνεδριακός τόπος-πρότυπο. Χτίσθηκε ἐπίσης μιά πολύ ὡραία κατοικία γιά τόν Δρα Παπαδερό, δυστυχῶς ὅμως καμιά κατοικία γιά Ὑποδιευθυντή. Αὐτό ἀποτελεῖ πολύ σοβαρή ἔλλειψη. Ἡ κατοικία αὐτή ὑπῆρξε θύμα τῶν περικοπῶν {πού ἐπιβλήθηκαν ἀπό τή Βόννη}. Ὑποσχέθηκε κάτι νά κάμει καί γι' αὐτό στή Βόννη.

Ὑπῆρξε καί μιά ἀπογευματινή καί βραδινή συζήτηση μέ τόν Ἐπίσκοπο Εἰρηναῖο, παρόντων τοῦ Ἀρχιμ. Εἰρηναίου καί τοῦ Φινλανδοῦ Γεν. Γραμματέα τοῦ Τάγματος τοῦ Μ. Κων/νου. Μίλησαν γιά τά συνέδρια πού ἔχω προγραμματίσει.

Ὑποσχέθηκε νά διαθέσει 2.000 μέχρι 3.000 DM ἀπό τό προσωπικό Ταμεῖο του γιά τήν προμήθεια εἰδῶν Γραφείου. Ὑπάρχει ὅμως τό ἐρώτημα, ἐάν τά χρήματα αὐτά θά ἦταν καλύτερα νά σταλοῦν στόν Καθηγητή Χίλκμαν γιά τήν ἐκτύπωση τῆς διδακτορικῆς διατριβῆς μου. «Ἡ ἐκτύπωση αὐτῆς τῆς διατριβῆς θά ἦταν λίαν ἐπιθυμητή» - θά μιλήσει μέ τόν Καθηγητή {δέν χρειάσθηκαν τά χρήματα γι' αὐτό τό σκοπό}.

30-1-1968 ΑΒΒ
Μ πρός Απ
Πῆγε στήν EZE, στή Βόννη, προκειμένου να προωθήσει ὅσα εἴχαμε συζητήσει στήν Κρήτη.

Ἀκολουθοῦν ἐνδιαφέρουσες διαπιστώσεις:
Οἱ ἀρχιτέκτονες «καταβρόχθισαν» περίπου 120.000 DM, ἀπό τά ἐγκεκριμένα ἐννοεῖται {αὐτό ἴσχυσε κυρίως γιά τούς ἐκ Γερμανίας ἀρχιτέκτονες}. Στή Γερμανία οἱ ἀρχιτέκτονες λαμβάνουν τό 8% τοῦ συνολικοῦ κόστους τῆς οἰκοδομῆς καί, ὅπως εἶπε ὁ Δρ. Damaschke, αὐτό ἔχει προβλεφθεῖ καί στόν προϋπολογισμό πού ἔχουμε συμφωνήσει μέ τήν EZE. Ἀναφέρει καί διάφορες ἄλλες δαπάνες, πού συμποσοῦνται σέ ἐπιπλέον 65.000 DM. Τό ὑπόλοιπο (23.000 DM) τό ἔφερε στήν Κρήτη ὁ κ. Fähnrich.

Ὑπέμνησε, γράφει, ὅτι αὐξήθηκαν οἱ τιμές κατά 40%, οἱ ἀρχιτέκτονες πῆραν πάρα πολλά καί ὅλ' αὐτά δέν πρέπει νά βαρύνουν τόν φορέα τοῦ ἔργου. Ἀπό τήν πλευρά του ὁ Damaschke ἔθεσε θέμα, κατά πόσον καταβλήθηκαν οἱ 100.000 μάρκα πού εἶχε ἀναλάβει νά συνεισφέρει ὁ φορέας τοῦ ἔργου. Ὁ Müller συνιστᾶ νά ἀπαντηθεῖ αὐτό τό ἐρώτημα μέ ἀναφορά σέ προσφορά ἐργασίας κ.λπ.[188]

Ἐπιμένει στήν ἄποψη νά κάνουμε αἴτηση γιά πρόσθετη ἐπιχορήγηση καί μέ προτρέπει νά πείσω πρός τοῦτο τόν Fähnrich, πού εἶναι στήν Ἀκαδημία.

Στή Βόννη ἐπιμένουν νά τούς στείλω ἀναλυτικό πρόγραμμα δράσεων τῆς Ἀκαδημίας.

7-2-1968 ΑΒΒ
Εἰρηναῖος καί Απ πρός ΕΖΕ
Ἀποστολή Προϋπολογισμοῦ καί Προγράμματος ἐργασιῶν τῆς Ἀκαδημίας ἔτους 1968. Σημειώνουμε ὅτι τό πρόγραμμα πού στέλνουμε δέν εἶναι ὁριστικό, ἀναφέρει μόνο τίς γενικές κατευθύνσεις καί ὅτι θά ἀκολουθήσει ἡ ἐξειδίκευσή του.

12-2-1968 ΑΒΒ
Fähnrich πρός Damaschke
Γράφει ὅτι τό ζήτημα μιᾶς αἴτησης γιά πρόσθετη ἐπιχορήγηση {τῆς Ἀκαδημίας} συζητήθηκε στήν Κρήτη κατά τήν ἐκεῖ ἐπίσκεψη τοῦ Müller τόν Ἰανουάριο.

Τό κτήριο ἔχει ὁλοκληρωθεῖ, οἱ συνδέσεις γιά τό νερό καί τό ρεῦμα θά γίνουν ἐντός τῶν ἡμερῶν. Ἡ λειτουργία τῆς Ἀκαδημίας μπορεῖ νά ἀρχίσει τέλος Φεβρουαρίου - ἀρχές Μαρτίου, ἔστω καί σέ περιορισμένη κλίμακα. Τήν ἀκριβή ἡμερομηνία τῆς ἔναρξης θά πρέπει νά ὁρίσει ὁ Δρ. Παπαδερός.

Ὁ τελικός λογαριασμός συζητήθηκε μέ τόν Ἐπίσκοπο Εἰρηναῖο καί ἔγινε ὁ σχετικός ἔλεγχος. Παρά τίς εὐνοϊκές ἀγορές πού ἔκαμε ὁ Ἐπίσκοπος, χρειάζεται νά ἐξοφληθοῦν ἀκόμη λογαριασμοί 55-60.000 DM. Ὁ Ἐπίσκοπος θά χαιρόταν βέβαια γιά μιά πρόσθετη βοήθεια, ὅμως, ἐάν αὐτή δέν θά προέλθει ἀπό τό ἐξωτερικό, θά καλυφθεῖ τό χρέος ἀπό τόν Ἐπίσκοπο, ἔστω καί μέ πολύ ἀργούς ρυθμούς.

Τόν Ἰανουάριο χρειάσθηκε νά πληρώσει ὁ φορέας τοῦ ἔργου {Μητρόπολη} μή προβλεπόμενα τέλη ἐκτελωνισμοῦ 9.000 DM γιά τίς συσκευές τῆς κουζίνας πού εἰσήχθησαν ἀπό τή Γερμανία. Τό ποσό αὐτό λείπει ἑπομένως προκειμένου

---

[188] Τώρα (2013) πού τά ξαναβλέπω καί τά σκέπτομαι ὅλ' αὐτά, διερωτῶμαι μήπως ὁ ἐθελοντισμός συνοδεύεται ἐνίοτε καί ἀπό κάποια δόση ἀπερισκεψίας! Τί θά εἶχε συμβεῖ π.χ., ἄν στόν ὑπολογισμό αὐτοῦ πού λέγεται «ἴδια εἰσφορά», δική μας δηλαδή, εἶχα ζητήσει ἀπό τήν ἀρχή νά συνυπολογισθοῦν ὄχι μόνο τά χρήματα πού εἶχε ἀναλάβει τήν ὑποχρέωση νά συνεισφέρει ἡ Μητρόπολη, ἀλλά καί ἡ «ἀξία» τοῦ μόχθου τοῦ Ἐπισκόπου, τῶν Μοναχῶν τῆς Γωνιᾶς, τοῦ Müller, τῆς ὅποιας δικῆς μου συνδρομῆς καί τόσων ἄλλων, τά ποσά πού συνεισέφεραν ἡ Ἐκκλησία τοῦ Παλατινάτου καί ἄλλοι γιά τήν Ἀκαδημία καί ἄν ὅλα αὐτά τά ἀντιστοιχοῦντα ποσά τά προσθέταμε στούς λογαριασμούς ὡς τοπική μας εἰσφορά, σέ ποιό ὕψος θά ἔπρεπε νά ὑπολογισθεῖ τόσο ἡ δική μας συμμετοχή, ὅσο καί τό πραγματικό κόστος τῆς Ἀκαδημίας καί πόσα, πολύ περισσότερα, θά ἔπρεπε ἑπομένως νά εἶχαν προσθέσει στή χορηγία! Ἐκεῖνο βέβαια πού ζήτησα καί ἔγινε εἶναι ὁ ὑπολογισμός τῆς ἀξίας τῆς ἔκτασης πού διέθεσε τό Μοναστήρι.

νά κλείσει ὁ τελικός λογαριασμός.

Ἡ αὔξηση τοῦ κόστους προῆλθε φυσικά πρῶτα πρῶτα ἀπό τίς μεγάλες αὐξήσεις τῶν τιμῶν, καθώς καί ἀπό τό ὅτι {στόν προϋπολογισμό στόν ὁποῖο στηρίχθηκε πρό ἐτῶν ἡ αἴτηση} ἡ τιμή τοῦ κυβικοῦ μέτρου τῆς οἰκοδομῆς εἶχε ὑπολογισθεῖ σέ 60 DM. Κατά τήν ἔναρξη τῶν οἰκοδομικῶν ἐργασιῶν τόν Αὔγουστο τοῦ 1965 ἡ τιμή εἶχε κιόλας ἀνέβει στά 70 DM, ἐνῶ τώρα φθάνει τά 100 μέχρι 110 DM.

Τά δικαιολογητικά γιά τά ποσά πού ἐμβάσθηκαν στήν Κρήτη κατατέθηκαν ἀπό τόν φορέα τοῦ ἔργου, τό δέ ἀντίτιμο γιά τό φορτηγό αὐτοκίνητο Mercedes προστέθηκε τοῖς μετρητοῖς στό λογαριασμό τῆς οἰκοδομῆς.

Καταβλήθηκε στό μεταξύ τοῖς μετρητοῖς καί ἡ ἴδια συνεισφορά γιά τήν οἰκοδομή. Ὅσον ἀφορᾶ στίς λοιπές τοπικές εἰσφορές καί προσπελάσεις, ἐκτελοῦνται ἀκόμη ἐργασίες, ἀλλά μποροῦν νά θεωρηθοῦν ὡς σίγουρες. Δικαιολογητικά γι' αὐτό καί βεβαιώσεις ἀπό τή Νομαρχία Χανίων ὑπάρχουν, βλ. συνημμένα.

14-2-1968 ABB
Fähnrich πρός Εἰρηναῖον
Ὁ ἐντεταλμένος τῆς EZE Hans-Joachim Fähnrich γράφει ὅτι ἐπέστρεψε στή Βόννη καί στίς 12-2-1968 ἐνημέρωσε τόν Mordhorst γιά τήν ὁλοκλήρωση τῶν ἐργασιῶν του στήν Ἀκαδημία καί γιά τίς συζητήσεις του μέ τόν Σεβασμιώτατο καί ἐμένα.

«Ὁ κ. Mordhorst χάρηκε πολύ γιά τήν πραγματικά καλή ἐκτέλεση ὅλων τῶν ἐργασιῶν στό Project {Ἀκαδημία}, καθώς καί γιά τήν πλήρη τοῖς μετρητοῖς καταβολή τῆς ἰδίας εἰσφορᾶς {τῆς Μητροπόλεως} γιά τήν οἰκοδομή».

Θεωρεῖ βέβαιο ὅτι καί ἡ Νομαρχία {Χανίων} θά τηρήσει ὅσα ἔχει ὑποσχεθεῖ. Παρακαλεῖ νά σταλοῦν τά πρωτότυπα τῶν ἀποδείξεων γιά τίς ὑπόλοιπες ἐργασίες πού θά ἐκτελεσθοῦν (περίπου 510.000 δραχμές).

Ἡ EZE δέν μπορεῖ δυστυχῶς νά καλύψει τό ἔλλειμμα πού ἔχει δημιουργηθεῖ, ὕψους περίπου 60.000 DM. Προτείνει νά ἀπευθυνθοῦμε σέ ἄλλες πηγές.

«Ἐξ ὀνόματος καί τοῦ κ. Mordhorst σᾶς εὔχομαι καλή ἔναρξη τῶν ἐργασιῶν τῆς Ἀκαδημίας σέ ἕνα μῆνα, ἔστω καί σέ περιορισμένη ἔκταση».

9. Ξανά στή διακονιά!

Στίς 22.2.1968 ὁ Εἰρηναῖος ἐπικοινωνεῖ μαζί μου (εἶμαι ἀκόμη μέ τήν οἰκογένειά μου στήν Ἀθήνα) καί μοῦ ἀνακοινώνει τά δυσάρεστα: Τό χρέος μας πρός διάφορους ἐργολάβους ἀνέρχεται κατά προσέγγιση στό ποσό τῶν

680.000 δρχ., ένώ ὑπάρχει ὀφειλή καί πρός τόν Μουντοκαλάκη. Ἀπό τό Ἵδρυμα Pro Gonia ἀναμένει σήμερα 80.000 δρχ. περίπου, οἱ ὁποῖες θά μοιραστοῦν σέ ἐργολάβους μεθαύριο Σάββατο. Ζητᾶ ἀπό μένα νά ἐνημερώσω τόν Müller γιά τό πρόβλημα καί νά ἀσκήσω πάλι τό «ἐπαιτικόν ἀξίωμά» μου, μέ στόχο τή συγκέντρωση 400.000 δρχ.! Ἄν χρειασθεῖ μάλιστα, προτρέπει νά πάω στή Γερμανία.

22-2-1968 ΑΒΒ
Μ πρός Mordhorst
Ὁ Müller, μέ τόν ὁποῖο ἐπεκοινώνησα ἀμέσως τηλεφωνικά, φάνηκε νά ἀνέμενε τό δυσάρεστο αὐτό χαμπέρι, καθώς εἶχε διαπιστώσει τό πρόβλημα κατά τήν πρόσφατη ἐπίσκεψή του στήν Κρήτη. Ἐνήργησε καί πάλι ἀμέσως, γράφοντας στόν Διευθυντή τῆς EZE:

Γράφει ὅτι ἦταν πρίν ἀπό λίγες ἑβδομάδες στήν Κρήτη, ὅπου ὁλοκληρώνονται οἱ οἰκοδομικές ἐργασίες τῆς Ἀκαδημίας. Δυστυχῶς ὅμως προέκυψαν σοβαρές οἰκονομικές δυσχέρειες, ἐπειδή ἀπό τότε πού ὑποβλήθηκε ἡ αἴτηση μέχρι σήμερα ἔχουν ἀνέβει οἱ τιμές οἰκοδομῶν κατά 40%. Τά {ἐγκεκριμένα} χρήματα ἑπομένως δέν ἐπαρκοῦν καί δημιουργήθηκαν χρέη. Πέραν τούτου, καί τά ἔξοδα λειτουργίας δέν εἶναι πιά αὐτά πού ὑπολογίσθηκαν πρίν ἀπό 4 χρόνια. Ἡ ὑπόθεση ὅτι τό Κράτος ὕστερα ἀπό τό ξεκίνημα τῶν ἐργασιῶν θά στήριζε τήν Ἀκαδημία δέν ἰσχύει ἐπίσης πιά, καθώς εἶναι ἀμφίβολο ἄν θά γίνει ἀποδεκτή {ἀπό τήν Ἀκαδημία λόγω Χούντας} τυχόν κρατική ἐνίσχυση. Ἡ Ἀκαδημία τῆς Κορέας, παρά τήν προσφορά τοῦ Κράτους, δέν τήν ἀποδέχθηκε μέχρι τώρα. Ἄν οἱ φίλοι μας στήν Κρήτη ἀποδέχονταν μιά κρατική ἐξάρτηση λόγω οἰκονομικῆς πίεσης, θά προέκυπτε ζημία γιά τήν ἐργασία τῆς Ἀκαδημίας. Θά σᾶς ἤμουν εὐγνώμων, ἄν θά συναινούσατε νά ὑποβληθεῖ μιά αἴτηση γιά πρόσθετη ἐπιχορήγηση μεταξύ 60.000 καί 100.000 DM. Ὕστερα ἀπό τή σμίκρυνση τοῦ ὅλου οἰκοδομήματος, λείπει αὐτό περίπου τό ποσό γιά τήν ὁλοκλήρωση τοῦ κτηρίου καί τόν ἐξοπλισμό του.

Μέ τό ἴδιο πνεῦμα γράφει ὁ Müller καί στόν Damaschke, βασικό στέλεχος τῆς EZE:

22-2-1968 ΑΒΒ
Μ πρός Damaschke
Βλέπει μέ πολύ σκεπτικισμό τό ἐνδεχόμενο νά ἀναλάβει ὁ Ἐπίσκοπος Εἰρηναῖος τήν κάλυψη τοῦ ἐλλείμματος ὑπό τίς παροῦσες συνθῆκες. Δίδει τίς ἴδιες περίπου πληροφορίες καί χρησιμοποιεῖ τά ἴδια ἐπιχειρήματα πού γράφει στήν προηγούμενη ἐπιστολή. Ἐπισημαίνει δέ τούς κινδύνους γιά τήν Ἀκαδημία,

ἐάν φορτωθεῖ τά χρέη. Καμιά σημασία δέν πρέπει νά δοθεῖ στήν παρατήρηση τοῦ Fähnrich ὅτι ὁ Ἐπίσκοπος κ. Εἰρηναῖος θά καλύψει τό ἔλλειμμα ἔστω καί μέ πολύ ἀργούς ρυθμούς. Γνωρίζει {ὁ Μ} πόσο στενά εἶναι {στή Μητρόπολη} τά οἰκονομικά περιθώρια καί ἑπομένως πόσο μεγάλο εἶναι ἕνα ποσό 50.000 ἤ 60.000 DM. Γράφει καί στόν Διευθυντή Mordhorst, προκειμένου νά στηρίξει καί ἐκεῖνος τήν αἴτηση γιά πρόσθετη ἐπιχορήγηση.

Καί νέες ἐπιστολές

Ἡ ἀγωνία τοῦ Εἰρηναίου γιά τά χρέη καί η ἐν γένει οἰκονομική δυσπραγία μας τῆς περιόδου ἐκείνης, καθώς καί ἡ ἀνασφάλεια ὅσον ἀφορᾶ στήν κάλυψη τῶν δαπανῶν τῆς λειτουργίας τῆς Ἀκαδημίας, πού ἦταν πιά φανερό ὅτι θά ἄρχιζε αὐτό τό ἔτος, μέ ἀνάγκασαν νά προσφύγω σέ διάφορους φίλους πρός ἀναζήτηση συμπαράστασης ὄχι μόνο πρός κάλυψη τῆς τρέχουσας τότε ἀνάγκης, ἀλλά σέ βάθος χρόνου. Ὅταν ὁ Εἰρηναῖος μοῦ ἀνακοίνωσε τηλεφωνικῶς τά ἀνωτέρω στήν Ἀθήνα, ὅπου διέμενα ἀκόμη τότε μέ τήν οἰκογένειά μου, λίαν ἐμπερίστατος καί ὁ ἴδιος λόγω ἀπολύσεώς μου ἀπό τή Χούντα καί ἑπομένως ἄνεργος καί ἐξαρτημένος ἀπό τόν μισθό τῆς ἐργαζόμενης στόν ΟΤΕ συζύγου μου καί ἀπό τή σύνταξη τῆς μητέρας της Φεβρωνίας, ἔσπευσα νά ἀσκήσω πάλι τό ὑψηλό ἀξίωμά μου τοῦ ἐπαίτη ὑπέρ τῆς Ἀκαδημίας, προσφεύγοντας σέ γνωστούς στή Γερμανία. Ἀναφέρω, ὡς παράδειγμα, ἐπιστολή μου πρός τόν γνώριμο σέ μένα Engelbert Werhahn (Neuss, Γερμανία), τῆς οἰκογενείας μεγάλων ἐπιχειρήσεων (ὁ Hermann Josef Werhahn εἶχε παντρευθεῖ τή Libeth, νεώτερη κόρη τοῦ Καγκελλάριου Konrad Adenauer). Ὁ Engelbert, δραστήριο μέλος τῆς Καθολικῆς Ἐκκλησίας, ὑπῆρξε ἰδιαίτερα ἀγαπητός στούς Ἕλληνες τῆς περιοχῆς γιά τά φιλορθόδοξα αἰσθήματά του, ἰδιαίτερα γιά τή βοήθειά του στήν ἀπόκτηση καθολικοῦ ναοῦ, πού τόν διαμόρφωσαν καί τόν μετονόμασαν σέ ναό τοῦ Ἁγ. Νεκταρίου.[189]

Ὑπενθύμισα τό ὅμορφο βράδυ πού ὁ Σεβασμ. Εἰρηναῖος καί ἐγώ περάσαμε στό σπίτι τους, τό ἐνδιαφέρον τους γιά τό πρόγραμμά μας (Ἀκαδημία) καί παρεκάλεσα νά συμβάλλουν στήν ἀντιμετώπιση τῆς τωρινῆς δυσχέρειας. Δεν ὑπῆρξε ἀνταπόκριση.

---

[189] Σέ ἰδιωτική πρός ἐμένα ἐπιστολή του (12-2-1968 ΑΒΒ) γράφει ὁ Müller ὅτι πῆγε στό Μάιντς καί μίλησε μέ τόν Καθηγητή μου Χίλκμαν γιά τήν ἔκδοση τῆς διατριβῆς μου καί ὅτι, μεταξύ ἐκείνων πού θά μποροῦσαν νά καλύψουν τό ποσό πού ἔλειπε (1.000 DM), ἀναφέρθηκε καί τό ὄνομα τοῦ Wehrhahn - δέν τό ζήτησα (πλήρωσα ὁ ἴδιος, ἐπειδή προεῖχε τό θέμα τῆς Ἀκαδημίας). Γράφει ἀκόμη ὁ Müller ὅτι ρώτησε τόν Χίλκμαν ἄν θά ἤθελε νά ἀποταθεῖ στήν καθολική Ὑπηρεσία Misereor, ἀλλά δέν τόν εἶδε πρόθυμο. Ὑπενθυμίζω ὅτι ὁ Καθηγητής ἦταν ἐκεῖνος πού μέ εἶχε ἐνθαρρύνει ἀρχικά νά ζητήσω ἀπό αὐτήν τήν Ὑπηρεσία νά ἀναλάβει τίς δαπάνες γιά τήν Ἀκαδημία καί ἀρνήθηκε, γεγονός πού τόν εἶχε στενοχωρήσει πολύ.

23-2-1968 ΑΑπ
Fähnrich / ΕΖΕ πρός Ειρηναίον
Σέ έγγραφό του πρός τόν Ειρηναίο, τό όποιο κοινοποιεί καί σέ μένα, ό Fähnrich γράφει ότι έτοιμάζει τούς λογαριασμούς {δαπάνες γιά τήν Ακαδημία} καί όλα τά δικαιολογητικά πού θά υποβληθούν στό Υπουργείο Εξωτερικών. Ζητά λοιπόν απάντηση στά ακόλουθα ερωτήματα:
1. Τό ακριβές αντίτιμο από τήν αλλαγή {στήν Τράπεζα} τών εμβασμάτων:
α) 40.000 DM τής 18.12.1967, πόσες δραχμές;
β) 23.000 DM τής 27.1.1968, πόσες δραχμές;
2. Χρειαζόμαστε μιά βεβαίωση γιά τήν αξία του οικοπέδου {επί του όποιου κτίσθηκε ή Ακαδημία}. Ή αξία του πρέπει νά είναι 1.575.000 δραχμές.
Κοιν.:Απ
3. Γιά τό οριστικό κλείσιμο τών λογαριασμών χρειάζονται ακόμη αποδείξεις γιά περίπου 75.000 δραχμές.
Αφού λάβουν τά ανωτέρω, θά μπορέσουν νά μάς γνωρίσουν τό ποσό πού απομένει νά μάς εμβάσουν.
Κοιν.: Απ

23-2-1968 ΑΒΒ
Προϋπολογισμός 1968
Ό Προϋπολογισμός τής Ακαδημίας γιά τό έτος 1968, τόν όποιον υπογράφουμε ό Ειρηναίος καί εγώ, προβλέπει ΕΣΟΔΑ 98.980 DM, ΕΞΟΔΑ 98.980 DM.
Στίς συνοδευτικές επεξηγήσεις σημειώνουμε ότι δέν είναι ένας οριστικός, άλλ' ένας προσωρινός προϋπολογισμός, δεδομένου ότι μάς λείπει ή εμπειρία, επιπλέον δέ επειδή ή «παρούσα κατάσταση είναι πολύ πιθανό νά κάμει αναγκαίες κάποιες τροποποιήσεις». Σημειώνεται ακόμη: Πέραν τού προβλεπόμενου μισθού, παρέχεται στό προσωπικό δωρεάν κατοικία. Επίσης τό προσωπικό λαμβάνει καί δωρεάν σίτιση (εκτός από τόν Διευθυντή καί ενδεχομένως τόν αναπληρωτή του).

23-2-1968 ΑΒΒ
Απ (από Αθήνα) πρός DÜ
Αναφέρομαι σέ θέμα πού συζήτησε πρό καιρού ό Müller μέ υπάλληλο τής Υπηρεσίας αυτής καί στή συνέχεια ζήτησαν από μένα νά ενημερώσω επακριβώς τήν Υπηρεσία DÜ. Γράφω λοιπόν τώρα:
«Η Μητρόπολις Κισάμου καί Σελίνου (Δυτική Κρήτη) προσπαθεί τά τελευταία χρόνια υπό τή διοίκηση τού Σεβασμ. Μητροπολίτη Ειρηναίου νά

ἀνοίξει καινούριους δρόμους πνευματικῆς καί κοινωνικῆς διακονίας, στήν ὑπηρεσία μιᾶς χώρας καί ἑνός λαοῦ πού, ἐν ὄψει ραγδαίας κοινωνικῆς καί πολιτισμικῆς ἀλλαγῆς, χρειάζεται νά ἀντέξει σέ μιά πολύ σκληρή δοκιμασία, προκειμένου νά μήν ἀπολέσει τή χριστιανική καί τήν πολιτισμική του παράδοση, ἀλλά, μέ τή διατήρηση τῶν ὑπαρξιακῶν ριζωμάτων του, νά βρεῖ κατά τό δυνατόν γρήγορα τήν προσαρμογή του στόν μοντέρνο κόσμο καί τό δρόμο γιά τήν οἰκονομική ἀνάπτυξη καί τήν κοινωνική συνοχή. Δέν πρόκειται ἐδῶ μόνο γιά τό λαό τῆς Δυτ. Κρήτης, ἀλλά γιά μιά προσπάθεια πού σημαίνει ἕνα μικρό μέν, πλήν πειστικό πρότυπο καί γιά ἄλλες Μητροπόλεις. Ὑποθέτω ὅτι καί μεταξύ ὑμῶν ὑπάρχουν ἄνθρωποι πού γνωρίζουν αὐτήν τήν ἐργασία, μάλιστα καθώς ἡ Μητρόπολίς μας ἔλαβε μερικές φορές βοήθεια ἀπό τή Γερμανία, ἰδιαίτερα ἀπό {τήν Ὑπηρεσία} Brot für die Welt».

Μνημονεύω τά διάφορα ἔργα καί συνεχίζω μέ τήν Ὀρθόδοξο Ἀκαδημία: «Πρόκειται γιά τήν πρώτη προσπάθεια εἰσαγωγῆς σέ Ὀρθόδοξη χώρα τοῦ τρόπου θεώρησης τῶν προβλημάτων καί {ἐφαρμογῆς} τῶν μεθόδων τῶν γνωστῶν σέ σᾶς ἐκκλησιαστικῶν Ἀκαδημιῶν, προσαρμοσμένων φυσικά στήν ἐδῶ παράδοση καί πραγματικότητα. Αὐτή ἡ Ἀκαδημία, πού χρηματοδοτήθηκε κατά τό μέγιστο ποσοστό ἀπό τήν EZE, Βόννη, εἶναι ἤδη ἕτοιμη καί θά ἀρχίσει τούς ἑπόμενους μῆνες τή λειτουργία της ὑπό τή διεύθυνσή μου.

Ἡ κατάσταση, ἡ ὁποία μᾶς ἀναγκάζει νά ζητήσουμε τήν καλοπροαίρετη προσοχή σας, εἶναι ἡ ἀκόλουθη: Τόσον ἡ Ἀκαδημία, ὅσο καί τά λοιπά Ἱδρύματα χρειάζονται μιά ἰσχυρή οἰκονομική πηγή, ἱκανή νά διασφαλίσει τήν περαιτέρω ἐργασία τους».

Ζητῶ λοιπόν νά μᾶς στείλουν κάποιον εἰδικό, ὁ ὁποῖος θά μελετήσει τήν οἰκονομική κατάσταση καί θά μᾶς ὑποδείξει τρόπους ἀντιμετώπισης τῶν προβλημάτων.

Ἀναφέρω περιπτώσεις ὅπως:

Περαιτέρω ἀνάπτυξη τῆς φάρμας (περιγράφω συνοπτικά τήν τότε δράστηριότητά της).

Ἡ Μονή Γωνιᾶς διαθέτει ἐκτάσεις γῆς πού θά μποροῦσαν ἴσως νά ἀξιοποιηθοῦν καλύτερα μέ κοινά προγράμματα Μονῆς καί Ἀκαδημίας. Εἴχαμε σκεφθεῖ π.χ. ἕνα ἐργοστάσιο χυμῶν, δεδομένου ὅτι τό Μοναστήρι καί ἡ εὐρύτερη περιοχή παράγουν σταφύλια καί ἄλλα φροῦτα, πού χρησιμοποιοῦνται ὅμως μέ παμπάλαιες μεθόδους, ἐλάχιστα ἀποδοτικές. Χιλιάδες τόνοι σταφυλιῶν παράγονται στή Δυτ. Κρήτη, ὅμως οὔτε στό νησί, οὔτε στήν ὑπόλοιπη χώρα ὑπάρχει ἕνα ἐργοστάσιο γιά «χυμό σταφυλιοῦ» {Traubensaft, ἕνα ποτό πολύ ἀγαπητό στή Γερμανία}. Τό ἴδιο ἰσχύει καί γιά ἄλλα φροῦτα. Σωστή ἀξιοποίησή τους θά βοηθοῦσε ὄχι μόνο τή Μητρόπολη μέ τά Ἱδρύματα, ἀλλά καί τήν

Ἀκαδημία. Θά ἦταν κέρδος γιά ὅλη τήν περιοχή, ἐνδεχομένως στά πλαίσια ἑνός Συνεταιρισμοῦ.

Ἀκολουθοῦν πληροφορίες γιά πρακτικά ζητήματα τῆς παραμονῆς τοῦ εἰδικοῦ (διαμονή, διατροφή του, σέ ποιές γλῶσσες μπορεῖ νά συνεννοεῖται κ.λπ.).

Τέλος, ἐκφράζω τήν παράκληση νά βοηθήσουν τήν Ἀκαδημία στά πρῶτα βήματα μέ τήν ἀποστολή μιᾶς Γραμματέως, πού νά γνωρίζει Γερμανικά καί Ἀγγλικά, εἰ δυνατόν δέ νά ἔχει καί κάποια ἐμπειρία ἀπό ἐργασία σέ ἄλλη Ἀκαδημία.

26-2-1968 ΑΒΒ
Μ πρός Απ
Ἐκφράζει εὐχαριστίες γιά ἐπιστολή μου {21.2.1968, ἐνημέρωση γιά τά οἰκονομικά προβλήματα τῆς Ἀκαδημίας}.

Ἔγραψε τόσο στόν Mordhorst, Διευθυντή τῆς ΕΖΕ, ὅσο καί στόν Εἰσηγητή Dr. Damaschke ὅτι κατά τή γνώμη του πρέπει νά ὑποβληθεῖ καί πάλι ὁπωσδήποτε μιά ἀκόμη αἴτηση γιά πρόσθετη χορηγία. Στήν προηγούμενη ἀνάλογη αἴτησή μας ἔπρεπε νά εἴχαμε ζητήσει περισσότερα, μάλιστα καθώς τότε ἡ ΕΖΕ εἶχε περισσότερα χρήματα. Παρά ταῦτα θά ἀσκήσει πίεση στή Βόννη, γιατί δέν ἔχει νόημα νά ὁλοκληρώσει κανείς μιά οἰκοδομή καί νά μήν μπορεῖ νά τή λειτουργήσει. «Δυστυχῶς, ὁ κ. Fähnrich ἔγραψε στήν ΕΖΕ ὅτι ὁ Ἐπίσκοπος δήλωσε ὅτι εἶναι πρόθυμος νά ἀναλάβει τό ἔλλειμμα καί νά τό καλύψει ἔστω σιγά σιγά. Ἐγώ προσωπικά θεωρῶ πώς ὑπάρχει κάποια παρανόηση. Γιατί δέν πιστεύω καθόλου ὅτι ὁ Ἐπίσκοπος εἶναι σέ θέση νά κάμει καί αὐτό καί τή χρηματοδότηση γιά τά ἔξοδα λειτουργίας».

Θά φροντίσει νά εἶναι ἐλεύθερος τόν Ἰούνιο {γιά τά ἐγκαίνια}. Ἴσως μπορέσουμε νά ἔχουμε καί τόν Ἐπίσκοπο Kunst.

Σημειώνει τήν προθυμία του νά καλύψει μέρος τῆς δαπάνης γιά τή δημοσίευση τῆς διδακτορικῆς διατριβῆς μου {METAKENOSIS}.

«Εἶναι καλό τό σχέδιο προϋπολογισμοῦ καί προγραμμάτων» {τῆς Ἀκαδημίας, πού εἴχαμε ὑποβάλει}.

28-2-1968 ΑΒΒ
ΕΖΕ πρός Εἰρηναῖον
Ἐγκρίθηκε ὁ περιορισμός τοῦ οἰκοδομικοῦ προγράμματος κατά μία κατοικία.

10-3-1968 ΚΥΡΙΑΚΗ ΤΗΣ ΟΡΘΟΔΟΞΙΑΣ
Στήν Ἱ. Μονή Γωνιᾶς τελεῖται ἡ Θ. Λειτουργία καί ἡ λιτάνευση τῶν ἱερῶν εἰκόνων. Ἀκολουθεῖ στήν Ὀρθόδοξο Ἀκαδημία Κρήτης ἡ πρώτη τελετουργία

{Ἁγιασμός} καί ἀνακοινώνεται ὅτι ἡ Κυριακή τῆς Ὀρθοδοξίας καθιερώνεται ὡς ἡ ἐπίσημη ἑορτή τῆς Ὀρθοδόξου Ἀκαδημίας.[190]

Καί πάλι ἡ Χούντα
13-3-1968 ΑΑπ
Σέ σημείωμά μου τῆς ἡμέρας αὐτῆς γράφω:
«Συναντῶ τόν κ. Οἰκονόμου {Δημήτριο, Πρόεδρο τοῦ Φορολογικοῦ Δικαστηρίου Ἡρακλείου, μέλος τῆς Ἐκτ. Ἐπιτροπῆς τῆς Ἀκαδημίας}. Μοῦ λέγει ὅτι τοῦ τηλεφώνησε τό πρωί τῆς Δευτέρας, 11 Μαρτίου, ὁ Ταξίαρχος Σκαλούμπακας ἀπό τά Χανιά {φανατικός ἐκφραστής τῆς Χούντας} καί τοῦ εἶπε πώς ἡ ὁμιλία τοῦ Παπαδεροῦ εἰς τήν Ἀκαδημίαν {Κυριακή Ὀρθοδοξίας} ἦταν σαφῶς μαρξιστική (!) καί ὅτι δέν θά ἔπρεπε νά ἀναλάβη ὁ Παπαδερός τή Διεύθυνση τῆς Ἀκαδημίας!
Ἐζήτησε νά μελετήση ὅ,τι ἔχω γράψει, τοῦ ἀπεστάλησαν διάφορα.
Τοῦτο προδικάζει τίς δυσκολίες πού θά συναντήσωμε, ἀλλά καί τήν ἀθλιότητα πού συνεχίζει νά κατατυραννεῖ τό ἔθνος. Μᾶς κυβερνᾶ ἡ βλακεία!».

13-3-1968 ΑΑπ
Εἰρηναῖος πρός Ἀπ (Ἀθήνα)
Πρῶτα ἀποτελέσματα τῶν ἐνεργειῶν μου στή Γερμανία γιά τίς ἔκτακτες ἀνάγκες.
«α) Σοῦ ἐσωκλείω τό σημείωμα τῆς ἐδῶ Τραπέζης διά τά χρήματα ἐκ Γερμανίας. Δέν γνωρίζω ἄν ἦταν ἀπό τό Westfallen.
β) Ὁ Πατριάρχης ἀπήντησεν εὐλογῶν καί "ἐν ἀναμονῇ τῆς ὑπεσχημένης πληρεστέρας Ἐκθέσεως τῆς ὑμετέρας Ἱερότητος περί τῆς Ἀκαδημίας καί τῶν

---

[190] Ἡ ἐφημερίδα ΧΑΝΙΩΤΙΚΑ ΝΕΑ (12-3-1968) περιέγραψε ὡς ἀκολούθως τά γενόμενα:
«Παρουσίᾳ τοῦ... {ἀναφέρονται Προϊστάμενοι Ἀρχῶν καί Ὑπηρεσιῶν} ὡς καί πλήθους φιλοθρήσκων ἐγένετο προχθές Κυριακήν εἰς τήν Ἱεράν Μονήν Γωνιᾶς, χοροστατοῦντος τοῦ Σεβασμ. Μητροπολίτου Κισάμου καί Σελίνου κ. κ. Εἰρηναίου, ἡ καθιερωμένη τελετή καί λιτάνευση τῶν Ἱερῶν Εἰκόνων κατά τό Βυζαντινόν τυπικόν ἐπ' εὐκαιρίᾳ τῆς ἑορτῆς τῆς Ὀρθοδοξίας. Μετά τήν τελετήν καί παρουσίᾳ ὅλων τῶν ἀνωτέρω εἰς τήν αἴθουσαν τῆς νεοϊδρυθείσης "Ὀρθοδόξου Ἀκαδημίας Κρήτης" ἐδόθη ἡ πρώτη ἐπίσημος διάλεξις μέ θέμα: "*Ὀρθοδοξία καί σύγχρονος Κόσμος*" ὑπό τοῦ Σεβασμιωτάτου Μητροπολίτου Κισάμου καί Σελίνου κ. κ. Εἰρηναίου. Πρίν ἀπό τόν Σεβασμιώτατον, ὅστις μέ παρρησία καί σαφήνεια ἀνέπτυξε τό θέμα του, ὡμίλησε δι' ὀλίγον ὁ Διευθυντής τῆς Ὀρθοδόξου Ἀκαδημίας Κρήτης, Θεολόγος κ. Παπαδερός, διά τό ἔργον καί τόν σκοπόν αὐτῆς, τονίσας εἰς τό τέλος τοῦ λόγου του ὅτι τά ἐπίσημα ἐγκαίνια τῆς Ἀκαδημίας ἐλπίζει νά γίνουν περί τά μέσα τοῦ προσεχοῦς Ἰουνίου. Μετά ταῦτα, εἰς τούς ἐπισήμους παρετέθη εἰς αἴθουσαν τῆς Ἱστορικῆς Μονῆς Γωνιᾶς γεῦμα ὑπό τῶν Μοναχῶν αὐτῆς».
Μάρτιος 1968 ΑΒΒ
Μέ μονοσέλιδο σημείωμά μου ἐνημέρωσα τόν Müller γιά τήν πρώτη αὐτή ἐπίσημη ἐκδήλωση στήν Ἀκαδημία.

σκοπῶν αὐτῆς συγχαίρομεν..." .
γ) Οὐδεμία νύξις γίνεται διά τήν πανορθόδοξον Σύσκεψιν.
Λοιπόν κύτταξε μήπως διά τοῦ Ὑπουργείου Ἐξωτερικῶν μάθωμεν τίποτα.
Οἱ δουλειές συνεχίζονται.
Ὁ ἄγνωστος τῶν ὑποσχέσεων δέν ἔδειξεν οὐδέν σημεῖον.
Εἰς {δυσανάγνωστη λέξη, ἴσως: Ἀμερικήν} ἐγράψαμεν».

13-3-1968 ΑΒΒ
Απ (ἀπό Γωνιά) πρός ΕΖΕ
Στέλνω φωτογραφίες καί σύντομη Ἔκθεση ἀπό τήν πρώτη ἐκδήλωση στήν Ἀκαδημία {πρῶτος ἑορτασμός τῆς Κυριακῆς τῆς Ὀρθοδοξίας}. Εὐχαριστῶ γιά τήν ἀποστολή τῶν πρώτων χρημάτων γιά δαπάνες λειτουργίας τῆς ΟΑΚ. Ἐπίσης στέλνω τά δικαιολογητικά πού ἀναγράφονται στήν τελευταία ἐπιστολή τοῦ κ. Fähnrich. Ὁ Ἐπίσκοπος Εἰρηναῖος ἔχασε, δυστυχῶς, τήν ἀπόδειξη γιά τήν ἀλλαγή τῶν 23.000 μάρκων (29.1.1968). Γι' αὐτό σᾶς στέλνω ἀντίγραφό της, πού μᾶς ἔδωσε ἡ Τράπεζα.[191] Περισσότερες ἀποδείξεις θά σᾶς στείλω προσεχῶς, ὅμως ὄχι ἀκόμη ἐκεῖνες πού ἀφοροῦν σέ ἐργασίες πού ἔχει ἀναλάβει νά ἐκτελέσει ἡ Νομαρχία Χανίων, ἐπειδή αὐτές δέν ἔχουν ἀποπερατωθεῖ.

Παρακαλῶ νά μᾶς στείλουν τά ὑπόλοιπα χρήματα, χωρίς νά περιμένουν ὅλες τίς ἀποδείξεις, ἐπειδή τά ἔχουμε ἀνάγκη. Καί ἐπιπλέον νά ἐπανεξετάσουν τό αἴτημά μας γιά πρόσθετη ἐπιχορήγηση, ἐπειδή ἡ Μητρόπολις ἀδυνατεῖ πρός τό παρόν νά συνεισφέρει {τήν οἰκονομική συνδρομή, γιά τήν ὁποία ἔχει δεσμευθεῖ} καί ἄλλες πηγές δέν ὑπάρχουν. Διαφορετικά, δέν θά μπορέσουμε νά ἐφαρμόσουμε ὅλο τό πρόγραμμα δραστηριοτήτων πού ἔχουμε ὑποβάλει, δεδομένου ὅτι δέν πρέπει νά ὀργανώνουμε συνέδρια, ὅταν πρός τό παρόν μπορεῖ νά χρησιμοποιηθεῖ μόνο ἡ αἴθουσα συνεδριάσεων.

Συνημμένα: Ἔκθεση μέ φωτογραφίες. Ἀποδείξεις τῆς Τράπεζας (2). Βεβαίωση γιά τό οἰκόπεδο {ἐκτίμηση τῆς ἀξίας του, πού ὑπολογίζεται ὡς τοπική εἰσφορά στό συνολικό κόστος τῆς Ἀκαδημίας.

4-4-1968 ΑΒΒ
Μ πρός Απ
Ἡ ΕΖΕ τόν πληροφόρησε ὅτι ὑποβάλαμε αἴτηση στό Π.Σ.Ε. γιά βοήθεια πρός κάλυψη ἐξόδων λειτουργίας τῆς Ἀκαδημίας. Ἀποροῦν, ἀφοῦ ἔχουν ἀναλάβει ἐκεῖνοι νά τά καλύψουν γιά τά τρία πρῶτα χρόνια μέ 240.000 DM.

---

[191] Ὡς προϊόν τῆς ἀλλαγῆς ἐκείνης ἀναφέρονται 171.925 δρχ. Ἡ σχέση τῶν νομισμάτων τότε ἦταν λοιπόν 1 DM πρός 7,475 δρχ.

Καί διερωτῶνται γιατί δέν τούς ἐνημέρωσα - τό ἔμαθαν τυχαῖα.¹⁹²

Ὁ Μ γράφει ὅτι ἔχει κατανόηση γιά τήν προσπάθειά μου νά ἀντιμετωπίσω τίς οἰκονομικές μας δυσκολίες, παρατηρεῖ ὅμως, δικαίως, ὅτι τέτοιοι χειρισμοί δημιουργοῦν δυσπιστία... Προτείνει νά πάω στή Γερμανία καί νά μεταβοῦμε μαζί στή Βόννη πρός σχετική συζήτηση μέ τήν ΕΖΕ.

Παρακαλεῖ ἐπίσης νά τόν ἐνημερώσω γιά τό κατά πόσο προβλέπεται νά γίνουν τά ἐγκαίνια αὐτόν τό χρόνο καί συγκεκριμένα τόν Ἰούνιο, τόν Αὔγουστο ἤ μήπως καθόλου.

18-4-1968 ASp
Roos πρός Απ-Αθ
«Σᾶς στείλαμε στό μεταξύ τήν πρόσκληση μέ τό ἀκριβές πρόγραμμα γιά τό οἰκουμενικό συνέδριό μας. Χαιρόμεθα πολύ γιά τό ὅτι ὁ λίαν σεβαστός Ἐπίσκοπός σας καί σεῖς θά μᾶς ἔλθετε».

Στούς ἐπόμενους μῆνες θά διαθέσουμε γιά τήν Ἀκαδημία 10.000 μάρκα ἐπιπλέον. Ἐξετάζουμε τό ἐνδεχόμενο νά σᾶς προσφέρουμε μιά ἐπιπλέον βοήθεια, δέν ἔχουμε ὅμως καταλήξει ἀκόμη σέ ὁριστικό ἀποτέλεσμα.

Ὁ Πρόεδρος τῆς Ἐκκλησίας μας θέλει νά διενεργήσει εἰδικό προσωπικό ἔρανο μεταξύ φίλων του γιά νά σᾶς βοηθήσει. Τό ἀποτέλεσμα θά σᾶς γνωστοποιηθεῖ ἐν καιρῷ.

23-4-1968 ΑΒΒ
Απ πρός Τσέτσην
Ἡ ΕΖΕ πληροφορήθηκε ἀπό τή Γενεύη ὅτι ζήτησα δῆθεν ἀπό τό Π.Σ.Ε. χορηγία γιά τά ἔξοδα λειτουργίας τῆς Ἀκαδημίας. Τοῦτο προκάλεσε κάποια δυσαρέσκεια στή Βόννη. Πρόκειται ὅμως γιά δυσερμήνευτη παρεξήγηση, ἀφοῦ ἡ αἴτησή μας {βλ. 26.3.1968} ἀφορᾶ σέ συνδρομή μόνο γιά ἀνέγερση κατοικίας Ὑποδιευθυντῆ, σέ ἄλλες οἰκοδομικές ἐργασίες καί σέ ἀγορά συσκευῶν. Καί μάλιστα στήν αἴτησή μας ἐκείνη γράφουμε σαφῶς ὅτι ἔχουν καλυφθεῖ τά ἔξοδα λειτουργίας.

---

¹⁹² Σέ σημείωμά μου πρός τόν Μ (ΑΒΒ, σφραγίδα λήψεως 16-4-1968) ἀναφέρομαι στήν ἀπό 26-3-1968 αἴτησή μας πρός τό Π.Σ.Ε. γιά χορηγία 2.331.000 δρχ. γιά ἀγορά συσκευῶν καί γιά οἰκοδομικές ἐργασίες. Τόν παρακαλῶ νά τό προωθήσει στήν ΕΖΕ, ἐνδεχομένως μέ ἀντίγραφο τῆς συνοδευτικῆς ἐπιστολῆς μου. Ἄν χρειασθεῖ, θά παρακαλέσω τή Γενεύη νά στείλει στή Βόννη ὁλόκληρη τήν αἴτησή μας-ὑπάρχει καί στά Ἀγγλικά.

{«Αἱ δαπάναι διά μέν τά τρία ἔτη λειτουργίας θά καλυφθοῦν ἐκ χρημάτων τά ὁποῖα ἔχουν ἐξευρεθῆ ἤδη. Εὐρίσκονται δέ ἐν ἐξελίξει οἱ πόροι μονίμου χρηματοδοτήσεως»}. Τόν παρακαλῶ νά μεριμνήσει γιά τήν ἄρση τῆς περεξήγησης καί, ἄν χρειασθεῖ, νά γράψει τό Συμβούλιο στήν ΕΖΕ ὅτι πρόκειται γιά παρεξήγηση, ὅλως ἀβάσιμη.

30-4-1968 ΑΒΒ
Μ πρός Damaske

«Κατά τήν ἐπίσκεψή μου στήν Κρήτη τόν Ἰανουάριο τρ. ἔτους συζήτησα μέ τόν Ἐπίσκοπο κ. Ε ἰ ρ η ν α ῖ ο, ὅπως καί μέ τόν Διευθυντή τῆς Ἀκαδημίας Δρα Π α π α δ ε ρ ό τό ζήτημα τῶν προγραμμάτων τῆς Ἀκαδημίας τά ὁποῖα εἶναι δυνατόν νά πραγματοποιηθοῦν πρός τό παρόν. Καί οἱ δύο μοῦ περιέγραψαν προφορικῶς τίς μεγάλες δυσκολίες στίς ὁποῖες βρίσκονται ἐξ αἰτίας τῆς ἐγκατάστασης τῆς νέας στρατιωτικῆς κυβέρνησης. Καί οἱ δύο κατέχονται ἀπό μεγάλη δυσπιστία πρός αὐτήν καί μοῦ εἶπαν ὅτι ἡ δυσκολία τους ἔγκειται πρό παντός στό ὅτι σχεδόν ὅλοι οἱ ἀξιωματοῦχοι διά τῶν ὁποίων ἤθελαν νά ἐγκαινιάσουν τήν ἐργασία τους ἔχουν ἀπολυθεῖ καί ἔχουν ἀντικατασταθεῖ ἀπό ἀνθρώπους ὑποταγμένους σ' αὐτήν {Χούντα}, πρακτικά δηλαδή ἀπό ἕνα εἶδος φασιστικῶν ὀργάνων». Ἀντικατάσταση Δημάρχων, Προϊσταμένων Συνεταιρισμῶν...

«Ἀποφάσισαν νά λάβουν δυό μέτρα:

1) Νά ἀποφύγουν πρός τό παρόν ἐπίσημα ἐγκαίνια, ἐπειδή θά ἦταν ὑποχρεωμένοι νά φανερώσουν δημοσίως συνεργασία τους μέ τή στρατιωτική κυβέρνηση ἤ νά τήν ἀπαξιώσουν.

2) Κατά τό πρῶτο ἔτος νά ἐπικεντρώσουν τό ἔργο {τῆς Ἀκαδημίας} στόν κλῆρο καί σέ λαϊκούς τούς ὁποίους ἡ Ἐκκλησία θεωρεῖ ἀξίους ἐμπιστοσύνης. Ἡ προαγωγή μιᾶς φιλελεύθερης διοργάνωσης στήν Ἑλλάδα καί μιά κοινωνικοπολιτική ἐκπαίδευση εἶναι πρός τό παρόν μόνο μέ αὐτούς τούς ἀνθρώπους δυνατή».

Ἀπάντησε ὅτι τά κατανοεῖ ὅλ' αὐτά. Καί οἱ Ἀκαδημίες στήν Ἀνατολή {ἀνατολικό μπλόκ} κινήθηκαν κατά παρόμοιο τρόπο.

Ὁ Ἐπίσκοπος καί ὁ Δρ. Παπαδερός ἔδωσαν τή διαβεβαίωση ὅτι δέν πρόκειται νά μετατρέψουν τήν Ἀκαδημία σέ ἕνα εἶδος "Σχολῆς γιά ἐκκλησιαστική ἐκπαίδευση".

«Σέ μιά πρόσφατη ἐπιστολή του ὁ Δρ. κ. Παπαδερός μοῦ ἔγραψε ὅτι θά περιμένουν γιά τά ἐγκαίνια, ὥσπου νά ἀνακοινωθεῖ τό νέο Σύνταγμα. Ὑπάρχουν, φαίνεται, κάποιες ἐλπίδες ὅτι ὕστερα ἀπό αὐτό θά ὑπάρξει κάποια σταθεροποίηση Κράτους δικαίου στήν Ἑλλάδα. Κατά πόσο ὅμως αὐτό θά πραγματοποιηθεῖ δέν εἶναι βέβαια γνωστό ἀκόμη.

Τελικά, μπορεῖ νά πεῖ κανείς ὅτι ἡ δυσκολία τῆς Ἀκαδημίας Γωνιᾶς βρίσκεται στό ὅτι ἡ Ἑλλάδα μεταμορφώθηκε ἀπό μιά μοναρχία σέ ἕνα φασιστικό κράτος μέ ὅλες τίς δυσκολίες πού ὑπάρχουν γιά τήν ἐργασία μιᾶς Ἀκαδημίας σέ ἕνα ἀπολυταρχικό κράτος.

Δυστυχῶς, δέν μπορεῖ νά ἀμφισβητηθεῖ ὅτι οἱ δυνατότητες τῆς ἐργασίας τῆς Ἀκαδημίας κάτω ἀπό αὐτές τίς συνθῆκες εἶναι περιορισμένες καί ὅτι πρέπει νά κινηθεῖ πάνω σέ δρόμους διαφορετικούς ἀπό ἐκείνους ἑνός δημοκρατικοῦ κράτους δικαίου».

2-5-1968 ΑΒΒ
ΕΖΕ πρός Απ
Ἀναφέρεται στό πρόγραμμα δραστηριοτήτων τῆς Ἀκαδημίας γιά τό 1968 πού εἶχα ὑποβάλει, μέ τήν παρατήρησή μου ὅτι ἦταν προσωρινό καί ὄχι δεσμευτικό. Τώρα, γράφει, ζητοῦν ἀπό τό Ὁμοσπονδιακό Ὑπουργεῖο Οἰκονομικῆς Συνεργασίας τό ὁριστικό πρόγραμμα καί παρακαλοῦν νά τούς τό στείλω.
Κοιν.: Dr. Eberhard Müller
Bad Boll
Στό ἀντίγραφο πού κοινοποιοῦν στόν Müller ἔχουν προσθέσει τό ἑξῆς Υ.Γ.: Ἦρθε στό μεταξύ τό γράμμα τῆς 30.4.1968 {τοῦ Müller πρός τήν ΕΖΕ}. Δώσαμε φωτοαντίγραφό του στό ΒΜΖ {Ὁμοσπονδιακό Ὑπουργεῖο Οἰκονομικῆς Συνεργασίας} μαζί μέ μιά ἐνδιάμεση Ἔκθεση σχετική μέ τό πρόγραμμα γιά τή Γωνιά {Προφανῶς, ἐνημέρωση τοῦ Ὑπουργείου γιά τίς δυσκολίες μας, ὥστε νά παύσει νά τούς πιέζει νά ζητοῦν συνέχεια ὁριστικό πρόγραμμα ἐργασιῶν καί νά πιέζουν στή συνέχεια ἐκεῖνοι ἐμᾶς!}.

7-5-1968 ΑΒΒ
Μ πρός Απ
Ἔγραψα στήν ΕΖΕ σχετικά μέ τό πρόγραμμα τῆς Ἀκαδημίας,[193] φαντάζομαι πώς ἠρέμησαν τά πράγματα.
Τό ἴδιο ἰσχύει ὅσον ἀφορᾶ στό θέμα τῆς αἰτήσής σας πρός τό Π.Σ.Ε.. Ὑπῆρξε μιά παρεξήγηση ἀπό τήν πλευρά τῆς ΕΖΕ, πού διευκρινίσθηκε στό μεταξύ. Κανείς δέν ἔχει ἀντίρρηση γιά αἴτημά σας πρός τό Π.Σ.Ε. γιά πρόσθετη χορηγία. Αὐτή ὅμως καλό εἶναι νά ἐπιδιωχθεῖ ἀπό ἄλλες Ἐκκλησίες καί ὄχι ἀπό τίς γερμανικές. Καί βέβαια τό αἴτημα δέν πρέπει νά ἀφορᾶ στά ἔξοδα λειτουργίας τῆς Ἀκαδημίας

---

[193] Ἐννοεῖ τήν ἐπιστολή του τῆς 30-4-1968 ΑΒΒ, πού ἀποτελεῖ μιά ἀπό τίς ἐνέργειες, τό περιεχόμενο τῶν ὁποίων δέν μᾶς εἶχε γνωστοποιηθεῖ τότε καί τό διαπιστώνουμε μόλις τώρα, μέ τήν παρούσα ἔρευνα.

γιά τά ἑπόμενα δυό χρόνια, ἀφοῦ αὐτά καλύπτονται ἀπό τήν ΕΖΕ.

Ὅσον ἀφορᾶ στά ἐγκαίνια τῆς Ἀκαδημίας. Κατανοῶ τίς δυσκολίες καί ἐπιφυλάξεις σας. Ἄν ὅμως τά κάμετε ἐντός τοῦ 1968, πρέπει νά γνωρίζω ἔγκαιρα τήν ἡμερομηνία, ὥστε νά προσπαθήσω νά πεισθεῖ καί ὁ Ἐπίσκοπος Kunst νά ἔλθει. Μπορεῖ ὅμως νά τά μεταθέσετε καί γιά τήν ἄνοιξη, καίτοι θά εἶναι τότε μᾶλλον ἀργά.

Ἡ δεσπ. Mohn εἶναι πρόθυμη νά ἔλθει τό καλοκαίρι νά σᾶς βοηθήσει στήν ὀργάνωση τοῦ Γραφείου, ἄν τό χρειάζεστε.

26-5-1968 ΑΒΒ
Απ πρός ΕΖΕ
Ἀπαντῶ στό ἀνωτέρω αἴτημά τους γράφοντας ὅτι κάνουμε πρός τό παρόν ὅ,τι μποροῦμε, ἐλπίζουμε ὅτι τό κτήριο θά εἶναι πολύ σύντομα ἕτοιμο γιά κανονική λειτουργία καί ὅτι τέλος Ἰουνίου θά βρίσκομαι στή Γερμανία καί θά μποροῦσα νά τούς ἐπισκεφθῶ στή Βόννη 1 ἤ 2 Ἰουλίου πρός συζήτηση ὅλων τῶν ἀνοιχτῶν θεμάτων.

Σημειώνω ὅτι δέν μοῦ ἀπάντησαν ἀκόμη σέ προηγούμενο ἐρώτημά μου σχετικό μέ τό πόσο συχνά ὀφείλουμε νά τούς στέλνουμε τά ἀποδεικτικά γιά τή χρήση ἐμβασμάτων τους πρός κάλυψη ἐξόδων λειτουργίας. Μόλις λάβω ἀπάντηση, γράφω, θά στείλω τίς ἀποδείξεις γιά τό πρῶτο ἔμβασμα, στό μεταξύ ὅμως παρακαλῶ νά στείλουν 12.000 μάρκα, καί μάλιστα μέχρι 10 Ἰουνίου, ὥστε νά ἐξοφλήσω σχετικά χρέη πρίν φύγω γιά τή Γερμανία.

Παρακαλῶ ἀκόμη νά μή μοῦ στέλνουν πλέον γράμματα στήν Ἀθήνα, ἀλλά στήν Ἀκαδημία (γράφω τή διεύθυνση). Ἐπίσης νά μοῦ στείλουν ὀνόματα καί διευθύνσεις προσώπων πού ἐκεῖνοι κρίνουν ὅτι πρέπει νά καλέσουμε στά Ἐγκαίνια τῆς Ἀκαδημίας.

27-5-1968 ASp
Απ πρός Roos[194]
Ἀναφέρομαι στό ἐπικείμενο ταξίδι τοῦ Σεβασμ. Εἰρηναίου καί ἐμοῦ, κατά τό ὁποῖο θά λάβουμε μέρος σέ ἐκδήλωση τῆς Ἐκκλησίας τους. Ἐγώ θά πάω

---

[194] Τό ἐπιστολόχαρτο φέρει στήν κορυφή φωτογραφία τοῦ κτηρίου τῆς Ἀκαδημίας. Διακρίνεται ἀριστερά καί μέρος τῆς κατοικίας τοῦ Διευθυντῆ. Ὡς νέα διεύθυνσή μου ἀναγράφω: ORTHODOXOS AKADIMIA KRITIS Kolymbari-Chania/Kreta. Ἔχει γίνει ἡ ἀπόλυσή μου ἀπό τό Παιδαγωγικό Ἰνστιτοῦτο (Ἰούλιος 1967) καί, ὕστερα ἀπό μακρά ἀναμονή, ἔχει ἐγκριθεῖ ἡ μετάθεση τῆς συζύγου μου ἀπό τόν ΟΤΕ Ἀθηνῶν στόν ΟΤΕ Χανίων. Τήν 1η Ἰουνίου 1968 φθάσαμε οἰκογενειακῶς (ἡ γυναίκα μου, τά παιδιά μας Μαρία καί Πολυχρόνης καί ἡ πεθερά μου Φεβρωνία) καί ἐγκατασταθήκαμε ἀρχικά στό κτήριο τῆς Ἀκαδημίας (στά δύο δωμάτια πού μετατράπηκαν ἀργότερα καί παραμένουν Γραφεῖο Διευθυντῆ καί Γραμματεία).

προηγουμένως στή Ζυρίχη καί στή Γενεύη. Ὁ Σεβασμιώτατος θά τούς γνωρίσει τό δικό του δρομολόγιο. Πάντως καί οἱ δυό μας θά φθάσουμε στίς 25 Ἰουνίου στό Mühlberg {ὅπου θά λάβει χώρα τό οἰκουμενικό συνέδριό τους στίς 26/27.6.1968[195]}.

Παράκληση νά μᾶς στείλουν ὡς τάχιστα τήν ἐπιχορήγηση πού ἔχουν ἐγκρίνει, προκειμένου νά ἐξοφλήσουμε κάποια χρέη.

Πρώτη ἔκθεσή μου γιά τή λειτουργία τῆς ΟΑΚ
(στή γερμαν. γλώσσα)
Orthodoxe Akademie von Kreta, Bericht über die Tätigkeit bis Mai 1968 {Ὀρθόδοξος Ἀκαδημία Κρήτης, Ἔκθεση γιά τή δράση μέχρι τόν Μάιο τοῦ 1968}.

Οἱ ἐγκαταστάσεις δέν εἶναι ἀκόμη ἕτοιμες πρός λειτουργία. Ὡστόσο, πραγματοποιήθηκε ἤδη μιά δραστηριότητα, πού ἀποτελεῖ ἕνα καρποφόρο προπαρασκευαστικό στάδιο καί μιά ἀρχή μέ ἀργά βήματα {Κυριακή τῆς Ὀρθοδοξίας}.

Κύρια σημεῖα:
1. Ἐπιτάχυνση τῶν τελευταίων ἐργασιῶν. Σχεδόν συνεχής παρουσία τοῦ Διευθυντῆ τῆς Ἀκαδημίας στόν τόπο ἐργασιῶν. Οἱ ἐργασίες θά εἶχαν κιόλας ὁλοκληρωθεῖ, ἄν δέν ἀντιμετωπίζαμε τίς γνωστές οἰκονομικές δυσκολίες.

Λόγω μέτρων λιτότητας, ἡ Νομαρχία Χανίων δέν μπόρεσε ἀκόμη νά ἐκπληρώσει τήν ὑποχρέωση πού ἀνέλαβε, δηλαδή νά διαμορφώσει ἕνα μέρος τῶν ἐξωτερικῶν χώρων. Ἐπειδή τό σύνολο τῶν ἐξωτερικῶν χώρων πρέπει νά διαμορφωθεῖ ἐπειγόντως, ὑποβάλαμε μιά αἴτηση στό Π.Σ.Ε. γιά τούς χώρους αὐτούς καί μέρος τοῦ ἐξοπλισμοῦ. Ἐλπίζουμε νά ἐγκριθεῖ ἡ αἴτηση. Στό μεταξύ, σέ μιά σύσκεψη στίς 9 Ἀπριλίου, οἱ μηχανικοί καί ἀρχιτέκτονες τῆς Νομαρχίας δήλωσαν πρόθυμοι νά ἑτοιμάσουν τά ἀναγκαῖα σχέδια {γιά τούς ἐξωτερικούς χώρους} δωρεάν.

Ἡ Evanh. Landeskirche der Pfalz μᾶς ὑποσχέθηκε 10.000 DM ὡς συμβολή στήν ἐξόφληση τοῦ ὑπόλοιπου χρέους.

Ἡ Μητρόπολις Κισάμου καί Σελίνου πρόσφερε στό μεταξύ ἀπό τόν Μάρτιο μιά μή προβλεπόμενη εἰσφορά πλέον τῶν 350.000 δρχ. Ἀλλά τό χρέος δέν ἔχει ἐξοφληθεῖ ἀκόμη ἐξ ὁλοκλήρου, ἐνῶ χρειαζόμαστε ἀκόμη μερικά εἴδη ἐξοπλισμοῦ (μεταξύ ἄλλων, πιάτα, κουβέρτες, ντουλάπες κουζίνας κ.ἄ.).

---

[195] Στόν κατάλογο τῶν μελῶν τοῦ Συνεδρίου (σελ. 2) ἀναγράφεται συμμετοχή ἀπό τήν Ἑλλάδα: Ἐπίσκοπος Εἰρηναῖος, Καστέλλι Χανιά/ Κρήτη. Δρ. Παπαδερός, Γωνιά/Κρήτη. Συμμετεῖχε ἐπίσης ὁ Πολύκαρπος Ἀποστολάκης, Ὑπεύθυνος τοῦ «Κέντρου τῶν Ἑλλήνων, Ludwigshafen», πού εἶχε προσληφθεῖ ὕστερα ἀπό σύστασή μου καί συνηγορία τοῦ Εἰρηναίου, ὡς διάδοχος τοῦ Γ. Παπατζανάκη στή θέση αὐτή. Καί ὁ Πολύκαρπος πρόσφερε σημαντικές ὑπηρεσίες στούς Ἕλληνες τῆς περιοχῆς τοῦ Παλατινάτου.

2. Ἐπέκταση τῆς Φάρμας

Παρέχω πληροφορίες γιά τίς δραστηριότητες τοῦ Κέντρου Ἀγροτικῆς Ἀναπτύξεως στό Κολυμβάρι. Σημειώνω ἰδιαίτερα μιά τετραήμερη προγραμματική σύσκεψη (6-9 Ἀπριλίου). Ἐλάβαμε μέρος ὁ Σεβασμ. Εἰρηναῖος, ἐγώ, ὁ Διευθυντής τοῦ Κέντρου καί οἱ συνεργάτες του, ὁ Peter Dyck, ὁ John Weller, ὁ Δ/ντής τῆς Ἀμερικανικῆς Γεωργικῆς Σχολῆς Θεσσαλονίκης. Βασικό θέμα πού συζητήσαμε ἦταν τό ἐπιμορφωτικό πρόγραμμα γιά τούς ἀγρότες. Ἀνατέθηκε στόν γεωπόνο Ν. Ψυλλάκη καί σέ μένα τό ἑπόμενο βῆμα: Ἡ ἐξειδίκευση τῶν προταθέντων καί ἡ ἐφαρμογή τους σέ συνεργασία μέ τίς ἁρμόδιες Ὑπηρεσίες καί τό Κέντρο.

Στό μεταξύ, προστρέχουν στό Κέντρο ἀγρότες ἀπό τόν ἄμεσο καί τόν εὐρύτερο περίγυρο, λαμβάνουν ὁδηγίες γιά ζωοτροφία καί πτηνοτροφία, παίρνουν χοιρίδια καί κοτόπουλα εἰδικῆς ράτσας καί τά ἀναπτύσσουν βάσει τῶν ὁδηγιῶν. Στόχος εἶναι ἡ ἀναδιάρθρωση τῆς κτηνοτροφίας καί τῶν καλλιεργειῶν.

3. Ἐπαφές μέ ὑπηρεσίες καί πρόσωπα

Ἀναφέρονται ἐπαφές τοῦ Σεβασμ. Εἰρηναίου καί ἐμοῦ μέ διάφορα πρόσωπα στήν Κρήτη καί στήν Ἀθήνα, μέ τά ὁποῖα ἐνδείκνυται νά συνεργαστοῦμε γιά συνεδριακές καί ἄλλες δράσεις (π.χ. Διοικητής Πεδίου Βολῆς - ἐνημέρωση ξένων στρατιωτικῶν γιά τήν Κρήτη κ.λπ., Καθηγ. Τατάκης γιά φιλοσοφικά καί ἄλλα θέματα, Καθηγ. Εὐδοκίμωφ γιά συνεργασία μας μέ τήν Ὀρθόδοξο Διασπορά).

4. Ἐπαφές μέ ἐκκλησιαστικές προσωπικότητες

Συναντήσεις τοῦ Δ/ντῆ τῆς Ἀκαδημίας μέ τόν Ἀρχιεπίσκοπο καί Μητροπολίτες Κρήτης, μέ ἄλλα ἐκκλησιαστικά πρόσωπα στήν Κρήτη καί τήν Ἀθήνα, μέ Θεολόγους, μέ τόν Δ/ντή τοῦ Ἰνστιτούτου Μποσσαί Ν. Νησιώτη καί τούς ἐκπροσώπους τοῦ Π.Σ.Ε. στήν Ἑλλάδα καί πολλούς ἄλλους γιά τήν ἀνάπτυξη τῶν ἐνδεδειγμένων κατά περίπτωση συνεργασιῶν.

5. Ἐπισκέψεις

Ἡ Ἀκαδημία ὑπάγεται ἤδη στά ἀξιοθέατα τῆς Δυτ. Κρήτης. Τούς τελευταίους τρεῖς μῆνες πέρασαν ἀπό τήν Ἀκαδημία καί ξεναγήθηκαν περισσότερα ἀπό 1.500 πρόσωπα (π.χ. ἀλλοδαποί στρατιωτικοί, κυρίως Γερμανοί, τά μέλη διεθνοῦς συνεδρίου στά Χανιά, Καθηγητές καί Φοιτητές τῆς Φιλοσ. Σχολῆς Ἰωαννίνων, ὁμάδα Ρωμαιοκαθολικῶν καλογραιῶν ἀπό τή Γαλλία κ.ἄ.).

6. Συνέδρια

Ἡ Ἀκαδημία δέν εἶναι ἀκόμη ἕτοιμη γιά σίτιση καί διανυκτέρευση συνέδρων. Τό γεῦμα παρέχεται στή Μονή Γωνιᾶς καί ἡ διανυκτέρευση στό Καστέλλι.

10/3: Συνάντηση μέ τούς Θεολόγους τῶν Ἐπαρχιῶν τῆς Μητροπόλεως Κισάμου καί Σελίνου. Θέμα: Σχολεῖο καί Ἐκκλησία. Ὁμοίως 6/4 καί 11/5.

21-22/5:Συνάντηση τῶν Ἑλλήνων-Μελῶν τοῦ Τάγματος τοῦ Μ. Κων/νου, συζήτηση γιά τόν τρόπο στήριξης τοῦ κοινωνικοῦ ἔργου τῆς Ἐκκλησίας Κρήτης καί τοῦ Ἰδρύματος.

Τά ἐγκαίνια τῆς Ἀκαδημίας ὁρίσθηκε νά γίνουν τόν Ὀκτώβριο.

31-5-1968 ABB
Μ πρός Απ τηλεγράφημα
«Ὁ Ἐπίσκοπος Kunst εἶναι ἕτοιμος νά ἔλθει μαζί μου στήν Κρήτη στίς 13 Ὀκτωβρίου» {ἐγκαίνια}.

4-6-1968 ABB
Μ πρός Απ
Προγεύεται τή χαρά τῶν ἐγκαινίων.
Πιθανή συνάντησή μας στή Γερμανία.
Ἄφιξη τῆς Γραμματέως του Ruth Mohn στήν Κρήτη γιά διακοπές (Αὔγουστο - Σεπτέμβριο). Θά εἶναι στή διάθεσή μας γιά βοήθεια Γραφείου, ἄν χρειαστοῦμε.

Ρύθμιση τελευταίων οἰκονομικῶν ἐκκρεμοτήτων
5-6-1968 ABB
Μ πρός Απ
Χθές ἦταν ἐδῶ ὁ Διευθυντής κ. Mordhorst. Μοῦ ἔδωσε τήν ἀπό 26 Μαΐου τρ. ἔ. πρός αὐτόν Ἔκθεσή σας. Μιλήσαμε γιά τήν Κρήτη καί γιά τίς οἰκονομικές σας ἀνησυχίες.

Ὁ Διευθυντής Mordhorst εἶπε ὅτι ὁ κ. Fähnrich, πού ἦταν μιά ἤ περισσότερες φορές στή Γωνιά, ἔδωσε τήν πληροφορία ὅτι ὅλες οἱ δαπάνες γιά τήν οἰκοδομή καί τόν ἀναγκαῖο ἐξοπλισμό ἔχουν καλυφθεῖ. Γιά τό λόγο αὐτό δέν καταλαβαίνουν στήν EZE γιατί δέν τελειώνει τό οἰκοδόμημα. Πρότεινα, ὅταν θά ἔλθετε στή Βόννη, νά ὑπάρξει μιά ἀντιπαράστασή σας μέ τόν κ. Fähnrich, ὥστε νά διευκρινιστεῖ αὐτή ἡ διαφορά. Θά ἦταν λοιπόν καλό νά φέρετε μιά ἀκριβῆ κατάσταση τῶν δαπανῶν, ὅπου νά φαίνονται οἱ δαπάνες γιά τόν σκελετό, τό τελείωμα καί τόν ἐξοπλισμό, πόσο μέρος {τῆς δαπάνης} ἐκάλυψε ἡ Μητρόπολις Κισάμου καί ἑπομένως ποιά ποσά λείπουν ἀκόμη.

Ὁ Διευθυντής Mordhorst μέ κάλεσε σέ αὐτήν τή συζήτηση καί θά μποροῦσα ἴσως νά εἶμαι διαθέσιμος τήν 1η Ἰουλίου, καίτοι εἶναι κάπως δύσκολο, ἐπειδή ἔχω μιά συνεδρία τό πρωί. Ἴσως ὅμως τό ρυθμίσω, ἄν ἡ συζήτηση γίνει τό ἀπόγευμα τῆς 1ης Ἰουλίου.

Πιστεύω ὅτι ἡ διευκρίνιση ὅλων αὐτῶν τῶν ζητημάτων εἶναι πολύ σημαντική ἀκόμη καί γιά τήν περαιτέρω στήριξη ἀπό τό Π.Σ.Ε. ἤ ἄλλες αἰτήσεις γιά στήριξη, ὁ χειρισμός τῶν ὁποίων θά γίνει ἀπό τή Γερμανία.

Φυσικά θά εἶναι σημαντικό νά συζητηθεῖ καί τό θέμα τοῦ προγράμματος πού εἶναι πρός τό παρόν ἐφικτό. Θά ἦταν καλό νά φέρετε μαζί σας σχέδια γιά ὅσα εἶναι δυνατόν νά γίνουν τώρα.

Υ.Γ. Μέ τήν ΕΖΕ, Βόννη, καί τόν Διευθυντή κ. Mordhorst ὁριστικοποιήθηκε γιά τή συζήτηση ἡ 1.7.1968, ὥρα 16.00. Παρακαλῶ νά σημειώσετε αὐτήν τήν ἡμερομηνία. Ἐάν θά εἶσθε στό ΒΒ στίς 30.6 ἤ τήν 1.7, μποροῦμε νά ταξιδέψουμε μαζί {στή Βόννη}.

Εἰρηναῖος καί Ἀπ πάλι στή Γερμανία
6-6-1968 ASp
Sohn πρός Ἀπ
Γράφει κατ' ἐντολήν τοῦ Roos καί εἰς ἀπάντηση ἐπιστολῆς μου ἀπό 27.5.1968: «Εἶναι αὐτονόητο ὅτι σεῖς καί ὁ Σεβασμ. Μητροπολίτης Εἰρηναῖος μπορεῖτε νά μείνετε ἤδη ἀπό 25 Ἰουνίου στό Κέντρο μας γιά διακοπές "Haus Mühlberg", Enkenbach. Θά κάνουμε τή σχετική κράτηση δωματίων». Ἀνακοινώνει ἀκόμη ὅτι προσφέρουν μιά ἐπιπλέον χορηγία 10.000 μάρκων μέσω τοῦ Diakonisches Werk τῆς Ἐκκλησίας τους.[196] Θά τά στείλουν στήν ἴδια διεύθυνση, ὅπως καί τίς προηγούμενες ἐπιχορηγήσεις {ΕΘΝΙΚΗ ΤΡΑΠΕΖΑ, Χανιά}.

7-6-1968 ABB
ΕΖΕ πρός Ἀπ
Εὐχαριστοῦν γιά τήν ἀπό 26.5.1968 ἐπιστολή μου καί τήν Ἔκθεση γιά τίς δραστηριότητές μας μέχρι τόν Μάιο τοῦ 1968.[197] Ἐπιβεβαιώνουν τήν ἡμερομηνία καί ὥρα τῆς ἐπικείμενης συζήτησής μας στή Βόννη (1η Ἰουλίου, ὥρα 16.00).

---

[196] Ἀπό σχετικό Ἀπόσπασμα Πρακτικῶν φαίνεται ὅτι τό ἁρμόδιο Ἐκκλησιαστικό Συμβούλιό τους ἔλαβε τή σχετική ἀπόφαση στίς 30-7-1968.

[197] Alex: Papaderos, Orthodoxe Akademie von Kreta. Bericht über die Tätigkeit bis Mai 1968 {5 σελίδες}. Στήν Ἔκθεση αὐτή γιά τίς δραστηριότητες τῆς Ἀκαδημίας μέχρι τόν Μάιο τοῦ 1968 ἀναφέρω ὅτι, καίτοι ἡ οἰκοδομή δέν εἶναι ἀκόμη ἕτοιμη, μερικές δραστηριότητες ἀποτελοῦν ἕνα δημιουργικό προπαρασκευαστικό στάδιο.

Ἐπιταχύνθηκαν οἱ ἐργασίες ὁλοκλήρωσης τοῦ κτηρίου. Θά εἶχαν τελειώσει, ἄν δέν ἀντιμετωπίζαμε τίς γνωστές οἰκονομικές δυσκολίες. Ἡ Νομαρχία Χανίων δέν μπόρεσε ἀκόμη νά ἐκπληρώσει τήν ὑποχρέωση πού ἔχει ἀναλάβει {διαμόρφωση ἐξωτερικῶν χώρων}. Σέ σύσκεψη μέ τούς μηχανικούς τῆς Νομαρχίας (9/4) λάβαμε τή διαβεβαίωσή τους ὅτι θά ἐκπονήσουν τά σχέδια δωρεάν. Ζητήσαμε ἐνίσχυση ἀπό τό Π.Σ.Ε. Ἡ Μητρόπολις Κισάμου καί Σελίνου διέθεσε στό μεταξύ τό μή προβλεπόμενο ποσόν τῶν 350.000 δρχ. Παραμένουν, ὡστόσο, χρέη, ἐνῶ λείπουν καί ἄλλα εἴδη (κουβέρτες, πιάτα, σκεύη τῆς κουζίνας). Ἐπέκταση καί ἐντατικοποίηση τῶν ἐργασιῶν τοῦ Κέντρου Ἀγροτικῆς Ἀναπτύξεως. Συναντήσεις μέ διάφορα πρόσωπα γιά τήν προετοιμασία συνεδρίων. Συναντήσεις μέ Ἱεράρχες, ἱερεῖς καί λαϊκούς Θεολόγους γιά τόν ἴδιο σκοπό. Ὑποδοχή πολλῶν ἐπισκεπτῶν - ἡ Ἀκαδημία συγκαταλέγεται ἤδη στά... ἀξιοθέατα τῆς περιοχῆς. Ἔλαβαν χώρα 3 Ἡμερίδες καί ἕνα διήμερο συνέδριο. Τά ἐγκαίνια ἀποφασίσαμε νά γίνουν τίς πρῶτες ἑβδομάδες Ὀκτωβρίου τοῦ 1968.

10-6-1968 ABB
Schulz πρός M
Συνάντηση Kunst - Παπαδερού: «Ὁ Ἐπίσκοπος Kunst θά ἐπιθυμοῦσε πολύ εὐχαρίστως νά συζητήσει μέ τόν κ. Παπαδερό». Αὐτό ὅμως μπορεῖ νά γίνει μόνο τήν 1ῃ Ἰουλίου. Παρακαλοῦν λοιπόν νά ἐπικοινωνήσω μέ τή Γραμματεία τους μόλις φθάσω τήν ἡμέρα ἐκείνη στή Βόννη.
Κοιν.: Απ

15-6-1968 EZA
Εἰρηναῖος πρός Möck
Ὁ Möckel βρίσκεται γιά διακοπές στήν Ἑλλάδα καί θέλει νά ἔλθει στήν Κρήτη. Ὁ Εἰρηναῖος γράφει ὅτι φεύγει γιά τήν Οὐψάλα[198] {Γεν. Συνέλευση τοῦ Π.Σ.Ε. Εἶχα κληθεῖ καί ἐγώ, ἀλλά μοῦ ἀφαίρεσαν τό διαβατήριο}. Μπορεῖ νά συναντηθεῖ μέ μένα (μετά τήν 1ῃ Ἰουλίου) καί μέ τόν Πρωτοσύγκελλο {Εἰρηναῖο Ἀθανασιάδη}.
Τά τῆς οἰκίας στόν Λειβαδά ἔχουν ρυθμισθεῖ {περιέρχεται στήν ἰδιοκτησία τοῦ ἱ. Ναοῦ τῶν Ἁγ. Πάντων καί στήν ἁρμοδιότητα τοῦ τοπικοῦ Ἐκκλ. Συμβουλίου}. Εὐχαριστεῖ γιά τή συνεχιζόμενη συμπαράσταση τοῦ Möckel καί τῆς Sühnezeichen πρός τήν Κάντανο.

20-6-1968 ABB
Απ πρός EZE
Στή συνέχεια τῆς ἐπιστολῆς μου τῆς 7ης Φεβρουαρίου τρ. ἔ. σᾶς στέλνω τό ὁριστικό πρόγραμμα ἐργασιῶν τῆς Ἀκαδημίας μας γιά τό διάστημα ἀπό τόν Αὔγουστο μέχρι τέλος τοῦ ἔτους. **«Ἐπ' εὐκαιρίᾳ, παρακαλῶ νά λάβετε ὑπόψιν ὅτι πρόκειται γιά τά πρῶτα βήματα τῶν ἐργασιῶν τῆς Ἀκαδημίας μας καί ὅτι, δεδομένων τῶν σημερινῶν συνθηκῶν {δικτατορία}, μποροῦμε νά ἐπιδιώκουμε ὄχι τό ἀναγκαῖο, ἀλλά μόνο τό ἐφικτό».** (b-Απ).

9-7-1968 ABB
M πρός Knöbel
Ὁ Knöbel ἦταν τότε ἀναπληρωτής Διευθυντής τῆς EZE.
Ὁ Müller γράφει ὅτι ἀναφέρεται σέ τηλεφωνική συζήτηση γιά τό θέμα τῆς Ἀκαδημίας τῆς Κρήτης πού εἶχε τήν προηγούμενη ἡμέρα μέ αὐτόν, ἐπειδή ἀπουσίαζε ὁ Διευθυντής Mordhorst. «Τήν 1ῃ τρέχοντος μηνός, παρουσίᾳ τοῦ

---

[198] 4ῃ Γεν. Συνέλευση τοῦ Π.Σ.Ε. Εἶχα κληθεῖ καί ἐγώ, ἡ Χούντα ὅμως μοῦ ἀφαίρεσε στό μεταξύ τό διαβατήριο.

Δρος Παπαδεροῦ, τοῦ Dr. Damaschke, τοῦ κ. Ihle, τοῦ ἴδιου {Müller} καί μερικῶν ἄλλων συνεργατῶν τῆς EZE ἔγινε συζήτηση γιά τήν κατάσταση {τῆς Ἀκαδημίας}. Διαπιστώθηκαν τά ἀκόλουθα, χωρίς καμμιά ἀντίρρηση: Τρία χρόνια ἀπό τήν ἔγκριση τῆς χορηγίας γιά τήν οἰκοδομή στήν Κρήτη ὑπῆρξε αὔξηση τῶν τιμῶν περίπου 30%.

Αὐτό θά σήμαινε ἕνα πρόσθετο κόστος τοῦ ἐγχειρήματος ἄνω τῶν 400.000 DM. Αὐτό τό πρόσθετο κόστος ἀποφεύχθηκε κατά μέγα μέρος

α) μέ περιορισμό τοῦ οἰκοδομικοῦ προγράμματος,

β) μέ τό ἀποθεματικό πού εἶχε ἐγγραφεῖ στούς ὅρους ἔγκρισης,

γ) μέ περιορισμό τοῦ κόστους, π.χ. ἐπειδή μέ τό φορτηγό αὐτοκίνητο, πού εἶχε ὑπολογισθεῖ στίς δαπάνες, ὁ ὁδηγός τοῦ Ἐπισκόπου {ἀείμνηστος Δημήτριος Νικηφοράκης} ἔκαμε ὁ ἴδιος ὅλες τίς διαδρομές {γιά μεταφορές ὑλικῶν κ.λπ.}, οἱ ὁποῖες θά ἦταν πολύ δαπανηρές».

Ἐφαρμόσθηκαν βέβαια καί κάποια μέτρα πού αὔξησαν τό κόστος, ἀλλά μόνο κατά περίπου 40.000 DM. Πρόκειται γιά μιά κάπως διαφορετική ἀπό ἀρχιτεκτονική ἄποψη ὅμως οὐσιωδῶς καλύτερη τοποθέτηση τῆς ὅλης οἰκοδομῆς (DM 30.000) καί πλήρη ἐγκατάσταση συστημάτων ὑγιεινῆς, πού ἀρχικά εἶχε σχεδιασθεῖ μόνο γιά μερικούς χώρους (10.000 DM). Ἀμφότερα ἦταν λογικό νά γίνουν, ἰδίως τά τελευταῖα. Διότι, ἄν δέν εἶχαν γίνει σωστά τά ὑπνοδωμάτια, ὥστε νά μποροῦν νά διατεθοῦν σέ ἐπισκέπτες μέ σοβαρές τιμές, ἡ ἀπώλεια σέ ἕνα μόνο χρόνο θά ἦταν μεγαλύτερη ἀπό 10.000 DM.

Συνολικά λοιπόν πρόκειται γιά ἕνα ποσόν 150.000 DM, πού εἶναι ἀκάλυπτο {χρέη}, μέ ἀποτέλεσμα νά μήν εἶναι δυνατό τό κλείσιμο ὅλων τῶν ἐργασιῶν. Μερικοί προμηθευτές συσκευῶν ὑγιεινῆς δέν παρέδωσαν σημαντικά ἐξαρτήματά τους, μέ ἀποτέλεσμα νά μήν μποροῦν νά λειτουργήσουν. Οἱ ἄνθρωποι ἐκεῖ {στήν Ἀκαδημία, Ἐπίσκοπος,...} βρίσκονται σέ μέγιστη ἀμηχανία, μάλιστα καθώς ἡ EZE ἔχει ἐπιβάλει ὅρο νά μήν τεθεῖ τίποτε σέ ὑποθήκη. Ἡ EZE δέν ἐπιτρέπεται νά τούς ἐγκαταλείψει. Γνωρίζει {ἡ EZE} μέ πόση μέγιστη προσωπική προσπάθεια ἐφάρμοσε ὁ Ἐπίσκοπος Εἰρηναῖος ἐπιτυχῶς διάφορα κοινωνικά προγράμματα. Συνεισέφερε ἐπιπλέον σχεδόν ὅλα ὅσα εἶχε ἀναλάβει ὡς τοπική εἰσφορά, μιά πολύ μεγάλη ἐπίδοση γιά μιά φτωχή Μητρόπολη. Δέν μπορεῖ νά δηλώσει κανείς τώρα, ἄς τά βρεῖ μόνος του {τά ἐλλείποντα ποσά} ἤ νά τά πάρει ἐνδεχομένως ἀπό τό Κράτος ὑπό ἀνυπόφορους ὅρους.

Ὁ Müller κάνει στή συνέχεια μιά πρόταση: Τό ποσό τῶν 150.000 DM νά μοιρασθεῖ σέ τρία. DM 50.000 νά ἀναλάβει ὁ Ἐπίσκοπος, DM 50.000 ἡ EZE καί DM 50.000 ἡ Ὑπηρεσία "Brot für die Welt". «Ἄν ταξιδεύσει ὁ Ἐπίσκοπος Kunst μαζί μου στήν Κρήτη γιά τά ἐγκαίνια στίς 13 Ὀκτωβρίου 1968, πρέπει νά ἔχει λυθεῖ αὐτό τό πρόβλημα».

Κλείνει μέ τήν παράκληση νά συμβάλουν ὅλοι οἱ ἁρμόδιοι τῆς ΕΖΕ στή ρύθμιση τοῦ ζητήματος.[199]

5-8-1968 ASp
Roos πρός Εἰρηναῖον
Εὐχαριστεῖ γιά τή συμμετοχή μας στό συνέδριό τους (Unionstagung στό "Haus Mühlberg") καί γιά τίς συχνές συνομιλίες τους στήν Uppsala τῆς Σουηδίας {Δ΄ Γεν. Συνέλευση τοῦ Π.Σ.Ε.}. Ἐπιβεβαιώνει τή χορηγία τῶν 10.000 μάρκων πρός κάλυψη ἐλλείμματος στίς οἰκοδομικές ἐργασίες τῆς Ἀκαδημίας.

Πολύκαρπος Ἀποστολάκης (Κοιν. Λειτουργός), Απ καί Εἰρηναῖος σέ συνέδριο στήν Ἀκαδημία τῆς Ἐκκλησίας τοῦ Παλατινάτου (Ἰούν. 1968). Φωτ. ASp.

---

[199] Στίς 6-8-1968 ABB γράφει ὁ Müller στή Γραμματέα του Μόν, πού βρίσκεται στήν Ἀκαδημία καί μᾶς βοηθᾶ στήν ὀργάνωση τῆς δικῆς μας Γραμματείας, ὅτι ἀπό τήν ΕΖΕ τόν ἐνημέρωσαν πώς συζήτησαν καί πάλι τό θέμα πρόσθετης ἐνίσχυσης τῆς Ἀκαδημίας, χωρίς θετικό ἀποτέλεσμα. Φαντάζεται ὅτι ὅταν θά ἔλθει ὁ Kunst στήν Ἀκαδημία γιά τά ἐγκαίνια, θά τόν πείσουμε νά ἀλλάξει γνώμη.

Ἡ γνώμη προφανῶς ἄλλαξε νωρίτερα. Καί ἔτσι, κατά τήν τελετή τῶν ἐγκαινίων ὁ Ἐπίσκοπος Kunst ἔκλεισε τήν ὁμιλία του λέγων: «Ἐπιτρέψατέ μοι νά προσθέσω ἕναν προσωπικόν χαιρετισμόν. Εἰς τήν πατρίδα μου διατηρεῖται ἀκόμη τό ἔθιμον νά κάμνουν οἱ ἀνάδοχοι ἕνα δῶρον εἰς τό παιδί κατά τήν ἡμέραν τῆς βαπτίσεως. Ἐσκέφθην πολύ μετά τοῦ φίλου μου Eberhard Müller, ἀλλ' οὔτε ἐκεῖνος ἐγνώριζέ τι πλέον ἐμοῦ. Τότε ἐσκέφθην ὅτι εἰς ἕνα νέον οἶκον συμβαίνει ὅ,τι καί εἰς ἕνα νέον γάμον: Ἔχει κανείς τήν πλέον ἀπαραίτητον ἐπίπλωσιν, ἀλλά μόνον ὅταν κατοικήση εἰς τόν οἶκον ἀντιλαμβάνεται πόσον πολλά μικρά ἀλλ' ἀπαραίτητα πράγματα ἐλλείπουν. Διά τοῦτο ἐπιθυμῶ, Σεβασμιώτατε Μητροπολῖτα Εἰρηναῖε, νά θέσω εἰς τήν διάθεσίν σας 50.000 Μάρκα, ἵνα χρησιμοποιήσητε αὐτά κατά τήν ἐλευθέραν κρίσιν σας χάριν τῆς Ἀκαδημίας (ζωηραί ἐπιδοκιμασίαι ἐκ μέρους τῶν ἀκροατῶν). Βλέπω ὅτι τό τελευταῖον τμῆμα ἦτο τό καλύτερον τῆς ὁμιλίας μου!». Διάλογοι εὐθύνης, Ἔκδ. Ἀλέξ. Κ. Παπαδερός, Ἐκδόσεις ΟΡΘΟΔΟΞΟΥ ΑΚΑΔΗΜΙΑΣ ΚΡΗΤΗΣ, Γωνιά Κισάμου Χανίων 1971, 42.

6.8.1968 ABB
Μ πρός Mohn
Εὐχές γιά τή διαμονή της στή Γωνιά, ὕστερα ἀπό τίς διακοπές της {στή Χρυσοσκαλίτισσα} καί χαιρετισμούς στόν Ἐπίσκοπο Εἰρηναῖο καί σέ μένα.

Στήν ΕΖΕ συζήτησαν τό αἴτημά μας γιά πρόσθετη χορηγία, ὅμως δέν βρῆκαν λύση. Ἐλπίδα του εἶναι νά πεισθεῖ ὁ Ἐπίσκοπος Kunst, ὅταν θά ἔλθει στήν Κρήτη {ἐγκαίνια}, νά ἀλλάξουν τήν ἀπόφασή τους. Σημαντικό θά εἶναι νά δημιουργηθεῖ σ' αὐτόν ἡ ἐλπίδα ὅτι ἀναπτύσσεται πράγματι στή Γωνιά μιά καλή ἐργασία.

«Ἐμεῖς ἐλπίζουμε στό μεταξύ πώς ἐσᾶς στή Γωνιά δέν θά σᾶς κατασπαράξουν οὔτε ἡ ἐργασία οὔτε οἱ καρχαρίες».

Κατάσχεση μεταφραστικῆς συσκευῆς
12-8-1968 ABB
Μ πρός Mohn
Ἡ Ruth Mohn, Γραμματέας τοῦ Müller, βρίσκεται στήν Ἀκαδημία. Ἦρθε στήν Ἑλλάδα μέ μιά φίλη της φέρνοντάς μας στό αὐτοκίνητό τους μιά πλήρη συσκευή ταυτόχρονης μετάφρασης. Στά σύνορα Ἰταλίας - Γιουγκοσλαβίας δέν ἔγινε ἔλεγχος στό αὐτοκίνητο. Ἀντίθετα, στό Τελωνεῖο Γευγελῆς ἔκαμαν κατάσχεση τῆς συσκευῆς καί ἐπέβαλαν πρόστιμο 1.000,00 δηναρίων, περίπου 350 DM (26.7.1968). Ἄν δέν τά πλήρωνε, θά ἔμενε 34 μέρες στή φυλακή. Ἡ ταλαιπωρία καί ἡ ψυχική της ὀδύνη δέν περιγράφονται. Τά ἔγραψε στόν Μ (6.8.1968).

Ἐκεῖνος ἀπαντᾶ, ἐκφράζει τή λύπη του καί τῆς προτείνει νά κάμει κάτι γιά ἀναψυχή, «ἴσως μιά ἐκδρομή στό βουνό ὅπου γεννήθηκε ὁ πατέρας τῶν θεῶν, ὁ Δίας – καί φέρτε μου τό σχετικό λογαριασμό»!

Προτείνει νά μέ ρωτήσει ἄν πρόκειται νά κάνω ἐγώ ἤ ὁ Ἐπίσκοπος διαμαρτυρία, ποῦ, πῶς, ἤ ἄν θά κάνει ἐκεῖνος...

13-8-1968 ABB
Μ πρός Kunst
«Γνωρίζετε βέβαια ἀπό τήν πρόσφατη συνάντησή μας μέ τόν Δρα κ. Παπαδερό πώς ἐξέφρασε τήν ἐπιθυμία, τό δῶρο τοῦ Συνδέσμου τῶν Διευθυντῶν τῶν Εὐαγ. Ἀκαδημιῶν γιά τήν Ἀκαδημία του {ἐγκαίνια} νά εἶναι μιά μεταφραστική συσκευή».

Περιγράφει ἔπειτα τήν περιπέτεια τῆς Mohn στή Γιουγκοσλαβία καί ζητᾶ νά ἐπιδιωχθεῖ διά τοῦ Ὑπουργείου Ἐξωτερικῶν ἐπιστροφή τῆς συσκευῆς.

19-8-1968 ASp
Πρόσκληση
Στόν Πρόεδρο τῆς Ἐκκλησίας τοῦ Παλατινάτου Theo Schaller στέλνουμε

τήν πρόσκληση πού λαμβάνουν καί οἱ λοιποί καλεσμένοι στά ἐγκαίνια τῆς Ἀκαδημίας, ὑπογεγραμμένη ἀπό τόν Εἰρηναῖο καί μένα. Ὡς τελευταία ἡμέρα ἀφίξεως προτείνουμε τήν 12η Ὀκτωβρίου καί παρακαλοῦμε ὅλους τούς ἐπισήμως καλούμενους νά παραμείνουν καί στό συνέδριο πού θά ἀκολουθήσει (14 καί 15 Ὀκτωβρίου).

12-9-1968 ASp
Schaller πρός Εἰρηναῖον
Εὐχαριστεῖ γιά τήν πρόσκληση στά ἐγκαίνια τῆς Ἀκαδημίας. Κατέβαλε μεγάλη προσπάθεια νά ρυθμίσει ἔτσι τίς ὑποχρεώσεις του, ὥστε να μπορέσει νά ἀνταποκριθεῖ. Στάθηκε ἐντελῶς ἀδύνατο.

«Αὐτό πού μπορῶ νά κάμω σήμερα εἶναι νά στείλω σέ σᾶς καί στήν Ἐκκλησία σας τόν πλέον ἐγκάρδιον χαιρετισμόν καί νά ἱκετεύσω τήν εὐλογία καί τήν προστασία τοῦ Θεοῦ μας ὑπέρ τοῦ νέου μεγάλου ἔργου. Στό ἔργο αὐτό, στό ὁποῖο συνοικοδομήθηκε τόσο πολλή ἀγάπη, εἴθε νά χαρίσει καρπούς γιά πολλούς ἀνθρώπους.

Μέ πολλή χαρά καί εὐγνωμοσύνη ἀνατρέχει ἡ σκέψη μου στό ὅτι μέ ἐπισκεφθήκατε στό Νοσοκομεῖο ὅταν ἤλθατε στή Γερμανία. Ἡ ἀδελφική ἐκείνη ἐπικοινωνία ὑπῆρξε γιά μένα μεγάλη ἐνδυνάμωση. Ὕστερα ἀπό παραμονή ἑπτά ἑβδομάδων στό Νοσοκομεῖο καί σύντομες διακοπές βρίσκομαι πάλι στήν Ὑπηρεσία μου καί εἶμαι εὐγνώμων γιά τό ὅτι μπορῶ νά πράττω τό ἀναγκαῖο.

Καί τώρα σᾶς χαιρετῶ μέ ὅλη μου τήν καρδιά ἐν τῷ συνδέσμῳ τῆς πίστεως εἰς τόν Ἰησοῦν Χριστόν τόν Ἀναστάντα».

12-9-1968 ASp
Schaller πρός Απ
«Γνωρίζω ὅτι μέ τήν ἐπιστολή πού ἔγραψα στόν Ἐπίσκοπό σας προξένησα καί σέ σᾶς ἀπογοήτευση. Ὅμως, ὅπως κι ἄν στριφογυρίζω τά πράγματα, δυνατότητα νά ἔλθω σέ σᾶς τώρα τό φθινόπωρο δέν βρίσκω. Οἱ Γερμανοί, ὡστόσο, λέμε: *Ὅ,τι ἀναβάλλεται δέν ἀκυρώνεται.*

Μέ ἐγκάρδιες εὐχές γιά σᾶς, τούς δικούς σας καί τήν ἐργασία σας».

24-9-1968 ASp
Εἰρηναῖος πρός Roos
Εὐχαριστεῖ γιά τή χορηγία τῶν 10.000 μάρκων, γιά τή φιλοξενία στήν Ἀκαδημία τους καί τίς συζητήσεις πού εἶχαν στήν Οὐψάλα. Λυπᾶται γιατί ὁ Πρόεδρος τῆς Ἐκκλησίας τους δέν μπορεῖ νά παραστεῖ στά ἐγκαίνια τῆς Ἀκαδημίας μας καί ἐκφράζει τήν εὐχή νά ἔλθει ἐκεῖνος ἤ κάποιος ἄλλος ἐκπρόσωπός τους.

ΑΛΕΞΑΝΔΡΟΣ Κ. ΠΑΠΑΔΕΡΟΣ

10. ΕΓΚΑΙΝΙΑ ΤΗΣ ΑΚΑΔΗΜΙΑΣ
Κυριακή, 13-10-1968

Γιά τά προηγηθέντα τῶν Ἐγκαινίων καί τά γενόμενα κατά τήν τελετή τῆς Κυριακῆς, 13ης Ὀκτωβρίου 1968 κάναμε ἐκτενῆ ἀναφορά στόν τόμο: *Διάλογοι εὐθύνης*, Ἐκδ. Ἀλέξ. Κ. Παπαδερός, Ἐκδόσεις ΟΡΘΟΔΟΞΟΥ ΑΚΑΔΗΜΙΑΣ ΚΡΗΤΗΣ, Γωνιά Κισάμου Χανίων 1971, 42, καί ὡς ἐκ τούτου ἀρκοῦμαι νά παραπέμψω στόν τόμο ἐκεῖνο τούς τυχόν ἐνδιαφερομένους.

Συμμετοχή τοῦ Kunst
Ἀπό γερμανικῆς πλευρᾶς δόθηκε ἰδιαίτερη προσοχή στή συμμετοχή τοῦ Ἐπισκόπου Kunst.

Τό γνωστό Πρακτορεῖο Εἰδήσεων epd ΖΑ 238 (15.10.1968, 55) ἀναφέρθηκε στήν τελετή τῶν ἐγκαινίων τονίζοντας ὅτι ἔλαβε μέρος «ὁ Ἐπίσκοπος Hermann Kunst ὡς Πρόεδρος τῆς ΕΖΕ» καί ὅτι ἐπισκέφθηκε τό Γερμανικό Κλιμάκιο στό Πεδίο Βολῆς Κρήτης καί τίς οἰκογένειες τῶν Γερμανῶν στρατιωτικῶν, μέ τήν ἰδιότητα τοῦ Εὐαγγελικοῦ Ἐπισκόπου τῶν Ἐνόπλων Δυνάμεων τῆς Γερμανίας. Σημειώνει ἀκόμη ὅτι ἡ Ἀκαδημία **«ἀξιολογεῖται ὡς μιά περίπτωση δοκιμῆς γιά τήν ἀναπτυξιακή πολιτική ὅσον ἀφορᾶ σέ Κέντρα Ἐπιμόρφωσης Ἐνηλίκων» - δηλαδή γιά τό κατά πόσο τέτοια Κέντρα συμβάλλουν στήν ἀνάπτυξη τοῦ τόπου τους, ὥστε νά εἶναι ἄξια ὑποστήριξης {ἄρα μιά τρομακτική εὐθύνη γιά μᾶς!}** (b-Απ). Ἡ εἰδική αὐτή ἀποστολή τῆς Ἀκαδημίας μας, ἀπό τήν ἐπιτυχία τῆς ὁποίας ἐξαρτοῦσε ἡ Γερμανία τήν ἐπιχορήγηση ἤ μή τέτοιων Κέντρων, ἰδίως στήν Ἀσία καί τήν Ἀφρική, εἶχε τονισθεῖ καί ἄλλες φορές, τώρα ὅμως ἄρχιζε τό στάδιο τῆς δοκιμῆς, πού φόρτωνε στούς ὤμους μας πολύ μεγάλη εὐθύνη!

Εὐεργετήριο Γράμμα τοῦ Πατριάρχη Ἀθηναγόρα
Ἐν ὄψει τῶν Ἐγκαινίων ὁ μακαριστός Οἰκουμενικός Πατριάρχης Ἀθηναγόρας, μέ ἀποκλειστικά δική του σκέψη καί πρωτοβουλία, εὐαρεστήθηκε νά προβεῖ στήν πράξη πού ἀναγράφεται στό ἀκόλουθο ἀπό 3 Ὀκτωβρίου 1968 *Εὐεργετήριον* Γράμμα Του. Τό ἔστειλε κατά τήν ἐκκλησιαστική τάξη στόν Σεβασμ. Εἰρηναῖο καί μοῦ ἐπιδόθηκε μετά τά Ἐγκαίνια:

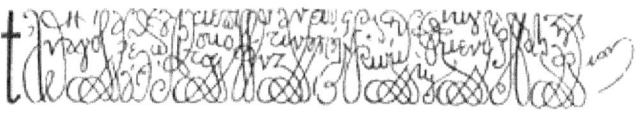

Ἀριθμ. Πρωτ. 924.

Τοὺς εὐσεβείᾳ καὶ ἀρετῇ κεκοσμημένους καὶ πολυειδῶς καὶ πολυτρόπως χρησίμους καὶ εὐεργετικοὺς ἑαυτοὺς τῇ Ἐκκλησίᾳ καταδεικνύντας, ζήλῳ τε ἐνθέῳ περὶ τὰ κοινὰ ἀμφιπονουμένους, τιμᾶν οἶδε, χαίρουσα, ἡ Μήτηρ Ἐκκλησία, ὀφφικίων τε ἀπονομαῖς τὴν πρὸς αὐτοὺς εὐκαίρως ἐνδεικνύσθαι εὔνοιαν.

Ἐπειδὴ τοίνυν τοιούτοις ἀγαστοῖς εὐσεβείας καὶ ἀρετῆς ζηλωτῆς τε φιλοτιμίας καὶ πρὸς τὴν Ἐκκλησίαν ἀφοσιώσεως προτερήμασι κεκοσμημένος ἀποδέδεικται καὶ ὁ ἀγαπητὸς ἡμῶν κατὰ πνεῦμα υἱὸς Ἐλλόγιμος κ. Ἀλέξανδρος Παπαδερός, Θεολόγος καὶ Διδάκτωρ τῆς Φιλοσοφίας ἐν τῷ Πανεπιστημίῳ Μαγεντίας, φιλευσεβῶς καὶ φιλογενῶς πολυτίμους προσφέρων τῷ καθ' ἡμᾶς Οἰκουμενικῷ Θρόνῳ, τῇ Ἱ. Μητροπόλει Κισάμου καὶ Σελίνου, τῇ Ὁμογενείᾳ, τῇ Γενετείρᾳ καὶ τῇ Παιδείᾳ ἐν γένει ὑπηρεσίας, ἡ Μετριότης ἡμῶν ἐπιβραβεῦσαι βουλομένη τὴν τοιαύτην ἀφοσίωσιν καὶ προθυμίαν, κατ' ἰδίαν Αὐτῆς Πατριαρχικὴν φιλοτιμίαν καὶ προαίρεσιν, ἔγνω ἀπονεῖμαι αὐτῷ τὸ ὀφφίκιον τοῦ "Ἄρχοντος Ὑπομνηματογράφου τῆς καθ' ἡμᾶς Ἁγίας τοῦ Χριστοῦ Μεγάλης Ἐκκλησίας, τῆς εἰς τὸ ὀφφίκιον τοῦτο προχειρίσεως αὐτοῦ ἀνατεθείσης παρ' ἡμῶν τῷ Ἱερωτάτῳ Μητροπολίτῃ Κισάμου καὶ Σελίνου κ. Εἰρηναίῳ.

Ἐφ' ᾧ καὶ γράφοντες ἀποφαινόμεθα, ἵνα ὁ ἐξονομασθεὶς Ἐλλόγιμος κ. Ἀλέξανδρος Παπαδερὸς ὑπάρχῃ ἀπὸ τοῦ νῦν καὶ λέγηται Ἐντιμολογιώτατος Ἄρχων Ὑπομνηματογράφος τῆς καθ' ἡμᾶς Ἁγίας τοῦ Χριστοῦ Μεγάλης Ἐκκλησίας, πάσης τῆς προσηκούσης τῷ ὀφφικίῳ τούτῳ τιμῆς, πάντοτε καὶ παρὰ πάντων ἀπολαύων καὶ ἀξιούμενος.

Ὅθεν εἰς ἔνδειξιν ἀπελύθη καὶ τὸ παρὸν ἡμέτερον Πατριαρχικὸν Εὐεργετήριον Γράμμα, δοθὲν μετ' εὐχῶν καὶ εὐλογιῶν ἡμῶν τῷ Ἐντιμολογιωτάτῳ κ. Ἀλεξάνδρῳ Παπαδερῷ.

Ἐν ἔτει σωτηρίῳ ͵αϠξη' κατὰ μῆνα Ὀκτώβριον (γ'), Ἐπινεμήσεως ς'.

22-10-1968 ΑΒΒ
Μ πρός Εἰρηναῖον
Μέ πολύ θερμά λόγια εὐχαριστεῖ γιά τά γενόμενα στήν Κρήτη {ἐγκαίνια}, τά καλά λόγια καί τά δῶρα. Εὔχεται νά λειτουργήσει καλά ἡ Ἀκαδημία. Ἡ ΕΖΕ δίδει τά χρήματα γιά τά ἔξοδα λειτουργίας, μόνο ἄν αὐτή εἶναι πράγματι ἀποδοτική.

Ἐκφράζει ἀνησυχία γιά τήν ἐμφανῆ, ὅπως γράφει, ὑπερκόπωση τοῦ Ἐπισκόπου καί προτείνει νά τόν φιλοξενήσουν σέ κάποιο Ἀναπαυτήριο στή Γερμανία τό χειμώνα.

Κοιν.: Απ.

23-10-1968 ΑΒΒ
Μ πρός Απ
Ἐκφράζει εὐχαριστίες γιά ὅσα ἔζησε κοντά μας {ἐγκαίνια}. Πῆρε μαζί του πολλές ἐλπίδες, ἀλλά βέβαια καί ἔγνοιες, δεδομένων τῶν δυσχερειῶν. Ἔκαμε πολλές σκέψεις καί τίς συζήτησε μέ τόν Ἐπίσκοπο Kunst.

«Σήμερα μίλησα μέ τόν κ. Mordhorst γιά τό κατά πόσο μπορεῖ νά χρηματοδοτήσει μιά σειρά μαθημάτων, στήν ὁποία θά κληθοῦν ἄνθρωποι ἀπό τά Πατριαρχεῖα τῆς Μεσογείου. Τό ἐπεδοκίμασε κατ' ἀρχήν καί παρεκάλεσε νά τοῦ ὑποβληθεῖ σχετική πρόταση».

Ἐγκαίνια τῆς ΟΑΚ. Μεταφράζω τήν ὁμιλία τοῦ Müller.
Φωτ. ΑΒΒ

Θά μοῦ στείλει κάποιες σκέψεις νά τίς συζητήσω μέ τόν Ἐπίσκοπο Εἰρηναῖο. Νομίζει πώς θά χρειασθεῖ νά ἐπισκεφθῶ τά Πατριαρχεῖα πρός τόν σκοπό αὐτό {ἐννοεῖ δράσεις τῆς Ἀκαδημίας γιά νέους ἀπό χῶρες τῆς Μεσογείου}.

Εἶπε στόν κ. Mordhorst ὅτι ἡ δαπάνη γιά ἕνα τέτοιο πρόγραμμα διάρκειας 4-6 ἑβδομάδων ὑπολογίζει ὅτι θά εἶναι περίπου 50.000 μάρκα, ἴσως καί λίγο περισσότερα. «Ἕνα εἶναι σίγουρο: ἀξίζει νά παρακολουθήσει κανείς τά ἴχνη αὐτῆς τῆς ἰδέας, ἔστω καί ἄν δέν ἔχουν ἐξασφαλισθεῖ ἀκόμη τά πρός τοῦτο ἀναγκαῖα οἰκονομικά μέσα».[200]

---

[200] Στά ἐγκαίνια τῆς Ἀκαδημίας εἴχαμε ἐπίσημους ἐκπροσώπους τῶν Πατριαρχείων Ἀλεξανδρείας, Ἀντιοχείας καί Ἱεροσολύμων, καθώς καί τῆς Ἐκκλησίας Κύπρου. Στούς χαιρετισμούς τους ὅλοι δήλωσαν ἀνάγκη καί προθυμία συνεργασίας.

21-10-1968 ΑΑπ
Schäder πρός Απ
Ἡ διαπρεπής Καθηγήτρια H.Schäder γράφει ἐξ ὀνόματος τοῦ Kirchliches Aussenamt τῆς EKD {Ὑπηρεσίας Ἐξωτερικῶν Ὑποθέσεων τῆς Εὐαγ. Ἐκκλησίας τῆς Γερμανίας, Φραγκφούρτη}:

«Ἀγαπητέ, σεβαστέ Δρ. κ. Παπαδερέ...»!

Εἰλικρινεῖς εὐχαριστίες γιά τήν γιά μένα πολύτιμη καί διδακτική διατριβή METAKENOSIS. Ζητᾶ τή βοήθειά μου γιά δυό ἐπιστημονικά ζητήματα σχετικά μέ τόν βασιλιά Ὄθωνα καί μέ τή Φιλοκαλία.

Θέλουν ὁδηγίες γιά ἀποστολή βιβλίων στήν Ἀκαδημία μας καί στήν Ἀποστολική Διακονία, Ἀθήνα (Σχολή Διακονισσῶν, Αἰγάλεω).

21-10-1968 ΑΑπ
Thimme πρός Απ
Ὁ Ἀντιπρόεδρος τῆς Εὐαγγελικῆς Ἐκκλησίας τῆς Βεστφαλίας D. Hans Thimme γράφει ὅτι δέν θά μπορέσει νά ἔλθει αὐτόν τό χειμῶνα στήν Κρήτη μέ τή σύζυγό του, ἐπειδή μόλις πρίν ἀπό λίγες ἑβδομάδες ἡ Σύνοδός τους τόν ἐξέλεξε Präses (Πρόεδρο) τῆς Ἐκκλησίας αὐτῆς. Προσθέτει τή συνήθη γερμανική φράση: «*ὅ,τι ἀναβάλλεται δέν ματαιώνεται*».

Ἐπισημάνσεις γιά τό 1968
15-1-1969 ΑΒΒ
Arbeitsbericht 1968

Τήν Ἔκθεση 1968 γιά τήν ἐργασία τῆς Ἀκαδημίας κατά τό 1968 στείλαμε σέ διάφορες Ὑπηρεσίες καί σέ φίλους, μέ εὐχές γιά τό νέο ἔτος.

Ἡ πορεία πρός τήν Ἀκαδημία, πού σφραγίσθηκε μέ τά Ἐγκαίνιά της στίς 13 Ὀκτωβρίου 1968, καθώς καί ὅσα ἀκολούθησαν μέχρι τό τέλος τοῦ ἔτους ἐκείνου, συνοψίζονται στίς σελίδες 1-94 τοῦ τεύχους ΔΙΑΛΟΓΟΙ ΕΥΘΥΝΗΣ.

Σύμφωνα μέ τήν ὑποχρέωση πού εἴχαμε, νά ἐνημερώνουμε τούς χορηγούς τῆς Ἀκαδημίας γιά τήν πορεία τῶν πραγμάτων, καθώς καί ἄλλους ἀλλοδαπούς συνεργούς μας στήν προσπάθεια, ὑπέβαλα στήν ΕΖΕ τήν ἄνοιξη τοῦ 1969 τή γραμμένη στά Γερμανικά 16σέλιδη Ἔκθεσή μου γιά τό 1968. Ἀπό τήν Ἔκθεση αὐτή μεταφέρω ἐδῶ, σέ μετάφραση, ὁρισμένα σημεῖα ἀπό τόν ἐπίλογό της:

«Εἶναι αὐτονόητο ὅτι καμιά κρίση δέν μπορεῖ νά ἐκφράσει κανείς ἀκόμη, ἀλλά μόνο γενικές ἐντυπώσεις καί διαπιστώσεις. Πολλές φορές διατυπώθηκε ἐμπιστοσύνη πρός τήν Ἀκαδημία, καθώς καί ἀγαθές προσδοκίες. Ἐπειδή ὅμως ἀπό τήν ἄλλη μεριά ἡ Ἀκαδημία εἶναι κάτι ἐντελῶς καινούριο γιά τήν Ἐκκλησία μας καί τή χώρα μας, εἶναι κατανοητή ἡ περιέργεια καί ἐν μέρει κάποια στάση ἀναμονῆς. Ἡ ἐπιτυχημένη ἑορτή τῶν Ἐγκαινίων ἀπετέλεσε πάντως ἕνα εἶδος νομιμοποίησης αὐτοῦ τοῦ νέου Ἱδρύματος, πρᾶγμα ἰδιαίτερα εὐνοϊκό γιά τήν περαιτέρω ἐξέλιξη».

Ἡ βασική ἀρχή τῆς Ἀκαδημίας, ὁ ἐλεύθερος διάλογος, δέν βρῆκε μέν ἀκόμη τή δημόσια στήριξη {ἐννοεῖται λόγω τῆς κρατούσας πολιτικῆς καταστάσης}, ὡστόσο ὑπῆρξε πρόθυμη συνεργασία μέ διάφορους δημόσιους καί ἰδιωτικούς χώρους. Ὁ Τύπος ἀναφέρεται καλοπροαίρετα στά ὅσα λαμβάνουν χώρα στήν Ἀκαδημία. Ὁ λαός δέχεται μέ εὐχαρίστηση τίς προσκλήσεις μας. Οἱ περιπτώσεις μή ἀποδοχῆς εἶναι ἐλάχιστες. Ἡ ἐν γένει οἰκονομική κατάσταση δέν ἐπιτρέπει νά περιμένουμε ὑψηλή συμμετοχή στίς δαπάνες τῶν συνεδρίων. Φαίνεται ὅτι τά πρῶτα χρόνια τό κύριο οἰκονομικό βάρος πρέπει νά τό σηκώσει ἡ Ἀκαδημία. Τό Σάββατο παραμένει ἐργάσιμη μέρα. Τοῦτο δημιουργεῖ σέ μᾶς δυσκολίες. Ἀναγκαστικά περιοριζόμαστε σέ δαστηριότητες 1-2 ἡμερῶν.

Οἱ ἐσωτερικές δυσκολίες εἶναι ἀκόμη πολλές. Δέν ἔχει ὁλοκληρωθεῖ ὁ ἐξοπλισμός. Οἱ ἐξωτερικοί χῶροι δέν ἔχουν διαμορφωθεῖ ἀκόμη, μέ ἀποτέλεσμα νά δίδεται ἡ εἰκόνα τοῦ ἀνολοκλήρωτου. Μεγάλη εἶναι ἀκόμη ἡ ἔλλειψη εἰδικά ἐκπαιδευμένου βοηθητικοῦ προσωπικοῦ, καθώς καί ἐπιστημονικῶν συνεργατῶν. Κρίσιμο θέμα γιά τό μέλλον τῆς Ἀκαδημίας παραμένει ἡ συγκρότηση ἑνός ἐπιτελείου ἱκανοῦ νά ἀνταποκριθεῖ στίς μεγάλες προσδοκίες πού ἔχουν ἀπό τήν Ἀκαδημία ἡ Ἐκκλησία καί ὁ λαός, ἀλλά καί «νά ἀξιοποιήσει τίς μεγάλες εὐκαιρίες πού μᾶς προσφέρει ἡ προσωπικότητα καί ἡ συνέργεια τοῦ Μητροπολίτη μας Κισάμου καί Σελίνου Εἰρηναίου».

23-12-1968 ΑΒΒ
Νέοι Μεσογείου
Σκέψεις γιά πολυήμερο σεμινάριο μέ νέους ἀπό τό χῶρο τῆς Μεσογείου - ἐνδιαφέρον του Μ.

Ἡ Ἀκαδημία τόν Ἰανουάριο τοῦ 1969. Φωτ. ΒΒ

1969

15-1-1969 ΑΒΒ
Μ πρός Scholz
Θά ἀναχωρήσει γιά τήν Κρήτη περί τά μέσα Ἀπριλίου. Θέλει νά πάρει μαζί του ἕνα σύστημα ταυτόχρονης μετάφρασης. Τόν παρακαλεῖ νά τό παραγγείλει «μέ κατά τό δυνατόν εὐνοϊκούς ὅρους».

24-1-1969 ΑΒΒ
Μ πρός Erk
Ἀπαντᾶ σέ ἐπιστολή τοῦ κοινοῦ γνωστοῦ μας Wolfgang Erk στό Ἁμβοῦργο. Ἀναφέρεται σέ δυσκολίες πού ἀντιμετωπίζουμε στήν Ἀκαδημία, μέρος τῶν ὁποίων ἀποδίδει ἔμμεσα στήν πολιτική κατάσταση πού δέν εἶχε προβλεφθεῖ, ἐνημερώνει ὅτι τήν ἄνοιξη θά ἔλθει στήν Ἀκαδημία, ὅπου καί θά συζητήσει μαζί μου, μεταξύ ἄλλων, τή δυνατότητα νά μᾶς στείλουν ἕνα μόνιμο συνεργάτη γιά κάμποσα χρόνια. Στή συνέχεια διατυπώνει διάφορες ἰδέες γιά τή μετάφραση τοῦ ἐνημερωτικοῦ φυλλαδίου τῆς Ἀκαδημίας στά Ἀγγλικά καί Γαλλικά ἀπό κάποιο ἐπαγγελματικό-ὑπεύθυνο Γραφεῖο, μιά σκέψη, πού μᾶς εἶχε ἀπασχολήσει μερικές φορές.

12-2-1969-ΑΒΒ
Μ πρός Απ
Φροντίζει νά βρεθεῖ γιά τήν Ἀκαδημία ἕνα σύστημα γιά μετάφραση {κεντρική συσκευή, μικρόφωνα, καλώδια, ἀκουστικά}. Ἑτοιμάζεται νά ἔλθει στήν Ἀκαδημία μέ τή γυναίκα του. Χάρηκε γιά ὅσα ἔγραψα σχετικά μέ τά πρῶτα συνέδριά μας, «ἐπειδή γιά τό ξεκίνημα τῆς ἐργασίας τῆς Ἀκαδημίας εἶναι πιθανῶς πιό σημαντικό νά γίνεται λόγος γιά χοιροτροφία, παρά γιά τήν ἑλληνική ποίηση, ἄν καί δέν θά παραμέριζα τό τελευταῖο. Γιά τήν οἰκονομική στήριξη ὅμως {ἀπό

τή Γερμανία} μᾶς βοηθᾶ τό πρῶτο περισσότερο· διότι αὐτά εἶναι πράγματι συνέδρια πού ἀνταποκρίνονται πλήρως στό νόημα τῆς ἀντίληψης γιά μιά Ἀκαδημία ἡ ὁποία θέλει νά ὑπηρετήσει τήν οἰκονομική καί κοινωνική ἀνάπτυξη τῆς χώρας». Γιά ὁμάδα νέων ἐμφανίζονται οἰκονομικές δυσκολίες. Ἄν ἔλθουν, αὐτό μπορεῖ νά γίνει γιά δυό βδομάδες τόν Σεπτέμβριο.

11. Μιά σημαντική ἀλλαγή

Στήν παραπάνω ἐπιστολή του (12.2.1969) ὁ Müller ἀναφέρεται στήν ἰδέα νά γίνω μέλος τοῦ Εὐρωπαϊκοῦ Συνδέσμου τῶν Διευθυντῶν τῶν Εὐαγγελικῶν Ἀκαδημιῶν. «Ἔχετε δίκιο. Ὁ Σύνδεσμος τῶν Διευθυντῶν θά ἔπρεπε στ' ἀλήθεια νά μιλεῖ γιά "χριστιανικές" Ἀκαδημίες. Ἡ περίπτωσή σας εἶναι ἡ πρώτη πού θέτει τό ζήτημα... Κατανοῶ τό ὅτι δέν θέλετε νά εἶσθε μέλος ἑνός Συνδέσμου Διευθυντῶν πού ὀνομάζεται εὐαγγελικός. Αὐτό θά σᾶς προκαλοῦσε δυσκολίες μέ τήν Ὀρθόδοξη Ἐκκλησία» {*Ἤδη κατά τή συμμετοχή μου στή Συνέλευση τοῦ Tutzing (βλ. 3-8.9.1962) εἶχα πεῖ ὅτι μελλοντικῶς θά μποροῦσε νά ὑπάρξει καί δική μας συμμετοχή στόν Εὐρωπαϊκό Σύνδεσμο, ἄν αὐτός θά ἤθελε νά ἀναδιατυπώσει τόν τίτλο του πρός οἰκουμενική κατεύθυνση*}. Ὁ Müller γράφει τώρα ὅτι θά φέρει πρός συζήτηση τό θέμα. Μέχρι νά λυθεῖ μπορῶ βέβαια νά συμμετέχω ὡς φιλοξενούμενος. Προτείνει δέ νά πάω στήν ἑπόμενη συνέλευση τοῦ Σεπτεμβρίου. Στό μεταξύ ἡ πρότασή μου συζητήθηκε στό Συμβούλιο τοῦ Εὐρωπαϊκοῦ Συνδέσμου, ὁ ὁποῖος τή διεβίβασε στούς Συνδέσμους τῶν Ἀκαδημιῶν τῶν διαφόρων χωρῶν τῆς Εὐρώπης πρός ἔκφραση γνώμης. Στίς 3 καί 4 Σεπτεμβρίου 1969 πραγματοποιήθηκε στό Albert-Schweitzer-Haus, στή Βιέννη, ἡ ἐτήσια Συνέλευση τοῦ Συνδέσμου, στήν ὁποία ἔλαβα μέρος ὡς φιλοξενούμενος. Ἐκτός ἀπό τά 40 μέλη τοῦ Συνδέσμου, παρόντες ἦταν ἐπίσης 6 ex officio καί 21 φιλοξενούμενοι ἀπό τήν Εὐρώπη καί ἄλλες ἠπείρους. Σύμφωνα μέ τά Πρακτικά τῆς Συνελεύσεως: Ἡ πρότασή μου γιά ἀλλαγή τοῦ τίτλου τοῦ Συνδέσμου εἶχε περιληφθεῖ στήν Ἡμερήσια Διάταξη ὑπό στοιχεῖο 14a. Ἀνακοινώθηκε ὅτι οἱ Σύνδεσμοι ὅλων τῶν χωρῶν εἶχαν ἀποδεχθεῖ τήν πρότασή μου. Ἑπομένως ἡ Συνέλευση ἀποφάσισε ὁμόφωνα: Ὁ τίτλος «Leiterkreis der Evangelischen Akademien und Laieninstitute in Europa» ἀλλάζει καί γίνεται «ÖKUMENISCHER LEITERKREIS DER AKADEMIEN UND LAIENINSTITUTE IN EUROPA» καί ἀντιστοίχως σέ ἄλλες γλῶσσες:

Ἀγγλικά: ECUMENICAL ASSOCIATION OF DIRECTORS OF ACADEMIES AND LAITY CENTRES IN EUROPE.

Σουηδικά: DEN EKUMENISKA LEDARKRETSEN FÖR KONFERENSINSTITUT I EUROPA.

Ὁλλανδικά: DE OECUMENISCHE KRING VAN DIRECTEUREN DER VORMINGSCENTRA IN EUROPA.

Γαλλικά: ASSOCIATION OECUMENIQUE DES DIRECTEURS DE CENTRES DE FORMATION ET DE RENCONTRE EN EUROPE.

13-10-1969 ΑΒΒ

Ἔκθεση τοῦ Dr. Alfred Schmidt

Τόν Σεπτέμβριο τοῦ 1969 ἦλθε στήν Ἀκαδημία μας ὁ Dr. Alfred Schmidt, Γεν. Γραμματέας τοῦ Συνδέσμου τῶν ἐν Γερμανίᾳ Εὐαγ. Ἀκαδημιῶν, πού συνεργάσθηκε περισσότερο μέ τίς Ἀκαδημίες τῆς Ἀσίας. Στήν ἀπό 13.10.1969 ΑΒΒ Ἔκθεσή του γράφει καί τά ἑξῆς:

Dr. Alfred Schmidt: «*Στήν Κρήτη κατάλαβα ποιά εὐρύτερη ἀποστολή ἔχει ἡ Ἀκαδημία τῆς Κρήτης στά πλαίσια τῆς εὐρωπαϊκῆς καί οἰκουμενικῆς ἐργασίας τῶν Ἀκαδημιῶν. Ἡ συμμετοχή μιᾶς Ὀρθόδοξης Ἀκαδημίας στόν Εὐρωπαϊκό Σύνδεσμο... θά ἔχει συνέπειες. Ἡ ἐπείγουσα πρότασή μου εἶναι ὁ Δρ. Παπαδερός νά γίνει δεκτός στή Θεολογική Ἐπιτροπή {τοῦ Συνδέσμου} καί, εἰ δυνατόν, στό Συμβούλιο, ὥστε ὅλα τά ὑπό ἐξέταση ζητήματα νά σταθμίζονται {στό ἑξῆς} σέ σχέση μέ τήν Ὀρθόδοξο Ἐκκλησία*».

Εἰρηναῖος καί A. Schmadt στήν ΟΑΚ, Πάσχα 1972.
Φωτ. ΒΒ.

Ὕστερα ἀπό τήν ἀπόφαση γιά τήν ἀλλαγή τοῦ τίτλου καί ἀντίστοιχη ἀπόφαση τοῦ Συμβουλίου τῆς Ἀκαδημίας μας, ἔγινα τακτικό μέλος τοῦ Συνδέσμου, τό 1970.[201] Στή συνέχεια πρότεινα καί ἔγινε δεκτό νά ὑπάρχει στό Συμβούλιό του μόνιμη θέση γιά τήν Ἀκαδημία μας (ὕστερα ἀπό τήν ἴδρυση τῆς Ὀρθοδόξου Ἀκαδημίας τοῦ Νέου Βάλαμο στή Φινλανδία, ἡ θέση ἦταν καί παραμένει γιά Ὀρθόδοξες Ἀκαδημίες, μάλιστα μέ δυνατότητα συμμετοχῆς στό Συμβούλιο περισσότερων τοῦ ἑνός Ὀρθοδόξων). Στή θέση αὐτή ὑπηρέτησα ἐπί πολλά ἔτη, γιά κάμποσα ἐπίσης ἀντί γιά μένα εὐαρεστήθηκε νά ὑπηρετήσει ὁ Σεβασμ. Μητροπολίτης Κυδωνίας καί Ἀποκορώνου Εἰρηναῖος, ἐκπρόσωπος τότε τῆς Ἱ. Συνόδου τῆς Ἐκκλησίας Κρήτης στό Συμβούλιο τῆς Ἀκαδημίας μας, μετέπειτα δέ ἄλλοι τῆς Ἀκαδημίας μας, καθώς καί ἄλλων

---

[201] Alexandros Papaderos, Orthodoxe Akademie von Kreta, Arbeitsbericht 1970, Gonia, Februar 1971, 17.

Ὀρθοδόξων Ἀκαδημιῶν, πού ἱδρύθηκαν ἀκολουθώντας τό παράδειγμα τῆς Κρήτης. Ὁ τίτλος τοῦ Συνδέσμου ἀναδιατυπώθηκε καί πάλι τά ἑπόμενα χρόνια, χωρίς ὅμως νά χάσει τόν οἰκουμενικό του ὁρισμό καί χαρακτήρα. Μέ τήν ἀποδοχή τῆς πρότασής μου μάλιστα διευκολύνθηκε ἡ συμμετοχή στό Σύνδεσμο καί ρωμαιοκαθολικῶν Ἀκαδημιῶν.

Ὁ Σεβασμ. Μητροπολίτης Κυδωνίας καί Ἀποκορώνου Εἰρηναῖος, ὡς ἐκπρόσωπος τῆς ΟΑΚ στήν Ἐκτελεστική Ἐπιτροπή τοῦ Οἰκουμενικοῦ Συνδέσμου τῶν Ἀκαδημιῶν τῆς Εὐρώπης σέ συνεδρία της στήν Ἀκαδημία Corrymeela τῆς Βορ. Ἰρλανδίας τόν Αὔγουστο τοῦ 1982.

Διεθνής οἰκουμενική συνεργασία

Ἡ ὡς ἄνω σημαντική ἀλλαγή στήν Εὐρώπη διευρύνθηκε σέ διεθνῆ οἰκουμενική συνεργασία μέ ἀπόφαση τῆς Παγκόσμιας Διάσκεψης τῶν Ἀκαδημιῶν στήν Ὀρθόδοξο Ἀκαδημία Κρήτης τό Πάσχα τοῦ 1972.

Κυρίαρχο στοιχεῖο καί γενικότερο ζητούμενο ἦταν τότε ἡ ἀφύπνιση τῆς Ἐκκλησίας μέ ἔμφαση στήν ἀποκατάσταση τῆς θέσης καί τῆς εὐθύνης τῶν λ α ϊ κ ῶ ν στή ζωή καί τή δράση της. Καί σίγουρα δέν ἦταν τυχαῖο τό ὅτι καί στό Π.Σ.Ε. εἶχε συσταθεῖ ἀρχικά Τ μ ῆ μ α Λ α ϊ κ ῶ ν, στό ὁποῖο προστέθηκε ἀργότερα καί ἡ ἁρμοδιότητα τῆς συνεργασίας τοῦ Συμβουλίου μέ τίς Ἀκαδημίες. Ἄλλωστε, καί στά προγράμματα τῶν πρώτων Ἀκαδημιῶν κατευθυντήριο ρόλο ἔπαιξε ἡ πεποίθηση ὅτι γιά τήν ἀνακαίνιση τοῦ ἐκκλησιαστικοῦ βίου ἦταν ἀνάγκη νά ἐπιμορφωθεῖ, νά ἐνθαρρυνθεῖ καί νά ἐνεργοποιηθεῖ τό λαϊκό στοιχεῖο, πού ἐπί αἰῶνες εἶχε ἀπωθηθεῖ στό περιθώριο ἀπό τήν ἄκρατη κληρικοκρατία. Ἡ ἀντίληψη αὐτή, πιό οἰκεία στούς Προτεστάντες, εἶχε υἱοθετηθεῖ καί ἀπό εὐρεῖς κύκλους τῆς Καθολικῆς Ἐκκλησίας. Ἐμεῖς κρίναμε ἀπό τήν ἀρχή ἀναγκαία τήν ἐπιμόρφωση κ λ ή ρ ο υ καί λ α ο ῦ. Γι' αὐτό καί στό ἄρθρο 2 τοῦ Ὀργανισμοῦ τῆς δικῆς μας Ἀκαδημίας, πού ἀναγράφει τούς σκοπούς της, ὀρίσαμε πώς πρώτη καί διαρκής μέριμνά της ὀφείλει νά εἶναι: «Ἡ ἐνδυνάμωσις καί ἐπιμόρφωσις τῶν λειτουργῶν καί τοῦ πληρώματος τῆς Ἐκκλησίας, ἵνα, ἐν τῷ πλαισίῳ τῆς Ἑλληνορθοδόξου πνευματικότητος, δίδωσι ζῶσαν καί ἀκεραίαν μαρτυρίαν τοῦ Εὐαγγελίου ἐν τῷ συγχρόνῳ κόσμῳ». Σημειωτέον ὅτι ὁ Σεβασμ. Εἰρηναῖος εἶχε ἀνέκαθεν ὑποστηρίξει στή θεωρία καί πολύ περισσότερο στήν πράξη ἐκεῖνο πού συνόψισε ἀργότερα σέ ἐπιστολή του πρός ἐμένα (Bonn, 23.12.1979): «*Πάντοτε πίστευα καί ἔγραψα καί ἐλάλησα ὅτι τό λαϊκό στοιχεῖο τῆς Ἐκκλησίας μας πρέπει νά ἔχη τή γνώμη του καί τή φωνή του...*».

Σέ συνεργασία μέ τό Παγκόσμιο Συμβούλιο Ἐκκλησιῶν, οἱ Ἀκαδημίες καί τά λοιπά ὁμόλογα Ἱδρύματα τῶν Ἐκκλησιῶν-μελῶν του συνδέθηκαν σέ περιφερειακά ὄργανα (Εὐρώπης, Ἀσίας, Ἀφρικῆς κ.λπ.) καί σέ ἕνα Κομβικό γεγονός γιά τή δόμηση τῆς διεθνοῦς αὐτῆς συνεργασίας τῶν Ἀκαδημιῶν ὑπῆρξε ἡ πρώτη παγκόσμια συνέλευσή τους στήν Ὀρθόδοξο Ἀκαδημία τῆς Κρήτης τό Πάσχα τοῦ 1972. Κατά τή σημαντική ἐκείνη σύναξη ἀποφασίσαμε τήν ἵδρυση ἑνός συλλογικοῦ ὀργάνου συνεργασίας, πού ὀνομάσθηκε "World Collaboration Committee of Academies, Laity Centres and Movements for Social Concern" (WCOLC). Ἡ Γραμματεία τῆς Παγκόσμιας αὐτῆς Ἐπιτροπῆς τῶν Ἀκαδημιῶν εἶναι στή Γενεύη (Π.Σ.Ε.). Τό «**ἀναστάσεως ἡμέρα, λαμπρυνθῶμεν λαοί - Πάσχα Κυρίου, Πάσχα...**» ὑπῆρξε πρωτόγνωρο βίωμα καί δυναμική παρότρυνση γιά συνεργασία σέ παγκόσμιο ἐπίπεδο.

Φωτογραφίες ABB.

Οἱ ἐκπρόσωποι τῶν ἀνά τόν κόσμο Ἀκαδημιῶν στό δρόμο πρός τή Γωνιά γιά τόν Ἑσπερινό τῆς Ἀγάπης. Ὁ ἐξωτερικός περίγυρος τῆς ΟΑΚ ἔχει διαμορφωθεῖ πλήρως. Φωτ. ABB.

Ὁ Σεβασμ. Εἰρηναῖος εἶχε ἔλθει ἀπό τή Γερμανία εἰδικά
γιά τόν ἑσπερινό καί τή συνέλευση.

15-2-1969 ΑΒΒ
Σημείωμα τοῦ Μ, ὅπου μεταξύ ἄλλων φαίνεται νά φροντίζει ἀκόμη γιά ἐπιχορήγηση τῆς Ἀκαδημίας μέ 100.000 DM, τά μισά τῶν ὁποίων νά διατεθοῦν γιά πρόσληψη προσωπικοῦ καί τά ἄλλα μισά γιά ὀργάνωση συνεδρίων.

26-2-1969 ΑΒΒ
Μ πρός Ott
Ὁ Μ γράφει στόν Δρα Ott, Σύμβουλο στό Ὁμοσπονδιακό Ὑπουργεῖο γιά Οἰκογένεια καί Νεολαία. Τοῦ ὑπενθυμίζει τή συζήτηση πού εἶχαν στίς 24 τρ. καί ὑποβάλλει αἴτηση γιά οἰκονομική στήριξη μιᾶς συνάντησης στήν Κρήτη νέων ἀπό χῶρες τῆς Μεσογείου, γιά τήν ὁποία συνυποβάλλει σχετική αἰτιολόγηση.

Μεταρρυθμιστής τῆς Ὀρθοδοξίας
15-2-1969 ΑΒΒ
Μ Anmerkung {Σημείωση}
Σέ μιά σημείωσή του μέ αὐτήν τήν ἡμερομηνία ὁ Müller γράφει: «**Ὁ Ἐπίσκοπος Εἰρηναῖος εἶναι ἕνας οἰκουμενικά γνωστός ἄνθρωπος. Σχεδόν θά μποροῦσε κανείς - κατ' ἀρχήν γιά τήν Ἐπαρχία του - νά τόν ὀνομάσει Μεταρρυθμιστή τῆς Ὀρθοδοξίας**». (b-Ap).

17-3-1969 ΑΒΒ
Μ πρός Απ
Ὁ Mordthorst ἀπορεῖ γιατί δέν ζήτησα ἀκόμη ἔμβασμα γιά τίς δαπάνες λειτουργίας τοῦ 1969.

Χαίρεται, γιατί θά ἔλθει στήν Ἀκαδημία μέ τή γυναίκα του καί τήν Oberin Schoppin (ἀπό 15/4 μέχρι 23.5.1969) καί θά ἔχουμε τήν εὐκαιρία νά συζητήσουμε ἀνέτως.

21-3-1969 ΑΒΒ
Απ πρός ΕΖΕ
Ἀποστέλλω τό πρόγραμμα τῆς Ἀκαδημίας (γιά τό διάστημα Ἰανουάριος μέχρι Αὔγουστος 1969) μέ ἐπεξηγήσεις καί ζητῶ νά μᾶς στείλουν 20.000 DM. Προσθέτω ὅτι ἐπίκειται ταξίδι μου στή Γερμανία καί ὅτι θά μποροῦσα νά τούς ἐπισκεφθῶ στή Βόννη στίς 31/3 ἤ τήν 1/4 (τακτική ἐνημέρωσή τους εἶναι μέρος τῶν συμβατικῶν ὑποχρεώσεών μας, ἀλλά καί πρός τό συμφέρον τοῦ Ἱδρύματος).

31-3-1969 ΑΒΒ
Μ πρός Απ
Μοῦ γνωρίζει ὅτι φθάνει στά Χανιά μέ τό πλοῖο τό πρωί τῆς 15^{ης} Ἀπριλίου μέ τή γυναίκα του καί τήν Oberin[202] Schoppen. Χαίρεται ἤδη, γιατί θά μπορεῖ ἀμέσως νά παρακολουθήσει τό συνέδριο 16-18 Ἀπριλίου.

«Πολύ μέ χαροποίησε ἡ ἔκθεσή σας γιά ὅ,τι ἔγινε μέχρι σήμερα καί αὐτό πού πρόκειται νά γίνει. Αὐτό θά κάμει σίγουρα καλή ἐντύπωση στή Βόννη. Εἶχαν κάποιαν ἔγνοια ἐκεῖ γιά τό κατά πόσον κινεῖται κάτι» {στήν Ἀκαδημία}.

Δέν καταλαβαίνει γιατί ζητήσαμε μόνο 10.000 μάρκα {ἀπό τά ἐγκεκριμένα γιά δαπάνες λειτουργίας}.

«Ἰδιαίτερα χαίρω γιά τό ὅτι πραγματοποιήσατε συνέδρια πού ὑπηρετοῦν πράγματι τήν οἰκονομική ἀνάπτυξη τῆς Κρήτης· γιατί αὐτός εἶναι βέβαια ὁ σκοπός τῶν χρημάτων τῆς βοήθειας ἀναπτύξεως, νά ὑπηρετοῦν τήν οἰκονομική ἄνοδο τῶν χωρῶν στίς ὁποῖες δίδονται».

Παρακαλεῖ νά διαβιβάσω τούς ἐγκάρδιους χαιρετισμούς του στόν Ἐπίσκοπο κ. Εἰρηναῖο.

9-4-1969 ΑΒΒ
Μ – Ἐρωτήσεις
Πληροφορούμενος ὁ Διευθυντής τῆς ΕΖΕ Mordhorst ὅτι ὁ Müller πρόκειται νά πάει στήν Κρήτη, ζήτησε νά τόν δεῖ προηγουμένως. Ὁ Müller τόν ἐπισκέφθηκε στό Γραφεῖο του στή Βόννη καί κατόπιν συνόψισε τά κύρια σημεῖα τῆς συζήτησης σέ Μνημόνιο, ἀντίγραφο τοῦ ὁποίου πῆρε μαζί του στήν Κρήτη.

---

[202] Τίτλος Προϊσταμένης σέ μοναστική ἀδελφότητα.

Καταγράφεται σειρά ζητημάτων τά όποῖα θέλησε ὁ Mordhorst νά διευκρινισθοῦν μέ τήν εὐκαιρία τῆς ἐπίσκεψης τοῦ Müller στήν Ἀκαδημία:

- Γιατί δέν ζήτησε ἀκόμη ἡ Ἀκαδημία τά ἐγκεκριμένα γιά τό τρέχον ἔτος χρήματα (ἔξοδα λειτουργίας). Τό συνολικό ἐγκεκριμένο ποσό γιά τά πρῶτα τρία ἔτη εἶναι 240.000 μάρκα. Μέχρι τώρα ἔχουν ζητηθεῖ μόνο 45.000.

- Πῶς χρησιμοποιήθηκαν τά 50.000 DM πού διέθεσε στήν Ἀκαδημία ὁ Ἐπίσκοπος Kunst κατά τά ἐγκαίνια;

- Σχέσεις τῆς Ἀκαδημίας μέ τό πρότυπο ἀγρόκτημα {Κέντρον Ἀγροτικῆς Ἀναπτύξεως). Ὑπάρχει ἐπιθυμία γιά ἀποστολή δασκάλου γιά ἀγροτικά ζητήματα ἤ εἰδικῶν ἀπό τή Γερμανία γιά θέματα συνεταιρισμῶν κ.λπ. σχετικά μέ τά ἀγροτικά;

- Ἄν ἔχει σχέση ἡ Ἀκαδημία μέ τό πτηνοτροφεῖο πού ἔχει γίνει στά Ἰωάννινα μέ βοήθεια τοῦ Π.Σ.Ε.

- Πόσο ἐφαρμόσθηκε τό πρόγραμμα πού εἶχε προβλέψει νά ἐκτελέσει ἡ Ἀκαδημία τό 1968;

- Ἄν γίνεται κάτι στήν Ἀκαδημία γιά παλιννοστοῦντες ἐργάτες ἀπό τή Β. Εὐρώπη.

- Μελλοντικά προγράμματα τῆς Ἀκαδημίας - οἱ κρατικές Ὑπηρεσίες θά ἤθελαν νά γνωρίζουν ποιές προοπτικές ὑπάρχουν;

- Ἄν μπόρεσε ἡ Ἀκαδημία νά ἐξασφαλίσει ἄλλες πηγές γιά οἰκονομική της ἐνίσχυση, ὅπως π.χ. τό Ἵδρυμα Rockfeller {βλ. 12.8.1963}.

- Γιατί δέν ἔχει αὐξηθεῖ τό προσωπικό τῆς Ἀκαδημίας; Ἡ Ὑπηρεσία DIENSTE IN ÜBERSEE θά μποροῦσε νά στείλει μιά Γραμματέα.

- Στήν ΕΖΕ ἀναμένουν μιά βεβαίωση γιά τό ποσό τῶν 40.000 μάρκων, πού ἔχει προβλεφθεῖ ὡς ἴδια εἰσφορά {τῆς Μητροπόλεως}. Ἄν δέν ἔχει διατεθεῖ ὡς χρῆμα, ποιά θά ἦταν ἡ χρηματική ἀντιστοιχία ὑπηρεσιῶν πού προσφέρονται ἐθελοντικά;

- Τί λείπει ἀκόμη ὅσον ἀφορᾶ σέ οἰκήματα ἤ διαμόρφωση ἐξωτερικῶν χώρων, π.χ. μιά δεύτερη κατοικία; {εἶχε προβλεφθεῖ, ἀλλ' ἀφαιρέθηκε ὕστερα ἀπό ἐπιμονή τῶν κρατικῶν τους ἐκπροσώπων}.

- Δέν πρέπει νά μή γίνεται κάτι ἀναγκαῖο, ἐλλείψει χρημάτων {ἐννοοῦν, αὐτά θά βρεθοῦν, ἀρκεῖ νά προχωρεῖ ἡ ἐργασία}.

- Κατά τήν ὑποβολή αἰτήσεων γιά ἐμβάσματα ἀπό τά ἐγκεκριμένα κονδύλια πρός κάλυψη δαπανῶν λειτουργίας τῆς Ἀκαδημίας πρέπει νά ἀναφέρεται καί ἡ ἀντίστοιχη τοπική συνεισφορά.

Σέ ὅλα τά παραπάνω διακρίνεται τό ἐνδιαφέρον γιά τακτική ἐνημέρωση τῆς ΕΖΕ, κάποια ἀγωνία, προθυμία γιά περαιτέρω ἐνίσχυση, ἀλλά βέβαια καί ἐμμονή στή γραφειοκρατική λεπτομέρεια, πού τήν κάνει πιό ἐπαχθή ἡ ἔλλειψη έπαρκοΰς καί έξειδικευμένου προσωπικού. Ή ΕΖΕ είναι όμως υπόλογη έναντι τού Κράτους, τό όποιο χρηματοδοτεί τα προγράμματα της. Λογικό λοιπόν νά θέλει άποδείξεις γιά τή σωστή καί άποτελεσματική χρήση τών έπιδοτήσεων.

1-5-1969 ΑΒΒ
Μ πρός Mordhorst

Ό Müller ήρθε στήν Ακαδημία φορτωμένος μέ όλες τίς ώς άνω έρωτήσεις καί πολλές άλλες. Γράφει λοιπόν ότι βρίσκεται έπί 14 ήμέρες στήν Ακαδημία καί στέλνει μιά προσωρινή έκθεση, θέλει δέ νά στείλει μιά έκτενέστερη άργότερα.

Έν μέρει εύχάριστα, έν μέρει λιγότερο εύχάριστα έχει νά αναφέρει.[203] Τό πιό εύχάριστο, γράφει, είναι ή μέχρι σήμερα συνεδριακή δραστηριότητα. «Ό κ. Παπαδερός σάς έχει στείλει ήδη σχετική άναφορά. Έγώ θά γράψω μόνο γι' αύτά πού έγιναν άπό τήν έδώ άφιξή μου στίς 14/4».

1) 15.4.1968 (Ήμερίδα) - *Τεχνητή γονιμοποίηση τών προβάτων* {δικός μας άριθμός συνεδρίου 21}

64 σύνεδροι, οί περισσότεροι βοσκοί, 5 ίερεΐς, μερικοί Δήμαρχοι {καί Κοινοτάρχες} καί έκπρόσωποι δημοσίων Υπηρεσιών. Έκτενής ένημέρωση μέ προβολή διαφανειών, ζωηρή έπί ώρες συζήτηση γιά τίς οίκονομικές εύκαιρίες {πού προσφέρει ή νέα μέθοδος}, τίς τεχνικές δυσκολίες, τίς μέχρι τότε έλλείψεις.

2) 15-17 Απριλίου 1968 - *Δυνατότητες οίκονομικής άναπτύξεως στή Δυτ. Κρήτη* {δικός μας άριθμ. 22}

60 σύνεδροι άπό όλη τήν Κρήτη. Μεταξύ αύτών ό Διευθυντής τής Υπηρεσίας Προγραμματισμού γιά τήν Κρήτη {Υπηρεσίας Περιφερειακής Άναπτύξεως Κρήτης, ΥΠΑΚ) μέ 5 συνεργάτες του, ό Γεν. Έπιθεωρητής Γεωργίας, 40 Δήμαρχοι καί Κοινοτάρχες, ό Διευθυντής τής Υπηρεσίας Αρδεύσεων {ΥΕΒ - Υπηρεσία Έγγείων Βελτιώσεων}, άλλοι έκπρόσωποι (Αγροτική Τράπεζα, Υπηρεσία Στατιστικής κ.ά.). Θέματα πού συζητήθηκαν: Άνάπτυξη κεντρικών ήμιαστικών πυρήνων μέ μετοίκηση κατοίκων άπό όρεινά χωριά, πού δέν έχουν προοπτική έπιβίωσης, έντάσεις καί διαφορές σχεδιασμού μεταξύ Υπηρεσιών κ.ά. Τό συνέδριο θά συνεχισθεί τό φθινόπωρο. Ό Έπίσκοπος Είρηναίος έκαμε μιά έντυπωσιακή όμιλία κατά τήν «*Ώρα περισυλλογής*». Στή μεγάλη έπιρροή του όφείλεται τό ότι, παρά τίς πολιτικές δυσχέρειες, κατορθώθηκε νά γίνει αύτό τό συνέδριο.

---

[203] Άπό ένα σημείωμα τού Müller μέ ήμερομηνία 9-4-1969 ΑΒΒ προκύπτει ότι, πριν φύγει γιά τήν Κρήτη, είχε συνεννόηση μέ τόν Mordhorst, ό όποιος έθεσε σειρά έρωτήσεων. Ή έκθεση τού Müller λοιπόν άποτελεί άπάντηση στίς περισσότερες άπό τίς έρωτήσεις αύτές.

3) 22.4.1969 (ὁλοήμερο) -*Κατ' οἶκον ἐργασία τῶν γυναικῶν*
{δικός μας ἀριθμ. 23}

40 γυναῖκες ἀπό τή Δυτ. Κρήτη, 5 ἱερεῖς καί κάμποσοι ἀντιπρόσωποι. Ἡ Μητρόπολις προμηθεύει ἀργαλειούς σέ σπίτια. Συζητοῦνται σχετικά ζητήματα, μεταξύ ἄλλων καί ἡ δημιουργία στά Χανιά καί στό Κολυμπάρι θέσεων πώλησης τῶν προϊόντων τοῦ ἀργαλειοῦ.

4) 28.4.1969 (ὁλοήμερο) {δικός μας ἀριθμ.24}

Ἀφορμή: Συχνές αὐτοκτονίες, *ψυχολογικά προβλήματα τοῦ λαοῦ.*
Συμμετοχή: 44 ἰατροί, ἱερεῖς, χωροφύλακες, ὑγειονομικοί.
Ἀπόφαση: Συγκρότηση Ἐπιτροπῆς γιά παρακολούθηση τοῦ θέματος.[204]

«Ἐκτός ἀπό τούς συνέδρους, βρίσκονται καθημερινά στήν Ἀκαδημία πλῆθος ἀνθρώπων, εἴτε γιά συζητήσεις προπαρασκευαστικές {ἄλλων δράσεων} εἴτε πρός ἐπίσκεψη. **Γενικά, μπορεῖ νά πεῖ κανείς ὅτι ἡ ἐργασία μπῆκε σέ κίνηση πολύ πιό γρήγορα ἀπό ὅσο στίς Ἀκαδημίες τῆς Γερμανίας. (b-Ἀπ).** Ἡ ἀνακάλυψη τῶν συζητήσεων συντονισμοῦ, ἀντί τῶν συχνά ἀντιφατικῶν διαταγῶν κρατικῶν Ὑπηρεσιῶν, φαίνεται πώς ἐπιτεύχθηκε μέ καλό ἀποτέλεσμα.

Ἀπορίας ἄξια εἶναι ἡ ἐπίδοση τοῦ Δρος Παπαδεροῦ. Εἶναι ὄχι μόνο ὁ μόνος διευθυντής συνεδριάσεων, ἀλλ' ἐπίσης μέχρι τώρα διευθυντής τοῦ σπιτιοῦ γενικά, αὐτός τηρεῖ τά βιβλία, εἶναι ὁ μόνος πού διεξάγει τήν ξενόγλωσση ἀλληλογραφία, ἀγοράζει τά ἀναγκαῖα, εἶναι καί σωφέρης».

Μέ αὐτά εἰσέρχομαι στά λιγότερο εὐχάριστα. Χωρίς ἐπαρκή διεύθυνση τῶν ἐσωτερικῶν λειτουργιῶν τοῦ σπιτιοῦ δέν μποροῦν νά διεξάγονται

---

[204] Σέ ἐκτενέστερη Ἔκθεσή του ἐπί τοῦ αὐτοῦ θέματος μέ ἡμερομηνία 16-5-1969 ABB ὁ Müller προσθέτει ἕνα 5° Συνέδριο, ἐκεῖνο μέ θέμα Σύγχρονη σκέψη καί χριστιανική πίστη {δικός μας ἀριθμ. 25}. Γράφει ὅτι ἔλαβαν μέρος τήν πρώτη μέρα 75, τή δεύτερη 180 ἄνθρωποι, κυρίως γιατροί, ἐκπαιδευτικοί, ἱερεῖς, μορφωμένες γυναῖκες.
Ἀφορμή: Ὁ πολύ συντηρητικός χαρακτήρας τῆς Ὀρθόδοξης Ἐκκλησίας, γράφει, ἔχει ὡς ἀποτέλεσμα ἡ πνευματική ἐλίτ τῆς Ἑλλάδας νά ἀπομακρύνεται {ἀπό τήν Ἐκκλησία} πολύ περισσότερο, ἀπό ὅσο ἐκείνη στή Δυτική Εὐρώπη. Πολλοί μορφωμένοι λαϊκοί στήν Ἑλλάδα εἶναι τελείως ἄθεοι καί οὐδόλως ἐνδιαφέρονται γιά ἠθικά, πολύ δέ περισσότερο γιά θρησκευτικά ζητήματα. Ὑπάρχουν ὅμως ἐπίσης μορφωμένοι λαϊκοί μέ ἕνα εἶδος πνευματικῆς σχιζοφρένειας, ἄνθρωποι τῶν φυσικῶν ἐπιστημῶν ἤ γιατροί ὑψηλοῦ ἐπιστημονικοῦ ἐπιπέδου, πλήρως ἀφοσιωμένοι σέ ἕνα θεολογικό καί λειτουργικό φονταμενταλισμό. Μίλησε μέ πολλούς ἀπό τούς συμμετέχοντες καί ἔμαθε ὅτι στήν Κρήτη γίνονται πολλές διαλέξεις. Συζητήσεις ὅμως ὅπως αὐτές {στήν Ἀκαδημία} ἦταν μέχρι τώρα τελείως ἄγνωστες
Ὡς εὐτυχῆ ἐνέργεια τῆς Ἀκαδημίας ἐκτιμᾶ τό γεγονός ὅτι γιά τό συνέδριο αὐτό κέρδισε τόν Henri de Lubac ἀπό τή Lyon, διεθνῶς ἀνεγνωρισμένο Πατρολόγο, πού ἀκριβῶς γι' αὐτό χαίρει ἐκτιμήσεως στό χῶρο τῆς Ὀρθοδοξίας, ἐνῶ ὡς μαθητής τοῦ Teilhard de Chardin ἀνήκει στήν προοδευτική ὁμάδα τοῦ Ρωμαιοκαθολικισμοῦ. Ἡ συμμετοχή, προσθέτει, ρωμαιοκαθολικῶν ἱερέων {ἀπό Κρήτη καί Ἀθήνα} ὑπηρέτησε τόν οἰκουμενικό χαρακτήρα τῆς ἐκδήλωσης. Ὁ ὁμιλητής, ὁ Ἐπίσκοπος Εἰρηναῖος καί ὁ διευθύνων τό συνέδριο Δρ. Παπαδερός πέτυχαν νά κατευθύνουν μέ θαυμάσιο τρόπο τίς πολύ ζωηρές συζητήσεις καί νά χαρίσουν στούς μετέχοντες τή χαρά τῆς πνευματικῆς ἀνταλλαγῆς.

συνέδρια μακράς διάρκειας. Ἐπειγόντως ἀναγκαῖες προμήθειες εἰδῶν ἐξοπλισμοῦ δέν γίνονται. Πιεστικά εἶναι τά χρέη. Περισσότερο ἐπείγουσες εἶναι οἱ ἀκόλουθες ἐνέργειες:

1) Διορισμός ἑνός ὑπεύθυνου γιά τό σπίτι.
2) Διορισμός εἰδικοῦ γιά τά γεωργικά.
3) Πληρωμή τῶν ἀκάλυπτων χρεῶν γιά τήν οἰκοδομή (DM 60.000).
4) Πρῶτες ἐνέργειες γιά διαμόρφωση ἐξωτερικῶν χώρων.
5) Βελτίωση τῶν κλινῶν.

Εἰδικότερα:
γιά τό 1) Γίνονται ἤδη διαπραγματεύσεις. Δέν ὑπάρχει ὅμως πρόβλεψη στόν προϋπολογισμό. Ὁ ὑπάρχων φύλακας/θυρωρός εἶναι ἀνειδίκευτος.

γιά τό 2) Πρός τοῦτο χρειάζονται 20.000 DM ἐτησίως. Τουλάχιστον τριετής σύμβαση. Διαμονή προσωρινά στήν Ἀκαδημία.

γιά τό 3) Πρόκειται γιά χρέη πρός Ἑταιρεῖες. Τά χρέη προέρχονται ἀπό τίς αὐξήσεις τῶν τιμῶν κατά 40%.

γιά τό 4) Ὡς πλέον ἐπεῖγον θεωρῶ τήν κατασκευή τοῦ τοίχου ἀντιστήριξης πού ἔχει προβλεφθεῖ.

γιά τό 5) Τά κρεβάτια εἶναι πολύ κακῆς ποιότητας, λέγεται ὅτι ἀγοράστηκαν μέ πρωτοβουλία τοῦ κ. Fähnrich. Ὁ κ. Παπαδερός ὑπέβαλε αἴτηση στό Π.Σ.Ε. Ἀνασφαλές τό ἀποτέλεσμα.

Ὁ Müller προτείνει νά ἐνεργοποιηθεῖ ἡ ΕΖΕ γιά τήν ἔγκριση ἐπιπλέον 100.000 DM, πού ἔχουν ζητηθεῖ. Ἄν ἐγκριθοῦν γρήγορα, θά εἶναι δυνατή ἡ διαμόρφωση ὁρισμένων ἐξωτερικῶν χώρων πρίν ἀπό τίς βροχές καί θά πολλαπλασιασθοῦν τά συνέδρια. Χωρίς ἐνίσχυση τοῦ προσωπικοῦ δέν μπορεῖ νά γίνει αὐτό, ἀκόμη καί ἄν ἀναλάβει ὑπηρεσία προσεχῶς ὁ προβλεπόμενος στόν προϋπολογισμό ἀναπληρωτής τοῦ κ. Παπαδεροῦ (πιθανῶς ἕνας ἱερέας).

Ἡ εἰσφορά τοῦ Ἐπισκόπου Kunst {50.000 DM κατά τά ἐγκαίνια} χρησιμοποιήθηκε γιά τήν ἐξόφληση χρεῶν γιά τήν οἰκοδομή, πού εἶχαν καλυφθεῖ προσωρινά ἀπό τή Μητρόπολη. Αὐτό ἦταν ἀναγκαῖο, γιατί ἡ Μητρόπολη εἶναι πολύ φτωχή καί ἔχει συνεχῶς χρέη. Γιά ὅλα θά φέρω ἀποδείξεις. Ἡ Μητρόπολη συνεισέφερε τό 25% τῶν {συνολικῶν} δαπανῶν πού εἶχε ἀναλάβει {ἀξία οἰκοπέδου, δρόμος κ.ἄ.}.

Τό Ἀγρόκτημα, πού ἔχει διαμορφωθεῖ σέ κτήματα τῆς Μονῆς {Κέντρον Ἀγροτικῆς Ἀναπτύξεως}, λειτουργεῖ πολύ καλά σέ στενή παιδαγωγική καί οἰκονομική συνεργασία μέ τήν Ἀκαδημία.

Ὑπάρχει εὐρύς κατάλογος παραληπτῶν τοῦ ἀνωτέρω ἐγγράφου (διάφοροι ἀξιωματοῦχοι - καί ὑψηλόβαθμες ἐκκλησιαστικές καί κρατικές Ὑπηρεσίες, μεταξύ αὐτῶν ἡ Γερμ. Πρεσβεία στήν Ἀθήνα καί τά μέλη τοῦ «Γερμανικοῦ Συμβουλίου τῶν Χριστιανικῶν Ἀκαδημιῶν Ἰαπωνίας καί Κορέας»).[205]

6-5-1969 ΑΒΒ
Θέμα: Τελικός λογαριασμός τοῦ οἰκοδομικοῦ προγράμματος τῆς Ἀκαδημίας στήν Κρήτη

Ὁ Hartmann (ΒΒ) σημειώνει ὅτι μίλησε αὐτήν τήν ἡμέρα μέ τόν Siegert, στήν ΕΖΕ, καί τόν παρεκάλεσε νά ξαναστείλει στήν Κρήτη τό σύνολο τῶν δικαιολογητικῶν τοῦ τελικοῦ λογαριασμοῦ. Ὑποσχέθηκε νά τό κάμει ἀμέσως.

Εἶπε ἀκόμη {ὁ Siegert} ὅτι ἦταν παρών κατά τή συζήτηση τοῦ Dr. Mordhorst μέ τόν Dr. Müller, κατά τήν ὁποία τοῦ εἶπαν τί χρειάζεται ἀκόμη γιά τό κλείσιμο τοῦ λογαριασμοῦ.

Ὁ Talbot στήν ΟΑΚ
14-5-1969

Ὁ Πρεσβευτής τῶν ΗΠΑ στήν Ἀθήνα ἐπισκέφθηκε μέ τή συνοδεία του τήν Ἀκαδημία. Στή βεράντα, ὅπου τούς προσφέραμε ἀναψυκτικά, εἶχα μιά σύντομη ἰδιαίτερη συζήτηση μαζί του, κατά τήν ὁποία τοῦ εἶπα καθαρά ὅτι ἡ εἰκόνα τῆς χώρας του, ὡς προστάτιδος τῆς ἐλευθερίας τῶν λαῶν, ἀμαυρώνεται ὅταν στηρίζει ὁλοκληρωτικά καθεστῶτα.

Δέν ἀπάντησε, οὔτε ἄφησε τήν ἐντύπωση ὅτι φεύγει ἀπό τήν Ἀκαδημία εὐχαριστημένος!

16-5-1969 ΑΒΒ
Μο πρός διαφόρους

Ἡ Γραμματέας τοῦ Μ ἀποστέλλει στά μέλη τοῦ Συμβουλίου γιά τίς Ἀκαδημίες Ἰαπωνίας καί Κορέας (ἕδρα: Βερολίνο), καθώς καί σέ μεγάλο ἀριθμό Ὑπηρεσιῶν καί προσώπων, τήν παρακάτω Ἔκθεση τοῦ Müller περί τῆς ΟΑΚ.

---

[205] Στήν κατωτέρω ἀπό 16-5-1969 ἐκτενέστερη Ἔκθεσή του ὁ Müller ἐπανέρχεται κατά τό πλεῖστον στά ἴδια θέματα, τά ὁποῖα ἀναλύει περισσότερο καί κλείνει τήν Ἔκθεση γράφοντας:

«Θά ἔπρεπε νά ἐξετασθεῖ τό κατά πόσο καί ἐκκλησιαστικές Ὑπηρεσίες στή Γερμανία {ὅπως πληροφορήθηκε ὅτι θά πράξουν ἄλλες Ἐκκλησίες π.χ. ἀπό τόν Καναδά} θά μποροῦσαν νά κάμουν μιά εἰσφορά γιά τήν προαγωγή τῆς Ὀρθοδόξου Ἀκαδημίας Κρήτης. Λαμβανομένου ὑπόψιν τοῦ ὅτι κυρίως ἡ Δυτική Κρήτη ὑπέφερε ἰδιαίτερα στή διάρκεια τῆς γερμανικῆς κατοχῆς κατά τόν Δεύτερο Παγκόσμιο Πόλεμο, θά ἦταν τοῦτο ἰδιαίτερα ἐνδεδειγμένο, μάλιστα καθώς χωριά πυρπολήθηκαν μέ ἐπεμβάσεις τιμωρίας, πολλοί οἱ νεκροί καί ὅσοι, παρά τίς δοκιμασίες στίς ὁποῖες ὑποβλήθηκαν, ἐπέζησαν! Ὁ Διευθυντής τῆς Ἀκαδημίας κατάγεται ἀπό ἕνα κατεστραμμένο χωριό. Ἤδη ὡς δεκαετής πέρασε μῆνες σέ γερμανικό στρατόπεδο συγκέντρωσης».

12. Ε Κ Θ Ε Σ Η Müller - «Ἐντυπώσεις ἀπό τήν ΟΑΚ»

16-5-1969 ΑΒΒ
Πρόκειται γιά τήν ἐκτενέστερη Ἔκθεση πού εἶχε ὑποσχεθεῖ.
Ὁ Müller ἐπισκέφθηκε τήν Ἀκαδημία (15.4-23.5.1969) καί καταγράφει τίς ἐντυπώσεις του γιά τήν περίοδο 15/4 μέχρι 10/5.

Προτάσσει σύντομες πληροφορίες (ἡ Ἀκαδημία ἀπέχει 22 χιλ. ἀπό τά Χανιά, πού εἶναι πρωτεύουσα τῆς Κρήτης, συγκοινωνίες στό νησί κ.λπ.). Πολλοί ρωτοῦν: Γιατί χτίσθηκε ἡ Ἀκαδημία ὄχι κάπου κοντά στήν Ἀθήνα; Γιά ἕναν ἀπόμακρο ἐπαρχιακό τόπο δέν εἶναι πολύ μεγάλη καί δέν ἔχει διαμορφωθεῖ μέ περίσσια ὀμορφιά; Τίθενται ἐρωτήματα ὅπως: Εἶναι λίγο τό προσωπικό, ἡ Ἀκαδημία βρίσκεται ἀκόμη στίς ἀπαρχές της, ναί, ὅμως δέν εἶναι πολλές οἱ {χωρίς συνέδρια} κενές ἡμέρες, παρά τό ὅτι ἡ ἐργασία προχώρησε πολύ πιό γρήγορα ἀπό ὅσο ἀναμενόταν;

Παρά τίς ἐνστάσεις αὐτές, ὑπερτεροῦν τά προτερήματα, δεδομένων τῶν περιστάσεων.

Ἀκολουθεῖ καί ἐδῶ, ὅπως καί σέ προηγούμενες Ἐκθέσεις τοῦ Müller, μιά πολύ θετική εἰκόνα τοῦ Σεβασμ. Εἰρηναίου καί τῶν ὑποδειγματικῶν δράσεων καί ἔργων του καί, γιά πρώτη φορά, μνημονεύεται καί ἡ ΑΝΕΚ.

Ὑπάρχει ἕνα εἶδος διαδραστκῶν σχέσεων καί ἀλληλοβοήθειας: Ἡ Φάρμα (Κέντρον Ἀγροτικῆς Ἀναπτύξεως στό Κολυμπάρι) τροφοδοτεῖ τά Οἰκοτροφεῖα καί τήν Ἀκαδημία μέ εἴδη τροφίμων σέ τιμές κόστους. Ἡ Οἰκοκυρική Σχολή προσφέρει βοήθεια στήν Ἀκαδημία σέ μέρες αἰχμῆς ἔτσι, ὥστε ἡ Ἀκαδημία, λαμβανομένου ὑπόψη τοῦ μεγέθους της, νά ἀντιμετωπίζει τίς ἀνάγκες μέ τό 1/3 τοῦ προσωπικοῦ πού χρειάζονται ἄλλες Ἀκαδημίες ἴδιου περίπου μεγέθους. Ἡ αὐθεντία τοῦ Ἐπισκόπου ἐκτείνεται πολύ πέραν τῶν ὁρίων τῆς Ἐπισκοπῆς. Αὐτό συντελεῖ σέ θετική ἀνταπόκριση στίς προσκλήσεις τῆς Ἀκαδημίας. «Ἡ ἐκπληκτικά γρήγορη ἀφετηριακή ταχύτητα τῆς Ἀκαδημίας ἀπό τά ἐγκαίνιά της καί ἑξῆς ὀφείλεται σίγουρα κατά κύριο λόγο στό γεγονός αὐτό». Ἀλλά καί οἱ σταθερές δαπάνες τῆς Ἀκαδημίας εἶναι ἀσφαλῶς γιά τόν ἴδιο λόγο χαμηλότερες ἀπό ἐκεῖνες ἀναλόγων ἐπιχειρήσεων.

Σοβαρές ἐλλείψεις στόν τομέα τοῦ προσωπικοῦ. Τοῦτο ὀφείλεται στή σχεδόν καταστροφική οἰκονομική κατάσταση τῆς Ἀκαδημίας, ἀλλά καί στή σημερινή πολιτική κατάσταση τῆς Ἑλλάδας. Ὑπάρχει δισταγμός γιά προσφυγή σέ οἰκονομική ἀρωγή ἀπό τό Κράτος, ἐξ αἰτίας τοῦ ἐνδεχομένου νά προκληθοῦν ἔτσι ἐξαρτήσεις. Ἡ κρατική βοήθεια πού εἶχε προβλεφθεῖ εἶναι σχεδόν ἀνύπαρκτη. Περιορίσθηκε στή συμβολή γιά τή διαμόρφωση τοῦ δρόμου. Ἡ οἰκονομική στήριξη συνεδριακῶν δραστηριοτήτων θά ἐξαρτηθεῖ ἀφ' ἑνός

Ὁ Δημ. Κ. Παπαδερός (ἀριστερά στή φωτογραφία, Καθαρά Δευτέρα 1970 στήν Ἀκαδημία) κλήθηκε ἀπό τό Συμβούλιο, κατά τήν ἔναρξη κιόλας τῶν οἰκοδομικῶν ἐργασιῶν, ὁπότε διαπιστώθηκε ἡ ἐπείγουσα ἀνάγκη φύλαξης τοῦ ἐργοταξίου καί τῶν ὑλικῶν. Ἀργότερα τοῦ ἀνατέθηκαν καί ἄλλα καθήκοντα (συντηρητῆ καί ὁδηγοῦ). Ὑπῆρξε ἔτσι ὁ πρῶτος συνεργάτης μας, ἀργότερα προστέθηκε στό προσωπικό καί ἡ σύζυγός του Χρυσούλα.

ἀπό τήν ἐξέλιξη τῶν πολιτικῶν πραγμάτων καί ἀφ' ἑτέρου ἀπό τό κατά πόσο θά μπορέσει ἡ Ἀκαδημία νά διαμορφώσει σέ τέτοιο βαθμό ἕνα δικό της στύλ, ὥστε χωρίς παρακινδύνευση τῆς ἀνεξαρτησίας της νά μπορεῖ νά ἀποδεχθεῖ εἰσφορές ἀπό πηγές μέ ἐπιρροή. Πρός τό παρόν τίποτε δέν μπορεῖ νά προβλέψει κανείς ἐπ' αὐτοῦ.

«Ἡ πολιτική ἀνατροπή εἶχε καί κάτι θετικό γιά τήν Ἀκαδημία. Ὁ Δρ. Ἀλέξανδρος Παπαδερός, πού εἶχε ἐξ ἀρχῆς προβλεφθεῖ ὡς Διευθυντής τῆς Ἀκαδημίας, εἶχε ἀναλάβει μιά ἀποστολή στό Ὑπουργεῖο Θρησκευμάτων {Ὑπουργεῖο Ἐθνικῆς Παιδείας καί Θρησκευμάτων - Παιδαγωγικό Ἰνστιτοῦτο}, προκειμένου νά γεφυρώσει τόν τετραετῆ χρόνο οἰκοδομῆς τῆς Ἀκαδημίας» - μιά πολύ σημαντική θέση στόν τομέα ἀνάπτυξης αὐτοῦ τοῦ Ὑπουργείου, παρά τό νεαρόν τῆς ἡλικίας του. Ὕστερα ἀπό τήν ἀνατροπή ἀπολύθηκε... Ἔτσι ἀποδεσμεύθηκε καί εἶναι πάλι ἐλεύθερος νά ἐργασθεῖ γιά τήν Ἀκαδημία, ἐνῶ τοῦτο δέν θά μποροῦσε νά θεωρηθεῖ νωρίτερα σίγουρο».

ΑΛΕΞΑΝΔΡΟΣ Κ. ΠΑΠΑΔΕΡΟΣ

Ἡ μελλοντική ἐξέλιξη τῆς Ἀκαδημίας τῆς Κρήτης μπορεῖ νά θεωρηθεῖ εὐνοϊκή ὑπό τίς ἀκόλουθες προϋποθέσεις:

1. Ἐάν ὁ Ἐπίσκοπος Εἰρηναῖος καί ὁ Δρ. Παπαδερός θά παραμείνουν γιά μερικά χρόνια οἱ ἀποφασιστικές προσωπικότητες γιά τήν ἀνάπτυξη τῆς Ἀκαδημίας.

2. Ἄν ἐπιτευχθεῖ αὔξηση τοῦ ἐπιτελείου, καί ἐκτός ἀπό τά συνέδρια νά ὀργανώνονται καί σεμινάρια μεγαλύτερης διάρκειας.

3. Ἐάν κατορθωθεῖ νά γίνει ἡ Ἀκαδημία ἕνα Κέντρο συνεδρίων καί ἐκπαίδευσης, πού θά χρησιμοποιεῖται ἀπό τίς Ὀρθόδοξες Ἐκκλησίες τῆς Μεσογείου καί τούς συνεργαζόμενους μέ αὐτές κοινωνικούς παράγοντες.

Γιά τήν προοπτική αὐτή ὑπάρχουν ἀπό τό ἑπόμενο ἔτος θετικές ἐνδείξεις. Κατά τά ἐγκαίνια τῆς Ἀκαδημίας ἐκφράσθηκαν θετικά πρός τήν κατεύθυνση αὐτή οἱ ἐκπρόσωποι τῶν Πατριαρχείων τῆς Μεσογείου. Ὁ μεγάλος φόρτος ἐργασίας τοῦ Διευθυντῆ δέν ἐπέτρεψε ἀκόμη τήν ἀξιοποίηση αὐτῶν τῶν δυνατοτήτων.

Ὅσον ἀφορᾶ στίς συνεδριακές καί λοιπές δραστηριότητες τῆς Ἀκαδημίας, ὁ Müller παραπέμπει στίς σχετικές Ἐκθέσεις μου (Arbeitsberichte). Διατυπώνει ὅμως ἐντυπώσεις καί παρατηρήσεις γιά τά συνέδρια πού παρακολούθησε ἀπό 15 Ἀπριλίου μέχρι 10 Μαΐου. Τό τελικό συμπέρασμά του εἶναι ὅτι ἡ Ἀκαδημία ἔχει προσεγγίσει ἤδη ἐπιτυχῶς καίρια ζητήματα οἰκονομικῆς, κοινωνικῆς καί πνευματικῆς φύσεως. Τό κρίσιμο ζήτημα εἶναι κατά τή γνώμη του τό κατά πόσο θά μπορέσει ἡ Ἀκαδημία νά ἀποκτήσει τό ἀναγκαῖο προσωπικό γιά τήν περαιτέρω ἀξιοποίηση τῶν ἤδη γενομένων.

Προσωπικό τῆς Ἀκαδημίας

«Ἐκτός ἀπό τόν Ἐ π ί σ κ ο π ο Ε ἰ ρ η ν α ῖ ο, ὁ ὁποῖος λόγῳ τοῦ πλήθους τῶν ἐπισκοπικῶν ὑποχρεώσεών του μόνο σποραδικῶς μπορεῖ νά συμπράττει, ἡ Ἀκαδημία ἀποτελεῖται πρακτικῶς ἀπό ἕνα πρόσωπο: Δρ. Ἀ λ έ ξ α ν δ ρ ο ς Π α π α δ ε ρ ό ς. Ὁ Δρ. Παπαδερός εἶναι ταυτόχρονα ἐκεῖνος πού ἑτοιμάζει τά συνέδρια, ἐκεῖνος πού τά διευθύνει, ἐνίοτε καί ὁμιλητής, ὑπεύθυνος γιά τό σπίτι, τεχνικός διευθυντής, ὑπεύθυνος γιά τήν τήρηση τῶν βιβλίων, μόνος διεκπεραιωτής τῆς διεθνοῦς ἀλληλογραφίας, ἀγοραστής τῶν τροφίμων, μέχρι πρίν ἀπό ἕνα μήνα ἀκόμη καί ὁδηγός τοῦ αὐτοκινήτου τῆς Ἀκαδημίας. Ἀποτελεῖ γιά μένα ἕνα αἴνιγμα, πῶς, παρά τήν πολύπλευρη αὐτή ὑπερβολική ἐπιβάρυνση, μπόρεσε στή σύντομη διάρκεια τῆς ἐκεῖ παραμονῆς μου, νά ἑτοιμάσει καί νά πραγματοποιήσει μιά σειρά κατά τή γνώμη μου σημαντικῶν καί ἐπιτυχημένων συνεδρίων».

Ἀναφέρει στή συνέχεια πέντε πρόσωπα βοηθητικοῦ προσωπικοῦ:
1. Φύλακας (ὁ ἀρκετά ἐπιδέξιος ἀδελφός τοῦ Δρος Παπαδεροῦ {Δημήτρης},

πού διαθέτει ὅμως ἐκπαίδευση μόνον Δημοτικοῦ Σχολείου),
2. Μιά ὄχι πλέον νέα, σχετικά ἀνεπαρκής μαγείρισσα.
3. Δύο κοπέλλες ὡς βοηθητικό προσωπικό.
4. Μιά βοηθός Γραμματείας, χωρίς εἰδική ἐκπαίδευση.[206]

Σέ μεγάλα συνέδρια βοήθεια προσφέρουν κορίτσια τῆς Οἰκοκυρικῆς Καστελλίου {πού ἀσκοῦνται μέ τόν τρόπο αὐτό}. Ἐπείγουσα θεωρεῖ τήν ἀνάγκη προσθήκης νέων, ἐξειδικευμένων συνεργατῶν, ἡ πρόσληψη τῶν ὁποίων ὅμως δέν εἶναι δυνατή λόγω τῆς ἰσχνῆς οἰκονομικῆς κατάστασης τῆς Ἀκαδημίας, ἡ ὁποία ἀντιμετωπίζει τό δίλημμα, εἴτε νά μήν ὀργανώνει συνέδρια, ὁπότε δέν θά ἔχει μεγάλες δαπάνες, εἴτε νά μήν ἔχει ἔσοδα, ἐάν δέν ὀργανώνει συνέδρια. «Εἶναι ἐκπληκτικό τό ὅτι ἡ Ἀκαδημία, παρά τή διλημματική αὐτή κατάσταση, τά κατάφερε νά λειτουργήσει καί μάλιστα κατά ἀξιοπρόσεκτο τρόπο».

Οἰκονομικά
Ἡ ΕΖΕ καί τό Π.Σ.Ε. γνωρίζουν καί ἀναγνωρίζουν ὅτι ἀπό τό χρόνο ἔγκρισης τῆς χορηγίας μέχρι τήν ὁλοκλήρωση τῶν κτηρίων τό κόστος οἰκοδομῆς τῆς Ἀκαδημίας αὐξήθηκε κατά 40%. Παρά ταῦτα δέν ἐγκρίθηκε σχεδόν καμιά πρόσθετη ἐπιχορήγηση. Κατά συνέπεια, ἡ ἀνέγερση τῆς Ἀκαδημίας ἐπιτεύχθηκε μέ πολύ μεγάλες δυσκολίες. Μέ ἐξαίρεση τήν κουζίνα, ὁ ἐξοπλισμός εἶναι ἐλλιπής. Ὁ περιβάλλων χῶρος δέν ἔχει διαμορφωθεῖ ἀκόμη. Μοναδικό αὐτοκίνητο εἶναι ἕνα παλιό VW {δικό μου}, ἡ ἀλληλογραφία τῆς Ἀκαδημίας γίνεται μέ δυό παλιές γραφομηχανές τοῦ Δρ. Παπαδεροῦ (ἑλληνική καί λατινική), ἀναφέρονται καί ἄλλες ἐλλείψεις.

Ὑπάρχει χρέος 60.000 DM πρός ἐργολάβους. Ἡ Μητρόπολις, πού εἶναι ἐπίσης φτωχή, συνεισέφερε προκαταβολές. Τά ποσά αὐτά ἔχουν ἐπιστραφεῖ στή Μητρόπολη βάσει δωρεᾶς τοῦ Ἐπισκόπου Kunst {50.000 DM κατά τά ἐγκαίνια}. Ἀναφέρει καί ἄλλες οἰκονομικές δυσκολίες καί σημειώνει ὅτι ἕνας γεωργός πού μετέχει σέ ἕνα συνέδριο δέν μπορεῖ νά πληρώσει περισσότερο ἀπό 6 DM συνολικά. «Ὅποιος ἔχει δεῖ μέ τά μάτια του τή φτώχεια πού ὑπάρχει στά χωριά, ἀπορεῖ γιά τό ὕψος αὐτοῦ τοῦ ποσοῦ».

Ἑτοιμάζεται ἡ δημιουργία στήν Κρήτη ἑνός Κύκλου Φίλων τῆς Ἀκαδημίας. Τήν κατάσταση ἐπιβαρύνει ἡ δυσκολία προσφυγῆς σέ κρατική βοήθεια.

---

[206] Εἶναι προφανές ὅτι ὁ Müller δέν ἀνέμενε νά βρεῖ στήν Κρήτη τό πολυπληθές καί σέ ὑψηλό βαθμό ἐξειδικευμένο προσωπικό τῆς δικῆς τους Ἀκαδημίας. Ἀπευθύνεται στούς παραλῆπτες τῆς Ἐκθεσης καί δέν ἀποκρύπτει τό πράγματι μέγα πρόβλημα τῆς ἔλλειψης ἐπαρκοῦς προσωπικοῦ. Σίγουρα ὅμως δέν ἔχει τήν πρόθεση νά ἀδικήσει τούς πρώτους ἐκείνους συνεργάτες μου, πού, καίτοι ἀνειδίκευτοι, ἐφάρμοσαν ἐξ ἀρχῆς μέ ζῆλο καί ἀφοσίωση τόν κανόνα πού εἶχα προτείνει καί ὁ ὁποῖος ὑπῆρξε μέγα στήριγμα τοῦ Ἱδρύματος στήν ἐν γένει πορεία του: *Αὐτό τό σπίτι μᾶς σκεπάζει καί ἐμεῖς τό κρατοῦμε στούς ὤμους μας!*

«Τοῦτο ὀφείλεται κυρίως στό ὅτι ὑπάρχει ἀμοιβαία ἐπιφύλαξη μεταξύ τῆς Κυβέρνησης καί τοῦ σημερινοῦ Διευθυντῆ τῆς Ἀκαδημίας Δρος Παπαδεροῦ».

Λαμβανομένων ὑπόψη ὅλων αὐτῶν, συμπεραίνει, εἶναι ἐπειγόντως ἀνάγκη νά παρασχεθεῖ βοήθεια στήν ἐργασία αὐτή {τῆς Ἀκαδημίας}, πού ἔχει πολλές προοπτικές. Ἀναφέρει ὡς πλέον ἀναγκαῖα τά ἀκόλουθα:

Κάλυψη τοῦ ὑπάρχοντος χρέους.

Διαμόρφωση τῶν ἐξωτερικῶν χώρων.

Βελτίωση τοῦ ἐξοπλισμοῦ τῶν δωματίων καί τοῦ Γραφείου.

Διεύρυνση τοῦ προσωπικοῦ γιά τά συνέδρια.

Ὑποστήριξη γιά τήν ὀργάνωση σεμιναρίων μακρᾶς διάρκειας, ἰδιαίτερα ἀπό τό χῶρο τῆς Μεσογείου.

Αὐτοκίνητο γιά μεταφορά προσώπων καί ἐμπορευμάτων {εἰδῶν διατροφῆς κ.ἄ.}.

Ἀναφέρει ἀκόμη τήν αἴτηση πού ἔχουμε ὑποβάλει στό Π.Σ.Ε., ἴσως προέλθει κάτι ἀπό Ἐκκλησίες τοῦ Καναδᾶ, ὅμως δέν προβλέπεται κάλυψη ἀρκετῶν ἀπό τίς ὑπάρχουσες ἀνάγκες.

Τήν ἔκθεσή του κλείνει ὁ Müller ὅπως καί τήν προηγούμενη:

«Θά ἔπρεπε νά ἐξετασθεῖ τό κατά πόσο θά μποροῦσαν καί Ἐκκλησίες ἀπό τή Γερμανία νά συνεισφέρουν ἕνα ποσό γιά τήν προαγωγή τῆς Ὀρθοδόξου Ἀκαδημίας Κρήτης. Λαμβανομένου ὑπόψη τοῦ γεγονότος ὅτι ἐξαιρέτως ἡ Δυτική Κρήτη κατά τή γερμανική κατοχή στό Δεύτερο Παγκόσμιο Πόλεμο δοκιμάσθηκε ἰδιαίτερα, θά ἦταν ἰδίως τοῦτο ἐνδεδειγμένο. Ὡς ἀντεκδίκηση πυρπολήθηκαν χωριά, πολλοί οἱ νεκροί, ἀλλά καί πολλοί καί οἱ θρηνήσαντες. Ὁ Διευθυντής τῆς Ἀκαδημίας κατάγεται ἀπό ἕνα κατεστραμμένο χωριό. Ὡς 10ετής πέρασε μῆνες σέ γερμανικό Στρατόπεδο Συγκέντρωσης».

30ή καί 50ή ἐπέτειος τῆς Ἀκαδημίας ΒΒ

Κατά τόν ἑορτασμό τῆς 30ῆς ἐπετείου τῆς Ἀκαδημίας τοῦ Bad Boll (1975) μετέφερα τό χαιρετισμό τοῦ Δ.Σ. καί τοῦ προσωπικοῦ τῆς ΟΑΚ καί τήν εἰκόνα τοῦ δ ι α λ ό γ ο υ τοῦ Χριστοῦ μέ τή Σαμαρείτιδα.

Στίς 29.9.1995 ἑορτάσθηκε στό B.Boll ἡ 50ή ἐπέτειος ἀπό τήν ἔναρξη λειτουργίας τοῦ πρώτου στόν κόσμο Ἱδρύματος τοῦ τύπου αὐτοῦ. Ἔλαβα

Ἡ εἰκόνα αὐτή, ἔργο τοῦ Γεωργίου Κουνάλη, ἔχει τοποθετηθεῖ στό παρεκκλήσι τῆς Ἀκαδημίας Bad Boll.

μέρος. Δέν εἶχε προσκληθεῖ ἄλλος Διευθυντής ἀπό Ἀκαδημίες πού εἶχαν δημιουργηθεῖ μέ βοήθεια τοῦ Müller. Αἰσθάνθηκα λοιπόν τήν ὑποχρέωση νά ὁμιλήσω ἐξ ὀνόματος ὅλων, ἐπιλέγοντας ὡς θέμα τήν προσωπικότητα τοῦ Eberhard Müller, ὡς ἀνθρώπου τῆς Οἰκουμένης.[207]

Ἐπειδή ἡ ἀνωτέρω Ἔκθεση ἦταν ἡ τελευταία πού ἔγραψε ὁ Μ γιά τήν Ὀρθόδοξο Ἀκαδημία, θά ἤθελα νά σημειώσω ἐδῶ τοῦτο μόνο:

ΧΩΡΙΣ ΤΗΝ ΑΓΑΠΗ ΠΟΥ ΕΒΙΩΣΕ ΒΑΘΙΑ Ο MÜLLER ΓΙΑ ΤΗΝ ΚΡΗΤΗ ΚΑΙ ΤΟΥΣ ΑΝΘΡΩΠΟΥΣ ΤΗΣ ΚΑΙ ΧΩΡΙΣ ΤΗ ΣΟΦΙΑ ΚΑΙ ΤΟ ΠΕΙΣΜΑ ΤΟΥ, ΕΙΝΑΙ ΑΜΦΙΒΟΛΟ ΑΝ ΘΑ ΕΙΧΕ ΦΘΑΣΕΙ ΣΤΗΝ ΕΚΠΛΗΡΩΣΗ ΤΟΥ ΤΟ ΟΡΑΜΑ!

Αὐτό βεβαιώνει μέ τό δικό του τρόπο στό χαιρετισμό του κατά τήν ἐν λόγω τελετή καί ὁ Wolfgang Lenz, τότε Γεν. Γραμματέας τοῦ Οἰκουμενικοῦ Συνδέσμου τῶν Ἀκαδημιῶν τῆς Εὐρώπης: Πολλά ὀφείλουν στό Bad Boll ἀρκετές Ἀκαδημίες. Μεταξύ αὐτῶν «ὑπάρχουν μερικές πού διαδραματίζουν ἰδιαίτερο ρόλο, ...μεταξύ αὐτῶν σίγουρα ἐκεῖνες τῆς Κορέας καί τῆς Ἰαπωνίας, κατ' ἐξοχήν δέ ἡ Ὀρθόδοξος Ἀκαδημία Κρήτης, ὁ Διευθυντής τῆς ὁποίας Δρ. Ἀλέξανδρος Παπαδερός εἶναι σήμερα μαζί μας. Ὅτι ὅλη αὐτή ἡ διαδικασία ἔδιδε πάντοτε ἔμφαση καί στά πρακτικά ζητήματα τῆς ζωῆς φανερώνεται

---

[207] Alexandros K. Papaderos, Eberhard Müller, der Ökumeniker, in: Gesellschaftspolitische Verantwortung. Dr. Eberhard Müllers Beitrag zum Profil der Kirche. Bad Boll Skripte 7/2006.

κυρίως στήν τελευταία αὐτή περίπτωση. Κάποτε ἔπρεπε νά μεταφερθοῦν στήν Κρήτη 30 κριάρια πού εἶχε ὑποσχεθεῖ νά χαρίσει ὁ Ὑπουργος Ertl.²⁰⁸ Ἄλλη φορά προσπαθοῦσε ὁ Eberhard Müller νά πουλήσει στή Γερμανία τρία ἑκατομμύρια λίτρα κρητικοῦ κρασιοῦ, τή γεύση τοῦ ὁποίου προσδιόριζε ὡς ἕνα "μεῖγμα λευκοῦ γερμανικοῦ οἴνου καί Sherry".

Wolfg. Lenz

Ἐπρόκειτο ἐπίσης γιά συγκεκριμένη βοήθεια σέ ὥρα ἀνάγκης, ὅπως π.χ. ὅταν τό 1968 σέ συζήτηση μέ τόν δεύτερο ἄνδρα τῆς ἑλληνικῆς στρατιωτικῆς δικτατορίας ταξίαρχο Παττακό χρειάσθηκε νά προασπίσει τήν ἀνεξαρτησία καί ἱκανότητα ἐργασίας τῆς κρητικῆς Ἀκαδημίας».

Σέ τί ἀναφέρεται ὁ Λέντς μέ τήν τελευταία αὐτή παρατήρηση; Χρειάζεται ἡ ἀκόλουθη ἐνημέρωση: Πρίν ἀπό τά ἐγκαίνια τῆς Ἀκαδημίας εἶχε τεθεῖ ὡς θέμα τό ἄν ἔπρεπε ἤ ὄχι νά προσκληθεῖ ἡ τότε Κυβέρνηση. Ὑπῆρχαν τά κατά καί τά ὑπέρ. Στά τελευταῖα ἀνήκει ἡ ἀκόλουθη σκέψη πού μᾶς εἶχε γνωστοποιήσει ὁ Müller:

Ὁ Ἐπίσκοπος Kunst καί ὁ ἴδιος θά ἔβλεπαν θετικά μιά εὐκαιρία νά μιλήσουν μέ κάποιον ἀξιωματοῦχο τῆς Χούντας γιά τίς προσωπικές ἐμπειρίες τους ἀπό τή χιτλερική δοκιμασία. Κατά τό γεῦμα λοιπόν εἴχαμε ρυθμίσει καί καθίσαμε στό τραπέζι ὁ Εἰρηναῖος, ὁ Παττακός, οἱ Kunst, Müller καί ἐγώ, πού ἔκανα καί τή μετάφραση.

Ὁ Παττακός ἀντέδρασε ἀπό τίς πρῶτες κιόλας νύξεις τους μέ τό δικό του πονηρό τρόπο τοῦ «πέρα βρέχει...»! Σέ ὅ,τι κι ἄν ἔλεγαν δηλαδή ἐκεῖνος (κάνοντας ταυτόχρονα καί ἐπίδειξη γνώσης τῆς ἀρχαίας ἑλληνικῆς γλώσσας), ἀπαντοῦσε μέ κάποια φράση ἀπό τόν Ἀριστοτέλη, ἄσχετη πρός τά λεγόμενα. Δέν ἀποκρύπτω πάντως τήν ἀπορία μου γιά τήν ἱκανότητά του νά ἐπικαλεῖται μέ τόση ἄνεση τόν Ἀριστοτέλη! Σκέφθηκα ὅμως ὅτι ἔπρεπε νά τερματίσω τήν κωμωδία ἐκείνη. Στήν Ἀκαδημία ὑπηρετοῦσε τότε μιά κοπέλα μέ τό ὄνομα Δ η μ ο κ ρ α τ ί α {Μαυρομιχελάκη, μετέπειτα Μαμιδάκη}. Τό τραπέζι μας ἦταν στή βορειοανατολική γωνία τῆς τραπεζαρίας. Ὅταν εἶδα τήν κοπέλα νά σερβίρει στήν ἄλλη ἄκρη τῆς κατάμεστης αἴθουσας, πῆρα τήν περίπου ἄδεια πιά φιάλη τοῦ κρασιοῦ, σηκώθηκα καί δείχνοντάς την πρός τήν κοπέλα,

---

²⁰⁸ Τόν εἶχα ἐπισκεφθεῖ στή Βόννη, ἐξήγησα τί κάνουμε καί γιατί τά θέλουμε. Ὑποσχέθηκε νά ἱκανοποιήσει τό αἴτημά μας. Πέρασε πολύς καιρός, χωρίς ἀποτέλεσμα. Ξαναπῆγα. Ἀμήχανος φανερά, ὁμολόγησε ὅτι τό εἶχε ξεχάσει! Εὐχαρίστησα γιά τήν πρόθεση, ζήτησα νά μήν ἀσχοληθεῖ πλέον μέ αὐτό τό θέμα, βρῆκα ἀπό ἄλλη πηγή τά κριάρια καί ἐφαρμόσαμε στό Κέντρον Ἀγροτικῆς Ἀναπτύξεως τήν τεχνητή γονιμοποίηση προβάτων τῆς Κρήτης μέ θετικό ἀποτέλεσμα γιά πρόβατα πεδινῶν περιοχῶν.

φώναξα δυνατά: *Δημοκρατία, φέρε μας κρασί, παρακαλῶ!* Ἡ αἴθουσα πάγωσε, βουβάθηκε. Ἔφερε τό κρασί, βάζω στό ποτήρι τοῦ Παττακοῦ, λέγοντας κάπως δυνατά: *Πρόεδρε, αὐτό εἶναι πιό γλυκόπιοτο – μᾶς τό προσφέρει ἡ ... δημοκρατία!* Θά συμφωνοῦσε ὁ Ἀριστοτέλης. Ὁ καλός μας Στυλιανός ὅμως δέν εἶχε ἕτοιμη φράση, ἀπάντησε, ὡστόσο, σαφέστατα μέ τό χαρακτηριστικά εἰρωνικό χαμόγελό του. Ἐξήγησα στούς φιλοξενουμένους μας τά γενόμενα, καί αὐτοί κατάλαβαν πώς εἶναι καλύτερα νά μιλήσουν πιά μόνο γιά τό κρασί τῆς Κρήτης καί γιά τήν ἀποτυχία τοῦ Müller, νά πείσει τούς εἰσαγωγεῖς κρασιοῦ στή χώρα του νά τό ἀγοράσουν.

Bad Boll 1995: Μπροστά στό πορτραῖτο τοῦ Müller ὁ διάδοχός του καί στό μεταξύ Ὁμοσπ. Βουλευτής Krumacher, ὁ Ἀπ καί ὁ F. E. Anhelm, Δ/ντής τῆς Ἀκαδημίας Loccum.

Μιά κρίσιμη ἐπίσκεψη

22.5.1969: Συνοδευόμενοι ἀπό τόν Διοικητή τῆς V. Μεραρχίας, τόν Νομάρχη καί πλῆθος παρατρεχάμενων, ἦρθαν στήν Ἀκαδημία ὁ Ἀντιπρόεδρος τῆς Κυβέρνησης καί Ὑπουργός Ἐσωτερικῶν Στυλ. Παττακός καί ὁ Ὑπουργός Συντονισμοῦ Νικόλαος Μακαρέζος. Καθήσαμε γύρω ἀπό ἕνα μικρό τραπέζι στήν ἀρχή τοῦ ἐξώστη, δεξιά τοῦ ἐξερχομένου πρός τή βεράντα, ὁ Σεβασμ. Εἰρηναῖος, οἱ δυό τῆς Κυβέρνησης, ὁ Στρατηγός, ἴσως καί ὁ Νομάρχης καί ἐγώ. Εἶχε κυκλοφορήσει ἡ διάδοση ὅτι σκοπός τῆς ἐπίσκεψης ἐκείνης ἦταν ἡ ἀνακοίνωση κυβερνητικῆς ἀπόφασης γιά τό κλείσιμο τῆς Ἀκαδημίας. Αἰσθάνθηκα λοιπόν ἐξ ἀρχῆς τή συζήτηση ὡς ἀνάκριση, ὅπως καί ἀποδείχθηκε ἀμέσως πῶς ἔτσι ἦταν πράγματι. Τήν ἔκανε ὁ Παττακός, μέ λίγες ἐνδιάμεσες ἐρωτήσεις τοῦ λιγότερο αὐταρχικοῦ Μακαρέζου. Ἡ συζήτηση ἔγινε ἐφ' ὅλης τῆς ὕλης. Ὁ Σεβασμιώτατος ἀπέφυγε ἀνάμιξη, ἐκτός ἀπό μιά δυό περιπτώσεις. Κάποια στιγμή πού ἡ συζήτηση εἶχε λάβει ὑψηλότερους τόνους, πῆρε ἀπρόκλητος τό λόγο ὁ Στρατηγός λέγοντας: «*Στήν Ἀκαδημία συρρέουν ἀπό ὅλο τόν κόσμο αἱρετικοί!*». Ὁ Παττακός τόν κοίταξε μέ ὕφος λίαν βλοσυρό καί τόν ἀποστόμωσε λέγοντας αὐστηρά καί δυνατά: «*Τρίχες, Στρατηγέ!*». Ἀκολούθησε σύντομη σιωπή - ἀπό ἐκεῖνες πού τσακίζουν κόκκαλα! Ἔφεραν τήν ὥρα ἐκείνη οἱ κοπέλες ἀπό τήν κουζίνα πορτοκαλάδες σέ στενά ψηλά ποτήρια. Ὁ Παττακός στρέφεται πρός τόν Εἰρηναῖο, κάτι ἐπικριτικό εἶπε γιά τούς Γερμανούς καί ἔθεσε τό ἐρώτημα: «*Σεβασμιώτατε, γιά νά χτισθεῖ ἡ Ἀκαδημία πήρατε χρήματα ἀπό τούς Γερμανούς - μέ ποιούς ὅρους;*». Ἐξέλαβε τή λέξη "ὅρους" ὡς ὑποχώρηση, συμβιβασμό ἤ κάτι τέτοιο. Ἤμουν ἀρκετά ἐκνευρισμένος ἀπό τόν τρόπο τῆς ἀνάκρισης, ἔχασα τόν αὐτοέλεγχο. Καί πρίν ἀνοίξει τό στόμα του ὁ Ἐπίσκοπος, λέγω: *Εἶναι ἀπαράδεκτο νά ἀπευθύνεσθε σέ ἕναν Ἐπίσκοπο τέτοιας περιωπῆς καί νά μιλᾶτε γιά ὅρους!* Καί πάνω στήν τελευταία αὐτή λέξη χτύπησα δυνατά μέ τή γροθιά μου τό μικρό, ἀσταθές τραπέζι. Τά γεμάτα ἀκόμη ποτήρια πετάχθηκαν, ἕνα ἔπεσε πρός τή μεριά τοῦ Παττακοῦ καί ἄδειασε πάνω στό μαῦρο παντελόνι του. Σηκωθήκαμε ὅλοι, ἔφεραν πανιά, τόν σκούπισαν, κουβέντες, φασαρία, ἡ συζήτηση διακόπηκε, ἡ συνάντηση ὁλοκληρώθηκε μέ εὔλογη ταραχή - ἡ Ἀκαδημία πάντως δέν ἔκλεισε! Ὀφείλω στό σημεῖο αὐτό νά σημειώσω ὡς πολύ πιθανό τό ὅτι ὁ Παττακός δέν εἶχε πράγματι πρόθεση νά λάβει δραστικά μέτρα κατά τῆς Ἀκαδημίας, ἀλλά μᾶλλον περίπαιζε τούς τοπικούς εἰσηγητές τῆς δῆθεν ἀνάγκης νά ληφθοῦν τέτοια μέτρα.

9-6-1969 ΑΒΒ
Μ πρός Απ
Εὐχαριστεῖ γιά ὅσα κάναμε κατά τή διάρκεια τῆς 6 ἑβδομάδων παραμονῆς στήν Ἀκαδημία ἐκείνου καί τῆς συζύγου του {Εὔας}. «Ἀγαπήσαμε τήν Κρήτη περισσότερο ἀπό ὅσο μέχρι τώρα. Εἶναι ἕνας θαυμάσιος τόπος, μέ φιλικούς, καλούς ἀνθρώπους. Εἴθε νά τόν εὐλογεῖ ὁ Θεός καί εἴθε νά εὐδοκήσει, ὥστε ἡ Ὀρθόδοξος Ἀκαδημία νά εἶναι μιά εὐλογία γι᾽ αὐτήν τή χώρα».......

Γράφει στή συνέχεια ὅτι μετά τήν ἐπιστροφή τους εἶχε πλῆθος κινήσεων καί συζητήσεων μέ ἡγετικά στελέχη τῆς Ἐκκλησίας τους. Παντοῦ λόγος γιά τήν Κρήτη.

Ὡστόσο, ἡ ἔγκριση αἴτησής μας πρός τήν ΕΖΕ γιά περαιτέρω βοήθεια συναντᾶ δυσκολίες. Ἡ ἔκθεσή του διαβάστηκε ἀπό πολλούς καί ἄσκησε ἐπίδραση. Ἀλλά φθάνουν στή Γερμανία αἰτήσεις ἀπό ὅλο τόν κόσμο. Καί μεταξύ αὐτῶν πού διαχειρίζονται τά χρήματα ὑπάρχουν καί κάποιοι πού δέν συμπαθοῦν τήν ἐργασία τῶν Ἀκαδημιῶν {ἴσως ὑπαινίσσεται τόν Symanowski}.

Εἶχε μιά πολύ μακρά καί πολύ καλή συζήτηση μέ τόν Διευθυντή τῆς EZE κ. Mordhorst, ὁ ὁποῖος θά ἔλθει στήν Κρήτη κατά τίς 20 Ἰουνίου, μαζί μέ τούς ἁρμόδιους συνεργάτες του. Τοῦ ἐξήγησε, γράφει, γιατί πρέπει νά διατεθοῦν τώρα ἀμέσως 100.000 DM γιά τήν ἐξόφληση τῶν χρεῶν τῆς Ἀκαδημίας, τόν τοῖχο ἀντιστήριξης καί τό αὐτοκίνητο {Kombi}. Αὐτά πρέπει νά ρυθμισθοῦν ἐντός τοῦ ἔτους. Ὁ κ. Mordhorst θέλει νά μεριμνήσει γιά τήν αὔξηση τοῦ προϋπολογισμοῦ {τῆς Ἀκαδημίας} μέ τή βοήθεια τῶν γερμανικῶν Ἐκκλησιῶν. Θά προσπαθήσει νά προστεθοῦν 50.000 μάρκα {στήν ἐγκεκριμένη ἐτήσια ἐπιχορήγηση τῶν 80.000 μάρκων γιά τά τρία πρῶτα χρόνια}, ὥστε νά ἔχετε 130.000 μάρκα {ἐτησίως γιά τά ἔξοδα λειτουργίας}. «Ἔτσι θά μπορεῖς νά κάνεις συνέδρια γιά τήν Κρήτη ἀλλά καί τό χῶρο τῆς Μεσογείου. Προπαντός θά μπορέσεις νά προσλάβεις τούς ἀναγκαίους συνεργάτες, τούς ὁποίους χρειάζεσαι ἀπαραιτήτως. Συζήτησε ὅλ' αὐτά μέ τόν Διευθυντή Mordhorst, καθώς καί τά σχετικά μέ τή διαμόρφωση τῶν κήπων. Σέ μιά συνεδρία στίς 7 Ἰουλίου θά κριθεῖ ἄν θά λάβουμε κάτι {πρόσθετο} αὐτό τό χρόνο ἤ ὄχι».

Συνιστᾶ νά στείλω ἐπειγόντως τή δική μου Ἔκθεση, ὥστε νά τήν προωθήσει σέ μερικούς ἀνθρώπους πού θά ἔχουν σημαντικό ρόλο στή συνεδρία αὐτή. «Πρέπει νά ἀντικρούσω τό ἐπιχείρημα ὅτι ἡ Κρήτη βρίσκεται τόσο παράμερα {γεωγραφικά στό περιθώριο} καί ὡς ἐκ τούτου δέν εἶναι ὁ κατάλληλος τόπος γιά τήν ἐργασία μιᾶς Ἀκαδημίας καί ὅτι γι' αὐτό δέν μπορεῖ κανείς νά ἀναπτύξει ἐκεῖ μιά τέτοια ἐργασία. Τέτοια εἶναι ὅσα διαδίδονται ἀπό μερικούς».

Γιά τά ὑπόλοιπα θέματα πού συζητήσαμε θά μοῦ γράψει τήν ἄλλη ἑβδομάδα.

9-6-1969 ABB
Μ πρός Wilkens

Ὁ Μ γράφει στόν Ἀνώτ. Ἐκκλ. Σύμβουλο Wilkens, πού ὑπηρετεῖ στά κεντρικά γραφεῖα τῆς Εὐαγ. Ἐκκλησίας τῆς Γερμανίας, στό Hannover. Τόν ἐνημερώνει γιά τήν Ἀκαδημία τῆς Κρήτης, πού χτίσθηκε μέ τή βοήθεια τῆς EZE. «**Παρά τό ὅτι ἡ Ἀκαδημία αὐτή ὑποφέρει ἀπό ἀσυνήθεις οἰκονομικές δυσκολίες, πού θά ἀναφερθοῦν στή συνέχεια, ἀναπτύχθηκε κατά τρόπο ἐκπληκτικό. Δέν γνωρίζω καμιά Ἀκαδημία στή Γερμανία, πού μπόρεσε νά ὀργανώσει τόσο γρήγορα τόσο πολλές σημαντικές συναντήσεις, ὅσο ἐκείνη τῆς Κρήτης, μέ ἕνα ἐλάχιστο προσωπικό.** (b-Ἀπ). Τοῦτο ὀφείλεται ἀναμφίβολα στό γεγονός ὅτι τόσο ὁ Ἐπίσκοπος Εἰρηναῖος ὅσο ἐπίσης ὁ Διευθυντής τῆς Ἀκαδημίας Δρ. Παπαδερός εἶναι ἀσυνήθιστα ἱκανές προσωπικότητες. Στόν συνεδριακό αὐτό τόπο πραγματοποιήθηκαν τόσο ἐπί πνευματικοῦ ἐπιπέδου ὅσο καί στό χῶρο ἀνάπτυξης τῆς χώρας ἐξαιρετικά καρποφόρες συναντήσεις, ἀπό τίς ὁποῖες δέχθηκα καί ἐγώ ὁ ἴδιος ἰσχυρές ἐντυπώσεις. Ἐπισυνάπτω μιά προσωπική μου Ἔκθεση. Μιά ἐκτενής Ἔκθεση τοῦ Δρος Παπαδεροῦ θά σταλεῖ προσεχῶς.²⁰⁹

Δυστυχῶς, μεταξύ αὐτῆς τῆς θετικῆς ἐξέλιξης στήν ἐργασία ἐκεῖ καί τίς κρατοῦσες {στήν Ἀκαδημία} οἰκονομικές συνθῆκες ὑπάρχει πολύ μεγάλη διάσταση. Τοῦτο ὀφείλεται στό γεγονός ὅτι ἀπό τόν καιρό τῆς ἔγκρισης τῶν χρημάτων μέχρι τήν ὁλοκλήρωση τῆς οἰκοδομῆς αὐξήθηκαν στήν Ἑλλάδα οἱ τιμές κατά 40%». Ἔτσι οἱ φίλοι μας στήν Κρήτη δέν ξέρουν πῶς θά καλύψουν ἕνα χρέος 60.000 DM καί πῶς θά πληρώσουν τήν κατασκευή ἑνός τοίχου ἀντιστήριξης πού εἶναι ἀπολύτως ἀναγκαῖος. Πέραν τούτου, χρειάζεται νά διορισθοῦν συνεργάτες, πού θά βοηθήσουν νά διατηρηθοῦν τό ὑψηλό ἐπίπεδο τῆς ἐργασίας τοῦ Ἱδρύματος καί οἱ κτηριακές του ἐγκαταστάσεις. «Γιά ὅλη αὐτή τήν κατάσταση εἶναι γιά τήν Κρήτη ὅλως ἰδιαιτέρως ἐπείγουσα μιά βοήθεια». Σημειώνει ἐδῶ {τό σύνηθες ἐπιχείρημά μου} ὅτι, ὅπως εἶναι γνωστό, ἡ Κρήτη ὑπέφερε πάρα πολύ ὑπό τή γερμανική κατοχή. Ἡ Κρήτη ἔχει μεγάλες δυνατότητες, ἄν ἀναπτυχθεῖ. Πρός τήν κατεύθυνση αὐτή μπορεῖ νά βοηθήσει οὐσιαστικά ἡ Ἀκαδημία. Ζητεῖ λοιπόν τήν ἔγκριση 100.000 DM γιά τό τρέχον οἰκονομικό ἔτος καί τονίζει πῶς θά ἦταν φρόνιμο νά χτιστεῖ ὁ τοῖχος πρίν ἀρχίσουν οἱ βροχές. Αὐτό μπορεῖ νά γίνει, ἄν δοθεῖ ἡ ἔγκριση μέχρι τά μέσα Ἰουλίου {ὁ Müller ἦταν ἕνας πανέξυπνος καί ἐπίμονος διαπραγματευτής!).

Ἡ ἐπιστολή κοινοποιεῖται στόν Mordhorst, στόν Thimme καί ἀκόμη σέ ἕνα ἄλλο πρόσωπο (δυσανάγνωστο τό γραμμένο μέ τό χέρι ὄνομα).

EVANGELISCHE KIRCHE VON WESTFALEN
DAS LANDESKIRCHENAMT

9-6-1969 ABB
Μ πρός Thimme
Ὁ Müller ὑπενθυμίζει στόν Thimme ὅτι στή διάρκεια συνάντησής τους στό Βερολίνο ἔλαβε τή διαβεβαίωσή του ὅτι εἶναι πρόθυμος νά παρέμβει ὑπέρ τῆς Ἀκαδημίας τῆς Κρήτης. Τοῦ στέλνει λοιπόν ὅσα ἔγραψε στόν Wilkens καί τόν παρακαλεῖ νά συνηγορήσει γραπτῶς. «Πιστεύω ὅτι πρέπει νά συμπαρασταθοῦμε στούς ἀδελφούς μας στήν Κρήτη, πού χωρίς δική τους εὐθύνη βρέθηκαν σ' αὐτήν τή δυσκολία» {τοῦ χρέους κ.λπ.).²¹⁰

---

²⁰⁹ Alexandros Papaderos, Orthodoxe Akademie von Kreta. Arbeitsbericht Januar bis Juni 1969, Gonia Juni 1969 {Ἔκθεση πεπραγμένων}.
²¹⁰ Ὁ Hans Thimme, Πρόεδρος τότε τῆς Εὐαγ. Ἐκκλησίας Βορείου Ρηνανίας-Βεστφαλίας καί μέλος τοῦ Συμβουλίου τῆς ΕΖΕ, ἀνταποκρίνεται στήν παράκληση τοῦ Müller καί γράφει στόν Wilkens (16-6-1969 ABB Thimme πρός Wilkens) ὅτι ἐπισκέφθηκε τήν Ἀκαδημία Γωνιᾶς τό 1967 κατά τή συνεδρία

19-6-1969 ΑΒΒ
Μ πρός Απ
Μίλησε σήμερα τηλεφωνικῶς μέ τόν Damaschke. Αὐτός καί ὁ Διευθυντής Mordhorst θά ἔλθουν προσεχῶς στήν Κρήτη καί ὁ Μ ἐλπίζει ὅτι θά ἔχουμε καλή ἐπικοινωνία μαζί τους.

Ὑπέβαλε τήν αἴτηση γιά τά 100.000 DM. Στίς 7 Ἰουλίου θά ληφθεῖ ἀπόφαση {γιά τήν αἴτησή μας αὐτή}. Ἔθεσε σέ κίνηση ὅλους τούς γνωστούς του, προκειμένου νά ὑπάρξει θετική ἀπόφαση γιά τίς 60.000 DM {χρέος, 30.000 DM, τοῖχος ἀντιστήριξης καί 10.000 DM - αὐτοκίνητο Kombi}. Τά ἀνωτέρω γιά τόν τοῖχο δέν ἐπαρκοῦν βέβαια, τόν ἐπόμενο χρόνο ἴσως....

Καλεῖ τή γυναίκα μου καί μένα νά περάσουμε τίς διακοπές μας σέ κατοικίες φίλων στή Γερμανία... {δέν θυμοῦμαι νά ἀπουσιάσαμε ποτέ γιά διακοπές στή διάρκεια τῶν 40 καί πλέον ἐτῶν ἐργασίας στήν Ἀκαδημία!}.

30-6-1969 ΑΒΒ
Damaschke πρός Μ
Τοῦ στέλνει τίς Ἐκθέσεις μου γιά {τά γενόμενα στήν Ἀκαδημία) τό 1968 καί τό πρῶτο ἑξάμηνο τοῦ 1969, προκειμένου νά τά προωθήσει τό ταχύτερο στά μέλη τῆς Ἐπιτροπῆς 2% {Ἐπιτροπή κατανομῆς ὑπολοίπων διαθεσίμων, ἡ ὁποία εἶχε τήν ἁρμοδιότητα νά ἀποφασίσει γιά τό αἴτημά μας}.

2-7-1969 ΑΒΒ
Schmidt πρός EKD
Ὁ Dr. Alfred Schmidt., Γεν. Γραμματέας τοῦ Συνδέσμου τῶν Διευθυντῶν τῶν Εὐαγ. Ἀκαδημιῶν τῆς Γερμανίας (ἕδρα στό ΒΒ), ἀπευθύνεται στά μέλη τῆς Ἐπιτροπῆς «Ἐκκλησιαστικά Κονδύλια γιά ἀναπτυξιακή βοήθεια» {εἶναι Ἐπιτροπή τῆς Εὐαγ. Ἐκκλησίας τῆς Γερμανίας, EKD}. Γράφει ὅτι, ἐπειδή προβλέπεται νά συζητήσουν στίς 7/7 αἴτηση τῆς Ὀρθοδόξου Ἀκαδημίας Κρήτης, τούς ἀποστέλλει γιά πληρέστερη ἐνημέρωση τίς Ἐκθέσεις μου (γερμανιστί) τοῦ ἔτους 1968 καί 1969 (Ἰαν. μέχρι Ἰούνιο), καθώς καί τήν ἀπό 16.5.1969 Ἔκθεση τοῦ Müller.

τῆς Κεντρικῆς Ἐπιτροπῆς {τοῦ Π.Σ.Ε.} στήν Κρήτη, ἀπεκόμισε καλή ἐντύπωση {ἀργότερα ξαναῆλθε μέ τή γυναίκα του καί γιά καιρό εἶχαν πολλά νά διηγοῦν γιά τήν Κρήτη, ἰδιαίτερα γιά μία ἐπίσκεψή μας στόν Ὁμαλό, καί θεωρεῖ ὅτι θά ἦταν καλό νά ἱκανοποιηθεῖ τό αἴτημα τῆς Ἀκαδημίας μας γιά τά 100.000 DM. Τήν ἐπιστολή του κοινοποιεῖ στόν Müller.} Ἀκόμη καί μετά τό θάνατο τοῦ Thimme ἡ σύζυγός του διατήρησε τήν ἐπικοινωνία της μέ τήν Ἀκαδημία.

8-7-1968 ΑΒΒ
Μ πρός Απ
Εὐχαριστεῖ γιά ἐπιστολή μου τῆς 22ας Ἰουνίου. Χάρηκε πολύ γιά τήν ἐπίσκεψη στή Γωνιά τῶν κ.κ. Mordhorst, Damaschke καί Drewes {Διευθυντῆ καί Τμηματάρχη τῆς ΕΖΕ καί Διευθυντῆ τῆς Ὑπηρεσίας DIENSTE IN ÜBERSSE}. Χάρηκε ἀκόμη γιά τίς «ἐξαίρετες» Ἐκθέσεις μου. Τίς ἔστειλε καί τίς δύο στούς ἀνθρώπους πού εἶναι ἁρμόδιοι γιά τή διανομή τῶν κονδυλίων, ὥστε νά τίς διαβάσουν πρίν ἀπό τήν ἀπόφαση στίς 7 Ἰουλίου. Ὑπάρχει μεγάλη πιθανότητα νά λάβουμε τά 100.000 μάρκα πού ζητήσαμε.

......

Καλό εἶναι πού ὁ κ. Mordhorst βρίσκει ἐξαιρετικά τά κρεβάτια σας. Πιστεύω ὅμως ὅτι στίς κρύες περιόδους τοῦ χρόνου εἶναι χειρότερα ἀπό ὅσο εἶναι στίς θερμές. Τουλάχιστον πρέπει νά σκεφθεῖτε νά προμηθευτεῖτε μάλλινες κουβέρτες.

Βρίσκονται σέ συνεννόηση μέ τήν Telefunken καί πρός τό τέλος Ἰουλίου θά λάβουμε τό σύστημα γιά τήν ταυτόχρονη μετάφραση.

Ἐλπίζει ὅτι θά πάω τόν Σεπτέμβριο στή Γερμανία.

Υ.Γ.: Ἡ Ἐπιτροπή διανομῆς τῶν χρημάτων δέν ὁλοκλήρωσε τό ἔργο της στις 7/7, αὐτό ὅμως θά γίνει μέχρι τό τέλος τοῦ μήνα.

29-7-1969 ΑΒΒ
Μ πρός Απ
Δέν ἔχουμε ἀκόμη ἀπάντηση ἀπό τήν ΕΖΕ γιά τό αἴτημά μας {πρόσθετη ἐπιχορήγηση 100.000 μάρκων} οὔτε ὅμως καί ἀρνητική ἀπόφαση. Ἑπόμενη πιθανή ἀπόφαση τόν Ὀκτώβριο. Αὐτό μᾶς δίδει τήν εὐκαιρία νά ζητήσουμε μεγαλύτερο ποσό, καί πρός τοῦτο θά χρειασθεῖ σχετική συζήτηση στή Βόννη.

....

Ὅσον ἀφορᾶ στήν ἰδέα νά ἐνθαρρυνθεῖ ὁ τουρισμός νέων στήν Ἑλλάδα, ἐπεκοινώνησε μέ τόν πάστρορα Rieger, μέ τόν ὁποῖο καλό θά εἶναι νά συναντηθῶ τόν Σεπτέμβριο.

29-7-1969 ΑΒΒ
Μ πρός Απ
Δεύτερο γράμμα τήν ἴδια μέρα:
Στή Βόννη χρειάζονται ἕνα σωρό δικαιολογητικά γιά νά συζητήσουν τήν αἴτησή μας {γιά τήν πρόσθετη ἐπιχορήγηση τῶν 100.000 μάρκων. Προτρέπει νά τά ἑτοιμάσω τό ταχύτερο, π.χ. σχέδια καί προϋπολογισμό γιά τόν τοῖχο ἀντιστήριξης, τούς ἐξωτερικούς χώρους κ.λπ.}. Διατυπώνει καί ἄλλες σκέψεις

γιά τό πῶς νά χειριστοῦμε τό θέμα, ὥστε νά ἐξασφαλίσουμε σύντομα τουλάχιστον τά 60-70.000 μάρκα γιά τήν ἐξόφληση τῶν χρεῶν.

1-8-1969 ΑΒΒ
Μ πρός Απ τηλεγράφημα
Τό σύστημα τῆς ταυτόχρονης μετάφρασης φθάνει στά Χανιά ἀεροπορικῶς τή Δευτέρα, 4 Αὐγούστου, ὥρα 9.05.

Διάλογος γιά τήν εἰρήνη στή Μ. Ἀνατολή
Ἀπό 10 μέχρι 23 Αὐγούστου 1969 πραγματοποιήθηκε στήν Ἀκαδημία μεγάλο διεθνές συνέδριο Ψυχολόγων μέ θέμα «Κίνητρα καί πρᾶξις». Ἦταν μιά πολύ σημαντική ἐνέργεια τῆς Ἀκαδημίας στά πλαίσια σχεδίου της νά ὀργανώσει ἐπί ὑψηλοῦ ἐπιπέδου διεθνῆ ἐπιστημονικά συνέδρια, προκειμένου νά συντελέσει καί αὐτή στήν προώθηση τοῦ αἰτήματος γιά τήν ἵδρυση Πανεπιστημίου στήν Κρήτη. Τό συνέδριο ἔγινε σέ συνεργασία μας μέ τή Διεθνῆ Ἕνωση Σχολῶν Ἀτομικῆς Ψυχολογίας καί τόν Διευθυντή τοῦ Ἰνστιτούτου Alfred Adler (Σικάγο), Καθηγητή Rudolf Dreikurs. Ἔλαβαν μέρος 150 ἐπιστήμονες, ἀπό τούς ὁποίους οἱ 79 ἦταν ἀλλοδαποί, ἀνάμεσά τους καί κάμποσοι ἀπό τό Ἰσραήλ. Κατά τήν καταληκτήρια συνεδρία, ὁ Dreikurs (ἑβραϊκῆς καταγωγῆς) ἐξέπληξε μέ μιά δήλωση πού ἔκανε, προφανῶς ὕστερα ἀπό συνεννόηση μέ τούς οἰκείους πρός αὐτόν Ἰσραηλινούς. Εἶπε: «*Ἔχοντες ὑπ' ὄψει τό ἐνταῦθα κλῖμα καταλλαγῆς, συναδελφώσεως καί ἀμοιβαίου σεβασμοῦ, θεωροῦμεν τήν Ὀρθόδοξον Ἀκαδημίαν Κρήτης ὡς τόπον ἐξόχως κατάλληλον διά τήν ἔναρξιν ἑνός διαλόγου μεταξύ Ἰσραηλινῶν καί Αἰγυπτίων, θά εἴμεθα δέ λίαν εὐτυχεῖς, ἐάν μία τοιαύτη συνάντησις ἤθελε πραγματοποιηθῆ συντόμως ἐνταῦθα*» (b-Απ, βλ. ΔΙΑΛΟΓΟΙ ΕΥΘΥΝΗΣ, σ.102-104). Ἀναφέρεται ἡ Αἴγυπτος ἐπειδή μεταξύ ἐκείνης κυρίως καί τοῦ Ἰσραήλ εἶχε διεξαχθεῖ ὁ «πόλεμος τῶν ἕξι ἡμερῶν» (Ἰούνιος 1967).

Ἡ δήλωση βρῆκε εὐρύτατη καί εὐμενέστατη ἀπήχηση στόν ἑλληνικό καί τόν διεθνῆ Τύπο. Μερικοί ὑπέθεσαν ὅτι πίσω ἀπό τήν ὑπόθεση αὐτή βρίσκεται ὁ Πατριάρχης Ἀθηναγόρας, ὁ ὁποῖος βέβαια δέν ἐγνώριζε τίποτε! Χρειάσθηκε νά ἐπικοινωνήσουμε, ὁ Σεβασμ. Εἰρηναῖος καί ἐγώ, μέ τήν Ἀθήνα καί τό Φανάρι, προκειμένου νά διαπιστώσουμε δυνατότητα ἀξιοποίησης τῆς δήλωσης γιά προσφορά μιᾶς ἀσφαλῶς πολύτιμης διακονίας τῆς εἰρήνης στήν περιοχή. Ἡ διεθνής συγκυρία, ὡστόσο, δέν ἦταν ἀκόμη ὥριμη γιά ἕνα τέτοιο ἐγχείρημα, τό ὁποῖο, ἄλλωστε, ὑπερέβαινε τά μέτρα τοῦ νεοπαγοῦς Ἱδρύματός μας, ἀλλά καί τῆς χώρας μας, δεδομένης τῆς τότε πολιτικῆς ἀνωμαλίας.[211]

---

[211] Τά δημοσιεύματα μέ χίλιες δυό εἰκασίες καί ποικίλα σχόλια γύρω ἀπό αὐτήν τήν ὑπόθεση δέν

9-9-1969 ΑΒΒ
Γραμματεία Μ πρός Schmidt
Σημειώνει ὅτι παρέδωσα στόν Schmidt σχέδια, προϋπολογισμό καί γραπτές ἐπεξηγήσεις γιά τή διαμόρφωση τῶν ἐξωτερικῶν χώρων τῆς Ἀκαδημίας, μέ τήν παράκληση νά κάμει τήν ἀναγκαία περαιτέρω ἐπεξεργασία, ὅπως συμφωνήσαμε στή Βιέννη.

10-9-1969 ΑΒΒ
Απ πρός EZE/Damaschke
Εὑρισκόμενος στό ΒΒ γράφω καί ἐπιβεβαιώνω ὅσα εἶχα μόλις συζητήσει τηλεφωνικῶς μέ τόν Damaschke σχετικά μέ τήν κατά νόμον ρύθμιση τῆς ὑποστάσεως τῆς Ἀκαδημίας, τά ὁποῖα εἶχαν βέβαια συζητηθεῖ στήν Κρήτη μέ τόν Σεβασμιώτατο καί ἄλλα πρόσωπα.

Πρός τό παρόν, φορέας παραμένει ἡ Μητρόπολις Κισάμου καί Σελίνου. Λόγω τῆς πολιτικῆς καταστάσεως δέν θέλαμε νά σπεύσουμε νά δώσουμε στήν Ἀκαδημία ὁριστική νομική μορφή. Ἡ παράταση ὅμως τῆς ἐκκρεμότητας δέν εἶναι πλέον δυνατή. Ἔχουμε δυό δυνατότητες νομικῆς ὑποστάσεως τῆς Ἀκαδημίας:
- Νά γίνει κοινωφελές νομικό πρόσωπο ἰδιωτικοῦ δικαίου (Ἵδρυμα) ἤ
- Νά γίνει Ἰνστιτοῦτο τῆς Ἐκκλησίας (ἑπομένως δημοσίου δικαίου).

ἔλεγαν νά σταματήσουν. Ὡς παράδειγμα δημοσιογραφικῆς μυθοπλασίας μπορεῖ νά χαρακτηρισθεῖ π.χ. ἀνακοίνωση τοῦ μεγάλου εἰδησεογραφικοῦ Πρακτορείου epd {Evangelischer Pressedienst}, πού στήν ἔκδοση 199/30-8-1969 ἔγραφε:

Ἀραβο-Ἰσραηλινός διάλογος στήν Κρήτη;
Ὁ ἑλληνικός Τύπος ἀναμεταδίδει πρῶτες ἐνδείξεις γιά θετικό ἀποτέλεσμα τῶν προσπαθειῶν τοῦ Πατριάρχη Ἀθηναγόρα πρός ἀποπολιτικοποίηση τῆς Ἱερουσαλήμ καί ἀπό κοινοῦ διοίκηση τῶν Ἁγίων Τόπων ἀπό ἐκπροσώπους τῆς χριστιανικῆς, ἰσλαμικῆς καί ἰουδαϊκῆς θρησκείας. Ὁ Μητροπολίτης Κισάμου Εἰρηναῖος, πού ὑπόκειται στόν Πατριάρχη Ἀθηναγόρα, δήλωσε στή διάρκεια ἑνός συνεδρίου στήν Ὀρθόδοξο Ἀκαδημία, Χανιά, πού ἔχει ἱδρύσει, ὅτι ἐλπίζει νά μπορέσει ἐν καιρῷ νά συγκαλέσει στήν Κρήτη ἕνα συνέδριο μέ χριστιανούς καί μουσουλμάνους Ἄραβες καί ἐκπροσώπους τοῦ Ἰουδαϊσμοῦ. Τόπος τοῦ συνεδρίου θά εἶναι ἡ Ὀρθόδοξος Ἀκαδημία... Φαντασίες! Οὔτε ὁ Πατριάρχης ἐγνώριζε τίποτε σχετικό, οὔτε ὁ Εἰρηναῖος ἦταν στήν Ἀκαδημία κατά τή σχετική ἀνακοίνωση, οὔτε εἶχε κάμει βέβαια τέτοια δήλωση. Ὅμως τό Πρακτορεῖο ἐπανῆλθε στό ἴδιο θέμα λίγες μέρες ἀργότερα (12-9-1969).

Γι' αὐτό ἀπό τήν Ἀκαδημία τοῦ ΒΒ, ὅπου εἶχα πάει ἀργότερα, ἔκρινα σκόπιμο νά δώσω στή δημοσιότητα μιά σχετική δήλωση στίς 15-9-1969:
ZA 91 epd Frankfurt/M
Γιά τό θέμα ἑνός ἀραβο-ἰσραηλινοῦ διαλόγου (epd ZA Nr. 199/30-8-1969) ἤ ἑνός χριστιανο-ἰουδαϊκοῦ-ἰσλαμικοῦ Συμποσίου στήν Κρήτη (epd ZA Nr 210, 12 Σεπτ.1969) ὁ Διευθυντής τῆς Ὀρθοδόξου Ἀκαδημίας Κρήτης Δρ. Ἀλέξανδρος Παπαδερός ἔκαμε τήν ἀκόλουθη δήλωση:
«Στή διάρκεια ἑνός διεθνοῦς συνεδρίου τόν Αὔγουστο τρ. ἔτους ἐκφράσθηκε πράγματι πρός τήν Ὀρθόδοξο Ἀκαδημία ἡ παράκληση νά ἐπιδιώξει μιά ἀραβο-ἰσραηλινή συνάντηση. Σέ σχέση μέ αὐτό τό ζήτημα δέν ὑπάρχει κάποια πρωτοβουλία τῆς Ἐκκλησίας τῆς Κρήτης καί πολύ περισσότερο τοῦ Οἰκουμενικοῦ Πατριαρχείου Κωνσταντινουπόλεως. Ἐξ ἄλλου, δέν εἶναι ἀκόμη καθόλου σίγουρο ὅτι μπορεῖ νά ἐπιτύχει ἡ Ὀρθόδοξος Ἀκαδημία νά προσφέρει στήν Ἐγγύς Ἀνατολή μιά διακονία εἰρήνης».

Ἡ δεύτερη λύση θά ἔθετε τήν Ἀκαδημία ὑπό τήν προστασία τῆς Ἐκκλησίας καί θά μποροῦσε νά τήν προφυλάσσει ἀπό ἄμεσες παρεμβάσεις τοῦ Κράτους, ἀπό τήν ἄλλη πλευρά ὅμως θά δημιουργοῦσε μιά ἐξάρτηση ἀπό τήν Ἐκκλησία, λύση πού δέν θά μποροῦσε ἐξ ἀρχῆς νά ἐγγυηθεῖ τήν ἐλεύθερη ἀνάπτυξη τῆς Ἀκαδημίας.

Πάντως ὀφείλουμε νά ἐπιλέξουμε ἕναν ἀπό τούς δυό δρόμους. Ἐκεῖνο βέβαια πού θά προστατεύσει πρωτίστως τήν Ἀκαδημία εἶναι τό Καταστατικό της. Ἀκολουθοῦν διάφορες ἐπισημάνσεις νομικῆς φύσεως, ἀποτέλεσμα μακρῶν διαβουλεύσεών μας στήν Ἑλλάδα. Παρά τήν ἐπιθυμία μας, γράφω, θεωροῦμε ὅτι, καίτοι θά ἦταν δίκαιο ἡ ΕΖΕ νά ἔχει ἱδρυτική θέση στό Καταστατικό, τό κλίμα δέν εὐνοεῖ τοῦτο.

Στήν Κρήτη συζητοῦμε ἀκόμη τό ἐρώτημα κατά πόσο ἐνδείκνυται νά συμπράξουν μέ ἱδρυτική ἰδιότητα ἐκτός ἀπό τή Μητρόπολη, τή Μονή, τόν Ἐπίσκοπο καί ἐμένα καί ἄλλα πρόσωπα (φυσικά ἤ νομικά). Οἱ νομικοί μας πάντως συμβουλεύουν νά μεταφερθοῦν στόν Ἐπίσκοπο καί σέ μένα τά ἱδρυτικά δικαιώματα πού θά μποροῦσε νά διεκδικήσει γιά τόν ἑαυτό της ἡ ΕΖΕ, χωρίς νά σημαίνει βέβαια τοῦτο ὁποιονδήποτε περιορισμό τῶν Ὅρων Ἐγκρίσεως τῆς ἐπιχορηγήσεώς σας. Ἤδη στό προσχέδιο τοῦ Καταστατικοῦ ἀναγράφεται ὅτι ὁποιαδήποτε ἀλλαγή του δέν μπορεῖ νά ἐπηρεάσει τόν ἀρχικό, βασικό χαρακτήρα τῆς Ἀκαδημίας καί ἀκόμη ὅτι σέ περίπτωση διάλυσής της θά τηρηθοῦν ὅλες οἱ συμφωνίες μας μέ την ΕΖΕ.

Θά συνταχθεῖ συμβολαιογραφική Πράξη, ὅπου θά ἀναφέρεται ἡ δωρεά τους καί ἡ ἐν γένει περιουσία τῆς Ἀκαδημίας κ.λπ. Παράκληση, λοιπόν, νά μᾶς στείλουν τό ἔγγραφο μεταβιβάσεως τῶν ἱδρυτικῶν δικαιωμάτων, ὥστε, πέραν τῶν ἄλλων, νά ἀποφευχθεῖ καί κάθε ἐνδεχόμενη ὑπόνοια ὅτι ἡ ΕΖΕ, ἡ Εὐαγγελική Ἐκκλησία ἤ ἀκόμη καί τό γερμανικό Κράτος ἔχουν τήν ὁποιαδήποτε πρόθεση νά ἐπηρεάσουν τό χαρακτήρα καί τό ἔργο τῆς Ἀκαδημίας.

16-9-1969 ΑΒΒ

Μέ φροντίδα τῆς Ἀκαδημίας ΒΒ ἔγινε ἀγορά λεωφορείου VW γιά τήν Ἀκαδημία Κρήτης, πρός συνολικά 9.627,16 DM.

Τήν ἴδια ἡμερομηνία φέρει καί βεβαίωση τοῦ Müller ὅτι τό ἐν λόγῳ αὐτοκίνητο ἀποτελεῖ δωρεά τοῦ Συνδέσμου τῶν Διευθυντῶν πρός τήν Ἀκαδημία Κρήτης.

Μέ ἡμερομηνία 15/16.9.1969 βεβαιώνονται τά σχετικά μέ τό ἴδιο αὐτοκίνητο, πού θά ὁδηγήσω ἐγώ πρός Ἑλλάδα, ὅτι ἔγινε ἡ ἀναγκαία πλήρης ἀσφάλιση γιά ἕνα μήνα καί ὅτι μποροῦμε, μετά τόν ἐκτελωνισμό, νά στείλουμε δικαιολογητικά γιά ἐπιστροφή ΦΠΑ 7%.

7-10-1969 ΑΒΒ
Schmidt πρός Knöbel καί Steinheil

Ύστερα άπό συνεννόηση μαζί μου, ό Schmidt (έπιτελικό στέλεχος τής Άκαδημίας τοῦ ΒΒ) γράφει στόν Knöbel/EZE καί, γιά τό ἴδιο θέμα, στόν Steinheil, Διευθυντή στήν Ὑπηρεσία «Brot für die Welt». Πρόκειται γιά τήν κάλυψη τοῦ χρέους τῆς Ἀκαδημίας, πού ἀποδίδεται στήν αὔξηση τῶν τιμῶν (62.500 DM), τῶν δαπανῶν γιά συσκευές καί σκεύη τῆς κουζίνας (4.000 DM), τό σύστημα μετάφρασης (9.420 DM), σύνολο 75.920 DM, γιά νά ἀγορασθεῖ ἕνα μικρό λεωφορεῖο γιά τήν Ἀκαδημία (9.423,26 καί τελωνεῖο 3.000 DM), σύνολο 12.423,26.

Ἐπιπλέον: Σύμφωνα μέ προϋπολογισμό τῆς Τεχνικῆς Ὑπηρεσίας Δήμων καί Κοινοτήτων τῆς Νομαρχίας Χανίων (Αἰμιλία Κλάδου), γιά τοῖχο ἀντιστήριξης καί διαμόρφωση περιβάλλοντος χώρου τῆς Ἀκαδημίας ἡ Νομαρχία διαθέτει περίπου 60.000 DM καί ἔχει ἀναλάβει καί τήν ἐπίβλεψη τοῦ ἔργου. Χρειάζονται πρός τοῦτο ἀκόμη 28.000 DM, ἤτοι γενικό σύνολο 116.343,26 DM. Παράκληση νά καλύψουν αὐτό τό ποσό.

Ὑποβάλλεται ἐπίσης ὁ ἀπό 30.9.1969 Προϋπολογισμός τῆς Ἀκαδημίας γιά τό 1970, πού προβλέπει ΕΞΟΔΑ 759.905 δρχ. καί ΕΣΟΔΑ 110.000 δρχ. Τό ἔλλειμμα, λοιπόν, τῶν 649.905 δρχ., περίπου 89.000 μάρκα παρακαλοῦμε νά μᾶς ἐμβάσουν ἐπίσης.

1-12-1969 ΑΒΒ
Scholz πρός EZE

Ὁ Σύνδεσμος τῶν Ἀκαδημιῶν διέθεσε, ὡς προκαταβολή, ποσό 20.000 DM γιά τήν ἀγορά ἀπό τήν Ἀκαδημία μας ἑνός μικροῦ λεωφορείου VW καί ἑνός συστήματος γιά ταυτόχρονη μετάφραση, συμπεριλαμβανομένων τῶν δαπανῶν ἐκτελωνισμοῦ. Παρακαλεῖ νά ἐπιστραφεῖ στό Σύνδεσμο τό ποσό αὐτό ἀπό τά ἐγκεκριμένα γιά τήν Ἀκαδημία Κρήτης κονδύλια.

16-3-1970 ΑΒΒ
Απ πρός Μ

Τόν εὐχαριστῶ γιά τή φιλική ὑποδοχή καί βοήθεια. Γράφω ὅτι στέλνω μιά ἔκθεση. Ὅσον ἀφορᾶ σέ συζήτησή μου στό Π.Σ.Ε. Γενεύη, γράφω ὅτι δέν περιμένω πολλά. Ἡ κατάσταση στήν Κύπρο προβλέπω ὅτι θά ἐπηρεάσει τά πράγματα καί στήν Ἑλλάδα. Ἐκτίμησή μου εἶναι ὅτι τό Π.Σ.Ε. δέν πολυενδιαφέρεται γιά τό Κυπριακό.

Τό ταξίδι μου ἀπό Ζυρίχη πρός Ἀθήνα ἦταν, γράφω, περιπετειῶδες. Τό ἀεροπλάνο ἐκτελοῦσε τή γραμμή Φραγκφούρτη, Ζυρίχη, Ἀθήνα, Τελ Ἀβίβ.

Στή Ζυρίχη εἴχαμε καθυστέρηση, ταλαιπωρία καί φόβο. Μᾶς ζήτησαν νά ἐγκαταλείψουμε τάχιστα τό ἀεροσκάφος, ἐπειδή ἀπουσίαζαν δύο ἐπιβάτες. Ἀναγνωρίσαμε τίς βαλίτσες μας, περίσσεψαν δύο. Τίς ἐξαφάνισαν ἀμέσως, ξαναμπήκαμε, ταξιδέψαμε μέ τρόμο...

13. Προσωπικό

Τό καίριο πρόβλημα πού μᾶς εἶχε ἀπασχολήσει ἐπανειλημμένα ἦταν ἡ συγκρότηση ἑνός ἀρχικοῦ ἐπιτελείου ἱκανοῦ νά συμβάλει στήν ἀντιμετώπιση τῶν πολλῶν προβλημάτων λειτουργίας τῆς Ἀκαδημίας κατά τήν πρώτη φάση της, ὥστε νά διαμορφωθεῖ ἐξ ἀρχῆς μιά πειστική φυσιογνωμία της.

Ἕνα ἀπό τά σχετικά ζητήματα πού τέθηκαν ἀπό νωρίς ἦταν τό κατά πόσο τό ἐπιστημονικό κυρίως προσωπικό θά ἔπρεπε νά εἶναι μόνο ἑλληνικό καί ὀρθόδοξο ἤ νά ὑπάρχουν καί ἐπιλεκτικές ἐξαιρέσεις, καθώς ἦταν ἐξ ἀρχῆς δεδομένος ὁ οἰκουμενικός καί διεπιστημονικός προσανατολισμός τῆς Ἀκαδημίας. Προκειμένου νά σχηματίσει ὁ ἀναγνώστης μιά εἰκόνα γιά τίς σχετικές διαδικασίες, δυσκολίες καί λύσεις, ἀναφέρω ἐνδεικτικά κάποιες ἀρχικές ἐμπειρίες μας:

Μιά ἀπό τίς πρῶτες περιπτώσεις ἦταν π.χ. ἐκείνη τῆς Γερμανίδας Schmidt-Wyk, πού μᾶς εἶχαν συστήσει γιά τή Γραμματεία. Στίς 10.11.1964 ΑΒΒ ὁ Müller τῆς γράφει ὅτι διεβίβασε σέ μένα τό αἴτημά της, ἐπειδή ἐκεῖνοι δέν ἔχουν καμιά ἐπιρροή ἐπί τοῦ θέματος {ἦταν πολύ νωρίς γιά προσλήψεις, τελικά δέν τήν πήραμε}.

Πιό σοβαρή ἦταν ἡ περίπτωση τοῦ Ἀμερικανοῦ Θεολόγου Bruce Rigton. Μᾶς ἦταν ἤδη γνωστή ἡ χαρισματική προσωπικότητά του, ἡ βαθιά γνώση του τῆς Ὀρθόδοξης Θεολογίας καί ἡ ἄδολη ἀγάπη του πρός τήν Ἐκκλησία μας. Ἡ Ντόρα Γόντικα, πού ἐργάσθηκε ἐπί πολλά χρόνια στήν Ἀθήνα ὡς βασικό στέλεχος τοῦ Π.Σ.Ε. καί προώθησε πολλές ὑποθέσεις τῆς Ἐκκλησίας τῆς Ἑλλάδος, τῆς Κρήτης καί τοῦ Οἰκ. Πατριαρχείου, μοῦ γράφει (17.10.1966 ΑΑπ) ἀπό τό Λονδίνο, ὅπου εἶχε μετοικήσει πρόσφατα οἰκογενειακῶς:

«Ὁ Δεσπότης {Εἰρηναῖος} ἀσφαλῶς θά γύρισε {ἀπό τή Ρωσία}. Πολύ θά ἤθελα νά ἤμουν κάτω νά ἀκούσω τίς ἐντυπώσεις του ἀπό τό πρόσφατο ταξίδι του».

Σημειώνει ὅτι εἶναι πιθανό νά κληθῶ νά ὁμιλήσω στήν Κεντρική Ἐπιτροπή τοῦ Π.Σ.Ε. (Ἡράκλειο 1967).

Κάποιο αἴτημα τῆς Ἀκαδημίας συνιστᾶ νά ὑποβληθεῖ ἀπευθείας στόν Bruce Rigton καί ὄχι μέσω τοῦ Π.Σ.Ε.

Συνιστᾶ νά ζητήσω τή γνώμη τοῦ Νίκου Νησιώτη γιά τό «πῶς βλέπει τόν *Bruce Rigton* ὅσον ἀφορᾶ στή συνεργασία του στήν Ἀκαδημία. Ὁ Bruce εἶναι ὄχι ἁπλῶς καλός συνεργάτης, ἐπιστήμων κ.λπ., ἀλλά εἶναι ἕνας πολύ εὐαίσθητος

άνθρωπος, ξέρει καί λατρεύει τήν Ὀρθοδοξία καί ἡ γνώμη μου εἶναι πώς δέν πρέπει νά τήν χάσετε ἐσύ καί ὁ Δεσπότης αὐτή τήν εὐκαιρία τῆς συνεργασίας του. Εἶναι σωστός Χριστιανός καί ἑπομένως ἐλεύθερος ἄνθρωπος».[212]

Ἐνδιαφέρον συνεργασίας τους στήν Ἀκαδημία εἶχαν δείξει ἐπίσης οἱ Μεννονίτες. Σέ ἐπιστολή του πρός ἐμένα (8.7.1968 ΑΒΒ) ὁ Müller ἀσπάζεται τήν ἄποψή μου ὅτι «πρέπει νά προσλαμβάνουμε ἑλληνικό προσωπικό, ἐκτός καί ἄν πρόκειται γιά εἰδικότητες/εἰδικούς πού δέν ἔχουμε ἀκόμη στήν Ἑλλάδα. Τό τελευταῖο ἰσχύει γιά τήν ἐργασία μέ νέους - ἔχουν ἀναπτύξει στή Γερμανία νέες μεθόδους».

Στήν ἐξαίρεση αὐτή ἐμπίπτει ἡ περίπτωση τοῦ Alex Spengler
Τόν Spengler εἶχα γνωρίσει ἤδη στό ΒΒ κατά τήν ἐκεῖ παραμονή μου - 1963/64 -, ὅπου ἐκεῖνος ἔκανε πρακτική ἄσκηση τήν ἴδια περίοδο, ὥστε νά ὁλοκληρώσει ἔτσι τήν ἐκπαίδευσή του ὡς *Κοινωνικοῦ Παιδαγωγοῦ*. Σύμφωνα μέ τήν παραπάνω ἐπιστολή τοῦ Müller, ὁ *Spengler* θά πάει μᾶλλον στήν Ἀθήνα τόν Αὔγουστο. Μποροῦμε νά σκεφθοῦμε καί, ἄν τόν θέλουμε, νά συζητήσω μέ αὐτόν {Μ} γιά τά περαιτέρω. Βέβαια, εὔκολο δέν εἶναι νά τόν ἀποδεσμεύσουν, δεδομένου ὅτι ἕνας ἄλλος ἀπό τό Τμῆμα τῆς Ἀκαδημίας τους γιά θέματα Νεολαίας θά φύγει τόν ἑπόμενο χρόνο γιά τήν Ἀφρική, ὅπου ἐργάζονται ἤδη δυό ἄλλα στελέχη τους τοῦ ἴδιου Τμήματος».

Ἔτσι ἀρχίσαμε σοβαρά πιά τή συζήτηση γιά πρόσληψη τοῦ Spengler στήν Ἀκαδημία.

10-7-1969 ΑΒΒ
Μ πρός Απ
Συμφώνησε μέ τόν κ. Spengler νά ἔλθει στήν Κρήτη ἀρχές Αὐγούστου μέ τό αὐτοκίνητό του (VW) καί νά μείνει ὅλο τό μῆνα, νά συνεργαστεῖ μαζί μας καί νά δοῦμε κατά πόσο εἶναι τό κατάλληλο πρόσωπο γιά τήν ὀργάνωση καί

---

[212] Σέ γράμμα του πρός τόν Εἰρηναῖο Ἀθανασιάδη (15-9-1969, μέ κοινοποίηση σέ μένα, ΑΑπ) ὁ Bruce γράφει ὅτι ἔλαβε τό ἐνημερωτικό ὑλικό πού τοῦ ἔστειλα. «*Τό διάβασα προσεκτικά. Εἶναι ἀληθινά ἐντυπωσιακό αὐτό πού μπορέσατε νά κάμετε σέ τόσο σύντομο διάστημα*». Ὁ Β. Rington ἔγινε ἀργότερα Καθηγητής στό McCormick Theological Seminary, τήν περίφημη Θεολογική Σχολή τῆς Πρεσβυτεριανῆς Ἐκκλησίας στό Σικάγο, ὅπου, μέ εἰσήγησή του, φιλοξενήθηκα ὡς ἐπισκέπτης Καθηγητής τό χειμερινό ἑξάμηνο 1988-89. Ἦρθε κάμποσες φορές στήν Ἀκαδημία, διατηροῦμε ἀκόμη τή φιλία καί τήν ἐπικοινωνία.

ἀνάπτυξη τοῦ τμήματος νεολαίας στήν Ἀκαδημία. Θά τόν συνοδεύει ἡ σύζυγός του {ἡ Ἑλληνίδα Τατιάνα}, ἡ ὁποία ἐργάζεται ὡς σχεδιάστρια στήν Ἑταιρία Telefunken, στήν πόλη Ulm.

10-7-1969 ΑΒΒ
Μ πρός Scholz
Ὁ Μ ἐνημερώνει τόν Scholz γιά τά παραπάνω καί τοῦ δίδει ἐντολή νά καλύψει τίς δαπάνες κινήσεως τοῦ Spengler καί τῆς συζύγου του ἀπό τόν Λογαριασμό τοῦ Εὐρωπαϊκοῦ Συνδέσμου τῶν Διευθυντῶν τῶν Ἀκαδημιῶν.

29-7-1969 ΑΒΒ
Μ πρός Απ

Ἐλπίζει πώς ὁ κ. Alex Spengler ἔχει φθάσει ἤδη στήν Κρήτη. Στό μεταξύ ἐμφανίσθηκε, γράφει, ἕνας Θεολόγος, πού ἐπισκέφθηκε μερικές φορές τήν Ἑλλάδα, ὁμιλεῖ καλά τά Ἑλληνικά, παντρεύτηκε μέ Ἑλληνίδα σύμφωνα μέ τό ὀρθόδοξο καί ταυτόχρονα μέ τό εὐαγγελικό τυπικό, ἡ γυναίκα του δέν ὁμιλεῖ καθόλου γερμανικά, ἔχει νοσταλγία, κοντολογίς ἐρωτοῦν ἄν ὑπάρχει τρόπος νά ἐργασθοῦν στήν Ἀκαδημία. Θά μπορῶ νά τόν συναντήσω ὅταν πάω στή Γερμανία τόν Σεπτέμβριο, ὁπότε θά ἐπιλέξω ἐκεῖνον ἤ τόν Spengler.

17-9-1969 ΑΒΒ
Γραμματεία Μ
Σημειώνει ὅτι τήν ἡμέρα ἐκείνη ἔφυγα ἀπό τό ΒΒ. Διά τῆς Γραμματείας ἀποστέλλει στήν Ὑπηρεσία DÜ ἐκ μέρους μας:
1. Αἴτηση γιά μιά γυναίκα ἐπί τῶν οἰκοκυρικῶν.
2. Αἴτηση γιά ἕναν εἰδικό ἐπί θεμάτων νεολαίας.

18-12-1969 ΑΒΒ
Μ πρός Drewes
Ἀπαντώντας σέ παράπονο τοῦ Drewes, γράφει ὅτι στήν ὑπόθεση τῆς κ. Meyer {ὑποψήφιας γιά τήν Κρήτη} δέν εἶχε ἐκεῖνος ἀνάμιξη, ἀλλ' ὅτι ἐγώ μίλησα μαζί της στό ΒΒ καί ἔκρινα ὅτι δέν θά ἦταν τό κατάλληλο πρόσωπο γιά τήν Ἀκαδημία μας {ἔτσι πράγματι ἔγινε}. Διευκρινίζει ἔπειτα ὅτι, καίτοι θά εἶναι ἀπώλεια γιά τήν Ἀκαδημία τους ἡ μετάβαση τοῦ κ. Σπένγκλερ στήν

Κρήτη, θά τό ἐπιτρέψει, ἀφοῦ ὁ Ἐπίσκοπος Εἰρηναῖος καί ἐγώ τό ἐπιθυμοῦμε ὕστερα ἀπό τήν ἐπίσκεψή του (Σπένγκλερ) στή Γωνιά τό καλοκαίρι.

Ἀπό τό 1970 ἄρχισαν συνεννοήσεις γιά μετάθεση στή Γραμματεία μας τῆς *Dorle (Dorothea) Eisenmann*, πού ἐργάζεται στή Γραμματεία τοῦ Müller, Bad Boll. Γνωρίζοντας τίς σπάνιες γνώσεις καί ἱκανότητές της, προτείνω νά φιλοξενηθεῖ στήν Ἀκαδημία γιά δυό μῆνες, στή διάρκεια τῶν ὁποίων νά ἐξετάσουμε τό κατά πόσο θά ἦταν δυνατόν νά ἔλθει νά μᾶς βοηθήσει γιά περισσότερο χρόνο. Συνιστῶ νά συνεννοηθεῖ μέ τόν Müller γιά τό ἐνδεχόμενο νά τή στείλουν ἐδῶ μέσω τῆς Ὑπηρεσίας DIENSTE IN ÜBERSSE, ὁπότε θά ἔχει πλήρη μισθολογική καί ἀσφαλιστική κάλυψη.[213]

---

[213] Ἡ Dorle Eisenmann ἦρθε, ἐξοικειώθηκε μέ τό χῶρο καί τήν ἐργασία καί ἀργότερα ἐπανῆλθε μέσω τῆς Ὑπηρεσίας DÜ καί πρόσφερε πολύτιμες ὑπηρεσίες στό Ἵδρυμα.

ΠΑΡΑΡΤΗΜΑΤΑ

ΜΕΡΟΣ Α΄- Παράρτημα

ΘΕΣΣΑΛΟΝΙΚΗ

1. Διακονία τοῦ θείου κηρύγματος

Ἡ πρώτη πόρτα ποὺ χτύπησα ἦταν τοῦ κοντοχωριανοῦ μου Γεωργίου Βαρδουλάκη, Ἀστυνομικοῦ Διευθυντῆ τῆς Θεσσαλονίκης τότε. Τοῦ εἶπα δυό λόγια, σηκώθηκε, πᾶμε, μοῦ λέγει. Ἀκολούθησα χωρὶς νὰ ξέρω ἂν γιὰ τὴν ἀποκοτιά μου νὰ τὸν ἐνοχλήσω μὲ ὁδηγεῖ σὲ κανένα κρατητήριο ἢ κάπου ἀλλοῦ. Δίπλα ἦταν ἡ Μητρόπολη Θεσσαλονίκης. Στὸ Γραφεῖο τοῦ Βοηθοῦ Ἐπισκόπου Μυρέων Τιμοθέου (Ματθαιάκη) γίνεται ὁ ἑξῆς περίπου διάλογος:

Βαρδ.: Τὸ κοπέλι, Θεοφιλέστατε, εἶναι κοντοχωριανάκι μου, ἀπὸ τὰ καμένα χωριά, πάμπτωχο. Μπῆκε πρῶτο στὴ Θεολογικὴ Σχολή, πρέπει νὰ τὸ βοηθήσουμε (ὁ Ἐπίσκοπος ἀνασηκώνει τὸν δερμάτινο φάκελλο τοῦ γραφείου του, βλέπει προφανῶς τὸν κατάλογο τῶν εἰσαχθέντων, εὐτυχῶς εἶδε γρήγορα τὸ ὄνομά μου στὴν 6η θέση).

Τιμόθ.: Δυό ζεστὰ λόγια καὶ ἡ ἐρώτηση: Τί μπορεῖτε νὰ κάνετε στὴ Μητρόπολή μας;

Ἀπ: Λόγια εὐχαριστίας γιὰ τὴν ὑποδοχή, ἀπάντηση: Μουσικὰ ξέρω, ψάλτης δὲν εἶμαι. Κατηχητικὸ μπορῶ νὰ κάνω.

Τιμόθ.: Αὐτὸ δὲν πληρώνεται.

Ἀπ: Κήρυγμα.

Ὁ Ἐπίσκοπος μὲ κοιτάζει μὲ ἀπορία. Δίδω κάποιες πληροφορίες γιὰ μαθήματα Ὁμιλητικῆς καὶ κηρύγματα στὴν Κρήτη. Ἀπάντησή του: Τὴν Κυριακὴ νὰ ἔλθετε στὸ ναὸ τῶν Δώδεκα Ἀποστόλων, νὰ κηρύξετε τὸν θεῖον λόγον, νὰ σᾶς ἀκούσω.[214]

Εἶχα ἀρχίσει κιόλας νὰ παλεύω μὲ τὴν ἀπροσδόκητη ...χαρμολύπη μου: Ὁ Θεὸς μοῦ ἀνοίγει μιὰ πόρτα, θὰ τὴν κρατήσει ἄραγε ἀνοιχτὴ ὁ ἐπιβλητικὸς ἐκεῖνος Ἐπίσκοπος; Ἦταν ἡμέρα Πέμπτη καί, ὅπως τότε στὴν Ἁγ. Τριάδα, ἔπρεπε νὰ προετοιμάσω ἕνα κήρυγμα ὄχι πιὰ γιὰ ἐνορίες τοῦ Ἀκρωτηρίου, ἀλλὰ γιὰ τὴ μεγάλη πόλη τοῦ Ἀποστόλου Παύλου, τοῦ Ἁγίου Δημητρίου, τοῦ Ἁγίου Γρηγορίου τοῦ Παλαμᾶ! Βιβλία δὲν εἶχα καὶ οὔτε κἂν ἐγνώριζα ποιά εὐαγγελικὴ περικοπὴ ἐπρόκειτο νὰ ἀναγνωσθεῖ τὴν ἑπόμενη Κυριακή. Σχεδὸν

---

[214] Ὁ Βαρδουλάκης μοῦ λέγει στὴν ἔξοδο: Ἀπὸ σήμερα νὰ πηγαίνεις στὴ Λέσχη Ἀξιωματικῶν Χωροφυλακῆς νὰ τρῶς τὸ μεσημέρι δωρεάν. Καὶ νὰ ἔρχεσαι στὸ σπίτι νὰ σὲ βλέπουμε (ἦταν φιλόξενο ἐκεῖνο τὸ σπίτι μὲ οἰκοδέσποινα τὴν ἐξαίσια κυρία Κατίνα - τὸ γένος Βλαχοπούλου, ἀδελφὲς μὲ τὴ Ρένα - καὶ τοὺς τρεῖς μικροὺς γιούς τους, κάπως τοὺς βοήθησα στὰ μαθήματά τους).

κατατρομαγμένος προχώρησα πρός τό ναό τῆς Ἁγίας Σοφίας. Ἐκεῖ δίπλα, στή γωνία, εἶδα ἕνα βιβλιοπωλεῖο μέ ἐκκλησιαστικά βιβλία (πρόσεξα πώς ἀνῆκε στήν Ἀδελφότητα Θεολόγων «ΖΩΗ»). Στήν προθήκη ἐντόπισα ἕνα Κυριακοδρόμιο (τοῦ Λαρίσης καί μετέπειτα Ἀθηνῶν Δωροθέου). Στήν τσέπη μου ὑπῆρχε ἀκόμη τό... πολυθρύλητο τάλιρο,[215] ἡ μικρή ταμπελίτσα ὅμως ἔδειχνε ὡς τιμή του βιβλίου 25 δρχ. Μπῆκα λοιπόν μέ σκοπό καθόλου ἀθῶο! Κινήθηκα τριγύρω διαβάζοντας τίτλους βιβλίων. Στήν πραγματικότητα ὅμως ζητοῦσα κάποιο ἐκκλησιαστικό ἡμερολόγιο. Δέν ἄργησα νά τό βρῶ. Ἄνοιξα γρήγορα, εἶδα ποιά ἦταν ἡ ἑπόμενη Κυριακή καί ἤξερα βέβαια ἀμέσως ποιά εὐαγγελική περικοπή θά ἔδιδε τό θέμα τοῦ κηρύγματός μου. Ὕστερα κινήθηκα πρός τήν προθήκη, πῆρα τό Κυριακοδρόμιο καί ἄρχισα νά διαβάζω τό σχετικό κείμενο. Δέν εἶχα ὅμως προχωρήσει καί πολύ, ὅταν ἕνας νεαρός ὑπάλληλος μέ πλησίασε. Ρώτησε ἄν θά ἀγοράσω τό βιβλίο. Ἡ ἀρνητική ἀπάντησή μου προκάλεσε μιά βλοσυρή ματιά του. Ἅρπαξε τό βιβλίο καί τό ἐπανέφερε στή θέση του. Λυπήθηκα γι' αὐτήν τήν περίεργη συμπεριφορά, δέν τήν ἑρμήνευσα ὅμως ὡς κακό οἰωνό. Ἄλλωστε, εἶχα βρεῖ αὐτό πού εἶχα ἀνάγκη. Τίς ἑπόμενες ἡμέρες σχεδίασα τό κήρυγμα κάμποσες φορές, τό ἐπανέλαβα περισσότερες ἀκόμη στόν ξύπνιο, ἀλλά μάλλον πιό πολλές στά ἀγουροξυπνήματά μου. Ὅταν ὅμως (τυλιγμένος μέ τό τεράστιο ράσο τοῦ Ἐπισκόπου, πού ὁ ἴδιος μοῦ ἔδωσε στό Ἱερό νά φορέσω, πρός μεγάλη ἔκπληξη τῶν ἱερέων, πού περίμεναν ἐκεῖνον νά ὁμιλήσει!) ἀνέβηκα μέ φόβο καί τρόμο στό θρόνο τοῦ ναοῦ, εἶχα κιόλας παντελῶς ξεχάσει τά πάντα! Ἀπό τά κατάβαθα τῆς ψυχῆς μου πρόβαλε μπροστά μου λυτρωτικά καί πάλι ὁ Ἅγιος Δημήτριος. Ὕστερα ἀπό ἕνα σύντομο πρόλογο ἔστρεψα τό λόγο πρός τόν Μεγαλομάρτυρα τόν Μυροβλύτη.

Στό Γραφεῖο τοῦ ναοῦ, ὅπου παίρναμε ἀργότερα τόν καφέ, ὁ σεβάσμιος ἐφημέριος π. Διονύσιος ἔλαβε τό λόγο, εὐχαρίστησε τόν Ἐπίσκοπο καί μέ μιά παντελῶς ἀπρόσμενη πρόταση τόν ἀπάλλαξε ἀπό κάθε πιθανή ἀμφιταλάντευση: «Νά μᾶς διορίσετε, Θεοφιλέστατε, ὡς Ἱεροκήρυκα τόν...».

Δέν πέρασαν πολλές μέρες καί ἦρθε πράγματι ὁ διορισμός, ὑπογεγραμμένος ἀπό τόν ἀείμνηστο Μητροπολίτη Θεσσαλονίκης Παντελεήμονα Α΄[216] Οἱ 400 δρχ. πού ὅρισε τό ἐκκλησιαστικό Συμβούλιο ὡς μηνιαῖες ἀποδοχές μου

---

[215] Εἶχα φύγει ἀπό τό χωριό μου μέ μόνο 5 δραχμές στήν τσέπη-τό περίφημο *τάλιρο!* Ἔφθασα στή Θεσσαλονίκη ἔχοντας τό τάλιρο ἀκόμη στήν τσέπη μου! Ἡ χάρις τοῦ Θεοῦ εἶχε ἀνοίξει τούς δρόμους σέ ξηρά καί θάλασσα! Βλ. Νικ. Ἐμμ. Τζιράκης, Μιά ματιά στό ἐκπαιδευτικό καί συγγραφικό ἔργο τοῦ Ἀλέξανδρου Παπαδεροῦ, στόν Τόμο: *Ἡ Κρήτη τιμᾶ...*, σελ. 70 (βλ. Βιβλιογραφία).

[216] Βλ. *Μνήμη Μητροπολίτου Παντελεήμονος Παπαγεωργίου. Ἀναμνήσεις ἀπό τή ζωή, τό ἔργο καί τή μαρτυρία του*. Πρακτικά ἐπιστημονικῆς διημερίδας. Ἐπιμέλεια Π. Βασιλειάδη, Ἐκδόσεις Ἱερᾶς Μητροπόλεως, Ἔδεσα 2012. Πρβλ. Πρωτοπρ. Εὐτυχίου Κ. Παπαδεροῦ, Γιά τόν ἀείμνηστο Μητροπολίτη Θεσσαλονίκης Παντελεήμονα Α΄, Περιοδικό ΕΥΛΟΓΙΑ 51 (2013), 25.

ἀπήλλαξαν τή Λέσχη Ἀξιωματικῶν ἀπό τήν καθημερινή παρουσία μου καί ὑπῆρξαν προάγγελος καλύτερων ἡμερῶν.[217]

2. Ἐπιστολές Εἰρηναίου (συνέχεια)

3-11-1952 ΑΑπ
Εἰρηναῖος πρός Απ (Θεσ.)
«Τό τελευταῖο σου γράμμα μ' εὐχαρίστησε, γιατί δείχνει πώς παρ' ὅλα τά ἐμπόδια πού παρουσιάζονται τώρα στήν ἀρχή σιγά-σιγά δρομώνει ἡ ζωή σου. Ἡ πληροφορία γιά τό διορισμό σου ὡς ἱεροκήρυκα εὐχαριστεῖ ὅλους μας ἐδῶ διπλᾶ, γιατί ἐπαινεῖ καί τιμᾶ ὄχι μόνο ἐσένα ἀλλά καί μᾶς ὅλους τούς δασκάλους σου. Πιθανόν κάπου-κάπου νά σκέπτεσαι ὅτι σέ ὤθησα σέ ἕνα τολμηρό πήδημα κι ὕστερα σέ ἀφήνω. Καί βέβαια ὁμολογῶ πώς σέ ὤθησα σ' αὐτό τό πέταγμα, γιατί ἀπό τό ἕνα μέρος ξέρω πώς ἔχεις φτερά νά κρατηθῆς κι ἀπό τό ἄλλο γιατί κι ἐγώ θά παρευρίσκομαι ὅσο μπορῶ κοντά σου. Θέλω νά μαζέψης τίς δυνάμεις σου, τό θάρρος σου, αὐτή τήν πίστη σου καί νά προσηλωθῆς στούς ὡραίους καί εὐγενεῖς ἀγῶνες τῶν σπουδῶν σου. Πρέπει νά φροντίζης ἀπό πάσης ἀπόψεως τήν ὑγεία σου μά πέρα ἀπ' αὐτή μή σπαταλήσης τίποτε ἀπό τό χρόνο καί τίς δυνάμεις σου σέ μικρά πράγματα. Κατάχτησε τό πεπρωμένο πού ὁ Θεός ἔβαλε στή μοίρα τῆς ψυχῆς σου καί μή σέ νοιάζει ἀπό ποῦ ξεκίνησες.

Θέλω πάντα νά μοῦ γράφης τίς οἰκονομικές σου δυσχέρειες. Αὐτό νά μήν τό θεωρῆς ντροπή ἤ ἐνόχληση δική μου. Ἔχω νά σᾶς στείλω {ἐννοεῖ στόν Ἀπόστολο Παινεσάκη καί σέ μένα} τώρα ἀμέσως ἄν χρειάζεσθε ἕνα ἑκατομμύριον πού τό πρόσφερε ἕνας καλός Χριστιανός. {Λίγες μέρες ἀργότερα, μετά τίς ἐκλογές τῆς 16ης Νοεμβρίου 1952, ὁ Σπύρος Μαρκεζίνης ἀποτόλμησε τήν ὑποτίμηση τῆς δραχμῆς: ἡ σχέση δραχμῆς - δολαρίου ἀπό 15.000 δρχ. ἔγινε 30.000 δρχ. καί ἀργότερα ἐξαλείφθηκαν τά τρία μηδενικά!}. Ἀργότερα θά ζητήσω κι ἀπό τόν Ἐπίσκοπο κι ἄλλα {ἐννοεῖ τόν Κυδωνίας καί Ἀποκορώνου Ἀγαθάγγελο, φωτ.}.

Ὕστερα ὑπάρχουν κι οἱ ἄλλοι φίλοι μας. Ἐπιθυμῶ νά μείνετε μέ τόν

---

[217] Ὁ Καθηγητής Μ. Σιώτης, μέλος τοῦ Διοικ. Συμβουλίου τῆς Εἰδικῆς Ἐπιτροπῆς Προνοίας Φοιτητῶν καί μέ τήν ἰδιότητα αὐτή μέλος ἐπίσης τοῦ Δ. Σ. τῆς Πανεπιστημιακῆς Λέσχης, πρότεινε καί τό Συμβούλιό της ἐνέκρινε τό διορισμό μου στή μία ἀπό τίς δύο θέσεις βιβλιοθηκαρίων της (τή δεύτερη κατέλαβε ὁ ἐκ Τρικάλων Ἠλίας Κουρεμένος, φοιτητής Νομικῆς). Εἴχαμε μισθό 900 δρχ. μηνιαίως, ἐγώ δέ ἐπιπλέον δωρεάν διαμονή καί γεῦμα στή Λέσχη γιά τήν πρόσθετη ἁρμοδιότητα τοῦ νυχτοφύλακα στόν ἐκεῖ Οἶκο Φοιτητρίας (στό ἴδιο κτήριο). Ἕνα γράμμα τοῦ μακαρίτη τοῦ πατέρα μου, πού ἔλαβα λίγο μετά τά Χριστούγεννα τοῦ 1952, μαρτυρεῖ τή συγκίνηση ὄχι μόνο τή δική του, ἀλλά καί τῶν συγχωριανῶν μας, πού βρέθηκαν μαζί στό πέρασμα τοῦ ταχυδρόμου, ὁ ὁποῖος ἔφερε στόν πατέρα μου τήν πρώτη, ἐντελῶς ἀναπάντεχη ἐπιταγή μου. Θυμήθηκαν τήν περιπέτεια μέ τό τάλιρο!

Ἀπόστολο καί νά τόν συντρέχης ὅπου πρέπει, γιατί κάπου κάπου ἐκεῖνος εἶναι λίγο ἄτολμος.

Πῆρα τό βιβλίο {Χρυσολωρᾶ}. Εἶδα καί τόν γέροντα πατέρα σου πού ἤθελε λέει νά μέ εὐχαριστήση. Γιατί ὅμως;».

Σημείωση στήν ἄνω ἀριστερή γωνία τῆς πρώτης σελίδας: «Ἦρθε ὁ Ἀπόστολος. Ποῦ νά στείλω τά χρήματα καί πόσα τώρα;»

Γιά νά κατανοηθεῖ σωστά ἡ εὐχαρίστηση τοῦ Εἰρηναίου γιά τόν διορισμό μου σέ θέση ἱεροκήρυκα, χρειάζεται νά σημειωθεῖ ἐδῶ ὅτι στήν Ἐκκλ. Σχολή μᾶς δίδασκε, μεταξύ ἄλλων, τό μάθημα τῆς Ὁμιλητικῆς. Κάθε Κυριακή καί σέ μεγάλες ἑορτές οἱ μαθητές τῶν μεγαλύτερων τάξεων πηγαίναμε μέ τά πόδια σέ Ἐνορίες τοῦ Ἀκρωτηρίου συνήθως ἀνά δύο ἤ τρεῖς - ἕνας γιά τό κήρυγμα, ἄλλος γιά τό Κατηχητικό καί ὅλοι μαζί γιά βοήθεια στό Ψαλτήρι. Ὅσοι ἐπρόκειτο νά ἀσκήσουν τή διακονία τοῦ κηρύγματος εἴχαμε ἰδιαίτερη συνάντηση μέ τόν Εἰρηναῖο κάθε Πέμπτη (ἤ, ἄν ἐπρόκειτο γιά ἑορτή, 2-3 ἡμέρες πρίν ἀπό αὐτήν). Μᾶς ἐξηγοῦσε συνοπτικά τήν εὐαγγελική καί ἀποστολική περικοπή. Ἐπέλεγε ὁ καθένας μας ποιά ἀπό τίς δυό θά χρησιμοποιοῦσε καί σημειώναμε τόν ἀντίστοιχο «σκελετό» - ἕνα διάγραμμα τῆς πορείας τῆς ὁμιλίας, τό ὁποῖο μᾶς ὑπαγόρευε. Μέχρι τήν ἡμέρα τοῦ κηρύγματος ἔπρεπε μόνος ὁ καθένας νά προετοιμασθεῖ, μελετώντας Κυριακοδρόμια καί ἄλλα σχετικά κείμενα ἀπό τή Βιβλιοθήκη τῆς Σχολῆς καί τῆς Μονῆς. Μπορούσαμε νά γράψουμε τό κήρυγμα καί νά τό ἀποστηθίσουμε, ἀπέτρεπε ὅμως τή χρήση χειρογράφων κατά τήν ὥρα τοῦ κηρύγματος. Συνήθως λοιπόν ἄλλα γράφαμε καί ἄλλα λέγαμε τελικά. Οἱ ἱερεῖς καί γενικά οἱ ἄνθρωποι τοῦ Ἀκρωτηρίου γνώριζαν πῶς ἐπρόκειτο γιά ἄσκηση στό ἕνα ἤ τό ἄλλο λειτούργημά μας καί ὄχι μόνο μᾶς ἀνέχονταν μέ ὑπομονή, κατανόηση καί ἐνθάρρυνση, ἀλλά μᾶς φιλοξενοῦσαν ἐπιπλέον μέ ἐγκαρδιότητα στά σπίτια τους. Κατά τίς διακοπές (μόνο Χριστούγεννα, Πάσχα καί θέρος φεύγαμε τότε ἀπό τή Σχολή) συνεχίζαμε στά χωριά μας τήν ἴδια διακονία, ἐάν βέβαια μᾶς τό ἐπέτρεπαν οἱ ἱερεῖς καί οἱ ψάλτες.

Ἕνα ἤ δυό χρόνια πρίν ἀπό τήν ὁλοκλήρωση τῆς ἑπταετοῦς φοίτησής μας τόλμησα νά πλησιάσω τόν Ἐπίσκοπο Κυδωνίας καί Ἀποκορώνου μακαριστό Ἀγαθάγγελο (Ξηρουχάκη) σέ μιά ἀπό τίς ἐπισκέψεις του στήν Ἁγ. Τριάδα. Τοῦ ὑπενθύμισα τήν παρέμβασή του στίς φυλακές τῆς Ἁγιᾶς Χανίων τόν Ὀκτώβριο τοῦ 1943, ἡ ὁποία ἀπέτρεψε τή μεταφορά μας, τῶν γυναικοπαίδων τοῦ Λειβαδᾶ, στό Νταχάου. Ἐξέφρασα τή βαθιά εὐγνωμοσύνη ὅλων μας γιά τή σωτήρια ἐκείνη ἀποκοτιά του (βλ. Ἀλεξ. Κ. Παπαδεροῦ, Τό ξεροκόμματο, στό

Φωτ.Dachau.

βιβλίο: ΓΕΡΜΑΝΙΚΕΣ ΦΥΛΑΚΕΣ ΑΓΙΑΣ 1941-1945, Χανιά 2005, Ἐπιμέλεια: Βαρδής Βαρδινογιάννης καί Ἀργυρώ Κοκοβλῆ, σελ. 139–143).

Συγκινήθηκε καί ἐκεῖνος, ρώτησε, φαίνεται, τούς Καθηγητές καί ἔκτοτε μέ καλοῦσε νά κάνω τό κήρυγμα ὅπου λειτουργοῦσε, σέ ναούς τῆς πόλης τῶν Χανίων καί σέ χωριά.

22-11-1952 ΑΑπ
Εἰρηναῖος (Χανιά) πρός Απ (Θεσ.)
«Πῆρα τό γράμμα σου μέ πολλή εὐχαρίστηση. Μοῦ φαίνεται πώς ὁ Θεός ἄρχισε κιόλας τά θαύματά του στή ζωή καί στό ἔργο σου. Μήν ξεχνᾶς πώς ἀπό τήν ὡραία αὐτή δράση σου μπορεῖ νά ἐξαρτηθῆ καί μία καλυτέρα μελλοντική σταδιοδρομία σου (ὑποτροφία, ἐξωτερικό κ.λπ.). Θά γράψω καί θά εὐχαριστήσω καί γώ τό Δεσπότη πού σᾶς ὑποστηρίζει ἔτσι.

Σοῦ ἔστειλα πρό ἡμερῶν 800.000 γιά νά κάνης τήν ἐγγραφή σου. Δέν ξέρω ἄν χρειάσθηκε νά τά μοιράσης μέ τόν Ἀπόστολο ἤ νά στείλω καί σ' αὐτόν ἀργότερα ἄλλα, ὥστε νά κάνης τήν ἐγγραφή σου. Περιμένω καί ἀπό τούς δυό σας ἕνα ὡραῖο θερμό γράμμα γιά κεῖνον πού ἔκανε αὐτό τό δῶρο. Γράψε ἐσύ ἕνα ὡραῖο γράμμα, καταλαβαίνεις τώρα, καί γώ θά τό δώσω ἐκεῖ πού πρέπει. Ἀμέσως ὅμως. Μήν ξεχνᾶς νά κάνης ὅ,τι μπορεῖς γιά τόν Ἀπόστολο».

Ἀπό τήν Ἁγία Τριάδα συμπληρώνει: «Ἔχω τή γνώμη πώς ἄν σοῦ ἔστελναν ἀπό δῶ λίγα καλά κάστανα ἤ λίγο καλό λάδι δέν θά ἦταν ἄσχημο νά κάμης ἕνα μικρό δῶρο στόν κ. Σιώτη. Εἶναι εὐγενής καί φιλότιμος καί μπορεῖ συχνά νά σοῦ φανῆ χρήσιμος {μοῦ φάνηκε πολύ συχνά χρήσιμος, χωρίς κάστανα καί λάδι!..}. Μήν ξεχνᾶς νά τοῦ διαβιβάζης τούς ἐγκαρδίους χαιρετισμούς μου».

27-12-1952 ΑΑπ
Εἰρηναῖος (Χανιά) πρός Απ (Θεσ.)

«Τήν παραμονή τῶν Χριστουγέννων σᾶς ἔστειλα 500 χιλ. δρχ. ἐκ μέρους τοῦ Ἐπισκόπου. Τίς ἔστειλα στή δεύθυνση τοῦ Ἀποστόλη νά τίς μοιραστῆτε πάλι καί νά εὐχαριστήσετε τό Δεσπότη.

Χθές πῆρα τό τελευταῖο γράμμα σου. Ἄργησα καί ἐγώ νά σᾶς γράψω γιατί σιγά-σιγά μαζεύτηκαν πάλι τοῦ κόσμου οἱ δουλειές στήν ἐδῶ ζωή μου. Μή νομίσετε ὅμως πώς σᾶς ξεχνῶ ἤ ἀδιαφορῶ γιά τούς ἀγῶνες σας. Σᾶς σκέπτομαι καί δέν παύω νά μεριμνῶ σέ ὅ,τι μπορῶ γιά σᾶς. Τώρα θά πάω στήν Ἀθήνα γιά νά κάνω μιά ἐξέταση τῆς ὑγείας μου. Πιστεύω ὅμως πώς τό ἐρχόμενο Πάσχα θά ἔλθω αὐτοῦ γιά νά πᾶμε μαζί ἴσως στό Ἅγιον Ὄρος.

Μοῦ ἔχεις γράψει πρό καιροῦ γιά θέματα διαλέξεων κλπ. Διάλεξε παιδί μου καί κάνε ὅ,τι καταλαβαίνεις, γιατί ἀπό δῶ δέν ξέρω καί γώ τί νά σοῦ στείλω.[218]

Μέ εὐχαριστεῖ ἡ δράση σας καί θέλω νά μοῦ γράφετε συχνά. Καί φέτο κάναμε ἐδῶ κάτι ξεχωριστό μέ τίς "θρησκευτικές ἐξορμήσεις". Γράψε σέ κανένα Γιγουρτάκη {Μιχάλη}, Πιτσουλάκη {Εὐάγγελο – μαθητές τῆς Ἐκκλ. Σχολῆς} ἤ ἄλλο νά σοῦ περιγράψουν μερικά νέα μας.

Στόν κ. Σιώτη καί Μωραΐτη {Δημήτριο, Καθηγ. τῆς Θεολ. Σχολῆς} τίς εὐχές μου. Θά τῶν γράψω αὐτές τίς μέρες. Ἐπίσης νά διαβιβάσης τά σέβη μου εἰς τόν Παναγιώτατον καί τόν Ἅγιον Μυρέων. Μήν ξεχνᾶτε πώς πρέπει νά καλλιεργῆτε τίς σχέσεις σας μέ τούς... μεγάλους.

Μέ πολλές θερμές εὐχές καί γιά τό νέο χρόνο 53».

Ὑστερόγραφο: «Μήν ξεχνᾶς πώς ἀγώνας θά πῆ, ὅταν ἡ ζωή σοῦ δίνη ἕνα χαστοῦκι νά τῆς ἀνταποδίδης ἐσύ 4 μέ τήν ὑπομονή καί τό θάρρος σου».

Στήν κορυφή τῆς δεύτερης σελίδας: «<u>Προσέχετε μόνον τήν ὑγείαν σας</u>. Ἔδωσα τόν κατάλογό σου στήν "Ἀναγέννησιν", γράψε κι ἄλλους {εἶχα γράψει

---

[218] Στήν Κατερίνη ὑπηρετοῦσε τότε ὡς Διοικητής Χωροφυλακῆς ὁ πρωτεξάδελφός μου Δημήτριος Ἰωάν. Παπαδερός. Τόν ἐπισκέφθηκα, πήγαμε μαζί καί χαιρέτησα τόν ἀπό Καλλιουπόλεως καί Μαδύτου, μετέπειτα (1924-1934) Πλωμαρίου τῆς Λέσβου Μητροπολίτη Κίτρους Κωνσταντῖνο Κοϊδάκη (1934-1954), λόγιο καί ἱεροπρεπῆ Ἱεράρχη. Μοῦ ζήτησε νά κηρύξω τόν θεῖον λόγον στόν Μητροπολιτικό ναό τήν ἑπόμενη Κυριακή, ὅπου ἐτέλεσε ὁ ἴδιος μεγαλοπρεπῶς τή θεία λειτουργία. Ἀκολούθησαν καί ἄλλες ἐπισκέψεις στήν Κατερίνη, κηρύγματα καί διαλέξεις μου. Ὅταν ὁ ἐξάδελφός μου μετατέθηκε στή Σιάτιστα, γνωρίστηκα μέ τόν Μητροπολίτη Ἰάκωβο (μετέπειτα Μητροπολίτη Μυτιλήνης Ἰάκωβο Β΄) καί ἀκολούθησαν τά ἴδια περίπου μέ ἐκεῖνα τῆς Κατερίνης. Σημειώνω ἕνα χαριτωμένο ἐπεισόδιο: Μέ εἶχε καλέσει ὁ Μητροπολίτης γιά μιά διάλεξη. Πλῆθος λαοῦ. Στά πρῶτα κιόλας εἰσαγωγικά λόγια μου χρησιμοποίησα μιά λατινική φράση. Σάν νά εἶχε τιναχθεῖ ἀπό ἐλατήριο πετάχτηκε ἀπό τήν καρέκλα του στήν πρώτη σειρά ἕνας ἡλικιωμένος ἄνδρας, μέ παραμέρισε ἀπό τό βῆμα καί ἄρχισε νά ὁμιλεῖ "γεγονυία τῇ φωνῇ" σέ ἄπταιστα λατινικά. Τόν βοήθησαν νά ἐπιστρέψει στή θέση του καί συνέχισα. Μετά ἔμαθα πώς ἦταν ὁ Χρίστος Καπνουκάγιας, διακεκριμένος Λατινιστής στό Πανεπιστήμιο Ἀθηνῶν, ἀπό ὅπου ἀποχώρησε πρόωρα λόγῳ ψυχικῆς ἀσθένειας.

συνδρομητές τοῦ περιοδικοῦ αὐτοῦ τῆς Ἐπισκοπῆς Κυδωνίας καί Ἀποκορώνου}. Τί κάνει ὁ Πετράκης; Ἔγινε δεκτός; Πές του τίς εὐχές μου γιά τή γιορτή του».

3. Φοιτητικές Ὁμάδες Κοινωνικῆς Διακονίας

Ὁ διορισμός μου σέ θέση Ἱεροκήρυκα (1952) μοῦ ἔδωσε τήν εὐκαιρία νά γνωρίσω ἐκ τοῦ πλησίον πρόσωπα καί πράγματα τοῦ ἐνοριακοῦ βίου στήν πόλη τοῦ Ἁγ. Δημητρίου. Μεταξύ ἄλλων πρόσεξα τή δραστηριότητα ξένων θρησκευτικῶν Ὀργανώσεων. Ὅπως εἶναι γνωστό, στά πλαίσια τοῦ Σχεδίου Μάρσαλ γιά τήν ἀνασυγκρότηση τῆς κατεστραμμένης ἀπό τόν Παγκόσμιο Πόλεμο καί τόν Ἐμφύλιο Ἑλλάδας, καθώς καί τῆς ἀκμαίας τότε Οἰκουμενικῆς Κίνησης, ἦρθαν στή χώρα μας ἐκκλησιαστικές Ὀργανώσεις, κυρίως ἀπό τήν Ἀμερική. Μερικές εἶχαν τήν ἕδρα τους στή Θεσσαλονίκη, ἄλλες ἀλλοῦ στή Βόρ. Ἑλλάδα. Ἡ δραστηριότητα τῶν Ὀργανώσεων αὐτῶν μοῦ προξένησε κάποιες σκέψεις. Πρότεινα στόν Μητροπολίτη Παντελεήμονα καί ἔλαβα εὐλογία νά ὀργανώσω ΦΟΙΤΗΤΙΚΕΣ ΟΜΑΔΕΣ ΚΟΙΝΩΝΙΚΗΣ ΔΙΑΚΟΝΙΑΣ. Ἀποστολή μας ἦταν ἡ βοήθεια

- στό ἔργο τῶν Ὀργανώσεων αὐτῶν κατά τήν ἐξατομικευμένη διαπίστωση τῶν ἀναγκῶν ἐμπεριστάτων ἀτόμων, οἰκογενειῶν, ἀλλά καί Ἱδρυμάτων στήν πόλη καί τήν εὐρύτερη περιοχή,

- στήν κατ' οἶκον ἐπίσκεψη καί διανομή φαρμάκων, ρουχισμοῦ, τροφίμων,[219] κ.λπ., ταυτόχρονα ὅμως

- ἀφ' ἑνός ἡ παιδαγωγικά λίαν διδακτική ἀναστροφή μας μέ καταστάσεις κοινωνικῆς ἐξαθλίωσης καί ἑπομένως ἡ κριτική διασύνδεση τῶν θεολογικῶν μας γνώσεων μέ τήν πραγματικότητα τῆς κοινωνίας,

- καί ἀφ' ἑτέρου ἡ ἀπόκτηση τῆς βεβαιότητας ὅτι ἡ δράση τῶν ξένων Ὀργανώσεων ἦταν πράγματι φιλανθρωπική καί δέν εἶχε ὡς ἀπώτερο στόχο τόν προσηλυτισμό, καθώς καί ἡ καλύτερη γνωριμία μέ τό πνεῦμα τῆς Οἰκουμενικῆς Κίνησης καί τῆς διεκκλησιαστικῆς βοήθειας. Στήν ἐργασία τῶν Ὁμάδων, πού ἦταν βέβαια ἐθελοντική, συνέπραξαν κατά καιρούς δεκάδες φοιτητῶν καί φοιτητριῶν καί ἀπό ἄλλες Σχολές τοῦ Πανεπιστημίου.

---

[219] Παροιμιώδης ἔμεινε ἡ φράση «*προτεσταντικά αὐγά*». Κατά τίς ἐπί πτυχίῳ προφορικές ἐξετάσεις στό μάθημα τῆς Θρησκειολογίας, ὁ Καθηγητής, ἐνῶ μέ εἶχε ἐξετάσει καί βαθμολογήσει μέ ἄριστα, δήλωσε λίγο ἀργότερα τήν ἴδια μέρα ὅτι ποτέ δέν θά λάβω πτυχίο Θεολογίας, ἐπειδή, ὅπως πληροφορήθηκε (πολύ ἀργά!), εἶμαι ὁ ἀρχηγός τῶν Ὁμάδων, πού μοιράζουν «**προτεσταντικά αὐγά**»! Χρειάσθηκε νά τόν ἐνημερώσει ὁ Μητροπολίτης, προκειμένου νά... μερώσει ὁ κατά τά ἄλλα λίαν συμπαθής διδάσκαλος. Πρβλ. Alexandros Papaderos, Our Ecumenical Diakonia - Both Large and Small, in: HOPE IN THE DESERT. The Churches' United Response to Human Need, 1944-1984, Edited by Kenneth Slack, 1986 19 WCC, Geneva 1986, 91 - 106.

Συνεργασθήκαμε στενότερα μέ τήν Κογκρεγκασιοναλιστική Ἐπιτροπή Χριστιανικῆς Διακονίας (CCSC), ὅπου βρήκαμε πολύτιμη συμπαράσταση ἀπό τόν ὑπεύθυνο τῆς Ἐπιτροπῆς Bill Mendenhall καί τήν ἐξαίρετη Ἑλληνίδα Τ α - ν ο ύ λ α   Ν ά σ λ α , Κοινωνική Λειτουργό στήν Ἐπιτροπή ἐκείνη.[220]

Ὅπως ἔχω σημειώσει ἤδη, μετά τή λήψη τοῦ πτυχίου μου (1956) παρέδωσα τή διεύθυνση τῶν Ὁμάδων στόν Σάββα Ἀγουρίδη, πού μόλις εἶχε ἐκλεγεῖ ἔκτακτος Καθηγητής στή Θεολογική Σχολή μας (τρία χρόνια ἀργότερα ἔγινε τακτικός καί δίδαξε μέχρι τό 1968, στή συνέχεια δέ στή Θεολογική Σχολή Ἀθηνῶν, 1969-1985). Ὅταν ὁ πρωθιερέας τῶν Ἀνακτόρων Ἱερώνυμος Κοτσώνης ἐξελέγη Καθηγητής Κανονικοῦ Δικαίου στή Θεολογική Σχολή Θεσσαλονίκης (1959), συνέβαλε καί ἐκεῖνος στό ἔργο τῶν Ὁμάδων.

Τ. Νάσλα

---

[220] Ἡ Νάσλα ἐργάσθηκε στή Θεσσαλονίκη μέχρι τό 1961, ὁπότε ἔφυγε μέ τόν σύζυγό της Γεώργιο Χατζηπαρασκευά γιά τήν Ἀμερική καί ὑπηρέτησε καί ἐκεῖ ὡς Κοινωνική Λειτουργός μέ τόν ἴδιο πάντοτε ζῆλο, σέ διάφορα Ἱδρύματα προστασίας ἐμπεριστάτων ἀνθρώπων. Ἀπέκτησαν δυό γιούς καί τρία ἐγγόνια.

Ὁμάδες φοιτητῶν μέ τόν Σ. Ἀγουρίδη καί τόν Ἱερώνυμο Κοτσώνη
(τίς φωτογραφίες ἔστειλε ἀπό τήν Ἀμερική ἡ Τανούλα Νάσλα).

Ἐπιστολές Εἰρηναίου (συνέχεια)
23-2-1953 ΑΑπ
Εἰρηναῖος (Ἁγία Τριάς) πρός Απ (Θεσ.)
«Ὁ Ἐπίσκοπος Χανίων ἀπουσιάζει ἀπό καιρό εἰς Ἀθήνας καί Κων/λιν καί ἔτσι δέν σᾶς στείλαμε {στόν Ἀπόστολο Παινεσάκη καί σέ μένα} τά χρήματα πού χρειάζεσαι {χρειάζεστε}. Ἄν εἶναι ἀπόλυτος ἀνάγκη νά κάνης τώρα τήν ἐγγραφή σου, ζήτησέ τα ἀπό αὐτοῦ καί μόλις ἔλθη ὁ Χανίων θά τά στείλωμε ἤ θά τά <u>ἐξοικονομήσω ἐγώ ὁπωσδήποτε</u> νά σοῦ τά στείλω. Περιμένω νά μοῦ γράψης σχετικῶς. Μέ ἀγάπη καί γιά τούς δυό σας».

12-11-1953 ΑΑπ
Εἰρηναῖος (Χανιά) πρός Απ (Θεσ.)
«Πῆρα τό γράμμα σου, τά βιβλία τοῦ κ. Χρήστου καί σήμερο ἀκριβῶς σοῦ ἔστειλα τό ἀντίτιμό των (250 χιλ.δρχ.).

Εὐχαριστῶ τό Θεό πού καί φέτο σοῦ δείχνει τήν προστασία καί τή βοήθειά του. Μή λησμονῇς ποτέ σου αὐτή τή μυστική καί φανερή προστασία Του καί μάθε νά βάζης πλιό πάνω ἀπό τά βιβλία αὐτές τίς πραγματικές μαρτυρίες γιά τήν ὕπαρξή Του.

Εἶμαι βέβαιος πώς ἡ φετινή ἐπίδοσή σας στά μαθήματα θά 'ναι πολύ καλύτερη ὡς καί ἡ ἄλλη σου ἐργασία. Θά ἤθελα νά πῶ καί στούς δυό σας νά εἰδικευθῆτε ὁ ἕνας στό κήρυγμα καί ὁ ἄλλος στήν κατήχηση, ὥστε ἐρχόμενοι ἐδῶ νά ἐργασθῆτε ὁ καθένας σας σ' ἕνα τομέα.

Καί παράλληλα μέ ὅλα αὐτά θά ἤθελα νά ζῆτε καί νά δημιουργῆτε καί μιά ἐσωτερική ζωή ποῦναι ἡ καλύτερη ἀποκάλυψη τῶν ἀληθειῶν τῆς θρησκείας μας. Μήν ξεχνᾶς ὅτι πέρα ἀπό τά βιβλία καί τά κηρύγματα εἶναι ἡ ἐσωτερική μυστική ζωή μας πού μᾶς δίνει δύναμη.

Ξέρω πώς σάν παιδί πού εἶσαι ἀκόμη θά χρειασθῆ νά συντρίψης πολλές φορές τήν καρδιά σου στή «ματαιότητα», ὥσπου νά ξεχωρίσης καί νά ἀκολουθήσης καθαρά καί ἄσπιλα τό ἰδανικό.

Περνοῦμε ὅλοι μας ἀπ' αὐτό τό δρόμο μά κεῖνο ποὔχομε νά κάνωμε εἶναι νά μήν κολλοῦμε πολύ σ' αὐτόν καί νά τόν διαβαίνωμε γρήγορα γρήγορα. Ἤθελα νά σοῦ γράψω γι' αὐτά, γιατί ἐδῶ γνωστοί καί φίλοι σου καί θαυμαστές σου λένε ὅτι ἀσχολεῖσαι παραπάνω ἀπό ὅ,τι πρέπει μέ τίς... ἀγάπες. Εἶμαι πατέρας σου καί δέν μέ παρεξηγεῖς πιστεύω γι' αὐτά.

Εἰς τόν Ἀπόστολον χαιρετίσματα, τόν κ. Σιώτην, Μωραΐτην καί λοιπούς.

Μέ τήν ἴδια πάντα στοργή καί ἀγάπη».

12-12-1953 ΑΑπ
Εἰρηναῖος (Ἁγ. Τριάς) πρός Ἀπ (Θεσ.)

«Τό γράμμα σου πῆρα ἀπό καιρό. Ἐλπίζω νά χαρίζη καί στούς δυό σας ὁ Θεός τήν ἐλπίδα καί τό θάρρος πού χρειάζεσθε τώρα στίς σπουδές σας. Εὐχαριστήθηκα πολύ πού βοήθησες πάλι τόν Ἀπόστολο νά πετύχη καί αὐτός κάτι ἀπό τόν Σεβασμιώτατο Θεσσαλονίκης. Αὐτό σέ τιμᾶ ξεχωριστά. Γιά τά ἄλλα πού σοῦ ἔγραψα στό περασμένο μου γράμμα δέν πρέπει βέβαια νά πληγωθῆς. Οἱ ἄνθρωποι ἀγαποῦν νά μιλοῦν καί νά σχολιάζουν καί νά κρίνουν καί τίς ἀθωότερες πολλές φορές πράξεις μας. Ἐγώ πιστεύω πώς μέ τή βοήθεια τοῦ Θεοῦ θά περάσης αὐτά τά ἀνήσυχα ἐφηβικά χρόνια ἄν ὄχι μέ καμμιά, τουλάχιστον μέ ἐλάχιστες ἀβαρίες. Βάζοντας στό νοῦ σου τό μεγάλο καί τό ὑψηλό θά φυλαχθῆς ἀπό πράγματα πού τά κάνουν μόνον οἱ "ἀκάθαρτοι".

Ἡ συναίσθηση πώς ἔχεις νά διακονήσης τό σπίτι σου, τόν ἑαυτό σου, τήν κοινωνία καί πλιότερα ἀπ' ὅλα τήν Ἐκκλησία τοῦ Χριστοῦ θά σέ κρατοῦν ψηλά στίς καθαρές σφαῖρες τοῦ ἰδανικοῦ. Πότε πότε ἄν θέλης μαζί μ' αὐτά μπορεῖς νά κάνης καί γιά τό φτωχό σου δάσκαλο τόν Εἰρηναῖο πού σταύρωσε τή ζωή του γιά ὅλα τά παιδιά του... Καί δέν μποροῦμε ἴσως νἄμαστε ὅλες τίς στιγμές σάν τό Θεό ἀμίαντοι, ὅμως ὅσο πλιότερα μείνομε πιστοί στήν ἁγνότητα τόσο καί πλιότερα θά νοιώσωμε Κεῖνον πού ὑπῆρξε ἀπόλυτα καθαρός. Εἶναι ὡραῖο πρᾶμα νἄχη κανείς κρατήσει τήν ἀκεραιότητά του. Κυνήγα λοιπόν καί ἐσύ τούς μεγάλους καί ὡραίους σκοπούς τῆς ζωῆς σου καί γλίτωνε ἀπό τούς "πειρασμούς".

Τό γραπτό σου στήν τελευταία "Ἀναγέννησιν" μοῦ ἄρεσε ἐξαιρετικά. Ἐπέμενα νά γράφης, γιατί ξέρω πώς ἔχεις ταλέντο. Ἔγραψα στόν Ἅγ. Θεσσαλονίκης εὐχαριστώντας γιά τή στοργή πού σᾶς δείχνει.

Καλά Χριστούγεννα παιδί μου».

24-6-1954 ΑΑπ
Εἰρηναῖος πρός Απ (Θεσ.)
«Πῆρα ἀπό τόν Δεσπότη 300 χιλ δ, νά σοῦ τίς στείλω. Ἐν τῷ μεταξύ πῆρε γράμμα σου ὁ Χρυσόστομος {Μαραγκουδάκης, Ἱερομόναχος στήν Ἁγ. Τριάδα, συμμαθητής μου στήν Ἐκκλ. Σχολή Κρήτης καί Καθηγητής σ' αὐτήν μετά τήν ἀποφοίτησή του ἀπό τήν Ἱ. Θεολογική Σχολή τῆς Χάλκης} πῶς θά κατέβης ἀμέσως καί σκέπτομαι ὅτι δέν θά σέ προφθάση ἴσως ἡ ἐπιταγή αὐτοῦ. Λοιπόν πάρε δανεικά, ἔλα δῶ καί τά παίρνεις ἀπό δῶ.

Ἐπειδή ἐγώ λείπω συχνά, τό γράμμα σου ἤ τηλεγράφημα γιά τήν κάθοδο τοῦ κ. Σιώτη νά τό ἀπευθύνης στόν ἀδελφό μου Ἀθανάσιον Γαλανάκην Ταχυδρομεῖον Χανίων».

1-11-1954 ΑΑπ
Εἰρηναῖος πρός Απ (Θεσ.)
«Πῆρα πρό πολλοῦ καιροῦ τό γράμμα σου. Εἶμαι εὐχαριστημένος πού τακτοποιήθηκες πάλι κάπως καί ἔτσι συνεχίζεις πάλι τίς σπουδές σου ἔστω καί μέ κάποια βάσανα πού δέν πρέπει νά λείπουν ἀπό τούς φτωχούς γιά νά μᾶς ξυπνοῦν... Καί σύ μαζί μέ τήν ἐπιστημονική σου ἐπίδοση μήν ξεχνᾶς ποτέ καί τήν βαθυτέραν ψυχική σου καλλιέργεια. Γιατί αὐτό θά εἶναι καί τό ἰδιαίτερο μεγαλεῖον τοῦ Θεολόγου ἤ τοῦ... πού θέλεις νά εἶσαι αὔριο. Ἡ προσωπικότητα γίνεται μόνο μέ τήν αὐστηρά πειθαρχία μας στούς πνευματικούς νόμους τῆς ζωῆς.[221]

Τά νέα μας: Ὁ Χρυσόστομος {Μαραγκουδάκης} εἶναι ἤδη στή Χάλκη. Ἐγώ ὑπάρχει μιά πιθανότητα νά φύγω σέ λίγο στή Γερμανία, πότε ὅμως δέν ξέρω.[222] Στόν κ. Χρῆστο {ἐννοεῖ τόν Παναγιώτη Χρήστου, τότε Καθηγητή Πατρολογίας στή Θεολογική Σχολή Θεσσαλονίκης} ὀφείλω 384 δρχ. ἀπό τά βιβλία του. Ἤθελα νά ξέρω ἄν ἀπό τά βιβλία μου ἐμάζεψες μερικά χρήματα γιά νά σοῦ στείλω καί γώ μερικά νά τά δώσης στόν κ. Χρῆστο καί γράψε μου ποῦ ἀκριβῶς νά τά στείλω. Πές του σχετικῶς γιά νά μή νομίζη πώς τά ξέχασα (τά ἐπώλησα τώρα μόνο πού ἦρθαν οἱ μαθηταί μας) καί γράψε μου ἀμέσως γιά νά μέ προφθάσης».

---

[221] Μέ τά ἀποσιωπητικά ἐννοεῖ μάλλον τό μεγαλεῖον τῆς ἱερωσύνης, καίτοι πάντοτε ὑπῆρξε ἀπέναντί μου ἰδιαίτερα διακριτικός ὅσον ἀφορᾶ σ' αὐτό τό ζήτημα, σέ ἀντίθεση πρός τόν ἀείμνηστο Ἐπίσκοπο Ἀγαθάγγελο Ξηρουχάκη, πού ἀπό ἀγάπη βέβαια καί πατρικό ἐνδιαφέρον, πρίν κἄν τελειώσω τήν Ἐκκλησιαστική Σχολή εἶχε ἐπιλέξει ὡς ἐνορία μου τόν Σκινέ Χανίων – συμφωνούντων καί τῶν μακαριστῶν γονέων μου - καί ..παζάρευε μάλιστα καί τήν ὑποψήφια παπαδιά!.
[222] Ὁ στενός πνευματικός δεσμός τοῦ Εἰρηναίου μέ τόν Καθηγητή του στή Θεολογική Σχολή Ἀθηνῶν Νικόλαο Λούβαρι τόν εἶχε ψυχικά προετοιμάσει γιά μεταπτυχιακές σπουδές στή Γερμανία. Μάλιστα, εἶχε λάβει καί σχετική ὑποτροφία, τήν ὁποία ὅμως δέν ἀξιοποίησε λόγω τοῦ πολέμου. Ἀλλ' ἡ ἐπιθυμία παρέμενε. Προηγήθηκαν σπουδές του στή Γαλλία (1950-52). Στή Φραγκφούρτη ὑπηρέτησε ὡς ἐφημέριος μερικούς μῆνες τό 1956. Ἡ ἑπόμενη παραμονή του στή Γερμανία δέν ἦταν γιά νά διδαχθεῖ, ἀλλά γιά νά διδάξει καί νά ποιμάνει ὡς Μητροπολίτης Γερμανίας (1971-1980).

4. Δυό Οἰκουμενικές Κατασκηνώσεις στή Γερμανία

Τό καλοκαίρι τοῦ 1955 κλήθηκα ἀπό τό Παγκόσμιο Συμβούλιο Ἐκκλησιῶν καί ἔλαβα μέρος στήν Οἰκουμενική Κατασκήνωση Ἐργασίας στήν περιοχή Heiligensee τοῦ Βερολίνου.

Ἦταν ἡ πρώτη ἔξοδός μου ἀπό τήν Ἑλλάδα. Μέ τή νεανική περιέργεια καί ἀποκοτιά πῆρα τήν ἀπόφαση νά πάω ἀπό τή Θεσσαλονίκη στό Μόναχο μέ Autostop! Πέρασα ἔτσι ὅλη τήν τότε Γιουγκοσλαβία καί τίς ἄλλες χῶρες, γιά νά φτάσω στό Μόναχο ἐξουθενωμένος σέ περίπου δυό βδομάδες. Δέν λογάριασα, μά οὔτε καί συνάντησα «Λαιστρυγόνας καί Κύκλωπας». Ἦταν πράγματι «μακρύς ὁ δρόμος, γεμᾶτος περιπέτειες, γεμᾶτος γνώσεις» - μιά ἐμπειρία μοναδική!

Στή Γοττίγκη ἐπισκέφθηκα τόν διάσημο Καθηγητή τῆς Καινῆς Διαθήκης Walter Bauer, στόν ὁποῖο ἐπέδωσα ἐπιστολή τοῦ Καθηγητῆ μου Μάρκου Σιώτη. Ὁ Bauer καί ἡ σύζυγός του μέ φιλοξένησαν μέ πολλή ἐγκαρδιότητα. Κατά τήν ἀναχώρησή μου τήν ἐπομένη ὁ Bauer μοῦ πρόσφερε τό περίφημο Λεξικό του Wörterbuch zum Neuen Testament. Γνωρίζοντας τήν τεράστια ἀξία τοῦ πολυτίμου ἐκείνου Λεξικοῦ δίστασα καί ὅλως ἀνοήτως ἀρνήθηκα νά τό δεχτῶ (γιά νά τό ἀγοράσω ἀργότερα πολύ ἀκριβά!). Συνέχισα μέ τό τρένο μέχρι τό Ἀννόβερο καί μέ ἀεροπλάνο ἀμερικανικῆς Ἑταιρίας ἔφθασα στό Βερολίνο.

Τήν Κατασκήνωση ὀργάνωσε τό Π.Σ.Ε. ἀπό 8 Ἰουλίου μέχρι 18 Αὐγούστου, σέ συνεργασία μέ τήν Ἐκκλησιαστική Ὑπηρεσία τοῦ Βερολίνου γιά τούς Νέους. Συμμετείχαμε 30 φοιτητές καί φοιτήτριες ἀπό διάφορες χῶρες, μεταξύ τῶν ὁποίων καί ὁ Αἰθίοπας Ἰωάννης Σιλασιέ (τῆς αὐτοκρατορικῆς οἰκογένειας τῆς Αἰθιοπίας), πού σπούδαζε τότε Θεολογία στήν Ἀθήνα. Βοηθήσαμε στήν ἀνέγερση κατοικιῶν γιά ἀνέργους σέ ἕνα οἰκιστικό συγκρότημα τοῦ Hilfswerk στήν ὡς ἄνω περιοχή.[223] Ἐκεῖ γνώρισα κάποιους ἀνθρώπους, τούς ὁποίους θά συναντήσουμε στίς παρακάτω σελίδες.[224]

---

[223] Πρβλ. τήν προδημοσίευση: Oekumenische Jugend hilft bauen (Νέοι ἀπό τήν Οἰκουμένη βοηθοῦν τήν οἰκοδομή, στήν ἐφημερίδα τοῦ Βερολίνου DER TAGESSPIEGEL, 24-6-1955, σελ. 8.). Στίς 31-12-2011 ἡ γυναίκα μου Ἄννα καί ἐγώ ἐπισκεφθήκαμε τήν περιοχή Heiligensee μέ τή διακεκριμένη στό Βερολίνο Ἰατρό Ἑλένη Δούκα (παλιά τρόφιμο τοῦ Οἰκοτροφείου Θηλέων Κισάμου) καί τόν ἄντρα της Γεράσιμο. Ὁ Πάστορας τῆς περιοχῆς μᾶς βεβαίωσε πώς ἡ Κατασκήνωση ἐκείνη παραμένει ζωντανή στή μνήμη τῶν ἀνθρώπων. Τό ἐπιβεβαίωσε καί νεαρή γυναίκα, πού συναντήσαμε σέ ἕνα ἀπό τά μικρά σπίτια, στήν κατασκευή τῶν ὁποίων εἴχαμε βοηθήσει τότε. Εἶπε: «Ναί, ἡ πεθερά μου μιλοῦσε συχνά γιά τήν Κατασκήνωση ἐκείνη»!

OTTO BERENDTS
SUPERINTENDENT

[224] "Ἕνας ἀπό αὐτούς μέ ξάφνιασε εὐχάριστα χρόνια ἀργότερα μέ ἐπιστολή του ἀπό τό Βερολίνο (Berendts πρός Ἀπ 24-7-1964 ΑΑπ). Ἦταν ἀνώτερου βαθμοῦ κληρικός τῆς Εὐαγ. Ἐκκλησίας τοῦ Βερολίνου. Γράφει ὅτι στό περιοδικό KIRCHE IN DER ZEIT διάβασε τό ἄρθρο μου {Kulturelle Metekenosis...}. «Ἡ γυναίκα μου καί ἐγώ χαρήκαμε πολύ πού ἔστω καί μέ αὐτόν τόν τρόπο μάθαμε κάτι γιά σᾶς». Εἶχαν πάει πρόσφατα στή Θεσσαλονίκη, προσθέτει, ὅπου γνώρισαν πολλά καί ἐνδιαφέροντα. Βρῆκαν τή διεύθυνσή μου καί ἐκείνη τοῦ ἀδελφοῦ μου, μᾶς ἀναζήτησαν, ἀπουσιάζαμε. Κρίμα!

Τόν ἑπόμενο χρόνο ἔλαβα μέρος σέ δεύτερη Κατασκήνωση, σέ ἄλλη πόλη τῆς Γερμανίας αὐτή τή φορά.²²⁵ Οἱ πρῶτες αὐτές οἰκουμενικές ἐμπειρίες σέ διεθνές περιβάλλον ἔδειξαν προβλήματα, εὐθύνες καί δυνατότητες.

10-9-1956 ΑΑπ
Εἰρηναῖος (Χανιά) πρός Απ (Θεσ.)
«Καλῶς ἦλθες ἀπό τό ἐξωτερικό {ἐπιστροφή μου ἀπό τό Wiesbaden}. Πῆρα καί τά δυό σου γράμματα ἀλλά ἐβράδυνα νά σοῦ ἀπαντήσω, γιατί περίμενα νά σοῦ γράψω νέα ἐάν βέβαια ἐν τῷ μεταξύ εἴχαμε κάποια ἐξέλιξη στό γνωστό ζήτημα.

Λοιπόν τό φετινό καλοκαίρι τό σπατάλησα γιά νά ὑποστηρίξω τό δίκιο μου καί τό δίκαιον τῆς Ἐκκλησίας. Οἱ δυνατοί μέ τά μέσα των ἐθριάμβευσαν καί πάλι. {Ἀναφέρεται στίς ἐπισκοπικές ἐκλογές τῆς 28ης Μαΐου 1956, κατά τίς ὁποῖες προκρίθηκε ὁ Ἰσίδωρος Ρουσοχατζάκης γιά τήν Ἐπισκοπή Λάμπης καί Σφακίων}. Δέν πειράζει. Δέ μποροῦν νά μᾶς κλέψουν αὐτό πού ὁ Θεός ἐφύτευσε μέσα στήν ψυχή μας. Ἔχομε τήν ὑγειά μας καί τή φλόγα τῆς ἀγάπης τοῦ Χριστοῦ μας. Φημολογοῦνται τώρα δυό νέες θέσεις, τῆς Κισάμου καί ἡ Βοηθοῦ Χανίων (τήν ὁποίαν ὑπόσχονται στόν π. Νικηφόρο). Ὅλος ὁ κόσμος βοᾶ ὅτι πρέπει νά ἐκλεγῶ ἐγώ. Δέν ξέρω ὅμως τί θά κάμουν οἱ "συνοδικοί"

---

²²⁵ Ἦταν ἡ περιοχή Wiesbaden-Biebrich. Χρονικά ἡ Κατασκήνωση συνέπεσε μέ τήν ἐκκλησιαστική ἐκδήλωση τοῦ γερμανικοῦ Προτεσταντισμοῦ, τή γνωστή ὡς Kirchentag-κάτι σάν μεγάλη ἐκκλησιαστική συνέλευση. Τή χρονιά ἐκείνη ἔγινε στή Φραγκφούρτη. Πήγαμε μιά μέρα. Καί εἶχαν ζητήσει ἀπό μένα μιά σύντομη ὁμιλία γιά τό Κυπριακό πρόβλημα, στά πλαίσια τῆς λεγόμενης Strassenmission - Ἱεραποστολῆς στό δρόμο. Ὡς «βῆμα» εἶχαν διαμορφωθεῖ τά σκαλιά τοῦ ἀγάλματος τοῦ Goethe, ὅπου εἶχαν τοποθετήσει τά μεγάφωνα καί τίς ἄλλες συσκευές. Ἡ εἰκόνα πού εἶχα μπροστά μου ἀπό τό βῆμα ἐκεῖνο ἔμοιαζε μέ προεκλογική συγκέντρωση σέ μεγάλη πόλη. Χιλιάδες ἄνθρωποι, πού ἐπί ὥρες ὄρθιοι ἄκουγαν τούς διάφορους ὁμιλητές, τή μουσική κ.λπ., μοιράστηκαν μαζί μου τά τῆς κυπριακῆς τραγωδίας. Λίγες βδομάδες ἀργότερα προσῆλθα στήν ἐπί πτυχίῳ ἐξέταση ἀπό τόν Καθηγητή μας στή Θεολογική Θεσσαλονίκης Βασίλειο Ἔξαρχο. *Χριστιανική Ἠθική*, αὐτό ἦταν τό τελευταῖο μάθημα πού ἔπρεπε νά περάσω. Πηγαίναμε στό γραφεῖο του ἀνά πέντε ἄτομα. Μόλις μέ εἶδε, ζήτησε νά ἀποχωρήσω. Στήν ἀπορία ὅλων μας ἐξήγησε: *Ἐσύ ἐξετάσθηκες πρό ἡμερῶν στή Φραγκφούρτη καί πέρασες* - εἶπε μάλιστα καί τόν βαθμό! Ἀργότερα μοῦ ἐξήγησε ὅτι παρακολουθοῦσε τήν ἐκδήλωση ἀπό τό παράθυρο ἑνός κοντινοῦ ξενοδοχείου.

Οἱ κατασκηνώσεις ἐκεῖνες λειτούργησαν καί ὡς σχολεῖα ἐντατικῆς μάθησης, ἀλλά καί ὡς εὐκαιρίες γιά διαπροσωπικές σχέσεις μέ διάρκεια. Ἄλλο παράδειγμα ἡ ἀκόλουθη ἐπιστολή:

26-1-1965 ΑΑπ
Zur Nieden πρός Απ (Θεσ.)
Ὁ D. Ernst zur Nieden, Ἀνώτερος Λειτουργός τῆς Εὐαγ. Ἐκκλησίας τοῦ Hessen-Nassau, κάτι σάν Γεν. Ἀρχιερατικός Ἐπίτροπος στήν περιοχή Νοτίου Νάσσαου μέ ἕδρα τήν πόλη Biebrich (Wiesbaden), θυμᾶται τίς συναντήσεις καί συζητήσεις μας στήν περιοχή τοῦ τότε, ἀλλά καί μετέπειτα, ὅταν ἤμουν στό Mainz-Kastel. Θέλει νά μάθει ἄν προχωροῦν οἱ ἐργασίες στήν Ἀκαδημία καί μέ τί ἀσχολοῦμαι ἐγώ. Προτείνει νά στείλω ἕνα ἀναλυτικό ἐγκύκλιο γράμμα στούς φίλους μου.

Ὅσον ἀφορᾶ στόν ἴδιο, γράφει ὅτι μόλις ἐξέδωσε ἕνα βιβλίο, ὅτι ἐπίκειται ἡ ἔκδοση ἑνός ἄλλου, ἀλλ' ὅτι προέχει ἡ ἐργασία του μέ ἄνδρες καί ἰδιαίτερα μέ «*Προτεστάντες χωρίς Ἐκκλησία*» {ἀνθρώπους πού ἔχουν ἐγκαταλείψει τήν Ἐκκλησία - «Kirchenaustritt»}. Καί μιά εὐχή του: «Ἐλπίζω νά συναντηθοῦμε καί πάλι μιά φορά στή ζωή μας».

Berlin, 24-7-1955

καί κατόπιν οἱ πολιτικοί. Εἶναι ζήτημα ἄν θά γίνουν ἐπισκοπικαί ἐκλογαί καί τόν Ὀκτώβριον ἀκόμη. Βέβαια περιμένω καί θά ἐνεργήσω μέ τήν ἀξιοπρέπεια ποὔναι στό χαρακτῆρα μου καί στά ἰδανικά μου. Συχνά σκέπτομαι πῶς ὁ ἀληθινός δρόμος τοῦ χριστιανικοῦ μεγαλείου εἶναι ὁ δρόμος διά τῆς ταπεινώσεως. Πρός τό παρόν θά μείνω δῶ καί θά ἐργασθῶ στή Σχολή.

Τί κάνεις ἐσύ; Πῶς πῆγε τό ταξίδι σου στό Wiesbaden; Τί ἀπεκόμισες; Πότε θά πάρεις τό χαρτί σου; {πτυχίο}. Τί λένε τά οἰκονομικά σου; Σιγά-σιγά κάτι θά σοῦ στείλωμε πρός τίς ἀρχές Ὀκτωβρίου. Ὅσοι σέ διαβάζουν στήν "Ἀναγέννησιν" εἶναι ἐνθουσιασμένοι μαζί σου. Προχθές κάποιος μοῦ ἔλεγε "στήν Ἀναγέννησιν διαβάζω μόνο τό Εἰρηναῖος Γ. καί τόν Παπαδερό". Περιμένω εἰδήσεις σου. Στίς περιπέτειές μου αὐτές ἡ συντροφιά τῶν παιδιῶν μου μοῦ κάνει πολύ καλό. Μή μέ ξεχνᾶτε».

Ὑστερόγραφο: «Στόν κ. Σιώτη καί λοιπούς Καθηγητές σου χαιρετισμούς».

5. Johannes Kollwitz

Ἕνα ἀπό τά πρόσωπα πού θά συναντήσουμε πάλι ἀργότερα εἶναι ὁ Johannes Kollwitz (1903-1968), Καθηγητής τῆς Χριστιανικῆς Ἀρχαιολογίας καί Ἱστορίας τῆς Τέχνης στήν Καθολική Θεολογική Σχολή τοῦ Albert-Ludwigs-Universität, στήν ὄμορφη πόλη τοῦ Μέλανος Δρυμοῦ, τήν Freiburg in Br., - ἐκεῖ ὅπου πέθανε ὁ Νίκος Καζαντζάκης (27-10-1957). Δέν εἶμαι σίγουρος ὅτι ἐνθυμοῦμαι ἀκριβῶς, ὑποθέτω ὅμως ὅτι ὁ Dr. Kurt Graf v. Posadowski-Wehner, τότε Διευθυντής τοῦ Goethe-Institut τῆς Θεσσαλονίκης, στό ὁποῖο σπούδαζα τή γερμανική γλώσσα, μοῦ εἶχε ζητήσει νά ξεναγήσω στή Θεσσαλονίκη τόν Καθηγητή καί τήν ὁμάδα του, ὅταν ἦρθαν σιδηροδρομικῶς τό φθινόπωρο τοῦ 1952 καί διέκοψαν γιά λίγο τό ταξίδι τους πρός τή Resafa τῆς Συρίας, ὅπου συνέχιζαν σημαντικές ἀνασκαφές (Die Grabungen in Resafa, Herbst 1952. In: Kunstchronik 6

Στή Θεσσαλονίκη

(1953), 245-252. Die Grabungen in Resafa Frühjahr 1959 und Herbst 1961, 1963. Die Grabungen in Resafa, 1964). Πιό πολλά μέ δίδαξε ἐκεῖνος γιά τή βυζαντινή Θεσσαλονίκη, παρά ἐγώ ἐκεῖνον καί τούς δικούς του!

Ὁ Καθηγητής μοῦ εἶχε ζητήσει νά συναντηθοῦμε πάλι κατά τήν ἐπιστροφή τους καί ἀνταλλάξαμε διευθύνσεις. Βδομάδες ἀργότερα μέ βρῆκε ὁ ταχυδρομικός ὑπάλληλος στό Δημοτικό Νοσοκομεῖο τῆς Θεσσαλονίκης, ὅπου εἶχα ἐγχειρισθεῖ τήν ἡμέρα ἐκείνη (ἀμυγδαλίτιδα) καί μοῦ ἐπέδωσε τηλεγράφημά του. Ἔγραφε ἀπό τήν Κωνσταντινούπολη ὅτι κατά τά μεσάνυχτα τῆς ἴδιας ἡμέρας ἐπρόκειτο νά φθάσουν στή Θεσσαλονίκη καί παρακαλοῦσε νά τούς κλείσω δωμάτια σέ ξενοδοχεῖο καί νά τούς συναντήσω στό Σιδηροδρομικό Σταθμό. Ἀκολούθησε μιά ἀπό τίς πιό τρελές ἀποκοτιές τῆς ζωῆς μου: Στό δωμάτιο τοῦ Νοσοκομείου ὑπῆρχε μικρή ντουλάπα, ὅπου εἶχα τοποθετήσει τά ροῦχα μου. Προσέχοντας νά μήν ξυπνήσω τόν ἄνθρωπο πού κοιμόταν στό ἴδιο δωμάτιο, σηκώθηκα κατά τίς 10.30 μ.μ., ντύθηκα καί ἔκαμα μιά ἔξοδο, πού μόνον κάποιος σέ κατάσταση παραφροσύνης θά μποροῦσε να ἐπιχειρήσει· μέ τό φόβο πώς ὁ φύλακας στήν εἴσοδο τοῦ Νοσοκομείου δέν θά μέ ἄφηνε νά φύγω, κινήθηκα στό μισοσκόταδο πρός τόν δυτικό ψηλό μαντρότοιχο, ἀνέβηκα σέ ἕνα ἀπό τά πεῦκα πού ἦταν φυτεμένα κοντά του, σύρθηκα στά κλαδιά πρός τό δρόμο, κρεμάστηκα, στάθηκα περίεργως ὄρθιος στήν ἄσφαλτο. Ἡ ἀνησυχία μου μήπως προκληθεῖ αἱμορραγία τῆς πληγῆς ἀπό τήν ἐγχείριση δέν ἐπαληθεύθηκε, εὐτυχῶς. Σταμάτησα ἕνα ΤΑΧΙ πού βρῆκα πιό κάτω, ἔκαμα νόημα στόν ὁδηγό πώς δέν ὁμιλῶ, τοῦ ἔδειξα ἕνα χαρτί, ὅπου ἔγραφα πώς θέλω νά μέ πάει πρῶτα στό ξενοδοχεῖο...{δέν ἐνθυμοῦμαι τό ὄνομά του}, πήγαμε. Οἱ ἄνθρωποι ἐκεῖ διάβασαν αὐτά πού εἶχα γράψει γι' αὐτούς, δέν φαινόταν νά εἶναι σίγουροι πώς εἶμαι στά καλά μου, πάντως ἔκλεισαν τά δωμάτια. Φθάσαμε στό Σταθμό, τό τρένο εἶχε καθυστέρηση περίπου δύο ὡρῶν!

Θυμήθηκα τόν εἰρωνικό σχετλιασμό τῶν Γάλλων: «*Ἡ Ταχεία τῆς Ἀνατολῆς κινεῖται ταχέως ὅσο δέν βρίσκεται στήν Ἀνατολή*»! Ὁ βαρδάρης ἦταν ἐπιθετικός τή νύχτα ἐκείνη καί χρειάσθηκε πολλή ὑπομονή γιά νά μήν καταρρεύσω. Κόντεψε ὅμως νά καταρρεύσει ὁ Καθηγητής, ὅταν κατέβηκαν ἀπό τό τρένο καί διάβασε τό σημείωμα πού εἶχα ἑτοιμάσει καί ὅπου ἔγραφα περίπου: *Ἐγχειρίστηκα σήμερα..., δέν μπορῶ νά μιλῶ, ἔκλεισα δωμάτιο στό ξενοδοχεῖο..., λυποῦμαι πού δέν θά σᾶς συνοδεύσω, καλή διαμονή...* Εἶναι ἀπερίγραπτα τά ὅσα ἔγιναν ὅταν ὁ Καθηγητής διάβασε στήν ὁμάδα τό σημείωμά μου. Τούς καληνύχτισα μέ νόημα. Ἀπό τήν κυρία εἴσοδο τοῦ Νοσοκομείου πέρασα σκυφτός - ἴσως καί νά μήν ἦταν ξύπνιος πιά ὁ φύλακας τή μεταμεσονύκτια ἐκείνη ὥρα. Ὁ Καθηγητής πάντως καί οἱ συνεργάτες του εἶχαν νά λένε...

6. Στρατιωτική θητεία

(14 Ἰαν. 1957 - 22 Σεπτ. 1958)

Κατατάχθηκα στό Κέντρο τῆς Κορίνθου. Μεγάλος ἀριθμός τῶν νεοσυλλέκτων - τότε ἤμεθα πολλοί οἱ πτυχιοῦχοι Πανεπιστημίων. Παρά τίς φῆμες ὅτι θά τυγχάναμε «ἰδιαιτέρας περιποιήσεως» κυρίως ἀπό τούς ὑπαξιωματικούς - ἐκπαιδευτές μας, προκειμένου νά καμφθεῖ ἡ ... ἀκαδημαϊκή ἀλαζονεία μας καί νά γίνουμε καλοί στρατιῶτες, τά καψόνια δέν ἔμειναν στή μνήμη μου ὡς παραβίαση τῶν συνήθων τότε ὁρίων. Στίς ἐξετάσεις γιά εἰσαγωγή στή Σχολή Ἐφέδρων Ἀξιωματικῶν ὄχι λίγοι χρησιμοποίησαν διάφορα «μέσα» καί ἀκολούθησαν κάμποσα εὐτράπελα. Ἐπειδή φοίτηση στή Σχολή ἐσήμαινε πρόσθετη θητεία ἕξι μηνῶν, ἀρκέσθηκα στόν ἔνδοξο τίτλο τοῦ «τυφεκιοφόρου». Προέχων στόχος γιά μένα ἦταν οἱ σπουδές στό ἐξωτερικό. Πάντως οἱ ἐμπειρίες ἀπό τό πρῶτο ἐκεῖνο στρατόπεδο, μάλιστα οἱ πρῶτες στρατιωτικές φιλίες, παραμένουν ἀλησμόνητες. Τό ἴδιο καί κάποιες ἰδιαιτερότητες, ὅπως:

Σκοποβολή: Στίς ἀσκήσεις σκοποβολῆς οἱ ὑπεύθυνοι ἀξιωματικοί τῶν διαφόρων Λόχων ἐπεσήμαναν τούς σταθερότερα εὐθύβολους. Συγκροτήσαμε ἰδιαίτερη ὁμάδα. Μᾶς εἶπαν πώς θά ἐπιλέξουν τούς τρεῖς καλύτερους, πού θά ἐκπροσωπήσουν τό Κέντρο στούς πανελλήνιους στρατιωτικούς ἀγῶνες σκοποβολῆς. Μαθημένος ὅπως ἤμουνα ἀπό τό ἀντάρτικο τῆς κατοχῆς στά χωριά μας, δέν δυσκολεύτηκα νά ἐνταχθῶ στήν ὁμάδα τῶν τριῶν. Στό πρῶτο διάλειμμα μετά τίς βολές τήν ἑπόμενη μέρα «δώσαμε γνώρα». Καί ἐπῆλθε τό μοιραῖο: Βρεθήκαμε καί οἱ τρεῖς πτυχιοῦχοι Θεολογίας! Βεργωτή ἔλεγαν τόν ἕνα, τόν ἐκ Μυτιλήνης. Τό ὄνομα τοῦ ἄλλου δέν τό θυμοῦμαι. Ὁ προβληματισμός μας μεγάλος. Πῶς θά ἐμφανισθοῦμε, τρεῖς Θεολόγοι, ὡς οἱ καλύτεροι... "σκοτωτῆδες"! – δέν ξέρω πῶς κατασκευάσαμε αὐτήν τή λέξη. Ἀποφασίσαμε λοιπόν νά ρίχνουμε κι ἀπό καμιά στά πλάγια τῶν στόχων, ὥσπου, πολύ σύντομα, κρίθηκε ἄστοχη ἡ ἐπιλογή μας καί πῆραν ἄλλοι τή θέση μας.

Πινέλα καί χρώματα: Χάρη στά ὅσα μᾶς εἶχε διδάξει στήν Ἐκκλ. Σχολή ὁ Καθηγητής μας τῆς ζωγραφικῆς, μακαριστός Ἀθανάσιος Κουφέλης, πῆρα τό θάρρος νά προτείνω στόν Διοικητή τοῦ Κέντρου Συνταγματάρχη Μαργέλο νά διακοσμήσω μέ κάποια χριστιανικά σύμβολα ἕνα μέρος τοῦ σχεδόν ἐξ ὁλοκλήρου ὑπαίθριου ναοῦ τοῦ Κέντρου, βέβαια χωρίς νά χάσω τίς βασικές ἀσκήσεις, ἀλλά μέ ἀπαλλαγή ἀπό κάποιες... ἀγγαρεῖες καί κατά τόν ἐλεύθερο χρόνο μου. Δέν ἄργησαν νά μοῦ φέρουν μπογιές καί πινέλα. Ζήτησα μάλιστα καί διατέθηκε καί βοηθός μου: Ὁ καταγόμενος ἀπό τό Ναύπλιο (Τολό Ἀργολίδας) Κώστας Σέκερης (1933-15.9.2009), ἐπιστήθιος φίλος ἔκτοτε καί ἀργότερα πρόθυμος συμπαραστάτης μας στήν Ὀρθόδοξο Ἀκαδημία.[226]

Ἱεροκήρυκας: Καίτοι ἁπλός στρατιώτης, ὑπηρέτησα τό μεγαλύτερο μέρος τῆς θητείας μου ὡς ὑπεύθυνος τοῦ Β 10 - τῆς Θρησκευτικῆς Ὑπηρεσίας τοῦ Γ΄ Σώματος Στρατοῦ, μέ ἕδρα τή Θεσσαλονίκη. Ἔχοντας στή διάθεσή μου ἕνα τζίπ καί τόν ὁδηγό του μποροῦσα νά κινοῦμαι γρήγορα στίς Μονάδες τοῦ Σώματος σέ ὅλη τή Β. Ἑλλάδα γιά (περισσότερες ἀπό μιά κάθε μέρα) ὁμιλίες πρός ἀξιωματικούς καί ὁπλίτες. Στό τακτικό πρόγραμμά μου ὑπῆρχαν ἐπίσης διαλέξεις στήν Ἀνωτ. Σχολή Πολέμου Θεσσαλονίκης καί πρός ἀξιωματικούς τῆς Φρουρᾶς, μαθήματα στή Στρατιωτική Ἰατρική Σχολή τῆς Θεσσαλονίκης γιά τό σύνολο τῶν σπουδαστῶν, ἐπισκέψεις, ὁμιλίες καί διαπροσωπικές συζητήσεις στό 424 Στρατιωτικό Νοσοκομεῖο Θεσσαλονίκης (ὅπου καί νοσηλεύθηκα γιά λίγες μέρες ἐξ αἰτίας ὑπερκόπωσης) καί κάθε Παρασκευή ἑρμηνευτικά σχόλια στό εὐαγγελικό ἀνάγνωσμα τῆς ἑπόμενης Κυριακῆς ἀπό τόν Ραδιοφωνικό Σταθμό Ἐνόπλων Δυνάμεων.

Ἦταν μιά ἐξόχως κοπιαστική, πλήν πολλαπλῶς εὐλογημένη καί ἰδιαίτερα διδακτική γιά μένα δωρεά. Μερικούς μῆνες πρίν ἀπό τό τέλος τῆς θητείας

---

[226] Ἀκολούθησε τόν πατέρα του, Ὑπουργό Παιδείας τῆς Κυβέρνησης Τσουδεροῦ, ἦρθε μαζί τους στήν Κρήτη, πῆγαν στήν Αἴγυπτο ἔπειτα καί σέ ἄλλους τόπους τῆς Ἀφρικῆς καί Ἀμερικῆς. Διέπρεψε ἀργότερα ὡς Ἐρευνητής στή Γερμανία (Marburg καί Heidelberg) καί Καθηγητής Βιοχημείας στό Πανεπιστήμιο Ἀθηνῶν. Ὑπῆρξε συνεργάτης τοῦ Ἐθνικοῦ Ἱδρύματος Ἐρευνῶν καί Πρόεδρος τοῦ Διοικητικοῦ Συμβουλίου τῶν Παιδικῶν Χωριῶν SOS.

μου προστέθηκε ὡς πολύτιμος συνεργός ὁ μέχρι πρότινος συμφοιτητής καί φίλος μου Γεώργιος Μαντζαρίδης, ὁ μετέπειτα διακεκριμένος Καθηγητής στή Θεολογική Σχολή τῆς Θεσσαλονίκης. Ὀργανώσαμε τότε καί τό *Α ́ Πανελλήνιο Συνέδριο Θρησκευτικῆς Διακονίας στίς Ἔνοπλες Δυνάμεις*. Λίγο πρίν ἀπό τό τέλος τῆς θητείας μου τή διεύθυνση τοῦ Γραφείου ἀνέλαβε, ὡς στρατιωτικός ἱερέας καί ἐφημέριος τοῦ ἱ. Ναοῦ Ἁγίων Κωνσταντίνου καί Ἑλένης τοῦ Σώματος, ὁ Ἀρχιμ. Γρηγόριος Μαΐστρος (1917-1985), ἕνας πρᾶος, καλοκάγαθος κληρικός, ἀπό τό 1974 Μητροπολίτης Καστοριᾶς, ὡς Γρηγόριος Β ́.

ΜΕΡΟΣ Β΄- Παράρτημα

ΓΕΡΜΑΝΙΑ – ΣΠΟΥΔΕΣ ΚΑΙ ΔΡΑΣΕΙΣ

1. Ὑποτροφίες

21-4-1958 ΑΑπ
Σιώτης πρός Απ
Γράφει ἀπό τό Παρίσι, ὅπου βρίσκεται μέ τή σύζυγό του Καίτη γιά ἐπιστημονικές μελέτες. Θά ἐπιστρέψουν στήν Ἑλλάδα κατά Σεπτέμβριον, ὁπότε ὑπολογίζει ὅτι θά ἑτοιμάζομαι γιά ἀναχώρηση στό ἐξωτερικό {σωστά}.
Χαιρετίζει τήν ἀνανέωση τῆς ὑποτροφίας μου {ἐννοεῖ τήν ἔγκριση ἀπό τό Π.Σ.Ε. νά πάω γιά μεταπτυχιακές σπουδές στή Γερμανία καί ὄχι στήν Ἀμερική}. «Ἐλπίζω ὅτι ὁ Ἅγιος Θεός θά σέ προστατεύη πάντοτε...».

15-11-1958 ΑΑπ
Σιώτης πρός Απ
Γράφει ὅτι ἀπό τόν ἀντιπρόσωπο τοῦ Π.Σ.Ε. πού πέρασε πρόσφατα ἀπό τή Θεολογική Σχολή Θεσσαλονίκης ζήτησε νά ἀνανεώσουν τήν ὑποτροφία μου {ἦταν γιά ἕνα ἔτος}. Τό ὑποσχέθηκε καί εἶπε ὅτι προσεχῶς θά μέ ἐπισκεφθεῖ στό Μάιντς.

16-2-1959 ΑΑπ - Σιώτης πρός Απ
Παράταση τῆς ὑποτροφίας μου: Νά γράψω στή Γενεύη {Π.Σ.Ε.}. «Αἱ ἐντυπώσεις ὅλων γιά σένα εἶναι ἄρισται καί πᾶσα ἀντιμετώπισις θά εἶναι εὔκολος».

13-4-1960 ΑΑπ
Νησιώτης πρός Απ
Ὁ ἀγαπητός φίλος Νίκος Νησιώτης (1924-1986) μοῦ στέλνει μιά κάρτα ἀπό τό Bossey.[227] Σημειώνει ὅτι οἱ ἐνέργειές του γιά παράταση τῆς ὑποτροφίας

---

[227] Τό Ἰνστιτοῦτο τοῦ Παγκοσμίου Συμβουλίου Ἐκκλησιῶν, πού εἶναι γνωστό ὡς Μποσσαί (Bossey), βρίσκεται κοντά στή Λίμνη τῆς Γενεύης, 16 χιλ. ἀπό τήν πόλη, στήν περιοχή Céligny. Τό κεντρικό κτήριο εἶναι ἕνα Château τοῦ 18^{ου} αἰώνα. Μέ φροντίδα καί προνοητικότητα ὁ W.A.Visser 't Hooft με-τέτρεψε αὐτόν τό χῶρο τό 1946 σέ τόπο συναντήσεως Χριστιανῶν, ἐκπροσώπων Ἐκκλησιῶν, ἀλλά καί διαφόρων θρησκειῶν. Ἀπό τήν ἵδρυση τοῦ Π.Σ.Ε. (1948) καί ἑξῆς λειτουργεῖ ὡς ἐκπαιδευτήριο οἰκουμενικῆς σκέψης, ζωῆς καί δράσης καί ὡς Κέντρο ποικίλων ἐκδηλώσεων τοῦ Συμβουλίου. Ὁ

μου άπό τό Π.Σ.Ε. έπί ένα ακόμη (τρίτο) έτος ύπήρξαν άκαρπες λόγω του άπόλυτα αύστηρού Κανονισμού πού διέπει τή χορήγηση υποτροφιών άπό τό Συμβούλιο τών Εκκλησιών. Έλπίζει νά λύσω τό πρόβλημα στή Γερμανία.

6-6-1960 ΑΑπ
Kollwitz J πρός Απ-Μz
...Τόν είχα ένημερώσει ότι τέλειωσε ή υποτροφία μου. Γράφει ότι θά μού έξασφαλίσει υποτροφία ενός έξαμήνου γιά συνέχιση τών σπουδών καί τής έργασίας μου στό Πανεπιστήμιό τους {δέν χρειάσθηκε, πρβλ. 15-11-1958, Σιώτης πρός Απ}.

Τό πρόβλημα τής παράτασης ή μή τής υποτροφίας καί άρα τής ολοκλήρωσης ή μή τών σπουδών μου λύθηκε μέ άναπάντεχο τρόπο:

Προκηρύχθηκε διαγωνισμός πού έγινε σέ κλειστή, έπιτηρούμενη αίθουσα στή διάρκεια τού θερινού έξαμήνου 1960. Πήραμε μέρος 90 άλλοδαποί φοιτητές καί μετεκπαιδευόμενοι στό Πανεπιστήμιο. Τό θέμα, γιά τό όποίο γράψαμε ένα είδος έκθέσεως, ήταν: «ΕΓΩ ΚΑΙ Ο ΠΛΗΣΙΟΝ ΜΟΥ». Έλαβα τό πρώτο «*Βραβείο Γουτεμβεργίου*» τής πόλης τού Mainz σέ μορφή πλήρους έτήσιας ύποτροφίας, 1960-61. Βλ. Alex. Κ. Papaderos, METAKENOSIS...1970, VORWORT καί έπιστολή Holsten, 22.6.1960.

Ό διορισμός μου στή θέση Επιστημονικού Βοηθού στό Πανεπιστήμιο έλυσε όριστικά τό οίκονομικό πρόβλημα.

Υποτροφία γιά τήν Ίνδία
Ή θρησκειολογία έπιμένει νά διατηρεί τό ένδιαφέρον μου. Προσήλθα σέ έξέταση ένώπιον τής Επιτροπής Υποτροφιών τού Πανεπιστημίου Αθηνών. Μέ τό άπό 17.10.1961 ΑΑπ έγραφό του «Πρός τό Εθνικόν καί Καποδιστριακόν Πανεπιστήμιον Αθηνών», τό όποίο κοινοποίησε σέ μένα ό Πρόεδρος τής Επιτροπής Προπρύτανις Βασ. Βέλλας {Καθηγητής τής Θεολογικής Σχολής}, γνωρίζει ότι ή Επιτροπή αύτή, κατά τή συνεδρία της τής 16[ης] Οκτωβρίου 1961, άποφάσισε νά προτείνει «τόν Αλέξανδρον Κωνστ. Παπαδερόν, πτυχιούχον τής Θεολογικής Σχολής τού Παν/μίου Θεσ/νίκης, ένδιαφερόμενον όπως σπουδάση Θρησκειολογίαν είς Ίνδίας. Τούτον όμοφώνως έκρινεν ή Επιτροπή ώς κατάλληλον δι' άνωτέρας είς Ίνδίας σπουδάς...» {τά λοιπά μέλη τής Επιτροπής ήταν οί Ί. Θεοδωρακόπουλος, Νικ. Λούρος, Γεώργιος Πανταζής,

---

Νίκος Νησιώτης άφιέρωσε ίκανό χρόνο τής ζωής του στό Μποσσαί καί άφησε άνεξίτηλη τή σφραγίδα του σ' αύτό ώς έπιστημονικός συνεργάτης του, Υποδιευθυντής καί άπό τό 1966 μέχρι τό 1974 Διευθυντής του. Βλ. Νικόλαος Νησιώτης, *Θρησκεία, Φιλοσοφία καί Άθλητισμός σέ διάλογο*, Άθήναι 1994, σελ. 6.

Κ. Μουτούσης καί Ἰωάν. Σόντης}. Ἡ γραφειοκρατία ἐπέβαλε καί ἐδῶ τούς δικούς της ρυθμούς... Ἡ ἰδέα τῆς Ἀκαδημίας πού εἶχα στό μεταξύ ἐνστερνισθεῖ συγκρούσθηκε τότε ἄγρια πρῶτον μέ τήν ἐπιθυμία μου νά συμμετάσχω, ὡς νέος (εἶχα προκριθεῖ πρός τοῦτο), στήν Γ΄ Γενική Συνέλευση τοῦ Π.Σ.Ε. στό Νέο Δελχί, καί πολύ περισσότερο μέ τόν γεμάτο μυστήριο καί γοητεία κόσμο τῆς Ἰνδίας καί τίς θρησκευτικές παραδόσεις της, πού ἤθελα νά γνωρίσω. Ὁ Μ. Σιώτης μοῦ γράφει (15.11.1961 ΑΑπ): Ἡ ὑποτροφία γιά τήν Ἰνδία προχωρεῖ καί «ἐγκαίρως νά ἐτοιμασθῆς διά τήν μετάβασίν σου εἰς Ἰνδίας ἐφ' ὅσον τελικῶς θά τό ἀποφασίσης».

31-12-1961 ΑΑπ
Εἰρηναῖος πρός Απ
Μέ τούς κ.κ. Φυτράκην καί Σιώτην μιλήσαμε διά μακρῶν ἐκεῖ (στό Ν. Δελχί) διά τό ζήτημα τῆς ὑποτροφίας σου καί τό εἶχαν σίγουρο {ὑποτροφία γιά τήν Ἰνδία}. Αὔριο πηγαίνω εἰς Ἀθήνας καί θά μάθω νά σοῦ πῶ νέα.

23-1-1962 ΑΑπ
Εἰρηναῖος πρός Απ
Γιά τό ζήτημα τῆς εἰς Ἰνδίας ὑποτροφίας σου γνωρίζω τά ἑξῆς: Ἀρχάς τρέχοντος μηνός πῆγα στήν Ἀθήνα καί εἶδα τόν ἁρμόδιο τοῦ Ὑπουργείου Ἐξωτερικῶν (Λυμπερόπουλο), τόν εἶδε προηγουμένως καί ὁ κ. Σιώτης. Φάνηκε λοιπόν ὅτι ἀπό ὅσα τοῦ εἴπαμε καί οἱ δύο ἐπείσθη τελικῶς γιά νά πάης ἐσύ. Ὁ κ. Σιώτης μοῦ ὑπέδειξε καί ἄλλο τρόπο - ἐάν ναυαγήση ἡ δική μας πρόταση να χρησιμοποιήσωμε πρός τοῦτο τόν Πρίγκηπα Πέτρο γνωστόν εἰς Ἰνδίας κ.λπ.

Τελικά δέν ἀξιοποίησα τή λαμπρή αὐτή εὐκαιρία, παρά τά ἐπίμονα τηλεγραφήματα, μέ τά ὁποῖα ὁ τότε Ὑπουργός Ἐξωτερικῶν Εὐάγγελος Ἀβέρωφ μέ καλοῦσε νά σπεύσω στήν Ἰνδία (ὅπως ἀπαιτοῦσε προφανῶς ἡ Μορφωτική Σύμβαση τῆς χώρας μας μέ τή μεγάλη ἐκείνη χώρα τῆς Ἀσίας).

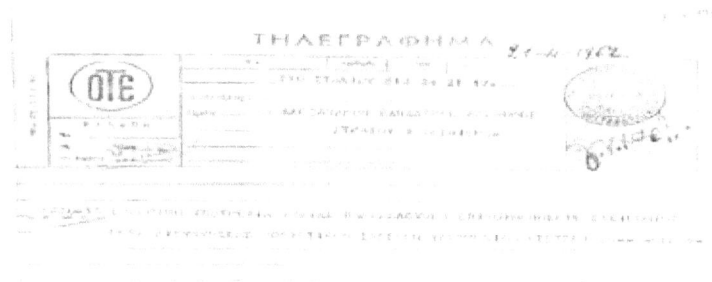

ΑΛΕΞΑΝΔΡΟΣ Κ. ΠΑΠΑΔΕΡΟΣ

2. Ἐκκλησία καί βιομηχανικός ἐργάτης

Horst Symanowski
Ἱδρυτής καί Διευθυντής τοῦ Σεμιναρίου στό Mainz-Kastel.
Γεννήθηκε στίς 8.11.1911 στό Nikolaiken τῆς Ἀνατ. Πρωσίας καί πέθανε στό Μάιντς τόν Μάρτιο τοῦ 2009 σέ ἡλικία 97 χρόνων. Ἀνατράφηκε σέ οἰκογενειακό περιβάλλον θεολόγων - παιδαγωγῶν. Ἔναρξη θεολογικῶν σπουδῶν στό Königsberg (1932). Συμμετοχή στήν Bekennende Kirche (BK) - Martin Niemöller, Dietrich Bonhoeffer κ.ἄ. Στόν πόλεμο τραυματίσθηκε βαριά (στή Σοβιετική Ἕνωση, 1941). Ἀπολύθηκε ἀπό τό στρατό ὡς ἀκατάλληλος (1942) λόγω τοῦ τραυματισμοῦ του. Ἡ Gossner Mission τόν ἀπασχόλησε ὡς πάστορα γιά ἐμπερίστατα παιδιά. Ἀναμίχθηκε στήν προστασία Ἑβραίων (3.7.2003: Σέ ἐπίσημη τελετή στό Δημαρχεῖο τοῦ Μάιντς τιμήθηκαν ἀπό τό Holocaust-Gedenkstätte Yad Vashem ἐκεῖνος καί - post mortem - ἡ γυναίκα του Isolde ὡς «Δίκαιοι τῶν Λαῶν»). Τό 1948 μετοίκησε οἰκογενειακῶς στό Mainz-Kastel. Στίς ἐκεῖ ἐγκαταστάσεις τῆς Gossner Mission ἵδρυσε τό Σεμινάριο καί ἀναδείχθηκε σέ Θεολόγο μεγάλης ἐπιρροῆς ἐπί ζητημάτων ἐκκλησιαστικῆς κοινωνικῆς δράσης στό πλευρό τῶν ἐργαζομένων στή βιομηχανία.

Martin Niemöller
Ὁ *Emil Gustav Friedrich Martin Niemöller* (14.1.1892-6.3.1984) ἐκπαιδεύθηκε ἀρχικά στό Αὐτοκρατορικό Πολεμικό Ναυτικό καί ὑπηρέτησε ὡς ἀξιωματικός σέ ὑποβρύχια. Μέ τό ὑποβρύχιο U 73 μάλιστα πολέμησε τό 1916 στό μέτωπο τῆς Θεσσαλονίκης καί σέ ἄλλες περιοχές τῆς Μεσογείου. Ἀκολούθησαν θεολογικές σπουδές στό Münster (1919-1923). Ἀπό τό 1924 στήν τάξη τῶν κληρικῶν τῆς Εὐαγγελικῆς Ἐκκλησίας, στήριξε ἀρχικά τό ναζιστικό καθεστώς, ἀπομακρύνθηκε σταδιακά ἀπό αὐτό, φυλακίσθηκε τό 1935, καί ἀπό τό 1938 μέχρι τό 1945 κρατήθηκε στά Στρατόπεδα Συγκέντρωσης Sachsenhausen καί Dachau. Μεταπολεμικά ὑπηρέτησε σέ ὑψηλές ἐκκλησιαστικές θέσεις. Ἡ δήλωσή του ὅτι δέν ἀρκεῖ ἡ ἀπόδοση ἐνοχῆς στούς Ναζιστές, ἀλλ' ὅτι καί ἡ Ἐκκλησία ὀφείλει νά ὁμολογήσει τήν ἐνοχή της, συνέβαλε στήν πραγματοποίηση τῆς λεγόμενης "Ὁμολογίας ἐνοχῆς" - Schuldbekenntnis τῆς Στουτγκάρδης, 19.10.1945, πού φέρει, μεταξύ ἄλλων, καί τή δική του ὑπογραφή. Αὐτή ἡ ἐπίσημη Ὁμολογία ὀφείλεται πρώτιστα σέ πρωτοβουλία καί ἀξίωση/πρόταση τοῦ μετέπειτα πρώτου Γεν. Γραμματέα τοῦ Παγκοσμίου Συμβουλίου Ἐκκλησιῶν W. A. Visser 't Hooft καί ἄλλων προσωπικοτήτων. Ὁ Ὁλλανδός 't Hooft εἶχε ὁρισθεῖ Γεν. Γραμματέας τῆς «*Προσωρινῆς Ἐπιτροπῆς*», πού συγκροτήθηκε μέ ἀπόφαση τοῦ διεκκλησιαστικοῦ συνεδρίου τῆς Utrecht, 9-12.5.1938, μέ

ἀποστολή τήν ὁλοκλήρωση τῆς διαδικασίας γιά τήν ἵδρυση τοῦ Παγκοσμίου Συμβουλίου Ἐκκλησιῶν, πού ἔγινε πολύ ἀργότερα (κατά τή Γεν. Συνέλευση στό Amsterdam, τήν 23.8.1948). Στή συνέχεια κατέλαβε πρῶτος τή θέση τοῦ Γενικοῦ Γραμματέα τοῦ Συμβουλίου. Βλ. Alex. K. Papaderos, The "gadfly" on trial. Τοῦ αὐτοῦ: Die "Pferdebremse" vor Gericht...

Ἡ *Ὁμολογία τῆς Στουτγκάρδης*, σύμφωνα μέ τήν ὁποία καί Εὐαγγελικοί Χριστιανοί εἶναι συνυπεύθυνοι γιά τά ἐγκλήματα τοῦ Ἐθνικοσοσιαλισμοῦ, εἶχε ὡς ἀποτέλεσμα, μεταξύ ἄλλων, νά ἀποκατασταθεῖ σταδιακά ἡ ἐπικοινωνία τῆς Εὐαγ. Ἐκκλησίας τῆς Γερμανίας μέ τόν ὑπόλοιπο χριστιανικό κόσμο καί νά ἐνθαρρυνθεῖ ἡ προσφορά βοήθειας πρός τόν ἐμπερίστατο γερμανικό λαό (τό τελευταῖο αὐτό θέμα εἶχαν συζητήσει ὁ 't Hooft καί οἱ μετ' αὐτοῦ ἐκπρόσωποι μέ τόν Eugen Gerstenmaier τό πρωί τῆς 17ης Ὀκτωβρίου 1945 στή Στουτγκάρδη). Ἀργότερα ὁ Niemöller ἔλαβε μέρος σέ ὅλες τίς Γεν. Συνελεύσεις τοῦ Π.Σ.Ε. ἀπό τό 1948 μέχρι τό 1975 καί ὑπῆρξε ἕνας ἀπό τούς 6 Προέδρους του ἀπό τό 1961 μέχρι τό 1968.

15-11-1958 ΑΑπ
Σιώτης πρός Ἀπ
......Ἀναφέρεται στό Σεμινάριο τῆς διαμονῆς καί σπουδῆς μου {στό Mainz-Kastel} καί συγχαίρει γιά τό ὅτι μοῦ ἀνατέθηκε νά ἀναπτύξω τό θέμα: «*Ὁ ρόλος τῆς Ἐκκλησίας στή ζωή τοῦ Ἔθνους, μέ ἰδιαίτερη ἀναφορά στό κυπριακόν πρόβλημα*». «Εἶναι σοβαρότατον θέμα καί σοῦ παρέχει μίαν λαμπράν εὐκαιρίαν νά εἴπῃς εἰς ἐπισήμους ξένους ἱστορικάς καί ἐθνικάς καί θρησκευτικάς ἀληθείας, τάς ὁποίας οἱ δυνατοί δυσκολεύονται νά ἐννοήσουν». Ὑποδεικνύει σχετική βιβλιογραφία.

3. Τό κατ' οἶκον διδακτήριον

Ἡ φιλοξενία μου ἀπό τόν Καθηγητή μου Anton Hilckman καί τή σύζυγό του Katharina στήν κατοικία τους στό Μάιντς μπορεῖ νά θεωρηθεῖ ὡς μιά παράλληλη πανεπιστημιακή σπουδή. Ἡ πλούσια Βιβλιοθήκη τοῦ Καθηγητῆ ἦταν στή διάθεσή μου. Ὁ ἴδιος μέ τήν πολυμάθεια καί τή σοφία του ἀποτελοῦσε μιά δεύτερη, ζωντανή βιβλιοθήκη. Τό σπίτι ἐκεῖνο, ἐξ ἄλλου, ἦταν τόσο ἀνοιχτό καί φιλόξενο, ὥστε νά ἑλκύει συχνές συνάξεις Καθηγητῶν καί ἄλλων προσώπων ἀπό τήν περιοχή, ἀλλά καί ἀπό ἄλλες χῶρες.

Ἀπό τούς ἀμέτρητους ἀνθρώπους πού εἶχα τή χαρά νά γνωρίσω στό σπίτι ἐκεῖνο μνημονεύω τόν Βάσκο Β α ρ α ν δ ι α ρ ά ν σ α ρ   Γ α ί θ κ α, Ἰησουίτη καλόγερο στό COLLEGIO DE SAN FRANCISCO JAVER, TUDELA. Εἶχε ἔλθει στό σπίτι τοῦ Καθηγητῆ περήφανος καί εὐτυχής γιά τό ὄντως μεγάλο ἐγχείρημά του, νά εἶναι ὁ μεταφραστής τοῦ Ὁμήρου (Ἰλιάδας) στά βασκικά, - δηλαδή στήν ἀρχαιότερη, κατά τή γνώμη του, γλώσσα τῆς Εὐρώπης! – καί νά συνεχίζει τίς περί τά Ὁμηρικά μελέτες του. Γνωριστήκαμε, μείναμε κάμποσες ἡμέρες μαζί, ἀνταλλάξαμε σκέψεις γιά τό δύσκολο ἐγχείρημά του. Ἀπάντησα σέ ὅσες ἀπό τίς σχετικές μέ αὐτό ἐρωτήσεις του μποροῦσα – κοντολογίς γίναμε φίλοι, ὅπως μαρτυρεῖ καί ἡ παρακάτω δημοσιευόμενη ἐπιστολή του. Ἀπαντώντας σέ σχετική ἐπιστολή μου (2012) ἡ Μονή του μοῦ γνωρίζει ὅτι ὁ Barandiarán Balanzategui, Gaizka (3.3.1916-20.7.2006) ὑπῆρξε ἕνας πολυτάλαντος καί ἐξόχως πείσμων ἐρευνητής. Στή βιογραφία του ἀναφέρει: «Ἡ σπουδή τῆς ἑλληνικῆς γλώσσας ἦταν ἐπίπονη...». Καί ὅμως ἦταν μόλις 20 χρόνων ὅταν ἄρχισε τή μετάφραση τῆς Ἰλιάδας στά Βασκικά.

Ἐκτός ἀπό τή βασκική μελέτησε καί μποροῦσε νά χειρίζεται τήν ἀγγλική, γαλλική, γερμανική, ἑβραϊκή, ἑλληνική, ἰσπανική, λατινική, καταλανική καί ρωσική γλώσσα. Μελέτησε ἰδιαίτερα τούς φιλοσόφους Ἀριστοτέλη, Σωκράτη, Kant, Seneca, Heidegger καί Scheler. Ὅταν ὁλοκλήρωσε τή μετάφραση τῆς Ἰλιάδας καί τή δημοσίευσε τόν Μάιο τοῦ 1956, ἔγραψε: «*Ἐπιτέλους γεννήθηκε τό πρῶτο παιδί τοῦ πνεύματός μου*» -ἡ *Iliasena*! Στόν πρόλογο τοῦ βιβλίου γράφει: «*Ἀπό σήμερα ἡ βασκική γλώσσα φέρει ἕνα νέο κόσμημα, πού τῆς ταιριάζει ἄριστα! Τά Βασκικά εἶναι τόσο παλιά καί σεβαστά, ὅσο καί τά Ἑλληνικά*».

28 november 1963

Η. Παπάθεος
Μαινθ

Κύριε καὶ φίλε βέλτιστε, Τὸ ἔργα, ὁ περὶ ἐμὴν τῆς Ἰλιάδος μετάφρασιν τετέλεσται, καὶ ἤδη ἔσειν. ἐγὼ φημι σοὶ χαίρειν, καὶ βουλοίμην ἂν τὰς δεξιὰς λαβεῖν τε καὶ δοῦναι.

Ἐν ἔτει 1960 μελετητὴν ηὕρεκα ἐν Πυρενοῦς Ἕλληνα, ὃς ἐλίσσετό μοι β. βλίον τῆς ἑρμηνείας παραδοῦναι οἱ τῆς Ἰλιάδος τῆς ἐμῆς. Ἔφη δέ μοι, αὐτὸν μέλλοντα φέρειν τὴν μετάφρασιν ἐμὴν εἰς τὴν τῶν Ἀθηναίων βιβλιοθήκην. Νῦν δ' εὔχομαι καὶ φημι πολλάκις γαίων, τὴν βασκικὴν μετάφρασιν τῆς Ἰλιάδος ἐντυγχάνουσαν καθῆσθαι ἐν τῷ τῆς Ἑλλάδος ἄστει.

Τὸ μὲν ἐστὶ μάλα ἀληθές – εὔτυχον δέ μοι – τὸ ἀρχαιότατον εὐρωπαϊκὸν ἔργον, τὸ ποίημα τοῦ Ὁμήρου ἀγλαόν, παρ' ἔχειν τὴν τῆς ἀρχαιοτάτης εὐρωπαϊκῆς γλώσσης ἑρμηνείαν τὴν βασκικήν.

Συχαρίσομαι σοὶ τῆς ἐλευθερίας ἕνεκα ἣ τὴν ἡμετέραν πολιτικὴν ἐτάει ὁμολογῇ διερωσεύσαν· τὸ σκάνδαλον δ' φῄς, τὸ ἐν τοῖς διελθομένοις χρόνοις ἐν τῇ ἐκκλησίᾳ γενόμενον διὰ τὴν ἡμετέραν ὑπερ ἐλευθερίας καὶ σωτηρίας τοῦ λαοῦ μάχην ἐγένετο ἐν τοῖς ὀλίγοις κύκλοις τῆς φραγκοδυσικῆς Ἱσπανίας διὰ τῆς προπαγάνδας τῶν πολεμίων καὶ ἐπισκοπῶν. Ἡ δὲ παροῦσα οἰκουμένη ῥωμαϊκὴ ἐκκλησία τυγχάνει ὀρθοῦσα βουλὴν ἡμετέραν ἐν τῷ συνεδρίῳ τῶν λαῶν.

Ὁρῶ δὲ τὸν φανατισμὸν τοῦ λαοῦ βασκικοῦ ὅπως ἀναλαμβανομένου ἀπ' ἄπειναι ἀπὸ τοῦ πνεύματος ἐλευθέρου καὶ δικαιοτέρου τοῦ λαοῦ ἡμετέρου· ἀλλ' οὐχὶ γε ὀλίγους εἶναι τοὺς καλλίστους εὐνατικωτέρους - ὁ γὰρ καλλίστος διῆλθε ἀρχαῖος μᾶλα - καὶ πολύ πλείους γίγνεσθαι βλάχους πνευματικοὺς καὶ μεγαθύμους.

Ἀλλὰ πρὶν γέ τὸ τέλος τῆσδε ἀπογεάφεος ᾖ, βούλομαί σοι πάλιν χαίρειν λέγειν, διὰ τὴν φιλίαν ἥτις μεθ' ἡμῶν ἀλλήλων ὄρνυσιν.

Ἀσπάζομαι δὲ ἐν τῷ τοῦ Κυρίου Χριστοῦ Εὐαγγελίῳ καὶ ἐν τῇ φιλίᾳ σου πρὸς τὸν βλαχικὸν λαόν, ὃ μὴν ἀντιμετωπίζει ἀντὶ τῆς "κατωτέρας ποιότητος". Πάντες δὲ ποθοῦμεν τῆς ἀνθρωπίνης καὶ ἐθνικῆς ἐλευθερίας δικαίας τοῦ ἡμετέρου λαοῦ Βλαχικοῦ

Βλεανδικαρν· δαρ Γκιθκα

4. Ἑορτή τῶν Τριῶν Ἱεραρχῶν στό Πανεπιστήμιο τοῦ Μάιντς!

Στά ὅλως ἀναπάντεχα τῆς ζωῆς μου στή Γερμανία ἰδιαίτερη θέση κατέχει ἡ ἑορτή τῶν Τριῶν Ἱεραρχῶν στό Πανεπιστήμιο τοῦ Μάιντς! Πῶς προέκυψε κάτι τέτοιο; Στή διάρκεια συζήτησής μου γιά τά τῆς παιδείας καί τῆς ἔρευνας στήν Ἑλλάδα μέ τόν τότε Πρύτανη τοῦ Πανεπιστημίου τοῦ Μάιντς (1961-1962) Horst Falke, Καθηγητή Γεωλογίας καί Παλαιοντολογίας, κάτι ἀνέφερα καί γιά τήν ἑορτή τῶν Τριῶν Ἱεραρχῶν. Ἔμεινε κατάπληκτος: «Τελεῖται πράγματι στά ἑλληνικά σχολεῖα καί Πανεπιστήμια τέτοια ἑορτή! - γιατί νά μήν τήν κάνουμε καί στό δικό μας Πανεπιστήμιο;».

Κοντολογίς: Τό ἀπόγευμα τῆς Τρίτης, 30 Ἰανουαρίου 1962, τό Auditorium Maximum, ἡ Μεγάλη Αἴθουσα Τελετῶν τοῦ Πανεπιστημίου, εἶναι ἀσφυκτικά γεμάτη ἀπό καθηγητές καί φοιτητές, ἀλλά καί προσωπικότητες τοῦ εὐρύτερου χώρου πού εἶχαν ἀποδεχθεῖ τήν ἐπίσημη πρόσκληση τοῦ Πανεπιστημίου. Τιμητική θέση ἔχει δοθεῖ στόν Πρέσβη τῆς Ἑλλάδας Θεμιστοκλῆ Τσάτσο, πού ἔσπευσε νά ἔλθει γιά τήν τελετή ἀπό τή Βόννη. Ὁ Πρύτανης ὁμιλεῖ μέ καταφανῶς ἐνθουσιαστικό τρόπο, ἀναφέρεται σύντομα στή συζήτησή μας, στή θετική ἀπόφαση τῆς Συγκλήτου γιά τήν ὀργάνωση τῆς τελετῆς, καλωσορίζει τόν Πρέσβη καί μέ καλεῖ στό βῆμα. Εἶπα ὅ,τι μέ φώτισε ὁ Θεός γιά τό διόλου εὔκολο θέμα πού εἶχα ἐπιλέξει (*Ἡ λειτουργική αὐτοσυνειδησία καί κοσμοαντίληψη τοῦ Βυζαντινοῦ ἀνθρώπου*). Ἀκολούθησε ἐπίσημο δεῖπνο πού εἶχε ὀργανώσει ὁ Πρύτανης μέ μεγάλο ἀριθμό καλεσμένων.

Ἀργότερα ἔστειλα τό κείμενο τῆς ὁμιλίας μου στόν Καθηγητή Franz Dölger (1891-1968), μέ τήν παράκληση νά ἔχω τήν ἄποψή του πρίν ἀπό τή δημοσίευσή του. Εἶχα γνωρίσει τόν διαπρεπῆ αὐτόν Βυζαντινολόγο στό Θ΄ Βυζαντινολογικό Συνέδριο τῆς Θεσσαλονίκης (12-25 Ἀπριλίου 1953). Ἦταν μέλος τοῦ OCM. Ὅταν τόν ἐπισκέφθηκα στό σπίτι του, στό Μόναχο, μέ συμβούλευσε νά στείλω τό κείμενο σέ γνωστό θεολογικό περιοδικό στό Basel, ὅπου θά ἔκανε σχετική σύσταση. Ὡστόσο εἶχα ἤδη ἐπικοινωνήσει μέ τούς ὑπευθύνους τοῦ περιοδικοῦ KYRIOS (Βερολίνο) καί δέν μποροῦσα νά ἀθετήσω τήν ὑπόσχεσή μου.[228]

---

[228] A.K.Papaderos, Das liturgische Selbst-und Weltbewußtsein des byzantinischen Menschen, in: KYRIOS IV., No 3 (1964) 206-218.

28-8-1964 ΑΑπ
Zimmermann πρός Απ
Ἀπό τό Βερολίνο γράφει ἡ Dr. Hildegard Zimmermann, πού ἐργάζεται στό πολύ γνωστό θεολογικό περιοδικό KYRIOS. Ἐκφράζει εὐχαριστία, εὐγνωμοσύνη καί θαυμασμό γιά τόν φιλόξενο τρόπο πού ἔγινε δεκτή στό Καστέλλι καί γιά τά βιώματα πού τῆς χάρισε ἡ συνάντηση μέ τήν Ὀρθόδοξο Ἐκκλησία.

Ἀξίζει νά σημειωθεῖ ἐπίσης ὅτι ἡ ἐκδήλωση ἐκείνη ὑπῆρξε ἡ ἀφορμή καλύτερης γνωριμίας μου μέ τόν Wolfhart Pannenberg, πού ἀνῆκε ἀπό τό 1961 μέχρι τό 1967 στό διδακτικό προσωπικό τῆς Εὐαγ. Θεολογικῆς Σχολῆς τοῦ Μάιντς, ἀπό ὅπου μετακινήθηκε στήν ἀντίστοιχη Σχολή τοῦ Μονάχου. Ἡ ἑορτή ἔδωσε ἀφορμή γιά κάμποσες θεολογικές συζητήσεις μας, κατά τίς ὁποῖες ἀναπτύχθηκε μιά πνευματική σχέση πού διατηρήθηκε καί μετά τήν ἐπιστροφή μου στήν Ἑλλάδα. Φαίνεται πώς δέν εἶναι ἀβάσιμη ἡ ὑπόθεση ὅτι στίς ἐμπειρίες του ἐκεῖνες βρίσκονται κάποιες ἀπό τίς ἀπαρχές τοῦ ἐνδιαφέροντός του γιά τόν θεολογικό πλοῦτο τῆς Ὀρθοδοξίας, ἡ πρός τήν ὁποίαν ἀγάπη του εἶναι ἐμφανής στό μεταγενέστερο ἔργο τοῦ κορυφαίου αὐτοῦ μελετητῆ καί διδασκάλου τῆς Συστηματικῆς καί τῆς Οἰκουμενικῆς Θεολογίας. Μέρος τῶν συζητήσεών μας στό Μάιντς ἦταν καί τά τῆς Ἀκαδημίας τῆς Κρήτης. Γι' αὐτό καί παρακολούθησε τήν πορεία της καί τήν τίμησε μέ ἐπίσκεψη καί ὁμιλία του.

Ὅσον ἀφορᾶ στήν τελετή στό Πανεπιστήμιο τοῦ Μάιντς: Τόν ἑπόμενο χρόνο εἶχα ἐνθαρρύνει καί ἀνέλαβε τήν ὁμιλία ὁ Dr. Nikolai Nikolaijewitsch Stuloff (1914-2006), ρωσικῆς καταγωγῆς Καθηγητής Μαθηματικῶν καί Ἱστορίας τῶν Μαθηματικῶν στή Σχολή Φυσικῶν Ἐπιστημῶν τοῦ Πανεπιστημίου αὐτοῦ. Ἦταν καί διάκονος στήν «Ἑλληνική Ἐκκλησία» τοῦ Wiesbaden (βλ. Δ 19.5.1961). Τοῦ εἶχα προτείνει νά ἀναφερθεῖ στή θέση τῶν μαθηματικῶν στό Βυζάντιο. Πρόβαλε ἀρχικά σοβαρές ἀντιρρήσεις μέ τό αἰτιολογικό ὅτι δέν ἐγνώριζε κάτι ἄξιο λόγου γιά τό ἀντικείμενο αὐτό. Ὑποχώρησε τελικά. Ἡ ὁμιλία του στίς 30 Ἰανουαρίου 1963 ἀποκάλυψε ἕναν ἄγνωστο βυζαντινό πλοῦτο μαθηματικῶν σκέψεων καί ἐφαρμογῶν.[229] Δυστυχῶς, μέ τήν ἀποχώρησή μου ἀπό τό Μάιντς (τέλος Σεπτ. 1963) ἡ τελετή ἐκείνη δέν συνεχίσθηκε.

Ἐπικεντρώνει τό μελλοντικό ἐνδιαφέρον της στήν Ἀκαδημία, ἐπιθυμεῖ νά ἔλθει στό πρῶτο κιόλας γερμανόφωνο συνέδριο καί εἶναι πρόθυμη νά βοηθήσει μέ βιβλία στή δημιουργία μιᾶς βασικῆς βιβλιοθήκης.

Μέ ἐνημερώνει ἐπίσης ὅτι δημοσιεύθηκε στό περιοδικό τό ἄρθρο μου, ὅτι μοῦ στέλνουν δυστυχῶς μόνο 25 ἀνάτυπα, ἀλλ' ὅτι γιά μελλοντικά ἄρθρα μου θά στέλνουν 100. Τέλος σημειώνει ὅτι ἔστειλε ἤδη στό Καστέλλι ὅλα τά μέχρι τώρα ἐκδοθέντα τεύχη τοῦ περιοδικοῦ.

[229] *Nikolai N. Stuloff: Axiom, Exaktheit und Methodenreinheit. Historische Beiträge zum Wandel von Konzepten der Mathematik. Hrsg. von Fritz Krafft. ERV Dr. Erwin Rauner Verlag, 211 Seiten, Augsburg 2008*. Στό τεῦχος αὐτό, μεταξύ ἄλλων μελετῶν, περιλαμβάνονται καί οἱ ἀκόλουθες ὁμιλίες τοῦ Stuloff: Mathematik in Byzanz (Μαθηματικά στό Βυζάντιο). Mathematische Tradition in Byzanz und ihr Fortleben bei Nikolaus von Kues (Μαθηματική παράδοση στό Βυζάντιο καί ἡ διαιώνισή της στόν Νικόλαο Κουζάνο). Die Herkunft der Elemente der Mathematik bei Nikolaus von Kues im Lichte der neuzeitlichen Wissenschaft (Ἡ προέλευση τῶν στοιχείων τῶν Μαθηματικῶν στόν Νικόλαο Κουζάνο ὑπό τό φῶς τῆς ἐπιστήμης τῶν νέων χρόνων). Στό εἰσαγωγικό σημείωμα γίνεται λόγος γιά «τή γοητευτική προσωπικότητα καί τόν πνευματικό ἐσωτερικό κόσμο τοῦ Στούλωφ».

5. Ἡ Ὀρθοδοξία στήν Τηλεόραση

Ὅταν ἱδρύθηκε ὁ μεγάλος κρατικός τηλεοπτικός σταθμός Zweites Deutsches Fernsehen (ZDF), δηλαδή ἡ 2η Γερμ. Τηλεόραση, μέ ἔδρα τό Μάιντς, πρῶτος Intendant (Γενικός Διευθυντής) ἐκλέχθηκε (12 Μαρτίου 1962) ὁ Karl Holzamer (1906-2007), Καθηγητής μου τῆς Φιλοσοφίας στό Πανεπιστήμιο. Στό Ἀνώτερο Σεμινάριο Φιλοσοφίας πού διηύθυνε μετείχαμε τότε, ἄν θυμοῦμαι καλά, 17 σπουδαστές, μερικοί ἀπό διάφορες χῶρες.

PHILOSOPHISCHES SEMINAR I
DER UNIVERSITÄT IN MAINZ

Ἦρθε στό Σεμινάριο γιά τελευταία συνεδρία καί ἀποχαιρετισμό. Ἡ συγκίνηση ἦταν μεγάλη. Κάποια στιγμή μᾶς λέγει: *Θά ἤθελα νά μέ συνοδεύσετε στό νέο μου Γραφεῖο...* Περπατήσαμε ὥς κάτω στήν πόλη, ὅπου ἦταν τά πρῶτα Γραφεῖα τῆς νεοσύστατης Τηλεόρασης. Συνεχίσαμε νά κουβεντιάζουμε ὄρθιοι, ὥσπου διέκοψε τή συζήτηση καί λέγει: *Γιά μιά στιγμή: Δέν ἔχω ἀκόμη κανένα συνεργάτη· δέν ἔρχεσθε σεῖς, νά ἀποτελέσετε τό πρῶτο ἐπιτελεῖο μου;* Κοίταξε γύρω γύρω καί ἄρχισε νά μοιράζει ὀφφίκια.

Ὅταν ἦρθε ἡ σειρά μου, λέγει: *Ἐσύ εἶσαι Ὀρθόδοξος - ἁρμοδιότητά σου εἶναι ἡ τοῦ Ἐπιστημονικοῦ Συμβούλου γιά τόν ΚΟΣΜΟ ΤΗΣ ΟΡΘΟΔΟΞΙΑΣ!* Ἔτσι ἁπλά, ἡ Ὀρθοδοξία εἰσῆλθε στό μεγάλο ἐκεῖνο Τηλεοπτικό Σταθμό! Αὐθόρμητα, ἀνεπαίσθητα θά ἔλεγε κανείς, ἄνοιξε γιά τήν Ὀρθοδοξία ἕνα μεγάλο τηλεοπτικό παράθυρο.[230]

Prof. Dr. Karl Holzamer. Φωτ.: εὐγενής προσφορά τοῦ ZDF

---

[230] Ἡ τόνωση τοῦ οἰκουμενικοῦ πνεύματος τήν ἐποχή ἐκείνη, τό ὅραμα τῆς ὑπέρβασης τοῦ διχαστικοῦ παρελθόντος καί ἡ ἐμφάνιση προσώπων καί γεγονότων πού ἔδιδαν φτερά στήν ἐλπίδα εἶχαν στρέψει πρός τήν Ὀρθοδοξία τό ἐνδιαφέρον τοῦ εὐρύτερου κοινοῦ στή Δύση, μέ τή θετική συνεισφορά καί τῶν λοιπῶν μέσων ἐνημέρωσης. Ὡς χαρακτηριστικό παράδειγμα ἀναφέρω ἕνα λίαν ἐνδιαφέρον, σχεδόν ὁλοσέλιδο ἄρθρο μέ δυό φωτογραφίες, στή μεγάλη ἐφημερίδα CHRIST UND WELT- Χριστιανός καί κόσμος (26-3-1959 ΑΑπ), μέ τίτλο: *Die Große Woche der Orthodoxen Kirche - Ἡ Μεγάλη Ἑβδομάδα τῆς Ὀρθόδοξης Ἐκκλησίας. Ostern-das Fest aller Feste, Πάσχα - ἑορτή ἑορτῶν*. Σκέπτομαι πόσον ὁ πνευματικός πλοῦτος τῆς Ὀρθοδοξίας μπορεῖ νά τονώσει τήν πίστη καί τήν αἰσιοδοξία τοῦ δυτικοῦ ἀνθρώπου, ὅταν, ὅπως μέ αὐτό τό ἄρθρο, διερμηνεύεται πειστικά.

Τέτοιες θετικές διαπιστώσεις δέν μποροῦσαν βέβαια νά παρασύρουν σέ ὑπερβάλλουσα αἰσιοδοξία, καθώς οἱ προκαταλήψεις, οἱ νοοτροπίες, ἡ ἄγνοια καί οἱ ποικίλες ἀγκυλώσεις παρέμεναν ἰσχυρές.

Παράδειγμα: Ἀπρίλιος 1959 ΑΑπ

ΑΛΕΞΑΝΔΡΟΣ Κ. ΠΑΠΑΔΕΡΟΣ

6. Χιλιετηρίδα τοῦ Ἁγ. Ὄρους

Μέ τή νέα αὐτή ἰδιότητα τοῦ Ἐπιστημονικοῦ Συμβούλου μίλησα μερικές φορές ἀπό τόν τηλεοπτικό αὐτό Σταθμό γιά διορθόδοξα καί οἰκουμενικά θέματα. Χάρη στήν ἴδια ἰδιότητα εἰσηγήθηκα, καλύφθηκαν καί προβλήθηκαν ἱστορικά γεγονότα, ὅπως οἱ ἑορτές τῆς Χιλιετηρίδας τοῦ Ἁγ. Ὄρους, ἡ ἀπόδοση τῆς Κάρας τοῦ Ἀπ. Ἀνδρέα στήν Ἐκκλησία τῆς Πάτρας, ἡ συνάντηση τοῦ Οἰκουμενικοῦ Πατριάρχη Ἀθηναγόρα καί τοῦ Πάπα Παύλου Στ΄ στά Ἱεροσόλυμα κ.ἄ.

Εἰδικότερα, ὅσον ἀφορᾶ στίς ἑορτές τοῦ Ἁγ. Ὄρους:

Ὅταν ἔφθασε στήν Ἀθήνα τό συνεργεῖο μέ ἐπικεφαλῆς τόν W. Schmand, πληροφορηθήκαμε ἀπό τή Διεύθυνση Ἐκκλησιῶν τοῦ Ὑπ. Ἐξωτερικῶν ὅτι ἡ Ἱ. Κοινότητα τοῦ Ἁγ. Ὄρους δέν ἐπιτρέπει τηλεοπτικές λήψεις. Ἀπελπιστική ἡ ἀμηχανία μας! Ἀπευθύνθηκα ὅμως πάραυτα στόν Πατριάρχη Ἀθηναγόρα, μέ ἐντολή τοῦ ὁποίου ὁ Πρόεδρος τῆς παρά τῷ Ὑπουργείῳ Ἐξωτερικῶν «Ἐπιτροπῆς Ὀργανώσεως Ἑορτασμοῦ Χιλιετηρίδος Ἁγίου Ὄρους» Μητροπολίτης Ρόδου Σπυρίδων μᾶς ἄνοιξε τό δρόμο.

Ἡ ἀσπρόμαυρη ταινία πού ἑτοιμάσαμε (διάρκεια 29' 40''), προβλήθηκε στή Γερμανία στίς 4.8.1963 μέ τίτλο: *1000 Jahre Athos - 1000 χρόνια Ἄθως*. Περιλαμβάνει ἐπιλεκτικά στιγμιότυπα καί ἑρμηνευτικά σχόλια ἀπό τόν ἑορτασμό καί ἀπό Ἱ. Μονές. Ἡ ταινία αὐτή ἀποτελεῖ μοναδικό ἱστορικό τεκμήριο ἀνεκτίμητης ἀξίας.

Ἡ Εὐαγγελική Ἐνορία τοῦ Mühlheim φιλοξενεῖ 18 ἀλλοδαπούς νέους ἀπό ἐννέα χῶρες τῆς Εὐρώπης καί ἄλλων ἠπείρων, πού σπουδάζουμε ὡς φοιτητές ἤ μετεκπαιδευόμενοι σέ πανεπιστήμια τῆς Γερμανίας μέ ὑποτροφίες τῶν κατά τόπους Εὐαγγελικῶν Ἐκκλησιῶν. Τήν Κυριακή, 19 Ἀπριλίου, ἐκκλησιαστήκαμε στό ναό τοῦ Dünnwald. Λειτουργός ἦταν ὁ πάστορας Glatte. Τό κήρυγμα ἔκαμε ὁ Roger Cooper ἀπό τό Springfield (Ohio). Γιά τό γεῦμα φιλοξενηθήκαμε σέ οἰκογένειες. Σέ μένα ἔγινε ἡ τιμή νά φιλοξενηθῶ στό σπίτι τοῦ πάστορα Glatte, ἑνός ἐξαίρετου ἀνθρώπου. Μέ ἐνημέρωσε ἀναλυτικά γιά τήν Ἐκκλησία τους καί ἰδιαίτερα γιά τό ἔργο τῆς Εὐαγγελικῆς Ἀκαδημίας τῆς περιοχῆς (Mühlheim). Ἡ φιλία μαζί του δυνάμωσε μέ τά χρόνια καί διατηρήθηκε μέχρι τό τέλος τῆς ζωῆς του.

Εἶχε ζητηθεῖ ἀπό ὅλους μας νά ποῦμε στό ναό λίγα λόγια ὡς χαιρετισμό ἀπό τήν πατρίδα μας. Στή δική μου προσλαλιά δέν παρέλειψα νά τονίσω ὅτι ἡ Ὀρθοδοξία ἔχει ὑποφέρει πολύ ἀπό τόν *προσηλυτισμό*, ὅτι στό πνεῦμα τῆς Οἰκουμενικῆς Κίνησης γιά τήν ἀποκατάσταση τῆς ἑνότητας καιρός εἶναι νά ἐγκαταλειφθεῖ ἡ κακή αὐτή πρακτική, τέλος δέ ὅτι ἡ Ἐκκλησία τῆς Ἑλλάδος ἐνισχύει τήν Ἱεραποστολή στήν Ἀφρική καί τήν Ἀσία. Τήν ἑπόμενη Τετάρτη, 22 Ἀπριλίου, ἡ ἐφημερίδα *Das Rechtsrheinische Köln* (Nr. 93, S. 13) δημοσίευσε μιά φωτογραφία μέ μερικούς ἀπό μᾶς καί σύντομη ἐνημέρωση γιά τήν ἐπίσκεψή μας.

Πέραν τῶν συνόρων εἶναι ὁ τίτλος τοῦ δημοσιεύματος.

Ἀναφερόμενος στό χαιρετισμό μου ὁ συντάκτης τοῦ ἄρθρου διετύπωσε κατά τρόπο τουλάχιστον διφορούμενο τά λεχθέντα. Ἀποδίδοντας σέ μένα τή φράση: «Ἐδῶ {στήν Ἑλλάδα} ὑπάρχει καλό ἔδαφος γιά Ἱεραποστολή», προκαλεῖ τήν ἐντύπωση μιᾶς πρόσκλησης γιά προσηλυτισμό, ἐνῶ ἐγώ εἶπα τό ἀκριβῶς ἀντίθετο καί τόνισα ὅτι ὑπάρχει αὐξανόμενο ἐνδιαφέρον καί ἐνισχύεται ἡ ὀρθόδοξη ἐννοεῖται Ἱεραποστολή στήν Ἀσία καί Ἀφρική.

Μοῦ εἶχε πεῖ τότε ὁ μακαριστός Πατριάρχης Ἀθηναγόρας νά στείλω στήν Πόλη ἕνα ἀντίγραφο τῆς ταινίας. Ἔστειλα, προβλήθηκε σέ διάφορες ἐνορίες καί σχολεῖα, νομίζω, ἀλλά χρησιμοποιήθηκε δυστυχῶς πρός αἰτιολόγηση νέων διώξεων κατά τοῦ Οἰκ. Πατριαρχείου (ἀπέλαση, στίς 21 Ἀπριλίου 1964, τῶν Μητροπολιτῶν Αἰμιλιανοῦ Ζαχαρόπουλου καί Ἰάκωβου Τζαναβάρη).

Διαμαρτυρήθηκα τότε ἔντονα στό Ὑπ. Ἐξωτερικῶν (Βόννη), ἐπισημαίνοντας ὅτι αὐτή εἶναι γερμανική ταινία καί ἑπομένως, ἄν εἶχαν κάποιες ἐνστάσεις οἱ Τοῦρκοι, αὐτές ἀφοροῦσαν τή Γερμανία καί κανέναν ἄλλον. Πράγματι, ἔγιναν ἀμέσως τά ἀναγκαῖα, τό κακό εἶχε δυστυχῶς συντελεσθεῖ, τουλάχιστον ὅμως οἱ καλοί μας γείτονες δέν προχώρησαν τότε σέ πρόσθετες δοκιμασίες τοῦ Πατριαρχείου μέ ἐπίκληση τήν ταινία!

Εἶχα γράψει καί ἐπιστολές διαμαρτυρίας. Ἕνας ἀπό τούς παραλῆπτες ἦταν καί ὁ καλός μου φίλος Dr. Richard Wisser, Ἐπιστημονικός Βοηθός στό Σεμινάριο Φιλοσοφίας τοῦ Μάιντς. Στήν ἀπάντησή του (9.6.1964) μοῦ γράφει:

Ἔλαβε τήν ἐπιστολή μου εὑρισκόμενος στό Ὑπουργεῖο Ἐξωτερικῶν, στή Βόννη, ὅπου ἔκανε σέ νεαρούς διπλωμάτες μαθήματα γιά τή Φιλοσοφία τοῦ Hegel, προκειμένου νά ἀντιμετωπίζουν καλύτερα τά προβλήματα τοῦ Ἱστορικοῦ καί Διαλεκτικοῦ Ὑλισμοῦ. «Ἐπεκοινώνησα ἀμέσως μέ τόν ἁρμόδιο γιά τήν Ἑλλάδα καί τήν Τουρκία, προκειμένου νά πληροφορηθῶ πῶς ἔχουν τά πράγματα στήν Κωνσταντινούπολη» {ἐνδιαφέρουσα ἡ πληροφορία ὅτι τίς ὑποθέσεις Ἑλλάδας καί Τουρκίας διαχειρίζεται στό γερμανικό Ὑπουργεῖον Ἐξωτερικῶν ἡ ἴδια Ὑπηρεσία, τό ἴδιο προφανῶς διευθυντικό πρόσωπο!}. Τοῦ ὑποσχέθηκαν πῶς θά διεξαχθεῖ ἀμέσως σχετική ἔρευνα. Προσθέτει: «Ταυτόχρονα τηλεφώνησα στόν κ. Stolte[231] στό Μάιντς γιά νά πληροφορηθῶ ποιά εἶναι ἡ θέση τῆς Β΄ Γερμανικῆς Τηλεόρασης. Στό Μάιντς θέλουν νά περιμένουν τήν ἔκθεση τοῦ Γερμανικοῦ Προξενείου τῆς Κωνσταντινουπόλεως, πρᾶγμα κατανοητό βέβαια. Πάντως ὁ κ. Stolte ἐνημέρωσε ἀμέσως τόν Γεν. Διευθυντή γιά ὅσα τοῦ εἶπα, γιατί εἶναι σημαντικό νά εἶναι αὐτός ἐνήμερος. Πρέπει λοιπόν τώρα νά ἀναμένουμε τήν ἔκθεση ἀπό τήν Κωνσταντινούπολη. Γνωρίζετε βέβαια, ἀγαπητέ φίλε Παπαδερέ, ποιά εἶναι ἡ ἀνθρώπινη τοποθέτησή μας. Καί ἄν μπορεῖ νά γίνει κάτι, εἴμαστε φυσικά εὐχαρίστως πρόθυμοι νά τό πράξουμε. Τό μόνο πού πρέπει νά ληφθεῖ ὑπόψιν, καί σ' αὐτό πρέπει νά

[231] Ὁ Prof. Dr. H.c. Dieter Stolte (1934 -) ἦταν ἕνας ἀπό τούς συμφοιτητές μου στό Φιλοσοφικό Σεμινάριο πού μᾶς διόρισε ὁ Holzamer στήν Β΄ Γερμανική Τηλεόραση τό 1962. Ἐκεῖνος ἔμεινε ἐκεῖ καί εἶχε λαμπρή σταδιοδρομία: Ἀπό τό 1982 μέχρι τό 2002 διηύθυνε τήν Τηλεόραση. Ἀπό δέ τό 2002 μέχρι τό 2010 ἦταν ὁ Ἐκδότης τῶν ἐφημερίδων Die Welt καί Berliner Morgenpost. Φωτ.: εὐγενής προσφορά τοῦ ZDF.

Μέ τόν Οἰκ. Πατριάρχη στήν κρήνη τῆς Μεγ. Λαύρας. «Περισσότερον παρά ποτέ χρειάζεται ὁ κόσμος σήμερον τήν πνευματικότητα τοῦ Ἁγ. Ὄρους» τόνισε ὁ Πατριάρχης στό Μήνυμά του πρός τούς χριστιανούς ὅπου γῆς.

ἐπικαλεσθῶ τήν κατανόησή σας, εἶναι ὅτι πρός τό παρόν ἡ Ὁμοσπονδιακή Δημοκρατία {Δυτική Γερμανία τότε} ἀποτελεῖ τό μοναδικό νῆμα πού συνδέει τήν Τουρκία μέ τό ΝΑΤΟ. Αὐτό εἶναι μιά πολιτική ἄποψη, πού δέν χρειάζεται νά μᾶς ἐντυπωσιάζει περαιτέρω, γιά τούς πολιτικούς ὅμως ἔχει φυσιολογικά κάποιο βάρος. Ἀναφορικά ὅμως μέ τήν κατάσχεση τῆς ταινίας τῆς 2ης Γερμανικῆς Τηλεόρασης πού ὑποψιάζεσθε μπορεῖ ἴσως νά ὑπάρξει μιά ἀντίδραση, πού θά ἀποτελέσει ἀνακούφιση τοῦ Πατριαρχείου καί ταυτόχρονα θά κάμει σαφές στούς Τούρκους ὅτι διατελοῦν σέ κατάσταση ὑπερευαισθησίας, πού προκαλεῖ ἀδικία. Θά ἐπιδοκίμαζα πλήρως τό νά μετατρέψετε σέ πράξη τήν πρόθεσή σας νά λάβετε ἀπό τόν Πατριάρχη μερικές λέξεις μέ τήν ἔννοια πού περιγράφετε».

Μετά τό πέρας τῶν ἐπίσημων τελετῶν ὁ Πατριάρχης Ρουμανίας Ἰουστινιανός καί ἡ συνοδεία του ἐπισκέφθηκαν διάφορες Μονές. Εὐαρεστήθηκε νά μᾶς πάρει μαζί του στό καραβάκι πού χρησιμοποίησαν - μιά λαμπρή εὐκαιρία γιά ἐμπλουτισμό τῆς ταινίας. Ἔστειλα ἕνα ἀντίγραφο τῆς ταινίας στόν Πατριάρχη Ρουμανίας, ὅπως εἶχα ὑποσχεθεῖ.

3-4-1964 ΑΑπ
Απ πρός Πατριαρχεῖον τῆς Σερβίας (Γαλλικά)

Στό Ἅγιον Ὄρος, κατά τίς ἑορτές τῆς Χιλιετηρίδας, ὁ Πατριάρχης τῶν Σέρβων μοῦ εἶχε πεῖ ὅτι θά ἤθελε νά δεῖ τήν ταινία πού ἑτοιμάζαμε (Γερμανική Τηλεόραση ZDF). Ἐν ὄψει ταξιδίου μου στήν Ἑλλάδα γράφω λοιπόν ὅτι πρόκειται νά περάσω ἀπό τό Βελιγράδι τό Σάββατο, 11 Ἀπριλίου, καί εἶμαι ἕτοιμος νά τούς δείξω τό ἴδιο βράδυ ἤ τήν ἑπομένη τήν ταινία «*1.000 χρόνια Ἄθως*», καθώς καί διαφάνειες ἀπό τίς τελετές. Ἐπισυνάπτω καί ἐπιστολή τοῦ Μελόης Αἰμιλιανοῦ.

Ἔφθασα μέ τό αὐτοκίνητό μου στό Βελιγράδι ἀργά τό ἀπόγευμα τοῦ Σαββάτου. Ἀπό ἄλλες ἐπισκέψεις ἤξερα περίπου ποῦ εἶναι τό Πατριαρχεῖο, δέν μποροῦσα ὅμως νά τό βρῶ, ἡ ὥρα περνοῦσε, ἡ ἀνησυχία μου μεγάλωνε. Ἀποφάσισα νά σταματήσω καί νά ρωτήσω. Δέν πέρασαν πολλά λεπτά τῆς ὥρας καί τό αὐτοκίνητο εἶχε περικυκλωθεῖ ἀπό παιδιά. Μέ τά ἐλάχιστα σερβικά μου προσπάθησα νά τούς ἐξηγήσω τί ψάχνω. «Νέ ραζούμεν» - δέν καταλαβαίνω ἦταν ἡ ἀπάντησή τους. Ἀπελπισμένος ἔστρεψα τό βλέμμα πρός τόν οὐρανό καί ἔκαμα τό σταυρό μου. Καί, "ὦ τοῦ παραδόξου θαύματος!...", τά παιδιά κατάλαβαν. Ἡ δύναμη τῶν συμβόλων φανερώθηκε τότε περίτρανα![232]

Ἄρχισαν νά κινοῦνται μπροστά ἀπό τό αὐτοκίνητο καλώντας με μέ φωνές καί χειρονομίες νά τά ἀκολουθήσω. Δέν ἄργησε νά φανεῖ τό Πατριαρχεῖο! Τό ἴδιο βράδυ παρουσίασα τήν ταινία καί τίς διαφάνειες σέ μιά αἴθουσα κατάμεστη (ἱεροσπουδαστές καί φοιτητές τῆς Θεολογικῆς Σχολῆς μέ καθηγητές τους, κληρικοί κ.ἄ.). Κάποια στιγμή ἐμφανίζεται στήν ταινία ὁ Οἰκ. Πατριάρχης Ἀθηναγόρας μέ τό ἐπιβλητικότατο παράστημά του. Τρόμαξα πρός στιγμήν, καθώς ὁ Πατριάρχης τῶν Σέρβων πετάχτηκε ὄρθιος σάν ἀπό ἐλατήριο. Ἀμέσως τόν ἀκολούθησαν οἱ πολλοί παρόντες Ἱεράρχες καί ὅλο τό πλῆθος. Ἠρέμησα πάραυτα βλέποντας τόν Πατριάρχη σέ βαθιά ὑπόκλιση καί ὅλους τούς ἄλλους νά τόν μιμοῦνται. Δέν λησμονοῦνται τέτοια βιώματα τῆς ἑνότητας τῶν Ὀρθοδόξων!

Ρόδος: Ἀπό 1-15 Νοεμβρίου 1964 πραγματοποιεῖται στή Ρόδο ἡ Γ' Πανορθόδοξος Διάσκεψις ὑπό τήν προεδρία τοῦ Ἡλιουπόλεως καί Θείρων Μελίτωνος.

Πῆγα στή Ρόδο μέ τόν W. Schmandt καί συνεργεῖο τῆς Β΄ Γερμανικῆς Τηλεόρασης (ZDF) καί καλύψαμε τό σημαντικό αὐτό πανορθόδοξο γεγονός.

20-11-1964 ΑΑπ
Schmandt πρός Απ (Θεσ.)
Ὁ Walther Schmandt εὐχαριστεῖ γιά τή βοήθειά μου στή Ρόδο. «Ἡ ἐπιτυχία εἶναι, πιστεύω, πολύ καλή».

Ξέχασα, λέει, τήν ὀμπρέλα μου στό αὐτοκίνητό του. Τήν ἔστειλε μέ τήν ΟΛΥΜΠΙΑΚΗ στή Θεσσαλονίκη....

---

[232] Ὁ Εἰρηναῖος, μιλώντας στήν ΟΑΚ κατά τήν ἐπίσημη τελετή τῆς Κυριακῆς τῆς Ὀρθοδοξίας (19.3.2000), εἶπε καί τό ἑξῆς:

«Στίς ἀρχές τῆς δεκαετίας τοῦ 1950 ὁ Ἠλίας Βενέζης πῆγε στή Ρωσία μέ ὁμάδα Ἑλλήνων διανοουμένων. Γυρίζοντας διηγήθηκε τό ἀκόλουθο περιστατικό: Οἱ ὑπεύθυνοι στή Ρωσία τούς εἶπαν πώς ἀπαγορεύεται νά ἔχουν μαζί τους φωτογραφικές μηχανές. Ἕνας ἀπό τήν παρέα ἀπουσίαζε καί δέν τό ἄκουσε. Σέ μία ἐκδρομή λοιπόν εἶχε τή μηχανή μαζί του καί φωτογράφισε κάποιο Ρῶσο χωρικό. Ἐκεῖνος ἄρχισε νά διαμαρτύρεται ἔξαλλος. Προκλήθηκε μεγάλο πρόβλημα. Ὥσπου ἕνας ἀπό τήν παρέα ἔκαμε τό σταυρό του. Τό πρόσεξε ὁ χωρικός καί ἀμέσως ἠρέμησε. Ἀκούστηκε καί ἀπό τίς δυό πλευρές ἡ λέξη ΟΡΘΟΔΟΞΟΣ. Καί ὁ χωρικός ἅπλωσε τά χέρια του, δείχνοντάς τους πώς εἶναι ἐλεύθεροι νά τόν φωτογραφίσουν».

22-4-1966 ΑΑπ
Απ πρός Schmandt
Διατηρῶ ἀκόμη τήν ἐπαφή μου μέ τήν ZDF. Ἀπό τήν Ἀθήνα γράφω στόν Walter Schamndt, σέ ἀπάντηση δικῆς του ἐπιστολῆς τῆς 14ης Ἀπριλίου. Ἐπιδοκιμάζω τή σκέψη νά ἐπαναληφθεῖ ἡ προβολή τῆς ταινίας πού εἴχαμε κάμει γιά τό Ἅγ. Ὄρος (1000 Jahre Athos) προσθέτοντας «τή σημερινή μορφή τῆς Μονῆς Βατοπεδίου». Θά φροντίσω γιά τή σχετική ἄδεια φωτογράφισης. Προτείνω νά καλύψουμε τήν ἐπικείμενη ἀνακομιδή στήν Κρήτη τῆς Τιμίας Κάρας τοῦ Ἀποστόλου Τίτου, ὅπως εἴχαμε καλύψει τήν ἀντίστοιχη τελετή στήν Πάτρα γιά τόν Ἀπόστολο Ἀνδρέα.
Οἱ ἐμπειρίες ἀπό τήν τηλεοπτική ἐκείνη δραστηριότητά μου ἀποδείχθηκαν χρήσιμες στά χρόνια πού ἀκολούθησαν.

7. Πανεπιστημιακή σταδιοδρομία;

Ὅπως ἔχει σημειωθεῖ ἤδη, ἡ παρεμβολή τῆς ἰδέας τῆς Ἀκαδημίας προκάλεσε τήν ἔναρξη ἀποστασιοποίησής μου ἀπό τόν ἀρχικό στόχο τῆς ἑτοιμασίας γιά πανεπιστημιακή σταδιοδρομία. Ἡ διαφοροποίηση ἐκείνη δέν ἐσήμανε βέβαια διακοπή τοῦ ἐπιστημονικοῦ ἔργου μέ ὁριστική ἐγκατάλειψη τοῦ ἀρχικοῦ στόχου, γιά τήν ἐπιδίωξη τοῦ ὁποίου ἐλάμβανα συχνές ὑποδείξεις καί ὑπομνήσεις, ὅπως οἱ ἀκόλουθες.

16-2-1959 ΑΑπ
Σιώτης πρός Απ
..... Προτρέπει καί πάλι νά ἀρχίσω τήν ἑτοιμασία ἐναισίμου διατριβῆς. Εὐχαριστεῖ γιά τό βιβλίο τοῦ Ernst Benz πού τοῦ ἔστειλα {Geist und Leben in der Ostkirche, 1957}. Συνιστᾶ νά μή χάνω χρόνο μέ τή σκέψη νά τό μεταφράσω. Παρακαλεῖ νά ἀναζητήσω {καί νά τοῦ στείλω} τό βιβλίο τοῦ A. Harnack, Studien zur Geschichte des Neuen Testaments und der alten Kirche, I: Neutestamentliche Textkritik, 1931.

7-3-1959 ΑΑπ
Σιώτης πρός Απ
«Εἶναι τῷ ὄντι καιρός νά γίνη ἡ ἐκλογή τοῦ θέματος τῆς διατριβῆς σου. Ὡς πρός τά θέματα τῶν χειρογράφων τοῦ Qumran... ὑπάρχει πέλαγος θεμάτων νά καταπιαστῆς μέ ἕνα εἰδικόν σημεῖον, λ.χ. "Ὁ ἀπόλυτος προορισμός τῆς αἱρέσεως τοῦ Qumran καί τοῦ Ἰσλαμισμοῦ (ὡς πρόδρομος τούτου)". Ἄλλα θέματα: 1) Ἰωάννης ὁ Δαμασκηνός καί ὁ Ἰσλαμισμός καί 2) Ἡ διδασκαλία τῆς

μετεμψυχώσεως εἰς τούς Ἀνατολικούς Ἐκκλησιαστικούς Συγγραφεῖς». {Τά θέματα ἔχουν σαφῶς θρησκειολογικό ἀντικείμενο}.

6-6-1960 ΑΑπ
Kollwitz J πρός Απ-Μz
«Ἀγαπητέ Ἀλέξανδρε!
Πρῶτα πρῶτα ἐγκάρδιες εὐχαριστίες γιά τό ἐκτενές γράμμα σας. Ἦρθαν καί οἱ κατάλογοι ...θερμές εὐχαριστίες γιά τόν κόπο σας νά τούς ἑτοιμάσετε» {δέν ἐνθυμοῦμαι τί περιεῖχαν. Μάλλον ἐπρόκειτο γιά καταλόγους ἑλληνικῆς βιβλιογραφίας ἐπί θεμάτων τοῦ ἐπιστημονικοῦ του κλάδου}.

«Μέ χαροποίησαν καί πάλι οἱ πληροφορίες γιά τά τῆς ἐργασίας σας. Γνωρίζετε πόσο ἀγαπῶ τήν Ἑλλάδα καί τήν Ἐκκλησία τῆς Ἀνατολῆς καί πόσο ἐπιδοκιμάζω τήν προσπάθειά σας {ἐννοεῖ τή σκέψη γιά δημιουργία Ἀκαδημίας στή Θεσσαλονίκη, μέ ἀνάπτυξη καί οἰκουμενικῶν προγραμμάτων}. Ἕνα βουνό ἀπό παρεξηγήσεις ὑψώθηκε διά μέσου τῶν αἰώνων ὡς πύργος {διαίρεσης τῶν Χριστιανῶν}. Πρέπει, ὡστόσο, νά εἶναι δυνατόν νά ἀπομακρυνθεῖ τουλάχιστον ὅ,τι ἀπό αὐτό ὑπόκειται σέ ἔλεγχο τῆς λογικῆς. Τά περισσότερα βέβαια εἶναι τόσο ἀνόητα, ὥστε νά ἀπορεῖ κανείς πῶς μποροῦν νά διαρκοῦν τόσο πολύ. Ὅμως μόνο μέ ἐπαναλαμβανόμενη μικρή προσπάθεια πολλῶν θά εἶναι δυνατόν {νά ἀπομακρυνθοῦν}».

Διαβιβάζει χαιρετισμούς καί ἀπό τά μέλη τῆς ὁμάδας του.

«Υ.Γ. «Γνωρίζω τόν Τοῦρκο Ὑφηγητή {κάτι εἶχα σημειώσει στό γράμμα μου}. Σέ τί ὀφείλεται ἡ διένεξή του μέ τόν Καθηγητή Hilckman;».

Στό Πανεπιστήμιο τῆς πόλης αὐτῆς ὑπῆρχε τότε ἕνας Τοῦρκος Ὑφηγητής, μέ τόν ὁποῖο εἶχε ἀνταλλάξει ὁ Χίλκμαν ἐπιστολές διά τοῦ Τύπου. Σέ μιά ἀπό αὐτές ὁ Χίλκμαν, ἐπικρίνοντας τή γενοκτονία τῶν Ἑλλήνων τῆς Μ. Ἀσίας, εἶχε γράψει ὅτι *«γιά τέτοια ἐγκλήματα δέν ὑπάρχει παραγραφή»* {Verjährung}. Ἐνημέρωσα σχετικά τόν Kollwitz.[233]

---

[233] 7-6-1965 ΑΑπ, Katharina Hilckman πρός Απ
Μοῦ γράφει, μεταξύ ἄλλων: «Γιά τήν ἐπέτειο τῶν 50 χρόνων ἀπό τή γενοκτονία τῶν Ἀρμενίων ἀπό τούς Τούρκους τό ἔτος 1915 ὁ Toni {Καθηγ. Ἀντώνιος Χίλκμαν} δημοσίευσε στό περιοδικό BEGEGNUNG ἕνα ἐκτενές ἄρθρο, πού βρῆκε ἀπήχηση σέ πολλούς κύκλους· μόνον οἱ Τοῦρκοι - ὅσο μποροῦμε νά ἐλέγχουμε - δέν ἀντέδρασαν ἀκόμη. Ἀποροῦμε πάντοτε γιά τό πόση ἄγνοια γιά τά φοβερά ἐκεῖνα γεγονότα ὑπάρχει στή Γερμανία (ἀκόμη καί μεταξύ τῶν μορφωμένων).
Οἱ Ἀρμένιοι φοιτητές στό Πανεπιστήμιο {Μάιντς} παράγγειλαν ἀνάτυπα {τοῦ ἄρθρου} καί τά μοίρασαν στούς Καθηγητές τοῦ Πανεπιστημίου. Σέ σχέση μέ τά συμβάντα στήν Κύπρο, ἡ ἀνάμνηση τῆς δολοφονίας τῶν Ἀρμενίων τό 1915 μόνον ὠφέλιμη μπορεῖ νά εἶναι».

21-3-1961 ΑΑπ
Kollwitz πρός Απ
Τό φθινόπωρο θά πάει στή Συρία γιά ἀνασκαφές. Ἄλλαξε σπίτι, γράφει τή νέα διεύθυνση καί μέ καλεῖ νά τόν ἐπισκεφθῶ πρίν φύγω γιά τήν Ἑλλάδα.

12-5-1961 ΑΑπ
Σιώτης πρός Απ
Ἐκφράζει τή χαρά του γιά τήν προοπτική νά ἐπιστρέψω σύντομα στήν Ἑλλάδα. Βλέπει δυνατότητα τακτοποίησής μου στό ἑτοιμαζόμενο Ἵδρυμα Ἀσιατικῶν-Ἀφρικανικῶν Σπουδῶν στό Πανεπιστήμιο Θεσσαλονίκης, ὅπου «τόν πρῶτον λόγον θά ἔχῃ ἐκεῖ ὁ καθηγητής {Ἱερώνυμος} Κοτσώνης, ὡς καί ὁ καθηγητής {Εὐάγγελος} Θεοδώρου».[234]

29-10-1961 ΑΑπ
Σιώτης πρός Απ
«...Δέν ἀμφιβάλλω διά τήν ἀρίστην ἐντύπωσιν τῆς ἐργασίας σου {ΜΕΤΑ-ΚΕΝΟSIS...} καί εἰς τούς κριτάς σου καθηγητάς. Ὁλόθερμα συγχαρητήρια! Διά τόν διορισμόν σου ὡς βοηθοῦ τοῦ καθηγητοῦ σου, μέ τόσον καλάς ἀποδοχάς, μόνον ἐνθουσιασμόν καί ἀπόλυτον ἱκανοποίησιν ἠμπορῶ νά σοῦ ἐκφράσω. Θεωρῶ τήν θέσιν ταύτην τιμητικήν καί διά ἐσέ καί διά τό ἑλληνικόν θεολογικόν ὄνομα. Μήν τό σκεφθῇς καθόλου. Γιατί ἐδῶ θά εἶναι δύσκολον νά εὕρῃς ἀμέσως θέσιν. Δύνασαι νά ἔλθῃς ἀργότερα πανέτοιμος διά πανεπιστημιακήν ἕδραν».

Προσθέτει ὅτι ὕστερα ἀπό τήν «ἀσθένειαν τοῦ Μακαριωτάτου {Θεοκλήτου} ἐνδιεφέρθησαν οἱ κρατοῦντες διά τήν ἀποστολήν ἰδικοῦ των προσώπου, ὡς ἀντιπροσώπου τῆς Νεολαίας εἰς τό Νέον Δελχί {Τρίτη Γεν. Συνέλευση τοῦ Π.Σ.Ε., στήν ὁποία ἐπρόκειτο νά συμμετάσχω}. Οὗτος εἶναι ὁ κ. Τσιρόπουλος. Διά τό ὄνομά σου ἐνδιεφέρθημεν ὅλοι, ἰδιαιτέρως ἡ κ. {Ντόρα} Γόντικα καί ὁ κ. Ἰωαννίδης» {Βασίλειος, Καθηγητής Θεολογικῆς Σχολῆς Ἀθηνῶν, Γεν. Δ/ντής Θρησκευμάτων}.

---

[234] 23-3-1962 ΑΑπ, Μαρωνείας Τιμόθεος πρός Απ
Ὁ γνωστός μου ἀπό τή Θεσσαλονίκη μακαριστός Ἱεράρχης ἀπαντᾶ σέ ἐπιστολή μου (3 Μαρτίου) σχετική μέ ἕνα ὑπό ἵδρυση Ἰνστιτοῦτο Ἱεραποστολῆς στή Θεσσαλονίκη: «Δέν ἔχω δυστυχῶς καμμίαν ἄλλοθεν πληροφορίαν περί αὐτοῦ καί τῆς λειτουργίας αὐτοῦ. Κατά τό παρελθόν ἔτος, ὅτε ἤμην Συνοδικός, συνεζητήθη τό θέμα τῆς Ἐξωτερικῆς Ἱεραποστολῆς κατ' ἀρχήν καί ἀπεφασίσθη ἡ σύστασις παρά τῇ Ἀποστολικῇ Διακονίᾳ εἰδικοῦ Τμήματος πρός μελέτην καί συντονισμόν τῆς ὅλης προσπαθείας, ὥστε νά φέρῃ ἐπίσημον ἐκκλησιαστικόν χαρακτῆρα καί νά μή περιέλθῃ εἰς χεῖρας ἰδιωτῶν καί εἰς τήν πρωτοβουλίαν Ὀργανώσεων. Ὑπό τό πνεῦμα τοῦτο ἐστάλησαν σχετικά ἔγγραφα καί εἰς τό Πανεπιστήμιον Θεσ/νίκης καί εἰς Ἀθήνας. Κατόπιν δέν γνωρίζω τί ἀπέγινε τό ζήτημα καί ἴσως νά εἶναι δεδικαιολογημένοι οἱ φόβοι σας» {ὅτι δέν θά γίνει τίποτε!}.

15-11-1961 ΑΑπ
Σιώτης πρός Απ
Αὔριο, γράφει, ἀναχωροῦν γιά τό Ν. Δελχί. «Παρ' ὀλίγον νά μήν πάη κανείς, διά λόγους οἰκονομικούς. Ἡ ἀβεβαιότης αὐτή ὑπῆρχε μέχρι σήμερον τό πρωί...». Τή θέση μου, γράφει, πῆρε τελικά ὁ Τσιρόπουλος – «ἐπεκράτησαν αἱ προτάσεις τῶν ἰσχυρῶν...».

25-11-1962 ΑΑπ
Εἰρηναῖος πρός Απ
....
«Τήν 18η τρέχοντος ἐκάναμε εἰς Γωνιά τό Μνημόσυνο Ἀποστολίδη καί ἦλθαν οἱ κ.κ. Σιώτης, Φυτράκης, ὅστις καί ὠμίλησε...
Ὁ κ. Σιώτης λέγει ὅτι κρίμα πού δέν εἶσαι ἕτοιμος τώρα γιά μιά θέση στή Θεσ/νίκη».

18-5-1963 ΑΑπ
Σιώτης πρός Απ
Ἐπαναλαμβάνει εὐχές δικές του καί τῆς συζύγου του γιά τούς ἀρραβῶνες μου. Ἀποτελοῦν, γράφει, «μίαν νέαν ἔνδειξιν τῆς πρός σέ εὐνοίας τοῦ Θεοῦ», καθώς ἔγιναν σέ μιά σημαντική φάση τῆς ζωῆς μου, ἀλλά καί ἐπειδή θά ἀποτελέσουν κίνητρο γιά τή μή παράταση τῆς παραμονῆς μου στό ἐξωτερικό. Συνιστᾶ νά ἀποδεχθῶ τό διορισμό μου στό Γυμνάσιο Καστελλίου Κισάμου, ὥστε νά ἔχω κάτι στά χέρια μου καί νά παρακολουθῶ τά τῆς ἀναπτύξεως τοῦ Ἱδρύματος {Ἀκαδημίας}. Ἄλλωστε, προσθέτει, θά εἶναι εὐχερής ἡ ἀπόσπασή μου σέ κεντρική Ὑπηρεσία ἤ στό Πανεπιστήμιο ὡς Βοηθοῦ. Προσθέτει ὅτι συμφωνεῖ καί ὁ Εἰρηναῖος, μέ τόν ὁποῖο μίλησε κατά τήν ἐπιστροφή του ἀπό τή Γερμανία (τοῦ ἔφερε καί τά 5 «ὡραιότατα ὑποκάμισα», γιά τά ὁποῖα εὐχαριστεῖ καί ρωτᾶ σέ ποιόν νά δώσει τό ἀντίτιμο). Ἑτοιμάζεται νά πάει στό Ἅγ. Ὄρος, ὅπου θά τά χρησιμοποιήσει τό πρῶτον, ἀλλά καί στήν Ἀγγλία τόν Σεπτέμβριο γιά Συνέδριο.

8-3-1965 ΑΑπ
Τό βιβλιοπωλεῖο GASTL, Tübingen, μοῦ στέλνει στή Θεσσαλονίκη τόν λογαριασμό (478,90 DM) γιά βιβλία πού ἔχω παραγγείλει.

ΜΕΡΟΣ Γ΄- Παράρτημα

ΠΕΡΙΣΠΑΣΠΟΙ

1. Ἀποίμαντοι οἱ νέοι μετανάστες

Στό Ἡμερολόγιο 2013 τῆς Ἱερᾶς Μητροπόλεως Γερμανίας δημοσιεύεται περισπούδαστο κείμενο τοῦ Σεβασμ. Μητροπολίτη Γερμανίας καί Ἐξάρχου Κεντρώας Εὐρώπης Αὐγουστίνου ὑπό τόν τίτλο Η ΠΑΝΟΡΘΟΔΟΞΗ ΣΥΝΕΡΓΑΣΙΑ ΣΤΗ ΓΕΡΜΑΝΙΑ. Σημειώνω ὅτι ὁ Σεβασμ. Αὐγουστῖνος, μετά τήν ἀποφοίτησή του ἀπό τήν Ἱ. Θεολογική Σχολή τῆς Χάλκης (1960), συνέχισε τίς σπουδές του σέ Πανεπιστήμια τῆς Αὐστρίας καί τῆς Γερμανίας, ὅπου καί παρέμεινε ἔκτοτε καί ὑπηρέτησε ὡς ἱερατικός προϊστάμενος στήν ἐνορία τοῦ Βερολίνου. Ὡς ἄριστος γνώστης τῶν ἐν Γερμανίᾳ πραγμάτων καί ἀπό τό 1972 Βοηθός Ἐπίσκοπος Ἐλαίας, στάθηκε στό πλευρό τοῦ ἀπό Κισάμου καί Σελίνου Μητροπολίτη Γερμανίας Εἰρηναίου καί τά μέγιστα συνετέλεσε στήν ἀναγνώριση τῆς Μητροπόλεως Γερμανίας ἀπό τήν Πολιτεία καί στήν ἐν γένει ἑδραίωσή της, τήν ὁποία καί διαποιμαίνει ἀξίως ἀπό τόν Σεπτέμβριο τοῦ 1980 καί ἑξῆς.

Ὅπως σημειώνει ὁ Σεβασμιώτατος, ὕστερα ἀπό τήν ὑπογραφή τῆς συμφωνίας «μεταξύ τῆς Ὁμοσπονδιακῆς Δημοκρατίας τῆς Γερμανίας καί τοῦ Βασιλείου τῆς Ἑλλάδος γιά τήν ἀποστολή ἐργατῶν στίς 30 Μαρτίου τοῦ 1960, ἀρχίζει ἡ εἰσροή ἑκατοντάδων χιλιάδων Ἑλλήνων Ὀρθοδόξων στήν τότε Δυτική Γερμανία. Καθώς οἱ ἐργάτες πού ἔρχονταν ἐδῶ εἶχαν γιά πολλά χρόνια βραχυπρόθεσμα μόνο συμβόλαια, οὐδείς πίστευε τότε ὅτι οἱ ἄνθρωποι αὐτοί θά μέναν μιά μέρα μόνιμα ἐδῶ. Οὐδείς πλήν τοῦ Οἰκουμενικοῦ Πατριάρχη Ἀθηναγόρα, ὁ ὁποῖος ὀσμιζόμενος τόν καιρό, ἱδρύει τό 1963 τήν "Ἱερά Μητρόπολη Γερμανίας" (τότε καί Ἐξαρχία Ὁλλανδίας καί Δανίας)».

Γνωρίζει βέβαια ὁ Σεβασμιώτατος ὅτι καί πρίν ἀπό τό 1960 ὑπῆρχε ἱκανός ἀριθμός Ἑλλήνων ἐργατῶν στή Δυτική Γερμανία. Τούς ἀνθρώπους αὐτούς χαρακτηρίζω ώς ἀ π ο ί μ α ν τ ο υ ς μέχρι τότε, δεδομένου ὅτι ἡ Γερμανία ἦταν ἀκόμη ἐκκλησιαστική ἐπαρχία τῆς Ἱ. Ἀρχιεπισκοπῆς Θυατείρων καί Μεγάλης Βρετανίας καί σέ ὅλη τή χώρα ὑπῆρχαν μόνον 7 ἱερεῖς, ἄν θυμοῦμαι καλά.[235] Ἐξ ἄλλου, κυρίαρχη πραγματικότητα ἦταν τότε γιά σχεδόν ὅλους τούς ἀλλοδαπούς ἐργάτες αὐτό πού εὔστοχα διατυπώθηκε ὡς θέμα μιᾶς σχετικῆς ἔκθεσης στή Στουτγκάρδη τό 2005: «ZWISCHEN KOMMEN UND GEHEN... UND DOCH BLEIBEN» - «*Μεταξύ τοῦ ἔρχομαι καί φεύγω, καί ὅμως μένω*».

Παρά τήν ἀστάθεια αὐτή, ἐγώ δέν ἔκρυψα τίς ἀνησυχίες μου. Μεταξύ ἄλλων ἔγραψα πρῶτα καί κατά τάξιν στόν Ἀρχιεπίσκοπο Θυατείρων καί Μεγάλης Βρετανίας Ἀθηναγόρα κάποιες σκέψεις σχετικά μέ τήν ἀνεπάρκεια τῶν ὀλίγων ἐνοριῶν μας στή χώρα αὐτή νά καλύψουν τίς καινούριες καί διαρκῶς αὐξανόμενες ἀνάγκες.

Ἡ ἀπάντηση πού μοῦ ἔστειλε ὁ Ἀρχιεπίσκοπος («Ἔχουν γνῶσιν οἱ φύλακες») δέν μποροῦσε βέβαια νά μέ ἀναπαύσει. Δέν ἀμφέβαλλα ὅτι εἶχε «γνῶσιν». Ἔργα ὅμως ἦταν ἀναγκαῖα καί αὐτά δέν φαίνονταν στόν τότε ὁρατό ὁρίζοντα, παρά τίς ἀναμφίβολα μεγάλες προσπάθειές του.[236]

Σέ ἀνάλογη ἐπιστολή μου πρός τόν Ἐπίσκοπο Μελόης Αἰμιλιανό (Τιμιάδη, μετέπειτα Μητροπολίτη Σηλυβρίας, 1916-2008), ὁ ὁποῖος ἦταν τότε μόνιμος ἀντιπρόσωπος τοῦ Οἰκουμενικοῦ Πατριαρχείου στό Παγκόσμιο Συμβούλιο Ἐκκλησιῶν στή Γενεύη (1959-1984), ἔλαβα ἀπάντηση «μετά περισσῆς ἀγάπης», ἀλλά καί μέ ρεαλισμό καί... διακριτική ἐπίκριση:

---

[235] Ἡ Ἀρχιεπισκοπή Θυατείρων εἶχε τότε εὐρύτατη ἁρμοδιότητα καί πέντε Βοηθούς Ἐπισκόπους (Ρηγίου Μελέτιο, Παρίσι, Θερμῶν Χρυσόστομο, Βιέννη, Ἀπαμείας Ἰάκωβο, Λονδίνο, Ραβέννης Γεώργιο, Στοκχόλμη, Βίλνα Ματθαῖο, Γερμανία - ἄγνωστον πάντως σέ μᾶς στό Μάιντς· εἴχαμε ἐπικοινωνία μόνο μέ τόν ἐφημέριο τῆς Φραγκφούρτης Ἀρχιμ. Τιμόθεο Κοντομέρκο).

[236] Ὁ Ἀρχιμ. Συμεών Ἀμαρύλλιος, Ἀρχιγραμματέας τῆς Ἁγίας καί Ἱερᾶς Συνόδου τοῦ Οἰκουμενικοῦ Πατριαρχείου, ἀπαντώντας στήν ἀπό 26-12-1962 ἐπιστολή μου (βλ. ἀνωτέρω), γράφει (19-1-1963 ΑΑπ) μεταξύ ἄλλων: «Ὅπως θά ἐπληροφορήθης, ἡ Ἀρχιεπισκοπή Θυατείρων, κατά τήν τελευταίαν συνοδικήν συνεδρίαν, ἀπεφασίσθη ὅπως τετραχοτομηθῆ. Ἡ Γερμανία φαντάζομαι, ὅπως θά ἀποφασισθῆ εἰς τήν προσεχῆ συνεδρίαν, θά ἀποτελέση ἰδιαιτέραν αὐτοτελῆ Μητρόπολιν. Δι' αὐτήν μοί ἐγένετο πρότασις, ὅπως ἐκλεγῶ Μητροπολίτης αὐτῆς. Δέν ἐδέχθην διά πολλούς λόγους».

ΟΙΚΟΥΜΕΝΙΚΟΝ ΠΑΤΡΙΑΡΧΕΙΟΝ
ΜΟΝΙΜΟΣ
ΠΑΤΡΙΑΡΧΙΚΗ ΑΝΤΙΠΡΟΣΩΠΕΙΑ
ΠΑΡΑ ΤΩ ΠΑΓΚΟΣΜΙΩ ΣΥΜΒΟΥΛΙΩ ΕΚΚΛΗΣΙΩΝ

20-3-1961 ΑΑπ
Μελόης προς Απ

«Δέν κατώρθωσα νά σᾶς ἀπαντήσω ἐγκαίρως, διότι ἀπουσίαζον. Συγχαίρω καί εὐχαριστῶ θερμῶς διά τό ἀνύστακτον ἐνδιαφέρον σας ὑπέρ τῶν ἐργατῶν μας αὐτόθι. Ἀσφαλῶς ὅ,τι γίνεται δέν εἶναι ἀρκετόν. Πολλά ὑπολείπονται. Ἔχουν γνῶσιν οἱ ποιμένες καί οἱ φύλακες. Ὁ Σεβασμιώτατος Ἀρχιεπίσκοπος Θυατείρων καταβάλλει ὑπερανθρώπους προσπαθείας διά τήν διοργάνωσίν των καί τήν ἐξεύρεσιν τῶν καταλλήλων ἱερέων. Ἀφ' ἑτέρου οὐδέν εὐκολώτερον ἀπό τήν διαπίστωσιν τῶν ἐλλείψεων. Τό ζήτημα τίθεται ποῖοι γενναῖοι ἐκ τῶν Θεολόγων μας θά θελήσουν ν' ἀφήσουν τούς δισταγμούς, νά εἰσέλθουν εἰς τάς τάξεις τοῦ Κλήρου καί νά βοηθήσουν τήν Ἐκκλησίαν. Σᾶς ἔχομεν ἀνάγκην. Προσέλθετε. Πολλά τά κενά. Ὀλίγοι οἱ στρατιῶται. Πολλοί οἱ καθηλωμένοι εἰς τά μετόπισθεν. Λέγουν ὅτι 800 εἶναι οἱ ἀδιόριστοι Θεολόγοι. Σχόλια περιττεύουν. Καί ὁ ἀριθμός των θά αὐξάνῃ ἀπό τούς ἐπιστρέφοντας μετεκπαιδευομένους εἰς τό Ἐξωτερικόν, φιλοδοξοῦντας καθηγεσίας καί ἀνεδαφικάς θεολογικάς μελέτας ἀπό μίαν πρακτικήν καί ἄκρως ἐπείγουσαν διακονίαν εἰς τάς στρατευομένας τάξεις.[237]

---

[237] Πράγματι αὐξήθηκε ὁ ἀριθμός τῶν ἀνέργων Θεολόγων καί τόν ἑπόμενο χρόνο μιά ἐπίμονη ἀπεργία προκάλεσε τό ἐνδιαφέρον καί δυτικῶν μέσων ἐνημέρωσης:
Ἡ ἀπεργία τῶν Θεολόγων
Στίς 14-5-1962, τό Εὐαγ. Πρακτορεῖο Εἰδήσεων (epd, ZA 110), ἐπικαλούμενο τόν ἐν Ἀθήναις ἀνταποκριτή τοῦ La Croix, ἀναφέρεται διεξοδικά στήν ἀπεργία τῶν φοιτητῶν Θεολογίας στά Πανεπιστήμια Ἀθηνῶν καί Θεσσαλονίκης. Ὑπό τόν τίτλο: «*Ἀκόμη ἀπεργία τῶν Θεολόγων στήν Ἑλλάδα*» καί ὑπότιτλο «*Πίσω ἀπό τή λάμψη τῆς Ὀρθόδοξης κρατικής Ἐκκλησίας διαρκεῖ ἡ κρίση*», γράφουν πώς ἡ ἀπεργία, πού ἄρχισε πρίν ἀπό δυό καί πλέον μῆνες, ἀποκαλύπτει, ὅτι «*ἡ φορτωμένη μέ παράδοση ἑλληνορθόδοξη κρατική Ἐκκλησία, πού μόλις τώρα, κατά "τόν γάμο τῆς χρονιᾶς"* {ἐννοεῖ τόν γάμο τῆς Πριγκίπισσας Σοφίας καί τοῦ Χουάν Κάρλος τῆς Ἰσπανίας, πού ἔγινε τήν ἴδια μέρα, 14-5-1962} *φανέρωσε ὅλο τό μεγαλεῖο της, μέ δυσκολία ἀντιμετωπίζει ζωτικά προβλήματα τοῦ παρόντος*». Τήν ἀπεργία, γράφουν, προκάλεσε ἀπόφαση τῆς Κυβέρνησης νά μειώσει τίς ὧρες διδασκαλίας τῶν Θρησκευτικῶν στή Μέση Ἐκπαίδευση. Οἱ φοιτητές τῆς Θεολογίας βλέπουν ὡς ἐκ τούτου νά περιορίζονται οἱ προοπτικές ἐπαγγελματικῆς τους σταδιοδρομίας, καθώς οἱ περισσότεροι δέν γίνονται κληρικοί, ἀλλά προτιμοῦν τό ἐπάγγελμα τοῦ ἐκπαιδευτικοῦ. Ἀναφέρεται ὅτι ὑπάρχουν ἤδη 1.200 πτυχιοῦχοι Θεολογίας, ἄνεργοι. Ἀκολουθοῦν διάφοροι λόγοι, γιά τούς ὁποίους οἱ περισσότεροι Θεολόγοι δέν ἀνταποκρίνονται οὔτε στήν κλήση τοῦ νέου Ἀρχιεπισκόπου Ἀθηνῶν {Χρυσοστόμου Β΄ Χατζησταύρου, 1962-1967} νά χειροτονηθοῦν καί νά ὑπηρετήσουν στήν ὕπαιθρο τῆς χώρας, οὔτε στήν προτροπή τοῦ Οἰκουμενικοῦ Πατριάρχη Ἀθηναγόρα νά διακονήσουν ὡς κληρικοί τήν Ὀρθόδοξο διασπορά.

Ἐκτιμῶ πλήρως τάς ὑποδείξεις σας περί διοργανώσεως τῶν ἐργατῶν. Ἀλλά ποῖοι οἱ διοργανωταί; Ζητοῦνται κληρικοί διά τήν Γερμανίαν καί οὐδείς ὁ ἀνταποκρινόμενος. Πάντως διαβιβάζω τό γράμμα σας εἰς τόν Ἀρχιεπίσκοπον Θυατείρων διά τά περαιτέρω. Εὐχόμενος καρποφόρους σπουδάς καί εὐλογημένον Πάσχα, διατελῶ, μετά περισσῆς ἀγάπης...».

Ἡ πρός τόν Μελόης ἐπιστολή μου προωθήθηκε πράγματι στήν Ἀρχιεπισκοπή Θυατείρων. Στίς 19.5.1961 ΑΑπ μοῦ γράφει ὁ Πρωτοσύγκελλος τῆς Ἀρχιεπισκοπῆς Ἀρχιμ. Τιμόθεος Κατσίγιαννης (ἀπό τό Ἑλληνικό Προξενεῖο τῆς Νυρεμβέργης) ὅτι ἔχει στά χέρια του τήν ἐπιστολή μου πρός τόν Μελόης «σχετικήν μέ τό ζήτημα τῆς θρησκευτικῆς ἐξυπηρετήσεως τῶν Ἑλλήνων ἐργατῶν ἐν Γερμανίᾳ.

Εἰς τήν ἐπιστολήν σας βλέπω δύο ἐνδιαφέροντα διά τήν ἐργασίαν μας ἐδῶ σημεῖα. Τήν ὕπαρξιν Ὀρθοδόξου Ἱεροῦ Ναοῦ εἰς Wiesbaden καί Ὀρθοδόξου στρατιωτικοῦ ἱερέως». Παρακαλεῖ νά δώσω περισσότερες σχετικές πληροφορίες, τίς ὁποῖες ἔδωσα φυσικά.[238]

---

[238] Ὁ ναός: Κατά τό πλεῖστον ὡς Die Griechische Kirche - «Ἡ Ἑλληνική Ἐκκλησία» εἶναι γνωστός ἕνας περικαλλής ναός στήν ὄμορφη πόλη τοῦ Wiesbaden, στό ὕψωμα Neroberg. Πρόκειται γιά τόν ὀρθόδοξο ρωσικό ναό τῆς Ἁγίας Ἐλισάβετ. Χτίσθηκε κατά τά ἔτη 1847 ἕως 1855 ἀπό τόν Herzog Adolf von Nassau εἰς μνήμην τῆς συζύγου του πριγκίπισσας Jelisaweta Michailowna, κόρης τοῦ Μιχαήλ Ρομανώφ, ἀδελφοῦ τοῦ Τσάρου Ἀλεξάνδρου Α΄. Ἡ ἄτυχη Ἐλισάβετ, πού παντρεύθηκε τό 1844, χρόνων μόλις 19 τότε, πέθανε ἕνα χρόνο ἀργότερα, μαζί μέ τό βρέφος κατά τή γέννα του. Ὁ Ἀντώνιος Ἀλεβιζόπουλος καί ἄλλοι Ἕλληνες πού σπουδάζαμε στό Μάιντς πηγαίναμε συνήθως στό ναό ἐκεῖνο, πού ἀνήκει στή Ρωσική Ὀρθόδοξο Ἐκκλησία τῆς διασπορᾶς. Ἐκεῖ ὑπηρετοῦσε ὡς διάκονος ὁ φίλος μου N. Stuloff, Καθηγητής Μαθηματικῶν στό Πανεπιστήμιο τοῦ Μάιντς. Οἱ Ρῶσοι, ἀλλά καί οἱ ἄνθρωποι τῆς περιοχῆς εἶναι δικαίως περήφανοι γιά τό ὑπέροχο αὐτό μνημεῖο. Μέ ἀφορμή τήν ἐπίσκεψη τοῦ Wladimir Putin στό Wiesbaden τόν Ὀκτώβριο τοῦ 2007 ἔγινε ἀνακαίνιση καί ἐκ νέου ἐπιχρύσωση τῶν πέντε τρούλων τοῦ ναοῦ.

Ὁ ἱερέας: Ἦταν ρωσικῆς καταγωγῆς Ἀμερικανός. Ὑπηρετοῦσε στίς πολυπληθεῖς τότε ἀμερικανικές στρατιωτικές δυνάμεις τῆς εὐρύτερης περιοχῆς τῆς Φραγκφούρτης. Στήν περιοχή τοῦ Wiesbaden ὑπῆρχε μεγάλη ἀμερικανική μονάδα, ὅπου ἕνας σχετικά μικρός χῶρος εἶχε διαμορφωθεῖ σέ παρεκκλήσιο γιά τούς Ὀρθοδόξους στρατιωτικούς καί τίς οἰκογένειές τους. Πηγαίναμε πότε πότε ἐκεῖ γιά ἐκκλησιασμό, μάλιστα καθώς ὁ καλός ἐκεῖνος ἱερέας ἔκανε μερικές ἀπό τίς ἐκφωνήσεις καί σέ σωστά Ἑλληνικά. Τό βράδυ τῆς Μ. Παρασκευῆς τοῦ 1963, ὕστερα ἀπό ἐπιθυμία τους, εἶχα πάρει μαζί μου καί τόν Φάνη Κακριδῆ, πού σπούδαζε ἐπίσης στό Μάιντς τότε, καί τόν πατέρα του Καθηγητή μας στη Θεσσαλονίκη Ἰωάννη, πού εἶχε ἔλθει νά ἐπισκεφθεῖ τόν γιό του, μέ τούς ὁποίους εὐτύχησα νά συνεργασθῶ ἀργότερα στό Παιδαγωγικό Ἰνστιτοῦτο.

2. Οἱ Ἕλληνες ἐργαζόμενοι στήν περιοχή τοῦ Παλατινάτου (Pfalz) καί λοιπά σχετικά

Ἡ ὡς ἄνω ἔλλειψη ὀργανωμένης ἑλληνορθόδοξης Ἐπισκοπῆς καί ἱκανοῦ ἀριθμοῦ ἐνοριῶν μας στή Γερμανία κατά τήν περίοδο τῆς μεγάλης μετανάστευσης Ἑλλήνων στή χώρα αὐτή εἶχε ὡς συνέπεια νά ἐφαρμοσθεῖ καί γιά τούς δικούς μας ἀνθρώπους ρύθμιση σύμφωνα μέ τήν ὁποία οἱ κρατικές Ὑπηρεσίες θά ἀσκοῦν βέβαια τίς ἁρμοδιότητές τους γιά ζητήματα τῶν μεταναστῶν, ὅσον ἀφορᾶ ὅμως στήν ἐκκλησιαστική ἀρωγή, ἡ μέν Καθολική Ἐκκλησία τῆς Γερμανίας θά μεριμνᾶ γιά Καθολικούς ἀπό Ἱσπανία, Ἰταλία, Πολωνία κ.λπ., ἐνῶ γιά μετανάστες ἀπό Ἐκκλησίες - μέλη τοῦ Παγκοσμίου Συμβουλίου Ἐκκλησιῶν, καί ἑπομένως καί γιά τούς Ἕλληνες, τοῦτο θά πράττει ἡ Εὐαγγελική Ἐκκλησία τῆς Γερμανίας. Τήν ἁρμοδιότητα αὐτή ἀσκοῦσε τό Hifswerk (ἀργότερα Diakonisches Werk) στό ἐπίπεδο γενικῆς ἐποπτείας καί συνεννοήσεων μέ τήν Ὁμοσπονδιακή Κυβέρνηση. Τά τρέχοντα ζητήματα σέ περιφερειακό καί τοπικό ἐπίπεδο ἦταν ἁρμοδιότητα τῶν Landeskirchen, δηλαδή τῶν Ἐκκλησιῶν στά διάφορα Ὁμοσπονδιακά Κρατίδια.

Τό συντονισμό τοῦ ἔργου αὐτοῦ εἶχε ὁ ἐπί τῶν διακονικῶν - κοινωνικῶν ἤ καί οἰκουμενικῶν ζητημάτων ἁρμόδιος Oberkirchenrat (Ἀνώτ. Ἐκκλησιαστικός Σύμβουλος). Στήν Εὐαγ. Ἐκκλησία τοῦ Παλατινάτου (Pfalz) τή θέση αὐτή κατεῖχε τότε ὁ Oberkirchenrat Friedrich/Fritz Roos (1909-1994) μέ τόν ὁποῖο συνεργάσθηκα στενά καί ἀποτελεσματικά γιά διάφορα ἐργασιακά ζητήματα, ὅπως καί γιά τά τῆς Ἀκαδημίας, τή γένεση καί τή λειτουργία τῆς ὁποίας στήριξε μέ ἀποτελεσματική προθυμία.

20-12-1960 ΑΑπ
Roos πρός Απ-Μz
Ὁ Roos ἐκφράζει τή χαρά του γιά τή συνάντησή μας τοῦ περασμένου Σαββάτου. Μοῦ στέλνει τόν ἀπό 20.11.1960 κατάλογο τῆς ἁρμόδιας Ὑπηρεσίας τοῦ Κρατιδίου τους (Pfalz/Παλατινάτου), στόν ὁποῖον ἀναφέρεται ποῦ ἐργάζονται Ἕλληνες. Θεωρεῖ πώς προέχει ἡ ἐπικοινωνία μέ ὅσους εἶναι μόνοι – χωρίς ἄλλους Ἕλληνες δηλαδή στόν τόπο ἐργασίας ἤ διαμονῆς τους – καί προτείνει νά συζητήσω αὐτό τό πρόβλημα μέ τούς ἀνθρώπους τοῦ κύκλου μου (πού δέν ὑπῆρχαν, καθώς οἱ Ἕλληνες φοιτητές τοῦ Πανεπιστημίου τοῦ Μάιντς ἦταν βέβαια προσηλωμένοι στά μαθήματά τους).[239]

---

[239] Γιά μεταπτυχιακές σπουδές ἦταν τότε στό Μάιντς μεταξύ ἄλλων καί οἱ Ἀντώνιος Ἀλεβιζόπουλος, Φάνης Κακριδῆς, Δημ. Μαρωνίτης καί Γεώργιος Συκιανάκης. Ἕνα Σάββατο κάθε μήνα ὁ τότε ἐφημέριος τῆς Φραγκφούρτης Ἀρχιμ. Τιμόθεος Κοντομέρκος λειτουργοῦσε γιά μᾶς τούς Ἕλληνες σπουδαστές τοῦ Μάιντς στό παρεκκλήσι τῆς Εὐαγ. Θεολογικῆς Σχολῆς. Μιά μέρα ὁ Κοσμήτορας

Ἑλληνίδες ἐργάτριες σέ φιλική συντροφιά.

Γιά τήν προίκα

Δύσκολη βέβαια δέν ἦταν μόνον ἡ ζωή τῶν γυναικῶν - ἐργατριῶν. Ὁ γερμανικός λαός ἔπρεπε νά συνειδητοποιήσει καί ἄλλες ἀνθρώπινες δοκιμασίες. Αὐτό πού μποροῦσα νά κάνω ἦταν νά γράφω καί νά δημοσιεύω στόν ἡμερήσιο Τύπο ἄρθρα μου σχετικά μέ ζωτικά προβλήματα τῶν μεταναστῶν. Ἕνα ἐξειδικευμένο Πρακτορεῖο ἔστελνε τό κείμενο σέ 30 περιφερειακές ἐφημερίδες, πού τό δημοσίευαν πότε μέ τό ὄνομά μου καί πότε μέ ψευδώνυμο.

Ἕνα παράδειγμα: *Gastarbeiter um der Mitgift willen* (Φιλοξενούμενος ἐργάτης χάριν τῆς προίκας. Βλ. τήν παρακάτω ἐφημερίδα τῆς Χαϊδελβέργης Rhein-Neckar-Zeitung, Heidelberg 15.7.1964, σ. 12, ὅπου τό ἄρθρο μου αὐτό μέ τό ψευδώνυμο A. Lefkoritis). Τό ἄρθρο προκάλεσε πολλή ἐντύπωση καί

τῆς Σχολῆς κάλεσε τόν Ἀλεβιζόπουλο καί μένα καί ἔθεσε τό ἑξῆς πρόβλημα: Ὅπως γνωρίζετε, εἶπε, τό παρεκκλήσι μας ἔχει μέν παράθυρα-βιτρό, τά ὁποῖα ὅμως δέν ἀνοίγουν. Τό μόνο ἄνοιγμα εἶναι ἡ πόρτα πρός τόν ἐσωτερικό διάδρομο, ὅπου βρίσκονται τά Γραφεῖα τῶν Καθηγητῶν. Μερικοί ἔχουν κάποια δυσκολία μέ τόν καπνό ἀπό τό θυμίαμα πού χρησιμοποιεῖτε. Παράπονα ἐκφράζουν καί οἱ ἐκκλησιαζόμενοι τήν Κυριακή. Καί συνέχισε μέ πολλή λεπτότητα καί διάκριση: Ἄν δέν δημιουργεῖται σοβαρό πρόβλημα γιά τή δική σας λατρευτική παράδοση, θά θέλαμε νά παρακαλέσουμε νά ἐλαττώσετε κάπως τήν ποσότητα τοῦ λιβανιοῦ πού χρησιμοποιεῖτε. Βρῆκα πολύ λογική τήν παράκλησή του καί εἶπα ὅτι δέν ἔχουμε κανένα πρόβλημα νά τή σεβαστοῦμε. Ὁ Ἀλεβιζόπουλος δέν ἐκφράστηκε. Κατά τή Λειτουργία ἐγώ προσπαθοῦσα, μέ κάποιους ἄλλους, νά βοηθήσουμε στό ψαλτήρι, ὁ Ἀλεβιζόπουλος βοηθοῦσε τόν ἱερέα. Κατά τήν ἑπόμενη Λειτουργία λοιπόν ἔκαψε τόσο λιβάνι, ὥστε πολύ πρίν ἀπό τό τέλος δέν μπορούσαμε νά δοῦμε ὁ ἕνας τόν ἄλλο. Φυσικά, ἡ πόρτα τοῦ παρεκκλησίου ἐκείνου ἔμεινε ἔκτοτε κλειστή γιά μᾶς (δέχτηκαν νά μᾶς φιλοξενήσουν ἔκτοτε στό παρεκκλήσι τῆς Καθολικῆς Θεολογικῆς Σχολῆς).

Ἐπί ποιμαντορίας τοῦ Εἰρηναίου στή Γερμανία οἱ συνθῆκες διαβίωσης τῶν ἀνθρώπων μας εἶχαν ὁμαλοποιηθεῖ σέ ἱκανό βαθμό. Φωτ.: Προσφορά Γ. Λουΐζου.

ποικίλα σχόλια. Ἐξηγοῦσα πώς μεταξύ τῶν ἐργαζόμενων στή Γερμανία Ἑλλήνων, καί μάλιστα τῶν νέων, ὑπάρχουν ἀρκετοί πού ξενιτεύθηκαν καί ἐργάζονται σκληρά σέ ἕνα ξένο πρός αὐτούς ἐργασιακό περιβάλλον καί ἦθος, μέ κύριο στόχο νά συγκεντρώσουν τά ἀναγκαῖα χρήματα, γιά νά προικήσουν τήν ἀδελφή ἤ τίς ἀδελφές τους - κάτι πού θύμιζε στούς Γερμανούς πολύ παλιές ἐποχές τους καί δέν μποροῦσαν νά καταλάβουν, πώς διασώζεται ἀκόμη κάτι τέτοιο στήν Ἑλλάδα!

Ἐπιμόρφωση Ἐνηλίκων

Ἡ ἐπιμόρφωση ἐνηλίκων καί ἰδιαίτερα κληρικῶν, ἀλλά καί λαϊκῶν-στελεχῶν τῆς Ἐκκλησίας μας ἀνήκει ἐξ ἀρχῆς στούς κύριους στόχους τῆς σχεδιαζόμενης Ἀκαδημίας μας.

Γι' αὐτό καί ἀποδέχομαι εὐχαρίστως τήν ἐνεργό συμμετοχή σέ ἐκδηλώσεις ὅπως ἡ παρακάτω, ἡ ὁποία εἶναι μιά ἀπό πάμπολλες εὐκαιρίες πού ἀξιοποιῶ, προκειμένου νά ἀποκτήσω ἐμπειρίες, χρήσιμες γιά τή μελλοντική μου ἐργασία, καθώς καί γιά νά ἐνημερώνω Γερμανούς γιά τά καθ' ἡμᾶς καί νά διευκολύνω ἔτσι τήν ἐκ μέρους τους καλύτερη κατανόηση τῶν ἀνθρώπων μας πού προσφέρουν ἐκεῖ τήν ἐργασία τους.

11-1- 1961 ΑΑπ
Roos πρός Απ
Ὁ Roos μοῦ στέλνει τό πρόγραμμα τοῦ ἐκπαιδευτικοῦ σεμιναρίου τῶν παστόρων τῆς Ἐκκλησίας τους (Pfalz/Παλατινάτου), στό ὁποῖο εἶμαι σχεδόν ἀποκλειστικός ὁμιλητής. Γράφει ὅτι, ὕστερα ἀπό συνεννόηση καί μέ τόν Th. Schaller, προτείνουν νά φθάσω ἔγκαιρα στό Landau τό πρωί τῆς Δευτέρας, 30 Ἰανουαρίου, νά χρησιμοποιήσω τό πρωινό γιά νά ἀναπτύξω βασικές θέσεις γιά τό θέμα «*Γραφή καί Παράδοση στήν Ὀρθόδοξο Ἐκκλησία*» - προφανῶς μέ συζήτηση -, τό δέ ἀπόγευμα νά δείξω καί νά σχολιάσω διαφάνειες ἀπό τή ζωή τῆς Ἐκκλησίας μας. Γνωρίζοντας ὅτι μερικές ἀπό τίς διαφάνειες ἀναφέρονται σέ χειροτονία ἱερέως, προτείνει νά ἐπικεντρώσω τά σχόλιά μου στόν τρόπο καί τό βαθμό πού ἡ Γραφή καί ἡ Παράδοση ἐκφράζονται στή Λειτουργία τῆς Ἐκκλησίας μας.[240]

27-12-1960 ΑΑπ
Απ-Μz πρός Ohler
Ἀμεσότερη ἐπικοινωνία μέ τούς Ἕλληνες ἐργαζόμενους εἶχαν βέβαια οἱ ἐνορίες.

Παράδειγμα ἡ παρούσα ἐπιστολή πρός τόν ἐφημέριο τῆς ἐνορίας τῆς πόλης Grünnstadt, πού ἀνήκει στήν Εὐαγ. Ἐκκλησία τοῦ Παλατινάτου. Γράφω στόν πάστορα Ohler, ὕστερα ἀπό ὑπόδειξη τοῦ Roos. Ἀναφέρομαι στήν πρωτοχρονιάτικη ἑορτή τοῦ Σαββάτου, 31.12.1960, πού ὀργανώνουμε σέ

---

[240] Μιά ἄλλη περίπτωση: Ἀπαντῶ σέ πρόσκληση τοῦ Καθηγητῆ Dr. Carl Schneider (18-1-1963 ΑΑπ) νά συμμετάσχω σέ συνέδριο τῆς Ἀκαδημίας πού διευθύνει καί νά κάμω σύντομη εἰσήγηση. Μέ διάκριση ἀφήνω ἀνοιχτό τό θέμα καί εἶμαι μᾶλλον ἀρνητικός. Τοῦτο ὀφείλεται στό ὅτι γνωρίζω ἀπό τόν Καθηγητή μου Χίλκμαν ὅτι ὁ Schneider, μέ κρίσεις του γιά τόν Ἰουδαϊσμό σέ ἐπιστημονικό ἐπίπεδο, στήριξε ἔμμεσα τόν ἀντισημιτισμό τοῦ Χίτλερ. Προσωπικά πάντως ἐξετίμησα τό ἐξαίρετο δίτομο ἔργο τοῦ Schneider, Kulturgeschichte des Hellenismus, Beck, München 1967-1969. Ἐνδεικτική εἶναι ἡ ἰδιόχειρη ἀφιέρωση πού μοῦ ἔχει κάμει στόν πρῶτο τόμο, ἡ ὁποία εἶναι φανερό ὅτι δέν ἀπευθύνεται μόνο σέ μένα:

«*Εἰς ἐκείνους οἱ ὁποῖοι ὡς πρῶτοι ἔχουν κληθεῖ νά διαφυλάξουν τούς πνευματικούς θησαυρούς τοῦ μεγίστου τό ὁποῖον ὑπῆρξε ποτέ εἰς τόν κόσμον, ἤτοι τοῦ Ἑλληνισμοῦ, προσφέρει τό παρόν βιβλίον ἐν βαθυτάτῃ εὐγνωμοσύνῃ ὁ συγγραφεύς*» (b-Απ).

ἐνοριακό τους Κέντρο στήν πόλη τους. Ἀπό ἑλληνικῆς πλευρᾶς ἀναμένουμε, γράφω, περίπου 50 ἄτομα, κυρίως γυναῖκες, ἐκεῖνος μπορεῖ νά καλέσει ὅσους ἐπιθυμεῖ ἀπό τήν ἐνορία του. Ἐγώ θά φέρω δῶρα γιά ὅλους. Ἀκολουθοῦν διάφορα ὀργανωτικά.[241]

Ἄλλο παράδειγμα:
Στίς 31.5.1961 ὁ ἐφημέριος Lothar Adem, Evangelisches Pferramt Wiesbaden-Schierstein, μοῦ γράφει στό Μάιντς: «Ζητοῦμε ἕνα μεταφραστή, προκειμένου νά μποροῦμε νά συζητοῦμε μέ τούς Ἕλληνες ἐργάτες...». Ἡ ἐργασία τοῦ μεταφραστῆ εἶναι ἀμειβόμενη. Ἐρωτᾶ ἄν μέ ἐνδιαφέρει... Προφανῶς δέν ἤθελαν νά συζητοῦν μόνο γιά τά προβλήματα τῶν ἀνθρώπων μας, οὔτε βέβαια «περί ἀνέμων καί ὑδάτων». Ἔγραψα ὅτι συνέστησα σέ Ἕλληνα φοιτητή νά ἐπικοινωνήσει μαζί του.

3. Κοινωνικοί Λειτουργοί

Οἱ γνώσεις καί ἐμπειρίες μου ἀπό τήν ἐργασία τῶν Ὁμάδων Κοινωνικῆς Διακονίας στή Θεσσαλονίκη καί μετέπειτα ἀπό τό Σεμινάριο στό Mainz-Kastel δέν μέ ἄφηναν νά κλεισθῶ ἑρμητικά στό Πανεπιστήμιο, μάλιστα ὅταν στόν ἄμεσο ἤ τόν εὐρύτερο περίγυρο ἀντιμετώπιζαν τό ἕνα ἤ τό ἄλλο πρόβλημα Ἕλληνες ἐργαζόμενοι, π.χ. σέ δικαστικές περιπέτειές τους, ὅπου ἦταν ἀναγκαία ἡ συμπαράσταση, τουλάχιστον μέ τήν ἰδιότητα τοῦ μεταφραστῆ καί πλεῖστες ἄλλες ὑποθέσεις.

Ἐπισημάνθηκε λοιπόν ἀπό νωρίς ἡ ἐπείγουσα ἀνάγκη νά τεθοῦν στήν ὑπηρεσία τῶν ἀλλοδαπῶν ἐργατῶν Κοινωνικοί Λειτουργοί ἱκανοί νά ὑπηρετήσουν ἀποτελεσματικά πολυποίκιλες ἀνάγκες τους. Διέβλεψα πώς ὁ θεσμός αὐτός μπορεῖ νά ὑπηρετηθεῖ καί ἀπό Ἕλληνες Θεολόγους, ὕστερα ἀπό σχετική μετεκπαίδευσή τους. Σχετικές προσπάθειες ἔφεραν ἀποτέλεσμα.

Ἐπειδή ἰδιαίτερα ἐμπερίστατες ἦταν οἱ Ἑλληνίδες ἐργάτριες καί μάλιστα ἐκεῖνες πού εἶχαν τολμήσει νά μεταναστεύσουν μόνες, ἀπευθύνθηκα στήν Ὑπηρεσία Evangelischer Arbeiterinen-Dienst (Εὐαγ. Ὑπηρεσία Ἐργατριῶν) καί ἐξασφάλισα ὑποτροφία γιά μιά Ἑλληνίδα, πού ὕστερα ἀπό σχετική μετεκπαίδευση

---

[241] 22-12-1962 ΑΑπ, Roos πρός Απ
Ἀναφέρεται στήν ἑορτή πού ἑτοιμάζουμε στήν Grünstadt μέ τίς Ἑλληνίδες ἐργάτριες: Ἡ Ἐνορία τους τῆς περιοχῆς, γράφει, ἔχει λάβει ὁδηγίες καί εἶναι ἕτοιμη νά προσφέρει ὅ,τι χρειαστοῦμε. Τέλος, ζητᾶ νά τούς ἐνημερώσω γιά τίς δαπάνες πού χρειάστηκε νά κάμω κατά τό λῆγον ἔτος σέ ταξίδια ἐντός τοῦ Κρατιδίου τοῦ Παλατινάτου γιά ὑποθέσεις Ἑλλήνων ἐργατῶν, προκειμένου νά τίς καλύψουν!

στή Γερμανία θά ἀναλάμβανε νά ἐργασθεῖ ὡς Κοινωνική Λειτουργός. Ἀπαντώντας σέ σχετική ἐπιστολή μου ὁ Καθηγητής τῆς Θεολογικῆς Σχολῆς Ἀθηνῶν Μάρκος Σιώτης μοῦ γράφει (27.2.1960 ΑΑπ) ὅτι γνωρίζει μιά πτυχιοῦχο τῆς Θεολογίας, πού ἐπιθυμεῖ νά μετεκπαιδευθεῖ καί θά δεχόταν εὐχαρίστως. Θά τῆς γράψουν ἀμέσως. Ἔχουν μόνο τήν ἐπιφύλαξη ὅτι, ἐπειδή εἶναι μοναχοκόρη, ἴσως νά μή συμφωνήσουν οἱ γονεῖς της. Ἡ σχετική ἀλληλογραφία συνεχίσθηκε, οἱ γονεῖς ἀρνήθηκαν πράγματι.

Ἀντίθετα, ὅταν ἀργότερα ὁ γυναικεῖος Σύλλογος τοῦ Κρατιδίου τῆς Βυρτεμβέργης «*Φίλες Νεανίδων*» (Württenbergischer Landesverein der Freundinnen Junger Mädchen, e.V.) μοῦ ζήτησε νά βρῶ μιά Ἑλληνίδα, τήν ὁποία νά προσλάβουν ὡς Κοινωνική Λειτουργό, καί τούς συνέστησα τήν πτυχιοῦχο τῆς Θεολογικῆς Σχολῆς Θεσσαλονίκης Δέσποινα Δασκαλάκη, ἡ Πρόεδρος τοῦ Συλλόγου Ruth Braun μέ βεβαίωσε (ἐπιστολή της ἀπό 14.7.1964) πώς ἡ νέα συνεργός τους «*κέρδισε πάραυτα τίς καρδιές ὅλων*»!

Ὅπως γνωρίζω, ἡ Δέσποινα Δασκαλάκη (ἐδῶ μέ τόν σύζυγό της Θωμᾶ Μέλλιο) πρόσφερε πράγματι ἀνεκτίμητες ὑπηρεσίες ὡς Κοινωνική Λειτουργός ἐπί 36 αυναπτά χρόνια.
Φωτ.: Προσφορά Γ. Λουΐζου.

Ἐνδεικτικό τῶν δοκιμασιῶν τῆς Ἑλληνίδας μετανάστριας εἶναι τό ὅτι ἡ Δασκαλάκη, τήν ἑπόμενη κιόλας τοῦ διορισμοῦ της, ἀντιμετώπισε ἀποτελεσματικά τήν ἀπόπειρα αὐτοκτονίας νέας Ἑλληνίδας, ἐπειδή «*τήν ἄφησε ὁ φίλος της Ἕλληνας, διότι βρῆκε ἄλλη μέ περισσότερες οἰκονομίες - προίκα*»! Ἡ προστασία τῶν παιδιῶν πού γεννοῦσαν τότε νεαρές, ἀβοήθητες Ἑλληνίδες, ἦταν ἕνα ἀπό τό ὀξύτερα προβλήματα, κυρίως τῶν πρώτων χρόνων.

Ἐξ ἄλλου, ἤμουν δέκτης αἰτημάτων ἀπό τήν Ἑλλάδα, πού ζητοῦσαν πρόσκληση γιά κάποια ἐργασία, σέ μιά χρονική περίοδο πού ἡ Πρεσβεία μας στή Βόννη καί τά Προξενεῖα - ὅπου ὑπῆρχαν - ἐλάχιστα μποροῦσαν νά συμπαρασταθοῦν.

Στήν Εὐαγ. Ἐκκλησία τοῦ Παλατινάτου εἶχα προτείνει καί προσέλαβαν ὡς Κοινωνικό Λειτουργό τόν καταγόμενο ἀπό τό χωριό Καμπανός Σελίνου Γεώργιο Παπατζανάκη, Θεολόγο, τόν ὁποῖο διαδέχθηκε ἀργότερα ὁ καταγόμενος ἀπό τό ἴδιο χωριό Πολύκαρπος Ἀποστολάκης, ἀπόφοιτος τῆς Ἐκκλ. Σχολῆς Κρήτης. Καί οἱ δυό ἐργάσθηκαν λίαν εὐδοκίμως καί ἡ προσφορά τους ἔτυχε εὐρύτερης ἀναγνώρισης. Παραθέτω, ἐνδεικτικά, μέρος τῆς σχετικῆς ἀλληλογραφίας μου, διά τῆς ὁποίας φωτίζονται ὁρισμένες πτυχές τοῦ ἔργου τῶν Κοινωνικῶν Λειτουργῶν τῆς ἐποχῆς ἐκείνης.

21-9-1964 Asp
Roos πρός Απ

Γράφει ὅτι ὁ {Θεολόγος Γεώργιος} Παπατζανάκης {τόν ὁποῖο τούς εἶχα συστήσει νά προσλάβουν ὡς Κοινωνικό Λειτουργό στήν ὑπηρεσία τῶν Ἑλλήνων ἐργατῶν τοῦ Κρατιδίου τους. Φωτ. ἀριστερά κάτω} ἔφθασε ἤδη καί ἀνέλαβε ὑπηρεσία μέ πολύ ἐνθουσιασμό. Ἔχει δυσκολίες μέ τή γλώσσα. Θά τόν στείλουν γιά τρεῖς μῆνες στή Στουτγκάρδη πρός εἰδική ἐπιμόρφωση.

Παραπονεῖται γιά ἐνέργειες τοῦ νέου ἑλληνορθόδοξου Μητροπολίτη στή Βόννη Πολυεύκτου. Παρά τή σχετική ρύθμιση, γιά τήν ὁποία ἔγινε λόγος παραπάνω, ὑπῆρχαν κάποια σημεῖα τριβῆς καί γοήτρου μεταξύ τῶν Καθολικῶν καί τῶν Προτεσταντῶν ὅσον ἀφορᾶ στά ζητήματα τῶν ἀλλοδαπῶν ἐργατῶν. Ὡς πρόσφατο παράδειγμα ἀναφέρει ὁ Roos τό ὅτι ὁ Μητροπολίτης ἐπισκέφθηκε τόν Καθολικό Ἐπίσκοπο στό Σπάγιερ καί ζήτησε νά προσλάβει Ἕλληνα Κοιν. Λειτουργό, ἐνῶ γνώριζε τά περί Παπατζανάκη – καί οὔτε καταδέχτηκε νά ἐπισκεφθεῖ τόν Πρόεδρο τῆς δικῆς τους Ἐκκλησίας... Στό μεταξύ ὅμως αὐτοί συνεννοήθηκαν μέ τούς Καθολικούς καί καθόρισαν τά ὅρια εὐθύνης, προκειμένου νά ἀποφευχθοῦν περαιτέρω τριβές καί συγχύσεις.[242]

Θά ἄξιζε νά μελετηθεῖ ἐκτενῶς τό ἔργο τῶν Κοιν. Λειτουργῶν τῶν χρόνων ἐκείνων, μάλιστα ἐν ὄψει τοῦ - ἐξ αἰτίας τῆς οἰκονομικῆς κρίσης - νέου μεταναστευτικοῦ ρεύματος. Χρήσιμο σχετικό ὑλικό διαθέτει ὁ Γεώργιος Λουΐζος (φωτ. ἄνω), πρόθυμος γιά συνεργασία σέ ζητήματα τῶν ἀνθρώπων μας στή Γερμανία.

---

[242] Παράπονα καί πάλι γιά τόν Γερμανίας Πολύευκτο:
27-4-1965 ASp, Roos πρός Εἰρηναῖον
Εὐχαριστεῖ γιά τήν ἐπιστολή του τῆς 27-3-1965. Τήν ἔθεσε ὑπόψη καί τοῦ Προέδρου τῆς Ἐκκλησίας τους, ὁ ὁποῖος ἐρωτᾶ συχνά γιά τήν πρόοδο τῆς ἐργασίας στή Γωνιά. Ἐπαναλαμβάνει τά παράπονα γιά τή συνεργασία τοῦ Μητροπολίτη Πολυεύκτου μέ τούς Καθολικούς τοῦ Παλατινάτου, καίτοι αὐτοί ἐνδιαφέρονται κυρίως γιά τούς ἐξ Ἰταλίας Καθολικούς, καί γιά τήν ἄρνησή του νά συνεργασθεῖ μαζί τους. Παρακαλεῖ νά ἐνδιαφερθεῖ ὁ Σεβασμ. Εἰρηναῖος γιά τή βελτίωση τῶν σχέσεων τοῦ Σεβασμ. Πολυεύκτου μέ αὐτούς.

26-2-1965 Asp
Roos πρός Απ (Θεσ)
....
(Ἀπόσπασμα): Εὐχαριστεῖ τόν Ἐπίσκοπο καί μένα γιά τόν Παπατζανάκη, ὁ ὁποῖος ὑπηρετεῖ τούς Ἕλληνες ἐργάτες καί ἔχει κερδίσει ὄχι μόνο τή δική τους ἐμπιστοσύνη, ἀλλά καί ἐκείνη τῆς Πρεσβείας μας στή Βόννη, ἐπιπλέον δέ καί τῶν γερμανικῶν ἐκκλησιαστικῶν καί κρατικῶν Ὑπηρεσιῶν.

23-11-1965 Asp
Roos πρός Απ
Πληροφορήθηκε ἀπό τήν κυρία Bischoff τά τοῦ συνεδρίου τῶν Ἀθηνῶν γιά τά προβλήματα τῶν Ἑλλήνων ἐργατῶν στή Γερμανία καί γιά τίς δυό καλές ὁμιλίες μου. Δυστυχῶς, γράφει, τά πράγματα μέ τούς ξένους ἐργάτες στή Γερμανία παραμένουν πολύ μπερδεμένα, ὁ Παπατζανάκης ἔχει σκληρή δουλειά. Μέ τή βοήθειά του οἱ Κοινωνικοί Λειτουργοί πού στέλνει ἡ Κυβέρνηση προσαρμόζονται.

....
Ἀναμένει ἀποδείξεις γιά τήν ἀγορά βιβλίων στήν Ἑλλάδα γιά τόν Γ. Παπατζανάκη {Κέντρο τῶν Ἑλλήνων στό Ludwigshafen}. Τά χρήματα δόθηκαν στόν Γ. Παπαδάκη.

20-12-1966 ΑΑπ
Απ πρός Roos
Ὁ Παπατζανάκης διορίσθηκε στή Μ. Ἐκπαίδευση καί βρίσκεται στήν Ἑλλάδα. Προφανῶς, δέν εἶχε συνεννοηθεῖ μέ τόν Roos, πού μοῦ γράφει ὅτι δέν μποροῦσε νά κατανοήσει καί νά δικαιολογήσει τή συμπεριφορά του.
Προσπαθῶ νά «μπαλώσω» τά πράγματα, ἐξηγώντας ὅτι, ἀπό τή στιγμή πού ἀποδέχθηκε τό διορισμό του στήν ἐκπαίδευση, δεσμεύθηκε. Καί δέν ἦταν δυνατόν νά γίνει καμιά ἐνέργεια {ἀπό μένα στό Ὑπουργεῖο γιά ἀπόσπασή του στή Γερμανία} πρίν ἀναλάβει ὑπηρεσία. Μόλις ἔγινε αὐτό -ἀρχές Σεπτεμβρίου- ὑπέβαλε αἴτηση γιά μετάθεσή του στή Γερμανία, προκειμένου νά συνεχίσει τήν ἐργασία του κοντά σας. Ἀπό τήν πλευρά μου ὑπέβαλα ἐκτενές θετικό

30-5-1965 ASp
Εἰρηναῖος πρός Roos
Ἡ ἔναρξη ἀνέγερσης τῆς Ἀκαδημίας ἐπίκειται.
Λυπᾶται γιά τό πρόβλημα μέ τόν Μητροπολίτη Πολύευκτο, κάνει ὅ,τι μπορεῖ γιά νά τόν μεταπείσει. Ἐπαινεῖ τό ἔργο τῆς Ἐκκλησίας τους γιά τούς Ἕλληνες ἐργάτες. Τό Πάσχα ἦρθαν στή Μητρόπολη πολλοί ἀπό Γερμανία, Ἀγγλία, Ἀμερική καί «ἑορτάσαμε ἕνα οἰκουμενικό Πάσχα».
Τόν Ἰούλιο ἐλπίζει νά πάει στή Γενεύη καί θά ἔλθει ἴσως γιά λίγο στή Γερμανία.

Ὑπόμνημα. Ὁ Ὑπουργός τό ἀποδέχθηκε μέν, δέν ὑπῆρχε ὅμως οὔτε ὑπάρχει ἀκόμη διάταξη νόμου στήν ὁποία θά μποροῦσε νά στηριχθεῖ, καθώς δέν λειτουργοῦν στή Γερμανία ἑλληνικά σχολεῖα Μέσης Ἐκπαίδευσης. Τελικά, βρήκαμε κάποιο τρόπο, πού θά διευκολύνει τήν παραμονή του κοντά σας μέχρι τό τέλος τοῦ σχολικοῦ ἔτους. Παράταση ὅμως δέν εἶναι πιθανόν νά ὑπάρξει. Ἀνάγκη ἑπομένως νά σκεφθεῖτε τά τῆς διαδοχῆς του. Εἶμαι στή διάθεσί σας, ἐάν τό κρίνετε χρήσιμο.

Ἡ Ἀκαδημία στήν Κρήτη ὁλοκληρώνεται, τά ἐγκαίνια ὑπολογίζουμε νά γίνουν τόν Νοέμβριο τοῦ ἑπόμενου χρόνου καί σᾶς ἀναμένουμε.

Εὐχές γιά τά Χριστούγεννα.

19-1-1967 ΑΑπ
Roos πρός Ἀπ (Ἀθήν)
Εὐχαριστεῖ γιά ἐπιστολή μου τῆς 20^{ῆς} Δεκ. 1966. Πρόβλημα μέ τή συνεχιζόμενη ἀσάφεια γιά τή θέση τοῦ Κοινωνικοῦ Λειτουργοῦ (Γεωργ. Παπατζανάκη), πού εἶναι ὑπεύθυνος καί γιά τήν ἑλληνική Λέσχη στό Ludwigshafen. Ἀναζητεῖται διάδοχος.

Χαρά γιά τήν πρόοδο τῶν ἐργασιῶν ἀνέγερσης τῆς Ἀκαδημίας. Ἀμφιβολία ὅσον ἀφορᾶ στό κατά πόσο θά μπορέσει νά συμμετάσχει στά ἐγκαίνιά της τόν Νοέμβριο.

27-2-1967ΑΑπ
Ἀπ πρός Roos
Πάλι τό θέμα Παπατζανάκη. Ἐνημερώνω τόν Roos, ἐμπιστευτικῶς, ὅτι ὁ Παπατζανάκης ἀνακλήθηκε ὕστερα ἀπό αἴτημα τῆς Ἑλληνικῆς Πρεσβείας τῆς Βόννης, ἡ ὁποία λέγεται ὅτι ἐνήργησε σύμφωνα μέ ἐπιθυμία τοῦ ἐκεῖ Μητροπολίτη. Πρέπει ἑπομένως νά ἐπιστρέψει ἀμέσως στήν Ἑλλάδα, ἄν δέν θέλει νά χάσει τή θέση του (στήν ἐκπαίδευση). Ὡς ἀντικαταστάτη του προτείνω τόν Πολύκαρπο Ἀποστολάκη, πού ἐργάζεται στή Ζυρίχη. «Γνωρίζω τόν ἄνθρωπο αὐτό καί θά ἔλεγα ὅτι ναί μέν δέν ἔχει τήν πανεπιστημιακή ἐκπαίδευση τοῦ Παπατζανάκη, ὅμως ἔχει τελειώσει τήν Ἐκκλησιαστική Σχολή Κρήτης καί καλή ἐμπειρία ὅσον ἀφορᾶ στήν πνευματική ἐπικοινωνία μέ ἀνθρώπους. Θά ἐπεδοκίμαζα τυχόν θέλησή του νά ἔλθει. Ἴσως θά τοῦ διαθέσετε ἀργότερα ἕνα Θεολόγο ὡς βοηθό, ὁπότε θά ἔχετε αὐτόν {Ἀποστολάκη} ὡς μόνιμο Διευθυντή τοῦ Ἑλληνικοῦ Κέντρου καί ἕνα Θεολόγον ἐπιπλέον ἀπό τούς σπουδάζοντες στά Πανεπιστήμια» {τῆς Γερμανίας}. Σημειώνω ἀκόμη ὅτι μπορῶ ἀπό Ἰούλιο - Αὔγουστο καί ὕστερα νά στείλω καί ἕνα Θεολόγο, πού θά ἔχει μέχρι τότε ἀρκετές γνώσεις τῆς Γερμανικῆς. Ὁ Ἀποστολάκης ἀνέλαβε πράγματι

ὑπηρεσία τόν Ἀπρίλο τοῦ 1967 καί συμπαραστάθηκε ἀποτελεσματικά στούς ἀνθρώπους μας τῆς περιοχῆς τοῦ Παλατινάτου.

27-2-1967 ΑΑπ
Bischof πρός Απ
Ἐξ ὀνόματος τοῦ Roos ἕνας ἐκκλησιαστικός ὑπάλληλος μέ τό ἐπώνυμο Bischof μέ ρωτᾶ τί θά γίνει μέ τόν Γεώργιο Παπατζανάκη (δέν εἶχε φθάσει βέβαια ἀκόμη ἡ ἐπιστολή μου).
Γράφει: «Μᾶς ἐνδιαφέρει πολύ νά εἶναι καλά κατειλημμένη ἡ θέση {τοῦ Ἕλληνα Κοιν. Λειτουργοῦ} καί τοιουτοτρόπως καί ἡ ἑλληνική Λέσχη στό Ludwigshafen, ἐπειδή ἡ Βασιλική Ἑλληνική Πρεσβεία ἐξέφρασε τήν πρόθεση νά διορίσει ὡς Διευθυντή τῆς Λέσχης ἕναν Ἕλληνα ὑπάλληλο. Ὁ ὑπάλληλος αὐτός θά τελοῦσε μέν ὑπό τή δική μας ὑπηρεσιακή ἐποπτεία, πλήν ὅμως πρός χάριν τῆς αὐτονομίας τοῦ ἔργου μας δέν μπορούσαμε νά ἀνταποκριθοῦμε σέ αὐτό τό σχέδιο καί ὡς ἐκ τούτου ἡ Πρεσβεία ἐγκατέλειψε τήν πλήρωση τῆς θέσης. Ὁ Ἀνώτ. Ἐκκλ. Σύμβουλος κ. Roos προτείνει νά ἐνημερωθεῖ ἐπί τοῦ θέματος ὁ Σεβασμ. κ. Εἰρηναῖος».

10-4-1967 ΑΑπ
Παπατζαν. πρός Απ
Ὁ Γεώργιος Παπατζανάκης μοῦ γράφει πάλι σχετικά μέ τό θέμα διαδόχου του στήν Ἐκκλησία τοῦ Παλατινάτου. Ἀναμένει νά ρυθμίσω στό Ὑπουργεῖο τό αἴτημά του γιά παραμονή του στή Γερμανία μέχρι Ἰούνιο/Ἰούλιο. Γράφει ὅτι χθές πῆγε μέ τόν Roos στό Basel, συνάντησαν τόν Πολύκαρπο Ἀποστολάκη (πού ἔχω προτείνει ὡς διάδοχό του στήν παραπάνω θέση - συμφωνεῖ καί ὁ Εἰρηναῖος). Ὁ Ἀποστολάκης εἶπε ὅτι δέν μπορεῖ νά ἀναλάβει τή θέση αὐτή πρίν ἀπό τό τέλος Ἰουνίου.

4. Ἐπιμορφωτικά καί ἄλλα ζητήματα

24-10-1965 ΑΑπ
Heyn πρός Απ
Σέ ἐγκύκλιο γράμμα του πού εἶχε σταλεῖ σέ Ὑπηρεσίες καί πρόσωπα τῆς Γερμανίας, ἀλλά καί στήν Ἑλλάδα (Ὑπουργεῖο Ἐργασίας, Παιδαγωγικό Ἰνστιτοῦτο καί σέ μένα ἰδιαιτέρως), ὁ πάστορας Η. Heyn, ἀπό τήν Gelsenkirchen, πρότεινε τή συγκρότηση Ὁμάδων Ἐργασίας, πού θά μελετοῦσαν προβλήματα τῶν Ἑλλήνων ἐργατῶν στή Γερμανία καί θά πρότειναν τή λήψη τῶν ἀναγκαίων μέτρων γιά τήν ἐπίλυσή τους. Οἱ πρῶτες 7 θεματικές ἑνότητες πού πρότεινε ἦταν: 1. Κοινωνιολογία

καί Ψυχολογία ('Ενσωμάτωση ή περιορισμένη παραμονή, ψυχολογικά προβλήματα τῆς προσαρμογῆς), 2. Πληροφόρηση, ὁρολογία, Στατιστική. 3. Νομικά ζητήματα. 4. Οἰκογένεια καί κατοικία. 5. Νεολαία. 6. Ὑγεία. 7. Πολιτισμός.

Μεταξύ τῶν Ἑλλήνων πού ἔλαβαν τήν πρόσκληση γιά ἐκδήλωση ἐνδιαφέροντος συνεργασίας ἀναγράφονται οἱ: Κουλόπουλος Ἀνδρέας, Νανάκου Τατούλα, Καθηγ. Παπαλέκας, Παπαντωνίου Ἀντώνιος, κ.ἄ.

24-11-1966 ΑΑπ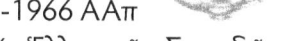
Ἑταιρία Ἑλληνικῶν Σπουδῶν πρός Απ

Ἡ ὡς ἄνω Ἑταιρία, μαζί μέ τόν Σύνδεσμο Κοινωνικῶν Λειτουργῶν τῆς Ἑλλάδος, ἔχουν ἀναλάβει τήν ὀργάνωση ἐκπαιδευτικοῦ ταξιδιοῦ στήν Ἑλλάδα (28/9-11.10.1966) γιά 37 Γερμανούς Κοινωνικούς Λειτουργούς τῆς INNERE MISION τῆς Εὐαγγελικῆς Ἐκκλησίας τῆς Γερμανίας {Ὑπηρεσία πού ἔχει ἀναλάβει τή φροντίδα γιά τούς Ἕλληνες ἐργάτες στή Δυτ. Γερμανία}. Μέ τό ἀπό 26.9.1966 ἔγγραφό του ὁ Πρόεδρος τῆς Ἑταιρίας Λουκάς Π. Πάτρας μοῦ εἶχε στείλει τό πρόγραμμα τοῦ ταξιδιοῦ, σύμφωνα μέ τό ὁποῖο ἔκαμα τήν ὁμιλία μου γερμανιστί (Θέμα: «Δημόσια καί Ἰδιωτική ἐκπαίδευσις στήν Ἑλλάδα»), τήν Παρασκευή, 30 Σεπτεμβρίου, ὥρα 11.00) στά Γραφεῖα τῆς Ἑταιρίας, ὁδός Πολυτεχνείου 5. Μέ τό ὡς ἄνω νεότερο ἔγγραφο ἡ Ἑταιρία μοῦ ἀποστέλλει τήν Ἔκθεση γιά τό ἐν λόγω ἐκπαιδευτικό ταξίδι. Τό ἔγγραφο ὑπογράφει ἐκ μέρους τῆς Ἑταιρίας ὁ Ἔφορος Σχέσεων Ἐξωτερικοῦ Ἀριστείδης Γ. Δημόπουλος, ὁ ὁποῖος ἐκφράζει «θερμάς εὐχαριστίας... διά τήν πολύτιμον συμπαράστασιν, συνδρομήν καί συνεργασίαν» μου στήν ὡς ἄνω προσπάθεια.[243] Σημειώνω ἐδῶ ὅτι μεταξύ τῶν πρώτων δραστηριοτήτων τῆς Ἀκαδημίας εἶχαν ἐξ ἀρχῆς προγραμματισθεῖ καί ἐκεῖνες πού ἀφοροῦσαν στόν ἀπόδημο Ἑλληνισμό, μέ ἔμφαση στά προβλήματα τῶν Ἑλλήνων ἐργατῶν στή Δυτ. Εὐρώπη, ὅπως καί ἔγινε.

16-12-1970 ΑΒΒ
Μ πρός Απ

«Ἡ ἰδέα σου νά ὀργανώσεις ἕνα συνέδριο γιά Γερμανούς Βιομηχάνους πού ἀπασχολοῦν ἐργάτες ἀπό τήν Κρήτη δέν εἶναι κακή». Ἐνδιαφέρον θά εἶχε ἡ συμμετοχή Προϊσταμένων τοῦ προσωπικοῦ σέ διάφορα ἐργοστάσια. Σημειώνει τή δυσκολία νά ἐντοπιστοῦν Κρῆτες, καθώς οἱ ὑπάρχουσες καταστάσεις ἀναφέρουν γενικῶς Ἕλληνες. Ὅμως τό Hilfswerk θά μποροῦσε νά μέ βοηθήσει.

Τήν ἑπόμενη κιόλας (17.12.1970 ΑΒΒ) ὁ Müller ἐπανέρχεται στό θέμα, πού τό ξανασκέφθηκε, φαίνεται, καί εἶδε τίς θετικές πλευρές του. Γράφει σέ δυό ἀνθρώπους στήν Karlsruhe καί στή Nürnberg καί παρακαλεῖ νά διερευνήσουν στήν περιοχή τους ἄν ὑπάρχει ἐνδιαφέρον βιομηχάνων καί Προϊσταμένων τοῦ προσωπικοῦ ἐπιχειρήσεων νά συμμετάσχουν σέ ἕνα τέτοιο συνέδριο στήν Κρήτη, προκειμένου, μεταξύ ἄλλων, νά γνωρίσουν τά κίνητρα τῶν ἀνθρώπων νά μεταναστεύσουν, ἐνδεχομένως καί δυνατότητες συνεργασίας τῶν ἐργοστασίων τους μέ τούς τόπους καταγωγῆς αὐτῶν τῶν ἀνθρώπων {πρόκειται γιά στόχους πού τοῦ εἶχα ἀναφέρει ὅτι ἐπιδιώκουμε μέ τέτοια προγράμματα}. Σημειώνει ἀκόμη ὅτι καί ὁ Roos θά ἤθελε νά συνεργασθεῖ, ὅπως καί ἐκεῖνοι ἀπό τό ΒΒ.

Ἡ ἔγνοια γιά τούς Ἕλληνες μετανάστες καί ἰδιαίτερα γιά τούς ἐργάτες ὑπῆρξε μακρᾶς διάρκειας μέλημα τῆς Ἀκαδημίας κατά τήν πρώτη περίοδο τῆς λειτουργίας της, μέ σειρά συνεδρίων, στά ὁποῖα καλούσαμε καί μετεῖχαν ἰδιοκτῆτες ἤ προσωπάρχες ἐργοστασίων καί ἄλλων ἐπιχειρήσεων, συνδικαλιστές, ἐκπρόσωποι δικαστικῶν, ἀστυνομικῶν, ἰατρικῶν καί ἄλλων Ὑπηρεσιῶν, τῆς Ἐκκλησίας καί τῆς Κυβέρνησης τῆς Γερμανίας, ἐνίοτε καί ἄλλων δυτικοευρωπαϊκῶν χωρῶν πού ἀπασχολοῦσαν ἀλλοδαπούς ἐργάτες. Στόχος ἦταν ἡ γνωριμία τους μέ τή χώρα προέλευσης τῶν ἐργατῶν, οἱ λόγοι πού ὁδηγοῦν στή μετανάστευση κ.λπ., καθώς καί προβλήματα παλιννόστησης.

ΜΕΡΟΣ Δ΄- Παράρτημα

ΚΡΗΤΗ

1. Γιά τή Μητρόπολή μας καί τήν Κρήτη

15-9-1962 ΑΑπ
Απ πρός Heintel
Γράφω στόν Καθηγητή Erich Heintel/Βιέννη, πού τόν γνώρισα πρίν λίγες μέρες στό Tutzing κατά τή Συνέλευση τῶν Διευθυντῶν τῶν Ἀκαδημιῶν τῆς Εὐρώπης: Μέ ἐνθαρρύνατε νά σᾶς ἐνημερώσω γιά μιά σοβαρή ὑπόθεση. Πρόκειται γιά τόν κ. Ἰωάννη Μυριζάκη. Ἐν σμικρῷ, εἶναι καί αὐτός ἔκφραση τοῦ «τραγικοῦ στήν Ἱστορία» {πρβλ. Alfred Weber, Das Tragische und die Geschichte, **1943}: Τό χωριό του {Κουστογέρακο Σελίνου, Κρήτη}, ὅπως καί τό δικό μου, καταστράφηκε ὁλοκληρωτικά κατά τή γερμανική κατοχή. «Ἀπό τότε πορεύεται καί ἐκεῖνος τόν ὀδυνηρό δρόμο ἐκπαίδευσης, τόν ὁποῖο πρέπει νά βαδίσει κάθε νέος ἄνθρωπος πού διαθέτει μόνο δυό χέρια καί ἕναν ὑγιῆ νοῦ. Τοῦ συνέστησα νά σπουδάσει στή Σχολή γιά τό Παγκόσμιο Ἐμπόριο** (Hochschule für Welthandel), Βιέννη. Τό ἐμπόριο εἶναι ἔτσι κι ἀλλιῶς ἔμφυτη ἰδιότητα τῶν Ἑλλήνων». Ζήτησα τή βοήθειά του, ὅπως καί τοῦ Αὐστρίας Χρυσοστόμου Τσίτερ, ὁ ὁποῖος πράγματι τόν στήριξε. Τελικά, ὁ Μυριζάκης σπούδασε στό Πανεπιστήμιο τῆς Βιέννης Οἰκονομικά καί ἀναδείχθηκε ἱκανό ἐπιστημονικό στέλεχος τοῦ Ἐθνικοῦ Κέντρου Κοινωνικῶν Ἐπιστημῶν (ΕΚΚΕ), Ἀθήνα, μέ τό ὁποῖο συνεργάσθηκε ἡ Ἀκαδημία στά πλαίσια διαφόρων συνεδρίων.[244]

20-11-1962 ΑΒΒ
Μ πρός Hohner
Γράφει ὅτι στό ΒΒ εἶχε μιά συζήτηση μέ τόν Ὑπουργό L e n z, κατά τήν ὁποία τοῦ ἀνέφερε ὅτι στήν Κρήτη συνάντησε μιά γυναίκα, ὁ ἄνδρας τῆς ὁποίας ἐξαφανίσθηκε καί μᾶλλον ἐκτελέσθηκε σέ γερμανική φυλακή αἰχμαλώτων. Ἐπιθυμία τοῦ Ἐπισκόπου εἶναι ἡ περίπου εἰκοσάχρονη κόρη της νά γίνει

---

[244] Ὅπως μοῦ εἶπε ὁ Μυριζάκης στό τηλέφωνο {10.9.2012}, συμφοιτητής του ἦταν ὁ μετέπειτα Αὐστρίας Μιχαήλ. Ὁ Γρηγ. Λαρεντζάκης μοῦ τό ἐπιβεβαίωσε {11.9.2012}: Ἄρχισε τίς σπουδές Οἰκονομίας, τίς ἄφησε, συνδέθηκε μέ τή Μητρόπολη, τόν χειροτόνησε ὁ Αὐστρίας Χρυσόστομος καί μετά σπούδασε Θεολογία.

δασκάλα μουσικῆς γιά τήν Ἐπισκοπή του. Γνώρισε καί ὁ ἴδιος τήν κοπέλα, ἀπεκόμισε θετική εἰκόνα καί πληροφορήθηκε ἀπό τήν ἴδια ὅτι θέλει νά σπουδάσει Akkordeon. Ἡ βελτίωση τῆς μουσικῆς ζωῆς στά χωριά θά συμβάλει στήν ἀποφυγή τῆς μετανάστευσης. Ἐπικαλούμενος τή γερμανική ἐνοχή γιά τήν ὀρφάνια καί τή φτώχεια τῆς κοπέλας, ἐρωτᾶ ὁ Müller κατά πόσο θά μποροῦσε νά χορηγηθεῖ σ' αὐτήν μιά θέση γιά δωρεάν σπουδή στή Μουσική Σχολή τοῦ Troosingen.²⁴⁵

22-11-1962 ΑΒΒ
Μ πρός Εἰρηναῖον
«Γιά τό *Ἰνστιτοῦτο γιά τήν Προαγωγή τῆς Κοινωνικῆς Συνοχῆς καί τῆς Οἰκονομικῆς Ἀνάπτυξης στήν Κρήτη*, Γωνιά, καί τόν Μῶλο στό Καστέλλι μίλησα πρίν ὀκτώ μέρες μέ τόν Ὁμοσπονδιακό Ὑπουργό Δημοσίων Κτημάτων. Μοῦ ὑποσχέθηκε ὅτι θά συζητήσει αὐτά τά θέματα μέ τό Ὑπουργεῖο Ἐξωτερικῶν. Στό μεταξύ ὅμως ἔπεσε ἡ Κυβέρνησή μας καί πρέπει νά περιμένουμε...».

Ἔγραψε γράμμα γιά τήν κοπέλα πού θέλει νά μάθει ἀκορντεόν...

«Ἔδωσα προσωπικά στόν Kunst τό γράμμα γιά τό Λιμάνι Καστελλίου. Ὑποσχέθηκε νά τό συζητήσει μέ τό Ὑπουργεῖο Ἐξωτερικῶν. Πάντως θά χρειασθῶ ἀρκετό χρόνο, ὥσπου νά προκύψει κάποιο ἀποτέλεσμα.

Τό σπουδαιότερο σέ σχέση μέ ὅλα αὐτά τά ζητήματα θά εἶναι νά μήν παρεμποδίσουν τά σχέδιά μας, ἀλλά νά τά στηρίξουν ἡ Ἑλληνική Κυβέρνηση καί ἡ Γερμανική Πρεσβεία στήν Ἀθήνα. Εἶναι γι' αὐτό σημαντικό νά ὑπάρχει καλή σχέση μέ τή Γερμανική Πρεσβεία στήν Ἀθήνα. Σᾶς ἔχω ἐνημερώσει ἤδη ἐπ' αὐτοῦ μέσω τοῦ κ. Παπαδεροῦ».

Γιά τό κρασί δέν ἔχει ἀκόμη κάτι νεότερο...

25-11-1962 ΑΑπ
Εἰρηναῖος πρός Απ
Ὁ Nikolaos Hudalakis, A.M. Rasen 1, KULMBACH, ἐκ Κανδάνου ἐργάζεται σέ ἐργοστάσιο καί χρειάζεται νά τόν βοηθήσης νά ἀλλάξη τόπο ἐργασίας. Σέ παρακαλῶ γράψε του ἐκ μέρους μου καί βοήθησέ τον.

---

²⁴⁵ Σέ μεταγενέστερη ἐπιστολή του {15.1.1963 ΑΒΒ+ΑΑπ} ὁ Μ γράφει στόν Εἰρηναῖο ὅτι ἡ κοπέλα πού θέλει νά σπουδάσει στή Γερμανία (Akkordeon) ἀπαιτεῖται νά κάμει πρῶτα μουσικές σπουδές στήν Ἑλλάδα καί μετά νά συνεχίσει στή Γερμανία.

19-10-1964 ABB
Christian Troebst πρός Μ
Ὁ Troebst, στέλεχος τῆς Ἀκαδημίας ΒΒ, πληροφορεῖ μέ σημείωμά του τόν Müller ὅτι ἡ Ἑταιρεία TELEFUNKEN εἶναι πρόθυμη νά προσλάβει «τόν ἀδελφό τοῦ Ἐπισκόπου τῆς Κρήτης» στό Βερολίνο, στήν Οὔλμ ἤ στήν πόλη Backnag. Χρειάζονται διάφορες πληροφορίες καί δικαιολογητικά, πού πρέπει νά σταλοῦν στό Βερολίνο.

{Πρόκειται γιά τόν ἀδελφό τοῦ π. Εἰρηναίου, τόν Ἰωάννη Ἀθανασιάδη, πού μοῦ εἶχε ζητήσει νά ἐργασθεῖ κάπου στή Γερμανία. Τό «Ἐπισκόπου Κρήτης», διαβάζεται ἐκ τῶν ὑστέρων καί ὡς ...λάθος προορατικό!}.

21-10-1964 ABB
Σημείωμα Tröbst
«Ἀσκούμενος ἀδελφός τοῦ ἱερέως Εἰρηναίου τοῦ Μικροῦ, Καστέλλι. Δόθηκε στόν Παπαδερό πρός τακτοποίηση».
Σχετικά: Εἰρηναῖος Ἀθανασιάδης πρός καί ἀπό Μ+υἱούς: 23,24/9, 1.10.1964, 9.10.64, 21.10.64, 15.12.64. Ἀκολούθησε μακρά ἀλληλογραφία, ὥσπου νά ἐπιτευχθεῖ τό ποθούμενο.

Ἡ ἀκόλουθη περίπτωση ἀνήκει στά πολλά **ἄτακτα τῶν Ἑλλήνων**:
21-9-1964 Asp
Roos πρός Απ
Ὁ Roos μοῦ στέλνει δικαιολογητικά γιά τό πρόβλημα πού προκάλεσε νεαρός Ἕλληνας, πού ἐξαφανίσθηκε ἀφήνοντας ἀπροστάτευτη νεαρή Γερμανίδα μέ τά δυό παιδιά τους. Ἐπιδίωξη εἶναι τουλάχιστον ὁ δικαστικός ἐξαναγκασμός του σέ καταβολή τροφείων. Ἀπάντησα (6.10.1964 Asp) ὅτι μίλησα μέ δικηγόρο, μοῦ ἔδωσε κάποιες ἐλπίδες. Μόλις ὁλοκληρώσει τή νομική ἔρευνα τοῦ ζητήματος, θά σᾶς γράψω. Ὁ Roos (14.12.1964 Asp) μοῦ στέλνει ἐξουσιοδότηση τῆς γυναίκας γιά ἀγωγή ἐναντίον τοῦ ὑπαιτίου, πού ἔχει μέν ἀναγνωρίσει τήν πατρότητα τῶν παιδιῶν τους, ἀποφεύγει ὅμως τήν προβλεπόμενη μέριμνα. Ὁ Roos ἐπανέρχεται στό θέμα (23.11.1965 Asp) σημειώνοντας πώς ἡ ἐγκαταλελειμμένη γυναίκα ἀναμένει ἀκόμη κάποια δικαστική ἀπόφαση γιά τό θέμα τῆς διατροφῆς τῶν παιδιῶν της. Ἐπειδή ἀργοῦσε ὁ δικηγόρος, ἀνέθεσα τήν ὑπόθεσή της σέ ἄλλον, δέν μπόρεσα ὅμως νά παρακολουθήσω τήν περαιτέρω πορεία τῆς θλιβερῆς ἐκείνης ὑποθέσεως.

4-1-1960 ΑΑπ
Εἰρηναῖος πρός Απ (Μz)
«Ἀγαπητέ μου Ἀλέκο,

Σοῦ εὔχομαι μέ ὑγείαν καί πρόοδον τό νέον ἔτος 1960. Πρό δύο ἡμερῶν πῆρα τό ἀπό 21.12.59 γράμμα σου καί σήμερον τό τῆς 28.12.59. Περίμενα ἀπό καιρόν νέα σου καί δέν ἤξερα ποῦ νά ἀποδώσω τή σιωπή σου. Χαίρω πού εἶσαι καλά καί ἔχεις φέτο περισσοτέραν ἄνεσιν εἰς τάς σπουδάς σου. Ὑπογράφω ἀπόψε τά σχετικά ἔντυπα πού ἔστειλες καί αὔριο φεύγει τό τῆς Γερμανικῆς Πρεσβείας. Δέν εἶχα κανένα λόγο νά μήν ἐγκρίνω τό περιεχόμενόν των καί χαίρω πού μπορῶ πάλιν νά σοῦ διευκολύνω τήν θέσιν σου αὐτοῦ στήν ξενιτιά πού βρίσκεσαι. Νομίζω ὅτι ὅπως τοποθετεῖς τό ζήτημα μιᾶς βοήθειάς μας γιά τό οἰκοτροφεῖον Παλαιοχώρας ἀπ' εὐθείας ἀπό τή Γερμανική Κυβέρνηση εἶναι δύσκολον, διότι ἡ Κυβέρνηση τῆς Bonn ρυθμίζει γενικά τό ζήτημα τῶν ἐκ τοῦ πολέμου ζημιῶν ἀπ' εὐθείας μέ τήν Κυβέρνηση Ἀθηνῶν καί ἄν ἐγώ γράψω στό Ὑπουργεῖον Ἐξωτερικῶν τῆς Bonn θά μέ παραπέμψουν στό Ἐξωτερικῶν Ἀθηνῶν. Λοιπόν μόνον ἰδιωτικῶς ἤ ἀπό ἐκκλησιαστικήν ὀργάνωσιν ἄν μπορεῖς κάμε τίποτε.

Τά νέα μας εἶναι τά ἑξῆς: Ὁ π. Εἰρηναῖος δέν γύρισε ἀκόμη ἀπό τήν Ἀγγλία, ὁ Καρδαμάκης εὑρίσκεται στό Graz-Αὐστρία (γιά σπουδές), ὁ Παπαδάκης εἰς Ἁγία Τριάδα. Θέλω ὅμως νά βοηθήσης τό Γιῶργο {Παπαδάκη} νά ἔλθη αὐτοῦ διότι μόνος του δυσκολεύεται. Μέ τίς γνωριμίες πού ἔχεις ἤδη αὐτοῦ κοίταξε νά τοῦ ἐξασφαλίσης μιά ὑποτροφία. Αὐτό σοῦ τό ζητῶ ἐγώ σάν δικό μου πρᾶγμα». Γράφει ἀκόμη ὅτι τό οἰκοτροφεῖο Παλαιοχώρας ἀρχίζει ἀπό 11 τρέχοντος μέ 22 παιδιά καί Δ/ντή τόν Ἐμμ. Χατζηνικολάου,[246] καί μεταξύ τῶν παιδιῶν πού θά προσληφθοῦν εἶναι καί ἕνα ἀνιψάκι μου -ὡς τοῦ λένε- Παπαδογιάννης ἀπό Ἀζωγυρέ {γιός τῆς πρώτης ἀδελφῆς μου Ἑλένης}. «Τό αὐτοκινητάκι μου μεταβλήθηκε σέ φορτηγό ἀπό Χανιά-Καστέλλι-Χανιά-Παλαιόχωρα. Μποροῦμε νά ἀγοράσωμε ἀπ' αὐτοῦ ἕνα ἡμιφορτηγόν (ἑνός τόνου). Γράψε μου μάρκα καί δαπάνη. Ἄν μᾶς δωρίζη κανείς ἕνα τέτοιο, ὁ Δεσπότης σου ἔγινε στό σημεῖο αὐτό σάν τόν Ἅγιο Φραγκίσκο ζητιάνος...».

Στό ἐπάνω μέρος τῆς πρώτης σελίδας γράφει:

---

[246] Κατά τόν ἑσπερινό τῆς ἑορτῆς τῶν Ἁγ. Πατέρων στόν Ἀζωγυρέ Σελίνου (6-10-1960) χοροστατοῦντος τοῦ Κισάμου καί Σελίνου Εἰρηναίου, ἔγινε καί ἡ τελετή τῆς «κουρᾶς» καί ὁ Ἐμμανουήλ Χατζηνικολάου εἰσῆλθε στήν τάξη τῶν Μοναχῶν μέ τό ὄνομα Ἰ γ ν ά τ ι ο ς καί στήν ἀδελφότητα τῆς Ἱ. Μονῆς Γωνιᾶς {τῆς ὁποίας ὑπῆρξε καί Ἡγούμενος}. Τήν ἑπόμενη, συνιερουργοῦντος καί τοῦ Γορτύνης καί Ἀρκαδίας Τιμοθέου, χειροτονήθηκε διάκονος, στίς δέ 30-10-60 πρεσβύτερος ἀπό τόν Εἰρηναῖο καί ἔλαβε τό ἀξίωμα τοῦ Ἀρχιμανδρίτη (στόν Κάλαμο Σελίνου). Ὑπηρέτησε στή Μ. Ἐκπαίδευση, διακρίθηκε ὡς ἱεροκήρυκας καί συγγραφέας καί ἐστήριξε τό ἔργο τῆς Ἀκαδημίας.

Μετά τήν τελετή τῆς «κουρᾶς».

«Ὁ κ. Eibach ἀπό τή Bremen ἔστειλε πακέτο φάρμακα. Θά τοῦ γράψω καί γώ, ὡστόσο καί σύ νά τόν εὐχαριστήσης». Γιά μιά γυναίκα ἀπό τή Σουηδία, πού δέ μπόρεσε νά κάμη τίποτε: «γράψε της χαιρετισμούς».

Ὁ **Εἰρηναῖος Ἀθανασιάδης**, γνωστός τότε ὡς «Εἰρηναῖος ὁ Μικρός», ἀπό τό Μυξόρουμα Ρεθύμνου: Ἀπόφοιτος τῆς Ἐκκλησιαστικῆς Σχολῆς Κρήτης καί τῆς Ἱ. Θεολογικῆς Σχολῆς τῆς Χάλκης, μέ ἀνώτερες σπουδές στό Κολλέγιο τοῦ Ἁγ. Βονιφατίου, στό Warminster τῆς Ἀγγλίας. Ὑπηρέτησε ὡς Πρωτοσύγκελλος στήν Ἱ. Ἐπισκοπή/Μητρόπολη Κισάμου καί Σελίνου μέ ζῆλο καί ἀφοσίωση. Ὡς «πρῶτος μετά τόν ἕνα» διακόνησε πρώτιστα τόν Ἐπίσκοπο, τόν κλῆρο καί τό λαό μέ τόν ἐξαντλητικό κάματό του καί τά φωτεινά πνευματικά χαρίσματά του. Ἡ ἄνεση πού εἶχε στή χρήση τῆς ἀγγλικῆς γλώσσας τοῦ ἐπέτρεψε νά εἶναι ὁ κύριος συνομιλητής μέ τό πλῆθος τῶν ἀλλοδαπῶν  ἐπισκεπτῶν τῆς Μητροπόλεως, καθώς καί μέ τούς Μεννονίτες στήν Τεχνική Σχολή καί στό Κέντρον Ἀγροτικῆς Ἀναπτύξεως. Θετική ὑπῆρξε ἡ συνεισφορά του καί στά τῆς γενέσεως τῆς Ἀκαδημίας καί ἀργότερα στή λειτουργία της ὡς Μητροπολίτης Κυδωνίας καί Ἀποκορώνου (ἀπό 23-2-1975) καί Ἐκπρόσωπος τῆς Ἱ. Ἐπαρχιακῆς Συνόδου Κρήτης στό Διοικ. Συμβούλιο τῆς Ἀκαδημίας, γιά τήν ὁποία διατηρεῖ τό ἐνδιαφέρον του καί ὡς Ἀρχιεπίσκοπος Κρήτης (ἀπό 30-8-2006).

Ὁ **Γεώργιος Σπ. Παπαδάκης** (1928-): Ἀπό τή Γέργερη Ἡρακλείου. Τελείωσε τό Γυμνάσιο τῆς Πόμπιας τό 1946, φοίτησε στό Κατώτερο καί στή συνέχεια στό Ἀνώτερο Ἐκκλησ. Φροντιστήριο Κρήτης (1947-49), στή Θεολογική Σχολή Ἀθηνῶν (1950-54), μεταπτυχιακές σπουδές στή Γερμανία (Wupertal καί Heidelberg, 1960-63). Ὑπηρέτησε ὡς Καθηγητής στή Μέση καί κυρίως στήν Ἐκκλησιαστική Ἐκπαίδευση (Ἐκκλησιαστικό Φροντιστήριο Κρήτης, Ριζάρειος Ἐκκλησιαστική Σχολή/Ἀνώτ. Ἐκκλ. Φροντιστήριο, Νυκτερινό Ἐκκλ. Λύκειο Ἀθηνῶν, Ἀνωτέρα Ἐκκλησιαστική Σχολή Ἀθηνῶν, τῆς ὁποίας ὑπῆρξε καί Διευθυντής). Ἀφοσιωμένος μαθητής καί δραστήριος συνεργός τοῦ Εἰρηναίου.

Ὁ Πρωτοπρ. Δρ. **Μιχαήλ Σπ. Καρδαμάκης** (1932-2008) ἀπό τή Χρυσαυγή Χανίων. Ἀπόφοιτος τῆς Ἐκκλησιαστικῆς Σχολῆς Κρήτης, πτυχιοῦχος τῆς Θεολογικῆς Σχολῆς Ἀθηνῶν, Δρ. Θεολ., ἱερατική διακονία στήν Ἱ. Ἐπισκοπή Κισάμου καί Σελίνου, μετεκπαίδευση στό Graz τῆς Αὐστρίας, ὅπου ὑπηρέτησε καί τήν ἐκεῖ ἑλληνορθόδοξη ἐνορία, καθώς καί ἐνορίες τῆς χώρας μας, κυρίως στήν περιοχή Ἀθηνῶν. Διακρίθηκε γιά τήν προσφορά του στήν Ἐκκλησιαστική Ἐκπαίδευση καί γιά τή συγγραφή βαθυστόχαστων θεολογικῶν βιβλίων καί ἄρθρων. Βλ. Ἀλεξ. Κ. Παπαδεροῦ, Ἐπικήδειος στόν Πρωτοπρεσβύτερο Μιχαήλ Καρδαμάκη, Ν. ΚΗΡΥΞ (22 Ἀπριλίου 2008), 22.

28-3-1960 ΑΑπ
Εἰρηναῖος πρός Απ
«Εὔχομαι νά ὑγιαίνης. Ὅταν πρό καιροῦ πῆρα τό γράμμα σου τηλεγράφησα καί γιά τήν ὑπόθεση τοῦ Παπαδάκη, φοβοῦμαι ὅμως πώς δέν θά γίνη τίποτε διότι δέν εἶναι ἔτοιμος ἀπό ἀπόψεως γλώσσης καί ἄδειας τοῦ Ὑπουργείου. Συνέχεια τοῦ ἔργου μας τελευταίως ἐκτός τῶν οἰκοτροφείων Παλαιόχωρα-Καστέλλι κ.λπ. εἶναι:

α) Ἕνα γκρούπ ἐργαζομένων ἐφήβων εἰς τούς ὁποίους (60-65 τόν ἀριθμό) κάθε Τρίτη παραθέτομεν τράπεζαν εἰς τήν αἴθουσαν ὁμιλιῶν.

β) Ἀπό τοῦ Μαΐου Θεοῦ θέλοντος ἀρχίζει ἡ ἀνέγερση τοῦ νέου κτηρίου Οἰκοκυρικῆς εἰς Καστέλλι (δαπάνη 350 χιλ.).

γ) Ἀπό τό Ὑπουργεῖο Τύπου ἐζήτησα ἄδεια ἐκδόσεως περιοδικοῦ Ἐπισκοπῆς μας μέ τίτλο "<u>Χριστιανική εὐθύνη</u>" (μηνιαῖον), πῶς σοῦ φαίνεται; Θά περιμένω τά σχετικά ἄρθρα σου.

δ) Κατ' αὐτάς κυκλοφορεῖ τό νέον βιβλιαράκι μου "<u>Πρός ἕνα χριστιανικό Γάμο</u>".

ε) Εἰς Ἀθήνας ἔδωσα προχθές διάλεξη μέ θέμα: "Ἡ μοναξιά τοῦ συγχρόνου ἀνθρώπου" καί μετά τό Πάσχα ἑτέρα "Ἡ πολιτική εὐθύνη τοῦ Χριστιανοῦ".

Ἀλλά, Ἀλέκο μου, εἶμαι μόνος καί κουράζομαι τρομερά. Δέν ξέρω ἕως πότε θά ἀνθέξω γιατί ὅλοι σας μ' ἀφήκατε ἐδῶ. Ὁ Εἰρηναῖος θά ἔλθη μετά τό Πάσχα. Ὁ κ. Eibach μοῦ ἔστειλε πάλι νέα φάρμακα. Σέ παρακαλῶ πέστου ὅτι τόν εὐχαριστῶ ἀλλά δέν θέλω νά τά στέλνει διότι οἱ ἐδῶ φαρμακοποιοί δέν τά ἀναγνωρίζουν καί τά ἀπορρίπτουν ὅλα. Λοιπόν μήν τά στέλνετε.

Γράψε μου τά δικά σου νέα. **Πότε θά κατεβῆς. Χρειάζομαι ἀνθρώπους, Ἀλέκο μου, ἀνθρώπους χρειάζομαι.** (b-Απ).

Καλό Πάσχα

ἕνα ντόλαρς γιά γλυκό».

2. Οἰκουμενική Κατασκήνωση στό Καστέλλι

(5 Αὐγούστου μέχρι 4 Σεπτεμβρίου 1961)

Ὁ Ἐπίσκοπος δείχνει πῶς ἀνοίγονται θεμέλια...

Ἡ Οἰκουμενική Κατασκήνωση στό Καστέλλι ἐπρόκειτο ἀρχικά νά γίνει στή Γωνιά. Σέ ἐπιστολή του στίς ἀρχές τοῦ 1961 ὁ Εἰρηναῖος μοῦ γράφει ὅτι ἑτοιμάζει ἐκεῖ μιά οἰκοδομή (Σχολεῖο, παιδικές κατασκηνώσεις...). «Μᾶς παρουσιάζεται ὅμως ἕνα ἐμπόδιον τοῦ νεροῦ. Δέν εἶναι ἀρκετόν. Ἔχω σκεφθῆ καί συζητήσει γι' αὐτό τό θέμα ἕνα οἰκουμενικό champ {κατασκήνωση} – στή Γωνιά καί ἐάν τελικά ἀποφασισθῆ νά ἔλθης νά τό διευθύνης» (11.1.1961 ΑΑπ, Εἰρηναῖος πρός Απ). Ἡ παρεμβολή ὅμως τῆς ἰδέας τῆς Ἀκαδημίας (βλ. στήν ἴδια ἐπιστολή) ἄλλαξε αὐτό τό σχέδιο ὑπέρ τοῦ Καστελλίου, ὅπως μοῦ γράφει ὁ Εἰρηναῖος: «Τόν Αὔγουστο θά ἔχωμεν δῶ τήν οἰκουμενικήν κατασκήνωσιν» (6.3.1961 ΑΑπ, Εἰρηναῖος πρός Απ). Σέ παράκληση τοῦ Dyck νά ἐπισκεφθῶ τό κλιμάκιό τους στή Μακεδονία, τόν πληροφορῶ ὅτι «ὁ κ. King μέ παρεκάλεσε νά διευθύνω τήν Οἰκουμενική Κατασκήνωση στό Καστέλλι» καί γι' αὐτό «ἀναχωρῶ γιά τό Bossey, ὅπου θά συμμετάσχω σέ συνέδριο γιά τούς Διευθυντές τῶν Κατασκηνώσεων. Θά ἐπιστρέψω στό Μάιντς ἀρχές Ἰουνίου», ὅτι σκέπτομαι νά «ταξιδέψω στήν Ἑλλάδα τέλη Ἰουλίου» καί ὅτι μετά τό τέλος τῆς Κατασκήνωσης «θά μποροῦσα ἴσως νά ἀνέβω στή Μακεδονία, νά σᾶς γράψω τήν ἄποψή μου καί νά δῶ σέ τί μπορῶ ἴσως νά βοηθήσω προσωπικά» (Γ 19.5.1961 ΑΑπ, Απ πρός Dyck - γερμ).

Στήν Κατασκήνωση ἔλαβαν μέρος περίπου 30 φοιτητές καί φοιτήτριες διαφόρων χριστιανικῶν παραδόσεων, ἀπό 9 χῶρες (Ἀγγλία, Ἀμερική, Γαλλία, Γερμανία, Ἐλβετία, Ἑλλάδα, Ὁλλανδία, Σκωτία καί Σουηδία). Τήν εὐθύνη τῆς διεύθυνσης μοιράστηκα μέ τόν Ἄγγλο John Russel. Ἐργασθήκαμε πολύ ἐντατικά (ἀπό ὥρα 5 π.μ. μέχρι τό μεσημέρι) βοηθώντας στήν ἀνέγερση τοῦ μικροῦ ναοῦ τοῦ Ἁγ. Οἰκουμενίου καί τοῦ Τυπογραφείου τῆς τοπικῆς Ἐκκλησίας. Τά ἀπογεύματα καί τά βράδυα, ὅταν δέν κάναμε κάποια ἐκδρομή, εἴχαμε ὁμιλίες, συζητήσεις, ὧρες προσευχῆς. Οἱ δύο Εἰρηναῖοι (Ἐπίσκοπος καί Πρωτοσύγκελλος) διέθεσαν πολλές ὧρες γιά συμμετοχή στήν ἐργασία, ὁμιλίες κ.λπ. Ἐπισκεφθήκαμε βέβαια τόν μακαριστό Ἀρχιεπίσκοπο Κρήτης Εὐγένιο, ἄλλους ἄρχοντες τῆς Κρήτης, ἱ. Μονές, διάφορα ἀξιοθέατα, χωριά κ.λπ. Σέ μιά ἀπό τίς ὁμιλίες μου μέ θέμα τήν ἑρμηνευτική παράδοση τῆς Ὀρθοδοξίας ἀνέφερα καί τό ὄνομα τοῦ Ἐπισκόπου Τρίκκης Ἁγ. Οἰκουμενίου, ὡς ἑνός τῶν γνωστῶν ἑρμηνευτῶν τῶν Γραφῶν. Τό ὄνομα προκάλεσε ζωηρό ἐνδιαφέρον στά μέλη τῆς οἰκουμενικῆς Κατασκήνωσης. Μέ τήν πάροδο τῶν ἡμερῶν διαμορφώθηκε καί προτάθηκε στόν Εἰρηναῖο ἡ ἰδέα νά ἀφιερωθεῖ ὁ ναός στόν Ἅγ. Οἰκουμένιο, ὅπως ἔγινε πράγματι ἀργότερα.

Ἡ Οἰκουμενική ἐκείνη Κατασκήνωση τοῦ Παγκοσμίου Συμβουλίου Ἐκκλησιῶν, ὡς καινοφανής στόν τόπο μας διεκκλησιαστική δραστηριότητα, προκάλεσε τό ἐνδιαφέρον ὄχι μόνο τοῦ τοπικοῦ Τύπου καί ἐκείνου τῶν Ἀθηνῶν καί ἄλλων περιφερειῶν τῆς χώρας (βλ. ΧΚ 12/Ὀκτώβριος 1961, 192), ἀλλά καί τοῦ ἐξωτερικοῦ, ὅπως π.χ. τοῦ μεγάλου Ραδιοφωνικοῦ Σταθμοῦ τοῦ Κρατιδίου τοῦ Saar {Saarbrücken}, πού εἶχε ζητήσει τή συνεργασία μου γιά μιά ἐκπομπή ἀφιερωμένη στήν Κατασκήνωση του Καστελλίου!

SAARLÄNDISCHER RUNDFUNK

Ὁ Hans Kimmel (ἐπιστολή του ἀπό 26.6.1962 ΑΑπ), συμφοιτητής μου στό Σεμινάριο Φιλοσοφίας στό Μάιντς καί στό μεταξύ Προϊστάμενος τῆς Διεύθυνσης Πολιτιστικῶν Θεμάτων τοῦ Σταθμοῦ, μοῦ γράφει ὅτι λόγω τροχαίου ἀτυχήματός του ματαιώθηκε ἡ προγραμματισμένη αὐτή κάλυψη τῆς Οἰκουμενικῆς Κατασκηνώσεώς μας. «*Ἐλπίζω ὅμως ὅτι θά μπορέσουμε νά παρουσιάσουμε κάποια στιγμή τήν Οἰκουμενική Κατασκήνωση πού ἔγινε στήν Κρήτη...*». (4.12.1962 ΑΑπ, Kimmel πρός Απ-Μz). Εἶχε περάσει, ὡστόσο, πολύς χρόνος καί δέν ἔκρινα σκόπιμο νά ἐπανέλθω στό ζήτημα αὐτό.

Οἱ κατασκηνωτές, βοηθούμενοι καί ἀπό δυό ντόπιους χτίστες, θέσαμε τά θεμέλια τοῦ ναοῦ καί ἀνεβάσαμε τούς τοίχους μέχρι τή μέση περίπου. Αὐτός ἦταν ὁ ἕνας στόχος τῆς κατασκήνωσης. Γιά τόν ἄλλο, τόν πιό οὐσιαστικό, δηλαδή γιά τή γνωριμία μέ τήν Ὀρθοδοξία καί τήν προαγωγή τοῦ οἰκουμενικοῦ ὁράματος, σημαντική ὑπῆρξε ἡ βοήθεια τῶν δύο Εἰρηναίων, τοῦ Μεγάλου καί τοῦ «Μικροῦ», καθώς καί τοῦ φιλόξενου λαοῦ μας.

Ναός Ἁγ. Οἰκουμενίου
20/21 Αὐγούστου 1966: Ἔγιναν τά ἐγκαίνια τοῦ ναοῦ τοῦ Ἁγ. Οἰκουμενίου, παρουσίᾳ καί ξένων Καθολικῶν καί Προτεσταντῶν. Γιά τό ναό ἐργάσθηκαν πολλοί νέοι ἐκ διαφόρων χωρῶν. ΧΚ 66 (1966), 128. Πρβλ. σχετικό ἄρθρο τοῦ Γ. Καψωμένου, ΧΚ 69 (1966), 165-167 καί σ. 24.

Ὁ Ἅγιος Οἰκουμένιος, τό μικρό, καλαίσθητο αὐτό ἐκκλησάκι στό κέντρο τῶν λοιπῶν οἰκοδομημάτων στήν ἕδρα τῆς Μητροπόλεως, παραμένει σύμβολο τῆς οἰκουμενικῆς ἐλπίδας γιά καταλλαγή τῶν Χριστιανῶν.

Η ΕΝΑΡΞΙΣ ΑΝΕΓΕΡΣΕΩΣ ΝΑΟΥ ΕΙΣ ΚΑΣΤΕΛΛΙ ΚΙΣΑΜΟΥ

Η Οἰκουμενικὴ Κατασκήνωσις Ἐργασίας

Δὲν θὰ ἦταν ὑπερβολὴ ἂν ἔλεγε κανεὶς ὅτι ἀπὸ τὴν ἡμέρα ποὺ ἀνῆλθεν εἰς τὸν Ἐπισκοπικὸν θρόνον Κισάμου—Σελίνου ὁ Θεοφιλέστατος κ. Εἰρηναῖος ἕνα νέον φῶς ἔλαμψε στὸ στερέωμα τῆς ἱστορίας τῆς Ἐκκλησίας μας γενικὰ καὶ εἰδικὰ εἰς τὰ χρονικὰ τῆς Ἱερᾶς Ἐπισκοπῆς Κισάμου—Σελίνου. Ἕνας ἁπλός, φιλόσοφος, ταπεινός, ζηλευτὸς ἀρχιερεύς, ἀντάξιος διάδοχος τῶν Ἀποστόλων ποὺ ἡ φήμη του ξεπέρασε τὰ σύνορα τῆς Ἑλλάδος, στέκει ἀνάμεσα στὸ ποίμνιόν του, ἀκούει τὰ προβλήματά του, συμπάσχει μὲ αὐτὰ καὶ ἱδρύει Ἱδρύματα γιὰ τὴν ἐξυπηρέτησίν του καὶ τὴν ἀνοδόν του. Τὸ ποίμνιόν του θέλει νὰ προάγεται καὶ τὸ φέρνει σὲ γνωριμία μὲ τὴ δρᾶσι, τῶν χριστιανῶν τοῦ ἐξωτερικοῦ ποὺ ἴσως διαφέρομε στὰ δόγματα καὶ τὴ λατρεία, ἀλλὰ ποὺ ἔχομε κοινὸ σημεῖο ἐπαφῆς τόν, ἱερὸ σύνδεσμο τῆς ἐν Χριστῷ ἀγάπης. Τὸ Παγκόσμιον Συμβούλιον τῶν Ἐκκλησιῶν, τοῦ ὁποίου κι' ἐμεῖς ἐτύχαμε ὑπότροφοι καὶ ποὺ ἐπιτελεῖ τώρα καὶ κάμποσα χρόνια λαμπρὸν χριστιανικὸν ἔργον, ἐδέχθη τὴν παράκλησιν τοῦ Θεοφιλεστάτου μας κ. Εἰρηναίου νὰ ἔλθουν ἐφέτος τὸ καλοκαίρι νὰ ἐργασθοῦν ἐπὶ ἕνα μῆνα οἱ φοιτηταὶ τῆς «Κατασκηνώσεως Ἐργασίας» τοῦ Παγκοσμίου Συμβουλίου τῶν Ἐκκλησιῶν.

Ἔτσι ὅπως ἔγραψε κι' ἡ ἔγκριτος αὐτὴ ἐφημερίδα, ἦλθαν τὸ περασμένο Σάββατον οἱ ἐν λόγῳ φοιτηταί. Ἐζήσαμε κάμποσες ὥρες μαζὶ τους καὶ ἐδιδαχτήκαμε πολλὰ ἀπὸ τὴν ἐργατικότητά τους. Ἡ πρώτη δημοσία τους ἐμφάνισις ἔγινε τὴν περασμένην Κυριακὴν ὁ τρέχοντος μηνὸς εἰς τὸν ἑορτάζοντα Μητροπολιτικὸν ναὸν Καστελλίου Κισάμου. Τὴ θείαν λειτουργίαν, τὴν ὁποίαν ἐτέλεσεν ὁ Θεοφιλέστατος κ. κ. Εἰρηναῖος, συμπαραστατούμενος ὑπὸ τῶν ἀρχιμανδριτῶν τοῦ Εἰρηναίου Ἀθανασιάδου καὶ Ἰγνατίου Χατζηνικολάου καὶ ἄλλων Κληρικῶν, παρηκολούθησε πλῆθος κόσμου καὶ ὅλοι οἱ φοιτηταὶ κατασκηνωταὶ ὑπὸ τὴν ἀρχηγίαν τοῦ ἐκ Σελίνου διακεκριμένου θεολόγου, πνευματικοῦ τέκνου τοῦ Θεοφιλεστάτου κ. κ. Εἰρηναίου κ. Ἀλεξάνδρου Παπαδεροῦ. Κατὰ τὴν θείαν λειτουργίαν ὡμίλησεν ὁ Θεοφιλέστατος κ. Εἰρηναῖος μετέφρασεν δὲ Γερμανιστὶ ὁ κ. Παπαδερός. Τὴν μεσημβρίαν παρέθεσεν ἡ ἱερὰ Ἐπισκοπή μας γεῦμα πρὸς τοὺς κατασκηνωτάς, εἰς τὸ ὁποῖον παρεκάθησεν ὁ Θεοφιλέστατός μας καὶ ὅλοι οἱ κατασκηνωταί. Κατὰ τὸ γεῦμα ἠγέρθησαν ἐγκάρδιαι ἀδελφικαὶ προπόσεις ἀπὸ μέρους τοῦ Θεοφιλεστάτου καὶ τῶν συνδαιτυμόνων. Τὴν 6ην ἑσπερινὴν τῆς Κυριακῆς ἐγένετο ἐπιβλητικὸς ἁγιασμὸς ἔμπροσθεν τοῦ Οἰκοτροφείου τῆς Ἐπισκοπῆς μας ἐπὶ τῇ ἐνάρξει τῆς ὑπὸ τῶν κατασκηνωτῶν οἰκοδομῆς ναοῦ, ὁ ὁποῖος θὰ ἐξυπηρετῇ τὰς θρησκευτικὰς ἀνάγκας τῶν πέριξ τῆς Ἐπισκοπῆς μας

Ίδρυμάτων αυτής. Ό αγιασμός έτελέσθη χοροστατούντος τού Θεοφιλεστάτου Επισκόπου κ. Ειρηναίου. Παρέστησαν αι τοπικαί αρχαί, οι Κατασκηνωταί (φοιτηταί και φοιτήτριαι) και πλήθος κόσμου. Ζωηράν εντύπωσιν επροξένησεν ή φήμη τού Θεοφιλεστάτου μας, την όποίαν έψαλλον Ελληνιστί οι κατασκηνωταί μετά το πέρας τού αγιασμού. Ωμίλησεν ό Θεοφιλέστατος Επίσκοπος κ. Ειρηναίος, ό οποίος άφοΰ ηύχαρίστησε το Παγκόσμιον Συμβούλιον των Εκκλησιών και τους κατασκηνωτάς εξήρε τον θεσμόν των οικονομικών αυτών κατασκηνώσεων. Εξήρε άκολούθως το έργον τού Παγκοσμίου Συμβουλίου των Εκκλησιών, την αξίαν της γνωριμίας μας με τους άλλους αδελφούς μας πού μάς χωρίζει μόνον το δόγμα, μάς ενώνει όμως ή αγάπη και ό κοινός σκοπός ειπών χαρακτηριστικώς «παλαιότερον έπιδιώκαμε νά ίδωμεν εις ποία σημεία διαφέρομεν οι Εκκλησίαι τώρα βλέπομεν πού συναντώμεθα και πώς δυνάμεθα άπό κοινού νά συνεργασθώμεν διά την έπικράτησιν της έν Χριστώ άγάπης» Ακολούθως ώμίλησαν ό Δήμαρχος Καστελλίου κ. Ι. Φουρναράκης, ό ιατρός κ. Φανδρίδης έκ μέρους τού Συλλόγου γονέων και κηδεμόνων του Γυμνασίου Καστελλίου, ό Δ)ντής τοϋ Α' Δημοτικού Σχολείου Καστελλίου κ. Εμμ. Κουνελάκης και ό κ. Σπ. Μαρής έκ μέρους τού Εμπορικού, Επαγγελματικού και Βιοτεχνικού κόσμου Καστελλίου. Όλοι ηύχαρίστησαν τους κατασκηνωτάς, διεδήλωσαν αγάπη και στοργήν προς αυτούς και εξήραν την προσωπικότητα και την πολυσχιδή δράσιν τού Θεοφιλεστάτου Επισκόπου μας κ. Ειρηναίου.

Ακολούθως οι Κατασκηνωταί έψαλλον Εκκλ. ύμνους, πρώτοι οι Σουηδοί, ύστερον οι Άγγλοι, Γερμανοί και Ολλανδοί. Επηκολούθησε μια έξαίρετος ομιλία ύπό τού κ. Παπαδερού ενθουσιάσασα και συγκινήσασα τους παρευρεθέντας. Η όλη τελετή έληξε με την όμορφην προσευχήν «ός μας ειρήνη» την οποίαν έψαλλον από κοινού οι κατασκηνωταί. Οι κατασκηνωταί θα έπισκεφθούν το Ηράκλειον και θα παρακολουθήσουν όλας τάς τελετουργικάς εκδηλώσεις της ορθοδοξίας μας. Ούτω τη πρωτοβουλία και συνοδεία τού Θεοφιλεστάτου επισκόπου μας κ. Ειρηναίου θα παρακολουθήσουν την ιεράν πανήγυριν της κοιμήσεως Θεοτόκου εις Γωνιά, κρητικόν γάμον, βάπτισμα και έγκαίνια ναού. Μαζί με το «καλώς ήλθανε» οι αγαπητοί μας φοιτηταί κατασκηνωταί στις έπαρχίες της Επισκοπής μας, τους εύχαριστούμεν διότι άφιέρωσαν την θερινήν των άνάπαυσιν διά το έργον της Επισκοπής μας και της εμπράκτου έφαρμογής της αγάπης ευχόμενοι καλήν σταδιοδρομίαν εις την ζωήν των.

† Ι.Γ.Ν.Χ.

Κείμενο Ίγνατίου Χατζηνικολάου σέ τοπική εφημερίδα, Αύγουστος 1961.

Ἀπόκομμα ΝΕΩΝ

... ΑΥΓ. 1961

Χρονολογία

30 ΕΛΛΗΝΕΣ ΚΑΙ ΞΕΝΟΙ ΦΟΙΤΗΤΑΙ ΤΗΣ ΘΕΟΛΟΓΙΑΣ ΜΕΤΕΧΟΥΝ ΚΑΤΑΣΚΗΝΩΣΕΩΣ ΕΡΓΑΣΙΑΣ ΕΙΣ ΚΡΗΤΗΝ

ΕΛΛΗΝ. ΒΟΡΡΑΣ ΦΙΝΙΚΗΣ

22 ΑΥΓ. 1961

ΚΑΤΑΣΚΗΝΩΣΕΙΣ ΕΡΓΑΣΙΑΣ ΕΙΣ ΚΡΗΤΗΝ ΜΕ ΕΛΛΗΝΑΣ ΚΑΙ ΞΕΝΟΥΣ ΦΟΙΤΗΤΑΣ

ΑΠΟΓΕΥΜΑΤΙΝΗΣ

... 1961

ΚΑΤΑΣΚΗΝΩΣΙΣ 30 ΦΟΙΤΗΤΩΝ ΚΑΙ ΦΟΙΤΗΤΡΙΩΝ ΘΕΟΛΟΓΙΑΣ ΑΠΟ 9 ΧΩΡΑΣ ΕΙΣ ΚΑΣΤΕΛΛΙ ΚΡΗΤΗΣ

Ἀπόκομμα

20 ΑΥΓ. 1961

Χρονολογία

Οἱ κατασκηνωταὶ τοῦ Παγκοσμίου Συμβ. Ἐκκλησιῶν

Ἀγών

ΦΟΙΤΗΤΑΙ ΤΗΣ ΘΕΟΛΟΓΙΑΣ ΑΠΟ ΞΕΝΑΣ ΧΩΡΑΣ ΜΕΤΕΧΟΥΝ ΚΑΤΑΣΚΗΝΩΣΕΩΝ ΕΙΣ ΧΑΝΙΑ

Ἀπόκομμα ΑΝΤΑ. ΤΥΠΟΥ

31 ΑΥΓ. 1961

Χρονολογία

Ἀπό τά μέλη τῆς Κατασκήνωσης δυό πρόσωπα διατήρησαν/ἀνανέωσαν τήν ἐπικοινωνία τους μαζί μας.

Ὁ Jonas Jonson
Ἐκεῖνος πού διατήρησε καί δυνάμωσε τούς δεσμούς του μέ τήν Κρήτη καί τή φιλία του μέ τούς δύο Εἰρηναίους, ἐμένα καί μετέπειτα καί μέ τήν Ἀκαδημία μας ἦταν ὁ Σουηδός Jonas Jonson (1939-). Ἀναδείχθηκε σέ κορυφαῖο Θεολόγο τῆς Λουθηρανικῆς Ἐκκλησίας σέ διεθνές ἐπίπεδο. Διακόνησε σέ ὑψηλές θέσεις εὐθύνης τοῦ Π.Σ.Ε. Ὑπῆρξε Διευθυντής τῆς Ἀκαδημίας Rättvik. Ἀργότερα ἔγινε Ἐπίσκοπος Strängnäs (1989-2005).

Ἦρθε κάμποσες φορές στήν Ἀκαδημία μέ ὁμάδες κληρικῶν τῆς Ἐκκλησίας τους γιά γνωριμία μέ τήν Ὀρθοδοξία ἤ ὡς μέλος θεολογικῶν Ἐπιτροπῶν οἰκουμενικοῦ διαλόγου. Σέ δάσος πλησίον τῆς Ἀκαδημίας τους ἐπισκέφθηκα (1979) μέ τή σύζυγό μου τόν π. Εὐσέβιο Βίτη. Ὁ Jonas γράφει:

«Ἐπί 14 χρόνια εἴχαμε ὡς συνεργάτη μας ἕναν Ὀρθόδοξο ἐρημίτη μοναχό. Μέσω ἐκπαιδευτικῶν ταξιδίων καί Σεμιναρίων {μερικά ἔγιναν στήν Ἀκαδημία μας} ἡ Ὀρθόδοξος Θεολογία καί παράδοση ἐπηρέασε μέ πολλές σχέσεις ἄμεσα τή ζωή» στήν Ἀκαδημία τους. Βλ. Jonas Jonson, Rättvik als Ort der Begegnung, στό συλλογικό ἔργο Ökumenisch lernen. Ein Dank an Werner Simpfendörfer, Wichern-Verlag, Berlin 1985. Σέ ἕνα βαθυστόχαστο ἄρθρο του *(Jonas Jonson, Artikel som kommer att publiceras i pilgrim 4/1995, 1-6)* ἐκφράζει αἰσθήματα σεβασμοῦ καί ἀγάπης γιά τή Δυτική Κρήτη καί τούς ἀνθρώπους της.[247]

Στό βιβλίο Jonas Jonson, *Vänner kallar jog er. En resa till Ekumene* ὁ καλός μας φίλος ἀναφέρεται ἐκτενέστερα στόν *Σεβασμ. Εἰρηναῖο καί σέ μένα καί ὁμολογεῖ: «Στήν Ὀρθόδοξο Ἀκαδημία τῆς Κρήτης ἄρχισε ἡ οἰκουμενική προσκυνηματική πορεία μου»! (b-Απ)*

Χρόνια μετά....

Vivian (Vicky) Brigham
Ἡ Βίκη ἀπό τίς ΗΠΑ ἦταν τό ἄλλο πρόσωπο. Αὐτή μᾶς αἰφνιδίασε ὅταν, ἐντελῶς ἀπροειδοποίητα, ἐμφανίσθηκε στήν Ἀκαδημία τό πρωί τῆς Τρίτης, 6 Νοεμβρίου 2001 – σαράντα χρόνια ἀπό τόν καιρό τῆς Κατασκήνωσης. Ἦρθε

---

[247] Ἡ Karin, κόρη τοῦ Jonas καί τῆς συζύγου του Birgitta, ἔχει φυτέψει τή λεμονιά πού βρίσκεται στό βορειοδυτικό μέρος τῆς αὐλῆς τοῦ ναοῦ τῆς Μεταμορφώσεως τοῦ Χριστοῦ, στό Εὐρωμεσογειακό Κέντρο Νεότητας (Παράρτημα τῆς ΟΑΚ στά Νωπήγεια Κισάμου).

μέ μιά φίλη της. Τήν ἑπομένη πήγαμε στό Καστέλλι. Δέν μποροῦσε νά πιστέψει ὅτι ζεῖ ὁ Ἐπίσκοπος. Ὅταν ἔπαψε νά κλαίει ἀπό τή συγκίνησή της ἐντός τοῦ ναοῦ τοῦ Ἅγ. Οἰκουμενίου, ἀνεβήκαμε στό Γραφεῖο τοῦ Εἰρηναίου. Καί ὁ ἴδιος συγκινήθηκε. Μάλιστα, ὅταν ἔμαθε ὅτι ἡ Βίκη εἶναι πρεσβυτέρα (σύζυγος ἀγγλικανοῦ ἱερέα), ἡ ἀτμόσφαιρα ἔγινε πιό... οἰκογενειακή.

Μέ ἔκδηλη χαρά ἡ Βίκη καμαρώνει τήν ἐπιγραφή, πού βεβαιώνει: «Ο Ι. ΝΑΟΣ ΤΟΥ ΑΓΙΟΥ ΟΙΚΟΥΜΕΝΙΟΥ ΘΕΜΕΛΙΩΘΕΙΣ ΑΠΟ ΝΕΟΥΣ ΟΙΚΟΥΜΕΝΙΚΗΣ ΚΑΤΑΣΚΗΝΩΣΕΩΣ ΕΝ ΚΑΣΤΕΛΛΙΩι ΤΟΝ ΑΥΓΟΥΣΤΟ 1961...».

Στήν ἐπιστροφή περάσαμε ἀπό τό Εὐρωμεσογειακό Κέντρο Νεότητας (ΕΚΝ), τό Παράρτημα τῆς ΟΑΚ στά Νωπήγεια Κισάμου. Ἔδειξε ἐνδιαφέρον. Ρώτησε ποιές ἄμεσες ἀνάγκες ἔχουμε. Μίλησα γιά μιά αἴθουσα πολλαπλῶν χρήσεων. Εἶπε ὅτι ἔχουν ἕνα μικρό οἰκογενειακό Ἴδρυμα, τό ὁποῖο θά μποροῦσε νά προσφέρει κάτι στό Κέντρο. Δέν ἄργησα νά τῆς στείλω τά σχέδια τῆς αἴθουσας. Προϋπολογισμός:130.000$. Ἀπάντησή της: Ποτέ μέχρι τότε τό μικρό Ἴδρυμά τους δέν εἶχε δεχτεῖ τόσο ὑψηλό αἴτημα! Πάντως θά προσφέρει 100.000$, ἄν κάποιος ἄλλος συμπληρώσει τό ὑπόλοιπο. Τό ἔκαμε ἡ Παγκρήτια Ἕνωση Ἀμερικῆς. Ἔγινε ἡ αἴθουσα. Λείπουν τά κουφώματα καί ἀναμένεται ὁ ἑπόμενος χορηγός...

3. Μεννονίτες

7-6-1960 ΑΑπ
Απ (Mz) πρός Dyck (Frankfurt/Main)
Ὑπενθυμίζουμε ὅτι ἡ MENNONITE CENTRAL COMMITTEE (Μεννονιτική Κεντρική Ἐπιτροπή), πού ἑδρεύει στό Akron, Pennsylvania USA, εἶχε κεντρικό Γραφεῖο γιά τήν Εὐρώπη στή Φραγκφούρτη τῆς Γερμανίας (Eysseneckstr.54). Διευθυντής τοῦ Γραφείου ἦταν ὁ Peter J. Dyck, στόν ὁποῖο ἀπηύθυνα τήν πρώτη ἐπιστολή μου - πρώτη γραπτή ἐπικοινωνία μου μέ τούς Μεννονίτες. Ἀπαντῶ στό τηλεφωνικό αἴτημά του, γιά τό ὁποῖο ἔγινε ἤδη λόγος, καί τοῦ γνωρίζω ὅτι τώρα μπορεῖ νά ἐπικοινωνήσει μαζί μου.

8-6-1960 ΑΑπ
MCC πρός Απ (Mz)
Γράφει ἡ Lenemarie Funck, Γραμματέας τοῦ Dyck. Εὐχαριστεῖ γιά τό γράμμα μου τῆς 7/6 {πρῶτο γράμμα μου πρός τούς Μεννονίτες}. Μέ πληροφορεῖ ὅτι ὁ Dyck βρίσκεται στή Ρωσία καί θά ἐπιστρέψει τέλος τοῦ μηνός, ὅτι μποροῦμε νά συναντηθοῦμε ἀρχές Ἰουλίου καί ὅτι μοῦ στέλνει ἕνα τεῦχος ("Pax Service") πού ἀναφέρεται στήν ἐργασία ὁμάδων τους στήν Ἑλλάδα καί σέ ἄλλες χῶρες τῆς Εὐρώπης, καθώς καί μιά παλαιότερη ἔκθεση εἰδικά γιά τήν Ἑλλάδα ("Pax Men in Greece").

Peter DycK
13-7-1960
Προσωπική γνωριμία μου μέ τόν Peter DycK στή Φραγκφούρτη. Συνάντησα ἕναν ψηλό, λεπτοκαμωμένο ἄνθρωπο, εὐγενικό καί πρόσχαρο, πού δύσκολα μποροῦσε νά κρύψει τήν εὐφυΐα καί τή διπλωματικότητά του. Μέ ἐνημέρωσε γιά τήν ἱστορική διαδρομή τῶν Μεννονιτῶν, τίς δραστηριότητές τους σέ διάφορα μέρη τοῦ κόσμου καί στή Β. Ἑλλάδα, ὅπου ἀντιμετώπιζαν διάφορα προβλήματα, γιά τά ὁποῖα συζητήσαμε ἐκτενέστερα.

Ὑπῆρξα κάπως ἐπιφυλακτικός ὅσον ἀφορᾶ στά τῆς Β. Ἑλλάδος. Μέ τήν εὐκαιρία τόν ἐνημέρωσα γιά τήν Ἐκκλησία τῆς Κρήτης γενικά καί εἰδικότερα γιά τίς προσπάθειες στήν Ἐπισκοπή Κισάμου καί Σελίνου. Στό ἔντονο ἐνδιαφέρον πού ἐπέδειξε διέγνωσα ὅτι πιθανόν νά εἶδε τήν μέχρι τότε ἄγνωστη σ' αὐτόν Κρήτη ὡς χῶρο πρόσθετης δράσης τους, ἐνδεχομένως καί ὡς ἐναλλακτική λύση, καθώς ἄφησε νά ἐννοηθεῖ ὅτι τό πρόγραμμά τους στήν Ἀριδαία δέν ἔχει μακρά προοπτική.

Ἡ μόνη ὑπόσχεση πού ἄφησα φεύγοντας ἦταν ὅτι θά ἐνημερώσω τόν Ἐπίσκοπό μου στήν Κρήτη γιά τήν ἐπικοινωνία μας καί γιά τό ἔργο τους.

Ἐπιστρέφοντας στό Μάιντς μέ τό τραῖνο, βασάνιζα τό νοῦ μου μέ χίλιες δυό σκέψεις γύρω ἀπό τό κατά πόσον θά ἔπρεπε νά ἐνθαρρύνω κάποια συνεργασία μαζί τους καί τί ἐνδεχομένως θά μποροῦσαν νά προσθέσουν στά προγράμματα τῆς Ἐπισκοπῆς μας. Οἱ σκέψεις ἐναλλάσσονταν περίπου μέ τήν ἴδια ταχύτητα πού διαδέχονταν ἡ μιά τήν ἄλλη οἱ εἰκόνες τοῦ τοπίου πού παρατηροῦσα ἀπό τό παράθυρο: φαίνονταν - χάνονταν!

Τήν ἴδια μέρα, χωρίς χρονοτριβή, ἐνημέρωσα τηλεφωνικά τόν Εἰρηναῖο καί στή συνέχεια συνέταξα καί ἔστειλα στόν Dyck, στή Φραγκφούρτη, μέ συνοδευτική ἐπιστολή, τό παρακάτω Σχέδιο συνεργασίας, γιά μελέτη καί προώθησή του πρός τήν MCC στήν Ἀμερική. Ἦταν ἡ πρώτη γραπτή βεβαίωση τοῦ ἐνδιαφέροντός μας γιά συνεργασία καί μάλιστα μέ συγκεκριμένες προτάσεις (βλ. Πρώτη Ἔκθεση: Πρός MCC, 13.7.1960).

MENNONITE CENTRAL COMMITTEE

15-7-1960 ΑΑπ
Dyck πρός Απ
Εὐχαριστεῖ γιά τήν ἀπό 13 Ἰουλίου ἐπιστολή μου καί τό συνημμένο «*Σχέδιο μιᾶς συνεργασίας στήν Ἐπισκοπή Κισάμου καί Σελίνου στήν Κρήτη*». Θά μελετήσει αὐτό τό κείμενό μου πολύ προσεκτικά καί θά τό συζητήσει μέ συνεργάτες του. Θά ἔχω σύντομα νέα του καί πάντως ὁπωσδήποτε πρίν ἀπό ἑπόμενο ταξίδι του στήν Ἑλλάδα.

18-8-1960 ΑΑπ
Dyck πρός Απ (γερμ)
«Ἔλαβα τό γράμμα σας τῆς 8ης Αὐγούστου καί ἐπιθυμῶ σήμερα νά σᾶς γράψω ὅτι διάβασα στό μεταξύ καί σκέφτηκα καλά τό Σχέδιό σας, πού μοῦ στείλατε στίς 13 Ἰουλίου. Ὅσα γράφετε καί προτείνετε γιά ἐργασία στήν Κρήτη τά παρακολούθησα μέ μεγάλο ἐνδιαφέρον καί ἤδη αὐτήν τήν πρόταση {στά Γερμανικά}, μεταφρασμένη στά Ἀγγλικά, τήν προώθησα στό Κεντρικό μας Γραφεῖο στό Akron, Pennsylvania USA. Ὁ Διευθυντής τῆς MCC {MENNONITE CENTRAL COMMITTEE – Κεντρική Ἐπιτροπή τῶν Μεννονιτῶν} William

Snyder σχεδιάζει νά βρίσκεται στήν Ἑλλάδα ἀπό 12 μέχρι 15 Σεπτεμβρίου καί τοῦ εἶπα ὅτι μέ αὐτήν τήν εὐκαιρία θά μπορούσαμε ἴσως νά ἔλθουμε καί στήν Κρήτη. Αὐτό ὅμως δέν εἶναι ἀκόμη ὁριστικό, θέλαμε μόνο νά σᾶς ἐνημερώσουμε γιά τή δυνατότητα τῆς ἐπίσκεψης στήν Κρήτη. Μόλις μάθουμε κάτι σχετικό ἀπό τό Γραφεῖο μας στό Akron, θά ἐπικοινωνήσουμε μαζί σας.

Θά θέλατε, παρακαλῶ, νά μᾶς γνωρίσετε τή διεύθυνσή σας στήν Κρήτη καί ἀκόμη πότε προβλέπεται νά εἶσθε ἐκεῖ; Εἶναι αὐτονόητο ὅτι δέν ἐπιθυμοῦμε νά πραγματοποιήσουμε τήν ἐπίσκεψη ἐκεῖ χωρίς τή δική σας παρουσία καί ἐλπίζουμε νά συνταιριάσουμε τά σχέδιά μας.[248]

Ἡ διεύθυνση τῆς Ὁμάδας μας, πού ἐργάζεται τώρα στή Μακεδονία, εἶναι ἡ ἀκόλουθη:
Pax Service Unit, Village Tsakones
Aridea-Nomos Pellis
Ἴσως μπορεῖτε καθ' ὁδόν πρός Κρήτη νά περάσετε ἀπό τούς Τσάκωνες καί νά μιλήσετε μέ τόν ἐκεῖ Διευθυντή μας Larry Eisenbeis.

3-10-1960 ΑΑπ
Εἰρηναῖος πρός Dyck
«Ἡ ἐπίσκεψη καί παραμονή σας κοντά μας, παρά τή βραχεία διάρκειά της, μᾶς προξένησε μεγάλη χαρά καί ἱκανοποίηση.

Στή διάρκεια τῆς ἀναστροφῆς μας συζητήσαμε ὡς τέκνα καί ἀκόλουθοι τοῦ αὐτοῦ Σωτῆρος καί Θεοῦ μας Ἰησοῦ Χριστοῦ θέματα ἀπό τή σφαίρα τῆς χριστιανικῆς ἀγάπης καί καταλήξαμε στήν πεποίθηση ὅτι μποροῦμε νά ἀναπτύξουμε ἀδελφική συνεργασία σέ πολλά σημεῖα. Πρός τό παρόν θεωροῦμε ὡς πλέον ἀναγκαῖα καθήκοντα στήν Ἐπισκοπή μας:

1. Τή δημιουργία μιᾶς Τ ε χ ν ι κ ῆ ς Σχολῆς στό Καστέλλι Κισάμου γιά τήν ἐπαγγελματική ἐκπαίδευση πολλῶν νέων τῆς Ἐπισκοπῆς.

2. Νά δημιουργήσουμε μιά Ἀγροτική καί Κ τ η ν ο τ ρ ο φ ι κ ή Σχολή στήν Κάντανο Σελίνου γιά τόν προσανατολισμό τῶν γεωργῶν τῆς περιοχῆς μας πρός νέες καλλιεργητικές μεθόδους καί τή βελτίωση τῆς ζωῆς στό χωριό.

3. Νά ἐξοπλίσουμε καλά τήν Ο ἰ κ ο κ υ ρ ι κ ή Σχολή στό Καστέλλι Κισάμου γιά τήν ἐκπαίδευση τῶν νεανίδων στά οἰκοκυρικά.

---

[248] Αὐτό κατορθώθηκε τελικά. Στίς ἐντυπώσεις του ἀπό τήν πρώτη ἀναγνωριστική ἐπίσκεψή του στήν Κρήτη ὁ Peter Dyck γράφει: «Φθάσαμε στήν Κρήτη μετά ἀπό πτήση 70 λεπτῶν χωρίς "ὕβριν καί ζημίαν" {πρβλ. Πράξ. 27,21}. Μᾶς συνάντησε στό ἀεροδρόμιο ὁ Ἀλέξανδρος Παπαδερός καί ὁ Ἐπίσκοπος Εἰρηναῖος, τῶν ὁποίων καί ἤμαστε φιλοξενούμενοι καί τίς τρεῖς μέρες τῆς παραμονῆς μας. Περιηγηθήκαμε μέ τό Γερμανικό αὐτοκίνητο τοῦ Ἐπισκόπου, μιλήσαμε ἐλεύθερα μέ δημάρχους, προέδρους χωριῶν, δασκάλους, ἀγροτικούς πράκτορες, ἱερεῖς, ἀγρότες, μείναμε σέ ξενοδοχεῖο στά Χανιά καί στό σπίτι τοῦ Ἐπισκόπου στό Καστέλι καί εἴχαμε τήν πρώτη μας συνάντηση τή Δευτέρα τό πρωί. Ὁ Ἐπίσκοπος δέν μᾶς ἄφησε νά ξοδέψουμε οὔτε δραχμή γιά νά καλύψουμε τά ἔξοδά μας. Ἦταν ἀπλόχεροι οἰκοδεσπότες, ἀλλά ὄχι μόνο αὐτό...». Βαλλιανάτος 230, σημ. 288.

4. Τῇ στήριξη τῶν δύο Οἰκοτροφείων μας (γιά περίπου 100 νέους καί νέες) πού ὑπάρχουν ἀπό δύο ἐτῶν καί διευκολύνουν τή φοίτηση στό Γυμνάσιο πτωχῶν καί ὀρφανῶν παιδιῶν.

Αὐτές τίς προσπάθειες ἀναλαμβάνουμε ὡς Ἐκκλησία ὄχι μόνο γιά τήν οἰκονομική καί τεχνική προαγωγή τοῦ τόπου μας, ἀλλά πολύ περισσότερο προκειμένου νά ἀξιοποιήσουμε ἔτσι τή δυνατότητα πού μᾶς δίδεται καί μέ τόν τρόπο αὐτό νά εὐαγγελιστοῦμε τόν Κύριον Ἰησοῦν Χριστόν πρός τή νέα γενεά.

Γιά τά ἐν λόγῳ καθήκοντα ἐπικαλούμεθα τή χριστιανική σας βοήθεια καί συμπαράσταση· πρός τοῦτο σᾶς προσκαλοῦμε ἐγκαρδίως κοντά μας καί ὑποσχόμεθα ὅτι ἀπό τήν πλευρά μας θά προσφέρουμε ἐργασία καί προσπάθεια (ὅπως π.χ. κατοικίες, γῆ, μεταφραστή κ.λπ.), προκειμένου τό ὅλον ἔργον νά ἀποτελέσει μιά συνεργασία ἐν Χ Ρ Ι Σ Τ Ω̨ , μέ ἀδελφοσύνη καί χωρίς ὑστεροβουλία, πρός δόξαν Θεοῦ καί σωτηρίαν ἀνθρώπων.

Ὅλως ἰδιαιτέρως θέτομεν ἐνώπιον τῆς χριστιανικῆς σας προνοίας τή σημερινή ἀνάγκη τῶν κατοίκων τῆς Ἐπισκοπῆς μας (περίπου 30.000), πού ἐξ αἰτίας φυσικῶν καταστροφῶν καί κακῆς παραγωγῆς θά ὑποφέρουν αὐτό τό ἔτος πολύ ἀπό ἔλλειψη εἰδῶν διατροφῆς καί ρουχισμοῦ.

Τέλος, θεωροῦμε σκόπιμο νά σᾶς γνωρίσουμε ὅτι γιά σχέσεις καί ἀποστολές τῆς Ἐπισκοπῆς μας στήν Εὐρώπη ἁρμόδιος καί ἐντεταλμένος εἶναι ὁ Θεολόγος μας κύριος Ἀλέξανδρος Παπαδερός, ὁ ὁποῖος εὑρίσκεται πρός τό παρόν στό MAINZ. (b-Απ).

Μέ τήν εὐχή νά εὐλογεῖ ὁ Κύριός μας τή ζωή καί τό ἔργο σας, ἀναμένομε εὐγνωμόνως τήν ἀπόφαση καί τή δράση σας ἐπί τῶν προτάσεων καί αἰτημάτων μας καί διατελοῦμεν ἐν τῇ ἀγάπῃ τοῦ Χριστοῦ,

Ὑμέτερος
Ἐπίσκοπος ΕΙΡΗΝΑΙΟΣ

Υ.Γ. Σᾶς εὐχαριστῶ γιά τήν ἐπιστολή σας, τά φάρμακα καί τά βιβλία. Ὁ κ. Παπαδερός, πού ἔρχεται σύντομα πρός ἐσᾶς, θά σᾶς γνωρίσει ὅλα τά νέα μας.

1-11-1960 ΑΑπ
Dyck πρός Εἰρηναῖον (γερμ)
Γράφει ὅτι γιά τήν ἐπίσκεψή του στήν Κρήτη ἔγραψε μιά ἀναλυτική Ἔκθεση, ὅπου περιέλαβε καί τίς συστάσεις πού συμφωνήθηκαν κατά τίς σχετικές συζητήσεις. Ἡ Ἔκθεση στάλθηκε στό κεντρικό Γραφεῖο τους στίς ΗΠΑ. Ἀναμένει θετική ἀπάντηση. Ὁπότε μπορεῖ νά ἀρχίσει ἤδη τό χειμώνα ἡ παροχή ὑλικῆς βοήθειας γιά τήν Κρήτη. Τό πρόγραμμα πού ἔχει προταθεῖ θά ἀρχίσει τήν ἄνοιξη. Μετά τήν ἀναμενόμενη ἔγκριση «μποροῦμε νά προσβλέπουμε σέ μιά μακρά καί ὡραία συνεργασία στήν Κρήτη. Ἀκόμη καί ἄν προκύψουν δυσκολίες

κατά τήν πρόοδο αὐτῆς τῆς ἐργασίας, εἶμαι βέβαιος ὅτι θά μπορέσουμε νά τίς ἀντιμετωπίσουμε μέ κοινή διαβούλευση καί μέ ἀνάταση τοῦ βλέμματός μας πρός τόν Κύριον Ἰησοῦν Χριστόν».

1-11-1960 ΑΑπ
Dyck πρός Απ (γερμ)
Εὐχαριστεῖ γιά ἐπιστολή μου. Χαίρεται πού βρίσκομαι πάλι στή Γερμανία.

Περιμένει ἐπίσκεψή μου στή Φραγκφούρτη, προκειμένου νά ἔχουμε τήν εὐκαιρία γιά συζήτηση τῶν τρεχόντων θεμάτων. Συνοψίζει τό πρόγραμμά του τῶν ἐπομένων ἑβδομάδων, πού προβλέπει, μεταξύ ἄλλων, ταξίδι στήν Πολωνία, ἄν δοθεῖ ἔγκριση εἰσόδου του. Ἐπαναλαμβάνει στή συνέχεια ὅσα ἔγραψε τήν ἴδια μέρα στόν Εἰρηναῖο καί ἔχει κοινοποιήσει σέ μένα. Ὅτι δηλαδή, ἀμέσως μετά τήν ἀναμενόμενη θετική ἀπάντηση ἀπό τήν Ἀμερική, πρώτη ἐνέργειά τους θά εἶναι ἡ ἔναρξη ἀποστολῆς στήν Κρήτη ὑλικῆς βοήθειας καί ἀκόμη ὅτι μέχρι τήν ἄνοιξη μποροῦν νά ἐπιληφθοῦν καί τῶν ἄλλων προγραμμάτων πού ἔχουν προταθεῖ. Προσπαθῶ νά ἑρμηνεύσω σωστά ὅσα γράφει στή συνέχεια: «Ἐπιθυμία μας εἶναι νά ἔχουμε ἕναν ἀντιπρόσωπό μας στήν Κρήτη, ὅταν θά φθάσουν ἐκεῖ οἱ προσφορές {τρόφιμα, ρουχισμός}, ὁ ὁποῖος θά ἀποκτήσει προσωπική ἐπαφή μέ τόν Ἐπίσκοπο Εἰρηναῖο καί μέ τόν ἐκεῖ πληθυσμό».

Κοιν.: Εἰρηναῖο

22-12-1960 ΑΑπ
Pd πρός Εἰρηναῖον (ἀγγλ)
Εὐχές γιά τό ἐπί θύραις νέο ἔτος, εἴθε νά τοῦ χαρίζει ὁ Θεός χάρη καί σοφία γιά τό πολύπλευρο ἔργο του.

Οἱ προτάσεις μας πρός τήν Ἐπιτροπή μας στήν Ἀμερική πού σᾶς ἀφοροῦν -ὑλική βοήθεια καί ὑπηρεσίες - ἐγκρίθηκαν. Ἡ πρώτη ἄφιξη ρουχισμοῦ ἐπίκειται. Πρόκειται γιά 2.000 χριστουγεννιάτικα δέματα μέ παιδικά ροῦχα. Σέ κάθε δέμα ὑπάρχει ἔνδειξη ἄν εἶναι γιά ἀγόρι ἤ κορίτσι καί ποιᾶς ἡλικίας. Στέλνονται πρός τήν Chrurch World Service στήν Ἀθήνα,[249] πού θά τά προωθήσει στήν Κρήτη. Ἀκολουθεῖ ἀποστολή τροφίμων.

Γίνεται λόγος γιά τρεῖς ἐθελοντές: Γιά τήν Οἰκοκυρική Σχολή, γιά τήν Τεχνική Σχολή (Καστέλλι) καί τή Γεωργική Σχολή (Κάντανος). Ὁ ἕνας καλό θά εἶναι νά ἔλθει στήν Κρήτη ἀμέσως, νά βοηθήσει στή διανομή τῶν δεμάτων

---

[249] Προϊστάμενος τῆς Ὑπηρεσίας αὐτῆς (Church World Service, Inc., Σοφοκλέους 1 Ἀθήνα) ἦταν τότε ὁ John Metzler.

{ἐπιτήρηση;;} καί νά ἐξοικειωθεῖ μέ τό χῶρο, ὥστε νά εἶναι ὁ ἀρχηγός τῆς ὅλης ὁμάδας πού θά σχηματισθεῖ. Ἐξετάζεται ἡ περίπτωση ἑνός παντρεμένου, πού μπορεῖ νά ἔλθει μέ τή γυναίκα του καί τά δύο παιδιά τους (θέμα κατοικίας κ.λπ.). Ὅλοι οἱ ἄλλοι θά εἶναι ἄγαμοι.
Κοιν.: Απ, Larry Eisenbeis, John Metz.

27-12-1960 ΑΑπ
Pd πρός Εἰρηναῖον (ἀγγλ)
Ἀποστολή ἐνδυμάτων καί κλινοσκεπασμάτων ἀξίας 23.737,00 $ καταφθάνει προσεχῶς.
Κοιν.: Απ

Peter Dyck, Χριστούγενα 1960
{Ἐγκύκλιος ἑορτίων εὐχῶν}
«μηδὲ... τὰ ὄρη μεταστήσεσθαι, οὐδ' οἱ βουνοί σου μετακινηθήσονται, οὕτως οὐδὲ τὸ παρ' ἐμοῦ σοι ἔλεος ἐκλείψει, οὐδὲ ἡ διαθήκη τῆς εἰρήνης σου οὐ μὴ μεταστῇ· εἶπε γὰρ Κύριος ἵλεώς σοι»

Ἠσαΐας 54, 10

Μέ τή σιγουριά πού ἐμπνέουν αὐτοί οἱ στίχοι τοῦ μεγάλου Προφήτη ὁ Peter Dyck ἀπευθύνεται γενικά σέ φίλους: «Παρά τίς φρικαλεότητες στό παγκόσμιο γίγνεσθαι, παρά τίς ἐντάσεις καί τίς αἱματοχυσίες, παραμένει ἐφικτή ἡ εἰρήνη. Καί αὐτήν τήν εἰρήνη, γιά τήν ὁποία εἶπε ὁ Ἰησοῦς "εἰρήνην τήν ἐμήν δίδωμι ὑμῖν· οὐ καθώς ὁ κόσμος δίδωσιν ἐγώ δίδωμι ὑμῖν" {Ἰωάν. 14, 27} εὐχόμεθα σέ σᾶς καί στούς ἀγαπημένους σας μέσα ἀπό τήν καρδιά μας γιά τά Χριστούγεννα καί ταυτοχρόνα ἐκφράζουμε τήν εὐχή νά δωρίσει ὁ Θεός σέ ὅλους μας τή χάρη νά μεταφέρουμε κατά τό νέο ἔτος αὐτήν τήν εἰρήνη μέ τή δύναμη τοῦ Ἁγίου Πνεύματος καί στόν κόσμο τῆς καθημερινότητας καί πραγματικά μεταξύ τῶν ἀνθρώπων...».

31-12-1960 ΑΑπ
Pd πρός Εἰρηναῖον (ἀγγλ)
Πληροφορεῖ τόν Ἐπίσκοπο ὅτι ἀποστέλλονται 96.000 κονσέρβες κρέατος Καναδᾶ, «ἀπό ἐκεῖνες πού γνωρίζετε ἤδη, τίς εἶδα στόν δεύτερο ὄροφο τοῦ Οἰκοτροφείου Θηλέων, ὅταν τό ἐπισκεφθήκαμε...».
{Ὁποία παρατηρητικότητα!}
Κοιν. Απ καί L.Eisenbeis

ΑΛΕΞΑΝΔΡΟΣ Κ. ΠΑΠΑΔΕΡΟΣ

1961

3-1-1961 ΑΑπ
Pd πρός Απ-Mz (γερμ)
Ήρθε στό Μάιντς τήν Κυριακή γιά νά μοΰ εύχηθεΐ, δέν μπόρεσε νά βρεί τήν όδό τοΰ σπιτιοΰ διαμονής μου, στέλνει εύχές γιά τό νέο έτος.

10-1-1961 ΑΑπ
Pd πρός Εἰρηναῖον καί Eisenbeis (ἀγγλ)
Τήν ἴδια μέρα πού ὁ Εἰρηναῖος έγραφε τήν παραπάνω έπιστολή, ὁ Dyck, έντελώς άνυποψίαστος, έγραφε πώς προτίθεται νά έπισκεφθεί τή Μακεδονία καί τήν Κρήτη πρός τά τέλη Φεβρουαρίου - ἀρχές Μαρτίου, ὑπό τήν προϋπόθεση ὅτι μιά ἀποστολή μέ πλοῖο {ἐννοεί κρέατος ἀπό τόν Καναδᾶ} θά ἔχει φθάσει στήν Κρήτη καί ὅτι θά ἔχει ἐξευρεθεῖ ἐθελοντής πού θά πάει μαζί του στό Καστέλλι, ὥστε νά τόν παρουσιάσει στόν Ἐπίσκοπο καί νά εἶναι ἀργότερα ἀρχηγός τής ὁμάδας τῶν λοιπῶν ἐθελοντῶν πού θά προστεθοῦν.
Κοινοπ.: Απ καί Clarence Hiebert.

Ἀναίρεση συμφωνιῶν
10-1-1961 ΑΑπ
Εἰρηναῖος πρός Pd (ἑλλ.)
Εὐχαριστίες καί ἀνταπόδοση εὐχῶν γιά τό νέο ἔτος, ἐπιβεβαίωση λήψεως τριῶν ἐπιστολῶν του καί εὐχαριστίες γιά τήν προθυμία του νά στείλει ρουχισμό καί τρόφιμα καί νά βοηθήσει τό ἐκκλησιαστικό του ἔργο. «Ἐπειδή ὅμως ἀπό τῆς ἐπισκέψεώς σας καί τῆς πρώτης συνομιλίας μας ἐδῶ μέχρι σήμερον ἐγιναν ὡρισμέναι μεταβολαί εἰς τά ὑπό ἐκτέλεσιν ἔργα μου, ἐπιθυμῶ νά σᾶς γνωρίσω ὡρισμένας νεωτέρας σκέψεις μου σχετικῶς μέ τάς ἐν τῇ ἀπό 2.10.1960 ἐπιστολῇ προτάσεις μου {3.10.1960, βλ. ἀνωτέρω}.

1) Διά τήν ἀποπεράτωσιν τῆς Οἰκοκυρικῆς Σχολῆς Καστελλίου τό Παγκόσμιον Συμβούλιον Ἐκκλησιῶν μοῦ ἀπέστειλε ἤδη ἐκ Γερμανίας 21 χιλιάδες μάρκα, ἀνέλαβε δέ καί τήν περαιτέρω λειτουργία τό Ὑπουργεῖο Προνοίας καί ἐπομένως οὔτε ἐγώ οὔτε ὑμεῖς χρειάζεται πλέον νά ἀσχοληθῶμεν μέ αὐτήν.

2) Εἰς παρακείμενον χωρίον τῆς Κανδάνου πρόκειται νά λειτουργήσει συντόμως κρατικόν γεωργικόν σχολεῖον καί ἐπομένως δέν χρειάζεται τουλάχιστον ἐπί τοῦ παρόντος οὔτε καί διά τήν ἐκεῖ προταθεῖσαν παρ' ἐμοῦ Γεωργοκτηνοτροφικήν Σχολήν νά ἀσχοληθῶμεν.

Ἴσως ἀργότερα νά ἐπανέλθωμεν ἐπί τοῦ ζητήματος τούτου.

3) Μένει ὅμως ἡ Τεχνική Σχολή Καστελλίου τήν ὁποίαν πρέπει νά δημιουργή-

σωμεν καί εἰς τήν ὁποίαν δυνάμεθα νά συνεργασθῶμεν κυρίως διά τῆς ἀποστολῆς ἐξ Ἀμερικῆς τῶν ἀναλόγων μηχανημάτων, ἐργαστηρίων κ.λπ. Γενικῶς διαπιστώνω ὅτι πάσης φύσεως δωρεαί τοῦ ἀμερικανικοῦ λαοῦ πρός τήν Ἑλλάδα εἶναι καλύτερον νά συνίστανται εἰς γεωργικά ἐργαλεῖα καί βιομηχανικάς ἐγκαταστάσεις παρά εἰς τρόφιμα (πλήν ἐξαιρετικῶν περιστάσεων), ροῦχα κ.λπ.

Τό Παγκόσμιον Συμβούλιον τῶν Ἐκκλησιῶν εἶναι τό ἐπίσημον ὄργανον διά τοῦ ὁποίου ἡ ἑλληνική Ἐκκλησία ἔρχεται εἰς σχέσιν μετά τῶν ξένων Ἐκκλησιῶν καί δυνάμεθα μέσω τούτου νά ρυθμίζωμεν πᾶσαν μεταξύ ἡμῶν καί ὑμῶν συνεργασίαν. Βεβαίως δύνασθε ὑμεῖς ἤ ἄλλος ἀντιπρόσωπος τῆς Ἐκκλησίας σας νά ἐπισκέπτεσθε καί νά φιλοξενῆσθε εὐχαρίστως ἀπό καιροῦ εἰς καιρόν ἐν τῇ Ἐπισκοπῇ μας, νομίζω ὅμως ὅτι ἡ ἀποστολή καί μόνιμος παραμονή ἐδῶ περισσοτέρων ἀτόμων καί δι' ὑμᾶς θά εἶναι δύσκολος καί ἐπιβαρυντική καί δι' ἐμέ εἶναι δυνατόν νά γίνει αἰτία παρεξηγήσεων καί σκανδάλων μεταξύ τοῦ Ποιμνίου μου. Τό Ποίμνιόν μου, ὅπως ἤδη ἀντελήφθητε, ἀποτελεῖται κατά τό πλεῖστον ἀπό ὀρεινούς καί ἀγρότες οἱ ὁποῖοι δέν ἔχουν τήν πλατειά σκέψη τοῦ ἀνθρώπου τῶν μεγάλων πόλεων καί σκανδαλίζονται δυστυχῶς ἀπό παραδόσεις καί πεποιθήσεις πού εἶναι ἀντίθετοι πρός τάς ἐθνικάς καί τάς ὀρθοδόξους παραδόσεις μας.

Διά πάντα ταῦτα κρίνω σκόπιμον νά μή στείλετε ἐδῶ ἐπί τοῦ παρόντος οἱονδήποτε προσωπικόν ἐξ Ἀμερικῆς. Ὁ φίλος σας κ.METZLER (Σοφοκλέους 1 Ἀθήνας), ὁ ὁποῖος μᾶς ἔκαμε τήν μεγάλην τιμήν καί τήν μεγάλην χαράν νά μᾶς ἐπισκεφθῇ ἐδῶ πρό τῶν Χριστουγέννων μετά τῆς ἐριτίμου κυρίας του, μοῦ ὡμίλησεν περί τῆς εὐγενοῦς ἐπιθυμίας σας νά μᾶς ἐνισχύσητε εἰς τό ἔργον μας καί δυνάμεθα καί πάλιν μέσω τούτου νά συνεργασθῶμεν ἐπί παντός ζητήματος. Ἐλπίζω ἄλλωστε καί ἐγώ ὁ ἴδιος περί τόν προσεχῆ Μάιον ἤ Ἰούνιον θά ταξιδεύσω εἰς τήν Γερμανίαν καί δυνάμεθα καί πάλιν, ὁμοῦ καί μετά τοῦ κ. Παπαδεροῦ, νά ὁμιλήσωμεν περί τοῦ τρόπου συνεργασίας μας. Διατηρῶ, ἀγαπητέ μου κ. Dyck, πάντοτε τάς ἀρίστας ἐντυπώσεις ἀπό τήν ἐδῶ συνάντησιν καί γνωριμίαν μας καί παρακαλῶ νά δεχθῆτε καί διαβιβάσετε καί εἰς τούς ἀντιπροσώπους τοῦ Συμβουλίου σας τήν εὐλογίαν καί τήν ἐξαιρετικήν μου ἐκτίμησιν».

Ὑστερόγραφο: Γνωστοποιεῖται καί εἰς τόν κ. Ἀλέξανδρον Παπαδερόν (Μάιντς).

12-1-1961 ΑΑπ
Pd πρός Απ (γερμ)
Εὐχαριστεῖ γιά ἐπιστολές μου (3 καί 10 Ἰανουαρίου). Ἀναχωρεῖ γιά τίς ΗΠΑ, θά ἐπιστρέψει στίς 2 Φεβρουαρίου. Σχεδιάζει ταξίδι στήν Ἑλλάδα, θέλει

νά πάει καί στήν Κρήτη, ἐπιθυμεῖ ὅμως νά μιλήσει μαζί μου προηγουμένως καί προτείνει νά τούς ἐπισκεφθῶ στή Φραγκφούρτη μεταξύ 13 καί 18 Φεβρουαρίου.

Στίς ΗΠΑ θά ἐξετάσει καί τή δυνατότητα μετάβασής μου στήν Ἀμερική γιά ἐκπαιδευτικούς σκοπούς.

23-1-1961 ΑΑπ
Pd πρός Εἰρηναῖον (ἀγγλ)
Τήν ἐπιστολή ὑπογράφει ἡ Doreen F. Harms ἀπό τό Γραφεῖο τῆς Φραγκφούρτης.

Ἡ ἐπιστολή σας τῆς 10ης Ἰανουαρίου προωθήθηκε στόν P. Dyck στή Β. Ἀμερική. Θά ἀπαντήσει ὅταν ἐπιστρέψει ἀρχές Φεβρουαρίου. Ὅπως σᾶς ἔχει γράψει ἤδη {10.1.1961}, σκοπεύει νά ἐπισκεφθεῖ τήν ἐργασία μας στή Μακεδονία καί μέ τήν εὐκαιρία αὐτή νά ἔλθει καί στήν Ἐπισκοπή σας. Μᾶς ἐνημέρωσε ἀπό τήν Ἀμερική ὅτι ὁριστικοποιεῖται τό πρόγραμμά του. Θά ταίριαζε γιά σᾶς νά σᾶς ἐπισκεφθεῖ ἀπό 27 Φεβρουαρίου μέχρι 2 Μαρτίου; Ἐάν ναί, τό πρόγραμμα εἶναι:

Δευτέρα 27 Φεβρουαρίου ἄφιξη Χανιά 14.10 ΟΑ
Πέμπτη 2 Μαρτίου, ἀναχώρηση 14. 50 ΟΑ
Κοιν.: Απ καί Larry Eisenbeis

3-2-1961 ΑΑπ
Pd πρός Απ (γερμ)
Εὐχαριστεῖ γιά κάρτα μου τῆς 2ας Φεβρουαρίου, μέ τήν ὁποία βεβαιώνω ὅτι ἀποδέχομαι τήν πρόσκλησή τους νά τούς ἐπισκεφθῶ στό Κέντρο τους, στή Φραγκφούρτη, τό πρωί τῆς 13ης Φεβρουαρίου.

Ἐπισυνάπτει ἐπιστολή του πρός τόν Εἰρηναῖο τῆς ἴδιας ἡμερομηνίας. Ὑποθέτει ὅτι ἔχω λάβει ἀντίγραφο τῆς πρός αὐτόν ἐπιστολῆς τοῦ Εἰρηναίου τῆς 10ης Ἰανουαρίου. Ἄλλως, νά τή διαβάσουμε μαζί καί νά τή συζητήσουμε.

13-2-1961 ΑΑπ
Pd πρός Εἰρηναῖον (γερμ)
Γράφει ὅτι ἤμουν τήν ἡμέρα ἐκείνη στό Κέντρο τους, ὅτι συζητήσαμε διεξοδικά καί ἔπειτα τοῦ ἔστειλε ἕνα τηλεγράφημα:

«ΣΑΣ ΠΡΟΣΚΑΛΩ ΕΓΚΑΡΔΙΩΣ ΝΑ ΕΠΙΣΚΕΦΘΕΙΤΕ ΜΑΖΙ ΜΟΥ ΤΗΝ ΕΡΓΑΣΙΑ ΜΑΣ ΣΤΗ ΜΑΚΕΔΟΝΙΑ ΑΕΡΟΠΟΡΙΚΩΣ ΑΠΟ ΑΘΗΝΑ 24 ΦΕΒΡΟΥΑΡΙΟΥ ΑΚΟΛΟΥΘΕΙ ΕΠΙΣΤΟΛΗ».

Στήν ἐπιστολή ἐκφράζει ἀπορία γιά τό τί συνέβη στό μεταξύ, ὥστε νά παρεμποδιστοῦν τά σχέδια συνεργασίας στήν Κρήτη. Προτείνει τήν ἐπίσκεψη στή Μακεδονία, ὅπου ἐργάζονται ἤδη ἀπό ὀκτώ χρόνων καί ὅπου μπορεῖ ὁ Εἰρηναῖος νά διαπιστώσει προσωπικά ποιοί εἶναι καί τί κάνουν, ἀφοῦ μάλιστα συναντήσει ἐκεῖ ἀνθρώπους τοῦ τόπου (κατοίκους τοῦ χωριοῦ, «πού μᾶς γνωρίζουν καλά», τόν ἐφημέριο, τόν Νομάρχη, τόν Μητροπολίτη, τόν Καθηγητή Ἀγουρίδη).

Δίδει λεπτομέρειες τῆς κίνησής του πρός Μακεδονία μέσω Ἀθηνῶν. Ἄν ὅμως ὁ Ἐπίσκοπος δέν πάει, θά τόν ἐπισκεφθεῖ ἐκεῖνος στήν Κρήτη.

Κριτική θεώρηση τῆς ἀναίρεσης
13-2-1961 ΑΑπ
Απ πρός Εἰρηναῖον

«Ἀμφιβάλλω ἄν ἡ ἐπιστολή μου φθάση πρό τῆς ἀφίξεως τοῦ κ. Dyck εἰς τήν Ἑλλάδα, ὥστε νά σᾶς κατατοπίσω ἐγκαίρως ἐπί τῆς ἐξελίξεως τῶν πραγμάτων. Προχθές πῆγα εἰς τήν Φραγκφούρτην κατόπιν προσκλήσεώς του πρός συζήτησιν τοῦ θέματος. Προσεπάθησα νά δικαιολογήσω τήν στάσιν σας ἐναντίον μιᾶς συνεργασίας ἐπί τῇ βάσει τῶν πρώτων σκέψεων. Δυστυχῶς προσκρούομεν εἰς τό γεγονός ὅτι ἡ νεωτέρα στάσις μας παρουσιάζεται ἐντελῶς ἀσυνεπής. Ὅπως μοῦ εἶπεν ὁ ἴδιος, ἡ συμπεριφορά τῶν ξένων Ἱεραποστολῶν εἶναι εἰς τήν Ἑλλάδα γνωστή. Ἤ ἔπρεπε λοιπόν νά ἀποκρούσωμεν ἀπ' ἀρχῆς πᾶσαν συνεργασίαν ἤ νά παραμείνωμεν συνεπεῖς. Ἠθικά δέν μοῦ ἦτο δυνατόν νά προχωρήσω, ἀφοῦ δέν μοῦ γράφετε τίποτε τό λεπτομερειακόν ἐπί τῶν νεωτέρων πληροφοριῶν σας. Ἐγώ προσωπικῶς ἀπέκτησα τήν ἐντύπωσιν ὅτι καί αὐτῶν ὁ ἀπώτερος σκοπός εἶναι ἡ θρησκευτική δρᾶσις, ἀλλ' ὅτι ἐνεργοῦν μετά προσοχῆς καί ἐπιδεξιότητος. Ὡς ἐκ τούτου διατηρῶ πλήρη συνείδησιν μιᾶς ἐπικινδύνου ἐξελίξεως καί δικαιολογῶ πλήρως τούς δισταγμούς σας. Ἐν τούτοις, δέν νομίζω ὅτι εἶναι δυνατόν νά δημιουργηθοῦν ἀπ' ἀρχῆς σοβαρά προβλήματα, ὅταν κρατηθῇ ἡ δέουσα μέριμνα καί ἐπιφύλαξις. Προσωπικῶς δέν θά ἀπέκλεια ριζοσπαστικῶς πᾶσαν περαιτέρω ἐπαφήν διά τούς ἑξῆς λόγους:

1) Οἱ ἄνθρωποι τούς ὁποίους στέλλουν εἶναι μέν γεωργικοῦ ἐπαγγέλματος, ἐκπαιδεύονται ὅμως καταλλήλως προηγουμένως διά τήν ἀποστολήν των. Ἡ τακτική αὐτή εἶναι παλαιά καί ἀρκούντως γνωστή. Ἀλλ' ἐάν ἡ Ἐπισκοπή φροντίση δεόντως, δύναται νομίζω νά παρακολουθήση τήν ἐξέλιξιν καί νά ἀντιδράση ἐγκαίρως. Οἱ πτωχοί ἄνθρωποι τῶν χωριῶν μας πωλοῦνται εὐκόλως εἰς ὑποσχέσεις καί παραχωρήσεις. Νομίζω ὅμως ὅτι ἐκεῖνος ὁ ὁποῖος πωλεῖ τήν πίστιν του ἀντί πινακίου φακῆς καί χωρίς συνείδησιν δέν εἶναι ἄξιος οὔτε τῆς Ὀρθοδοξίας οὔτε τοῦ Θεοῦ καί μπορεῖ κάλλιστα νά γίνῃ ὄχι μόνον Προτεστάντης ἀλλά καί Μουσουλμάνος.

2) Ἡ Κυβέρνησίς μας, ἡ ὁποία ἐνδιαφέρεται δι' ὅλα τά ἄλλα πλήν τῆς Ὀρθοδοξίας καί τῆς ὁποίας τυφλή δούλη εἶναι ἡ Ἐκκλησία μας, θά ὑποστηρίξῃ ἀναμφιβόλως ἐνδεχομένην αἴτησιν τῶν Μεννονιτῶν περί ἐγκαταστάσεώς των εἰς τήν Κρήτην. Εἰς τήν ἐνδεχομένην αὐτήν περίπτωσιν δέν φέρει μέν φαινομενικῶς εὐθύνην τινά ἡ Ἐκκλησία, εἰς τήν πραγματικότητα ὅμως βαρύνεται μόνον ἡ ἰδία. Διότι δέν θά ἔχῃ πλέον - ἀρνουμένη τώρα - τό δικαίωμα νά ἐνεργήσῃ αὐτεπαγγέλτως, ἀφοῦ αὐτοί θά ἐπικαλῶνται τήν σκέπην τῶν Ὑπουργῶν.

3) Τό ζήτημα τῶν εἰρηνικῶν κηρυγμάτων των δέν νομίζω ὅτι πρέπει νά μᾶς ἀνησυχῇ, δεδομένου ὅτι ἡ ἀμερικανική Κυβέρνησις δέν ἀντιδρᾷ εἰς τήν τακτικήν των, ἀλλ' ἀντιθέτως τήν ὑποστηρίζει. Ἐξ ἄλλου, νομίζω ὅτι σεῖς προσωπικῶς δέν θά εἴχατε πολλά θεολογικά ἐπιχειρήματα ἐναντίον αὐτῆς τῆς γραμμῆς. Μία συζήτησις θά ἠδύνατο νά ἀποβῇ μᾶλλον ἐποικοδομητική εἰς αὐτόν τόν τομέα.

4) Ἄς ὑποθέσωμεν ὅτι μερικοί παραπλανῶνται. Νομίζετε ὅτι ἡ ὑπόθεσις αὐτή εἶναι ἀρκετά ἰσχυρή διά μίαν ἄρνησιν; Εἰς τά Χανιά ὑπάρχουν τόσοι καί τόσοι Προτεστάνται οἱ ὁποῖοι ἐνεργοῦν καθημερινά προσηλυτιστικῶς. Βεβαίως, δέν δυνάμεθα νά ὁδηγῶμεν τούς Χριστιανούς μας εἰς τόν πειρασμόν, ἀλλά θά ηὐχόμην νά ἦσαν οἱ Μεννονῖται ὁ τελευταῖος πειρασμός τοῦ ποιμνίου σας.

5) Τό ὑλικόν μέρος δέν θά πρέπει, νομίζω, νά ἐπηρεάσῃ ἐπί τοῦ προκειμένου ἀποφασιστικῶς τήν στάσιν τῆς Ἐπισκοπῆς. Ἐν τούτοις, εἶναι φανερόν ὅτι οἱ ἄνθρωποι τῆς περιοχῆς μας θά ἐνισχυθοῦν πολυμερῶς καί πολλαί ψυχαί θά ἀποφύγουν τόν κρημνόν τῆς κομμουνιστικῆς ἀθεΐας. Ὁ ἀγών τῶν Χριστιανῶν συγκλίνει κατά ἱστορικήν ἐπιβολήν πρός τό κέντρον, τόν Χριστόν, ὁ ὁποῖος ζητεῖ κατανόησιν καί συνεργασίαν. Ἐάν ἡ Ὀρθοδοξία εἶναι βιώσιμος, τότε ἄς τό ἀποδείξῃ ἐν τῇ ἐμμονῇ εἰς τήν ἀλήθειαν καί ἐν τῷ φωτισμῷ τῶν αἱρετικῶν.

Δέν λησμονῶ ὅτι ἡ Ἐκκλησία μας εὑρίσκεται καί πάλιν εἰς τήν προβληματικῶς ὁμοίαν ἐποχήν τοῦ Οἰκονόμου {Κωνσταντίνου Οἰκονόμου τοῦ ἐξ Οἰκονόμων, βλπ. ΜΕΤΑΚΕΝΩΣΙΣ...}. Δέν ὑποστηρίζω τήν στάσιν τοῦ Φαρμακίδου, τήν ὁποίαν κατακρίνω καί εἰς τήν διδακτορίαν μου. Τό ἐρώτημά μου εἶναι μόνον· ἕως πότε θά αἰσθάνεται ἡ Ὀρθοδοξία τόν ἑαυτόν της ὑπό διωγμόν; Πότε θά καταστῇ ἐπιτέλους ὁδηγός καί φωστήρ;

Παρ' ὅλ' αὐτά, δέν θά μποροῦσα οὔτε ἐγώ ἐν πλήρει ἁρμονίᾳ πρός τήν συνείδησίν μου νά ἀποφανθῶ ὑπέρ μιᾶς θετικῆς ἀποφάσεως. Σεῖς γνωρίζετε τά ἐν Ἑλλάδι πράγματα πολύ καλύτερον καί δύνασθε νά ἀποφασίσητε ὀρθῶς καί ὑπευθύνως. Εἴθε ὁ Θεός νά σᾶς φωτίσῃ πρός τήν λύσιν ἡ ὁποία θά εἶναι σύμφωνος πρός τό θέλημά του.

Μέ συγχωρεῖτε διά τήν ὀρθογραφίαν, ἀλλά δέν ἐσυνήθισα ἀκόμη τήν μηχανήν. Ἡ ἐργασία μου συμπληροῦται συντόμως. Θά ἤμουν πολύ εὐτυχής, ἐάν τύχετε

ἐδῶ κατά τήν ἐλπιζομένην ἀναγόρευσίν μου κατά τόν Μάιον... Νά τό ἐλπίζω;
Χαιρετισμούς στά παιδιά».

16-2-1961 ΑΑπ
Απ πρός Pd (γερμ)
Γράφω ὅτι ἐξέτασα τίς πληροφορίες πού μοῦ ἔστειλε σχετικά μέ δυό θεολογικά Ἱδρύματα στίς ΗΠΑ, ὅπου εἶχε προτείνει νά συνεχίσω τή μετεκπαίδευσή μου μέ ὑποτροφία πού θά ἐξασφάλιζε. Ἀποδέχομαι τήν πρόταση καί προσθέτω σύντομο βιογραφικό σημείωμα.

20-2-1961 ΑΑπ
Απ πρός Pd (γερμ)
Ἀνακαλῶ τήν προηγούμενη ἐπιστολή μου καί ζητῶ συγγνώμη γιά τό ὅτι δέν μπορῶ νά δεχθῶ πρός τό παρόν ὑποτροφία γιά σπουδές στίς ΗΠΑ. Ἡ ἄρνηση τῆς καλῆς αὐτῆς εὐκαιρίας ὀφείλεται, γράφω, στήν ὑποχρέωση πού ἔχουν ἀναλάβει οἱ ὑπότροφοι τοῦ Π.Σ.Ε. νά ἐπιστρέφουν στή χώρα τους μετά τό τέλος τῆς ὑποτροφίας τους. Μιά ὑποχρέωση πού εἶχα λησμονήσει ὅταν ἔγραφα τήν προηγούμενη ἐπιστολή. Προσθέτω ὅτι θά μποροῦσα νά ἀξιοποιήσω τήν ὑποτροφία γιά τήν Ἀμερική λίγο ἀργότερα.

23-2-1961 ΑΑp
Pd πρός Eisenbeis[250] (ἀγγλ)
Ἐνημερώνει τόν Eisenbeis γιά μιά εἴδηση τοῦ Ecumenical Press Service τῆς 3.2.1961, ἐπειδή «ἴσως νά σέ ἐνδιαφέρει, εἰδικά ἐπειδή ἀναφέρει τόν κοινό μας φίλο Καθηγητή Ἰωαννίδη καί βρίσκεται στήν κατεύθυνση πρός τήν ὁποία εἶμαι σίγουρος πώς θά θέλαμε νά ὁδεύσουν τά πράγματα:

Ἡ Ὀρθόδοξος Ἐκκλησία ὀφείλει νά ἀναλάβει ἕνα πιό ἐνεργό ρόλο στήν προσπάθεια γιά μιά ἡνωμένη Ἐκκλησία» εἶπε πρόσφατα σέ μιά συνεδρία ὁ Καθηγητής Βασίλειος Ἰωαννίδης, τῆς Θεολογικῆς Σχολῆς Ἀθηνῶν.

Ὁ Καθηγητής Ἰωαννίδης, πού ὑπηρετεῖ ἐπίσης ὡς Γεν. Διευθυντής Θρησκευμάτων στό Ὑπουργεῖο Παιδείας, εἶπε σέ μέλη τῆς Ἀδελφότητας τῶν Ἀποφοίτων τῆς Χάλκης πώς ἦλθε ὁ καιρός, πού ἡ Ἐκκλησία δέν μπορεῖ πλέον νά παραμένει κομματιασμένη {Καί στή λεπτομέρεια αὐτή διαπιστώνεται τό ἐνδιαφέρον τῶν φίλων μας γιά τά ἑλληνικά καί οἰκουμενικά πράγματα}.
Κοιν.: William T. Snyder καί Απ.

---

[250] Ὁ Eisenbeis ἦταν τότε ὑπεύθυνος τοῦ κλιμακίου Pax Services Team στούς Τσάκωνες, Ἀριδαία, τοῦ Νομοῦ Πέλλης.

23-2-1961 ΑΑπ
Pd πρός Απ (γερμ)
«Ἀγαπητέ Ἀλέξανδρε,
Εὐχαριστῶ γιά τό γράμμα σου τῆς 20ῆς Φεβρουαρίου, πού ἦλθε ἀκριβῶς ὅταν βρέθηκα γιά λίγες ὧρες στή Φραγκφούρτη. Εἶναι βέβαια πολύ κρίμα πού δέν μπορεῖς ἤδη ἀπό αὐτόν τό χρόνο νά πᾶς γιά σπουδές στίς ΗΠΑ, ὅμως κατανοοῦμε πλήρως τή θέση σου. Ἐλπίζουμε νά γίνει δυνατόν αὐτό τόν ἑπόμενο χρόνο καί ἀναστέλλομε μέχρι τότε τό ὅλον ζήτημα».

Ναί - καί ὁ Θεός βοηθός!
6-3-1961 ΑΑπ
Εἰρηναῖος πρός Απ
(συνέχεια τῆς ἐπιστολῆς αὐτῆς)
«β) Μέ τόν κ. Dyck
Μοῦ εἶχε γράψει ἐκ Γερμανίας νά συναντηθοῦμε εἰς Ἀθήνας καί νά πᾶμε εἰς Μακεδονίαν διά νά ἰδῶ τό ἔργον των καί νά πεισθῶ ὅτι δέν γίνεται προπαγάνδα.

Ἐπειδή δέν μποροῦσα νά πάω, τοῦ τηλεγράφησα εἰς Ἀθήνα ὅτι τόν περιμένω ἐδῶ. Ἦλθε τήν 27 π. Φεβρουαρίου, ἀλλά ἔγιναν δυό ἀτυχήματα: 1) ἐγώ παρανόησα ὅτι τήν 27 ἦτο Δευτέρα καί ὄχι Τρίτη, ὁπότε λογάριαζα νά πάω νά τόν πάρω στό ἀεροδρόμιον -ἦλθε λοιπόν ἐδῶ μέ ταξί, 2) τήν στιγμή τῆς ἀφίξεώς του συνέπεσε νά ἔλθη πρός ἐπίσκεψίν μου ὁ Δ/ντής Χωροφυλακῆς Χανίων. Ὁ κ. Dyck νόμισε ὅτι τόν κάλεσα ἐπίτηδες... ἐφάνη δι' αὐτό πολύ θλιμμένος τοῦ ἐξήγησα καί ἴσως μέ πίστεψε, ἀλλά ἦταν πολύ λυπημένος.

Ἀρχίσαμε τή συζήτηση. Τοῦ εἶπα καθαρά ὅτι ἔχω ἐνδοιασμούς καί τοῦ ἀνέφερα τήν περίπτωση νεαροῦ Μεννονίτη πού πῆρε Ἑλληνίδα καί ἔγινε ἡ οἰκογένειά της μεννονιτική -τό παρεδέχθη- τό βράδυ δέν κατελήξαμε σέ καμιά συνεννόηση - τήν ἄλλη μέρα πρωί συμφωνήσαμε:

α) νά ἔλθουν ἀλλά ὡς πρῶτον σημεῖον προπαγάνδες νά λείψουν.

β) πρός τό παρόν θά συνεργασθοῦμε μόνο εἰς τή Μηχανική Σχολή Καστελλίου, δηλ. θά μᾶς στείλη δύο μηχανικούς τούς ὁποίους ἐγώ θά συντηρῶ καί θά ἔχω ὑπό τήν ἐπίβλεψιν καί προστασίαν μου.

γ) Θά μᾶς στείλη μιά κοπέλα διά τήν Οἰκοκυρικήν ἡ ὁποία θά εἶναι φιλοξενουμένη μας καί θά κατευθύνεται ἀπό ἐμέ. Φάνηκε ἔτσι ἱκανοποιημένος καί μοῦ εἶπε ὅτι μποροῦμε τώρα νά πάρωμε τά ροῦχα καί κονσέρβες πού στέλνει -τοῦ εἶπα ὅτι δέν τά θέλω καί πολύ - νά τά δώσει στό Παγκόσμιο Συμβούλιο καί ἀπ' ἐκεῖ ἴσως πάρω μερικά.

Ἔτσι κάναμε ἕνα βῆμα καί ὁ Θεός βοηθός...

Τόν Αὔγουστο θά ἔχωμεν δῶ τήν οἰκουμενική κατασκήνωσιν.

Πολύ ἐπιθυμῶ νά τύχω εἰς τήν ἐπί διδακτορίᾳ ἐργασίαν σου, ἀλλά μοῦ φαίνεται ὅτι μόνον τόν Ἰούλιον θά εὐκαιρήσω. Τόν Ἀπρίλιο πιστεύω νά ἀρχίσωμεν νέον κτήριον εἰς Κάνδανον καί Παλαιόχωρα».

11-3-1961 ΑΑπ
Pd πρός Απ Γερμ
Ἐπιβεβαιώνω τήν τηλεφωνική ἐπικοινωνία μας, πού μόλις προηγήθηκε, μέ ἀντικείμενο τήν ἀποδοχή παράκλησής τους νά τούς ἐπισκεφθῶ στό ναό τους τήν Κυριακή 19 Μαρτίου, νά ὁμιλήσω ὅση ὥρα θέλω, νά ἔχω ἰδιαίτερη συνάντηση μέ τούς νέους τῆς Ἐνορίας καί, ἐννοεῖται, νά φιλοξενηθῶ καί νά συζητήσω μαζί του.

24-4-1961 ΑΑπ
Pd πρός Michaelides
Εὐχαριστεῖ γιά τή βοήθεια τῆς Ὑπηρεσίας τους (Chruch World Service, Inc. Ἀθήνα) νά γίνει ὁ ἐκτελωνισμός τοῦ ρουχισμοῦ καί τῶν εἰδῶν διατροφῆς καί νά προωθηθοῦν στήν Κρήτη, ὅπου θά γίνει ἡ διανομή ἀπό τόν Εἰρηναῖο. Στό μέλλον θά ὑπάρχει ἔγκαιρη ἐνημέρωση γιά κάθε ἀποστολή.
Κοιν.: Εἰρ, Απ καί ἄλλους

24-4-1961 ΑΑπ
Pd πρός Metzler
Ἀπαντᾶ στό ἐρώτημα τοῦ Metzler (Chruch World Service, Inc. Ἀθήνα) ἄν συμφωνεῖ μέρος τοῦ κρέατος πού δέν χρειάζεται ὁ Εἰρηναῖος νά μποροῦσε νά διανεμηθεῖ σέ ἄλλες Ἐπισκοπές τοῦ νησιοῦ. Ἀπάντηση: Οἱ δωρητές καί ἡ MCC δέν θά εἶχαν ἀντίρρηση. Εὐχή τους εἶναι νά δοθεῖ σέ ὅσους τό χρειάζονται περισσότερο ὑπό τόν ὅρον ὅτι συμφωνεῖ καί ὁ Ἐπίσκοπος Εἰρηναῖος καί, ἀκόμη, ὅτι θά δοθεῖ «ἐν ὀνόματι τοῦ Χριστοῦ» ὡς ἔκφραση καλῆς θέλησης καί ἀγάπης.

Ἐπισημαίνει πάντως πώς ἡ ἄποψη τοῦ Metzler ὅτι οἱ κονσέρβες μποροῦν νά χρησιμοποιηθοῦν τά ἑπόμενα 3-4 χρόνια εἶναι ἐσφαλμένη. Ἔχουν μείνει σέ ἀποθῆκες στόν Καναδά ἀρκετό καιρό καί γι' αὐτό ἐνδείκνυται νά καταναλωθεῖ τό κρέας ἐντός του 1962.

Προσθέτει ἀκόμη: Στήν ἐπιστολή σας τῆς 22^{ας} Μαρτίου γράφετε ὅτι εἴχατε μιά καλή συζήτηση μέ τόν Ἐπίσκοπο καί διαπιστώσατε προθυμία του γιά συνεργασία. Ἐκτιμῶ τοῦτο ὅλως ἰδιαιτέρως καί προσβλέπω πράγματι σέ μιά καλή συνεργασία. Τρεῖς ἐθελοντές εἶναι ἕτοιμοι νά πᾶνε στό Καστέλλι πρός τό τέλος τοῦ καλοκαιριοῦ. Ἔχουν ἑτοιμασθεῖ ἐργαλεῖα κ.λπ. Ἡ Orfa Zimmerly

θέλει νά συμμετάσχει πρῶτα στήν Κατασκήνωση καί νά παραμείνει στή συνέχεια στό Καστέλλι γιά πλήρη ἀπασχόληση.
Κοιν.: Εἰρ, Απ, Μιχαηλίδη, J. Hostetler
Κοιν.: Εἰρ, Απ κ.ά.

18-5-1961 ΑΑπ
Pd πρός Εἰρηναῖον (ἀγγλ.)
Ἔχουν ἑτοιμάσει καί θά στείλουν στό Καστέλλι διάφορα ἐργαλεῖα. Ζητοῦν πληροφορίες γιά σχετικά τεχνικά ζητήματα. Κατά τά λοιπά δέν ἔχει ἀλλάξει τίποτε. Οἱ ἐθελοντές τους θά φθάσουν σέ 3-4 μῆνες.
Κοιν.: Απ καί Κ. Fröse

19-5-1961 ΑΑπ
Απ πρός Pd (γερμ)
Τόν πληροφορῶ ὅτι, γιά νά διατυπώσω ἄποψη ἐπί τῶν σχεδίων τους στήν Ἀριδαία, πρέπει νά πάω ἐκεῖ. Ὅμως «ὁ κ. King μέ παρεκάλεσε νά διευθύνω τήν Οἰκουμενική Κατασκήνωση στό Καστέλλι. Κατά πᾶσαν πιθανότητα θά ταξιδέψω στήν Ἑλλάδα τέλη Ἰουλίου. Ἡ Κατασκήνωση διαρκεῖ ἀπό 4 Αὐγούστου μέχρι 5 Σεπτεμβρίου. Μετά θά μποροῦσα ἴσως νά ἀνέβω στή Μακεδονία, νά σᾶς γράψω τήν ἄποψή μου» καί νά δῶ σέ τί μπορῶ ἴσως νά βοηθήσω προσωπικά.[251]

24-5-1961 ΑΑπ
Εἰρηναῖος πρός Pd (ἀγγλ.)
«Σᾶς εὔχομαι ὑγεία καί ἡ εὐλογία τοῦ Θεοῦ νά εἶναι πάντοτε στήν καρδιά σας καί στό ἔργο σας».
Εὐχαριστεῖ γιά ἐπιστολές του, πού ἔλαβε μέσω τοῦ Metzler, καθώς καί γιά τά πολύτιμα δῶρα πού ἔστειλε ἐκ μέρους τῆς Κεντρικῆς Μεννονιτικῆς Ἐπιτροπῆς.
«Μέ τή συγκατάθεσή σας, ἕνα σημαντικό μέρος αὐτῶν δόθηκαν σέ Χριστιανούς τεσσάρων ἀδελφῶν Ἐπισκόπων τῆς Κρήτης, ἐπειδή καί αὐτοί ἀντιμετωπίζουν τίς ἴδιες δυσκολίες αὐτόν τό χρόνο. Μέ παρεκάλεσαν μαζί μέ τίς δικές μου εὐχαριστίες νά σᾶς διαβιβάσω καί τίς δικές τους. Ὁ Θεός νά

---

[251] Σημειώνω ἀκόμη ὅτι διάβασα τίς ἐνδιαφέρουσες περιγραφές του γιά τήν Κρήτη, πού δημοσίευσε στό περιοδικό τους DER MENNONIT, καί ὅτι τή Δευτέρα ἀναχωρῶ γιά τό Bossey, ὅπου θά συμμετάσχω σέ συνέδριο γιά τούς Διευθυντές τῶν Κατασκηνώσεων. Θά ἐπιστρέψω στό Μάιντς ἀρχές Ἰουνίου.

εὐλογῇ τή χώρα καί ἰδιαίτερα τούς οἴκους ὅλων ἐκείνων πού μᾶς ἔδωσαν αὐτά τά δῶρα».

Προσθέτει ὅτι: Θά φιλοξενήσουμε λίαν ἐγκαρδίως τήν κυρία Orfa Zimmerly ὅσον καιρό μείνει κοντά μας ὡς πολύτιμος συνεργός στήν Οἰκοκυρική Σχολή μας.

Μοῦ ἀρέσει τό πρόγραμμα τῶν μαθημάτων γιά μηχανικούς. Παρακαλῶ νά διαβιβάσετε ἐκ τῶν προτέρων τίς εὐχαριστίες μου στούς ἀνθρώπους πού πρόκειται νά ἔλθουν γιά νά συνεργαστοῦν μαζί μας. Ἐπειδή πρόκειται νά λειτουργήσει τό θέρος Οἰκουμενική Κατασκήνωση καί ὑπάρχουν καί ἄλλες ὑποχρεώσεις, τό πρόγραμμα αὐτό μπορεῖ νά ξεκινήσει ἀρχές Ὀκτωβρίου – τότε λοιπόν νά ἔλθουν οἱ ἄνθρωποι αὐτοί.[252]

Λυποῦμαι γιά τίς ταλαιπωρίες πού εἴχατε ἐδῶ κατά τήν τελευταία ἐπίσκεψή σας. «Τώρα ὅμως μπορῶ νά δῶ ὅτι τά κοινά "βάσανα" πού περάσαμε καί οἱ δύο ἔπρεπε νά προηγηθοῦν, προκειμένου ἡ συνεργασία τῆς Ἐπισκοπῆς μας καί τῆς Ἀδελφότητάς σας νά οἰκοδομηθεῖ σέ πολύ καλύτερη καί πιό σοβαρή βάση γιά τή δόξα τοῦ Κυρίου μας Ἰησοῦ».

Τελευταία παράκληση: Ἄν μπορεῖτε, γράφετέ μας στά Γερμανικά, ἐπειδή ὁ πατήρ Εἰρηναῖος, πού γνωρίζει Ἀγγλικά, δέν εἶναι πάντα μαζί μας.

«Παρακαλῶ δεχθεῖτε τίς εὐχές μου καί τή χριστιανική μου ἀγάπη».

1-6-1961 ΑΑπ
Pd πρός Εἰρηναῖον (γερμ)
Εὐχαριστεῖ γιά τό γράμμα του τῆς 24ης Μαΐου.

Ἐκφράζει χαρά γιά τό ὅτι μέρος τῶν δώρων τῆς ἀγάπης πού ἔστειλαν τό ἔδωσε σέ 4 ἄλλους Ἐπισκόπους τῆς Κρήτης. Ὅσοι ἔλαβαν τά δῶρα «εἴθε νά αἰσθανθοῦν κάτι ἀπό τήν ἀγάπη τοῦ Χριστοῦ, μέ τήν ὁποία τά πρόσφεραν οἱ δωρητές».

Εὐχαριστεῖ ἀκόμη «γιά τή φιλική πρόσκληση τῶν ἐργατῶν τῆς MCC» καί ἐκφράζει πλήρη κατανόηση γιά τήν ἐπιθυμία τοῦ Ἐπισκόπου νά μή φθάσουν στό Καστέλλι πρίν ἀπό τόν Ὀκτώβριο. Ἀρχές Ὀκτωβρίου, γράφει, θά γίνει στήν Ἐλβετία τό συνέδριο τῶν συνεργατῶν τῆς MCC στήν Εὐρώπη. Στή συνέχεια θά ἔλθουν οἱ ἐθελοντές τους στό Καστέλλι.

Καλεῖ τόν Εἰρηναῖο νά τούς ἐπισκεφθεῖ, ἄν βρεθεῖ στή Φραγκφούρτη.
Κοιν.: Απ κ.ἄ.

---

[252] Τόν Ὀκτώβριο τοῦ 1961 ἡ τριμελής ὁμάδα τῶν πρώτων Μεννονιτῶν ἔφθασε στό Καστέλλι. Ἦταν ὁ Richard Kaufmann ἀπό τήν Ἀμερική (Middleburi, Indiana, ἀπόφοιτος τοῦ Bluffton College) καί ὁ Klaus Froese ἀπό τό Ἀμβοῦργο τῆς Γερμανίας, γιά τή διδασκαλία τεχνολογικῶν μαθημάτων καί γιά πρακτικές ἀσκήσεις στήν Τεχνική Σχολή. Γιά τήν Οἰκοκυρική Σχολή ἦρθε ἡ Orpha Zimmerly, Καθηγήτρια Οἰκιακῆς Οἰκονομίας.

8-6-1961 ΑΑπ
Pd πρός Απ (γερμ) Mz

Εὐχαριστεῖ γιά ἐπιστολή μου τῆς 19ης Μαΐου. Χαίρονται γιά τήν πρόοδο τῆς συνεργασίας στήν Κρήτη. Ὁ Klaus Froese εἶναι ἤδη στή Μακεδονία μέ αὐτοκίνητο, φορτωμένο μέ ἐργαλεῖα καί διάφορα σύνεργα, καθ' ὁδόν πρός τήν Κρήτη, ὅπου ὅμως θά πάει μαζί μέ τούς ἄλλους ἀρχές Ὀκτωβρίου, σύμφωνα μέ ὁδηγίες τοῦ Εἰρηναίου. Ἤ θά πάει νωρίτερα, προκειμένου νά συμμετάσχει στήν Κατασκήνωση.

Μοῦ στέλνει τεύχη τοῦ περιοδικοῦ τους DER MENNONIT, ἀνταποκρινόμενος σέ ἐπιθυμία μου. Στό ἐπόμενο τεῦχος, γράφει, θά δημοσιευθεῖ ἕνα ἄρθρο σχετικό μέ τήν ἐργασία τους στή Μακεδονία καί, ἄν τό κρίνω σκόπιμο, θά στείλει ἕνα τεῦχος καί στόν Εἰρηναῖον.

Ἀναφέρεται στό πρόβλημα πού ἔχουν στή Μακεδονία καί εὐχαριστεῖ γιά τό ὅτι συνεχίζω νά κάνω σκέψεις γι' αὐτό, καθώς ἐκεῖνοι, ὡς ξένοι στόν τόπο, εἶναι πλήρως ἐξαρτημένοι ἀπό μᾶς. Δέν θέλουν νά κάμουν κάτι πού νά μήν εἶναι ἐπιθυμητό ἀπό τόν ἑλληνικό λαό τοῦ τόπου. Πρόκειται γιά τήν πόλη τῆς Ἀριδαίας, ὅπου ὅμως, καθώς καί στήν εὐρύτερη περιοχή, δέν ὑπάρχει κάτι ἀνάλογο πρός αὐτό πού ἐκεῖνοι σχεδιάζουν {ὥστε νά γνωρίζουν οἱ ἄνθρωποι περί τίνος πρόκειται}. Δηλαδή ἕνα "Community Center", ὅπου νά μποροῦν νά συναντῶνται οἱ γυναῖκες, νά παρέχεται βοήθεια σέ παιδιά γιά τά μαθήματά τους κ.λπ. Ρωτᾶ ἄν θά μποροῦσα νά πάω στήν Ἀριδαία, νά ἐξετάσω τά πράγματα καί νά ἔχουν τή συμβουλή μου.

Κοιν.: Εἰρηναῖον

28-6-1961 ΑΑπ
Pd πρός Εἰρηναῖον (γερμ)

Εὐχαριστεῖ γιά τήν ἐπιστολή του τῆς 20ῆς Ἰουνίου. «Ἀνεξάρτητα ἀπό τό ἄν τήν γράψατε συνειδητά ἤ ὄχι, μιά ἀπό τίς φράσεις σας στήν τελευταία ἐπιστολή σας ἠχεῖ τόσο θαυμάσια, ὥστε τήν προώθησα στό Κεντρικό μας Γραφεῖο, στό Akron, Pennsylvania, καί μάλιστα μέ τή σημείωση ὅτι θά μποροῦσε νά ὁμοιάζει μέ φράση τοῦ Ἀποστόλου Παύλου σέ μιά ἀπό τίς ἐπιστολές του. Εἶναι ἡ πρόταση {ἀκολουθεῖ στά Ἀγγλικά, στά ὁποῖα ἦταν προφανῶς γραμμένο τό γράμμα τοῦ Εἰρ}: "εὐχαριστῶ τόν Θεό, διότι ἐπιτέλους εἴμαστε ἕτοιμοι νά ἀρχίσουμε σύντομα μιά κοινή χριστιανική ἀποστολή πρός δόξαν Αὐτοῦ". Αὐτό ἐκφράζει ἐπίσης τά δικά μας συναισθήματα καί τή δική μας βεβαιότητα καί εἴμαστε σίγουροι ὅτι θά ὑπάρξει μιά ὄμορφη συνεργασία μαζί σας, πού, ὅπως ἐλπίζουμε, θά εἶναι πρός δόξαν Θεοῦ».

Κοιν.: Απ

25-7-1961 ΑΑπ
Pd πρός Εἰρηναῖον (ἀγγλ)
«Λίαν σεβαστέ, ἀγαπητέ ἀδελφέ Ἐπίσκοπε Εἰρηναῖε,
χθές συνάντησα πάλι τόν φίλο μας Ἀλέξανδρο Παπαδερό. Εἴχαμε μιά μακρά καί καλή συζήτηση, μεταξύ ἄλλων καί γιά τό ἐγχείρημα πού ἔχουμε προγραμματίσει γιά τό Καστέλλι. Μιλήσαμε καί γιά πρακτικά ζητήματα, ὅπως π.χ. κατοικία γιά τούς δυό νέους μας, ἄν ἀρχίσουν ἐκεῖ τήν ἐργασία τους τόν Ὀκτώβριο, τό θέμα τοῦ διερμηνέα καί ἑνός κατάλληλου χώρου, ὅπου θά μποροῦν νά διδάσκουν καί νά δίδουν τίς πρακτικές ὁδηγίες.

Ὁ ἀδελφός Παπαδερός θά σᾶς ἐνημερώσει φυσικά γιά τή συζήτησή μας. Ἕνα πράγμα ὅμως θέλω νά ὑπογραμμίσω ἐδῶ, δηλαδή τήν καλή σκέψη τοῦ Ἀλέξανδρου, οἱ νέοι Ἕλληνες πού θά ἔλθουν στό Καστέλλι γιά πρακτική ἐκπαίδευση νά μή σκορπίσουν {ἐνοικιάζοντας δωμάτια} σέ διάφορες οἰκογένειες, ἀλλά νά μένουν μαζί σέ ἕνα σπίτι». Ἀναφέρεται ἐκτενέστερα σέ αὐτό τό ζήτημα καί στήν ἐξεύρεση κατάλληλου ἀνθρώπου, ὁ ὁποῖος θά εἶναι «πατέρας» γιά τούς νέους καί, ἄν γνωρίζει καί Ἀγγλικά, θά βοηθᾶ καί ὡς μεταφραστής.

Γράφει ἀκόμη ὅτι «σήμερα περιμένουμε στή Φραγκφούρτη τήν Orpha Zimmerly. Θά παρακολουθήσει μιά ταχύρρυθμη ἐκπαίδευση στή χρήση μηχανῶν γιά κέντημα καί ράψιμο καί θά ἀναχωρήσει γιά τήν Κρήτη τό Σάββατο ἤ τήν Κυριακή.

Γιά τήν πλήρη εὐθυνῶν ἐργασία σας σᾶς εὐχόμεθα καί στό ἑξῆς πλούσια τήν εὐλογία τοῦ Θεοῦ».

Κοιν. Απ, Orpha Zimmerly

Προβλήματα στή Μακεδονία
25-7-1961 ΑΑπ
Pd πρός Απ (Καστέλλι) (ἀγγλ.)
Ἐπιβεβαιώνει τή χθεσινή συζήτησή μας στό Μάιντς καί μέ τό γράμμα αὐτό {πού τό στέλνει στό Καστέλλι, ὅπου ἐπρόκειτο νά φθάσω τίς ἑπόμενες ἡμέρες}. Ἐπαναλαμβάνει τήν παράκληση πού μοῦ εἶχε κάμει προφορικά, νά ἀναλάβω γιά χάρη τους μιά ὀλιγοήμερη ἀποστολή στή Μακεδονία, τό ἀντικείμενο τῆς ὁποίας περιγράφει ἀκολούθως.

Στά περίπου ἐννέα χρόνια πού πέρασαν, ἡ MCC πρόσφερε ἀναπτυξιακή ὑπηρεσία στήν Παναγίτσα καί στούς Τσάκωνες. Στό μεταξύ δραστηριοποιοῦνται στήν Ἀριδαία. Εἶναι γνωστοί στίς ἐκκλησιαστικές καί τίς πολιτικές Ἀρχές, χαίρουν ἐκτιμήσεως μεταξύ τοῦ φιλόξενου καί εὐγενικοῦ πληθυσμοῦ τῆς περιοχῆς, ἀλλά καί τοῦ Ὑπουργείου Γεωργίας στήν Ἀθήνα καί τῶν Ὑπηρεσιῶν του στήν περιοχή τους.

Σκοπεύουν νά δημιουργήσουν στήν Ἀριδαία ἕνα Community Center - Κοινοτικό Κέντρο, προκειμένου νά διευρύνουν τούς σκοπούς καί τήν ἀποτελεσματικότητα τῆς μαρτυρίας καί τῆς διακονίας τους. Ἐκεῖνο πού ζητοῦν ἀπό μένα εἶναι νά πάω στήν Ἀριδαία, νά σχηματίσω προσωπική εἰκόνα καί νά τούς βοηθήσω νά προσδιορίσουν τήν πραγματική ἀνάγκη γιά ἕνα τέτοιο Κέντρο, νά ἔχω μαζί τους διαβούλευση ἐπί τῆς σκοπιμότητάς του καί νά προτείνω τρόπους ἐφαρμογῆς ἑνός τέτοιου σχεδίου, ἐφ' ὅσον ἤθελε ἐγκριθεῖ ἡ δημιουργία του.

Κατά τήν ἐπίσκεψή μου θά ἐπιθυμοῦσαν εἴτε μόνος μου εἴτε συνοδευόμενος ἀπό τόν Larry Eisenbeis, Προϊστάμενο τοῦ ἐκεῖ κλιμακίου τους, νά ἔχω ἐπαφές μέ ἐκκλησιαστικές καί πολιτικές Ἀρχές τοῦ τόπου, νά μελετήσω τίς ἀνάγκες τῆς κοινότητας καί νά ἑτοιμάσω πλήρη ἔκθεση καί ὑποδείξεις μετά τό πέρας τοῦ ταξιδίου. Ἐπικαλούμενοι τήν ἐμπειρία μου ἀπό τή Θεσσαλονίκη, ὅπου λειτούργησε ἀνάλογο Κέντρο τῆς Congregational Church - Ἐκκλησίας τῶν Κονγκρεκασιοναλιστῶν, γράφουν ὅτι αὐτό πού θά ἤθελαν νά δημιουργήσουν στήν Ἀριδαία θά πρέπει νά ἔχει ἀνάλογα γνωρίσματα:

- Νά ἱκανοποιεῖ μιά βασική ἀνάγκη τῆς κοινότητας.
- Νά εἶναι ἀποδεκτό καί νά ὑποστηρίζεται ἀπό τούς ἐκκλησιαστικούς καί τούς πολιτικούς ἡγέτες.
- Νά εἶναι δυνατόν νά ἐργάζονται στό Κέντρο ἄνθρωποι τῆς MCC καί Ἕλληνες.
- Νά παρέχει εὐκαιρίες εἰδικά σέ παιδιά, νέους καί γυναῖκες γιά ψυχαγωγία, ἄτυπη ἐκπαίδευση μέ τή χρήση βιβλιοθήκης, μέ μαθήματα, ταινίες, συζητήσεις καί παρόμοια, νά ὑπάρχει δέ καί ἕνα ἐπιτηρούμενο δωμάτιο γιά διάφορες δραστηριότητες.

Σημειώνει ἀκόμη ὁ Dyck πώς, καίτοι ἡ ἀποστολή μου ἔχει προκαταρκτικό χαρακτήρα ἄνευ δεσμεύσεων, θά ἐπιθυμοῦσαν νά περιλάβω στήν ἔκθεσή μου ἐκτιμήσεις, ὅπως ἄν οἱ ἐκκλησιαστικές καί λοιπές Ἀρχές θά ἦταν πρόθυμες νά συνεργασθοῦν, ποιό τό ἀπαιτούμενο κόστος καί πῶς θά καλυφθεῖ - δηλαδή πόσο μέρος τῆς δαπάνης ἀναμένεται νά καλυφθεῖ ἀπό ἑλληνικές πηγές -, ποιό προσωπικό ἀπαιτεῖται, ἰδιαίτερα ὅσον ἀφορᾶ σέ Ἕλληνες συνεργάτες, καί ὅποιες ἄλλες πληροφορίες θά μποροῦσαν νά τούς βοηθήσουν νά λάβουν θετική ἤ ἀρνητική ἀπόφαση. Ὅπως σέ κάθε δράση τους, στή Μακεδονία καί στήν Κρήτη ὕπατος σκοπός τους εἶναι νά βοηθήσουν τόν τοπικό ἑλληνικό πληθυσμό, ἄλλες βλέψεις δέν ἔχουν. Ὅταν μέ τόν καιρό θά ἔχει ὁλοκληρωθεῖ ἡ ἀποστολή τους, τό Κέντρο θά περιέλθει ἐξ ὁλοκλήρου στόν πληθυσμό καί στίς Ἀρχές τοῦ τόπου, πού θά συνεχίσουν νά τό λειτουργοῦν γιά τό κοινό καλό, χωρίς τή βοήθεια τῆς MCC.

Κοιν.: William T. Snyder, Larry Eisenbeis, Robert Miller.

25-7-1961 ΑΑπ
Pd πρός Eisenbeis (γερμ.)

Τήν ίδια μέρα ὁ Dyck κοινοποιεῖ στόν Eisenbeis, Προϊστάμενο τοῦ κλιμακίου τους στήν Ἀριδαία, τό παραπάνω γράμμα. Καίτοι, γράφει, τό γράμμα αὐτό εἶναι αὐτοερμηνευόμενο, δυό λόγια παραπάνω μπορεῖ νά τοῦ εἶναι χρήσιμα. Ὁ Ἀλέξανδρος, γράφει, μέ τόν ὁποῖο εἶχε χθές στό Μάιντς μακρά συζήτηση, φεύγει σήμερα γιά τήν Ἑλλάδα. Ὁλοκλήρωσε τή διδακτορική διατριβή του μέ θέμα: ΜΕΤΑΚΕΝΩΣΙΣ... Πρόκειται γιά μιά ἔρευνα σχετική μέ τό σκεπτικισμό τῆς Ἑλλάδας ἔναντι τῶν δυτικῶν ἐπιρροῶν.

Μπορῶ, γράφει, νά πάω στή Μακεδονία πρός τό τέλος Σεπτεμβρίου. Ἐσύ (Eisenbeis) θά ἀπουσιάζεις τότε. Εἶναι καλό νά ἐπισκεφθεῖ πρῶτα μόνος του ὁ Ἀλέξανδρος μερικούς ἀπό τούς ἀνθρώπους ἐκεῖ, ἰδιαίτερα τούς τῆς Ἐκκλησίας - ἡ συζήτηση θά εἶναι πιό ἄνετη. Θά χρειασθεῖ νά ἀκολουθήσει δεύτερος κύκλος συζητήσεων τοῦ Ἀλέξανδρου, παρόντος καί σοῦ. Νά στείλεις στόν Ἀλέξανδρο κατάλογο ἀνθρώπων τῆς Ἐκκλησίας καί τοῦ Κράτους, μέ τούς ὁποίους ἔχουμε συνεργασθεῖ ἐκεῖ ἀλλά καί στήν Ἀθήνα (Καθηγητής Ἰωαννίδης, Ὑπ. Γεωργίας κ.ἄ.). Εἶχε, γράφει, 270 δρχ. καί τίς ἔδωσε στόν Ἀλέξανδρο γιά τό ταξίδι στή Μακεδονία. Στή Θεσσαλονίκη ἔχει ἔναν ἀδελφό,[253] θά φιλοξενηθεῖ ἐκεῖ (δηλ. περιορισμός δαπανῶν), ἄλλα ἔξοδα θά φροντίσει νά καλυφθοῦν.

Κοιν.: W.T.Snyder, R. Miller, Απ

26-7-1961 ΕΖΑ 97/562
King πρός Möckel (ἀγγλ.)

Ὅπως σᾶς ἔχω πεῖ, οἱ Μεννονίτες ἑτοιμάζουν μιά ὁμάδα γιά τήν Κίσαμο. Ὁ John Metzler {βρισκόταν τότε στήν Ἀμερική} γράφει ὅτι τό πρόγραμμα τῶν Μεννονιτῶν μέ τόν Ἐπίσκοπο {Εἰρηναῖο} ἔχει προχωρήσει καλά καί ὅτι δέν θά ἦταν σοφό νά σταλεῖ δεύτερη ὁμάδα στήν ἴδια Ἐπισκοπή {ἐννοεῖ τήν Suhnezeichen γιά τήν Ἀκαδημία}. Σημειώνει πώς οἱ Ἐπίσκοποι Μυτιλήνης, Ἐλασσόνος καί Τρικάλων ἔχουν ζητήσει ἐπίσης ὁμάδες ἐργασίας καί ἡ Sühnezeichen μπορεῖ νά πάει σέ ἔναν ἀπό τούς τρεῖς. Βέβαια, ἐάν οἱ τῆς Sühnezeichen ἐπιμείνουν νά πᾶνε καί στήν Κρήτη, δέν ὑπάρχει ἀντίρρηση. Ὁ Metzler πάντως συνιστᾶ ἐντόνως νά συνεννοηθοῦν οἱ δύο Ὀργανώσεις {Sühnezeichen καί Μεννονίτες} καί νά ξεκαθαρίσουν τά τῶν σχέσεων καί τῆς ἐργασίας των πρίν πᾶνε στήν Κρήτη.

---

[253] Εὐτύχιος Κ. Παπαδερός, Πρωτοπρεσβύτερος, Προϊστάμενος τοῦ ἱ. Ναοῦ Κοιμήσεως τῆς Θεοτόκου 40 Ἐκκλησιῶν Θεσσαλονίκης.

25-10-1961 ΑΑπ
Pd πρός Απ (Mz, γερμ.)
Εὐχαριστεῖ γιά γράμμα μου τῆς 24ης Ὀκτωβρίου καί γιά τή συνημμένη Ἔκθεση, ὅπου ἔχω σημειώσει κάποια στοιχεῖα ἀπό τή συζήτησή μας στή Θεσσαλονίκη, πού δέν εἶχε κρατήσει ἐκεῖνος.

Στή Ἀθήνα μίλησε μέ τόν Καθηγητή Ἰωαννίδη στίς 16 Ὀκτωβρίου. «Μέ δέχτηκε πολύ φιλικά ὅπως πάντοτε καί μοῦ ἔδωσε τήν καλή συμβουλή νά μήν ἐγκαταλείψουμε τήν ὑπόθεση τοῦ "Community Center" στήν Ἀριδαία, ἀλλά νά τοῦ στείλουμε γραπτῶς ἕνα σχέδιο γιά τό σκοπό του καί τά συναφῆ πρακτικά προβλήματα. Μετά νά πάει κάποιος ἀπό τούς δικούς μας τῆς ὁμάδας τῆς Ἀριδαίας νά συνεχίσουν τή συζήτηση. Μέ βάση αὐτά τά στοιχεῖα καί τίς γραπτές προτάσεις θά ὑποβάλει στήν Ἱερά Σύνοδο συστατικό ἔγγραφο καί ἐλπίζει σέ θετικό ἀποτέλεσμα. Ὑποτεθείσθω ὅτι ἡ Σύνοδος ἐγκρίνει τό σχέδιο· αὐτό δέν θά σημαίνει ὁπωσδήποτε καί τή συγκατάθεση τῆς Φλώρινας {Μητροπόλεως}, ἔτσι τουλάχιστον καταλαβαίνω τήν ἐκκλησιαστική κατάσταση σέ σᾶς, ἤ; {μήπως κάνω λάθος;}. Δέν μπορῶ νά ἐκτιμήσω ἀκόμη ἄν θά ἀκολουθήσουμε τήν παραπάνω πρόταση» {Ἰωαννίδη}.

Ψιλικατζίδικα!: Γιά τίς δαπάνες τοῦ ταξιδιοῦ μου στή Μακεδονία γράφει:
«Μοῦ ἔδωσες σημείωμα δαπανῶν σου γιά 1.122 δρχ.
270 δρχ. σοῦ εἶχα προκαταβάλει στό Μάιντς
600 δρχ. σοῦ ἔδωσα πρό ἡμερῶν στό ξενοδοχεῖο στήν Ἀθήνα
870 δρχ. λοιπόν ἔλαβες ἤδη
252 δρχ. ἤ 36 DM σοῦ ὀφείλουμε πρός κάλυψη τῶν 1.122 δρχ.
Εἶχες ὅμως καί ἄλλα ἔξοδα. Ἐπισυνάπτουμε λοιπόν μιά ἐπιταγή 136 DM... Ἄν δέν ἀρκοῦν, παρακαλῶ νά μᾶς τό γνωρίσεις. Διαφορετικά θεωροῦμε πώς ἔχει κλείσει τό οἰκονομικό μέρος τῆς ἀποστολῆς» {στή Μακεδονία!}. Γιά τίς λοιπές δαπάνες λοιπόν ἔστειλαν 700 δρχ. Δέν ζήτησα νά πληρώσουν τίς πραγματικές δαπάνες οὔτε, φυσικά, κάποια ἀμοιβή γιά τόν κόπο τοῦ ταξιδιοῦ καί γιά τήν ἐκπόνηση τῆς ἔκθεσης-μελέτης μου. Σημειώνω τά παραπάνω, προκειμένου ὁ ἀναγνώστης νά ἔχει μιά κάποια εἰκόνα γιά τίς περί διαχείρισης τῶν χρημάτων ἀντιλήψεις τῶν ἀνθρώπων αὐτῶν καί νά κατανοήσει πόση λεπτότητα καί προσοχή ἦταν ἀναγκαῖο νά ἐπιδεικνύεται ἀπό τήν πλευρά μας καθ' ὅλη τή διάρκεια τῆς παραμονῆς τους στήν Κρήτη.

14-8-1961 ΑΑπ
Eisenbeis πρός Απ (ἀγγλ)
Ἀπευθύνει τό γράμμα στό Καστέλλι, ὅπου βρισκόμουν τότε γιά τήν

Οἰκουμενική Κατασκήνωση.Μοῦ στέλνει κατάλογο προσώπων πού συνιστᾶ νά συναντήσω στή Μακεδονία. Μεταξύ αὐτῶν εἶναι ὁ Φλωρίνης {Βασίλειος}, ὁ Ἱερώνυμος Κοτσώνης καί ὁ Σάββας Ἀγουρίδης {οἱ Μεννονίτες τόν γράφουν Agorides}.

20-8-1961 EZA 97/562
Möck πρός Pd γερμ.
Ἐπικοινωνεῖ {γιά πρώτη φορά} μέ τόν Dyck. Ζητᾶ πληροφορίες γιά τίς συμφωνίες καί τά σχέδια τῶν Μεννονιτῶν καί τοῦ Ἐπισκόπου Εἰρηναίου, ἐπειδή ἡ Sühnezeichen, ἐκ μέρους τῆς ὁποίας γράφει, δέν ἐπιθυμεῖ νά διαταράξει αὐτά τά σχέδιά τους.

1-9-1961 EZA 97/562
Pd πρός Möck
Ἀπό τόν κ. King καί τόν Rev. R. Maxwell πληροφορήθηκε τά σχέδια τῆς Aktion Sühnezeichen γιά ἕνα πρόγραμμα στήν Κρήτη. Ἡ ὁμάδα σας στή Μακεδονία εἶχε ἐπαφή μέ τή δική μας ὁμάδα στήν Ἀριδαία.
Μέ ὑπόδειξη τοῦ κ. King τόν ἐνημερώνει {τόν Möckel} γιά τά σχέδιά τους στό Καστέλλι. Ὕστερα ἀπό πρόσκληση τοῦ Ἐπισκόπου Εἰρηναίου:
α) ἀπό 1ης Ὀκτωβρίου ἕνα ἐκπαιδευμένο ἄτομό τους θά ἐργασθεῖ στήν Οἰκοκυρική Σχολή στό Καστέλλι, β) ταυτόχρονα δυό ἄνδρες θά βοηθήσουν στήν Τεχνική Σχολή. Ἔχουν ἤδη σταλεῖ μέ πλοῖο ἐργαλεῖα κ.λπ. Αὐτά ἐλπίζουμε νά εἶναι ἡ ἀπαρχή καλῆς συνεργασίας μας μέ τό λαό τῆς Κρήτης καί ἰδιαίτερα μέ τόν Ἐπίσκοπο Εἰρηναῖο, τόν φίλο μας Ἀλέξανδρο Παπαδερό καί ἄλλους.
Ἐλπίζει ὅτι μέ τίς πληροφορίες αὐτές θά ἀποφευχθοῦν ἐπικαλύψεις καί εὔχεται νά εὐλογεῖ ὁ Κύριος τά δικά τους σχέδια.

20-3-1962 ΑΑπ
Pd πρός Απ-Mz MCC
Συγχαίρει γιά τήν ἀναγόρευσή μου σέ Διδάκτορα Φιλοσοφίας στό Πανεπιστήμιο τοῦ Mainz.
Ἀκοῦμε καλά νέα ἀπό τήν Κρήτη. Τήν Τεχνική Σχολή, ὅπου ἐργάζονται «οἱ δυό ἄνδρες» {ἐννοεῖ τούς ἐθελοντές πού ἔχει στείλει, τόν Klaus Froese καί τόν Richard Kaufman}, προσπαθεῖ ὁ Ἐπίσκοπος Εἰρηναῖος νά τήν ἀναγνωρίσει ἐπίσημα τό Κράτος. «Θά τό ἐπιτύχει ἄραγε; Ποιές συνέπειες θά ἔχει αὐτό γιά τήν περαιτέρω ἐξέλιξη; Ἐμεῖς δέν μποροῦμε πρός τό παρόν νά τό ἐκτιμήσουμε, ἀλλ᾽ ἡ δική μας ἀποστολή εἶναι νά βοηθοῦμε ὅπου μποροῦμε, καί ἐάν ὁ ἀγαπητός μας Ἐπίσκοπος νομίζει πώς αὐτός εἶναι ὁ σωστός δρόμος, τότε

είναι φυσικά σωστό καί γιά μᾶς».²⁵⁴ Προσθέτει τή χαρά του γιά τό ὅτι, ὅπως πληροφορεῖται, ὑπάρχει πολύ καλή σχέση τῶν ἐθελοντῶν τους μέ τόν Ἐπίσκοπο, τούς συνεργάτες του καί πολλούς Κρῆτες καί ἀκόμη ὅτι ὁ Ἐπίσκοπος τούς παίρνει συχνά μαζί του ὅπου λειτουργεῖ, πρᾶγμα πού ἐκτιμοῦν ἰδιαίτερα.

Μοῦ ἀνακοινώνει ὅτι θά ἐπισκεφθεῖ προσεχῶς τήν Ἑλλάδα καί θά φθάσει στά Χανιά στίς 30 Μαρτίου. Ἐλπίζει ὅτι θά ἐξετάσει ὅλα τά θέματα καί θά τά συζητήσει. «Θά ἤμουν εὐγνώμων, ἄν μπορέσουμε νά δοῦμε καθαρά τόν δρόμο πού εἶναι μπροστά μας γιά τόν ἐπόμενο χρόνο».

Κλείνει εὐχόμενος γιά τίς ἐπικείμενες διακοπές μου καλό καιρό καί καλή ἀνάπαυση.

25-10-1961
Pd πρός Απ Mz (γερμ) ΑΑπ
Ἀγαπητέ Ἀλέξανδρε,
Εὐχαριστεῖ γιά ἐπιστολή μου τῆς 24ης Ὀκτωβρίου καί γιά τή συνημμένη Ἔκθεσή μου. Κατά τή συζήτησή μας στή Θεσσαλονίκη εἶχα κρατήσει μέν μερικές σύντομες σημειώσεις, ὡστόσο ἔγραψες κάποια πράγματα στήν Ἔκθεσή σου πού δέν ἠχοῦσαν ἐκεῖ τόσον σαφῆ καί δέν τά εἶχα σημειώσει. Σοῦ εἶμαι εὐγνώμων γι' αὐτά.

4 καί 5 Δεκ. 1962
Ὁ P. Dyck φιλοξενεῖται στή Μητρόπολη Κισάμου καί Σελίνου.

12-12-1962 ΑΑπ
Pd πρός Απ
Μοῦ διαβιβάζει τό χαιρετισμό τοῦ Ἐπισκόπου Εἰρηναίου καί τοῦ πατρός Εἰρηναίου. Ἦταν στό Καστέλλι μόνο γιά δυό μέρες, εἶχαν ὅμως καλή συζήτηση. Χάρηκε πού εἶδε τή νέα Τεχνική Σχολή καί διαπίστωσε τή μεγάλη πρόοδο πού σημειώθηκε κατά τόν περασμένο χρόνο.

Μεταξύ ἄλλων ὁ Ἐπίσκοπος παρακάλεσε νά ἀφήσουν τούς Klaus Froese καί Richard Kaufman γιά περισσότερο χρόνο ἤ νά τούς ἀντικαταστήσουν μέ ἄλλους, ἐάν αὐτοί ἀποχωρήσουν τόν ἐπόμενο χρόνο. Ζήτησε ἐπίσης κρέας γιά τά 350 παιδιά τῶν διαφόρων Οἰκοτροφείων. Μίλησαν ἀκόμη γιά τά μελλοντικά σχέδια, ἰδίως γιά τήν Ἀκαδημία. «Ὁ Ἐπίσκοπος ἀνέφερε ἐπίσης τά συζητηθέντα στό Bad Boll καί εἶχε τήν ἄποψη ὅτι θά πρέπει νά μιλήσω μαζί σου γιά τά θέματα αὐτά, ἐπειδή ἐσύ ἔχεις τήν πλήρη εἰκόνα καί γνωρίζεις πῶς

---

²⁵⁴ Ἡ διαφαινόμενη ἐπιφυλακτικότητα ὀφείλεται στή βασική θεωρία καί πρακτική τῶν Μεννονιτῶν ὅτι κάθε σχέση μέ τό Κράτος παράγει... ἁμαρτία. Ἡ θέση τους αὐτή καί ἡ ἀπουσία Ἐπισκόπων ἀπό τήν Ἐκκλησία τους τονίζουν ἐμφανέστερα τόν σεβασμό του πρός τήν προσωπικότητα τοῦ Εἰρηναίου.

θά ἐξελιχθοῦν περαιτέρω τά πράγματα. Πιστεύω πώς τά εἶπε αὐτά σέ συσχετισμό μέ μιά πιθανή διακονία πού θά μπορούσαμε νά προσφέρουμε καί ἐμεῖς σ' αὐτό τό σχεδιαζόμενο πρόγραμμα. Πῶς καί μέ ποιά μορφή θά μποροῦσε νά προσφερθεῖ αὐτή ἡ διακονία δέν συζητήθηκε. Ἤδη πρό πολλοῦ χρόνου μίλησες γιά μιά "Ἀκαδημία" καί θά μέ ἐνδιέφερε νά συζητήσουμε κάποτε γι' αὐτήν, δεδομένου ὅτι θά μπορούσαμε νά σᾶς προσφέρουμε σ' αὐτόν τό χῶρο κατά κάποιο τρόπο μιά μικρή ὑπηρεσία».

Διατυπώνει θερμή πρόσκληση νά τούς ἐπισκεφθῶ στή Φραγκφούρτη, ἴσως τήν περίοδο τῶν ἑορτῶν. Ἡ διακριτική, πλήν σαφής, ἔκφραση τῆς ἐπιθυμίας τους νά μετάσχουν στό ἔργο τῆς Ἀκαδημίας προκαλεῖ σέ μένα εὐνοήτως σοβαρές ἐπιφυλάξεις.

24-12-1962 ΑΑπ
Απ πρός Pd (γερμ)
Ἀνταπόδοση ἑόρτιων εὐχῶν, εὐχαριστία γιά τό ἀντίγραφο ἐπιστολῆς του πρός Εἰρηναῖον.

«Ἐπί τῶν διαφόρων σημείων τά ὁποῖα ἀναφέρετε στήν ἐπιστολή σας πρός τόν Ἐπίσκοπο Εἰρηναῖον δέν ἐπιθυμῶ νά προσθέσω τι, δεδομένου ὅτι σεῖς μπορεῖτε νά ἐκτιμήσετε καλύτερα τήν κατάσταση. Ἐκφράζω μόνο εἰλικρινά τή χαρά μου γιά τό ὅτι ἐξελίσσεται τόσο καλά ἡ σχέση πού σᾶς ἐδημιούργησα μέ τήν Κρήτη. Θέλω μόνο νά σᾶς πῶ κάποια πράγματα γιά τήν Ἀκαδημία, ἐπειδή φέρω μόνος ὁλόκληρη τήν εὐθύνη γιά τή διατύπωση τῆς ἰδέας, τό σχεδιασμό καί τήν πραγματοποίηση τοῦ προγράμματος καί γι' αὐτό ἀκριβῶς σᾶς συνέστησε ὁ Ἐπίσκοπος νά μιλᾶτε μαζί μου γιά τό θέμα αὐτό.

Ἀντιλαμβάνεσθε πώς ἡ ὑπόθεση αὐτή δέν εἶναι εὔκολη καί ὅτι εἶμαι εὐγνώμων γιά κάθε συμβουλή καί γιά κάθε εἶδος βοήθειας καί συμπαράστασης. Τά σχέδιά μου κατατείνουν πρός δύο βασικούς στόχους τῆς Ἀκαδημίας: ἕναν ἀγροτο-ὑποδειγματικό καί ἕναν λίγο πολύ ἀκαδημαϊκό.

Ὅσον ἀφορᾶ στά ἀγροτικά, ἡ ἀφετηριακή θέση μου εἶναι ὅτι ἡ γεωργία τοῦ νησιοῦ σέ πολλά σημεῖα της χρειάζεται ριζική ἀναδιάθρωση καί ἀναπροσανατολισμό. Ἀνάγκη, μεταξύ ἄλλων, νά θεωρηθοῦν ὑπό τό πρίσμα τῶν σημερινῶν δεδομένων καί νά ἀναμορφωθοῦν παραδοσιακοί τρόποι ἐργασίας καί κοινωνικοῦ βίου. Μέ δυό λόγια: Πρόκειται γιά περίπου τόν ἴδιο σκοπό πού ἐπιδιώκετε στήν Ἀριδαία. Θέλουμε νά προσλάβουμε ἕναν ἀγρότη καί σέ ἕνα κομμάτι γῆς πού θά μᾶς διαθέσει ἡ Μονή Γωνιᾶς νά παρουσιάσουμε μιά ὀρθολογική γεωργία σέ ὅλους τούς τομεῖς τοῦ ἀγροτικοῦ βίου. Χρειαζόμαστε αὐτό τό *demonstrieren* {ἐπίδειξη παραδειγματικοῦ προτύπου} ἐπειδή, ὅπως γνωρίζετε, οἱ γεωργοί μας μόνο μέ πειστικά πρότυπα μποροῦν νά ἀναθεωρήσουν τόν τρόπο ἐργασίας καί ζωῆς τους.

Πρός αὐτήν τήν κατεύθυνση ἐλπίζω πώς μπορεῖτε νά μᾶς βοηθήσετε πολυτρόπως. Δέν μπορῶ βέβαια νά πῶ ἀκόμη μέ ἀκρίβεια σέ τί πρέπει νά συνίσταται ἡ βοήθεια πού θά ζητήσουμε, θά ἤμουν ὅμως λίαν εὐγνώμων, ἄν μπορούσατε νά μοῦ κάμετε κάποιες γενικῆς φύσεως προτάσεις ἐπί τοῦ προκειμένου.

Τό θεωρητικό-ἀκαδημαϊκό πρόγραμμα στή βασική του τάση εἶναι τό ἴδιο μέ ἐκεῖνο τῶν ἐδῶ Ἀκαδημιῶν {Δυτική Εὐρώπη}, προσαρμοσμένο βέβαια στίς συνθῆκες τῆς Κρήτης. Θέλω κατ' ἀρχήν νά δώσω στούς ἱερεῖς καί στούς Θεολόγους τοῦ νησιοῦ τή δυνατότητα νά γνωρίσουν τά προβλήματα τοῦ σημερινοῦ ἀνθρώπου. Ἐπιπλέον, θά διεξάγονται στήν Ἀκαδημία τακτικά προγράμματα γιά ἀνθρώπους ἀπό τόν ἀκαδημαϊκό χῶρο, τή βιομηχανία κ.λπ.

Ἡ Ἀκαδημία προορίζεται γιά ὁλόκληρη τήν Κρήτη, θά μείνει ὅμως αὐτοτελές Ἵδρυμα καί πολύ πιθανῶς θά ἀναλάβω τή Διεύθυνση γιά τά πρῶτα χρόνια. Μιά ἄμεση καί καλή βοήθεια ἐκ μέρους σας θά ἦταν νά συμβάλετε στή δημιουργία μιᾶς μικρῆς βιβλιοθήκης. Στήν αἴτησή μου γιά οἰκονομική βοήθεια ἀπό τήν πλευρά τῆς ἐν Γερμανίᾳ Εὐαγγελικῆς Ἐκκλησίας καί τῆς Ὁμοσπονδιακῆς Κυβερνήσεως προέβλεψα μέν ἕνα ποσό γιά Βιβλιοθήκη· ἡ αἴτηση ὅμως δέν ἔχει ἐγκριθεῖ ἀκόμη καί δέν γνωρίζω ἄν θά δείξουν ἐνδιαφέρον γιά βιβλία, καθώς τό ἐνδιαφέρον στρέφεται κυρίως πρός τή γεωργία. Ἐγώ, ἀντίθετα, θέλω νά προχωρήσω συστηματικά. Οἱ Ἕλληνες πάσχουν σήμερα ἀπό τό ψυχολογικό σύμπλεγμα ὅτι τά πάντα μποροῦν νά ἐπιλυθοῦν μέ τήν "ἐπιστήμη" καί ἐπικρατεῖ ἡ ἐντύπωση πώς σκέψεις καί προτάσεις ἀπό τήν πλευρά τῆς Ἐκκλησίας εἶναι "μή ἐπιστημονικές" καί γι' αὐτό ἀνάξιες προσοχῆς. Γι' αὐτό θεωρῶ ὡς ἀπολύτως ἀναγκαῖο νά κερδίσω γιά τήν Ἀκαδημία μιά μικρή ὁμάδα εἰδικῶν, πού θά διαχειρίζονται τήν ὅλη ἐργασία καί ἀπό τήν πλευρά τῶν θεωρητικῶν προβλημάτων. Πέραν τούτου, θέλω νά ἀναπτύξω στήν Ἀκαδημία ἕνα "οἰκουμενικό" Τμῆμα, πού θά παρουσιάζει σέ Ἕλληνες κληρικούς καί Θεολόγους ἀκριβῆ εἰκόνα τοῦ Προτεσταντισμοῦ καί τοῦ Καθολικισμοῦ.

Γιά ὅλες αὐτές τίς περιοχές χρειαζόμαστε ἑλληνική καί ξένη βιβλιογραφία ὄχι μόνο θεολογική καί κοινωνιολογική, ἀλλά καί γεωπονική, πολιτικῶν ἐπιστημῶν κ.λπ. Θά ἤθελα πολύ νά ἔχω κάποιο χρηματικό ποσό γιά τό σκοπό αὐτό, ἄν εἶναι δυνατόν μάλιστα πρίν ἀπό τήν ὁριστική ἀναχώρησή μου γιά τήν Ἑλλάδα τόν ἐρχόμενο Μάρτιο· καί τοῦτο ἐπειδή τώρα ἔχω τή δυνατότητα νά ἀγοράσω φθηνότερα τά βιβλία μέσω τοῦ Ἰνστιτούτου μας[255] καί μάλιστα τά σωστά βιβλία. Ὁ χρόνος ὅμως εἶναι πολύ λίγος καί βλέπω πώς θά ἦταν πολύ δύσκολο νά κάνω κάτι πρός τήν κατεύθυνση αὐτή, γεγονός πού

---

[255] Ἰνστιτοῦτο τῆς Συγκριτικῆς Ἐπιστήμης τῶν Πολιτισμῶν, ὅπου ἤμουν Ἐπιστημονικός Βοηθός καί εἶχα, μεταξύ ἄλλων, τήν ἁρμοδιότητα ἐπιλογῆς καί ἀγορᾶς βιβλίων μέ τούς ὅρους πού ἴσχυαν γιά τά Πανεπιστήμια.

στενοχωρεῖ τόσο τόν Ἐπίσκοπο ὅσο καί μένα. Ἡ ἐν γένει ὑπόθεση τῆς Ἀκαδημίας πάντως φαίνεται πώς ἔχει δρομολογηθεῖ σωστά καί ἐλπίζω ὅτι θά μπορέσουμε νά ἀρχίσουμε σύντομα τήν οἰκοδομή.

Σέ κάθε περίπτωση, θά σᾶς ἤμουν εὐγνώμων γιά τυχόν προτάσεις, καί ἀκόμη περισσότερο φυσικά ἐάν μπορούσατε νά μᾶς συνδράμετε στό θέμα τῆς Βιβλιοθήκης. Ἡ καθολική Ὑπηρεσία "MISEREOR" ἔδειξε προθυμία νά μᾶς βοηθήσει σ' αὐτήν τήν ὑπόθεση. Τί θά λέγατε; Εἴθε τό φῶς τῆς Βηλθεέμ νά μᾶς δείχνει τό σωστό δρόμο σέ ὅλα τά βήματα τῆς ζωῆς μας!».

17-1-1963 ΑΑπ
Pd πρός Απ
Ἀναφέρεται στήν ἀπό 24-12-1962 πρός αὐτόν ἐπιστολή μου καί ἐκφράζει τίς εὐχαριστίες του γιά «τόν φρέσκο ἄνεμο πού πνέει ἀπό τήν ἐπιστολή ἐκείνη». Ἀναφέρεσθε π.χ. σέ πειστικά πρότυπα, πού πρέπει νά παρακινήσουν τούς ἀγρότες τῆς Κρήτης νά ξανασκεφθοῦν τόν τρόπο ἐργασίας καί ζωῆς τους. Ὁ Larry Eisenbeis ἔχει γράψει κάτι ἀνάλογο γιά τή γεωργία καί τήν κτηνοτροφία στή Μακεδονία: «Σκοπός μας εἶναι νά καθοδηγήσουμε τούς ἀγρότες, ὥστε ἀντί νά λένε "ἔτσι τό ἔκανε ὁ παππούς", νά ρωτοῦν "τί καινούριο ὑπάρχει;"».

«Μέ τό σχεδιασμό καί τήν πραγμάτωση τῆς Ἀκαδημίας ἔχετε ἀναλάβει μιά πολύ μεγάλη, ἀλλά καί ὡραία ἀποστολή. Μπορῶ νά σᾶς διαβεβαιώσω ὅτι ἐνδιαφερόμεθα νά σᾶς βοηθήσουμε, ὅσον ἀφορᾶ ἴσως στήν ἀγροτική - ὑποδειγματική, ἴσως ὅμως καί στήν ἀκαδημαϊκή δραστηριότητα». Στό θέμα αὐτό θέλει νά ἐπανέλθει. Συμφωνεῖ μέ τήν ἄποψή μου ὅτι μιά Βιβλιοθήκη γιά τήν Ἀκαδημία εἶναι ἀπολύτως ἀναγκαία. Τά χρήματά τους εἶναι λιγοστά, κάτι ὅμως θά μπορέσει ἴσως νά κάμει.

5-7-1963 ΑΑπ
Pd πρός Απ
Μέ ἐνημερώνει ὅτι ἀπό 17 μέχρι 19 Ἰουλίου θά βρίσκεται στή Φραγκφούρτη ὁ Πρόεδρος τῆς MCC καί μέ καλεῖ, ἐπίμονα, νά τούς ἐπισκεφθῶ, νά γνωριστοῦμε καί νά συζητήσουμε, κυρίως γιά τό ἐνδεχόμενο συνεργασίας μας καί στήν Ἀκαδημία.
Κοιν.: Ἐπίσκοπο Εἰρηναῖο

5-7-1963 ΑΑπ
Pd πρός Εἰρ
Γράφει ὅτι συνάντησε πρίν ἀπό λίγες μέρες στή Μακεδονία τούς δυό Καθηγητές τῆς Τεχνικῆς Σχολῆς Καστελλίου, τόν Klaus (Γερμανία) καί τόν Richard

(Ἀμερική). Ἔλαβε τό χαιρετισμό του καί τήν ἀπό 29/6 ἐπιστολή του.

Λυπᾶται γιά τό ὅτι δέν βρῆκαν ἀντικαταστάτες τους γιά τό νέο σχολ. ἔτος, ἐλπίζει ὡστόσο.

Κρίμα πού ὁ Νικηφόρος Χατζογιαννάκης δέν μπορεῖ νά πάει στήν Ἀμερική πρός ἐκπαίδευση μαζί μέ 45 ἄλλους μαθητευόμενους, πού ἀναχωροῦν μέ πλοῖο ἀπό τό Rotterdam στίς 6 Αὐγούστου.

Ἀναμένεται ἀπό τήν Ἀμερική νέα ἀποστολή τροφίμων γιά τό Καστέλλι.

Κοιν.: Απ

1965

12-1-1965 ΑΑπ
Pd πρός Απ
Εὐχές γιά τό νέο ἔτος.

Μέ ἐνημερώνει γιά βιβλιογραφία πού χρειάζομαι, προκειμένου νά γράψω λῆμμα γιά τούς Μεννονίτες.[256]

Κοιν.:Εἰρ

2-2-1965

Τήν ἡμέρα αὐτή ἔφθασαν οἱ πρῶτοι δύο Μεννονίτες γιά τό Ἀγρόκτημα (Βαλλ. 184).

Τόν Ἰούνιο τοῦ 1964 ἐπισκέφθηκε τήν Κρήτη ὁ Wieller, Διευθυντής τοῦ Προγράμματος τῶν Μεννονιτῶν στήν Ἀριδαία. Ἡ ἐπίσκεψη σκοπό εἶχε τήν ἀξιολόγηση τῆς προσφορᾶς τῶν Μεννονιτῶν στήν Τεχνική Σχολή. Συζητήθηκαν ὅμως καί ζητήματα σχετικά μέ τό Ἀγρόκτημα. Βαλλ. 181 ἑξ. «Ο Επίσκοπος Κισάμου και Σελίνου φρόντισε να συναντηθεί ο John Wieller και με τον Αρχιεπίσκοπο Κρήτης Ευγένιο στο Ηράκλειο, ο οποίος έδειξε επίσης μεγάλο ενδιαφέρον για τα μεννονιτικά προγράμματα στην Ελλάδα. Ο Αρχιεπίσκοπος οργάνωσε στο τέλος της δεκαετίας του 60 ομάδες οικουμενικής συνεργασίας υπό την αιγίδα του Παγκοσμίου Συμβουλίου των Εκκλησιών, στις οποίες συμμετείχαν και μέλη των Μεννονιτικών Εκκλησιών» (Βαλλ. 181 καί 182, σημ. 215).

Στά πλαίσια τῶν προσπαθειῶν τοῦ μακαριστοῦ Εὐγενίου εἶχε συνεργασθεῖ {στήν Οἰκοκυρική Σχολή τῆς Μονῆς Γοργολαΐνη} καί ἡ Catharina Smedema, ἀπό τήν Ὀλλανδία, πού ἀργότερα παντρεύθηκε μέ τόν Θεολόγο Θανάση

---

[256] Βλ. Ἀλέξανδρος Παπαδερός, Μεννωνῖται, Θρησκευτική καί Ἠθική Ἐγκυκλοπαιδεία 8 (Ἀθῆναι 1966), στ. 993-994. Μέ ἐπιστολή του (4-1-1965) ὁ Καθηγητής Clarence Bauman ἀπό τό Alkhart, Indiana (Associated Mennonite Biblical Seminaries), μοῦ γράφει γερμανιστί ὅτι ἔλαβε γράμμα του γιά τό ἴδιο θέμα καί ἐνεργεῖ ἄμεσα πρός βιβλιογραφική διευκόλυνσή μου. Πέραν τῆς εὐγένειας εἶναι ἐμφανές τό ἐνδιαφέρον τους νά γραφεῖ κάτι στά ἑλληνικά γιά τή δική τους ἐκκλησιαστική παράδοση καί τή σύγχρονη ζωή καί δράση τους.

Ἀποστόλου, πού ἀκόμη διατηρεῖ τήν ἀγάπη του πρός τήν Ἀκαδημία μας καί συνεργάζεται σέ διάφορα προγράμματα. Στήν Ὁλλανδία ὁ Θανάσης ἀνέπτυξε μεγάλη δραστηριότητα ἐπί κοινωνικῶν ζητημάτων καί ἀναδείχθηκε σέ Βουλευτή, ἐπί τρεῖς τετραετίες.

Σέ σχετικό ἐρώτημά μου, ἔλαβα τήν ἀκόλουθη ἀπάντηση (8.3.2013):

Ὁ Θανάσης Ἀποστόλου καί ἡ σύζυγός του Τίνη.

«*Στο δρόμο προς τή Μονή Γοργολαϊνη*
Στα τέλη της δεκαετίας του '60 ζήσαμε όμορφες στιγμές στην Κρήτη.

Η γνωριμία μας σε μια οικουμενική κατασκήνωση στη Βιέννη το καλοκαίρι του 1967 ήταν αφορμή να βρεθεί η Τίνη στο Ηράκλειο για να εργαστεί σε πρόγραμμα της Αρχιεπισκοπής Κρήτης, να γνωρίσει την Ελλάδα και να μάθει την Ελληνική γλώσσα. Για τους ανθρώπους που είχαν κάποια σχέση με την οικουμενική κίνηση των εκκλησιών ήταν αδιανόητο να βρίσκονται στην Κρήτη και να μην έρθουν σε επαφή με την Ορθόδοξη Ακαδημία στο Κολυμπάρι και με το κοινωνικό έργο του Μητροπολίτη Κισάμου Ειρηναίου. Η Ακαδημία σαν τόπος διαλόγου παρέμεινε και παραμένει ένας τόπος που ελκύει και εμπνέει. Ευγνωμοσύνη και ευχαριστίες αξίζουν σ' εκείνους που οραματίστηκαν και υλοποίησαν αυτό το πνευματικό κέντρο. Τίνη και Θανάσης Αποστόλου».

22-9-1965 ΑΑπ
Pd πρός Απ (Ἀθήν)
Εὐχαριστεῖ γιά τήν ἀποστολή τοῦ κειμένου ὁμιλίας μου καί παρακαλεῖ νά στείλω ἀντίγραφα στούς John Wieler, Ἀριδαία, καί Klaus Froese, Hannover. Ἀναφέρεται εἰδικά στόν Froese: Παντρεύτηκε. Ἡ γυναίκα του Gudrun, τό γένος Wiede, εἶχε ἐργασθεῖ στήν Ἑλλάδα, στά πλαίσια τῆς MCC. Τώρα ἐργάζεται συμβουλευτικά γιά τούς Ἕλληνες στή Γερμανία. Χάρη στήν ἐργασία του στήν Κρήτη ὁ Froese ἀπέκτησε ἄλλα ἐνδιαφέροντα. Ξαναπῆγε στό σχολεῖο, προκειμένου νά ἐκπαιδευθεῖ σέ προνοιακά θέματα. Ἐπειδή γνωρίζει τήν ἑλληνική γλῶσσα καί ἔχει μεγάλο ἐνδιαφέρον γιά κάθε τι ἑλληνικό, θά προσφέρει τίς προνοιακές ὑπηρεσίες του σέ Ἕλληνες τῆς Γερμανίας ὅταν ὁλοκληρώσει τήν ἐκπαίδευσή του.

Στίς 28 Ὀκτωβρίου ὁ Dyck θά περάσει ἀπό τήν Ἀθήνα, θά φύγει ὅμως ἀμέσως γιά τήν Κρήτη καί ἔτσι δέν θά συναντηθοῦμε. «Ἀποτελεῖ χαρά γιά μᾶς ἡ συνεργασία μέ τόν Ἐπίσκοπο Εἰρηναῖο καί ἐλπίζουμε ὅτι θά ὑπάρξει ἴσως ἡ εὐκαιρία μιᾶς συνεργασίας, πού θά ἐκτείνεται πέραν τῆς πρακτικῆς δραστηριότητας {ὑπαινιγμός γιά συνεργασία τους στήν Ἀκαδημία}. Μέ φιλικούς χαιρετισμούς ἐκ μέρους καί τῶν συνεργατῶν καί τῆς συζύγου μου».

4. Τό Λιμάνι καί τό κρασί τῆς Κισάμου

22-11-1962 ΑΒΒ
Μ πρός Εἰρηναῖον
«Γιά... τόν Μῶλο στό Καστέλλι μίλησα πρίν ὀκτώ μέρες μέ τόν Ὁμοσπονδιακό Ὑπουργό Δημοσίων Κτημάτων. Μοῦ ὑποσχέθηκε ὅτι θά συζητήσει... μέ τό Ὑπουργεῖο Ἐξωτερικῶν. Στό μεταξύ ὅμως ἔπεσε ἡ Κυβέρνησή μας καί πρέπει νά περιμένουμε...'Ἔδωσα προσωπικά στόν Kunst τό γράμμα γιά τό Λιμάνι Καστελλίου. Ὑποσχέθηκε νά τό συζητήσει μέ τό Ὑπουργεῖο Ἐξωτερκῶν. Πάντως θά χρειασθῶ ἀρκετό χρόνο, ὥσπου νά προκύψει κάποιο ἀποτέλεσμα. Τό σπουδαιότερο σέ σχέση μέ ὅλα αὐτά τά ζητήματα θά εἶναι νά μήν παρεμποδίσουν τά σχέδιά μας, ἀλλά νά τά στηρίξουν ἡ Ἑλληνική Κυβέρνηση καί ἡ Γερμανική Πρεσβεία στήν Ἀθήνα. Εἶναι γι' αὐτό σημαντικό νά ὑπάρχει καλή σχέση μέ τή Γερμανική Πρεσβεία στήν Ἀθήνα. Σᾶς ἔχω ἐνημερώσει ἤδη ἐπ' αὐτοῦ μέσω τοῦ κ. Παπαδεροῦ. Γιά τό κρασί δέν ἔχω ἀκόμη κάτι νεότερο».

19-12-1962 ΑΒΒ
Μ πρός Εἰρηναῖον
«Εἶχα χθές τηλεφωνική ἐπικοινωνία μέ τόν Kunst γιά τό θέμα τοῦ Μώλου στό Καστέλλι. Εἶπε πώς οἱ ἁρμόδιοι εἰσηγητές εἶχαν δηλώσει ὅτι δέν μποροῦν νά παρέμβουν στή χρήση τῆς γερμανικῆς βοήθειας ἀναπτύξεως γιά τήν Ἑλλάδα. Μόνο ἡ ἑλληνική κυβέρνηση ἀποφασίζει πῶς θά χρησιμοποιηθοῦν τά γερμανικά ἑκατομμύρια. Θά ἤθελε, ὡστόσο, νά μιλήσει προσωπικά {ὁ Kunst} γι' αὐτό τό ζήτημα {τοῦ Μώλου} μέ τόν Γερμανό Ὑπουργό Ἐξωτερικῶν Schröder. Ἐλπίζει πώς αὐτό θά γίνει τίς ἐπόμενες 14 ἡμέρες. Σίγουρο ὅμως δέν εἶναι».

Ἡ προσπάθεια δέν ἀπέδωσε θετικό ἀποτέλεσμα.

Τό κρασί τῆς Κισάμου
6-9-1962 ΑΒΒ
Μ πρός Geismaier
Γράμμα πρός τόν ἀνωτέρω μεγαλοεισαγωγέα κρασιῶν στήν πόλη Οὔλμ. Ἀναφέρεται στό ταξίδι του στήν Κρήτη, στά ὑπέροχα κρασιά της καί στίς δυσκολίες ἐξαγωγῆς τους. Στό Καστέλλι, γράφει, ὁ Δήμαρχος τοῦ εἶπε πώς ὑπάρχουν ἀπούλητα 5 ἑκατομμύρια λίτρα κρασιοῦ, πού θά μποροῦσαν νά διατεθοῦν

πρός 3 δρχ. τό λίτρο, δηλ. 0,40 DM. Ἀναφέρεται ὕστερα στίς καταστροφές πού προκάλεσαν οἱ Γερμανοί κατά τήν Κατοχή καί προσπαθεῖ νά παρακινήσει τόν Gaissmeier νά ἐνδιαφερθεῖ γιά τά κρασιά τῆς Κρήτης.[257]

Μέ τό ἴδιο περιεχόμενο καί τήν ἴδια ἡμερομηνία γράφει καί στόν Kurt Lichdi, Heilbronn, χωρίς ἀποτέλεσμα.

Σέ μεταγενέστερη ἐπιστολή του πρός τόν Εἰρηναῖο {15.1.1963 ΑΒΒ+ΑΑπ} ὁ Μ ἐνημερώνει τόν Ἐπίσκοπο ὅτι μίλησε πρόσφατα μαζί μου καί ὅτι συμφωνήσαμε νά ἐπισκεφθῶ κάποιες Ἑταιρεῖες τῆς περιοχῆς τοῦ Μάιντς καί νά διερευνήσω μήπως τό κρασί τοῦ Καστελλίου θά μποροῦσε νά ἀναπροσαρμοσθεῖ κάπως ὅσον ἀφορᾶ στή γεύση του, ὥστε νά μπορεῖ νά πουληθεῖ στή Γερμανία. «Ὁ Δρ. Παπαδερός θά ἔλθει στήν Κρήτη τόν Μάρτιο καί θά σᾶς ἐνημερώσει». Τελικά καί αὐτές οἱ ἐργώδεις προσπάθειές μας γιά τόν οἶνον δέν μπόρεσαν νά... εὐφράνουν τάς καρδίας ἡμῶν...

5. Ἐπενδύσεις στήν Κρήτη

1-4-1969 ΑΒΒ
Bausch πρός Μ

Στούς εὐρύτερους σκοπούς τῆς Ἀκαδημίας ἀνῆκε ἀπό τήν ἀρχή κιόλας τοῦ προγραμματισμοῦ της ἡ προσπάθεια προσέλκυσης ἐπενδυτῶν, πού θά μποροῦσαν νά συντελέσουν στή μείωση τῆς μετανάστευσης νέων ἀνθρώπων μέ τήν προσφορά ἐργασίας στόν τόπο τους καί βέβαια στή γενικότερη ἀνάπτυξη τοῦ νησιοῦ. Στό πλαίσιο αὐτό εἶχα συζητήσει μέ τόν Bausch, ὑπεύθυνο τοῦ τομέα *Βιομηχανία* στήν Ἀκαδημία τοῦ ΒΒ, καί τόν εἶχα ἐνθαρρύνει νά μᾶς ἐπισκεφθεῖ στήν Κρήτη.

Ἦρθε. Καί ἀπαντᾶ σέ γράμμα τοῦ Müller ἀπό τήν «ἥσυχη Κρήτη»: Ἄρχισε ἀμέσως νά ἐξετάζει τό θέμα ἐνδεχόμενης ἐπένδυσης τῆς Ἑταιρείας BOSCH στήν Κρήτη. Συναντήθηκε μέ τόν Dr. Schreiber, ἔθεσε τό ζήτημα καί ἔλαβε τήν

---

[257] 11-9-1962 ΑΒΒ Gaissmeier πρός Μ
Ἀπαντᾶ στό ἀπό 6 Σεπτ. γράμμα του σχετικά μέ τό κρασί. Γράφει ὅτι προωθεῖ τήν ἐπιστολή στούς ἀνθρώπους του στή Στουτγκάρδη, πού εἶναι ἁρμόδιοι γιά τήν εἰσαγωγή κρασιῶν. Ἡ εἰσαγωγή κρασιοῦ δέν ἔχει ἀκόμη ἀπελευθερωθεῖ καί χρειάζεται ἄδεια εἰσαγωγῆς. Πρέπει νά διαπιστώσουμε ἄν χρειαζόμεθα τέτοια ἄδεια γιά κρασιά ἀπό τήν Κρήτη.

12-12-1962 ΑΒΒ, Gaissmaier πρός Μ
Ἀρνητική ἀπάντηση γιά τό κρασί τῆς Κισάμου. Εἰσάγουν ἀπό κάποιον Ἀθηναῖο κρασί, πού ταιριάζει καλύτερα στά γοῦστα τῶν Γερμανῶν καί ἐπιπλέον φορτώνεται ἀπό τό λιμάνι τοῦ Πειραιᾶ.

18-1-1963 ΑΒΒ Gaissmaier πρός Μ
Στέλνει φιάλες κρασιοῦ στό ΒΒ «γιά νά δοκιμάσει ὁ ἐπισκέπτης σας {ἐννοεῖ ἐμένα} καί νά ξέρει τί εἴδους κρασιά εἰσάγουμε ἀπό τήν Ἑλλάδα».

ἀπάντηση ὅτι θά τό ἐρευνήσει. Μόλις ἔχει κάτι θά γράψει στόν Μ.[258]

6. Γερμανικές ἀποζημιώσεις....

23-3-1961 ΑΑπ
Απ πρός Wenger (γερμ)
Γράφω ἀπό τό Μz στόν Wenger, φίλο τοῦ Καθηγητῆ μου Χίλκμαν.
Θέμα: Ἀποζημιώσεις γιά τά κατεστραμμένα χωριά τοῦ Σελίνου.
«Ἀξιότιμε κ. Wenger!
Σᾶς εὐχαριστῶ ἀπό καρδιᾶς γιά τήν προθυμία σας νά ἐνδιαφερθεῖτε γιά τό ζήτημα τῆς Κοινότητάς μας. Βασιζόμενος στήν ἐνθάρρυνση πού διαβιβάσατε μέσω τοῦ Καθηγητῆ κ. Χίλκμαν, σᾶς γνωρίζω τά ἀκόλουθα σχετικά μέ τό πρόβλημά μας:
Ἀπευθύνομαι σέ σᾶς ὄχι ἰδιωτικά, ἀλλά κατ' ἀνάθεση τοῦ Κοινοτικοῦ Συμβουλίου καί τῶν ἐκπροσώπων τῶν Τριῶν Χωρίων, στά ὁποῖα ἀναφέρομαι. Ἔστειλαν ἕνα ἔγγραφό τους πρός ἐμένα μέ τήν ἐλπίδα πώς ἡ Βόννη θά ἐπηρεάσει τή διατύπωση τοῦ περί ἀποκαταστάσεως νόμου, ὁ ὁποῖος εἶναι αὐτόν τόν καιρό ὑπό συζήτηση στή Βουλή τῶν Ἀθηνῶν. Τά Τρία Χωριά, πού προβάλλουν ἀξιώσεις γιά ἀποκατάσταση {Wiedergutmachung} ἀπό τήν Ὁμοσπονδιακή Δημοκρατία πρός τήν Ἑλλάδα, εἶναι τό Κουστογέρακο, ὁ Λιβαδᾶς καί ἡ Μονή. Βρίσκονται στήν Ἐπαρχία Σελίνου, στή νοτιοδυτική ἀκτή τῆς Κρήτης. Στίς 30 Σεπτεμβρίου 1943 τά Χωριά αὐτά καταστράφηκαν καί κάηκαν ὁλοσχερῶς ἀπό τά γερμανικά στρατεύματα κατοχῆς. Οἱ συλληφθέντες κάτοικοι εἴτε ἐκτελέσθηκαν ἐπί τόπου εἴτε μεταφέρθηκαν στό Στρατόπεδο Συγκέντρωσης "Ἁγιά", στήν Κρήτη (ἐγώ ὁ ἴδιος, 9 χρόνων τότε, εἶχα τήν ἴδια τύχη). Μέ τή μερική ἐρήμωση τῆς περιοχῆς καί τήν ἐξαφάνιση τῶν ποιμνίων ἀφαιρέθηκε ἀπό τούς κατοίκους κάθε δυνατότητα ἐπιβίωσης.
Ἡ Σύμβαση μεταξύ Γερμανίας καί Ἑλλάδας ὁρίζει τώρα ὅτι ἀξίωση γιά ἀποκατάσταση ἔχουν ἐκεῖνοι πού ἔχασαν μέλη τῆς οἰκογένειάς τους ἤ ἐκεῖνοι πού ἔχασαν τήν ἐλευθερία τους ἐπί 6 καί πλέον μῆνες λόγω ἐξορίας ἤ καταδίωξης. Φαίνεται πώς ὁ νόμος εἶναι κάπως ἀσαφής. Φοβοῦμαι πώς ἡ

---

[258] 3-7-1969 ΑΒΒ, Γραμματεία Μ πρός Απ
Μοῦ κοινοποιοῦν τήν ἀπό 16-6-1969 ἀπάντηση τῆς Ἑταιρείας Robert Bosch GMBH πρός τόν πάστορα Bausch, ἁρμόδιο τῆς Ἀκαδημίας ΒΒ γιά θέματα Βιομηχανίας. Τόν εἶχα παρακαλέσει νά ἐξετάσει τή δυνατότητα κάποιων βιομηχανικῶν ἐπενδύσεων πού θά μποροῦσαν νά γίνουν στήν Κρήτη, ὥστε νά συμβάλουν στήν ἀντιμετώπιση τοῦ μεγάλου προβλήματος τῆς ἀνεργίας καί τῆς μετανάστευσης, ἰδίως νέων ἀνθρώπων, γενικότερα δέ στήν ἀνάπτυξή της. Ἀπαντοῦν σέ σχετικό γράμμα του ἀπό 6-5-1969 ΑΒΒ: Διεξάγουν ἤδη ἔρευνα ἀγορᾶς στήν Ἑλλάδα γιά τυχόν ἐπενδύσεις τους καί, λαμβάνοντας ὑπόψη τήν ἐπιστολή του, θά συμπεριλάβουν καί τήν Κρήτη στήν ἔρευνα.
Τελικά οὔτε ἡ προσπάθεια αὐτή ἔφερε θετικό ἀποτέλεσμα.

σκέψη τοῦ νομοθέτη στρέφεται πρός ἀτομικές περιπτώσεις ἤ ὅτι δέν ἔλαβε ὑπόψη γεγονότα ὅπως ἐκεῖνα τῶν Χωριῶν μας, ἴσως καί ἄλλων.

Τά Χωριά μας θά μποροῦσαν νά ὑπαχθοῦν στό νόμο, ἐπειδή, καίτοι τυπικά δέν εἶναι τελείως σαφές, ὡστόσο, χωρίς ἀμφιβλία, ἀντικειμενικά ἰκανοποιοῦν τούς ὁρισμούς του: Μετά τήν καταστροφή ὁλόκληρη ἡ περιοχή ἀνακηρύχθηκε ἀπαγορευμένη ζώνη. Ἡ κατάσταση αὐτή διήρκεσε ἀπό 30 Σεπτεμβρίου 1943 μέχρι 30 Σεπτεμβρίου 1944, δηλ. τήν ἡμέρα ἀποχώρησης τοῦ γερμανικοῦ στρατοῦ ἀπό τήν ἐπαρχία μας. Στή διάρκεια αὐτοῦ τοῦ χρόνου ἦταν αὐστηρά ἀπαγορευμένο στούς κατοίκους νά εἰσέλθουν σέ αὐτή τή ζώνη. Πέραν αὐτοῦ, οἱ ἐπιζήσαντες τελοῦσαν ὁλόκληρο τό χρόνο ὑπό διωγμό. Ζοῦσαν γι' αὐτό σέ σπηλιές τῶν βουνῶν ἤ σέ ἄλλα χωριά μέ ἄλλο ὄνομα. Ἐκτός τῶν δεδομένων αὐτῶν μπορεῖ ἐπίσης νά ἀποδειχθεῖ πώς ὅλοι ὅσοι ἀνακαλύφθηκαν στή διάρκεια τοῦ ἔτους ἐκείνου συνελήφθησαν καί ἀπεστάλησαν σέ Στρατόπεδα Συγκέντρωσης στή Γερμανία.

Τό ἐρώτημα εἶναι λοιπόν: Θά λάβει ὁ νόμος ὑπόψη τέτοιες περιπτώσεις ἤ θεωροῦνται οἱ ἄνθρωποι αὐτοί γιά τή διάρκεια τοῦ φρικτοῦ αὐτοῦ χρόνου "ἐ λ ε ύ θ ε ρ ο ι" ἄνθρωποι;

Θά σᾶς ἤμουν λίαν εὐγνώμων, ἄν θά μπορούσατε νά κάνετε κάτι, ὥστε νά συμπεριληφθοῦν καί τέτοιες περιπτώσεις. Γιατί ἐξαρτᾶται σίγουρα ἀπό τή Βόννη σέ ποιούς θά πρέπει νά χορηγηθεῖ αὐτή ἡ βοήθεια. Ὁ γερμανικός λαός προσπαθεῖ ἀσφαλῶς νά ἰκανοποιήσει μιά δίκαιη ὑπόθεση καί αὐτή ἡ δίκαιη προσπάθεια δέν θά ἔπρεπε νά προκαλέσει μιά καινούρια ἀδικία ἤ νά εὐτελίσει τήν καλή θέλησή του ἐξ αἰτίας τῆς ἀσάφειας τοῦ νόμου.

Σᾶς εὐχαριστῶ ἀπό καρδιᾶς ἐκ τῶν προτέρων γιά τήν προσπάθειά σας ἐκ μέρους καί τῆς Κοινότητας, πού ἀναμένει τήν ἀπάντησή μου!

(Δέν εἴχαμε θετικό ἀποτέλεσμα. Ὑπῆρχε διακρατικός χειρισμός τῶν ζητημάτων αὐτῶν μέ τή γνωστή ἔκβαση... Μόνον ἐκκλησιαστικές καί ἄλλες Ὀργανώσεις κάτι προσπάθησαν νά κάμουν σέ μερικά μέρη τῆς Ἑλλάδος, ὅπως π.χ. ἡ Aktion Sühnezeichen.)

7. Κάντανος καί Λειβαδάς

1-3-1963 ΑΑπ
Möckel πρός Απ
Μοῦ γράφει ἀπό τήν Εὐαγγελική Ἀκαδημία τοῦ Βερολίνου. Εὐχαριστεῖ γιά ἐπιστολή μου. Χαίρεται γιά τό ὅτι θά παραμείνω ἐπί ἕνα ἑξάμηνο ἀκόμη στό Μάιντς. Λυπᾶται γιατί δέν μπόρεσα νά πάω στό θεολογικό τους συνέδριο, «θά μοῦ ἤσασταν πολύ χρήσιμος».

Οἱ ὁμάδες {τῆς Aktion Sühnezeichen} γιά τήν Κάντανο καί τόν Λειβαδά θά φθάσουν στούς τόπους ἐργασίας τους στίς 17 ἤ 18 Ἀπριλίου. Ἐν ὄψει ταξιδιοῦ μου στήν Κρήτη προτείνει νά ἐπικοινωνήσω στήν Ἀθήνα μέ τόν Heiner Schmidt («Σμίτ καί Υἱοί») ἤ μέ τήν ἀδελφή του Ursula Schmidt, πού συνεργάζονται μαζί του γιά τά τῶν ἀνωτέρω ὁμάδων.[259]

6-12-1963 ΑΑπ

Τήν ἡμέρα αὐτή ἔγινε στήν Κάντανο ἡ τελετή παράδοσης στήν Κοινότητα τοῦ ἔργου ὕδρευσης ἀπό τήν ὁμάδα τῆς Aktion Sühnezeichen. Στό περιοδικό τῆς Μητροπόλεως ἐξαίρεται ὀρθῶς τόσο ἡ ἀξία τοῦ ἔργου αὐτοῦ καί ἐκείνου στόν Λειβαδά ὅσο καί, πολύ περισσότερο, ἡ ἠθική ἱκανοποίηση γιά τό συμβολισμό τῶν ἔργων αὐτῶν, ἀλλά καί γιά τό χριστιανικό ἦθος τῶν νέων, πού ἐργάσθηκαν ἐθελοντικά (βλ. ΧΚ 38 (1964)16).

9-1-1964 ΑΑπ
Möck πρός Απ

Γράφει ἀπό τό Βερολίνο σέ ἐπιστολόχαρτο τῆς Aktion Sühnezeichen. Οἱ δυό ὁμάδες τῆς Aktion (Καντάνου καί Λειβαδᾶ) ἐπέστρεψαν πρό ἡμερῶν. Εἶναι ὅλοι κατενθουσιασμένοι ἀπό τίς ἐμπειρίες τους στήν Κρήτη.[260]

Ἐρωτᾶ ποῦ βρίσκεται τό θέμα τῆς Ἀκαδημίας καί δηλώνει ἀκόμη μιά φορά τό ἐνδιαφέρον του νά συνεργατοῦμε καί στό μέλλον, ὅπου εἶναι τοῦτο ἐφικτό καί ἐπιθυμητό.

---

[259] 26-3-1963 ΑΑπ καί ΕΖΑ
Απ πρός Möckel
Γράφω ἀπό τόν Λειβαδά, ὅπου συνάντησα ἔντονη κριτική ἀπό τήν πλευρά τῶν χωριανῶν μου γιά τό σχεδιαζόμενο ἔργο {μιᾶς οἰκοδομῆς ἀπό κλιμάκιο τῆς AKTION SÜHNEZEICHEN}, ἐπειδή προτιμοῦσαν ἐξηλεκτρισμό τῆς περιοχῆς, δηλ. κάτι πέραν τῶν δυνατοτήτων τῆς AKTION. Γράφω ὅτι χρειάστηκα πέντε μέρες, ὥσπου νά συγκλίνω τίς διάφορες ἀπόψεις καί ἐπιθυμίες πρός ἑνιαία κατεύθυνση.
[260] Πολύ πιό θετικά ἐκφράζεται ὁ ἐκ Καντάνου Θεολόγος ἀείμνηστος Ἰωάννης Δ. Ἀναστασάκης σέ δημοσίευμά του στόν τοπικό Τύπο (Κυριακή, 12-1-1964, ΕΖΑ 97/528) ὑπό τόν τίτλο: *Ἕνα ἔργο συγγνώμης*. Ἐπαινεῖ τήν Ὀργάνωση Sühnezeichen, ἡ ὁποία διακατέχεται ἀπό «*ἕνα ἀνώτερο πνεῦμα*», πού «*δείχνει πῶς δέν ἦταν ὅλοι συνεργοί τοῦ Χίτλερ*». Τό ἀρδευτικό ἔργο πού ἔκαμαν στήν Κάντανο, γράφει, εἶναι λίαν ἀξιόλογο. Καί ἀπό ἀπόψεως ἀξίας καί ἀπό ἀπόψεως χρησιμότητος. Στή συνέχεια περιγράφει λεπτομερῶς τό ἔργο, γιά τό ὁποῖο «*ὡς τήν τωρινή του μορφή οὐδεμία οἰκονομική ἐπιβάρυνση εἶχε ἡ Κοινότητα. Τό ἔργο ἐξυπηρετεῖ 12 συνοικισμούς*», ὄχι μόνο γιά ὕδρευση, ἀλλ' ἐν μέρει καί γιά ἄρδευση. Σημειώνει τήν ἐργασία τῆς Ὀργανώσεως στά Σέρβια τῆς Κοζάνης, στό Λειβαδά, ὅπου ἔκτισε «*ἕνα ὡραῖο οἴκημα*», καθώς καί κάμποσα ἔργα σέ διάφορες χῶρες τῆς Δυτικῆς Εὐρώπης – στήν Ἀνατολική δέν ἦταν δεκτή ἡ Ὀργάνωση.

VOLKSBUND DEUTSCHE KRIEGSGRÄBERFÜRSORGE
BUNDESGESCHAEFTSSTELLE

8. Τό Νεκροταφεῖο στό Μάλεμε

Ὁ Εἰρηναῖος καί ἐγώ ἐπισκεφθήκαμε στό Κάσσελ τῆς Γερμανίας τήν Ὑπηρεσία πού φροντίζει γιά τά γερμανικά στρατιωτικά νεκροταφεῖα σέ διάφορες χῶρες (Volksbund Deutsche Kriegsgräberfürsorge, Kassel).

Στή φωτογραφία πού εἶχα τραβήξει φαίνονται ἡ Christel Eulen, χήρα τοῦ ἱδρυτῆ τοῦ Volksbund, ὁ Εἰρηναῖος καί οἱ Dr. Heinz von Hausen καί Klaus von Lutzen, 1ος καί 2ος Ὁμοσπονδιακοί Διευθυντές.

Στό κείμενο ἀπό τό περιοδικό τους (δεξιά, 15 Ὀκτ. 1962) ἀναγράφεται πώς οἱ συζητήσεις μας στό Κάσσελ ἀπέδειξαν ἐκ νέου ὅτι ἡ ὑπόθεση τῆς μέριμνας γιά τό στρατιωτικό νεκροταφεῖο στήν Κρήτη «ἔχει στό πρόσωπο τοῦ Ἐπισκόπου Εἰρηναίου ἕνα φίλο μέ κατανόηση καί ὑποστήριξη».

6-7-1962 ΑΑπ
Hausen πρός Απ
Ὁ Dr. v. Hausen, ἡγετικό στέλεχος τῆς Ὀργάνωσης πού μεριμνᾶ γιά τά Γερμανικά Πολεμικά Νεκροταφεῖα σέ διάφορες χῶρες (Volksbund Deutsche Kriegsgräberfürsorge, Kassel), εὐχαριστεῖ γιά τήν ἐπίσκεψη πού κάναμε, ὁ Εἰρηναῖος καί ἐγώ, στά Κεντρικά Γραφεῖα τους {στό Κάσελ}. Ἀναφέρεται τώρα καί γραπτῶς σέ ὅσα μᾶς ἐξέθεσαν προφορικά, προφανῶς γιά νά τά διαβιβάσω καί στόν Ἐπίσκοπο: Τούς στενοχωρεῖ μεγάλως τό ὅτι σύρεται ἐπί ἔτη χωρίς ἀποτέλεσμα ἡ ἑλληνογερμανική σύμβαση γιά τό ζήτημα τῶν Πολεμικῶν Νεκροταφείων. Ἔχουν κατανόηση γιά τίς πολιτικές δυσκολίες στό ἐσωτερικό

τῆς χώρας μας, πού συμβάλλουν ἀποφασιστικά στήν καθυστέρηση. Ἀπό τή δική τους σκοπιά: Ὑπάρχει πολύ μεγάλη πίεση ἀπό τήν πλευρά τῶν οἰκογενειῶν τῶν πεσόντων στρατιωτικῶν τους. Χιλιάδες μητέρες ἀγωνιοῦν νά ἐπισκεφθοῦν τούς «τόπους τιμῆς» {τάφους} τῶν παιδιῶν τους, τά χρόνια περνοῦν, ἐκεῖνες γηράσκουν καί εἶναι φυσικό νά ἀδημονοῦν. Σέ ὅλες τίς ἄλλοτε ἐχθρικές ἤ ὑπό κατοχήν χῶρες ἐντεῦθεν τοῦ Σιδηροῦ Παραπετάσματος λύθηκε αὐτό τό πρόβλημα χωρίς δυσκολία. Γιά τήν Ὀργάνωσή μας, γράφει, πρόκειται ὄχι γιά ἕνα πολιτικό, ἀλλά γιά ἕνα ἀνθρώπινο πρόβλημα.

Ἀκολουθεῖ μιά ἀπειλή, πού ἴσως νά μήν ὀφείλεται μόνο σέ διπλωματική τακτική: Τό καθαρά ἀνθρώπινο πρόβλημα μπορεῖ νά μετατραπεῖ σέ πολιτικό, ἐάν ὁ Τύπος, τά Κόμματα, Σύλλογοι κ.λπ. ἐπιστήσουν τήν προσοχή τοῦ κοινοῦ ἐπί τοῦ προβλήματος {τῶν καθυστερήσεων ἀπό τήν πλευρά τῆς Ἑλλάδος}. «Προσπαθοῦμε νά μήν ἀφήσουμε νά φθάσουν ὥς ἐκεῖ τά πράγματα, δέν θά μπορούσαμε ὅμως καί νά τό ἐμποδίσουμε. Θά μᾶς λυποῦσε πολύ ἕνα τέτοιο βῆμα, πού θά μποροῦσε νά σκιάσει σοβαρά τίς τόσο εὐχάριστα καλές σχέσεις μεταξύ τῶν δύο λαῶν μας».[261]

Ἡ πείρα δείχνει ὅτι Πολεμικά Νεκροταφεῖα συμβάλλουν στήν κατανόηση καί καταλλαγή μεταξύ τῶν ἀνθρώπων καί τῶν λαῶν. «Ἐλπίζουμε ὅτι καί στήν Ἑλλάδα θά μπορέσουμε νά ἔχουμε αὐτήν τήν ἐμπειρία καί νά συμβάλουμε ἔτσι στή θεραπεία τῶν πληγῶν τοῦ παρελθόντος».

Παρακαλεῖ νά πάω καί πάλι στή Βόννη καί νά μεταφέρω αὐτές τίς ἀπόψεις τους στόν γνωστό μου Πρέσβη {ἦταν ὁ Καθηγητής Δρ. Θεμιστοκλῆς Τσάτσος}, προκειμένου νά τίς διαβιβάσει στήν Κυβέρνηση.

18-7-1962 ΑΑπ
Απ πρός Hausen
Θά ἔπρεπε νά σᾶς εἶχα γράψει νωρίτερα, δέν εὐκαίρησα ὅμως, ἐπειδή συνόδευα τόν Ἐπίσκοπό μας.

---

[261] 15-11-1963 ΑΑπ
Στή μεγάλη ἐφημερίδα Frankfurter Allgemeine Zeitung, Freitag, 15 November 1963, Nr. 266, S. 7 δημοσιεύεται ἐκτενές ἄρθρο τοῦ Wolfgang Terteegen ὑπό τόν τίτλο: *Wegweiser zu fernen Gräbern* (Ὁδηγός πρός μακρινούς τάφους). Δημοσιεύται μέ ἀφορμή εἰδικῆς τελετῆς πού θά γίνει τήν Κυριακή 17 Νοεμβρίου, ἀφιερωμένης στή μνήμη τῶν Γερμανῶν νεκρῶν τῶν δύο Παγκοσμίων Πολέμων. Ἡ ἡμέρα αὐτή χαρακτηρίζεται ὡς Volkstrauertag (ἡμέρα πένθους τοῦ λαοῦ ἤ ἐθνικοῦ πένθους). Ὁμιλητής θά εἶναι ὁ Καγκελάριος Erhard. Τήν τελετή, πού θά γίνει στήν αἴθουσα τῆς Ὁλομέλειας τοῦ Ὁμοσπονδιακοῦ Κοινοβουλίου, στή Βόννη, ὀργανώνει ὁ Volksbund Deutsche Kriegsgräberfürsorge, πού ἱδρύθηκε πρίν ἀπό 44 χρόνια μέ ἕδρα τό Kassel καί ἔχει τή μέριμνα γιά τά γερμανικά στρατιωτικά νεκροταφεῖα ἐντός καί ἐκτός Γερμανίας. Στό ἄρθρο ἀναφέρεται ὅτι τό σχετικό σύμφωνο μέ τήν Ἑλλάδα δέν ἔχει ἀκόμη ἐπικυρωθεῖ. Στό χάρτη ὅμως πού συνοδεύει τό ἄρθρο, σημειώνονται ὡς τόποι τέτοιων νεκροταφείων ἡ Ραφήνα καί τό Μάλεμε, ὅπου καί ἡ ἔνδειξη ὅτι οἱ Γερμανοί νεκροί στήν Ἑλλάδα ἦταν 240 κατά τόν Πρῶτο Παγκόσμιο Πόλεμο καί 14.500 κατά τόν Δεύτερο.

Ὁ Ἐπίσκοπος Εἰρηναῖος καί ἐγώ ἐντυπωσιασθήκαμε ἀπό τήν ἐργασία σας καί κατανοοῦμε τίς ἀνησυχίες σας ὅσον ἀφορᾶ στήν Ἑλλάδα. Ὅταν ἐπιστρέψαμε ἀπό τό Κάσελ στό Μάιντς, ἀποφασίσαμε καί πήγαμε στή Βόννη, παρά τό ὅτι ὁ χρόνος ἦταν πιεστικός καί εἶχαν ὁλοκληρωθεῖ οἱ ἐκεῖ ἐργασίες μας. Πήγαμε λοιπόν τήν ἑπόμενη μέρα καί εἴχαμε μακρά συζήτηση μέ τόν Πρέσβη Καθηγητή Δρα κ. Θεμιστοκλῆ Τσάτσο, στόν ὁποῖον ἐκθέσαμε πόσο σοβαρό εἶναι τό πρόβλημα, ποιές εἶναι οἱ ἀνησυχίες σας, ποιό εἶναι τό ἠθικό καθῆκον τῆς χώρας μας ἔναντι τῶν νεκρῶν καί κάναμε σειρά πρακτικῶν προτάσεων. Ὁ Πρέσβης μᾶς διαβεβαίωσε ὅτι καί ὁ ἴδιος ἐνδιαφέρεται νά διευκρινισθεῖ γρήγορα αὐτό τό ζήτημα. Εἶπε ὅτι, καθ' ὅσον γνωρίζει, μέ τό θέμα αὐτό θά ἀσχοληθεῖ τοῦτο τόν μήνα ἡ ἁρμόδια Ἐπιτροπή τῆς Βουλῆς καί ὅτι δέν βλέπει νά ὑπάρχουν πιά δυσκολίες. Μέ ἀφορμή πάντως τήν ἐπίσκεψή μας θά ὑπενθυμίσει στήν Κυβέρνηση τό ἐπεῖγον μιᾶς λύσης.

Ὁ Ἐπίσκοπος θά συζητήσει τό θέμα μέ βουλευτές στήν Ἀθήνα. Ἄν διαπιστώσει δυσκολίες, συμφωνήσαμε νά μέ ἐνημερώσει, ὥστε νά μιλήσω καί πάλι μέ τόν Πρέσβη. Εἶμαι αἰσιόδοξος.

8-8-1962 ΑΑπ
Hausen πρός Απ
Ὁ Dr. v. Hausen εὐχαριστεῖ γιά ἐπιστολή μου (18/7), στήν ὁποία ἄργησε νά ἀπαντήσει, ἐπειδή ἤθελε νά τή δείξει πρῶτα στόν Πρόεδρο τῆς Ὀργάνωσης.

Ἀναφέρεται, μέ πολλές εὐχαριστίες, στήν ἐπίσκεψη πού κάναμε ὁ Εἰρηναῖος καί ἐγώ στά Γραφεῖα τους στήν πόλη Κάσελ, ἰδιαίτερα δέ στήν ἐπίσκεψή μας «στή Βασιλική - Ἑλληνική Πρεσβεία τῆς Βόννης». Ἡ ἐπίσκεψη ἐκείνη καί οἱ περαιτέρω ἐνέργειες τοῦ Εἰρηναίου στήν Ἑλλάδα πιστεύουν ὅτι θά βοηθήσουν στήν ἐπίλυση τοῦ προβλήματος τοῦ Νεκροταφείου τους στήν Κρήτη. «Ὅπως πληροφορήθηκα ἀπό τό {γερμανικό} Ὑπουργεῖο Ἐξωτερικῶν, ἡ Ἑλληνική Κυβέρνηση, σέ συνδυασμό μέ τίς πρόσφατες διαπραγματεύσεις γιά τό δάνειο, δήλωσε πρόθυμη νά ὁδηγήσει σέ λύση τό ζήτημα τοῦ Πολεμικοῦ Νεκροταφείου. Πιστεύω ὅτι δέν σφάλλω στήν ὑπόθεσή μου ὅτι ἡ ἐπίσκεψή σας στή Βόννη {Πρεσβεία} συνέβαλε σέ τοῦτο οὐσιαστικά». Αὐτό βέβαια, προσθέτει, δέν ἀποκλείει περαιτέρω ἐνέργειες τοῦ Εἰρηναίου στήν Ἀθήνα, ἰδίως μέ παρακίνηση βουλευτῶν νά στηρίξουν στή Βουλή τήν ἐπιτάχυνση τῆς ἐπίλυσης τοῦ ζητήματος.

Θά μοῦ στείλουν, γράφει, τό ἀντίτιμο τοῦ σιδηροδρομικοῦ εἰσιτηρίου γιά τή Βόννη (60 DM), ἡ ὀμπρέλα μου ὅμως δέν βρέθηκε!

«Ἐπιθυμῶ, τέλος, νά σᾶς εὐχαριστήσω καί πάλι γιά τήν ἔμπρακτη ὑποστήριξή σας στά προβλήματα πού μᾶς συνέχουν».

19-12-1962 ΑΒΒ
Θέμα τοῦ Νεκροταφείου.

Μέ τίτλο «Πρός τό παρόν ἀκόμη σέ Μοναστήρια» καί μέ ὑπότιτλο «Καμιά ἀνάπαυση γιά Γερμανούς πεσόντες στήν Ἑλλάδα» τό Γερμανικό Πρακτορεῖο εἰδήσεων (dpd), σέ ἀνταπόκριση ἀπό τήν Ἀθήνα (18/12, βλ. Stuttgarter Nachrichten, 19.12.62, σελ. 10), ἀναφέρει ὅτι περίπου 14.000 Γερμανοί πού ἔπεσαν στήν Ἑλλάδα κατά τόν πόλεμο δέν ἔχουν βρεῖ ἀκόμη τόπο ἀναπαύσεως, καίτοι ἡ περί τῶν νεκροταφείων γιά τούς νεκρούς τοῦ πολέμου ἑλληνογερμανική συμφωνία ἔχει μονογραφηθεῖ ἀπό τόν Ἰούλιο τοῦ 1958. Μεταξύ τῶν τόπων ὅπου παραμένουν προσωρινά ὀστεοθῆκες πεσόντων συγκαταλέγεται καί ἡ Γωνιά, καί ὑπάρχει ἡ προοπτική οἱ περίπου 4.400 πεσόντες νά βροῦν «τόπο τιμῆς» στό Μάλεμε. Αὐτό ἔγινε τελικά.

Γερμανικό Νεκροταφεῖο Μάλεμε.
Στό βάθος ἡ Ὀρθόδοξος Ἀκαδημία.

9. Ὁ ἀγνοούμενος

26-2-1963 ΑΑπ
Απ πρός Lobisch
Ὁ Pfarrer Klaus Lobisch ὑπηρετοῦσε τότε στήν Innere Mission und Hilfswerk der EKiD, Στουτγκάρδη. Μέ καθυστέρηση (δυό βδομάδες στό κρεβάτι μέ γρίπη) τόν εὐχαριστῶ γιά τήν ἀποστολή τοῦ βιβλίου, στό ὁποῖο μοῦ ἔκαμε τήν τιμή νά συνεργασθῶ {Leibhaftige Ökumene...}.

Ἀκολουθεῖ μιά παράκληση ἐκ μέρους καί τοῦ Εἰρηναίου, ὁ ὁποῖος μοῦ εἶχε στείλει τό γράμμα ἑνός γιατροῦ ἀπό τό Νομό Ἡρακλείου, πού ἀντιμετώπιζε ἕνα οἰκογενειακό δράμα: Στή διάρκεια τῆς κατοχῆς οἱ Γερμανοί συνέλαβαν στήν Κρήτη ἕνα νέο ἄνδρα, γιατρό, τόν Γεώργιο Βιγδινάκη. Κατά μία πληροφορία ἐκτελέσθηκε στήν Ἀθήνα. Ἄλλη πληροφορία λέγει ὅτι μεταφέρθηκε σέ Στρατόπεδο Συγκέντρωσης στή Γερμανία. Ὁ πατέρας του, γιατρός ἐπίσης στήν Κρήτη, γράφει τώρα (ἐπιστολή του τῆς 12.12.1962 πρός Εἰρηναῖον, πού τήν προώθησε σέ μένα) ὅτι ἕνας Ἕλληνας γιατρός, μᾶλλον χειρουργός, πού ἐργάζεται στή Στουτγκάρδη, Νοσοκομεῖο Marion, θά μποροῦσε νά εἶναι ὁ γιός του. Ὀνομάζεται Γεώργιος, ἔχει «ἐκγερμανίσει» τό ἐπώνυμό του, φέρεται νά εἶναι 43 ἐτῶν, ὅσο καί ὁ γιός του, εἶναι παντρεμένος μέ Γερμανίδα καί ἔχουν δυό παιδιά.

Παρακαλῶ νά ἐρευνήσει τό θέμα καί ἄν διαπιστώσει κάτι θετικό νά μέ ἐνημερώσει. Ἀρχές Μαρτίου θά φύγω γιά τήν Κρήτη καί θά ἦταν καλό νά μεταφέρω κάτι συγκεκριμένο στόν καημένο τόν πατέρα του.

16-1-1964 ΑΑπ
Hilckman πρός Απ
...Ἀναφέρεται στή συνέχεια στόν γέροντα γιατρό {Βιγδινάκη} πού εἴχαμε συναντήσει στήν Κρήτη, ὁ ὁποῖος ἰσχυρίζεται πώς ὁ ἀγνοούμενος γιός του ἔχει ἐπιζήσει καί ἐργάζεται ὡς γιατρός σέ νοσοκομείο τῆς Στουτγκάρδης. Ἡ ἀβεβαιότητα καί ἡ ἐλπίδα συνθλίβουν τόν δύστυχο πατέρα. Προτείνει νά τόν ἐνθαρρύνω νά ἔλθει στή Γερμανία {ἤμουν τότε στό ΒΒ), νά πᾶμε μαζί στό νοσοκομεῖο. Ἄν ὁ γιατρός εἶναι πράγματι ὁ γιός του, θά σπάσει τή σιωπή του ἀντικρύζοντας τόν πατέρα του. Ἄν ὄχι, ὁ γέροντας θά ἀπαλλαγεῖ ἀπό τή βάσανο τῆς ἐλπίδας καί τῆς ἀβεβαιότητας. Κλείνει τήν ἐπιστολή μέ τό χέρι πάλι: *Χαιρετίζω σε ἐγκαρδίως καί μετά πολλῆς συμπαθείας Ἀντώνιος Χ.*

ΑΛΕΞΑΝΔΡΟΣ Κ. ΠΑΠΑΔΕΡΟΣ

10. Τό Τάγμα τοῦ Μ. Κωνσταντίνου στήν Κρήτη

Τό 1953, ἐπέτειο τῆς Ἁλώσεως, ὁ ἐπιχειρηματίας Guyer-Frey, θαυμαστής τοῦ Βυζαντίου, ἵδρυσε ἕνα διεθνές Τάγμα μέ τήν ὀνομασία ORDO CONSTANTINI MAGNI - OCM καί σκοπό τήν προβολή στή Δύση ἀρχῶν καί ἀξιῶν τοῦ βυζαντινοῦ πολιτισμοῦ, σέ συνδυασμό μέ τήν προσφορά οἰκονομικῆς βοήθειας σέ περιοχές τῆς Ἀνατολῆς. Τή συμπλήρωση τῆς πρώτης 10ετίας τοῦ Τάγματος προτείνεται νά ἐορτάσουν στήν Κρήτη τήν περίοδο τοῦ Πάσχα. Τήν ἐποχή ἐκείνη ἀναφέρονται περίπου 25 Ἕλληνες-μέλη τοῦ Τάγματος, μεταξύ τῶν ὁποίων εἶναι ὁ Κύπρου Μακάριος Γ', ὁ Πρόεδρος τοῦ Ἑλληνικοῦ Ἐρυθροῦ Σταυροῦ Γεωργακόπουλος, ὁ Καθηγητής Κονιδάρης κ.ἄ. Τό συντονισμό τῆς ἑλληνικῆς ὁμάδας ἔχει ο Στρατηγός Ἰορδανίδης.

18/19-11-1961 ΑπΗΜ
Ἀπό μιά σύσκεψη τοῦ Τάγματος στή Φραγκφούρτη[262]
18. Σάββατο: Στή Φραγκφούρτη (ξενοδοχεῖο Parkhotel) πραγματοποιεῖται δεύτερη σύσκεψη ἐργασίας τοῦ OCM (μετέχω μόνο στή συνεδρία τῆς Κυριακῆς). Σύμφωνα μέ τά Πρακτικά, συζητήθηκαν διάφορα σχέδια γιά προσφορά βοήθειας, μέ τάση ὁραματισμῶν πού, συγκρινόμενοι μέ τίς πραγματικές δυνατότητες τοῦ Τάγματος, φαίνονται μεγαλεπήβολοι ἕως καί οὐτοπικοί, ὅπως:

---

[262] 21-3-1962 ΑΑπ
Εἰρηναῖος πρός Απ
Τό Τάγμα χρησιμοποιοῦσε τίτλους καί ἐμβλήματα πού θύμιζαν δυτικά Τάγματα τοῦ Μεσαίωνα καί μεταγενέστερες ἀπομιμήσεις των. Ἴσως αὐτό νά εἶχε προκαλέσει τίς ἀρχικές ἐπιφυλάξεις τοῦ Εἰρηναίου: «Φοβοῦμαι πολύ ὅτι τό Τάγμα τοῦ Ἁγ. Κων/νου θά εἶναι Στοά... ἀπό δῶ δέ μπορῶ νά μάθω. Τό συμπεραίνω ὅμως ἀπό τούς τίτλους τῶν προσώπων. Θά ρωτήσω Χανιώτη στοϊκόν {μιά δυσανάγνωστη λέξη}. Μπορεῖς νά ἔλθης σέ ἐπαφή μαζί των, μήν δεσμευθῆς ὅμως καθόλου ὥσπου νά δοῦμε». Μέ ἀφορμή κάποιους ψιθύρους πού ἀκούστηκαν στήν Ἑλλάδα, ὁ Φινλανδός Yrgö von Grönhagen, τότε Γεν. Γραμματέας καί ἀργότερα Καγκελάριος τοῦ Τάγματος, δημοσίευσε μιά κατηγορηματική δήλωση (The Order and Freemasonry, Le Chevalier Constantinien 40/1977, 11-12), στήν ὁποία διευκρινίζει ὅτι τό Τάγμα δέν ἔχει καμία ἀπολύτως σχέση μέ τή μασονία καί ὅτι στή Διοίκησή του καί στή Διεθνή του Συνέλευση (Ὁλομέλεια) δέν ὑπάρχουν μασῶνοι. «*Τό Τάγμα εἶναι μιά διεθνής χριστιανική Ὀργάνωση, ἀνεξάρτητη ἀπό Ὁμολογίες, Κράτη, πολιτικά κόμματα καί πνευματικές, φιλοσοφικές καί οἰκονομικές ὁμαδοποιήσεις. Δέν ἀσκεῖ μυστικές τελετουργίες καί εἶναι ἀνοιχτό γιά ὅλους τούς ἀνθρώπους ἱπποτικοῦ χαρακτήρα...*».
Παρά τήν ἀρχική ἐπιφύλαξή του, ὁ Ἐπίσκοπος δέν ἀρνεῖται τήν ὑποδοχή καί φιλοξενία τῶν μελῶν τοῦ Τάγματος στήν Κρήτη. Σέ προηγούμενη ἐπιστολή του (4-2-1963 Εἰρηναῖος πρός Απ, ΑΑπ) μοῦ γράφει: «Ὅσον ἀφορᾶ τό πρόγραμμα ἐπισκέψεως τοῦ Τάγματος κατά Πάσχα, εἰς συνάντησίν μου μέ τόν κ. Ἰορδανίδη εἰς Ἀθήνας εἶδα ὅτι ἐκεῖνος ἔχει ἄλλο πρόγραμμα, ἀλλά ὡς μοῦ εἶπε θά κατεβῆ πρίν μερικές μέρες νά τό ρυθμίσωμεν καλύτερα.
Ἐγώ πάντως εἶπα καί σέ κεῖνον ὅτι θά εὐχαριστηθοῦν καλύτερα οἱ ξένοι μας μέ τήν ὕπαιθρον Κρήτης παρά μέ τό κέντρον».

- Πρόγραμμα βοήθειας πρός τό Ἅγιον Ὅρος. Τό θέμα παραπέμπεται στήν Ἐπιστημονική Ἐπιτροπή (Dölger {γνωστά τά περί δραστηριοτήτων του στό Ἅγ. Ὅρος κατά τήν Κατοχή}, Kampan, von Randa).

- Ἡ Κύπρος καί ὁ Λίβανος ἀναφέρονται ὡς ἐνδεχόμενες χῶρες γιά ἀναπτυξιακή βοήθεια ἐκ μέρους τοῦ Τάγματος. Ὁ Ludowici ὑποστηρίζει τήν Κύπρο, ἐπειδή ὁ Ἀρχιεπίσκοπος Μακάριος εἶναι μέλος τοῦ Τάγματος καί θά διευκολύνει μία συνεργασία, ἐνῶ ὑπολογίζει σέ χορήγηση φθηνῶν εἰσιτηρίων ἀπό Ἕλληνες ἐφοπλιστές γιά τούς νέους πού σκοπεύουν νά στείλουν γιά προσφορά ἐργασίας. Anton Hilckman: **«Καί ἡ Κρήτη χρειάζεται ἐπειγόντως βοήθεια»**! {b – Ἀπ}. Εἶναι τό ἀποτέλεσμα τῶν συζητήσεων καί σχεδίων πού ἔχουμε κάμει στό σπίτι του. Καί εἶναι ἡ πρώτη φορά πού τό ὄνομα τῆς Κρήτης ἐμφανίζεται σέ διαβουλεύσεις σχετικές μέ προσφορά κάποιας βοήθειας ἀπό τό Τάγμα.

19. Κυριακή (ὥρα 09.30-12.00)

Στά Πρακτικά ἀναγράφεται σύνοψη τῆς ὁμιλίας μου, πού προσανατολίζει τό Τάγμα πρός τήν Κρήτη καί τήν ἐκκλησιαστική-κοινωνική Ἀκαδημία πού σχεδιάζουμε (συνοψίζω τούς στόχους της). Ἀπό τήν ὁμιλία αὐτή προκύπτει καί ὁ δικός μου σταθερός πλέον προσανατολισμός πρός τήν Κρήτη (δέν λέγω τίποτε γιά Θεσσαλονίκη).

9-2-1963 ΑΑπ

Ἀπ πρός Εἰρηναῖον

«Ὡς πρός τήν ἐπίσκεψη τοῦ Τάγματος, τό πρόγραμμα ἐνεκρίθη ἀπό τήν κεντρικήν ἐπιτροπήν ὅπως τό συνέταξα ἐγώ-ἀντίγραφον Σᾶς ἔστειλα-καί ἐδημοσιεύθη εἰς τό περιοδικόν τοῦ Τάγματος. Ἐάν ὁ κ. Ἰορδανίδης ἔχη διαφορετικές προτάσεις, νομίζω ὅτι εἶναι ἀργά πλέον διά τροποποιήσεις, ἀλλά θά δοῦμε τί θά κάνωμε. Καί ἐγώ συμφωνῶ ὅτι οἱ ξένοι θά εὐχαριστηθοῦν περισσότερον εἰς τήν κρητικήν ὕπαιθρον καί ἐπί τῇ βάσει τῆς σκέψεως αὐτῆς κατήρτισα τό πρόγραμμα. Πρέπει μόνον νά ἐξασφαλισθῇ τό ξενοδοχεῖον εἰς τό Ἡράκλειον.

....

Εἰς τό τελευταῖον τεῦχος τοῦ περιοδικοῦ τοῦ Τάγματος ἀναφέρεσθε ἤδη ὡς μέλος αὐτοῦ».

21-2-1963 ΑΑπ

Εἰρηναῖος πρός Ἀπ

Εἶδα καί γώ εἰς τό τελευταῖο τεῦχος τοῦ Τάγματος τό ὄνομά μου καί ἀπήντησα εὐχαριστῶν τόν κ. Ludowici.

21-2-1966 ΑΑπ
Guyer-Frey πρός Απ (Άθήν)
Γράφει ότι, όπως τόν πληροφόρησε ό Κ. Ίορδανίδης, τό Ψήφισμά μας τοῦ Στρασβούργου δημοσιεύθηκε σέ μεγάλες ἐφημερίδες τῶν Ἀθηνῶν (ΕΘΝΟΣ, ΑΘΗΝΑΪΚΗ κ. ἄ.).

Πρός ἐμπλουτισμό, γράφει, τῆς μελλοντικῆς βιβλιοθήκης τῆς Ἀκαδημίας ἔστειλε τήν Ἐκκλησιαστική Ἱστορία τοῦ Σωζόμενου καί τά τεύχη 1-4 τῶν "Miscellanea Byzantina Monacensia", πού περιέχουν, κατά τό πλεῖστον, διδακτορικές διατριβές στό Πανεπιστήμιο τοῦ Μονάχου. Ἐκφράζει τήν εὐχή οἱ πολιτικές κρίσεις στήν Ἑλλάδα νά μήν ἐπηρεάσουν τά μεταρρυθμιστικά μας πράγματα στήν ἑλληνική ἐκπαίδευση....

Ζητᾶ νά τοῦ στείλω τό πῶς πρέπει νά γράψει στά Ἑλληνικά τόν τίτλο STIFTUNG PRO GONIA.

17-1-1963 ΑΑπ
Εἰρηναῖος πρός Απ
Ἐκδρομή τοῦ Τάγματος {μέ κόκκινο}
Ἡ ἐποχή πού ὁρίζεται εἶναι καλή, δηλ. τό Πάσχα. Ὅσον ἀφορᾶ τήν ἐπίσκεψιν, ἐκδηλώσεις πρῶτες ἡμέρες κ.λπ.

1) Νομίζω ὅτι μποροῦν νά φιλοξενηθοῦν εἰς τράπεζαν καί ὕπνον εἰς Καστέλλι (τότε τά παιδιά λείπουν καί μποροῦμε νά διαθέσωμεν περί τά 10 δωμάτια διά 3 ἤ 4 πρόσωπα) ἤ καί εἰς σπίτια Καστελλίου.[263]

2) Εἰς Χανιά μπορεῖ νά ὀργανωθῆ μία τυπική δεξίωσις εἰς Δῆμον, Νομαρχίαν κ.λπ. <u>μπορῶ ὅμως ἐγώ νά δημιουργήσω μίαν λαϊκήν καί οὐσιαστικήν τοιαύτην στό</u> Καστέλλι ἤ Γωνιά ἤ Βουκολιές. Εἰς τήν πόλιν εἰδικῶς κεῖνες τίς μέρες εἶναι δύσκολον, νομίζω δέ ὅτι καί ἐκεῖνοι <u>θά δοῦν καλύτερα τήν Κρήτη στό χωριό καί ὄχι στήν πολιτεία</u>. Δηλ. εἰς τήν ἐπαρχίαν μας μπορῶ νά ἑτοιμάσω ὅ,τι θέλεις, εἰς Χανιά ὅμως δέν μπορῶ ἐκτός ἄν τό κρίνης ἀπαραίτητον. Εἰς Κίσαμον ἔχομεν ἤδη σύλλογον Βρακοφόρων κ.λπ.

Αὐτά, ἀγαπητέ μου Ἀλέκο, καί ἐλπίζω ὅτι ὁ Θεός θά μᾶς βοηθήση καί διά τό μέλλον. Ἡ ταπεινή μας διακονία ἔχει τήν εὐλογία τοῦ Θεοῦ. Εὔχομαι καί σέ σένα νά παρέχη ὁ Θεός πάντοτε τήν χάριν καί τό φῶς του. {μέ κόκκινο:} Ἀναμένω νεωτέρας εἰδήσεις σου».

---

[263] Ἦταν ἀδιανόητο νά μεταφέρω στά μέλη τοῦ Τάγματος μιά τέτοια πρόταση, παρά τό ὅτι ἦταν βέβαια καλοπροαίρετη. Πῶς νά εἰσηγηθεῖς ὅμως σέ Πρέσβεις, Καθηγητές, μεγαλοβιομηχάνους κ.λπ. νά διανυκτερεύσουν ὁμαδικά σέ τρίκλινα ἤ τετράκλινα δωμάτια ἤ νά βαρύνουν οἰκογένειες...

Ἡ ὁμαδική ἐπίσκεψη μελῶν τοῦ Τάγματος στό νησί μας, γιά τήν ὁποία γίνεται λόγος στή συνέχεια, ὑπῆρξε ἡ πρώτη σημαντική δραστηριότητά μας σέ διεθνές ἐπίπεδο - προάγγελος μιᾶς ἀπό τίς συνεδριακές μορφές πού συστηματοποίησε ἀργότερα ἡ Ἀκαδημία. Κάποια ἀπό τά μέλη τοῦ Τάγματος εἶχαν ἐπισκεφθεῖ νωρίτερα τή Μητρόπολή μας, ὅπως ὁ J. Ludowici, Πρόεδρος τῆς ἐπί τῶν Προσφύγων Ἐπιτροπῆς τοῦ ΟΗΕ. Ἔδωσε διάλεξη στό Καστέλλι μέ θέμα: «*Πῶς προοδεύουν οἱ ἄνθρωποι. Ἐπιστροφή στό χωριό*», Γαλλιστί. ΧΚ 27(1963)16, (8.9-1962 ΑΒΒ) ..

Ὁ ἴδιος ἐξέφρασε πρός ἐμένα τήν ἐπιθυμία νά πᾶμε μαζί στό Bad Boll, προκειμένου νά συζητήσουμε μέ τόν Müller κάποιες σκέψεις του γιά τήν Ἀκαδημία.[264]

11-3-1963 ΑΑπ
Ludowici πρός Απ (Λειβαδ.)
Ἐκφράζει τή λύπη του γιά τό ὅτι δέν μπόρεσε νά συνεισφέρει στή δαπάνη ἐκτύπωσης τῆς διδακτορικῆς διατριβῆς μου. Χαίρεται πού βρίσκομαι στήν Κρήτη, ὅπου θά ἔλθει καί ἐκεῖνος καί θά κάμει μιά ὁμιλία, γιά τήν ὁποία χρησιμοποιεῖ ἤδη τή διατριβή μου ὡς πολύτιμη βοήθεια. Παρακαλεῖ νά διαβιβάσω τό χαιρετισμό του στόν Εἰρηναῖο καί ἔμμεσα ἐκφράζει παράπονο γιά τό ὅτι ἀπό καιρό τοῦ ἔχει στείλει ἕνα ἄλμπουμ μέ φωτογραφίες πού εἶχε βγάλει κατά τήν προηγούμενη ἐπίσκεψή του στήν Κρήτη, ἀλλά δέν ἔλαβε καμιά ἐπιβεβαίωση ὅτι τίς πῆρε ὁ Εἰρηναῖος.

14-3-1963 ΑΑπ
Guyer-Frey πρός Απ (Λειβαδ.)
Εὐχαριστεῖ γιά τό βιβλίο (διδακτορική διατριβή μου) πού τοῦ ἔστειλα μέ ἀφιέρωση καί χαίρει γιά τήν ἔγκαιρη καί καλή ἐκτύπωσή του. Εὔχεται γιά τήν ἐπίσκεψή μου στό χωριό μου νά συναντήσω τούς δικούς μου σέ ὑγεία... Ἐκφράζει τή λύπη του γιά τό ὅτι λόγοι ὑγείας δέν τοῦ ἐπιτρέπουν νά συμμετάσχει στήν ἐπίσκεψη τοῦ Τάγματος στόν τόπο μας καί μέ παρακαλεῖ νά διαβιβάσω στόν Σεβασμ. Εἰρηναῖο τόν χαιρετισμό, τήν ἀγάπη καί τό θαυμασμό του. Ὡς ὑπεύθυνο γιά τό πρόγραμμα τῶν μελῶν τοῦ Τάγματος μέ συμβουλεύει νά ἀκολουθήσω τή δική του ἐμπειρία ἀπό προηγούμενες συνάξεις

---

[264] Γραμματεία τῆς Ἀκαδημίας τοῦ ΒΒ, 9-1-1963 ΑΒΒ (ὁδηγία πρός τό προσωπικό): Οἱ Δρ. Παπαδερός καί Dr. Ludowici θά ἔλθουν στίς 12 Ἰανουαρίου γιά συζήτηση μέ τόν Dr. Müller. Νά κρατηθοῦν 2 μονόκλινα δωμάτια (ἐφ' ὅσον τά συνέδρια τό ἐπιτρέπουν), ἄλλως 1 δίκλινο γιά τή νύχτα ἀπό 12 πρός 13-1-1963. Εἶναι φιλοξενούμενοι τῆς Ἀκαδημίας. Νά καταβληθοῦν τά ἔξοδα κινήσεώς τους {Πόση προσοχή στήν εὔρυθμη λειτουργία τῆς Ἀκαδημίας, στό σεβασμό τῆς ἁρμοδιότητας κάθε ὑπαλλήλου, ἀλλά καί σαφήνεια ὡς πρός τό ποιός εἶναι ὑπεύθυνος γιά τί. Τό κείμενο ἀποστέλλεται σέ 3 ὑπαλλήλους τῆς Ἀκαδημίας!}.

τους· δηλαδή νά λάβω ύπόψη μου ότι οἱ ἀκαδημαϊκοί, οἱ ἐπιχειρηματίες κ.λπ., όπως εἶναι οἱ περισσότεροι, εἶναι συνηθισμένοι σέ αὐτόνομους τρόπους συμπεριφορᾶς καί γι' αὐτό ἀπείθαρχοι. Ἀπό τήν ἀρχή λοιπόν νά ἐπιβάλω αὐστηρή πειθαρχία στήν τήρηση τοῦ προγράμματος καί στίς λοιπές ἐκδηλώσεις.

18-3-1963 ΑΑπ
Ἐπιστολή ἀπό τή Γενεύη πρός τόν Κ. Ἰορδανίδη γιά οἰκονομικά ταξιδιοῦ τοῦ Τάγματος στήν Κρήτη. Ὁ Στρατηγός ἐ.ἀ. Ἰορδανίδης εἶχε τότε τή συντονιστική ἀρμοδιότητα τῶν μελῶν τοῦ Τάγματος στήν Ἑλλάδα.

Ἀκολουθεῖ ἀνταλλαγή ἐπιστολῶν μέ μέλη τοῦ Τάγματος πρός ρύθμιση λεπτομερειῶν τοῦ ταξιδιοῦ τους πρός Κρήτη - καί αὐτό μιά πολύ διδακτική άσκηση γιά ὅσα ἐπρόκειτο νά ἀντιμετωπίσουμε ὅταν θά ἄρχιζε τή λειτουργία της ἡ Ἀκαδημία.

21-3-1963 ΑΑπ
Guyer-Frey πρός Απ
Ὁ Καγκελλάριος τοῦ Τάγματος μέ βεβαιώνει πώς θά ἔλθουν στήν Κρήτη καί ἄλλα μέλη. Μεταξύ αὐτῶν καί ὁ Ἀρχηγός τοῦ Τάγματος (Ordensmeister) S.D. Herzog Friedrich von Beaufort-Spondin μέ τή σύζυγό του, καθώς καί ὁ Reitfoffer ἀπό τή Βιέννη. Ὁ τελευταῖος ἔχει ὕψος πάνω ἀπό δυό μέτρα, χρειάζεται κατάλληλο κρεβάτι, εἶναι πολύ πλούσιος, μπορεῖ νά πληρώσει κάτι παραπάνω, καί σέ κάθε περίπτωση νά τοῦ βροῦμε κατάλληλο ξενοδοχεῖο.

22-3-1963 ΑΑπ
Ἐνδέχεται νά ἔλθει καί ὁ Κ. Γεωργακόπουλος, Πρόεδρος τοῦ ΕΕΣ, τέως Πρωθυπουργός.

Τό πρόγραμμα ἦταν πλούσιο, κάπως κουραστικό, ἀλλά καλοδεχούμενο ἀπό τά μέλη τῆς ὁμάδας. Δέν χρειάσθηκε μεγάλη προσπάθεια ἀπό τήν πλευρά μου γιά τήν αὐστηρή τήρησή του. Ἡ ἄφιξη στά Χανιά ὁλοκληρώθηκε τό Μ. Σάββατο. Ἔλαβαν μέρος στήν ἀκολουθία τῆς Ἀναστάσεως στήν Τριμάρτυρη Χανίων. Τήν Κυριακή τοῦ Πάσχα ἐπισκεφθήκαμε τήν Ἱ. Μονή Ἁγίας Τριάδος καί τόν τάφο τοῦ Βενιζέλου. Κατά τόν Ἑσπερινό τῆς Ἀγάπης στήν Ἱ. Μονή Γωνιᾶς, ὁ Ludowici καλωσόρισε τόν Σεβασμ. Εἰρηναῖο στή χορεία τῶν μελῶν τοῦ Τάγματος. Στή συνέχεια ἐπέδωσα στόν Σεβασμιώτατο τά διάσημα τοῦ Τάγματος. Μετά τόν Ἑσπερινό πλησιάσαμε τό μέρος ὅπου ἐπρόκειτο νά κτισθεῖ ἡ Ἀκαδημία καί ἐνημερώθηκαν σχετικῶς. Ἀλησμόνητες ἀναμνήσεις ἀπεκόμισαν ἀπό τίς ἐπισκέψεις στήν Κίσαμο, στό Σέλινο, στό Ρέθυμνο, Ἀρκάδι, Ἡράκλειο - ὑποδοχή ἀπό τόν μακαριστό Εὐγένιο καί τούς λοιπούς ἄρχοντες τοῦ τόπου.

Ὁ Σεβασμ. Εἰρηναῖος παραλαμβάνει τά διάσημα τοῦ Τάγματος

Οἱ Ἐννιαχωριανοί ὀργάνωσαν στό Κεφάλι Κισάμου τρικούβερτο γλέντι πρός τιμήν τῶν ξένων μας. Στή φωτογραφία ἀπό ἀριστερά: Katharina καί Anton Hilckman, Gredler, πίσω ἡ σύζυγός του Sidi, Ludowici.

Στό Ἡράκλειο ὑποδέχεται μέλη τοῦ Τάγματος ὁ Σεβασμ. Εὐγένιος.[265]

---

[265] Βλπ. *ΧΚ 31 (1963)80*. Πρβλ. *ΕΘΝΙΚΗ ΦΩΝΗ 17-4-1963*.

14-8-1964 ΑΑπ
Gredler πρός Απ
Ἀναφέρεται συνοπτικά στά τῆς Ἑλλάδος καί τῆς Κύπρου, ἐκτενέστερα στήν ὑπόνοια ὅτι ἐπιδιώκεται ἀπό τήν Τουρκία "ἐκρίζωση" τοῦ Πατριαρχείου. «...Ἔχετε λοιπόν δίκιο, εἶναι ντροπή νά σιωπᾶ κανείς γι' αὐτό τό θέμα». Ἐπιθυμεῖ «νά λεχθεῖ κάτι στό Συμβούλιο τῆς Εὐρώπης ὑπέρ τοῦ Πατριαρχείου» καί παρακαλεῖ νά τοῦ στείλω ἔγκαιρα σχετικό ὑλικό.

......
Χάρηκα πολύ γιά τίς περί Εὐρώπης ὁμιλίες {τίς δικές μου ἐννοεῖ}. Γιά τήν ὑποστήριξη τῆς ἐργασίας σας {Ἀκαδημία} θά μποροῦσα νά ἐνημερώσω τόν Δρα Levy, ἕναν πολύ ἀνοιχτό Βέλγο καί - ὅπως τό ἑβραϊκό ὄνομά του ἐπιτρέπει νά ὑποθέσουμε - δραστηριότατο Καθολικό {χαριτολογεῖ ἐδῶ...}, Διευθυντή τοῦ Τμήματος Πληροφοριῶν τοῦ Συμβουλίου τῆς Εὐρώπης. Θά πρέπει ὅμως νά μοῦ στείλετε ἕνα ἀκριβές σημείωμα... Ἡ Εὐρώπη ἔχει τήν κατάρα τῆς ἐνοχῆς ἔναντί σας ὅσον ἀφορᾶ στόν ἀφανισμό τοῦ ὀρθόδοξου πολιτισμοῦ, τῆς θρησκείας κ.λπ. στήν Ἐγγύς Ἀνατολή...».

15-8-1964 ΑΑπ
Ὁ Yrjö von Grönhagen, Γεν. Γραμματέας τοῦ OCM, στέλνει ἐγκύκλιο γράμμα καί παρακαλεῖ νά γίνει ἔγκαιρα δήλωση συμμετοχῆς στή συνεδρία τοῦ Τάγματος τό Σαββατοκύριακο, 24-25 Ὀκτωβρίου 1964 στό Aachen.[266]

27-11-1963 ΑΑπ
Απ πρός Εἰρηναῖον
Γράφω ἀπό τό ΒΒ:
Μόλις γύρισα ἀπό τή Στουτγκάρδη, ὅπου εἴχαμε περιφερειακή συνάντηση μέ τά ἐν Γερμανίᾳ μέλη τοῦ Τάγματος. Εὐχαρίστησα καί ἐξ ὀνόματός σας ὅσους βοηθοῦν τά Ἱδρύματά μας, ἰδίως ἐκεῖνον πού σᾶς ἔστειλε τά 500 DM. Στό τελευταῖο συνέδριο στήν Αὐστρία δέν ἐλήφθησαν ἀποφάσεις γιά τά Ἱδρύματά μας. Καταρτίσθησαν Ἐπιτροπές γιά διάφορες δραστηριότητες τοῦ Τάγματος. Τά τῶν οἰκουμενικῶν σχέσεων ἀνατέθηκαν σέ σᾶς, σέ μένα καί σέ ἕναν αὐστριακό Καθολικό. Προβλέπεται ἐπίσκεψη στό Βατικανό. Τέθηκε ζήτημα ἀναθέσεως τῆς ἐπιτίμου προεδρίας τοῦ Τάγματος στόν Ἀρχιεπίσκοπο Κύπρου, ὅπου καί νά μεταφερθεῖ ἡ ἕδρα τοῦ Τάγματος ἀπό τή Γενεύη. Ζήτησαν τή γνώμη μου. «Δέν ἀπέκλεισα τό πρῶτον, ὑπό τήν προϋπόθεσιν ὅτι δέν θά δημιουργηθῇ πολιτικόν θέμα δυνάμενον νά βλάψῃ τόν Ἀρχιεπίσκοπον».

---

[266] Ἀρχές Ὀκτωβρίου ἦρθε ἀπό τόν Guyer-Frey γράμμα μέ τήν πληροφορία πώς ἡ διαμονή στό Aachen θά εἶναι στό ξενοδοχεῖο Vier Jahreszeiten, Kapuzinergraben 18-22.

Ὡς πρός τήν ἕδρα «ἀντέδρασα» καί συνεφωνήθη νά ἐπανεξετασθῆ τό θέμα. «Πολλοί προέκριναν τήν Κρήτην, ἐλπίζοντες εἰς συνεργασίαν καί μέ τήν Ἀκαδημίαν. Σχετικῶς ὅμως μέ τό τελευταῖον ἐφέρθηκα πολύ ἐπιφυλακτικά, ἐτόνισα ὅμως τά προτερήματα μεταφορᾶς τῆς ἕδρας στήν Κρήτη. Θέλουν νά ἀγοράσουν ἕνα κτῆμα, ἕνα... μοναστήρι ἤ κάτι ἄλλο καί νά δημιουργήσουν μιά βάση συναντήσεων, ἀναπαύσεως καί μελετῶν».

Ἀκαδημία: Οὐδέν νεότερο. Αὔριο ἐπιστρέφει ἀπό ταξίδι ὁ κ. Müller καί θά δοῦμε.

«Περιμένω λεπτομέρειες ὡς πρός τήν διεξαγωγή τοῦ πολιτικοῦ ἀγῶνος στά Χανιά. Φοβοῦμαι πώς βιάστηκαν... μερικοί».

6-5-1965 ΑΑπ
Ἰορδανίδης πρός Μέλη OCM

Ὁ στρατηγός Κ. Ἰορδανίδης μέ ἐγκύκλιο γράμμα του πρός τά μέλη τοῦ Τάγματος τοῦ Μ. Κωνσταντίνου τά καλεῖ στήν 1η Γεν. Συνέλευση τοῦ Ἑλληνικοῦ Τμήματος τό ἀπόγευμα τῆς 12ης Μαΐου (στήν Αἴθουσα Συμβουλίων τοῦ Ἑλληνικοῦ Ἐρυθροῦ Σταυροῦ, Ἀκαδημίας καί Λυκαβηττοῦ 1, Ἀθήνα). Τό πρόγραμμα προβλέπει, μεταξύ ἄλλων, ἐνημέρωση τῶν μελῶν ἀπό τόν Σεβασμ. Εἰρηναῖο, ἐμένα καί τόν Κορν. Ἀγγελίδη γιά τή Συνέλευση πού εἶχε γίνει στό Ἄαχεν καί ἐπίδοση τῶν διπλωμάτων στά νέα μέλη τοῦ Τάγματος, μέ πρῶτο τόν Μητροπολίτη Κρήτης Εὐγένιο.

8-7-1966 ΑΑπ
Guyer-Frey πρός Απ (Ἀθήν)

Ἀναφέρεται σέ τροχαῖο ἀτύχημα τοῦ Krawolitzki στή Β. Ἑλλάδα, πού ἔφερνε ἕνα αὐτοκίνητο VW στό Καστέλλι, τό ὁποῖο ἦταν δωρεά τῶν μελῶν τοῦ Τάγματος ἀπό τήν περιοχή τῆς Στουτγκάρδης.

Ἀποστολή πρόσθετων δημοσιευμάτων γιά τή Βιβλιοθήκη τῆς Ἀκαδημίας καί φωτογραφία ἀπό τή φιλοξενία μας στό σπίτι τοῦ Gredler στό Στρασβοῦργο.

13-7-1966 ΑΑπ
Guyer-Frey πρός Απ (Ἀθήν)

Ὁ Guyer-Frey ἐπιμένει νά παρακολουθεῖ μέ ἀδιάπτωτο ἐνδιαφέρον κάθε τι πού ἀναφέρεται στό Βυζάντιο καί στή σύγχρονη Ἑλλάδα. Στό γράμμα του αὐτό ἐκφράζεται μέ περισσό ἐνθουσιασμό γιά τό ὅτι ἔλαβε τό τελευταῖο τεῦχος (Νο 2) τοῦ περιοδικοῦ KYRIOS, ὅπου «ἕνας κύριος Κωνσταντῖνος Ε. Παπαπέτρου, Νικίου 44, Αἰγάλεω- Ἀ θ ή ν α» {ὁ μετέπειτα διακεκριμένος Καθηγητής τῆς Θεολογικῆς Σχολῆς Ἀθηνῶν} παρουσιάζει μέ πολλούς ἐπαίνους τή διδακτορική διατριβή μου ΜΕΤΑΚΕΝΩΣΙΣ...

ΜΕΡΟΣ Ε΄- Παράρτημα

ΤΟ ΟΡΑΜΑ ΜΙΑΣ ΑΚΑΔΗΜΙΑΣ ΣΤΗΝ ΕΛΛΑΔΑ ΚΑΙ Η ΤΡΑΧΕΙΑ ΟΔΟΣ ΠΡΟΣ ΤΗΝ ΕΚΠΛΗΡΩΣΗ ΤΟΥ

1. Heyer

1-6-1961 ΑΑπ
Heyer[267] πρός Απ

EVANGELISCHE AKADEMIE
SCHLESWIG-HOLSTEIN

Πληροφορήθηκε ὅτι εἶμαι Ὀρθόδοξος Θεολόγος καί σπουδάζω ὡς «οἰκουμενικός» ὑπότροφος {ἐννοεῖ ὑπότροφος τοῦ Π.Σ.Ε.}. Μέ προσκαλεῖ σέ συνέδριό τους στήν Εὐαγ. Ἀκαδημία τοῦ Schleswig-Holstein γιά ἕνα «λουθηρανο-ὀρθόδοξο» συνέδριο. Πληροφορήθηκε ἀκόμη ὅτι μελετῶ προβλήματα μικτῶν γάμων μεταξύ Χριστιανῶν καί Μουσουλμάνων καί γι' αὐτό θά ἦταν καλό νά μιλήσω στό συνέδριο γιά τά προβλήματα αὐτά.[268]

27-12-1962 ΑΑπ
Heyer πρός Απ
Ἐπιθυμεῖ νά ἐπισκεφθεῖ μέ τή σύζυγό του τήν Κρήτη καί νά γνωρίσει τήν Ἐκκλησία μας, ὥστε «νά μπορῶ ἴσως ὕστερα νά βοηθήσω τόν Eberhard

---

[267] Ὁ Friedrich Heyer (1908-2005) ἦταν τότε Διευθυντής τῆς Εὐαγ. Ἀκαδημίας τοῦ Schleswig-Holstein. Ὅπως θά δοῦμε παρακάτω, μιά ἀτυχής δήλωσή του σχετικά μέ τήν Ἀκαδημία μας προκάλεσε μεγάλη ταραχή. Ἀργότερα ἔγινε Καθηγητής στήν Εὐαγ. Θεολογική Σχολή τῆς Χαϊδελβέργης. Ἀφιέρωσε τό μεγαλύτερο μέρος τῶν ἐρευνῶν καί τῆς διδασκαλίας του στήν Ὀρθοδοξία καί στίς Ἀρχαῖες Ἀνατολικές Ἐκκλησίες. Ἦρθε κάμποσες φορές στήν Ἀκαδημία μέ ὁμάδες, κυρίως στά πλαίσια τοῦ προγράμματός μας «ΖΩΣΑ ΟΡΘΟΔΟΞΙΑ». Εἴχαμε πάει μιά φορά καί στό προσκύνημα τοῦ Ἅγ. Ἰωάννου, στόν Γκιώνα, πρίν ἀπό τήν ἐπέκταση τοῦ αὐτοκινητόδρομου μέχρι ἐκεῖ. Ὅταν μιά δεύτερη φορά θέλησε νά πᾶμε πάλι μέ τήν Ὁμάδα του καί εἶδε νά προχωρεῖ τό λεωφορεῖο πέραν τοῦ σημείου πού σταματοῦσε ἄλλοτε, ρώτησε, ἔμαθε πῶς μποροῦμε τώρα νά πᾶμε μέχρι κάτω μέ τό αὐτοκίνητο, θύμωσε: «*Στόπ, στόπ, αὐτό δέν εἶναι προσκύνημα...Ὅλοι ἔξω, θά πᾶμε καί θά ἐπιστρέψουμε μέ τά πόδια...*». Ἔτσι καί ἔγινε. Καί ἔτσι νομίζω καί ἐγώ ὅτι θά ἔπρεπε νά γίνεται - ὅσοι πιστοί!
[268] Στά πλαίσια τῶν θρησκειολογικῶν σπουδῶν μου εἶχα ἀρχίσει πράγματι νά μελετῶ τήν περίοδο ἐκείνη τό Ἰσλάμ καί νά μαθαίνω Ἀραβικά. Σέ μιά ἀπό τίς φροντιστηριακές ἀσκήσεις εἶχα ἀναπτύξει τό θέμα πού μοῦ εἶχε ἀνατεθεῖ, δηλαδή τόν θεσμό τῆς λεγόμενης Mut΄ah, ἤτοι τοῦ γάμου ὁρισμένου χρόνου, πού προβλέπεται στό ἰσλαμικό δίκαιο, τηρεῖται ὅμως κυρίως ἀπό τούς Σιΐτες. Μέ αἰφνιδίασε ἡ διακίνηση τῶν πληροφοριῶν - πῶς ἔμαθε ὁ Heyer στόν Βορρά τῆς Γερμανίας γιά τήν ὅλως ἀσήμαντη ἐκείνη μικρομελέτη ἑνός ξένου σπουδαστῆ στό Μάιντς!

Müller καί σᾶς... νά κάμετε τήν Ἀκαδημία στό νησί τῆς Κρήτης». Παρακαλεῖ νά τόν φέρω σέ ἐπαφή καί μέ τόν Εἰρηναῖο, πού, ὅπως τοῦ εἶπα στό Tutzing, «ἐνδιαφέρεται ἰδιαίτερα γιά τά περί Ἀκαδημίας σχέδια».

6-1-1963 ΑΑπ
Απ πρός Heyer
Γράφοντάς του τήν ἡμέρα τῆς «Ἐπιφάνειας» σημειώνω:
«Ἐννοῶ τόν ὅρο ἐπιφάνεια στή γνήσια καί πρωταρχική σημασία του! Ἐπί αἰῶνες οἱ Χριστιανοί λησμόνησαν τό οὐσιωδέστατο τοῦ Χριστιανισμοῦ καί τό λησμονοῦν ἀκόμη: Ὅτι ὁ Χριστιανός ὀφείλει νά εἶναι διαρκῶς μιά καινούρια ἐπιφάνεια γιά τόν {ἄλλον} ἄνθρωπο καί μάλιστα γιά τόν ἐν πίστει ἀδελφό: Μιά ἐπιφάνεια τῆς ἀγαπώσης, κατανοούσης καί συγχωρούσης καρδίας, ἔτσι ὅπως ἔπραξε γιά ὅλους μας ὁ Σωτήρας!».
Χάρηκα γιά τή γνωριμία μας στό Tutzing {3-8.9.1962}, «γιατί στή σκέψη καί τή συμπεριφορά σας, ὅπως καί στή συνάντησή σας μέ τήν Ὀρθοδοξία, ἐκφράζετε τό νόημα τῆς ἐπιφανείας μέ τρόπο ζωντανό καί γνήσιο».
Εἶναι εὐπρόσδεκτος νά ἔλθει στήν Κρήτη τό Πάσχα, ὁπότε θά ἔχουμε περίπου 50 ἀλλοδαπούς φιλοξενούμενους. «Ἡ καρδιά τῆς Κρήτης εἶναι εὐρύτερη ἀπό τό ἴδιο τό νησί».
Ἀκολουθοῦν ὁδηγίες γιά τήν ἐπίσκεψή του στήν Κρήτη καί τή φιλοξενία του στή Μητρόπολή μας (εἶχε προηγηθεῖ συνεννόησή μου μέ τόν Εἰρηναῖο).

7-3-1963 ΑΑπ
Heyer πρός Απ
Γράφει ἀπό τήν Addis Abeba. Προσπαθεῖ νά γνωρίσει τήν Ἐκκλησία τῆς Αἰθιοπίας, τά Μοναστήρια καί τό ἐκπαιδευτικό της κέντρο Holitrinity College. Σημειώνει τό πλῆθος τῶν ρευμάτων, πού διασποῦν τήν ἑνότητα τῆς Ἐκκλησίας αὐτῆς καί πού προκαλοῦνται ἀπό διαφοροποιημένες τοποθετήσεις ἔναντι τοῦ μοντέρνου, τό ὁποῖο εἰσχωρεῖ ἐπίσης ἔντονα στή χώρα. Θυμίζουν εἰκόνες ἀπό τόν Μακρυγιάννη ὅσα γράφει γιά τή διάσταση μεταξύ τῶν παραδοσιακῶν καί ἐκείνων πού εἶναι ντυμένοι μέ εὐρωπαϊκές φορεσιές, οἱ ἐκπαιδευμένοι κατά τό πλεῖστον στό ἐξωτερικό - ὁ κόσμος τῆς διανόησης, πού δέν ἐμφανίζεται πιά στούς τόπους λατρείας. Ἡ Θεολογία στήν Αἰθιοπία δέν λαμβάνει καθόλου ὑπόψη τίς νεότερες γνώσεις καί ἐξελίξεις. Αὐτό παρατηρεῖται ἰδιαίτερα στήν ἑρμηνευτική Θεολογία, πού ἀγνοεῖ πλήρως τή φιλολογική - ἱστορική μέθοδο, περιορίζεται στήν κατά λέξη ἑρμηνεία μέ βάση τή Βίβλο Geez καί μερική προ-σφυγή στά ὑπομνήματα Ἰωάννου Χρυσοστόμου, Βασιλείου καί Κυρίλλου Ἀλεξανδρείας, χωρίς ὅμως γνώση τῆς ἑλληνικῆς καί ἑβραϊκῆς καί χωρίς συ-

νειδητοποίηση τοῦ γεγονότος ὅτι αὐτές οἱ γλῶσσες συμβάλλουν στή βαθιά κατανόηση τοῦ πνεύματος τοῦ θείου λόγου. Ἐρευνᾶ τό κατά πόσο ἕνα Ἵδρυμα ὅμοιο μέ τίς Ἀκαδημίες τῆς Δύσης {ὅπως εἶναι ἡ δική του Ἀκαδημία} θά μποροῦσε νά βοηθήσει. Ὅμως ὁ μεγάλος ραδιοφωνικός σταθμός τῶν Λουθηρανῶν, τόν ὁποῖο ἐγκαινίασε πρόσφατα ὁ Αὐτοκράτορας, ἔκλεισε κάθε δρόμο διεκκλησιαστικῆς συνεργασίας.

Ἀκολουθοῦν σκέψεις γιά ἐπίσκεψή του στήν Κρήτη καί ἡ παράκληση, ὁ Σεβασμ. Εἰρηναῖος καί ἐγώ νά συμπεριλάβουμε καί τήν Ἀκαδημία τους κατά τήν ἐπίσκεψη τοῦ Ἐπισκόπου στή Γερμανία.

23-12-1963 ΑΑπ
Heyer πρός Απ
Εὐχαριστεῖ γιά ἑλληνικά θεατρικά κείμενα πού τοῦ ἔστειλα. Θά ὀργανώσει παραστάσεις στό Κίελο γιά Ἕλληνες ἐργάτες.

Ἐπιδοκιμάζει τή σκέψη πού εἶχα κάμει μέ τόν ὑπεύθυνο τῆς Ἀκαδημίας τους γιά θέματα νεολαίας (Behnke), νά ἔλθει τό καλοκαίρι στήν Κρήτη μέ ὁμάδα νέων.

2-1-1964 ΑΑπ
Behnke πρός Απ
Ἀναφέρεται στό σχέδιο ἐπίσκεψης ὁμάδας νέων ἀπό τήν Ἀκαδημία τοῦ Schleswig/Holstein στή Μητρόπολη μας Κισάμου καί Σελίνου. Ἐρωτᾶ πόσο ἀπέχει τό Κολυμπάρι ἀπό τό Καστέλλι, τά δύο μέρη ὅπου τούς προσφέρουμε διαμονή (Οἰκοτροφεῖα), ὥστε νά κρίνουν ἄν πρέπει νά πάρουν μαζί τους ἕνα αὐτοκίνητο γιά τή διακίνηση. Εἶναι καί αὐτή μιά ἄσκησή μας στίς δυσκολίες πού θά ἔχουμε νά ἀντιμετωπίσουμε, πολύ περισσότερο ὅταν θά λειτουργήσει, μέ τή δύναμη τοῦ Θεοῦ, ἡ Ἀκαδημία: Ἀτέλειωτη ἀλληλογραφία γιά λεπτομέρειες, ἀστεῖες μερικές, πού ὅλες ὅμως χρειάζεται νά ἀντιμετωπίζωνται μέ σοβαρότητα, ὑπευθυνότητα καί ἀκρίβεια.

10-1-1964-ΑΑπ
Heyer πρός Απ
Γιά τήν ἐργασία της μιά Ἀκαδημία εἶναι χρήσιμο νά ἔχει διάφορες διευθύνσεις. Μοῦ σημειώνει λοιπόν τή διεύθυνση μιᾶς Γερμανίδας, πού εἶναι σύζυγος Κρητικοῦ γιατροῦ στό Νομό Ἡρακλείου.

Πρῶτες σκέψεις γιά ἐπίσκεψη στήν Κρήτη ὁμάδας ἀπό τήν Ἀκαδημία τους.

18-2-1964-ΑΑπ
Απ πρός Heyer
Μιά ὁμάδα νέων ἀπό τήν Ἀκαδημία τους μπορεῖ νά πάει τό καλοκαίρι στήν Κρήτη.
Ἰδέα ἑνός κοινοῦ συνεδρίου στήν Κρήτη: Βασικά ΝΑΙ, ὅμως πολλές δικές μου ὑποθέσεις βρίσκονται ἀκόμη στόν ἀέρα. «Ὡστόσο: Ἐλᾶτε καί ὁ Θεός βοηθός».
Γράφω πώς εἶμαι στή διάθεσή τους νά τούς δείξω σλάιτς ἀπό τίς ἑορτές τῆς χιλιετίας τοῦ Ἁγ. Ὄρους καί τήν ταινία πού ἑτοιμάσαμε στή 2η Γερμ. Τηλεόραση.
Ρωτῶ τή γνώμη του γιά τή συνάντηση στά Ἱεροσόλυμα {Πατριάρχη Ἀθηναγόρα καί Πάπα Παύλου Στ΄}.

9-4-1964 ΑΑπ
Heyer πρός Απ
Σχέδια καί αἰτήματα γιά τήν ἐπίσκεψη δυό ὁμάδων ἀπό τήν Ἀκαδημία τους (ἐνηλίκων καί νέων), μέ προοπτική νά χρησιμοποιήσουν τό Οἰκοτροφεῖο στό Κολυμπάρι, ὅπως ἔχει ὑποσχεθεῖ ὁ Σεβασμιώτατος. Τίθενται ποικίλα ζητήματα, πού ἀπαιτοῦν λύση. Καί μᾶς προϊδεάζουν γιά τό πλῆθος τῶν προβλημάτων πού πρόκειται νά ἀντιμετωπίζουμε στήν Ἀκαδημία μελλοντικῶς!

12-6-1964 ΑΑπ
Απ-Θεσ. πρός Heyer
Ἡ ἐπιστολή μου ἀναφέρεται στό συνέδριο πού ἑτοιμάζουμε (Καστέλλι). Συμμετοχή ἀνθρώπων ἀπό τήν περιοχή τῆς Ἀκαδημίας του καί ἀπό τήν Ἑλλάδα. Πρόγραμμα, οἰκονομοτεχνικά καί ἄλλα συναφῆ ὀργανωτικά ζητήματα.

26-6-1964 ΑΑπ
Scholz πρός Απ-Θεσ.
Ὁ Scholz, ἐκ τῶν συνεργατῶν τοῦ Müller, μοῦ γράφει ὅτι ὁ Heyer, Διευθυντής τῆς Εὐαγγελικῆς Ἀκαδημίας τοῦ Schleswig, ἀπευθύνθηκε ἐγγράφως πρός τόν Σύνδεσμο τῶν Διευθυντῶν τῶν ἐν Γερμανίᾳ Εὐαγγελικῶν Ἀκαδημιῶν καί ἀναφέρει ὅτι ἐγώ θέλω νά πραγματοποιήσω συνέδριο στήν Κρήτη {βλ. 6.7.1964} καί ὅτι τόν ρώτησα ἐάν βλέπει κάποια δυνατότητα γιά οἰκονομική στήριξη τοῦ συνεδρίου.
Ζητᾶ νά ὑποβάλω γερμανιστί σέ τρία ἀντίγραφα μιά αἴτηση μέ ἀναλυτικό προϋπολογισμό, τό πρόγραμμα τοῦ συνεδρίου καί ἐκτίμηση τῆς σημασίας του γιά τή βελτίωση τῶν ἑλληνογερμανικῶν σχέσεων. Ὡς χορηγός γιά τό αἰτούμενο ποσό νά ἀναγράφεται τό Γερμανικό Ὑπουργεῖο Ἐξωτερικῶν.

29-6-1964 ΑΑπ
Ἡ Ev. Akademie Schleswig-Holstein στέλνει κατάλογο τῆς Ὁμάδας πού θά ἐπισκεφθεῖ τήν Ἑλλάδα (κυρίως τήν Κρήτη) ἀπό 8 Ἰουλίου μέχρι 12 Αὐγούστου.[269]

18-3-1963 ΑΑπ
Συκιανάκης πρός Απ
Ὁ Οἰκονομολόγος Γεώργιος Συκιανάκης, ἀφοῦ ὁλοκλήρωσε τή μετεκπαίδευσή του στό Μάιντς, ὅπου ἀναπτύχθηκε μεταξύ μας θερμή φιλία διάρκειας, τοποθετήθηκε στήν Ὑπηρεσία Περιφερειακῆς Ἀναπτύξεως Κρήτης, μέ πολλά σχέδια καί περισσότερες ἐλπίδες. Τώρα μοῦ γράφει ἀπό τό Ἡράκλειο ὅτι εἶναι μέν τεράστιες οἱ ἀναπτυξιακές δυνατότητες τῆς Κρήτης, λείπουν ὅμως οἱ ἄνθρωποι «μέ ἔφεσιν πρός θετικήν δημιουργικήν ἐργασίαν».
Ὅταν ἄρχισε τό ἔργο της ἡ Ἀκαδημία, ὁ Συκιανάκης ἀνταποκρίθηκε πρόθυμα σέ κάθε αἴτημά μου γιά συμβουλευτική συμπαράσταση.

19-26.3.1963
Στήν Εὐαγ. Ἀκαδημία τοῦ Βερολίνου διεξάγεται συνέδριο γιά ἑλληνορθόδοξους Θεολόγους καί ἱερεῖς. Θέμα: «*Τό μέλλον τοῦ Χριστιανισμοῦ καί ὁ ἀθεϊσμός*». Εἶχα κληθεῖ, ὡς εἰσηγητής, ἀλλά δέν ἔλαβα μέρος. Ὁ G. Möckel μοῦ ἔστειλε τή σχετική Ἔκθεση γιά τό συνέδριο. Εἰσηγήσεις ἀπό ἑλληνικῆς πλευρᾶς ἔκαμαν ὁ Ἐπίσκοπος Αἰμιλιανός, ὁ Κωνσταντῖνος Παπαπέτρου καί ὁ ἱερέας Ἀντώνιος Ἀλεβιζόπουλος.

7-5-1964 ΑΑπ
Απ-Θεσ. πρός Heyer
Ἡ ἐπιστολή ἀναφέρεται σέ συνέδριο πού ἑτοιμάζουμε ἀπό κοινοῦ στό Κολυμπάρι ἤ Καστέλλι.

1-7-1964 ΑΒΒ
Απ πρός Scholz
Ὁ Heyer προτείνει ἕνα συνέδριο στό Καστέλλι καί ζητᾶ οἰκονομική βοήθεια

---

[269] 9-7-1964 Heyer πρός Απ
Μέ πληροφορεῖ ὅτι τό συνέδριό τους περί Ὀρθοδοξίας στήν Ἀκαδημία πού διευθύνει {Schleswig-Holstein} πῆγε καλά, ὅτι οἱ 16 πού ἔρχονται στήν Κρήτη ἀναχώρησαν τήν προηγουμένη σιδηροδρομικῶς καί ὅτι κατά τήν ἐπιστροφή τους θά φιλοξενηθοῦν στό Βελιγράδι ἀπό τήν ἐκεῖ Ὀρθόδοξη Θεολογική Σχολή. Εὐχαριστεῖ γιά τήν ἐπιστολή μου τῆς 1ης Ἰουλίου καί γιά τό σχέδιο προγράμματος τῆς παραμονῆς τους στό Καστέλλι. Τό ἀποδέχεται καί μέ παρακαλεῖ νά ἔχω ἐγώ τή διεύθυνση τοῦ συνεδρίου καί τοῦ ὅλου προγράμματος τῆς παραμονῆς τους. Ἡ προσπάθειά τους νά συγκεντρώσουν ἱκανό ἀριθμό νέων γιά νά ἔλθουν στήν Κρήτη ἀπέτυχε.

Μιά εἴδηση πού προκαλεῖ ταραχή!
3-7-1964 ASp
Roos πρός Απ-Θεσ.
«Εἰς τό Evang. Pressedienst {epd} ZA Nr. 148 τῆς 1ης Ἰουλίου 1964 βρίσκω μέ ἔκπληξη τήν ἀκόλουθη σημείωση:
""Ἵδρυση Ἀκαδημίας στήν Κρήτη μέ γερμανική βοήθεια".
epd Schleswig, 1 Ἰουλίου. Μέ οὐσιαστική βοήθεια τῆς Εὐαγγελικῆς Ἀκαδημίας τοῦ Schleswig-Holstein θά θεμελιωθεῖ / ἱδρυθεῖ {τό ρῆμα ἔχει καί τίς δυό ἔννοιες} στό Καστέλλι τῆς μεσογειακῆς νήσου Κρήτης μιά ἑλληνορθόδοξη Ἀκαδημία. Μέ αὐτήν τήν ἀφορμή 20 μέλη τοῦ Κύκλου Φίλων τῆς Εὐαγγελικῆς Ἀκαδημίας τοῦ Schleswig-Holstein θά κάμουν ἀρχές Ἰουλίου ἕνα ἐνημερωτικό ταξίδι στήν Κρήτη. Ἰδιαίτερη προσπάθεια γιά στενές σχέσεις μέ τήν ἑλληνική Ὀρθοδοξία ἔχει καταβάλει προπαντός ὁ Διευθυντής τῆς Εὐαγγελικῆς Ἀκαδημίας τοῦ Schleswig-Holstein Καθηγητής Dr. Friedrich Heyer, ὁ ὁποῖος θά συμμετάσχει ἐπίσης στό ἐνημερωτικό ταξίδι.

Σᾶς παρακαλῶ νά μοῦ γνωρίσετε ἀμέσως ἐάν πρόκειται γιά τό δικό σας σχέδιο στή Μονή Γωνιᾶς ἤ ἐάν στό μεταξύ πρόκειται νά ἱδρυθεῖ μιά ἐπιπλέον Ἀκαδημία στήν Κρήτη. Ἐφ' ὅσον διαπραγματεύεσθε καί μέ τήν Εὐαγγελική Ἀκαδημία στό Schleswig-Holstein γιά βοήθεια, πρέπει νά σᾶς παρακαλέσω νά μᾶς ἐνημερώσετε ἐπακριβῶς. Θά ἦταν ἐλάχιστα πιθανό ὅτι ὑποβάλλετε ταυτόχρονα αἰτήσεις σέ δυό Ἐκκλησίες {Κρατιδίων - Landeskirchen}, πού μέχρι τώρα δέν ἔχουν ἀμοιβαία συνεννόηση. Θά μοῦ ἦταν κάπως δυσάρεστο νά ἐρωτήσω στό Schleswig-Holstein ποιές αἰτήσεις ἔχουν ἐνδεχομένως ὑποβληθεῖ ἐκεῖ ἀπό σᾶς.

Στό μεταξύ ἔχουμε λάβει τά δικαιολογητικά ἀπό τόν Δρα κ. Müller, ὁ ὁποῖος ἔχει παρακαλέσει τήν Προτεσταντική Ἐκκλησία τοῦ Κρατιδίου Pfalz νά ἀναλάβει τήν Ausfallsbürgschaft - ἐγγυητική ἐπιστολή - γιά τήν Ἀκαδημία τῆς Γωνιᾶς στήν Κρήτη. Θέλουμε νά φέρουμε τό ὅλον θέμα πρός συζήτηση στή συνεδρία τῆς Ἐκκλησιαστικῆς Κυβέρνησης στίς 14 Ἰουλίου. Ὡς ἐκ τούτου, θά ἐπιθυμοῦσα διακαῶς νά λάβω μέχρι τότε πληροφόρηση ἐπί τοῦ ἐρωτήματος πού σᾶς ἀπηύθυνα».

Ἡ ἔκπληξη καί ὁ θυμός διατρέχουν αὐτήν τήν ὅλως ἀπρόσμενη ἐπιστολή, ἀπό τήν ὁποία τό πρῶτον πληροφοροῦμαι τά τοῦ δημοσιεύματος.

9-7-1964 ABB
Απ (Ἀθήνα) πρός Μο
Χειρόγραφη ἐπιστολή μου:
«Σήμερα ἔλαβα τό φωτοαντίγραφο πού εἴχατε τήν καλωσύνη νά μοῦ στείλετε. Ἐπί τῆς εἰδήσεως πού περιέχεται στό φωτοαντίγραφο, ὅτι *"μέ*

σημαντική ὑποστήριξη τῆς Εὐαγ. Ἀκαδημίας τοῦ Schleswig-Holstein" θά οἰκοδομηθεῖ ἡ Ἀκαδημία μας, θέλω νά τοποθετηθῶ ἀμέσως καί μάλιστα ὡς ὑπεύθυνος γιά ὅλες τίς μέ τό ἐξωτερικό σχέσεις τῆς Μητροπόλεώς μας, ὡς ἄμεσα ὑπεύθυνος γιά τίς ὑποθέσεις τῆς Ἀκαδημίας μας καί τέλος κατ' ἐντολήν καί ἐξ ὀνόματος τοῦ Σεβασμ. Μητροπολίτη Εἰρηναίου, στόν ὁποῖο διεβίβασα σήμερα αὐτήν τήν εἴδηση· τήν τοποθέτησή μου μπορεῖτε νά γνωστοποιήσετε στόν κ. Müller καί σέ ὅλες τίς τυχόν ἐνδιαφερόμενες Ὑπηρεσίες:

1) Ἡ εἴδηση, δηλαδή ὁ ἰσχυρισμός εἶναι τελείως ἐσφαλμένος καί ἐντελῶς ἀβάσιμος. Ποτέ δέν παρακαλέσαμε τήν Εὐαγ. Ἀκαδημία τοῦ Schleswig-Holstein γιά ὁποιουδήποτε εἴδους βοήθεια, καί ἡ ἐν λόγῳ Ἀκαδημία οὐδέποτε μᾶς ἔδωσε μιά τέτοια ὑπόσχεση.

Πέραν τούτου θεωρῶ αὐτονόητο νά ζητήσω τήν ἄποψη τοῦ κ. Müller, πρίν προβῶ σέ κάποια ἐνέργεια πού ἀφορᾶ σοβαρά ζητήματα τοῦ σχεδίου μας {γιά τήν Ἀκαδημία}.

2) Δέν δώσαμε σέ κανέναν ἐξουσιοδότηση ἤ ἐντολή νά φέρει στή δημοσιότητα τό σχέδιο γιά τήν ἴδρυση τῆς Ἀκαδημίας μας. Δυστυχῶς, αὐτή ἡ εἴδηση, καί μάλιστα σέ μιά τέτοια μορφή, θά δυσχεράνει τά πάντα, ἐνδέχεται νά εἶναι ἐξόχως ἐπιβλαβής καί ἐπικίνδυνη.

3) Ἄν εἴχαμε ὑποψιασθεῖ ὅτι πίσω ἀπό τό ταξίδι {στό Καστέλλι} πού κάνει ἡ Ἀκαδημία Schleswig-Holstein βρίσκεται μιά τέτοια ἑρμηνεία, δέν θά τό εἴχαμε σέ καμία περίπτωση ἀποδεχθεῖ. Δυστυχῶς, τώρα δέν μποροῦμε νά κάνουμε τίποτε, ἐπειδή οἱ ἄνθρωποι βρίσκονται ἤδη καθ' ὁδόν πρός τήν Κρήτη. Εἴμεθα ὅμως ἐξοργισμένοι μέ αὐτήν τήν ἑρμηνεία. Διερωτῶμαι μήπως ὕστερα ἀπό αὐτήν τήν ἀνάμιξη σέ ξένες ὑποθέσεις, πού μοιάζει μέ σφετερισμό, θά ἦταν καλύτερο νά ἀκυρώσω τό προγραμματισμένο συνέδριο.

4) Δέν θά ἔπρεπε νά εἶναι κάποιος τόσον ἄμετρα ἄφρων καί νά νομίζει ὅτι ὁ Ὀρθόδοξος πληθυσμός τῆς Κρήτης θά ἐπιδοκιμάσει ἁπλά ἕνα Ἵδρυμα, πού θά φαινόταν ἀπό τήν ἀρχή ὡς ὄργανο μιᾶς ξένης Ἐκκλησίας καί μιᾶς ξένης, μέχρι χθές ἐχθρικῆς χώρας - αὐτό προκύπτει ἀπό τήν εἴδηση!

5) Παράκλησή μου εἶναι νά ἐνημερώσετε τόν Δρα Müller καί ἐν ὀνόματι τοῦ Ἐπισκόπου καί ἐμοῦ νά ἀπαιτήσει ἀπό τόν Καθηγητή κ. Heyer μιά δήλωση καί μάλιστα τηλεφωνικῶς {νά ζητηθεῖ τό ταχύτερο δηλαδή} μόλις αὐτός {Heyer} φθάσει στήν Κρήτη.

Ἀπό τήν πλευρά μου θά κάμω τά πάντα, προκειμένου νά ἐμποδίσω περαιτέρω συνέπειες ἀπό αὐτή τήν κατάχρηση τῆς φιλοξενίας μας.

Παρακαλῶ νά συγχωρήσετε τόν τόνο αὐτῆς τῆς ἐπιστολῆς, ἀλλά πιστεύω πώς εἶναι ὁ ... πιό ἐπιεικής. Δυστυχῶς δέν ἔχω ἐδῶ γραφομηχανή, ἐλπίζω ὅμως ὅτι θά μπορέσετε νά διαβάσετε τήν ἐπιστολή».

9-7-1964 ABB
Σημείωμα (Mohn) πρός Μ
Τηλεφώνημα τοῦ Mordhorst γιά τό δημοσίευμα τοῦ epd (1.7.1964): Ἐφιστᾶ προσοχή, γιατί αὐτές τίς εἰδήσεις τίς διαβάζουν πολλοί στή Βόννη.[270] Ἐκείνη μίλησε μέ τόν Heyer στό τηλέφωνο. Αὐτός ἔδωσε κάποιες ἐξηγήσεις: Λάθος τοῦ δημοσιογράφου...

13-7-1964 ASp
Απ-Αθ πρός Roos
Ἀπό τήν Ἀθήνα τηλεγράφησα στόν Roos γιά τό πρόβλημα Heyer- epd: ΦΟΒΟΣ ΣΑΣ ΠΑΝΤΕΛΩΣ ΑΒΑΣΙΜΟΣ ΑΚΟΛΟΥΘΕΙ ΕΠΙΣΤΟΛΗ –ΠΑΠΑΔΕΡΟΣ.

13-7-1964 ASp
Απ-Αθ πρός Roos
Ἀπό τήν Ἀθήνα στέλνω χειρόγραφη ἐπιστολή πρός τόν Roos:
«Μόλις σήμερα ἔφθασε ἐδῶ στήν Ἀθήνα ἡ ἀπό 3ης Ἰουλίου ἐπιστολή σας μέ τήν εἴδηση τῆς Εὐαγ. Ὑπηρεσίας Τύπου {epd - Heyer}. Ἡ εἴδηση αὐτή μέ ἐξόργισε τά μέγιστα.

α) Ἐκτός ἀπό τή δική μας Ἀκαδημία καμιά ἄλλη δέν ἔχει σχεδιασθεῖ γιά τήν Κρήτη ἤ {ἐν γένει} τήν Ἑλλάδα. Ἡ εἴδηση ἀφορᾶ στή δική μας Ἀκαδημία, ἐν τούτοις:

β) Πέραν τῶν ἐνεργειῶν γιά τήν Ἀκαδημία μας, πού σᾶς εἶναι ἐπακριβῶς γνωστές (αἴτηση στήν Κεντρική Ὑπηρεσία γιά Ἀναπτυξιακή Βοήθεια {EZE} καί στήν Ἐκκλησία σας) δέν ἔχουν ὑποβληθεῖ σέ καμμιά ἄλλη Ὑπηρεσία αἰτήσεις - καί δέν ὑπάρχει κανένας λόγος γιά τέτοια ὑποβολή {ἡ ἐπαφή μου μέ τήν AKTION SÜHNEZEICHEN ἦταν ἁπλῶς διερευνητική, δέν εἴχαμε ὑποβάλει ἐπίσημη αἴτηση καί ἡ σχετική συζήτησή μας εἶχε περατωθεῖ}.

γ) Ἡ Ἀκαδημία τοῦ Schleswig-Holstein δέν ἔχει καμιά ἀπολύτως σχέση μέ τήν Ἀκαδημία μας: Οὔτε παρακαλέσαμε γιά κάποια βοήθεια οὔτε μᾶς δόθηκε τοιαύτη οὔτε σχετική προοπτική ὑπάρχει - δέν προτιθέμεθα δέ νά ζητήσουμε μιά βοήθεια.

---

[270] 13-7-1964 ABB, M πρός Mordhors
«Κάνατε στό Γραφεῖο μου ἐρώτημα γιά τήν εἴδηση στό epd ZA Nr.148 τῆς 1. 7. 1964 σχετικά μέ τά σχέδια τῆς Ἀκαδημίας Κρήτης. Ἡ εἴδηση αὐτή προκλήθηκε προφανῶς ἀπό μιά ἀπρόσεκτη συνέντευξη, τήν ὁποία ἔδωσε στό epd ὁ Διευθυντής τῆς Ἀκαδημίας τοῦ Schleswig-Holstein. Συνημμένως ἀποστέλλω μιά ἐπιστολή τοῦ Καθηγ. Δρος Heyer, στήν ὁποία ἐξηγεῖ τό γενόμενον, καθώς καί τήν ἀπάντησή μου στήν ἐπιστολή αὐτή».

Ἡ ὅλη παρεξήγηση δημιουργήθηκε μάλλον ὡς ἑξῆς: Ὁ Καθηγητής κ. Heyer, Διευθυντής τῆς Ἀκαδημίας τοῦ Schleswig-Holstein, παρεκάλεσε τόν Σεβασμ. Εἰρηναῖο νά δώσει τήν εὐκαιρία σέ μιά ὁμάδα περίπου 20 προσώπων ἀπό τήν Ἀκαδημία Schleswig-Holstein νά περάσουν τίς διακοπές τους στήν Κρήτη καί μάλιστα σέ οἰκήματα τῆς Μητροπόλεως. Ὁ Σεβασμ. Εἰρηναῖος συγκατατέθηκε καί οἱ ἄνθρωποι ἔχουν φθάσει ἤδη. Ὁ Καθηγ. κ. Heyer διετύπωσε στή συνέχεια τήν πρόταση νά ὀργανώσουμε μέ αὐτήν τήν εὐκαιρία ἕνα ἐνημερωτικό συνέδριο μέ θέμα «*Ὁ Ὀρθόδοξος Ἑλληνισμός καί τό Εὐρωπαϊκό πνεῦμα*». Μᾶς ἐνδιαφέρει ἡ οἰκουμενική ἐπικοινωνία. Ἀποδεχθήκαμε αὐτήν τήν ἰδέα καί κάναμε σχετική ἀνακοίνωση στό Σύνδεσμο τῶν Διευθυντῶν τῶν ἐν Γερμανίᾳ Εὐαγγελικῶν Ἀκαδημιῶν. Τό Συνέδριο αὐτό ὅμως ὀργανώνεται ἀπό τήν Ἐπισκοπή καί ὄχι ἀπό τήν ἀνύπαρκτη εἰσέτι Ἀκαδημία. Εἶμαι πολύ θυμωμένος, ἐπειδή ἡ καλή μας προθυμία παρανοήθηκε πλήρως καί μιά ὅλως ἀνεπίτρεπτη ἀνάμιξη τῆς Ἀκαδημίας τοῦ Schleswig στά τῆς Ἀκαδημίας μας θέτει σέ κίνδυνο ὁλόκληρο τό σχέδιο {τῆς Ἀκαδημίας μας}, μάλιστα καθώς δέν θέλαμε νά γνωστοποιήσουμε ἀκόμη αὐτό τό σχέδιο.

Γιά τούς λόγους αὐτούς σᾶς ἐξουσιοδοτῶ νά ἀπευθυνθεῖτε στόν Evang. Pressedienst καί νά διαψεύσετε αὐτήν τήν εἴδηση ὡς παντελῶς ἀβάσιμη. Ἤθελα νά τούς γράψω ὁ ἴδιος, δέν ἔχω ὅμως τή διεύθυνσή τους. Γράφω ἐπίσης ἀμέσως στόν Καθηγ. κ. Heyer, εἶναι ἀκόμη στή Γερμανία.

Σᾶς στέλνω σήμερα ἕνα σύντομο τηλεγράφημα. Στήν Ἀθήνα (Σουμελᾶ 4, Κυψέλη) {ἦταν τό Φοιτητικό Οἰκοτροφεῖο τῆς Μητρόπολης μας} θά μείνω 2-3 ἡμέρες ἀκόμη, στή συνέχεια θά πάω στήν Κρήτη καί ὥς τό τέλος τοῦ μήνα μπορεῖ νά ἐπικοινωνήσει κανείς μαζί μου διά τοῦ Μητροπολίτη Εἰρηναίου (Καστέλλι-Κρήτη)».[271]

15-7-1964 ABB
Μ πρός Απ
«Διάβασα τό γράμμα σας πρός τήν δεσπ. Mohn {9.7.64} σχετικά μέ τή δημοσιογραφική εἴδηση ἀπό τό Schleswig. Στήν ὑπόθεση αὐτή ὁ Heyer ἔκαμε ἁπλῶς μιά βλακεία. Δέχθηκε νά ἀπαντήσει σέ ἐρωτήσεις ἑνός δημοσιογράφου, ὁ ὁποῖος στή συνέχεια δημοσίευσε ὅ,τι τοῦ φάνηκε ἐκθαμβωτικό. Ὁ Heyer δέν εἶχε κάποιες ἐπιδιώξεις, μόνο πού ἅπλωσε κάπως τά ὅρια τῆς ἀφέλειάς του. Κατά τά λοιπά, δέν πιστεύω πώς ἡ εἴδηση θά φτάσει μέχρι τήν Ἑλλάδα -

---

[271] Τό χθεσινό τηλεγράφημά μου ἔφερε ἄμεσο θετικό ἀποτέλεσμα.
Ὁ Roos μοῦ τηλεγράφησε σήμερα (14-7-1964 ASp):
«Kirchenregierung genehmigt sofort 20.000 DM. Brief folgt. Oberkirchenrat Roos».
«Ἡ Κυβέρνηση τῆς Ἐκκλησίας ἐγκρίνει ἀμέσως 20.000 DM. Ἀκολουθεῖ ἐπιστολή...».

τό ἐλπίζω τουλάχιστον. Ἄν συμβεῖ αὐτό, ἀνακοινώσετε πώς πρόκειται γιά ἐσφαλμένη εἴδηση. Κακό δέν θά κάμει, ἄν σέ κάποια εὐκαιρία ἐπιτιμήσει κανείς ἐλαφρῶς τόν Heyer γιά τήν ἐπιπολαιότητά του. Θά ἔπρεπε νά κρατᾶ τά δάκτυλά του μακρυά ἀπό τό ζήτημα τῆς ἱδρύσης Ἀκαδημιῶν στό ἐξωτερικό. Εἶναι ἀδέξιος γιά κάτι τέτοιο.

Παρακαλῶ, χαιρετήσατε τόν Ἐπίσκοπο Εἰρηναῖο καί διαβιβάσετε τίς ἐγκάρδιες εὐχαριστίες μου γιά τήν πρόσκληση τῶν υἱῶν μου. Θά ἔλθουν μετά τίς 15 Αὐγούστου - θά ἐνημερώσουν σχετικῶς».

16-7-1964 ΑΒΒ-ΑΑπ
Μ πρός Μέλη Συνδέσμου τῶν Διευθυντῶν τῶν ἐν Γερμανίᾳ Εὐαγ. Ἀκαδημιῶν (*ἐμπιστευτικό*)

Μέ τήν ἰδιότητα τοῦ Προέδρου τοῦ Συνδέσμου, ὁ Müller ἀπευθύνεται στούς Διευθυντές τῶν Ἀκαδημιῶν καί, μεταξύ ἄλλων, ἀναφέρεται καί στό πρόβλημα πού δημιουργήθηκε μέ τή συνέντευξη τοῦ Heyer καί τήν εἴδηση τοῦ epd. Συνιστᾶ:

«Λαμβάνω ὡς ἀφορμή αὐτό τό συμβάν, προκειμένου νά ἐπιστήσω τήν προσοχή στό ὅτι οἱ Διευθυντές τῶν Ἀκαδημιῶν παρακαλοῦνται νά μήν κάνουν στόν Τύπο μέ δική τους πρωτοβουλία κανενός εἴδους ἀνακοινώσεις πού δέν ἔχουν σχέση μέ τή δική τους ἐργασία, ἀλλά μέ ὑποθέσεις τοῦ Συνδέσμου. Εἶναι αὐτονόητο ὅτι τέτοια σχέδια γιά Ἀκαδημίες στό ἐξωτερικό εἶναι ἐμπιστευτικά μέχρι τήν πραγματοποίησή τους. Τέτοιες προθέσεις μποροῦν νά ματαιωθοῦν παντελῶς, ἄν φθάσουν πρόωρα στόν Τύπο. Παρακαλῶ ἐπειγόντως ὅλους τούς φίλους νά τηρήσουν στό μέλλον τήν ἀναγκαία προσοχή ὅσον ἀφορᾶ σ' αὐτό τό ζήτημα».

16-7-1964 ASp
Roos πρός Απ
«Γιά τό τηλεγράφημά σας καί τήν ἀγαπητή ἐπιστολή σας τῆς 13ης Ἰουλίου 1964 θά ἤθελα νά σᾶς εὐχαριστήσω ἐγκαρδίως. Μέ αὐτά τά ἔγγραφά σας παραμερίσθηκαν γιά μᾶς ὅλες οἱ ἀσάφειες. Στό μεταξύ θά ἔχετε λάβει ἀσφαλῶς καί τό τηλεγράφημά μου καί θά χαίρεσθε μαζί μας γιά τό ὅτι ἡ Κυβένηση τῆς Ἐκκλησίας, ὑπό τήν αἵρεσιν ἐγκρίσεως ἀπό τήν ἑπόμενη Σύνοδο, θά διαθέσει τό ποσό τῶν 50.000 DM γιά τίς προπαρασκευαστικές ἐργασίες σας καί γιά τό ὅτι ἔλαβε κατ' ἀρχήν τήν ἀπόφαση νά ἀναλάβει τήν ἐπιθυμητή ἐγγύηση γιά τρία χρόνια. 20.000 DM μποροῦν νά σᾶς ἀποσταλοῦν ἀμέσως. Σήμερα γνωστοποιοῦμε αὐτήν τήν ἀπόφαση καί στόν Σεβασμ. Μητροπολίτη Εἰρηναῖο. Θά τόν παρακαλέσουμε νά μᾶς ἀναφέρει ἕνα σχετικό λογαριασμό, προκειμένου νά ἐμβάσουμε σ' αὐτόν {τόν τραπεζικό λογαριασμό} τό ποσό.

Μπορεῖτε νά μᾶς γνωρίσετε ἄν ἀπό αὐτά τά χρήματα πρέπει νά ἀγοράσουμε στή Γερμανία τό τρακτέρ καί τό αὐτοκίνητο ἤ ἄν θέλετε νά ἐμβάσουμε ὅλο τό ποσό. Τό ὑπόλοιπο τῶν 30.000 DM θά μπορέσουμε ἴσως νά σᾶς τό στείλουμε τόν ἐπόμενο κιόλας χρόνο.

Ὅσον ἀφορᾶ στή δημοσίευση τῆς Εὐαγ. Ὑπηρεσίας Τύπου, εἶναι ἀρκετή γιά τήν Ἐκκλησία μας ἡ ὀρθή τοποθέτηση τῶν πραγμάτων διά τῆς ἐπιστολῆς σας. Σᾶς σημειώνω τή διεύθυνση τῆς Εὐαγ. Ὑπηρεσίας Τύπου:

An den Evang. Pressedienst - Redaktion, 23 K i e l, Schloßgarten 12 IV.

Ἀφήνουμε σέ σᾶς τήν ἀπόφαση νά ζητήσετε ἤ ὄχι ἐπανόρθωση {δέν τό ἔκρινα ἀναγκαῖο}. Ἐμεῖς οἱ τοῦ Παλατινάτου δέν ἀποδίδουμε σημασία σ' αὐτό, καθώς, ὕστερα ἀπό τή συνοδική ἀπόφαση, θά γνωστοποιήσουμε διά τοῦ Τύπου τή συμμετοχή μας στήν {ἀνέγερση} τῆς Ὀρθοδόξου Ἀκαδημίας. Ἡ Κυβέρνηση τῆς Ἐκκλησίας ἔλαβε μέν ἤδη ὁριστικές ἀποφάσεις, οἱ ὁποῖες ὅμως πρέπει νά ἐπικυρωθοῦν ἀπό τή Σύνοδο. Θεωροῦμε καλύτερο νά μή δημοσιεύσουμε τή συμμετοχή μας πρίν ληφθεῖ αὐτή ἡ τελική ἀπόφαση. Ἀφήνουμε σέ σᾶς νά κρίνετε ἄν ἀπό τήν πλευρά σας θέλετε νά γνωστοποιήσετε τά σχέδιά σας πρίν λάβετε τίς τελικές ἀποφάσεις τῆς EZE, Βόννη. Σύμφωνα μέ ὅσα ἔχει γνωρίσει {σέ μᾶς} ὁ Διευθυντής Δρ. E. Müller, Bad Boll, τοῦτο πρέπει νά θεωρεῖται βέβαιο. Ἀλλά καί ἐδῶ ἐκκρεμεῖ ἀκόμη ἡ ὁριστική συγκατάθεση.

Χαιρόμαστε πού μποροῦμε νά σᾶς προσφέρουμε αὐτήν τήν οἰκουμενική βοήθεια, ἡ ὁποία θά φέρει σίγουρα μεγάλο ἐμπλουτισμό καί στή δική μας ἐργασία».

ΑΒΒ
Heyer πρός Απ
Γράφει ὅτι ἡ ἐπιστολή μου τόν συγκλόνισε καί τόν παρακίνησε νά γράψει τήν ἑπόμενη ἐπιστολή πρός epd. Προβάλλει διάφορες δικαιολογίες γιά τό ἀτυχές δημοσίευμα.

17-7-1964 ΑΑπ-ΑΒΒ
Heyer πρός epd
Μέ τετρασέλιδη ἐπιστολή του, ἀντίγραφο τῆς ὁποίας μοῦ ἔστειλε, ὁ Heyer ἀπευθύνεται στόν Διευθυντή τοῦ ἐκκλησιαστικοῦ πρακτορείου εἰδήσεων EVANGELISCHER PRESSE DIENST-epd {Εὐαγγελική Ὑπηρεσία Τύπου} καί στόν δημοσιογράφο Zimmermann. Προσπαθεῖ νά ἐξηγήσει ἀπό τήν πλευρά του τά τῆς συνεντεύξής του πρός τόν Zimmermann, ἡ ὁποία προκάλεσε τό σχετικό, λίαν δυσάρεστο σκάνδαλο.

Συνοψίζω τά κύρια σημεῖα τῆς ἐπιστολῆς καί, ὅπως γράφει, τῆς συνεντεύξης του πρός τόν δημοσιογράφο:

Στήν Εὐαγ. Ἀκαδημία τοῦ Schleswig-Holstein {Σλέσβιχ-Χολστάιν} κάναμε ἕνα συνέδριο γιά τήν Ὀρθόδοξο Ἐκκλησία, μέ σκοπό, μεταξύ ἄλλων, νά προετοιμάσουμε ἕνα μέρος τῶν συνέδρων γιά προγραμματισμένο ταξίδι στήν Κρήτη, ὅπου θά εἶχαν τήν εὐκαιρία νά γνωρίσουν ἀπό κοντά τήν Ὀρθοδοξία.

«Δέν ἀπέκρυψα ὅτι εἴχαμε μιά πρόσκληση ἀπό τόν Μητροπολίτη Εἰρηναῖο, Καστέλλι, καί τόν Δρα κ. Παπαδερό, οἱ ὁποῖοι σχεδιάζουν νά ἱδρύσουν μέ γερμανική βοήθεια ἕνα Ἵδρυμα παρόμοιο πρός τίς Εὐαγγελικές Ἀκαδημίες τῆς Γερμανίας». Σημείωσε, γράφει, πώς δέν γνωρίζει λεπτομέρειες γιά τό σχέδιο αὐτό, ὅτι ἐκεῖνος πού ἀσχολεῖται μέ αὐτό εἶναι ὁ Διευθυντής τῆς Ἀκαδημίας τοῦ ΒΒ, ὁ Ε. Müller, καί ὅτι ὁ Hiltmann εἶχε ἐπισκεφθεῖ ἤδη τήν Κρήτη.[272]

Ἀναγνωρίζει ὅτι ἦταν λάθος του νά ἀναφερθεῖ στά σχέδια γιά τήν Κρήτη, μέ ἀποτέλεσμα τήν ἐσφαλμένη δημοσίευση τοῦ epd, ὅτι αὐτά συνδέονται μέ τόν ἴδιο, τήν Ἀκαδημία του καί τήν Ἐκκλησία τοῦ Schleswig-Holstein. Ἡ εἴδηση αὐτή προκάλεσε πλῆθος ἀντιδράσεων ὄχι μόνο σέ ὅλη τή Γερμανία, ἀλλ' ἀκόμη καί στήν Ἀθήνα. «Ἀπό ἐκεῖ ἔλαβα μιά πλήρους ἀπελπισίας ἐπιστολή τοῦ Δρος Παπαδεροῦ...». Τό ἐσφαλμένο δημοσίευμα ἀπειλεῖ νά καταστρέψει τό σχέδιο δημιουργίας τῆς Ἀκαδημίας στήν Κρήτη.

Σημειώνει στή συνέχεια κάποιες ἀπό τίς ἀντιδράσεις πού προκάλεσε τό ἐν λόγω δημοσίευμα:

- Τό Ὑπουργεῖο Ἐξωτερικῶν τηλεφώνησε στόν Ε. Müller καί ἐξέφρασε τήν ἔκπληξή του.

- Ὁ Πρόεδρος τῆς Ὑπηρεσίας Ἐξωτερικῶν Ὑποθέσεων τῆς Εὐαγ. Ἐκκλησίας τῆς Γερμανίας D. Wischmann ἐπεκοινώνησε τηλεφωνικῶς μέ τόν Ε. Müller.

- Οἱ Ἐκκλησίες τῶν διαφόρων γερμανικῶν Κρατιδίων, πού ἦταν μέχρι τώρα πρόθυμες νά συμβάλουν μέ κάποιο ποσό {γιά τήν Ἀκαδημία}, αἰσθάνονται ὅτι οἱ Ἕλληνες Ἑταῖροι τίς παρέκαμψαν, ἀφοῦ, κατά τό δημοσίευμα, συζητοῦν - ἐν ἀγνοίᾳ τους - καί μέ τήν Ἐκκλησία τοῦ Schleswig-Holstein γιά παροχή βοήθειας.

Παραθέτει ἐδῶ ἀπόσπασμα τῆς ἐξ Ἀθηνῶν ἐπιστολῆς μου, στήν ὁποία θεωρῶ ἀτυχές τό δημοσίευμα καί προσθέτω:

«Πέραν τούτου, οἱ Ἐκκλησίες τῶν διαφόρων Κρατιδίων καί ἄλλες Ὑπηρεσίες στή Γερμανία πού ἐπιθυμοῦν πράγματι νά προσφέρουν μιά βοήθεια, ἔχουν θυμώσει πολύ ἐναντίον μας ἐξ αἰτίας αὐτοῦ τοῦ δημοσιεύματος, ἐπειδή νομίζουν ὅτι συνομιλούσαμε ταυτόχρονα μέ περισσότερες Ὑπηρεσίες, οἱ

---

[272] Ἡ ὀρθή γραφή τοῦ ὀνόματος εἶναι Hildmann. Πρόκειται γιά τόν τότε Διευθυντή τῆς Εὐαγγελικῆς Ἀκαδημίας τοῦ Tutzing.

ὁποῖες δέν εἶχαν συνεννοηθεῖ μεταξύ τους προηγουμένως. Ἀντιλαμβάνεσθε πόσον δυσάρεστη εἶναι γιά μᾶς αὐτή ἡ παρανόηση. Σέ καμιά περίπτωση δέν θέλουμε νά ἐπιτρέψουμε διαιώνιση τῆς ἐντύπωσης ὅτι παίζουμε διπλό παιχνίδι... Σᾶς παρακαλῶ λοιπόν νά ἐπιδιώξετε ἀπό τόν epd ἀποκατάσταση».

Κλείνει τήν ἐπιστολή μέ τήν παράκληση νά γίνει ἡ ἀναγκαία ἀποκατάσταση τῆς ἀλήθειας.

Σέ ὑστερόγραφο ἀπευθύνεται στόν δημοσιογράφο Zimmermann. Προσπαθεῖ νά δικαιολογηθεῖ τονίζοντας ὅτι εἶναι ἐξωφρενική καί ἐξωπραγματική ἡ ἐντύπωση πού προκάλεσε τό δημοσίευμά του, ὅτι τό ὑψηλό κόστος γιά τήν Ἀκαδημία τῆς Κρήτης θά ἀναλάβει δῆθεν ἡ Ἐκκλησία τοῦ Schleswig-Holstein, ἀνακρίβεια πού δικαίως προκάλεσε ὀργή.

17-7-1964 ΑΒΒ
Απ (Καστέλλι) πρός Μ
....
Στενοχώρια Ἐπισκόπου καί δική μου γιά τή συνέντευξη τοῦ Heyer. Ἀποφασίσαμε νά μή γίνει τό συνέδριό του ὅπως εἶχε σχεδιασθεῖ ἀρχικά, ἀλλά νά περιορισθεῖ σέ μιά ἁπλῆ συνάντηση.
....

2. Πρῶτο συνέδριο στό Καστέλλι

6-7-1964 ΑΑπ
Απ-Θεσ. πρός Scholz
Ἀπαντῶ στήν ἀπό 26 Ἰουνίου ἐπιστολή του:
Ἡ Μητρόπολις Κισάμου καί Σελίνου καί ἡ Εὐαγγελική Ἀκαδημία τοῦ Schleswig ὀργανώνουν ἀπό 29/7 μέχρι 1.8.1964 ἕνα Ἑλληνογερμανικό ἐνημερωτικό συνέδριο στό Καστέλλι τῆς Κρήτης. Σᾶς ἔχω στείλει ἤδη τό πρόγραμμα. Καλεσμένοι εἶναι 30 σύνεδροι ἀπό κάθε πλευρά. Οἱ Ἕλληνες εἶναι κατά τό πλεῖστον κληρικοί καί {λαϊκοί} Θεολόγοι.

«Πρόκειται γιά τήν πρώτη συνάντηση αὐτοῦ τοῦ εἴδους. Τό ἐνδιαφέρον μας εἶναι πολύπλευρο. Θέλουμε νά ἐργαστοῦμε γιά μιά ἀμοιβαία κατανόηση μεταξύ λαῶν καί ὁμολογιῶν. Μέ τή συμβίωση, τό διάλογο καί τήν κοινή προσευχή θέλουμε νά μάθουμε πῶς μπορεῖ κανείς νά παραμερίσει τίς προκαταλήψεις. Τό συνέδριο θέλει ἐπιπλέον νά δείξει πῶς οἱ Ἐκκλησίες μποροῦν νά ἀξιοποιήσουν τίς δυνατότητες πού προσφέρει ὁ Τουρισμός. Τέλος, τό συνέδριο αὐτό θά δώσει πολλές ἐμπειρίες γιά τό ἔργο τῆς μελλοντικῆς Ἀκαδημίας μας».

Παρακαλῶ στή συνέχεια νά μᾶς διαθέσουν 950 μάρκα πρός ἀντιμετώπιση μέρους τῶν δαπανῶν, «μάλιστα καθώς δέν θέλουμε νά ἐπιβαρύνουμε τούς συνέδρους οἰκονομικῶς, μιά καί πρόκειται γιά τό πρῶτο σημαντικό συνέδριό μας. Σέ περίπτωση θετικῆς ἀπόφασής τους παρακαλῶ νά ἐμβάσουν τό ποσό ἄμεσα, εἰ δυνατόν τηλεγραφικῶς, στόν Σεβασμ. Εἰρηναῖο μέ τήν ἔνδειξη ὅτι προορίζονται γιά τόν ὡς ἄνω συγκεκριμένο σκοπό.

Συνυποβάλλω προϋπολογισμό καί τρόπο κάλυψης τῶν δαπανῶν τοῦ συνεδρίου.

20-7-1964 ΑΑπ
Scholz πρός Απ
Μοῦ γνωρίζει, ὅτι ἐγκρίθηκε ἀπό τόν Εὐρωπαϊκό Σύνδεσμο τῶν Ἀκαδημιῶν ἐπιχορήγηση 900 μάρκων γιά τό Συνέδριο τοῦ Καθηγητῆ Heyer στό Καστέλλι καί δίδει ὁδηγίες γιά δικαιολογητικά κ.λπ.

29/31-7-1964 ΑΒΒ
Συνέδριο στό Καστέλλι:
Τό συνέδριο ἄρχισε στό Καστέλλι τό βράδυ τῆς 29ης μέ ὁμιλία τοῦ Σεβασμ. Εἰρηναίου ἐπί τοῦ θέματος «*Τό νόημα μιᾶς χριστιανικῆς συνάντησης*». Ἀκολούθως παρουσίασα τήν ταινία «1000 χρόνια Ἄθως».

30/7: Ὁμιλία μέ θέμα «*Εἶναι γνήσια ἡ εὐρωπαϊκή ἀπιστία;*» τοῦ Καθηγ. Heyer {γερμανιστί}. Συζήτηση. Τό ἀπόγευμα ἐπίσκεψη στή Μονή Γωνιᾶς, ὅπου καί οἱ ὁστεοθῆκες τῶν πεσόντων Γερμανῶν. Ἑσπερινός. Ὁμιλία: «*Κινήσεις καί τάσεις ἐν τῇ συγχρόνῳ Ἐκκλησίᾳ τῆς Ἑλλάδος*», Ἀρχιμ. Εἰρηναῖος Ἀθανασιάδης. Δεῖπνο, συζήτησις, ἐπιστροφή στό Καστέλλι. 31/7: προσευχή, (π. Ἐλευθέριος Καψωμένος). Ὁμιλία: «*Εὐρώπη-μία εὐθύνη διά τήν Ἐκκλησίαν*», Ἀλέξ. Παπαδερός. Συζήτηση. Τελική συζήτηση, γεῦμα - λήξη συνεδρίου.

Διεύθυνση συνεδρίου: Ἀλέξ. Παπαδερός καί Καθηγ. Heyer.[273]

---

[273] Heyer. Βλπ. καί ΧΚ 44(1964) 112 ΑΑπ. Πρβλ. ΚΗΡΥΞ, 2-8-1964 ΑΑπ.
15-8-1964 ΑΑπ
Στήν ἐφημερίδα τῶν Χανίων ΠΑΡΑΤΗΡΗΤΗΣ ὁ φλογερός Θεολόγος Ἰωάννης Ἀναστασάκης δημοσιεύει ἀπό τήν ἡμερομηνία αὐτή καί σέ τρεῖς συνέχειες τίς ἐντυπώσεις καί τίς σκέψεις του γιά τό συνέδριο πού πραγματοποιήθηκε στό Καστέλλι μέ θέμα: «*Ἡ ὀρθόδοξος Ἑλλάς καί τό εὐρωπαϊκόν πνεῦμα*». Χαρακτηρίζει τό συνέδριο αὐτό ὡς ΞΕΚΙΝΗΜΑ καί εὔχεται νά συμβάλει ἡ Ἀκαδημία στήν προαγωγή τῆς ἑνότητας τῶν Χριστιανῶν, τήν ὁποία ἐπιζητεῖ ἡ καρδιά τους, ἀλλά τήν ἐμποδίζουν οἱ ἀδυναμίες καί τά τά σφάλματά τους.

31-8-1964 ΑΑπ
Heyer πρός Απ
«Χθές βράδυ ἐπέστρεψα πάλι στό Schleswig, πλούσια φορτωμένος μέ τίς ἐμπειρίες πού μπόρεσα νά κερδίσω στήν εὐλογημένη νῆσο Κρήτη. Μιά ἰδιαίτερη θέση στίς ἀναμνήσεις μου ἀνήκει σέ σᾶς. Σεῖς ὑπήρξατε αὐτός πού ἄνοιξε σέ μένα καί γενικά στά μέλη τῆς ὁμάδας μας τό δρόμο πρός τόν Σεβασμιώτατο Μητροπολίτη καί στόν πλοῦτο τῆς ζωῆς τῆς Μητροπόλεως Κισάμου καί Σελίνου».

Ἀκολουθοῦν εὐγενεῖς φιλοφρονήσεις καί πρόβλεψη γιά ἐργασία μου σέ μιά Ὀρθόδοξη Ἀκαδημία.

Ὡς ἕναν ἀπό τούς καρπούς τοῦ συνεδρίου στό Καστέλλι ἀναφέρει ὅτι ἡ ἐκπαίδευση «στό Schleswig-Holstein διαθέτει τώρα ἕνα σταθερό ἀριθμό δασκάλων, πού μποροῦν νά διδάσκουν πιό ὑπεύθυνα γιά τήν Ὀρθοδοξία».

Ἐκφράζει καί πάλι τή λύπη του γιά τήν ταραχή πού προκάλεσε μέ τό ἀτυχές δημοσίευμα {epd}. Τέλος ἐκφράζει εὐχαριστία γιά τίς δυό πρόσθετες ἑβδομάδες πού πέρασε στή Μητρόπολη μέ τή σύζυγό του καί τήν κυρία {Εἰρήνη} Λούβαρι καί γιά τήν εὐκαιρία νά γνωρίσει καί ἄλλα μέρη τῆς Κρήτης.

16-9-1964 ΑΑπ
Scholz, ΒΒ πρός Απ (Θεσ.)
Εὐχαριστεῖ γιά τόν ἀπολογισμό τοῦ συνεδρίου («Das orthodoxe Griechenland und der europäische Geist», 25-31 Μαΐου 1964) τόν ὁποῖο τοῦ ἔστειλα καί ὅπου σημειώνω ὅτι ἡ χορηγία τοῦ Συνδέσμου τῶν Ἀκαδημιῶν δέν χρησιμοποιήθηκε στό σύνολό της (ἔστειλαν 900 μάρκα, χρειάσθηκαν 755). Ἀπαντᾶ στό σχετικό ἐρώτημά μου, ποῦ νά ἐπιστρέψω τό περίσσευμα τῶν 145 μάρκων. Μοῦ σημειώνει τόν τραπεζικό λογαριασμό στό Göppingen.

21-9-1964 ASp
Roos πρός Απ
Εὐχές γιά τή γέννηση τῆς κόρης μας Μαρίας. «Εὐχόμεθα νά τή συνοδεύει ἡ χάρις τοῦ Θεοῦ. Εἴθε νά αὐξάνεται πρός δόξαν Θεοῦ καί νά σᾶς χαρίζει πολλή χαρά».

Ἀναφέρεται στό πρόβλημα πού προκάλεσε ἡ δημοσίευση τῆς ψευδοῦς εἰδήσεως ὅτι ἡ Ἀκαδημία μας θά κτισθεῖ μέ οἰκονομική χορηγία τῆς Ἐκκλησίας τοῦ Schleswig-Holstein. Ἡ εἴδηση, γράφει, δημοσιεύθηκε καί στό γνωστό σέ μένα περιοδικό "Kirche in der Zeit". «Ἀπό τήν πλευρά μας δέν κάναμε τίποτε, ἀφοῦ μᾶς γνωρίσατε ὅτι οὐδείς λόγος γίνεται περί τούτου». Ἐρωτᾶ ὅμως: «Ἄρχισε ὁ Ἐπίσκοπός σας κάποιες συζητήσεις μέ αὐτήν τήν Ἐκκλησία ἐν ἀγνοίᾳ σας; Θά πρέπει νά ἔχουμε πλήρη σαφήνεια ἐπ' αὐτοῦ» - παρακαλοῦν νά ἔχουν ἐνημέρωση {αἴτημα πλήρως κατανοητό καί δικαιολογημένο, δεδομένου ὅτι ἦταν τότε ὄχι σπάνια τακτική ἀπό διάφορες Ἐκκλησίες καί Ὀργανώσεις τοῦ λεγόμενου Τρίτου Κόσμου νά προσφεύγουν ταυτόχρονα σέ διάφορες πηγές χρηματοδότησης γιά τό ἴδιο ἔργο, χωρίς νά παρέχουν τήν ἀναγκαία ἐνημέρωση, γεγονός αὐτονόητα λίαν ἐνοχλητικό γιά τούς χορηγούς}.

....

6-10-1964 ASp
Απ-Θεσ. πρός Roos

....

«Σήμερα ὅμως πρέπει νά ἀπαντήσω μέ κάθε σαφήνεια σέ ἕνα σημεῖο: Τό ἀτυχές δημοσίευμα (Heyer} δέν πρέπει νά σᾶς ἀπασχολεῖ καθόλου, καθώς ἐμεῖς δέν ἔχουμε ἐπαφή μέ κ α μ ι ά ἄλλη Ὑπηρεσία, ἐκτός ἀπό ἐκεῖνες πού γνωρίζετε: Βόννη, Bad Boll καί Διεθνές Τάγμα τοῦ Μεγ. Κωνσταντίνου. Τόσο ὁ Ἐπίσκοπος Εἰρηναῖος ὅσο καί ἐγώ δέν εἴχαμε ποτέ κάποια ἐπικοινωνία (καί βέβαια δέν ὁμιλοῦμε γιά διαπραγματεύσεις!) μέ τήν Ἐκκλησία τοῦ Schleswig».

4-12-1964 ΑΑπ
Heyer πρός Απ
Μοῦ γράφει ἀπό τή Χαϊδελβέργη καί μοῦ ἀνακοινώνει ὅτι ἔγινε Καθηγητής τῆς Συμβολικῆς στή Θεολογική Σχολή τοῦ ἐκεῖ περίφημου Πανεπιστημίου, στήν ὁποία σπουδάζει μέν περίπου τό 1/3 τῶν εὐαγγελικῶν φοιτητῶν τῆς Γερμανίας, οἱ περισσότεροι τῶν ὁποίων ὅμως ἐνδιαφέρονται κυρίως γιά τήν ἑρμηνευτική Θεολογία. Ὡστόσο, ἐλπίζει ὅτι θά μπορέσει νά προκαλέσει κάποιο ἐνδιαφέρον γιά τήν Ὀρθοδοξία, μάλιστα καθώς προσέλαβε ἤδη ὡς Βοηθό τόν φίλο μου Εὐάγγελο Μέξη.

Ἀναφερόμενος στή συνάντηση τῆς Κρήτης γράφει πώς ἡ πνευματική ἐμπειρία πού ἔζησαν εἶναι τόσο ἰσχυρή, ὥστε οἱ γυναῖκες αὐτῆς τῆς συνάντησης συσπειρώθηκαν ἤδη «σέ σταθερή ὁμάδα ἐπικοινωνίας» μέ τακτικές συνάξεις.

Ὑπονοώντας τό «σκάνδαλο» πού προηγήθηκε {ἀτυχής δήλωσή του στόν Τύπο} ἐκφράζει τήν εὐχαριστία του γιά ἐπιστολή μου τῆς 12ης Σεπτεμβρίου, στήν ὁποία γράφω πώς ἔχουμε νά κάνουμε τόσα πολλά ἀπό κοινοῦ, ὥστε ὀφείλουμε νά μήν ἀποξενωθοῦμε, πρᾶγμα πού καί ἐκεῖνος ἀποδέχεται.

Ἡ πιό καλή εὐεργεσία τοῦ Heyer πρός τήν Ἀκαδημία εἶναι τό ὅτι ἀποδέχθηκε παράκλησή μου καί δώρισε στή Βιβλιοθήκη μας σημαντικό μέρος τῶν βιβλίων του. Μάλιστα, ὅταν πῆγα στή Χαϊδελβέργη γιά τήν παραλαβή τους, ὁ ἴδιος (παρά τήν προχωρημένη ἡλικία του) καί ὁ ἐπίσης φίλος Καθηγητής στήν ἴδια Σχολή Theodor Strohm (1933-) μέ βοήθησαν στήν ἐπιλογή τῶν βιβλίων, στήν τοποθέτησή τους σέ κιβώτια καί στήν ὀργάνωση τῆς μεταφορᾶς τους στήν Κρήτη! Μέ τόν Strohm εἶχα καί διατηρῶ ἐπιστημονική συνεργασία ἐπί θεμάτων Κοινωνικῆς Ἠθικῆς.

Heyer

Ἡ φωτογραφία τοῦ Ἀθηναγόρα στό Γραφεῖο τοῦ Heyer.

Ὁ Strohm στό Γραφεῖο τοῦ Heyer ἐπιλέγει βιβλία γιά τήν ΟΑΚ.

3. Ὁ Εἰρηναῖος στήν Ἰνδία

11-11-61 ΑΑπ

Εἰρηναῖος πρός Απ

Γράφει ἀπό τήν Ἀθήνα. Δέν μέ περιέλαβαν τελικά στόν κατάλογο {γιά τήν Γ΄ Γενική Συνέλευση τοῦ Π.Σ.Ε. στό Ν. Δελχί[274]}, κάποιος ἔβαλε δικό του πρόσωπο. Εὐτυχῶς ὅμως πού δέν μοῦ τηλεφώνησαν {νά κατέβω στήν Ἀθήνα}, γράφει, καθώς ἡ Κυβέρνηση περιέκοψε τήν πίστωση καί ἀπό τούς 16 πού εἶχαν ἐνταχθεῖ, θά πᾶνε μόνο 5-8!

---

[274] Ἡ Γ΄ Γενική Συνέλευση τοῦ Π.Σ.Ε. πραγματοποιήθηκε στό Ν. Δελχί τῆς Ἰνδίας ἀπό τήν Κυριακή 9 Νοεμβρίου μέχρι τήν Τρίτη 5 Δεκεμβρίου 1961. Τό θέμα τῆς Συνέλευσης ἦταν: «Ἰησοῦς Χριστός τό Φῶς τοῦ κόσμου».

«Ἀπό τόν κ. Σιώτη ἔμαθα πολύ εὐχάριστα νέα σου, ὅτι δηλ. προεκρίθη ἡ ἐργασία σου²⁷⁵ καί σοῦ ἐγένετο πρότασις νά ἐργασθῆς αὐτοῦ {Πανεπιστήμιο}. Λοιπόν καί ἡ δική μου γνώμη εἶναι νά μείνῃς αὐτοῦ καί νά ἐργασθῆς καί νά ἔλθῃς ἐδῶ ἀργότερα περισσότερον ἕτοιμος καί ἐπιβλητικός...

Καί θέλω τώρα νά σέ συγχαρῶ καί γώ θερμά, γιατί μποροῦμε νά ποῦμε ὅτι ὁ Θεός ὁριστικά πλιά εὐλόγησε τούς κόπους σου. Δός δόξαν τῷ Θεῷ διότι λογάριασε ποῦ ξεκίνησες καί ποῦ ἔφθασες. Ἐγώ εἶμαι πολύ συγκινημένος πού βλέπω αὐτήν σου τήν πρόοδον. Κάθισε αὐτοῦ νά ἀναπαυθῆς καί νά ἑτοιμάσης καί γιά ἄλλα παιδιά δικά μας τόν δρόμο».

Σημειώνει ὅτι ἀναχωροῦν γιά Ν. Δελχί στίς 15 τρέχοντος.

31-12-1961 ΑΑπ
Εἰρηναῖος πρός Απ
«Εὔχομαι νά ὑγιαίνῃς καί νά εὐλογῆσαι ἀπό τόν Θεόν σέ κάθε βῆμα τοῦ μυαλοῦ καί τῆς ζωῆς σου. Ἀπό τό Ν. Δελχί ἐπέστρεψα (12 τρέχοντος) δόξα τῷ Θεῷ μέ τήν ὑγεία μου καί πολύ εὐχαριστημένος. Εἶδα καί ἄκουσα πολλά. Καί μεταξύ ἄλλων γνώρισα τόν ἀντικαταστάτη τοῦ Ἐπισκόπου Dibelius Ἐπίσκοπον Lilje²⁷⁶, στόν ὁποῖον ὡμίλησα κάπως διά τό ζήτημα τῆς Ἀκαδημίας, τοῦ εἶπα μάλιστα ὅτι σύ θά τοῦ ἐκθέσῃς τά πράγματα ἐπί τό ἐπισημότερον. Ἐπιστρέφων πέρασα ἀπό τήν Παλαιστίνην καί προσκύνησα. Ἦταν ὅλα καλά, χρήσιμα καί ἐνδιαφέροντα.

---

[275] Ἐννοεῖ τήν ἔγκριση τῆς διδακτορικῆς διατριβῆς μου ὑπό τόν τίτλο METAKENOSIS...Προηγήθηκε ἡ προφορική ἐξέταση/rigorosum! Ἡ ἐπίδοση τοῦ τίτλου (2 Φεβρουαρίου 1962) δέν ἔγινε, ὡς εἴθισται, στό Πανεπιστήμιο, ἀλλά, κατ' ἐξαίρεσιν καί τιμῆς ἕνεκεν, ἦλθε ὁ Κοσμήτωρ τῆς Φιλοσοφικῆς Σχολῆς μαζί μέ ἄλλους Καθηγητές στό σπίτι πού μέ φιλοξενοῦσε, δηλ. στήν κατοικία τοῦ Καθηγητῆ μου Anton Hilckman, ὅπου πραγματοποιήθηκε ἡ σχετική τελετή καί ἀκολούθησε δεξίωση.

[276] Πρός ἀποφυγή παρεξήγησης χρειάζεται νά σημειωθεῖ ἐδῶ ὅτι καί τά δύο πρόσωπα, Otto Dibelius καί Hanns Lilje, ἦταν πράγματι στό Ν. Δελχί, ὁ δεύτερος ὅμως δέν ὑπῆρξε ἀντικαταστάτης τοῦ πρώτου. Ὁ Dibelius (1880-1967) διετέλεσε Ἐπίσκοπος τοῦ Βερολίνου-Βραδεμβούργου (1945-1966). Τό καλοκαίρι τοῦ 1955 τόν εἶχα ἀκούσει νά κηρύττει μέ στεντόρεια φωνή στόν κατεστραμμένο καθεδρικό ναό Gedächtniskirche τοῦ Βερολίνου καί νά προλέγει κατά κάποιο τρόπο τά ἐρχόμενα (τεῖχος κ.λπ). Ὁ Lilje (1899-1977) ἦταν Ἐπίσκοπος στό Ἀννόβερο (1947-1955) καί ἔπειτα, μέχρι τό 1969, Leitender Bischof (Πρόεδρος ἤ Ἀρχιεπίσκοπος) τῆς VELKD {**Vereinigte Evangelisch-Lutherische Kirche** Deutschlands (Ἡνωμένης Εὐαγγελικῆς-Λουθηρανικῆς Ἐκκλησίας τῆς Γερμανίας}.
Καί οἱ δύο ὑπῆρξαν ἡγετικά στελέχη τῆς Οἰκουμενικῆς Κινήσεως καί μέλη τοῦ Προεδρείου τοῦ Π.Σ.Ε.: Ὁ Dibelius ἀπό τό 1954 μέχρι τό 1961, ὁ Lilje ἀπό τό 1968 μέχρι τό 1975. Ὁ τελευταῖος εἶχε στενό δεσμό μέ τόν Reinold von Thadden, τόν Eberhard Müller καί μέ τήν Ἀκαδημία τοῦ Loccum. Αὐτές οἱ ἰδιότητές του εἶχαν διευκολύνει τήν προσωπική γνωριμία μου μέ αὐτόν, πού ὑπῆρξε εὐεργετική γιά τήν Ἀκαδημία μας, ἡ ὁποία, γιά τόν ἴδιο λόγο, ἀπέκτησε καί διατηρεῖ ἔκτοτε στενό δεσμό μέ τήν Ἀκαδημία τοῦ Loccum.

23-1-1962 ΑΑπ

Εἰρηναῖος πρός Απ

«Ἀρχάς προσεχοῦς μηνός θά μεταβῶ εἰς Ἀθήνας, διότι τώρα ὑπάρχει τό συγκλονιστικόν ζήτημα τοῦ ἀρχιεπισκοπικοῦ γιά τό ὁποῖο θά ἔμαθες ἤδη ἀπό τάς ἐφημερίδας» {ἐννοεῖ τά τοῦ Ἀθηνῶν Ἰακώβου, πού ἀναγκάστηκε σέ παραίτηση στίς 25.1.1962}.

4. Θρησκευτική Ὑπηρεσία Ναυτιλλομένων καί ἄλλα

27-11-1963 ΑΑπ

Απ πρός Εἰρηναῖον

Τοῦ στέλνω Μελέτη μου γιά «*Ἐκκλησιαστική Μέριμνα ὑπέρ τῶν Ναυτιλλομένων*», πού εἶχα ἐκπονήσει ἀπό καιρό, μέ τήν παράκληση, ἄν συμφωνεῖ, νά τή στείλει στόν Πολυχρόνη Πολυχρονίδη – «ἐθεώρησα ὡς ἔνδειξη τῆς θείας Προνοίας ὅτι ἀνέλαβεν ἐκεῖνος τό Ὑπουργεῖον Ναυτιλίας».[277]

Οἰκονομικά προβλήματά μου μετά τήν ἐγκατάλειψη τῆς θέσης μου στό Πανεπιστήμιο τοῦ Μάιντς. Στό ΒΒ θά μείνω μέχρι τέλη Μαρτίου, «θά κατέβω ὅμως στή Θεσαλονίκη κατά τίς 18 Δεκεμβρίου».

11-12-1963 ΑΑπ

Εἰρηναῖος πρός Απ

α) «Πῆρα τό γράμμα σου καί τό σχέδιό σου διά τήν "Ὑπηρεσίαν θρησκευτικήν ναυτιλλομένων"{Θρησκευτική Ὑπηρεσία Ναυτιλλομένων} καί τή συζήτησα πρῶτα μέ τόν ἀδελφό {Χαρίδημο} τοῦ Ὑπουργοῦ {Πολυχρόνη Πολυχρονίδη, Ὑπ. Ἐμπορικῆς Ναυτιλίας} γιά νά τήν εἰσηγηθῆ ἐκεῖνος θερμότερα. Καί ἡ ἰδέα καί τό σχέδιον εἶναι ἄριστα καί ἔχει μίαν μεγάλην προοπτικήν καί διά τήν Ἐκκλησίαν καί διά τό ἔργον μας εἰδικῶς.

---

[277] Δυστυχῶς δέν βρέθηκε ἀντίγραφο τῆς Μελέτης στό ἀρχεῖο μου (2012). Ἐνθυμοῦμαι ὅμως ὅτι ἐπρόκειτο περί ἐκτενοῦς καί τεκμηριωμένης Μελέτης, ὅπου πρότεινα τήν ἀνάπτυξη πνευματικῆς καί κοινωνικῆς διακονίας τῶν Ναυτιλλομένων μας, ἰδίως ἐκείνων τῶν ποντοπόρων πλοίων, κυρίως τῶν ὑπό ἑλληνική σημαία. Προέβλεπε δύο κύριες δράσεις: *Ὑπηρεσία Ξηρᾶς* (μέριμνα γιά τίς οἰκογένειες τῶν Ναυτιλλομένων, σέ συνεργασία μέ τίς κατά τόπους Ἱ. Μητροπόλεις) καί *Ὑπηρεσία Θαλάσσης* (κληρικοί πού θά ταξιδεύουν μέ ἕνα πλοῖο γιά ὁρισμένο διάστημα καί θά ἐπιβιβάζονται σέ ἄλλο κ.ο.κ.). Τίς δαπάνες θά καλύπτει ἡ Ἕνωση τῶν Ἐφοπλιστῶν, σέ συνεργασία μέ τό Ὑπουργεῖον Ναυτιλίας, τήν εὐθύνη ὅμως (ἐπιλογή προσώπων-κληρικῶν γιά τήν Ὑπηρεσία Θαλάσσης, ἄλλων κληρικῶν ἤ καί λαϊκῶν Θεολόγων γιά τήν Ὑπηρεσία Ξηρᾶς-καί τήν ἐν γένει ὀργάνωση καί ἐποπτεία θά ἔχει ἡ Ἐκκλησία). Τά πρόσωπα αὐτά θά πρέπει νά τυγχάνουν προηγουμένως εἰδικῆς ἐκπαιδεύσεως. Πρός τοῦτο προέβλεπε ἡ Μελέτη ἕνα εἰδικό Παράρτημα τῆς Ἀκαδημίας, τή Διεύθυνση τοῦ ὁποίου θά μποροῦσε ἴσως νά ἀναλάβει ὁ Θεολόγος Γεώργιος Σπ. Παπαδάκης, νά ἀποσπαθοῦν ἐκεῖ κατάλληλα πρόσωπα -ὄχι μόνον κληρικοί καί λαϊκοί Θεολόγοι, ἀλλά καί ἄλλων εἰδικοτήτων, πού θά βοηθοῦσαν καί τό ἔργο τῆς Ἀκαδημίας καί θά ὑπῆρχε καί συνεργασία μέ τή Σχολή Ἐμποροπλοιάρχων, πού εἶχε ἤδη ἀναγγελθεῖ καί ἔγινε πράγματι στά Χανιά.

Ὁ κ. Χαρίδ. Πολυχρονίδης μάλιστα μοῦ ζήτησε τήν Δ/σίν σου νά σοῦ ἀπαντήσουν στό τηλεγράφημα πού τούς ἔστειλες. Ἐγώ εἶπα ὅτι εἶσαι ὁ σημαντικότερος νέος ἄνθρωπος τοῦ Νομοῦ μας {!!!}. Μή φοβᾶσαι. Ψυχρότητες δέν δημιουργήθηκαν μεταξύ ἡμῶν καί τῶν ἄλλων.

β) Νομίζω καί ἐγώ ὅτι ἡ Κρήτη μπορεῖ νά γίνει ἕδρα τοῦ Κωνσταντινοῦ Τάγματος διά πολλούς λόγους καί πρέπει νά ἐπιμείνωμε σ' αὐτό. Δέν ἔχω οὐδεμίαν εἴδησιν περί τῶν 500 Μάρκων πού γράφεις ὅτι διέθεσαν.

γ) Ὁ κ. Πολυχρονίδης εἶναι προθυμότατος νά τοποθετηθῆς εἰς τήν Σχολήν Ἐμποροπλοιάρχων πού θά γίνη εἰς Κρήτην: <u>Ἡ Κρήτη εἶναι τώρα στ' ἄρματα. Μή φοβᾶσαι.</u> Πρέπει ὁπωσδήποτε τώρα τά Χριστούγεννα νά συναντηθοῦμε εἰς Ἀθήνας ἤ Κρήτην νά ὁμιλήσωμε δι' ὅλα αὐτά. Ἐγώ μετά τίς 6 Ἰανουαρίου μπορῶ νά ἔλθω εἰς Ἀθήνα δι' ὀλίγας ἡμέρας. Μπορεῖς ὅμως καί σύ νά κατεβῆς στήν Κρήτη μέ τήν καλή σου Ἀννούλα *νά περάσωμε μερικές ἡμέρες ἄν καί θά ἄξιζε αὐτό καλύτερα τήν ἄνοιξη.*

δ) Ἀναμένω μέ ἀγωνία τήν τελευταία λέξη διά τήν Ἀκαδημίαν μας. Περιμένω πολύ. Τήν 1 τρέχοντος ἐπ' εὐκαιρία τοῦ ἑορτασμοῦ ἑνώσεως Κρήτης μέ Ἑλλάδα ἐπεσκέφθησαν τά Ἰδρύματα εἰς Καστέλλι ὁ Πρόεδρος τῆς Ἀκαδημίας Θεοδωρακόπουλος, οἱ Πρυτάνεις τοῦ Πανεπιστημίου Κουρμούλης καί τοῦ Πολυτεχνείου Πίππας, ὁ Ἀντιπρύτανης Καλιτσουνάκης, ὁ Καθηγητής Μανούσακας κ.ἄ.

Αὐτά ἐν βίᾳ διά νά σέ προφθάση ἡ ἐπιστολή μου. Χαιρετισμούς εἰς κ. Müller, Routhe {Ruth} καί λοιπούς φίλους».

Προσυνεδριακοί πειραματισμοί
21-3-1964 ΑΑπ
Εἰρηναῖος πρός Απ
....

β) Τοποθέτησή μου κάπου στήν Ἀθήνα. Χρειάζεται νά κατέβω, νά τρέξουμε...

γ) «Τήν ἐγγύησιν τῆς Μητροπόλεως γράφω καί συναποστέλλω εἰς 3/πλοῦν».

δ) Φιλοξενία ὁμάδων τῆς Ἀκαδημίας, νέων ζευγαριῶν ἀπό τή Γερμανία, θά μᾶς δημιουργοῦν μάλλον «φασαρίες, ἐπειδή ὅμως εἶναι καλόν νά γνωρίζωμε καί νά μᾶς γνωρίζουν, μποροῦμε νά δεχθοῦμε τά ζεύγη ἐπιστημόνων κ.λπ... εἰς Καστέλλι. Νομίζω ὅτι μποροῦμε νά ζητήσωμε δι' ἐνοίκιον <u>2 μάρκα ἤ 12 δρχ., καί μέ φαγητό 6-7 μάρκα ἡμερησίως (ὕπνον-φαγητόν)</u>. Ἐμεῖς πάντως δέν κάνομε ἐπιχείρησιν, ἀλλά σύ γνωρίζεις καλύτερα τή δυνατότητα γερμανικῆς ζωῆς. Βρίσκω λαμπράν τήν ἰδέαν σου νά ὀργανώσωμεν ἐπί τῇ εὐκαιρίᾳ συνέδριον μέ θέμα *Ἡ Ὀρθοδοξία διά τόν Προτεσταντισμόν*» {αὐτό πού ἐξελίχθηκε ἀργότερα στό πρόγραμμα τῆς ΟΑΚ: ΖΩΣΑ ΟΡΘΟΔΟΞΙΑ}...

Προτιμᾶ ἡ κάθε ὁμάδα νά μήν ὑπερβαίνει τά 25-30 ἄτομα. Πρόβλημα νηστείας τόν Δεκαπενταύγουστο, ἴσως νά ἔλθουν ἀργότερα.

«Θέματα συνεργατῶν θά συζητήσουμε στήν Ἀθήνα. Ὑπάρχουν καί στήν Κρήτη ἄνθρωποι πού θά βοηθήσουν.

Μέ εὐχάς καί ἀγάπη καί καλήν ἀντάμωση.

Συνήντησα πάλι χθές Ὑπουργόν, ὅστις ἐπανέλαβε τά ἴδια...».

16-4-1964 ΑΑπ (Θεσ.)
Γραμματεία Μ πρός Απ
Εὐχαριστίες γιά πρόσκληση τοῦ Μ, ὁ ὁποῖος ὅμως δέν μπορεῖ νά πάει στήν Κρήτη αὐτό τό καλοκαίρι.

20-4-1964 ΑΑπ
Roos πρός Απ (Θεσ.)
Χαιρετίζει τήν ὁριστική ἐπάνοδό μου στήν Ἑλλάδα.

Γράφει ὅτι ὁριστικοποιήθηκε ἡ ἐπίσκεψή του στή Γιουγκοσλαβία καί ὅτι θά μποροῦσε νά ἀποδεχθεῖ τήν πρόσκλησή μου, νά ἔλθει γιά 3 μέρες στήν Ἑλλάδα, πρᾶγμα πού ἐπιδοκιμάζει καί ὁ Πρόεδρος Schaller. Θά ἐπιστρέψει μέσω Ἀθηνῶν. Ἐρωτᾶ ἄν θά μποροῦσα νά τόν παραλάβω ἀπό τό Sarajewo στίς 18.5.64, Δευτέρα τῆς Πεντηκοστῆς. Θά μείνει 2-3 ἡμέρες στήν Ἑλλάδα, τό τί θά κάμει τό ἀφήνει σέ μένα.

Προσθέτει τήν παράκληση νά ἐνδιαφερθῶ γιά τό πρόβλημα μιᾶς κοπέλας ἀπό τή γειτονιά του, καθολικοῦ δόγματος, πού ἕνας δικός μας νεαρός τήν ἐγκατέλειψε μέ δυό δίδυμα τέκνα τους καί ἐξαφανίσθηκε στήν Αὐστρία. Ρωτᾶ τί ἰσχύει σέ μιά τέτοια περίπτωση στήν Ἑλλάδα (διατροφή) κ.λπ.

1-5-1964 ΑΑπ
Εἰρηναῖος πρός Απ
«Δέν γνωρίζω τί ἀπέγινε μέ τή συνάντησή σου Πολυχρονίδη κ.λπ. Γνωρίζω πόσο κουράζουν καί τραυματίζουν αὐτές οἱ ὑποσχέσεις τῶν πολιτικῶν. Δέν θέλω πάντως νά σκεφθῇς ὅτι ὁ Δεσπότης δέν σέ σκέπτεται... Καταλαβαίνω τί εἶναι αὐτό νά γυρίσης ὕστερα ἀπό τόσα χρόνια καί τόσην ἀξίαν πίσω στήν Πατρίδα καί νά περιμένῃς καί νά χτυπᾶς πόρτες.

Πέρα ἀπό τήν ἀγάπη μου αἰσθάνομαι καί ἕνα μεγάλο χρέος νά ἀξιοποιηθῇς.

Λοιπόν γράψε μου τί νέα ἔχεις ἀπό Ἀθήνα καί ἀπό Γερμανία. Μετά τό Πάσχα (15-20 Μαΐου) θά ἀνεβῶ εἰς Ἀθήνα καί πιθανόν μέχρι Ἀριδαίας. Θά μιλήσωμε γιά ὅλα καί ἐν ἀνάγκῃ... θά κατεβοῦμε ἐδῶ καί ὅ,τι στείλει ὁ Θεός».

Πράγματι, ὁ Εἰρηναῖος ἦρθε στή Θεσσαλονίκη τόν Μάιο τοῦ 1964. Πήγαμε στό Νομό Πέλλης, ἐπισκεφθήκαμε ἐγκαταστάσεις τῶν Μεννονιτῶν, γνώρισε ὁ Ἐπίσκοπος τίς ἐν γένει δραστηριότητες τοῦ ἐκεῖ κλιμακίου τους, μιλήσαμε μέ ντόπιους ἀνθρώπους. Ἡ προοπτική νά ἀποσυρθοῦν οἱ Μεννονῖτες ἀπό τή Μακεδονία φαινόταν τόσον σαφής (πράγματι ἀποσύρθηκαν ὁριστικά στίς 5 Ἀπριλίου 1966, Βαλλιανάτος, 163), ὅσο καί ἡ ἐπιθυμία τους νά συνεχίσουν τήν παραμονή τους στήν Ἑλλάδα ἐρχόμενοι στήν Κρήτη. Ἔτσι φάνηκε πραγματοποιήσιμη πιά ἡ ἰδέα νά προσκληθοῦν οἱ Μεννονῖτες ἐπίσημα ἀπό τόν Ἐπίσκοπο, προκειμένου νά βοηθήσουν τή δημιουργία Ἀγροτικῆς Σχολῆς, ὅπως εἶχα προτείνει ἤδη στήν πρώτη Ἔκθεσή μου (Religiöse...) καί πιό συγκεκριμένα στήν ἀπό 13.7.1960 ἐπιστολή μου πρός τόν Peter Dyck μέ τό ἀναλυτικό Σχέδιο Συνεργασίας (Βαλλιανάτος, 168 ἑξ.) καί μέ ὅσα ἀκολούθησαν ἀπό τότε, ὅπως φαίνεται καί ἀπό τήν παραπάνω ἀλληλογραφία. Τόν Φεβρουάριο τοῦ 1965 ἄρχισε ἡ ἀγροτική δραστηριότητα στό Κολυμβάρι, ἡ ὁποία «ἀποτελοῦσε τό κύριο πλέον ἐνδιαφέρον τῆς Κεντρικῆς Μεννονιτικῆς Ἐπιτροπῆς». (Βαλλιανάτος, 164).

4-6-1964 ΑΑπ+ASp
Απ-Θεσ. πρός Roos
«Ὅλους μας χαροποίησε πολύ ἡ εἴδηση ὅτι ὕστερα ἀπό τό πλούσιο σέ ταλαιπωρία ταξίδι φθάσατε καί πάλι καλά στό σπίτι σας. Σᾶς κουράσαμε τόσο πολύ! Σᾶς εἴμεθα ὅμως πολύ εὐγνώμονες, πού μᾶς τιμήσατε μέ τήν ἐπίσκεψή σας, λυπούμεθα μόνο {ἐννοεῖται ἡ οἰκογένειά μας στή Θεσσαλονίκη} γιά τό ὅτι δέν μείνατε περισσότερο κοντά μας.

Στήν Ἀθήνα {ἀπό ὅπου ἐκεῖνος ἀνεχώρησε ἀεροπορικῶς} παρέτεινα τήν παραμονή μου ἐπί μία ἑβδομάδα. Ὁ Ἐπίσκοπος Εἰρηναῖος ἦταν πολύ λυπημένος γιά τό ὅτι δέν μπόρεσε νά σᾶς χαιρετήσει, μέ ἐξουσιοδότησε νά σᾶς εὐχαριστήσω γιά τήν ἐπίσκεψή σας καί γιά τό ἐνδιαφέρον σας. Ἐλπίζω νά ἔχετε λάβει στό μεταξύ τήν ἐπίσημη ἐπιστολή του

Ὁ Ἐπίσκοπος Εἰρηναῖος ἦλθε στή συνέχεια μαζί μου στή Θεσσαλονίκη. Ἐπανεξετάσαμε μαζί τόν ὑπολογισμό τῶν δαπανῶν. Τόν ἐπισυνάπτω. Τόν ἴδιο ὑπολογισμό δαπανῶν ἀποστέλλω καί στόν Ἀνώτ. Ἐκκλησ. Σύμβουλο κ. Hussong καί ἀπαντῶ ταυτόχρονα σέ μερικές ἐρωτήσεις του. Οἱ ὑπόλοιπες ἐρωτήσεις μποροῦν νά ἀπαντηθοῦν βάσει τῶν δικαιολογητικῶν πού ἔδωσα στόν Δρα κ. Müller, προκειμένου νά τά προωθήσει σέ σᾶς. Θά ἔχετε τήν καλωσύνη νά ἐνημερώσετε τόν Ἀνώτ. Ἐκκλησ. Σύμβουλο κ. Hussong γιά τίς λεπτομέρειες. Εἶμαι βέβαιος ὅτι μέ αὐτόν τόν τρόπο καμμιά ἐρώτηση δέν θά μείνει ἀναπάντητη».

Στό κάτω μέρος τῆς ἐπιστολῆς μου ὑπάρχει χειρόγραφη σημείωση τοῦ Roos:

Στίς 16.4.64
Βασική συμφωνία τῆς Ἐκκλησιαστικῆς Κυβερνήσεως.
Κατά τήν ἑπόμενη συνεδρία της νά ζητηθεῖ: {γιά τό} 1964: 10.000 {DM}, 1965: 20.000, 1966:20.000.

15-6-1964 ΑΑπ
Εἰρηναῖος πρός Ἀπ-Θεσ.
α) «Ὅταν ἦλθαν ἐδῶ {Καστέλλι} πρό ἡμερῶν οἱ πολιτικοί μας εἶδα ἰδιαιτέρως τόν Ἀνδρέα Παπανδρέου καί μείναμε σύμφωνοι νά σέ πάρω νά πᾶμε μαζί στήν Ἀθήνα νά μιλήσωμε. Μποροῦμε λοιπόν τέλη τρέχοντος νά πᾶμε Ἀθήνα {γιά ..νά βρῶ δουλειά…, φυσικά δέν πήγαμε!}.
β) Ἐάν νομίζῃς ὅτι θα ἀργήσουν νά ἀποφασίσουν οἱ ἐκ Γερμανίας δέν πειράζει πῶς θά ἐργασθῆς γιά λίγο εἰς Θε/νίκην {ἀντιμετώπιζα τότε μεγάλες οἰκονομικές δυσχέρειες, ὄντας ἄνεργος…}.
Ἐγώ ἐπιθυμῶ νά ἔλθης μιά ὥρα νωρίτερα κοντά μας καί νά ἀρχίσωμεν τήν ἐργασίαν διά τήν ὁποίαν τόσα στηρίζομεν καί προσδοκοῦμεν, ἀλλ᾽ ἐπαναλαμβάνω καί πάλιν ὅτι δέν θέλω νά ταλαιπωρηθῆς ἐσύ. Ἐάν νομίζῃς, λοιπόν, ὅτι ἡ ἐργασία στήν Ἀκαδημία {οἰκοδομή} θά ἀρχίση ἔστω ὥς τόν Αὔγουστο – Σεπτέμβριον, ἔλα ἐδῶ κάτω, ἄν ὅμως διαπιστώνῃς ὅτι θά βραδύνη κατά πολύ, τότε μεῖνε αὐτοῦ νά ἐργασθῆς στό Ἵδρυμα πού μοῦ γράφεις.
γ) Διά τό θέμα τοῦ δανείου προκαταβολῆς… εὐχαρίστως, ἔχω ἀμέσως εἰς τήν διάθεσίν σου 5 χιλιάδες δρχ. Δυστυχῶς ὄχι περισσότερα διότι ἔχομεν κτήριον εἰς Κολυμβάρι καί διέθεσα ἐκεῖ ὅσα μποροῦσα νά ἔχω αὐτό τόν καιρό. Ὕστερα ἔφυγε κι ὁ Εἰρηναῖος. Μπορῶ λοιπόν νά στείλω ἀμέσως τίς πέντε χιλιάδες ὅπως θέλεις.
Καταλαβαίνω ὅτι θά ἔχης τώρα δυσκολίες… ἀλλά σύ τά ἐνίκησες ὅλα καί θά τά νικήσης κι αὐτά πού ἀντιμετωπίζεις τώρα.
δ) Ὁ Εἰρηναῖος (Μικρός) εὑρίσκεται ἤδη εἰς Γενεύην.
ε) Τήν περασμένη ἑβδομάδα φιλοξενήσαμε ἐδῶ ἐπί 4ήμερον τόν κ. Βενέζην (Ἀκαδημαϊκόν) καί τόν κάναμε φίλον τοῦ ἔργου. Ἔφυγε μέ πολύ καλές -ώς εἶπε- ἐντυπώσεις τίς ὁποῖες θά γράψη καί στο ″Βῆμα″.
στ) Σύμφωνα μέ ἐπιστολήν ἐκ Φιλανδίας ὁ νεαρός ὀρθόδοξος θά εἶναι ἐδῶ ἐντός τοῦ μηνός (θά ἤθελα νά μοῦ γράψης τί ἀκριβῶς τούς ὑποσχεθήκαμε).
Εἴχαμε κατ᾽ αὐτάς πολύ χειμῶνα πού θά κάνη μᾶλλον πολύ κακό. Κατά τά ἄλλα αἰσθάνομαι τρομερά κουρασμένος… κι᾽ ὁ Θεός νά βοηθήση.
ζ) Ὁ κ. Willer (Ἀριδαία) εὑρίσκεται οἰκογενειακῶς ἐδῶ».
Στήν κορυφή τῆς πρώτης σελίδας μέ κόκκινο: Διά τό Volkswagen μᾶς ἐχορηγήθη ἀτέλεια 80% καί ὅταν χρειασθῆς τό χαρτί μπορῶ νά τό στείλω. Πῶς θά γίνῃ αὐτό;

Ἐδῶ πάλι ὁ Ὑπουργός Παιδείας {...δυσανάγνωστες λέξεις} ὑπέρ τοῦ φίλου κ. Μάρκου {Σιώτη}... γράψε τού το {εἰσηγηθήκαμε τόν διορισμό του στή θέση τοῦ Γεν. Διευθυντῆ Θρησκευμάτων, ὅπου ἐπετέλεσε σημαντικό ἔργο}.

16-6-1964 ABB
Γραμματεία Μ πρός Απ
Ὁ κ. Müller εὐχαριστεῖ, ἀλλά δέν θά μπορέσει νά ἔλθει αὐτό τό καλοκαίρι μέ τήν οἰκογένειά του στήν Κρήτη. Σίγουρα ὅμως θά ἔχετε τήν εὐκαιρία νά τούς ξεναγήσετε στήν καινούρια Ἀκαδημία...

30-6-1964 ABB
Ἀπό τό ΒΒ μέ πληροφοροῦν ὅτι τό αὐτοκίνητό μου Ford Taunus {πού ἄφησα ἐκεῖ κατά τήν ὁριστική ἐπιστροφή μου στήν Ἑλλάδα} τό πούλησαν ἔναντι 400 μάρκων. Ἐλπίζουν νά πουλήσουν καί τό ραδιόφωνο τοῦ αὐτοκινήτου πρός 80 μάρκα, θά κρατήσουν 30 γιά δικές τους σχετικές δαπάνες. Ἐρωτοῦν ποῦ νά μοῦ στείλουν τά χρήματα αὐτά.

17-7-1964 ABB
Απ (ἀπό Καστέλλι) πρός Μο
Εἶμαι τώρα καί τρεῖς μέρες στό Καστέλλι, δυστυχῶς μέ βαρύ κρυολόγημα. Συνοπτική ἀναφορά στό πρόβλημα μέ τήν εἴδηση τοῦ Heyer.
Ἐπειδή ἐπρόκειτο νά ἔλθουν στήν Κρήτη τόσον ἐκείνη ὅσον καί δυό ἀπό τούς γιούς τοῦ Müller, θέτω τό ἐρώτημα ἐάν θά μποροῦσαν νά φέρουν στή Θεσσαλονίκη ἕνα αὐτοκίνητο VW, μεταχειρισμένο, γιά ἕναν Καθηγητή πού μέ παρεκάλεσε νά τόν διευκολύνω {Σάββας Ἀγουρίδης}. Θά κάμουν ἕνα ὄμορφο καί ἀνέξοδο ταξίδι, ἀφοῦ ὁ Καθηγητής θά καλύψει ὅλα τά ἔξοδα ἀγορᾶς καί μεταφορᾶς.

17-7-1964 ABB
Απ (Καστέλλι) πρός Μ
Θά μείνω ἐδῶ {Καστέλλι} μέχρι ἀρχές Αὐγούστου γιά κάποιες προεργασίες {Ἀκαδημία}, θά πάω στή Θεσσαλονίκη καί θά ἐπιστρέψω ἐδῶ. Χαίρομαι πού θά ἔρθουν οἱ δυό γιοί σας. Καλό εἶναι νά πᾶνε πρῶτα στό Ἅγιον Ὄρος - ἀξίζει! Ὅταν φθάσουν στή Θεσσαλονίκη νά ἐπικοινωνήσουν μέ τή γυναίκα μου (Νικηφόρου Φωκᾶ 17, τηλ. 22 729). Ἐκείνη θά τούς φέρει σέ ἐπαφή μέ τόν ἀδελφό μου, πού εἶναι ἱερέας στή Θεσσαλονίκη. Αὐτός θά ρυθμίσει τά τοῦ Ἁγίου Ὄρους. Μετά νά ἔλθουν ἐδῶ νά ἀναπαυθοῦν.

19-7-1964 ΑΒΒ
Μο πρός Εἰρηναῖον
Ἔρχεται γιά διακοπές στή Χρυσοσκαλίτισσα στίς 4 Αὐγούστου. Ἔχει συνεννοηθεῖ μαζί μου γιά ὑποδοχή, δέν χρειάζεται νά φροντίσει ὁ Ἐπίσκοπος γιά τίποτε, ἀφοῦ ἄλλωστε θά ἔχει τήν περίοδο ἐκείνη Γερμανούς φιλοξενούμενους. «Ἀσφαλῶς ὅμως θά μπορέσω νά σᾶς δῶ στίς 17 Αὐγούστου (κατά τή μεγάλη ἑορτή). Ἤδη χαίρομαι πολύ γι' αὐτό» {γράφει λάθος ἡμερομηνία, ὁ Ἐπίσκοπος πηγαίνει στή Μονή τῆς Χρυσοσκαλίτισσας στίς 14 Αὐγούστου καί χοροστατεῖ στόν ἑσπερινό τῆς ἑορτῆς τῆς Παναγίας}.

Παρακαλεῖ ἐπίσης νά τῆς ἐπιτραπεῖ νά γεμίσει κάπως τό Ταμεῖο νοικοκυριοῦ τῆς Μονῆς, «βλέπετε, κάτι τρώγω καί ἐγώ». Θά φέρει ἐπίσης ἕνα ἀντικείμενο, δῶρο γιά τό καθολικό τῆς Μονῆς - θά ζητήσει ἐπ' αὐτοῦ τή συμβουλή μου.

22-7-1964 ΑΑπ+ΑΒΒ
Μο πρός Απ (Καστέλλι)
Φέρνω φάρμακο γιά νά περάσει τό κρυολόγημα.
Ἀγουρίδη VW: Δέν προλαβαίνουν νά κάμουν ὅ,τι χρειάζεται, ὥστε νά μπορέσουν νά φέρουν τό αὐτοκίνητο στή Θεσσαλονίκη.
Τό ραδιόφωνο δέν συμφέρει νά τό ἀφαιρέσουν ἀπό τό παλιό μου αὐτοκίνητο καί νά τό φέρουν στήν Κρήτη.
«Προτείνω: Τραγουδᾶτε ὅταν ταξιδεύετε μέ τό αὐτοκίνητο. Εἶναι καλό γιά τούς πνεύμονες!».

13-8-1964 ΑΑπ
Εἰρηναῖος πρός Απ
Συναντήθηκε πρό δύο ἡμερῶν στό Ἡράκλειο μέ τόν κ. Σιώτη - ἔχει κάποια καλά νέα... Μέ ρωτᾶ ἄν ὁ Κυριάκος Τρακάκης θά ἤθελε νά διευθύνει ἕνα Οἰκοτροφεῖο φέτος. «Οἱ μουσαφίρηδες καί τά κτήρια δέν μᾶς ἀφήνουν νά ἀναστενάξωμεν».

28-8-1964 ΑΑπ
Εἰρηναῖος πρός Απ
Εὐχαριστεῖ γιά τίς εὐχές μου στήν ἑορτή του καί ἀντεύχεται γιά τή δική μου.
«Οὔτε ἡ Ruth {Mohn} οὔτε τά παιδιά τοῦ κ. Müller μοῦ εἶπαν κάτι τό θετικόν διά τήν Σχολήν» {ἐννοεῖ τήν Ἀκαδημία}.
Ἀπό τό Speyer ἦλθαν ἐκεῖνα τά χρήματα 16 χιλ. μάρκα καί μπορῶ νά σοῦ στείλω τώρα τόν <u>μισθόν σου</u>. Γράψε μου ἐπ' αὐτοῦ» {δέν ἔγραψα}.[278]

---

[278] Λίγες μέρες ἀργότερα ὅμως ἦλθαν 5 χιλ. δρχ., περίπου 700 Μάρκα, ἀπό τά χρήματα πού ἔλαβε ἀπό τήν Ἐκκλησία τοῦ Παλατινάτου.

«Μέ τόν κ. Σιώτην μιλήσαμε πρό ἡμερῶν εἰς Ἀθήνας γιά τό ζήτημά σου στήν Διακονία, εἶπα καί στόν κ. Ἀκρίτα {Λουκή, Ὑφυπουργό Παιδείας} καί φαντάζομαι ὅτι προχωροῦμε καί σ' αὐτό» {εἶχε γίνει σκέψη νά ἀναλάβω τή Γενική Διεύθυνση τῆς Ἀποστολικῆς Διακονίας}.

«Γράψε μου νεώτερά σου, τί κάνει ἡ Ἀννούλα; ἔγινε ὁ Γυιός;» {στίς 13 Σεπτ. ἡ Ἀννούλα γέννησε τήν κόρη μας Μαρία!}.

16-9-1964 ΑΒΒ
Μο πρός Sasse
Στόν Dr. Sasse (Τυβίγγη) στέλνει κατάλογο βιβλίων πού ἐπιθυμῶ νά ἀγοράσω καί τόν παρακαλεῖ νά τά βρεῖ καί νά μοῦ τά στείλει στή Θεσσαλονίκη, μαζί μέ τό λογαριασμό. Εἶναι κυρίως βιβλία Κοινωνιολογίας καί Ἠθικῆς.

21-9-1964 ΑΑπ
Μ πρός Απ
Αὐθημερόν στέλνει συγχαρητήρια γιά τή γέννηση τῆς Μαρίας μας ἐκ μέρους καί τῆς οἰκογένειάς του, ἀλλά καί ὅλου τοῦ προσωπικοῦ τῆς Ἀκαδημίας ΒΒ: «Εἴθε αὐτό τό παιδί νά μεγαλώσει μέ τήν εὐλογία τοῦ Θεοῦ. Εἴθε τό σχεδιαζόμενο σπίτι στό Ἰνστιτοῦτο τῆς Γωνιᾶς γιά τήν Προαγωγή τῆς Κοινωνικῆς Συνοχῆς καί τῆς Οἰκονομικῆς Ἀνάπτυξης στήν Κρήτη νά ἀποτελέσει γιά τό παιδί αὐτό μιά ἑστία πού χαρίζει εὐτυχία».

25-26.9.1964
Μέ συνεργεῖο τῆς 2ης Γερμανικῆς Τηλεόρασης καλύπτουμε τίς ἐκδηλώσεις τῆς ἐπιστροφῆς τῆς Τιμίας Κάρας τοῦ Ἀποστόλου Ἀνδρέα στήν Ἐκκλησία τῶν Πατρῶν.

2-10-1964 ΑΒΒ
Απ (Θεσ.) πρός Μ
«Ἡ σύζυγός μου καί ἐγώ εὐχαριστοῦμε ἀπό καρδιᾶς ἐσᾶς καί τήν οἰκογένειά σας γιά τή συμμετοχή σας στή χαρά μας {γέννηση κόρης μας}. Κοντά σας ἔμαθα πόσο μεγάλη εἶναι ἡ εὐλογία μιᾶς μεγάλης οἰκογένειας» {εἶχε 10 παιδιά!}.

17-3-1965 ΑΑπ
Schmandt πρός Απ
Ὁ Walther Schmandt, Προϊστάμενος τοῦ Τμήματος ΕΚΚΛΗΣΙΑ ΚΑΙ ΖΩΗ-Καθολικές Ἐκπομπές (KIRCHE UND LEBEN - Kath. Sendungen, Zweites Deutsches

Fernsehen) γράφει ὅτι πηγαίνει στά Ἱεροσόλυμα καί θά προσπαθήσει στήν ἐπιστροφή νά περάσει καί νά μέ δεῖ στήν Ἀθήνα. Λυπᾶται γιατί μέ τήν ἐπιστροφή μου στήν Ἑλλάδα γίνεται δύσκολη ἡ παράταση τῆς συνεργασίας μας στήν τηλεόραση, ἐλπίζει ὅμως ὅτι δέν θά διακοπεῖ τελείως.

5. Ἐπιστροφή μου στήν Ἑλλάδα - Ἐπακόλουθα

Στίς 9.4.1964 ἀναχώρησα ἀπό τό Bad Boll γιά τήν Ἑλλάδα. Ὁριστική ἐπιστροφή μου στήν πατρίδα. Ἔναρξη λειτουργίας τῆς Ἀκαδημίας δέν προβλέπεται σέ σύντομο χρόνο. Παλαιότερες προτροπές γιά ἐπιστροφή μου μέ προοπτικές γιά ἐργασία δέν ἐπιβεβαιώνονται. Διαμένω στή Θεσσαλονίκη, σέ καθεστώς... ὑποτρόφου τῆς συζύγου μου Ἄννας καί τῆς μητέρας της Φεβρωνίας!

14-3-1964 ΑΑπ
Εἰρηναῖος πρός Απ
Μοῦ γράφει ἀπό τήν Ἀθήνα. Θέλει νά διευκολύνει τήν τακτοποίησή μου κάπου.

α) «Ἡ νέα Κυβέρνησις δέν κάμνει ἐπί τοῦ παρόντος καμμίαν τοποθέτησιν διότι μελετᾶται <u>εὐρεῖα ἐκκαθάρισις</u> προσώπων καί πόστων, ὁπότε θά δημιουργηθοῦν καί πολλαί νέαι εὐκαιρίαι.

β) «Πάντως θά βρεθῆ καί γιά σένα ἕνα πόστο. Χρειάζεται ὅμως νά κατεβῆς νά σέ παρουσιάση ὁ Πολυχρόνης ἐκεῖ πού χρειάζεται. Ἔλα λοιπόν καί μή διστάζεις. Μπορεῖ νά μείνης λίγες μέρες ἐκκρεμής ἀλλά ὁριστικά θά πάης κάπου.

γ) Ὑπάρχει μεγάλη πιθανότης νά πάη ὁ κ. Σιώτης στή Δ/νση Θρησκευμάτων {εἶχα συζητήσει αὐτό τό ἐνδεχόμενο μέ τόν καλό μου Καθηγητή, δέν τό ἀπέκλεισε, πρότεινα στόν Εἰρηναῖο νά τό φροντίσει μέσω Πολυχρόνη Πολυχρονίδη, μέ τόν ὁποῖο κυρίως συνεργάζεται}. Ἄν γίνει αὐτό, γράφει ὁ Εἰρηναῖος, «ὑπάρχει περιθώριο καί γιά δική σου θέση» {ὥσπου νά ἀρχίσει ἡ λειτουργία τῆς Ἀκαδημίας}.

Παιδαγωγικό Ἰνστιτοῦτο καί ΟΑΚ
Ἐνῶ ἡ ὑπόθεση τῆς Ἀκαδημίας ἔχει δρομολογηθεῖ πλέον, ἐγώ ὅμως παραμένω ἄνεργος, μιά ἄλλη, παντελῶς ἀπροσδόκητη ἐξέλιξη ὑπόσχεται διέξοδο στό σοβαρό πρόβλημα τῆς ἐπαγγελματικῆς ἀπασχόλησής μου γιά τό διάστημα πού θά μεσολοβήσει, μέχρι νά εἶναι ἔτοιμη γιά λειτουργία ἡ Ἀκαδημία.

ΑΛΕΞΑΝΔΡΟΣ Κ. ΠΑΠΑΔΕΡΟΣ

Κατά τήν ἐργασία μου μέ τήν τηλεόραση στήν Πάτρα (25-26 Σεπτ. 1964) ὁ ἐπιλεγμένος ἤδη γιά τή θέση τοῦ Προέδρου τοῦ Παιδαγωγικοῦ Ἰνστιτούτου Καθηγητής Ἰωάννης Κακριδής τηλεφώνησε στό σπίτι μας στή Θεσσαλονίκη. Μίλησε μέ τή σύζυγό μου καί ἄφησε τήν παράκληση νά ἐπικοινωνήσω μαζί του μόλις ἐπιστρέψω ἀπό τήν Πάτρα. Τηλεφώνησα, ζήτησε νά συναντηθοῦμε. Ὄχι χωρίς ἔκπληξη ἄκουσα τήν πρότασή του νά δεχθῶ ἔνταξή μου στήν πρώτη ὁμάδα τῶν μελῶν τοῦ Παιδαγωγικοῦ Ἰνστιτούτου (ἱδρύθηκε μέ το Ν. Δ/γμα 4379/, ΦΕΚ 182/24.10.1964). Εὐχαρίστησα γιά τή μεγάλη τιμή, ζήτησα ὅμως χρόνο γιά περίσκεψη καί διαβούλευση μέ τόν Εἰρηναῖο καί ἄλλους.

Πέρασαν μέρες βαθιᾶς περισυλλογής. Κατέβηκα στήν Κρήτη, συζητήσαμε τή σοβαρή αὐτή ἐξέλιξη. Ὁ Εἰρηναῖος ἦρθε μαζί μου στήν Ἀθήνα, ὅπου εἴχαμε μιά σύσκεψη μέ τόν Ὑφυπουργό Λουκή Ἀκρίτα, τόν Γεν. Γραμματέα Εὐάγγελο Παπανοῦτσο καί τόν ἀξίως ἐπιλεγέντα στή θέση τοῦ Προέδρου τοῦ Παιδ. Ἰνστιτούτου Καθηγ. Ἰ. Καρκιδή, σέ πολύ φιλική ἀτμόσφαιρα. Ἐκθέσαμε τά τῆς Ἀκαδημίας καί δηλώσαμε ἀδυναμία ἀποδοχῆς τῆς ὅλως τιμητικῆς προτάσής τους, παρά τό ὅτι, ὅπως τονίσαμε, θεωροῦμε τήν ἐπιτυχία τῆς Ἐκπαιδευτικῆς Μεταρρύθμισης ὡς τό πρῶτο ζητούμενο τήν ὥρα ἐκείνη γιά τό μέλλον τῆς Ἑλλάδας. Ἐπέμειναν. Καταλήξαμε στή συμβιβαστική συμφωνία: Νά συνεργασθῶ μέχρι νά εἶναι ἔτοιμη γιά λειτουργία ἡ Ἀκαδημία. Πρίν ἀποχωρήσουμε, κάποιος ἀπό τούς τρεῖς παρατήρησε: Εἴπατε ὅτι βασικό ἔργο τῆς Ἀκαδημίας θά εἶναι, μεταξύ ἄλλων, ἐπιμορφωτική δραστηριότητα. Τό Παιδ. Ἰνστιτοῦτο προσβλέπει σέ ἐντατική ἐπιμόρφωση τῶν ἐκπαιδευτικῶν ὅλων τῶν βαθμίδων. Θά μποροῦσε λοιπόν νά παραμείνει ὁ κ. Παπαδερός στό Ἰνστιτοῦτο καί νά ἔχει τήν εὐθύνη γιά τήν ἐπιμόρφωση τῶν ἐκπαιδευτικῶν τῆς Κρήτης, κυρίως στην Ὀρθόδοξο Ἀκαδημία. Φυσικά, ἡ σκέψη αὐτή ἔλυνε πολλά προβλήματα καί ἄνοιγε ἕνα σημαντικό δρόμο γιά τήν Ἀκαδημία, ὅμως ἀπόφαση ἐπ' αὐτοῦ δέν μποροῦσε βέβαια νά ληφθεῖ κατά τή σύσκεψη ἐκείνη. Ἔγιναν καί ἄλλες διαβουλεύσεις καί τελικά ὁ Σεβασμιώτατος καί ἐγώ πήραμε τήν ἀπόφαση νά ἀποδεχθῶ τήν πρόταση μέ τούς ὅρους πού συζητήσαμε στό Ὑπουργεῖο.

5.2.1965 - Ὁρκωμοσία
Στό Γραφεῖο τοῦ Πρωθυπουργοῦ καί Ὑπουργοῦ Ἐθνικῆς Παιδείας καί Θρησκευμάτων Γεωργίου Παπανδρέου, στή Βουλή, ἔγινε μέ κάθε ἐπισημότητα ἡ ὁρκωμοσία τῶν πρώτων μελῶν τοῦ νεοσύστατου Παιδαγωγικοῦ Ἰνστιτούτου. Κλήθηκα καί ἀπήγγειλα τόν ὅρκο (φωτ.: δεξιά τοῦ Πρωθυπουργοῦ).

Πολλοί συγχαίρουν, μερικοί ἀνησυχοῦν

Ἡ γνωστοποίηση τῆς ἐκλογῆς μου ὡς μέλους τοῦ Παιδαγωγικοῦ Ἰνστιτούτου προκαλεῖ ἐπαίνους φίλων, εὐλόγως ὅμως καί ἀνησυχία γιά τό μέλλον τῆς Ἀκαδημίας, ἰδίως στό ἐξωτερικό, ἐνῶ δίδει καί τήν εὐκαιρία σέ μερικούς νά διατυπώσουν σκέψεις γιά τά ἐν Ἑλλάδι. Ἡ σταθερή ἀπάντησή μου στούς ἀνησυχοῦντες γιά τήν Ἀκαδημία εἶναι: **«Δέν ἀλλάζει τίποτε στήν οὐσία»**!

Ὁ Καθηγητής μου Anton Hilckman, ἀναφερόμενος στήν ἐκλογή μου στό Παιδ. Ἰνστιτοῦτο, μοῦ γράφει μέ τό χέρι {4.2.1965}, στά Ἑλληνικά:

ἀγαπητέ μαθητᾶ καί συνάδελφε, ἐκ εἰλικρινοῦς καρδίας συγχαίρω Σε γιά τόν ἔνδοξον προβιβασμόν Σου... (b-Ἀπ).

Προηγουμένως (27.1.1965 ΑΑπ) ἡ σύζυγός του Katharina μοῦ εἶχε γράψει: «Σήμερα τό βράδυ θά ἔλθει στό σπίτι μας ὁ {Καθηγητής} κ. Rapp. Θά τόν ἐνημερώσουμε γιά τήν ἐπιτυχία σου. Καί ἐκείνου ἡ πρώτη ἐρώτηση θά ἀφορᾶ στό μέλλον τῆς Ἀκαδημίας. Θά ἀρχίσει τώρα ἡ οἰκοδομή στή Γωνιά, χωρίς ἐσένα;».

13-1-1966 ΑΑπ
Απ (ἀπό τήν Ἀθήνα) πρός Symanowski {ἀπόσπασμα ἀπό ἐπιστολή μου, βλ. παρακάτω}.

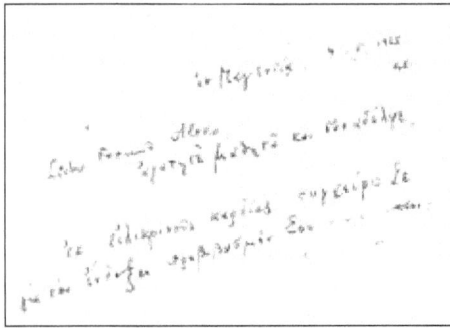

Ἀκολουθεῖ μιά σύντομη ἐνημέρωση γιά τήν προσωρινή παραμονή μου στήν Ἀθήνα - Παιδαγωγικό Ἰνστιτοῦτο. «Ὅμως ἡ ἀποστολή μου στήν Κρήτη εἶναι τό ὄνειρο τῆς ζωῆς μου καί θά ἀφιερωθῶ στήν ἐκπλήρωσή του μόλις δημιουργηθοῦν οἱ προϋποθέσεις» {ὁλοκλήρωση τῶν ἐγκαταστάσεων}. Ἐπικαλούμενος τήν πολλή ἐργασία στό Ὑπουργεῖο καί τά τῆς οἰκοδομῆς στήν Κρήτη καί τήν προετοιμασία τῆς λειτουργίας τῆς Ἀκαδημίας, ζητῶ κατανόηση γιά τή μή τακτική ἐπικοινωνία μαζί του. Παρέχω ὅμως τή διαβεβαίωση ὅτι «διατηρῶ τίς καλύτερες ἀναμνήσεις ἀπό τό Mainz-Kastel καί θεωρῶ σταθερά προσηλωμένο τόν ἑαυτό μου σέ αὐτό πού συνειδητοποίησα κοντά σας, τό πνεῦμα μιᾶς ὑπεύθυνης χριστιανικῆς ὕπαρξης στόν κατακερματισμένο καί μπερδεμένο κόσμο μας».

1-2-1965 ΑΑπ
Wisser πρός Απ
«Καλέ μου φίλε,
Ἀπό καρδιᾶς χάρηκα γιά τό γράμμα σας μέ τήν ἐξαίρετη εἴδηση {ἀριστίνδην ἐκλογή μου στό Παιδαγωγικό Ἰνστιτοῦτο γιά τήν Ἐκπαιδευτική Μεταρρύθμιση}. Στό διορισμό σας βλέπω ἕνα σημάδι πώς οἱ ὑπεύθυνοι στήν Ἑλλάδα ἀναγνώρισαν ποιό εἶναι τό πρωτεῦον στόν κόσμο σήμερα. Μέ ἀληθινά μέγιστο ἐνδιαφέρον διάβασα τό ἐκτενές σχόλιό σας. Μέ ἐκπλήσσει ἡ ριζοσπαστικότητα μέ τήν ὁποία θαρραλέοι ἄνθρωποι μέ élan καί συναίσθηση εὐθύνης ἀναλαμβάνουν τό ἔργο. Γνωρίζετε πόσο, παρά τίς ἀποστάσεις, εἶμαι δεμένος μαζί σας καί θά πρέπει νά διαισθάνεσθε τήν ψυχοπνευματική στήριξη πού σᾶς δίδει αὐτό. Γιατί σίγουρα θά ἔχετε ἤ θά ἀποκτήσετε πολλούς ζηλιάρηδες, ἀλλά καί ἐχθρούς, ἐάν ἀγγίξετε μιά παράδοση, πού σέ κάποια σημεῖα τῆς σίγουρα γιά τίποτε ἄλλο δέν εἶναι σημαντική παρά μόνο λόγω τῆς χρονικῆς διάρκειάς της. Πῶς θά πετύχετε τήν ἐξισορρόπηση μεταξύ Παλαιοῦ καί Νέου μέ τά δικαιώματά τους θά φανεῖ. Ἀλλ' ἐάν ὑπάρχει μιά εὐθύνη τοῦ Χριστιανοῦ, τότε {αὐτή βρίσκεται} μόνο "στήν ἐλευθερία τοῦ χριστιανοῦ ἀνθρώπου" (τό ὅτι αὐτή ἡ διατύπωση προέρχεται ἀπό τόν Λούθηρο εἶναι ἀδιάφορο, ἐφ' ὅσον εἶναι σωστό τό νόημά της) {ὁ ἐπιστολογράφος εἶναι Κα-

θολικός}. Σᾶς παρακαλῶ νά μέ ἐνημερώσετε κάποια στιγμή, ἄν καταφέρνετε νά ἀμύνεσθε στήν ἀντίδραση τοῦ Τύπου κ.λπ. {εἶχα ὁρισθεῖ, μεταξύ ἄλλων, καί ὑπεύθυνος Τύπου}. Μέ τή σκέψη μας μετέχουμε στήν ἐργασία σας».

15-2-1965 ΑΒΒ
Απ (Ἀθήν) πρός Μ
....

Στό μεταξύ συνέβη κάτι ἐδῶ, γιά τό ὁποῖο θέλω νά σᾶς ἐνημερώσω ἀμέσως. {Συνοψίζω τά σχετικά μέ τήν Ἐκπαιδευτική Μεταρρύθμιση, τή σύσταση τοῦ Παιδαγωγικοῦ Ἰνστιτούτου, τήν ἐπιλογή μου ὡς μέλους αὐτοῦ}. Θά διερωτηθεῖτε ἀσφαλῶς, «πῶς συμβιβάζεται αὐτή ἡ ἐξέλιξη μέ τό πρόγραμμα τῆς Ἀκαδημίας. Αὐτό τό ἐρώτημα μέ ἀπασχόλησε ἐπί μακρόν, ὅπως καί τή σύζυγό μου καί ὅλως ἰδιαιτέρως τόν Ἐπίσκοπο Εἰρηναῖο, στόν ὁποῖο ἄφησα π λ ή ρ ω ς τήν ἀπόφαση. Τά ἀκόλουθα δεδομένα συνηγοροῦσαν στό ὅτι ἔπρεπε νά ἀποδεχθῶ αὐτήν τήν κλήση: Πρῶτον, ἡ σκέψη ὅτι θά παρέλθουν τουλάχιστον δύο χρόνια ὥσπου νά εἶναι ἡ Ἀκαδημία ἕτοιμη πρός λειτουργία. Δέν εἶχα τό δικαίωμα νά μήν ἀφιερώσω αὐτά τά δύο χρόνια σέ μιά σοβαρή ἀποστολή. Τέτοια εἶναι ἡ καινούρια ἀποστολή μου. Ὅπως καλά γνωρίζετε, ἡ Ἑλλάδα, περισσότερο ἀπό κάθε ἄλλη εὐρωπαϊκή χώρα, βρίσκεται ἐνώπιον μιᾶς ραγδαίας ἐκκοσμίκευσης. Οἱ κίνδυνοι γιά τήν κοινωνία μας καί τήν Ἐκκλησία εἶναι μεγάλοι. Καί δέν εἶναι σίγουρο ὅτι ἡ Ἐκπαιδευτική Μεταρρύθμιση θά τελεσθεῖ πρός ὄφελος τῆς θρησκευτικῆς ἀγωγῆς τῆς νεολαίας μας. Ἀκριβῶς γιά τό λόγο αὐτό ἐπέμεινε ὁ Ἐπίσκοπος Εἰρηναῖος νά συμπράξω γιά ἕνα διάστημα σ' αὐτήν τήν ὑπόθεση. Τό νά εἶναι κανείς ὑπεύθυνος γιά τή θρησκευτική καί ἠθική μόρφωση ἑνός λαοῦ εἶναι μιά τόσο μεγάλη ἀποστολή, ὥστε μόνο φόβο μπορῶ νά αἰσθάνομαι ἐνώπιον τῆς τρομακτικῆς εὐθύνης.

Ὡστόσο, προκύπτουν καί συγκεκριμένα ὀφέλη γιά τήν ἰδέα καί τό ἔργο τῆς Ἀκαδημίας. Μέ τούς ὑπεύθυνους στήν Κυβέρνηση μίλησα διεξοδικά γιά τό Projekt στήν Κρήτη καί ἀποδέχτηκα τήν κλήση μόνο ὑπό τόν ὅρον ὅτι τό {Παιδαγ.} Ἰνστιτοῦτο θά συνεργάζεται μέ τήν Ἀκαδημία στά θέματα τῆς παιδείας γενικῶς καί εἰδικῶς στά τῆς ἐπιμόρφωσης τῶν ἐκπαιδευτικῶν. Αὐτό συνεπάγεται σημαντική οἰκονομική στήριξη τῆς Ἀκαδημίας καί ἐξασφαλίζει ἕνα εὐρύ πεδίο ἐργασίας της. Ἐπιπλέον, δέν θά ἐργάζομαι ἀργότερα {στήν Ἀκαδημία} ὡς κάποιος ἄγνωστος, ἀλλ' ἀπό μιά ἀνώτερη θέση: Μέ τήν ἀποδοχή τοῦ νέου λειτουργήματος ἀνέβηκα στήν ὑψηλότερη βαθμίδα πού μπορεῖ νά φθάσει σέ μᾶς ἕνας ἄνθρωπος τῆς ἐκπαίδευσης».

Τό γενόμενο ἔχει βέβαια καί ἄλλες συνέπειες, δέν θέλω ὅμως νά πάρω περισσότερο ἀπό τόν πολύτιμο χρόνο σας. «Θέλω ὅμως μέ πλήρη πεποίθηση νά σᾶς βεβαιώσω ὅτι ἐπιθυμῶ νά ἀνήκω ἐξ ὁλοκλήρου στήν Ἀκαδημία καί νά ἐργασθῶ γιά τήν πραγμάτωση τῆς ἰδέας της. Ἡ Ἀκαδημία τῆς Κρήτης θά ἐπιτύχει, ἐπειδή εἶναι εὐπρόσδεκτος πρός τοῦτο ὁ καιρός {πρβλ. Β΄Κορινθ. 6,2} καί ἐπειδή ὅλοι μας τήν προσλαμβάνομε ὡς μιά κλήση τοῦ Θεοῦ. Ἄν πρέπει νά διαθέσω τόν ἑαυτό μου γιά κάποιο διάστημα σέ μιάν ἄλλη ἀποστολή, καί αὐτό γίνεται πρός δόξαν Θεοῦ καί ἀπό ἀγάπη πρός τούς ἀνθρώπους. Γνωρίζω, λίαν τετιμημένε Δρ. κ. Müller, πόσο βαθιά στίς ἀνάγκες τῶν ἀνθρώπων εἰσχωρεῖ τό ἀνθρώπινο καί τό θεολογικό βλέμμα σας. Ἀπό τό γεγονός αὐτό εἶμαι βαθιά πεπεισμένος ὅτι θά κρίνετε σωστά τήν ἀπόφασή μου. Σέ καμιά περίπτωση δέν πρέπει νά νοηθεῖ ὡς κάτι τό ἀρνητικό γιά τήν Ἀκαδημία καί, πολύ περισσότερο, νά θέσει ἐν ἀμφιβόλῳ τήν πραγματοποίησή της. Θά συνεχίσω νά ἐπεξεργάζομαι τά ζητήματα τῆς Ἀκαδημίας καί σᾶς παρακαλῶ νά ἀπευθύνετε σέ μένα ὅλη τή σχετική ἀλληλογραφία. Στόν Διευθυντή κ. Mordhorst δέν ἔγραψα ἀκόμη τίποτε γιά τό νέο λειτουργημά μου, ἀφήνω σέ σᾶς νά ὁρίσετε τόν πρός τοῦτο κατάλληλο χρόνο».

19-2-1965 ASp
Απ-Αθ πρός Roos
Γράφω ὅτι ἡ ἐπιστολή αὐτή ἀναφέρεται σέ μιά ἀπροσδόκητη ἀλλαγή στή ζωή μου, γιά τήν ὁποία θεωρῶ καθῆκον μου νά τόν ἐνημερώσω, μέ τήν παράκληση νά ἐνημερώσει στή συνέχεια ἐκεῖνος καί τόν Πρόεδρο τῆς Ἐκκλησίας τους. Πρόκειται γιά τήν Ἐκπαιδευτική Μεταρρύθμιση πού εἶχε νομοθετήσει ἡ τότε Κυβέρνηση Γ. Παπανδρέου, τή σύσταση τοῦ Παιδαγ. Ἰνστιτούτου καί τήν πρόσκλησή μου νά ἐνταχθῶ στά πρῶτα στελέχη του.

«Ὁ Ἐπίσκοπος Εἰρηναῖος καί ἐγώ ἐξετάσαμε αὐτή τήν κλήση ἐξαντλητικά. Τό ἀποτέλεσμα ἦταν ὅτι ἔπρεπε νά δεχθῶ τήν πρόσκληση, ... ἐπειδή τό ἐκπαιδευτικό σύστημά μας βρίσκεται ἀκριβῶς τώρα σέ ἕνα στάδιο ἀλλαγῆς, ἀπό τήν ὁποία ἐξαρτᾶται κατά τό πλεῖστον ἡ θρησκευτική καί ἠθική ἀγωγή τῆς νεολαίας μας. Ἔπρεπε λοιπόν νά ὑπάρξει δυναμική ἀνάμιξη. Γι' αὐτό ὁ Ἐπίσκοπος Εἰρηναῖος εἶχε τή γνώμη ὅτι δέν ἐπιτρεπόταν σέ μένα νά παρακούσω στήν κλήση. Ἡ εὐθύνη εἶναι βέβαια ἐξόχως μεγάλη, ἐλπίζω ὅμως ὅτι κάτι μπορεῖ νά γίνει».

Ἀκολουθεῖ σύντομη ἀναφορά στήν ἐκπαιδευτική Μεταρρύθμιση, στό Παιδ. Ἰνστιτοῦτο, στήν πρώτη στελέχωσή του.

«Τώρα, ἀξιότιμε κ. Σύμβουλε, θά ρωτήσετε φυσικά μήπως μέ τήν ἀπόφαση αὐτή ἀφήνω τήν ὑπόθεση τῆς Ἀκαδημίας τῆς Κρήτης στή μοίρα της. Ἡ ἐρώτηση εἶναι πλήρως δικαιολογημένη. Τήν κλήση ἀποδέχθηκα, ὡστόσο, ὑπό τόν ὅρο ὅτι θά διατηρήσω τή Διεύθυνση τῆς Ἀκαδημίας». Σημειώνω τίς δυσκολίες συχνῆς κίνησης μεταξύ Κρήτης καί Ἀθήνας, ἀλλά καί μιά σημαντική συμφωνία μέ τούς ὑπεύθυνους τοῦ Ὑπουργείου καί τοῦ Ἰνστιτούτου {μετεκπαίδευση τῶν ἐκπαιδευτικῶν...}:

«Γιά μένα φυσικά ἡ ἀποστολή τῆς Ἀκαδημίας εἶναι τόσο σοβαρή, ὥστε δέν θά τήν ἔβαζα σέ κίνδυνο ἐξ αἰτίας ἄλλης ἀπασχόλησής μου». Δέχθηκα τήν πρόσκληση, ἐπειδή θά χρειαστοῦμε γύρω στά δυό χρόνια ὥσπου νά μπορεῖ νά τεθεῖ σέ λειτουργία ἡ Ἀκαδημία. Ἀφιερώνω λοιπόν αὐτό τό χρονικό μεσοδιάστημα στή μεγάλη ὑπόθεση τῆς Παιδείας. Ἄν ἀργότερα διαπιστωθεῖ ὅτι ἡ Ἀκαδημία χρειάζεται τήν πλήρη ἀπασχόλησή μου σ' αὐτήν (δηλαδή ἄν π.χ. ὁ κ. Παπαδάκης {Γεώργιος} ἤ κάποιος ἄλλος δέν θά μπορέσει νά ἀναλάβει μεγάλο μέρος τῆς δικῆς μου ἐργασίας στήν Ἀκαδημία, «**εἶναι αὐτονόητο ὅτι θά ἐγκαταλείψω τήν τωρινή ἐργασία μου χάριν τῆς Ἀκαδημίας**». (b-Απ).

Κλείνω τήν ἐπιστολή παρακαλώντας νά μοῦ στείλει κάποια βιβλία, ἀπό τά ὁποῖα θά μποροῦσα ἴσως νά ἀντλήσω ἰδέες γιά τά νέα διδακτικά ἐγχειρίδια θρησκευτικῆς καί ἠθικῆς ἀγωγῆς στήν Πρωτοβάθμια καί Δευτεροβάθμια Ἐκπαίδευση πού προτίθεμαι νά ἀλλάξω.

27-3-1965 ASp
Εἰρηναῖος πρός Roos
....
«Ἡ θέση τοῦ κ. Παπαδεροῦ στό Παιδαγωγικό Ἰνστιτοῦτο εἶναι προσωρινή καί δέν θά ἔχει ἐπιπτώσεις στή μελλοντική ἐργασία τῆς Ἀκαδημίας».

20-2-1965 ABB
Μ πρός Απ (Ἀθήν)
«Ἐγκάρδιες εὐχαριστίες γιά τό γράμμα σας τῆς 15ης Φεβρουαρίου.
Ἄν ἤμουν ἐγώ Ἐπίσκοπος Εἰρηναῖος, θά εἶχα μᾶλλον καί ἐγώ ἔτσι ἀποφασίσει. Ἔχω λοιπόν κατανόηση γιά τό ὅτι ἀποδεχθήκατε τήν κλήση, ὅμως ἐλπίζω μόνον ὅτι διατηρεῖτε ὁλόκληρη τήν ὑπευθυνότητα γιά τήν ἀρχόμενη ἐργασία {τῆς Ἀκαδημίας} στή Γωνιά καί ὅτι - ἐφ' ὅσον μετά τήν ὁλοκλήρωση τοῦ κτηρίου δέν ἐπανέλθετε ἐκεῖ κατά κυρίαν ἀπασχόλησιν -τώρα κιόλας θά ὁρίσετε μέ τόν Ἐπίσκοπο Εἰρηναῖο ἕναν ἄνδρα, πού σέ σύνδεσμο μαζί σας θά ἀσκεῖ τή Διεύθυνση. Αὐτός ὁ ἄνδρας θά ἔπρεπε νά ἔλθει ἐπίσης στή Γερμανία γιά μερικούς μῆνες, προκειμένου νά ἀσκηθεῖ κάπως στή συνεδριακή μέθοδο. Ἡ ἐμπειρία στήν προετοιμασία συνεδρίων, στή διεύθυνση συζητήσεων κ.λπ. μοῦ φαίνεται πώς εἶναι πολύ σοβαρή ὑπόθεση. Δέν ἐπιτρέπεται νά διευθύνει τά συνέδρια ἕνας ἄπειρος ἄνδρας. Ἔτσι κι ἀλλιῶς θά ἦταν καλό νά ἐκπαιδεύσετε ἕνα συνεργάτη. Σᾶς παρακαλῶ λοιπόν νά συζητήσετε μέ τόν Ἐπίσκοπο κ.

Εἰρηναῖο τό ζήτημα τῆς ἐκπαίδευσης γιά μερικούς μῆνες ἑνός δεύτερου δραστήριου ἄνδρα, ὡς συνεργάτη στή διεύθυνση τῶν συνεδρίων. Φυσικά, τό πρόβλημα τῆς γλώσσας εἶναι κάπως δύσκολο, γιατί ἀσφαλῶς πολύ δύσκολα θά βρεῖτε κάποιον πού θά γνωρίζει Γερμανικά. Ὅμως, ἄν εἴχατε τουλάχιστον κάποιον πού γνωρίζει Ἀγγλικά, θά μποροῦσε νά τόν βοηθήσει κανείς νά μάθει κάτι. Καλύτερα θά ἦταν φυσικά νά γνώριζε Γερμανικά».

24-2-1965 ΑΑπ
Sidi Gredler πρός Απ
«Εὐχαριστῶ για τήν εὐγενική ἐπιστολή σας, πού πραγματικά μέ ξάφνιασε πολύ... ἡ σταδιοδρομία σας εἶναι κάτι τό ἰδιαίτερο {ἐννοεῖ μεταξύ ἄλλων τό Παιδαγ. Ἰνστιτοῦτο}. Εἶμαι καί ἐγώ λίγο περήφανη γι' αὐτό. Πέραν τούτου βρίσκω αὐτή τή λύση ὅλως εὐτυχῆ γιά σᾶς· σᾶς ἀπαλλάσσει ἀπό τήν ἀναμονή ἑνός Ἰνστιτούτου {Ἀκαδημίας} στά σύννεφα». Ἡ νέα ἀποστολή μου θεωρεῖ πώς εἶναι γοητευτική καί πολλά θά μπορέσω νά προσφέρω, χωρίς νά εἶναι ἐμπόδιο ἡ νεότητά μου. Ὅ,τι λείπει σέ σοφία θά ἀναπληρώνεται ἀπό τήν εὐφυΐα...

26-2-1965 ASp
Roos πρός Εἰρηναῖον
Ἀναφέρεται στά τῆς σχέσης μου μέ τό Παιδ. Ἰνστιτοῦτο. «Διερωτηθήκαμε σοβαρά, ἐάν δέν ἀποτελεῖ γιά σᾶς μιά πολύ μεγάλη θυσία, τό ὅτι πρέπει νά παραιτηθεῖτε σέ ἱκανό βαθμό ἀπό αὐτόν τόν πολύτιμο συνεργάτη ἀκριβῶς κατά τό χρόνο τῆς οἰκοδομῆς τῆς Ἀκαδημίας σας {δέν ἐννοεῖ μόνο τό κτήριο}. Ὁ Δρ. κ. Παπαδερός μᾶς διαβεβαίωσε μέν ὅτι θά συνεχίσει νά διατηρεῖ τόν στενό δεσμό του μέ τήν Ἀκαδημία τῆς Γωνιᾶς. Χάριν τοῦ συμφέροντός σας τό εὐχόμεθα ἐντόνως».

26-2-1965 ASp
Roos πρός Απ (Θεσ)
....
Μέ θερμά λόγια συγχαίρει γιά τό διορισμό μου στό Παιδ. Ἰνστιτοῦτο. «Ἡ εἴδηση ὅτι θά διατηρήσετε τό δεσμό σας μέ τήν Ἀκαδημία μᾶς καθησυχάζει. Ἀναμφίβολα ὁ Ἐπίσκοπός σας εἶναι ἕνας πολύ δραστήριος καί ἔντιμος ἄνδρας, θά ἦταν ὅμως γι' αὐτόν ἕνα ὑπερβολικά μεγάλο καθῆκον, κοντά σέ τόσες ἄλλες ὑποχρεώσεις, νά πρέπει νά οἰκοδομήσει καί αὐτήν τήν Ἀκαδημία {ἐννοεῖ ὄχι μόνο κτηριακά!} χωρίς ἕναν ἔμπιστο καί αὐτοτελῆ συνεργάτη».
Πάντως, ἐπισημαίνει τούς κινδύνους τῆς ἐνδεχόμενης δικῆς μου ὑπερβολικῆς κόπωσης.

26-2-1965 ΑΑπ
Zimmermann πρός Απ
Ἀπό τό Βερολίνο πάλι, αὐτή τή φορά γιά νά εὐχηθεῖ καλό δρόμο στήν καινούρια μου εὐθύνη - τοῦ μέλους τοῦ Παιδαγωγικοῦ Ἰνστιτούτου. Μοῦ δίδει κουράγιο ἐν ὄψει τῶν μεγάλων εὐθυνῶν: «Ὁ ἄνθρωπος συναυξάνεται μέ τήν ἀποστολή του. Δηλαδή, δέν διαμορφώνει μόνο τήν ἐργασία του, ἀλλά διαμορφώνεται καί ὁ ἴδιος ἀπό αὐτήν». Ἀναφερόμενη σέ καινούρια ἐμπειρία της (σέ ἐκκλησιαστικό Ἵδρυμα μέριμνας γιά τριάντα ἐμπερίστατες κοπέλες) προσθέτει: «Ἀνακαλύπτω ὁλοένα πώς ὁ ἄνθρωπος μπορεῖ νά ἀναπτύξει πολύ περισσότερες ἱκανότητες ἀπό ὅσες νομίζει ἀρχικά πώς ἔχει. Κατά τά λοιπά ἰσχύει ἀληθινά τό ὅτι ἡ Θεολογία δέν εἶναι καθόλου κακή βάση γιά πολλές ἐργασίες πού δέν ἔχουν καμιά ἄμεση σχέση μέ αὐτήν. Εἶναι σίγουρα κάπως παλιομοδίτικος ὁ ἰσχυρισμός πώς μέ τήν πάντοτε παλιά καί ἐν τούτοις κάθε στιγμή ἐπίκαιρη σοφία τῆς Ἁγίας Γραφῆς ἐπιτυγχάνει καλύτερα τή διαχείριση ὅλων τῶν προβλημάτων».

Ἑτοιμάζεται γιά ταξίδι στή Μόσχα καί τό Zagorsk, μέ τήν ἐλπίδα νά ἀποκτήσει κάποιες ἐπαφές καί συνεργασίες γιά τό περιοδικό KYRIOS, τό ὁποῖο θέλουν νά κρατήσουν παρά τίς οἰκονομικές περικοπές πού ἔγιναν γι' αὐτό.

«Σήμερα τό ἀπόγευμα μπορεῖ κανείς νά ἀκούσει ἐδῶ στό ραδιόφωνο ἀκόμη μιά φορά τή φωνή τοῦ πολυαγαπημένου μας Καθηγητῆ Zander. Θά ἀφυπνισθεῖ καί πάλι ὁ πόνος. Ἀλλά γιά μᾶς τούς Χριστιανούς δέν εἶναι βέβαια νεκρός καί ἡ φωτογραφία του – παρά λίγο νά γράψω: ἡ εἰκόνα του – εἶναι πάντα ζωντανή στά μάτια μου».

8-3-1965 ΑΑπ
GASTL πρός Απ
Τό βιβλιοπωλεῖο GASTL, Τυβίγγη, μοῦ ἔστειλε κατάλογο καί τιμές βιβλίων πού ἀγόρασα, συνολικοῦ κόστους 478,90 μάρκων.[279]

23-9-1965 ΑΑπ
Stählin πρός Απ
Ὁ λίαν σεβαστός Καθηγητής μου τῆς Κ. Διαθήκης στό Μάιντς Gustav Stähling εὐχαριστεῖ γιά τήν ἀποστολή τοῦ κειμένου ὁμιλίας μου περί τοῦ νέου ἐκπαιδευτικοῦ Συστήματος στήν Ἑλλάδα (Das griechische Schulwesen), χαιρετίζει

---

[279] Τά περισσότερα βρίσκονται στήν Ὀρθόδοξο Ἀκαδημία, ὅπου ἄφησα (2011) ὡς δωρεά περίπου 7.500 τόμους ἀπό τήν προσωπική μου βιβλιοθήκη.

ἰδιαίτερα τή διδασκαλία Πατερικῶν κειμένων, δείχνει ἐνδιαφέρον γιά τόν τρόπο ἐκπαίδευσης τῶν κληρικῶν, ἀπορεῖ ὅμως γιά τό ὅτι διδάσκονται μόνο ἡ ἀγγλική καί ἡ γαλλική γλῶσσα, ὄχι ὅμως καί ἡ γερμανική, ἔστω καί ὡς μάθημα ἐπιλογῆς.

Πολύς ὁ φθόνος καί ἰσχυρός ὁ τάραχος τῶν παθῶν!
29-11-1969
Απ πρός Α.Θ.Π. Ἀθηναγόραν
«Παναγιώτατε καί πανσέβαστέ μοι Δέσποτα,

Ἐπί τῇ αὐριανῇ ἑορτῇ Ἀνδρέου τοῦ Πρωτοκλήτου τῶν Ἀποστόλων, πανσέπτῳ ἑορτῇ τῆς Ὀρθοδοξίας, ἡ σκέψις μου στρέφεται μετ' εὐλαβείας καί δέους ἱεροῦ πρός τό μαρτυρικόν Φανάριον. Τό ἀπόγευμα σήμερον ἄρχεται εἰς τήν Ἀκαδημίαν εἰδική συνάντησις περισυλλογῆς διά τάς πρεσβυτέρας τῆς περιοχῆς. Θά παρακαλέσωμεν ἀπό κοινοῦ καί ἐκ βάθους ψυχῆς τόν Ἀπόστολον τοῦ Βυζαντίου, ὅπως φρουρήσῃ τήν Ἐκκλησίαν, τήν ὁποίαν ἐκεῖνος, νεύματι θείῳ καί βουλῇ Κυρίου, ἐθεμελίωσε καί διετήρησεν ἀλώβητον ἐν ὀδύναις καί δόξῃ. Θά προσευχηθῶμεν δέ ἰδιαιτέρως ὑπέρ τῆς Ὑμετέρας Θειοτάτης Παναγιότητος, τοῦ Ποιμένος τοῦ Καλοῦ τῆς Ἐκκλησίας ταύτης καί Πατρός ἡμῶν πάντων, δεόμενοι τοῦ Ὑψίστου, ἵνα διαφυλάττῃ Ὑμᾶς ἐν ὑγείᾳ καί σθένει πνευματικῷ εἰς ἔτη πολλά.

Ἐπί τούτοις ἐκφράζω, Παναγιώτατε, καί τήν βαθυτάτην εὐγνωμοσύνην τῆς οἰκογενείας μου καί ἐμοῦ, διότι ἐμνήσθητε καί ἡμῶν τῶν ἐλαχίστων κατά τήν ὀνομαστικήν μου ἑορτήν· εἶναι ἀδύνατον νά λησμονήσωμεν τήν μυστικήν ἐκείνην θαλπωρήν, τήν ὁποίαν ἔφερεν εἰς τάς καρδίας καί τήν οἰκίαν ἡμῶν τό σεπτόν Γράμμα, ὁ ἀγαθός φορεύς τῆς πατρικῆς Σας στοργῆς καί ἀγάπης.

Μετά τήν συμπλήρωσιν ἔτους ἀπό τῶν ἐγκαινίων τῆς Ὀρθοδόξου Ἀκαδημίας Κρήτης συντάσσομεν ἤδη, Παναγιώτατε, ἔκθεσιν ἀναλυτικήν περί τοῦ μέχρι σήμερον ἐπιτελεσθέντος ἔργου. Ἡ ἔκθεσις αὕτη θά ὑποβληθῇ Ὑμῖν ἐντός τῶν προσεχῶν δύο ἑβδομάδων. Τόσον δέ ὁ Πρόεδρος τοῦ Ἱδρύματος, ὅσον καί ἐγώ προσωπικῶς ἐπιθυμοῦμεν ὅπως, ἐρχόμενοι εἰς Φανάριον, ἀναφέρωμεν Ὑμῖν λεπτομερέστερον περί τοῦ Ἱδρύματος καί τῆς μέχρι τοῦδε ἐμπειρίας ἡμῶν, λάβωμεν δέ τάς ὁδηγίας καί τήν Πατρικήν εὐλογίαν Ὑμῶν διά τήν περαιτέρω πορείαν. Ἐλπίζομεν ὅτι θά ἐπιτρέψητε τήν ἱκανοποίησιν τῆς ζωηρᾶς ἡμῶν ταύτης ἐπιθυμίας.

Παρακαλοῦμεν, τέλος, Παναγιώτατε, ὅπως μνημονεύητε τοῦ Ἱδρύματος καί ἡμῶν ἐν ταῖς προσευχαῖς Σας, πολύς γάρ ὁ φθόνος καί ἰσχυρός ὁ τάραχος τῶν παθῶν!»

27-8-1970 ΑΑπ
Οἰκ. Πατριάρχης Ἀθηναγόρας πρός Απ
Ἀθηναγόρας, ἐλέῳ Θεοῦ Ἀρχιεπίσκοπος Κωνσταντινουπόλεως, Νέας Ρώμης καί Οἰκουμενικός Πατριάρχης.

Τῷ Ἐντιμολογιωτάτῳ κ. Ἀλεξάνδρῳ Παπαδερῷ, Ἄρχοντι Ὑπομνηματογράφῳ τῆς καθ' ἡμᾶς Ἁγίας τοῦ Χριστοῦ Ἐκκλησίας, Διευθυντῇ τῆς Ὀρθοδόξου Ἀκαδημίας Κρήτης, τέκνῳ ἡμῶν ἐν Κυρίῳ ἀγαπητῷ, χάριν καί εἰρήνην παρά Θεοῦ.

Εἰς Κρήτην

Ἐν πολλῇ πατρικῇ χαρᾷ ἐπιλαμβανόμεθα τῆς εὐκαιρίας τῆς ἐπετείου τῶν ὀνομαστηρίων τῆς ὑμετέρας ἀγαπητῆς Ἐντιμολογιότητος, ἵνα πατρικῶς ἀπευθυνόμενοι πρός αὐτῇ, συγχαρῶμεν αὐτῇ καί εὐχηθῶμεν ὅπως ὁ Κύριος χαρίζηται αὐτῇ ὑγείαν, μακροημέρευσιν καί πᾶν ἀγαθόν.

Βέβαιοι ὄντες περί τῆς πολυτίμου συνεργασίας αὐτῆς ἐντός τοῦ περιβόλου τῆς Ὀρθοδόξου ἡμῶν Ἐκκλησίας καί τοῦ εὐσεβοῦς ἡμῶν Γένους, καί γενικώτερον εἰς ἀντιμετώπισιν τῶν ἐκ τῆς κλήσεως αὐτῆς εἰς ἑνότητα πάντων τῶν Χριστιανῶν προκυπτουσῶν ὑποχρεώσεων καί ἀναλαμβανομένων τιμίων εὐθυνῶν, ἀπονέμομεν τῇ ὑμετέρᾳ ἀγαπητῇ ἐντιμολογιότητι ὁλόθυμον τήν Πατριαρχικήν ἡμῶν εὐλογίαν καί ἐπικαλούμεθα ἐπ' αὐτήν καί ἐπί τούς ἀγαπητούς οἰκείους αὐτῆς τήν χάριν τοῦ Θεοῦ καί τό ἄπειρον Αὐτοῦ ἔλεος.

27 Αὐγούστου 1970
Μετά πολλῆς ἀγάπης
Ὁ Κωνσταντινουπόλεως
Ἀθηναγόρας
διάπυρος πρός τόν Θεόν εὐχέτης.

6-1-1969

Στό ἐπίσημο αὐτό περιοδικό τῆς Ἐκκλ. τοῦ Παλατινάτου (Νοέμβριος 1970, σελ. 683) δημοσιεύεται ἄρθρο γιά τό συνέδριο τοῦ κλήρου τῆς Ἐκκλησίας αὐτῆς στήν ΟΑΚ. (12-22 Ὀκτωβρίου 1970) στά πλαίσια τοῦ προγράμματός μας «ΖΩΣΑ ΟΡΘΟΔΟΞΙΑ»

 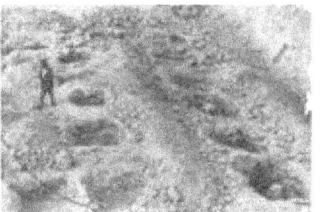 

6. Η ΟΡΘΟΔΟΞΟΣ ΑΚΑΔΗΜΙΑ ΚΡΗΤΗΣ ΛΑΜΒΑΝΕΙ ΝΟΜΙΚΗ ΥΠΟΣΤΑΣΗ ΚΑΙ ΑΝΑΓΝΩΡΙΖΕΤΑΙ ΑΠΟ ΤΗΝ ΠΟΛΙΤΕΙΑ ΩΣ ΘΡΗΣΚΕΥΤΙΚΟ ΚΟΙΝΩΦΕΛΕΣ ΚΑΘΙΔΡΥΜΑ

Ἐνημέρωση τῆς Ἱ. Συνόδου[280]

Ἀρχές τοῦ 1969 ἡ Ὀρθόδοξος Ἀκαδημία ὑπέβαλε στήν Ἱερά Ἐπαρχιακή Σύνοδο τῆς Ἐκκλησίας Κρήτης ἐν σχεδίῳ τόν Ὀργανισμό διοικήσεως, διαχειρίσεως καί λειτουργίας τῆς Ἀκαδημίας, μέ ταυτόχρονη κοινοποίηση σέ ὅλους τούς Ἀρχιερεῖς τῆς νήσου καί μέ τήν παράκληση νά διατυπώσουν τυχόν παρατηρήσεις τους, προκειμένου αὐτές νά ληφθοῦν ὑπόψη κατά τήν ὁριστικοποίηση τοῦ Καταστατικοῦ. Ἡ ἐνέργεια ἐκείνη ἔγινε ὀφειλετικῶς μεταξύ ἄλλων καί ἐπειδή στό σχέδιο τοῦ Ὀργανισμοῦ προβλέπαμε συμμετοχή στό Διοικ. Συμβούλιο τῆς Ἀκαδημίας καί Ἀρχιερέως, ὁριζομένου ἀπό τήν Ἱ. Σύνοδο - ὅπως ἰσχύει ἔκτοτε.

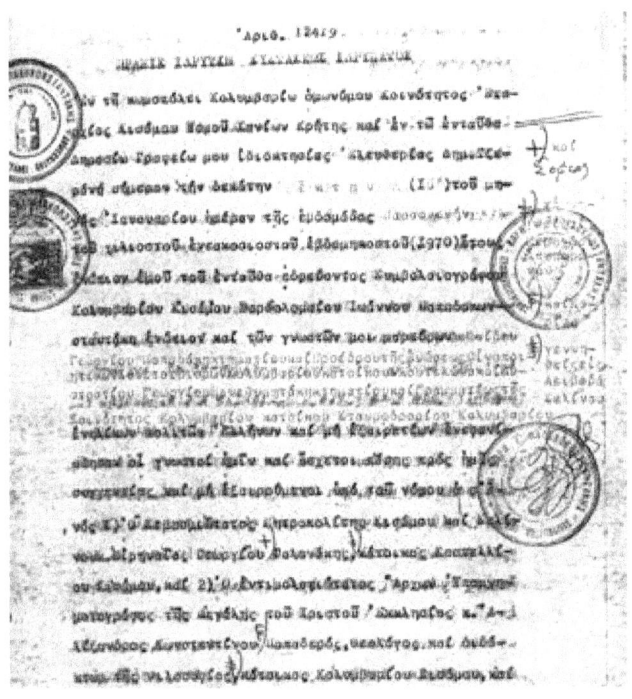

---

[280] Τήν ἐποχή ἐκείνη ἐγώ εἶχα τήν τάση νά συνδεθεῖ στενά ἡ Ἀκαδημία μέ ὁλόκληρη τήν Ἐκκλησία τῆς Κρήτης, ἐνῶ ὁ Εἰρηναῖος ἤθελε ἁπλῶς χαλαρό δεσμό, ἀκόμη καί μέ τή Μητρόπολή του - τό καινούριο εὐλόγως φοβίζει! Καταλήξαμε στό συμβιβασμό νά μετέχει στό Συμβούλιο καί δεύτερος Ἐπίσκοπος, ὁριζόμενος ἀπό τήν Ἱερά Ἐπαρχιακή Σύνοδο Κρήτης. Πάντως, θεμελιῶδες γιά τίς Ἀκαδημίες αὐτοῦ τοῦ τύπου εἶναι: *Ἄνεση γιά αὐτενέργεια. Ἄν ἀπό τό ἔργο τους προκύπτει κάτι καλό, αὐτό ἡ κοινή γνώμη τό καταγράφει στά θετικά τῆς Ἐκκλησίας. Κάθε ἀρνητικό, ἀντίθετα, βαρύνει πρώτιστα τή Διεύθυνση ἤ καί τό ὑπεύθυνο κατά περίπτωση πρόσωπο τῆς Ἀκαδημίας, σέ σπάνιες περιπτώσεις ἐν μέρει καί τό Συμβούλιό της, χωρίς ἄμεση καί γενικότερη ζημία γιά τήν Ἐκκλησία.*

Τό πλῆρες καί ἀκριβές κείμενο τῆς Ἱδρυτικῆς Πράξεως
(διατηροῦνται καί τά ὀρθογραφικά παροράματα)

Ἀριθμ. 12419
ΠΡΑΞΙΣ ΙΔΡΥΤΙΚΗ ΣΥΣΤΑΣΕΩΣ ΙΔΡΥΜΑΤΟΣ

Ἐν τῇ κωμοπόλει Κολυμβαρίῳ ὁμωνύμου Κοινότητος Ἐπαρχίας Κισάμου Νομοῦ Χανίων Κρήτης καί ἐν τῷ ἐνταῦθα Δημοσίῳ Γραφείῳ μου ἰδιοκτησίας Ἐλευθερίας Δημ. Τζεράνη σήμερον τήν δεκάτην ἕκτην (16) τοῦ μηνός Ἰανουαρίου ἡμέραν τῆς ἑβδομάδος Παρασκευῆ τοῦ χιλιοστοῦ ἐνεακοσιοστοῦ ἑβδομηκοστοῦ (1970) ἔτους ἐνώπιον ἐμοῦ τοῦ ἐνταῦθα ἐδρεύοντος Συμβολαιογράφου Κολυμβαρίου Κισάμου Βαρθολομαίου Ἰωάννου Παπαδοκωνσταντάκη ἐνώπιον καί τῶν γνωστῶν μοι μαρτύρων Λεωνίδου Γεωργίου Παπαδάκη κτηματίου καί Προέδρου τῆς Ἑνώσεως Οἰνοποιητικῶν Συνεταιρισμῶν Κολυμβαρίου κατοίκου Σκουτελῶνα καί Εὐστρατίου Γεωργίου Πανευθυμητάκη κτηματίου καί Γραμματέως τῆς Κοινότητος Κολυμβαρίου κατοίκου Σταυροδρομίου Κολυμβαρίου, ἐνηλίκων πολιτῶν Ἑλλήνων καί μή ἐξαιρετέων ἐνεφανίσθησαν οἱ γνωστοί ἡμῖν καί ἄσχετοι πάσης πρός ἡμᾶς συγγενείας καί μή ἐξαιρούμενοι ὑπό τοῦ νόμου ἀφ᾽ ἑνός 1) Ὁ Σεβασμιώτατος Μητροπολίτης Κισάμου καί Σελίνου κ. Εἰρηναῖος Γεωργίου καί Σοφίας Γαλανάκης, γεννηθείς εἰς Νεροχώρι Ἀποκορώνου, κάτοικος Καστελλίου Κισάμου, καί 2) Ὁ ἐντιμολογιώτατος Ἄρχων Ὑπομνηματογράφος τῆς Μεγάλης τοῦ Χριστοῦ Ἐκκλησίας κ. Ἀλέξανδρος Κωνσταντίνου καί Μαρίας Παπαδερός, Θεολόγος καί διδάκτωρ τῆς Φιλοσοφίας, γεννηθείς εἰς Λειβαδᾶ Σελίνου, κάτοικος Κολυμβαρίου Κισάμου, καί ἀφ᾽ ἑτέρου τό ἐν Καστελλίῳ Κισάμου ἐδρεῦον Νομικόν Πρόσωπον Δημοσίου Δικαίου ὑπό τήν ἐπωνυμίαν "Ἱερά Μητρόπολις Κισάμου καί Σελίνου" συμβαλλόμενον ἐν προκειμένῳ ὑπό τήν ἰδιότητά του ὅτι καθίσταται διά τοῦ παρόντος ἐποπτεύουσα Ἀρχή τοῦ ἐν τῇ περιφερείᾳ του συνιστωμένου διά τοῦ παρόντος Ἱδρύματος, νομίμως ἐκπροσωπούμενον ὑπό τοῦ αὐτοῦ ὡς ἄνω Σεβ. Μητροπολίτου αὐτοῦ κ. Εἰρηναίου Γαλανάκη, κατοίκου Καστελλίου, ὅστις ἐντεῦθεν συμβάλλεται ἐν τῷ παρόντι διακεκριμένως ὑπό δύο ἰδιότητας, ἤτοι δι᾽ ἑαυτόν ἀτομικῶς κατά τήν πρώτην καί ὡς ἐκπροσωπῶν νομίμως τήν Ἱεράν Μητρόπολιν κατά τήν δευτέραν, καί ᾐτήσαντο τήν σύνταξιν τοῦ παρόντος, δι᾽ οὗ ἐδήλωσαν καί συνωμολόγησαν τά κάτωθι. Ὅτι ἀμφότεροι οἱ ἀφ᾽ ἑνός πρῶτοι συμβαλλόμενοι, ἀναγνωρίζοντες τήν ἀνάγκην, ὅπως τό περί τῆς ἐν Χριστῷ ἀπολυτρώσεως εὐαγγέλιον, τό ὀρθοδόξως διά τῶν αἰώνων κηρυττόμενον, γνωρίζηται τοῖς ἀνθρώποις σήμερον κατά τρόπον μᾶλλον ἐποικοδομητικόν, διαπιστώσαντες δέ ὅτι τά ὑπό τήν ἐπωνυμίαν "Ἀκαδημίαι" λειτουργοῦντα εἰς διαφόρους χώρας τῆς Δυτικῆς Εὐρώπης καί ἀλλαχοῦ ἐκκλησιαστικά Ἱδρύματα, ἀνεδείχθησαν κατά γενικήν ὁμολογίαν καί παραδοχήν εἰς κέντρα ζώσης καί καρποφόρου μαρτυρίας τοῦ Χριστιανισμοῦ ἐν τῷ συγχρόνῳ κόσμῳ, ἐνεπνεύσθησαν τήν ἰδέαν τῆς συστάσεως καί ἐν Κρήτῃ ἀναλόγου Ἱδρύματος, προσηρμοσμένου εἰς τάς παραδόσεις καί τάς ἀνάγκας τοῦ τόπου, πρός διακονίαν τοῦ πληρώματος τῆς Ἐκκλησίας καί τοῦ Ἔθνους ἡμῶν. Πρός τοῦτο ἀφοῦ ἡρεύνησαν τάς δυνατότητας ἐκ τῶν ἰδίων καί τῶν ἐντοπίων πόρων ἀπετάνθησαν οὗτοι, κατόπιν συνεννοήσεως μετά τῶν ἐν Κρήτῃ ἐκκλησιαστικῶν καί πολιτικῶν Ἀρχῶν (Ἀρχιεπισκόπου Κρήτης καί Νομάρχου Χανίων) καί πρός τό ἐν Βόννῃ τῆς Δυτικῆς Γερμανίας ἐδρεῦον ἀνεγνωρισμένον Σωματεῖον ὑπό τήν ἐπωνυμίαν "Εὐαγγελική Κεντρική Ὀργάνωσις Βοηθείας Ἀναπτύξεως" (EVANGELISCHE ZENTRALSTELLE FÜR ENTWICKLUNGSHILFE) τό ὁποῖον, ἐπικροτῆσαν τόν ἐπιδιωκόμενον ὑπ᾽ αὐτῶν σκοπόν, ἔθεσεν εἰς τήν διάθεσίν των ὡς χορηγίαν αὐτοῦ τό ποσόν τῶν μάρκων Γερμανίας 1.200.000 (ἑνός ἑκατομμυρίου διακοσίων χιλιάδων), ἵνα οὗτοι, χρησιμοποιοῦντες καί ἑτέρους πόρους ἐξ εἰσφορῶν τρίτων ἤ καί ἐξ ἰδίων των, ἐν πάσῃ δ' ἐλευθερίᾳ ἐνεργοῦντες κατά τό δοκοῦν αὐτοῖς καί κατά τήν ἰδίαν αὐτῶν κρίσιν, δημιουργήσωσιν ἐν Κρήτῃ, ἐξοπλίσωσι καί θέσωσιν εἰς λειτουργίαν τό τοιοῦτον Ἵδρυμα καί πραγματοποιήσωσιν οὕτω τόν θεάρεστον καί κοινωφελῆ των σκοπόν, ὅστις ἀναμφισβήτητα καί σοβαρά ὠφελήματα ἤθελε παράσχει εἰς τήν Μεγαλόνησον καί εὐρύτερον εἰς τήν χώραν. Ὅτι τό ἀνωτέρω Σωματεῖον προῆλθεν εἰς τήν προαναφερομένην χορηγίαν ὑπό τόν τεθέντα αὐτοῖς ὅρον ὅπως ἐν τῇ ἐπωνυμίᾳ τοῦ συσταθησομένου Ἱδρύματος διατηρηθῆ ὁ ὅρος "Ἀκαδημία" ἵνα ὑπάρχῃ ἀναλογία καί ἰσοτιμία πρός τά λοιπά ἐν Εὐρώπῃ καί ἀλλαχοῦ παρεμφερῆ Ἱδρύματα, τό δέ χορηγηθέν ὡς ἀνωτέρω ποσόν διατεθῆ ἀποκλειστικῶς πρός ἐκτέλεσιν τοῦ δι' ὅν ἐχορηγήθη σκοποῦ, διασφαλιζομένης τῆς ἀποκλειστικότητος ταύτης κατά τά ἐν τῷ κατωτέρω ὑπ' ἀριθμ. 3 ὅρῳ διαλαμβανόμενα. Ὅτι, ἐνισχυθέντες οὗτοι διά τῆς ἀνωτέρω σοβαρᾶς χορηγίας, ἀπεφάσισαν ὅπως προχωρήσωσιν εἰς ἐκτέλεσιν τοῦ εὐαγοῦς αὐτῶν σκοποῦ καί ἐπικουρούμενοι παρ' Ἐπιτροπῆς, ἐπί τούτῳ συσταθείσης ὑπό τῆς ἀντισυμβαλλομένης Ἱερᾶς Μητροπόλεως, εἰς ἥν μετεῖχον καί ὁ Ἡγούμενος τῆς κατωτέρω ἀναφερομένης Ἱερᾶς Μονῆς Ἀρχιμανδρίτης Παρθένιος Ἀναγνωστάκης, ὁ νομικός κ. Δημήτριος Οἰκονόμου καί ὁ ἔμπορος Σπυρίδων Ἀντωνίου Μαρῆς μετ' ἔρευναν ἐπέλεξαν ὡς πλέον κατάλληλον τοποθεσίαν πρός ἀνέγερσιν τοῦ κτηρίου τῆς ἐν λόγῳ Ἀκαδημίας ἕν βραχῶδες, παραθαλάσσιον, κρημνῶδες καί ὅλως ἄγονον τμῆμα γῆς κείμενον εἰς θέσιν ((Παλαιά Κελιά)) ἐγγύς βορείως τοῦ ναοῦ τῆς Κοιμήσεως τῆς Θεοτόκου Ὁδηγητρίας Κυρίας Γωνιᾶς Κοινότητος Κολυμβαρίου Ἐπαρχίας Κισάμου τοῦ Νομοῦ Χανίων Κρήτης τῆς πλήρους ἀποκλειστικῆς καί ἀδιαφιλονικήτου κατοχῆς, νομῆς καί κυριότητος τῆς Ἱερᾶς Μονῆς ταύτης ἐμβαδοῦ 60 (ἑξήκοντα) περίπου στρεμμάτων καί κατά τό μᾶλλον καί ἧττον ὀρθογωνίου σχήματος, ὁριζόμενον πρός Ἀνατολάς διά τοῦ Αἰγιαλοῦ τῆς θαλάσσης, πρός δυσμάς ἐπ' εὐθείας γραμμῆς διά τῆς ὑπολοίπου ἰδιοκτησίας τῆς αὐτῆς Ἱερᾶς Μονῆς, βορείως μέχρι τοῦ "κρημνοῦ τῆς Τρυπητῆς", ἐπίσης ἐπ' εὐθείας γραμμῆς, καί πρός μεσημβρίαν, ἤτοι πρός τήν κατεύθυνσιν τῶν οἰκημάτων τῆς Ἱερᾶς Μονῆς, διά τῆς ἡμιονικῆς ὁδοῦ, τῆς ἀγούσης εἰς νεκροταφεῖον, κατά τό σημεῖον συμβολῆς αὐτῆς πρός τήν ἀμαξιτήν ὁδόν καί καθέτως πρός δυσμάς καί πρός τήν θάλασσαν. Τήν ἀπόφασίν των ταύτην ἐν συνεχείᾳ κατέστησαν γνωστήν εἰς τό Ἡγουμενοσυμβούλιον καί γενικῶς εἰς τούς ἀδελφούς τῆς Ἱερᾶς Μονῆς ταύτης, οἵτινες, ἀντιληφθέντες τί ἐσκοπεῖτο νά δημιουργηθῇ ἐγγύς τῆς Ἱερᾶς Μονῆς, γνωρίζοντες δέ πόσον προθύμως ὑπεστήριξε διά μέσου τῶν αἰώνων ἡ Μονή των ἔργα κοινωφελῆ τῆς Ἐκκλησίας καί τοῦ τόπου, ἐκτιμήσαντες τήν προφανῆ καί ἀξιόλογον οἰκονομικήν καί πνευματικήν ὠφέλειαν, ἥν θά προσεπορίζετο εἰς τό διηνεκές ἡ Μονή διά τῆς συστάσεως τῆς Ἀκαδημίας ταύτης καί πεισθέντες περί τῆς μεγάλης ἀποστολῆς τοῦ Ἱδρύματος χάριν τῆς Ἐκκλησίας καί τοῦ Ἔθνους, ἀσμένως ἀπεδέχθησαν ὅπως διαθέσωσι τήν ἔκτασιν ταύτην πρός πραγμάτωσιν τοῦ εὐαγοῦς τούτου σκοποῦ. Ἡ συγκατάθεσις αὕτη διετυπώθη μεταγενεστέρως καί ἐν τῇ ὑπ' ἀριθ. 93/10-4-1967 ἀποφάσει τοῦ Ἡγουμενοσυμβουλίου, ὅπως νομοτύπῳ ἐγκρίσει τῶν ἀρχῶν, μεταβιβάσῃ ἡ Μονή εἰς τόν ἐν τῷ παρόντι συμβαλλόμενον Σεβ. Μητροπολίτην καί οὗτος εἰς τό συσταθησόμενον Ἵδρυμα, τήν ἐπικαρπίαν ἐπί 99 ἔτη τῆς ἐν λόγῳ ἐκτάσεως, ἐνῶ διά νεωτέρας ὑπ' ἀριθ. 96/12-2-1968 πράξεώς του τό Ἡγουμενοσυμβούλιον ἀπεφάσισεν ὅπως συνεισφέρῃ τήν αὐτήν ἔκτασιν κατά κυριότητα εἰς τό αὐτό Ἵδρυμα, ἵνα οὕτω καταστῇ ἡ Μονή συνιδρύτρια τῆς Ἀκαδημίας καί συμμετέχῃ εἰς τήν διοίκησιν αὐτῆς, ἥτις ἀπόφασις τοῦ Ἡγουμενοσυμβουλίου ἐνεκρίθη τόσον διά τῆς ὑπ' ἀριθ. 3/1968 ἀποφάσεως τοῦ τοπικοῦ Συμβουλίου τοῦ Ο.Δ.Μ.Π. Χανίων, ὅσον καί διά τῆς ὑπ' ἀριθ. 37/21-3-68 ἀποφάσεως τοῦ Κεντρικοῦ Ἐποπτικοῦ Συμβουλίου τῶν Ο.Δ.Μ.Π. Κρήτης. Ὅτι, ἵνα μή παρέλθῃ ἄπρακτος ὁ χρόνος, ὁ ἀπαιτούμενος διά τήν διαδικασίαν τῶν μεταβιβάσεων καί τῆς νομοτύπου συστάσεως τοῦ Ἱδρύματος, ἧς ἔδει νά προηγηθῇ καί ἡ μόλις περί τό τέλος τοῦ 1969 ὁλοκληρωθεῖσα ἐπένδυσις τῶν διατεθέντων χρηματικῶν ποσῶν, ὡς κατωτέρω ἀναγράφεται, συμφωνούσης καί τῆς Μονῆς καί παντοιοτρόπως συμπαρισταμένης (διά φιλοξενίας τεχνιτῶν καί ἐργαζομένων, παροχῆς ἠλεκτρικῆς ἐνεργείας καί ὕδατος κ.λ.π.) ἐγένετο ἀπό τῆς ἀνοίξεως τοῦ ἔτους 1965 ἡ ἔναρξις τῶν ἐργασιῶν διά τήν διαμόρφωσιν καί τήν καθ' ὅλου προετοιμασίαν τοῦ γηπέδου ἐπί τῆς ὡς ἀνωτέρω ἐπιλεγείσης ἐκτάσεως, ἐν συνεχείᾳ δέ ἤρξατο, ἐπί τῇ βάσει ἀρχιτεκτονικῶν σχεδίων καί λοιπῶν πλήρων μελετῶν, στατικῶν, ὑδραυλικῶν, ἠλεκτρολογικῶν, κεντρικῆς θερμάνσεως κ.λ.π. ἡ ἀνέγερσις τῶν κτηριακῶν ἐγκαταστάσεων, αἵτινες ἔχουσιν ἤδη ἀποπερατωθῆ καί τελοῦν ἐν πλήρῃ καί κανονικῇ λειτουργίᾳ, εἶναι δέ αἱ κάτωθι. 1) Τό κεντρικόν κτήριον ἀποτελούμενον. α) ἐκ τοῦ ὑπογείου ἔχοντος ἐμβαδόν 203,58 τ.μ. καί ὄγκον 814 κ.μ. ἔνθα ὁ χῶρος σταθμεύσεως αὐτοκινήτων (ἐστεγασμένος), ἐν συνεχείᾳ δέ καί πρός τό βάθος μία αἴθουσα-ἀποθήκη καί πρός ταύτην συνεχομένη ἑτέρα αἴθουσα, ἔνθα αἱ ἐγκαταστάσεις κεντρικῆς θερμάνσεως, β) ἐκ τοῦ ἰσογείου ἔχοντος ἐμβαδόν 1650,87 τ.μ. καί ὄγκον 5.778 κ.μ. ἔνθα ἡ μεγάλη αἴθουσα συνεδριάσεων μετά τοῦ συνεχομένου ταύτῃ ἐντευκτηρίου, τοῦ προθαλάμου ὑποδοχῆς καί τοῦ κυλικείου, ἀριστερά τῷ εἰσερχομένῳ τό γραφεῖον Διευθυντοῦ, ἡ βιβλιοθήκη καί τέσσαρα ὑπνοδωμάτια, πρός τό βάθος δέ ὁ χῶρος ὑποδοχῆς, ἡ Γραμματεία, ἐκ τριῶν δωματίων, δυό δωμάτια προχείρου ἀποθήκης, ἡ αἴθουσα πλυντηρίου καί πρός τό νότιον ἄκρον μία κατοικία ἀποτελουμένη ἐκ δύο ὑπνοδωματίων, ἑνός χώλ, μιᾶς κουζίνας, ἑνός λουτροῦ καί ἑνός σαλονιοῦ, δεξιά δέ τῷ εἰσερχομένῳ, κοινόχρηστος χῶρος δι' ἄνδρας καί ἕτερος διά γυκαίκας, καθώς καί δώδεκα ὑπνοδωμάτια γ) ἐκ τοῦ πρώτου ὀρόφου ἔχοντος ἐμβαδόν 1.495,10 τ.μ. καί ὄγκον 4.485 κ.μ. εἰς τόν ὁποῖον ὁδηγοῦσι τό κεντρικόν καί τό ἐν τῇ νοτίᾳ πτέρυγι κλιμακοστάσιον καί ἔνθα ὑπάρχουσιν ἀριστερά μέν τῷ ἀνερχομένῳ μία ἀποθήκη ἱματισμοῦ, δύο κοινόχρηστοι χῶροι καί ἕνδεκα ὑπνοδωμάτια, εἰς τό κέντρον ἕν ἐστιατόριον δεξιά δέ τῷ ἀνερχομένῳ, μία κουζίνα μετά βοηθητικῆς τραπεζαρίας, εἷς ψυκτικός θάλαμος, δύο συνεχόμενα δωμάτια, δύο ἀποχωρητήρια, δώδεκα ὑπνοδωμάτια καί ἕν ἐντευκτήριον. 2) μία κατοικία Διευθυντοῦ κειμένη ἐγγύς νοτιοδυτικῶς τοῦ ῥηθέντος κυρίου κτηρίου ἀποτελουμένη ἐκ μιᾶς ἡμιυπογείου ἀποθήκης καί ἑνός ἰσογείου ὀρόφου ἔχοντος ἐμβαδόν 257,60 τμ. καί ὄγκον 850 κ.μ. ἔνθα ἕν ὑπηρεσιακόν γραφεῖον, ἕν ἀποχωρητήριον, τέσσαρα ὑπνοδωμάτια, ἕν λουτρόν, μία κουζίνα, ἕν χώλ καί μία σαλοτραπεζαρία. Ἀκριβῆ σχέδια τοῦ κεντρικοῦ κτηρίου (ἰσόγειον καί πρῶτος ὄροφος) καί τῆς κατοικίας Δ/ντοῦ, ὑπογεγραμμένα ὑπό τῶν συμβαλλομένων τῶν μαρτύρων καί ἐμοῦ, κατετέθησαν παρ' ἐμοί. 3) Εἷς βόθρος ἀποχετεύσεως, κείμενος ὑπό τήν ἐπιφάνειαν τῆς γῆς δυτικῶς ὄπισθεν τοῦ κτηρίου καί ἕτερος βόθρος ἀποχετεύσεως, κείμενος ὁμοίως ὑπό τήν ἐπιφάνειαν τῆς γῆς εἰς τόν μεταξύ τοῦ κτηρίου καί τῆς θαλάσσης χῶρον, καθώς καί δεξαμενή ὑδρεύσεως, κειμένη εἰς τόν ὑπεράνω καί νοτιοδυτικῶς τοῦ κτηρίου χῶρον. Ὅτι ὁ κινητός ἐξοπλισμός ἀποτελεῖται ἐκ τῶν ἐν τῇ συναπτομένῃ τῷ παρόντι καταστάσει λεπτομερῶς περιγραφομένων κατ' εἶδος καί ποσότητα ἐπίπλων καί σκευῶν, ὑπογεγραμένη παρά πάντων τῶν συμβαλλομένων, τῶν μαρτύρων καί ἐμοῦ. Περαιτέρω ἐδήλωσαν οἱ αὐτοί δύο πρῶτοι συμβαλλόμενοι, ὅτι πρός τήν ἀνωτέρω ἐντελῆ ἀποπεράτωσιν τῶν κτηριακῶν ἐγκαταστάσεων, τήν ἀγοράν τῶν ἐπίπλων καί τοῦ ἐν γένει ἐξοπλισμοῦ καί τήν ὀργάνωσιν τῆς ἐνάρξεως λειτουργίας αὐτοῦ ἀπητήθησαν τῷ ὄντι ποσά μείζονα τῆς παρασχεθείσης χορηγίας ὑπό τοῦ ἀνωτέρω χορηγοῦ ἐν Βόννῃ ἐδρεύοντος σωματείου, εἰς ἅτινα ἀντεπεξῆλθον οὗτοι ἐξ εἰσφορῶν τρίτων καί ἐξ ἰδίων των χρημάτων, συμφώνως πρός τά στοιχεῖα καί παραστατικά διαφόρων δαπανῶν, τά τηρούμενα παρά τῇ Ἱερᾷ Μητροπόλει Κισάμου καί Σελίνου, ἥτις ὑπῆρξεν ἐξ ἀρχῆς καί ὁ ἐποπτεύων τό ὅλον πρόγραμμα φορεύς, ἀνελθούσης οὕτω τῆς ὁλικῆς δαπάνης εἰς τό ποσόν τῶν δραχμῶν δέκα ἑκατομμυρίων πεντακοσίων χιλιάδων (10.500.000). Τοιουτοτρόπως ἠδυνήθησαν οὗτοι, τῇ βοηθείᾳ τοῦ κατ᾽ ἐλάχιστον προσωπικοῦ, νά θέσουν εἰς λειτουργίαν ἐν τῷ ἀνεγερθέντι οἰκήματι τήν ὀργάνωσιν ταύτην, γνωστήν ἤδη καταστᾶσαν εἰς τό πανελλήνιον καί τό ἐξωτερικόν ὑπό τήν ἐπωνυμίαν "Ὀρθόδοξος Ἀκαδημία Κρήτης" τά ἐγκαίνια ἐνάρξεως λειτουργίας τῆς ὁποίας ἐγένοντο ἐπισήμως τήν 13ην Ὀκτωβρίου 1968 καί ἥτις ἔκτοτε εὐδοκίμως ἀναπτύσσει τό χριστιανικόν, ἐθνωφελές, κοινωφελές καί φιλανθρωπικόν της ἔργον, ὁσημέραι κραταιουμένη. Ἤδη, διά τοῦ παρόντος, ἀμφότεροι οἱ δύο πρῶτοι ἀφ᾽ ἑνός συμβαλλόμενοι, ἐνεργοῦντες ἐν προκειμένῳ ἀφ᾽ ἑνός μέν δι᾽ ἴδιον λογαριασμόν, ἀφ᾽ ἑτέρου δέ ἐξ ὀνόματος τῆς μνημονευθείσης ἐν Βόννῃ "Εὐαγγελικῆς Κεντρικῆς Ὀργανώσεως Βοηθείας Ἀναπτύξεως" ἥτις διά τοῦ ἀπό 16 Ὀκτωβρίου 1969 ὑπ᾽ ἀριθ. 2070/1969 ἐπισήμου συμβολαιογραφικοῦ ΠΛΗΡΕΞΟΥΣΙΟΥ, κατατεθέντος παρ᾽ ἐμοί ἐν τῇ ὑπ᾽ ἀριθ. 37704/24 Ὀκτωβρίου 1969 ἐπισήμῳ μεταφράσει τοῦ Β. Ὑπουργείου Ἐξωτερικῶν, ἐξουσιοδοτεῖ τούς ἀνωτέρω δύο πρώτους ἀφ᾽ ἑνός συμβαλλομένους, ὅπως κατά τήν σύνταξιν τῆς παρούσης συστατικῆς πράξεως φέρωσιν διά τοῦ παρόντος εἰς πίστωσιν τοῦ συνιστωμένου Ἱδρύματος τῆς Ὀρθοδόξου Ἀκαδημίας Κρήτης ἤτοι μεταβιβάσωσι κατά πλήρην κυριότητα, τό ὑπό τῆς Ὀργανώσεως ταύτης χορηγηθέν κεφάλαιον καί ἀσκήσωσιν ἐλευθέρως πάντα τά ἐκ τῆς τοιαύτης δωρεᾶς ἀπορρέοντα προνομιακά δικαιώματα αὐτῆς, καλούμενοι δ᾽ ἐφεξῆς Ἱ δ ρ υ τ α ί , ἐν τῇ ἐπιθυμίᾳ αὐτῶν, ὅπως τό δημιουργηθέν καθώς ἀνωτέρω ἐξετέθη Ἵδρυμα ὑπό τήν ἐπωνυμίαν Ὀρθόδοξος Ἀκαδημία Κρήτης τεθῇ ὑπό ὁμαλήν καί παγίας μορφῆς λειτουργίαν καί διοίκησιν ἐπ᾽ ἀγαθῷ τοῦ συντελουμένου ἐν αὐτῷ καρποφόρου καί ἐθνωφελοῦς ἔργου, συναπεφάσισαν καί διά τῆς παρούσης ἱδρυτικῆς πράξεως συνιστοῦν καί ἱδρύουν τοῦτο καί κατά συνέπειαν δωροῦνται σήμερον, δυνάμει τοῦ παρόντος, διά δωρεᾶς ἐν ζωῇ, ἰσχυρᾶς καί ἀμετακλήτου (πλήν περιπτώσεων παραβάσεως τῶν κάτωθι ὁριζομένων τρόπων) καί μεταβιβάζουσι καί παραδίδουσι κατά πλήρη κυριότητα, νομήν καί κατοχήν πρός τό παρά τῇ Ἱερᾷ Μητροπόλει Κισάμου καί Σελίνου συνιστώμενον διά τοῦ παρόντος καί ὑπ᾽ αὐτῆς κατ᾽ ἐπιθυμίαν αὐτῶν ἐποπτευόμενον Ἵδρυμα ὑπό τήν ἐπωνυμίαν Ὀρθόδοξος Ἀκαδημία Κρήτης, τό σύνολον ἐν γένει τῶν περιουσιακῶν ἐνεργητικῶν στοιχείων, τά ὁποῖα ἠγοράσθησαν ὑπ᾽ αὐτῶν ἤ κατεσκευάσθησαν ἤ διετέθησαν ἐν γένει πρός προικοδότησιν καί προσδιορίζουσιν ὅπως ἀνήκουν ἑπομένως εἰς τό Ἵδρυμα τοῦτο, ἤτοι ἅπαντα τά ὡς ἀνωτέρω κατασκευασθέντα καί λεπτομερῶς προπεριγραφέντα οἰκοδομήματα ἐν τῷ συνόλῳ των καί μετά τοῦ πάσης μορφῆς καί φύσεως ἐξοπλισμοῦ αὐτῶν, τῶν ἐπίσης προπεριγραφέντων ἐπίπλων καί σκευῶν καί παντός ἐν γένει συστατικοῦ καί τῶν παραρτημάτων καί παρακολουθημάτων αὐτῶν, ἀλλά καί παντός οἱουδήποτε κινητοῦ, ἔστω καί μή ἀνωτέρω περιγραφέντος, ἀλλ᾽ ἔχοντος διατεθῇ ὑπ᾽ αὐτῶν πρός διαρκῆ

VOLLMACHT

Zur Errichtung eines Instituts in der Nähe des Klosters Gonia-Chania (Kreta) unter dem Namen ORTHODOXOS AKADIMIA KRITIS hat die Evangelische Zentralstelle für Entwicklungshilfe e.V., Bonn, im Einvernehmen mit dem hochwürdigsten Metropoliten von Kissamos und Selynon, Eirinäos Galanakis, Kastelli-Chanea, und dem Theologen Dr. Alexandros Papaderos eine Schenkung in Höhe von DM 1.200.000,-- (in Worten: Deutsche Mark einemillionzweihunderttausend) zur Verfügung gestellt.

Hiermit werden die beiden oben angeführten Personen bevollmächtigt, beim Vollzug des Rechtsaktes zur Konstituierung des erwähnten Instituts diesem das genannte Vermögen gutzuschreiben und sowohl bei der Festlegung der Satzungen dieses Instituts als auch bei dessen Administration alle aus der genannten Schenkung hervorgehenden Stiftervorrechte der Evangelischen Zentralstelle wahrzunehmen.

Diese Vollmacht erstreckt sich auch auf die nach den Satzungen rechtmäßigen Nachfolger der genannten Personen.

Bonn, den 16. Oktober 1969

EVANGELISCHE ZENTRALSTELLE FÜR
ENTWICKLUNGSHILFE e.V.
i.V.

(Karl Knobel)

Β. ΥΠΟΥΡΓΕΙΟΝ ΕΞΩΤΕΡΙΚΩΝ
ΜΕΤΑΦΡΑΣΤΙΚΟΝ ΓΡΑΦΕΙΟΝ

ΕΠΙΣΗΜΟΣ ΜΕΤΑΦΡΑΣΙΣ

ΑΡ. 377ο4

ΠΛΗΡΕΞΟΥΣΙΟΝ

Προκειμένου νά συσταθῇ ὀργανισμός ἐγγύς τοῦ Μοναστηρίου Γωνιᾶ-Χανίων, Κρήτης ὑπό τήν ἐπωνυμίαν "Ὀρθόδοξος Ἀκαδημία Κρήτης" ἡ ἐν Βόννῃ ἑδρεύουσα "Εὐαγγελική Κεντρική Ὀργάνωσις Βοηθείας Ἀναπτύξεως, ἀνεγν.σωματεῖον", ἐν συνεννοήσει μετά τοῦ σεβασμιωτάτου Μητροπολίτου Κισσάμου καί Σελίνου Εἰρηναίου Γ α λ α ν ά κ η, ἐν Καστέλλι Χανίων καί τοῦ Θεολόγου Δρος Ἀλεξάνδρου Π α π α δ ε ρ ο ῦ, διέθεσεν ὑπό τύπον δωρεᾶς τό ποσόν
                Γερμανικῶν Μάρκων 1.200.000,-

Διά τοῦ παρόντος ἐξουσιοδοτοῦνται οἱ ἀνωτέρω κατονομαζόμενοι ὅπως κατά τήν σύνταξιν τῆς νομίμου συστατικῆς πράξεως τοῦ ἀνωτέρω ὀργανισμοῦ σέρωσιν εἰς πίστωσιν τούτου τό ὡς ἄνω κεφάλαιον, κατά δέ τήν διατύπωσιν τῶν καταστατικῶν διατάξεων τοῦ ὀργανισμοῦ ὡς καί κατά τήν διοίκησιν αὐτοῦ ὅπως ἀσκήσουν τά οἰκονομικά δικαιώματα τῆς Εὐαγγελικῆς Κεντρικῆς Ὀργανώσεως ὡς ἱδρυτρίας, τ'ἀπορρέοντα ἐκ τῆς γενομένης δωρεᾶς.

Ἡ προκειμένη ἐξουσιοδότησις ἐκτείνεται καί ἐπί τῶν προσώπων ἐκείνων, τά ὁποῖα κατά τό Καταστατικόν ἔσονται οἱ νόμιμοι διάδοχοι τῶν ἀνωτέρω.

Βόννη, τήν 16ην Ὀκτωβρίου 1969

            Εὐαγγελική Κεντρική Ὀργάνωσις Βοηθείας
                        Ἀναπτύξεως
        κ.ἑ.   ὑπογρ. Κάρλ Κνατμπελ

(σφραγίς τῆς Ὀργανώσεως)

Συμβ.πράξεις ἀριθ.2ο7ο/1969
Ἐγώ, ὁ ὑπογεγραμμένος συμβολαιογράφος Χάνς Ματλλερ, ἑδρεύων ἐν Βόννῃ, ἐπικυρῶ τήν πρόσθεν ὑπογραφήν τοῦ Μισσιοναρίου Κάρλ Ροῦντολφ Κνατμπελ, κατοίκου Βόννης, ἐπί τῆς ὁδοῦ Λάνγκβαρτ ἀριθ.1ο1.

Βόννη, τήν 16ην Ὀκτωβρίου 1969

                ὑπογρ.Χάνς Ματλλερ
                συμβολαιογράφος

(σφραγίς τοῦ συμβολαιογράφου)

        Διά τήν ἀκρίβειαν τῆς μεταφράσεως
                                    Ἀθῆναι, τήν 24 Ὀκτωβρίου 1969
        ΒΑΣΙΛΕΙΟΝ ΤΗΣ ΕΛΛΑΔΟΣ   Ὁ Μεταφραστής
        ΥΠΟΥΡΓΕΙΟΝ ΕΞΩΤΕΡΙΚΩΝ
        Ἀριθ.
        Ἐπικυροῦται τό γνήσιον τῆς ὑπογραφῆς
        τοῦ κ.   Ε. Κηπουρίδης

                24 ΟΚΤ. 1969

ἐξυπηρέτησιν τοῦ Ἱδρύματος καί πρός πλήρη κυριότητα, νομήν καί κατοχήν τοῦ διά τοῦ παρόντος συνιστωμένου Ἱδρύματος ὁμοῦ μεθ᾽ ὅλων τῶν ἐπ᾽ αὐτῶν προσωπικῶν καί ἐμπραγμάτων δικαιωμάτων των καί τῶν συναφῶν τούτοις ἀγωγῶν των. Ἔτι δέ πλέον συγκεκριμένως καί κατά διευκρίνισιν καθ᾽ ὅσον ἀφορᾶ εἰς τά οἰκοδομήματα, ἅτινα ἔχουν ἀνεγερθῆ, ὡς προελέχθη, ἐπί ἀλλοτρίου ἐδάφους, ἤτοι ἐπί ἰδιοκτησίας τῆς Ι. Μονῆς Κυρίας Γωνιᾶς Ὁδηγητρίας Κολυμβαρίου, μεταβιβάζουσιν ἤ ἄλλως ἐκχωροῦσιν εἰς τό συνιστώμενον διά τοῦ παρόντος Ἵδρυμα πᾶν οἰονδήποτε δικαίωμα, ἐνοχικόν ἤ ἐμπράγματον, ὅπερ τυχόν κέκτηνται ἤ ὅπερ ἀπορρέει ὑπέρ αὐτῶν ἐκ τῆς ὑπό τούτων ἀνοικοδομήσεως καθ᾽ ὅν προεξετέθη τρόπον τῶν οἰκημάτων τούτων ἤ ἀπονέμεται αὐτοῖς ὑπό τῶν διατάξεων τῆς κειμένης νομοθεσίας, εἴτε πρός ἐξαγοράν τοῦ ἐφ᾽ οὗ τοῦτο εἶναι ἐκτισμένον γηπέδου ἤ οἰασδήποτε ἀποζημιώσεως. Δηλονότι τό συνιστώμενον διά τῆς παρούσης ἱδρυτικῆς πράξεως Ἵδρυμα καθίσταται καθ᾽ ὁλοκληρίαν διάδοχον τῶν οἰωνδήποτε δικαιωμάτων των καί ἀντιστοίχων ὑποχρεώσεών των, ἐκχωρουμένου αὐτῶ παντός οἰουδήποτε δικαιώματός των, πάσης μορφῆς, ἀποβλέποντος εἰς τήν ἐξαγοράν ἤ δωρεάν παραχώρησιν παρά τῆς ἰδιοκτήμονος Ἱερᾶς Μονῆς τοῦ γηπέδου, ἐφ᾽ οὗ εἶναι ἐκτισμένον τό ἀνωτέρω οἴκημα ἤ ὁπωσδήποτε τακτοποιήσεως τῆς τοιαύτης ἐκκρεμότητος διά παντός νομίμου καί θεμιτοῦ μέσου. Κατά συνέπειαν τῶν ἀνωτέρω, οἱ μέν ἀφ᾽ ἑνός ὧδε συμβαλλόμενοι Ἱδρυταί ἀποξενοῦνται καί ἀπεκδύονται παντός ἐν γένει καί οἱουδήποτε δικαιώματός των καί τίτλου κυριότητος, νομῆς καί κατοχῆς ἐπί τῶν διά τοῦ παρόντος δωρουμένων ὡς ἄνω πραγμάτων καί περιουσιακῶν στοιχείων, τό δέ ὑπ᾽ αὐτῶν διά τῆς παρούσης ἱδρυτικῆς πράξεως ἀποκαθιστάμενον δωρεοδόχον Ἵδρυμα, διά τῆς διά λογαριασμόν του καί ἐπ᾽ ὀνόματί του ἐνεργούσης ἀντισυμβαλλομένης Ἱερᾶς Μητροπόλεως Κισάμου καί Σελίνου, ὡς ἐποπτευούσης αὐτό Ἀρχῆς, καθίσταται τέλειος κύριος, νομεύς καί κάτοχος πάντων τούτων, τά ὁποῖα ἀπαρτίζουσι σήμερον τό ὅλον συγκρότημα, μετά πάντων τῶν ἐν αὐτῶ κινητῶν ἐπίπλων καί σκευῶν καί λοιπῶν ἀντικειμένων (βεβαίως ὑπό τήν ἄνω δηλωθεῖσαν ἐπιφύλαξιν τῆς ἐλλεύσεως τῆς κυριότητος τοῦ ἐδάφους, ἐφ᾽ οὗ εὕρηνται αἱ ἐγκαταστάσεις καί τῆς περιοχῆς των), δυνάμενον καί δικαιούμενον ἵνα τοῦ λοιποῦ διακατέχῃ, νέμηται καί διαθέτη ταῦτα ἐλευθέρως καί ἀκωλύτως καί καθ᾽ ὅ δικαίωμα ἀπονέμεται αὐτῶ ὑπό τοῦ Νόμου καί τῶν ὅρων τῆς παρούσης ἱδρυτικῆς πράξεως, τό διά τοῦ παρόντος συνιστώμενον Ἵδρυμα ἀποκτᾶ καί ἀπολαμβάνει καί ἔχει αὐτά ταῦτα τά οἰαδήποτε δικαιώματα, ἅτινα ἐκέκτηντο καί αὐτοί οὗτοι οἱ δωρηταί-Ἱδρυταί του. Περαιτέρω ἐδήλωσαν οἱ αὐτοί Ἱδρυταί, ὅτι πάντες οἱ λογαριασμοί ἀνοικοδομήσεως, ἐξοπλισμοῦ καί λειτουργίας τοῦ οἰκήματος καί τῶν παραρτημάτων αὐτοῦ ἔχουν ἐξοφληθῆ ὁλοσχερῶς καί εἰς οὐδένα ὀφείλεται οἰαδήποτε ὀφειλή, καθ᾽ ὅσον δ᾽ ἀφορᾶ εἰς τά συνδωρούμενα ὡς ἀνωτέρω κινητά ἔπιπλα καί σκεύη καί λοιπόν ἐξοπλισμόν, ὅτι καί ταῦτα εἶναι ἐπίσης καθ᾽ ὁλοκληρίαν ἐξωφλημένα καί ἀποπληρωμένα καί συνεπῶς ἐλεύθερα παντός ἐν γένει βάρους, κατασχέσεως, τρίτου ἐκνικήσεως ἤ διεκδικήσεως ἤ πάσης φιλονικείας ἤ διενέξεως ἀπηλλαγμένα καί παντός ἐν γένει νομικοῦ ἐλαττώματος καί ὡς τοιαῦτα μεταβιβάζονται λόγῳ δωρεᾶς εἰς τό διά τοῦ παρόντος συνιστώμενον Ἵδρυμα. Τέλος οἱ αὐτοί Ἱδρυταί ἐδήλωσαν ὅτι παραιτοῦνται παντός δικαιώματός των καί πάσης ἀγωγῆς καί ἐνστάσεώς των πρός προσβολήν, διάρρηξιν καί ἀνάκλησιν τοῦ παρόντος δι᾽ οἰονδήποτε οὐσιαστικόν ἤ τυπικόν λόγον καί αἰτίαν, πλήν παραβάσεως ὑπό τοῦ δωρεοδόχου Ἱδρύματος ἠθελημένως τῶν κάτωθι τιθεμένων ὅρων, ὑφ᾽ ὧν διέπεται ἡ παροῦσα ἱδρυτική πρᾶξις-δωρεά, ἤτοι. **Ὅρος 1ος**: Τό δωρεοδόχον Ἵδρυμα ὑποχρεοῦται ὅπως ἐνεργείαις του καί δαπάναις του ἐξαγοράσῃ τό ταχύτερον παρά τῆς ἰδιοκτητρίας Ἱερᾶς Μονῆς Γωνιᾶς Κολυμβαρίου τό ἀνωτέρω γήπεδον τῶν ἐξήκοντα περίπου στρεμμάτων, ἐπί μέρους τοῦ ὁποίου ἔχουσιν ἀνεγερθῆ τά οἰκήματα καί αἱ λοιπαί ἐκαταστάσεις τῆς Ἀκαδημίας, ἄλλως ἐπιτύχῃ ἵνα δωρηθῇ αὐτῷ ὑπό τῆς αὐτῆς Ἱερᾶς Μονῆς τό γήπεδον τοῦτο, ὁπότε αὐτοδικαίως καθίσταται συνιδρύτρια τῆς Ὀρθοδόξου Ἀκαδημίας Κρήτης ἀπό κοινοῦ μετά τῶν ἐν τῷ παρόντι Ἱδρυτῶν καί ὁμοτίμως καί ἡ ἰδιοκτήμων Ἱερά Μονή.[281] **Ὅρος 2ος:** Ἡ ἀντισυμβαλλομένη Ἱερά Μητρόπολις Κισάμου καί Σελίνου, παρά τῇ ὁποίᾳ ὁρίζεται ὑπό τῶν Ἱδρυτῶν, ὅπως λειτουργῇ τό Ἵδρυμα τοῦτο καί ὑπό τήν ἐποπτείαν αὐτῆς, ὑποχρεοῦται ὅπως τό Ἵδρυμα τοῦτο τῆς Ὀρθοδόξου Ἀκαδημίας Κρήτης ἀποκαταστήσῃ εἰς ἴδιον νομικόν πρόσωπον, προβαίνουσα εἰς τάς καταλλήλους νομίμους ἐνεργείας. **Ὅρος 3ος:** Γήπεδα, κτήρια καί λοιπαί ἐγκαταστάσεις, δι' ἅς ἐχρησιμοποιήθησαν ποσά ἐκ τῆς χορηγίας τοῦ μνημονευθέντος ἐν Βόννῃ Σωματείου δέν ἐπιτρέπεται ἐπί μίαν τοὐλάχιστον εἰκοσιπενταετίαν (προκειμένου δέ περί κινητῶν ἀντικειμένων, ἐπί μίαν πενταετίαν) νά ἐκφύγουν τοῦ σκοποῦ των, νά ἀπαλλοτριωθοῦν κατόπιν ἤ ἄνευ ἀποζημιώσεως ἤ νά ἐπιβαρυνθοῦν, ἄνευ προηγουμένης σαφοῦς καί ἐγγράφου συγκαταθέσεως τοῦ ἐν λόγῳ Σωματείου ἐν περιπτώσει ἀπαλλοτριώσεως ἤ ἄλλης μή εἰς ἀνωτέραν βίαν ὀφειλομένης ἐκφυγῆς ἀπό τοῦ σκοποῦ, δέον ὅπως ἐπιστραφῇ εἰς τό Σωματεῖον τοῦτο ὁλόκληρον τό ὑπ' αὐτοῦ καταβληθέν ποσόν πρός ἀνέγερσιν τῶν κτηρίων καί λοιπῶν ἐγκαταστάσεων ἤ προμήθειαν τοῦ ἐξοπλισμοῦ, ἐν περιπτώσει δέ μιᾶς ἀθελήτου ἐκφυγῆς ἀπό τοῦ σκοποῦ, καθ' ἥν ὅμως καταβληθήσεται ἀποζημίωσίς τις, δέον ὅπως ἐπιστραφῇ ὁμοίως εἰς τό ἀνωτέρω Σωματεῖον ποσοστόν ἐκ τῆς ἀποζημιώσεως, ἀναλογοῦν πρός τό ποσοστόν συμμετοχῆς τοῦ Σωματείου τούτου εἰς τήν κτῆσιν τοῦ ἀποξενουμένου ἀντικειμένου. **Ὅρος 4ος:** Ὁ Ὀργανισμός Διοικήσεως, Διαχειρίσεως καί Λειτουργίας τοῦ διά τῆς παρούσης συστατικῆς πράξεως συνιστωμένου Ἱδρύματος τῆς Ὀρθοδόξου Ἀκαδημίας Κρήτης καθορίζεται καί εἶναι ὁ ἀκόλουθος.

---

[281] Ὅταν ἀρχές τοῦ 1980 τό Διοικ. Συμβούλιο τῆς ΟΑΚ ἐπανῆλθε στό θέμα τῆς τοποθέτησης ἀναμνηστικῆς πλάκας στόν τοῖχο ἀριστερά τῆς κυρίας εἰσόδου τοῦ Ἱδρύματος σέ μορφή στήλης εὐγνωμοσύνης ἐντός τῆς πρώτης κόγχης πού ἔχει προβλεφθεῖ πρός τοῦτο (ἡ δεύτερη εἶναι γιά τά ὀνόματα τῶν Εὐεργετῶν), ὁ τότε ἐκπρόσωπος τῆς Μονῆς στό Συμβούλιο Ἀρχιμ. Εἰρηναῖος Μεσαρχάκης, σημερινός Σεβασμ. Μητροπολίτης Λάμπης, Συβρίτου καί Σφακίων, πρότεινε νά ἀναγραφεῖ καί ἡ Μονή, ὡς συνιδρύτρια, μαζί μέ τά ὀνόματα τῶν ἱδρυτῶν τῆς Ἀκαδημίας Σεβασμ. Εἰρηναίου καί Ἀλεξ. Παπαδεροῦ. Ὡστόσο, καίτοι ὑπῆρχε θετική ἐπί τοῦ ζητήματος αὐτοῦ γνώμη καί ἐπιθυμία (βλπ. τό ἄρθρο μου *Ὀρθόδοξος Ἀκαδημία Κρήτης*, Θρησκευτική καί Ἠθική Ἐγκυκλοπαιδεία 12(1968)873-877), τέθηκε καί πάλι τό ζήτημα νομιμότητας. Παρακλήθηκε ὁ δικηγόρος Ἀνδρέας Τσουδερός, μέλος τότε τοῦ Συμβουλίου τῆς ΟΑΚ, νά ἀναζητήσει νόμιμο τρόπο ἑνός τέτοιου ἐξονομασμοῦ τῆς Μονῆς, ὥστε ἀναλόγως νά γίνει ἔπειτα ἡ ἀναγραφή τῶν ὀνομάτων. Ἡ πρός τοῦτο βασική κατά τούς νομικούς προϋπόθεση, δηλαδή ἡ παραχώρηση τῆς κυριότητας, δέν δημιουργήθηκε οὔτε κατά τή σύνταξη τοῦ σχετικοῦ συμβολαίου μεταξύ Μονῆς καί Ἀκαδημίας, πού ἔγινε τό 1987 (πέρασαν 20 χρόνια ἀπό τήν πρώτη ἀπόφαση τοῦ Ἡγουμενοσυμβουλίου, τήν 93/1967, μέ τήν ὁποίαν ἡ Μονή παραχωροῦσε τήν ἐπικαρπία!). Ἡ σύνταξη τοῦ τελικοῦ κειμένου τοῦ συμβολαίου ἔγινε ἀπό τόν ὡς ἄνω ἐκπρόσωπο τῆς Μονῆς καί ἐμένα, πού ὁριστήκαμε κατά κοινή συνεδρία τοῦ Δ.Σ. τῆς ΟΑΚ καί τοῦ Ἡγουμενοσυμβουλίου, μέ ἐντολή νά καταλήξουμε σέ κοινή συμφωνία. Ἡ Ἀκαδημία βέβαια εἶχε πρό πολλοῦ ἐντάξει τή Μονή ἐπισήμως, καθηκόντως καί εὐγνωμόνως στόν κατάλογο τῶν ΜΕΓΑΛΩΝ ΕΥΕΡΓΕΤΩΝ αὐτῆς. Τοῦτο δέον νά εἶναι ἐμφανές καί σέ τυχόν διαμόρφωση, ὀψέποτε, τῆς ἐν λόγῳ στήλης εὐγνωμοσύνης, ἐκτός καί ἄν μέ νεώτερη ἀπόφαση τῆς Μονῆς, πού θά ἐγκριθεῖ ἀπό τά ἁρμόδια ὄργανα, γίνει παραχώρηση τῆς κυριότητας, ὁπότε ἡ Μονή καθίσταται αὐτοδικαίως συνιδρύτρια.

ΟΡΓΑΝΙΣΜΟΣ

Διοικήσεως, διαχειρίσεως καί λειτουργίας τοῦ παρά τῇ Ἱ. Μητροπόλει Κισσάμου καί Σελίνου Ἱδρύματος ὑπό τήν ἐπωνυμίαν

ΟΡΘΟΔΟΞΟΣ ΑΚΑΔΗΜΙΑ ΚΡΗΤΗΣ
Ἄρθρον 1ον

Σύστασις Ἱδρύματος, ἕδρα, πνευματική προστασία, σφραγίς.

1) Ἡ διά τῆς παρούσης συστατικῆς πράξεως δωρηθεῖσα περιουσία τάσσεται πρός ἐκπλήρωσιν εἰς τό διηνεκές του ἐν ἄρθρῳ 2 σκοποῦ. Πρός τοῦτο συνιστᾶται θρησκευτικόν Καθίδρυμα κοινωφελοῦς σκοποῦ ὑπό τήν ἐπωνυμίαν ΟΡΘΟΔΟΞΟΣ ΑΚΑΔΗΜΙΑ ΚΡΗΤΗΣ, μέ ἕδραν τήν Γωνιάν Χανίων, οὕτινος ἡ Διοίκησις, Διαχείρισις καί Λειτουργία ἐνεργεῖται κατά τά ἐν τῇ συστατικῇ πράξει καί τῷ παρόντι Ὀργανισμῷ ὁριζόμενα.[282]

2) Τό Ἵδρυμα, τελοῦν ὑπό κανονικήν ἐξάρτησιν ἀπό τῆς Ἱερᾶς Μητροπόλεως Κισσάμου καί Σελίνου, τίθεται ὑπό τήν πνευματικήν προστασίαν τῆς Α.Θ.Π. τοῦ Οἰκουμενικοῦ Πατριάρχου, τοῦ ὁποίου τό ὄνομα μνημονεύεται καθ᾿ ἑκάστην ἐν τῷ ἱδρύματι λατρευτικήν πρᾶξιν, ἀποβλέπει δέ εἰς τήν διακονίαν τοῦ πληρώματος ὁλοκλήρου τῆς Ἐκκλησίας Κρήτης, ἐν τῷ πλαισίῳ τοῦ κατωτέρω σκοποῦ.

3. Ὁ τύπος τῆς σφραγῖδος τοῦ Ἱδρύματος ὁρίζεται δι᾿ ἀποφάσεως τοῦ Διοικητικοῦ Συμβουλίου.

Ἄρθρον 2ον

Σκοπός

Σκοπός τοῦ κατά τό ἄρθρον 1 συνιστωμένου Ἱδρύματος εἶναι:

1) Ἡ ἐνδυνάμωσις καί ἐπιμόρφωσις τῶν λειτουργῶν καί τοῦ πληρώματος τῆς Ἐκκλησίας, ἵνα ἐν τῷ πλαισίῳ τῆς Ἑλληνορθοδόξου πνευματικότητος, δίδωσι ζῶσαν καί ἀκεραίαν μαρτυρίαν τοῦ Εὐαγγελίου ἐν τῷ συγχρόνῳ κόσμῳ.

2) Ἡ ὑπό ὀρθόδοξον χριστιανικόν πρῖσμα καί συμφώνως πρός τάς παραδόσεις καί τάς ἀνάγκας τοῦ Γένους ἡμῶν θεώρησις καί ἔρευνα τῶν οἰκονομικῶν, κοινωνικῶν καί πνευματικῶν ἐν γένει προβλημάτων.

3) Ἡ ἐνίσχυσις τοῦ ἔργου τῆς Ὀρθοδόξου Ἐξωτερικῆς Ἱεραποστολῆς.

4) Ἡ παροχή τεχνικῆς καί ὑλικῆς βοηθείας πρός προαγωγήν τοῦ τόπου ἤ πρός ἱκανοποίησιν φιλανθρωπικῶν καί εὐαγῶν σκοπῶν.

---

[282] Στό Β. Δ/γμα 838/1970, ΦΕΚ 295, *Περί ἐγκρίσεως συστάσεως Ἱδρύματος ἐν Γωνιᾷ Χανίων Κρήτης ὑπό τήν ἐπωνυμίαν «ΟΡΘΟΔΟΞΟΣ ΑΚΑΔΗΜΙΑ ΚΡΗΤΗΣ» καί κυρώσεως τοῦ Ὀργανισμοῦ αὐτοῦ*, ὑπάρχει ἡ ἀκόλουθη διατύπωση:

1. {Ἡ} Διά τῆς ὑπ᾿ ἀριθ. 12149/16.1.1970 πράξεως τοῦ συμβολαιογράφου Κολυμβαρίου Κισσάμου Βαρθολομαίου Ἰωάν. Παπαδοκωνσταντάκη δωρηθεῖσα περιουσία τάσσεται πρός ἐκπλήρωσιν εἰς τό διηνεκές τοῦ ἐν ἄρθρῳ 2 σκοποῦ. Πρός τοῦτο συνιστᾶται θρησκευτικόν Καθίδρυμα κοινωφελοῦς σκοποῦ ὑπό τήν ἐπωνυμίαν «ΟΡΘΟΔΟΞΟΣ ΑΚΑΔΗΜΙΑ ΚΡΗΤΗΣ», μέ ἕδραν τήν Γωνιάν Χανίων, ἀποτελοῦν νομικόν πρόσωπον ἰδιωτικοῦ δικαίου, διεπόμενον ὑπό τῶν διατάξεων τῆς συστατικῆς ταύτης πράξεως, τοῦ Α.Ν. 2039/39, ὡς οὗτος ἰσχύει, τῶν εἰς ἐκτέλεσιν τούτου ἐκδοθέντων Διαταγμάτων καί τοῦ παρόντος Ὀργανισμοῦ.

Ἄρθρον 3ον
Ἐκτέλεσις σκοποῦ
Ἡ ἐκπλήρωσις τοῦ ἐν ἄρθρῳ 2 σκοποῦ ἐπιδιώκεται βασικῶς μέν διά τῆς ὀργανώσεως εἰδικῶν κατά περίπτωσιν συνεδρίων, διασκέψεων καί λοιπῶν ἐκδηλώσεων, γενικώτερον δέ διά τῶν προσφορωτέρων μέσων, ἐν οἷς ἐνδεικτικῶς καί τά κάτωθι:
1) Ἡ διεξαγωγή ἐπιστημονικῆς ἐρεύνης, ἰδία ἐπί τοῦ θεολογικοῦ καί κοινωνικοῦ πεδίου, καί ἡ ἐξασφάλισις καί ἀξιοποίησις πνευματικῆς ἰδιοκτησίας.
2) Ἡ ἐπιμόρφωσις ἐνηλίκων καί ἡ ἀνάπτυξις ἐκπαιδευτικῶν καί μορφωτικῶν δραστηριοτήτων ἐν τῷ πλαισίῳ τῆς κειμένης νομοθεσίας.
3) Ἡ διά τῆς παροχῆς ὑποτροφιῶν καί ἄλλων ἐκπαιδευτικῶν εὐκαιριῶν συμβολή εἰς τήν κατάρτισιν στελεχῶν τῆς Ὀρθοδόξου Ἐξωτερικῆς Ἱεραποστολῆς καί ἡ παντί τρόπῳ ἠθική καί ὑλική ἐνίσχυσις αὐτῆς.
4) Ἡ ἐξασφάλισις ἐθελοντικῶν ἤ μερικῶς ἀμειβομένων ὑπηρεσιῶν.
5) Ἡ συνεργασία μετά τῶν ἐν Ἑλλάδι παραγόντων οἰκονομικῆς, πνευματικῆς, πολιτιστικῆς, διοικητικῆς καί οἰκονομικῆς ἀναπτύξεως.
6) Ἡ ἐπί διορθοδόξου καί οἰκουμενικοῦ πλαισίου συνεργασία μετά προσώπων, Ἱδρυμάτων καί Ὀργανισμῶν, ἐν τῷ πλαισίῳ τῶν σκοπῶν τοῦ Ἱδρύματος.
7) Ἡ διοργάνωσις καταλλήλων ἐκδηλώσεων, ἰδίᾳ πρός ἀναζωογόνησιν καί στερέωσιν τῶν ἑλληνορθοδόξων, μάλιστα δέ τῶν κρητικῶν παραδόσεων καί θεσμῶν.

Ἄρθρον 4ον
Ὄργανα τοῦ Ἱδρύματος
Τό Ἴδρυμα συγκροτεῖται ἐκ τῶν κάτωθι ὀργάνων:
1) Τῶν συλλογικῶν ὀργάνων ἀποφασιστικῆς ἁρμοδιότητος (Διοικήσεως) ἤτοι: α) Τοῦ κατά τό ἄρθρον 5 Διοικητικοῦ Συμβουλίου καί τῆς κατά τό ἄρθρον 7 Ἐκτελεστικῆς Ἐπιτροπῆς. β) Τῶν διοικούντων τά ἐν ἄρθρῳ 13 παραρτήματα συλλογικῶν ὀργάνων.
2) Τῶν συλλογικῶν ὀργάνων συμβουλευτικῆς ἤ ἐπικουρικῆς ἁρμοδιότητος, ἤτοι: α) Τῆς κατά τό ἄρθρον 12 συνάξεως τῶν Ἑταίρων, β) Τῶν κατά τάς διατάξεις τοῦ παρόντος λοιπῶν ὀργάνων γνωμοδοτικῆς ἁρμοδιότητος καί
3) Τῶν ὑπηρεσιῶν τοῦ Ἱδρύματος.

Ἄρθρον 5ον
Διοικητικόν Συμβούλιον
1. Τό Διοικητικόν Συμβούλιον ἀπαρτίζεται ἐξ ἐννέα (9) μελῶν ἤτοι: α) Ἐκ τοῦ ἐκ τῶν Ἱδρυτῶν Σεβασμιωτάτου Μητροπολίτου Κισσάμου καί Σελίνου Εἰρηναίου, ὡς Προέδρου. Τοῦτον, ἀπόντα ἤ κωλυόμενον ἀναπληροῖ εἰς μέν τήν ἰδιότητα τοῦ μέλους τοῦ Διοικ. Συμβουλίου καί τῆς Ἐκτελεστικῆς Ἐπιτροπῆς ὁ Πρωτοσύγκελλος τῆς Μητροπόλεως, ἤ, τούτου ἐλλείποντος, ἀπόντος ἤ κωλυομένου, ἕτερος κληρικός, ὑπό τοῦ Μητροπολίτου ὁριζόμενος, εἰς δέ τήν ἰδιότητα τοῦ Προέδρου τοῦ τε Διοικητικοῦ Συμβουλίου καί τῆς Ἐκτελ.εστικῆς Ἐπιτροπῆς, ὁ Ἀντιπρόεδρος. Τόν κατά τά ἀνωτέρω πρῶτον τοῦ Ἱδρύματος Πρόεδρον, ἀποχωροῦντα λόγῳ παραιτήσεως ἀπό τῆς θέσεως τοῦ Προέδρου ἤ ἀποθανόντα, διαδέχεται εἰς ἁπάσας τάς ἁρμοδιότητας αὐτοῦ ὁ ἑκάστοτε ἐν ἐνεργείᾳ Μητροπολίτης Κισσάμου καί Σελίνου. β) Ἐξ ἑνός ἐν ἐνεργείᾳ Ἀρχιερέως τῆς ἐν Κρήτῃ Ὀρθοδόξου Ἐκκλησίας, ὁριζομένου μετά τοῦ ἀναπληρωτοῦ του ἐπί διετεῖ θητείᾳ ὑπό τῆς Ἱερᾶς Ἐπαρχιακῆς Συνόδου Κρήτης. γ)

ἐκ τοῦ ἑκάστοτε Νομάρχου Χανίων, ἀναπληρουμένου ὑπό τοῦ νομίμου ἀναπληρωτοῦ αὐτοῦ. δ) Ἐκ τοῦ ἑτέρου τῶν Ἱδρυτῶν Ἀλεξ. Κ. Παπαδεροῦ. Τοῦτον ἀπόντα ἤ κωλυόμενον, ἀναπληροῖ πρόσωπον, ὁριζόμενον ὑπό τῆς Ἱερᾶς Μητροπόλεως Κισσάμου καί Σελίνου, παραιτούμενον δέ ἤ ἀποθανόντα, διαδέχεται ἐπί ἰσοβίω θητεία διακεκριμένη προσωπικότης, ἐπιλεγομένη ὑπό τοῦ Διοικητικοῦ Συμβουλίου ἐκ καταλόγου πέντε τοὐλάχιστον ὑποψηφίων, ὑπό τῆς αὐτῆς ὡς ἄνω Μητροπόλεως συντασσομένου. Ἡ τοιαύτη διαδικασία διαδοχῆς καί ἀναπληρώσεως ἀκολουθεῖται εἰς τό διηνεκές. ε) Ἐξ ἑνός τῶν ἐν Κρήτη διαβιούντων ἀδελφῶν τῆς Ἱερᾶς Μονῆς Ὀδηγητρίας Γωνιᾶς, ὑπό τοῦ Ἡγουμενοσυμβουλίου μετά τοῦ ἀναπληρωτοῦ αὐτοῦ, ἐπίσης ἐκ τῶν ἀδελφῶν τῆς Μονῆς, ἐπί διετεῖ θητεία προτεινομένου. Τήν πρότασιν ταύτην ἐπικυροῖ ἡ Ἱερά Μητρόπολις Κισσάμου καί Σελίνου. στ) Ἐξ ἑνός Κρητός Καθηγητοῦ Ἀνωτάτης Σχολῆς, κατά προτίμησιν Θεολογικῆς, ἐν ἐνεργεία ἤ ὁμοτίμου, ὑπό τῆς Ἱερᾶς Μητροπόλεως Κισσάμου καί Σελίνου εἰς τό ἀξίωμα τοῦτο καλουμένου μετά τοῦ ἀναπληρωτοῦ του, Καθηγητοῦ ὁμοίως ἤ Ὑφηγητοῦ Ἀνωτάτης Σχολῆς. ζ) Ἐξ ἑνός ἐκπροσώπου τῆς ἐν Ἀθήναις Παγκρητίου Ἑνώσεως, ὡς ἐκπροσώπου τῶν ἀποδήμων Κρητῶν. Τοῦτον ὁρίζει τό Διοικ. Συμβούλιον τῆς Ἑνώσεως ταύτης ἐκ τῶν μελῶν αὐτῆς ἐπί διετεῖ θητεία. Ὡς ἀναπληρωτήν αὐτοῦ τό Διοικ. Συμβούλιον τῆς Ἑνώσεως δύναται νά ὁρίση καί μή μέλος αὐτῆς, ἤτοι διακεκριμένον κάτοικον τῆς Κρήτης. η-θ) Ἐκ δύο διακεκριμένων προσωπικοτήτων, καταγομένων ἐκ τῶν Ἐπαρχιῶν Κισσάμου καί Σελίνου ἀντιστοίχως, εἰς τόν Νομόν Χανίων διαμενόντων καί προερχομένων κατά προτίμησιν ἐκ τοῦ σώματος τῶν ἐκπαιδευτικῶν ἤ τῶν ἐπιστημόνων ἐν γένει ἤ τῶν στρατιωτικῶν ἤ ἐκ τῶν Ἑνώσεων Γεωργικῶν Συνεταιρισμῶν τῶν δύο Ἐπαρχιῶν. Οὗτοι κατά μέν τήν πρώτην ἐφαρμογήν τοῦ παρόντος ὁρίζονται ὑπό τῆς Ἱ. Μητροπόλεως Κισσάμου καί Σελίνου μετά τῶν ἀναπληρωτῶν των, ἐπί διετεῖ θητεία, ἔκτοτε δέ ἐπιλέγονται ὑπό τοῦ Διοικ. Συμβουλίου μετά τῶν ἀναπληρωτῶν αὐτῶν ἐπί διετεῖ θητεία ἐκ καταλόγου δέκα τοὐλάχιστον ὑποψηφίων, ὑπό τῆς Ἱερᾶς Μητροπόλεως Κισσάμου καί Σελίνου συντασσομένου.

2. Ἡ ἐν τῶ Δ. Συμβουλίω παραμονή τῶν κατά τά ἀνωτέρω ἐπί θητεία μελῶν λήγει τήν 31ην Δεκεμβρίου τοῦ μεθεπομένου ἀπό τῆς πρώτης συγκροτήσεως τοῦ Συμβουλίου ἔτους.

3. Ἐφ' ὅσον τήν θέσιν τοῦ Γενικοῦ Διευθυντοῦ δέν κατέχει τίς τῶν κατά τά ἀνωτέρω μελῶν τοῦ Διοικ. Συμβουλίου, ὁ Γενικός Διευθυντής μετέχει αὐτοῦ ὡς πρόσθετον μέλος μετά ψήφου, ἀναπληρούμενος ὑπό ἀνωτέρου ὑπαλλήλου τοῦ Ἱδρύματος ὑπό τοῦ Διοικ. Συμβουλίου ὁριζομένου. Ὁ Γεν. Διευθυντής ἀπέχει τῶν συνεδριάσεων, ὁσάκις τό Διοικ. Συμβούλιον ἐπιλαμβάνεται θεμάτων τῆς ἡμερησίας διατάξεως ἐχόντων τήν ἔννοιαν ἀσκήσεως ἐλέγχου ἐπί τοῦ τρόπου ἐπιτελέσεως τῶν καθηκόντων αὐτοῦ.

4. Πρός συγκρότησιν τοῦ πρώτου Διοικητικοῦ Συμβουλίου ὁ Πρόεδρος ἐντός δεκαπενθημέρου ἀπό τῆς νομίμου ἰσχύος τοῦ παρόντος ὀργανισμοῦ καλεῖ ἐγγράφως τά ἐκ τῶν ἀνωτέρω φυσικά πρόσωπα, ὅπως καταθέσωσι δήλωσιν περί ἀποδοχῆς τῆς συμμετοχῆς αὐτῶν εἰς τό Διοικ. Συμβούλιον τά δέ ἐκ τούτων Νομικά Πρόσωπα, ὅπως ὁρίσωσι τόν ἐκπρόσωπον αὐτῶν κατά τά ἀνωτέρω. Δι' ὅσα ἐκ τῶν ἀνωτέρω μελῶν δέν ἤθελε τυχόν ὑπάρξει θετική ἀπάντησις ἐντός ἑνός μηνός ἀπό τῆς ἀποστολῆς τοῦ προσκλητηρίου ἐγγράφου, ἡ Ἱ. Μητρόπολις Κισσάμου καί Σελίνου ὁρίζει ἐντός δεκαπενθημέρου ἀντικαταστάτας μετά τῶν ἀναπληρωτῶν αὐτῶν ἐκ προσωπικοτήτων, ἐχουσῶν κατά τό δυνατόν παραπλησίαν ἐκείνης τῶν ἀντικαθισταμένων ἰδιότητα.

5) Ἔκτοτε καί εἰς τό διηνεκές ἡ διαδικασία ἀντικαταστάσεως τῶν κατά τά ἀνωτέρω ἐπί θητείᾳ μελῶν δι' ἐπιλογῆς νέων ἤ ἀνανεώσεως τῆς θητείας αὐτῶν, δέον νά ὁλοκληροῦται τό βραδύτερον δύο μῆνας πρό τῆς λήξεως τῆς θητείας αὐτῶν. Πρός τοῦτο ἡ μέν Ἱερά Μητρόπολις Κισσάμου καί Σελίνου καί τό Διοικητικόν Συμβούλιον προβαίνουν ἐγκαίρως εἰς τήν ἐπιλογήν τῶν κατά τά ἐδάφια στ΄ καί η΄-θ΄ τοῦ παρόντος, ἀντιστοίχως μελῶν, ὁ δέ Πρόεδρος προσκαλεῖ τά ἐν τοῖς ἐδαφίοις β΄, ε΄ καί ζ΄ Νομικά Πρόσωπα, ὅπως ὁρίσωσι, κατά τά ἀνωτέρω, τούς ἐκπροσώπους αὐτῶν· δι' ὅσα ἐκ τῶν ἀνωτέρω μελῶν δέν ἤθελε τυχόν ὑπάρξει θετική ἀπάντησις ἐντός ἑνός μηνός ἀπό τῆς ἀποστολῆς τοῦ προσκλητηρίου ἐγγράφου, τό Διοικ. Συμβούλιον προβαίνει εἰς τόν ἐπί διετεῖ θητείᾳ διορισμόν ἀντικαταστατῶν διά τά ἐλλείποντα μέλη.

6) Ἐάν Νομικόν τι Πρόσωπον ἐκ τῶν ἀνωτέρω ἀναγραφομένων δέν ἤθελεν ἐκπροσωπηθῇ ἐπί δύο διαδοχικάς θητείας, ἰδίᾳ αὐτοῦ προαιρέσει ἤ ὑπαιτιότητι, θεωρεῖται παρῃτημένον τοῦ δικαιώματος ἐκπροσωπήσεως αὐτοῦ. Τό Διοικ. Συμβούλιον πληροῖ κατά ἐλευθέραν κρίσιν αὐτοῦ τήν οὕτω κενουμένην θέσιν, ὀφείλει ὅμως νά δεχθῇ ἐκ νέου τό τυχόν παρά τοῦ τοιούτου Νομ. Προσώπου ὁποτεδήποτε ὁρισθησόμενον μεταγενεστέρως ἐκπρόσωπον αὐτοῦ.

7) Ἐάν Νομικόν τι Πρόσωπον ἐκ τῶν ἀνωτέρω ἀναγραφομένων ἤθελε παύσει ὑφιστάμενον, ἡ πρός αὐτό σχέσις τοῦ Ἱδρύματος ἀναφέρεται εἰς τυχόν κατά Νόμον διάδοχον αὐτοῦ Νομικόν Πρόσωπον, ἐλλείψει δέ τοιούτου ἀποφασίζει τό Διοικ. Συμβούλιον.

8. Τό Διοικ. Συμβούλιον, καλούμενον ὑπό τοῦ Προέδρου δέκα (10) τοὐλάχιστον ἡμέρας πρό τῆς συνεδρίας, συνέρχεται ἐν τῇ ἕδρᾳ τοῦ Ἱδρύματος τακτικῶς μέν ἀνά τετράμηνον, ἐκτάκτως δέ ὁσάκις παρίσταται ἀνάγκη. Ἐπί τῇ αἰτήσει τεσσάρων τοὐλάχιστον μελῶν, ὁ Πρόεδρος ὑποχρεοῦται, ὅπως συγκαλέσῃ τό Συμβούλιον εἰς ἔκτακτον συνεδρίαν ἐντός μηνός ἀπό τῆς ὑποβολῆς τῆς αἰτήσεως. Τό Διοικ. Συμβούλιον εὑρίσκεται ἐν ἀπαρτίᾳ ἐάν παρίστανται πέντε (5) τοὐλάχιστον ἐκ τῶν μελῶν αὐτοῦ, ἀποφασίζει δέ κατά πλειοψηφίαν, νικώσης ἐπί ἰσοψηφίᾳ, τῆς ψήφου τοῦ Προέδρου. Μόνον τῇ ὁμοφωνίᾳ πάντων τῶν παρισταμένων μελῶν δύνανται νά ἀχθοῦν ἐνώπιον τοῦ Διοικ. Συμβουλίου πρός συζήτησιν καί θέματα μή ἀναγεγραμμένα ἐν τῇ ἡμερησίᾳ διατάξει, ἥτις ἀποστέλλεται αὐτοῖς ὁμοῦ μετά τῆς προσκλήσεως.

9. Αἱ ὑπό τοῦ Διοικ. Συμβουλίου λαμβανόμεναι ἀποφάσεις, διατυποῦνται ἐν σχεδίῳ καί ὑπογράφονται κατά τήν αὐτήν συνεδρίαν ὑπό τῶν παρισταμένων μελῶν, τίθενται παραυτά εἰς ἰσχύν, τά δέ πρακτικά, ἐν τῷ συνόλῳ αὐτῶν ἐπικυροῦνται κατά τήν ἀμέσως ἑπομένην τακτικήν συνεδρίαν, ὑπογραφόμενα ὑπό τῶν παραστάντων μελῶν.

Ἄρθρον 6ον
Ἁρμοδιότητες Διοικητικοῦ Συμβουλίου
Τό Διοικητικόν Συμβούλιον, ἀποτελοῦν τό ἀνώτατον ὄργανον αὐτοδιοικήσεως τοῦ Ἱδρύματος, ἔχει τάς ἀκολούθους ἁρμοδιότητας, πέραν τῶν ἐν τῷ παρόντι εἰδικώτερον ἀναγραφομένων:

1) Ἐγκρίνει τό ἐτήσιον πρόγραμμα ἐργασιῶν τοῦ Ἱδρύματος κατά τό γενικόν πλαίσιον αὐτοῦ, καθώς καί τόν ἀπολογισμόν δράσεως ἑκάστου ἔτους.

2) Μεριμνᾷ διά τήν ἐντελεστέραν πραγμάτωσιν τῶν ἐν ἄρθρῳ 2 σκοπῶν, δυνάμενον, ἐγκρίσει τῆς Ἱερᾶς Μητροπόλεως Κισσάμου καί Σελίνου, νά διευρύνῃ αὐτούς τε καί τά

ἐν ἄρθρῳ 2 μέσα, ἐφ' ὅσον ἡ διεύρυνσις αὕτη κρίνεται ἀναγκαία διά τήν καλυτέραν ἐκπλήρωσιν τῆς κυρίας ἀποστολῆς τοῦ Ἱδρύματος.

3) Καταρτίζει τόν προϋπολογισμόν καί τόν ἀπολογισμόν τοῦ Ἱδρύματος καί ἀποφασίζει ἐπί τῶν τυχόν αἰτηθησομένων παρά τῆς Ἐκτελεστικῆς Ἐπιτροπῆς συμπληρωματικῶν πιστώσεων κατά τήν διάρκειαν τῆς χρήσεως.

4) Καθορίζει τάς τακτικάς θέσεις τοῦ ἐπιστημονικοῦ καί διοικητικοῦ προσωπικοῦ καί προβαίνει εἰς τήν πρόσληψιν, τήν προαγωγήν καί τήν ἀπόλυσιν αὐτοῦ κατά τά ἐν ἄρθρῳ 11 εἰδικότερον ὁριζόμενα.

5) Ἐγκρίνει καί τροποποιεῖ τόν κανονισμόν λειτουργίας τῶν ὑπηρεσιῶν καί τῶν παραρτημάτων τοῦ Ἱδρύματος.

6) Ἀποφασίζει ἐπί τῆς ἀγορᾶς ἤ πωλήσεως ἀκινήτων, ἐπί τῆς ἐκτελέσεως ἔργων δαπάνης μείζονος τῶν πεντήκοντα χιλιάδων (50.000) δραχμῶν, ἐπί τῆς ἀποδοχῆς ἤ μή κληρονομιῶν, ἐπί τῆς συνάψεως ἐνυποθήκων ἤ μή δανείων καί ἐπί τῆς ἐγέρσεως ἀγωγῶν. Διά τάς δύο τελευταίας πράξεις ἀπαιτεῖται ἔγκρισις παρά τῆς Μητροπόλεως Κισσάμου καί Σελίνου.

7) Ἀποφασίζει ἐπί παντός ἑτέρου θέματος, ἐπί τοῦ ὁποίου σιωπᾷ ὁ παρών Ὀργανισμός ἤ τό ὁποῖον κρίνει τό Διοικ. Συμβούλιον ὅτι δέον νά ἀχθῇ ἐνώπιον αὐτοῦ.

8) Συνιστᾷ μονίμους ἤ ἐπ' εὐκαιρίᾳ Ἐπιτροπάς τῇ συμμετοχῇ ὁπωσδήποτε ἑνός ἐκ τῶν μελῶν του ἤ ἑνός ἐκ τῶν ὑπαλλήλων τοῦ Ἱδρύματος, πρός κάλυψιν εἰδικῆς ἀνάγκης, καί καθορίζει τά τῶν ἐργασιῶν των κ.λ.π. ἤ ἀναθέτει τόν καθορισμόν εἰς τήν Ἐκτελεστικήν Ἐπιτροπήν.

Ἄρθρον 7ον
Ἐκτελεστική Ἐπιτροπή

1. Ἡ Ἐκτελεστική Ἐπιτροπή συγκροτεῖται ἐκ τοῦ Προέδρου τοῦ Διοικητικοῦ Συμβουλίου, ὡς Προέδρου αὐτῆς, ἐκ τοῦ Γεν. Διευθυντοῦ καί ἑνός ἐκ τῶν μελῶν τοῦ Διοικ. Συμβουλίου, ἐκλεγομένου ὑπ' αὐτοῦ κατ' ἔτος. Τόν Πρόεδρον, ἀπόντα ἤ κωλυόμενον, ἀναπληροῖ ὁ Ἀντιπρόεδρος (παρίσταται ὅμως ἐν τῇ περιπτώσει ταύτῃ καί ὁ κατά τό ἄρθρον 5 ἐδάφ. 1α ἀναπληρωτής τοῦ Μητροπολίτου), τά δ' ἕτερα μέλη δύο ἀναπληρωταί, ἐκλεγόμενοι ἐπίσης κατ' ἔτος ὑπό τοῦ Διοικ. Συμβουλίου ἐκ τῶν μελῶν αὐτοῦ. Ὡς ἀναπληρωτής τοῦ Γεν. Δ/ντοῦ παρά τῇ Ἐκτ. Ἐπιτροπῇ δύνανται νά ὁρισθῇ καί ἀνώτερος ὑπάλληλος τοῦ Ἱδρύματος.

2. Ἡ Ἐκτ. Ἐπιτροπή συνεδριάζει ἅπαξ τοῦ μηνός ἤ καί ἐκτάκτως ὁσάκις ὁ Πρόεδρος κρίνῃ τοῦτο ἀναγκαῖον, εὑρίσκεται δέ ἐν ἀπαρτίᾳ παρισταμένων ἁπάντων τῶν μελῶν αὐτῆς. Συνεδριάζει ὡσαύτως ἐγκύρως, ἐπί παρουσίᾳ δύο μελῶν (μετέχοντος δέ κατά τά ἀνωτέρω καί ἀναπληρωτοῦ τοῦ Μητροπολίτου, ἐπί παρουσίᾳ τριῶν μελῶν), ἐφ' ὅσον τό ἀπολειπόμενον μέλος ἔχει ἐξουσιοδοτήσει ἐγγράφως ἕν τῶν λοιπῶν μελῶν. Ὁμοίως συνεδριάζει ἐγκύρως ἐφ' ὅσον ἕν μέλος, καίτοι κληθέν, ἠρνήθη νά προσέλθῃ οὐδέ καί εἰδοποίησεν ἐγκαίρως πρός πρόσκλησιν τοῦ ἀναπληρωτοῦ αὐτοῦ. Ἡ τοιαύτη ἄρνησις ἐπαναλαμβανομένη διά δευτέραν κατά συνέχειαν φοράν, συνεπάγεται αὐτοδικαίως τήν ἀντικατάστασιν τοῦ μέλους ὑπό τοῦ ἀναπληρωτοῦ του διά τό ὑπόλοιπον χρονικόν διάστημα τῆς θητείας αὐτοῦ, τό δέ Διοικ. Συμβούλιον, κατά τήν ἀμέσως ἐπομένην συνεδρίαν αὐτοῦ, ἐκλέγει νέον ἀναπληρωτήν.

3) Αἱ ἀποφάσεις λαμβάνονται κατά πλειοψηφίαν, νικώσης, ἐν ἰσοψηφίᾳ, τῆς ψήφου τοῦ Προέδρου, τά δέ πρακτικά, συντασσόμενα μερίμνῃ τοῦ Γεν. Διευθυντοῦ,

ἐπικυροῦνται κατά τήν ἑπομένην ἤ ἐν ἀνάγκῃ, κατά τήν αὐτήν συνεδρίαν, ὑπογραφόμενα ὑφ' ἁπάντων τῶν παραστάντων μελῶν.

4) Εἰς τάς συνεδριάσεις τῆς Ἐκτ. Ἐπιτροπῆς ἄγονται παρεκτός τῶν ἐν τῇ ἡμερησίᾳ διατάξει ἀναγεγραμμένων θεμάτων καί ἅπαντα τά μέχρι τῆς συγκλήσεώς της ἐπιφανέντα τοιαῦτα.

Ἄρθρον 8ον
Ἁρμοδιότητες Ἐκτελεστικῆς Ἐπιτροπῆς
Ἡ Ἐκτελεστική Ἐπιτροπή ἔχει τάς κάτωθι ἁρμοδιότητας:

1) Ἐκτελεῖ τάς ἀποφάσεις τοῦ Διοικ. Συμβουλίου καί ἀσκεῖ τήν τρέχουσαν Διοίκησιν καί Διαχείρισιν ἐν γένει τοῦ Ἱδρύματος.

2) Ἀποφασίζει ἐπί τοῦ τρόπου ἐκτελέσεως τοῦ προϋπολογισμοῦ καί τοῦ προγράμματος δράσεως, βάσει δέ τοῦ ἐγκεκριμένου προϋπολογισμοῦ διατάσσει τήν εἴσπραξιν τῶν ἐσόδων τοῦ Ἱδρύματος, ἐντέλλεται τήν καταβολήν τῶν δαπανῶν καί ἀποφασίζει ἐπί τῆς ἐκτελέσεως ἔργων δαπάνης μέχρι πεντήκοντα χιλιάδων (50.000) δραχμῶν.

3) Ἐλέγχει τήν ταμιακήν καί λογιστικήν διαχείρισιν τοῦ Ἱδρύματος ἤ διατάσσει τήν διενέργειαν τοῦ ἐλέγχου τούτου.

4) Διορίζει, προάγει καί ἀπολύει τό πάσης φύσεως προσωπικόν, κατά τά ἐν ἄρθρῳ 11 εἰδικώτερον ὁριζόμενα, ἐπιφυλασσομένης τῆς διατάξεως τοῦ ἐδαφ. 4 τοῦ ἄρθρου 6.

5) Ἀσκεῖ τήν πειθαρχικήν ἐξουσίαν ἐπί τοῦ προσωπικοῦ, ἐξαιρέσει τοῦ Γεν. Διευθυντοῦ, δι' ὅν ἀναφέρεται ὁ Πρόεδρος ἀπ' εὐθείας εἰς τό Διοικ. Συμβούλιον ἐφ' ὅσον ἡ ποινή συνεπάγεται ἀπόλυσιν. Ὁ τιμωρούμενος δύναται νά προσφύγῃ εἰς τό Διοικ. Συμβούλιον, δέν δύναται ὅμως νά ἐκτελῇ ὑπηρεσίαν μέχρις ἐκδικάσεως τῆς προσφυγῆς του.

6) Ἀποφασίζει ἐπί παντός θέματος ἁρμοδιότητος τοῦ Διοικητικοῦ Συμβουλίου κατ' ἐξουσιοδότησιν αὐτοῦ.

7) Ἀποφασίζει ἐπί θεμάτων τῆς ἁρμοδιότητος τοῦ Διοικ. Συμβουλίου ὁσάκις ἐπείγει ἡ ἐπ' αὐτῶν λῆψις ἀποφάσεως, ὡς καί ἐπί παντός θέματος, ἀνακύπτοντος καί μή προβλεπομένου ὑπό τοῦ παρόντος Ὀργανισμοῦ, φέρει ὅμως τάς ἀποφάσεις ταύτας πρός ἔγκρισιν ἐνώπιον τοῦ Διοικ. Συμβουλίου τό βραδύτερον κατά τήν ἀμέσως ἑπομένην τακτικήν συνεδρίαν αὐτοῦ.

Ἄρθρον 9ον
Πρόεδρος
Ὁ Πρόεδρος τοῦ Διοικ. Συμβουλίου καί τῆς Ἐκτελ. Ἐπιτροπῆς ἔχει τάς κάτωθι ἁρμοδιότητας:

1) Κατευθύνει καί ἐποπτεύει τάς ἐργασίας τοῦ Ἱδρύματος.

2) Καταρτίζει τήν ἡμερησίαν διάταξιν ἀμφοτέρων τῶν σωμάτων (Διοικ. Συμβουλίου καί Ἐκτελ. Ἐπιτροπῆς) συγκαλεῖ αὐτά, διευθύνει τάς ἐργασίας αὐτῶν καί μεριμνᾷ διά τήν ἐκτέλεσιν τῶν ὑπό τοῦ παρόντος Ὀργανισμοῦ ὁριζομένων.

3) Ἐκπροσωπεῖ νομίμως τό Ἴδρυμα εἰς πᾶσαν συναλλαγήν του μετά παντός φυσικοῦ ἤ νομικοῦ προσώπου, πάσης Ἀρχῆς καί τῶν Δικαστηρίων.

4) Ὑπογράφει ἁπάσας τάς πράξεις, τάς ἀφορώσας εἰς τό προσωπικόν, τάς πάσης φύσεως συμβάσεις καί πᾶν δέον ἔγγραφον.

5) Ἀποφασίζει ἐπί μή θεμελιώδους σημασίας θεμάτων τῆς ἁρμοδιότητος τοῦ Διοικ. Συμβουλίου καί τῆς Ἐκτελ. Ἐπιτροπῆς, ὁσάκις ἐπείγει ἀπολύτως ἡ ἐπ' αὐτῶν λῆψις ἀποφάσεως ἡ δέ ἄμεσος σύγκλησις τῆς Ἐκτ. Ἐπιτροπῆς δέν εἶναι ἐφικτή, ὑποβάλλει ὅμως τάς ἀποφάσεις του ταύτας πρός ἔγκρισιν εἰς τό ἁρμόδιον κατά περίπτωσιν ὄργανον τό βραδύτερον κατά τήν ἀμέσως ἑπομένην συνεδρίαν αὐτῶν.

6) Ὁ Πρόεδρος δύναται νά μεταβιβάζῃ εἰς τόν Γεν. Δ/ιευθυντήν ἤ εἰς ἕτερα μέλη τοῦ Διοικ. Συμβουλίου τήν ἄσκησιν ἁρμοδιοτήτων τινῶν, διατηρῶν ἤ μή τήν δυνατότητα παραλλήλου ἀσκήσεως αὐτῶν.

7) Ὁ Ἀντιπρόεδρος τοῦ Διοικ. Συμβουλίου εἶναι ὁ ἑκάστοτε Νομάρχης Χανίων, ὅστις ἀναπληροῖ τόν Πρόεδρον, ἀπόντα ἤ κωλυόμενον, εἰς ἁπάσας τάς ἁρμοδιότητας αὐτοῦ, ἐξαιρέσει τῆς διευθύνσεως τῶν συνεδριάσεων τοῦ Διοικ. Συμβουλίου, ἥν ἀσκεῖ ὁ τυχόν παριστάμενος ἐκπρόσωπος τῆς Ἱερᾶς Συνόδου Ἀρχιερεύς.

Ἄρθρον 10^{ον}
Γενικός Διευθυντής

1. Ὁ Γεν. Διευθυντής δέον νά εἶναι πτυχιοῦχος Ὀρθοδόξου Θεολογικῆς Σχολῆς καί κάτοχος διδακτορικοῦ διπλώματος κατά προτίμησιν δέ Καθηγητής ἤ Ὑφηγητής Ἀνωτάτης Σχολῆς, νά ἔχει εὐρεῖαν γενικήν μόρφωσιν καί πεῖραν ἐπί τῶν ἐκκλησιαστικῶν καί τῶν ἑλληνικῶν κοινωνικῶν προβλημάτων, νά κατέχῃ δέ τήν Ἀγγλικήν ἤ Γαλλικήν ἤ Γερμανικήν γλῶσσαν. Οὗτος προσλαμβάνεται κατ' ἐλευθέραν κρίσιν τοῦ Διοικ. Συμβουλίου ἀπ' εὐθείας ἤ κατόπιν διαγωνισμοῦ, ἐπί συμβάσει μισθώσεως ἐργασίας ὡρισμένου ἤ ἀορίστου χρόνου. Ὁ μισθός καί αἱ πάσης φύσεως ἀποδοχαί αὐτοῦ καθορίζονται ἐν τῇ ἀποφάσει τοῦ Διοικ. Συμβουλίου, ὅπερ καί καταγγέλει τήν μετ' αὐτοῦ σύμβασιν.

2. Ἐπί μίαν τοὐλάχιστον δεκαετίαν ἀπό τῆς ἰσχύος τοῦ παρόντος, τήν θέσιν τοῦ Γεν. Δ/ντοῦ διατηρεῖ ὁ καί νῦν κατέχων αὐτήν Ἀλέξανδρος Κ. Παπαδερός πρός διασφάλισιν τῆς διαμορφώσεως καί ἑδραίωσιν τῆς λειτουργίας τοῦ Ἱδρύματος.

3. Ὁ Γενικός Διευθυντής τοῦ Ἱδρύματος, ὑπηρετῶν ὡς διευθύνων ἐπιστημονικός ἅμα καί διοικητικός Σύμβουλος, ἔχει τάς κάτωθι ἁρμοδιότητας: 1. Μεριμνᾷ διά τήν ἐκτέλεσιν τῶν ἀποφάσεων τοῦ Διοικ. Συμβουλίου καί τῆς Ἐκτελ. Ἐπιτροπῆς. 2. Ἐπιμελεῖται τοῦ καθ' ὅλου ἐπιστημονικοῦ ἔργου τοῦ Ἱδρύματος, διευθύνει τάς ἐν γένει ἐργασίας αὐτοῦ, κατευθύνει τούς Διευθυντάς ἤ Προϊσταμένους τῶν Παραρτημάτων καί τῶν τομέων δράσεως τοῦ Ἱδρύματος καί προΐσταται τῶν Ὑπηρεσιῶν αὐτοῦ. 3. Εἰσηγεῖται εἰς τά ὄργανα τοῦ Ἱδρύματος τά θέματα τῆς ἡμερησίας διατάξεως, καθώς καί πᾶν μέτρον, δυνάμενον νά συμβάλῃ εἰς τήν ἐκπλήρωσιν τῆς ἀποστολῆς καί τήν προαγωγήν τοῦ Ἱδρύματος. 4. Ἐπικοινωνεῖ διά τήν ἄσκησιν τῶν καθηκόντων του μετά τῶν ἐκκλησιαστικῶν Ἀρχῶν, τῶν δημοσίων Ὑπηρεσιῶν καί παντός τρίτου, διεξάγει τήν καθ' ὅλου ἀλληλογραφίαν, συνυπογράφει τά ὑπό τοῦ Προέδρου ὑπογραφόμενα ἔγγραφα καί φυλάσσει τήν σφραγίδα τοῦ Ἱδρύματος. 5. Ἐγκρίσει τοῦ Διοικ. Συμβουλίου ὁ Γεν. Δ/ιευθυντής δύναται νά μεταβιβάζῃ τήν ἄσκησιν τινῶν ἐκ τῶν ἁρμοδιοτήτων αὐτοῦ εἰς ὑπαλλήλους τοῦ Ἱδρύματος, διατηρῶν ἤ μή τήν δυνατότητα παραλλήλου ἀσκήσεως αὐτῶν.

Ἄρθρον 11ον
Προσωπικόν
1) Τό Προσωπικόν τοῦ Ἱδρύματος, διακρινόμενον εἰς ἐπιστημονικόν, διοικητικόν καί βοηθητικόν, προσλαμβάνεται ὡς τακτικόν ἢ ἔκτακτον ἀπ᾽ εὐθείας ἢ κατόπιν διαγωνισμοῦ, ἐπί συμβάσει μισθώσεως ἐργασίας ὡρισμένου ἢ ἀορίστου χρόνου καί ἐπί μισθῷ ἢ ἡμερομισθίῳ ἢ ὡρομισθίῳ, καθώς καί ὡς ἐθελοντικόν. Ἐκ τοῦ προσωπικοῦ τό μέν τακτικόν, ἐπιστημονικόν καί διοικητικόν, προσλαμβάνεται ὑπό τοῦ Διοικ., Συμβουλίου, τό δέ λοιπόν ὑπό τῆς Ἐκτελεστικῆς Ἐπιτροπῆς. Ἡ ὑπηρεσιακή κατάστασις τοῦ προσωπικοῦ (προαγωγαί, ἀποσπάσεις κ.λ.π.), καθώς καί ἡ καταγγελία τῆς συμβάσεως ἐνεργοῦνται ὑπό τοῦ συνάψαντος τήν σύμβασιν ὀργάνου.

2) Ὀργανισμός τοῦ προσωπικοῦ, ἐγκρινόμενος ὑπό τοῦ Διοικ. Συμβουλίου, δέον ὅπως καθορίσῃ πᾶσαν λεπτομέρειαν, ἀφορῶσαν εἰς τήν κατάστασιν τοῦ προσωπικοῦ (ὀργανικαί θέσεις, διάκρισις αὐτῶν εἰς κατηγορίας, διαβάθμισις ἑκάστης κατηγορίας, προσόντα πρός κατάληψιν ἑκάστης θέσεως, μισθοί, ἀποδοχαί καί ἐπιδόματα, προαγωγαί, παραπτώματα καί ποιναί κ.λ.π.). Τόν Ὀργανισμόν τοῦτον δύναται νά ἀναπροσαρμόζῃ τό Διοικ. Συμβούλιον κατά τάς ἑκάστοτε ἀνάγκας καί δυνατότητας τοῦ Ἱδρύματος.

Ἄρθρον 12ον
Σύναξις τῶν Ἑταίρων
1) Ὄργανον ἀνωτάτης πνευματικῆς κηδεμονίας τοῦ Ἱδρύματος ἀποτελεῖ ἡ ΣΥΝΑΞΙΣ ΤΩΝ ΕΤΑΙΡΩΝ ΤΗΣ ΟΡΘΟΔΟΞΟΥ ΑΚΑΔΗΜΙΑΣ ΚΡΗΤΗΣ.

2) Εἰς «Ἑταίρους τῆς Ὀρθοδόξου Ἀκαδημίας Κρήτης» ἀνακηρύσσονται ὑπό τῆς Συνάξεως, κατόπιν ἠτιολογημένης πράξεως τοῦ Διοικ. Συμβουλίου: α) Οἱ κατά τό ἄρθρον 18 τοῦ παρόντος συνδράμοντες τό Ἵδρυμα. Προκειμένου περί Νομικῶν Προσώπων, ἡ ἀνακήρυξις ἀναφέρεται εἰς ταῦτα, εἰς δέ τάς συνελεύσεις καλεῖται ἡ νόμιμος Διοίκησις αὐτῶν. β) Οἱ ἐπιδείξαντες ἐμπράκτως ζωηρόν ἐνδιαφέρον διά τήν ἐπιτυχίαν τῆς ἀποστολῆς τοῦ Ἱδρύματος καί οἱ ὁπωσδήποτε προσενεγκόντες ἀξιολόγους ὑπηρεσίας εἰς αὐτό. γ) Οἱ ἀποδεδειγμένως προαγαγόντες τήν ἔρευναν τῶν ἀφορώντων εἰς τήν Κρήτην ζητημάτων καί οἱ καθ᾽ οἱονδήποτε τρόπον ὠφελήσαντες μεγάλως τήν Ἐκκλησίαν καί τόν λαόν τῆς Νήσου. δ) Τά περιποιήσαντα τιμήν εἰς τήν ἰδιαιτέραν αὐτῶν πατρίδα τέκνα τῆς Κρήτης. ε) Διακεκριμένα μέλη τῆς Ὀρθοδόξου Ἐκκλησίας, κατ᾽ ἐξαίρεσιν δέ καί ἕτερα πρόσωπα, συμπαθῶς προσκείμενα τῇ Ὀρθοδοξίᾳ ἢ προαγαγόντα τήν ἔρευναν τῶν εἰς αὐτήν ἀφορώντων ζητημάτων. στ) Οἱονδήποτε πρόσωπον ἤθελε κρίνει τό Διοικ. Συμβούλιον ὡς ἄξιον τῆς τοιαύτης ἀναγνωρίσεως.

3) Ἡ ἰδιότης τινός ὡς Ἑταίρου τῆς Ἀκαδημίας, ἀπονεμομένη εἰς ἡμεδαπούς καί ἀλλοδαπούς, εἶναι τιμητική.

4) Τό Διοικ. Συμβούλιον καθορίζει τόν τύπον τοῦ τιμητικοῦ διπλώματος, ἐν ᾧ ἀναγράφεται ἡ σχετική αἰτιολογική πρᾶξις αὐτοῦ, καθώς καί τόν τρόπον τῆς ἀπονομῆς.

5) Τῆς Συνάξεως προΐσταται ἡ Κοσμητεία, ἀποτελουμένη ἐκ πέντε μέχρι δέκα Ἑταίρων, Πρόεδρος τῆς Κοσμητείας εἶναι ὁ ὑπό τῆς Α.Θ.Π. τοῦ Οἰκουμενικοῦ Πατριάρχου ὁριζόμενος ἐκπρόσωπος αὐτοῦ, τούτου δέ μή παρισταμένου ὁ Σεβ. Ἀρχιεπίσκοπος Κρήτης. Μή παρισταμένου καί τούτου, τόν Πρόεδρον ὁρίζουν τά λοιπά μέλη τῆς Κοσμητείας.

6) Πᾶν ἕτερον θέμα, ἀναφερόμενον εἰς τόν τρόπον ἐκλογῆς τῶν μελῶν τῆς Κοσμητείας καί τήν συγκρότησιν, τάς ἁρμοδιότητας καί τήν λειτουργίαν αὐτῆς τε καί τῆς Συνάξεως καθορίζει τό Διοικ. Συμβούλιον διά Κανονισμοῦ, τόν ὁποῖον δύναται νά τροποποιῇ εἴτε αὐτοβούλως, εἴτε προτάσει τῆς Συνάξεως.

7) Κατά τήν πρώτην ἐφαρμογήν τοῦ παρόντος, τούς Ἑταίρους πρός καταρτισμόν τῆς πρώτης συνάξεως ἀνακηρύσσει τό Διοικ. Συμβούλιον.

Ἄρθρον 13ον
Παραρτήματα του Ἱδρύματος

1. Διά τήν παροχήν ἐκπαιδεύσεως ἤ ἐπιμορφώσεως, τήν διεξαγωγήν ἐπιστημονικῶν ἐρευνῶν, τόν ἀρτιώτερον προγραμματισμόν καί τήν πληρεστέραν ἐκτέλεσιν καί ἀξιοποίησιν τοῦ ἔργου αὐτοῦ, τό Ἴδρυμα δύναται νά συνιστᾷ εἰς τήν ἕδραν αὐτοῦ ἤ καί ἀλλαχοῦ Σχολάς ἐκπαιδεύσεως ἤ ἐπιμορφώσεως, Κέντρα ἐρεύνης, Ἐπιτροπάς προγραμματισμοῦ, Ὁμάδας ἐργασίας, καθώς καί Ἑστίας, Ἐντευκτήρια ἤ ἄλλα παρεμφερῆ ὄργανα.

2. Πάντα τά ἀφορῶντα εἰς τά Παραρτήματα ταῦτα ὁρίζονται ὑπό τοῦ Διοικ. Συμβουλίου διά τῆς ἑκάστοτε συστατικῆς πράξεως, ἥτις ἐπέχει θέσιν Κανονισμοῦ.

3. Δύνανται τά ἀνωτέρω παραρτήματα νά ἐπανδροῦνται ἐξ Ἑλλήνων καί ξένων ὑπηκόων, τηρουμένων πάντοτε τῶν διατάξεων τοῦ νόμου.

Ἄρθρο 14ον
Διαχείρισις

1. Ἡ διαχείρισις τῶν περιουσιακῶν στοιχείων καί πόρων τοῦ Ἱδρύματος ἐνεργεῖται κατά οἰκονομικά ἔτη ἀντιστοιχοῦντα πρός τά ἡμερολογιακά τοιαῦτα ἐπί τῇ βάσει τακτικῶν προϋπολογισμῶν καί ἀπολογισμῶν.

2. Τό ἀργότερον ἐντός τοῦ μηνός Ὀκτωβρίου ὑποβάλλεται ὑπό τῆς Ἐκτελ. Ἐπιτροπῆς σχέδιον προϋπολογισμοῦ εἰς τό Διοικητικόν Συμβούλιον, ὅπερ καταρτίζει τοῦτον. Ἡ αὐτή διαδικασία ἀκολουθεῖται καί προκειμένου περί τοῦ ἀπολογισμοῦ, ἥτις δέον νά ὁλοκληροῦται ἐντός τῶν πρώτων δύο μηνῶν τοῦ ἑπομένου ἔτους. Διά τῆς ἐγκρίσεως τοῦ ἀπολογισμοῦ ὑπό τοῦ Διοικ. Συμβουλίου ἀπαλλάσσονται πάσης εὐθύνης ἥ τε Ἐκτελ. Ἐπιτροπή καί τά ἐνεργήσαντα τήν διαχείρισιν ὄργανα τοῦ Ἱδρύματος. Ὁ προϋπολογισμός καί ἀπολογισμός ὑποβάλλονται μερίμνῃ τοῦ Γεν. Δ/ντοῦ εἰς τήν Ἱεράν Μητρόπολιν Κισσάμου καί Σελίνου πρός περαιτέρω ἔγκρισιν καί θεώρησιν. [Ὁ Προϋπολογισμός καί ἀπολογισμός ὑποβάλλεται πρός ἔγκρισιν εἰς τό Ὑπουργεῖον Οἰκονομικῶν συμφώνως τῷ ἄρθρῳ 101 τοῦ Α.Ν. 2039/1939.][283]

3. Διά κανονιστικῆς πράξεως τοῦ Διοικ. Συμβουλίου δυναμένης νά τροποποιῆται κατά τάς ἀνάγκας τοῦ Ἱδρύματος, καθορίζονται πάντα τά ἀφορῶντα εἰς τόν τρόπον χρηστῆς διαχειρίσεως τῆς περιουσίας αὐτοῦ.

4. Τά λογιστικά καί ταμιακά βιβλία τοῦ Ἱδρύματος, ὡς καί τά βιβλία πρακτικῶν, δέον ὅπως φέρουν ἰδίαν ἕκαστον ἀρίθμησιν κατά φύλλον, θεωρούμενα ἐν τέλει καί πρό τῆς χρήσεως αὐτῶν παρά τῆς Ἱερᾶς Μητροπόλεως Κισσάμου καί Σελίνου, [ἤτοι:

α) Βιβλίον Πρωτοκόλλου εἰσερχομένων καί ἐξερχομένων ἐγγράφων.

---

[283] Τά ἐντός [...] προστέθηκαν ἀπό τήν ἁρμόδια κρατική Ὑπηρεσία στό Β. Δ/γμα 838/1970.

β) Βιβλίον ἀποφάσεων ἢ πρακτικῶν τοῦ Διοικητικοῦ Συμβουλίου καί τοιοῦτον τῆς Ἐκτελεστικῆς Ἐπιτροπῆς.

γ) Βιβλίον λογιστικῆς παρακολουθήσεως ἐν ᾧ καταχωρίζονται ἀνελλιπῶς κατά χρονολογικήν σειράν καί μετά τῆς δεούσης λογιστικῆς τάξεως τά κατά τήν διάρκειαν ἑκάστου οἰκον. ἔτους πραγματοποιούμενα ἔσοδα καί ἔξοδα.

δ) Στέλεχος τριπλοτύπων ἀποδείξεων εἰσπράξεων.

ε) Στέλεχος διπλοτύπων ἐνταλμάτων πληρωμῆς.

στ) Βιβλίον περιουσιακῶν στοιχείων τοῦ Ἱδρύματος καί τῶν εἰς αὐτά ἐπερχομένων μεταβολῶν.][284]

Ἄρθρον 15ον
Δαπάναι διοικήσεως καί μελετῶν

1. Ἡ ἰδιότης τινός ὡς ἱδρυτοῦ ἢ μέλους τοῦ Διοικ. Συμβουλίου ἢ ἑτέρου συλλογικοῦ ὀργάνου τοῦ Ἱδρύματος εἶναι ἄμισθος, ἐπιτρεπομένης μόνον τῆς καλύψεως τῶν ἐξόδων κινήσεως, κατ' ἀποκοπήν καί κατά συνεδρίαν.

2. Ἐφ' ὅσον μέλος τι τοῦ Διοικ. Συμβουλίου ἢ ἑτέρου συλλογικοῦ ὀργάνου ἀπαιτεῖται ὅπως ἐργάζεται κατά κυρίαν ἀπασχόλησιν ἐν τῇ ἕδρᾳ τοῦ Ἱδρύματος ἢ ἐν παραρτήματι ἢ ἑτέρῳ εἰδικῷ ἔργῳ, καταβάλλονται αὐτῷ ἀποδοχαί, ὑπό τοῦ Διοικητικοῦ Συμβουλίου ὁριζόμεναι.

3. Ἡ Ἐκτ. Ἐπιτροπή δύναται νά ἀναθέτῃ τήν ἐκπόνησιν πάσης φύσεως μελετῶν ἢ συγγραφικῶν, ἐρευνητικῶν καί ἄλλων ἔργων εἰς φυσικά ἢ νομικά πρόσωπα ἐπί σχέσει μισθώσεως ἔργου κατόπιν προτάσεως τοῦ Γεν. Διευθυντοῦ, περιλαμβανούσης καί προδιαγραφήν τοῦ ἐκτελεστέου ἔργου. Ἡ Ἐκτελ. Ἐπιτροπή δύναται νά ἐντέλλεται καί προκαταβολάς, κατόπιν βεβαιώσεως τῆς προόδου τοῦ ἔργου.

Ἄρθρον 16ον
Παροχή τεχνικῆς ἢ ἄλλης βοηθείας

1. Κατόπιν ἀποφάσεως τῆς Ἐκτελ. Ἐπιτροπῆς τό Ἵδρυμα δύναται νά παρέχῃ διά τῶν συνεργατῶν, τῶν ἐγκαταστάσεων καί λοιπῶν μέσων αὐτοῦ ὑπηρεσίας εἰς φυσικά ἢ νομικά πρόσωπα εἴτε αὐτοπροαιρέτως, εἴτε κατόπιν αἰτήσεως αὐτῶν. Τά ἐκ τῆς παροχῆς τοιούτων ὑπηρεσιῶν τυχόν ἔσοδα εἰσάγονται ὡς ἔσοδα τοῦ Ἱδρύματος.

2. Ἐν τῷ πλαισίῳ τῶν δυνατοτήτων αὐτοῦ καί συμφώνως πρός τάς παραδόσεις τοῦ τόπου, τό Ἵδρυμα ἀσκεῖ τήν κατά Χριστόν φιλοξενίαν, δύναται δέ νά παρέχῃ καί τεχνικήν, οἰκονομικήν ἢ ἄλλης φύσεως φιλανθρωπικήν βοήθειαν εἰς ἐμπερίστατα πρόσωπα, εἰς εὐαγῆ Ἱδρύματα καί κοινωφελεῖς Ὀργανισμούς ἢ προσπαθείας.

Ἄρθρον 17ον
[Περιουσία][285] - Ἔσοδα τοῦ Ἱδρύματος
[1. Περιουσία τοῦ Ἱδρύματος εἶναι ἡ διά τῆς ὑπ' ἀριθ. 12419/16-1-70 πράξεως τοῦ Συμβολαιογράφου Κολυμβαρίου Κισσάμου Βαρθολ. Ι. Παπαδοκωνσταντάκη καθορισθεῖσα.][286]

---

[284] Τά ἐντός [...] προστέθηκαν ἀπό τήν ἀρμόδια Ὑπηρεσία.
[285] Προστέθηκε ἀπό τήν Ὑπηρεσία.
[286] Προστέθηκε ἀπό τήν Ὑπηρεσία.

{Τό 1 μετατρέπεται σέ) 2. Ἔσοδα τοῦ Ἱδρύματος εἶναι:
α) Τά ἐκ τῆς περιουσίας αὐτοῦ ἔσοδα καί ὠφελήματα ἐν γένει.
β) Τά ἐκ τῆς δραστηρότητος τῶν φορέων τοῦ Ἱδρύματος ἔσοδα ἐκ παροχῆς ὑπηρεσιῶν πάσης φύσεως ἤ ἐκτελέσεως ἔργων.
γ) Αἱ ἐπιχορηγήσεις τῆς Ἱερᾶς Μητροπόλεως Κισσάμου καί Σελίνου καί ἑτέρων τυχόν ἐκκλησιαστικῶν ἤ ἄλλων ὀργανισμῶν.
δ) Αἱ ἐπιχορηγήσεις τῶν Ἱδρυτῶν καί λοιπαί ἐνισχύσεις αὐτοῦ.
ε) Αἱ εἰσφοραί καί λοιπαί παροχαί τῶν μετεχόντων εἰς τάς ὑπό τοῦ Ἱδρύματος ὀργανουμένας ἐκδηλώσεις καί χρησιμοποιούντων τό ἐστιατόριον, τούς ξενῶνας καί τάς ἐν γένει ἐγκαταστάσεις αὐτοῦ.
στ) Αἱ τυχόν κρατικαί καί τρίτων ἐπιχορηγήσεις ἤ παροχαί.
ζ) Αἱ ὑπέρ τοῦ Ἱδρύματος δωρεαί, κληρονομίαι, τά κληροδοτήματα καί πάσης φύσεως μεταβιβάσεις περιουσιακῶν στοιχείων ἐκ χαριστικῆς αἰτίας.
{Το 2 μετατρέπεται σε} 3) Πάντα τά χρηματικά ἔσοδα τοῦ Ἱδρύματος εἰσάγονται εἰς τό Ταμεῖον αὐτοῦ μόνον κατόπιν ἐκδόσεως τοῦ κεκανονισμένου γραμματίου εἰσπράξεως.
Πάντα τά λοιπά εἰς εἶδος ἔσοδα καταχωροῦνται ἀντιστοίχως εἰς τά πρός τοῦτο τηρούμενα βοηθητικά βιβλία (βιβλιοθήκης, ἀποθήκης κ.λ.π.).

Ἄρθρον 18ον
Ἀναγνωρίσεις
1. Εἰς τούς ἐκ χαριστικῆς αἰτίας μεταβιβάζοντας περιουσιακά στοιχεῖα πρός ἐκτέλεσιν τῆς ἀποστολῆς τοῦ Ἱδρύματος, παρέχεται ἀναγνώρισις ὡς ἀκολούθως:
α) Εἰς εὐεργέτας τοῦ Ἱδρύματος ἀνακηρύσσονται οἱ ὑπέρ αὐτοῦ παρέχοντες περιουσιακά στοιχεῖα ἀξίας ἄνω τοῦ ἑνός ἑκατομμυρίου (1.000.000) δραχμῶν. Εἰς τούτους χορηγεῖται εἰδικόν δίπλωμα, ἀναγράφεται τό ὄνομα αὐτῶν χρυσοῖς γράμμασιν ἐπί εἰδικῆς πλακός καί ἀναρτᾶται ἡ εἰκών αὐτῶν ἐν καταλλήλῳ αἰθούσῃ τοῦ Ἱδρύματος.
β) Εἰς δωρητάς τοῦ Ἱδρύματος ἀνακηρύσσονται οἱ μεταβιβάζοντες εἰς αὐτό περιουσιακά στοιχεῖα ἀξίας πεντακοσίων χιλιάδων μέχρις ἑνός ἑκατομμυρίου δραχμῶν. Καί εἰς αὐτούς παρέχεται εἰδικόν δίπλωμα καί ἀναγράφεται τό ὄνομα αὐτῶν ἐπί εἰδικῆς πλακός. γ) Εἰς χορηγούς τοῦ Ἱδρύματος ἀνακηρύσσονται οἱ μεταβιβάζοντες αὐτῷ περιουσιακά στοιχεῖα ἀξίας ἑκατόν μέχρι πεντακοσίων χιλιάδων δραχμῶν. Τῶν δωρητῶν τά ὀνόματα ἀναγράφονται ἐπί εἰδικῆς τιμητικῆς βίβλου, παρέχεται δ' αὐτοῖς τιμητικόν δίπλωμα. δ) Εἰς ἀρωγούς τοῦ Ἱδρύματος ἀνακηρύσσονται οἱ μεταβιβάζοντες αὐτῷ περιουσιακά στοιχεῖα μέχρις ἑκατόν χιλιάδων δραχμῶν. Εἰς τούτους παρέχεται τιμητικόν Γράμμα τοῦ Προέδρου τῆς Συνάξεως.
2. Ἡ ἀναγνώρισις ἀπονέμεται ἐν πανηγυρικῇ συνεδριάσει τῆς Συνάξεως τῶν Ἑταίρων, ἥτις καί δύναται νά ἀνακηρύσσῃ αὐτούς ταὐτοχρόνως εἰς Ἑταίρους τῆς Ἀκαδημίας, προτάσει τοῦ Διοικ. Συμβουλίου.
3. Οἱ ἀνωτέρω μνημονεύονται γενικῶς μέν καθ' ἑκάστην ἐν τῷ Ἱδρύματι λατρευτικήν πρᾶξιν, κατ' ὄνομα δέ ἅπαξ τοῦ ἔτους ἐν εἰδικῇ εὐχαριστηρίῳ καί ἐπιμνημοσύνῳ τελετῇ. Τά ὀνόματα τούτων ἀναγράφονται προσέτι ἐν τῇ ὑπό τοῦ Ἱδρύματος ἐκδιδομένῃ ἑκάστοτε ἐπετηρίδι.

Ἄρθρον 19ον
Τροποποίησις Ὀργανισμοῦ
Ὁ παρών ὀργανισμός δύναται νά τροποποιῆται ὑπό [τροποποιηθῇ διά διατάγματος συμφώνως πρός τά ἄρθρα 110 καί 119 τοῦ Ἀστικοῦ Κώδικος τηρουμένης τῆς διαδικασίας τοῦ ἄρθρου 98 τοῦ Α.Ν. 2039/39 καί τῶν συναφῶν διατάξεων αὐτοῦ προτάσει)][287] τοῦ Διοικητικοῦ Συμβουλίου κατόπιν ἀποφάσεως τῶν δύο τρίτων τῶν μελῶν του, ἐγκρινομένης ὑπό τῆς Ἱερᾶς Μητροπόλεως Κισσάμου καί Σελίνου. Ἡ τοιαύτη τροποποίησις δέν δύναται νά ἀλλοιώσῃ τόν βασικόν σκοπόν τοῦ Ἱδρύματος, οὐδέ νά ἐπεκταθῇ ἐπί τοῦ ἐδαφίου α' τῆς παραγράφου 2 τοῦ ἄρθρου 20 τοῦ παρόντος. Οἱ περιορισμοί τοῦ παρόντος ἄρθρου δέον νά θεωρηθοῦν εἰς τό διηνεκές ἀμετάβλητοι.

Ἄρθρον 20ον
Διάλυσις τοῦ Ἱδρύματος
1. Τό Ἵδρυμα παύει ὑφιστάμενον κατόπιν προτάσεως τῆς Ἱερᾶς Μητροπόλεως Κισσάμου καί Σελίνου καί ὁμοφώνου ἀποφάσεως ἁπάντων τῶν Μελῶν τοῦ Διοικ. Συμβουλίου, ἐφ' ὅσον ἡ λειτουργία αὐτοῦ ἤθελε καταστῇ ὅλως ἀλυσιτελής ἤ ἀπολύτως ἀνέφικτος, οὐχί πάντως ἐκ λόγων ἀνωτέρας βίας, τοῦ τοιούτου κρινομένου καί διατυπουμένου, ἐν, ἀναλυτικῶς καί ἐπαρκῶς, ἠτιολογημένῃ πράξει. Πρός λῆψιν τῆς ἀποφάσεως ταύτης ὑπό τοῦ Διοικ. Συμβουλίου ἀπαιτεῖται ὅπως κληθοῦν ἵνα μετάσχουν ὡς ἔκτακτα μέλη αὐτοῦ μετά ψήφου ὁ Ἀρχιεπίσκοπος Κρήτης, οἱ κατά τά πρεσβεῖα Ἀρχιερωσύνης δύο ἀρχαιότεροι ἐν ἐνεργείᾳ Μητροπολῖται Κρήτης καί ὁ Πρόεδρος τῆς τελευταίας Συνάξεως τῶν Ἑταίρων τῆς Ἀκαδημίας. Τό Συμβούλιον τοῦτο συνεδριάζει ὑπό τήν προεδρίαν τοῦ Ἀρχιεπισκόπου Κρήτης, τούτου δέ μή παρισταμένου ὑπό τήν προεδρίαν τοῦ Προέδρου τοῦ Διοικητικοῦ Συμβουλίου, εὑρίσκεται δέ ἐν ἀπαρτίᾳ παρόντων τῶν δύο τρίτων τοὐλάχιστον τῶν κατά τά ἀνωτέρω δικαιουμένων ὅπως κληθῶσι μελῶν.
2. Ἐν περιπτώσει διαλύσεως τοῦ Ἱδρύματος, ἡ περιουσία αὐτοῦ τηρουμένων τῶν τυχόν συμβατικῶν ὑποχρεώσεων αὐτοῦ, μάλιστα δέ τοῦ τρίτου ὅρου τῆς συστατικῆς πράξεως, περιέρχεται: α) Κατά μέν τό ἀκίνητον μέρος αὐτῆς, τό κείμενον ἐπί ἐκτάσεων παραχωρηθεισῶν τῷ Ἱδρύματι παρά τῆς Ἱερᾶς Μονῆς Γωνιᾶς εἰς τήν Μονήν ταύτην. β) Κατά δέ τό ὑπόλοιπον μέρος αὐτῆς, τό κινητόν τε καί ἀκίνητον, ἐφ' ὅσον δέν ὁρισθῇ ἄλλως ἐν μεταγενεστέρᾳ ἤ ἐν τῇ περί διαλύσεως πράξει τοῦ Διοικ. Συμβουλίου, εἰς τήν Ἱεράν Μητρόπολιν τῆς περιοχῆς, ἔνθα ἑδρεύει τό Ἵδρυμα, ἐξαιρέσει τοῦ μέρους ἐκείνου, τό ὁποῖον ἐνέχει ἐπιστημονικόν χαρακτῆρα, ὅπερ περιέρχεται εἰς τυχόν λειτουργοῦν ἐν Κρήτῃ Ἵδρυμα Θεολογικῆς ἐκπαιδεύσεως ἤ ἐρεύνης πανεπιστημιακοῦ ἐπιπέδου, ἄλλως εἰς ἵδρυμα κατά τήν κρίσιν τοῦ Διοικητικοῦ Συμβουλίου.
3. Η ΕΛΠΙΣ ΔΙΑ ΤΗΝ ΜΗΔΕΠΟΤΕ ΠΡΑΓΜΑΤΩΣΙΝ ΤΩΝ ΕΝ ΤΩ ΠΑΡΟΝΤΙ ΑΡΘΡΩ ΔΙΑΛΑΜΒΑΝΟΜΕΝΩΝ ΑΠΟΤΙΘΕΤΑΙ ΕΙΣ ΤΗΝ ΠΙΣΤΙΝ ΤΩΝ ΦΟΡΕΩΝ ΤΟΥ ΙΔΡΥΜΑΤΟΣ ΚΑΙ ΕΙΣ ΤΗΝ ΠΡΟΝΟΙΑΝ ΤΟΥ ΤΡΙΣΥΠΟΣΤΑΤΟΥ ΘΕΟΥ.

---

[287]Τά ἐντός [] προστέθηκαν ἀπό τήν Ὑπηρεσία.

Ὅρος 5ος: Τό διά τοῦ παρόντος συνιστώμενον Ἵδρυμα μέχρις ὅτου καταστῆ νομοτύπως νομικόν πρόσωπον, δέον ὅπως διοικῆται ἐπί τῆ βάσει τοῦ πρόσθεν ὀργανισμοῦ ὑπό προσωρινοῦ Διοικητικοῦ Συμβουλίου, συγκροτουμένου ὑπό α) Τοῦ ἐκ τῶν Ἱδρυτῶν Σεβ. Μητροπολίτου Κισάμου καί Σελίνου κ. Εἰρηναίου, ὡς Προέδρου. β) Τοῦ κ. Νομάρχου Χανίων, ὡς Ἀντιπροέδρου, γ) Τοῦ ἐκ τῶν Ἱδρυτῶν κ. Ἀλεξ. Κ. Παπαδεροῦ, Γεν. Δ/ντοῦ. δ) Τοῦ Πανοσιολ. Ἡγουμένου τῆς Ἱερᾶς Μονῆς Γωνιᾶς καί ε) Τοῦ κ. Ἰωάννου Μαυρομάτη ἰδιωτικοῦ ὑπαλλήλου κατοίκου Κολυμβαρίου. Ὁ δέ ἀφ' ἑτέρου αὐτός συμβαλλόμενος Σεβ. Μητροπολίτης Κισάμου καί Σελίνου Εἰρηναῖος, ὑπό τήν ἰδιότητά του ὡς ἐκπροσώπου τῆς Ἱερᾶς Μητροπόλεώς του, ἐδήλωσεν ὅτι ἀποδέχεται ἡ Ἱ. Μητρόπολις, ὑπό τήν ἰδιότητά της ὡς ἐποπτευούσης Ἀρχῆς τοῦ διά τοῦ παρόντος συνιστωμένου Θρησκευτικοῦ Καθιδρύματος, τήν πρός τοῦτο γενομένην ὡς ἀνωτέρω δωρεάν ἐν ζωῆ ὑπό τούς προδιαληφθέντας ὅρους, συνομολογήσας καί ἀποδεχθείς καί ἄπαντα ἐν γένει τά ἀνωτέρω ἐκτεθέντα, ὑπό τήν ἰδιότητά του ταύτην. Ἐν τέλει ἀμφότερα τά ὧδε συμβαλλόμενα μέρη ἐδήλωσαν καί συναπεδέξαντο καί τά ἐξῆς. 1) ὅτι, πρός ὑπολογισμόν τῶν ἐξόδων τοῦ παρόντος, προσδιορίζουν ἀμφότερα τά μέρη τήν ἀξίαν τῶν δωρηθέντων εἰς τό ποσόν τῶν δραχμῶν δέκα ἑκατομμυρίων πεντακοσίων χιλιάδων (10.500.000) ἐξ ὧν δραχμαί δύο ἑκατομμυρίων (2.000.000) ἀναλογοῦσιν εἰς τήν ἀξίαν τῶν εἰσενεχθέντων κινητῶν πραγμάτων. 2) Ὅτι ὁρίζουσι κοινόν ἀντίκλητον τῶν ἐν Χανίοις τόν Ἀντώνιον Νικολάου Φουντουλάκην δικηγόρον κάτοικον Χανίων ὁδός Γεωργίου Χατζηδάκη ἀριθ. 31.

Εἰς ἐρώτησίν μου πρός τούς συμβαλλομένους καί εἰς ὑπόμνησίν μου α) τῶν διατάξεων τοῦ ἄρθρου 55 Ν. 1641/1919 καί τάς κατ' αὐτῶν κυρώσεις διά τάς παραβάσεις τῶν διατάξεών του καί β) τοῦ ἄρθρου μόνου τοῦ Α.Ν. 317/1968 καθ' ὅ εἶναι ἀπολύτως ἄκυρος ἡ παροῦσα σύμβασις ἐν ἀναληθεῖ δηλώσει τούτων ὡς πρός τήν ἀπόστασιν τοῦ δωρουμένου ἀπό τῆς ἀκτῆς τῆς θαλάσσης, ἀπήντησαν καί ἐδήλωσαν ἡμῖν ὑπευθύνως α) ὅτι οἱ δωρηταί δέν ἔδωκαν ἄλλην δωρεάν εἰς τό συνιστόμενον Ἵδρυμα καί β) ὅτι δέν νοεῖται συγγένεια μεταξύ δωρητῶν καί δωρεοδόχου γ) ὅτι τό δωρούμενον κεῖται ἔλαττον τῶν 500 μέτρων ἀπό τῆς ἀκτῆς τῆς θαλάσσης. Γίνεται μνεία ὅτι δέν δέν ὀφείλεται φόρος εἰς τήν προκειμένην δωρεάν δυνάμει τοῦ ἄρθρου 106 παράγρ. 2 τοῦ Α.Ν. 2039/1939 ἐμπιπτούσης εἰς τάς διατάξεις ταύτας τῆς παρούσης συμβάσεως συμφώνως πρός τό ἐν ἀντιγράφω συναπτομένω ὧδε ὑπ' ἀριθ. 12873/22-11-1969 ἔγγραφον τῆς Οἰκονομικῆς Ἐφορίας Χανίων πρός τήν ἐπιτροπήν τοῦ δωρεοδόχου. Γίνεται μνεία ὅτι ὑπέμνησα εἰς τούς συμβαλλομένους τάς διατάξεις τοῦ Α.Κ. περί μεταγραφῆς καί τάς συνεπείας τῆς παραλείψεως τῆς πράξεως αὐτῆς. Ταῦτα συνομολογησάντων καί συναποδεξαμένων τῶν συμβαλλομένων συνετάχθη πρός βεβαίωσιν τό παρόν ἀνεγνώσθη εὐκρινῶς καί μεγαλοφώνως εἰς ἐπήκοον τῶν συμβαλλομένων καί τῶν μαρτύρων ἐβεβαιώθη καί ὑπεγράφη παρά πάντων τούτων καί ἐμοῦ. Γίνεται ἐπίσης μνεία ὅτι τό παρόν συνετάχθη ἀτελῶς δυνάμει τοῦ ἄρθρ. 106 παράγρ. 2 τοῦ Α.Ν. 2039/1939 ὡς ἐμπιπτούσης τῆς συμβάσεως ταύτης εἰς τάς διατάξεις ταύτας συμφώνως πρός τό ρηθέν ἔγγραφον τῆς Οἰκον. Ἐφορίας Χανίων. Τά δέ δικαιώματά μου καί τοῦ Ταμείου Νομικῶν μειοῦνται εἰς τό ἕν τέταρτον (1/4) αὐτῶν συμφώνως πρός τήν ὑπ' ἀριθ. 6251/1947 κοινήν ἀπόφασιν τῶν κ.κ. Ὑπουργῶν Δικαιοσύνης καί Οἰκονομικῶν καί τοῦ ἄρθρ. 10 παράγ. 2 τοῦ Ν.Δ. 4114/1960 (Περί Ταμείου Νομικῶν) ἐμπιπτούσης τῆς παρούσης συμβάσεως εἰς τάς διατάξεις ταύτας συμφώνως πρός τό ἐν ἀντιγράφω συναπτόμενον ὧδε ὑπ' ἀριθ. 2596/13-1-1969 ἔγγραφον τοῦ Ὑπουργείου Δικαιοσύνης πρός τήν Ἱεράν Μητρόπολιν Κισάμου καί Σελίνου ήτοι έμού καί διά δέκα έννέα (19) φύλλα δρχ. 26.325 καί δικαίωμα Ταμείου Νομικών συμβάσεως μέν δρχ. 26.250+1.976 καταβληθείσαι διά τής προσαρτομένης ώδε άποδείξεως τής ύπ' άριθ. 173212/1970 σχετικής άποδείξεως τής Έθν. Τραπέζης τής Ελλάδος μεταγραφής δέ άπαλλασόμενον κατ' άρθρ. 1 τού άπό 3/9/1948 Β. Διατ/τος. Έπεκολλήθησαν ώδε ένσημα Ταμ. Νομ. δρχ. 1 καί μεγαρόσημον δρχ. 3.

        Οί δωρηταί   Οί Μάρτυρες
(Ό Κισάμου-Σελίνου Είρηναίος) Διά τήν Ί.   Α. Παπαδάκης
        Μητρόπολιν   Ε. Πανεθυμητάκης
        Κισάμου-Σελίνου
        Α. Παπαδερός

Ό Συμβολαιογράφος (Τ.Σ.) Βαρθ. Ι. Παπαδοκωνσταντάκης

Στό ΦΕΚ 295, τ. πρῶτον, τῆς 31.12.1970 δημοσιεύθηκε τό ύπ' άριθμ. 838 Β. Διάταγμα, μέ τό όποιον έγκρίθηκε άπό τήν Πολιτεία ή διά τῆς άνωτέρω συμβολαιογραφικῆς Πράξεως γενομένη σύστασις Ίδρύματος κοινωφελοῦς σκοποῦ ύπό τήν έπωνυμίαν ΟΡΘΟΔΟΞΟΣ ΑΚΑΔΗΜΙΑ ΚΡΗΤΗΣ καί κυρώθηκε ὁ ἐξ άρθρων 20 Όργανισμός διοικήσεως, διαχειρίσεως καί λειτουργίας αύτῆς.

ΕΦΗΜΕΡΙΣ ΤΗΣ ΚΥΒΕΡΝΗΣΕΩΣ
ΤΟΥ ΒΑΣΙΛΕΙΟΥ ΤΗΣ ΕΛΛΑΔΟΣ

ΕΝ ΑΘΗΝΑΙΣ ΤΗ, 31 ΔΕΚΕΜΒΡΙΟΥ 1970	ΤΕΥΧΟΣ ΠΡΩΤΟΝ	ΑΡΙΘΜΟΣ ΦΥΛΛΟΥ 295

ΠΕΡΙΕΧΟΜΕΝΑ

ΔΙΑΤΑΓΜΑΤΑ
837. Περί κυρώσεως πίνακος έπανακαθορισμού Αδασμολογήτων...

Β. ΔΙΑΤΑΓΜΑ ΥΠ' ΑΡΙΘ. 838
Περί έγκρίσεως συστάσεως Ίδρύματος έν Χανίοις Νομού Κρήτης ύπό τήν έπωνυμίαν ΟΡΘΟΔΟΞΟΣ ΑΚΑΔΗΜΙΑ ΚΡΗΤΗΣ καί κυρώσεως τοῦ Όργανισμοῦ αὐτῆς.

7. Ἐπισήμανση τοῦ Οἰκουμενικοῦ Πατριάρχου Βαρθολομαίου

«Ἡ Ὀρθόδοξος Ἀκαδημία Κρήτης ἀποτελεῖ κοινωφελές θρησκευτικόν Καθίδρυμα τῆς Ἐκκλησίας. Καί λειτουργεῖ μέν ὡς πρός τό νομικόν καθεστώς αὐτοῦ συμφώνως πρός τόν Ὀργανισμόν αὐτοῦ καί τούς νόμους τοῦ Κράτους. Ὡς πρός τήν ἐκκλησιαστικήν ὅμως αὐτῆς ὑπόστασιν καί ἀποστολήν, ἡ Ὀρθόδοξος Ἀκαδημία ἔχει οἰκοδομηθῆ ἐπί στερεῶν ὀρθοδόξων ἐκκλησιολογικῶν βάσεων ὑπό τῶν Ἰδρυτῶν αὐτῆς. Καί, ἐπ' αὐτῶν τῶν βάσεων ἑδραζομένη, τηρεῖ τήν κανονικήν αὐτῆς ἀναφοράν τόσον πρός τήν οἰκείαν Ἱεράν Μητρόπολιν Κισάμου καί Σελίνου καί τήν Ἱεράν Ἐπαρχιακήν Σύνοδον Κρήτης, ὅσον καί πρός τό καθ' ἡμᾶς Οἰκουμενικόν Πατριαρχεῖον».

(Ἀπόσπασμα ἀπό τήν Ὁμιλία τοῦ Παναγιωτάτου κατά τά ἐγκαίνια τοῦ νέου Συνεδριακοῦ Κέντρου τῆς ΟΑΚ, 12.11.1995. Βλ. Ἀλέξανδρος Κ. Παπαδερός, ΠΙΣΤΗ-ΕΠΙΣΤΗΜΗ-ΖΩΗ. Ἡ Ὀρθοδοξία σέ διάλογο, Χανιά 2007, σελ. 55).

Ἀντί Ἐπιλόγου

Τά ἀνωτέρω δέν τά περιέλαβα στό παρόν πόνημα ὑπό τήν γοητεία τῆς μάγισσας, πού λέγεται *ὑστεροφημία* ἤ *ἀθανασία*. Οἱ ἐπισημάνσεις τοῦ ποιητῆ ἀποτελοῦν ἰσχυρή περιφρούρηση ἀπό τέτοιους πειρασμούς:

Τι ζητάς αθανασία στο μπαλκόνι μου μπροστά
δε μου δίνεις σημασία κι η καρδιά μου πώς βαστά.
Σ' αγαπήσανε στον κόσμο βασιλιάδες, ποιητές
κι ένα κλωναράκι δυόσμο δεν τους χάρισες ποτές.
Είσαι σκληρή σαν του θανάτου τη γροθιά… (Ν. Γκάτσος).

Ὅσα ἀναφέρονται παραπάνω καί αὐτά πού ἀκολούθησαν ἔγιναν μέ τή χάρη τοῦ Θεοῦ καί τήν εὐλογία τοῦ μακαριστοῦ πλέον Γέροντος Εἰρηναίου, τῆς Ἐκκλησίας τῆς Κρήτης καί τοῦ σεπτοῦ Οἰκουμενικοῦ Πατριαρχείου καί μέ τή συμπαράσταση πλήθους συνεργῶν καί εὐεργετῶν. Προσφέρθηκαν ὡς διαλογική μαρτυρία τῆς Ἐκκλησίας στό μεταίχμιο τοῦ κόσμου πού φεύγει καί τοῦ κόσμου πού ἔρχεται.

Τῷ ἁγίῳ Θεῷ ἡ εὐχαριστία, ἡ τιμή καί ἡ δόξα!

Απ

ΑΛΕΞΑΝΔΡΟΣ Κ. ΠΑΠΑΔΕΡΟΣ

ΒΙΒΛΙΟΓΡΑΦΙΑ

Μητροπολίτης Εἰρηναῖος Γαλανάκης, Ὁραματισμοί - Ἀγῶνες - Καρποί. Χαριστήριος Τόμος..., Κίσαμος 2008 {περιλαμβάνει καταγραφή τῶν δημοσιευμάτων τοῦ Μητροπολίτου καί μελέτες γιά τό πρόσωπο καί τό ἔργο του}.

Ἀλέξανδρος Κ Παπαδερός:

Ἀπό τό 1953 καί ἑξῆς ἄρθρα στά Περιοδικά ΑΝΑΓΕΝΝΗΣΙΣ καί ΧΡΙΣΤΙΑΝΙΚΟΝ ΦΩΣ (Ἱ. Ἐπισκοπῆς Κυδωνίας καί Ἀποκορώνου), καί ἀργότερα στό ΧΡΙΣΤΟΣ ΚΑΙ ΚΟΣΜΟΣ (Ἱ. Ἐπισκοπῆς Κισάμου καί Σελίνου).

- Ὑπακοή καί ἐλευθερία κατά τόν Ἀπόστολον Παῦλον, ΓΡΗΓΟΡΙΟΣ Ο ΠΑΛΑΜΑΣ 41 (Θεσσαλονίκη 1958) 246-265.

Πίστις, Εὐχαριστία, Διακονία. Τό 79ον Συνέδριον τῶν ἐν Γερμανίᾳ Ρωμαιοκαθολικῶν, Ἀπόστολος Ἀνδρέας (5. 9. 1962 κ. ἑξ. - Α΄ μέχρι ΙΓ΄).

- Κοραῆς Ἀδαμάντιος, Θρησκευτική καί Ἠθική Ἐγκυκλοπαιδεία 7 (Ἀθῆναι 1965) 818-825.

Λώκ Ἰωάννης, Θρησκευτική καί Ἠθική Ἐγκυκλοπαιδεία 8 (Ἀθῆναι 1966) στ. 431-433.

«Μεννωνῖται», Θρησκευτική καί Ἠθική Ἐγκυκλοπαιδεία 8 (Ἀθῆναι 1966), στ. 993-994.

Πολιτισμός, Θρησκευτική καί Ἠθική Ἐγκυκλοπαιδεία 10 (1966) 507- 514. Καί ὡς ἀνάτυπον, Ἀθῆναι 1967.

Ἅγιον καί βέβηλον, Μεγάλη Παιδαγωγική Ἐγκυκλοπαιδεία - Herder, τόμ. 1 (Ἀθήνα 1967), 14 -15.

Ἀποκαλυπτική φιλοσοφία, Μεγάλη Παιδαγωγική Ἐγκυκλοπαιδεία - Herder, τόμ. 1 (Ἀθήνα 1967), 340-341.

Ἀποκάλυψις, ἀλήθεια ἐξ ἀποκαλύψεως, Μεγάλη Παιδαγωγική Ἐγκυκλοπαιδεία - Herder, τόμ. 1 (Ἀθήνα 1967) 441 – 442.

- Αὐτοκέφαλος Ἐκκλησία τῆς Ἑλλάδος, Μεγάλη Παιδαγωγική Ἐγκυκλοπαιδεία - Herder, τόμ. 1 (Ἀθήνα 1967) 486-489.

Ἐκκλησία καί μή Χριστιανικαί Θρησκεῖαι κατά τήν Β΄ Σύνοδον τοῦ Βατικανοῦ, «ΘΕΟΛΟΓΙΚΟΝ ΣΥΜΠΟΣΙΟΝ», Χαριστήριον εἰς τόν Καθηγ. Π. Χρήστου, Θεσσαλονίκη 1967, 487-500. Τό αὐτό ὡς ἀνάτυπον, Θεσσαλονίκη 1967.

Κωνσταντῖνος Κριάρης, ὁ Ἀρχηγός τοῦ Σελίνου, Ἀνάτυπον ἐκ τοῦ ἱστορικοῦ-λαογραφικοῦ περιοδικοῦ "Κρητική Ἑστία", Ἀθήνα 1967.

Κοραῆς, Ἀδαμάντιος, Μεγάλη Παιδαγωγική Ἐγκυκλοπαίδεια - Herder, τόμ. Γ΄ (Ἀθῆναι 1968) 491- 493.

Ὀρθόδοξος Ἀκαδημία Κρήτης, Θρησκευτική καί Ἠθική Ἐγκυκλοπαιδεία 12 (1968), 873-877.

Ὀρθόδοξος Ἀκαδημία Κρήτης, ΠΕΠΡΑΓΜΕΝΑ διετίας 1968-1969, Γωνιά 1970.

Τό πνευματικό κέντρο τῆς Μεγαλονήσου μέ διεθνῆ ἀκτινοβολία (συνέντευξη) Περιοδικό ΚΡΗΤΗ, (25. Ἰαν. 1975).

Ὀρθόδοξος Ἀκαδημία Κρήτης, Γωνιά Χανίων 1975 (πολυγραφημένη ἔκδοση).

Τό Ἵδρυμα καί τό ἔργο του, Περιοδικό ΚΡΗΤΗ 25 (1975).

Ὀρθόδοξος Ἀκαδημία Κρήτης, Γωνιά Χανίων (1976).

Ὀρθόδοξος Ἀκαδημία Κρήτης, Πρώτη Δεκαετία (1968-1977), Γωνιά Χανίων 1980.

Τίς ἔκλεψεν ἡμῶν τήν ἐλπίδα;. Διάλογοι Καταλλαγῆς 72 (2004), 719-720.

ΠΙΣΤΗ-ΕΠΙΣΤΗΜΗ-ΖΩΗ, Ἡ Ὀρθοδοξία σέ διάλογο, Χανιά 2007.

ΟΡΘΟΔΟΞΟΣ ΑΚΑΔΗΜΙΑ ΚΡΗΤΗΣ. Τά πρῶτα σαράντα χρόνια, Ἀθήνα 2011.

METAKENOSIS. Das kulturelle Zentralproblem des neuen Griechenland bei Korais und Oikonomos, Mainz 1962. METAKENOSIS. Griechenlands kulturelle Herausforderung durch die Aufklärung in der Sicht des Korais und des Oikonomos, 2. Aufl. in: Archiv für Vergleichende Kulturwissenschaft, hrsg. von Anton Hilckman, Bd. 6, Verlag Anton Hain, Meisenheim am Glan 1970. ΜΕΤΑΚΕΝΩΣΙΣ. Ἑλλάδα-Ὀρθοδοξία-Διαφωτισμός κατά τόν Κοραῆ καί τόν Οἰκονόμο. Μετάφραση ἀπό τό γερμανικό πρωτότυπο–συμπλήρωση. Μεταφραστής: Ἐμμανουήλ Γεωργουδάκης, Ἐπιμέλεια κειμένου: Γεώργιος Βλαντῆς. Προλογίζει ὁ Π. Μ. Κιτρομηλίδης. ΑΚΡΙΤΑΣ, Ἀθήνα 2010.

Eine Frage überschattet meine Bewunderung, in: LEIBHAFTIGE ÖKUMENE, hrsg. von Christian Berg und Franz von Hammerstein, Lettner-Verlag, Berlin-Stuttgart 1963, 188-196.

Kirche und Gesellschaft in Griechenland, in: Aktuelle Gespräche 4 (Bad Boll, 1963) 8-13.

Aus der Geschichte und Gegenwart des Athos, Begegnung IX (1963).

Tausend Jahre Athosrepublik, in: Der Konstantinsritter 3 (Oktober 1963) 1-6.

Kulturelle Metakenosis und kirchliche Diakonie, in: Kirche in der Zeit XIX 7 (Juli 1964) 328-331.

Papst und Patriarch auf dem Ölberg, in: Stimme der Arbeit, Stuttgart (8. 2. 1964) 3.

Das liturgische Selbst-und Weltbewußtsein des byzantinischen Menschen, in: KYRIOS IV., No 3 (1964) 206-218.

Griechenland von heute im Bild, Bericht über einen Bildvortrag, in: Reutlinger Nachrichten (7.2.1964).

[unter dem Pseudonym C.A. Lefkoritis], Ein griechisches Problem: Gastarbeiter um der Mitgift Willen, in: Hannoversche Allgemeine Zeitung (6.-7. Juni 1964).

Das griechische Schulwesen und die Ausbildung für soziale Berufe in Griechenland, In: Der Konstantinsritter 14 (1965) 5-12.

Orthodoxe Akademie von Kreta. Bericht über die Tätigkeit bis Mai 1968.

Orthodoxe Akademie von Kreta, Arbeitsbericht 1968, Gonia 1969.

Orthodoxe Akademie von Kreta, Arbeitsbericht 1968, Gonia 1969.

Orthodoxe Akademie von Kreta. Arbeitsbericht Januar bis Juni 1969, Gonia Juni 1969.

Orthodoxe Akademie von Kreta, Arbeitsbericht 1970, Gonia 1971.

L' Academie Orthodoxe de Crete, Ἀρχεῖον Ἐκκλησιαστικοῦ καί Κανονικοῦ Δικαίου 3 (1974) 123-126.

The "gadfly" on trial..: The "political" commitment of the World Council of Chutches, in: VOICES OF UNITY. Essays in honour of Dr W. A. Visser 't (1983 second printing).

Die "Pferdebremse" vor Gericht. Zum Streit um das "politische" Engagement des ÖRK, in: Ökumenische Rundschau 4 (1981) 408-425.

Skizzen aus dem Leben kretischer Priester, in: Sonnenberg Jürgen, Wenn Theologie praktisch wird..., Steinkopf, Stuttgart 1983, 230-245.

Plurale und doch Eine Welt, στό συλλογικό Τόμο Ökumenisch lernen. Ein Dank an Werner Simpfendörfer, Berlin 1985, 151-163 (μελέτες, σχετικές μέ τίς ἀνά τόν κόσμο Χριστιανικές Ἀκαδημίες).

Our Ecumenical Diakonia – Both Large and Small, in: HOPE IN THE DESERT. The Churches' United Response to Human Need, 1944-1984, Edited by Kenneth Slack, 1986 19 WCC, Geneva 1986, 91 - 106.

Akademien III, Orthodoxe Akademie von Kreta, Ökumene Lexikon, Verlag Otto Lembeck – Verlag Josef Knecht, Frankfurt am Main 1987, 32-33. Vgl. ebd. W. Simpfendörfer, Akademien I. Evangelische Akademien, 26-30. F. Henrich, Akademien II, Katholische Akademien, ebd. 30-32.

Die Winde Kretas und der Oikumene. Reflektionen zu Apg 27, in: Orthodoxie in Begegnung und Dialog. Festgabe für Metropolit Augoustinos, hrsg. von Anastasios Kallis und Bischof Evmenios (Tamiolakis) von Lefka unter Mitarbeit von Ines Kallis, Theophano Verlag, Münster 1998, 85-92.

Diakonie der Versöhnung, in: Hans-Hermann Tiemann (Hg.) Erinnerung an Hans-Jürgen-Quest (1924-1999), Lit Verlag, Münster 2004, 111-115.

Eberhard Müller, der Ökumeniker, in: Gesellschaftspolitische Verantwortung. Dr. Eberhard Müllers Beitrag zum Profil der Kirche. Bad Boll Skripte 7/2006.

Aspekte Orthodoxer Sozialethik, in: Ingeborg Gabriel, Alexandros K. Papaderos, Ulrich H. J. Körtner, Perspektiven ökumenischer Sozialethik. Der Auftrag der Kirchen im größeren Europa, Matthias- Grünnewald-Verlag, Mainz 2005, 23-126 καί 295-304 (Literatur). 2. Auflage 2006. Πρβλ. Aspects of Orthodox Social Ethics (σελ. 21-132), στό συλλογικό έργο: Ingeborg G. Gabriel, Ulrich H. J. Körtner, Alexandros K. Papaderos, Trilogy of Social Ethics. Orthodox-Catholic-Protestant, Ecumenical Press, Philadelpia, in collaboration with World Council of Churches Publications 2012, ίδιαίτερα στόν Excursus: The Orthodos Academy of Crete (OAC): A New Phenomenon in the Orthodox Church, σελ. 93-108.

Ἡ ὁμιλία τοῦ Ἀλέξανδρου Παπαδεροῦ στήν Ἡμερίδα γιά τόν μακαριστό Πατριάρχη Ἀθηναγόρα (Βίντεο), ΙΔΙΩΤΙΚΗ ΟΔΟΣ, 10-30-2013.

Γιά γενικότερη βιβλιογραφική ἐνημέρωσση βλπ.

http://alexandros.papaderos.org/

Διάλογοι καταλλαγῆς, Ἐνημερωτικό Δελτίο τῆς Ὀρθοδόξου Ἀκαδημίας Κρήτης, τεύχη 1-91 (1986-2009), 1054 σελίδες..

Λοιπά:

Βαλλιανάτος Ἄγγελος, Ἀπό την Ιεραποστολή στην Επικοινωνία. Η περίπτωση της παρουσίας των Μεννονιτών στην Ελλάδα 1950-1977, Αθήνα 1999.

Διάλογοι εὐθύνης, Ἐκδ. Ἀλέξ. Κ. Παπαδερός, Ἐκδόσεις ΟΡΘΟΔΟΞΟΥ ΑΚΑΔΗΜΙΑΣ ΚΡΗΤΗΣ, Γωνιά Κισάμου Χανίων 1971.

Η Ορθόδοξος Ακαδημία Κρήτης. Τα πρώτα 15 χρόνια. Απολογισμός μιας ελπίδας, Χρονικά Κισάμου καί Σελίνου 146 (1983) 1-24. Επετειακό τεύχος μέ κείμενα περί τῆς ΟΑΚ πολλῶν συγγραφέων.

ΘΗΣΑΥΡΟΣ ΠΡΟΣΕΥΧΩΝ Ἤ ΣΥΝΕΚΔΗΜΟΣ ΟΡΘΟΔΟΞΟΥ, Κωνσταντινούπολις 1911.

Η ΚΡΗΤΗ ΤΙΜΑ ΤΟΝ ΑΛΕΞΑΝΔΡΟ Κ. ΠΑΠΑΔΕΡΟ, Ἔκδοση Φιλολογικοῦ Συλλόγου «Ο ΧΡΥΣΟΣΤΟΜΟΣ», Χανιά 2011 (με κείμενα διαφόρων χαιρετισμών καί ομιλιών).

Μερεντίτης Κ. Ι., Μετάφραση τῆς νεκρολογίας τοῦ E. Spranger {Gedenken an Nikolaos Louvaris, Universitas, Tübingen 1962, 457-468} στήν Ἐπετηρίδα τῆς Ἑταιρείας Κυκλαδικῶν Μελετῶν Β, 1962, 820-849, καί αὐτοτελῶς.

Σιώτης Μ.Α., Λούβαρις Νικόλαος, Θρησκευτική καί Ἠθική Ἐγκυκλοπαιδεία, 8ος τόμος, Ἀθῆναι 1966, 352-357.

Istavridis V. /H. Krüger, Athenagoras I., Ökumene Lexikon, Verlag Otto Lembeck – Verlag Josef Knecht, Frankfurt am Main 1987, 101-102.

Oekumenische Jugend hilft bauen (Νέοι ἀπό τήν Οἰκουμένη βοηθοῦν τήν οἰκοδομή, στήν ἐφημερίδα τοῦ Βερολίνου DER TAGESSPIEGEL, 24-6-1955, σελ. 8.).

Stuloff Nikolai N.: Axiom, Exaktheit und Methodenreinheit. Historische Beiträge zum Wandel von Konzepten der Mathematik. Hrsg. von Fritz Krafft. ERV Dr. Erwin Rauner Verlag, 211 Seiten, Augsburg 2008.

Terteegen Wolfgang, Wegweiser zu fernen Gräbern, Frankfurter Allgemeine Zeitung, 15 November 1963, Nr. 266, S. 7.

Dr. ALEXANDROS PAPADEROS, TOMOC EOPTIOC γιά τήν 60ετίαν τοῦ Ἀλεξ. Κ. Παπαδεροῦ, Θεολογική Σχολή τοῦ Γκράτς, Ökumenisches Forum. Grazer Hefte für konkrete Ökumene Nr. 15. Graz 1992.

Anton Hilckman (ἐπιλογή ἀπό 400 καί πλέον δημοσιεύματα):

Vom Sinn des Glückes / Prosper Adam, Freiburg im Breisgau 1947. Frankreich gestern und heute, Freiburg im Breisgau 1951.

Vom Sinn der Freiheit und andere Essays. Gedanken über Sinn und Ziel des Menschseins in: Leben und Geschichte, Trier 1959.

Über politische Bildung und politische Mündigkeit, Bonn 1961.

Geschichtsphilosophie-Kulturwissenschaft-Soziologie, SAECULUM XII, 4.

Die Wissenschaft von den Kulturen. Ihre Bedeutung und ihre Aufgaben. Gesammelte Aufsätze und Vorträge, Meisenheim am Glan 1967.

Περί Hilckman:

In memoriam Anton Hilckman. Herausgegeben vom Heimatverein Bevergern e.V., Bevergern 1975.

Christian Botzke, Tomasz Stępień: Hilckman, Anton Joseph Maria. In: Biographisch-Bibliographisches Kirchenlexikon (BBKL). Band 31, Bautz, Nordhausen 2010, ISBN 978-3-88309-544-8, Sp. 636–648.

Kleinhaus Kerstin, Anton Hilckman ein deutscher Europäer. Ein Bevergerner widersteht dem Nationalsozialismus (Internet).

Eberhard Müller:

Die Welt ist anders geworden. Vom Weg der Kirche ins 20. Jahrhundert, 1953.

Die Kunst der Gesprächsführung. Ein Weg zum gemeinsamen Denken, 1953.

Gespräch über den Glauben. Informationen über die Bedeutung der christlichen Glaubenssätze, 1957.

Seelsorge in der modernen Gesellschaft (Hrsg.), 1960.

Atomisierung des Bösen, in «Seelsorge in der modernen Gesellschaft», Hamburg 1961.

Bekehrung der Strukturen. Konflikte und ihre Bewältigung in den Bereichen der Gesellschaft, 1973.

Widerstand und Verständigung. Fünfzig Jahre Erfahrungen in Kirche und Gesellschaft 1933-1983, 1987.

Albrecht Daur; Christoph Schubert (Hrsg.): Bestand hat, was im lebendigen Menschen weiterwirkt, Vektor Verlag, Grafschaft 1997. Dokumentation des Symposiums zum 90. Geburtstag von Eberhard Müller. Historiker, Theologen, Sozialwissenschaftler und Weggefährten untersuchen Müllers Konzept der gesellschaftlichen Verständigung. Πρβλ.Neue Deutsche Biographie, Band 18 (1997), S. 355ff.

ΑΛΕΞΑΝΔΡΟΣ Κ. ΠΑΠΑΔΕΡΟΣ

Schramm Ehrengard:

Ein Hilfswerk für Griechenland. Begegnungen und Erfahrungen mit Hinterbliebenen deutscher Gewalttaten der Jahre 1941-1944, Vanderhoeck & Rubrecht 2003.

Griechenland und die Großen Mächte 1913-1923, Göttingen 1933. Georg II. und Venizelos, in: Ostdeutsche Morgenpost, 19.12.1935.

Wandlungen der griechischen Monarchie, in: Münchner Neueste Nachrichten, 29.12.1935.

Das griechische Rätzel, in: Die Tat. Deutsche Monatsschrift 27. Jg., 11. Heft, Februar 1936, 841-b48.

Griechenland heute und Morgen, in: Volk und Reich 1936, 230-237. Kreta-heute. Ein Beitrag zu den Beziehungen zwischen Griechen und Deutschen, in: Göttinger Tageblatt,05.07.1952.

Der Partisanenkönig von Kreta, in: Göttinger Tageblatt, 26.07.1952.

Kreta. Flugblatt des Deutschen Frauenrings, o.O. 1952.

Wasser und Waffen. Eindrücke von der griechischen Nordgrenze, in: Gegenwart 06.06.1953.

Griechenland und die Großmächte im Zweiten Weltkrieg, Wiesbaden 1955.

Das Bevölkerungsproblem der Gebirge (1940-1949), in: Hellas, Bonn, August 1961, 27-42.

Griechenland vom Beginn der Dynastie Glücksburg bis zum Frieden mit der Türkei (1863-1923), in: Handbuch der Europäischen Geschichte, Band 6, Stuttgart 1968, S. 610- 617.

ΛΟΙΠΑ

BASILEIA: Walter Freytag zum 60. Geburtstag, Stuttgart 1959.

The New Fishermen, a RISKspecial

Boeckler R., Zwischenkirchliche Hilfe I, evang. Sicht, καί E.L. Stehle, Zwischenkirchliche Hilfe II, kath. Sicht, Ökumene Lexikon, 2. Aufl. Frankfurt/M 1987, 1305-1312.

Brot für die Welt: Fünf Jahrzehnte kirchliche Entwicklungszusammenarbeit: Wirkung, Erfahrungen, Lernprozesse, Brandes + Apsel Verlag Gm, 2008-10.

Centres of Vigilance. Published by Association of Christian Institutes for Social Concern in Asia, Bangalore 1977.

Lübbe Herrmann, Die Stimme der Ostkirche. Bericht von 13. Pfälzischen Pfarrkolleg auf Kreta, I. Teil, in: Evang. Kirchenbote 45. 1970, 683-685.

Kühn Helga-Maria, Ehrengard Schramm. Eine engagierte Göttinger Bürgerin, Sonderdruck aus Göttinger Jahrbuch 1993, 211-224.

Spengler Oswald, Der Untergang des Abendlandes, Zweiter Band, München 1923.

Symanowski Horst, Fünf Jahre "Seminar für kirchlichen Dienst in der Industrie". Sonderdruck aus der Zeitschrift „Deutsches Pfarrerblatt", Juni 1961.

Zeichen des Aufbruchs. Ökumenischer Rat der Kirchen, Laienreferat, Genf 1957.

Zander Leo, Western Orthodoxy, St. Tikhon Press, ἄ.ἔ. Einheit ohne Vereinigung, 1959.

www.ingramcontent.com/pod-product-compliance
Lightning Source LLC
Chambersburg PA
CBHW060407300426
44111CB00018B/2851